Le pouvoir répressif des autorités administratives indépendantes de régulation économique

Logiques Juridiques
Fondée par Gérard Marcou
Dirigée par Jean-Paul Céré

Le droit n'est pas seulement un savoir, il est d'abord un ensemble de rapports et pratiques que l'on rencontre dans presque toutes les formes de sociétés. C'est pourquoi il a toujours donné lieu à la fois à une littérature de juristes professionnels, produisant le savoir juridique, et à une littérature sur le droit, produite par des philosophes, des sociologues ou des économistes notamment.

Parce que le domaine du droit s'étend sans cesse et rend de plus en plus souvent nécessaire le recours au savoir juridique spécialisé, même dans des matières où il n'avait jadis qu'une importance secondaire, les ouvrages juridiques à caractère professionnel ou pédagogique dominent l'édition, et ils tendent à réduire la recherche en droit à sa seule dimension positive. À l'inverse de cette tendance, la collection « Logiques juridiques » des éditions L'Harmattan est ouverte à toutes les approches du droit. Tout en publiant aussi des ouvrages à vocation professionnelle ou pédagogique, elle se fixe avant tout pour but de contribuer à la publication et à la diffusion des recherches en droit, ainsi qu'au dialogue scientifique sur le droit. Comme son nom l'indique, elle se veut plurielle.

Dernières parutions

Eric GILARDEAU, *Cicéron, père de la codification du droit civil*, 2017.
Daphne AKOUMIANAKI, *Les rapports entre l'ordre juridique constitutionnel et les ordres juridiques européens. Analyse à partir du droit constitutionnel grec*, 2016.
Boris BARRAUD, *La Recherche juridique. Sciences et pensées du droit*, 2016.
Bolleri PYM, *Le statut juridique des établissements de microfinance (EMF) en zone CEMAC, L'encadrement de la « petite finance » du secteur informel vers le secteur formel,* 2016.
Aurore GRANERO, *Les personnes publiques spéciales,* 2016.
Khaled MEJRI, *Le droit international humanitaire dans la jurisprudence internationale*, 2016.
Tiphaine THAUVIN, *Les services sociaux dans le droit de l'Union européenne*, 2016.

Achour TAIBI

Le pouvoir répressif des autorités administratives indépendantes de régulation économique

Témoin de la consécration d'un ordre répressif administratif

Préface de Laurent VIDAL

L'Harmattan

5-7, rue de l'Ecole-Polytechnique, 75005 Paris

http://www.editions-harmattan.fr

ISBN : 978-2-343-13572-4
EAN : 9782343135724

À la mémoire de mon père, Mohand Cherif
À ma mère, Baya

SOMMAIRE

PRINCIPALES ABRÉVIATIONS

AJDA	Actualité juridique de droit administratif
AJP	Actualité juridique pénal
al.	Alinéa
ALD	Actualité législative Dalloz
A.N.	Assemblée Nationale
APC	Archives de politiques criminelle
APD	Archives de philosophie du droit
Art.	Article
art. cit.	Article cité
ass.	Assemblée
BOCCRF	Bulletin officiel de la concurrence, de la consommation, et de la répression des fraudes
Bull. civ.	Bulletin des arrêts de la Cour de cassation (Chambres civiles)
Bull. crim.	Bulletin des arrêts de la Cour de cassation (Chambre criminelle)
Bull. Joly Sociétés	Bulletin Joly sociétés
Bull. Joly Bourse	Bulletin Joly Bourse et produits financiers
Bull. Lamy dr. publ. Aff.	Bulletin Lamy droit public des affaires
c/ (c.)	Contre
CA	Cour d'appel
CAA	Cour administrative d'appel
Cah. Cons. const.	Cahiers du Conseil constitutionnel
Cah. dr. entr.	Cahiers de droit de l'entreprise
Cass. ass. plén.	Cour de cassation, assemblée plénière
Cass. civ., 1e	Cour de cassation, première chambre civile
Cass. com.	Cour de cassation, chambre commerciale
Cass. crim.	Cour de cassation, chambre criminelle
C. civ.	Code civil
C. com.	Code de commerce
CE	Conseil d'État
CE, ass.	Conseil d'État, assemblée du contentieux
C. énergie	Code de l'énergie
Cf.	Confer
ch.	Chambre
chron.	Chronique
CJCE	Cour de justice des communautés européennes
C. mon. fin.	Code monétaire et financier
Coll.	Collection
comm.	Commentaire
Concl.	Conclusion
Cons. const.	Conseil constitutionnel
Cont. conc. consom.	Contrats concurrence consommation
CP	Code pénal

CPC	Code de procédure civile
CPCE	Code des postes et des communications électroniques
CPP	Code de procédure pénale
CRDF	Cahiers de la recherche sur les droits fondamentaux
CURAPP	Centre universitaire de recherches sur l'action publique et le politique
D.	Dalloz
D. aff.	Dalloz Affaires
Décis.	Décisions
DF (la)	Documentation française
DGCCRF	Direction générale de la concurrence, de la consommation et de la répression des fraudes
doctr.	Doctrine
Dr. adm.	Droit administratif
Dr. culture	Droit et culture
Dr. fisc.	Droit fiscal
Dr. soc.	Droit social
Dr. sociétés	Droit des sociétés
éd.	Édition
EDCE	Etudes et documents du Conseil d'État
Fasc.	Fascicule
Gaz. Pal.	Gazette du Palais
Ibid.	Ibidem
Infra	Ci-dessous
J-Cl.	Juris-classeur
J.-Cl. Adm.	Juris-classeur administratif
J.-Cl. Conc. consom.	Juris-classeur concurrence consommation
J.-Cl. Banque et crédit	Juris-classeur Banque et crédit
JCP A	Juris-Classeur périodique (La semaine juridique), éd. Administrations et Collectivités territoriales
JCP E	Juris-Classeur périodique (La semaine juridique), éd. Entreprise
JCP G	Juris-Classeur périodique (La semaine juridique), éd. Générale
JOCE	Journal officiel des Communautés européennes
JOUE	Journal officiel de l'Union européenne
JORF	Journal officiel de la République française
LPA	Les petites affiches
n°	Numéro
obs.	Observations
op. cit.	Opere citato
ord.	Ordonnance
p.	Page
Pan.	Panorama
préc.	précité
pts	points
RA.	Revue administrative
RD bancaire et bourse	Revue de droit bancaire et de la bourse
RDC	Revue des contrats
RDP	Revue de droit public et de la science politique en France et à l'étranger
Rec. (selon le contexte)	Recueil Lebon des arrêts du CE, des décisions du TC et des arrêts des CAA ; Recueil des décisions du Cons. const. ; Recueil des arrêts de la CJCE et du TPICE
réf.	Référence
Rev. conc. consom.	Revue de la concurrence et de la consommation
Rev. éco. fin.	Revue d'Économie financière

Rev. sc. crim.	Revue de science criminelle
Rev. sociétés	Revue des sociétés
RFDA	Revue française de droit administratif
RFDC	Revue française de droit constitutionnel
RFAP	Revue française d'administration publique
RFSP	Revue française de science politique
RGDP	Revue générale des procédures
RIDC	Revue internationale de droit comparé
RIDE	Revue internationale de droit économique
RID pén.	Revue internationale de droit pénal
RISA	Revue internationale des sciences administratives
RJ com.	Revue de jurisprudence commerciale
RJDA	Revue de jurisprudence de droit des affaires
RJF	Revue de jurisprudence fiscale
RJPIC	Revue juridique et politique Indépendance et Coopération
RLC	Revue Lamy de la concurrence
RLDC	Revue Lamy droit civil
RPDP	Revue pénitentiaire et de droit pénal
RPP	Revue politique et parlementaire
RRJ	Revue de la recherche juridique
RTD civ.	Revue trimestrielle de droit civil
RTD com.	Revue trimestrielle de droit commercial
RTDE	Revue trimestrielle de droit européen
RTDH	Revue trimestrielle des droits de l'homme
RUDH	Revue universelle des droits de l'homme
S.	Sirey
s.	Suivant
sect.	Section
somm.	Sommaire
Sté	Société
supra	Ci-dessus
t.	Tome
T.	Tribunal
TA	Tribunal administratif
TGI	Tribunal de grande instance
T. corr.	Tribunal correctionnel
TPICE	Tribunal de première instance des Communautés européennes
Vol.	Volum

Préface

Contrairement à ce que peut suggérer le mythe de la déréglementation et du retrait de l'État de la sphère économique, ce dernier est toujours présent. État gendarme devenu État providence puis État actionnaire et régulateur, l'État n'a rien abandonné de ses prérogatives et de ses pouvoirs en matière répressive, qui se sont enrichis au fil du temps sous de nouvelles formes. En la matière, ces transformations ne sauraient occulter l'existence d'une forme de continuité, l'État, au fil de ses mutations, ayant conservé quasiment l'ensemble du dispositif répressif dont il avait hérité. Cependant, une nouvelle étape a été franchie à l'occasion de la création des autorités administratives indépendantes de régulation économique (AAIRE). D'exceptionnel et de circonscrit, le pouvoir de sanction administratif s'est affranchi de ses limites habituelles au point de se banaliser. Ce mouvement a été justifié par la quête d'efficacité, de réactivité et de souplesse que commande la sphère économique.

Aussi l'avènement des AAIRE a-t-il grandement contribué à la consécration d'un ordre répressif administratif aux côtés de l'ordre pénal, de même qu'il a contribué au renouvellement de la notion de sanction administrative. Alors que la pérennité de l'exorbitance du droit administratif est régulièrement sujette à interrogation, le pouvoir répressif des AAIRE illustre au contraire sa vigueur, notamment en matière économique. Certes, pour les partisans de la régulation, sanctionner c'est encore réguler. Il n'en demeure pas moins que ce pouvoir, qui rappelle à certains égards l'époque du ministre-juge, manque de bases juridiques solides, altère les concepts du droit processuel et porte souvent atteinte aux droits fondamentaux du procès. C'est d'ailleurs ce qui explique le mouvement de réorganisation de ces autorités conduites à distinguer en leur sein les organes et fonctions de poursuites et d'instruction des organes et fonctions de jugement et à soumettre l'exercice de leur pouvoir répressif aux principes et règles régissant le droit pénal. Dans le même temps, le phénomène de « processualisation » qui marque le droit contemporain et a pour effet d'accroître les garanties des administrés est de nature à entraver l'efficacité tant recherchée à l'origine de la création de ce type de régulateurs. C'est cette tension, au cœur de la thèse de Monsieur Achour TAIBI, qui a conduit ce dernier à recourir avec autant de mérite que de virtuosité aussi bien au droit public qu'au droit privé et, mieux, à rendre compte au plus près, à l'exemple d'un témoin familier du travail quotidien des AAIRE, de leur mode de fonctionnement et des outils mis en œuvre leur permettant de surmonter cette tension.

Dans la première partie de sa thèse, réservée aux fondements du pouvoir répressif des AAIRE, l'auteur s'est intéressé, dans un premier temps, à la genèse du pouvoir répressif de ces autorités. Ainsi démontre-t-il avec une grande force de conviction que si ce pouvoir trouve son origine principalement dans le pouvoir répressif de l'administration traditionnelle, ce qu'il qualifie de sanction administrative de première génération, l'on assiste depuis l'avènement des AAIRE à un renouvellement de ce pouvoir de sanction, devenu un instrument indispensable de la régulation économique, qu'il qualifie de seconde génération.

Dans un second temps, l'auteur aborde le processus de légitimation du pouvoir répressif des AAIRE et se montre très critique, notamment à l'égard du législateur, incapable de tirer les conséquences qui s'imposent de la nature juridictionnelle des décisions répressives de ces autorités de même que vis-à-vis du juge administratif qui continue à leur dénier le caractère d'organismes juridictionnels alors même que les critères de leur qualité juridictionnelle sont remplis et que le législateur n'a pas hésité à qualifier l'ancienne commission bancaire de juridiction lorsque cette dernière faisait usage de ses pouvoirs répressifs... Les hésitations du Conseil constitutionnel sont aussi soulignées... Ces contradictions, impasses et hésitations sont d'autant plus problématiques que l'auteur juge le pouvoir répressif des AAIRE et son utilisation contraires au principe de la séparation des pouvoirs et très proches du système de l'administration-juge tant décrié en droit français. Contestable, il l'est également car il crée une certaine distorsion dans l'organisation étatique de la répression en raison de la confusion qu'il engendre, la sanction administrative répressive jouant le même rôle que la sanction pénale.

Dans la seconde partie, réservée à la mise en œuvre du pouvoir répressif des AAIRE, l'auteur, dans un premier temps, met en exergue les pouvoirs très larges reconnus aux AAIRE lors du déroulement de la procédure répressive. À cet égard, les travaux de Monsieur TAIBI révèlent l'importance du rôle de police judiciaire sectorielle joué par ces autorités à l'occasion de leurs enquêtes coercitives. Dans le cadre de la phase du prononcé des sanctions, l'accent est mis sur leur variété, du simple avertissement aux sanctions pécuniaires aux montants les plus élevés. Tout en rappelant la prédominance de l'aspect pécuniaire et transactionnel de ces sanctions, l'auteur, de manière très pertinente, voit en la prolifération des sanctions transactionnelles l'instauration d'une justice à deux vitesses et dans l'élargissement du pouvoir de commandement un risque d'atteinte à l'équilibre de l'ordre répressif.

Ensuite, et dans un second temps, l'auteur s'attache aux questions relatives à l'encadrement et au contrôle du pouvoir répressif des AAIRE. Il y est démontré que dans le but de faire face à son exorbitance et sauvegarder les droits de la défense, ce dernier est finalement soumis aux principes généraux du droit pénal quoique d'une manière modérée et assouplie pour certains d'entre eux. En revanche, si le contrôle juridictionnel apparaît plus rigoureux, il n'en demeure pas moins complexe en raison de son éclatement et de la disparité des procédures mises en œuvre.

L'auteur conclut son étude en relevant qu'au regard de l'importance accordée aujourd'hui aux principes portant sur les garanties des droits de la défense, il est tout à fait légitime et logique de nourrir des doutes sur les avantages recherchés par la reconnaissance d'un pouvoir répressif aux AAIRE, dans la mesure précisément où l'un des arguments avancés pour justifier ce pouvoir réside dans la souplesse de la procédure répressive administrative affranchie de quelques principes et règles qui alourdissent la sanction pénale... Or, en « pénalisant » le pouvoir de sanction de ces autorités, son efficacité pratique, tant louée et recherchée, se trouve compromise. Par ailleurs, cette « pénalisation » devrait conduire logiquement à la juridictionnalisation de ces autorités devenues des juridictions de fait, même si le législateur et le juge continuent à leur refuser cette qualité.

L'auteur, parvenu à ce stade, propose alors une autre voie d'évolution de ce pouvoir répressif, en l'occurrence son transfert à son titulaire original, c'est-à-dire au juge, une sorte de « dépénalisation à l'envers » ou ce qu'il qualifie de « désadministrativation » des sanctions. Ce n'est pas là le moindre des mérites du travail de Monsieur TAIBI que d'avoir dépassé l'analyse du droit positif et proposé des solutions alternatives à un état du droit qu'il considère comme inapproprié. En effet, et puisque l'amélioration des garanties qui encadrent la procédure répressive mise en œuvre par les AAIRE ressemble à celle en vigueur devant le juge, l'auteur estime logique et nécessaire de décharger ces autorités de leur pouvoir répressif dont il conteste la légitimité. Ainsi, tout en continuant à bénéficier des autres pouvoirs et prérogatives dont elles sont dotées, ces autorités de régulation gagneraient à se « délester » de ce pouvoir répressif qui les a complètement transformées voire « dénaturées ». Compte tenu de leur composition, de leurs modes de fonctionnement et d'organisation, nul ne peut nier le rôle essentiel qu'elles jouent dans la régulation économique, en particulier dans le cadre de leur pouvoir réglementaire, d'avis, de propositions, de contrôle et de règlement des différends. C'est donc sans grand préjudice qu'elles devraient pouvoir accepter d'être amputées de leur pouvoir répressif, source d'invasion de la procédure pénale, qui les éloigne un peu plus chaque jour de leur forme originale. L'argument consistant à remettre en cause les capacités techniques du juge a vite été balayé par l'auteur qui démontre qu'en exerçant un contrôle de pleine juridiction, qui lui permet de réformer les décisions des autorités de régulation, le juge présente toutes les garanties d'une réelle compétence technique. D'autre part, le législateur pénal a fait des efforts importants pour réduire et contenir les critiques suscitées par les sanctions pénales. Dans cette nouvelle configuration, le rôle des AAIRE, en matière de sanction, devrait s'arrêter au stade des poursuites. Elles joueraient alors le rôle d'une sorte de « Parquet spécialisé » en matière économique. Enfin, cette solution permettrait également de faire face au problème de cumul des sanctions, d'autant plus que les deux répressions administrative et pénale visent à réprimer la violation d'une norme juridique législative ou réglementaire et protéger les mêmes intérêts sociaux.

Au-delà, et ce point intéressera aussi bien les praticiens que la doctrine, l'étude de Monsieur TAIBI démontre également que si le pouvoir répressif de l'administration est souvent présenté comme étant disciplinaire, hormis les sanctions pécuniaires qualifiées de pénales, cette présentation est discutable car toutes les sanctions, à le suivre, même celles restrictive ou privatives de droits, voire les sanctions morales, sont prononcées par une même autorité, dans la même procédure et sont prévues pour réprimer les mêmes faits. Certes, ces sanctions sont empruntées à la matière disciplinaire, mais cela n'est pas suffisant pour les qualifier de disciplinaires d'autant plus que le droit pénal contient lui aussi des sanctions restrictives ou privatives de droit.

Pour construire sa thèse et conduire le lecteur avec beaucoup de pédagogie et d'aisance dans les nuances de sa réflexion, il a fallu à Monsieur Achour TAIBI beaucoup de patience et beaucoup d'ambition, ce qui l'a conduit à solliciter une co-direction, assurée par Thierry REVET et par l'auteur de ses lignes. Le droit privé s'y mêle avec bonheur au droit public et si le praticien trouvera dans ce travail une source précieuse d'informations sur les AAIRE, le théoricien saura gré à Monsieur TAIBI d'avoir toujours su rattacher sa démonstration aux grandes catégories juridiques qui transcendent les divisions au sein de la discipline juridique.

C'est là la preuve que Monsieur TAIBI est un juriste complet, à l'aise dans tous les exercices de la vie du droit.

Par Laurent VIDAL
Maître de conférences (HDR) à l'Université Paris 1 Panthéon-Sorbonne
Directeur du Département de droit public de l'économie de l'Institut de recherche juridique de la Sorbonne - André Tunc
Avocat spécialisé en droit public au barreau de Paris

PARIS, 28 juillet 2018.

INTRODUCTION

1. Le paysage institutionnel français connaît une importante prolifération des Autorités Administratives Indépendantes (ci-après AAI), plus particulièrement en matière économique. Cet ensemble d'autorités, inspiré du modèle anglo-saxon, est utilisé par l'État en lieu et place de l'administration traditionnelle pour remplir les nouvelles tâches que commande la régulation d'activités de plus en plus techniques et dont les enjeux économico-financiers sont d'une importance considérable. Le recours à un tel mode de régulation n'est pas fortuit. D'une part, cela constitue un résultat inéluctable du phénomène de mondialisation qui s'accompagne par la production de nouvelles règles, et par la création de nouvelles institutions nécessaires pour l'intégration de l'économie mondiale. D'autre part, même s'il est fondé à soutenir que l'avènement de ces autorités relève d'une action volontaire des pouvoirs publics, dans certains cas le recours à ces organismes serait plutôt dicté par l'UE.

En effet, la plupart des réflexions consacrées aux Autorités Administratives Indépendantes de Régulation Économique (ci-après AAIRE[1]), font ressortir clairement l'influence du droit de l'Union Européenne qui, par ses directives, ne cesse d'instruire les États membres dans le sens de la création de ce genre d'autorités[2]. Pour autant, un tel rôle est nuancé par certains auteurs pour qui le

---

[1] Cela ne nous empêchera pas de faire appel, de temps à autre, à l'expression « AAI », catégorie juridique dont relèvent les AAIRE.

[2] *Cf.* par exemple : la loi n° 96-597 du 2 juill. 1996 de modernisation des activités financières (*JORF* n° 154 du 4 juill. 1996, p. 10063), qui a modifié les compétences de la COB, transpose en droit français la Directive n° 93/22/CEE du Conseil européen, du 10 mai 1993, concernant les services d'investissement dans le domaine des valeurs mobilières (*JOCE* n° L 141 du 11 juin 1993, p. 27); la loi n° 96-659 du 26 juill. 1996, portant réglementation des télécommunications (*JORF* n° 174 du 27 juill. 1996, p. 11384), qui a institué l'Autorité de Régulation des Télécommunications, s'est inspirée de la Directive n° 95/62/CE du Parlement européen et du Conseil, du 13 déc. 1995, relative à l'application de la fourniture d'un réseau ouvert (ONP) à la téléphonie vocale (*JOCE* n° L 321 du 30 déc. 1995, p. 6), et par la Directive n° 90/388/CEE de la Commission européenne, du 28 juin 1990, relative à la concurrence dans les marchés des services de télécommunication (*JOCE* n° L 192 du 24 juill. 1990, p. 10) ; la loi n° 2005-516 du 20 mai 2005, relative à la régulation des activités postales (*JORF* n° 117 du 21 mai 2005, p. 8825), qui a créé l'Autorité de Régulation des Communications Électroniques et des Postes, s'est inspirée des Directives n^os^ : 97/67/CE, du Parlement européen et du Conseil, du 15 déc. 1997 concernant des règles communes pour le développement du marché intérieur des services postaux de la Communauté et l'amélioration de la qualité du service (*JOCE* n° L 15 du 21 janv. 1998, p. 14) ; 2002/39/CE du Parlement européen et du Conseil, du 10 juin 2002, modifiant la Directive n° 97/67/CE en ce qui concerne la poursuite de l'ouverture à la concurrence des services postaux de la Communauté (*JOCE* n° L 176 du 5 juill. 2002, p. 21) ; la loi n° 2000-108 du 10 févr. 2000, relative à la modernisation et au développement du service public de l'électricité (*JORF* n° 35 du 11 févr. 2000, p. 2143), qui a institué la Commission de Régulation

législateur a bien devancé cette volonté, citant en exemple la Commission des Opérations de Bourse (COB), créée dès 1967 sans aucune obligation d'ordre européenne[3]. Il en va de même pour la Commission Nationale Informatique et Libertés (CNIL) créée, quant à elle, en 1978[4]. Toutefois, ces auteurs reconnaissent l'influence de modèles étrangers et plus précisément le modèle anglo-saxon ; c'est le cas de la COB inspirée par la *Securities and Exchange Commission* (SEC) américaine, et de l'Autorité de Régulation des Télécommunications (ART) créée sur le modèle de l'*Office of Télécommunications* (OFTEL) anglais[5].

2. Le concept d'AAI est inventé et consacré pour la première fois par le législateur à l'article 8 de la loi n° 78-17 du 6 janvier 1978, relative à l'information, aux fichiers et aux libertés. Sans assise constitutionnelle et n'étant le fruit d'aucune étude volontaire et préétablie, l'apport jurisprudentiel et doctrinal aidant[6], la notion s'est considérablement développée, au point de pouvoir recenser de nos jours au moins une quarantaine d'autorités intervenant dans tous les domaines[7], celui de l'économie restant le plus nanti.

---

de l'Électricité, s'est inspirée des Directives n^{os} : 96/92/CE du Parlement européen et du Conseil, du 19 déc. 1996, concernant des règles communes pour le marché intérieur de l'électricité (*JOCE* n° L 27 du 30 janv. 1997, p. 20) ; 98/34/CE du Parlement européen et du Conseil, du 22 juin 1998, prévoyant une procédure d'information dans le domaine des normes et réglementations techniques (*JOCE* n° L 204 du 21 juill. 1998, p. 37).

[3] *Cf.* l'ord. n° 67-833 du 28 sept. 1967, instituant une Commission des Opérations de Bourse et relative à l'information des porteurs de valeurs mobilières et à la publicité de certaines opérations de bourse, *cf. JORF* du 29 sept. 1967, p. 9589.

[4] La loi n° 78-17 du 6 janv. 1978, relative à l'information, aux fichiers et aux libertés, *cf. JORF* du 7 janv. 1978, p. 227.

[5] *Cf.* sur le sujet : J. ZILLER, *Administrations comparées, les systèmes politico-administratifs de l'Europe des Douze*, Paris, Montchrestien, Coll., « Domat Droit public », 1993, p. 447 ; M.-H. DAVIS, « L'expérience américaine des independant regulatory commissions », *in* C.-A. COLLIARD et G. TIMSIT (dir.), *Les autorités administratives indépendantes*, Paris, PUF, Coll., « Les voies du droit », 1988, p. 222 ; F. MODERNE, « Les modèles étrangers. Étude comparée », *in* C.-A. COLLIARD et G. TIMSIT (dir.), *op. cit.*, p. 186 ; M.-C. ROBERT, « Les autorités boursières en Europe et aux États-Unis : leurs pouvoirs comparés », *Problèmes économiques*, n° 2112 du 15 févr. 1993, p. 3.

[6] *Cf.* à ce sujet : M.-J. GUEDON, *Les autorités administratives indépendantes*, LGDJ, Coll., « Systèmes », 1991 ; M. GENTOT, *Les autorités administratives indépendantes*, Paris, Montchrestien, Coll., « Clefs », 1991, p. 24 ; F. GAZIER et Y. CANNAC, « Étude sur les autorités administratives indépendantes », EDCE, n° 35, 1983-1984, p. 13 ; P. SABOURIN, « Les autorités administratives indépendantes, une catégorie nouvelle », *AJDA* 1983, p. 275 ; J. CHEVALLIER, « Réflexions sur l'institution des autorités administratives indépendantes », *JCP G* 1986.I.3254 ; J.-L. AUTIN, « Les autorités administratives indépendantes et la constitution », *RA.* 1988, p. 333 ; « Du juge administratif aux autorités administratives indépendantes : un autre mode de régulation », *RDP* 1988, p. 1213 ; É. PISIER, « Du recours aux sages », Études, 6. Vol. n° 368, juin 1988, p. 773 ; « Vous avez dit indépendantes ? Réflexion sur les autorités administratives indépendantes », *Pouvoirs* 1988, n° 46, p. 71 ; C. TEITGEN-COLLY, « Les instances de régulation et la constitution », *RDP* 1990, p. 153 ; « Sanctions administratives et autorités administratives indépendantes », *LPA*, n° 8, 17 janv. 1990, p. 26.

[7] *Cf.* http://www.legifrance.gouv.fr/Sites/Autorites-independantes (mise à jour du 23 nov. 2015). Dans une liste dressée en 2006, Marie-Anne FRISON-ROCHE en recense pas moins de 56

3. Afin de mieux cerner notre sujet et l'objectif de cette étude, il convient d'étudier respectivement, l'originalité de la notion d'AAIRE (**§1**) ; la définition de la sanction administrative répressive (**§2**) ; l'intérêt du sujet et la délimitation du sujet quant aux AAIRE étudiées (**§3**), et enfin l'objectif de la recherche et l'énoncé du plan de travail (**§4**).

§ 1. L'originalité de la notion d'AAIRE

4. Le manque d'un cadre général régissant les AAIRE, conjugué au fait que leur création ne tient à aucune étude préalable et concertée, donne l'impression d'une grande hétérogénéité. Une telle impression n'est pas totalement fausse. C'est d'ailleurs la raison qui a conduit différents juristes à suggérer la mise en place d'un code régissant cette nouvelle catégorie juridique qui, en plus de dissiper le flou qui les caractérise, contribuera sûrement à les légitimer[8]. Cette initiative paraît tout à fait envisageable, car les autorités en cause présentent plusieurs points communs : elles sont des autorités (**A**), administratives/publiques (**B**), indépendantes (**C**), et chargées de la régulation économique (**D**).

A. La notion d'Autorité

5. Le terme ***Autorité*** suppose, dans le langage juridique, pouvoir de décision et de commandement. Une telle conception de la notion s'applique, sans aucun doute, aux AAIRE dont la plupart d'entre elles sont dotées, en sus d'un pouvoir de gestion et d'un rôle consultatif, de véritables pouvoirs de contrôle, d'injonction et de sanction. Pour Jacques CHEVALLIER, les AAI ont un « véritable statut d'« autorité », traduit par l'existence d'un pouvoir de décision », avant de préciser qu'« autorités, les autorités administratives indépendantes le sont dans les deux sens du terme. D'abord parce que leur fonction n'est pas de gestion mais de régulation [...]. Ensuite, parce qu'elles disposent, pour remplir la fonction qui leur est assignée, de pouvoirs de décisions qui leur donnent la possibilité de modifier l'ordonnancement juridique et les situations individuelles »[9]. Une vision partagée par Paul SABOURIN qui relève que ces autorités bénéficient d'un pouvoir de prendre

---

autorités, *cf.* « Étude dressant un bilan des autorités administratives indépendantes », *in* P. GÉLARD, *Les autorités administratives indépendantes : évaluation d'un objectif juridique non identifié*, Rapport fait au nom de l'Office Parlementaire d'Évaluation de la Législation, A.N, Rapport n° 3166, Sénat, Rapport n° 404, du 15 juin 2006, La DF, t. II : Annexes,, pp. 6 et s.

[8] Ce qui a été réalisé par le biais des lois n° 2017-54 relative aux autorités administratives indépendantes et autorités publiques indépendantes, et n° 2017-55 portant statut général des autorités administratives indépendantes et des autorités publiques indépendantes, du 20 janv. 2017, *JORF* du 21 janv. 2017. Néanmoins, le second texte notamment, n'a pas mis fin à la disparité de la procédure devant ces autorités.

[9] J. CHEVALLIER, « Réflexions sur l'institution des autorités administratives indépendantes », art. cit., n°s 2 et 6.

des décisions réputées exécutoires et susceptibles, par voie de conséquence, de faire l'objet d'un recours pour excès de pouvoir[10].

6. Il faut préciser que le pouvoir décisionnel, qui fait de ces organismes de véritables autorités, n'est autre qu'un héritage d'une partie du pouvoir de l'exécutif dont ce dernier a été déchargé pour de multiples raisons[11]. À titre d'exemple, le ministre chargé de l'économie s'est vu dépossédé de larges pouvoirs au profit du Conseil de la concurrence, de son côté le ministre en charge des télécommunications a perdu plusieurs pouvoirs au profit de l'Autorité de Régulation des Télécommunications, etc. En conséquence, la régulation du marché n'est plus l'apanage de l'administration traditionnelle.

7. Cela étant, aux termes de l'article 3 de la Déclaration des Droits de l'Homme et du Citoyen (ci-après DDHC), « Le principe de toute Souveraineté réside essentiellement dans la Nation. Nul corps, nul individu ne peut exercer d'autorité qui n'en émane expressément. » Aussi est-il tout à fait logique que, privée de la légitimité que procure une élection, l'administration soit subordonnée aux élus pour recouvrer cette légitimité[12]. Or, les AAI exercent une réelle autorité et bénéficient de pouvoirs exorbitants, mais tout en étant considérées comme indépendantes. Même si elles exercent une véritable autorité dans leurs domaines d'intervention respectifs, se traduisant entre autres par le prononcé de sanctions qualifiées de répressives, il est important de rappeler que ces autorités de régulation sont avant tout des autorités administratives.

B. La nature administrative/publique de l'Autorité

8. Ces institutions constituent une remise en cause du système administratif français, fondé sur le modèle unitaire dont les pouvoirs hiérarchiques et de tutelle sont la pierre angulaire. Le caractère administratif de ces organes ne fait aucun doute pour les raisons suivantes[13] : en premier lieu, d'un point de vue matériel, l'activité principale de ces organes a pour but de veiller à l'application de la loi dans le champ de compétence que celle-ci leur confie. Et, dans certains cas, ils reçoivent compétence pour l'édiction de règlements. Ainsi, les actes émanant de ces structures, sont manifestement des actes administratifs, des décisions exécutoires, manifestations de l'exercice de prérogatives de puissance publique traditionnellement reconnues aux autorités administratives.

---

[10] P. SABOURIN, « Les autorités administrative indépendantes, une catégorie nouvelle », art. cit., spéc., pp. 285 et s., et 292 et s.

[11] *Cf. infra*, pp. 64 et s.

[12] D'une part, l'administration est subordonnée au Gouvernement qui est sous le contrôle du Parlement, d'autre part, le président de la République (un autre élu) est le véritable chef de l'exécutif.

[13] Pour plus de détails sur le caractère administratif de ces autorités, *cf. infra*, pp. 147 et s.

En second lieu, d'un point de vue contentieux, et à l'exception de certains d'entre eux, les actes de tels organismes sont susceptibles d'être déférés devant le juge administratif au même titre que les actes administratifs ordinaires[14].

En troisième lieu, ces structures sont « le fruit d'une initiative publique, elles sont alimentées par des deniers publics, animées par des agents publics et régies par le droit public »[15], ce qui fait d'elles une nouvelle variante de structures administratives.

9. Depuis 2003, le législateur a donné naissance à une autre variante d'AAI, en l'occurrence les Autorités Publiques Indépendantes (ci-après API)[16], auxquelles il a reconnu une personnalité morale[17]. En agissant de la sorte, le législateur n'a pas pris en considération les recommandations de la haute juridiction administrative qui a tiré la sonnette d'alarme à propos du phénomène « AAI ». Dans son rapport public de 2001, consacré à ces nouvelles autorités administratives, le Conseil d'État avait en effet déconseillé de doter ces autorités d'une personnalité morale dans la mesure où cela représente un danger pour la sécurité juridique : cette personnalité conjuguée à l'indépendance de ces autorités donnera naissance à une catégorie juridique, *sui generis*, non connue du droit administratif[18]. En effet, avant l'apparition des AAI il n'existait aucune autorité qui soit en même temps administrative et indépendante. Aussi, si l'on reconnaît à une autorité, en sus de ces deux qualités, une personnalité morale dont les conséquences sont la faculté de contracter, d'ester en justice, de disposer d'un budget propre, etc.,[19] on ne fera qu'accentuer l'imbroglio entourant ce type d'autorités. En ne tenant pas compte du discours, plein de bon sens, du juge administratif, on confirme le phénomène d'écrasement du juridique par le politique, pour qui le respect des principes et théories juridiques, même bien ancrés, constitue le cadet de ses soucis.

---

[14] *Cf. infra*, pp. 487 et s.

[15] J. CHEVALLIER, art. cit.

[16] Donc, en plus des AAIRE on a affaire également à des APIRE (Autorité Publique Indépendante de Régulation Économique). Toutefois, on se contentera dans cette étude de la première appellation voire de celle d'AAI, tout en sachant que les APIRE sont également visées dans les deux cas.

[17] *Cf.* l'art. 2 de la loi n° 2017-55 du 20 janv. 2017 portant statut général des autorités administratives indépendantes et des autorités publiques indépendantes, JORF n°0018 du 21 janv. 2017 texte n° 2. Pour le moment il existe huit (8) API ; le Conseil Supérieur de l'Audiovisuel (CSA) ; l'Autorité des Marchés Financiers (AMF) ; l'Autorité de Régulation des Activités Ferroviaires et Routières (ARAFER) ; la Haute Autorité de Santé (HAS) ; l'Agence Française de Lutte contre le Dopage (AFLD) ; la Haute Autorité pour la Diffusion des Œuvres et la Protection des droits sur Internet (HADOPI) ; le Haut Conseil du Commissariat aux Comptes (H3C) ; le Médiateur National de l'Énergie.

[18] Conseil d'État, Rapport public de 2001, *Réflexions générales sur les autorités administratives indépendantes*, Coll., « EDCE », n° 52, La DF, 2001, p. 294. En réalité, avant même les API, la notion d'AAI en elle-même constitue une catégorie *sui generis*.

[19] *Cf. infra*, pp. 513 et s., 531 et s.

10. Enfin, même si on a affaire à des autorités « administratives », le concept d'AAI comporte « une contradiction »[20] dans les termes, puisqu'en principe l'administration ne peut pas être indépendante de l'exécutif. Au contraire, aux termes de l'alinéa 2 de l'article 20 de la Constitution « Le Gouvernement [...] dispose de l'administration ».

C. L'indépendance de l'Autorité

11. L'indépendance des nouvelles autorités administratives chargées de la régulation économique, constitue la caractéristique la plus en vue dans ces organes. Cette indépendance[21], « proclamée » ou « recherchée », est envisageable d'un point de vue organique et fonctionnel[22].

1. Du point de vue organique

12. D'un point de vue organique, les AAIRE sont dirigées par des collèges dont les membres sont désignés pour des mandats, généralement de longue durée, qu'ils exercent à titre inamovible, ce qui est censé assurer leur indépendance vis-à-vis de ceux qui sont investis du pouvoir de les nommer.

2. Du point de vue fonctionnel

13. Sur le plan fonctionnel, l'indépendance signifie que ces autorités ne reçoivent ni ordres ni injonctions dans l'exercice de leurs fonctions. Autrement dit, elles sont placées en dehors de toute hiérarchie administrative. Ainsi, en principe, les décisions prises par les organes dirigeants de ces entités ne peuvent être annulées, modifiées ou remplacées par une autorité supérieure. Les seules limites consistent en l'obligation qui leur est faite de rendre compte de leurs activités dans un rapport annuel et en leur soumission à un contrôle juridictionnel.

14. La question de l'indépendance des AAI a été, avec leur pouvoir de sanction, l'un des points les plus débattus par la doctrine[23]. À ce sujet, il ressort de leurs textes institutifs qu'elles sont plutôt proches de l'« autonomie » que de l'indépendance, car en réalité elles sont loin d'être complètement indépendantes des pouvoirs publics, d'autant qu'elles sont créées par ces derniers et sont appelées, avant tout, à réaliser des objectifs d'ordre public. Par ailleurs, malgré les soupçons d'inconstitutionnalité posés par leur pouvoir de sanction et leur indépendance, et dans le souci de ne pas

---

[20] Rapport de la section du rapport et des études, EDCE, 1987, p. 53.

[21] Selon Catherine TEITGEN-COLLY « L'octroi d'une telle indépendance conjuguée à l'autorité dont elles disposent grâce aux pouvoirs qui leur sont accordés leur confère en vérité une hybridité difficilement conciliable avec les exigences constitutionnelles », *cf.* « Les instances de régulation et la Constitution », art. cit., p. 211.

[22] *Cf.* sur la question *infra*, pp. 132 et s.

[23] *Cf.* E. PISIER, « Vous avez dit indépendantes ? Réflexion sur les autorités administratives indépendantes », art. cit., p. 71 .

s'opposer aux pouvoirs publics qui tiennent à ce nouveau mode de régulation, le juge constitutionnel a déclaré ces autorités compatibles avec la Constitution, « mais au prix d'un compromis inévitable reposant sur une conception assouplie tant des exigences constitutionnelles que de l'indépendance consentie à ces instances »[24]. Outre le fait qu'elles soient des autorités et administratives, les autorités faisant l'objet de notre étude ont également en commun la mission de réguler la sphère économique.

D. Des Autorités de régulation économique

15. Le concept de régulation, de l'avis de la plupart des juristes, reste flou et incertain[25]. Il s'agit d'un « concept valise »[26] et « polysémique par excellence »[27], ce qui explique la palette de définitions développées à son propos. Selon Richard DESCOINGS « la régulation au sens large veut dire fournir des règles pour organiser des comportements, pour ordonner des espaces, pour faire coexister les intérêts légitimes de personnes concernées dans un tel ou tel secteur à telle ou telle échelle »[28].

Pour Marie-Anne FRISON-ROCHE « la régulation consiste à instaurer ou maintenir les grands équilibres de secteurs qui ne peuvent, par leur seule force, les créer ou les maintenir »[29]. Une définition quasi identique est reprise par Martine LOMBARD pour qui la régulation est « la fonction tendant à réaliser

---

[24] C. TEITGEN-COLLY, « Les instances de régulation et la Constitution », art. cit., p. 231.

[25] *Cf.* sur le sujet : M.-A. FRISON-ROCHE, « Les différentes définitions de la régulation », in *Colloque DGCCRF, La régulation : monisme ou pluralisme ? LPA*, n° 83, 10 juill. 1998, p. 5 ; J.-L. AUTIN, « R éflexions sur l'usage de la régulation en droit public », *in* M. MIAILLE (dir.), *La régulation entre droit et politique*, Paris, L'Harmattan, Coll., « Logiques juridiques », 1995, p. 43-55 ; J. CHEVALLIER, « De quelques usages du concept de régulation », *in* M. MIAILLE (dir.), *La régulation entre droit et politique, op. cit.*, pp. 71 et s. ; « Les enjeux de la déréglementation », *RDP* 1986, p. 281 ; A. DELION, « Notion de régulation et droit de l'économie », *in* Th. REVET et L. VIDAL (dir.), *Annales de la régulation de l'Université Paris 1*, Vol. n° 1, LGDJ, Coll., « Bibliothèque de l'Institut Tunc », t. 9, 2006, p. 3 ; F. MODERNE, « Les usages de la notion de « régulation » dans le droit positif et la doctrine juridique des États de l'Union européenne », *in* G. MARCOU et F. MODERNE (dir.), *Droit de la régulation, service publics et intégration européenne,* Paris, L'Harmattan, Coll., « Comparaisons et commentaires », 2005, t. I, p. 71 ; G. MARCOU, « La notion juridique de régulation », *AJDA* 2006, p. 347.

[26] Avis du Conseil économique et social, séance du 15 janv. 2003, sur le Rapport « Des autorités de régulation financières et de concurrence : pourquoi, et comment ? », présenté par Jean-Pierre MOUSSY au nom de la section des finances, Paris, Journaux officiels, Coll., « Journal officiel de la République française, avis et rapports du Conseil économique et social », 23 janv. 2003, spéc., p. I-12 (disponible aussi sur : http://www.lecese.fr/sites/default/files/pdf/Avis/2003/2003_01_jean_pierre_moussy.pdf (consulté en juin 2005).

[27] M.-A. FRISON-ROCHE, « Définition du droit de la régulation économique », *D.* 2004, chron. p. 126.

[28] R. DESCOINGS, « La nécessité d'une réflexion générale et croisée sur la régulation », *LPA*, n° 17, 23 janv. 2003, p. 4.

[29] M.-A. FRISON-ROCHE, « Le juge et la régulation économique », *Annonces de la Seine* n° 36, 22 mai 2000, p. 2.

certains équilibres entre concurrence et d'autres impératifs d'intérêt général, à veiller à des équilibres que le marché ne peut produire à lui seul »[30].

De leur côté, François GAZIER et Yves CANNAC considèrent la notion comme « quelque chose d'intermédiaire entre le choix des politiques, qui n'appartient qu'aux autorités élues ou directement contrôlées par les élus, et la gestion des services qui est l'affaire des administrations, placées sous le pouvoir hiérarchique ou de tutelle des premières. La régulation est la tâche qui consiste à assurer entre les droits et les obligations de chacun le type d'équilibre voulu par la loi. Elle implique, dans une certaine mesure, ce qu'on appelle aujourd'hui une vision ''systémique'' de la société et de ses rapports avec l'État. Autrement dit, l'idée que le rôle de celui-ci est moins de commander directement aux acteurs sociaux que d'établir entre eux des « règles du jeu » et de veiller à ce qu'elles soient respectées. Seule la première de ces tâches est proprement politique et relèverait donc directement du parlement et du gouvernement. La seconde, sans être en rien juridictionnelle, nécessite des vertus de neutralité, d'équité et d'humanité qui s'apparentent jusqu'à un certain point à celles que l'on attend d'un juge. »[31]

16. Toujours relativement à la mission de régulation économique, il nous paraît indispensable d'éclaircir un point important à nos yeux. Dans presque toutes les réflexions dédiées à la régulation économique la doctrine est unanime à distinguer entre, d'une part, la régulation *ex ante* exercée en amont de la mission de régulation par les autorités de régulation sectorielles, dans le but de mettre en place les mécanismes nécessaires au passage de certains secteurs naguère sous régime du monopole à un régime concurrentiel. D'autre part, la régulation *ex post* exercée en aval de la mission de régulation par ''l'autorité de la concurrence'', dans le but de garantir une libre concurrence en sanctionnant les pratiques anticoncurrentielles, commises en violation de règles préétablies qu'elle n'a pas compétence à définir[32]. Dans cette seconde

---

[30] M. LOMBARD, « Institutions de régulation économique et démocratie politique », *AJDA* 2005, p. 530. Dans le même sens, *cf.* J. CHEVALLIER, *L'État post moderne*, 2ème éd., Paris, LGDJ, Coll., « Droit et Société », 2004, p. 57. Il faut préciser qu'en droit français une différence doit être faite entre ***régulation*** et ***réglementation*** : la première a un sens beaucoup plus large que la seconde qui demeure un de ses instruments. Aussi, faut-il ne pas confondre entre la régulation et le terme anglais *régulation*, qui signifie réglementation. Pour justifier cette différence Marie-Anne FRISON-ROCHE cite l'exemple de l'ART qui est qualifiée d'« autorité de régulation », sans pour autant qu'elle ne dispose d'un pouvoir réglementaire « ce qui suppose que l'on peut réguler sans réglementer, le sens des deux termes ne pouvant donc fusionner », avant d'ajouter que la régulation renvoie beaucoup plus exactement au « « regulatory systems » qui expriment l'ensemble des dispositifs et institutions en charge de mettre en place cette nouvelle forme de politique publique », *cf.* « Définition du droit de la régulation économique », art. cit., p. 129. *Cf.* aussi sur ce point : A. DELION, art. cit., pp. 6 et s. ; l'Avis du Conseil économique et social, séance du 15 janv. 2003, préc., p. I-5.

[31] F. GAZIER et Y. CANNAC, « Étude sur les autorités administratives indépendantes », préc., p. 20.

[32] S. NAUGES, « L'articulation entre droit commun de la concurrence et droit de la régulation sectorielle », *AJDA* 2007, p. 672 ; É. FERNANDEZ-BOLLO, « L'articulation de la régulation *ex ante* et *ex post* dans le domaine bancaire », *in* M.-A. FRISON-ROCHE (dir.), *Les*

hypothèse, l'autorité de régulation horizontale, à savoir l'Autorité de la concurrence (ADLC), est donc censée intervenir dans un marché concurrentiel. Pour certains, ces autorités sanctionnent les pratiques anticoncurrentielles, mais ne sont pas dotées de pouvoirs *ex ante*, à cause de l'absence de pouvoir réglementaire ou d'agrément[33]. Cela revient à dire qu'il existe une différence de compétences et de missions entre « le régulateur de la concurrence » et les AAIRE sectorielles.

17. Qualifier d'Autorité de la concurrence seulement l'autorité de régulation horizontale signifie qu'on lui reconnaît l'exclusivité d'action en matière de droit de la concurrence et, par ricochet, on dénie le rôle joué par les autorités de régulation sectorielles en la matière. À notre sens, cette conception n'est pas tout à fait juste, dans la mesure où même les autorités de régulation sectorielles concourent à la sauvegarde et à la promotion de la libre concurrence dans le marché, et ce, en tentant de maintenir certains équilibres. Ainsi, étant donné que les deux types d'autorités exercent simultanément une régulation *ex ante* et une autre *ex post*, il nous paraît plus approprié de parler d'autorités de régulation sectorielles et d'autorité de régulation horizontale.

On ne peut se baser sur leurs objectifs et missions pour distinguer entre ces deux types d'autorités. Une interférence des compétences et des missions existe bel et bien entre elles, aussi seul leurs champs d'intervention et leur étendue peut servir de critère de distinction. C'est la raison pour laquelle il est préférable d'opposer l'appellation *d'autorité de régulation horizontale* à celle d'*autorités de régulation sectorielles*, au lieu d'autorité de la concurrence aux autorités de régulation sectorielles.

Certes, en principe, l'Autorité de la concurrence est la seule compétente pour sanctionner les pratiques anticoncurrentielles et les manquements prévus en matière de concentrations. Toutefois, elle est également pourvue d'un rôle consultatif important ; elle peut être consultée par le Parlement, le Gouvernement, les juridictions et toute autre entité publique ou privée sur des questions portant sur la concurrence[34]. Plus encore, l'Autorité dispose de la faculté de s'autosaisir en matière d'avis sur toute question de concurrence et d'émettre des recommandations destinées à améliorer le fonctionnement concurrentiel des marchés[35]. Par ailleurs, le pouvoir de contrôle qu'elle exerce sur les concentrations lui permet d'intervenir en amont de la mission de régulation sur les structures, en conséquence elle participe aux côtés des autorités sectorielles à l'ouverture et la construction du marché.

---

engagements dans les systèmes de régulation, *op. cit.*, p. 109 ; Ph. CHONÉ, « Droit de la concurrence et régulation sectorielle, Entre *ex ante* et *ex post* », art. cit., p. 49.

[33] *Cf.* dans ce sens : M.-A. FRISON-ROCHE, « Étude dressant un bilan des autorités administratives indépendantes », préc., p. 117.

[34] D'après les art. L.410-2 et L.462-2 du C. com. L'ADLC doit être obligatoirement consultée lorsqu'un projet de texte législatif ou réglementaire envisage de réglementer les prix ou de restreindre la concurrence.

[35] *Cf.* l'art. L.462-4 du C. com.

18. D'après Philippe CHONÉ, « Les autorités de concurrence (AC) et de régulation sectorielle (ARS) se distinguent par les objectifs qui leur sont assignés et les instruments dont elles disposent. »[36] Avant d'ajouter que l'autorité de la concurrence utilise toutefois des instruments d'intervention *ex ante* tels que les mesures conservatoires, la possibilité d'accepter des engagements, des procédures de « transaction » et de clémence[37]. Si on rejoint l'auteur sur le fait que l'ADLC concourt à la régulation *ex ante*, en revanche nous ne partageons pas la suite de son raisonnement quant aux instruments empruntés. En effet, comme nous l'avons fait remarquer, le rôle de cette Autorité en matière de régulation *ex ante* est illustré par l'importance de sa mission consultative dans l'élaboration des textes en matière de concurrence. Par contre, les mesures conservatoires, les engagements et autres transactions sont à notre sens des instruments de régulation *ex post*, c'est-à-dire en aval de la mission de régulation, dans la mesure où ils interviennent suite à des atteintes portées aux règles du marché par des agents qui y sont déjà bien établis.

19. Dire encore qu'il existe une différence entre les compétences et les missions de l'autorité de régulation horizontale et les autorités de régulation sectorielles ne nous semble pas pertinent. En effet, il ressort des textes régissant ces dernières qu'en plus de leurs propres compétences généralement techniques, le législateur leur reconnaît les mêmes compétences que l'autorité de régulation horizontale. Aussi, elles aussi ne se sont pas confinées à une régulation *ex ante*, au contraire elles détiennent de véritables pouvoirs pour promouvoir la libre concurrence. Cela induit qu'elles vont au-delà de l'ouverture d'un secteur donné pour participer à l'efficience de la concurrence, c'est-à-dire intervenir en aval de la mission de régulation.

C'est le cas, par exemple, de l'Autorité de Régulation des Communications Électroniques et Postales (ARCEP) qui assure entre autres « l'exercice au bénéfice des utilisateurs d'une concurrence effective et loyale entre les exploitants de réseau et les fournisseurs de services de communications électroniques »[38]. Dans le même esprit, le Conseil Supérieur de l'Audiovisuel (CSA) « veille à favoriser la libre concurrence et l'établissement de relations non discriminatoires entre éditeurs et distributeurs de services »[39]. Enfin, la Commission de Régulation de l'Énergie (CRE) de son côté « concourt au bon fonctionnement des marchés de l'électricité et du gaz naturel au bénéfice des consommateurs finals [...] Elle assure le respect, par les gestionnaires et propriétaires de réseaux de transport et de distribution d'électricité et de gaz naturel et par les entreprises opérant dans les secteurs de l'électricité et du gaz, des obligations qui leur incombent en vertu des titres Ier et II du livre Ier et des

[36] *Cf.* « Droit de la concurrence et régulation sectorielle. Entre *ex ante* et *ex post* », préc., p. 43.
[37] *Ibid.*, p. 48.
[38] Art. L.32-1-III, 1° du CPCE.
[39] Art. L.3-1, al. 2 de la loi n° 86-1067, préc.

livres III et IV du présent code. Elle contribue à garantir l'effectivité des mesures de protection des consommateurs. »[40].

Enfin, les autorités de régulation sectorielles sont également compétentes pour constater toute pratique anticoncurrentielle et contrôler tout projet de concentration, et de ce fait participent à la régulation *ex post*. C'est ce qui explique le renforcement par le législateur de la procédure d'inter-régulation et d'articulation entre l'ensemble de ces autorités[41]. Néanmoins, une telle procédure n'est pas infaillible car il existe toujours un risque de complication tant que l'interférence des compétences et des missions perdure[42]. Cela étant dit, même si les autorités de régulation sectorielles jouent un rôle dans le contrôle du marché et constatent toute infraction aux règles de la concurrence, leur rôle s'arrête à ce stade pour transmettre ensuite le dossier à l'ADLC, sauf à agir dans certaines limites après son avis.

20. Enfin, nonobstant notre développement, l'appellation "Autorité de la concurrence" sera maintenue, tout au long de cette étude, pour désigner l'autorité de régulation horizontale, de même que les expressions « en matière de concurrence » ou « en droit de la concurrence » lorsqu'on sera appelé à parler du champ de compétence de cette Autorité.

21. Pour ce qui est des pouvoirs dévolus aux AAIRE dans le cadre de la régulation économique, ceux-ci varient selon le champ sectoriel de compétence de chacune d'elles. Ainsi peut-on remarquer qu'elles détiennent des pouvoirs d'investigation importants, tout comme elles sont habilitées à donner des avis et faire des recommandations aux pouvoirs publics. Certaines d'entre elles sont encore dotées d'un pouvoir réglementaire et prennent des décisions individuelles créatrices de droits et d'obligations pour leurs destinataires. Enfin, elles détiennent également des pouvoirs de mises en garde et d'information, voire d'un pouvoir de sanction, se traduisant par l'infliction de sanctions disciplinaires, mais surtout par des sanctions administratives à caractère pénal, c'est-à-dire purement répressives.

22. Il faut remarquer que l'action administrative envers les administrés se traduit le plus souvent par des obligations de faire ou de ne pas faire ou de laisser faire, et l'on sait également que le propre de chaque obligation juridique est d'être sanctionnée dans le cas de sa violation ; le droit ne peut mériter sa place comme instrument de régulation de la vie sociale que s'il est en mesure de contraindre les individus à l'exécution des obligations qu'il leur impose. Il

---

[40] Art. L.131-1 du C. énergie.

[41] *Cf.* sur la coopération, par exemple les art. L.612-22 et L.612-29 du C. mon. fin., (ACPR) ; les art. L.5-8, L.34-8-1, L.36-10 et L.37-1 du CPCE (ARCEP); l'art. 41-4 de la loi n° 86-1067, préc., (CSA) ; L.134-16 et L.134-17 du C. énergie (CRE).

[42] Certes, le législateur français a prévu dans les textes régissant les différentes AAIRE plusieurs dispositions pour faire face au risque d'interférence des compétences, mais les solutions adoptées sont disparates et nous révèlent qu'on ne s'est pas saisi de la difficulté dans sa globalité, *cf.* M.-A. FRISON-ROCHE, « Étude dressant un bilan des autorités administratives indépendantes », préc., pp. 37 et s. ; R. DOSIÈRE et Ch. VANNESTE, Rapport d'information sur les AAI, t. I, préc., p. 116.

va donc de soi que l'administration bénéficie de moyens de contrainte et de coercition pour faire respecter ses décisions. Un tel pouvoir peut s'exprimer, tout d'abord, par l'utilisation directe de la force pour atteindre l'objectif voulu ; on entend par là l'exécution forcée des décisions administratives. Sinon, l'administration peut aussi intervenir *a posteriori*, et ce, en infligeant à l'auteur du manquement une sanction. Ce dernier procédé a pour objet non seulement de *réprimer* l'infraction constatée, mais aussi et encore plus d'exercer un effet de *dissuasion* sur les contrevenants potentiels. L'administration a toujours été dotée d'un tel pouvoir, non sans soulever les reproches et critiques des juristes. Car il arrive que l'administration, qui se trouve dans une position plus confortable que les administrés, abuse de sa situation hégémonique. De plus, le juge est considéré comme le véritable titulaire du pouvoir de réprimer les violations de la loi.

Cette méfiance et ces craintes, toutes légitimes, du pouvoir répressif administratif, s'accroissent avec sa reconnaissance aux AAIRE. Un état de fait qui a beaucoup intéressé la doctrine qui, préoccupée par la situation, s'est attelée à rechercher les fondements juridiques d'un tel pouvoir et sa compatibilité avec la nature des organes qui l'exercent. Étant donné qu'il s'agit d'un procédé tout à fait nouveau voire curieux, en raison de la reconnaissance à ces organes *administratifs*, de surcroît dits *indépendants*, d'un pouvoir répressif relevant traditionnellement du ressort du pouvoir judiciaire, pis, qu'ils cumulent avec un pouvoir réglementaire. Pour atténuer la méfiance et les craintes exprimées à ce sujet, la jurisprudence française a beaucoup contribué à canaliser un tel pouvoir, parfois sans porter conviction[43], à chaque fois qu'elle était saisie pour le contrôler.

Mais qu'entend-on, plus précisément, par cette notion de « pouvoir répressif administratif », qui a fait et continuera certainement à faire couler beaucoup d'encre ?

§ 2. Définition de la sanction administrative répressive

23. Au sens large la sanction administrative est définie comme « toute mesure individuelle émanant d'une autorité administrative juridictionnelle ou active qui, par ces circonstances et indépendamment de la qualification qui lui est donnée par la loi, manifeste une intention de punir une personne considérée comme coupable pour s'être comportée d'une façon incompatible avec les exigences d'une mission poursuivie par une institution administrative »[44].

---

[43] À titre d'exemple, malgré les assurances du juge national, en particulier administratif, sur le respect du principe d'impartialité énoncé, entre autres, à l'art. 6§1 de la CESDH, le Gouvernement français a dû revoir l'organisation et le fonctionnement des AAIRE, après avoir été débouté sur la question par la CEDH. *Cf. infra*, pp. 474 et s.

[44] J. MOURGEON, *La répression administrative*, Paris, LGDJ, 1967, p. 129. Dans le même sens, *cf.* J.-L. DE CORAIL, « Administration et sanction. Réflexions sur le fondement du pouvoir administratif de répression », *in Droit administratif*, Mél., R. CHAPUS, Paris, Montchrestien, 1992, pp. 103 et 125 ; G. DELLIS, *Droit pénal et droit administratif*, p. 85 ; M.

Toutefois, ce qui intéressera notre étude est la sanction administrative prononcée par l'administration active, et plus précisément les AAIRE. Plus encore, étant donné que l'expression « sanction administrative » peut désigner à la fois plusieurs mesures et sanctions que ces autorités peuvent édicter et infliger, notre étude portera quant à elle uniquement sur la sanction administrative *répressive*. Ce qualificatif est justifié par le fait que ces sanctions ont une finalité répressive ; elles sont prononcées par des autorités administratives ou publiques, agissant dans le cadre de leurs prérogatives de puissance publique, à l'encontre de « toute personne »[45] ayant porté atteinte aux « lois et règlements »[46].

Certes, il s'agit de sanctions administratives, mais se distinguant du fait de leur caractère pénal des autres sanctions administratives contractuelles et disciplinaires[47]. Alors que ces dernières supposent, d'une part, l'existence d'un rapport juridique préétabli entre l'individu susceptible d'être sanctionné et l'administration et, d'autre part, la violation d'une règle d'ordre disciplinaire, la sanction administrative *répressive* touche des personnes non liées à la puissance publique ou alors liées à elle mais par un lien spécial, et fait face à des atteintes portées à des règles d'une portée générale[48]. De même, cette sanction doit être distinguée des sanctions administratives contractuelles ou conventionnelles que peut contenir un contrat administratif ou une convention (la résiliation, les sanctions pécuniaires telles les pénalités[49], l'exécution par défaut, etc.), dans la mesure où leur infliction est justifiée par le non-respect du cocontractant de ses engagements contractuels, contrairement à la sanction

---

LEFONDRÉ, *Recherches sur les sanctions administratives et leur nature juridique*, Thèse, Université de Caen, 1973, pp. 73 et 471.

[45] *Cf. infra*, pp. 90 et s., 395 et s.

[46] *Cf. infra*, pp. 93 et s., 399 et s.

[47] Selon Michel DE JUGLART, « la sanction à caractère disciplinaire [...] intervient pour réprimer une faute qui, contrairement à la faute pénale, n'est pas prévue par un texte ou, si elle l'est, fait l'objet d'une définition large et très souple », en revanche « les sanctions administratives à caractère pénal [...] sont prises pour violation, non plus de telle règle professionnelle, élaborée par un organisme professionnel, mais de certains textes législatifs qui prévoient d'une façon très précise les infractions conformément au principe de la légalité des délits et des peines », *cf.* « Les sanctions administratives dans la législation récente », *JCP G* 1942.I.283, n°s 5 et 7. Georges LEVASSEUR a emprunté les mêmes expressions dans son étude « Renaissance des sanctions administratives et renforcement de la répression pénale de la fraude fiscale (Loi du 14 avril 1952, articles 25, 47 et suivants) », *JCP G* 1952.I.1032, n°s 7 et 9. Dans le même sens, Henry NÉZARD définit la faute disciplinaire par l'acte qui « transgresse des règles purement professionnelles et lèse les intérêts matériels et moraux du groupement », aussi arrive-t-il à définir le droit disciplinaire par « l'ensemble des règles qui organisent la répression des fautes professionnelles. », *cf. Les principes généraux du droit disciplinaire*, Thèse, Paris, Arthur Rousseau, 1903, pp. 8 et 9.

[48] On reconnaît cependant que parfois il n'est pas aisé de différencier les deux types de sanctions, qui peuvent être d'une même nature (sanction pécuniaire, avertissement, suspension, etc.), surtout qu'assez souvent le législateur utilise approximativement les deux adjectifs « disciplinaire » et « administrative ». *Cf.* sur la distinction des sanctions administratives répressives et les sanctions disciplinaires, *infra*, pp. 95 et s.

[49] *cf.* L'exemple du CSA, art. 28 de la loi n° 86-1067 du 30 sept. 1986, préc.

administrative répressive qui est conçue pour réprimer la violation d'une norme juridique législative ou réglementaire.

Enfin, cette dernière doit être également distinguée, d'une part, des injonctions et autres mises en demeure constitutives du pouvoir de commandement des AAIRE et, d'autre part, des mesures de police. Même si les mesures édictées dans le cadre du pouvoir de commandement de ces autorités s'apparentent à de véritables sanctions, il n'en demeure pas moins qu'elles sont un prélude au prononcé des sanctions répressives[50]. Et si le but de ces dernières est de *punir* un comportement défendu, l'objectif de la mesure de police est, en revanche, de prévenir et d'essayer d'écarter en amont les troubles et les comportements menaçant l'ordre public.

24. Nous avons opté pour l'expression « sanctions administratives *répressives* », même si d'autres auteurs préfèrent celle de « sanctions administratives *stricto sensu* » pour désigner la même catégorie[51]. Selon Catherine TEITGEN-COLLY, les sanctions administratives *stricto sensu* sont des « manifestations de la puissance publique s'imposant de façon générale », tandis que les sanctions disciplinaires interviennent « à l'intérieur d'un groupe restreint pour des manquements internes aux règles de celui-ci »[52]. D'autres parlent également de « sanctions administratives proprement dites [ou] de caractère non disciplinaire »[53], « pouvant être infligées par l'administration à un particulier sans que celui-ci soit placé par rapport à la puissance publique dans une situation de droit ou de fait, différente de celle que connaît l'ensemble des citoyens »[54].

Se prononçant sur le pouvoir répressif du Conseil Supérieur de l'Audiovisuel, le Conseil d'État a jugé que les sanctions que cette autorité inflige aux organismes titulaires d'autorisations d'usage de fréquence « ne présentent ni le caractère de sanctions disciplinaires, ni celui de sanctions

---

[50] *Cf. infra*, pp. 379 et s.

[51] J.-M. AUBY, « Les sanctions administratives disciplinaires applicables aux usagers volontaires des services publics », *in* Mél. J. BRÈTHE DE LA GRESSAYE, Ed. Bière. Bordeaux, 1967, p. 79.

[52] « Sanctions administratives et autorités administratives indépendantes », *LPA*, 17 janv. 1990, n° 8, p. 29. Dans le même sens, Joëlle PRALUS-DUPUY nous invite, au sujet des sanctions de la COB, à distinguer les sanctions prononcées par cette autorité « dans le cadre de sa mission générale de protection de l'épargne et que l'on qualifie de sanctions administratives *stricto sensu*. Celles-ci relèvent d'un ordre public général : « Elles ont pour objet d'assurer l'intégrité des marchés financiers et la protection des investisseurs » », des sanctions disciplinaires qui « se situent dans un ordre juridique particulier : il s'agit d'assurer la discipline dans une catégorie professionnelle donnée... », *cf.* « Les tendances contemporaines de la répression disciplinaire », *RSC* 2000, p. 545, spéc., p. 549. En ce sens également, *cf. Id.*, « Réflexions sur le pouvoir de sanction disciplinaire reconnu à certaines autorités administratives indépendantes », *RFDA* mai-juin 2003, pp. 558 et 560 ; H.-G. HUBRECHT, « Sanctions administratives », *J.-Cl. adm.* Fasc., 202, 1993 ; N. DECOOPMAN, « La Commission des opérations de bourse », *J.-Cl. com.* Fasc. 1510, n° 103 (cité par J. PRALUS-DUPUY, *ibid.*) ;

[53] J.-M. AUBY, *ibid.*, pp. 77 et 79.

[54] DUTHEILLET DE LAMOTHE, *Rép. Dalloz*, « Droit administratif », V° « Sanctions administratives », n° 2, cité par J.-M. AUBY, *ibid.*

professionnelles »[55]. Donc il s'agit bel et bien de sanctions administratives répressives ou si l'on veut *stricto sensu.*

25. À notre sens, c'est aussi cette catégorie de sanctions administratives qui est visée par le Conseil constitutionnel lorsqu'il parle de « sanction ayant le caractère d'une punition »[56]. Ce sont également ces sanctions dont parle André DELION, et qu'il qualifie de « sanctions punitives » dont l'objet est de « punir des comportements interdits par la législation et les règlements »[57].

Partant de la jurisprudence constitutionnelle, Michel DEGOFFE a tenté, sur la base du critère de la nature de l'activité exercée, de distinguer les sanctions administratives *stricto sensu*, qui tendent selon lui à faire respecter une réglementation dans laquelle l'individu a dû s'insérer (activité réglementée), des punitions qui, elles, répriment les abus que l'individu peut commettre dans l'exercice d'une liberté (activité libre/la liberté de concurrence). D'après l'auteur « l'exercice d'une liberté n'étant soumis à aucune habilitation préalable, l'individu n'a jamais été averti des manquements qu'il pouvait commettre, d'où l'impérieuse nécessité d'observer les principes du droit pénal qui tendent tous à l'avertir des faits qui lui sont reprochés et de la peine qu'il encourt »[58].

Cela revient à dire que les sanctions qui pèsent sur les opérateurs qui sont liés préalablement aux AAIRE, par des autorisations et des agréments, ne sont pas des sanctions administratives ayant le caractère d'une punition, contrairement à celles infligeables aux opérateurs économiques soumis à titre d'exemple au contrôle de l'Autorité de la concurrence mais sans lien préalable. À notre sens, n'est pas tout à fait juste de soutenir que cette autorité de régulation inflige des sanctions ayant le caractère d'une punition car leurs destinataires exercent une liberté – la liberté de concurrence – et ne sont pas avertis au préalable. La liberté de concurrence que l'auteur cite est un corollaire du principe de la liberté du commerce et de l'industrie, or ce dernier peut faire l'objet de limitations législatives. En effet, pour préserver une saine et loyale concurrence dans le marché, il est possible de restreindre la liberté de certains opérateurs économiques ; c'est d'ailleurs l'objet même du droit de la concurrence. Donc, même dans le cadre des activités dites libres, non soumises à une condition d'accès préalable telle une autorisation, les opérateurs

---

[55] CE, 14 juin 1991, n°s 107365, 107859, 110270 et 114646, *Rec. CE* 1991, p. 232. Commentant cet arrêt, Jean-Louis AUTIN estime que « la nature juridique des sanctions [par les AAIRE] ne saurait être appréciée indépendamment de la mission de régulation dont sont dotés ces nouveaux organismes et qui leur confère une position d'interface dans le rapport État/société civile ». Toutefois, s'il reconnaît que l'action de ces autorités n'est pas strictement professionnelle, il soutient qu'elles n'ont pas en charge la défense de l'intérêt général mais plutôt « un intérêt collectif propre à chaque secteur régulé et où se combinent préoccupations administratives, souhaits des opérateurs privés et aspirations des citoyens », *cf.* « Le pouvoir répressif d'une autorité administrative devant le juge administratif », note sous CE, 14 juin 1991, préc., *RFDA* 1992, p. 1021.

[56] Pour plus d'exemples, *cf. infra*, pp. 106 et s.

[57] A. DELION, art. cit., pp. 30-31.

[58] « Typologie des sanctions de l'administration », *JCP A* 2013.I.2075, n° 12.

économiques sont soumis à un ensemble d'obligations de faire ou de ne pas faire dont le non-respect peut entraîner l'infliction des sanctions prévues. Par conséquent, en exerçant l'activité en cause les opérateurs étaient déjà avertis des sanctions qui leur sont réservées en cas de manquements aux obligations qui pèsent sur eux. Par ailleurs, il ne faut pas omettre que presque l'ensemble des AAIRE sont dotées d'un pouvoir de commandement qui leur permet d'« avertir » en prononçant des injonctions et des mises en demeure avant l'infliction des sanctions prévues, et dont le caractère de punitions est bien acquis pour la jurisprudence et la doctrine. C'est pour cette raison que nous estimons qu'il n'est pas tout à fait juste de dire qu'en l'absence d'un lien préalable la personne n'est pas avertie des manquements qu'elle peut commettre. Par ailleurs, la loi n'est-elle pas par elle-même obligatoire dès sa publication ? A-t-on vraiment besoin d'avertir et de "prier" ses destinataires de la respecter avant de les sanctionner ? Dans ce cas, la sanction s'apparente beaucoup plus à une réaction au non-respect de l'avertissement qu'au manquement à la loi.

En sus du critère de la nature de l'activité (réglementée/libre), l'auteur estime qu'« il faut ajouter un second »[59] critère, en l'occurrence celui de la nature ou du contenu de la sanction. D'après lui, la sanction administrative est *stricto sensu* lorsqu'elle tend à faire respecter une réglementation connue telle que l'interdiction d'exercer, tandis qu'elle est une punition si elle n'a aucun rapport avec la réglementation, à l'exemple de la sanction pécuniaire. Pour l'auteur c'est parce que la sanction n'est pas prévisible qu'elle est considérée comme une punition et que la liberté à laquelle elle porte atteinte mériterait de bénéficier des principes applicables en droit pénal.

Comment une sanction pécuniaire peut-elle être prononcée si elle n'a aucune relation avec le texte dont elle est censée assurer le respect ? Par ailleurs, à notre sens, en traitant de « la sanction ayant le caractère d'une punition » le Conseil constitutionnel ne s'est pas basé sur la gravité et le contenu des sanctions, dans la mesure où le pouvoir de sanction sur lequel il s'est prononcé est constitué de sanctions de divers contenus. Ainsi, a-t-il considéré comme sanction ayant le caractère d'une punition, en plus des sanctions pécuniaires : le retrait de la carte de séjour temporaire et la carte de résident d'un employeur, la décision d'insertion d'un communiqué dans les programmes d'un éditeur de services de radiodiffusion sonore ou de télévision, la suspension des prestations familiales en cas de carence parentale, la décision de suspension ou de révocation d'un maire, une mesure de privation définitive du droit de vote[60].

Il paraît difficile de comprendre la logique de ce second critère qui ne diffère pas du premier. Plus encore, après avoir soutenu qu'il fallait ajouter un second critère, l'auteur nous dit en fin de compte que « Les deux critères sont alternatifs et non cumulatifs : la présence d'un seul suffit à qualifier la mesure

---

[59] *Ibid.*, n° 13.
[60] *cf. infra*, p. 106.

répressive de punition. »[61] Pour rappel, cette réflexion a déjà fait l'objet d'une publication en 2001, où l'auteur estimait que le « premier critère ne suffit pas. Il faut également prendre en compte la nature de la sanction, son contenu »[62].

Certes, le juge constitutionnel n'a donné aucune définition de cette catégorie de sanctions administratives, de même qu'il n'a dégagé aucun critère permettant de les identifier parmi leurs semblables. Cependant, sachant que la *punition* ou la *peine* postule à *réprimer* un comportement, nous pouvons déduire qu'il a visé les sanctions administratives *répressives* plutôt que les sanctions disciplinaires dont l'objectif est la protection d'un ordre particulier et les sanctions administratives contractuelles qui s'attachent au non-respect d'engagements contractuels.

26. Peut-être que notre opinion surprendra-t-elle mais nous estimons qu'il est exagéré d'inclure le pouvoir disciplinaire dans la notion de *répression administrative*. En effet, toutes les réflexions consacrées à cette notion n'hésitent pas à qualifier le pouvoir disciplinaire de *répressif*. Or, nous estimons que seules les sanctions administratives répressives, c'est-à-dire à caractère pénal, composent la répression administrative. Le terme « réprimer » – plus lourd et plus fort que le terme « sanctionner » – est généralement utilisé pour évoquer l'exercice d'actions ou de moyens de contraintes graves et coercitifs pour anéantir et mettre fin à des situations, comme dans le cas d'une manifestation.

Toutefois, l'exclusion du pouvoir disciplinaire du cercle répressif ne peut être fondée sur la nature et la gravité des sanctions[63], étant donné que les sanctions disciplinaires sont parfois identiques aux sanctions administratives répressives, mais plutôt sur la nature et l'ampleur de la norme violée. Ce qui induit une différence dans la finalité recherchée. En effet, les unes et les autres assurent le respect de règles de caractère et d'étendue différents ; dans la sanction administrative répressive, la règle en cause présente un caractère général (violation de normes législatives et réglementaires) : elle oblige tous les administrés ou des catégories de ceux-ci définies objectivement. Au contraire, dans le pouvoir disciplinaire l'atteinte porte sur une règle disciplinaire, représentant un ordre interne, ne s'appliquant qu'aux personnes déterminées ou déterminables qui sont assujetties à ce pouvoir.

Par ailleurs, la sanction administrative répressive n'est pas seulement rendue par une autorité administrative, mais également et surtout « agissant dans le cadre de prérogatives de puissance publique »[64]. Aussi, à notre sens, il

---

[61] *Ibid.*, n° 14.

[62] *cf.* « L'ambiguïté de la sanction administrative », *AJDA* 2001, n° spécial, p. 28.

[63] *Cf.* cependant dans ce sens, GHÉNIMA, *Les sanctions administratives*, Thèse, Université de Bordeaux, 1955, p. 40, cité par J.-M. AUBY, *ibid.*, p. 79.

[64] Cons. const., n° 89-260 DC du 28 juill. 1989, loi relative à la sécurité et à la transparence du marché financier, *Rec. Cons. const.* 1989, p. 71, *JORF* du 1er août 1989, p. 9676, 6ème consid.

est possible de qualifier un pouvoir de sanction de *répressif* lorsqu'il représente l'expression des prérogatives régaliennes de l'État[65].

Est-il vraiment juste de parler de *répression* au sujet de la faute disciplinaire d'un fonctionnaire ? Peut-on parler réellement d'une répression lorsque la sanction envisageable est un avertissement prévu pour la violation d'un règlement intérieur d'une bibliothèque de la part d'un étudiant ?[66] Il faut avouer qu'on est bien loin de la véritable répression pénale et administrative qui lui est proche. À ce propos, force est de constater que dans le cadre du pouvoir répressif des AAIRE le législateur a emprunté plusieurs sanctions au pouvoir disciplinaire, dont la finalité est de sanctionner non plus un manquement disciplinaire, mais plutôt des violations aux textes législatifs et réglementaires. Ce qui ne manque pas de surprendre, dans la mesure où il est démesuré de sanctionner par de simples avertissements et blâmes des violations de textes législatifs, plus graves que les manquements disciplinaires.

27. Partant de l'exposé précédent, nous pouvons qualifier la sanction administrative répressive comme étant un *acte administratif unilatéral ou transactionnel à caractère répressif émanant d'une administration active, agissant dans le cadre de prérogatives de puissance publique, et destiné à punir un manquement à une obligation imposée par le législateur ou l'administration.*

Pour être plus précis, la sanction administrative répressive est caractérisée par les éléments suivants :

- Un acte émanant d'une administration active...

28. En dépit de leur ressemblance avec les sanctions pénales, les sanctions administratives répressives ne sont pas des actes de la juridiction pénale. Elles ne sont pas non plus rendues par le juge administratif, car elles émanent d'autorités administratives actives – malgré l'imbroglio juridique créé par la notion d'AAI, leur nature administrative est incontestable[67] –, ce qui leur procure le caractère « administratif ». Par ailleurs, si la sanction disciplinaire peut être prononcée soit par une autorité administrative soit par une personne

---

[65] Selon la doctrine cet aspect doit être exclu en matière disciplinaire dans la mesure où il existe dans les institutions privées un pouvoir disciplinaire, ne résultant d'aucune délégation de la puissance publique, qui est analogue à celui exercé dans les institutions publiques, *cf.* A. LEGAL et J. BRÈTHE DE LA GRESSAYE, *Le pouvoir disciplinaire dans les institutions privées*, son organisation et ses effets dans les associations, syndicats, sociétés, entreprises, professions : étude de sociologie juridique, Paris, Sirey, 1938, p. 108 ; J.-M. AUBY, « Les sanctions administrative disciplinaires applicables aux usagers volontaires des services publics », art. cit., p. 74.

[66] L'on peut se poser la même question au sein d'une AAIRE. En effet, à notre sens, il est injuste de qualifier le pouvoir disciplinaire que ces autorités exercent à l'encontre de leurs membres de pouvoir *répressif*, comme l'est celui qu'elles exercent à l'encontre des personnes soumises à leur contrôle.

[67] *Cf. infra*, pp. 147 et s.

ou un organisme n'ayant pas cette qualité, la sanction administrative répressive ne peut être que l'œuvre d'une autorité administrative.

- ... agissant dans le cadre de prérogatives de puissance publique

29. Il ne suffit pas que la sanction soit prononcée par une autorité administrative active, plus encore, elle doit l'être dans le cadre de ses prérogatives de puissance publique. Étant chargée de la régulation économique et la protection de l'ordre public économique, c'est en toute logique que ces autorités sont dotées d'un ensemble de prérogatives de puissance publique, notamment un pouvoir de sanction répressif pour réaliser leur mission.

- Un acte administratif, naguère unilatéral, de plus en plus transactionnel

30. En principe, on ne peut concevoir un concours de volontés pour l'application de la sanction administrative. La nature de celle-ci comporte, en elle-même, ce caractère. « Limitée à certaines personnes et à certaines activités, elle [la sanction administrative] s'impose à elles, en dehors de tout consentement, comme s'imposerait la sanction pénale, mesure de droit commun, à laquelle elle est substituée. »[68] Toutefois, dans la sphère économique, la transaction est encline à devenir le principe de la répression administrative. En effet, outre les sanctions pécuniaires directes[69] et les sanctions restrictives ou privatives des droits, le législateur tend de plus en plus à privilégier le mode transactionnel dans l'infliction des sanctions administratives en matière économique. Ce mode répressif est considéré plus approprié en la matière, car assurant la résolution du contentieux plus rapidement et efficacement qu'une procédure répressive ordinaire. D'autre part, en portant sur le paiement d'une somme d'argent, ces sanctions touchent au nerf de la sphère économique et sont donc plus dissuasives. Enfin, ces sanctions semblent plus acceptées par les personnes contrôlées, dans la mesure où elles leur assurent une certaine discrétion dans les poursuites et, de ce fait, leur évitent une mauvaise publicité[70]. Après les procédures négociées dont a

---

[68] C.-A. COLLIARD, « La sanction administrative », *Annales de la Faculté de droit d'Aix*, 1943, n° 36, p. 3, spéc., p. 13. Il existe plusieurs définitions de la sanction administrative, la plus répandue est celle qui la considère comme étant un « acte administratif unilatéral à contenu punitif », *cf.* J. MOREAU, *Droit administratif*, PUF, 1989, n° 155 ; E. BREEN, *Gouverner et Punir*, Paris, PUF, Coll., « Les voies du droit », 2003, p. 60 s. Le Conseil d'État définit la sanction administrative comme « une décision unilatérale prise par une autorité administrative agissant dans le cadre de prérogatives de puissance publique » et qui « inflige une peine sanctionnant une infraction aux lois et règlements », *cf.* Conseil d'État, Les pouvoirs de l'Administration dans le domaine des sanctions, 1995, p. 35.

[69] On distingue dans notre étude les sanctions pécuniaires directes, autrement dit les amendes administratives, des sanctions pécuniaires indirectes négociées dans le cadre d'une transaction.

[70] En droit français, la transaction était considérée, pendant longtemps, comme « une sanction administrative », *cf.* J. MOURGEON, *La répression administrative*, *op. cit.*, p. 314 ; J.-M. AUBY, « La transaction en matière administrative », *AJDA* 1956, p. 1 ; J.-C. RICCI, *Le pouvoir*

bénéficié le Conseil de la concurrence, et à sa suite l'Autorité de la concurrence, une procédure de « composition administrative » est également reconnue à l'Autorité des Marchés Financiers (AMF)[71].

En réalité, si ce type de « répression » est bien accueilli par les AAIRE, qui ne cessent de le réclamer, et le milieu professionnel, il n'en demeure pas moins qu'il est source d'un déséquilibre de l'ordre répressif et favorise l'instauration d'une justice à deux vitesses[72].

- Un acte administratif à caractère répressif

31. Les sanctions [décisions] administratives sont considérées comme faisant grief parce qu'elles modifient l'ordonnancement juridique « en affectant les règles de droit déterminant la situation des personnes qui y sont soumises, leurs droits et obligations »[73]. Un tel caractère nous permet certes de distinguer ces sanctions de certains autres actes administratifs dont disposent les AAIRE pour faire face aux manquements constatés, et qui ne doivent cependant pas être assimilées à des « sanctions ». S'exerçant antérieurement au prononcé de la sanction, à première vue, ces actes ne font pas grief. C'est le cas des mesures de police dont le rôle est préventif, et des injonctions et autres mises en demeure qui sont une sorte d'ordres et de sommations de faire ou de ne pas faire, précédant la véritable sanction[74].

---

discrétionnaire de l'administration fiscale, Presse universitaire d'Aix Marseille, 1997, p. 332. Un point de vue qui a influencé les juridictions françaises, telle que la Cour de cassation qui a qualifié la transaction de sanction administrative, *cf.* Cass. crim., 19 févr. 1964, n°s 63-90.596 et 63-92.849, *Bull. crim.* 1964, n° 60, et le Conseil d'État qui a estimé que « la transaction en matière économique s'analyse comme une sanction infligée par l'administration dont la victime n'est pas en mesure de discuter les termes et n'a pas d'autres solutions que de les accepter ou de les refuser, son refus exposant à des poursuites pénales », *cf.* CE, 28 févr. 1986, *Ministre des finances c/Seignolle*, *Rec. CE* 1986, p. 52. Cependant, pour une frange de la doctrine, les transactions ne peuvent être appréhendées comme des sanctions administratives parce qu'elles ont un caractère contractuel et elles sont le fait d'un accord amiable entre les deux parties. Une conception qui semble avoir influencé le Conseil d'État au point qu'il change de position en 1993, pour considérer, cette fois-ci, la transaction comme étant un « accord amiable mettant fin à un litige et qui comporte des concessions réciproques, le règlement d'une certaine somme se traduisant par l'abandon des poursuites judiciaires », *cf.* Conseil d'État, Régler autrement les conflits : conciliation, transaction et arbitrage en matière administrative, Coll., « Les études du Conseil d'État », Paris, La DF, 1993, p. 59. *Cf.* sur le sujet : F. DOUËB, *Les sanctions pécuniaires des autorités administratives*, Thèse, Université de Paris II, 2003, p. 58 ; M. DOBKINE, « La transaction en matière pénale », *D.* 1994, chron. p. 137 ; J.-M. DUPRE, *La transaction en matière pénale*, Librairies Techniques, 1978, p. 171 ; G. CHAVRIER, « Réflexions sur la transaction administratives », *RFDA* 2000, p. 548.

[71] *Cf. infra*, pp. 362 et s.

[72] A. TAIBI, « La prolifération des AAI de régulation. Du déséquilibre de l'ordre répressif à l'instauration d'une justice à deux vitesses », *in Le désordre : une vertu créatrice ?* Colloque international de l'ISEG Business School, Paris 11 avr. 2013. *Cf. infra*, pp. 393 et s.

[73] G. VEDEL et P. DELVOLVÉ, *Droit administratif*, 11ème éd., Paris, PUF, Coll., « Thémis », 1990, p. 240.

[74] Néanmoins, ces mesures sont contraignantes pour leurs destinataires et peuvent même leur causer un préjudice du fait de la mauvaise publicité qui leur seraient faite sur le marché. Raison

Il n'en reste pas moins que ce caractère est aussi valable pour les sanctions administratives disciplinaires et contractuelles. C'est la raison pour laquelle nous préférons parler, dans le cas des sanctions administratives *stricto sensu*, d'un acte administratif à caractère répressif dont la finalité est de *réprimer* un comportement défendu, qu'il soit positif ou négatif. Le caractère répressif des sanctions administratives est semblable à celui des sanctions pénales, la différence résidant au niveau de leur auteur. D'ailleurs, la plupart d'entre elles relevaient, jusque-là, de la compétence du juge pénal avant d'être dépénalisées. Ce caractère revient assez souvent dans les définitions données de cette notion. Ainsi, pour Jacques MOREAU la sanction administrative est « un acte administratif unilatéral à caractère répressif »[75]. Le professeur Franck MODERNE abonde dans le même sens, indiquant que la sanction administrative se caractérise « par sa finalité répressive »[76]. L'appartenance de ces sanctions à la matière répressive est confortée par leur soumission, quoique modérée, par le juge du contrôle et le Conseil constitutionnel, quasiment aux mêmes principes généraux applicables en droit pénal[77].

- Un acte destiné à punir la violation d'une norme législative ou réglementaire

32. Comme nous l'avons précédemment noté, la sanction administrative répressive est conçue pour punir les violations portées à des normes législatives et réglementaires. Désormais, comme le signale Yves GAUDEMET, le recours à une sanction administrative ne se limite pas à « la théorie de l'exécution des actes administratifs », mais elle est également prononcée « à l'encontre de contrevenants à l'exécution directe des lois »[78].

Des expressions telles « la présente loi et des textes pris pour son application », les « dispositions législatives et réglementaires qui leur sont applicables », et « les obligations qui leur sont imposées par les textes législatifs et réglementaires »[79], utilisées par le législateur pour désigner l'objet des manquements, démontrent qu'on est très loin de la sphère disciplinaire et rapprochent plus ces sanctions de la répression pénale.

Cela étant dit, pourquoi s'intéresser au pouvoir répressif des AAIRE ?

---

pour laquelle, on leur reconnaît donc, sous certaines conditions, le caractère de décisions faisant grief, pouvant ainsi faire l'objet d'un recours juridictionnel. *Cf. infra*, pp. 387 et s.

75 J. MOREAU, *Droit administratif*, 1ère éd., Paris, PUF, Coll., « Droit fondamental », 1989, p. 217.

76 F. MODERNE, « Sanctions administratives et protection des libertés individuelles au regard de la convention européenne des droits de l'homme », *LPA*, n° 8, 17 janv. 1990, p. 15. *Cf.* également : H.-G. HUBRECHT, *Droit public économique*, Paris, Dalloz, Coll., « Cours », 1997, p. 132.

77 *Cf. infra*, pp. 413 et s.

78 *Traité de droit administratif*, t. 1, *Droit administratif général*, 16ème éd., Paris, LGDJ, 2001, p. 645.

79 *Cf. infra*, pp. 93 et s., 399 et s.

§ 3. Intérêt du sujet et délimitation du sujet quant aux AAIRE étudiées

33. Notre intérêt pour le pouvoir répressif des AAIRE est dicté par le fait que sa reconnaissance, manquant de bases juridiques solides, altère les concepts du droit processuel et porte souvent atteinte aux droits fondamentaux du procès. En effet, pour les fervents partisans de la régulation, doter les régulateurs administratifs indépendants d'un pouvoir répressif est indispensable, consubstantiel à leur mission. Autrement dit, *sanctionner c'est encore réguler*[80]. Il n'en reste pas moins qu'en sus de l'empiétement sur le pouvoir du juge, la mise en œuvre de ce pouvoir heurte les droits des justiciables. Pour rappel, la création de ces nouvelles autorités de régulation, sous forme d'un « guichet unique », est motivée, entre autres, par la volonté de s'affranchir des différentes formalités – à dire vrai, des garanties – qui alourdissent le pouvoir judiciaire.

34. Il faut avouer, qu'en tant que juristes, le pouvoir répressif des AAIRE nous interpelle à plus d'un titre, car illustre parfaitement l'exorbitance du droit administratif et des pouvoirs de l'administration en matière économique. Il est en effet primordial pour les juristes que nous sommes de nous interroger sur ce pouvoir, reconnu à des autorités *sui generis*, qui tout en étant des autorités administratives dites indépendantes, agissent au nom et au compte de l'État et semblent même jouer un rôle de police judiciaire sectorielle[81].

Par ailleurs, en dépit de la validation par le juge constitutionnel français de ce pouvoir répressif, il est tout de même exorbitant de le confier à une même autorité, de surcroît administrative, déjà détentrice de plusieurs autres pouvoirs. Comment peut-on associer une autorité administrative à l'élaboration des textes – donc des sanctions -, la charger ensuite de leur exécution et du contrôle de leur respect, tout en la dotant de la faculté de s'autosaisir, de mener l'instruction et enfin de « juger » en prononçant des sanctions ? C'est pour cette raison que plusieurs des réflexions et recherches qui se sont intéressées au sujet, contestent l'octroi d'un pouvoir de sanction aux AAIRE, un pouvoir qui, en plus de sonner comme un retour du système de l'administration-juge[82], semble violer le principe de la séparation des pouvoirs qui devrait exclure qu'une autorité administrative, déjà détentrice d'un pouvoir réglementaire, puisse exercer un pouvoir répressif relevant en principe de la compétence du juge.

35. S'intéresser à ce pouvoir répressif est également important et indispensable pour comprendre ces régulateurs, dans la mesure où il a fait évoluer leur organisation et leur fonctionnement grâce aux critiques dont il a fait l'objet. C'est en effet, en grande partie, à cause des revers subis devant les juridictions nationales et la CEDH, à propos de l'exercice du pouvoir répressif de ces autorités, que les pouvoirs publics se sont retrouvés dans l'obligation de

---

[80] *Cf. infra*, pp. 66 et s.
[81] *Cf. infra*, pp. 296 et s.
[82] *Cf. infra*, pp. 128 et s.

bouleverser l'architecture interne de ces autorités, en distinguant les organes/fonctions de poursuite et d'instruction des organes/fonctions de jugement, et en soumettant l'exercice de ce pouvoir aux principes et règles régissant le droit pénal. Or, le phénomène de processualisation – qui accroît les garanties des administrés – est de nature à entamer l'efficacité pratique tant recherchée à la création de ce type de régulateurs. Mieux encore, à notre avis, de telles réformes ne sont qu'une réorganisation interne de ces autorités et sont loin de lever les soupçons de partialité. Comment peut-il en être autrement dans la mesure où les instances de sanctions agissent au nom et au compte de l'autorité elle-même ? D'ailleurs, malgré les réformes, les textes institutifs de certaines de ces autorités persistent à disposer qu'elles – et non leurs instances répressives – peuvent sanctionner. Aussi, peu importe dans les faits qui prononce les sanctions, pour « les justiciables » les sanctions sont infligées par les autorités elles-mêmes[83].

36. L'intérêt porté pour ce sujet est aussi dicté, d'une part, par notre curiosité de découvrir une nouvelle catégorie de sanctions administratives que nous pouvons considérer de « seconde génération »[84]. Des sanctions certes administratives, mais reconnues pour la première fois à des autorités administratives dites indépendantes. En outre, c'est le type de sanctions qui a le plus d'affinités avec les sanctions pénales et qui, de ce fait, peut constituer une violation de certains principes fondant jusque-là l'ordre juridique français. Ce problème se pose pertinemment en France parce qu'un tel pouvoir s'inscrit en contradiction, non seulement avec l'article 14 du Pacte international relatif aux droits civils et politiques, mais également avec l'article 6§1 de la Convention européenne de sauvegarde des droits de l'homme et des libertés fondamentales (ci-après CESDH)[85].

Et d'autre part, par notre volonté de comprendre comment a-t-on pu justifier l'octroi d'un pouvoir répressif aux AAIRE par les limites techniques du juge en matière économique, tout en lui reconnaissant un pouvoir de contrôle de pleine juridiction, qui lui permet d'analyser les faits et les données techniques pour pouvoir réformer les décisions répressives de ces régulateurs. Plus encore, ses analyses techniques sont même reprises par ces derniers[86].

37. Il est également important de s'intéresser au pouvoir répressif des AAIRE qui, tout en étant un témoin de la consécration d'un ordre répressif administratif et une illustration de l'exorbitance du droit administratif en matière économique vis-à-vis des acteurs économiques, nous révèle en même

---

[83] *Cf. infra*, pp. 474 et s.

[84] *Cf. infra*, pp. 55 et s.

[85] Pour plus de détails sur le sujet, *cf.* J.-F. BRISSON, « Les pouvoirs de sanction des autorités de régulation et l'article 6§1 de la convention européenne des droits de l'homme à propos d'une divergence entre le Conseil d'État et la Cour de cassation », *AJDA* 1999, p. 847 ; J.-P. COSTA, « Le point de vue de la CEDH », *LPA*, n° 185, 17 sept. 2001, p. 29 ; F. MODERNE., « Sanctions administratives et protection des libertés individuelles : au regard de la convention européenne des droits de l'homme », art. cit., pp. 15 et s.

[86] Pour plus de détails sur la question, *cf. infra*, p. 247.

temps, aussi paradoxal que cela puisse paraître, les privilèges dont bénéficient cette sphère et ses acteurs au point de pouvoir parler d'un double risque, à savoir un déséquilibre de l'ordre répressif étatique et l'instauration d'une justice à deux vitesses.

En somme, avec tout ce qui l'entoure comme organisation, fonctionnement, indépendance et pouvoir d'ester en justice, nonobstant l'absence de personnalité morale, la notion d'AAIRE est une notion pouvant faire perdre son latin à tout juriste avisé.

38. Enfin, étant donné le nombre important et croissant des AAIRE, on se contentera dans notre étude de s'intéresser au pouvoir répressif de certaines d'entre elles. Plus exactement, seront prises comme exemples : l'ADLC, l'ARCEP, la CRE, le CSA, l'Autorité des Marchés Financiers (AMF), l'Autorité de Contrôle Prudentielle et de Résolution (ACPR)[87], l'Autorité de Régulation des Activités Ferroviaires et Routières (ARAFER), l'Autorité de Régulation des Jeux En Ligne (ARJEL).

§ 4. Objectif de l'étude et énoncé du plan de travail

39. L'objectif de notre étude est de cerner le pouvoir répressif reconnu aux AAIRE, qui a permis la consécration définitive d'un ordre répressif administratif aux côtés de l'ordre répressif pénal. Plus précisément, il sera question de faire la lumière sur plusieurs interrogations que suscite ce pouvoir, et qui s'articulent autour de la véritable place qui lui est réservée dans l'ordre répressif, ainsi que sur l'encadrement juridique auquel il est soumis. C'est pourquoi, nous nous intéresserons, à titre d'exemple, aux raisons qui ont justifié la reconnaissance de ce pouvoir aux AAIRE, à la processualisation des mécanismes répressifs devant ces autorités, aux risques de distorsion dans l'organisation étatique de la répression et d'instauration d'une justice à deux vitesses, à l'intrusion du juge judiciaire dans le contentieux administratif.

En plus de son importance, le sujet traité est un sujet fluctuant et en mutation constante, ce qui le remet de manière récurrente au-devant de l'actualité, comme l'attestent la réorganisation et l'évolution des AAIRE françaises ces dernières années.

40. Sur le plan de la structure de notre étude, dans **la première partie**, réservée aux fondements du pouvoir répressif des AAIRE, nous avons abordé, dans un premier temps, la genèse du pouvoir répressif de ces autorités de régulation. Ainsi, avons-nous tenté de démontrer que même si ce pouvoir trouve son origine principalement dans le pouvoir répressif de l'administration

---

[87] La qualité d'AAI a été retirée à l'ACPR par l'article 24 de la loi n° 2017-55 du 20 janvier 2017 portant statut général des autorités administratives indépendantes et des autorités publiques indépendante. Néanmoins, nous avons estimé nécessaire de garder dans ce livre les passages traitant de cette autorité dans la mesure où l'analyse des textes et de la jurisprudence la concernant a été faite lorsqu'elle était qualifiée d'AAI. Par ailleurs, même si elle a perdu cette qualité, les problématiques qu'elle pose restent toujours de mise.

traditionnelle, ce que nous désignons comme sanction administrative de première génération, l'on assiste depuis l'avènement des AAIRE à un renouvellement de cette sanction, devenue un instrument indispensable de la régulation économique, que nous qualifions de seconde génération. Dans un second temps, nous avons abordé le processus de légitimation du pouvoir répressif des AAIRE, notamment par le juge du contrôle et le Conseil constitutionnel, que nous jugeons contestable dans la mesure où ce pouvoir semble violer, à première vue, le principe de la séparation des pouvoirs, de même qu'il nous rappelle à plus d'un égard le système de l'administration-juge tant décrié en droit français. Contestable également car il crée une certaine distorsion dans l'organisation étatique de la répression du fait que la sanction administrative répressive ou *stricto sensu* joue le même rôle que la sanction pénale.

41. Dans **la seconde partie**, réservée à la mise en œuvre du pouvoir répressif des AAIRE, nous avons, tout d'abord, mis en exergue les larges pouvoirs reconnus aux AAIRE lors du déroulement de la procédure répressive. À ce sujet, l'étude nous révèle l'important rôle de police judiciaire sectorielle joué par ces autorités au terme de leurs enquêtes coercitives. Dans le cadre de la phase du prononcé des sanctions l'accent est mis sur la variété des sanctions infligeables par les AAIRE, allant d'un simple avertissement à des sanctions pécuniaires aux montants faramineux. Tout en rappelant la prédominance de l'aspect pécuniaire et transactionnel dans ces sanctions, nous avons vu en la prolifération des sanctions transactionnelles une instauration d'une justice à deux vitesses et dans l'élargissement du pouvoir de commandement un risque d'atteinte à l'équilibre de l'ordre répressif. Ensuite, abordant les questions d'encadrement et de contrôle de ce pouvoir, il est démontré que dans le but de faire face à son exorbitance et sauvegarder les droits de la défense, ce dernier est finalement soumis aux mêmes principes généraux du droit pénal quoique d'une manière modérée et assouplie pour certains d'entre eux. En revanche, si le contrôle juridictionnel, lui, apparaît plus rigoureux, il n'en demeure pas moins qu'il est complexifié par son éclatement entre juges judiciaire et administratif. Ainsi, et contrairement à l'argument avancé pour justifier un tel éclatement soit l'intérêt d'une bonne administration de la justice, cette répartition de la compétence est complexe, incohérente et peu convaincante.

PREMIÈRE PARTIE

Les fondements du pouvoir répressif des AAIRE

42. L'apparition des AAIRE a suscité l'intérêt de la doctrine non seulement au regard de leur indépendance qui, faut-il le souligner, change fondamentalement l'architecture de l'appareil administratif, mais également au regard de leur pouvoir répressif. En effet, étant donné les conséquences qu'un tel pouvoir pourrait avoir sur les droits et libertés des personnes, son octroi à des autorités administratives dites ''indépendantes'', n'a fait qu'accroître les réserves et la condamnation de la doctrine. Toutefois, privilégiant l'efficacité pratique et les besoins de la régulation économique, et usant parfois d'une dépénalisation ''officieuse'', le législateur n'a pas hésité à généraliser ce pouvoir à ces nouvelles autorités de régulation. Ce qui nous paraît exorbitant au vu de la qualité de ses titulaires, plus particulièrement à leur apparition[88]. Avec une telle démarche, on est passé d'un pouvoir de sanction considéré jusque-là comme exceptionnel et limité à un véritable pouvoir répressif, jugé indispensable voire corollaire de la régulation économique (**Titre 1**). En validant ce pouvoir répressif, le juge du contrôle et le Conseil constitutionnel ont contribué, de leur côté, à sa légitimation et à la consécration d'un ordre répressif administratif parallèle à l'ordre répressif pénal (**Titre 2**).

---

[88] À leur création, l'organisation et le fonctionnement de ces autorités étaient conçus d'une manière à leur permettre de s'affranchir des différentes formalités qui alourdissent le pouvoir judiciaire, ainsi que des problèmes qui rongent l'administration traditionnelle. Ce qui explique l'exorbitance de leurs pouvoirs et l'absence de plusieurs garanties procédurales au profit des justiciables. Une situation qui commence à changer, tant soit peu, notamment suite aux revers subis par ces autorités devant les juridictions nationales et beaucoup plus devant la CEDH.

TITRE 1

La genèse progressive du pouvoir répressif des AAIRE

43. Il est bien connu que la matière économique est plus réglementaire que législative, ce qui a pour conséquence d'accroître la présence de l'administration dans ce domaine[89]. L'une des formes les plus apparentes et discutées de cette présence est l'exercice d'un important pouvoir répressif, un pouvoir comparable dans sa finalité, voire dans son contenu, au pouvoir répressif pénal.

La sanction administrative répressive, aussi ancienne soit-elle en matière économique, s'est affirmée avec l'avènement des AAIRE (**Chapitre 1**). Il faut tout de même reconnaître que la délimitation de cette notion en matière administrative n'est pas chose aisée[90], notamment par rapport aux sanctions administratives disciplinaires et à d'autres mesures administratives proches, en particulier les mesures de police **(Chapitre 2)**.

---

[89] *Cf.* A. TAIBI, *Le régime juridique des investissements dans le domaine pharmaceutique en droit algérien*, préc., p. 70.

[90] Seulement en matière administrative, car nous aurons l'occasion de comparer les sanctions administratives répressives aux sanctions pénales, *cf. infra*, pp. 201 et s.

CHAPITRE 1

Le renouvellement de la sanction administrative répressive en matière économique

44. Une étude rétrospective de l'ordre juridique nous révèle que l'existence de sanctions administratives répressives dans la sphère économique ne date pas de ces dernières années. En effet, étant donné ses caractéristiques, la sphère économique a toujours été le champ de prédilection des interventions administratives. La souplesse et la rapidité devant y prévaloir, expliquent les larges pouvoirs reconnus aux autorités administratives qui en ont la charge. Il s'agit, sans aucun doute, d'une forme de sanction bien ancienne, mais étendue et élargie au fil du temps, pour connaître son apothéose avec l'avènement des AAIRE, entités nouvelles appelées à partager la mission de régulation économique avec l'administration traditionnelle (**Section 1**). D'où l'intérêt de s'interroger sur les raisons d'un tel succès et engouement pour cette forme de répression, en particulier sous l'égide de ces autorités (**Section 2**).

SECTION 1. UNE FORME DE SANCTION ANCIENNE ÉLARGIE AUX AAIRE

45. Le pouvoir répressif administratif était déjà bien connu et consacré en France sous l'Ancien Régime : des administrations royales exerçaient un tel pouvoir en matière douanière et fiscale, mais également pour la gestion des eaux et des forêts[91]. Cependant, c'est durant la seconde guerre mondiale qu'il a connu son véritable essor, avec l'instauration d'un système économique dirigiste, sous le régime vichyste. Après la libération, ce pouvoir a bénéficié

---

[91] *Cf.* dans ce sens : M. DELMAS-MARTY et C. TEITGEN-COLLY, *Punir sans juger ? De la répression administrative au droit pénal administratif*, Paris, Economica, 1992, p. 13. Pour plus de détails sur la question, *cf.* J.-L.DE CORAIL, « Administration et sanction, Réflexion sur le fondement du pouvoir administratif de répression », art. cit., pp. 103-119 ; J. MOURGEON, *La répression administrative*, *op. cit.*, p. 12 ; Ph. BAYLAC, *La législation économique de Vichy et le droit administratif*, DEA de droit public interne, Université de Paris II, 1994, pp. 8 et s. ; J. QUASTANA, « La sanction administrative est-elle encore une décision de l'administration ? », *AJDA* 2001, n° spécial, p. 142.

d'une importante extension ; il était un instrument indispensable pour faire face à la situation de l'après-guerre, caractérisée par des pénuries à grande échelle. En réalité, la guerre et les périodes de crises de l'après libération n'étaient pas les seules causes qui justifient le recours à ce type de sanctions puisque même après ces périodes ce pouvoir de sanction a perduré. Il est devenu, cette fois-ci, indispensable au fonctionnement des services publics et à la sauvegarde de l'intérêt général.

46. Ainsi, un pouvoir répressif administratif a bel et bien existé, avant même l'apparition des AAIRE. C'est ce que l'on peut qualifier de sanctions administratives répressives de ***première génération*** (**Sous-section 1**). Dès les années 70, le champ juridico-administratif a vu l'émergence d'une nouvelle vague de sanctions administratives répressives que nous pouvons qualifier, cette fois-ci, de ***seconde génération***. Leur nouveauté tient au fait qu'elles sont infligées par des autorités certes administratives, mais surtout dites « indépendantes ». En effet, durant les périodes précitées, des mutations notables ont marqué la vie socio-économique des deux pays, des besoins et des données nouvelles ont obligé les pouvoirs publics – dans le cadre d'un processus de réformes étendu – à faire partager le pouvoir répressif administratif entre l'administration traditionnelle et les AAIRE (**Sous-section 2**).

Sous-section 1. Les sanctions administratives répressives de première génération

47. Les sanctions administratives répressives qu'on qualifie de première génération sont celles détenues par l'administration économique traditionnelle. On entend par celle-ci toutes les structures de nature administrative rattachées à l'État par des liens organiques : pouvoir hiérarchique, pouvoir de tutelle ou enfin contrôles administratifs. Des liens qui préservent le caractère unitaire de l'État, d'une part, et assurent la cohérence de l'appareil administratif, d'autre part.

48. L'administration traditionnelle, en charge de la sphère économique a souvent bénéficié et bénéficie toujours de la faculté d'infliger plusieurs sanctions à caractère pénal. Il s'agit d'un procédé rendu nécessaire et indispensable pour réprimer les manquements et les violations des textes législatifs et règlementaires régissant la sphère économique, par des autorités plus proches du domaine. Sous la coupe de cette administration, les sanctions administratives sont établies tantôt parallèlement à diverses sanctions pénales, tantôt d'une manière provisoire en attendant l'application de ces dernières ou carrément en leur lieu et place.

Par ailleurs, si l'apparition et le développement des sanctions administratives sont davantage favorisés par la période de guerre et les situations de pénuries, elles ont cependant survécu, au-delà de ces difficultés, au point de devenir un instrument indispensable dans la régulation de la vie socio-économique et un moyen dont doivent bénéficier l'État, garant de l'intérêt général, et les différents organismes agissant en son nom et à son profit.

Dans le cadre du pouvoir de sanction de l'administration traditionnelle, il convient de distinguer entre les autorités administratives activant soit au niveau central (**Paragraphe 1**), soit au niveau local (**Paragraphe 2**).

Paragraphe 1. La répression administrativo-économique au niveau central

49. Au niveau central, le pouvoir répressif administratif exercé en matière économique est détenu par le ministre dont la qualité varie selon le secteur régulé. Toutefois, sans négliger le rôle des différents ministres qui peuvent intervenir en la matière, c'est plutôt celui du ministre de l'économie qui est le plus apparent[92]. À ce titre, ce dernier exerce son pouvoir répressif soit seul en premier et dernier ressort, soit en premier et dernier ressort avec l'implication d'une autre administration ou d'un organisme professionnel, soit en appel de la décision d'une autorité qui lui est subordonnée. Enfin, il peut simplement intervenir dans la procédure des juridictions professionnelles, sans participer lui-même à la sanction.

Outre le rôle du ministre (**A**), un pouvoir répressif incontestable est reconnu par le législateur à d'autres organismes administratifs exerçant au niveau central (**B**).

A. Le pouvoir répressif du ministre

50. C'est le ministre chargé de l'économie qui s'approprie la part du lion du pouvoir répressif administratif en matière économique. Force est de constater que ce pouvoir a été plus apparent avant l'apparition des AAIRE qui en héritèrent une grande partie. À titre d'exemple, dans le cadre de la poursuite et la répression des infractions à la législation économique, le ministre chargé de l'économie pouvait prononcer, cumulativement ou séparément : la fermeture des magasins, bureaux, ateliers et usines du délinquant, pour une durée de deux (2) ans ; l'interdiction pour le délinquant d'exercer sa profession. Dans le cas où l'infraction a été commise pour le compte d'une personne morale de droit privé, l'interdiction d'exercer pouvait également être prononcée contre cette personne morale. Cette sanction pouvait être définitive ou temporaire et elle entraînait, pour sa durée, le retrait de la carte professionnelle. En sus de ces sanctions, le ministre chargé de l'économie

---

[92] Il convient de relever, à ce stade, le problème du regroupement de l'économie et des finances au sein d'un super-ministère. Certains gouvernements le tentèrent : le Gouvernement de front populaire en 1936, le Gouvernement Mollet en 1956, le Gouvernement Pompidou 10 ans plus tard, les Gouvernements socialistes entre 1981 et 1986. D'autres, préférèrent une répartition en deux ministères distincts, *cf.* J. MORAND-DEVILLER, *Cours de droit administratif*, Paris, Montchrestien, 1989, p. 64.

avait la faculté de prononcer une sanction humiliante, en ordonnant l'affichage et l'insertion, dans les journaux qu'il désignait, des arrêtés portant interdiction d'exercer la profession ou la fermeture des magasins, bureaux, ateliers et usines du délinquant ou de l'entreprise[93].

En matière de concentrations économiques, d'après l'article 9 de la loi n° 77-806 du 19 juillet 1977[94], à défaut de se conformer aux injonctions, le ministre chargé de l'économie et le ministre dont relève le secteur économique concerné, pouvaient prononcer une sanction pécuniaire après avoir consulté, sur son montant, la Commission de la concurrence. L'adoption de l'ordonnance n° 86-1243 du 1er décembre 1986, relative à la liberté des prix et de la concurrence[95], ne remit pas en cause ce pouvoir ; aux termes de l'article L.430-8 du Code de commerce avant sa modification en 2008[96], le ministre en charge de l'économie exerçait le même pouvoir. Celui-ci pouvait en effet infliger une sanction pécuniaire si une opération de concentration a été réalisée sans être notifiée ; ou tout en étant notifiée, n'a pas bénéficié de la dérogation prévue à l'alinéa de l'article L.430-4 du Code de commerce ; a été réalisée avant l'intervention de la décision prévue au premier alinéa du même article ; ou, enfin, en cas d'omission ou de déclaration inexacte dans une notification. Dans cette dernière hypothèse, la sanction infligée pouvait s'accompagner du retrait de la décision ayant autorisé la réalisation de l'opération de concentration. Selon le (IV) du même article, dans le cas où les parties concernées n'ont pas exécuté une injonction, une prescription ou un engagement, le ministre chargé de l'économie pouvait saisir le Conseil de la concurrence pour avis. Dans l'hypothèse où ce dernier constate et confirme l'inexécution, le ministre en charge de l'économie pouvait retirer la décision ayant autorisé l'opération de concentration et enjoindre aux parties, sous astreinte, d'exécuter les injonctions, prescriptions ou engagements.

Complétant l'ordonnance n° 45-1483 du 30 juin 1945 relative aux prix, la loi n° 77-806 avait également reconnu au même ministre le pouvoir d'infliger par décision motivée une sanction pécuniaire, sur avis de la Commission de concurrence, à toute entreprise ou toute personne morale qui méconnaissait l'une des prohibitions édictées à l'article 50 de l'ordonnance[97]. C'est sur avis de la même Commission que le ministre pouvait ordonner la publication intégrale ou par extraits de la décision prononçant une sanction pécuniaire. De la même manière, il pouvait prescrire l'insertion du texte intégral de sa

---

[93] *Cf.* les art. 29-II et 31 de la loi n° 45-1484 du 30 juin 1945, relative à la constatation, la poursuite et la répression des infractions à la législation économique, *JORF* du 8 juill. 1945, p. 4156. Pour plus de détails sur la question, *cf.* Ph. CARLIER, *Recherches sur les sanctions administratives*, Thèse, Paris, 1945, pp. 63 et s.

[94] Relative au contrôle de la concentration économique et à la répression des ententes illicites et des abus de position dominante, *JORF* du 20 juill. 1977, p. 3833.

[95] *JORF* du 9 déc. 1986, p. 14773.

[96] *Cf.* ord. n° 2008-1161 du 13 nov. 2008, portant modernisation de la régulation de la concurrence, *JORF* n° 0265 du 14 nov. 2008, p. 17391. Ce pouvoir relève désormais de la compétence de l'ADLC.

[97] *Cf.* l'art. 53 de l'ord. n° 45-1483 du 30 juin 1945, préc.

décision dans le rapport établi sur les opérations de l'exercice par les gérants, le conseil d'administration ou le directoire[98]. Aux termes des nouvelles dispositions du Code de commerce, et plus précisément de son article L.464-9, lorsqu'il constate des pratiques anticoncurrentielles, affectant un marché de dimension locale, le ministre chargé de l'économie peut enjoindre aux entreprises auteurs de ces pratiques d'y mettre un terme, comme il peut leur proposer de transiger. Dans cette seconde hypothèse, le montant de la transaction ne peut excéder soixante-quinze mille (75 000) EUR ou 5 % du dernier chiffre d'affaires connu en France si cette valeur est plus faible[99].

Au titre de l'article L.151-3-III du Code monétaire et financier le même ministre est habilité également à prononcer, après mise en demeure et injonction, une sanction pécuniaire à l'encontre de tout investisseur étranger qui réalise son projet d'investissement en méconnaissance des prescriptions du (I) ou du (II) du même article (relatives à l'autorisation préalable exigible pour la réalisation de certains investissements). Le montant de la sanction doit être proportionnel à la gravité des manquements commis, sans excéder le double du montant de l'investissement irrégulier.

Dans le domaine des assurances, le ministre chargé de l'économie et des finances pouvait, aux termes de l'article L.325-1 du Code des assurances avant sa modification en 2005[100], sur avis de la Commission des entreprises d'assurance, retirer l'agrément administratif dont bénéficiaient certaines sociétés d'assurance.

Enfin, dans le domaine énergétique, en cas de manquement aux dispositions du Code de l'énergie ou de tout autre texte législatif ou réglementaire, le ministre chargé de l'énergie peut infliger, après mise en demeure, en fonction de la gravité du manquement : une sanction pécuniaire ; le retrait ou la suspension, pour une durée n'excédant pas un (1) an, de l'autorisation d'exploiter une installation donnée ou de l'autorisation de fourniture dont l'intéressé est titulaire[101]. Le même ministre peut également, selon l'article 4 du décret n° 2006-1464 du 28 novembre 2006 relatif à la promotion des économies d'énergie dans les messages publicitaires des

---

[98] *Cf.* l'art. 53, al. 4 de l'ord. n° 45-1483 du 30 juin 1945, préc. La sanction pécuniaire est aussi prévue aux art. 54 et 55 de la même loi. Pour plus de détails sur le pouvoir répressif administratif exercé pendant cette période, *cf.* M. DE JUGLART, « Les sanctions administratives dans la législation récente », art. cit.

[99] Selon le même article le ministre ne peut imposer d'injonction ni proposer de transaction lorsque l'ADLC a déjà été saisie des mêmes faits. D'autre part, il ne peut y avoir d'action devant cette autorité, pour les mêmes faits, lorsque l'entreprise en cause s'est conformée à l'injonction ou a accepté la transaction. Enfin, en cas d'inexécution des obligations résultant de la transaction ou de l'injonction, ou même en cas de refus de transiger, le ministre saisit l'ADLC

[100] Depuis l'entrée en vigueur de la loi n° 2005-1564 du 15 déc. 2005, portant diverses dispositions d'adaptation au droit communautaire dans le domaine de l'assurance, *JORF* du 16 déc. 2005, une telle prérogative relevait de la compétence de l'ACAM (*cf.* l'ancien art. L.310-18 du C. assurances) et du Comité des entreprises d'assurance (*cf.* les anciens art. L.325-1 et 325-1-1 C. assurances). Désormais, depuis sa création en 2010 c'est l'ACPR qui hérite d'une telle prérogative, *cf.* art. L.325-1 du C. assurances ; art. L.612-39, 6° et 7° du C. mon. fin.

[101] *Cf.* les art. L.142-31, L.311-15 et L.512-3 du C. énergie.

entreprises du secteur énergétique[102], infliger une sanction pécuniaire, après mise en demeure, à toute entreprise du secteur énergétique qui ne fait pas apparaître, dans ses publicités, un message faisant la promotion de l'utilisation rationnelle de l'énergie et incitant aux économies d'énergie[103].

B. Le pouvoir répressif d'autres autorités au niveau central

51. Outre le ministre, d'autres organismes au niveau central sont pourvus d'un pouvoir répressif non négligeable. C'est le cas, par exemple, de la Commission nationale des sanctions qui peut prononcer un avertissement ; une interdiction temporaire d'exercer une activité pour une durée n'excédant pas cinq ans ; un retrait d'agrément ou de la carte professionnelle. En sus ou à la place de ces sanctions elle peut prononcer une sanction pécuniaire dont le montant est fixé compte tenu de la gravité des manquements[104].

Paragraphe 2. La répression administrativo-économique au niveau local

52. Plusieurs autorités administratives au niveau local sont également détentrices d'un pouvoir répressif en matière économique. Il s'agit, en général, d'autorités représentant le pouvoir central à l'image du préfet (**A**) et du directeur départemental du contrôle économique (**B**).

A. Le pouvoir répressif du préfet

53. Au niveau local, le préfet exerçait en matière économique un pouvoir répressif qui apparaît parfois très important. Dans le cadre de l'ordonnance n° 45-1484 du 30 juin 1945 relative à la constatation, la poursuite et la répression des infractions à la législation économique, le préfet pouvait prononcer, après avis du directeur départemental du contrôle économique, l'internement administratif du délinquant dans les conditions fixées par l'ordonnance du 4 octobre 1944 sur l'internement administratif des individus dangereux pour la défense nationale ou la sécurité publique[105]. Il pouvait également, après avis du directeur départemental du contrôle économique prononcer cumulativement ou séparément :

« 1° La fermeture des magasins, bureaux, ateliers et usines du délinquant ; »

---

[102] *JORF* n° 277 du 30 nov. 2006, p. 18025.

[103] Un pouvoir de sanction est [ou a été] également reconnu : au ministre de l'aviation civile (*cf.* les art. R.160-1, R.226-1, R.330-20 du C. aviation) ; au ministre de la marine marchande (*cf.* les art 12-III, 13, 14 et 16 de la loi n° 92-1443 du 31 déc. 1992, portant réforme du régime pétrolier, *JORF* n° 1 du 1er janv. 1993, p. 11, abrogés par l'ord. n° 2011-504 du 9 mai 2011, portant codification de la partie législative du code de l'énergie, *JORF* n° 0108 du 10 mai 2011, p. 7954).

[104] *Cf.* l'art. L.561-40 du C. mon. fin

[105] *Cf.* l'art. 29, I de la loi citée.

« 2° L'interdiction pour le délinquant d'exercer sa profession : si l'infraction a été commise pour le compte d'une personne morale de droit privé, l'interdiction peut également être prononcée contre cette personne morale quant à l'exercice de la profession à l'occasion de laquelle l'infraction a été commise ; »

« La fermeture peut être prononcée [...] par le préfet pour une durée de six (6) mois ;

L'interdiction d'exercer la profession peut être définitive ou temporaire, lorsqu'elle est prononcée par le préfet sa durée ne peut excéder six mois. Elle entraîne, pour sa durée, le retrait de la carte professionnelle »[106].

Enfin, le préfet était aussi investi de la faculté de décider de l'affichage et de l'insertion dans les journaux, qu'il désigne, des arrêtés portant interdiction d'exercer la profession ou fermeture des magasins, bureaux, ateliers et usines du délinquant ou de l'entreprise[107].

B. Les pouvoirs du directeur départemental du contrôle économique

54. Plusieurs autorités locales étaient également investies d'un pouvoir répressif aux côtés du préfet[108]. C'était le cas du directeur départemental du contrôle économique qui a bénéficié aux termes de l'ordonnance n° 45-1484 du 30 juin 1945 de la faculté d'infliger une amende et prononcer la confiscation de tout ou partie des biens du contrevenant, comme il pouvait conditionner l'insertion dans les journaux qu'il désigne, et l'affichage de sa décision en totalité ou par extraits[109].

SOUS-SECTION 2. LES SANCTIONS ADMINISTRATIVES RÉPRESSIVES DE SECONDE GÉNÉRATION

55. L'intérêt suscité par les sanctions administratives, s'est accru ces dernières années avec l'avènement des AAIRE dotées d'une panoplie de pouvoirs dont, bien évidemment, le pouvoir répressif qui nous intéresse[110]. À ce sujet, il y a lieu de relever que le législateur a été « audacieux » en reconnaissant un tel pouvoir à ces organismes à un moment où la notion même d'AAI était, et le reste à nos yeux, floue et incertaine.

---

106 Art. 29-II, de l'ord. n° 45-1484 du 30 juin 1945, préc.

107 *Cf.* l'art. 31 de l'ord. n° 45-1484 du 30 juin 1945, préc.

108 Pour plus de détails sur la question, *cf.* M. DE JUGLART, « Les sanctions administratives dans la législation récente », art. cit. ; Ph. CARLIER, *Recherches sur les sanctions administratives*, *op. cit.*, pp. 64 et s.

109 *Cf.* les art. 22 et 23 de l'ord.

110 C. TEITGEN-COLLY parle à ce sujet d'un « Redéploiement [...] car s'il y a bien élargissement du champ de la répression, il ne bénéficie pas aux autorités administratives classiques mais aux instances spécifiques que sont les AAI. Le pouvoir répressif qui leur est accordé se caractérise également par sa diversité », *cf.* « Sanctions administratives et autorités administratives indépendantes », art. cit., p. 26.

En tout état de cause, au regard de la nature de ces autorités et du pouvoir répressif dont elles sont investies, on est en droit de soutenir qu'on a affaire à des sanctions administratives répressives que nous pouvons qualifier de *seconde génération*. En effet, même si l'administration traditionnelle détenait déjà le pouvoir d'infliger des sanctions administratives répressives, comme on l'a noté précédemment, c'est la première fois qu'on attribue ce pouvoir à des autorités administratives considérées comme « indépendantes » et détentrices, pour certaines d'entre elles, d'un pouvoir réglementaire[111]. Étant donné donc l'importance d'un tel pouvoir, et les incidences qu'il peut avoir sur les libertés fondamentales, le législateur ne l'a pas reconnu à toutes les AAIRE.

56. Avant d'analyser ce pouvoir et tenter de comprendre les motifs qui expliquent son attribution à ces autorités, il nous paraît tout à fait logique et indispensable de donner un aperçu, même bref et général, de ces dernières : tout d'abord, en mettant en exergue les raisons qui ont justifié le recours à ces institutions (**Paragraphe 1**) ; puis, en recensant celles qui sont dotées du pouvoir de prononcer des sanctions administratives répressives (**Paragraphe 2**).

Paragraphe 1. Justification du recours à des AAI dans le domaine économique

57. le recours à des AAI pour la régulation de l'économie s'explique, tout d'abord, par des facteurs d'ordre extérieurs, en l'occurrence l'influence de modèles étrangers et les exigences d'organisations et d'entités internationales (**A**). Ensuite, sur le plan interne, l'objectif affiché par le recours à de telles autorités est la volonté des pouvoirs publics de réaliser une régulation transparente, efficace et objective (**B**). Un besoin qui s'est fait ressentir après le processus de libéralisation de larges pans de l'économie, qui a induit le retrait progressif de l'État de la sphère économique.

Enfin, toujours sur le plan interne, il faudrait également mettre en évidence le souci de dépasser certaines contraintes qui pèsent sur le pouvoir politique et empêchent, de fait, la stabilité de l'encadrement juridique et la constance des actions publiques (**C**).

A. L'influence de modèles étrangers et les pressions internationales

58. L'influence du modèle anglo-saxon n'est pas étrangère à la prolifération des AAIRE en France[112]. Lors du débat parlementaire consacré à la création de la CNIL, que le législateur a désignée expressément d'AAI, le rapporteur du projet de loi, Jean FOYER, n'a pas manqué de faire un

---

[111] *Cf. infra*, pp. 148, 470 et s.

[112] Selon le Conseil d'État les « AAI constituent une catégorie non prévue par le constituant et difficilement conciliable avec l'équilibre des pouvoirs mis en place par lui », *in* Rapport public 1987, « Réflexions sur l'orientation du droit des propriétés publiques », Coll., « EDCE », n° 38, p. 53.

rapprochement entre les récents organismes apparus dans le droit français et leurs « homologues anglo-saxons »[113]. La doctrine a d'ailleurs souvent fait référence, par exemple, à la *Securities and Exchange Commission* (SEC) américaine en parlant de la COB et à l'*Office of Télécommunications* (OFTEL) anglais, à l'occasion d'évoquer l'Autorité de Régulation des Télécommunications (ART). Certains auteurs trouvent cette influence bénéfique pour l'expérience française parce que « le système institutionnel américain acquiert alors valeur, non pas de ''modèle'' à imiter, mais de précédent et de gisements de théories, d'expériences et de possibles solutions, voire, aux limites, de contre-exemples et d'écueils à éviter »[114].

59. Outre l'influence du modèle anglo-saxon, la régulation économique par des AAI, en droit français, est rendue nécessaire et indispensable également par le droit de l'Union Européenne[115]. Plusieurs directives du Parlement et du Conseil européens, ainsi que des recommandations de la Commission européenne, ont insisté sur l'obligation de mettre en place des autorités de régulation impartiales. Une situation confirmée maintes fois par les arrêts de la CJCE qui a rappelé à l'ordre les États membres – dont la France – à propos de la nécessité d'établir des règles permettant d'écarter toute confusion entre les rôles d'opérateur et de régulateur. C'est dans cet ordre d'idées que s'inscrit le fameux arrêt du 19 mars 1991, *République française c/ Commission*, d'après lequel « confier à une entreprise qui commercialise des appareils [...] la tâche de formaliser les spécifications auxquelles [ils] doivent répondre, de contrôler leur application et d'agréer ces appareils revient [...] à lui octroyer ainsi un avantage évident sur ses concurrents »[116].

60. Le législateur français en tira les conséquences lors de la libéralisation de certains secteurs économiques, non sans hésitation. À titre d'exemple, nous pouvons citer l'ART créée par la loi du 26 juillet 1996 pour réguler le secteur des télécommunications. En 2005, le législateur lui a confié également la régulation des activités postales[117], pour ainsi devenir l'Autorité de Régulation des Communications Électroniques et des Postes (ARCEP). Il faut dire que la création de cette dernière est intervenue avec beaucoup de retard par rapport aux directives européennes puisque c'est en 2001 que la Commission

---

[113] Rapport FOYER, A.N, n° 3125, 1e S.O, 1977-1978, 1e S., 4 oct. 1977, *JORF*, Débats A.N, 5 oct. 1977, p. 5783.

[114] L. COHEN TANUGI, *La métamorphose de la démocratie*, Paris, Odile Jacob, 1989. p. 53.

[115] *Cf.* M.-A. FRISON-ROCHE, « Étude dressant un bilan des autorités administratives indépendantes », préc., p. 20. Cependant, pour cet auteur un tel élément est marginal et ne concerne que peu d'AAIRE à l'image de l'ancienne ART et de la CRE. En réalité, la question n'est pas dans le nombre d'autorités créées suite à « cet ordre venu d'en haut, venu d'ailleurs », pour reprendre l'expression du même auteur, mais dans l'impact joué par ce dernier dans l'apparition et la vulgarisation de ces organismes.

[116] Aff. C-202/88, *AJDA* 1991, p. 538, note V.-P. LE MAIRE.

[117] Ce nouveau cadre juridique transpose en droit français la Directive européenne n° 97/67/CE du 15 déc. 1997, notamment concernant la création d'un régulateur postal indépendant, et la Directive n° 2002/39/CE du 10 juin 2002, relative à la poursuite de l'ouverture à la concurrence des services postaux de courrier. *Cf. supra*, p. 19 (bas de page).

européenne a sommé le gouvernement français de mettre fin au conflit d'intérêts résultant de ce que la même administration était investie d'une mission de régulation du marché et de tutelle de l'entreprise publique La Poste. C'est également sur la base de ce genre de directives que la Commission de Régulation de l'Électricité (CRE) a été créée dans le domaine de l'énergie, par la loi du 10 février 2000, avant d'être remplacée par la Commission de Régulation de l'Énergie (CRE) en 2003[118].

B. La recherche d'une régulation transparente, objective et efficace

61. La mondialisation s'accompagne impérativement par l'adoption du système libéral et de ses mécanismes fondamentaux qui sont les principes de la liberté du commerce et de l'industrie, de la libre concurrence et son corollaire le principe de transparence. Ce système a exigé, en sus de l'adoption de nouvelles règles d'ordres matérielles, la création de nouvelles institutions indispensables et nécessaires pour leur mise en œuvre. Une démarche jugée incontournable pour attirer les investisseurs étrangers qui, outre leur savoir-faire technique, seront en mesure de palier la faiblesse du capital privé et ses hésitations à investir dans des projets d'envergure.

Une préoccupation légitime lorsqu'on sait que de multiples facteurs influent sur les décisions de ces investisseurs ; la qualité des institutions économiques et politiques étant un des éléments les plus cruciaux.

De plus, l'ouverture de certains secteurs à l'initiative privée n'est pas suffisante en elle-même, par manque d'une concurrence loyale ; l'État se trouvant simultanément régulateur et acteur, par le biais des opérateurs historiques, dans les secteurs régulés. Ce sont là des raisons parmi d'autres qui ont justifié la quête d'un nouveau mode de régulation en mesure de concilier l'efficacité et la souplesse de la régulation, d'une part, et l'impartialité du régulateur, d'autre part.

La volonté de dépasser la bureaucratie qui caractérise l'administration traditionnelle et l'obligation de mettre un terme aux conflits d'intérêts font également partie des motifs qui sont à l'origine du recours à des AAI comme néo-mode de régulation en France[119].

---

[118] La loi n° 2000-108 du 10 févr. 2000, modifiée, relative à la modernisation et au développement du service public de l'électricité, opère la transposition de la Directive européenne n° 96/92/CE du Parlement européen et du Conseil, du 19 déc. 1996, concernant des règles communes pour le marché intérieur de l'électricité.

[119] *Cf.* sur la question : M. LOMBARD, « Institutions de régulation économique et démocratie politique », art. cit., p. 530 ; F. GAZIER et Y. CANNAC, « Études sur les autorités administratives indépendantes », préc., p. 13. Sur le phénomène bureaucratique, *cf.* M. CROZIER, *Le Phénomène bureaucratique, Essai sur les tendances bureaucratiques des systèmes d'organisations modernes et sur leurs relations en France avec le système social et culturel*, Paris, Le Seuil, Coll., « Points et Essais », 1964 ; F. DREYFUS, *L'invention de la bureaucratie: Servir l'État en France, en Grande-Bretagne et aux Etats-Unis (XVIIIe-XXe siècle)*, Paris, La découverte, Coll., « Textes à l'appui. Série histoire contemporaine », 2000 ; G.

62. En somme, les AAI paraissent le moyen le plus indiqué pour réaliser une régulation économique *transparente*, *objective* et surtout *efficace*. En effet, pour pouvoir atteindre de tels objectifs, le régulateur doit, *primo*, avoir une force contraignante envers toutes les personnes qui interviennent dans le secteur régulé pour pouvoir imposer le respect des différentes règles qui le régissent, ce qui exige le bénéfice d'une véritable *autorité*. *Secundo*, pour être neutre et impartial, l'organe doit être *indépendant*. *Tertio*, l'*efficacité* de ce dernier passe par le nombre et la qualité des pouvoirs dont il dispose ainsi que par l'association de professionnels, plus proches de la réalité et des besoins des secteurs régulés. Ce sont là des qualités qui se trouvent être remplies par cette nouvelle catégorie d'autorités que sont les AAI[120].

La transparence dans leur mission de régulation est réalisée par la consécration d'un ensemble de règles organiques, telles que la collégialité de direction, la qualité des membres des collèges et leur cadre statutaire. À cela s'ajoutent des règles d'ordre fonctionnel telles que l'obligation de motivation et de publication des décisions, ainsi que l'obligation d'établir des rapports d'activité annuels, en vue de leur publication et de leur transmission aux autorités de contrôle[121].

L'objectivité des actions des AAIRE est confortée par la présence de professionnels qui, en plus d'apporter leur savoir technique, constitue un gage de transparence et de crédibilité. Par conséquent, les décisions et normes prises

---

THUILLIER, *Pour une histoire de la bureaucratie en France*, t. 2, Paris, Comité pour l'histoire économique et financière de la France, Coll., « H.c », 2001.

[120] Comme le souligne Marie-Anne FRISON-ROCHE, le but de l'institution d'un régulateur est de « construire et surveiller en permanence, le marché, les opérateurs (de l'extérieur et de l'intérieur), les comportements envers les autres, les investissements sur le marché, etc., le Régulateur a besoin de n'être pas cantonné dans l'*ex ante*, mais d'agir à la fois avant l'action des opérateurs et après celle-ci. Mieux encore, le Régulateur agit *en continuum* »,*cf.* « Ambition et efficacité de la régulation économique », *RD bancaire et fin.* 2010, étude 34. *Cf.* aussi : J.-F. DAVIGNON, « Quelle place pour la répression administrative dans notre ordonnancement juridique ? », *LPA*, n° 83, 11 juill. 1997, p. 5 ; M. DOBKINE, « L'ordre répressif administratif », art. cit., p. 1 ; M.-A. FRISON-ROCHE (dir.), *Les régulations économiques : légitimité et efficacité*, série « Droit et Économie de la régulation », Vol. 1, Paris, Presses de sciences-po et Dalloz, Coll., « Thèmes et commentaires », 2004, en particulier les articles de : M. COLLET, « De la consécration à la légitimation, Observations sur l'appréhension par le juge des autorités de régulation », p. 41 ; G. CANIVET, « Propos généraux sur les régulateurs et les juges », p. 184 ; M.-A. FRISON-ROCHE, « Conclusion du volume : Réversibilité entre légitimité et efficacité dans les systèmes de régulation », p. 195.

[121] *Cf.* l'art. L.134-15 du C. énergie (CRE) ; l'art. 18 de la loi n° 86-1067, préc., (CSA) ; les art. L.612-12, I et L.621-19 du C. mon. fin., (ACPR/AMF) ; l'art. L.135 du CPCE (ARCEP) ; l'art. L1261-2 du C. transports (ARAFER). Une telle obligation a été désormais consacrée par l'art. 21 de la loi n° 2017-55 du 20 janvier 2017, préc. En plus du rapport d'activité annuel, à publier et à remettre à certaines parties, le législateur a également reconnu aux commissions permanentes compétentes du Parlement le droit d'entendre les présidents ou les membres de certaines d'entre elles (CSA ; CRE ; AMF ; ARCEP). Mieux encore, dans le cas du CSA une telle faculté est aussi reconnue au Sénat, de même qu'il a été prévu que, dans le mois suivant sa publication, le rapport est présenté chaque année par son président en audition publique devant les commissions permanentes chargées des affaires culturelles de chaque assemblée parlementaire.

par le régulateur ont beaucoup de chance d'être acceptées par leurs destinataires. Outre les professionnels, l'implication de magistrats et de personnalités issues d'assemblées élues contribue à la même finalité.

L'efficacité de la régulation est quant à elle apportée, en premier lieu, par les différents régulateurs qui disposent d'un pouvoir décisionnel confirmé. Et en second lieu, par le cumul des pouvoirs réglementaire et répressif, un facteur qui favorise la souplesse des actions et l'adaptabilité du régulateur. Des qualités qui doivent caractériser tout régulateur pour qu'il puisse faire face aux différentes mutations et évolutions que connaît la sphère économique.

C. La recherche de la constance et de la stabilité dans les actions publiques

63. Dans le domaine économique, la sécurité juridique est un élément d'importance. Aussi, la stabilité de l'encadrement juridique et la constance des actions de l'État sont des points essentiels aux yeux des investisseurs et opérateurs privés, voire des consommateurs, même si, en pratique, l'évolution des systèmes politiques et de la pratique politique n'est pas faite pour répondre à de telles attentes.

D'une part, il y a lieu d'observer que les changements fréquents de gouvernements, y compris les simples remaniements ministériels, ne font que favoriser l'incohérence et l'instabilité de l'encadrement juridique et les actions de l'État. Ainsi, à chaque changement, c'est toute la politique mise en place et initiée par l'équipe gouvernementale précédente qui est remise en cause : de nouvelles politiques et actions seront envisagées et c'est tout l'encadrement juridique qui doit suivre. En plus des frais qu'une telle démarche coûte au budget de l'État, c'est davantage sa crédibilité qui s'effondre. D'autre part, parce que le sort du Gouvernement et du Parlement est lié, en principe, au choix populaire – et parfois même aux pressions de groupes d'intérêts –, ces institutions choisissent généralement des politiques populaires, même si elles sont inadéquates et non primordiales. Comme l'a bien noté Elie COHEN « un pouvoir politique légitime, soumis à la pression continue des électeurs, est conduit – même si la stabilité monétaire l'incite à préférer le long terme – à préférer à court terme l'emploi. Le pouvoir politique, plus sensible à l'emploi qu'à l'inflation, est soumis aux règles du cycle politique, règles qui lui feront toujours choisir, en période électorale, la politique la plus populaire, même si elle est inadaptée. »[122]

Dans pareilles situations, une AAI paraît la plus indiquée pour remédier à cet état de fait : « parce qu'elle n'est pas rattachée au mécanisme électif, échappe à cet aléa, à ces ''incohérences temporelles'', ces revirements budgétaires, ces modifications inattendues de statut ou de règles. Cette raison est donc très forte dès l'instant que l'action s'inscrit dans le temps et requiert

---

[122] E. COHEN, *L'ordre économique mondial, Essai sur les autorités de régulation*, Paris, Fayard, 2001, p. 175.

une participation à long terme des personnes. La confiance et la stabilité sont ainsi pourvues. »[123] Toutefois, il faut bien le reconnaître, les AAI sont à la merci du législateur qui, comme il peut les créer, peut également mettre fin à leur existence[124].

Paragraphe 2. Les AAIRE détentrices d'un pouvoir répressif

64. L'institution d'AAIRE a concerné, à son début, plus particulièrement des secteurs clefs de l'économie, avant de s'élargir pour toucher quasiment l'ensemble des secteurs d'activité économique. On retrouve ce type d'organismes notamment dans : le domaine financier, l'audiovisuel, la poste et télécommunications, l'énergie, les jeux en ligne, le transport ferroviaire et le domaine général de la concurrence qui s'étend à toutes les activités économiques.

L'importance du pouvoir répressif de ces autorités, conjugué à la méfiance vis-à-vis du pouvoir répressif administratif en général ont fait que le législateur ne le reconnaît pas à toutes les AAIRE, mais uniquement à quelques-unes d'entre elles. Toutefois, la tendance actuelle est son élargissement au profit des différents régulateurs économiques. Une position qui s'explique, tout d'abord, par sa légitimation par le Conseil constitutionnel et ensuite par le souhait des autorités elles-mêmes d'en être dotées, parce qu'indispensable, à leurs yeux, à l'accomplissement de leur mission de régulation.

Ainsi, à titre d'exemple, se trouvent être dotées d'un tel pouvoir les AAIRE chargées de la régulation des domaines : financier (**A**) ; audiovisuel (**B**) ; postes et télécommunications (**C**) ; énergie (**D**) ; concurrence (**E**) ; transport ferroviaire et jeux en ligne (**F**).

---

[123] *Cf.* M.-A. FRISON-ROCHE, « Étude dressant un bilan des autorités administratives indépendantes », préc. p. 19.

[124] C'est le cas de la Haute autorité de la communication audiovisuelle (HACA), remplacée en 1989 par le CSA. La Commission de la concurrence, créée par la loi du 19 juill. 1977, a été quant à elle remplacée par le Cons. conc., en 1986, qui céda à son tour la place en 2008 à l'ADLC. Créée en 2005, l'ARCEP a remplacé l'ART. Dans le domaine financier la COB, le CMF et le CDGF ont fusionné en 2003 pour donner naissance à l'AMF. Enfin, la Commission bancaire et l'ACAM laissèrent place, en 2010, à l'ACPR qui, à contre toute attente, a perdu la qualité d'AAI en 2017. Invité à se prononcer sur la faculté du législateur de défaire ce qu'il avait fait, le juge constitutionnel a estimé « qu'il est à tout moment loisible au législateur, statuant dans le domaine qui lui est réservé par l'article 34 de la Constitution, de modifier des textes antérieurs ou d'abroger ceux-ci en leur substituant, le cas échéant, d'autres dispositions ; qu'il ne lui est pas moins loisible d'adopter, pour la réalisation ou la conciliation d'objectifs de nature constitutionnelle, des modalités nouvelles dont il lui appartient d'apprécier l'opportunité et qui peuvent comporter la modification ou la suppression de dispositions qu'il estime excessives ou inutiles », toutefois l'exercice de ce pouvoir « ne saurait aboutir à priver de garanties légales des exigences de caractère constitutionnel », *cf.* Cons. const., nos : 86-210 DC du 29 juill. 1986, loi portant réforme du régime juridique de la presse, *Rec. Cons. const.* 1986, p. 110, *JORF* du 30 juill. 1986, p. 9393, 2ème consid. ; 86-217 DC du 18 sept. 1986, loi relative à la liberté de communication, *Rec. Cons. const.* 1986, p. 141, *JORF* du 19 sept. 1986, p. 11294, 4ème consid.

A. Dans le domaine financier

65. Le domaine financier doit être pris au sens large qui englobe les secteurs boursier (**1**), bancaire et des assurances (**2**).

1. Le secteur boursier

66. En droit français, la première AAIRE à voir le jour dans le secteur boursier est la COB, créée en 1967[125]. Pour rendre sa mission plus efficace elle a été dotée d'un pouvoir de sanction, lui permettant de prononcer la radiation de valeurs mobilières de la cote. En 1989, ce pouvoir s'est renforcé d'une manière remarquable : l'article 5 de la loi n° 89-531[126], introduisant les articles 9-1 et 9-2 dans l'ordonnance n° 67-833, lui a reconnu un pouvoir d'injonction et de sanction pécuniaire, en plus de la faculté d'ordonner la publication de ses décisions dans les journaux ou publications qu'elle désigne à cet effet. Cependant, les critiques suscitées par le fonctionnement de l'autorité[127], conjuguées au désir de moderniser le dispositif français de la régulation des marchés financiers pour le rendre plus attrayant et compétitif vis-à-vis des places financières étrangères, expliquent la création de l'AMF, par la loi n° 2003-706 du 1er août 2003, relative à la sécurité financière, en lieu et place de la COB, du Conseil des Marchés Financiers (CMF)[128] et du Conseil de Discipline de la Gestion Financière (CDGF)[129]. Le transfert des missions de ces autorités à la nouvelle entité s'est accompagné d'un transfert de leurs pouvoirs dont le pouvoir répressif.

---

[125] Par l'ord. n° 67-833 du 28 sept. 1967, instituant une commission de bourse et relative à l'information des porteurs de valeurs mobilières et à la publicité de certaines opérations de bourse, *JORF* du 29 sept. 1967, p. 9589.

[126] La loi n° 89-531 du 2 août 1989, relative à la sécurité et à la transparence du marché financier, *JORF* du 4 août 1989, p. 9822.

[127] Le cumul des pouvoirs réglementaire, de contrôle et de sanction, est souvent considéré comme source d'insécurité juridique, pour les professionnels voire des épargnants. Un état de fait relevé par la cour d'appel de Paris qui a annulé une sanction prononcée par la COB pour violation de l'art. 6§1 de la CESDH (CA Paris, 7 mars 2000, n° 99/15862, *Sté KPMG Fiduciaire de France*, JurisData:2000-106246). *Cf. infra*, p. 465.

[128] Le CMF a été créé par la loi n° 96-597 du 2 juill. 1996, relative à la modernisation des activités financières, *JORF* n° 154 du 4 juill. 1996, p. 10063, qui transpose en droit français la Directive européenne sur les services d'investissement du 10 mai 1993. Il s'agit d'« une autorité professionnelle dotée de la personnalité morale » (art. 17 de la loi préc.), dont les compétences réglementaires et de contrôle s'exerçaient, non seulement sur les marchés réglementés, mais aussi sur l'ensemble des activités financières, à l'exception de la gestion pour compte de tiers.

[129] Mis en place par les art. 37 et 38 de la loi n° 89-531 du 2 août 1989, préc., le CDGF était habilité d'après l'ancien art. L.623-2 du C. mon. fin. à prononcer des sanctions disciplinaires pour toute infraction aux lois et règlements applicables aux organismes de placement collectif en valeurs mobilières et pour tout manquement aux règles de pratique professionnelle de nature à nuire à l'intérêt des actionnaires ou des porteurs de parts.

2. Les secteurs, bancaire et des assurances

67. Depuis 2010, la régulation des secteurs bancaire et des assurances, relève de la compétence d'une même et seule autorité, en l'occurrence l'ACPR qui a hérité du pouvoir répressif de ses prédécesseurs[130]. Faut-il le rappeler, avant la création de cette autorité, la régulation du secteur bancaire relevait de la compétence de la Commission bancaire et du Comité des Établissements de Crédit et des Entreprises d'Investissement (CECEI). La régulation du secteur des assurances était quant à elle assurée par l'Autorité de Contrôle des Assurances et des Mutuelles (ACAM), qui a pris la suite de la Commission de Contrôle des Assurances, des Mutuelles et des Institutions de Prévoyance (CCAMIP) et du Comité des Entreprises d'Assurances (CEA).

B. Le domaine de l'audiovisuel

68. En matière d'audiovisuel, la loi du 29 juillet 1982 avait sonné la fin du monopole étatique sur le secteur et a instauré la liberté de communication[131]. Pour qu'un tel principe ne reste pas un simple slogan et afin de bien manifester l'indépendance de ce secteur par rapport à l'exécutif, le même texte a mis en place une autorité de régulation indépendante dénommée la Haute Autorité de la Communication Audiovisuelle (HACA)[132]. Mais, bien vite, l'on s'est rendu compte des limites de ses pouvoirs et de son influence, raison pour laquelle elle a été remplacée en 1986 par la Commission Nationale de la Communication et des Libertés (CNCL)[133] qui pouvait, en plus de la suspension, retirer les autorisations d'exploitation[134]. Très critiquée, la Commission n'a pas résisté au changement de la majorité et a cédé sa place, deux années après sa création[135], au Conseil Supérieur de l'Audiovisuel (CSA) qui est doté d'un pouvoir de sanction beaucoup plus important, notamment la réduction de la durée de l'autorisation ou son retrait, la réduction de la durée de la convention ou sa résiliation, et l'infliction d'une sanction pécuniaire[136].

---

[130] *Cf.* ord. n° 2010-76 du 21 janv. 2010, portant fusion des autorités d'agrément et de contrôle de la banque et de l'assurance, *JORF* n° 0018 du 22 janv. 2010, p. 1392.

[131] *Cf.* la loi n° 82-652 du 29 juill. 1982, sur la communication audiovisuelle, *JORF* du 30 juill. 1982, p. 2431.

[132] *Cf.* l'art. 12 de la loi n° 82-652 du 29 juill. 1982, préc.

[133] *Cf.* la version initiale de l'art. 3 de la loi n° 86-1067 du 30 sept. 1986, préc.

[134] *Cf.* la version initiale de l'art. 42 de la loi n° 86-1067 du 30 sept. 1986, préc.

[135] *Cf.* la loi n° 89-25 du 17 janv. 1989, modifiant la loi n° 86-1067 du 30 sept. 1986, relative à la liberté de communication, *JORF* du 18 janv. 1989, p. 728.

[136] *Cf.* l'art. 42 de la loi n° 86-1067 du 30 sept. 1986, préc. De la sorte, les doléances de la CNCL sembles être entendues par les pouvoirs publics. En effet, dans son Rapport annuel de nov.1986-nov.1987 (pp. 211-212) la CNCL a regretté les limites et l'insuffisance de ses moyens de coercition, consistant en la suspension et le retrait d'agrément qui pouvait ou non être précédé d'une mise en demeure préalable.

C. Le domaine des postes et télécommunications

69. C'est en 1996 que la France s'est dotée d'un régulateur indépendant dans le domaine des télécommunications, en l'occurrence l'ART créée par la loi n° 96-659 du 26 juillet 1996[137]. Dans le cadre de son pouvoir de sanction, cette autorité avait le choix entre : « soit, en fonction de la gravité du manquement, la suspension totale ou partielle, pour un mois au plus, la réduction de la durée, dans la limite d'une année, ou le retrait de l'autorisation [...] soit, si le manquement n'est pas constitutif d'une infraction pénale, une sanction pécuniaire »[138]. En 2005, sous la pression des instances communautaires, la régulation du secteur postal, libéralisé partiellement, a été confiée à un régulateur distinct de l'opérateur historique (La Poste). C'est ainsi que l'ARCEP a été créée en remplacement de l'ART, prenant en charge, du fait, le secteur postal en plus de celui des télécommunications[139]. Et, en toute logique, la nouvelle instance s'est vue transférer le pouvoir répressif de son prédécesseur.

D. Le domaine de l'énergie

70. La mission de régulation du domaine énergétique a été confiée, dans un premier temps, à la Commission de Régulation de l'Électricité (CRE) créée en 2000[140], qui céda sa place une année après à la Commission de Régulation de l'Énergie (CRE)[141]. Cette dernière, tout comme la plupart de ses consœurs dans les différents secteurs, est dotée d'un pouvoir de sanction important allant de l'interdiction temporaire d'accès aux réseaux à une sanction pécuniaire[142].

E. Le domaine de la concurrence

71. Le souci d'instaurer et de promouvoir la libre concurrence était à l'origine de la création d'un régulateur dont la compétence s'étend à tout le marché national pour connaître tous les secteurs d'activités économiques. Il s'agit, en l'occurrence du Conseil de la concurrence crée en 1986[143], avant qu'il ne devienne l'ADLC en 2008.

---

[137] Loi portant réglementation des télécommunications, *JORF* du 27 juill. 1996, p. 11384

[138] Art. L.36-11 du CPCE.

[139] *Cf.* la loi n° 2005-516 du 20 mai 2005, relative à la régulation des activités postales, *JORF* n° 117 du 21 mai 2005, p. 8825.

[140] Art. 28 de la loi n° 2000-108 du 10 févr. 2000, modifiée et complétée, relative à la modernisation et au développement du service public de l'électricité, *JORF* n° 35 du 11 févr. 2000, p. 2143.

[141] Loi n° 2003-8 du 3 janv. 2003, modifiée et complétée, relative aux marchés du gaz et de l'électricité et au service public de l'énergie, *JORF* du 4 janv. 2003, p. 265 (abrogée par l'ord. n° 2011-504, préc).

[142] *Cf.* les art. L.134-25, L.134-26 et L. 134-27 du C. énergie.

[143] *Cf.* l'ord. n° 86-1243 du 1er déc. 1986, relative à la liberté des prix et de la concurrence, *JORF* du 9 déc. 1986, p. 14773. Pour rappel, la loi n° 77-806 du 19 juill. 1977, relative au contrôle de la concentration économique et à la répression des ententes illicites et des abus de position dominante (*JORF* du 20 juill. 1977, p. 3833), avait déjà mis en place une « Commission

F. Le transport ferroviaire et les jeux en ligne

72. Outre les domaines précités, le législateur a également fait appel à des AAI pour réguler le transport ferroviaire et les jeux en ligne. En matière de transport ferroviaire, la mission est confiée à l'ARAFER[144], tandis qu'en matière de jeux en ligne la tâche relève de l'ARJEL[145]. Autorités auxquelles on n'a pas manqué de reconnaître un véritable pouvoir répressif, allant d'un avertissement à des sanctions pécuniaires[146].

73. Enfin, il faut noter qu'en sus d'un pouvoir répressif général, certaines des autorités citées sont dotées de la faculté d'infliger des sanctions administratives disciplinaires. Toutefois, avant de s'intéresser à la distinction de ces deux formes de sanctions, il nous paraît primordial de s'interroger sur les raisons ayant justifié la reconnaissance d'un pouvoir répressif à ces nouvelles autorités administratives.

Section 2. Les raisons de l'extension du pouvoir répressif administratif aux AAIRE

74. Une raison principale est avancée pour justifier la reconnaissance d'un pouvoir répressif aux AAIRE : la mission de régulation. Selon les partisans d'une régulation par le biais de ces nouvelles autorités administratives, pour qu'il puisse atteindre ses objectifs, le régulateur doit être pourvu d'un véritable pouvoir répressif. À leurs yeux, ce dernier va de soi avec la mission de régulation. En effet, le besoin d'un tel pouvoir est souvent expliqué par son efficacité qui résulte de la nature des autorités qui l'exercent et des caractéristiques mêmes des sanctions. Leur organisation et leur fonctionnement, en plus de l'adaptabilité et de la souplesse de leurs sanctions, font des AAIRE les autorités les plus qualifiées pour faire face aux mutations, sans cesse, que connaît la sphère économico-sociale (**Sous-section 1**). Un constat qui découle, d'après eux, des limites démontrées jusque-là par la

---

de la concurrence », qu'elle a qualifiée d'AAI, *cf.* son art. 2 après sa modification par l'art. 6 de la loi n° 85-1408 du 30 déc. 1985, portant amélioration de la concurrence, *JORF* du 31 déc. 1985, p. 15513. Même si la Commission ne détenait pas un pouvoir répressif propre, c'est sur ses avis et dans leurs limites que le ministre chargé de l'économie prononçait les sanctions et les autres mesures prévues en cas d'infraction, *cf.* les art. 53 et 54 de l'ord. n° 45-1488 du 30 juin 1945, relative aux prix, *JORF* du 8 juill. 1945, p. 4150 (après les modifications apportées par la loi n° 77-806 du 19 juill. 1977, préc.).

[144] Loi n° 2009-1503 du 8 déc. 2009, relative à l'organisation et à la régulation des transports ferroviaires et portant diverses dispositions relatives aux transports, préc.

[145] Loi n° 2010-476 du 12 mai 2010, relative à l'ouverture à la concurrence et à la régulation du secteur des jeux d'argent et de hasard en ligne, préc.

[146] D'après l'art. L1264-9 du C. transports, l'ARAFER peut prononcer soit une interdiction temporaire d'accès au réseau ferroviaire soit une sanction pécuniaire. De son côté l'ARJEL peut prononcer un avertissement, la réduction de la durée de l'agrément, sa suspension ou son retrait définitif (*cf.* l'art. 43 de la loi n° 2010-476, relative à l'ouverture à la concurrence et à la régulation du secteur des jeux d'argent et de hasard en ligne, préc.)

répression traditionnelle, conçue et mise en pratique par les pouvoirs traditionnels, c'est-à-dire législatif, exécutif et judiciaire (**Sous-section 2**).

SOUS-SECTION 1. LA RÉPRESSION COMME COROLLAIRE DE LA RÉGULATION

75. Pour bon nombre de juristes, fervents défenseurs d'une régulation par le biais des AAIRE, doter ces dernières d'un pouvoir répressif est logique, voire indispensable. À leurs yeux, on ne peut imaginer une régulation efficace sans reconnaître aux autorités qui s'en chargent un pouvoir répressif. Autrement dit, *sanctionner c'est encore réguler* (**Paragraphe 1**).

Le phénomène de dépénalisation y est aussi pour beaucoup dans le renforcement du pouvoir répressif administratif et son élargissement aux AAIRE. Mais là encore ce sont les besoins de la régulation qui sont, en partie, à l'origine de ce phénomène qui ne cesse de prendre de l'ampleur dans le domaine économique (**Paragraphe 2**). Enfin, c'est en se basant également sur le même argument que les régulateurs tendent, d'eux-mêmes, à élargir leur pouvoir de sanction à l'occasion de l'interprétation des textes régissant leurs prérogatives (**Paragraphe 3**). Dans tous ces cas de figure, le droit se trouve instrumentalisé au profit de la régulation économique.

Paragraphe 1. Les besoins de la régulation : *sanctionner c'est encore réguler*

76. Lorsqu'on parle de *régulation économique* la notion doit être comprise dans un sens large, c'est-à-dire « une fonction générale d'administration et d'encadrement de l'économie par l'autorité publique »[147]. Cette large définition inclut la régulation générale (horizontale) exercée par une autorité de régulation à vocation horizontale, et la régulation sectorielle (verticale) exercée par des autorités de régulation sectorielles[148]. Dans le cadre de cette mission l'État agit, d'une manière directe ou indirecte, à travers les AAIRE, à tous les niveaux du processus économique, tant en amont qu'en aval[149]. En effet, une telle fonction s'exerce d'abord en amont des secteurs considérés – régulation *ex ante* –, en faisant participer le régulateur à l'élaboration des règles par le biais du pouvoir réglementaire qui lui est dévolu ainsi que par les recommandations, les propositions et autres rapports qu'il soumet aux autorités concernées. Ou encore, par la délivrance des autorisations

---

[147] S. NICINSKI, « Le mode de régulation », *RFDA* 2010, p. 738.

[148] *Cf.* dans ce sens, J. DE GUILLENCHMIDT, « Le sectoriel et le général dans le droit de la régulation », *LPA*, n° 110, 3 juin 2002, p 3.

[149] Pour plus de détails sur cette notion, *cf.* G. MARCOU, « La notion juridique de régulation », art. cit., p. 347 ; S. BRACONNIER, « La régulation des services publics », *RFDA* 2001, p. 43 ; L. BOY, « Réflexion sur le droit de la régulation », *D.* 2001, p. 3031 ; M.-A. FRISON-ROCHE, « Définition du droit de la régulation économique », art. cit., p. 126.

administratives nécessaires aux acteurs qui animent le secteur régulé. Ainsi, est-il clair que les AAIRE agissent, à ce stade, comme le « bras droit » ou le relais du pouvoir exécutif dans le secteur régulé.

En sus du rôle précédent, selon les partisans des AAIRE, la régulation offre aux régulateurs le droit d'intervenir en aval – régulation *ex post* – par l'exercice d'un pouvoir de contrôle afin de s'assurer du respect des règles de la concurrence. Lors de cette phase, l'intervention du régulateur se traduit également par l'infliction et la prise d'un ensemble de mesures et de sanctions allant du simple avertissement à des sanctions pécuniaires, en passant par la suspension et/ou le retrait des autorisations[150]. Dans ce rôle joué en aval, les AAIRE agissent soit en lieu et place du juge, soit pour appuyer l'action de celui-ci et enfin, dans des cas, en concurrence avec lui[151].

77. Si on se place du côté de l'efficacité de la régulation, nous pouvons dire sans hésitation que les partisans des AAIRE ont tout à fait raison de manifester leur soutien à la reconnaissance et au renforcement du pouvoir de sanction de ces autorités de régulation. L'expérience nous a, en effet, démontré que l'effritement des fonctions de régulation entre plusieurs administrations n'engendre qu'incohérence et lourdeur. De ce fait, l'intervention administrative se vide de tout intérêt, devient inadéquate et inefficace. De même qu'un détour par le juge pour l'infliction des sanctions est perçu comme un obstacle à l'efficacité des textes. Pour certains, « la double optique de prévention et de répression anime, en effet, et de manière presque toujours indissociable, les dispositifs de sanctions administratives »[152]. Ainsi, le fait de faire de ces autorités une sorte de *guichet unique* en matière de régulation, en leur reconnaissant une politique globale qui se traduit par l'exercice simultané d'un pouvoir réglementaire, d'un pouvoir d'exécution des normes et enfin d'un pouvoir de regard sur les litiges et manquements nés de cette application, rendrait la mission de régulation beaucoup plus efficace[153] et l'intervention administrative mieux adaptée aux changements constants qui caractérisent la vie économique.

78. À première vue, le cumul du pouvoir réglementaire avec un pouvoir de sanction pourrait constituer, selon certains auteurs et comme nous le verrons, une violation de plusieurs principes juridiques qui fondent toute société démocratique, tels que le principe de la séparation des pouvoirs. Toutefois,

---

[150] Pour certains auteurs c'est « l'échec partiel d'une régulation d'influence » qui a « conduit au succès d'une régulation répressive », *cf.* M. LEFONDRÉ, *Recherches sur les sanctions administratives et leur nature juridique*, *op. cit.*, pp. 127 et s.

[151] Sur la régulation en amont et en aval, *cf.* N. CURIEN, *Economie des réseaux*, Paris, La Découverte, Coll., « Repères », 2000, pp. 80 et s.

[152] J.-F. DAVIGNON, « Quelle place pour la répression administrative dans notre ordonnancement juridique ? », *LPA*, n° 83, 11 juill. 1997, p. 5, spéc., p. 8.

[153] Dans une réflexion relative au pouvoir répressif de la COB, Pierre JALADE trouve que « l'attribution d'un pouvoir de sanction pécuniaire propre est indispensable à l'efficacité du dispositif de renforcement du pouvoir de contrôle de la commission des opérations de bourse », *cf.* « Vers un renforcement des pouvoirs de la Commission des opérations de bourse », *LPA*, n° 72, 1989, p. 4.

dans le cadre de la régulation économique, une telle démarche se trouve justifiée par la mission de régulation qui est la réalisation et le maintien de l'équilibre dans les secteurs régulés, objectifs que l'administration traditionnelle ne peut atteindre avec les moyens dont elle dispose[154]. C'est dire que les pouvoirs publics ont préféré privilégier « l'efficacité pratique et le réalisme économique, sur le respect des catégories juridiques » [155], et que le recours aux AAIRE « relève de choix politiques successifs qui ne s'embrassent qu'assez peu de considérations juridiques »[156].

En effet, l'analyse des statuts et pouvoirs des AAIRE et du contexte qui les a vus naître permet d'observer que les pouvoirs publics se sont servis du droit comme instrument pour faire face aux besoins de la sphère économique, sans trop se soucier des imbroglios juridiques que cela pouvait engendrer. Pour reprendre Marie-Anne FRISON-ROCHE : « En matière de régulation, au sens technique du terme, la fin justifie et crée les moyens. La méthode requise est donc avant tout guidée par l'efficacité, ce qui est le corollaire de l'instrumentalisation du droit. »[157] Même si l'octroi d'un pouvoir de sanction à des autorités administratives dites indépendantes, peut être inconvenant du

---

[154] En principe, le maintien de cet équilibre relève, en premier lieu, des compétences du pouvoir judiciaire qui pour sa réalisation, peut user d'un pouvoir de sanction important envers les récalcitrants. Une fois la réalisation de cet objectif confiée aux AAIRE, ce n'est que logiquement que ces dernières ont héritées des pouvoirs qui lui sont inhérents, notamment le pouvoir répressif. Sur la question des objectifs de la régulation, *cf.* R. DESCOINGS, *op. cit.*, p. 5 ; N. CHARBIT, « Les objectifs du régulateur », art. cit., p. 57. D'après les développements exposés dans ses écrits, Marie-Anne FRISON-ROCHE trouve de bon augure que le projet de loi sur la nouvelle AMF, conserve le pouvoir de sanction détenu jadis par ses prédécesseurs, et soutient que l'objectif de cette « répression objective et systématique » est « de permettre le retour à l'équilibre. Cela s'articule au pouvoir de sanction parce que la régulation du système est compromise par le manquement : c'est donc pour restaurer le système et faire jouer un effet de dissuasion que la répression s'impose. », *cf.* « Le droit de la régulation », *D.* 2001, chron. p. 617. C'est le même argument – la mission de régulation – qui a été avancé par le Conseil constitutionnel pour justifier l'octroi de ce pouvoir répressif aux AAIRE. À titre d'exemple, dans sa décision n° 88-248 DC du 17 janv. 1989, préc., 27ème consid., le Conseil a jugé « que la loi peut [...] doter l'autorité indépendante chargée de garantir l'exercice de la liberté de communication audiovisuelle de pouvoirs de sanction dans la limite *nécessaire à l'accomplissement de sa mission.* » (souligné par nous).

[155] J.-F. BRISSON, « Les pouvoirs de sanction des autorités de régulation : les voies d'une juridictionnalisation », Colloque organisé à la Cour de cassation, oct. 2001, consultable sur le site internet du GIP Droit et Justice, www.gip-recherche-justice.fr., (consulté en janvier 2005).

[156] *Ibid.* Dans le même sens, Michèle GUILLAUME-HOFFNUNG s'est inquiétée de la remise en cause du système institutionnel français par un droit qui « multiplie les solutions exceptionnelles qui s'affranchissent avec une hardiesse variable des principes du droit public qui sont notre sauvegarde depuis 1789 », *cf.* « Les actes juridiques de la COB », *AJDA* 1982, p. 683. Abondant dans le même sens Catherine TEITGEN-COLLY a souligné la perturbation que ces nouvelles organismes étaient susceptibles d'avoir sur un schéma administratif encore largement dominé par le modèle wébérien, *cf.* « Les autorités administratives indépendantes, histoire d'une institution », *in* C.-A. COLLIARD et G. TIMSIT (dir.), *Les autorités administratives indépendantes*, *op. cit.*, p. 22.

[157] *In* « Le droit de la régulation », art. cit., p. 614.

point de vue de nombreux principes juridiques classiques[158], l'objet de la régulation justifie amplement, selon certains[159], une telle démarche. En effet, « la généralisation du pouvoir de sanction des autorités de régulation a été justifiée par ses promoteurs comme l'une des spécificités mêmes des nouvelles fonctions de régulation de l'État »[160]. Aussi, nous pouvons dire que, pour les régulateurs, prononcer une sanction ou trancher un différend sont des actes de régulation. Autrement dit, *sanctionner c'est encore réguler*.

79. Il n'en reste pas moins que justifier l'élargissement de la répression administrative en matière économique sous prétexte de la quête d'efficacité, n'emporte pas une totale conviction, car l'efficacité de tout mode répressif est tributaire des moyens dont il bénéficie et non pas de la nature même du dispositif. Cela revient à dire que si la sanction pénale n'est pas efficace en matière économique, cela signifie tout simplement que les moyens dont dispose le juge sont insuffisants.

80. Enfin, la régulation économique et les objectifs qu'elle vise sont également à l'origine du phénomène de dépénalisation qui s'étend, de plus en plus, dans la sphère économique.

Paragraphe 2. Le phénomène de dépénalisation

81. La dépénalisation est un processus dont l'objectif est l'« affaiblissement de la réaction sociale qui tantôt abandonne la voie pénale, tantôt la modère, tantôt y substitue d'autres voies, moins traumatisantes et plus efficaces »[161]. En d'autres termes, ce phénomène vise à remplacer le système de sanctions pénales par un autre système de sanctions, dans notre cas de figure par un système répressif administratif. Cela dit, il faut remarquer que la dépénalisation en faveur des sanctions administratives n'a pris ni une forme officielle ni générale[162]. Le seul domaine officiellement dépénalisé au profit des sanctions administratives est celui de la concurrence. C'est en effet par l'ordonnance du 1er décembre 1986 que le législateur a transféré une grande

---

[158] Comme pour le cas du principe de la séparation des pouvoirs, *cf. infra*, pp. 176 et s.

[159] On vise ici les partisans des AAIRE, mais également ceux de la répression administrative à l'image de Jacques MOURGEON qui estime que « faire intervenir, pour l'exécution d'une décision [...] une autorité étrangère à l'institution trouble la continuité et brise la cohésion en provoquant une faille dans le monopole de surveillance que l'administration peut vouloir revendiquer sur l'application de la décision », *cf. La répression administrative*, *op. cit.*, p. 220.

[160] J.-F. BRISSON, « Les pouvoirs de sanction des autorités de régulation et l'article 6§1 de la Convention européenne des droits de l'homme, à propos d'une divergence entre le Conseil d'État et la Cour de cassation », art. cit., p. 848.

[161] G. LEVASSEUR, « Le problème de la dépénalisation », Rapport de synthèse présenté aux 3èmes Journées franco-italo-espagnoles de politique criminelle d'Aix-en-Provence en sept. 1982, *APC* n° 6, 1983, p. 53.

[162] Contrairement à d'autres pays tels que l'Allemagne, l'Italie et le Portugal. *Cf.* sur le sujet : A. SYKIOTOU-ANDROULAKIS, *Le Mouvement de dépénalisation en France et en Grèce : L'alternative administrative*, Sakkoulas, Bruylant, 1997, p. 55.

partie du pouvoir répressif judiciaire au profit de l'ancien Conseil de la concurrence, autorité administrative indépendante, devenu l'ADLC [163].

Le choix de basculer d'une répression purement pénale à une répression administrativo-pénale, trouve comme principal argument l'inefficacité de la répression des pratiques anticoncurrentielles ou restrictives de la concurrence par le droit pénal. Seul un très faible nombre d'infractions arrivait aux tribunaux, et leurs auteurs étaient souvent relaxés. En outre, l'incompétence technique qui ne permettrait pas au juge compétent de mesurer, les effets d'une entente sur l'économie, la difficulté de faire entrer certaines infractions dans le cadre de la loi pénale, le caractère insuffisamment dissuasif de la sanction pénale, sont quelques-unes des raisons qui ont motivé la dépénalisation de ce domaine.

82. Dans certains secteurs le législateur ne fait pas disparaître complètement les incriminations préexistantes ; tout en maintenant d'une façon limitée les incriminations pénales, il accroît et développe en parallèle le pouvoir de sanction des autorités administratives en charge de la mission de régulation de ces secteurs[164]. À titre d'exemple, tout en gardant la compétence répressive du juge pénal en matière boursière, le législateur français accroît celle de la COB, par la loi du 2 août 1989, en lui attribuant un véritable pouvoir de sanction dont les conditions d'application sont déterminées par les règlements-mêmes de la Commission. C'est la même méthode qui est retenue dans le domaine des communications où, sans dépénaliser, le législateur a développé d'une manière considérable le pouvoir de sanction du régulateur sectoriel, en l'occurrence le CSA[165].

83. En tout état de cause, à suivre les arguments de ses fervents défenseurs, même incomplète, la dépénalisation au profit des AAIRE marque le souhait d'améliorer la répression. En plus d'être un objectif de la politique criminelle, ce processus constitue en matière économique un moyen à la disposition de la régulation, lui permettant de développer la répression d'une manière efficace et adaptée. À ce titre, les partisans des AAIRE précisent que l'objectif de cette répression est d'assurer une meilleure surveillance des secteurs ainsi régulés et la certitude que tout manquement soit puni, des aspirations que la répression pénale n'a pu satisfaire. Enfin, comme le précise Alain VIANDIER, le but de la régulation n'est pas de faire totalement disparaître le droit pénal des secteurs techniques mais d'améliorer la répression pénale et d'organiser la répression administrative[166].

---

[163] J. AZEMA, « La dépénalisation du droit de la concurrence », *Rev. sc. crim.* 1989, p. 651.

[164] L'augmentation du pouvoir répressif de ces régulateurs ne fait que réduire celui du juge pénal, confirmant « l'idée d'une dépénalisation par défaut de pénalisation », *cf.* M. LEFONDRÉ, *op. cit.*, p. 93.

[165] A. SYKIOTOU-ANDROULAKIS, *op. cit.*, p. 159.

[166] *Cf.* « Sécurité et transparence du marché financier (Commentaire des Titres 1 et 2 de la loi du 2 août 1989) », *JCP E* 1989, 15612. Pour Franck MODERNE « la dépénalisation est conçue d'avantage comme une méthodologie de substitution des peines que comme la suppression d'incriminations anciennes », *cf.* « Répression administrative et protection des libertés devant le

Paragraphe 3. L'interprétation maximaliste des textes juridiques

84. Il faut avouer que les pouvoirs publics ne se sont nullement « gênés » pour instrumentaliser le droit au profit de la régulation. Tout d'abord, en mettant en place cette nouvelle catégorie juridique que sont les AAIRE, ensuite en leur reconnaissant un ensemble de pouvoirs dont le pouvoir répressif. Mais une fois en place, quelques régulateurs, toujours en fonction de l'impératif de régulation, n'hésitent pas à élargir d'eux-mêmes leurs pouvoirs. L'expérience nous montre, en effet, que par leurs délibérations, avis, et même simples recommandations, les régulateurs ont tendance « sous couvert d'interprétation de la loi, à édicter de nouvelles normes »[167], afin d'étendre un tant soit peu leurs pouvoirs.

En somme, les régulateurs économiques ne se contentent plus des pouvoirs qui leur sont dévolus par le législateur. Sous prétexte que leurs objectifs évoluent en fonction du contexte du marché, qui connaît des mutations continues d'un point de vue technique comme politique, ils n'hésitent pas à faire évoluer les règles juridiques de manière à se donner plus de pouvoirs. C'est dire que loin de toute intervention ou habilitation du pouvoir législatif, c'est le régulateur lui-même qui procède à l'adaptation des règles juridiques. Pour ce faire, il interprète les textes d'une manière extensive et selon la manière qui sied aux besoins de la régulation. Encore une forme d'instrumentalisation pure et simple du droit au profit de la régulation.

Pour illustrer un tel phénomène, Nicolas CHARBIT cite en exemple l'arrêt *France Télécom c/Paris TV Câble*[168]. Dans cette affaire, malgré le silence des textes, l'ART s'est arrogé le pouvoir de prononcer des injonctions à l'occasion d'une décision de règlement des différends. Une démarche validée par le juge du contrôle pour qui « l'Autorité est investie du pouvoir d'émettre des prescriptions, voire de prononcer des injonctions de faire ou de ne pas faire, de manière à rendre effective la réalisation des travaux ou de prestations nécessaires pour assurer la liberté d'accès au service des télécommunications »[169]. La justification de cette interprétation repose sur la nécessité d'un tel pouvoir pour que le régulateur (l'ART) puisse remplir l'objectif du maintien de la concurrence, tel qu'établi par le législateur. Le

---

juge constitutionnel : les leçons du droit comparé », in *Droit administratif*, Mél., R. CHAPUS, *op. cit.*, p. 412.

167 N. CHARBIT, « Les objectifs du régulateur », art. cit., p. 62.

168 *Ibid.*, p. 57. *Cf.* également : D. KEUFFI, *La régulation des marchés financiers dans l'espace OHADA*, Paris, L'Harmattan, 2010, pp. 101 et 102 ; E. JEULAND, « Régulation et théorie générale du procès », *in* M.-A. FRISON-ROCHE, *Les risques de régulation*, série « Droit et Economie de la Régulation », Vol. .3, Paris, Presses de Sciences-Po et Dalloz, Coll., « Thèmes et commentaires », 2005, p. 265 ; J. MARIMBERT, « L'ampleur du contrôle juridictionnel sur le régulateur », *LPA*, n° 17, 23 janv. 2003, p. 41, spéc., p. 42.

169 CA Paris, 28 avr. 1998, n° 97/17847, *France Télécom c/Paris TV Câble*, JurisData:1998-021050. Cependant, la même Cour a jugé que la CRE avait excédé ses pouvoirs en enjoignant à un utilisateur du réseau de signer un contrat d'accès et de payer des sommes relatives au tarif d'utilisation des réseaux, *cf.* CA Paris, 25 janv. 2005, n° 04/12111, *Sté Cerestar France c/EDF-RTE,* JurisData:2005-279033.

juge s'est ainsi appuyé sur un raisonnement téléologique. En effet, l'arrêt fonde ce pouvoir sur la nature et la mission spécifique du régulateur : « pour des motifs d'ordre public économique, [le législateur] a confié à l'Autorité de régulation des télécommunications, dans l'exercice de prérogatives de puissance publique, la mission d'imposer aux parties qui la saisissent des décisions exécutoires tranchant leurs litiges sur la conclusion ou l'exécution d'une convention d'interconnexion ou d'accès à un réseau de télécommunications »[170].

85. Il est donc clair qu'en matière de régulation, en sus de constituer une réaction envers les violations des règles du marché, les sanctions prononcées par les AAIRE constituent un véritable signe adressé, au-delà de l'auteur de la violation, à l'ensemble des acteurs de ce marché. À ce sujet, Daniel OHL estime que « la sanction ne se fonde plus sur la violation d'un comportement prèdéfini, mais sur l'appréciation du régulateur qui peut évoluer dans le temps »[171]. D'autre part, « l'autorité de régulation apparaît alors comme une juridiction hyperétatique dotée à la fois de la *jurisdictio* et d'un *impérium* renforcé et adapté à son office »[172].

86. Certes, les exemples cités plus haut concernent le rôle des régulateurs dans le règlement des différends, toutefois une telle démarche n'est pas à exclure en matière de sanction. Une éventualité que conforte l'applicabilité souple du principe de légalité en la matière. Comme nous aurons l'occasion de le constater, tout en rappelant l'obligation de respect du principe de légalité qui pèse sur ces autorités, le juge leur reconnaît une marge de manœuvre importante dans l'interprétation des textes d'incrimination[173]. Par ailleurs, étant donné que le législateur intervient dans un domaine mouvant, « il est donc bien rare que les dispositions législatives définissant les compétences des régulateurs, soient des dispositions à ce point anticipatrices qu'elles permettent de pourvoir par avance à un certain nombre de situations qui vont se produire dans le cours de la régulation [raison pour laquelle] il faut que le régulateur soit investi des pouvoirs nécessaires à l'exercice de sa mission même si la loi n'a pas explicitement défini les contours de ses prérogatives »[174].

87. Il s'avère donc qu'en matière de régulation la « jurisprudence » des AAIRE constitue une source normative d'importance, qui prime sur la norme étatique jugée moins souple et moins adaptée aux réalités et aux besoins de la

---

[170] L. RAPP, « La Cour d'appel de Paris confirme le rôle de l'ART », *Bull. Lamy dr. publ. Aff.*, n° 14, 1998, p. 2.

[171] *Cf. Droit des sociétés cotées*, 2ème éd., Paris, Litec, Coll., « Affaires Finances », 2005, p. 132.

[172] E. JEULAND, « Régulation et théorie générale du procès », art. cit., p. 265.

[173] *Cf. infra*, pp. 414 et s.

[174] J. MARIMBERT, « L'ampleur du contrôle juridictionnel sur le régulateur », art. cit., p. 42. Selon Nicolas CHARBIT « c'est parce que les objectifs assignés aux régulateurs évoluent, en fonction du nouveau contexte du marché, des impératifs techniques, des conditions politiques [...] que les règles sont appelées à évoluer », *cf.* « Les objectifs du régulateur : entre recherche d'efficacité et rappel de légalité », *in* M.-A. FRISON-ROCHE (dir.), *Règles et pouvoirs dans les systèmes de régulation*, *op. cit.*, pp. 54 et s.

sphère économique[175]. De la sorte ces autorités jouent un rôle d'adaptateur de l'ordre juridique aux réalités de la sphère économique en perpétuel mouvement. Il n'en demeure pas moins que, nonobstant les atouts que représente une telle réalité au profit de la régulation, cet état de fait ne doit pas masquer les risques d'abus que peut représenter une concentration de tant de pouvoirs entre les mains de ces autorités. Par ailleurs, cela confirme et conforte également, à première vue, les critiques évoquant la violation du principe de la séparation des pouvoirs du fait du cumul des pouvoirs répressif et réglementaire[176].

SOUS-SECTION 2. LES LIMITES DES POUVOIRS CLASSIQUES À RÉALISER UNE RÉPRESSION EFFICACE

88. D'après les partisans des AAIRE, des problèmes liés à l'évolution sociale et technologique ont fait clairement apparaître que la répression exercée jusque-là par voie juridictionnelle, était inefficace et semblait incapable de faire face aux nouvelles donnes. Une inefficacité liée à l'impuissance du pouvoir judiciaire dont la répression manque de proximité, de simplicité, d'efficacité, d'acceptabilité, d'adaptabilité et de prévention (**Paragraphe 1**). En sus du pouvoir judiciaire, première cible, le pouvoir législatif n'a pas échappé aux critiques : n'est-ce pas lui qui adopte les différents textes de nature répressive ? De ce fait, lui aussi endosse la responsabilité d'une telle situation d'échec (**Paragraphe 2**). Le pouvoir exécutif a eu également sa part de critiques, car « responsable » des limites de la répression administrative traditionnelle, d'où le besoin d'un nouveau type de sanctions administratives (**Paragraphe 3**).

Paragraphe 1. La lenteur de la procédure et le manque de spécialisation du juge

89. Au regard des caractéristiques de la sphère économique et de la nature des manquements que l'on veut réprimer, le besoin s'est fait pressant de faire

---

175 *Cf.* P.-A. JEANNENEY, « Le régulateur producteur de droit », *in* M.-A. FRISON-ROCHE (dir.), *Règles et pouvoirs dans les systèmes de régulation*, *op. cit.*, pp. 44 et s. Selon Gérard TIMSIT cette jurisprudence traduit la « seconde variante du schéma kelsenien [qui] a pour résultat de faire du jugement le double, et peut-être même la seule vérité de la loi. Si la norme supérieure, abstraite, n'accède en effet à l'existence que par le processus de concrétisation dont elle fait l'objet, il devient impossible de distinguer vraiment entre le pouvoir du législateur, qui pose la norme abstraite, et celui de l'autorité administrative ou judiciaire, investie de la fonction d'interprétation de la norme posée par le législateur. L'un et l'autre se confondent, les normes supérieures n'ayant d'autre existence que dans et par les normes inférieures qui en assurent l'exécution. Non seulement il n'est plus possible de distinguer entre fonctions administratives et judiciaires – ce sont toutes deux des fonctions d'élaboration des normes supérieures – administratives et judiciaires. », *in Gouverner et juger. Les blasons de la légalité*, Paris, PUF, Coll., « Les voies du droit », 1995, pp. 115 et s.

176 *Cf. infra*, pp. 148 et s., 176 et s., 470 et s.

appel à une nouvelle génération de sanctions administratives qui seront plus adaptées que les sanctions pénales. Plusieurs raisons, s'articulant en général autour des questions de la lenteur de la procédure, de la charge de travail ainsi que du manque de spécialisation, expliquent la volonté de ne pas confier une telle tâche au juge pénal, d'une part, et l'engouement pour les sanctions administratives, d'autre part[177].

90. Le premier reproche que l'on a fait au pouvoir judiciaire est la lenteur de sa procédure. Or, il est notoire que la répression des infractions trouve son efficacité, en particulier dans le domaine économique, dans la rapidité de son exécution. En effet, c'est toute une déperdition d'énergie qui s'ensuit lorsqu'une administration est obligée de saisir le juge pour obtenir le prononcé d'une sanction, parce qu'une telle sollicitation accroît la charge globale du travail et implique plusieurs organes distincts pour une seule affaire. Ainsi, en plus du procureur de la République qui doit prendre connaissance d'un dossier tout à fait nouveau pour lui, il faut compter également avec l'intervention d'un juge d'instruction chargé de mener une nouvelle enquête par les services de police. Non seulement l'instruction peut être ralentie par les avocats de la personne poursuivie, généralement elle aboutit aux mêmes résultats que l'enquête administrative. Ces lenteurs n'arrangent, en fin du compte, ni les justiciables ni le budget public qui consent des dépenses considérables. À l'argument stipulant qu'une telle procédure constitue un gage important d'impartialité, les défenseurs de la répression administrative et des AAIRE rétorquent que la multiplication de la charge de travail qu'elle engendre lui fait perdre tout intérêt et efficacité, dans un domaine nécessitant au contraire une riposte immédiate[178].

---

[177] Selon Marie-José GUEDON « la création des AAI peut être présentée comme la réponse à un besoin que la justice n'est pas capable de satisfaire faute d'avoir su ou pu s'adapter aux évolutions complexes », *cf. Les autorités administratives indépendantes*, *op. cit.*, p. 22. *Cf.* également : J.-L. AUTIN, « Du juge administratif aux autorités administratives indépendantes : un autre mode de régulation », *RDP* 1988, n° 249, p. 1219 ; R. DENOIX DE SAINT-MARC, « Les sanctions administratives : Conclusion », *AJDA* 2001, p. 150 ; J.-M. SAUVÉ, « Les sanctions administratives en droit public français. État des lieux, problèmes et perspectives », *AJDA* 2001, p. 16. Pour le Conseil d'État la prolifération des sanctions administratives, s'explique par un double souci : « l'efficacité de la répression » et « l'adaptation de la sanction », *cf. Les pouvoirs de l'Administration dans le domaine des sanctions*, *op. cit.*, p.70.

[178] C'est aussi l'avis de Jean-Louis AUTIN, qui trouve que « pour des raisons diverses – insuffisance des effectifs, nécessaire respect des procédures, souci délibéré de sérénité – la justice est rendue avec une grande lenteur et dans des conditions de délai qui privent quelquefois de tout intérêt pratique les arrêts rendus », *cf.* « Du juge administratif aux autorités administratives indépendantes : un autre mode de régulation », art. cit., p. 1219. Dans le même sens, *cf.* N. KOULOURIS, *Les autorités administratives indépendantes et les independent regulatory agencies : étude comparée sur leur insertion et nature juridique*, Thèse, Université de Paris II, 1992, p. 35. La chambre commerciale de la Cour de cassation française a confirmé de tels arguments, dans une affaire mettant en cause l'impartialité de la COB. Selon cette chambre « des impératifs de souplesse et d'efficacité peuvent justifier l'intervention préalable dans la procédure répressive d'une autorité administrative […] ne satisfaisant pas sous tous leurs aspects aux prescriptions de forme du paragraphe 1er de l'article 6 […] », Cass. com., 9 avr. 1996, n° 94-11.323, *Haddad*, *Bull. civ.* 1996, IV, n° 115, p. 96, JurisData:1996-001496. *Cf.*

À leurs yeux, le pouvoir répressif des AAIRE est le mieux indiqué pour faire face à la lenteur de la répression pénale. Tout d'abord, par l'exécution immédiate des sanctions prévues ; dans la mesure où ces autorités infligent la sanction sans saisine préalable d'un juge et selon une procédure plus facile à mettre en œuvre que la procédure pénale, sachant qu'en principe l'exercice des voies de recours, dans ces cas, n'a pas un effet suspensif[179]. Ensuite, parce que les AAIRE auront moins d'affaires à traiter, problème dont souffre beaucoup le juge pénal submergé par le nombre de litiges à connaître. Eu égard à l'encombrement des juridictions répressives les litiges traînent durant des années avant de trouver une issue. En revanche, les AAIRE, notamment les autorités sectorielles qui n'interviennent que dans un secteur déterminé, auront une charge d'affaires moins importante, ce qui pourrait être déterminant aussi bien pour la durée que pour la qualité du travail accompli.

91. En second lieu, l'on a estimé que la plupart des activités économiques présentent un haut niveau de technicité, qualité qui fait défaut chez les juges en déficit d'un savoir technique approfondi qui leur permettrait d'établir la réalité des manquements ou leur gravité[180]. En revanche, « la sanction administrative est réputée infligée par un auteur disposant de la compétence technique et de l'expérience pratique requises pour apprécier les fautes commises et proportionner la sanction à celles-ci »[181]. Considérée donc comme discrète et convenant davantage aux faits incriminés lorsqu'ils portent sur des questions techniques que l'administration maîtrise, l'on estime la sanction administrative

---

aussi : Cass. com., 5 oct. 1999, n° 97-15.617, *SNC Campenon-Bernard et* autres, *Bull. civ.* 1999, IV, n° 158, p. 133, *Gaz. Pal.*, n° 336 du 2 déc. 1999, p. 9, concl. M.-A. LAFORTUNE. En réalité, le juge judiciaire ne reprit qu'un considérant de la CEDH exprimé dans l'arrêt *Le Compte, Van Leuven et De Meyere c. Belgique,* 23 juin 1981, § 51, série A n° 43, *cf.* aussi : *Öztürk c. Allemagne*, 21 févr. 1984, § 49, série A n° 73.

179 Exceptionnellement le Conseil d'État admet le sursis à exécution des actes dont il est saisi pour annulation, mais sous certaines conditions, *cf. infra,* pp. 518 et s.

180 *Cf.* dans ce sens : R. DENOIX DE SAINT-MARC, « Les sanctions administratives : Conclusion », art. cit., p. 148. Se prononçant sur l'avènement des AAI, dans un entretien avec M.-A. FRISON-ROCHE, le premier président de la CA Paris, R. CHAZAL DE MAURIAC, a estimé que « d'une part, la création de certaines AAI correspond à une défiance à l'égard du judiciaire. D'autre part, il peut y avoir une appréciation négative sur la capacité technique du judiciaire à intervenir dans certains secteurs. Si l'on prend l'AMF ou la HALDE, on constate des différences significatives. La HALDE est née d'un échec du judiciaire, tandis que l'AMF, comme l'ARCEP, sont liées au caractère très spécifique des matières traitées : il faut un dispositif extrajudiciaire pour traiter celles-ci. » *Cf.* M.-A. FRISON-ROCHE, « Étude dressant un bilan des autorités administratives indépendantes », préc., p. 24 [bas de page].

181 J.-M. SAUVÉ, « Les sanctions administratives en droit public français, état des lieux, problèmes et perspectives », art. cit., p. 18. Sur les réticences à propos du pouvoir judiciaire, *cf.* J.-D. BREDIN, « La réglementation des ententes : le recul du contrôle judiciaire », *D.* 1963, chron. 6. p. 33 ; M. BAZEX, « La réforme de la concurrence. Réflexions d'un publiciste sur la publicisation du droit économique », *AJDA* 1985, p. 593. *Cf.* aussi dans le même sens, Nicolas KOULOURIS qui trouve que le juge « n'a pas le droit d'édicter des normes ayant une portée générale (arrêt de règlement) excédant les dimensions du litige particulier dont il est saisi », *cf. Les autorités administratives indépendantes et les independent regulatory agencies : étude comparée sur leur insertion et nature juridique*, *op. cit.*, p. 35.

mieux acceptée par ses destinataires que la sanction pénale et sa procédure jugée plus traumatisante et stigmatisante.

92. Cependant, si le juge est à ce point en faillite et incapable, il aurait été plus raisonnable et plus juste de remédier à ces carences, au lieu de créer d'autres autorités chargées de rendre justice[182]. En effet, fustiger les limites du juge tout en le laissant en charge des affaires ordinaires peut paraître incompréhensible et contradictoire. Par ailleurs, faire appel à des « juridictions spéciales » (Les AAIRE), supposées plus efficaces, pourrait contribuer à l'instauration d'une justice parallèle[183]. Mieux encore, contrairement à ce qu'on a pu soulever comme limites techniques du juge, ce dernier s'est avéré un « fin technicien aux pleins pouvoirs »[184]. En effet, comment peut-on lui faire un tel reproche et lui reconnaître en même temps un pouvoir de contrôle de pleine juridiction, qui lui permet d'analyser les faits et les données techniques pour pouvoir réformer les décisions des AAIRE ?[185] Ses analyses techniques sont même reprises par ces dernières[186]. Enfin, la judiciarisation et la juridictionnalisation des AAIRE pourraient nous faire tomber dans la même lenteur et lourdeur que la procédure judiciaire.

Paragraphe 2. L'incapacité du législateur à concevoir une répression efficace

93. Le succès ''proclamé'' des sanctions administratives reconnues aux AAIRE ne tient pas seulement à des questions de forme, mais également aux règles de fond qui définissent les faits sanctionnables. Outre le pouvoir judiciaire, il faut reconnaître que même le pouvoir législatif, partant de sa faculté de légiférer dans le domaine répressif, n'est plus capable de concevoir une répression efficace. Son rôle dans la répression économique n'arrive plus à convaincre, ce qui explique l'octroi d'un pouvoir réglementaire à certaines de ces autorités de régulation indépendantes.

94. Tout d'abord, les sanctions formulées et élaborées par le législateur, en raison de leur généralité et normativité stricte, ne siéent pas avec la souplesse qui caractérise la sphère économique[187]. Certes, en principe, l'exécution des obligations prévues dans l'acte administratif est assurée par des sanctions pénales. Toutefois, si on prend l'exemple de l'article R610-5° du Code pénal

---

182 Dans son entretien accordé à Marie-Anne FRISON-ROCHE, R. CHAZAL DE MAURIAC, premier président de la CA Paris, a jugé ce à propos qu'« Il aurait été préférable de cerner les juridictions en difficulté, et de les renforcer pour qu'elles puissent jouer pleinement leur rôle », *cf.* « Étude dressant un bilan des autorités administratives indépendantes », préc., p. 24.

183 *Cf.* A. TAIBI, « La prolifération des AAI de régulation. Du déséquilibre de l'ordre répressif à l'instauration d'une justice à deux vitesses », art. cit.

184 *Id.*, « La justification du pouvoir de sanction des AAI de régulation est-elle toujours pertinente ? », *RID pén.* 2013, n° 3/4, p. 463, spéc., p. 468.

185 *Ibid.*, pp. 472 et s.

186 Pour plus de détails sur la question, *cf. infra*, pp. 247 et s.

187 *Cf.* sur la souplesse et l'adaptabilité : N. KOULOURIS, *op. cit.*, p. 26.

qui énonce les sanctions prévues en cas de violation des interdictions ou le manquement aux obligations édictées par les décrets et arrêtés de police légalement formés, ces dispositions n'englobent pas tous les actes. C'est dire que ces sanctions n'arrivent pas à contenir toutes les infractions et les comportements sanctionnables. À titre d'exemple, nous pouvons citer le cas des personnes morales qui étaient réputées irresponsables pénalement, un aléa auquel a pu faire face la sanction administrative[188]. Il a fallu attendre 1994 pour voir le législateur remédier à cette carence en rendant ces personnes pénalement responsables[189].

95. De plus, comme pour le pouvoir judiciaire, les parlementaires pèchent par leur manque de maîtrise de domaines de plus en plus techniques et complexes. Ainsi ignorent-ils les véritables comportements qui peuvent être préjudiciables aux intérêts des opérateurs et des consommateurs[190]. Par conséquent, il n'y a pas mieux que l'autorité de régulation, proche du secteur, pour apprécier les pratiques qui pourraient réellement nuire à la libre et loyale concurrence et, par ricochet, définir les sanctions adéquates capables de faire face aux faits incriminés et surtout jouer un rôle dissuasif. D'ailleurs, les parlementaires n'hésitent pas à faire appel aux experts, y compris les AAIRE, pour l'élaboration des rapports et la préparation des textes de lois encadrant les secteurs considérés. Pour reprendre Catherine TEITGEN-COLLY « le législateur lui-même en a conscience [de la difficulté de mettre en place les

---

188 Il existait toutefois des textes spéciaux qui ont reconnu expressément la responsabilité des personnes morales. Nous pouvons citer, à titre d'exemple, l'art L.121-1, al. 2 du Code de la route ; l'art. L.470-1 du C. com. sur la liberté des prix et de la concurrence ; l'art. L3351-7 du Code de la santé publique, en cas d'infraction à la publicité des boissons alcooliques ; l'art. 54 de l'ord. n° 45-1483 du 30 juin 1945, relative aux prix, préc. *Cf.* sur la question : J. PRADEL, *Droit pénal général*, 18ème éd., Paris, Cujas, 2010, p. 427, spéc. p. 430 ; R. MERLE et A. VITU, *Traité de droit criminel. Problèmes généraux de la science criminelle - Droit pénal général*, t. 1, 7ème éd., Paris, Cujas, 1997, pp. 808 et s. ; M. DELMAS-MARTY, « La responsabilité pénale des groupements dans l'avant-projet de révision du Code pénal », *RID pén.* 1980, p. 38 ; B. BOULOC, « La responsabilité pénale des entreprises en droit français, *RIDC* 1994, Vol. 46, n° 2, p. 669 ; G. VENANDET, « La responsabilité pénale des personnes morales dans l'avant-projet de Code pénal », *RTD com.* 1978, p. 731 ; J.-H. ROBERT, *Droit pénal général,* 6ème éd., Paris, PUF, Coll., « Thémis droit », 2005, p. 386.

189 *Cf.* l'art. 121-2 du CP (*cf.* loi n° 92-683 du 22 juill. 1992, portant réforme des dispositions générales du Code pénal, *JORF* n° 169 du 23 juill. 1992, p. 9864, rentrée en vigueur le 1er mars 1994).

190 Installant solennellement le nouveau collège de la COB le 10 oct. 1989, tel que résultant de la loi du 2 août 1989, le ministre d'État, ministre de l'Economie, des finances et du budget soutint qu'il y a eu reconnaissance d'un pouvoir de sanction à cette entité parce que « beaucoup de pratiques irrégulières souvent identifiées par la COB, parfois dénoncées par la presse, n'étaient pas sanctionnées, pour la simple raison qu'elles n'étaient pas sanctionnables. Elles ne constituaient pas des délits boursiers ni des fautes professionnelles et ne pouvaient donc pas être poursuivies ni pénalement ni disciplinairement. Il fallait mettre fin à ce vide juridique qui offrait un abri tolérant au développement des pratiques indignes d'un marché moderne », cité dans P. BÉZARD, « Le pouvoir de "sanction financière directe" de la Commission des opérations de bourses », *LPA*, n° 8, 17 janv. 1990, p. 52.

sanctions qui conviennent] puisque c'est lui qui crée les autorités administratives indépendantes »[191] qu'il dote d'un pouvoir de sanction.

96. D'un point de vue politique, personne n'ignore le rôle du lobbying dans la confection des textes de lois[192]. Les lobbyistes exercent, en effet, une réelle influence voire une véritable pression sur les pouvoirs publics afin de créer, de supprimer ou d'infléchir des textes de lois.

Toujours sur le plan politique, la législation répressive, naguère gage de protection des libertés individuelles au regard des textes à connotation règlementaires, est de plus en plus mal acceptée par la société. Une situation accentuée par de l'un des inconvénients de la démocratie représentative qui est l'hégémonie de la majorité. Le Parlement, confondu au pouvoir exécutif, à juste raison, ne joue plus son rôle de représentant des citoyens dans la mesure où il ne peut pas s'opposer à l'exécutif qui n'est que l'autre face de la majorité parlementaire. C'est ce qui pourrait expliquer, en partie, l'octroi à certaines AAIRE d'un pouvoir réglementaire – bien que minime pour le moment – par lequel elles peuvent concevoir les sanctions qu'elles jugent indispensables pour réprimer certains manquements. De la sorte, de telles sanctions seront mieux acceptées, car provenant d'organismes proches du secteur régulé, mais plus particulièrement censés être « indépendants » de la sphère politique. En tout cas, une telle entreprise peut être bénéfique au Parlement, parce qu'elle lui évite de s'attirer les foudres de la société et des acteurs économiques, qui pourraient coûter la mandature de ses membres.

97. Nonobstant la part de vérité des critiques dont fait l'objet le pouvoir législatif, il n'en demeure pas moins que reconnaître aux AAIRE la faculté de concevoir les règles qu'elles mettent en œuvre et qu'elles sanctionnent ensuite pourrait s'avérer très dangereux pour les "justiciables".

---

[191] « Les autorités administratives indépendantes : histoire d'une institution », *in* C.-A. COLLIARD et G. TIMSIT (dir.), *Les autorités administratives indépendantes*, *op. cit.* p. 38.

[192] Pour le démarquer des infractions de corruption et de trafic d'influence, le lobbying est régularisé et légalisé en tant que « profession », possédant ses représentants et un encadrement juridique propre. Au niveau du Sénat l'encadrement du lobbying, désormais appelé activité de représentation d'intérêts, repose sur trois textes adoptés, sur le Rapport de M. Jean-Léon DUPONT, par le Bureau du Sénat le 7 oct. 2009 ; un nouveau chapitre (XXII *bis*) de l'Instruction générale du Bureau, un Code de conduite applicable aux représentants de groupes d'intérêts et un arrêté de Questure n° 2010-1258 du 1er déc. 2010 définissant les droits d'accès au Palais du Luxembourg des représentants des groupes d'intérêts, *cf.* http://www.senat.fr/role/groupes_interet.html. À l'Assemblée Nationale, sur initiative de son président M. Bernard ACCOYER, le Bureau a adopté, le 2 juill. 2009, des règles de transparence et d'éthique applicables à l'activité des représentants d'intérêts (les lobbyistes) à l'Assemblée Nationale. Plus récemment, suite à l'adoption du « Rapport sur les lobbies à l'Assemblée nationale » présenté, au Bureau de l'Assemblée le 27 fév. 2013, par M. Christophe SIRURGUE, un Code de conduite applicable aux représentants d'intérêts (ou « lobbyistes ») a été adopté par le Bureau le 26 juin 2013. http://www2.assemblee-nationale.fr/14/representant-d-interets/repre_interet.

Paragraphe 3. La partialité et l'inefficacité de l'administration classique

98. Nous avons vu précédemment que, bien avant l'avènement des AAIRE, l'administration traditionnelle en charge de l'économie exerçait déjà un pouvoir répressif qu'elle partageait avec le juge. Or, l'administration a souvent été accusée d'être source de tous les maux et abus, à cause de son manque d'impartialité et d'efficacité[193], vertus capitales pour mener à bon escient la mission de régulation.

99. Le premier reproche fait à l'administration est donc sa partialité envers l'exécutif. Pis encore, malgré la levée du monopole public sur la plupart des activités économiques, l'État garde le plus souvent une mainmise sur ces activités par le biais des opérateurs historiques : ce qui pourrait amener les pouvoirs publics à abuser de cette double casquette et privilégier leur intérêt. Ils pourraient non seulement concevoir des textes qui favoriseraient les entreprises publiques, mais plus encore abuser du pouvoir répressif dans le but d'entraver la bonne marche des concurrents privés. Or, il est inadmissible qu'une institution soit instigatrice de la sanction, son exécuteur et en même temps partie au conflit.

100. Pour illustrer cette méfiance envers le pouvoir de sanction de l'administration traditionnelle nous pouvons rappeler les propos d'Alain NÉRI, député, rapporteur du projet de loi relatif à la protection de la santé des sportifs et la lutte contre le dopage, qui relevait, à l'occasion de la création du Conseil de prévention et de lutte contre le dopage (CPLD) en 1998, que la position défavorable du Conseil d'État à la création d'une AAI dotée d'un pouvoir de sanction méconnaissait « d'une part le succès indéniable du fonctionnement de la plupart des autorités administratives indépendantes et d'autre part la nécessité de voir exercer un pouvoir disciplinaire en toute indépendance du pouvoir politique »[194].

101. Outre les risques d'abus et d'instrumentalisation, le pouvoir de sanction administratif traditionnel est jugé moins efficace que celui qui devrait être reconnu aux AAIRE, dans la mesure où ces dernières bénéficient d'une organisation et d'un fonctionnement qui leur confère « une réactivité

---

193 Selon le Conseil d'État le mouvement de création des AAI procède « à la fois de méfiance et de suspicion vis-à-vis de l'État traditionnel, contesté dans sa toute puissance et mis en cause quant à son impartialité et son efficacité, et d'aspiration à de nouveaux modes de régulation [...] Par-delà les autorités administratives indépendantes, c'est en réalité en large partie la conception de l'organisation et des conditions d'exercice du pouvoir dans l'État qui est en cause. », *in* Conseil d'État, Rapport public de 2001, *Réflexions générales sur les autorités administratives indépendantes*, préc., pp. 257-258.

194 Cité dans P. GÉLARD, Rapport de l'OPEL sur les AAI, 2006, t. I, préc., p. 28. Pour les rédacteurs de ce rapport la création du CPLD est dictée, entre autres, par le fait « qu'il apparaissait sans doute nécessaire d'éviter toute suspicion à l'égard d'une administration qui courrait le risque d'être créditée de partialité à l'égard de ses champions engagés dans des compétitions internationales au cas où l'un d'entre eux aurait fait l'objet d'une mesure de non-lieu en matière de dopage », *ibid.*, pp. 28-29.

supérieure à celle observée dans des administrations centrales »[195]. Les nouvelles autorités de régulation « sont en effet déliées de toute une série de contraintes qui pèsent sur les modes traditionnels d'élaboration des décisions administratives »[196].

102. Il est vrai qu'en plus de la bureaucratie l'administration traditionnelle chargée des affaires économiques souffrait du problème d'impartialité, du fait de la double casquette qui l'a caractérisée. Néanmoins, malgré l'indépendance qu'on leur prête, les AAIRE sont loin de l'être en réalité, ce qui pourrait influer sur leur impartialité envers le pouvoir exécutif.

---

[195] *Ibid.*, p. 29. Pour Marie-Anne FRISON-ROCHE, en raison de leur stabilité, les AAI présentent l'avantage de la constance, ce qui correspond à la mission de régulation, y compris son corollaire le pouvoir de sanction, qui nécessite une continuité des actions. Ce que qui fait défaut à l'administration traditionnelle dont les missions sont marquées par les échéances électorales, *cf.* « Étude dressant un bilan des autorités administratives indépendantes », préc., pp. 25 et s. Il existe une grande part de vérité dans ces affirmations, cependant, par manque d'assise constitutionnelle, les AAIRE ne sont pas à l'abri d'une suppression ou d'un changement de politique ou d'organisation, au grès de la majorité parlementaire.

[196] Conseil d'État, Rapport public de 2001, *Réflexions générales sur les autorités administratives indépendantes*, préc., p. 258.

CHAPITRE 2

La distinction des sanctions administratives répressives des autres sanctions et mesures administratives proches

103. L'expression « pouvoir de sanction administratif » est assez large et générique : elle englobe des sanctions de natures différentes. De plus, dans plusieurs hypothèses, l'administration est amenée à prendre des mesures qui sont très proches des sanctions, comme le sont les mesures de police. Il faut d'emblée reconnaître que distinguer les différentes variétés de sanctions administratives n'est pas aisé, ce qui explique l'absence d'un consensus doctrinal sur la question.

Si pour certains le pouvoir de sanction administratif est entièrement de nature disciplinaire, pour d'autres en revanche il faudrait distinguer les sanctions administratives répressives des sanctions administratives disciplinaires (**Section 1**). Par ailleurs, l'administration en général et les AAIRE en particulier sont appelées dans certaines situations à prendre des mesures qui s'apparentent à de véritables sanctions, telles que les mesures de police, mais qualifiées par la jurisprudence de simples mesures administratives (**Section 2**).

SECTION 1. LA NÉCESSITÉ DE REPENSER LA FRONTIÈRE ENTRE RÉPRESSION ET DISCIPLINE

104. Il est beaucoup plus difficile de faire admettre l'idée de l'existence de sanctions administratives répressives, que celle de l'existence de sanctions administratives disciplinaires. En effet, en matière de fonction publique, le pouvoir disciplinaire a toujours été admis à l'encontre des fonctionnaires, et c'est sans surprise qu'il a évolué pour toucher la sphère économique. Il est même considéré indispensable pour pouvoir maintenir la discipline dans chaque corps social. Durant les années 1950, Jean BRÈTHE DE LA GRESSAYE défendait même l'existence d'« une discipline économique » qui se manifeste par deux formes : « l'une, de droit commun, est volontaire, organisée par les membres de la profession qui veulent se grouper et s'entendre ; l'autre, exceptionnelle, est obligatoire, suscitée ou du moins reconnue par l'État, et régissant tous les intéressés »[197].

Pendant longtemps, une frange de la doctrine a défendu une conception unitaire du pouvoir de sanction administratif, refusant ainsi l'existence de sanctions administratives répressives (**Sous-section 1**). Toutefois, comme on l'a vu, cette forme de sanction est ancienne et s'est affirmée avec l'avènement des AAIRE. Dans le cadre de cette catégorie de sanctions, l'administration va plus loin que le maintien de la discipline, pour empiéter sur la compétence du juge, en infligeant des sanctions relevant naguère du ressort de ce dernier. C'est-à-dire des sanctions qui touchent un grand nombre de personnes et visent la violation de règles législatives. Aussi, nous ne partageons pas l'opinion qui voit dans l'étendu pouvoir de sanction des AAIRE une simple extension du pouvoir disciplinaire, étant donné que les arguments fondant leur caractère disciplinaire ne sont pas remplis (**Sous-section 2**).

Sous-section 1. De la controverse doctrinale quant à l'existence de sanctions administratives répressives

105. Deux tendances doctrinales s'opposent au sujet de l'existence de sanctions administratives répressives ou à caractère pénal, aux côtés des sanctions administratives disciplinaires. On retrouve, d'une part, les adeptes d'une conception *unitaire*, défendant la nature disciplinaire du pouvoir de sanction administratif (**Paragraphe 1**). D'autre part, les adeptes d'une conception *dualiste* qui soutient, au contraire, l'existence de sanctions administratives répressives aux côtés des sanctions administratives disciplinaires (**Paragraphe 2**). Un exposé préalable de ces deux conceptions du pouvoir de sanction administratif nous paraît indispensable pour bien cerner l'originalité du pouvoir répressif des AAIRE.

Paragraphe 1. La conception unitaire – ou moniste – du pouvoir de sanction administratif

106. Se fondant sur la théorie de l'institution défendue par Maurice HAURIOU, une partie de la doctrine estime qu'il n'existerait qu'un seul type de sanctions administratives, en l'occurrence les sanctions disciplinaires. Après avoir évoqué les origines sociologiques de la théorie[198], les partisans d'une telle conception ont défini, dans un premier temps, la notion

---

[197] J. BRÈTHE DE LA GRESSAYE, « La discipline dans l'entreprise, les syndicats et les professions organisées », *APD* 1953-1954, p. 75, spéc., p. 96. *Cf.* dans le même sens : J.-L. DE CORAIL, « Administration et sanction. Réflexion sur le fondement du pouvoir administratif de répression », art. cit., p. 102.

[198] Selon Alfred LEGAL et Jean BRÈTHE DE LA GRESSAYE : « La théorie de l'institution est une théorie juridique qui a sa base dans la sociologie, c'est-à-dire dans l'étude des faits sociaux », *cf. Le pouvoir disciplinaire dans les institutions privées*, *op. cit.*, p. 24.

d'*institution* qu'ils considèrent comme « une idée d'œuvre ou d'entreprise qui se réalise et dure juridiquement, dans un milieu social ; pour la réalisation de cette idée, un pouvoir s'organise qui lui procure des organes ; d'autre part, entre les membres du groupe social intéressé à la réalisation de l'idée, il se produit des manifestations de communion dirigées par les organes du pouvoir et réglées par des procédures. »[199] Ensuite, ils ont mis en exergue les éléments constitutifs de la notion : un groupement de personnes, une œuvre ou un but commun à réaliser, une structure et un ordre juridique qui régit l'organisation et le fonctionnement de la structure[200]. Enfin, après la notion d'*institution*, pour mieux expliquer et surtout compléter leur théorie, ils ont précisé celle de la *discipline*, qu'ils définissent comme « l'ensemble des règles qui régissent un groupement social, qui assujettissent chacun de ses membres à des obligations spéciales distinctes des obligations politiques de tout citoyen, afin de maintenir la considération de ce corps et de lui assurer dans l'intérêt social de sa fonction, la confiance publique. »[201]

107. C'est en partant de ces deux notions, d'*institution* et de *discipline*, que les partisans de cette théorie ont tenté de définir le pouvoir de sanction administratif. Si on prend l'exemple de Jacques MOURGEON, défenseur remarqué de la conception, celui-ci, prévoyant sûrement la difficulté de faire admettre sa théorie a anticipé par noter qu'« il n'est guère aisé de persuader, surtout lorsqu'on adopte des positions qui peuvent surprendre à première vue. Nous n'emporterons sans doute pas toujours la conviction lorsque nous voudrons démontrer que la répression administrative est toute entière dominée par un aspect disciplinaire déterminant. »[202] Avant d'ajouter que le pouvoir de sanction administratif est « l'ensemble des processus juridiques conduisant au prononcé d'une sanction disciplinaire par une autorité administrative active ou juridictionnelle, contre un agent de l'administration ou un particulier membre d'une institution administrative par sa participation à l'accomplissement d'une mission institutionnelle, coupable d'avoir violé une norme de l'ordre juridique partiel propre à cette institution. »[203] En termes plus précis, le propre du pouvoir de sanction administratif est de remplir une fonction exclusivement

---

[199] M. HAURIOU, « La théorie de l'institution et la fondation « essai de vitalisme social) », *Les cahiers de la nouvelle journée* 1925, n° 4, p. 10 (cité dans F. LAURIE, « La constitutionnalisation du droit disciplinaire », *Civitas Europa*, n° 15, p. 105, spéc., 109). De leur côté Alfred LEGAL et Jean BRÈTHE DE LA GRESSAYE définirent la notion comme : « un groupement de personnes réunies autour d'une idée, afin de la réalisée grâce à une organisation permanente », *ibid.*, p. 28. Sur le même sujet, *cf.* G. RENARD, *La théorie de l'institution, Essai d'ontologie juridique*, Paris, Sirey, 1930, p. 222 ; J. MOURGEON, *op. cit.*, pp. 24 et s.

[200] *Cf.* dans ce sens : J. MOURGEON, *ibid.*, pp. 28 et s. Alfred LEGAL et Jean BRÈTHE DE LA GRESSAYE firent ressortir, pour leur part, deux éléments principaux : une idée à réaliser en commun et une organisation permanente pour réaliser l'idée, *ibid.*

[201] H. NÉZARD, *Les principes généraux du droit disciplinaire*, Thèse, Paris, 1903, p. 7. Dans une approche identique, J. MOURGEON définit la discipline comme : « l'ensemble des obligations auxquelles les membres d'une institution sont assujettis conformément aux exigences de ses finalités et pour en permettre l'accomplissement », *ibid.*, p. 53.

[202] *ibid.*, p. 13.

[203] *Ibid.*

disciplinaire. C'est pour ces raisons que ''la répression'' disciplinaire désigne, à ses yeux, « toute action punitive exercée pour le maintien de la discipline dans l'institution », car il faudrait « que soient respectées les règles corrélatives aux exigences finalistes de l'institution »[204].

Le même sens est développé par MM. LEGAL et BRÈTHE DE LA GRESSAYE pour qui le pouvoir disciplinaire est « un pouvoir juridique ayant pour objet d'imposer aux membres du groupe, par des sanctions déterminées, une règle de conduite en vue de les contraindre à agir conformément au but d'intérêt collectif qui est la raison d'être de ce groupe »[205]. Roland DRAGO n'a pas hésité non plus à mettre l'ensemble des sanctions administratives dans le moule disciplinaire, en estimant qu'« à côté de l'ordre juridique de la fonction publique et à l'intérieur de l'ordre juridique étatique peuvent être délimités, à certains moments, des ordres juridiques partiels. Ces ordres juridiques ont leurs règles, et ceux qui les violent sont soumis à un pouvoir disciplinaire se traduisant par certaines sanctions...car le droit disciplinaire est le droit pénal des institutions secondaires. »[206]

108. Se basant sur une telle conception, certains ne décèlent aucune différence entre le pouvoir disciplinaire et la répression pénale, dans la mesure où le droit pénal n'est, à leurs yeux, que le droit disciplinaire appliqué dans l'institution primaire. À ce sujet, Serge SALON trouve que le droit pénal, manifestation de la défense sociale, n'est qu'une facette du droit disciplinaire et dont l'objectif est de réprimer « tout acte de nature à compromettre la réalisation de l'idée de l'institution primaire »[207], qui est l'État.

Ce qui pourrait distinguer le droit disciplinaire du droit pénal, selon cette partie de la doctrine, ce sont, d'une part, les institutions au sein desquelles ils sont impliqués et, d'autre part, « les règles juridiques qu'ils sanctionnent : le droit pénal est la sanction de devoirs envers la société, qui constituent des obligations communes à tous les citoyens, le droit disciplinaire est le droit répressif spécial aux institutions autonomes plus restreintes, soit publiques, soit privées. »[208]

109. En somme, l'idée défendue dans le cadre de la conception moniste du pouvoir de sanction administratif est qu'il ne peut y avoir d'*institution* performante et viable sans ordre. C'est pourquoi, il est indispensable de

---

[204] *Ibid.*, p. 54.

[205] A. LEGAL et J. BRÈTHE DE LA GRESSAYE, *ibid.*, p. 18.

[206] Cité par J. MOURGEON, *ibid.*, p. 102.

[207] S. SALON, *Délinquance et répression disciplinaire dans la fonction publique*, Paris, LGDJ, 1969, pp. 28 et s.

[208] A. LEGAL et J. BRÈTHE DE LA GRESSAYE, *ibid.*, p. 114. Même le doyen Léon DUGUIT, qui n'adhère pas à la théorie institutionnelle, avait affirmé dans une étude – certes consacrée à la seule fonction publique – à propos de l'identité des répressions pénales et disciplinaires, que la seule différence entre ces deux modes de répression est d'ordre organique. Toutefois, il considère qu'une telle situation est momentanée et que bientôt « aucune différence ne subsistera plus entre la répression pénale et la répression disciplinaire », *cf. Études de droit public, t. 2, L'Etat, les gouvernants et les agents*, Paris, A. Fontemoing, 1903, p. 466, cité dans F. DOUËB, *Les sanctions pécuniaires des autorités administratives*, *op. cit.*, pp. 189 et s.

soumettre les membres de chaque institution à un certain nombre de normes et la discipline traduit exactement cette soumission. En d'autres termes, pour les défenseurs de cette conception, il y a consubstantialité entre sanctions disciplinaires et règles d'organisation de tout groupe social : la répression exercée dans chaque groupe (institution) a pour objectif la préservation de la discipline en son sein, qui elle-même manifeste la soumission à l'ordre juridique régissant ce groupe. Par conséquent, les sanctions apparaissent nécessaires pour réprimer les faits ou les comportements pouvant porter atteinte à la réalisation de l'œuvre et, plus précisément, violant les règles découlant des exigences finalistes de l'institution[209]. Cette discipline paraît indispensable dans toute institution, qu'elle soit primaire ou secondaire, dès lors qu'une volonté commune anime ses membres pour atteindre un objectif commun.

110. Avant de conclure sur ce point, il est intéressant de noter que tout en soutenant le caractère disciplinaire de la répression des infractions à la législation économique, Jacques MOURGEON reconnaît, en même temps et d'une manière implicite, la *spécificité* de cette dernière. En effet, pour cet auteur, sans aucun doute, il s'agit là d'une ''répression'' disciplinaire. D'abord, parce que contrairement à ce que nous pouvons croire, elle ne touche pas de simples citoyens, mais des personnes « sujets d'une activité économique ». Ensuite, parce qu'il est erroné de croire que « le droit économique n'impose pas des obligations disciplinaires », car en réalité il y a deux disciplines qui se côtoient : la première, celle qu'impose l'ordre juridique de l'institution primaire (l'État), la violation de la législation économique portant atteinte à toute la société. La seconde, celle qu'impose l'institution administrative secondaire, intervenant dans l'activité économique considérée « afin d'englober les sujets de celle-ci pour autoritairement les associer à l'accomplissement de missions administratives à finalité économique »[210].

On en déduit *la spécificité* des sanctions administratives en matière économique suivant la conception de Jacques MOURGEON, parce qu'en principe on ne peut être face à une « répression » disciplinaire sans que l'un des fondements de la théorie institutionnelle ne soit présent, et on vise ici l'existence d'un but commun. En effet, la poursuite d'un objectif commun est l'un des éléments les plus en vue de la théorie institutionnelle. Or, l'auteur admet dans sa conception que les particuliers, qui sont contraints de concourir à l'exécution de missions économiques, n'en sont pas les bénéficiaires directs, mais ils en profitent néanmoins au cas où la société en tire avantage. En ce sens, « les mesures administratives répressives prononcées pour infractions à la législation économique constituent donc bien une hypothèse de répression administrative non bénéficiaire de la mission poursuivie par celle-ci »[211]. En

---

[209] R. DENOIX DE SAINT-MARC, « Les sanctions administratives : Conclusion », art. cit., p. 148.

[210] J. MOURGEON, *ibid.*, pp. 182 et s.

[211] *Ibid.* Selon le même auteur, « la répression administrative des infractions à la législation économique *déborde le cadre d'une seule profession* pour s'appliquer dans *un secteur*

résumé, selon l'auteur, le pouvoir de sanction administratif dans le domaine économique est d'essence disciplinaire, malgré l'absence d'un but commun entre les « membres » de l'institution.

La conception moniste de la répression administrative, n'a pas reçu les faveurs de la majorité de la doctrine. Remise en cause et critiquée de toutes parts, cette théorie a vu aussi ses arguments s'effriter avec l'apparition de la notion d'AAI.

Paragraphe 2. La conception dualiste du pouvoir de sanction administratif

111. Plusieurs auteurs n'ont pas hésité à remettre en cause, à juste titre d'ailleurs, le bien-fondé de la théorie institutionnelle. Le premier argument avancé est relatif à la difficulté d'identifier toutes les institutions, c'est dire qu'ils trouvent ce critère non opérationnel. Pour reprendre Michel LEFONDRÉ « Il faudrait que cette notion ait les contours suffisamment précis pour qu'il soit possible de répondre, sans trop de difficultés, à la question pratique : quand est-on en présence d'une institution ? »[212] D'ailleurs, même s'il a défendu la théorie, Jacques MOURGEON n'a pas manqué de souligner cette imprécision due à la multiplicité, l'enchevêtrement et l'imbrication des institutions[213]. Le second argument qu'il y a lieu de retenir – et pas des moindres –, est la faculté reconnue à l'administration d'infliger des sanctions à des personnes qui ne sont pas en relation directe avec elle.

112. C'est pour ces raisons, parmi d'autres, que les auteurs représentants cette seconde conception ont défendu l'idée d'un dualisme de la répression administrative : en plus des sanctions administratives de nature disciplinaire, le pouvoir de sanction administratif est aussi constitué de sanctions dont le caractère est proche des sanctions pénales. Des sanctions que nous pouvons qualifier de sanctions administratives *répressives*.

Cette conception dualiste, du pouvoir de sanction administratif, a déjà été défendue en 1943 par Claude-Albert COLLIARD qui a estimé que « la sanction administrative joue dans un contexte juridique général alors que la sanction disciplinaire joue dans des ordres juridiques particuliers »[214]. Comme

---

économique [...] ou pour accompagner un *mécanisme économique* » (souligné par nous). En d'autres termes, l'auteur reconnaît que l'intérêt menacé déborde l'intérêt d'un groupe pour toucher l'intérêt général, mais sans aller, pour autant, jusqu'à reconnaître une nature autre que disciplinaire au pouvoir de sanction prévu.

[212] M. LEFONDRÉ, *Recherches sur les sanctions administratives et leur nature juridique*, *op. cit.*, p. 203.

[213] D'après Jacques MOURGEON, cette confusion peut être d'ordre personnel, du fait de l'appartenance d'une seule personne à plusieurs institutions à la fois. Comme elle peut être d'ordre organique ou fonctionnel ; résultant de l'existence de missions similaires ou complémentaires, cela implique un rapprochement d'ordre organique entre les institutions concernées. Pour plus de détails, *cf. La répression administrative*, *op. cit.*, p. 33.

[214] C.-A. COLLIARD, « La sanction administrative », *Annales de la Faculté de droit d'Aix*, 1943, n° 36, p.3 spéc., p.13.

nous aurons l'occasion de le constater, la finalité particulière du droit disciplinaire ainsi que la délimitation précise des personnes auxquelles il s'applique ne permettent pas un alignement total des deux types de sanctions, et justifient une certaine différence de régime juridique. L'étude approfondie du pouvoir de sanction administratif, notamment sous la coupe des AAIRE, enseigne que les sanctions administratives non disciplinaires sont beaucoup plus proches des sanctions pénales, raison pour laquelle il est recommandé qu'elles soient soumises aux mêmes principes que ceux qui régissent le droit pénal et la procédure pénale.

113. Si la question d'existence de sanctions administratives répressives aux côtés des sanctions administratives disciplinaires, ne fait aucun doute au sein de cette partie de la doctrine, en revanche l'unanimité fait défaut quant au(x) critère(s) de distinction entre elles. À titre d'exemple, se basant sur le principe *nullum crimen sine lege,* Michel DE JUGLART estime que contrairement aux infractions sanctionnées par des sanctions disciplinaires, celles punies par des sanctions administratives répressives sont définies par un texte de loi[215]. De son côté Jean-Louis DE CORAIL qui adhère à l'idée de l'existence de sanctions administratives non disciplinaires, proches des sanctions pénales, soutient que c'est « la notion de prérogative de puissance publique qui permet de qualifier le pouvoir administratif répressif [et] définit aussi la nature de l'activité exercée par l'autorité qui en bénéficie et qui constitue une activité de service public »[216], tandis que le pouvoir administratif disciplinaire est identifiable, selon lui, à la notion d'obligation et de service public[217].

Cela dit, il faut noter que la majorité des tenants de la conception dualiste fondent cette distinction sur l'existence ou non d'un lien juridique préalable entre l'administration et les destinataires de la sanction. L'on est en présence de sanctions disciplinaires lorsque la personne sanctionnée entretient une relation juridique préalable avec l'administration. C'est ce qui justifierait, aux yeux de ces juristes, la faculté de l'administration de recourir à ce pouvoir de sanction. Parmi les adeptes de cette conception, le doyen Jean-Marie AUBY

---

215 Selon cet auteur « le caractère pénal [...] provient du fait qu'elles tendent toutes à réprimer des infractions dont le législateur a prévu lui-même les caractères. Le principe de légalité des peines et des délits est respecté contrairement à ce qui se passe en matière d'organisation professionnelle où la réglementation des activités individuelles est laissée à des comités ou sections à qui le législateur donne des pouvoirs très étendus [...] Avec les sanctions administratives à caractère pénal au contraire nous allons être en présence de sanctions prises pour violation, non plus de telles règles professionnelles, élaborées par un organisme professionnel, mais de certains textes législatifs qui prévoient d'une façon très précise les infractions conformément au principe de la légalité des délits et des peines. » Avant d'ajouter que « la sanction disciplinaire intervient pour réprimer une faute qui, contrairement à la faute pénale, n'est pas prévue par un texte ou, si elle l'est, fait l'objet d'une définition large et très souple », *cf.* « Les sanctions administratives dans la législation récente », art. cit., n°s 5 et 35.

216 *Cf.* « Administration et sanction. Réflexion sur le fondement du pouvoir administratif de répression », art. cit., p. 124.

217 *Ibid.*

insiste sur deux éléments fondamentaux, pour faire apparaître la spécificité de la sanction disciplinaire : la situation des assujettis qui ont un lien juridique particulier avec l'administration et le domaine limité de la règle qui ne concerne que des personnes déterminées. Pour lui, la sanction administrative non disciplinaire est celle qui s'applique à tout administré et se rattache à une règle qui « présente un caractère général »[218].

114. Enfin, tout en reconnaissant l'existence de deux types de sanctions administratives, disciplinaires et répressives, Joëlle PRALUS-DUPRUY nous propose de chercher dans la nature des sanctions, elles-mêmes, pour pouvoir les distinguer entre elles. Cependant, si elle admet l'existence de sanctions nettement administratives et d'autres nettement disciplinaires, l'auteur reconnaît l'existence de sanctions dont la nature est incertaine. Aussi, serait-il judicieux, selon elle, d'approfondir le concept de discipline pour pouvoir les distinguer[219]. Pour elle, traditionnellement, une sanction est considérée comme disciplinaire « lorsqu'elle intervient à l'intérieur d'un groupe restreint, composé d'un nombre délimité de personnes (salariés d'une entreprise, agents publics, membres d'un ordre professionnel, détenus, usagers, des établissements d'enseignement...), qu'elle réprime des manquements aux règles du groupe, c'est-à-dire aux obligations que l'organisation fait peser sur ses membres et qu'elle se présente sous forme d'une peine morale ou privative de droit »[220]. L'auteur apporte toutefois une exception à cette définition à propos du pouvoir disciplinaire des AAI. En effet, elle trouve ici le champ de la sanction disciplinaire élargi pour toucher des personnes autres que celles constituant le groupe homogène qui exerce la même activité ou le même métier. Cependant, elle estime que cela ne leur fait pas perdre leur caractère disciplinaire, et ce, pour deux raisons capitales : tout d'abord, les sanctions infligées sont de la même nature que celles que connaît le droit disciplinaire traditionnel, c'est-à-dire des sanctions morales ou/et privatives ou restrictives du droit d'exercer une activité. Ensuite, parce que la sanction garde aussi son « caractère de spécialité »[221], que ce soit une spécialité *rationae personae* ou spécialité *rationae materiae*.

---

[218] J.-M. AUBY, « Les sanctions disciplinaires applicables aux usagers volontaires des services publics », art. cit., pp. 77 et 79. L'auteur a développé le même raisonnement en 1952, dans une réflexion consacrée à la sanction administrative en matière de circulation automobile, où il a clairement soutenu que les personnes atteintes par les sanctions disciplinaires restent liées juridiquement à l'administration et que le pouvoir répressif s'exerce toujours sur un groupe de personnes déterminées, *cf.* « Les sanctions administratives en matière de circulation automobile », *D.* 1952, chron. pp. 111 et s. *Cf.* également dans ce sens : M. LEFONDRÉ, *op. cit.*, pp. 232 et s.

[219] Elle définit ainsi la discipline comme « la soumission des membres d'une collectivité, professionnelle ou non, à un ensemble de règles exprimant souvent la morale du groupe et, en tout cas, nécessaires à l'accomplissement des finalités de l'institution. », *cf.* « Réflexions sur le pouvoir de sanction disciplinaire reconnu à certaines autorités administratives indépendantes », *RFDA* 2003, p. 559.

[220] *Ibid.*

[221] *Ibid.*, p. 560.

115. À l'image de cet auteur, même si la majorité des juristes se reconnaît dans la conception dualiste du pouvoir de sanction des AAIRE, les réflexions de plusieurs d'entre eux nous révèlent qu'à leurs yeux le pouvoir disciplinaire aurait pris le dessus sur les sanctions administratives répressives. Hormis les sanctions pécuniaires, auxquelles ils reconnaissent les caractères d'une *peine*, c'est la nature disciplinaire qu'ils retiennent pour le reste des sanctions administratives privatives ou restrictives de droits.

Nous estimons, de notre côté, que porter un tel jugement – quitte à sortir des fondements de la théorie institutionnelle – reviendrait à refuser de reconnaître l'originalité de ces sanctions qui, étudiées dans le cadre de la mission de régulation, plaide pour leur nature *répressive* proche de celle des sanctions pénales, et ce, même si elles empruntent les formes des sanctions disciplinaires (suspension, retrait, privation, avertissement, etc.)[222].

SOUS-SECTION 2. L'ORIGINALITÉ DU POUVOIR RÉPRESSIF DES AAIRE

116. Plusieurs auteurs ont vu dans l'étendu pouvoir de sanction des AAIRE une véritable extension du pouvoir disciplinaire. Pour appuyer leurs propos, ils n'ont pas hésité à sortir des contours de la théorie institutionnelle, au point de reconnaître « l'externalité de l'autorité disciplinaire par rapport aux corps et personnes concernés »[223]. À leurs yeux, on est toujours face à un pouvoir disciplinaire qui s'est juste adapté à ces nouvelles institutions. Un tel jugement nous paraît un peu démesuré. À notre sens, s'il y a redéploiement du pouvoir de sanction administratif, c'est bien au profit des sanctions administratives *répressives*.

En effet, l'étude du pouvoir de sanction de ces autorités ainsi que des missions qui leur sont dévolues, nous démontre que ces organismes infligent des sanctions d'une nature très spéciale, les rapprochant beaucoup plus des sanctions pénales, et les arguments avancés pour justifier leur caractère disciplinaire peuvent même être battus en brèche (**Paragraphe 1**). Une telle originalité est d'ailleurs confirmée par l'inadéquation et l'absence des éléments constitutifs de la théorie institutionnelle (**Paragraphe 2**).

---

[222] Les interactions entre différentes branches de droit, font que dans la matière répressive des techniques ou des mesures appartenant à une catégorie de sanctions se retrouvent adoptées dans d'autres catégories, c'est le cas, par exemple, des sanctions pécuniaires, *a priori* de nature pénale (amendes), adoptées dans le cas des sanctions administratives et disciplinaires. La même chose peut être dite pour l'interdiction d'exercer une activité ou la fermeture d'une entreprise ; des sanctions que nous pouvons retrouver dans le Code pénal (en tant que sanctions complémentaires) ainsi que dans les différents textes comportant des sanctions disciplinaires et administratives.

[223] J. PRALUS-DUPUY, « Réflexions sur le pouvoir de sanction disciplinaire reconnu à certaines autorités administratives indépendantes », art. cit., p. 560.

Paragraphe 1. La fragilité des arguments justifiant son caractère disciplinaire

117. Nous avons déjà vu que pour la majorité des partisans de la conception moniste de la sanction administrative, le caractère disciplinaire de cette sanction est fondé sur l'existence d'un lien juridique préalable entre l'administration et le destinataire de la sanction. Parce que l'administration a délivré une autorisation, un agrément, une licence ou a conclu un contrat avec une personne, elle peut la sanctionner à l'avenir. Toutefois, une étude approfondie des AAIRE, nous incite à privilégier le caractère *répressif* d'une grande partie des sanctions qu'elles infligent. Certains auteurs trouvent même que « l'idée de l'existence d'un lien de droit [...] se révèle très fragile [...] et constitue plutôt un élément de limitation du pouvoir de sanction qu'une justification »[224]. Plusieurs éléments corroborent et justifient une telle idée, comme la faculté de sanctionner des personnes non liées au préalable à l'autorité administrative (**A**) et la généralité des faits sanctionnables (**B**).

A. La faculté de sanctionner des personnes sans l'existence d'un lien préalable

118. Certaines AAIRE peuvent sanctionner des personnes même en l'absence de tout lien juridique préalable. C'est le cas de l'autorité de régulation horizontale à qui l'on a permis d'infliger des sanctions pécuniaires à un nombre indéfini de contrevenants potentiels. En effet, évoquant les personnes passibles de telles sanctions, le législateur parle des « intéressés (...) entreprises ou organismes »[225] coupables de pratiques jugées anticoncurrentielles, aux termes du Code de commerce.

On a pu relever la même situation s'agissant de la défunte Commission bancaire, qui pouvait exercer son pouvoir répressif sur les établissements de crédit et les entreprises d'investissement, et ce, malgré l'absence d'un lien juridique préalable entre les parties. En effet, avant la modification du Code monétaire et financier et la création de l'ACPR, les établissements de crédit et ceux d'investissement étaient agréés par le Comité des établissements de crédit et des entreprises d'investissement (CECEI)[226]. De plus, plusieurs de ces établissements relèvent du champ de compétence d'autres autorités comme l'AMF, qui doit approuver leur programme d'activité avant la réception de tout agrément et, dans certains cas, c'est lui-même qui est chargé de délivrer

[224] J.-L. DE CORAIL, « Administration et sanction, Réflexion sur le fondement du pouvoir administratif de répression », art. cit., p. 115.

[225] *Cf.* l'art. L. 464-2 du C. com. *Cf.* également sur la question : J. PRALUS-DUPUY, « Réflexions sur le pouvoir de sanction disciplinaire reconnu à certaines autorités administratives indépendantes », art. cit., p. 560.

[226] *Cf.* les art. L.511-10 et L.532-1 du C. mon. fin., avant leur modification. Désormais selon la nouvelle version de ces dispositions c'est l'ACPR qui délivre l'agrément.

l'agrément[227]. Notons enfin, que l'agrément n'est même pas requis lorsqu'il s'agit de l'exercice des services connexes aux services d'investissement[228].

Le caractère général d'une partie du pouvoir répressif exercé par les AAIRE, découlant de l'indétermination des personnes sanctionnables, est encore perceptible concernant respectivement l'AMF, l'ARCEP et la CRE. Tout comme la COB[229], le législateur a investi l'AMF, en complément de son pouvoir disciplinaire, de la faculté de prononcer des sanctions administratives répressives. C'est ce qui ressort des dispositions de l'article L.621-15, II, c, d, e, du Code monétaire et financier qui lui confère le pouvoir de prononcer une sanction pécuniaire à l'encontre de « *Toute personne* qui, sur le territoire français ou étranger [...] » (souligné par nous) s'est livré à la pratique incriminée. À quelques différences près, la même formulation est utilisée à l'article L.621-17-1, du même Code, : « Tout manquement, *par les personnes produisant ou diffusant des recommandations d'investissement destinées au public dans le cadre de leurs activités professionnelles* [...] est passible de sanctions [...] » (souligné par nous). Force est de constater que les compétences répressives de l'AMF sont définies *rationae materiae*, ce qui lui permet de sanctionner un grand nombre de personnes. Une telle solution nous paraît tout à fait logique dès lors que cette autorité est chargée de veiller à la transparence et au bon fonctionnement des marchés financiers : un objectif nécessitant d'élargir son pouvoir répressif à toute personne pouvant nuire à la bonne marche des marchés financiers, outre les personnes morales émettrices ou des dirigeants de sociétés. C'est sûrement cet objectif-même qui a justifié l'élargissement de la compétence territoriale de l'AMF dans la recherche et la répression des manquements boursiers[230].

Les formules utilisées pour désigner les destinataires des sanctions de l'ARCEP font aussi apparaître clairement le caractère général des sanctions infligeables. D'après le premier alinéa de l'article L.36-11 du Code des postes et des communications électroniques, l'autorité précitée peut « sanctionner les manquements qu'elle constate de la part des *exploitants de réseaux* ou de fournisseurs de services de télécommunications » (souligné par nous). Comme l'a si bien noté Joëlle PRALUS-DUPUY, le pouvoir de sanction ainsi reconnu peut s'appliquer à un nombre potentiellement très élevé de personnes, car la

---

227 *Cf.* l'art. L.532-1 al 3 du C. mon. fin. Aux termes cette disposition avant sa modification, lorsqu'il s'agit d'une société de gestion de portefeuilles pour le compte de tiers, exerçant son service à titre principal, l'agrément est délivré par l'AMF.

228 Selon l'art. L.531-1 du C. mon. fin., « La prestation de services connexes au sens de l'article L. 321-2 *est libre*, dans le respect des dispositions législatives et réglementaires en vigueur applicables à chacun de ces services » (souligné par nous).

229 Dans sa lecture de la décision n° 89-260 DC du 28 juill. 1989, préc., Frédéric DOUËB trouve qu'en déclarant licite le pouvoir conféré à la COB, de réprimer par une sanction pécuniaire ou non pécuniaire toute personne qui méconnaît les règlements qu'elle édicte, le Conseil constitutionnel admet que l'existence d'un lien préalable n'est pas indispensable à l'existence des sanctions administratives, *cf. Les sanctions pécuniaires des autorités administratives*, *op. cit.*, pp. 75 et s.

230 *Cf.* l'art. L.621-15 du C. mon. fin.

formule « exploitants de réseaux » est en réalité très large : elle recouvre des réseaux ouverts au public (cités à l'article L.32, 3° du même Code), des réseaux indépendants (cités à l'article L.32, 4° du même Code) « et des réseaux établis librement [comme indiqué à l'article L.33-1, I], c'est-à-dire sans autorisation, qui incluent aussi bien les réseaux entièrement installés sur une même propriété, les cabines téléphoniques établies en dehors de la voie publique que certaines télécommandes et téléalarmes... »[231]. C'est pourquoi cet auteur affirme qu'« on est là incontestablement dans un ordre général qui plaide pour la nature administrative de la sanction »[232].

La même remarque vaut pour la CRE qui exerce, selon l'article L.134-25 du Code de l'énergie, son pouvoir de sanction sur « les gestionnaires de réseaux publics [...] ou des *utilisateurs* de ces réseaux [...] » (souligné par nous). Si la première catégorie – les gestionnaires de réseaux publics – est bien définie et délimitée dans le même Code[233], la seconde catégorie – utilisateurs – reste en revanche assez large et concerne tous les Français, qu'ils soient professionnels du secteur ou simples consommateurs.

119. Cet exposé nous montre qu'une grande partie des sanctions des AAIRE sont détachées du lien juridique préalable et ont pour vocation – comme on le verra dans le développement qui suit – à s'appliquer à toute personne ne respectant pas *les lois* et *règlements* régissant un secteur particulier. C'est dire que « la régulation se distingue de la discipline par l'indétermination, *a priori*, des personnes qui lui sont soumises »[234].

120. Enfin, ce qui confirme l'originalité et la généralité du pouvoir répressif des AAIRE est le fait qu'il déborde les limites d'une seule activité, puisque plusieurs d'entre elles sont appelées à réguler au moins deux secteurs économiques à la fois. Une réalité qui ne cesse de prendre de l'ampleur avec les fusions qui s'opèrent entre régulateurs. Que ce soit l'AMF, l'ACPR, l'ARCEP, la CRE et le CSA, toutes ces autorités interviennent au moins dans deux secteurs d'activités économiques[235]. Mieux encore, en droit de la concurrence l'ADLC intervient d'une manière horizontale, c'est-à-dire sur toute l'économie. De ce fait, leur pouvoir de sanction peut concerner plusieurs professionnels venus d'horizons divers.

---

[231] J. PRALUS-DUPUY, « Réflexions sur le pouvoir de sanction disciplinaire reconnu à certaines autorités administratives indépendantes », art. cit., p. 562.

[232] *Ibid.*

[233] *Cf.* les art. L.111-52 et L.111-53 du C. énergie.

[234] J. LEFEBVRE, *Le pouvoir de sanction des autorités administratives indépendantes*, Thèse, Université d'Amiens, 1997, p. 77.

[235] L'AMF est en charge de la régulation des « marchés financiers ». Une expression qui englobe ; les secteurs bancaire, boursier et des assurances. Néanmoins, la mission de régulation des secteurs bancaire et des assurances est partagée avec le régulateur en charge de ces deux secteurs, en l'occurrence l'ACPR. l'ARCEP est chargée de réguler le secteur des télécommunications et celui de la poste ; la CRE est chargée de veiller au bon fonctionnement des marchés de l'électricité et du gaz ; le secteur de l'Audiovisuel, champ de compétence du CSA, englobe lui aussi plusieurs professions dont les producteurs, les distributeurs, les journalistes, réalisateurs, etc.

Ainsi est-il clair que la mission des AAIRE n'est pas que disciplinaire, mais plus que cela : elles sont chargées de réguler certains secteurs, une fonction dont la mission disciplinaire ne pourrait être que l'un des corollaires.

B. La généralité des faits sanctionnables[236]

121. Précédemment, dans le but d'appuyer l'idée selon laquelle les AAIRE exercent un pouvoir de sanction de portée général et non seulement disciplinaire, nous avons mis en lumière des cas où ces autorités peuvent sanctionner des personnes sans aucun lien juridique préalable avec elles. Mais contrairement à ce qui est souvent avancé, ceci ne veut nullement dire qu'en présence de ce lien le pouvoir répressif de ces autorités prend automatiquement une coloration disciplinaire. La généralité des manquements sanctionnables, ne plaide pas pour le caractère disciplinaire des sanctions. Nous pouvons parler de sanctions disciplinaires lorsqu'il y a violation d'une discipline, représentant un ensemble de règles qui expriment les valeurs morales d'un groupe. En revanche, dans le cadre du pouvoir de sanction des AAIRE, plusieurs manquements constituent des violations de textes juridiques (lois et règlements) d'une portée plus générale. Des expressions telles que « la présente loi et des textes pris pour son application », « dispositions législatives et réglementaires qui leur sont applicables », et « les obligations qui leur sont imposées par les textes législatifs et réglementaires », utilisées par le législateur pour désigner l'objet des manquements, englobent plusieurs règles qui ne peuvent être toutes d'une nature disciplinaire. En effet, dans ces lois et règlements, il n'y a pas que des règles de cette nature-là, ces textes contiennent également des règles qui n'ont pas une connotation morale ou technique. D'ailleurs, comme nous le verrons, aux côtés des expressions précédemment citées, le législateur fait souvent référence, dans les mêmes textes, à la violation « de règles de bonne conduite de la profession », ou « de règles déontologiques », ce qui indique qu'il s'agit là de règles de portée disciplinaire dont le non-respect appel le prononcé de sanctions disciplinaires.

122. La généralité des faits sanctionnables se révèle, tout d'abord, dans le Code monétaire et financier, à propos du pouvoir répressif de l'ACPR et de l'AMF. Si on prend le cas de l'ACPR, sa commission des sanctions use de son pouvoir en cas d'infraction à « une *disposition européenne*, *législative* ou *réglementaire* au respect de laquelle l'Autorité a pour mission de veiller ou des *codes de conduite homologués* applicables à sa profession »[237] (souligné par

---

[236] *Cf.* sur le sujet, *infra*, pp. 399 et s.

[237] Art. L.612-39 du C. mon. fin. D'après cette disposition le même pouvoir de sanction est exercé dans les hypothèses où la personne concernée « n'a pas remis à l'Autorité le programme de rétablissement demandé ou le programme de formation mentionné au V de l'article L. 612-23-1, n'a pas tenu compte d'une mise en garde, n'a pas déféré à une mise en demeure ou n'a pas respecté les conditions particulières posées ou les engagements pris à l'occasion d'une demande d'agrément, d'autorisation ou de dérogation prévue par les dispositions législatives ou réglementaires applicables [...] ». *Cf.* aussi les art. L.612-40 et L.612-41 du C. mon. fin.

nous). En l'espèce, le législateur évoque clairement les manquements découlant du non-respect des codes de conduite, qui logiquement devraient engendrer des sanctions purement disciplinaires. Tandis que, lorsqu'il s'agit d'un manquement à une disposition législative, cela implique *a priori* l'application de sanctions administratives répressives et non disciplinaires.

Nous pouvons relever également la généralité des faits sanctionnables, au sein du même code, dans le pouvoir de sanction de l'AMF. En effet, l'article L.621-14-I évoque des « manquements aux obligations résultant des *règlements européens*, des *dispositions législatives ou réglementaires* ou des *règles professionnelles* visant à protéger les investisseurs » (souligné par nous). Une formule quasi identique est reprise à l'article L.621-17 qui parle de « Tout manquement [...] *aux lois, et règlements* et *obligations professionnelles* les concernant »[238] (souligné par nous).

Dans le cas du CSA, toutes les sociétés soumises à son contrôle sont bien déterminées puisqu'elles doivent recevoir une autorisation d'émettre. Néanmoins, les sanctions prononcées par le Conseil ne sont pas fondées sur ce lien, mais répondent à la violation de la loi[239]. En effet, le CSA prononce des sanctions lorsque les titulaires de l'autorisation ne respectent pas « les obligations qui leur sont imposées par *les textes législatifs et réglementaires* et par les principes définis aux articles 1er et 3-1 »[240] (souligné par nous). Donc les manquements sanctionnables se caractérisent bien par la violation de textes d'une portée générale, et l'article ne fait pas référence à des obligations précises, hormis dans la seconde partie de l'alinéa (les principes définis aux articles 1er et 3-1 de la loi de 1967).

Des formules générales sont aussi utilisées pour désigner les manquements objet du pouvoir de sanction de l'ARCEP et de l'ARGEL. D'après l'article L.5-3, I du Code des postes et des communications électroniques, l'ARCEP peut faire usage de son pouvoir de sanction en cas d'un manquement[241] « aux *dispositions législatives ou réglementaires* afférentes à son activité, ou aux textes et décisions pris pour en application de ces dispositions » (souligné par nous), si l'intéressé ne se conforme pas à la mise en demeure qui lui est adressée. Cette formulation est confirmée dans le même Code à l'article L.36-11 qui, détaillant la question, fait référence notamment à tout manquement

---

[238] Il résulte de ces deux dispositions qu'il existe deux manquements, de natures différentes, soumis au pouvoir de sanction de l'AMF. D'une part, des manquements aux règles professionnelles impliquant le prononcé de sanctions disciplinaires, d'autre part des manquements à des dispositions législatives ou règlementaires impliquant, quant à eux, le prononcé de sanctions répressives dans leur majorité.

[239] *Cf.* CSA, n° 90-752 du 28 sept. 1990, portant suspension d'autorisation d'exploiter un service de radiodiffusion sonore en modulation de fréquence, *JORF* du 8 nov. 1990.

[240] *Cf.* les premiers alinéas des arts. 42 et 48-1 de la loi n° 86-1967, préc. *Cf.* en ce sens, la distinction opérée par le CSA entre les dispositions législatives, réglementaires ou conventionnelles, dans l'Avis n° 96-4 du 8 oct. 1996, *JORF* du 18 oct. 1996, et l'Avis n° 96-6 du 10 déc. 1996, *JORF* du 1er janv. 1997.

[241] Avant la modification de cette disposition en 2014, le législateur a utilisé le terme « infraction » (dans les deux articles).

« aux dispositions législatives et réglementaires au respect desquelles l'Autorité a pour mission de veiller ou aux textes et décisions pris en application de ces dispositions ». Enfin, un tel état de fait est vérifiable aussi dans les dispositions régissant le pouvoir de sanction de l'ARGEL où le législateur parle de manquement, de la part des personnes soumises à son contrôle, aux « obligations législatives et réglementaires applicables à son activité »[242].

123. En somme, à notre sens dans le cadre du pouvoir de sanction des AAIRE le législateur aurait dû bien distinguer les fautes disciplinaires ou professionnelles des différents manquements aux textes législatifs et réglementaires. Parlant du pouvoir répressif de la Commission des sanctions de l'AMF, Claude DUCOULOUX-FAVARD estime qu'il aurait fallu prendre en considération la différence de nature entre les manquements administratifs qui « constituent des manquements graves à la transparence du marché et à l'égalité des partenaires sur celui-ci » et les fautes disciplinaires « qui ne constituent que des comportements répréhensifs à l'organisation de la profession d'intermédiation financière [qui] sont de toute autre nature »[243].

Enfin, outre leur pouvoir disciplinaire, les AAIRE appréhendent certains manquements sur un fondement identique à celui du juge ; tout comme ce dernier, elles sanctionnent des infractions ou des manquements aux lois et règlements. Une constatation que confirme l'absence des éléments fondateurs de la théorie institutionnelle, base du pouvoir de sanction disciplinaire.

Paragraphe 2. La théorie institutionnelle écornée

124. Même si l'on adhère à l'idée que la théorie institutionnelle peut justifier et fonder, dans certaines hypothèses, le pouvoir disciplinaire, elle ne peut toutefois servir d'argument pour fonder le pouvoir répressif des AAIRE. Pour cause, contrairement à ce que pensent certains[244], nous estimons que les éléments constitutifs de cette théorie ne sont pas réunis dans le cas de ces autorités. En effet, nous avons déjà vu que d'après les partisans de cette théorie, l'institution regroupe un ensemble de personnes animé par un *objectif commun* et, dans le but d'atteindre ce dernier, il est soumis à une certaine *discipline*, constituant *l'ordre juridique intérieur* de l'institution.

---

[242] *Cf.* l'art. 43 de la loi n° 2010-476 du 12 mai 2010, relative à l'ouverture à la concurrence et à la régulation du secteur des jeux d'argent et de hasard en ligne, préc.

[243] C. DUCOULOUX-FAVARD, « Les techniques législatives au service du pouvoir administratif répressif de l'AMF, nouvelle autorité des marchés », *LPA*, n° 134, 5 juill. 2007, p. 39.

[244] Pour Catherine TEITGEN-COLLY « Les AAI constituent bien une institution. On trouve en elles les éléments qui fondent l'institution ; éléments sociologiques d'une part, une idée d'œuvre à réaliser à laquelle adhère le groupe social ; éléments juridiques d'autre part, une structure propre élaborant un droit », *cf.* « Les autorités administratives indépendantes, histoire d'une institution », art. cit., p. 25.

Dans le cadre de la théorie institutionnelle, la notion d'institution caractérise une sorte d'organe hiérarchique ou de tutelle chargée, entre autres, de faire respecter la discipline du groupe. Et c'est en toute logique, que le non-respect de cette discipline impliquerait l'application de sanctions d'une même nature, c'est-à-dire disciplinaires. Cependant, en matière de régulation économique, cette théorie nous semble écornée dans la mesure où ses éléments de base ne sont pas réalisés dans le cadre du pouvoir répressif des AAIRE. Un constat vérifiable tant dans les rapports de ces autorités avec les opérateurs économiques (**A**), que dans la nature de l'ordre défendu et de la finalité recherchée (**B**).

A. À propos des rapports entre AAIRE et opérateurs économiques

125. Parmi les signes de l'inadéquation de la théorie institutionnelle à être appliquée dans le cadre du pouvoir répressif des AAIRE, il y a lieu de citer ; l'absence du caractère disciplinaire dans les relations entre ces autorités et les opérateurs économiques qu'elles contrôlent (**1**), ainsi que l'absence d'un objectif commun à réaliser (**2**).

1. Des relations beaucoup plus générales que disciplinaires

126. Défendre l'idée de l'extension du pouvoir de sanction disciplinaire, sous la coupe des AAIRE, suppose que les partisans de cette conception assimilent les relations des opérateurs économiques avec ces autorités – nées des autorisations et/ou d'agréments – à des rapports disciplinaires. Si l'on consent que, dans certaines hypothèses, des opérateurs soient réellement rattachés à ces autorités par un lien juridique, pour autant, celui-ci ne donne pas lieu automatiquement à un rapport disciplinaire qui suppose et implique l'existence d'une relation hiérarchique ou de tutelle, ou tout au moins, un code déontologique et de bonne conduite – une discipline tout court – auquel les opérateurs doivent se soumettre[245]. Dans notre cas de figure, les opérateurs

[245] *Cf.* dans ce sens Georges DELLIS, pour qui « la notion de discipline convient mieux pour décrire le phénomène répressif au sein d'un groupe restreint, dont les membres sont soumis à des *règles spéciales de déontologie* » (souligné par nous), *cf. Droit pénal et droit administratif, op. cit.*, p. 212 . Dans le même sens, Joëlle PRALUS-DUPUY affirme que la sanction disciplinaire est applicable pour « le non-respect de *valeurs morales* telle la probité » (souligné par nous). Aussi, ce qui compte dans ces hypothèses est de déterminer si la personne poursuivie « a enfreint les *règles de déontologie* ou les usages du corps intermédiaire auquel elle appartient, porté atteinte à *la dignité et l'honneur* de l'institution » (souligné par nous), *cf.* « L'article 6 de la convention européenne de sauvegarde des droits de l'homme et les contentieux de la répression disciplinaire », *Rev. sc. crim.* 1995, p. 727. *Cf.* également : J. CHEVALLIER, « L'analyse institutionnelle », *in L'institution*, CURAPP, Paris, PUF, 1981, pp. 5 et s. ; G. MARTY, « La théorie de l'institution », *in La pensée du Doyen Hauriou et son influence*, *Annales Faculté de Droit de Toulouse*, 1968, p. 29 ; S. THOMASSET-PIERRE, *L'Autorité de régulation boursière face aux garanties processuelles fondamentales*, LGDJ, p. 162 ; J.-P. MUNCH, *La sanction administrative*, Thèse, Paris, 1947, pp. 35 et s. Pour certains auteurs "la répression" disciplinaire n'est autre que le contrepoids d'une déontologie intégrée à la logique

économiques ne sont en aucun cas dans une dépendance hiérarchique ou de tutelle vis-à-vis des AAIRE. Certes, ils sont en lien avec le régulateur, mais il s'agit d'un lien découlant de la mission de contrôle qu'induit la mission de régulation. Par ailleurs, comme on l'a vu un peu plus haut, ces autorités de régulation – ''institutions'' – exercent leur pouvoir de sanction même à l'encontre de personnes avec lesquelles elles n'ont aucun lien juridique direct[246].

127. Peut-on réellement mettre dans la même catégorie juridique – disciplinaire – la relation qui lie un agent public à son service, un salarié à son employeur, ou même un membre d'une profession à un ordre professionnel quelconque, d'une part, et la relation d'un opérateur économique avec l'entité administrative qui lui octroie une autorisation ou un agrément, d'autre part[247]? Il nous paraît inconcevable et démesuré d'appréhender ces deux types de relations sous le même angle, car il s'agit bien de relations complètement différentes[248]. Par conséquent, il est illogique d'empreindre d'une nature disciplinaire des sanctions qui frappent des rapports situés au dehors de la sphère disciplinaire. Hormis la violation des règles déontologiques et de bonne conduite, qui implique l'infliction de sanctions disciplinaires, les autres cas de violations sont sanctionnés par des sanctions purement administratives, c'est-à-dire répressives ou si l'on veut *stricto sensu.*

128. Pour conclure, nous pouvons dire que même dans les cas où les opérateurs économiques sont liés aux AAIRE par des autorisations et/ou des agréments, les sanctions qu'ils subiront pour non-respect des *dispositions législatives et réglementaires*, sont d'une nature administrative répressive et non de simples sanctions disciplinaires. D'ailleurs, le Conseil d'État a confirmé une telle conception, dans une décision relative au pouvoir répressif

---

d'un groupement restreint (*cf.* J. RICOL, *Les tendances du droit disciplinaire*, Thèse, Université de Toulouse, 1908, p. 16, cité par G. DELLIS, *ibid.*, p. 209), qui s'exerce dans un ordre « juridique particulier » et réprime les « manquements à la loi interne du service » (*cf.* J. RIVERO, *Les mesures d'ordre intérieur*, Thèse, Paris, 1934).

[246] *Cf. supra*, pp. 90 et s.

[247] Le droit disciplinaire peut se rencontrer au sein de l'entreprise elle-même, entre direction et travailleurs, mais également au sein de l'AAIRE puisque ses membres sont soumis à un règlement intérieur, donc à une discipline interne. Cependant, à notre sens, il est injuste d'affirmer qu'on a affaire au même droit, dans la relation entre l'entreprise et l'autorité de régulation. Aussi, les sanctions infligées aux salariés d'une entreprise où aux membres d'une AAIRE, ne peuvent avoir la même qualification juridique que celles qui seront infligées aux entreprises sous le contrôle de l'autorité de régulation.

[248] Comme il a été bien souligné par Georges DELLIS, il ne faut surtout pas « confondre les rapports disciplinaires [...] avec les rapports de collaboration entre personne publique et administrés. Dans la seconde hypothèse, le particulier est rattaché à l'administration d'un lien juridique spécial mais de nature différente que celui qui rattache l'agent public à son service. À notre avis, il serait plus opportun de réserver la qualification de disciplinaire à une série limitée de mesures de contrainte ; le particulier doit être lié d'un rapport juridique très étroit avec son groupe et il est concerné par une obligation positive de servir le but commun. La répression exercée dans les cas de collaboration avec l'administration – peu importe s'ils prennent la forme d'une organisation préalable ou d'une participation à l'exécution d'un service public – se situe à mi-chemin entre la discipline et la sanction administrative pure et simple », *ibid.*, p. 212.

du CSA, en jugeant « que les sanctions infligées aux *organismes titulaires d'autorisations* d'usage de fréquences par l'autorité que le législateur a chargé de veiller à la mise en œuvre effective de la liberté de communication et au respect des règles destinées à assurer une expression pluraliste des idées et des courants d'opinion *ne présentent ni un caractère de sanctions disciplinaires, ni celui de sanctions professionnelles* »[249] (souligné par nous).

2. L'absence d'un objectif commun

129. Le pouvoir disciplinaire a pu être appréhendé en tant que pouvoir juridique ayant pour objet d'imposer aux membres d'un groupe, par des sanctions déterminées, des règles de conduite en vue de les contraindre à agir conformément au but d'intérêt collectif, raison d'être de ce groupe[250]. De ce fait, sont assujettis à ce pouvoir tous ceux qui ont accepté, par un engagement juridique approprié, de participer à l'œuvre collective poursuivie par l'institution, et à ceux-là seuls[251].

130. Dans le cadre des AAIRE, et contrairement à la théorie institutionnelle, si les opérateurs économiques poursuivent le même objectif, ils ne poursuivent pas un but commun. L'objectif recherché par chacun d'eux est, sans conteste, la réalisation du profit et de bénéfices, mais il n'y a aucun but commun entre eux. Certes, les différents opérateurs réalisent certaines fonctions socio-économiques, cependant ce rôle est joué incidemment à l'objectif principal qui est le profit et la fructification du capital investi. La preuve en est que les employeurs peuvent licencier des salariés ou même délocaliser leurs activités, et ce, dans l'intérêt de l'entreprise qui prime sur celui des salariés.

B. À propos de l'ordre défendu et de la finalité recherchée

131. L'analyse de la nature de l'ordre défendu (**1**) et de la finalité recherchée (**2**), dans le cadre du pouvoir répressif des AAIRE, confirme également l'incompatibilité de la théorie institutionnelle en la matière et, par ricochet, de la proximité des répressions administrative et pénale.

1. La nature de l'ordre défendu

132. Si on avait affaire réellement à des sanctions purement disciplinaires, cela voudrait dire qu'il y a eu violation d'un ordre particulier, en l'occurrence l'ordre disciplinaire propre à l'institution. Or, dans le cadre du pouvoir répressif des AAIRE, il est question de la défense de l'ordre public et, plus

---

[249] CE, 14 juin 1991, *Association Radio Solidarité*, *Rec. CE* p. 232, JurisData:1991-044255, *RFDA* 1992, p. 1016, note J.-L. AUTIN.

[250] *Cf.* A. LEGAL et J. BRÈTHE DE LA GRESSAYE, *Le pouvoir disciplinaire dans les institutions privées*, *op. cit.*, p. 18.

[251] *Ibid.*, p. 154.

particulièrement, de l'*ordre public économique de direction*[252] dont l'objectif est la protection et la défense de l'intérêt général[253]. En effet, le législateur doit assurer les grands équilibres économiques en garantissant, à titre d'exemple, le respect de la concurrence[254] et de l'environnement. Donc, en sus, des

---

[252] Cass. ass. plén., 7 janv. 2011, nos 09-14.316 et 09-14.667, *Sté Philips France*, *Bull. A. P.* 2011, n° 1, JurisData:2011-000038 ; Cass. com., 17 mars 2009, n° 08-14.503, *Sté laboratoires Glaxosmithkline France*, *Bull. civ.* 2009, IV, n° 39, JurisData:2009-047484 ; Cass. com., 4 févr. 1997, n° 94-21.147, *Sté Beton de France*, inédit, JurisData:1997-000573 ; CA Paris, 23 mars 2010, n° 09/09599, *Sté GEG, S.E.M*, JurisData:2010-003655 ; *Cf.* sur la notion de l'ordre public économique : G. FARJAT, *L'ordre public économique*, Paris, LGDJ, 1963 ; R. SAVATIER, « L'ordre public économique », *D.* 1965, chron. 37 ; J. MESTRE, « L'ordre public dans les relations économiques », *in* Th. REVET (dir.), *L'ordre public à la fin du XXème siècle*, Paris, Dalloz, 1996, p. 33, spéc., p. 41.

[253] Aux côtés de l'*ordre public économique de direction*, il existe un *ordre public économique de protection*, qui vise la défense et la protection d'intérêts particuliers. Nous pouvons citer, à ce propos, l'exemple du droit de la consommation et le droit du travail. Pour reprendre Jean CARBONNIER, contrairement à l'ordre public de protection qui « n'a d'autres buts que de protéger dans certains contrats la partie économiquement la plus faible », l'ordre public de direction, lui, « se propose de concourir à une certaine direction de l'économie nationale, en éliminant tout ce qui pourrait contrarier cette direction », *cf. Droit civil, t. IV, Les obligations*, 17ème éd., Paris, PUF, Coll. « Themis », 1993, n° 115, p. 388. *Cf.* également : J.-P. CHAZAL, *De la puissance économique en droit des obligations*, Thèse, Université de Grenoble II, 1996, t. 1, pp. 39, 292 et 557. Ce critère de distinction, basé sur la nature de l'intérêt protégé, est très critiqué par la doctrine en raison de l'absence d'une frontière nette entre les deux types d'ordre public. Certains pensent même qu'elle est « artificielle » et « archaïque », *cf.* Gh. POISSNNIER, « Office du juge en droit de la consommation : une clarification bienvenue », *D.* 2008, p. 1287 ; obs. G. RAYMOND sous CJCE 4 oct. 2007, *Rampion*, C-429/05, Cont. conc., consom. 2007, n° 310. Et pour cause, « des mesures à caractère économique peuvent avoir des incidences sociales et vice versa », *cf.* F. EUDIER, *Ordre public substantiel et office du juge*, Thèse, Université de Rouen, 1994, p. 504. Par ailleurs, défendre des intérêts privés, c'est encore et toujours viser une certaine paix sociale et donc agir dans le sens de l'intérêt général qui est l'objet de l'ordre public de direction. En effet, la frontière entre les deux notions semble poreuse, car même dans le cadre de l'ordre public économique de protection « c'est bien l'intérêt général qui est en cause, mais la sanction de sa violation, la nullité, n'appartient qu'à la personne protégée », *cf.* L. AYNÈS, « Le contrat, loi des parties », *Cah. Cons. const.*, n° 17 (Dossier : loi et contrat), Paris, Dalloz, mars 2005, p. 77. *Cf.* également : F. BARRIÈRE, « Ordre public et impérativité. Observations en droit pénal des sociétés anonymes », *Rev. sociétés*, 2008, p. 713 ; Ph. MALAURIE, L. AYNÈS et Ph. STOFFEL-MUNCK, *Les obligations*, 3ème éd., Paris, Defrénois, 2007, p. 331. Le meilleur exemple nous est fourni par le droit de la consommation qui relève des deux ordres publics, dans la mesure où il vise « deux finalités : c'est un droit de protection qui possède la particularité de participer aussi à la régulation du marché », *cf.* J.-P. PIZZIO, « Le droit de la consommation à l'aube du XXIème siècle, bilan et perspectives », *in Études de droit de la consommation*, Liber Amicorum, J. CALAIS-AULOY, Paris, Dalloz, 2004, pp. 877 et s. ; Gh. POISSNNIER, *ibid. Cf.* également sur le sujet : P. CATALA, « À propos de l'ordre public », *in* Mél., P. DRAI, *Le juge entre deux millénaires*, Paris, Dalloz, 2000, p. 511 ; J.-B. SEUBE, « La loi du 6 juill. 1989 : ordre public de protection ou ordre public de direction ? », *RDC* 2009, n° 1, p. 165.

[254] De nos jours le droit de la concurrence, considéré comme instrument de régulation de la politique économique, qui tend à assurer le fonctionnement concurrentiel du marché, constitue la partie la plus importante de l'ordre public économique. Il est même considéré comme « le noyau dur du droit économique contemporain », *cf.* G. FARJAT, « La notion de droit économique », *APD*, t. 37, 1992, p. 27. Aussi, l'ordre public économique de direction est clairement et directement impliquer.

dispositions d'ordre disciplinaire, qui tendent à la protection d'un ordre particulier, les textes régissant ces autorités de régulation contiennent des règles juridiques *stricto sensu* visant la protection de l'intérêt général[255].

133. Par ailleurs, les textes objet de la violation, ne sont pas uniquement ceux régissant ces autorités de régulation, mais également tout texte juridique pouvant s'appliquer à l'activité régulée ou à l'opérateur considéré. Avec des expressions telles que « la présente loi et des textes pris pour son application » et « dispositions législatives et réglementaires qui leur sont applicables »[256], utilisées pour désigner l'objet des manquements, l'on déborde le cadre juridique de l'« institution » et son « ordre intérieur ».

134. Les sanctions administratives *répressives* concernent des manquements aux lois de la République et, non uniquement aux règlements des AAIRE, à ce titre, elles expriment le même pouvoir que le juge pénal : le *jus puniendi* étatique[257]. Faut-il le rappeler, dans le cadre de la régulation économique l'on est toujours dans la sphère étatique ; il s'agit de domaines dont la régulation relevait naguère des prérogatives directes de l'État, mais pour de multiples raisons d'ordre politique comme pratique cette mission, qui implique la reconnaissance de plusieurs pouvoirs y compris un pouvoir de sanction, a été confiée aux AAIRE. Par ailleurs, malgré leur prétendue indépendance, ces autorités font partie du pouvoir exécutif, exercent des prérogatives de puissance publique et ont comme finalité la défense de l'intérêt général[258].

135. Prenons par exemple l'AMF, même si elle est une autorité sectorielle, son pouvoir de sanction vise à assurer l'intégrité du marché financier et la sécurité des investisseurs. En d'autres termes, elle a comme finalité la sauvegarde d'un « ordre public général »[259]. Objectif qui a été explicité par l'article 3 du règlement COB n° 98-07 (homologué par arrêté du 22 janvier 1999) qui a abrogé le règlement n° 90-02[260]. D'ailleurs, c'est sur cette base que

---

255 C'est l'objectif même de la mission de régulation, *cf.* A. DELION, « Notion de régulation et droit de l'économie », art. cit., pp. 17 et s.

256 *Cf.* notre développement sur ce point, *supra*, pp. 93 et s., *infra*, pp. 399 et s.

257 F. MODERNE, *Sanctions administratives et justice constitutionnelle. Contribution à l'étude du jus puniendi de l'État dans les démocraties contemporaines*, Paris, Economica, 1993, p. 328 ; É. MASSAT, *Servir et discipliner : Essai sur les relations des usagers aux services publics*, Paris, L'Harmattan, Coll., « Logiques juridiques », 2006, p. 79 ; J.-M. RICO, « Le droit de punir », *Criminologie*, Vol. 19, n° 1, 1986, p. 113, spéc., p. 115.

258 *Cf.* dans ce sens : F. DOUËB, *Les sanctions pécuniaires des autorités administratives*, *op. cit.*, pp. 75 et s.

259 N. DECOOPMAN, « Commission des opérations de bourse », *J.-Cl. Banque et crédit*, V°, Fasc., 1510, n° 103. En proposant de distinguer les manquements administratifs des simples fautes disciplinaires, Claude DUCOULOUX-FAVARD trouve, à juste titre, que « les premiers troublent l'ordre public boursier alors que les seconds ne perturbent que l'ordre moral et organisationnel d'une profession. La nature de ces deux types de comportement, est différente et leur régime juridique ne peut donc être le même », *cf.* « Les techniques législatives au service du pouvoir administratif répressif de l'AMF, nouvelle autorité des marchés », *op. cit.* p. 39.

260 L'Arrêté du 12 nov. 2004 (*JORF* du 24 nov. 2004) a abrogé, avec effet immédiat, le règlement COB n° 98-07 relatif à l'obligation d'information du public et le règlement COB n°

la cour d'appel de Paris, constatant que l'article 4-1 de l'ordonnance de 1967 ne précisait pas à qui « s'imposent les règlements », a affirmé dans l'arrêt *KPMG* du 7 mars 2000 leur applicabilité à une société de commissaires aux comptes ayant certifié des comptes comportant des éléments d'actifs fictifs[261]. Plus récemment, dans la décision n° 2014-453/454 QPC et 2015-462 QPC du 18 mars 2015[262], le Conseil constitutionnel a reconnu que « la répression du manquement d'initié et celle du délit d'initié [porte] atteinte à l'ordre public économique »[263]. Donc, qu'il s'agisse de la répression pénale ou de la répression administrative, l'on défend un même ordre, en l'occurrence l'ordre public économique.

2. L'objectif recherché par l'octroi d'un pouvoir répressif

136. Mettant en avant l'originalité des sanctions détenues par les AAIRE, « qui les particularise au sein du groupe générique des sanctions administratives »[264], Jean Louis AUTIN observe que si la finalité de l'action de ces autorités n'est pas professionnelle, elle n'est pas non plus celle de la défense de l'intérêt général. Il ajoute que « la position charnière qu'ils [organismes/AAI] occupent correspond plutôt à l'idée d'un intérêt collectif propre à chaque secteur régulé et où se combinent préoccupations administratives, souhaits des opérateurs privés et aspirations des citoyens »[265]. Pour ces raisons, il suggère le renouvellement des classifications habituelles des sanctions administratives.

Effectivement, il est nécessaire de revisiter la théorie générale du pouvoir de sanction administratif, qui, faut-il le rappeler, n'a jamais pu faire l'unanimité au sein de la doctrine. Cependant, nous défendons une autre vision de la finalité des sanctions détenues par les AAIRE. En effet, d'après Jean Louis AUTIN, la finalité d'un tel dispositif est la défense de « l'intérêt collectif propre à chaque secteur régulé », et non pas de l'intérêt général. À notre sens, le but recherché est plutôt d'une portée générale puisqu'il déborde du secteur régulé pour toucher toute l'économie nationale et, par ricochet, l'intérêt général. La régulation d'un secteur donné n'est pas isolée, elle s'inscrit au contraire dans une politique nationale globale touchant l'ensemble

---

90-08 relatif à l'utilisation d'une information privilégiée en leur substituant le règlement général de l'AMF dont il porte homologation.

261 CA Paris, 7 mars 2000, *Sté KPMG Fiduciaire de France*, préc., *JCP G* 2000.II.10408, note R. DRAGO ; *LPA*, n° 101, 2000, p. 4, note C. DUCOULOUX-FAVARD. *Cf.* aussi : R. SALOMON, « L'originalité de la responsabilité disciplinaire des commissaires aux comptes », *Dr. sociétés* 2002, p. 4, spéc., p. 7.

262 M. John L. et autres [Cumul des poursuites pour délit d'initié et des poursuites pour manquement d'initié], JORF n° 0067 du 20 mars 2015, p. 5183.

263 *Cf.* 25ème consid.

264 J.-L. AUTIN, « Le pouvoir répressif d'une autorité administrative indépendante devant le juge administratif », note sous CE, 14 juin 1991, *Association Radio Solidarité*, *RFDA* 1992, p. 1016, spéc., p. 1023.

265 *Ibid.*

de l'économie d'un État. De plus, n'omettons pas l'existence, parmi les AAIRE, de celles dont le champ de compétence dépasse les limites d'un seul secteur pour en couvrir plusieurs à la fois, voire l'ensemble de l'économie nationale. C'est le cas de l'autorité de régulation horizontale ou si l'on veut de l'ADLC[266]. Par ailleurs, l'existence d'une procédure de coopération et d'interrégulation entre différents régulateurs est une autre preuve de la poursuite d'un objectif commun : l'intérêt général.

137. L'idée de la poursuite d'un intérêt général, dans le pouvoir répressif des AAIRE, est confortée par le Conseil constitutionnel dans sa décision n° 89-260 DC du 28 juillet 1989[267], qui fait expressément référence à « l'autorité qui peut exercer, *dans l'intérêt général*, les poursuites, recueillir des charges et, le cas échéant, *prononcer des sanctions* dans le cadre d'une procédure administrative » (souligné par nous). Le juge constitutionnel a eu également l'occasion de rappeler, à maintes reprises, que les décisions répressives des AAIRE sont prises dans l'exercice de *prérogatives de puissance publique*[268]. Une notion qui désigne les moyens juridiques reconnus à une autorité afin de lui permettre de remplir des missions d'intérêt général.

Le même constat peut être fait du côté de la jurisprudence, tant judiciaire qu'administrative, où il est question d'exigences d'intérêt général pour justifier et fonder le pouvoir de sanction de ces autorités[269].

138. Il est bien clair que l'objectif recherché au-delà de la reconnaissance d'une multitude de pouvoirs aux AAIRE, dont le pouvoir de prononcer des sanctions, n'est pas de défendre les seuls intérêts liés à l'activité régulée, mais l'intérêt de toute la société. La consécration d'une concurrence loyale, le maintien des équilibres du marché, etc., sont autant d'objectifs qui sont bénéfiques à toute l'économie nationale, et par ricochet à toute la société, qu'on soit professionnel ou simple consommateur. Enfin, il ne faut pas, non plus, omettre que quelques infractions relevaient naguère du ressort du juge pénal avant d'être dépénalisées au profit des AAIRE.

---

266 Pour le Cons. conc., « il ne s'agit plus de trancher des litiges, dans la mesure où l'enjeu économique (du marché) dépasse les intérêts particuliers dont la poursuite anime les parties, il s'agit plutôt pour l'organe de remplir une tâche d'intérêt général, dont la complexité lui est certes soumises par les personnes mais dont la solution dépasse ces dernières », *cf.* M.-A. FRISON-ROCHE, « Vers le droit processuel économique ? », *Justices* 1995, n° 1, p. 91.

267 Loi relative à la sécurité et à la transparence du marché financier, *Rec. Cons. const.* 1989, p. 71, *JORF* du 1er août 1989, p. 9676, 45ème consid.

268 *Cf.* Cons. const., nos : 86-224 DC du 23 janv. 1987, loi transférant à la juridiction judiciaire le contentieux des décisions du Conseil de la concurrence, *Rec. Cons. const.* 1986, p. 8, *JORF* du 25 janv. 1987, p. 924, 15ème consid. ; 89-260 DC du 28 juill. 1989, préc., 6ème consid.

269 Cass. com., 28 févr. 2006, n° 05-12.138, *Association EFS*, *Bull. civ.* 2006, IV, n° 49 p. 49, JurisData:2006-032440 ; Cass. com., 4 févr. 1997, n° 94-21.147, *Sté Beton de France*, préc. ; CA Paris, 29 sept. 2011, n° 10/24639, *Sté GECI Aviation, S.A*, JurisData:2011-021992 ; CE, 28 mars 2011, n° 319327, inédit, *Caisse d'épargne de Normandie c/ AMF*, JurisData:2011-009227 ; CE, 28 mars 2011, nos 316521 et 316610, *Sté Euroland Finance*, JurisData:2011-004995 ; CE, 26 juin 2008, n° 299203, *Sté Tradition Sécurité and Futures/ AMF*, JurisData:2008-073664.

Cet objectif est confirmé dans la décision n° 2014-453/454 QPC et 2015-462 QPC du 18 mars 2015, dans laquelle le Conseil constitutionnel reconnaît que les répressions pénale et administrative « protègent [...] les mêmes intérêts sociaux »[270].

139. Comme nous avons pu le constater, les adeptes de la nature disciplinaire du pouvoir de sanction administratif ont tout tenté, quitte à avancer des exceptions aux critères de la théorie institutionnelle, afin de faire ressortir cette nature dans le pouvoir de sanction exercé par l'administration en charge de l'économie. En réalité, se baser sur les exceptions pour justifier ce pouvoir ne fait que renforcer l'idée de son originalité, confirmée et renforcée par la notion d'AAIRE. En effet, le pouvoir répressif de ces dernières ne vise pas une simple mission disciplinaire ou déontologique[271] et ne constitue pas non plus une simple technique pour sanctionner les violations de textes, plus que ça, il est exercé comme un pouvoir parmi d'autres pour accomplir une mission de service public.

Section 2. La contiguïté des sanctions administratives répressives avec les mesures de police

140. L'action de l'administration, plus particulièrement des AAIRE, se traduit par l'adoption de multiples décisions aux objets variés, parmi lesquelles figurent les sanctions et les mesures de police. En effet, eu égard à leur nature administrative et à l'objectif qui leur est assigné, toutes les AAIRE sont dotées d'un pouvoir de police qu'elles exercent soit en amont pour prévenir une atteinte, en édictant des normes et en procédant à des contrôles et enquêtes, soit en aval pour mettre fin à une atteinte par le biais de procédures d'urgence sous forme de mesures conservatoires ou provisoires[272]. Ces autorités sont également dotées d'un pouvoir de commandement, sous forme de mises en garde et de mises en demeure ou d'injonctions, qu'elles peuvent exercer tant en amont qu'en aval des faits incriminés[273].

141. Certes, le problème de distinction entre mesures de police administrative et sanctions administratives est ancien, mais l'avènement des AAIRE avec leur panoplie de pouvoirs a ravivé la question. Donc même s'il s'agit d'un sujet classique, il nous paraît intéressant de revenir sur les critères de distinction entre ces deux types de décisions et leur pertinence dans le cadre des pouvoirs de ces nouvelles autorités de régulation (**Sous-section 1**). Une telle démarche est indispensable et ne manque pas d'intérêt, car elle nous

---

[270] *Cf.* 25ème consid.

[271] Pour une opinion contraire, *cf.* C. HANNOUN, « La déontologie des activités financières : contribution aux recherches actuelles sur le néo-corporatisme », *RTD com.* 1989, p. 417.

[272] *Cf.* par exemple les art. L.612-33, L.612-33-1 et L.612-34 du C. mon. fin. (ACPR) ; l'art. L.464-1 du C. com. (ADLC).

[273] *Cf.* par exemple les art. L.612-30 et L.612-31 du C. mon. fin., (ACPR) ; les art. L.462-6, L.464-1 et L.464-2 du C. com. (ADLC).

permet de déterminer le régime juridique applicable à chacune d'elles (**Sous-section 2**).

SOUS-SECTION 1. UNE DÉLIMITATION FLUCTUANTE DE LA FRONTIÈRE ENTRE SANCTION ET MESURE DE POLICE

142. La finalité de l'acte a souvent servi de critère de distinction entre mesures de police et sanctions administratives. La sanction administrative vise la répression tandis que la mesure de police la prévention. En réalité, ce critère n'est pas totalement fiable dans la mesure où la frontière entre ces actes administratifs est difficilement délimitable ; les finalités répressives et préventives sont souvent présentes dans le même acte. Plus encore, des situations pratiques nous révèlent que ce critère permet à l'administration de bénéficier d'un large pouvoir discrétionnaire quant à la qualification des actes (**Paragraphe 1**). La difficulté de distinction, entre ces deux notions, est bien illustrée par l'ambiguïté de la nature juridique du retrait d'agréments et d'autorisations (**Paragraphe 2**).

Paragraphe 1. Les limites de la distinction fondée sur le critère finaliste

143. Pour le professeur Jean-Louis DE CORAIL, il existe trois critères pour distinguer les sanctions des mesures de police administrative : la recherche de l'intention de l'administration, la prise en considération de la gravité de la mesure et l'analyse des motifs de la décision[274]. Néanmoins, le critère qui revient régulièrement dans la jurisprudence et la doctrine est finaliste : l'objectif de la mesure est-il préventif ou répressif ?[275] C'est ce qui ressort, par exemple, d'une étude du Conseil d'État qui estime que « Les sanctions administratives sont d'une nature essentiellement répressive. Elles procèdent d'une intention de punir un manquement à une obligation. Elles se fondent sur un comportement personnel considéré comme fautif. Au contraire, les mesures de police ont une finalité essentiellement préventive. Elles sont

[274] *Cf.* J.-L. DE CORAIL, « La distinction entre mesure disciplinaire et mesure hiérarchique dans le droit de la fonction publique », *AJDA* 1967, p. 3.

[275] *Cf.* M. GUYOMAR et P. COLLIN, « La frontière entre le retrait d'agrément prononcé par la Commission des opérations de bourse au titre de ses pouvoirs de police et celui prononcé au titre de son pouvoir de sanction est précisé », chron. sous CE, 22 juin 2001, n° 193392, *Sté Athis*, JurisData:2001-062536, *AJDA* 2001, p. 634. Cette conception s'est affirmée beaucoup plus au lendemain de la seconde guerre mondiale, période où se multipliaient les sanctions administratives jugées comme un outil efficace entre les mains de l'administration pour faire face à la situation d'après-guerre. Il convient de rappeler, à ce sujet, les propos de Roland DRAGO qui a souligné que « le pouvoir de police ne comporte pas le droit pour l'autorité administrative d'infliger des sanctions : il est essentiellement préventif », en revanche la sanction administrative relève d'« un véritable pouvoir répressif [...] permettant de porter atteinte à une situation individuelle », *cf.* note sous CE, ass., 16 déc. 1955, *Dame Bourekba*, *D.* 1956, II, p. 392.

prises dans l'intérêt de l'ordre public, de la santé ou de la sécurité publique. »[276] Dans le même sens, Guy BRAIBANT estime que « les mesures de police sont prises dans l'intérêt de l'ordre, de la santé ou de la sécurité publics ; elles visent à mettre fin à un désordre ou à un danger, et à l'empêcher de se reproduire ou de se reproduire à l'avenir [...]. Les sanctions au contraire procèdent d'une intention de punir des infractions soit à une réglementation précise, soit à des principes de morale professionnelle. Elles sont fondées sur des griefs, sur des fautes reprochées. Elles revêtent, en principe, un caractère personnel. »[277]

144. Prenant l'exemple de la procédure de retrait d'agrément, qui a souvent créé l'ambiguïté, Franck MODERNE estime que deux éléments identifient un retrait d'agrément comme une sanction : « la volonté de punir le titulaire de l'autorisation et un comportement de ce dernier susceptible de justifier une mesure répressive, à savoir un manquement à une obligation attachée à la loi ou à l'autorisation [...]. En d'autres termes, le retrait-sanction suppose une infraction administrative imputable à l'intéressé et une intention punitive de la part de l'autorité administrative »[278].

145. Le même critère revient assez souvent dans la jurisprudence. À titre d'exemple, le Conseil d'État n'a pas hésité à qualifier de mesure de police la suspension administrative du permis de conduire, car ayant pour objectif de prévenir d'autres infractions[279]. Tandis qu'il a estimé que l'amende prévue à l'article 1788 septies du Code général des impôts « présente le caractère d'une punition [car] tendant à empêcher la réitération des agissements qu'elle vise »[280]. Saisie pour qualifier une décision préfectorale prononçant la

---

[276] Conseil d'État, *Les pouvoirs de l'administration dans le domaine des sanctions*, *op. cit.*, p. 38. *Cf.* dans le même sens : P.-L. FRIER et J. PETIT, *Précis de droit administratif*, 5ème éd., Paris, Montchrestien, Coll., « Domat droit public », 2008, p. 262 ; D. TRUCHET, *Droit administratif*, 1ère éd., Paris, PUF, coll., « Thémis Droit », 2008. p. 308 ; J. WALLINE, *Droit administratif*, 23ème éd., Paris, Dalloz, Coll., « Précis », 2010, pp. 415 et s. ; A. BACQUET, concl. sur CE, ass., 6 févr. 1981, n° 14910, *Sté Varoise de transports et autres*, *Rec. CE* 1981, p. 52, *AJDA* 1981, p. 599.

[277] Concl. sur CE, sect., 8 janv. 1960, *Ministre de l'intérieur c/Rohmer et Faist*, *Rec. CE* 1960, p. 12, *RDP* 1960, p. 333.

[278] Note sous CE, 22 mars 1996, n° 131861, *Sté NRJ SA*, JurisData:1996-050226, *RFDA* 1997, p. 2. *Cf.* dans ce sens : J. MOURGEON, *La répression administrative*, *op. cit.*, pp. 158 et s. ; M. LEFONDRÉ, *Recherches sur les sanctions administratives et leur nature juridique*, *op. cit.*, p. 43 ; G. DELLIS, *Droit pénal et droit administratif*, *op. cit.*, p. 132.

[279] CE, 3 nov. 1989, n° 88408, *Blanquie*, JurisData:1989-645180, *JCP G* 1989, n° 50, IV, p. 416. Dans le même sens le juge administratif a jugé que les décisions tendant à restreindre, supprimer ou retirer les permis de visite ne constituent pas des sanctions ayant le caractère de punition, mais des « mesure[s] de police administrative tendant à assurer le maintien de l'ordre public et de la sécurité au sein de l'établissement pénitentiaire », *cf.* CE, 20 fév. 2013, n° 364081, *THERON c/ Ministère de la justice*, JurisData:2013-002796.

[280] CE, 30 nov. 2007, n° 292705, *Sté SIDEME*, JurisData:2007-081228. *Cf.* également : CE, 6 juin 2007, n° 270955, *LEMARINIER*, JurisData:2007-081151 : « Les majorations de 80 % prévues à l'article 1728 du CGI [...] en cas d'absence ou de dépôt tardif de déclaration, qui présentent le caractère d'une punition tendant à empêcher la réitération des agissements qu'elles visent ».

fermeture d'un débit de boissons sur le fondement de l'article L.3332-15-1 du Code de la santé publique, la haute juridiction administrative a jugé que « les mesures de fermeture de débits de boissons ordonnées par le préfet sur le fondement de ces dispositions ont toujours pour objet de prévenir la continuation ou le retour de désordres liés au fonctionnement de l'établissement, indépendamment de toute responsabilité de l'exploitant [aussi doivent-elles] être regardées non comme des sanctions présentant le caractère de punitions mais comme des mesures de police »[281].

Sur la base du même critère la Cour de cassation écarte également le caractère de sanction de la décision d'expulsion d'un étranger, qu'elle qualifie de « mesure de police à objet préventif, exclusivement destinée à protéger l'ordre et la sécurité publics »[282]. De même, elle a estimé que l'interdiction d'exploiter un débit de boissons à consommer sur place, ne constitue pas une sanction ayant le caractère d'une punition, mais une mesure de police et de sécurité publique réglementant l'accès à une profession[283].

Dans le même esprit, se prononçant sur une procédure de dessaisissement d'armes le Conseil constitutionnel a ''jugé'' « que l'interdiction qui est faite à la personne ayant fait l'objet de la procédure de « dessaisissement » ou de saisie d'acquérir ou de détenir des armes soumises au régime de l'autorisation ou de la déclaration n'est pas *une sanction ayant le caractère d'une punition* au sens de l'article 8 de la Déclaration de 1789. [Au vu des] dispositions contestées, le législateur a entendu assurer la prévention des atteintes à l'ordre public »[284](souligné par nous).

---

[281] CE, Avis 6 fév. 2013, n° 363532, JurisData:2013-001738. Sur la même question, *cf.* CE, 10 oct. 2012, n° 345903, *SARL Le Madison c/Ministère de l'intérieur*, JurisData:2012-022741 ; CE, 9 mai 2012, n° 356977, inédit, *MEILLON c/Secrétariat général du gouvernement*, JurisData:2012-010500.

[282] Cass. crim., 1er fév. 1995, n° 94-81.089, inédit, JurisData:1995-000631.

[283] Cass. civ. 3e, 23 nov. 2011, n° 10-24.180, 1375, *M. Contofan*, JurisData:2011-025922.

[284] Cons. const., n° 2011-209 QPC du17 janv. 2012, M. Jean-Claude G. [Procédure de dessaisissement d'armes], *Rec. Cons. const.* 2012, p. 81, *JORF* du 18 janv. 2012, p. 1014. *Cf.* concernant les sanctions n'ayant pas le caractère d'une punition : Cons. const., nos : 90-286 DC du 28 déc. 1990, loi de finances rectificative pour 1990, *Rec. Cons. const.* 1990, p. 107, *JORF* du 30 déc. 1990, p. 10613, 22ème consid., (Une mesure conservatoire) ; 2011-132 QPC du 20 mai 2011, M. Ion C. [Incapacité et interdiction d'exploiter un débit de boissons], *Rec. Cons. const.* 2011, p. 246, *JORF* du 21 mai 2011, p. 8891, 6ème consid., (les dispositions relatives à l'incapacité et à l'interdiction d'exploiter un débit de boissons) ; 2013-332 QPC du 12 juill. 2013, Mme Agnès B. [Sanction des irrégularités commises par un organisme collecteur de fonds au titre du « 1 % logement »], *JORF* du 14 juill. 2013, p. 11830, 6ème consid., (la suspension du conseil d'administration d'un organisme agréé pour la collecte de la participation des employeurs à l'effort de construction et l'habilitation de l'Agence nationale pour la participation des employeurs à l'effort de construction de prendre les mesures conservatoires qui s'imposent). Concernant les sanctions ayant le caractère d'une punition, *cf.* Cons. const., nos : 88-248 DC du 17 janv. 1989, loi modifiant la loi n° 86-1067 du 30 sept. 1986 relative à la liberté de communication, *Rec. Cons. const.* 1989, p. 18, *JORF* du 18 janv. 1989, p. 754 (diverses mesures prononcées par le Conseil supérieur de l'audiovisuel) ; 89-260 DC du 28 juill. 1989, loi relative à la sécurité et à la transparence du marché financier, *Rec. Cons. const.* 1989, p. 71, *JORF* du 1er août 1989, p. 9676, 18ème consid., (amendes prononcées par différentes autorités administratives

146. Il est clair que les finalités assignées, tant aux mesures de police qu'aux sanctions administratives, constituent aux yeux de la majorité de la doctrine et de la jurisprudence un critère déterminant : la sanction administrative punit un manquement à une obligation, une faute, une négligence. En cela elle diffère de la mesure de police qui tend au maintien de l'ordre public et dont la finalité est par conséquent préventive.

En réalité, la frontière entre ces actes administratifs est difficile à délimiter, ce qui rend la distinction complexe et peu convaincante[285]. Cette difficulté est aussi perceptible dans le rapport précité du Conseil d'État, incapable de préciser la nature juridique d'un bon nombre de mesures, étant entendu qu'une même décision peut relever soit de la catégorie des sanctions, soit de la catégorie des mesures de police administrative[286]. En effet, comment prétendre que l'action de l'administration dans le cadre des mesures de police est préventive lorsque la mesure est prononcée après les faits ? Certes, au moyen de cette mesure, il est possible de prévenir de nouveaux troubles ou l'aggravation des dommages survenus, mais pour le destinataire de la mesure cette dernière lui paraît, légitimement d'ailleurs, être une sanction, puisque prononcée suite à son comportement (manquement). De plus, la sanction pénale, elle-même, n'est pas seulement répressive et joue un véritable rôle préventif grâce à son effet dissuasif[287]. N'est-ce pas aussi que les mesures de sûreté contenues dans le Code pénal, sous forme de peines complémentaires, ont un but purement préventif ?

Par ailleurs, après avoir exposé, dans sa conclusion précitée, le critère finaliste comme base de distinction Guy BRAIBANT, lui-même, avoue que cette distinction n'est pas toujours évidente dans la mesure où les finalités répressives et préventives sont souvent présentes dans une seule et même décision.

147. En somme, le critère finaliste n'est donc pas dépourvu d'ambiguïté. Mieux encore, nous estimons que la question de distinction entre mesures de police et sanctions administratives mérite une plus grande attention dans le cadre du pouvoir répressif des AAIRE dont la nature juridique et la mission,

---

indépendantes) ; 2000-433 DC du 27 juill. 2000, loi modifiant la loi n° 86-1067 du 30 sept. 1986 relative à la liberté de communication, *Rec. Cons. const.* 2000, p. 121, *JORF* du 2 août 2000, p. 11922, 50ème consid., (décision d'insertion d'un communiqué dans les programmes d'un éditeur de services de radiodiffusion sonore ou de télévision, en cas de manquement à ses obligations par ce dernier) ; 2011-211 QPC du 27 janv. 2012, M. Éric M. [Discipline des notaires], *Rec. Cons. const.* 2012, p. 87, *JORF* du 28 janv. 2012, p. 1674, 5ème consid., (une mesure de privation définitive du droit de vote).

285 *Cf.* dans ce sens : M. DELMAS-MARTY et C. TEITGEN-COLLY, *Punir sans juger ? op. cit.*, p. 46 ; F. LAMY, concl. sur CE, 22 juin 2001, n° 193392, *Sté Athis*, préc., *RFDA* 2002, p. 509.

286 Conseil d'État, *Les pouvoirs de l'administration dans le domaine des sanctions*, préc., p. 38

287 Selon Etienne PICARD « dire d'une mesure qu'elle est répressive ou préventive ne signifie pas grand-chose en soi car, selon le point de vue duquel on se place, une mesure de police peut apparaître répressive et une sanction préventive », *cf. La notion de police administrative*, LGDJ, 1984, t. 1, p. 344.

conjuguées au cumul de plusieurs pouvoirs, rendent l'ambiguïté du critère finaliste plus perceptible ; ce qui implique une réelle méfiance.

148. Il est vrai qu'en sus du rôle joué en amont pour prévenir une atteinte, en édictant des normes et en procédant à des contrôles et enquêtes, le pouvoir de police administrative joue également un rôle en aval, en mettant fin à une atteinte par le biais de procédures d'urgence sous forme de mesures conservatoires ou provisoires. Toutefois, dans le cas de certaines AAIRE, la distinction entre mesures de police et sanctions administratives n'est pas évidente, car il s'agit des mêmes mesures prises pour faire face aux mêmes faits. Le souci est que l'autorité, bénéficiaire d'un pouvoir de police en plus du pouvoir répressif, serait tentée de qualifier son acte de mesure de police pour s'affranchir de certaines procédures applicables aux sanctions, plus particulièrement celles relatives au respect des droits de la défense.

149. Nous pouvons citer, à titre d'exemple, le cas de l'ACPR qui peut prononcer des mesures relevant potentiellement tantôt de son pouvoir de police administrative, tantôt de son pouvoir de sanction. En effet, au titre de son pouvoir de police administrative, cette autorité peut « 3° Limiter ou interdire temporairement l'exercice de certaines opérations » ou encore « 12° Suspendre un ou plusieurs dirigeants de la personne contrôlée »[288]. Or, elle peut également prononcer, conformément à son pouvoir de sanction, « L'interdiction d'effectuer certaines opérations et toutes autres limitations dans l'exercice de l'activité » ainsi que « La suspension temporaire d'un ou plusieurs dirigeants »[289]. Il est clair qu'il s'agit des mêmes mesures qui prennent tantôt la forme d'une sanction, tantôt celle d'une mesure de police, ce qui ne manque pas de rendre la situation équivoque. Est-il possible de dire avec précision quand est-on face à telle ou telle décision ? D'après le législateur, les limitations et autres interdictions ou suspensions précitées peuvent être prononcées en tant que mesures de police, notamment lorsque l'ACPR constate que « les intérêts [des] clients, assurés, adhérents ou bénéficiaires [de la personne soumise à son contrôle], sont compromis ou susceptibles de l'être »[290]. Elles sont en revanche prononcées en tant que sanctions, entre autres, lorsque la personne contrôlée « a enfreint une disposition législative ou réglementaire au respect de laquelle l'Autorité a pour mission de veiller ou des codes de conduite homologués applicables à sa profession [...], n'a pas remis à l'Autorité le programme de rétablissement demandé [...], n'a pas respecté les conditions particulières posées ou les engagements pris à l'occasion d'une demande d'agrément, d'autorisation ou de dérogation prévue par les dispositions législatives ou réglementaires applicables »[291].

---

[288] Art. L.612-33 du C. mon. fin.

[289] Art. L.612-39, L.612-40 et L.612-41, I du C. mon. fin.

[290] *Cf.* les art. L.612-30 et L.612-33 du C. mon. fin.

[291] Art. L.612-39 du C. mon. fin. *Cf.* également les art. L.612-40 et L.612-41-I, du même code, selon lesquels l'autorité peut user de son pouvoir de sanction lorsque la personne soumise à son contrôle « a enfreint les dispositions législatives et réglementaires afférentes à son activité » ou

À la lumière de ce qui précède, il faut reconnaître qu'il est difficile de distinguer les situations qui impliquent la prise d'une mesure de police de celles pouvant justifier le prononcé d'une sanction. Lorsque l'ACPR constate le non-respect d'une disposition ou d'une obligation et décide de suspendre un ou plusieurs dirigeants de la personne contrôlée, ou d'interdire d'effectuer certaines opérations ou toutes autres limitations dans l'exercice de l'activité, s'agira-t-il dans ce cas d'une simple mesure de police – étant donné que le comportement compromet les intérêts des clients, assurés, adhérents ou bénéficiaires de la personne contrôlée –, ou bien serons-nous face à une véritable sanction dès lors qu'il y a un manquement illustré par le non-respect d'une disposition ? N'est-ce pas que les intérêts des clients, assurés, adhérents ou bénéficiaires de la personne contrôlée peuvent être compromis ou susceptibles de l'être (article L.612-33 du Code monétaire et financier) même du fait de la violation d'une disposition législative ou réglementaire au respect de laquelle l'Autorité a pour mission de veiller ou des codes de conduite homologués applicables à sa profession, etc., (articles L.612-39, L.612-40 et L.612-41-I du Code monétaire et financier) ? C'est-à-dire les mêmes causes qui peuvent justifier le prononcé d'une sanction.

Par ailleurs, n'est-il pas étonnant de parler, dans le cadre du pouvoir de police administrative, d'un objectif préventif lorsqu'on se contente de mettre en garde ou en demeure l'auteur du manquement[292], car les intérêts protégés impliquent une mesure rapide et urgente pour prévenir tout préjudice ? Enfin, si l'on vise réellement la prévention, pourquoi a-t-on fait du pouvoir de police, reconnu à ces autorités, une simple faculté ? En effet, d'après les dispositions traitant de ce pouvoir il est dit que l'autorité « peut ...», or la logique voudrait qu'en cas d'un danger « imminent » ou une urgence, l'autorité n'ait comme choix que d'agir, aussi les mesures de police devraient être éditées sous la forme obligatoire.

150. Certains tenteront peut-être de minimiser la portée de notre propos, en soutenant que les mesures de police sont prononcées par le collège tandis que les sanctions sont le fait de la commission des sanctions. Effectivement, dans le cas de l'ACPR l'instance dotée du pouvoir de police administrative (le collège de supervision) est différente de celle exerçant le pouvoir de sanction (la commission des sanctions). Toutefois, cette différence de compétence est une raison de plus pour que l'ACPR soit tentée de qualifier ses mesures de simples mesures de police, pour qu'elles relèvent de la compétence du collège et non pas de la commission des sanctions.

151. En somme, comme presque toute frontière fondée sur le critère finaliste, celle qui délimite les mesures de police et les sanctions administratives, comporte également une grande part d'arbitraire et nous

---

« une disposition du code des assurances ou du code monétaire et financier qui lui est applicable ».

[292] *Cf.* les art. L.612-30 et L.612-31 du C. mon. fin.

révèle le manque de rigueur et l'ambiguïté du critère cité[293]. Outre la contestation de la nature juridique des mises en demeure et autres injonctions, considérées par les opérateurs économiques comme de véritables sanctions[294], l'ambiguïté est encore plus apparente s'agissant de la procédure de retrait d'un titre administratif, qu'il s'agisse d'un agrément ou d'une autorisation.

Paragraphe 2. L'ambiguïté de la nature juridique du retrait d'agréments ou d'autorisations

152. Longtemps la question s'est posée de savoir comment distinguer les retraits d'agréments ou d'autorisations dont la finalité est répressive, de ceux considérés comme de simples mesures de police. Mais, ce problème dépasse apparemment ces deux types de retraits pour concerner une troisième catégorie qui est celle des retraits symétriques. En effet, d'après le Conseil d'État[295], on doit distinguer trois types de retraits : les retraits *préventifs*, sous forme de mesures de police administrative ; les retraits *sanctions*, sous forme de décisions prises en considération du comportement de la personne afin de punir tout manquement aux obligations liées au titre (agrément ou autorisation) ; enfin, les retraits *symétriques* ou *automatiques*, qui n'ont ni caractère préventif ni caractère répressif, mais « qui constituent une mesure symétrique dans ses motifs à l'octroi de l'agrément »[296].

153. Comme souligné précédemment, la différence est de taille, la nature répressive de ces mesures implique pour l'autorité sanctionnatrice le respect des droits de la défense, alors que si elles sont considérées comme de simples mesures de police, seul le principe du contradictoire doit être respecté[297]. En revanche, lorsqu'on est face à un retrait symétrique l'autorité administrative n'est tenue ni par le principe du contradictoire ni par les droits de la défense. L'intérêt de la distinction ne se situe donc pas seulement entre les deux premières catégories, mais entre les trois types de retraits. L'enjeu est beaucoup plus grand avec l'avènement des AAIRE devant lesquelles s'est

---

293 Jacques MOREAU parle à ce propos « d'une approximation, non [d]'un critère de définition », *cf. Droit administratif*, *op. cit.*, p. 355.

294 *Cf. infra*, pp. 387 et s.

295 *Cf.* Conseil d'État, *Les pouvoirs de l'administration dans le domaine des sanctions*, préc., p. 41 ; CE, ass., 7 juill. 2004, n° 255136, *Ministre de l'intérieur, de la sécurité intérieure et des libertés locales c/Benkerrou*, *Rec. CE* 2004, p. 298, JurisData:2004-067191 ; CE, 14 nov. 2012, n° 345607, *Sté Auto Bilan France c/ Ministre de l'écologie, du développement durable et de l'énergie*, JurisData:2012-025760..

296 M. GENTOT, concl. sur CE, sect., 6 mars 1970, n° 71983, *Ministre de l'Intérieur c/Sieurs Sydein et Desonneville*, *AJDA* 1970, p. 564. *Cf.* également : CE, 2 juill. 2010, n° 325521, inédit, *Ministre de l'intérieur, de l'outre-mer et des collectivités territoriales c/Le Flohic*, JurisData:2010-012133 ; CE, 22 mars 1996, n° 131861, *SA NRJ*, *Rec. CE* 1996, p. 91, JurisData:1996-050226 ; CE, 12 mars 1999, n° 180498, *S.A. Jacqueline du Roure*, JurisData:1999-050353.

297 *Cf.* D. MAILLARD DESGRÉES DU LOÛ, *Droit des relations de l'administration avec ses usagers*, Paris, PUF, Coll., « Thémis », 2000, p. 168.

posée la question de l'applicabilité de l'article 6§1 de la CESDH en pareilles situations.

154. Pour la jurisprudence et la doctrine, la distinction doit être menée *in concreto,* et chaque situation étudiée séparément en prenant en considération l'ensemble des circonstances de fait, qui accompagnent la décision de retrait, ainsi que les motifs retenus et l'intention même de l'autorité sanctionnatrice[298]. Aussi, dans le cadre du retrait symétrique, caractérisé par son automaticité[299], placée dans une situation de compétence liée l'administration se borne à constater que l'une des conditions qui a permis l'octroi de l'agrément ou/et de l'autorisation, n'est plus remplie. Elle ne doit donc pas apprécier le comportement du bénéficiaire ; son rôle se limite à la constatation du non-respect des obligations qui conduisent à l'octroi du titre et, appliquant la règle du parallélisme des formes, procède à son retrait. Au vu de son caractère préventif, le retrait mesure de police vise, quant à lui, à protéger l'ordre public et l'autorité compétente à le prononcer n'a nullement l'intention de sanctionner. Enfin, le retrait sanction, constitue une décision dont l'objet est de faire face au manquement à une obligation « attachée à la loi ou à l'autorisation »[300], constaté après appréciation du comportement de la personne mise en cause. Pour résumer, dans le retrait symétrique l'administration n'apprécie pas le comportement de la personne, elle procède à un retrait automatique. Tandis que, lorsque le retrait est fondé sur une appréciation du comportement de la personne, « il convient de distinguer selon les motifs de l'administration, selon la finalité répressive ou non, pour savoir si ce retrait doit être regardé comme une sanction »[301] ou une mesure de police.

---

[298] Selon Franck MODERNE pour qualifier un retrait administratif, « il faut que figurent notamment deux éléments majeurs : la volonté de punir le titulaire de l'autorisation et un comportement de ce dernier susceptible de justifier une mesure répressive, à savoir un manquement à une obligation attachée à la loi ou à l'autorisation », *cf.* note sous CE, 22 mars 1996, préc., p. 2 ; *Sanctions administratives et justice constitutionnelle, op. cit.*, pp. 75 et s. *Cf.* également sur le sujet : M. DELMAS-MARTY et C. TEITGEN-COLLY, *Punir sans juger ? op. cit.*, pp. 44 et s. ; G. BRAIBANT, concl. sur CE, sect., 8 janv. 1960, *Ministre de l'Intérieur c/ Rohmer*, *Rec. CE* 1960, p. 12, *RDP* 1960, p. 333 ; *AJDA* 2001, p. 634, chron. M. GUYOMAR et P. COLLIN ; *RFDA* 2002, p. 509, concl. F. LAMY ; *Banque et droit*, mars-avr. 2001, p. 30, obs. H. DE VAUPLANE et J.-J. DAIGRE ; M. GENTOT, concl. sur CE, sect., 6 mars 1970, préc.

[299] Comme le souligne assez clairement le Conseil d'État « si l'exigence d'un agrément comporte nécessairement pour l'autorité qui le donne le pouvoir de le retirer lorsque le titulaire cesse de remplir les conditions mises à son octroi », en revanche elle ne peut « légalement instituer un retrait prononcé en cas d'infraction aux dispositions [qu'elle a édicté] et qui présente ainsi le caractère d'une sanction », *cf.* CE, 5 avr. 1993, n°109706, *Ministre de l'intérieur c/Sté Groupe Darsant*, JurisData:1993-043928.

[300] Cons. const., n° 88-248 DC du 17 janv. 1989, préc., 32ème consid. *Cf.* également sur ce point : F. MODERNE, « Le pouvoir de sanction administrative au confluent du droit interne et des droits européens », *op. cit.*, p. 2.

[301] Conseil d'État, *Les pouvoirs de l'administration dans le domaine des sanctions*, préc., p. 41. Selon la haute juridiction administrative « une décision de retrait d'agrément peut, compte tenu du but qu'elle poursuit, avoir, selon le cas, le caractère d'une mesure de police ou celui d'une sanction », *cf.* CE, 16 mars 2001, n° 207646, *Ministre de l'intérieur c/Provensal*, JurisData:2001-062061.

155. C'est en se fondant sur cette conception que le Conseil d'État a jugé, dans l'affaire *Sté Athis*, qu'« en prenant la décision attaquée [le retrait d'agrément d'une société de gestion de portefeuille], la Commission des opérations de bourse n'a pas entendu sanctionner un manquement de la société à ses obligations mais, dans l'intérêt du bon fonctionnement du marché, assurer la sécurité des investisseurs »[302]. Dans un sens inverse, la même juridiction a jugé, dans l'affaire *Sté A Conseils Finance*[303], que « les procédures régies aussi bien par l'article 19-II que par l'article 71 de la loi du 2 juillet 1996 ont pour objet la mise en œuvre d'un pouvoir de sanction destiné à réprimer les manquements commis par une société de gestion de portefeuille aux obligations déontologiques qui pèsent sur elle en vertu des lois et règlements ». En l'espèce, contrairement à ce que lui proposait son commissaire du gouvernement Alain SEBAN, le Conseil d'État a requalifié en sanction le retrait d'agrément que la COB estimait avoir prononcé en vertu de ses pouvoirs de police. Après avoir relevé les différents motifs retenus par la COB, pour fonder la mesure de retrait, la haute juridiction administrative a considéré que les motifs, pris globalement et compte tenu de leur importance respective, donnaient à la décision attaquée le caractère d'une sanction.

156. En pratique, la distinction n'est pas aussi facile qu'elle paraît l'être. Il est en effet très délicat de distinguer ces différents types de retraits. Il arrive même que le juge saisi soit embarrassé pour les qualifier, d'autant que ces décisions peuvent se trouver aux limites de ces trois catégories d'actes : elles peuvent viser la prévention d'un comportement susceptible de produire des effets graves et irréparables ou à punir des agissements contraires à la loi qui ont déjà généré des effets nuisibles, elles peuvent enfin constituer des mesures symétriques dans leurs motifs à l'octroi de l'agrément. Comme l'expliquait le commissaire du gouvernement Francis LAMY, dans ses conclusions sur l'affaire *Sté Athis*, « la distinction entre la sanction et la mesure de police n'est pas toujours aisée »[304]. Quand le législateur parle de retrait « lorsque les conditions auxquelles l'agrément est subordonné ne sont plus remplies », ce retrait pourrait être interprété comme une mesure de police, mais il pourrait être considéré également comme un retrait sanction, dans la mesure où l'absence d'une des conditions auxquelles l'agrément est subordonné, pourrait être le fruit d'un manquement aux différents textes. Il faut reconnaître que lier la qualification d'un acte juridique aux seules intentions et motifs de l'autorité sanctionnatrice, même soumise au juge du contrôle, ne paraît pas tout à fait convaincant.

157. Dans sa décision *Sté Athis* le Conseil d'État soutenait qu'« en prenant la décision attaquée, la COB n'a pas entendu sanctionner un manquement de la société à ses obligations, mais, dans l'intérêt du bon fonctionnement du

---

302 CE, 22 juin 2001, n° 193392, *Sté Athis*, JurisData:2001-062536, préc.

303 CE, 20 déc. 2000, n° 221215, *Sté A Conseils Finance*, JurisData:2000-061867, *Banque et droit*, mars-avr. 2001, p. 30, obs. H. DE VAUPLANE et J.-J. DAIGRE.

304 Concl. *RFDA* 2002, p. 509, préc.

marché, assurer la sécurité des investisseurs ». Cependant, lorsqu'une AAIRE prononce une sanction, même différente du retrait, son intention n'est-elle pas, en premier lieu, de sauvegarder la libre concurrence et d'assurer le bon fonctionnement du marché ? En effet, le premier objectif assigné à ces autorités, après l'ouverture des secteurs concernés à la concurrence, est la création et ensuite la sauvegarde d'un équilibre dans le marché. Cet objectif ne peut être atteint qu'en veillant au bon fonctionnement du marché, et à la sécurité des investisseurs et des consommateurs. À la lumière de ces données, comment peut-on refuser le caractère de sanction à un acte parce que l'intention de l'autorité administrative est de veiller au bon fonctionnement du marché et d'assurer la sécurité des investisseurs ? Au contraire ces arguments doivent servir de fondement au pouvoir répressif de ces autorités.

158. Enfin, avant de conclure sur ce sujet, il y a lieu de relever que l'on parle beaucoup de la difficulté de qualifier les décisions de retraits d'agréments ou d'autorisations, néanmoins le même problème se pose concernant la suspension de ces titres. Le juge administratif se base, semble-t-il, sur deux critères pour distinguer la suspension sanction de la suspension mesure de police ; en l'occurrence, l'existence de manquements graves à la réglementation et la volonté de les réprimer (dans la mesure où le fait que la société aurait pris les mesures correctrices appropriées n'a pas empêché le prononcé de la sanction)[305].

Sous-section 2. Intérêt de la distinction

159. La volonté de distinguer les sanctions administratives des mesures de police n'est pas fortuite : l'usage des unes ou des autres n'obéit « pas aux mêmes exigences procédurales »[306]. À une certaine époque, cette distinction était importante au regard du caractère contradictoire de la procédure, mais plus maintenant après l'élargissement d'une telle procédure à toutes les décisions administratives nécessitant d'être motivées (**Paragraphe 1**). En revanche, le choix de telle ou telle mesure est toujours d'importance concernant les autres garanties de procédure et de fond (**Paragraphe 2**).

---

[305] En effet, pour la haute juridiction administrative « En prononçant à l'encontre d'une société, à raison des graves manquements à la réglementation du contrôle technique des véhicules qui lui étaient reprochés et alors même que la société aurait pris les mesures correctrices appropriées, une mesure de suspension d'agrément, le préfet n'a pas pris une mesure de police mais a infligé à la société, dans un but répressif, une sanction administrative », *cf.* CE, 6 déc. 2012, n° 348922, *PFEIFFER c/ AMF*, JurisData:2012-028215.

[306] *AJDA* 2001, p. 634, chron. M. GUYOMAR et P. COLLIN, préc.

Paragraphe 1. Au regard du caractère contradictoire de la procédure

160. La délimitation des frontières entre mesures de police et sanctions administratives était indispensable pour savoir si l'autorité administrative, auteur de la mesure, devait respecter le caractère contradictoire de la procédure[307]. En effet, cette obligation incombait à l'autorité administrative, à chaque fois qu'elle usait de son pouvoir de sanction. En revanche, elle en était dispensée lorsqu'elle prononçait des mesures de police. La promulgation du décret n° 83-1025 du 28 novembre 1983[308] a fait perdre l'intérêt de cette distinction : la procédure contradictoire est indispensable dans le cas de toute décision devant être motivée –aux termes de la loi n° 79-587 du 11 juillet 1979[309] – y compris pour les mesures de police[310].

161. Depuis l'abrogation du décret précité, l'obligation de respecter le principe du contradictoire dans les décisions administratives individuelles défavorables, hormis quelques exceptions, résulte désormais des dispositions combinées de l'article 1er de la loi n° 79-587 et de l'article 24 de la loi n° 2000-321 du 12 avril 2000, relative aux droits des citoyens dans leurs relations avec l'administration[311], aux termes duquel ce type de décisions « n'interviennent qu'après que la personne intéressée a été mise à même de présenter des observations écrites, et le cas échéant, sur sa demande, des observations orales ». Donc, même dans le silence des textes spéciaux, les AAIRE doivent, sous peine d'illégalité, permettre aux destinataires des mesures de police d'exprimer leurs observations avant leur prononcé[312]. À titre

---

307 En droit administratif la procédure contradictoire permet à l'administré de présenter ses observations pour défendre ses intérêts face à une décision que s'apprête à prendre l'administration, à son encontre. Pour cela, l'administration doit l'informer des griefs qu'elle lui reproche, lui permettre de prendre connaissance de son dossier et présenter ses observations.

308 Concernant les relations entre l'administration et les usagers (abrogé), *JORF* du 3 déc. 1983. Selon l'art. 8 al.1 de ce texte « Sauf urgence ou circonstances exceptionnelles, sous réserve des nécessités de l'ordre public et de la conduite des relations internationales, et exception faite du cas où il est statué sur une demande présentée par l'intéressé lui-même, les décisions qui doivent être motivées en vertu de la loi du 11 juill. 1979 susvisée ne peuvent légalement intervenir qu'après que l'intéressé ait été mis à même de présenter des observations écrites. »

309 Relative à la motivation des actes administratifs et à l'amélioration des relations entre l'administration et le public, *JORF* du 12 juill. 1979, rectificatif *JORF* du 13 juill. 1979 inclus.

310 *Cf.* l'art. 1er de la loi n° 79-587 du 11 juill. 1979, préc., selon lequel l'obligation de motivation touche, entre autres, les décisions administratives qui « restreignent l'exercice des libertés publiques ou, de manière générale, *constituent une mesure de police* » (souligné par nous).

311 *JORF* du 13 avr. 2000.

312 *Cf.* CE, 17 nov. 2010, n° 329929, *Commune de Seillons Source d'Argens*, JurisData:2010-021465. Cela n'a pas empêché la haute juridiction administrative de soutenir dans l'arrêt *EURL Mandon* du 2 déc. 2009 (n° 301279, inédit, JurisData:2009-017107), qu'une décision revêtant le caractère d'une mesure de police « n'entrait pas dans le champ du principe général des droits de la défense », aussi la cour administrative d'appel ne commit-elle pas d'erreur de droit en écartant le moyen tiré de ce que l'arrêté serait illégal faute d'être intervenu à l'issue d'une procédure contradictoire. Paradoxalement, dans le même considérant, avant d'arriver à cette solution, le juge administratif a cité l'art. 8 du décret du 28 nov. 1983, alors en vigueur, pour

d'exemple, dans l'arrêt *Société Amérique Europe Asie*[313] le Conseil d'État a jugé régulière la procédure suivie par la COB avant le retrait de l'agrément dans la mesure où, conformément aux exigences du décret du 28 novembre 1983, elle a invité la société précitée à présenter par écrit ses éventuelles observations dans le délai qui lui était imparti. De même, il a jugé que « les responsables d'une entreprise ayant fait l'objet d'une décision de mise sous administration provisoire [doivent être] entendus avant que cette décision puisse, dans un délai maximal de trois mois, être levée ou confirmée ; que le respect du principe des droits de la défense suppose que cette audition soit précédée de la communication de l'ensemble des motifs de la décision envisagée et qu'un délai de préparation suffisant soit laissé aux personnes concernées »[314].

162. Outre les textes de portée générale, la quasi-totalité des textes institutifs des AAIRE sont clairs quant à l'obligation de respecter le caractère contradictoire des décisions prises dans le cadre de leur pouvoir de police administrative. À ce propos, il y a lieu de citer l'article L.612-35 du Code monétaire et financier selon lequel « L'Autorité de contrôle prudentiel et de résolution décide des mesures prévues aux articles de la présente section [réservée aux « Mesures de police administrative »] au terme d'une procédure contradictoire », sauf en cas d'urgence où elle « peut, à titre provisoire, ordonner sans procédure contradictoire des mesures conservatoires [...] Une procédure contradictoire est alors immédiatement engagée aux fins de lever, adapter ou confirmer ces mesures conservatoires commandées par l'urgence ». Ainsi, tout comme pour les sanctions qu'elle prononce, l'ACPR est tenue de respecter le caractère contradictoire, même dans le cas des mesures de police.

écarter son application. À ses yeux, l'art. 1er de la loi du 11 juill. 1979, ne concerne que les décisions des autorités de l'État et de ses établissements publics. Ensuite, il a écarté également les dispositions de l'art. 24 de la loi du 12 avr. 2000, car elles n'étaient pas en vigueur aux moments des faits. Nonobstant, la validité d'écarter l'applicabilité du décret de 1983 aux AAIRE (il est, en revanche, appliqué dans l'arrêt CE, 23 mai 1997, n° 176924, *Sté Amérique Europe Asie*, *Rec. CE* 1997, p. 196, JurisData:1997-050242), peut-on déduire que si la loi du 12 avr. 2000 eut été en vigueur, le juge aurait appliqué son article 24 ? Dans ce cas pourquoi dire ensuite, avec une formulation générale, qu'une mesure de police « n'entrait pas dans le champ du principe général des droits de la défense ». À suivre ce raisonnement, même les mesures de police administrative prises par « des autorités de l'État et de ses établissements publics » ne sont pas soumises à ce principe. Ce qui contredit le sens voulu au début du considérant, où le texte de 1983 n'a été écarté que parce que la loi du 11 juill. 1979 ne s'appliquait pas au cas d'espèce, en l'occurrence, un arrêté municipal. *Cf.* dans le même sens : CE, 9 nov. 1994, n° 140726, *TIGRINI*, JurisData:1994-051302.

313 CE, 23 mai 1997, n° 176924, *Sté Amérique Europe Asie*, préc.

314 CE, 12 avr. 2012, nos 335442 et 337229, *Sté Alsass c/ Autorité de contrôle prudentiel*, JurisData:2012-006976. « Les décisions, présentant le caractère de mesures de police [...] doivent être précédées d'une information du propriétaire destinée à lui permettre de présenter des observations sur les mesures que l'administration envisage de prendre », *cf.* CE, 27 fév. 2013, n° 364751, *Sté Promogil c/Ministre de l'agriculture, de l'agroalimentaire et de la forêt*, JurisData:2013-003351 ; CE, 29 avr. 2009, n° 293673, *COURTADE c/Ministre de l'économie, de l'industrie et de l'emploi*, JurisData:2009-075352 ; CE, 2 déc. 2009, n° 301279, inédit, *EURL Mandon c/ Commune de Bonneuil Sur Marne*, JurisData:2009-017107.

Cette exigence est expressément retenue dans le cas des autres AAIRE faisant l'objet de notre étude[315].

Paragraphe 2. Au regard des autres garanties de procédure et de fond

163. Bien que le clivage entre le régime des sanctions administratives et celui des mesures de police administrative soit réduit par l'obligation de respecter le principe du contradictoire qui pèse sur l'administration dans les deux cas, la distinction entre les deux notions garde néanmoins son intérêt quant à l'applicabilité des autres garanties, tant sur le fond que sur la procédure. À ce sujet, force est de reconnaître qu'avec la promotion et l'intérêt porté ces deux dernières décennies aux droits de la défense, le régime des sanctions administratives reste de loin le plus protecteur. Outre la motivation et le respect du contradictoire, qui sont également obligatoires en matière de mesures de police, le régime des sanctions administratives répressives appelle le respect des principes des droits de la défense, de la légalité, du non-cumul, de la proportionnalité et d'impartialité, etc.

164. La position du juge administratif est claire à ce propos « le principe constitutionnel du respect des droits de la défense, qui résulte de l'article 16 de la Déclaration des droits de l'homme et du citoyen du 26 août 1789, ne s'applique pas aux décisions émanant des autorités administratives, sauf lorsqu'elles prononcent une sanction ayant le caractère d'une punition »[316]. Le juge administratif, mais également judiciaire, a encore conclu à l'inapplicabilité de l'article 6 de la CESDH aux mesures de police administrative, étant donné qu'en les prenant les AAIRE ne décident pas d'un bien-fondé d'accusations en matière pénale, au sens de l'article précité[317]. Par

---

[315] *Cf.* par exemple, l'ADLC (art. L.463-1 du C. com.) ; l'ARCEP (art. L.36-11 du CPCE) ; la CRE (art. L.134-22 du C. énergie).

[316] CE, 25 juill. 2013, n° 369390, Inédit, *SARRET c/Préfet des BOUCHES-DU-RHONE*, JurisData:2013-018232.

[317] À titre d'exemple, il a été jugé que : « eu égard à la nature de la commission de contrôle des mutuelles et des institutions de prévoyance et au fait que la décision qu'elle prend lorsqu'elle désigne un ou plusieurs administrateurs provisoires en application des dispositions de l'article L. 531-4 du code de la mutualité a le caractère d'une mesure conservatoire et non d'une sanction, le moyen tiré de la violation des stipulations de l'article 6-1 ne peut être utilement invoqué à l'appui d'un recours formé devant le Conseil d'État à l'encontre d'une telle décision », *cf.* CE, 22 nov. 2000, n°s 211285 et 211286, *Mutuelle Inter-Jeunes*, JurisData:2000-061570 (dans le même sens : CE, 20 fév. 2013, n° 364081, *THERON c/ Ministère de la justice*, JurisData:2013-002796 ; CE, 12 avr. 2012, n°s 335442 et 337229, *Sté Alsass c/Autorité de contrôle prudentiel*, JurisData:2012-006976 ; CE, 10 oct. 2012, n° 345903, *SARL Le Madison c/Ministère de l'intérieur*, JurisData:2012-022741 ; CE, 9 mai 2012, n° 356977, inédit, *MEILLON c/Secrétariat général du gouvernement*, JurisData:2012-010500) ; « L'interdiction d'exploiter un débit de boissons à consommer sur place, ne constitue par une sanction ayant le caractère d'une punition, mais une mesure de police et de sécurité publique réglementant l'accès à une profession, ne peut être utilement critiquée sur le fondement de l'article 6, § 1 de la Convention européenne des

conséquent, la jurisprudence *Didier* qui reconnaît l'applicabilité de cette disposition aux sanctions prononcées par les AAIRE[318], alors même qu'elles ne sont pas des juridictions, n'est pas applicable en la matière.

165. Si les mesures de police ne font pas partie de la « matière pénale », elles ont néanmoins une incidence sur les droits patrimoniaux des intéressés, font donc partie de la « matière civile » au sens de la Convention européenne et impliquent l'applicabilité de l'article précité, comme l'indique la jurisprudence Strasbourgeoise[319]. Toutefois, le juge administratif refuse d'étendre le champ d'application de la disposition à des procédures intervenant dans des domaines civils, et considérées comme non contentieuses conformément au droit interne[320].

166. Certes, les textes régissant les AAIRE prévoient, à l'encontre de ces mesures, un recours juridictionnel (de pleine juridiction), il n'en demeure pas moins « que le raisonnement du juge administratif, qui continue dans certains domaines relevant de la matière civile à revendiquer une conception nationale de la notion de « tribunal », contrevient à la jurisprudence européenne. De ce point de vue, l'insécurité juridique demeure grande dans l'hypothèse où il n'existerait pas de recours de pleine juridiction ou dans le cas où la Cour européenne estimerait que le recours ouvert contre cette décision ne correspond pas à sa conception de la pleine juridiction, qui demeure incertaine »[321].

167. Dans ses conclusions sur l'affaire *Sté Athis,* le commissaire du gouvernement Francis LAMY estime que « certaines des règles qui découlent de l'article 6, sont fondamentalement inadaptées aux impératifs de l'action administrative », aussi lui paraît-il « très opportun de laisser les mesures

---

droits de l'homme », *cf.* Cass. civ. 3e, 23 nov. 2011, n° 10-24.180, *M. Contofan*, JurisData:2011-025922.

[318] *Cf. infra*, p. 463 et s.

[319] *Association Ekin c. France*, n° 39288/98, CEDH 2001-VIII ; *Editions Périscope c. France*, 26 mars 1992, série A n° 234-B ; *H. c. Belgique*, 30 nov. 1987, série A n° 127-B ; *Van Marle et autres c. Pays-Bas*, 26 juin 1986, série A n° 101. Il existe toutefois des domaines tel le droit des étrangers, jugé sensible, où le juge Strasbourgeois écarte l'applicabilité de l'art. 6§1 de la CESDH aux mesures de police prises en la matière (*cf. Maaouia c. France* [GC], n° 39652/98, CEDH 2000-X). Sur cette question, *cf.* H. LABAYLE, « L'éloignement des étrangers devant la Cour européenne des droits de l'homme », *RFDA* 1997, p. 982.

[320] *Cf.* CE, 6 nov. 2000, n° 196407, *Lefebvre*, JurisData:2000-061344 ; CE, 22 nov. 2000, nos 211285 et 211286, *Mutuelle Inter-jeunes et Abed*, JurisData:2000-061570.

[321] F. SUDRE et C. PICHERAL (dir.), *L'extension des garanties du procès équitable hors les juridictions ordinaires : les contraintes européennes*, Institut de droit européen des droits de l'homme, recherche réalisée avec le soutien du GIP Mission recherche droit et justice, Paris, Mission de recherche Droit et justice, 2002, p. 172. Dans un commentaire sous CE, 22 juin 2001, n° 193392, *Sté Athis*, Nicolas RONTCHEVSKY trouve que « la solution retenue par le Conseil d'État n'emporte-t-elle pas la conviction », *cf. RTD com.* 2002, p. 132. Dans ses observations sur la même affaire, Sylvie THOMASSET-PIERRE estime, de son côté, que la « position de la Haute juridiction administrative est décevante ; elle est en effet en retrait par rapport à l'avancée faite avec la jurisprudence *Didier* par laquelle elle reconnaissait l'applicabilité de la Conv. EDH aux autorités administratives indépendantes, qualifiées de « tribunal » au sens de cette convention », *cf. D.* 2002, p. 1666.

administratives, notamment les mesures de police, en dehors de ce champ »[322]. Dans le même sens, Mattias GUYOMAR trouve que la position du juge administratif préserve « les autorités administratives indépendantes d'un excès de formalisme qui serait de nature à diminuer l'efficacité de leur activité de régulation »[323]. Il s'agit là, comme nous aurons l'occasion de le vérifier tout au long de cette étude, de l'argument que le juge administratif ne cesse de mettre en avant pour justifier les dérogations et autres ''privilèges'' dont bénéficient les AAIRE. En effet, au nom de l'efficacité et de la réactivité, on a fait bénéficier ces autorités de mesures nécessitant moins de garanties procédurales, une manière de les affranchir d'un « rituel judiciaire »[324]. Cette démarche est à notre sens fort critiquable, car en sus de désavantager les administrés vis-à-vis de ces autorités elle contribue à l'instauration d'un droit et d'une justice parallèles.

168. En sus de la difficulté de les distinguer des sanctions, et compte tenu de leur impact sur le patrimoine des personnes intéressées, les mesures de police prises en matière de régulation économique – telles que les mises en demeures et autres mesures d'urgence (suspensions, privations, etc.) – paraissent, en elles-mêmes, de véritables sanctions. Cet état de fait conjugué à la nature et aux pouvoirs des AAIRE, justifierait amplement à notre sens leur soumission aux règles d'un procès équitable.

169. Il faut remarquer aussi que certaines mesures conservatoires qui sont valables dans d'autres domaines, ne peuvent être appliquées dans leur « état » en matière de régulation économique. À titre d'exemple, la suspension prise – en matière de fonction publique – à l'encontre des fonctionnaires et fondée sur l'intérêt du service, peut ne pas être soumise aux règles du procès équitable, car elles sont provisoires et l'agent conserve l'intégralité de son traitement (du moins les 4 premiers mois), l'indemnité de résidence et le supplément familial de traitement[325]. Or, on ne peut faire de même en matière de régulation économique dans la mesure où, du fait d'une suspension qualifiable de mesure de police, l'opérateur économique concerné peut subir des pertes financières ainsi qu'une atteinte à son image dans une sphère où la crédibilité et la renommée sont des facteurs déterminants. C'est pour cette raison qu'on pense que ces mesures doivent être appréciées autrement qu'en matière de fonction publique.

170. Par ailleurs, force est de constater que, dans le cas de certaines AAIRE, le pouvoir de prononcer des mesures d'urgence est partagé entre elles

---

[322] Concl. *RFDA* 2002, p. 509.

[323] *AJDA* 2001, p. 634, préc.

[324] S. ETOA, « L'évolution du contrôle du juge administratif sur la gravité des sanctions administratives », *AJDA* 2012, p. 358.

[325] *Cf.* l'art. 30 de la loi n° 83-634 du 13 juill. 1983, portant droits et obligations des fonctionnaires, JORF du 14 juill. 1983, p. 2174. *Cf.* sur la question : CAA Versailles, 16 déc. 2011, *M. Olivier A.*, n° 09VE02256 ; F. COLIN, « La situation administrative de l'agent public sous le coup d'une mesure judiciaire de privation de liberté : analyse de jurisprudence », *AJFP* 2013, p. 95.

et les juridictions de contrôle. C'est le cas en matière d'audiovisuel où l'article 42-10, alinéa 2, de la loi n° 86-1067 institue une procédure autorisant la prescription par le juge, agissant sur requête du président du CSA, en urgence et si nécessaire sous astreinte, de mesures à caractère conservatoire, de toute mesure visant à mettre fin à l'irrégularité dénoncée, si elle est établie, ou à en supprimer les effets. Une procédure identique est également reconnue à l'autorité juridictionnelle compétente après sa saisine par demande motivée du président ou du secrétaire général de l'AMF[326]. Dans les deux cas de figure, il y a lieu de relever deux observations : d'une part, la saisine de la juridiction compétente est une faculté pour l'autorité de régulation et non une obligation, d'autre part, cette procédure concerne toutes les hypothèses où l'autorité de régulation relève un manquement aux dispositions législatives ou réglementaires régissant le secteur. Il est incontestable qu'en faisant appel au juge, l'autorité de régulation dissipera mieux les doutes et les craintes des administrés, et par là même compensera la non-reconnaissance des droits de la défense en la matière devant ses services. Toutefois, au nom de l'« efficacité », l'on serait étonné que ces autorités sollicitent la voie juridictionnelle.

Outre le juge du contrôle, l'ADLC peut également prendre les mesures conservatoires qui lui sont demandées par les AAIRE sectorielles, ou celles qui lui apparaissent nécessaires suite à cette saisine, dans les conditions prévues à l'article L.464-1 du Code de commerce, c'est-à-dire dans le cadre d'une procédure d'urgence[327].

---

[326] *Cf.* les art. L.621-13 et L.621-14-III du C. mon. fin.

[327] *Cf.* l'art. 41-1, al. 4 de la loi n° 86-1067 du 30 sept. 1986, préc., (CSA) ; l'art. 39, I de la loi n° 2010-476 du 12 mai 2010 (ARJEL) ; l'art. L.134-16 du C. énergie (CRE) ; l'art. L1264-15 du C. transports ; les art. L.5-8 et L.36-10 du CPCE (ARCEP).

CONCLUSION DU PREMIER TITRE

171. Nous avons vu que, pour des raisons tant techniques que juridiques, l'État préfère confier la mission de régulation économique à des organismes qui, tout en étant administratifs, sont déclarés indépendants. Ce qui nous interpelle dans ces nouvelles autorités, en sus de leur indépendance, est le cumul de pouvoirs dont elles bénéficient. En complément d'un pouvoir réglementaire, elles sont en effet dotées d'un véritable pouvoir répressif, hérité pour certaines du juge pénal suite à la dépénalisation.

Certes, tant au niveau central que local, l'administration traditionnelle elle-même avait et bénéficie toujours d'un tel pouvoir. Toutefois, ce dernier n'a été accepté que parce qu'il était exceptionnel et limité[328]. Depuis l'apparition des AAIRE, la méfiance de la doctrine et des personnes soumises au contrôle de ces autorités refait surface d'une manière plus remarquée. Une attitude qui nous semble toute légitime, car aucun des arguments avancés par les pouvoirs publics, ni même par le juge du contrôle pour justifier ce pouvoir, n'est totalement convaincant. Qu'il s'agisse des limites des pouvoirs traditionnels ou des besoins de la régulation, tous ces problèmes peuvent trouver une solution ailleurs que dans la création de cette nouvelle catégorie juridique d'autorités administratives qui a bouleversé l'architecture juridico-institutionnelle de l'État.

172. Il aurait en effet été préférable d'opter pour d'autres solutions que de recourir, non seulement à des autorités qui s'apparentent à des « États » dans un État, mais encore, à une répression qui a été, de tout temps, décriée pour le flou qu'elle entretient. Outre le fait qu'elles soient considérées comme un privilège de l'administration, qui pourrait être tenté d'en abuser, les sanctions administratives constituent une notion peu stable et équivoque. Une situation qui convient bien évidemment l'administration qui, dans le but de s'affranchir de certaines règles et principes protecteurs des droits et libertés, n'hésite pas à se servir de ce flou pour donner aux sanctions qu'elle prononce d'autres

---

[328] Comme le souligne Jacques QUASTANA « La sanction administrative ne semble pas avoir bonne presse puisqu'elle affecte évidemment l'exercice des libertés publiques, comme le rappelait Etienne Picard. Elle fait l'objet de critiques, notamment de la part de la doctrine, tant sur le principe que sur ses modalités d'application. Ceux mêmes qui l'emploient en reconnaissent l'utilité, mais en soulignant la difficulté. », *cf.* « La sanction administrative est-elle encore une décision de l'administration ? », art. cit., p. 141.

qualificatifs. L'on pense, en particulier, aux mesures de police. Quid de ces appréhensions lorsqu'on sait que ces nouvelles autorités sont dites indépendantes et cumulent plusieurs pouvoirs, notamment celui d'édicter des règles, de les exécuter et d'en sanctionner les violations ?

TITRE 2

La légitimation contestable du pouvoir répressif des AAIRE

173. Reconnaître un pouvoir de sanction aux AAIRE est, au regard de l'intérêt pratique, une démarche tout à fait justifiée, voire indispensable eu égard aux raisons évoquées précédemment. En effet, vu les avancées techniques et les nouvelles donnes sociopolitiques, il nous paraît légitime de vouloir remettre en cause une organisation tout simplement ''dépassée''. À notre sens, il n'est nullement choquant de réformer certains principes et règles inadéquates de nos jours, pour en asseoir d'autres capables de faire face aux besoins contemporains de la société. C'est dans ce schéma que s'inscrit, à première vue, le processus de création de ces autorités de régulation. Ainsi, l'on assiste, depuis quasiment une vingtaine d'années, à la prolifération de ce genre d'organismes dotés, pour la plupart, d'un pouvoir répressif, étendant de fait le champ du pouvoir de sanction administratif qui semble même avoir trouvé une assise constitutionnelle avec sa reconnaissance par le Conseil constitutionnel. Cependant, étant donné la nature de ces autorités et parfois les limites du contrôle auquel elles sont soumises, la méfiance doit être de rigueur quant à l'usage qu'elles peuvent faire de ce pouvoir, ce qui explique sa condamnation et la réticence d'une grande partie de la doctrine à son égard (**Chapitre 1**).

En outre, la reconnaissance de ce pouvoir répressif, qui a contribué grandement à la consécration d'un ordre répressif administratif, a engendré une certaine distorsion dans l'organisation étatique de la répression. Un fait qui se vérifie par la proximité, de plus en plus apparente, de ce pouvoir avec la répression pénale et la volonté d'affaiblissement du rôle du juge pénal en matière de répression économique (**Chapitre 2**).

CHAPITRE 1

La reconnaissance mitigée du pouvoir répressif des AAIRE

174. La majorité de la doctrine voit mal la prolifération des sanctions administratives *répressives*, qui ont tendance à se banaliser, ce qui constitue un risque réel pour les libertés individuelles. Pour une grande partie de juristes, le mode normal qui assure le respect des différents textes législatifs et réglementaires est, sans conteste, la voie juridictionnelle. C'est ce qui explique leur condamnation du large pouvoir répressif accordé aux AAIRE et, bien avant, celui reconnu aux administrations traditionnelles en charge de l'économie.

Sous l'impulsion des notions de la bonne gouvernance et des droits de l'homme, l'octroi d'un pouvoir répressif à des organismes administratifs insuffisamment contrôlés, qui de surcroît sont dits indépendants, est perçu comme portant une double entorse au principe de la séparation des pouvoirs. Non seulement ces entités empiètent sur le champ de compétence du juge pénal, mais elles cumulent également ce pouvoir répressif avec un pouvoir réglementaire qui leur permet dans des cas de concevoir elles-mêmes les infractions et leurs sanctions. C'est ce qui explique la sévérité de la doctrine à l'encontre du pouvoir de sanction administratif en général et de celui des AAIRE en particulier (**Section 1**).

175. Pour sa part, le législateur ne s'est pas empêché de persévérer dans son entreprise, malgré les premières vagues de critiques à l'encontre du pouvoir répressif de l'administration traditionnelle. Il semble en effet beaucoup plus sensible aux doléances du milieu professionnel et préoccupé par l'efficacité pratique de la régulation que par les appréhensions de la doctrine. Face aux différentes critiques accablant le pouvoir répressif des AAIRE, le Conseil constitutionnel, après moult hésitations, a fini par reconnaître expressément sa constitutionnalité (**Section 2**).

SECTION 1. DE LA SÉVÉRITÉ DOCTRINALE ...

176. La position de la doctrine vis-à-vis de la répression administrative a évolué quasiment avec l'évolution de cette dernière. Ainsi, de la méfiance et d'une « indifférence mesurée »[329], l'on est passé à une condamnation soutenue de cette forme de sanction qui n'est autre qu'une « justice hors juge »[330] dont le régime juridique constitue un « droit pseudo-pénal »[331]. De plus, l'on a affaire à un procédé atypique et grave, car « très exorbitant »[332] et permettant de « punir sans juger »[333]. Un pouvoir exercé par des « juridictions parallèles »[334], « dépossédant » voire « dépeçant »[335] l'autorité judiciaire.

177. Même si le sujet des sanctions administratives a fait l'objet de plusieurs réflexions critiques depuis bien des années, la doctrine ne s'est pas réellement offusquée et semblait être beaucoup plus méfiante que préoccupée par la reconnaissance d'un tel pouvoir à l'administration. Cependant, il convient de remarquer que cette indifférence était mesurée, et le concept n'étant accepté que parce qu'il constituait un moyen exceptionnel propre à régler des situations exceptionnelles[336]. C'est l'idée défendue par Jean-Marie AUBY, qui trouve que « ce procédé ne bénéficie guère de la faveur des juristes. Les abus récents auxquels il a donné lieu en matière d'économie dirigée ou de sécurité publique ne sont pas de nature à la faire accepter volontiers en dehors des périodes exceptionnelles. »[337] Avant d'ajouter que les

---

329 D. DOARÉ, *Les sanctions administratives, contribution à l'étude du renouveau de la sanction administrative*, Thèse, Université de Rennes 1, 1994, p. 8.

330 P. DELVOLVÉ, « La justice hors du juge », *Cah. dr. entr.* n° 4, 1984, p. 16.

331 M. WALINE, *Traité de droit administratif*, Sirey, 1963 (Cité par L. FAVOREU, « Le droit constitutionnel jurisprudentiel », *RDP* 1989, p. 485) ; P. GÉLARD, Rapport de l'OPEL sur les AAI, 2006, t. 1, préc., p. 5 ; S. CAUDAL, « Les sanctions des atteintes au milieu : domaine public naturel et environnement : les sanctions administratives et fiscales », in *La sanction*, Colloque du 27 nov. 2003 à l'Université Jean Moulin Lyon 3, Paris, L'Harmattan, Coll., « Logiques juridiques », 2007, p. 93).

332 A. DE LAUBADÈRE, *Traité élémentaire de droit administratif*, 8ème éd., Paris, LGDJ, 1980, p. 333. L'auteur ajoute que le fait de reconnaître un pouvoir de prononcer des sanctions administratives à une autorité étrangère à l'ordre des juridictions pénales, constitue une forme extrême des prérogatives susceptibles d'être reconnues à l'administration.

333 M. DELMAS-MARTY et C. TEITGEN-COLLY, *Punir sans juger ? op. cit.*

334 C. GAVALDA, *D.* 1981, p. 419, note sous CE, ass., 13 mars 1981, nos 10486 et 10490, *Ordre des avocats à la Cour d'appel de Paris et autres*, *Rec. CE* 1981, p. 135.

335 D. COHEN, *Les juridictions de l'ordre judiciaire et le principe de séparation des autorités administratives et judiciaires*, Thèse, Université de Paris II, 1984 (cité dans C. TEITGEN-COLLY, « Les instances de régulation et la Constitution », art. cit., p. 192).

336 Selon Yves DESDEVISES, « Traditionnellement les sanctions administratives concernaient des ordres juridiques particuliers et ne revêtaient pas de nature pécuniaire [...]. Ces sanctions supposent toutes en général l'existence de rapports préalables entre l'administration et la personne concernée », *cf.* « L'ordre répressif administratif », art. cit., p. 159.

337 J.-M. AUBY, « Les sanctions administratives en matière de circulation automobile », art. cit., p. 111. Il faut dire que durant cette période le champ de la répression administrative était restreint, il ne concernait que les agents publics et les indigènes. C'est le cas de l'Algérie où le régime de l'indigénat institué par la loi du 15 juill. 1914 et le décret du 22 déc. 1945, s'appliquait uniquement aux « indigènes ».

sanctions administratives « ne pourraient s'appliquer aux relations générales de l'État et des citoyens sans supplanter d'une manière inadmissible le droit pénal »[338].

178. Une autre partie de la doctrine va encore plus loin en réfutant carrément l'existence de sanctions administratives propres. Pour elle, la répression administrative s'inscrit dans un cadre disciplinaire, car il existe toujours un lien juridique préalable entre le destinataire de la sanction et l'administration qui l'inflige, ce qui justifie et fonde le recours à ce genre de sanction. À ses yeux, il n'y a donc pas lieu de parler d'empiétement sur la compétence du juge. Néanmoins, une grande partie de la doctrine défend une autre vision du pouvoir de sanction administratif. Pour elle, il existe bel et bien des sanctions administratives *stricto sensu* – distinctes des sanctions disciplinaires – que l'administration inflige avec ou sans l'existence d'un lien juridique avec le destinataire de la sanction[339]. Une réalité confortée et confirmée par l'avènement des AAIRE, qui ont modifié les caractéristiques connues, jusque-là, de la répression administrative.

179. En plus de l'élargissement du pouvoir répressif administratif à travers ces autorités de régulation, le droit contemporain a connu aussi une montée fulgurante de la notion d'État de droit et de celle des libertés et des droits fondamentaux de la personne. C'est le cas notamment du droit à un procès équitable, posé par l'article 6§1 de la CESDH du 4 novembre 1950 et de l'article 14 du Pacte international relatif aux droits civils et politiques du 16 décembre 1966[340]. Cette expansion de la culture des droits de l'homme et le souci de renforcer et de consolider le concept d'État de droit, ont éveillé l'intérêt de la doctrine qui s'est intéressée d'une manière remarquable au pouvoir sanctionnateur de l'administration pour le condamner, au final, avec vigueur, parce qu'il traduisait un retour au système de l'administration-juge (**Sous-section 1**). Un système qui, comme nous le verrons, a été tant décrié pour ses atteintes aux droits les plus fondamentaux.

180. L'argument le plus avancé par la doctrine – découlant d'ailleurs du système de l'administration-juge – est la violation du principe de la séparation des pouvoirs. Une violation portée à deux degrés : non seulement il y a empiétement sur la compétence du juge judiciaire, mais, plus grave encore, certaines de ces autorités administratives cumulent le pouvoir répressif avec un pouvoir réglementaire (**Sous-section 2**).

---

338 *Ibid. Cf.* aussi : « les sanctions disciplinaires applicables aux usagers volontaires des services publics », *in* Mél. J. BRÈTHE DE LA GRESSAYE, *op. cit.*, p. 73 ; J. MOURGEON, *op. cit.*, pp. 104 et s.

339 *Cf.* sur cette divergence, *supra*, pp. 82 et s.

340 *Cf.* dans ce sens : S. THOMASSET-PIERRE, *L'Autorité de régulation boursière face aux garanties processuelles fondamentales*, *op. cit.*, p. 3.

Sous-section 1. Vers le retour du système de l'administration-juge ?

181. Dans la plupart des réflexions intéressant les AAIRE, l'accent est mis sur la volonté des pouvoirs publics d'en faire leur nouvel outil d'exercice de l'action administrative dans le but d'améliorer les modes de gestion de la vie socio-économique. Cependant, la majorité des auteurs ne cachent pas leur méfiance vis-à-vis de cette nouvelle organisation qui, à un degré près, constitue une réelle renaissance du régime de l'administration-juge, instauré en France durant la période de la monarchie, et dont certains jugent qu'il « reste aux pages les plus sombres de notre histoire et demeure, non sans raison, évocatrice davantage d'un État de police que d'un État de droit »[341]. Beaucoup critiqué et décrié par les juristes de l'époque, ce régime a été, en fin de compte, dénoncé même par le Conseil d'État dans le célèbre arrêt ***Cadot*** de 1889.

182. Avant de faire la lumière sur les points qui rapprochent le régime de l'administration-juge et les AAIRE, détentrices d'un pouvoir répressif, et cerner le parallélisme entre les deux notions (**Paragraphe 2**), il nous paraît nécessaire de donner un aperçu général du régime de l'administration-juge (**Paragraphe 1**). Un rappel, même bref, de la genèse de ce système et plus spécialement des critiques qu'il a essuyé, est important pour comprendre la méfiance de la doctrine à l'encontre du pouvoir répressif accordé à certaines AAIRE. Par ailleurs, ce sont les mêmes griefs émis contre le système de l'administration-juge qui seront retenus en l'espèce.

Paragraphe 1. Notions générales sur le système de l'administration-juge

183. Dans le cadre du système de l'administration-juge, les organes exécutifs (ministres, préfets, etc.) cumulaient les fonctions de l'administration active, notamment l'édiction de règlements, et la fonction juridictionnelle pour connaître des litiges qui se rattachaient à l'exercice de leur mission d'administrateurs. L'apparition de ce système remonte à la période de la monarchie (**A**), avant de disparaître sous le feu des critiques de la doctrine qui y voyait une véritable violation des droits des justiciables (**B**).

A. L'apparition du régime de l'administration-juge

184. L'apparition du système de l'administration-juge, trouve ses origines dans l'interprétation de la loi du 16-24 août 1790, portant organisation judiciaire, selon laquelle « les fonctions judiciaires sont distinctes et demeureront toujours séparées des fonctions administratives. Les juges ne pourront, à peine de forfaiture, troubler, de quelque manière que ce soit les

[341] C. TEITGEN-COLLY, « Sanctions administratives et autorités administratives indépendantes », art. cit., p. 27.

opérations des corps administratifs ». De même, interdiction est faite aux juges de citer devant eux « les administrateurs en raison de leurs fonctions ».

L'absence de tribunaux et d'organes compétents pour connaître du contentieux administratif, a fait que l'administration s'est retrouvée sans juge, et donc c'est à elle que revenait le droit de statuer sur les litiges nés de son activité[342]. Toutefois, pour certains juristes, la loi du 16-24 août 1790 n'a jamais signifié ni dans son fond ni dans l'esprit de ses instigateurs que les tribunaux judiciaires ne pouvaient pas connaître des litiges administratifs. Elle a juste interdit aux juges de s'immiscer dans la fonction administrative active ainsi que de poursuivre les fonctionnaires devant les tribunaux ordinaires en raison de leurs fonctions[343].

185. En pratique, le système de l'administration-juge était représenté par deux variantes : *l'administrateur-juge* incarné par les administrateurs départementaux chargés des affaires locales et le *ministre-juge* incarné par le ministre chargé des affaires nationales. Même si certains administrateurs locaux tels que les préfets, sous-préfets et maires détenaient, dans leurs attributions, le pouvoir de trancher des questions de droit et certains litiges, ce sont les ministres qui s'appropriaient la part du lion du contentieux administratif, ce qui explique l'expression en vogue de *ministre-juge*[344].

186. Le fait que l'administration intervenait pour régler les litiges dont elle était partie, ne constituait pas, aux yeux de quelques juristes, une violation du principe de la séparation des pouvoirs. Selon le professeur René CHAPUS, suivant la pensée de MONTESQUIEU, sous le règne de ce régime, le pouvoir judiciaire s'occupait des différends entre particuliers et des poursuites pénales exercées contre eux. Ainsi, pour lui, le rôle joué par l'administration, à l'occasion de la résolution des différends dont elle était partie, s'apparentait beaucoup plus à une continuité de l'activité administrative qu'à l'exercice de

---

342 Il faut rappeler que le projet de création d'un « tribunal administratif » a été rejeté, de même que celui tendant à confier la totalité du contentieux administratif aux tribunaux judiciaires. *Cf.* sur la question : F. BURDEAU, *Histoire du droit administratif*, Paris, PUF, Coll., « Thémis droit public », 1995, p. 49. Un tel rejet s'explique, d'une part, par le fait que la création de tribunaux administratifs rappellerait la mauvaise expérience laissée par les juridictions d'exception et, d'autre part, parce que mettre l'activité administrative sous contrôle des juridictions judiciaires favoriserait les luttes paralysantes qui marquèrent les rapports des Parlements de l'Ancien Régime avec l'administration royale. La solution à un tel immobilisme a été apportée par la loi des 6, 7-11 sept. 1790, qui a confié une partie du contentieux administratif aux juridictions judiciaires. Tandis que la grande partie du contentieux revenait aux administrateurs locaux. *Cf.* dans ce sens : J. CHEVALLIER, *L'élaboration historique du principe de séparation de la juridiction administrative et de l'administration active*, LGDJ, 1970, p. 67 ; S. THOMASSET-PIERRE, *L'Autorité de régulation boursière face aux garanties processuelles fondamentales*, *op. cit.*, p. 63.

343 *Cf.* F. BURDEAU, *ibid.*, pp. 44 et s. ; G. VEDEL, « La loi des 16-24 août 1790 : Texte ? Prétexte ? Contexte ? », in *La dualité de juridictions en France et à l'étranger*, *RFDA* 1990, p. 698.

344 *Cf.* dans ce sens : S. THOMASSET-PIERRE, *ibid.*, pp. 64 et s.

la fonction judiciaire[345]. C'est ainsi, qu'on a pu dire que juger l'administration « c'est encore administrer »[346].

B. Déclin du régime de l'administration-juge

187. L'un des facteurs ayant contribué au déclin de ce régime a été le fait que le ministre – ou l'administration en général – avait la double casquette de juge et de partie au conflit. C'était une justice arbitraire et partiale qui constituait un danger réel pour les droits des justiciables. La doctrine a trouvé gravissime la concentration des pouvoirs de l'administration active et ceux de l'administration contentieuse, entre les mains d'une même autorité. Or, les libertés individuelles étaient en jeu, et il était injuste de confier le rôle du juge à une partie au conflit qui, de surcroît, apparaissait plus armée que son vis-à-vis. En effet, l'administration qui occupait, dans le cadre du contentieux administratif, la place du juge tout en étant partie au litige vidait ce contentieux de toute équité. Pour cette raison Jacques CHEVALLIER estime que dans ce cas de figure « si le juge administratif n'est pas indépendant de l'administration, l'administration se juge elle-même et c'est le règne de l'arbitraire »[347]. Avant d'ajouter que « parce qu'elle est orientée en fonction de considération d'opportunité, conforme aux exigences de l'action, la justice exercée par l'administration active ou par des corps placés sous sa dépendance, ne saurait être une vraie justice »[348].

188. Bien avant les critiques formulées par la doctrine contemporaine, des auteurs du XIXème siècle ont réclamé la suppression de ce système ou, du moins, la réduction du rôle de l'administration dans le contentieux administratif. C'était le cas de « Bouchené-Lefer, Quentin-Bauchart, Laferrière ou encore Aucoc [qui] ont prôné la suppression ou la limitation des fonctions juridictionnelles confiées aux ministres. Ils se fondent notamment sur la lettre et l'esprit de la Constitution de l'An VIII qui ne consacre comme juges administratifs que le Conseil d'État et les conseils de préfecture, pour dénier

---

[345] R. CHAPUS, *Droit administratif général*, t. 1, 15ème éd., Paris, Montchrestien, Coll., « Précis Domat droit public », 2001, pp. 748 et 771. Mais cet auteur ajoute à la fin de son propos que « Le système [de l'administration-juge] n'en est pas moins contraire à l'équité et au sens de la justice, puisqu'il fait l'administration juge et partie de ses propres causes ».

[346] P. SANDEVOIR, *Études sur le recours de pleine juridiction*, Paris, LGDJ, 1964, pp. 298 et s. *Cf.* dans ce sens : J. CHEVALLIER, *ibid.*, p. 17 ; « Réflexions sur l'arrêt "Cadot" », *Droits* 1989, n° 9, p. 83 ; M. JORAT, « Supprimer la justice administrative…deux siècles de débats », *RFDA* 2008, p. 456 ; M. TROPER, « Fonction juridictionnelle ou pouvoir judiciaire ? », *Pouvoirs* 1981, n° 16, p. 6 ; B. PACTEAU, « Vicissitudes (et vérification… ?), de l'adage « juger l'administration, c'est encore administrer », *in* Mél., F. MODERNE, *Mouvement du droit public. Du droit administratif au droit constitutionnel, du droit français aux autres droits*, Paris, Dalloz, 2004, pp. 317 et s.

[347] J. CHEVALLIER, *L'élaboration historique du principe de séparation de la juridiction administrative et de l'administration active, op. cit.*, p. 17.

[348] *Id.*, « Réflexions sur l'arrêt "Cadot" », art. cit., p. 83.

toute légitimité à l'exercice par l'administration active de fonctions juridictionnelles. »[349]

189. C'est essentiellement sous le feu de ces critiques, parmi d'autres, que le régime de l'administration-juge a été condamné à l'occasion de l'arrêt ***Cadot*** 1889[350]. À cette occasion, après s'être déclaré compétent pour statuer sur le recours présenté par le sieur *Cadot*, dans le cadre d'un contentieux des collectivités locales – jadis du ressort du ministre –, le Conseil d'État s'est proclamé dorénavant, juge de droit commun en premier ressort en matière de contentieux administratif.

Paragraphe 2. La contiguïté des AAIRE avec le système de l'administration-juge

190. À première vue, il peut paraître illogique et vain de chercher à comparer le système de l'administration-juge aux AAIRE dans la mesure où ces dernières sont, en principe, indépendantes des autres pouvoirs traditionnels. Toutefois, une analyse approfondie nous révèle qu'une telle différence n'est que trompe-l'œil : les points et les éléments qui les rapprochent sont beaucoup plus importants. En somme, il ne s'agit, en réalité, que d'une différence de façade qui cache la renaissance déguisée d'un système qu'on croyait enterrer à jamais, à un moment où la notion d'État de droit est un slogan en vogue. Ce qui démontre la proximité du système de l'administration-juge et le régime des AAIRE est, d'une part, la fragilité de l'argument d'indépendance de ces dernières qui semble les différencier (**A**) et, d'autre part, le nombre des éléments qui les rapprochent (**B**).

A. Un rapprochement malgré « l'indépendance » des AAIRE

191. La notion d'indépendance constitue, avec le pouvoir de sanction, l'une des caractéristiques les plus saillantes qui fondent l'originalité des AAIRE. Au sens juridique, la notion d'indépendance signifie que les organes concernés ne sont soumis ni à un contrôle hiérarchique ni à un contrôle de tutelle. Dans notre cas de figure, l'indépendance est comprise tant vis-à-vis de l'appareil de l'État que des groupes de pression, associations et secteur régulé[351].

---

349 S. THOMASSET-PIERRE, *L'Autorité de régulation boursière face aux garanties processuelles fondamentales*, *op. cit.*, p. 67.

350 CE, 13 déc. 1889, *Cadot*, préc.

351 *Cf.* J. MARIMBERT, « Les conditions de l'indépendance comme facteur de légitimité », *in* M.-A. FRISON-ROCHE (dir.), *Les régulations économiques : légitimité et efficacité*, *op. cit.*, p. 84 ; S. BRACONNIER, « La régulation des services publics », art. cit., p. 52 ; M. LOMBARD, « Institutions de régulation économique et démocratie politique », art. cit., p. 537 ; H. DUMEZ et A. JEUNEMAÎTRE, « Montée en puissance passée et impasses actuelles de la régulation économique européenne des industries de réseau », *in* M.-A. FRISON-ROCHE (dir.), *Règles et pouvoirs dans les systèmes de régulations*, *op. cit.*, pp. 1 et s. ; R. DOSIÈRE et Ch. VANNESTE, *Les autorités administratives indépendantes*, Rapport d'information n° 2925, fait

Il convient de souligner que l'usage de cette notion n'est pas vraiment fréquent en droit administratif. Hormis pour traiter la question d'indépendance de la justice administrative, son utilisation est beaucoup plus liée à l'apparition des AAI. L'indépendance de ces dernières est apparue indispensable, aux yeux des partisans de ce mode de régulation, pour qu'elles puissent atteindre les objectifs qui leur sont assignés et acquérir une crédibilité et une légitimité qui leur font défaut faute d'une véritable assise constitutionnelle. Pour la plupart d'entre elles, leur indépendance est reconnue expressément par le législateur : c'est le cas de l'ADLC, de l'AMF, de l'ARAFER, de l'ARJEL et du CSA[352].

192. En l'absence d'une mention expresse de la loi, en principe, c'est sur les plans organique (**1**) et fonctionnel (**2**) que l'indépendance peut être déduite. Cependant, l'analyse menée sur ces plans-là, même si elle démontre effectivement une grande avancée vers leur indépendance – comparativement à l'administration traditionnelle –, nous révèle qu'il s'agit d'une indépendance toute relative[353].

1. Sur le plan organique

193. D'un point de vue organique, le recours à une collégialité diversifiée pour diriger les AAIRE (**a**), le mode de désignation de leurs membres (**b**) et leurs règles statutaires (**c**), sont autant d'éléments qui peuvent, en principe, favoriser l'indépendance tant recherchée de ces autorités. Qu'en est-il en réalité ?

a. Collégialité et diversité de la composante des AAIRE

194. Toutes les AAIRE sont dirigées d'une manière collégiale. La recherche du pluralisme dans leur composition est dictée par le besoin de confronter les idées et l'échange des points de vue[354], mais encore plus par la volonté de renforcer leur indépendance en vertu de l'anonymat engendré par la collégialité[355].

---

au nom du Comité d'évaluation et de contrôle des politiques publiques de l'Assemblée Nationale, enregistré le 28 oct. 2010, t. I, pp. 79 et 99.

[352] *Cf.* respectivement : l'art. L.461-1 du C. com. ; l'art. L.621-1 du C. mon. fin. ; l'art. L1261-1 du C. transports ; l'art. 34, I de la loi n° 2010-476 du 12 mai 2010, préc. ; l'art. 3-1 de la loi n° 86-1067 du 30 sept. 1986, préc.

[353] *Cf.* P. SABOURIN, « Les autorités administratives indépendantes, une catégorie nouvelle », art. cit., p. 290.

[354] J.-M. SAUVÉ, « Les sanctions administratives en droit public français », art. cit., p. 20.

[355] Il s'agit d'un mode d'organisation qui assure « la triple garantie d'une justice mieux éclairée, d'une justice plus impartiale et d'une justice plus indépendante », selon le Rapport M. PORCHER, Ph. HOUILLON et J.-P. BASTIANI, sur le projet de loi relatif à l'organisation des juridictions et à la procédure civile, pénale et administrative, fait au nom de la Commission des lois constitutionnelles, de législation, du suffrage universel, du règlement et d'administration générale, A.N, n° 1427, déposé le 22 juin 1994, p. 112. *Cf.* également : P. IDOUX, « Autorités administratives indépendantes et garanties procédurales », *RFDA* 2010, p. 924.

L'analyse de la composition des différents collèges et autres instances répressives internes de ces autorités de régulation, nous révèle que leurs membres peuvent être désignés, d'une manière totalement discrétionnaire, sans que le législateur ait prévu une quelconque qualité. En l'espèce, l'autorité détentrice du pouvoir de désignation ou de nomination n'est pas dans l'obligation de choisir les membres selon leur expérience ou leur pouvoir d'expertise. Tel était le cas du CSA avant 2013[356]. Ce large pouvoir d'appréciation, quant au choix de la composante d'autorités dites indépendantes, pouvant impliquer l'influence de critères subjectifs, ne joue pas en faveur de leur indépendance.

Dans bien des cas, les textes institutifs prévoient la nomination de membres pour leurs compétences en matière juridique, économique, boursière, bancaire, assurances, etc. En d'autres termes, il est exigé des compétences en rapport avec le secteur régulé. Aussi, nombreuses sont les autorités qui doivent comporter, d'une part, des hauts fonctionnaires d'État des corps de contrôle et de magistrats tels que des membres du Conseil d'État, de la Cour de cassation et de la Cour des comptes, et d'autre part, des professionnels[357].

b. Le mode de désignation et de nomination des membres

195. En sus de partager le pouvoir de nomination entre le président de la République et d'autres autorités et institutions dont l'Assemblée Nationale, le Sénat, le CNES et le ministre chargé de l'économie, le pouvoir de désignation est également partagé avec ces mêmes institutions. Un tel partage de ces pouvoirs est importance, en particulier dans l'hypothèse où le président de la République s'approprie le pouvoir de nomination. C'est le cas, par exemple, pour les sept (7) membres du CSA qui sont nommés par décret du président de la République, mais seulement le président est désigné-nommé directement par

[356] *Cf.* l'art. 4 de la loi n° 86-1067, préc., dans sa version en vigueur du 18 janv. 1989 au 17 nov. 2013 (c'est-à-dire avant sa modification par la loi n° 2013-1028 du 15 nov. 2013, relative à l'indépendance de l'audiovisuel public, *JORF* n° 0266 du 16 nov. 2013, p. 18622). Désormais, selon la nouvelle version de l'article, les membres sont « désignés en raison de leurs compétences en matière économique, juridique ou technique ou de leur expérience professionnelle dans le domaine de la communication, notamment dans le secteur audiovisuel ou des communications électroniques,[en plus] après avis conforme de la commission permanente chargée des affaires culturelles [chaque assemblée parlementaire] statuant à bulletin secret à la majorité des trois cinquièmes des suffrages exprimés ».

[357] *Cf.* l'art. L.130 du CPCE (ARCEP); les art. L1261-4 et L1261-16 du C. transports (ARAFER); l'art. L.461-1-II du C. com., (ADLC); les art. L.612-5, L612-8-1 et L.612-9 du C. mon. fin. (ACPR : collège de supervision et commission des sanctions); l'art. L.621-2-II et IV du C. mon. fin. (AMF : collège et commission des sanctions); l'art. 35-II et 41-I de la loi n° 2010-476, préc., (ARJEL : collège et commission des sanctions) ; l'art. 4 de la loi n° 86-1067, préc., (CSA) ; les art. L.132-2 et L.132-3 du C. énergie (CRE : collège et comité de de règlement des différends et des sanctions).

lui, tandis que les autres sont désignés par les présidents du Sénat (3 membres) et de l'Assemblée Nationale (3 membres)[358].

196. Malgré les avancées enregistrées s'agissant du mode de désignation des membres des AAI, il n'en demeure pas moins que le phénomène majoritaire jette la suspicion sur la relation de ces autorités avec l'exécutif. Le rapport d'information de l'Assemblée Nationale n° 2925 du 28 octobre 2010, consacré à ces organismes, a été très critique sur la question. Ses rédacteurs estiment en effet que « le mode de désignation du président et des autres membres du collège est caractérisé en France par une prédominance de l'exécutif »[359]. Aussi, recommandent-ils « un meilleur équilibre entre les pouvoirs du Gouvernement et du Parlement dans la désignation des membres du collège des AAI », en prévoyant « notamment pour toutes les AAI une désignation de leur président à la majorité qualifiée des trois cinquièmes des membres des commissions compétentes des deux Assemblées ; permettre dans

---

[358] Il s'agit de la nouvelle version de l'art. 4 de la loi n° 86-1067, préc., issue des modifications apportées par la loi n° 2013-1028 du 15 nov. 2013, préc. Dans la version précédente, le CSA était composé de neuf membres, trois membres sont désignés par le président de la République, trois membres sont désignés par le président de l'Assemblée Nationale et trois membres par le président du Sénat. À notre sens, le fait de partager le pouvoir de nomination et/ou de désignation avec différentes autorités et institutions n'assure pas systématiquement l'indépendance des AAIRE. Prenons l'exemple du CSA, théoriquement et à première vue, le choix du mode de désignation et de nomination, adopté depuis 1989, peut paraître judicieux, mais en réalité cette façon de procéder n'exclut pas la prise en compte d'affinités politiques, économiques ou amicales. Les membres désignés ou nommés ne le sont pas uniquement pour leurs connaissances et expérience, mais surtout parce qu'ils sont avant tout des « connaissances » de ceux qui les désignent ou les nomment. Par conséquent, le CSA peut s'imprégner de la même couleur politique que celle du Parlement et du gouvernement. Avec le phénomène majoritaire, quoique les membres soient désignés ou nommés par des autorités différentes, ils seront sûrement, de près ou de loin, de la même famille politique. La preuve, selon les connaisseurs du dossier, l'ex-président du CSA, M. Dominique BAUDIS, nommé en 2001, n'est autre que l'ancien maire de Toulouse tenue par la droite et très proche de Jacques CHIRAC président de la République à l'époque. Cette nomination a provoqué une vague polémique et avait été stigmatisée par la gauche comme une volonté de politiser l'instance. Des critiques réitérées à l'occasion de la nomination de son successeur en janvier 2007, M. Michel BOYON, ancien directeur de cabinet de Jean-Pierre RAFFARIN. Il n'en a pas fallu plus pour que le Parti Socialiste crie au scandale *cf.* le quotidien français *Le Monde*, « Le PS et l'UDF dénoncent la nomination de proches du pouvoir au CSA », le 24 janv. 2007. Il est vrai, que jusqu'à 2012, les neuf membres du CSA ont tous été désignés par des élus de la majorité sortante depuis 2002, sous Jacques CHIRAC et Nicolas SARKOZY. Cela dit, la droite a fait de même, en dénonçant à son tour les nominations qui ont suivies l'arrivée de la gauche au pouvoir en 2012, en particulier la nomination par le président de la République d'Olivier SCHRAMECK – un ex-collaborateur de Lionel JOSPIN – à la tête du CSA en remplacement de Michel BOYON. À l'occasion, l'on n'a pas manqué de rappelé les positions de la gauche, notamment celle de François HOLLANDE en 2007, suite à la nomination de M. BOYON. *Cf.* l'hebdomadaire français *Le JDD*, « CSA : une nomination politique ? », 10 janv. 2013 (disponible sur : http://www.lejdd.fr/Politique/Actualite/La-nomination-d-Olivier-Schrameck-a-la-tete-du-CSA-est-elle-politique-585356)

[359] R. DOSIÈRE et Ch. VANNESTE, Rapport d'information sur les AAI, t. I, préc., pp. 12 et 93.

chaque collège la nomination d'au moins une personnalité qualifiée par les présidents de chaque Assemblée »[360].

c. Le cadre statutaire

197. La quête d'indépendance des AAIRE se remarque aussi lors de l'étude du cadre statutaire des membres des collèges et de leurs instances répressives ; le régime des incompatibilités et la durée du mandat conjuguée à ses caractères non renouvelable et non révocable, sont en effet autant d'éléments qui visent un tel objectif.

c.1. La durée des mandats

198. Un mandat de courte durée ne permet pas aux membres des AAIRE de maîtriser leurs sujets, et serait une entrave à la continuité de leurs actions. Il leur faut donc suffisamment de temps pour qu'ils puissent passer la période ‘‘d'apprentissage''. D'après leurs textes institutifs, la durée des mandats des membres des AAIRE est variable : elle oscille généralement entre cinq (5) ans et six (6) ans[361]. Ainsi, les membres du CSA, de l'ARCEP, de la CRE, de l'ARAFER et de l'ARJEL sont tous nommés pour un mandat de six (6) ans[362]. Tandis que ceux de l'ADLC, de l'ACPR et de l'AMF détiennent, quant à eux, un mandat de cinq (5) ans[363].

c.2. Le caractère non renouvelable et irrévocable des mandats

199. L'adoption des principes de l'irrévocabilité et du non-renouvellement des mandats, témoigne également de la volonté de rendre effective l'indépendance des AAIRE, même si la position du législateur reste floue dans le cas de certaines d'entre elles.

- Le non-renouvellement des mandats

200. Pour éviter toute attitude complaisante des membres des AAIRE vis-à-vis de l'autorité de nomination, il est préférable d'opter pour des mandats non renouvelables. Toutefois, le législateur a soumis ces autorités de régulation à deux régimes différents. Ainsi, dans le cas de l'AMF, de l'ACPR et de la commission des sanctions de l'ARJEL, il a opté explicitement pour

---

360 *Ibid.*, pp. 98 et 184.

361 Néanmoins, aux termes de l'art. 5, al. 1er de la loi n° 2017-55 du 20 janv. 2017, préc., : « la durée du mandat des membres d'une autorité administrative indépendante ou d'une autorité publique indépendante est comprise entre trois et six ans ».

362 *Cf.* respectivement, l'art. 4, al. 4 de la loi n° 86-1067, préc. ; l'art. L.130, al. 1 du CPCE ; les art. L.132-2, al. 4 et L.132-3, al. 3 du C. énergie ; les art. L1261-4, al. 2 et L. 1261-16, al. 4 du C. transports ; les art. 35-II et 41-II de la loi n° 2010-476 du 12 mai 2010, préc.

363 *Cf.* respectivement, l'art. L.461-1-II du C. com. ; les art. L.612-5, al. 4, 5, L.612-9, al. 7 et L.621-2-II et IV du C. mon. fin.

son renouvellement[364]. Néanmoins, si avant la promulgation de la loi n° 2017-55 du 20 janvier 2017 portant statut général des autorités administratives indépendantes et des autorités publiques indépendantes, parfois le renouvellement des mandats pouvait être d'une manière indéfinie[365], ce dernier texte l'a limité à une seule fois et ce, pour l'ensemble des AAIRE : « Le mandat de membre d'une autorité administrative indépendante ou d'une autorité publique indépendante est renouvelable une fois. »[366]

En revanche, dans le cas du CSA, de l'ARAFER, du collège de l'ARJEL, de l'ARCEP et de la CRE, le législateur a retenu le caractère non renouvelable du mandat de leurs membres[367].

- L'irrévocabilité des mandats

201. L'irrévocabilité du mandat des membres des AAIRE est un autre élément complémentaire pour assurer leur indépendance. Nous pouvons même le considérer comme capital, dans la mesure où il permet à leurs membres de travailler et de mener leur mission sans pression ni intimidations de la part des autorités procédant à leur nomination. Désormais, ici également, l'article 6 de la loi n° 2017-55 du 20 janvier 2017, dispose à ce sujet que « Le mandat de membre d'une autorité administrative indépendante ou d'une autorité publique indépendante n'est pas révocable ». Avant la consécration de ce principe par cette loi, et tout comme pour le principe du non-renouvellement, le législateur a opté pour des régimes divers. Parmi celles faisant l'objet de notre étude, ce régime était prévu dans les cas de la CRE, du CSA, de l'ARAF et de l'ARCEP[368]. Pour le reste des autorités, le législateur était resté muet sur la question[369]. À ce sujet, comme le souligne Marie-José GUEDON, même s'« il convient sans doute d'admettre que le mandat est probablement non révocable » le silence du législateur sur la possibilité de révocation des membres d'un

[364] *Cf.* respectivement, l'art. L.621-2-II, IV et les art. L.612-5, al. 6, L.612-9, al. 7 du C. mon. fin., ; l'art. 41-II, al. 1 de la loi n° 2010-476 du 12 mai 2010, préc. Force est de constater que contrairement au mandat des membres des collèges de l'AMF et de l'ACPR, celui des membres de l'ARJEL n'est pas renouvelable, *cf.* 35-II la loi n° 2010-476 du 12 mai 2010, préc.

[365] C'était le cas des membres du collège de l'ADLC. En effet, d'après l'ancienne version de l'art. L.461-1-III du C. com. « Le mandat des membres du collège est renouvelable, à l'exception de celui du président qui n'est renouvelable qu'une seule fois. » Il est donc clair que le mandat est renouvelable indéfiniment, hormis celui du président qui l'est seulement une fois.

[366] *Cf.* l'art. 7, al. 1er de la loi n° 2017-55 du 20 janv. 2017, préc.

[367] *Cf.* respectivement, l'art. 4, al. 6 de la loi n° 86-1067 du 30 sept. 1986, préc., ; les art. L1261-4, al. 2 et L1261-16, al. 4 du C. transports ; l'art. L.130, al. 10 du CPCE ; art. L.132-2, al. 4 et L.132-3, 3 du C. énergie.

[368] *Cf.* avant leur modification : l'art. L.132-5, al. 2 du C. énergie ; l'art. 4, al. 4 de la loi n° 86-1067 du 30 sept. 1986, préc. ; l'art. L.2132-8, al. 4 du C. transports ; l'art. L.130, al. 3 du CPCE.

[369] Aucune disposition n'est réservée à cette question dans les textes régissant l'AMF et l'ACPR, tandis que parmi les membres de l'ARJEL seuls ceux du collège sont concernés par l'irrévocabilité (art. 35-II, al. 3 de la loi n° 2010-476 du 12 mai 2010, préc.), le législateur étant resté muet sur le cas des membres de la commission des sanctions.

grand nombre d'AAIRE constitue des « lacunes [...] regrettables »[370] auxquelles il faut remédier. Ce qui a été donc fait en 2017.

c.3. Le régime des incompatibilités et des interdictions

202. Pour asseoir l'impartialité d'un organisme, l'application du régime des incompatibilités et des interdictions à ses membres paraît plus qu'indispensable. De pareilles règles sont de nature à faire éviter l'influence d'intérêts divers, car il est quasiment impossible d'être impartial en présence d'un conflit d'intérêts. Qu'en est-il de nos AAIRE ?

L'article 9 de la loi n° 2017-55 du 20 janvier 2017 portant statut général des AAI et des API est clair à ce sujet « Les membres des autorités administratives indépendantes et des autorités publiques indépendantes exercent leurs fonctions avec dignité, probité et intégrité et veillent à prévenir ou à faire cesser immédiatement tout conflit d'intérêts, au sens de la loi n° 2013-907 du 11 octobre 2013 relative à la transparence de la vie publique. »

Bien avant le texte susvisé, les textes régissant ces autorités étaient assortis de plusieurs dispositions relatives au régime des incompatibilités. Cependant, malgré une ressemblance tant structurelle que fonctionnelle entre ces autorités, cette question est différemment traitée par le législateur, révélant une disparité un peu gênante. Plus encore, outre le fait que les solutions retenues par le législateur sont loin d'assurer l'impartialité des AAIRE, il nous semble même relever des contradictions au sein de certains de ces textes. Une observation valable tant pour la déclaration d'intérêts et de l'interdiction de participer au délibéré (**I**) que pour l'interdiction d'être salarié, de détenir un mandat ou une quelconque fonction en relation avec le secteur régulé (**II**).

I. À propos de la déclaration d'intérêts et de l'interdiction de participer au délibéré

203. Dans le but de garantir l'impartialité des AAIRE, notamment après les revers subis devant les juridictions nationales et la CEDH, le législateur a entrepris plusieurs processus de réformes pour distinguer entre leurs fonctions de poursuite, d'instruction et de sanction. C'est ainsi qu'il a doté certaines d'entre elles d'instances de sanction distinctes de leurs collèges. C'est le cas du comité de règlement des différends et des sanctions de la CRE, et les commissions des sanctions de l'ACPR, de l'AMF, de l'ARAFER et de l'ARJEL. Dans le même esprit, en sus d'une incompatibilité entre les fonctions de membre du collège et celles de membre des instances/formations de

---

[370] *Cf. Les autorités administratives indépendantes*, *op. cit.*, p. 75. Une opinion partagée par Nicole DECOOPMAN qui trouve que « le silence est généralement interprété dans le sens de la non révocabilité », *cf.* « Peut-on clarifier le désordre ? », *in* N. DECOOPMAN (dir.), *Le désordre des autorités administratives indépendantes. L'exemple du secteur économique et financier*, Paris, PUF, Coll., « CEPRISCA », 2002, p. 34.

sanction[371], les membres de ces dernières doivent déposer une déclaration d'intérêts en application du 6° du I de l'article 11 de la loi n° 2013-907 du 11 octobre 2013 relative à la transparence de la vie publique. Une déclaration qui doit être mise de manière permanente, à la disposition des autres membres de l'autorité au sein de laquelle il siège[372].

Mieux encore, les membres de ces autorités ne peuvent siéger ou, le cas échéant, ne peuvent participer à une délibération, une vérification ou un contrôle si : « 1° Il y a un intérêt, au sens de l'article 2 de la loi n° 2013-907 du 11 octobre 2013 précitée, ou il y a eu un tel intérêt au cours des trois années précédant la délibération, la vérification ou le contrôle ;
2° Il exerce des fonctions ou détient des mandats ou, si au cours de la même période, il a exercé des fonctions ou détenu des mandats au sein d'une personne morale concernée par la délibération, la vérification ou le contrôle ;
3° Il représente ou, au cours de la même période, a représenté une des parties intéressées. »[373]

Néanmoins, une telle disposition ne peut assurer l'impartialité voire l'indépendance des AAIRE. En effet, limiter l'interdiction de siéger ou de participer à une délibération, à une vérification ou à un contrôle, à trois années est insuffisant pour écarter tout soupçon de partialité de ces autorités. Il sera difficile pour un membre, participant au contrôle ou au prononcé d'une sanction d'une société dans laquelle il avait des intérêts ou exercé des fonctions il y a 3 ans, d'être impartial et neutre. Il aurait été plus judicieux de prévoir une procédure de déport du membre concerné au lieu d'opter pour une interdiction limitée dans le temps.

Le même principe est consacré concernant l'ACPR, qui rappelons-le a perdu sa qualité d'AAI aux termes de l'article 24 de la loi n° 2017-55 du 20 janvier 2017. Selon l'alinéa 4 de l'article L612-10 du Code monétaire et financier « Aucun membre du collège de supervision, du collège de résolution ou de la commission des sanctions de l'Autorité de contrôle prudentiel ne peut délibérer ou participer aux travaux de ceux-ci, dans une affaire dans laquelle lui-même ou, le cas échéant, une personne morale au sein de laquelle il exerce des fonctions ou détient un mandat, ou dont il est l'avocat ou le conseil, a un intérêt ; il ne peut davantage participer à une délibération concernant une affaire dans laquelle lui-même ou, le cas échéant, une personne morale au sein de laquelle il exerce des fonctions ou détient un mandat, ou dont il est l'avocat ou le conseil, a représenté une des parties intéressées au cours des deux années précédant la délibération »[374].

Dans la première partie de cette disposition il est clairement dit qu'aucun membre ne peut délibérer dans une affaire dans laquelle **il a** un intérêt, donc *a contrario* il peut le faire dans les affaires dans lesquelles **il avait** un ou des

---

[371] *Cf.* l'art. 8, al. 2 et 3 de la loi n° 2017-55 du 20 janv. 2017, préc., ; les art. L.612-9, al. 6 et L.621-2-IV, al. 6 du C. mon. fin., (ACPR/AMF).
[372] *Cf.* l'art. 11 de la loi n° 2017-55 du 20 janv. 2017, préc.
[373] *Ibid.* art. 12.
[374] Art. L.612-10, al. 4 du C. mon. fin.

intérêts, c'est-à-dire dans le passé, même si cela remonte à une semaine. Dans la seconde partie de la disposition il est également dit qu'aucun membre ne peut délibérer concernant une affaire dans laquelle **il a représenté** une des parties intéressées au cours des **deux années précédant la délibération**[375]. *A contrario*, ici également, un membre peut participer au délibéré d'une affaire même s'il a représenté l'une des parties, mais avant les deux dernières années précédant la délibération. Mieux encore il peut le faire, nonobstant cette durée, s'il a seulement détenu des intérêts et n'a pas endossé la casquette de représentant. Comment peut-on parler d'impartialité dans ces conditions ? À notre sens, il est exagéré de parler de la neutralité, et par ricochet de l'impartialité et de l'indépendance, d'un organe ou d'une personne qui est appelée à se prononcer sur un litige dans lequel **il avait** un intérêt direct ou indirect, ou même lorsqu'**il aurait** tout simplement représenté l'une des parties nonobstant la durée séparant la date d'une telle mission et la date du délibéré. Limiter l'interdiction aux deux années précédant la délibération nous semble en effet insuffisant pour asseoir l'impartialité des organismes en cause. Car le fait d'avoir exercé des fonctions ou détenu un mandat, était l'avocat, le conseil ou le représentant d'une des parties intéressées, antérieurement au délai précité peut également altérer l'impartialité de l'autorité. De ce fait, au lieu de limiter l'obligation de déclaration d'information à deux années, il aurait été plus approprié que les candidats au poste de membre déclarent tout intérêt avec le secteur régulé et se déportent lorsqu'ils se retrouvent face à une partie avec laquelle ils avaient une relation antérieure, sans limitation de durée.

II. À propos de l'interdiction d'être salarié ou de détenir un mandat…

204. Après l'obligation d'informer et de l'interdiction de participer au délibéré voire aux travaux dans certaines hypothèses, aussi étrange que cela puisse paraître le législateur interdit également aux membres de la commission des sanctions de l'ACPR d'être salariés ou de détenir un mandat dans une personne soumise au contrôle de l'Autorité[376]. N'est-il pas contradictoire, d'une part, d'obliger les membres à informer le président de l'autorité de l'existence d'un intérêt, d'un mandat ou d'une quelconque fonction en relation avec le secteur régulé et, d'autre part, d'affirmer que de telles situations sont incompatibles avec la qualité de membre ?

En effet, soutenir que les membres doivent informer le président de l'existence de certaines situations, telles que détenir des intérêts ou être salarié dans une société et, dans une suite logique, affirmer qu'ils ne peuvent pas délibérer ou participer aux travaux dans une affaire où ils ont, de près ou de loin, un intérêt, revient à dire qu'il n'est pas interdit à un membre du collège ou de la commission des sanctions de l'ACPR de détenir des intérêts dans un

---

[375] Il faut rappeler que « représenter » une partie signifie défendre ses intérêts, ce qui se fait habituellement en ayant la qualité d'avocat ou de mandataire.
[376] Art. L.612-10, al.4 du C. mon. fin.

secteur soumis à son contrôle. Il lui incombe seulement d'en informer le président et s'abstenir de participer au délibéré et aux travaux des affaires qui le concernent.

Cependant, ce raisonnement est faussé par la suite de la disposition, selon laquelle « Aucun membre du collège ou de la commission des sanctions de l'Autorité de contrôle prudentiel ne peut être salarié ou détenir un mandat dans une personne soumise au contrôle de l'Autorité ».

Si aucune personne ne peut prétendre à la qualité de membre, dans l'hypothèse où elle est salariée ou détient un mandat dans une personne soumise au contrôle de l'autorité de régulation, comment peut-on dire en même temps que tout membre doit informer le président de l'autorité de l'existence de telles situations et doit s'abstenir de participer à tout travail qui en découle ?

205. La même problématique se pose dans le cadre du mandat des membres de l'ARJEL. Selon le (II) de l'article 36-II de la loi n° 2010-476 du 12 mai 2010, modifié par la loi n° 2017-55 du 20 janvier 2017, « Le mandat de membre de l'Autorité de régulation des jeux en ligne est incompatible avec toute fonction exercée dans le cadre d'une activité économique ou financière en relation avec le secteur des jeux d'argent et de hasard. » L'on peut comprendre de cette disposition que l'incompatibilité ainsi retenue n'est plus limitée dans le temps, elle est absolue ; on ne peut pas être membre de cette autorité et exercer dans le secteur régulé. Néanmoins, cette affirmation contredit une autre disposition de la même loi qui l'a consacrée. En effet, comme nous l'avons vu un peu plus haut, d'après l'article 12 de la loi n° 2017-55 du 20 janvier 2017 portant statut général des AAI et API, un membre d'une AAI ou d'une API peut être issu du secteur professionnel régulé, il lui suffit de ne pas siéger ou participer à une délibération, une vérification ou un contrôle dans un dossier dans lequel il a ou avait - au cours des trois années précédant - un intérêt, il représente/a représenté une des parties ou exerce/a exercé des fonctions ou détient/a détenu un mandat au sein d'une personne morale concernée. Donc, d'après ce texte, et contrairement à l'article 36-II de la loi n° 2010-476, il n'est pas interdit d'exercer dans le secteur réguler et être membre d'une AAIRE.

En somme, les amalgames et autres équivoques liés au régime des incompatibilités et des interdictions appliqué à certaines AAIRE ne font qu'amplifier les soupçons qui pèsent sur leur impartialité fragile. Aussi, le législateur devrait y faire face en tentant d'être le plus précis possible. Une démarche devant débuter par la distinction entre les incompatibilités, applicables en amont, c'est-à-dire avec le poste lui-même, pour avoir la qualité de « membre », et les interdictions qui doivent opérer en aval, durant l'exercice de la qualité de membre. En bref, il s'agira de bien distinguer les conditions d'accès des conditions d'exercice de la fonction de membre de ces autorités.

206. Par ailleurs, dans tous les cas d'espèce précités le fait de limiter l'interdiction aux trois années précédant la délibération nous semble insuffisant pour asseoir l'impartialité des organismes en cause, dans la mesure où avoir exercé des fonctions ou détenu un mandat, était l'avocat, le conseil ou le représentant d'une des parties intéressées, antérieurement au délai précité peut également altérer l'impartialité de l'autorité. Certes, compte tenu de leur maîtrise des secteurs régulés, on a jugé l'apport des professionnels indispensable, ce qui explique leur intégration aux AAIRE. Toutefois, ce choix doit être entouré d'une plus grande rigueur quant à l'intervention de cette catégorie de membres. Au lieu de limiter l'obligation de déclaration d'information à deux années il nous semble nécessaire que les candidats à cette fonction déclarent tout lien antérieur avec une des parties, et ce, sans limitation de durée, et se déportent des dossiers les concernant.

Plus encore, à notre sens les membres de ces autorités ne doivent avoir aucun intérêt dans une société activant dans le secteur régulé. Pour qu'il y ait réellement impartialité, il ne suffit pas d'obliger les membres à faire une déclaration d'intérêts et de leur interdire de participer au délibéré, car il est difficile de dissiper complètement les doutes d'impartialité lorsqu'une des parties s'aperçoit que l'un des membres de l'AAIRE détient un mandat, exerce une fonction ou détient un intérêt dans une société concurrente. Même si un membre se déporte dans un dossier qui concerne une société dans laquelle il a intérêt, cela n'est pas un gage de son impartialité, dans la mesure il peut favoriser sa société en étant sévère lors du traitement des dossiers qui concernent les concurrents de la société dans laquelle il a intérêt.

Qu'on le veuille ou non, le cumul des casquettes et des genres n'est jamais bon pour la qualité du travail ni même pour l'image d'une autorité.

Certains diront, peut-être, qu'il existe une procédure de récusation qui permet d'écarter le membre détenant un intérêt quelconque, aussi l'impartialité sera préservée. Louable est la démarche du législateur d'avoir adopté une procédure de récusation, qui renforce l'impartialité de l'AMF et de l'ACPR, cependant, pourquoi n'a-t-on pas généralisé une telle procédure à toutes les AAIRE ? Pis, pourquoi a-t-on prévu que la récusation ne remet pas en cause les actes accomplis en présence du membre récusé avant la demande de récusation[377] ?

2. Sur le plan fonctionnel

207. Outre l'absence de tout pouvoir hiérarchique ou de tutelle, l'indépendance fonctionnelle d'un organisme administratif suppose, d'une part, sa faculté à mettre en place son règlement intérieur (**a**). Et, d'autre part, le bénéfice d'un budget et d'un personnel propre(s) qui lui permettront d'atteindre les buts escomptés (**b**). Ce type d'éléments sont indispensables pour les AAIRE tant pour leur indépendance que pour l'efficacité de leurs actions.

---

[377] *Cf. infra*, pp. 346 et s.

a. L'élaboration d'un règlement intérieur

208. En principe, le fait d'être « indépendantes » de tout pouvoir hiérarchique ou de tutelle, permet aux AAIRE de jouir de la faculté d'établir leurs propres règles et techniques de fonctionnement. Consacré dans un premier temps dans leurs textes institutifs, l'adoption par ces autorités d'un règlement intérieur a été reconnue désormais par la loi n° 2017-55 du 20 janvier 2017, dont l'article 14 dispose que « Un règlement intérieur, adopté par le collège sur proposition de son président, précise les règles d'organisation, de fonctionnement et de déontologie au sein de chaque autorité administrative indépendante ou autorité publique indépendante. Il est publié au Journal officiel. »

209. Toutefois, cela n'est pas suffisant, en lui-même, pour affirmer que ces autorités de régulation sont indépendantes, car même dans ces cas de figure, les règlements intérieurs sont subordonnés aux normes fixées au préalable par le législateur et le Gouvernement. À titre d'exemple, la loi n° 2017-55 du 20 janvier 2017 a consacré tout un titre (II) pour la déontologie au sein de ces autorités[378]. La loi organique n° 2017-54 du 20 janvier 2017 relative aux autorités administratives indépendantes et autorités publiques indépendantes, est encore plus claire à ce sujet en disposant à son article 1er que « La loi fixe les règles relatives à la composition et aux attributions ainsi **que les principes fondamentaux relatifs à l'organisation et au fonctionnement** des autorités administratives indépendantes et des autorités publiques indépendantes. » (nous soulignons). Le même constat peut être fait dans leurs textes institutifs. Ainsi, l'on peut dire que leur rôle est réduit, la plupart du temps, à déterminer les modalités de mise en œuvre des règles de fonctionnement déjà préétablies par d'autres instances[379]. Il va donc de soi que les mesures que les AAIRE adoptent dans leurs règlements intérieurs, ne sauraient contredire les dispositions légales ou réglementaires. Marie-José GUEDON affirme, à ce propos, qu'« il ne semble guère possible d'admettre que les autorités puissent d'elles-mêmes établir des dérogations à ces règles dans leurs règlements intérieurs »[380].

---

[378] *Cf.* les art. 9 à 13 de ce texte. Pourtant l'art. 13 de cette loi dispose que « L'autorité administrative indépendante ou l'autorité publique indépendante détermine dans son règlement intérieur les règles déontologiques applicables à ses agents et, le cas échéant, à ses collaborateurs ou experts. »

[379] *Cf.* par exemple l'art. L.621-3 et s. du C. mon. fin., qui détermine les « règles de fonctionnement » et qui renvoie, concernant la détermination des modalités de la mise en œuvre de ces règles, au règlement général de l'AMF ou même à des décrets.

[380] M.-J. GUEDON, *Les autorités administratives indépendantes*, *op. cit.*, p. 83. D'après ce même auteur : « les données statutaires révèlent que l'indépendance connait certes des degrés ; certaines autorités ont une indépendance plus assise que d'autres. Mais cette indépendance connaît toujours des handicapes qui la fragilisent. Peut-il en aller autrement dans un système politico-administratif marqué par la forte prééminence du pouvoir exécutif ? Le gouvernement-législateur, en créant ce type d'instances, cherche à donner un autre visage à la régulation étatique mais sans se mutiler pour autant », *cf.* « L'hétérogénéité des données organiques », *in*

210. Il s'ensuit, de ce qu'on vient de voir, que la marge de manœuvre de ces autorités dans la définition des règles de leur fonctionnement est toute réduite. Une situation qui porte une entorse supplémentaire à l'indépendance voulue à ces autorités.

b. Les moyens financiers

211. En principe, la reconnaissance d'une personnalité juridique aux AAIRE, favoriserait leur autonomie financière, il n'en demeure pas moins que la réalité est tout autre. Ces autorités sont en effet dépourvues d'un budget propre, et sont inscrites au budget

212. général du Premier ministre ou de l'un des ministres en charge du secteur régulé[381].

213. L'autonomie financière de ces régulateurs est toute relative[382]. Certes, on leur a reconnu la capacité de déterminer le montant de leurs crédits, et l'on a fait de la plupart de leurs présidents les ordonnateurs des crédits[383]. Ce qui leur permet de décider de l'utilisation des crédits mis à la disposition des autorités et de l'opportunité de chaque dépense. Pourtant, ceci n'est pas suffisant pour dire qu'elles bénéficient d'une réelle autonomie financière, étant donné que les crédits demandés sont soumis à l'approbation de l'autorité de rattachement.

214. Il en est de même de la faculté, reconnue à certaines de ces autorités, de percevoir des redevances pour services rendus dans la mesure où c'est le Gouvernement qui détermine les règles d'assiette, de calcul et de recouvrement de ces redevances. Comme l'a souligné Thierry TUOT, ancien président de la Commission de régulation de l'électricité, « il est toutefois dommage que, pour des raisons institutionnelles, la question de l'indépendance financière du régulateur n'ait pas été posée. Il me semble en effet assez choquant que le propriétaire de l'opérateur historique fixe le niveau de ressources du régulateur chargé de vérifier que cet opérateur historique obéit bien aux règles du marché »[384].

N. DECOOPMAN (dir), *Le désordre des autorités administratives indépendantes, op. cit.*, pp. 57 et s.

[381] À titre d'exemple, déplorant un trou de 4 millions d'euros dans le budget de l'autorité française de lutte contre le dopage (AFLD), son président, Pierre Bordry, a déclaré qu'« en France la pérennité de la lutte antidopage était en cause », *cf. Le Monde* du 19 janv. 2010, p. 23. *Cf.* aussi : R. DOSIÈRE et Ch. VANNESTE, Rapport d'information sur les AAI, t. I, préc., p. 102.

[382] *Cf.* sur la question : M.-A. FRISON-ROCHE, « Étude dressant un bilan des autorités administratives indépendantes », préc., pp. 125 et s. ; R. DOSIÈRE et Ch. VANNESTE, *ibid.*

[383] Cf. l'art. L133, al. 3 du CPCE (ARCEP) et l'art. R132-1, al. 2 du C. énergie (CRE). La législateur a consacré cette idée à l'art. 18 de la loi n° 2017-55 du 20 janvier 2017, mais seulement au profit des Autorités publiques indépendantes (API).

[384] T. TUOT, « Le rôle et la place du régulateur sectoriel dans l'ouverture à la concurrence et l'importance de la coordination entre les régulateurs européens de l'énergie », *Rev. conc. consom.* 2002, p. 25.

c. Le personnel des AAIRE

215. Les AAIRE agiront plus indépendamment lorsqu'elles auront leur propre personnel, plutôt que de bénéficier de fonctionnaires affectés ou détachés par les ministères concernés[385]. C'est là l'un des inconvénients que nous pouvons relever au sujet du personnel de ces autorités. Certes, elles ne sont pas liées par les prescriptions qui limitent rigoureusement le recrutement d'agents non titulaires dans les services des administrations de l'État[386]. Néanmoins, la présence de fonctionnaires ne fait qu'accroître la mainmise du Gouvernement sur ces autorités, ce qui fait dire à un auteur que « s'agissant du personnel des AAI, l'étude du droit positif est sans équivoque : véritablement, le Gouvernement dispose de l'administration »[387].

Par ailleurs, la doctrine trouve l'expression « indépendante », « tout à fait inédite dans le droit public [français] et paraît constituer, à première vue, une contradiction dans les termes. Dans notre tradition politique, en effet, l'administration n'est pas, du moins en principe, indépendante : elle est subordonnée au Gouvernement et, à travers lui, au parlement. L'indépendance est réservée par la Constitution à l'autorité judiciaire et l'on sait d'ailleurs combien elle est relative. »[388]

216. Ce qui conforte l'idée de la relative indépendance de ces organismes est l'absence d'une assise constitutionnelle qui les mettrait à l'abri du pouvoir discrétionnaire que détient le législateur quant à leur existence[389]. Le cadre

---

[385] Selon l'art. 16, al. 2 de la loi n° 2017-55 du 20 janv. 2017 « Toute autorité administrative indépendante ou autorité publique indépendante peut employer des fonctionnaires civils et militaires, des fonctionnaires des assemblées parlementaires et des magistrats placés auprès d'elle dans une position conforme à leur statut (...) »

[386] L'art. 3, al. 1, 3°, de la loi n° 84-16 du 11 janv. 1984, modifiée et complétée, portant dispositions statutaires relatives à la fonction publique de l'État, *JORF* du 12 janv. 1984, p. 271, prévoit des dérogations aux conditions dans lesquelles doivent être pourvus les emplois permanents de l'État pour les emplois de « certaines institutions spécialisées de l'État dotées par la loi d'un statut particulier garantissant le libre exercice de leur mission ».

[387] G. GAËTAN, « Regard sur la dépendance fonctionnelle des autorités administratives indépendantes », *in* N. DECOOPMAN (dir.), *ibid.*, p. 89. *Cf.* également sur la question : M. GENTOT, *Les autorités administratives indépendantes*, *op. cit.*, p. 62.

[388] G. BRAIBANT, « Droit d'accès et droit à l'information », *in* Mél., R.-É. CHARLIER, *Service public et libertés*, Paris, Éd. de l'Université et de l'Enseignement Moderne, 1981, p. 703. *Cf.* dans le même sens : M.-J. GUEDON, *Les autorités administratives indépendantes*, *op. cit.*, p. 36. Sur la même question, Stéphane MANSON estime que « La réalité de l'indépendance transcende les considérations relatives à la valeur juridique des garanties ou du principe de l'indépendance lui-même. Quel que soit le niveau occupé dans la pyramide des normes par le principe et ses mécanismes de mise en œuvre, il sera toujours possible – et même facile – au pouvoir politique de porter atteinte aux garanties », *cf. La notion d'indépendance en droit administratif*, Thèse, Université de Paris II, 1995, p. 463.

[389] Désormais, la loi organique n° 2017-54 du 20 janvier 2017 relative aux autorités administratives indépendantes et autorités publiques indépendantes, reconnait expressément au législateur le monopole de la création de ces autorités. En effet, aux termes de l'article 1er de cette loi : « Toute autorité administrative indépendante ou autorité publique indépendante est instituée par la loi./ La loi fixe les règles relatives à la composition et aux attributions ainsi que

juridique de ces organismes, constitué de textes à valeur législative, n'est pas suffisant, à lui seul, pour réaliser l'indépendance de ces autorités. Au contraire, il engendre une « fragilité congénitale »[390] : l'existence de ces autorités dépend beaucoup plus des résultats des alternances politiques. Leur sort est lié à celui de l'autorité qui les a créées, ainsi est-il loisible à la nouvelle majorité soit de mettre fin à leur existence, soit de leur faire subir un profond réaménagement, si elles ne siéent pas à sa politique.

Le Conseil constitutionnel n'a pas hésité d'ailleurs à réaffirmer, à chaque fois qu'il eut l'occasion, ce pouvoir discrétionnaire du législateur. Que ce soit pour leur suppression ou le réaménagement et le renforcement de leurs pouvoirs ainsi que de leur fonctionnement, la motivation avancée est quasiment la même « il est loisible au législateur d'adopter, pour la réalisation d'objectifs de valeur constitutionnelle, des modalités nouvelles dont il lui appartient d'apprécier l'opportunité et qui peuvent comporter la modification ou la suppression de dispositions qu'il estime excessives ou inutiles »[391]. Comme le note Serge MANSON, la précarité à laquelle font face les AAI « est en pratique l'ennemi de l'indépendance qui au contraire est fondée sur la stabilité », avant d'ajouter qu'« aussi efficaces et perfectionnées soient-elles, les garanties législatives d'indépendance des membres des A.A.I, ne rempliront pas pleinement leur rôle »[392]. Enfin, lorsqu'on sait que le phénomène majoritaire assure à l'exécutif une mainmise réelle sur le pouvoir législatif, c'est au final le Gouvernement qui tient, à sa merci, l'existence des AAIRE, d'une manière directe (les désignations, la présence du commissaire du gouvernement…) ou indirecte (utiliser la majorité parlementaire pour supprimer ou modeler ces autorités)[393].

217. C'est pour toutes ces raisons qu'on ne s'empêche pas de parler d'autonomie au lieu d'une réelle indépendance[394]. En effet, ce qui compte dans

les principes fondamentaux relatifs à l'organisation et au fonctionnement des autorités administratives indépendantes et des autorités publiques indépendantes. »

390 M. GENTOT, *ibid.*, p. 99.

391 Cons. const., n° 86-217 DC du 18 sept. 1986, préc., 4ème consid. *Cf.* aussi, dans le même sens : Cons. const., n° 88-248 DC du 17 janv. 1989, préc., 27ème consid.

392 S. MANSON, *ibid.*, pp. 452 et s.

393 Plusieurs pratiques contrarient l'indépendance réelle des AAIRE, c'est le cas, par exemple, de la missive adressée par le Premier ministre français en 1991 au CSA, lui ''demandant'' d'intervenir auprès des chaînes de télévisions pour éviter la diffusion de certaines images sur la guerre du Golfe (Cité dans M.-J. GUEDON, *Les autorités administratives indépendantes, op. cit.*, p. 81). Sous prétexte de l'intérêt général, le gouvernement peut même passer outre les décisions prises par certaines de ces autorités. En effet, en vertu de l'art. L.430-7-1-II du C. com., lorsque l'intérêt général le justifie, autres que le maintien de la concurrence, le ministre chargé de l'économie peut évoquer l'affaire et statuer sur l'opération de concentration. Selon le législateur, parmi les motifs d'intérêt général qui peuvent justifier une telle démarche, il y a lieu de citer le développement industriel, la compétitivité des entreprises en cause au regard de la concurrence internationale, ou la création ou le maintien de l'emploi.

394 *Cf.* H. MAISL, « La maîtrise d'une interdépendance. Commentaire de la loi du 6 janv. 1978, relative à l'informatique, aux fichiers et aux libertés », art. cit. ; G. BRAIBANT, « Droit d'accès et droit à l'information », art. cit., p. 37 ; L. CALANDRI, « L'indépendance de la justice

la question d'indépendance, ce sont beaucoup plus son effectivité et la concrétisation de ses mécanismes. Or, la pratique nous montre que, pour des raisons politiques ou pratiques, une telle exigence est reléguée au second rang.

En somme, si l'argument d'indépendance des AAIRE, qui pourrait être avancé pour les différencier du système de l'administration-juge, n'est pas vraiment fondé, en revanche il est possible de relever plusieurs points qui les rapprochent.

B. Les points communs entre AAIRE et système de l'administration-juge

218. Plusieurs aspects rapprochent le système de l'administration-juge du régime des AAIRE. Tout d'abord, il y a les facteurs qui ont favorisé leur apparition : la reconnaissance d'un pouvoir répressif à l'administrateur-juge était dictée par le souhait de faire face à l'empiétement du pouvoir judiciaire sur les activités de l'administration active. Durant la période contemporaine, l'octroi du même pouvoir aux AAIRE est dicté également, entre autres, par les limites du pouvoir judiciaire (lenteur, manque de moyens, incompréhension de matières plus techniques)[395]. Certes, il ne s'agit pas des mêmes motivations, mais dans les deux régimes, l'octroi d'un pouvoir répressif a comme élément déclencheur des reproches faits au pouvoir judiciaire[396].

219. Ensuite, dans les deux cas, l'on se base sur un critère matériel pour les appréhender : si on prend le ministre pour juge, c'est parce qu'il tranche un contentieux fondé sur la violation d'un droit, sans se préoccuper réellement de la forme dans laquelle la décision est rendue. C'est le même critère qui prévaut dans l'analyse du pouvoir répressif des AAIRE, même si elles ne sont pas considérées comme des juridictions elles se prononcent quand même sur des contestations et infligent des sanctions, tout comme le fait un juge. D'ailleurs, c'est aussi sur la base de ce critère matériel que la CEDH et le Conseil constitutionnel imposent à ces autorités le respect de certaines règles juridictionnelles.

220. Cela étant dit, le rapprochement et la proximité de ces autorités de régulation indépendantes avec le système de l'administration-juge est beaucoup plus perceptible par rapport à leur caractère administratif d'une part (**1**), et au cumul de divers pouvoirs d'autre part (**2**).

---

administrative face aux autorités administratives indépendantes : continuité ou discontinuité ? », *in* J. ASPIRO SEDKY, G. DELMAS et S. ROBBE (dir.), *L'indépendance de la justice*, Actes de la journée d'étude de l'Institut d'études de droit public (IEDP) du 19 nov. 2010, Paris, L'Harmattan, Coll., « Presses Universitaires de Sceaux », 2011, p. 163, spéc. p. 168.

[395] *Cf. supra*, pp. 73 et s.

[396] *Cf.* dans ce sens : S. THOMASSET-PIERRE, *L'Autorité de régulation boursière face aux garanties processuelles fondamentales*, *op. cit.*, p. 70.

1. La nature administrative des autorités sanctionnatrices

221. Tout comme l'administration-juge, les AAIRE sont de véritables organismes administratifs comme l'indique leur nom. En effet, même si elles sont dites indépendantes, notamment vis-à-vis de l'exécutif, les AAIRE ne sont pas pour autant étrangères à l'État. Leur caractère administratif est incontestable dans la mesure où « c'est au nom et pour le compte de l'État qu'elles agissent, et c'est sa responsabilité qu'elles engagent par leurs actes dommageables »[397]. En effet, « il ne peut en aller autrement compte tenu de la configuration de celle-ci, mais aussi par défaut, parce qu'est établie l'impossibilité de rattacher cette institution au pouvoir législatif ou au pouvoir judiciaire »[398]. À ses débuts, le législateur s'est abstenu d'utiliser le qualificatif « administrative », de même qu'il s'est refusé de désigner ces autorités expressément d'AAI. Un silence qui a donné lieu à une véritable controverse, levée par le Conseil constitutionnel à l'occasion de traitement de certains textes qui lui étaient soumis. C'est ce qui ressort, par exemple, de sa décision n° 87-224 DC du 23 janvier 1987 où il qualifia le Conseil de la concurrence d'« organisme administratif » (17ème consid.) ; de la décision n° 89-284 DC du 17 janvier 1989 dans laquelle le CSA est qualifié d'« autorité administrative indépendante » (27ème consid.), qualité qu'il confirmera dans la décision n° 2000-433 DC du 27 juillet 2000[399], (11ème consid.) ; de sa décision n° 89-260 DC du 28 juillet 1989, où il qualifia la COB d'« autorité administrative » (7ème consid.)[400].

La doctrine a également mis l'accent sur le caractère administratif de ces autorités. Selon Jacques CHEVALLIER, « organes de l'État, ces autorités ne pouvaient être considérées, à défaut d'insertion dans une autre catégorie, que comme une nouvelle variante de structures administratives »[401]. Un jugement que l'auteur fonde sur la technique de l'élimination successive : faute d'une assise constitutionnelle elles ne sont pas des organes constitutionnels, faute de liens organiques elles ne sont pas des organes du pouvoir parlementaire, enfin il trouve qu'elles ne sont pas des organes juridictionnels en raison de l'absence des éléments qui caractérisent ces derniers. Pour sa part, Marie-José GUEDON, estime que le caractère administratif de ces autorités ne fait aucun

---

[397] Conseil d'État, Rapport public de 2001, *Réflexions générales sur les autorités administratives indépendantes*, préc., p. 293.

[398] *Ibid.*

[399] Loi modifiant la loi n° 86-1067 du 30 sept. 1986, relative à la liberté de communication, *Rec. Cons. const.* 2000, p. 121, *JORF* du 2 août 2000, p. 11922. Désormais, le CSA est devenu une Autorité Publique Indépendante, à la faveur des modifications apportées par la loi n° 2013-1028 du 15 nov. 2013 relative à l'indépendance de l'audiovisuel public, préc.

[400] Même si pour certains « les considérants des décisions du Conseil constitutionnel, n'ont pas une valeur juridique en eux-mêmes », il n'en reste pas moins que grâce à « ''l'interprétation constructive'' ou neutralisante, le Conseil constitutionnel en vient parfois à une véritable réécriture partielle du texte législatif », M.-J. GUEDON, *Les autorités administratives indépendantes*, *op. cit.*, p. 53.

[401] J. CHEVALLIER, « Réflexions sur l'institution des autorités administratives indépendantes », art. cit., n° 16.

doute, d'autant plus qu'« il apparaît une convergence des travaux parlementaires, des dispositions législatives pour certaines instances, de la jurisprudence du Conseil d'État et du Conseil constitutionnel dans le sens d'un rattachement à l'appareil administratif »[402].

Enfin, nonobstant les qualifications légale et jurisprudentielle, nous pouvons également déduire le caractère administratif de ces autorités sur la base d'un double critère. D'un point de vue matériel, ces autorités détiennent un pouvoir réglementaire et un pouvoir d'exécution des différents textes régissant les secteurs qu'elles régulent. Aussi, leurs actes sont des décisions administratives exécutoires, manifestation de l'exercice de prérogatives de puissance publique que détient habituellement l'administration traditionnelle. Du point de vue du contentieux, comme pour les actes administratifs ordinaires, les actes de ces organismes peuvent être déférés principalement devant le juge administratif et plus exactement du Conseil d'État.

2. Le cumul de pouvoirs

222. En sus d'un pouvoir répressif, certaines AAIRE sont dotées également d'un véritable pouvoir normatif qu'elles détiennent proprement ou qu'elles exercent dans un cadre consultatif. Parmi les AAIRE bénéficiaires d'un pouvoir réglementaire, nous pouvons en citer quatre : l'AMF, l'ARCEP, le CSA et enfin la CRE. Apparemment, c'est le même motif qui était à l'origine de la création de ces autorités qui justifie leur reconnaissance d'un tel pouvoir. C'est-à-dire la quête de l'adaptabilité et de la souplesse. En effet, outre la réactivité de ces organismes, le *droit mou* (*soft law*) ainsi élaboré est jugé plus adéquat à la sphère économique.

223. Cela dit, ce cumul de pouvoirs est l'un des points les plus en vue qui nous permet de faire le parallèle entre ces autorités et le système de l'administration-juge. Tout comme ce dernier, les autorités de régulation indépendantes bénéficient d'un important pouvoir de sanction, aux côtés du pouvoir réglementaire propre à l'administration active. Un état de fait qui a soulevé un débat doctrinal passionnant, car certains y voient une violation de certains principes constitutionnels, en particulier celui de la séparation des pouvoirs[403]. Il est même question de la place du pouvoir normatif de ces

---

[402] M.-J. GUEDON, *ibid.*

[403] Saisie dans une affaire où il était question de la violation de l'art. 6§1 de la CESDH, du fait du cumul de ces deux pouvoirs, la haute juridiction administrative française a jugé que « l'attribution par la loi à une autorité administrative du pouvoir de fixer les règles dans un domaine déterminé et d'en assurer elle-même le respect, par l'exercice d'un pouvoir de contrôle des activités exercées et de sanction des manquements constatés, ne contrevient pas aux exigences rappelées par l'article 6§1 de la convention européenne de sauvegarde des droits de l'homme et des libertés fondamentales dès lors que ce pouvoir de sanction est aménagé de telle façon que soient assurés le respect des droits de la défense, le caractère contradictoire de la procédure et l'impartialité de la décision », *cf.* CE, 30 juill. 2003, n° 238169, *Banque d'escompte et Wormser frères réunis*, *Rec. CE* 2003, p. 351, JurisData:2003-065934, *AJDA*

autorités par rapport au pouvoir réglementaire relevant, en principe, du ressort du Premier ministre. Comme affirmé à l'article 21 de la Constitution, l'exercice du pouvoir réglementaire est accordé au Premier ministre, sous réserve des compétences reconnues au président de la République. Comment alors appréhender le fait que certaines AAIRE soient dotées d'une compétence leur permettant de poser des règles générales et abstraites ? En tous les cas, l'on est en droit de s'interroger sur la constitutionnalité des différents textes législatifs qui attribuent un tel pouvoir à ces autorités.

224. Pour certains juristes, la reconnaissance d'un tel pouvoir à ces autorités nous mènera à « un émiettement de l'État [qui] prive le gouvernement d'une partie de son pouvoir réglementaire »[404], et que même si « le rôle de régulation et d'arbitrage entre divers intérêts qui est confié aux autorités indépendantes doit certes s'exercer dans un cadre réglementaire, mais il n'est pas indispensable, et il peut être nocif que ce cadre soit fixé par l'autorité elle-même »[405]. D'autres, apparemment moins alarmistes, trouvent

---

2004, p. 26, note A. LAGET-ANNAMAYER, *LPA*, 20 févr. 2004, p. 4, concl. M. GUYOMAR, *Dr. adm.* 2003, p. 18, note M. LOMBARD.

[404] L. BOY, « Normes », p. 15. Disponible sur http://www.reds.msh-paris.fr/communication/docs/boy1.pdf.

[405] M. GENTOT, *Les autorités administratives indépendantes*, *op. cit.*, p. 76. Dans leur Rapport d'information sur les AAI, René DOSIÈRE et Christian VANNESTE ont fait état des critiques émises par l'Association française des entreprises privées (AFEP), le Mouvement des entreprises de France (MEDEF) et l'Association française de gestion financière (AFG), sur le cumul de ces pouvoirs entre les mains d'une même autorité. À ce titre, ces organisations « critiquent, par exemple, la tendance des services de l'Autorité des marchés financiers (AMF) à la surrégulation, et, partant, à la création de normes au statut juridique incertain », *cf.* Rapport d'information sur les AAI, t. I, préc., p. 50. Plus encore, le MEDEF parle dans le cas de l'AMF d'« une surenchère en matière réglementaire, notamment à l'occasion de la transposition des textes communautaires, et souhaiterait éviter le recours aux recommandations qui, sous couvert de « droit mou » ont en fait un caractère contraignant ». Aussi, juge-t-il souhaitable que le pouvoir réglementaire des AAI, soit rigoureusement encadré dans le but de renforcer la sécurité juridique des entreprises, *cf. ibid.*, p. 54. Lors de son audition par le Groupe de travail en charge de ce rapport, Colette NEUVILLE, présidente de l'Association de défense des actionnaires minoritaires, indiquait « que les AAI présentaient un risque d'abandon du principe de séparation des pouvoirs où une administration inadaptée et une justice incapable de remplir son rôle entraînent l'apparition d'un pouvoir technocratique », *cf. ibid.*, p. 52. Dans le même rapport, le professeur Pascale IDOUX estime, de son côté, que « l'interprétation faite de leurs compétences par les AAI peut conduire à une certaine dépossession du Gouvernement et du Parlement sur certaines options fondamentales ou certains choix de nature politique. Par l'élaboration de recommandation, lignes directrices ou guides de bonnes pratiques (*soft law* en anglais, ou ''droit mou''), la pratique des AAI peut aller au-delà de ce que dit la loi, elles peuvent devenir créatrices de droit », *cf. ibid.*, p. 53. C'est pour ces raisons que le rapport recommande de limiter et de bien encadrer le pouvoir réglementaire des AAI. Notamment, en définissant dans « la loi pour chaque AAI qui en est dotée l'ampleur et les limites de leur pouvoir réglementaire délégué, ouvrir la possibilité de saisine du Conseil d'État par les AAI pour solliciter un avis sur leurs projets d'actes règlementaires, voire sur des questions plus générales de leur domaine de compétences propre ; permettre au commissaire du Gouvernement de solliciter une seconde délibération sur les projets d'actes règlementaires des AAI ; permettre au Gouvernement d'homologuer les actes règlementaires des AAI », *cf.* Recommandation n° 2, du Rapport précité, p. 181.

que le pouvoir réglementaire des AAIRE, notamment celui de la défunte COB, « est soit limité dans son étendue, soit co-exercé avec le gouvernement par homologation » et que « cette nécessaire homologation ministérielle donne en réalité aux règlements une nature mixte du point de vue de leur auteur : ils ne sont pas l'œuvre de la seule COB mais des actes conjoints de celle-ci et du ministre »[406].

225. Cette dernière affirmation mérite toute notre attention. Car, affirmer que les actes des AAIRE sont d'une « nature mixte » du fait de la procédure d'homologation ministérielle, nous paraît inapproprié. À notre sens, dire que cette procédure imprègne l'acte d'une nature mixte et, par ricochet, minimise la portée du pouvoir réglementaire de ces autorités, c'est occulter une réalité bien établie : la procédure d'homologation ou d'approbation ne joue qu'un rôle formel ; il s'agit d'un visa permettant la publication de l'acte réglementaire de l'autorité et, comme le souligne Virginie SETA, d'« un gage de conformité des mesures prises avec l'ensemble de l'ordonnancement juridique »[407]. Le ministre de rattachement de l'autorité n'a pas d'autres solutions que de valider ou de rejeter l'acte, sans pour autant pouvoir en changer quoi que ce soit. Par ailleurs, après un flottement remarqué[408], le Conseil d'État a fini par admettre qu'il faut distinguer entre l'acte d'approbation et l'acte approuvé, pour faire endosser la paternité de la décision à son auteur et non à l'autorité l'ayant homologuée[409].

226. En plus de l'article 21, les articles 34 et 37 de la Constitution distinguent les actes de valeur législative des actes de valeur réglementaire, et aucun d'eux ne fait référence aux AAI. D'ailleurs, le Conseil constitutionnel a rappelé que les articles 13 et 21 de la Constitution « confèrent au premier ministre, sous réserve des pouvoirs reconnus au président de la république, l'exercice du pouvoir réglementaire à l'échelon national »[410]. Cependant, le Conseil n'a pas hésité à admettre, à maintes reprises, la faculté du législateur à confier un pouvoir réglementaire « limité » à une autorité administrative autre que le Premier ministre. Dans chacune de ses décisions, après un rappel du contenu de l'article 21 de la Constitution[411], le juge constitutionnel affirme que « ces dispositions ne font pas obstacle à ce que le législateur confie à une autorité publique autre que le premier ministre le soin de fixer les normes

---

406 M.-J. GUEDON, *Les autorités administratives indépendantes*, *op. cit.*, pp.102-103.

407 V. SETA, « Le contrôle des décisions des autorités de régulation », 2003, disponible sur : www.lexinter.net.

408 Tantôt le Conseil d'État considère que le règlement soumis à approbation est juridiquement distinct de l'acte qui l'approuve (*cf.* CE, ass., 8 janv. 1971, n°s 71581 et 77034, *URSSAF des Alpes-Maritimes*, *Rec. CE* 1971, p. 11), tantôt que l'acte d'approbation absorbe l'acte approuvé (*cf.* CE, sect., 19 juin 1981, n° 06317, *Syndicat viticole de Margaux*, et n° 06318, *Syndicat viticole de Margaux*, *Rec. CE* 1981, p. 271 ; *D.* 1982, p. 71, note P. SABOURIN. *Cf.* sur la question : V. SETA, *ibid.*

409 CE, 26 janv. 2000, n° 197709, *Pauc et autres*, *Rec. CE* 2000, p. 52, JurisData:2000-060077.

410 Cons. const., n° 88-248 DC du 17 janv. 1989, préc., 15ème consid.

411 Selon lequel le Premier ministre assure l'exécution des lois, exerce le pouvoir réglementaire, sous réserve des positions de l'article 13, et peut déléguer certains de ses pouvoirs aux ministres.

permettant de mettre en œuvre une loi, c'est à la condition que cette habilitation ne concerne que des mesures de portée limitée tant par leur champ d'application que par leur contenu »[412]. Aussi, le juge constitutionnel a préféré faire une lecture assouplie de l'article 21, reconnaissant la diversité possible des détenteurs du pouvoir réglementaire, mais prévoyant des bornes visant à préserver la compétence réglementaire du Premier ministre. D'une part, en conditionnant l'octroi d'un pouvoir réglementaire aux autorités de l'État et, d'autre part, en interdisant au pouvoir réglementaire spécial d'assujettir le pouvoir réglementaire général du Premier ministre[413].

227. Outre les critiques émises à l'encontre du pouvoir réglementaire des AAIRE, qui empiète sur la compétence du Premier ministre, la violation du principe de la séparation des pouvoirs est davantage soulevée et mise en avant par rapport au pouvoir de sanction reconnu à ces autorités. En effet, étant des autorités « administratives », ces organismes n'empiètent-ils pas sur la compétence des juridictions en exerçant un pouvoir répressif ?

SOUS-SECTION 2. LA VIOLATION DU PRINCIPE DE LA SÉPARATION DES POUVOIRS

228. Le moyen tiré de la violation du principe de la séparation des pouvoirs a souvent été mis en exergue par la doctrine pour remettre en cause le pouvoir de sanction de l'administration, en général, et des AAI, en particulier. Mais, qu'entend-on réellement par la séparation des pouvoirs ? A-t-on fidèlement interprété l'idée et la vision des concepteurs d'un tel principe ? De telles interrogations nous paraissent indispensables, pour se prononcer sur la légitimité de dénier aux AAIRE la possibilité de bénéficier d'un pouvoir de sanction au nom de ce principe. **(Paragraphe 2)**.

Néanmoins, avant d'aborder cet ensemble d'interrogations, il est primordial de commencer par chercher à savoir si ces autorités exercent, à travers leur pouvoir de sanction et leur statut, une véritable fonction juridictionnelle. Il convient de rappeler que, pour mener à bon terme la mission de régulation dont elles ont la charge, certaines de ces autorités sont dotées de la faculté de rendre la justice et dire le droit en cas de violation de la loi. De même, d'après

---

412 Cons. const., n^os^ : 86-271 DC du 18 sept. 1986, loi relative à la liberté de communication, *Rec. Cons. const.* 1986, p. 141, *JORF* du 19 sept. 1986, p. 11294, 57ème et 58ème consid. ; 88-248 DC du 17 janv. 1989, préc., 14ème et 15ème consid. ; 89-260 DC du 28 juill. 1989, préc., 29ème et 30ème consid. ; 96-378 DC du 23 juill. 1996, préc., 10ème et 11ème consid. *Cf.* sur la question : B. GENEVOIS, « Le Conseil constitutionnel, la séparation des pouvoirs et la séparation des autorités administratives et judiciaires, le Conseil constitutionnel et l'extension des pouvoirs de la Commission des opérations de bourse, à propos de la décision n° 89-260 DC du 28 juill. 1989 », *RFDA* 1989, p. 671 ; P. BÉZARD, « Le pouvoir de sanction financière directe de la COB », *LPA*, n° 8, 17 janv. 1990, p. 53 ; N. DECOOPMAN, « Le pouvoir de sanction administrative de la COB », *RD bancaire et de la bourse* 1990, p. 16.

413 *Cf.* C. TEITGEN-COLLY, « Les instances de régulation et la Constitution », art. cit., pp. 173 et s.

leurs textes institutifs, elles bénéficient d'un statut reposant sur l'un des fondements du pouvoir juridictionnel qui est l'indépendance. Ainsi, l'on est en droit de se demander si l'ensemble de ces éléments auraient été, en principe, suffisant pour que le législateur les qualifie de juridictions, du moins lorsqu'elles usent de leur pouvoir de sanction, ou s'il s'agit d'un simple prolongement de leur pouvoir administratif, elles garderaient alors la nature administrative même en exerçant ce rôle répressif **(Paragraphe 1)**. C'est uniquement après avoir déterminé que ces autorités exercent réellement une fonction juridictionnelle, qu'on pourrait se pencher sur la question de savoir s'il y a réellement violation du principe de la séparation des pouvoirs, du fait de l'empiétement sur la sphère juridictionnelle.

Paragraphe 1. La nature juridique de la fonction répressive des AAIRE

229. L'on a souvent reproché au législateur d'avoir doté les AAIRE d'un pouvoir répressif qui relève, en principe, de la compétence du juge. Cependant, leurs décisions répressives sont-elles réellement des actes juridictionnels ? Autrement dit, ces autorités exercent-elles une véritable fonction juridictionnelle ?

Il existe depuis longtemps une confusion concernant la distinction des fonctions juridictionnelle et administrative, toutefois un faisceau de critères, tant du point de vue matériel que formel, nous permet d'entrevoir une telle distinction. Or, il s'avère que ces critères sont bel et bien remplis dans le cas des AAIRE (**A**). Si celles-ci exercent réellement, au moyen de leur pouvoir répressif, une fonction juridictionnelle, pourquoi le législateur refuse-t-il de leur reconnaître la qualité de juridictions ? Apparemment, l'avènement de ces autorités a complètement bouleversé la notion de juridiction, dans la mesure où tout en réunissant les éléments nécessaires pour avoir cette qualité, ces organismes sont, contre toute attente, qualifiés d'autorités administratives. La position du législateur nous paraît incompréhensible d'autant plus que l'on a reconnu cette qualité à l'ancienne Commission bancaire qui était une AAI (**B**).

A. Le caractère juridictionnel des décisions répressives des AAIRE

230. Afin de se prononcer sur la nature des actes répressifs des AAIRE et dire s'ils peuvent être qualifiés d'actes juridictionnels, il serait intéressant, voire indispensable, de faire la lumière sur la notion de la fonction juridictionnelle. Il faut reconnaître d'emblée que la tâche ne s'annonce pas aisée, car l'on aborde en l'espèce l'un des sujets les plus délicats autour duquel l'unanimité n'a pu jamais se faire. Pis, la confusion est telle qu'une partie de la doctrine a nié l'existence même de la fonction juridictionnelle. Pour elle, la juridiction n'est autre qu'un aspect de l'exercice de la fonction administrative, une confusion qui a été levée officiellement par l'arrêt *Cadot* (**1**). La délicatesse du sujet ne se limite pas au fait qu'une partie de la doctrine conteste l'existence de la fonction juridictionnelle, puisque même ceux qui reconnaissent son existence divergent sur la notion elle-même et ont recouru à des critères fort distincts pour la délimiter (**2**).

1. Confusion des fonctions juridictionnelle et administrative

231. Si, opposer les fonctions exécutive et législative, ne pose aucun problème d'un point de vue formel ou matériel, la controverse doctrinale quant à l'existence d'une fonction juridictionnelle aux côtés des fonctions exécutive et législative a été entretenue pendant longtemps (**a**). Ce n'est qu'en 1889, à l'occasion de l'arrêt *Cadot*, que le Conseil d'État a tranché la question en faveur de l'existence d'une fonction juridictionnelle distincte de la fonction exécutive (**b**).

a. La contestation de la fonction juridictionnelle

232. Certains auteurs ont pu soutenir qu'il n'existait dans l'État que deux fonctions : *législative*, consistant à poser des règles ou des dispositions générales et impersonnelles, *administrative*, consistant à régler des affaires particulières, c'est-à-dire prendre des décisions applicables à des particuliers et à des cas concrets. La juridiction n'est, à leurs yeux, qu'un aspect particulier de l'exercice de cette fonction administrative, étant donné qu'elle est chargée, tout comme l'administration, d'exécuter des lois. Ainsi, selon ce courant doctrinal, en dehors de l'élaboration de la loi et de son exécution, il ne peut y avoir de place pour une autre fonction. Parmi les adeptes de cette conception, Raymond CARRÉ DE MALBERG a refusé d'admettre l'existence d'une fonction juridictionnelle propre et indépendante des autres fonctions de l'État. Pour lui, la fonction juridictionnelle n'est qu'une facette de la fonction exécutive. En d'autres termes, d'un point de vue matériel, il n'y a aucune différence entre les deux fonctions : il s'agit dans les deux cas d'une exécution des lois, ce qui justifie la nécessité de recourir au critère formel pour distinguer l'acte juridictionnel de l'acte administratif[414].

233. Le refus de reconnaître l'existence d'une fonction juridictionnelle, au sens matériel, est partagé aussi par les partisans de l'école normativiste, pour qui, la nature des actes juridiques est déterminée selon le degré auquel ils sont placés dans l'échelle des normes juridiques. Les actes administratifs et juridictionnels sont logés à la même enseigne, du fait qu'ils sont pris en exécution des actes législatifs. En somme, seul un critère organique lié à la situation du juge qui bénéficie d'une indépendance fonctionnelle, peut distinguer l'acte juridictionnel de l'acte administratif qui, lui, est pris par une administration agissant sous subordination hiérarchique. C'est dans ce sens qu'Hans KELSEN avait écrit qu'en admettant « l'opposition entre législation et exécution, en comprenant dans ce dernier terme [lato sensu] à la fois la

---

414 *Cf.* R. CARRÉ DE MALBERG, *Contribution à la théorie générale de l'État*, t. 1, Paris, Sirey, 1920, rééd., Dalloz, 2003, p. 784.

juridiction et l'administration qui, toutes deux, rentrent en effet dans la notion plus large d'exécution des lois, nous réduisons à deux les trois fonctions habituellement distinguées », avant d'ajouter que par ailleurs ces fonctions « expriment simplement le rapport de deux étapes successives du processus de création du droit »[415].

Joseph BERTHELEMY et Théophile DUCROCQ ont défendu la même conception. Pour le premier : « faire les lois, les faire exécuter, [sont] deux termes entre lesquels il n'y a pas de place à prendre [...] pour faire exécuter la loi, il faut bien lui assigner une signification précise. Qu'on le fasse hors de toute controverse, ou bien, comme les juges, après discussion et suivant une procédure, n'est-ce pas en définitive le même acte qu'on accomplit, acte si intimement lié à l'exécution qu'on ne peut l'en séparer »[416]. Le second abonde dans le même sens, soutenant que « l'esprit ne peut concevoir que deux puissances, celle qui crée la loi et celle qui la fait exécuter, de sorte qu'il n'y a pas de place pour une troisième puissance à côté des deux premières »[417].

234. Cette conception des fonctions étatiques n'est pas partagée par tous les juristes, notamment ceux qui sont imprégnés de l'idée de la séparation des pouvoirs, dont le principe de séparation de l'administration active de l'administration contentieuse constitue l'un des éléments essentiels. Néanmoins, il a fallu attendre 1889 pour assister à une réelle remise en cause de cette manière de voir les fonctions de l'État, et ce, par le biais de l'arrêt *Cadot*.

b. L'apport de l'arrêt *Cadot*

235. Même si un semblant de spécialisation des autorités est un principe acquis en France depuis la période de l'Ancien Régime, il s'agissait d'une spécialisation de façade et toute relative, étant donné que les cas d'immixtions, en particulier de l'administration dans le domaine de compétence du juge, sont incalculables. Pis, dans le domaine du contentieux administratif, c'était le règne du flou. Cherchant à se prémunir des Parlements, le pouvoir royal interdit carrément à ces derniers de connaître des litiges dont ses agents faisaient partie[418].

Ainsi, à partir du XVIIème siècle, l'échec de l'institution de juridictions spéciales fit que les organes administratifs, eux-mêmes, furent habilités à

---

415 H. KELSEN, « Aperçu d'une théorie générale de l'État », traduction EISENMANN, *RDP* 1926, p. 620. *Cf.* aussi du même auteur : « La garantie juridictionnelle de la Constitution », *RDP* 1928, p. 213.

416 J. BERTHELEMY, *Traité élémentaire de droit administratif*, 13ème éd., 1933, p. 12.

417 Th. DUCROCQ, *Cours de droit administratif et de législation française des finances*, t. 1, 7ème éd., 1897, p. 327, cité par P. LAMPUÉ, « La notion d'acte juridictionnel », *RDP* 1946, p. 8.

418 *Cf.* dans ce sens : J. CHEVALLIER, « Autorités administratives et autorités juridictionnelles », *AJDA* 1995, p. 91 ; *L'élaboration historique du principe de séparation de la juridiction administrative et de l'administration active, op. cit.*, pp. 787-790 ; « Réflexions sur l'arrêt "Cadot" », art. cit., p. 80 ; G. DELLIS, *Droit pénal et droit administratif, op. cit.*, pp. 4 et s.

connaître des litiges dont faisait partie l'administration : c'est l'instauration du système de l'administration-juge. Suivant la logique de ce système, le contentieux administratif n'est qu'une suite ou une prolongation de l'action de l'administration. Comme le disait le conseiller d'État HENRION DE PANSAY dès 1827 : « juger l'administration c'est encore administrer »[419]. Les fonctions juridictionnelle et administrative, assurées par l'exécutif (l'administration), ne se distinguaient ni par les formes utilisées ni par les organes qui les exerçaient. C'est uniquement à partir de la nature des matières ou des questions traitées qu'un semblant de différence était perceptible. L'administration était considérée comme juge dès le moment où elle tranchait un litige né de ses actions, le reste du temps c'était une fonction active qu'elle exerçait. Pour une partie de la doctrine de l'époque, l'exercice de la fonction juridictionnelle supposait l'existence d'un contentieux qui traduit la possibilité d'opposer un droit subjectif à l'administration, excluant de fait tout simple intérêt qui relève de son appréciation discrétionnaire et ne constitue pas, en lui-même, un contentieux[420].

236. Ce n'est qu'en 1889, à l'occasion de l'arrêt ***Cadot***[421], que le Conseil d'État a décidé de mettre fin à ce système, en acceptant d'examiner des conclusions aux fins d'indemnisation, portées directement devant lui par M. Cadot à cause de la suppression de son emploi d'ingénieur-directeur de la voirie de la ville de Marseille. Selon cet arrêt, qui a mis fin à la conception purement matérielle de la fonction juridictionnelle, même lorsque l'administration est saisie d'un litige sur la violation d'un droit ou d'un intérêt juridiquement protégé, elle ne fait pas automatiquement acte de juridiction[422]. Encore faut-il que certaines règles de procédure et certains principes d'organisation soient également respectés.

237. La création des AAIRE semble heurter de front l'idée véhiculée par cet arrêt. En effet, au moment où ce dernier préconise la distinction entre fonctions juridictionnelle et administrative, c'est-à-dire entre administration active et administration contentieuse, les pouvoirs dont bénéficient ces autorités de régulation nous replongent au cœur du système de l'administration-juge. En plus, de leur pouvoir administratif, ces organismes sont dotés d'un véritable pouvoir répressif, capable de parfois concurrencer même celui du juge. Reste juste à confirmer qu'il s'agit en l'espèce réellement

---

[419] Cité dans J. CHEVALLIER, « Réflexion sur l'arrêt "Cadot" », art. cit., p. 81.

[420] Comme nous aurons l'occasion de le constater, à partir du XXème siècle c'est une conception extensive qui est retenue ; la situation contentieuse est vue désormais comme étant tout incident ou trouble qui touche au droit, *cf. infra*, p. 162.

[421] « Considérant que du refus du maire et du conseil municipal de Marseille de faire droit à la réclamation du sieur Cadot, il est né entre les parties un litige dont il appartient au Conseil d'État de connaître », CE, 13 déc. 1889, *Cadot*, *Rec. CE* 1889, p. 1148, *D.* 1891, p. 41, concl. H. JAGERSCHMIDT, *S.* 1892, p. 17, note M. HAURIOU ; J. CHEVALLIER, « Réflexions sur l'arrêt "Cadot" », art. cit., p. 78 ; GAJA, 18ème éd., 2011, n° 5, p. 36.

[422] *Cf.* sur le sujet : S. RIALS, « Ouverture : l'office du juge », *Droits* 1989, n° 9, p. 8 ; J. CHEVALLIER, « Du principe de séparation au principe de dualité », in *La dualité de juridictions en France et à l'étranger*, *RFDA* 1990, p. 712.

d'actes de nature juridictionnelle. Pour le savoir, il est question de rechercher les critères qui nous permettent d'identifier l'acte juridictionnel, c'est-à-dire la fonction juridictionnelle. À ce sujet, faut-il le reconnaître, même s'il a porté un coup de grâce à la théorie de l'administration-juge et a mis fin à la confusion des fonctions, l'arrêt *Cadot* ne peut pas nous être d'une grande utilité, car lui-même n'étant pas clair sur la façon de séparer les fonctions judiciaire et administrative.

2. Identification de la fonction juridictionnelle

238. La doctrine est partagée au sujet du critère à adopter pour reconnaître la fonction juridictionnelle et la façon de la distinguer de la fonction administrative. Au moment où une partie des juristes, sensible à l'arrêt *Cadot*, défend une approche formelle de la fonction juridictionnelle (**a**), d'autres s'en tiennent au critère matériel (**b**). En réalité, on ne peut pas se baser sur un seul critère pour prétendre réussir la distinction. Pour dire si un acte est d'une nature juridictionnelle, ce dernier doit être appréhendé simultanément d'un point de vue matériel et formel (**c**).

a. Le critère formel

239. Du point de vue formel, l'acte juridictionnel peut être appréhendé soit par rapport à la manière avec laquelle l'autorité dont il émane est organisée, soit par rapport à la procédure selon laquelle l'acte est pris ou enfin par rapport à la force légale de cet acte[423].

240. Selon Raymond CARRÉ DE MALBERG, le critère le plus fiable pour pouvoir distinguer les fonctions de l'État est le critère formel. D'après lui, si une distinction matérielle entre les fonctions législative et administrative est envisageable, il est en revanche inutile de solliciter un tel critère pour tenter de distinguer la fonction juridictionnelle de la fonction administrative, dans la mesure où il n'existe pas de différence entre elles de ce point de vue. Toutes les deux se rejoignent sur le fait qu'elles sont une fonction d'exécution des lois. Par conséquent, « le critérium de la juridiction, c'est non pas le caractère matériel de l'acte, mais sa forme. Le signe distinctif auquel se reconnaît l'acte juridictionnel est, d'une part, *son origine*, en tant qu'il est l'œuvre d'une autorité organisée spécialement pour l'exercice de la juridiction et, d'autre part, *sa procédure*, en tant qu'il a été accompli suivant les règles propres à la fonction qui consiste à juger »[424] (souligné par nous).

Ainsi, l'auteur insiste sur deux éléments pour distinguer l'acte juridictionnel. Le premier est d'ordre organique et concerne l'origine de l'acte puisqu'il insiste sur le fait que ce genre d'acte doit provenir d'autorités *organisées* sous forme de tribunaux, c'est-à-dire destinées à exercer la juridiction. Le second élément est, quant à lui, d'ordre procédural. En effet,

---

[423] *Cf.* dans ce sens : P. LAMPUÉ, art. cit., pp. 38 et s.
[424] R. CARRÉ DE MALBERG, *op. cit.*, t. 1, pp. 691-787.

séparer l'autorité judiciaire de l'administration n'a pas pour seul objectif de préserver l'indépendance des juges, se traduisant par les différentes règles d'organisation, mais vise également à « soumettre la juridiction à des formes procédurales destinées à fournir aux administrés et aux justiciables des garanties de vérité, c'est-à-dire de conformité à la loi ou de haute impartialité du droit qui doit leur être dit »[425]. Aussi, trouve-t-il que « la juridiction se distingue essentiellement de l'administration par ses formes, destinées à garantir aux justiciables la haute valeur de la sentence du juge »[426]. Parmi ces formalités, l'auteur évoque l'obligation de motiver les sentences, l'obligation de statuer lorsque l'autorité est saisie, le respect du principe du contradictoire, etc.

Ce critère présente une grande part de vérité, mais il est insuffisant pour rendre compte du droit positif, et pour cause : dans bien des cas, la « tâche juridictionnelle », qu'évoque Raymond CARRÉ DE MALBERG, est dispensée par des organismes qui ne sont pas organisés sous forme de tribunaux. C'est le cas des différentes Commissions, Conseils et Ordres professionnels auxquels le législateur n'hésite pas à reconnaître des actions juridictionnelles. À cela s'ajoute le fait que des organismes, dont la qualité juridictionnelle est avérée, n'exercent pas uniquement une tâche juridictionnelle. C'est le cas du Conseil d'État qui est doté, en plus du pouvoir juridictionnel, d'un pouvoir consultatif par lequel il donne des Avis qui sont loin d'être des jugements[427].

Il ressort aussi de la position de cet auteur qu'il y a bel et bien une différence, d'un point de vue matériel, entre l'acte administratif et l'acte juridictionnel. En soutenant qu'il existe une « tâche juridictionnelle » et une « fonction qui consiste à juger », qui se caractérise par l'existence de « règles propres » et d'une « organisation spéciale », l'auteur avoue indirectement une différence d'ordre matériel entre l'acte administratif et l'acte juridictionnel[428]. N'est-ce pas la nature de cet acte qui a commandé une organisation et des règles propres à cette fonction ? Enfin, concernant les procédures, il faut bien admettre que ce genre de formalités tend à se généraliser à plusieurs autorités administratives. Des principes tels que le contradictoire ou la motivation, ne sont plus une exclusivité des jugements puisqu'ils caractérisent même la plupart des décisions administratives, en particulier celles des AAIRE.

---

425 *Ibid*,, p. 768.

426 *Ibid*., p. 782.

427 Même chose pour les tribunaux judiciaires dont certains actes ne rentrent pas dans la fonction principale ; c'est le cas des actes d'homologation ou d'autorisation, qui constituent le domaine de la « juridiction gracieuse », par opposition à la « juridiction contentieuse ».

428 Plus exactement, Raymond CRRÉ DE MALBERG utilisa les expressions suivantes : « autorité organisée *spécialement* pour *l'exercice de la juridiction* », « suivant les règles *propres à la fonction qui consiste à juger* » ou, « qui *se caractérise par son organisation spéciale* et par sa *tâche juridictionnelle* à laquelle il est *spécialement préposé* » (souligné par nous), *ibid*., p. 788.

241. Toujours dans le même cadre formel, Hans KELSEN a défendu une conception purement organique de l'acte juridictionnel. D'après lui, « la justice diffère de l'administration ; [du fait que] les tribunaux sont, en principe, indépendants : les autorités administratives ne le sont pas »[429]. En des termes plus simples, la particularité de la fonction juridictionnelle ne tient pas à son contenu, puisqu'il s'agit toujours de la création et de l'application du droit, mais à l'indépendance des juges dans l'exercice de leurs fonctions[430].

Certes, l'indépendance est l'un des éléments indispensables pour l'exercice de la fonction juridictionnelle, il ne s'agit cependant pas de son apanage. La doctrine fait état de plusieurs organismes indépendants sans pour autant qu'on puisse dire qu'ils rendent des actes juridictionnels. D'ailleurs, les AAIRE nous en donnent le meilleur exemple : officiellement, elles bénéficient d'une indépendance fonctionnelle et financière qui, en principe, les rapprocherait plus des juridictions[431].

242. D'autres auteurs, à l'image de Gaston JÈZE, se sont référés à la force dont bénéficie l'acte juridictionnel. Ce qui singularise, à leurs yeux, cet acte par rapport aux autres catégories de décisions est le fait qu'il soit imprégné de *la force de vérité légale* qui lui est reconnue par la volonté du législateur. Ainsi, c'est de lui que dépend le caractère juridictionnel d'une décision[432]. Il y a lieu de préciser que les auteurs de cette opinion ne visent pas *l'autorité matérielle de la chose jugée*, qu'il convient de définir comme la force juridique de l'acte qui s'impose aux parties. Cette force ou autorité juridique n'est pas spécifique à l'acte juridictionnel, elle concerne tout acte juridique. En revanche, Gaston JÈZE et les partisans de ce courant doctrinal visent *l'autorité formelle de la chose jugée*, ce qui signifie que la décision est définitive. Hormis les voies de recours, elle ne peut faire l'objet d'aucune modification et le procès dont elle est l'aboutissement ne peut se refaire[433]. Donc, pour ces juristes, c'est cette autorité formelle de la chose jugée qui constitue le véritable élément distinctif de l'acte juridictionnel par rapport à l'acte administratif. Dans la mesure où « Elle confère, d'une part, à l'acte juridictionnel un caractère définitif (une fois épuisées les voies de recours) [...]. Elle interdit,

---

429 H. KELSEN, « Aperçu d'une théorie générale de l'État », art. cit., p. 611.

430 *Id.*, *Théorie pure du droit*, 1934, Paris, Dalloz, 1962, p. 351, cité dans J. CHEVALLIER, « Réflexions sur l'arrêt ''Cadot'' », art. cit., 88.

431 Certes, l'on a précédemment conclu au fait que leur indépendance est relative et parfois même utopique, mais toujours est-il que le législateur a insisté sur cette qualité.

432 G. JÈZE, « L'acte juridictionnel et la classification des recours contentieux », *RDP* 1909, p. 667 et s ; « De la force de vérité légale attachée par la loi à l'acte juridictionnel », *RDP* 1913, pp. 437 et s. *Cf.* dans le même sens : M. WALINE, *Traité élémentaire de droit administratif*, 6ème éd., augmenté d'un supplément, Paris, Sirey, 1952, p. 139 ; P. QUILINCHI, « Réguler n'est pas juger. Réflexions sur la nature du pouvoir de sanction des autorités de régulation économique », *AJDA* 2004, p. 1069.

433 *Cf.* dans ce sens : P. LAMPUÉ, *op. cit.*, p. 50 ; M. WALLINE, « Du critère des actes juridictionnels », *RDP* 1933, p. 565.

d'autre part, sa révocabilité, contrairement à la décision administrative qui peut être retirée dans les conditions fixées par la jurisprudence »[434].

243. Même s'il met bien en évidence l'un des points les plus distinctifs de l'acte juridictionnel, il n'en demeure pas moins que ce critère pèche par sa complexité. Il est, en effet, difficile de savoir si l'on est face à une décision bénéficiant d'une telle force, en l'absence d'une formulation expresse des textes. De plus, nous estimons que les décisions répressives des AAIRE sont pourvues de cette même force légale, dans la mesure où elles ne peuvent faire l'objet d'aucun recours *ordinaire*, hormis un recours « en cassation » devant la haute juridiction administrative ou judicaire. Il faut dire que ces autorités statuent – comme certaines juridictions – en dernier ressort, ce qui rend leurs décisions répressives définitives, immuables et inattaquables. Elles sont, conformément à l'adage *Res judicata pro veritate habture* présumées « juris et de jure », l'expression de la vérité légale. Dire que l'autorité formelle de la chose jugée confère à l'acte juridictionnel un caractère définitif, une fois les voies de recours épuisées, reviendrait-il à dénier la qualité d'acte juridictionnel aux jugements et autres arrêts rendus par les juridictions de fond (de première et de seconde instance) ?

Par ailleurs, affirmer que cette autorité formelle interdit la révocabilité de l'acte juridictionnel, contrairement à l'acte administratif, est également valable dans le cas des décisions répressives des AAIRE, étant donné qu'elles sont définitives et irrévocables, sauf à être remises en cause par le juge du contrôle, comme le sont également les actes juridictionnels des juridictions du fond. Un point qui a été relevé par Jean-Jacques MENURET à propos des décisions du Conseil de la concurrence pour lesquelles le critère précité n'est pas applicable, car dotées d'une autorité de chose décidée, renforcée par l'impossibilité d'abrogation et de retrait[435].

Enfin, il ne faut pas omettre non plus la différence d'ordre matériel existant entre les fonctions administrative et juridictionnelle, laquelle commande la différenciation formelle. Sinon, pourquoi jugea-t-on nécessaire de confier les actes juridictionnels à des autorités dont le statut est différent des autres administrations, d'une part, et pourquoi les avoir entourés d'une procédure et de formalités qu'on ne retrouve pas dans les actes administratifs, d'autre part ? C'est sûrement parce qu'il existe une différence d'un point de vue matériel.

b. Le critère matériel

244. Contrairement à ce que soutiennent les partisans de la conception formelle, une partie de la doctrine pense qu'il est possible de procéder à une différenciation matérielle entre différentes fonctions de l'État, notamment la fonction juridictionnelle par rapport à la fonction administrative. Mieux

---

434 P. QUILINCHI, *ibid.*

435 J.-J. MENURET, « La saisine d'office du conseil de la concurrence au regard de l'article 6§1 de la CEDH », *Cont. conc. consom.* 2002, chron. n° 1, p. 4.

encore, les adeptes de ce courant doctrinal prônent, à juste titre d'ailleurs, la primauté de ce critère. Il est en effet nécessaire et même indispensable de procéder tout d'abord par une différenciation matérielle, parce qu'elle est essentielle et conditionne les autres différenciations formelle et organique[436].

245. La nécessité de la distinction matérielle est perceptible du fait que c'est grâce à elle qu'on organise la distinction formelle. En d'autres termes, c'est par le biais du critère matériel que nous pouvons déterminer la compétence des différents organismes et le champ d'application des diverses formes et procédures. On ne peut appliquer convenablement le principe de séparation des pouvoirs, qui recommande entre autres la spécialisation des organes, que si l'on arrive à définir la fonction par sa nature propre et ses caractères internes, ce qui justifierait son attribution à un organe bien déterminé et non à un autre.

Ainsi, est-il bien certain que c'est la nature de la matière ou de l'activité considérée qui explique et justifie l'existence de caractéristiques ou d'éléments formels. S'il y a des compétences, des formes et des procédures différentes, c'est que les fonctions ne sont pas identiques dans leur contenu, elles sont de natures complètement distinctes. Si les fonctions ne se différenciaient pas matériellement on n'aurait pas besoin d'organes et de procédures différentes et, de ce fait, on n'aurait pas non plus besoin de procéder à une différenciation formelle et organique. Un acte est jugé juridictionnel, d'un point de vue formel, tout simplement parce qu'il a été constaté qu'il est juridictionnel d'un point de vue matériel, ce qui justifie qu'il relève de la compétence d'un tel organe et qu'on doit respecter telle procédure en l'accomplissant[437].

246. L'importance et la pertinence de la différenciation matérielle ainsi exposées, il est temps de rechercher les éléments qui fondent cette approche matérielle. Les théories exposées sur le sujet, fort nombreuses, peuvent être rangées dans deux groupes : celles qui définissent l'acte juridictionnel à partir de son but, en l'occurrence la conservation de l'ordre juridique[438], et celles qui

---

[436] Pour certains « la distinction matérielle des fonctions se présente comme essentielle parce qu'elle découle du processus du développement du droit, lequel existe et se retrouve toujours identique à lui-même, car il est dans la nature même du droit. Or, les fonctions de l'État ne sont pas autre chose que les divers rôles que joue l'État dans ce processus de développement du droit. Et comme le droit en se développant se concrétise par différents procédés, il en résulte que les fonctions de l'État ne forment pas, quant à leur nature propre, une catégorie unique, mais, au contraire, comprennent plusieurs catégories qui ainsi se différencient du point de vue matériel », *cf.* R. BONNARD, « La conception matérielle de la fonction juridictionnelle », *in* Mél., R. CARRÉ DE MALBERG, Paris, Sirey, 1933, p. 1, spéc., p. 6. *Cf.* aussi : P. LAMPUÉ, art. cit., p. 47.

[437] *Cf.* dans ce sens : R. BONNARD, *ibid.*, p. 10.

[438] *Cf.* par exemple, Émile ARTUR qui estime que « la fonction d'administrer et la fonction de juger, ne s'exercent pas dans le même but, elles correspondent à des missions différentes. Ce que le juge se propose exclusivement, c'est de faire exécuter la loi par ceux qui l'ont violée ; l'exécution de la loi par les récalcitrants, c'est pour le juge une fin, c'est son but dernier et unique ». Par contre, il trouve que « la fin de l'administrateur, c'est de satisfaire aux divers besoins du corps social auxquels correspondent les services publics », *cf.* « Séparation des pouvoirs et séparation des fonctions », *RDP* 1900, pp. 237 et s.

le font à partir de son objet, en ce qu'il tranche une contestation portant sur des droits. C'est cette seconde conception qui est la plus répandue et qui mérite ainsi qu'on s'y attarde un peu.

Selon cette conception, qui a servi pendant longtemps de base pour définir la fonction juridictionnelle, un acte est réputé juridictionnel parce qu'il tranche des situations contentieuses au regard du droit. D'ailleurs, c'est sur ce fondement que l'administrateur s'est transformé en juge dans le système de l'administration-juge, en dehors de toute condition organique ou même formelle. Dès lors qu'il statuait sur les litiges engendrés par sa propre action, l'administrateur était considéré comme faisant acte de juridiction, c'est-à-dire qu'il était juge. Par ailleurs, dans le cadre de cette conception, la fonction juridictionnelle suppose l'existence d'un *contentieux* et une *intervention* en vue de le résoudre[439]. Il faut dire que, pendant tout le XIXème siècle la doctrine subordonnait la naissance d'un contentieux à la mise en cause d'un droit subjectif.

247. Cependant, une telle conception n'a pas échappé aux critiques. Pour une partie de la doctrine, la fonction juridictionnelle peut bien s'exercer, même en dehors de toute contestation, sur les faits ou sur le droit. Exiger une situation contentieuse pour qualifier l'acte de juridictionnel est une méthode fort critiquable puisqu'elle nous oblige soit à en exclure de la sphère juridictionnelle un grand nombre de décisions, dont la qualité juridictionnelle n'est pas douteuse, soit, au contraire, à classer dans cette sphère beaucoup d'actes qu'on ne peut concevoir comme en faisant partie. L'un des exemples mis en avant pour mieux illustrer la portée restrictive d'une telle conception est les jugements des juridictions répressives[440]. Certains auteurs citent aussi le cas des jugements dits d'expédients[441] ou encore les différentes décisions de justice rectifiant l'état civil des personnes qui, en principe, sont d'une nature juridictionnelle, mais échappent à cette qualification, sous l'empire de cette conception.

D'autre part, nombreuses sont également les décisions statuant sur des situations litigieuses sans pour autant constituer des actes juridictionnels. C'est le cas des décisions administratives prises par les supérieurs hiérarchiques

---

439 *Cf.* dans ce sens, J. CHEVALLIER, « Réflexions sur l'arrêt "Cadot"», art. cit., p. 85

440 Dans ce genre de jugements, cela ne fait aucun doute qu'on est face à des actes juridictionnels, même si l'inculpé ne conteste pas les faits pour lesquels il est poursuivi ou la portée de la loi punissable. Comme le note Adhémar ESMEIN, l'exécution de ce genre de lois – la loi pénale – présuppose toujours un jugement de condamnation, c'est-à-dire un acte juridictionnel, *cf. Eléments de droit constitutionnel français et comparé*, 5ème éd., Paris, Sirey, 1909, p. 439. *Cf.* dans ce sens : R. CARRÉ de MALBERG, *op. cit.*, t. 1, p. 698 ; P. LAMPUÉ, art. cit., pp. 20 et s. Dans un sens inverse, lors de sa première théorie, L. DUGUIT n'hésita pas à dénier aux jugements répressifs cette qualité, *cf. Études de droit public, t. 1, L'Etat, le droit objectif et la loi positive*, Paris, A. Fontemoing, 1901, pp. 416-581 ; t. 2, *L'Etat, les gouvernants et les agents*, *op. cit.*, pp. 132-532. *Cf.* aussi : P. LAMPUÉ, *ibid.*, p. 22.

441 L'objet de ces jugements n'est nullement de résoudre un litige, mais de constater une entente et une transaction entre les parties en cause, à l'effet de conférer à la leur convention le caractère d'authenticité et la force exécutoire.

dans le but d'annuler, de confirmer ou de réformer les décisions objet du recours. Ainsi, même si la décision est rendue à l'occasion d'un contentieux mettant aux prises l'administration et l'administré, l'on est face à une autorité administrative et à une décision administrative, et non pas à un acte juridictionnel[442].

248. C'est pour ces raisons que cette théorie a été abandonnée au début du XXème siècle pour que la doctrine adopte, cette fois-ci, une *conception élargie* d'après laquelle la situation contentieuse doit être entendue comme tout incident ou trouble « qui se produit au cours d'une opération de formation, d'élaboration ou d'exécution du droit »[443]. Parmi les adeptes de cette conception matérielle, Léon DUGUIT estime que l'opération juridictionnelle comporte trois étapes indispensables : la prétention, la constatation et la décision. Il considère comme décision juridictionnelle celle qui tend à rétablir un ordonnancement juridique violé. Une telle décision doit être la conséquence d'une constatation provoquée par une prétention émise. D'après lui, dans l'acte juridictionnel, c'est la constatation sur la base de la nature de la prétention qui constitue l'élément essentiel et non la décision finale qui joue, en réalité, un rôle secondaire et subordonné. En d'autres termes, la constatation est une fin et la décision constitue le moyen de l'atteindre. C'est en cela que cet acte se différencie des actes administratifs où la constatation n'est qu'un moyen pour arriver à une fin, c'est-à-dire la décision finale[444].

249. À l'image du critère formel, ce critère matériel est incontournable. Il faut l'avouer, lorsqu'on évoque les juridictions ou la fonction juridictionnelle notre esprit va directement au côté formel et plus spécialement procédural. Cependant, il faut l'admettre aussi, c'est le côté matériel de l'acte qui a fait naître le besoin d'avoir une organisation et une procédure spéciales. C'est cette complémentarité qui nous encourage à nous aligner sur le courant doctrinal qui préconise, si le besoin se fait sentir, de recourir, simultanément, aux critères formel et matériel pour déterminer la nature juridictionnelle d'un acte.

c. La combinaison des deux critères et son application aux AAIRE

250. Pour rendre à César ce qui lui appartient, il convient de remarquer, d'emblée, que l'honneur de jeter les jalons de cette conception revient à l'éminent juriste Édouard LAFERRIÈRE. Analysant l'arrêt *Cadot*, l'auteur

---

442 *Cf.* dans ce sens : R. CARRÉ DE MALBERG, *op. cit.*, t. 1, p. 698.

443 J. CHEVALLIER, « Réflexions sur l'arrêt "Cadot" », art. cit., p. 89. *Cf.* aussi dans ce sens : J. DE SOTO, « La notion de juridiction (à propos du Conseil supérieur de l'électricité et du gaz) », *D.* 1956, chron. pp. 45 et s.

444 L. DUGUIT, *Traité de droit constitutionnel*, en cinq volumes, t. 2, 3ème éd., *La Théorie générale de l'État*. 1ère partie. *Éléments, fonctions et organes de l'État*, Paris, Ancienne librairie Fontemoing, Éd. de BOCCARD, 1928, pp. 418 et s. Ce n'est pas pour autant que l'auteur néglige la décision qui s'incorpore, d'après lui, à l'acte juridictionnel. Il la considère même essentielle, car, sans elle, la constatation ne peut concrétiser les modifications nécessaires en réponse à la prétention. *Cf.* dans ce sens : R. BONNARD, « La conception matérielle de la fonction juridictionnelle », art. cit., p. 18.

suggère, à juste titre d'ailleurs, de distinguer les notions de « contentieux » et de « juridiction ». D'après lui, le contentieux est une notion d'ordre purement matérielle recouvrant « l'ensemble des réclamations fondées sur un droit ou sur la loi » ou « l'ensemble des contestations juridiques auxquelles donne lieu l'action administrative »[445]. Partant de là, il trouve que trancher un contentieux ne signifie pas pour autant faire acte de juridiction, raison pour laquelle il suggère de faire appel à des éléments d'ordres formels, relatifs au statut de juridiction, aux côtés du critère matériel[446].

C'est la même conception que défendait Maurice HAURIOU, en proposant de distinguer « la matière contentieuse », qui désigne une contestation pouvant être réglée par une solution de droit, de « la forme contentieuse » relative à l'intervention du juge. Ainsi, déclare-t-il que les éléments de l'acte juridictionnel sont *une contestation* (élément matériel), *une acceptation* de l'instance destinée à régler cette contestation (élément formel) et *un juge public* pour trancher la contestation (élément organique)[447].

L'idée a également inspiré Jacques CHEVALLIER, qui propose de distinguer la « fonction juridictionnelle » de la « fonction contentieuse ». Cette dernière « consiste à trancher des problèmes contentieux. Elle suppose donc tout à la fois l'existence d'une donnée de fait et une intervention directe en vue de la résoudre. La situation contentieuse naît d'une contestation sur le contenu, la portée ou l'application du droit »[448]. Toutefois, selon l'auteur, une telle fonction n'est pas suffisante pour reconnaître à l'organisme qui l'exerce la qualité de juridiction, étant donné que même l'administration active peut prétendre à un tel exercice. C'est pourquoi, il préconise de prendre en compte la première notion, c'est-à-dire la « fonction juridictionnelle » qui, elle, suppose, en plus d'une situation contentieuse, un ensemble d'éléments formels et organiques constitutifs d'une juridiction. D'ailleurs, même l'arrêt *Cadot* dévoile l'existence de « deux éléments constitutifs et indissociables de la juridiction : un élément d'ordre matériel, relatif à l'objet [la résorption d'un contentieux] ; un élément d'ordre formel, concernant ses modalités d'exercice [l'intervention en la forme juridictionnelle] »[449].

---

445 E. LAFERRIÈRE, *Traité de la juridiction administrative et des recours contentieux,* t. 2, *Compétence (suite), Marchés et autres contrats* (…), 2ème éd., Paris, Nancy, Berger-Levrault et Cie, 1896, pp.8-10. *Cf.* aussi : J. CHEVALLIER, *ibid.* Cette conception élargit ainsi le champ du contentieux, puisqu'elle englobe même le recours pour excès de pouvoir malgré son caractère objectif. En effet, pendant le XIXème siècle, la doctrine faisait du droit subjectif le seul objet de la situation contentieuse, mais cette conception fut abandonnée dès le début du XXème siècle ; il est maintenant admis que la situation contentieuse est tout incident se produisant au cours d'une opération de formation, d'élaboration ou d'exécution du droit.

446 *Ibid.*

447 M. HAURIOU, « Les éléments du contentieux », *Rec. acad. législ. de Toulouse*, 1905, p. 1, spéc., p. 13 ; *Précis de droit administratif et du droit public*, 12e éd, 1933, Paris, Sirey, réédité par Dalloz, 2002, pp. 404 et 405.

448 J. CHEVALLIER, *ibid.*, pp. 88 et s. ; « Fonction contentieuse et fonction juridictionnelle », in *Problèmes du droit public contemporain*, Mél. M. STASSINOPOULOS, Paris, Athènes, LGDJ, RDP, Coll., « Loi et Justice », 1974, pp. 275 et s.

449 *Ibid.*

Enfin, une telle solution est proposée aussi par Pierre LAMPUÉ qui, tout en suggérant de ne pas négliger « les éléments résultant de la composition même de l'organe » ainsi que ceux liés à la procédure suivie devant cet organe, nous invite également, « en cas de doute », à prendre en considération « la nature matérielle de l'acte »[450].

251. Après cet exposé, sommes-nous en mesure de dire que les décisions répressives des AAIRE constituent des actes juridictionnels ? En premier lieu, d'un point de vue matériel, il y a bel et bien une situation contentieuse et une intervention pour la résoudre : l'on est face à des prétentions différentes étant donné qu'un contentieux oppose une AAIRE à un opérateur économique, et que chaque partie conteste les allégations et prétentions de l'autre. On le sait, la plupart de ces autorités de régulation bénéficient, avant l'infliction des sanctions, d'un pouvoir de mise en demeure et d'injonction, et si elles sont amenées à prononcer des sanctions c'est qu'en face le contrevenant ne s'est pas plié à l'injonction ou à la mise en demeure. En d'autres termes, l'on retrouve, d'une part, l'autorité de régulation qui prétend qu'une personne a violé une norme et lui ordonne d'y mettre un terme ou lui enjoint de faire quelque chose dans ce sens. D'autre part, cette personne qui ne défère pas à l'injonction ou ne tient pas compte de la mise en demeure, contestant de ce fait les prétentions de l'autorité.

En second lieu, comme nous aurons l'occasion de le voir, presque l'ensemble des garanties de fond et de procédure du droit pénal sont retenues dans le cadre du pouvoir répressif de ces autorités de régulation. D'ailleurs, la doctrine a souvent mis en avant le phénomène de judiciarisation et de procéduralisation des AAIRE dotées d'un pouvoir de sanction[451].

252. En somme, d'après les critères précédents, les AAIRE apparaissent comme exerçant une véritable fonction juridictionnelle. Mieux encore, il est arrivé même que l'une d'elles qualifie son pouvoir de *juridictionnel*[452]. Néanmoins, un tel jugement sera conforté, s'il est prouvé que ces autorités remplissent également les conditions nécessaires pour être des juridictions. En effet, la fonction juridictionnelle se caractérise, non seulement par son contenu et les conditions de forme qui l'entourent, mais encore par une exigence relative à la qualité de l'autorité qui l'exerce. Comme on l'a relevé précédemment, la doctrine et la jurisprudence sont unanimes qu'il faudrait un faisceau d'éléments *organiques* pour qu'on puisse dire qu'il y a vraiment une

---

[450] P. LAMPUÉ, art. cit., pp. 38 et s. *Cf.* également dans le même sens : P. QUILINCHI, art. cit., p. 1061.

[451] *Cf.* Jean-François BRISSON qui se posait la question de savoir si on allait vers une juridictionnalisation des AAIRE, à cause de la judiciarisation de leurs procédures répressives, « Les pouvoirs de sanction des autorités de régulation : les voies d'une juridictionnalisation », art. cit. ; « Les pouvoirs de sanction des autorités administratives de régulation et l'article 6§1 de la Convention européenne des droits de l'homme », art. cit., p. 854. Selon Roland DRAGO, certaines de ces autorités ont une nature juridictionnelle, et ce, au vu de leur composition et leurs attributions, *cf.* « Le Conseil de la concurrence », *JCP G* 1987.I.3300.

[452] *Cf.* le rapport annuel 2013 de l'ACPR, partie 5 « L'activité disciplinaire », p. 114.

fonction juridictionnelle. Les AAIRE réunissent-elles les conditions organiques nécessaires pour être qualifiées de juridictions et, par ricochet, conforter la qualité juridictionnelle de leurs actes répressifs ?

Après la notion de l'acte juridictionnel, il faudrait donc, dans un second temps, cerner la notion de juridiction pour vérifier ensuite si une telle qualité pourrait être transposée aux AAIRE.

B. Les AAIRE, des juridictions de fait ?

253. Certes, il y a des rapports étroits et même logiques entre les notions de *juridiction* et d'*acte juridictionnel* : un acte juridictionnel émane toujours d'une juridiction et une juridiction fait des actes juridictionnels, mais elle ne fait pas que des actes de cette nature. Partant de là, on aurait pu reconnaître la qualité de juridiction aux AAIRE, du moment qu'il est bien établi qu'elles exercent une fonction juridictionnelle. Nonobstant cette fonction, on pense qu'il est très utile de faire la lumière sur la notion de juridiction pour savoir si les AAIRE réunissent les conditions nécessaires pour bénéficier de la qualité juridictionnelle.

Donc, tout comme pour l'acte juridictionnel, nous pencherons sur la notion de juridiction et les critères qui nous permettent de la distinguer des autres autorités (**1**). Aussi paradoxal que cela puisse paraître, l'exposé de ces critères conjugué à l'analyse des textes régissant le fonctionnement et l'organisation de ces autorités, nous révèle que ces dernières remplissent toutes les conditions nécessaires pour bénéficier de la qualité de juridiction. Toutefois, le législateur et le juge continuent à leur dénier cette qualité, au point de faire d'elles de véritables « Organismes Juridiques Non Identifiés » (**2**).

1. La notion de juridiction, entre conceptions matérielle et formelle

254. Dans sa définition de la notion de juridiction, la doctrine est partagée entre les partisans d'une approche formelle (**a**), et ceux privilégiant une approche matérielle (**b**). Par ailleurs, la notion de « tribunal » retenue dans la CESDH et son interprétation par la CEDH a contribué activement et d'une manière remarquée à la redéfinition de cette notion (**c**).

a. La conception formelle

255. Pour une grande partie de la doctrine, ce qui pourrait distinguer les juridictions des autres autorités, notamment administratives, ce sont leur organisation et les procédures auxquelles elles sont soumises lorsqu'elles font acte de leurs tâches juridictionnelles. Parmi les partisans de cette théorie l'on retrouve Raymond CARRÉ DE MALBERG qui, en expliquant l'origine de l'acte juridictionnel, s'est attelé à définir la notion de juridiction. D'après lui, le critère de juridiction demeure dans l'*organisation* d'une autorité, sous la forme de tribunal. C'est ainsi qu'il range dans cette catégorie, tout d'abord, les autorités judiciaires, ensuite, le Conseil d'État et les Conseils de préfectures qu'il considère comme des « autorités administratives spécialement affectées à l'examen des questions juridictionnelles, [constituant] dans l'ensemble des autorités administratives, un groupe à part, qui se caractérise à la fois par son organisation spéciale et par sa tâche juridictionnelle à laquelle il est spécialement préposé »[453].

C'est encore l'idée défendue par Jacques CHEVALLIER qui estime que « la juridiction administrative et l'autorité administrative ne peuvent être distinguées que d'un point de vue organique et formel. Si on cherche à les opposer par des critères matériels, tirés de la fonction assurée, on aboutit inévitablement à la plus grande confusion et à reconnaître un pouvoir juridictionnel à l'administration active, parce qu'elle aussi tranche des litiges et parfois exclusivement sur la base du droit »[454]. Après avoir reproché au critère matériel d'être à l'origine de l'instauration de la théorie de l'administration-juge, il réaffirme que « les principes d'organisation et les règles de procédure sont seuls révélateurs de la nature de l'organisme considéré »[455].

256. La jurisprudence administrative semble corroborer cette façon de voir les choses. Dans plusieurs de ses décisions, le Conseil d'État, s'appuyant sur des éléments formels tenant à l'organisation de l'instance considérée (telle que la collégialité et l'indépendance de l'instance...) ou à la procédure suivie (telle que la motivation des décisions et le respect du principe de contradictoire...) au moment de la prise de décision, leur a soit refusé ou reconnu la qualité juridictionnelle[456].

---

[453] R. CARRÉ DE MALBERG, *op. cit.*, t. 1, pp. 758 et 777.

[454] J. CHEVALLIER, *L'élaboration historique du principe de la séparation des pouvoirs*, *op. cit.*, p. 294.

[455] *Ibid.*

[456] CE, sect., 12 juill. 1929, *Leroux*, *Rec. CE* 1929, p. 710, à propos de la Chambre du contentieux administratif de l'Office supérieur des assurances sociales de la Moselle qui, en statuant « selon une procédure juridictionnelle ; elle constitue, dès lors, une juridiction administrative spéciale » ; CE, 19 févr. 1943, *Bugnet et autres*, *Rec. CE* 1943, p. 46, *Droit social*, 1943, p. 173, à propos de la Chambre de discipline de l'Association des commissaires aux comptes quand elle statue en matière disciplinaire. Le commissaire du gouvernement, M. Léonard, a fait état de **l'indépendance** de cette Chambre, qui ne dépend d'aucune hiérarchie, de son **objectivité**, de son *pouvoir de décision*, de la *forme de ses décisions* (rendues sur timbre et munies de la formule exécutoire). *Cf.* pour plus de détails sur la question : R. CHAPUS, *Droit du contentieux administratif*, *op. cit.*, pp. 112-119 ; J. DE SOTO, « La notion de juridiction (à propos du Conseil supérieur de l'électricité et du gaz) », art. cit., p. 47. Durant cette période, le Conseil d'État n'a pas hésité à faire appel aux deux critères à la fois. C'est le cas de l'arrêt *Bugnet et autres*, dans lequel le juge administratif n'a pas reconnu le caractère juridictionnel aux décisions de la Chambre de discipline des Commissaires aux comptes, statuant sur l'inscription ou la non-inscription d'un candidat sur la liste des commissaires aux comptes. Le commissaire du gouvernement en donne deux raisons : « L'élément de contestation préalable, nécessaire pour que puisse s'exercer la fonction juridictionnelle, fait, en effet, totalement défaut. Il n'y a pas de litige au moment où la commission se prononce ; peut-être son action pourra-t-elle en faire naître un, mais elle ne lui sera pas antérieure et ne la placera pas en position de juge. Enfin, dans la forme, nous voyons par l'article 5 du décret portant règlement d'administration publique du 29 juin 1936, que ses décisions ne sont pas motivées ». C'est ce qui ressort également des

b. La conception matérielle

257. D'après l'arrêt *De Bayo*, rendu en 1953[457], la juridiction doit être appréhendée par un critère matériel, lié à la mission ou à la nature de l'activité de l'organisme considéré. Aux termes de cet arrêt, la qualité de juridiction est liée à la « nature de la matière » dans laquelle l'autorité décide « quelles que soient les formes dans lesquelles elles interviennent »[458]. Par ce considérant de principe, le Conseil d'État semblait avoir tranché en faveur du critère matériel pour l'identification des juridictions[459]. Depuis, la formule de l'arrêt n'a pas cessé d'être réaffirmée dans des décisions postérieures, la reprenant textuellement[460] ou sous d'autres variantes qui n'altèrent nullement le sens de la première[461].

---

conclusions de M. Jean Donnedieu de Vabres, dans l'affaire *Falco et Vidaillac*, à propos des décisions du bureau de vote du Conseil supérieur de la magistrature : « Il est alors nécessaire de dépasser ces éléments purement extérieurs et de chercher la solution dans des considérations à notre avis plus importantes ; *la fonction assumée* (élément matériel) par l'organisme en cause et *les conditions de son fonctionnement* (élément formel)... Or s'il est parmi les différents critères de la juridiction, un seul qui se détache parmi les autres et qui pourrait, à notre avis, être retenu comme décisif, c'est bien celui de la *procédure contradictoire* (élément formel) », *cf.* CE, ass., 17 avr. 1953, n° 24044, *Rec. CE* 1953, p. 175, *RDP* 1953, p. 448).

457 CE, ass., 12 déc. 1953, *De Bayo, Rec. CE* 1953, p. 544, *AJDA* 1954, p. 138, note J. DE SOTO ; *RPDA* 1954, p. 3, concl. J. CHARDEAU ; *RTD civ.* 1954, p. 349, note P. HEBRAUD.

458 L'arrêt énonce que « les décisions prises en matière des inscriptions au tableau (de l'ordre des vétérinaires)…n'ont pas, *eu égard à la nature de cette matière et quelles que soient les formes* dans lesquelles elles interviennent, le caractère de décisions rendues par une juridiction » (souligné par nous).

459 R. CHAPUS, « Qu'est-ce qu'une juridiction ? La réponse de la juridiction administrative », in *Recueil d'études en hommage à Charles Eisenmann*, Paris, Cujas, 1977, p. 236.

460 C'est le cas, par exemple, des décisions suivantes : CE, 12 juill. 1955, *Sté Régionale du Jura, Rec. CE* 1955, p. 420, à propos de la Commission de contrôle des banques ; CE, 20 déc. 1957, *Baray, Rec. CE* 1957, p. 701, à propos de la Commission supérieure de la carte d'identité des journalistes professionnels.

461 *Cf.* CE, sect., 17 mai 1960, *Feuillette, Rec. CE* 1960, p. 316, à propos des Chambres régionales et à la Chambre supérieure de discipline de l'Ordre des vétérinaires, où l'on a jugé que les décisions prises, par ces organismes, concernant l'inscription au tableau, n'ont pas le caractère de décisions juridictionnelles « eu égard à la nature de cette matière », et ce, « quelles que soient les formes dans lesquelles elle interviennent » ; CE, 25 janv. 1961, *Gendre, Rec. CE* 1961, p. 51, à propos des Commissions régionales et à la Commission nationale d'appel d'optique-lunetterie, où il a été décidé que les décisions prises en matière d'accès à la profession n'ont pas, « qu'elles que soient les formes dans lesquelles elles interviennent », le caractère de décisions juridictionnelles « eu égard à leur objet » ; CE, ass., 12 juill. 1969, *L'Etang, Rec. CE* 1969, p. 388, à propos du Conseil supérieur de la magistrature, siégeant en conseil de discipline des magistrats, le Conseil d'État lui a reconnu la qualité de juridiction, à raison de la « nature des pouvoirs » qui lui sont attribués, *cf. AJDA* 1969, p. 558, chron. J.-L. DEWOST et R. DENOIX DE SAINT-MARC ; *RDP* 1970, p. 387, note M. WALLINE. Ce même critère matériel est également adopté par le juge civil. La formule qui le consacre revient dans plusieurs décision de la Cour de cassation, à l'exemple de : Cass. civ., 1e, 7 avr. 1987, n° 85-17.768, *X c/ Ordre des avocats du barreau de Y, Bull. civ.* 1987, I, n° 430, p. 92, JurisData:1987-000766 (La décision d'attribution ou de refus de l'honorariat ne présente « aucun caractère juridictionnel, ni contentieux ») ; Cass. civ., 1e, 24 avr. 1985, n° 84-10.235, *Rizzo, Bull. civ.* 1985, I, n° 129, p. 119, JurisData:1985-701541, *Gaz. Pal.*, 1985.II.295. Dans cet arrêt la Cour de cassation a eu

258. De la multitude des décisions rendues par la haute juridiction administrative sur le sujet qui nous intéresse, même si elles démontrent sans aucune peine sa préférence pour le critère matériel, il apparaît aussi qu'une telle position est confuse et manque de clarté ; on ne sait pas ce qu'entend le juge par « la nature de la matière » ou « la mission ». La doctrine, qui s'est intéressée au sujet, a relevé une liaison étroite et même automatique entre pouvoir disciplinaire et qualité de juridiction ; le juge administratif a toujours reconnu la qualité juridictionnelle aux organismes dotés d'un pouvoir de sanction disciplinaire. Les formules qu'il utilise ne trahissent pas une telle pensée, comme le montre assez bien l'arrêt *Caisse de compensation de l'Organic* qui énonce qu'« en chargeant » telle autorité de prononcer une sanction, les auteurs du texte « ont institué une juridiction »[462].

259. Mais, apparemment, la validité de ce critère ne veut nullement dire qu'il est suffisant à lui seul pour déterminer le caractère juridictionnel d'un organisme ; il faudrait au contraire s'appuyer sur d'autres éléments formels nécessaires et indispensables pour toute juridiction. La nature collégiale de l'autorité et la participation de magistrats professionnels au délibéré, par exemple, sont des éléments qui contribuent de manière complémentaire et décisive à la qualification[463]. D'ailleurs, même après l'arrêt *De Bayo,* le Conseil d'État ne s'est pas contenté de ce critère, puisqu'il ressort de plusieurs de ses décisions une combinaison des critères formels et matériels[464].

c. L'apport de la Cour européenne de Strasbourg

260. Comme on l'a vu précédemment, les besoins de la régulation ont fait que le législateur relègue au second plan la question des garanties qui doivent entourer le pouvoir répressif des AAIRE. De la sorte, tout en s'exposant à des sanctions qui parfois sont plus importantes que les sanctions pénales, les

---

l'occasion de réaffirmer la nature juridictionnelle du Conseil de l'ordre des avocats statuant en matière disciplinaire.

462 CE, sect., 30 juin 1967, *Caisse de compensation de l'Organic*, *Rec. CE*, p. 286. Pour les mêmes raisons le Conseil d'État a reconnu ainsi la qualité de juridiction, pour les :

- Commission de contrôle des banques, *cf.* CE, sect., 12 oct. 1956, *Desseaux*, *RDP* 1957, p. 114, concl. C. LASRY ; CE, 27 févr. 1959, *Sté Française de participations*, *Rec. CE* 1959, p. 147 ; CE, sect., 28 juin 1963, *Bapst*, *Rec. CE* 1963, p. 411, *AJDA* 1963, p. 47, chron. M. GENTOT et J. FOURÉ ;
- Conseil supérieur de la magistrature, *cf.* CE, ass., 12 juill. 1969, *L'Etang*, préc. ;
- Commissions des qualifications et Commission nationale des métiers, instituées par le statut de l'artisanat, *cf.* CE, sect., 30 juin 1967, n° 57775, *Caisse de compensation de l'Organic et autres*, *Rec. CE* 1967, p. 286 ;
- Commission régionale des commissaires aux comptes, *cf.* CE, 1er oct. 1969, *Fournier*, *Rec. CE* 1969, p. 415.

463 J.-M. AUBY, « Autorité administrative et autorités juridictionnelles », *AJDA* 1995, n° spec., p. 91 ; P. KLAOUSEN, « Réflexions sur la définition de la juridiction dans la jurisprudence du Conseil d'État », *LPA*, 30 juill. 1993, p. 22.

464 *Cf.* sur la question : J.-M. AUBY et R. DRAGO, *Traité de contentieux administratif*, t. 1, 3ème éd., Paris, LGDJ, 1984, p. 304.

contrevenants n'avaient pas le droit au bénéfice des garanties reconnues en matière pénale, sous prétexte qu'on n'était pas devant des juridictions.

261. La Cour européenne ne cesse de recadrer les autorités françaises dans le sens d'une bonne prise en compte de l'intérêt et des droits des « justiciables » devant ces autorités de régulation. En effet, le développement de la jurisprudence européenne, son approche du *procès équitable* et du *tribunal impartial*, sont venus remettre en cause la conception et le raisonnement français sur ces questions[465]. Ainsi, pour les juges européens, le droit à un « tribunal indépendant et impartial, établi par la loi... [concerne tout organisme] habilité à prendre des décisions contraignantes »[466] est chargé de « trancher sur la base de normes de droit et à l'issue d'une procédure organisée, toute question relevant de sa compétence »[467].

262. En utilisant une combinaison des critères matériel et formel pour définir la notion de « tribunal », au sens de l'article 6§1 de la Convention de Rome, la Cour européenne s'est rendue indifférente aux qualifications nationales données aux organes investis d'un pouvoir de sanction[468] ; il est possible qu'une autorité considérée comme administrative au niveau national, soit considérée par les instances européennes comme une véritable juridiction. Étant donné que les AAIRE remplissent les conditions posées par la CEDH, elles doivent être considérées comme des « tribunaux indépendants », malgré leur qualification par le juge national d'autorités non juridictionnelles[469]. De la sorte, elles se retrouvent astreintes au respect des principes du droit pénal, que ce soit les garanties de fond (non-rétroactivité, principe de légalité, principe de proportionnalité) ou de procédure (droits de la défense, motivation, sursis à

---

[465] *Cf.* sur la question : F. MODERNE, « Le juge administratif français et les règles du procès équitable », *RUDH* 1991, n° 7-9, p. 352 ; E. PICARD, « La juridiction administrative et les exigences du procès équitable », *in* F. SUDRE (dir.), *Le droit français et la convention européenne des droits de l'homme, 1974-1992*, Actes du colloque tenu à Montpellier, févr. 1993, Ed. NP Engel, 1994, p. 217 ; J.-F. BRISSON, « Les pouvoirs de sanction des autorités de régulation et l'article 6§1 de la Convention européenne des droits de l'homme à propos d'une divergence entre le Conseil d'État et la Cour de cassation », art. cit., pp. 854 et s.

[466] *Campbell et Fell c. Royaume-Uni*, 28 juin 1984, § 76, série A n° 80.

[467] *Belilos c. Suisse*, 29 avr. 1988, § 64, série A n° 132 ; *Sramek c. Autriche*, 22 oct. 1984, § 36, série A n° 84.

[468] « Par "tribunal", l'article 6§1 n'entend pas nécessairement une juridiction de type classique, intégrée aux structures judiciaires ordinaires du pays... », *cf. Campbell et Fell c. Royaume-Uni*, 28 juin 1984, § 76, série A n° 80.

[469] CE, 13 mars 1981, n° 10486, 10490, *Ordre des avocats de la Cour d'appel de Paris et autres*, JurisData:1981-040824 ; CE, 22 mai 1985 n° 61847, *Sté Cabot Corporation et autres*, *Rec. CE* 1985, p. 158, JurisData:1985-041059, *RDP* 1987, p. 232, note Y. GAUDEMET (Concernant la Commission de la concurrence) ; CE, 14 juin 1991, *Association Radio Solidarité*, préc., (concernant le CSA). Il y a lieu de rappeler, à ce sujet, la divergence des positions de la Cour de cassation et du Conseil d'État quant à l'applicabilité de l'art. 6§1 de la Convention européenne aux autorités administratives investies d'un pouvoir répressif. Après un refus catégorique, la haute juridiction administrative a finalement rallié la solution du juge judiciaire, comme le témoigne l'arrêt : CE, ass., 3 déc. 1999, *Didier*, *Rec. CE* 1999, p. 399, JurisData:1999-051201. *Cf. infra*, pp. 463 et s.

exécution)[470]. C'est-à-dire qu'on doit transposer à ces autorités des procédures conçues avant tout pour le fonctionnement des organes juridictionnels.

Comme nous aurons l'occasion de le constater, on retrouve également remplis plusieurs éléments d'ordre organique, liés au fonctionnement de ces autorités ainsi qu'au statut de leurs membres, caractérisant d'habitude les autorités juridictionnelles. De fait, les AAIRE auraient mérité amplement cette dernière qualification.

2. Le déni de la qualité juridictionnelle aux AAIRE

263. La position du législateur sur la nature juridique des AAIRE, est sans ambiguïté : elles sont des organismes administratifs. Saisi, à maintes reprises, pour se prononcer sur des questions relatives à ces autorités, le Conseil constitutionnel est catégorique, lui aussi, sur ce point : il s'agit bel et bien d'organismes « non juridictionnels ». Un tel jugement nous semble un peu sévère et loin de refléter la réalité des choses. Car, l'analyse des textes régissant le fonctionnement et l'organisation de ces organismes, nous révèle que les critères précédemment exposés sont bien réunis (**a**). En même temps, aussi étrange que cela puisse paraître, le législateur n'a pas hésité à faire de l'ancienne Commission bancaire une exception en lui reconnaissant la qualité de juridiction, lorsqu'elle usait de son pouvoir répressif (**b**).

a. La qualité juridictionnelle bien établie

264. Si l'on prend en considération le critère matériel adopté par le Conseil d'État pour reconnaître la qualité juridictionnelle, l'on est en mesure de dire que les AAIRE, compte tenu de la nature de leur pouvoir, sont des juridictions. Ayant toujours reconnu cette qualité à toutes les autorités dotées d'un pouvoir de sanction disciplinaire, il n'existe aucune raison pour que le juge administratif refuse cette qualité à ces autorités de régulation qui exercent de surcroît un pouvoir de sanction répressif. Un pouvoir qui présuppose le caractère juridictionnel de l'organisme[471]. Enfin, toujours d'un point de vue matériel, n'omettons pas que la plupart de ces autorités sont dotées de prérogatives arbitrales tout comme certaines juridictions, ce qui dénote de la proximité des fonctions et du statut entre les deux catégories.

265. Outre le point de vue matériel, il existe également un faisceau d'éléments organiques qui nous permettent de reconnaître la qualité de juridictions à ces organismes. L'analyse des textes régissant ces dernières nous montre, en effet, que plusieurs éléments caractérisant les juridictions, sont remplis dans leur cas. Il s'agit notamment de :

- **Leur composition** : la totalité des AAIRE sont des organismes collégiaux, ce qui les rapproche des juridictions. De plus, la plupart de ces

[470] *Cf. infra*, pp. 414 et s., 436 et s.

[471] R. CHAPUS, « Qu'est-ce qu'une juridiction ? La réponse de la juridiction administrative », art. cit., p. 236.

collèges, commissions, formations et autres comités, comptent parmi leurs membres des magistrats. Cet élément, même s'il n'est pas déterminant, joue un rôle complémentaire dans le rapprochement fait entre ces autorités et les juridictions ;

- **Leur indépendance** : l'indépendance des AAIRE doit s'entendre en ce que, dans leur domaine de compétence, elles ne sont pas soumises au pouvoir d'instruction d'un supérieur hiérarchique. Dans le système juridictionnel, les tribunaux supérieurs n'ont pas sur les tribunaux inférieurs ce pouvoir d'instruction qui existe dans la hiérarchie administrative, de fonctionnaire supérieur à fonctionnaire subordonné. Telle est la différence capitale d'organisation qui existe entre les organes juridictionnels et les organes administratifs. À ce sujet, malgré sa relativité, l'indépendance des AAIRE est un élément bien consacré par le législateur et confirmé par la jurisprudence[472]. D'ailleurs, pour bien asseoir leur impartialité et leur indépendance, le législateur a procédé au fil du temps à une distinction claire entre les fonctions de poursuite, d'instruction et de sanction[473] ;

- **Un indice procédural** : les AAIRE sont dans l'obligation de respecter certaines procédures, jusque-là applicables devant les juridictions, comme c'est le cas des principes du contradictoire, de la motivation des décisions, de la proportionnalité, etc. ;

- **Un indice statutaire** : la consécration des régimes des incompatibilités et de l'irrévocabilité des mandats de leurs membres ;

- La consécration d'une **procédure de récusation** de leurs membres[474] ;

- Enfin, tout comme les juridictions, les organes de sanction de certaines de ces autorités sont organisés en **sections**, comme pour la commission des sanctions de l'AMF[475]. Dans le cas de l'ARAFER l'on parle même de « **mémoires et pièces** » qui doivent être adressées à son « **greffe** »[476].

266. C'est d'ailleurs en combinant les critères formel et matériel que la commission des sanctions de l'ACPR s'est attribué la qualité de juridiction,

---

472 *Cf. supra*, pp. 127 et s.

473 C'est le cas de l'AMF, de l'ARJEL, de l'ACPR, au sein desquelles on retrouve en plus du collège une commission des sanctions. La même organisation a été reproduite dans le cas de la CRE et de l'ARCEP, dont le pouvoir de sanction est confié, respectivement, au comité de règlement des différends et des sanctions et à la formation restreinte. Compte tenu de l'"indépendance" des AAIRE, certains auteurs ont revendiqué que la qualité de « juridiction spéciale » leur soit reconnue (cette solution est surtout avancée dans le cas du Conseil de la concurrence, *cf.* C. GAVALDA, note sous CE, ass., 13 mars 1981, *Ordre des avocats à la cour et SARL Arm. Pellerin*, *D.* 1981, p. 419 ; C. GAVALDA et C. LUCAS DE LEYSSAC, « Non il est temps encore », *Gaz. Pal.*, 17/19 novembre 1985, p. 2 ; C. TEITGEN-COLLY, « Sanctions administratives et autorités administratives indépendantes », art. cit., p. 25.

474 *Cf.* les art. L.612-38, al. 7 et L.621-15-III *quater* du C. mon. fin., (concernant respectivement l'ACPR et l'AMF) ; l'art. 9 du décret n° 2010-495 du 14 mai 2010, relatif à la procédure de sanction applicable aux opérateurs agréés de jeux ou de paris en ligne, *JORF* n° 0111 du 15 mai 2010, p. 9052.

475 *Cf.* art. art. L.621-2-IV, al. 5 du C. mon. fin.

476 *Cf.* l'art. 10 du règlement intérieur de la Commission des sanctions de l'ARAFER, selon lequel « Les mémoires et pièces annexes sont adressées au greffe de l'Autorité ».

pour recevoir la question prioritaire de constitutionnalité dont elle était saisie (mais qu'elle a jugé dépourvue de caractère sérieux). À ses yeux, « Considérant qu'il résulte des dispositions des articles L.612-9 et L.612-38 du code monétaire et financier [...] que la Commission des sanctions de l'ACP statue collégialement sur les griefs disciplinaires dont l'a saisie le Collège, organe de poursuite de cette autorité, à l'issue d'une instruction qu'elle mène contradictoirement entre la personne mise en cause et le représentant de cet organe ; que par ces dispositions, relatives notamment à la composition de la Commission, à la faculté de récuser un membre dont il existe une raison sérieuse de mettre en doute l'impartialité, aux garanties des droits de la défense, aux conditions dans lesquelles elle délibère et au « recours de plein contentieux » dont ses décisions peuvent faire l'objet devant le Conseil d'État à l'initiative de l'une ou l'autre des parties, le législateur a conféré à la Commission la nature d'une juridiction administrative spéciale de première instance, soumise au contrôle d'appel du Conseil d'État »[477].

267. Tel qu'on l'a exposé un peu plus haut, toutes les données juridiques font des AAIRE des juridictions. Par ailleurs, elles sont très proches des juridictions administratives spéciales avec lesquelles elles partagent beaucoup de points communs[478]. Toutefois, le législateur les a explicitement qualifiées d'autorités administratives[479]. Malgré les nombreuses interrogations qui ont suivi la création des premières instances, le législateur n'a pas changé de position en maintenant le caractère administratif de celles déjà créées et en qualifiant de même celles qui suivirent.

268. La jurisprudence partage la même position. Saisis pour se prononcer sur des questions liées à ces autorités, la cour d'appel de Paris, la Cour de cassation, le Conseil d'État, les ont explicitement qualifiées d'autorités ou

---

[477] ACPR, décis., procédure n° 2010-06 *bis*, déc. 13 mai 2011. Disponible sur : https://acpr.banque-france.fr/fileadmin/user_upload/acp/publications/registre-officiel/20111216-Decision-de-la-commission-des-sanctions.pdf. Contrairement à la commission des sanctions de l'ACPR, sa consœur de l'AMF s'est défendue, pour sa part, d'être une juridiction : « Considérant dès lors que la Commission des sanctions de l'AMF, qui, non seulement n'appartient pas à l'ordre judiciaire pénal, mais, de surcroît, n'est pas une juridiction, ne peut être liée, dans sa démarche de caractérisation d'un manquement administratif, par les termes d'une ordonnance de non-lieu rendue par un juge d'instruction » (AMF, décis., du 21 septembre 2009, MM. A, B, C, D, E, *cf.* www.amf-france.org/technique/multimedia?docId.../7a80ba4e).

[478] Une comparaison entre les AAIRE et les juridictions administratives spéciales, nous permet aisément de constater que les premières présentent presque toutes les qualités qui caractérisent les secondes ; en plus des ressemblances d'un point de vue organique et formel, ces deux catégories d'organismes exercent une fonction commune, celle de rendre la justice. Pour distinguer les véritables juridictions des autorités administratives exerçant une fonction proche, Jacques CHEVALLIER estime qu'au lieu de parler « de fonction juridictionnelle », il serait préférable de « retenir le terme fonction contentieuse : visant à résoudre des difficultés contentieuses, cette fonction est exercée dans toutes les sociétés par un ensemble d'organes, les uns administratifs, les autres juridictionnels... », *cf.* « Réflexions sur l'arrêt "Cadot" », art. cit., p. 90.

[479] *Cf. supra*, pp. 147 et s.

d'organismes administratifs[480]. Une position confortée par le Conseil constitutionnel qui, tout en les qualifiant d'« autorités » ou d'« organismes » administratifs, n'a pas hésité à souligner leur caractère « non juridictionnel »[481].

269. Certains auteurs ont tenté de justifier le refus de reconnaître le caractère de juridiction aux AAIRE, même lorsqu'elles exercent leur pouvoir de sanction, par le fait que ces dernières tiennent des prérogatives qui ne siéent pas avec un tel caractère, en l'occurrence, la possibilité de s'autosaisir et la faculté du commissaire du gouvernement de demander une seconde délibération[482].

Tout d'abord, concernant la question de l'auto-saisine, le Conseil d'État a déclaré qu'il ne voit aucun inconvénient à faire bénéficier une juridiction d'une telle procédure. D'ailleurs, il ne cesse de reprendre un considérant de principe où il affirme que la « possibilité conférée à une juridiction de se saisir de son propre mouvement d'affaires qui entrent dans le domaine de compétence qui lui est attribué n'est pas, en soi, contraire à l'exigence d'équité dans le procès, rappelée par l'article 6-1 de la Convention européenne de sauvegarde des droits de l'homme et des libertés fondamentales »[483]. Ainsi, un tel argument ne peut être un obstacle pour qualifier les AAIRE de juridictions.

---

[480] Cass. ass. plén., 5 févr. 1999, n° 97-16.440 et 97-16.441, *COB c/ J-M Oury*, Bull. A. P. 1999, n° 1, p. 1, JurisData:1999-000593, *Gaz. Pal.*, 1999, n° 335, concl. M-A. LAFORTUNE ; CE, 27 oct. 2006, n°s 276069, 277198 et 277460, *Parents et autres*, *Rec. CE* 2006, p. 454, JurisData:2006-070936, *LPA*, n° 237, 28 nov. 2006, p. 15 note J.-M. GLATT, *Bull. Joly Bourse* 2007, p. 80, concl. M. GYOMAR, *AJDA* 2007, p. 80, note M. COLLET ; CE, 17 nov. 2006, n° 276926, *Sté CNP Assurances*, *Rec. CE* 2006, p. 473, JurisData:2006-071062, *LPA*, n° 133, 4 juill. 2007, p. 14, note J.-B. DUBRUELLE.

[481] Appelé à se prononcer sur des questions liées à ces autorités, le Conseil constitutionnel a toujours refusé de voir en elles des autorités juridictionnelles. En plus de soutenir, dans certains considérants, leur caractère administratif, il a cru utile d'insister sur la nature de ces autorités en consacrant une formule de principe, selon laquelle « même si le législateur a laissé le soin de la prononcer à une autorité de nature *non juridictionnelle* » (souligné par nous). Une expression qu'il ne cesse de reprendre presque à chaque fois que le pouvoir répressif de ces autorités est mis en cause. *Cf.* par exemple : Cons. const., n^{os} : 89-260 DC du 28 juill. 1989, préc., 18ème consid. ; 2000-433 DC du 27 juill. 2000, préc., 50ème consid. ; 2006-535 DC du 30 mars 2006, loi pour l'égalité des chances, *Rec.* 2006, p. 50, *JORF* du 2 avr. 2006, p. 4964, 36ème consid.

[482] *Cf.* dans ce sens : M. GAYOMAR et P. COLLIN, « Diverses applications du principe d'impartialité », *AJDA* 2000, p. 126 (à propos des arrêts *Didier, Leriche* et *Caisse de crédit municipal de Bain-Tresboeuf* du 3 déc. 1999).

[483] CE, 7 juill. 2004, n° 225937, *Guy L., Rec. CE* 2004, p. 317, JurisData:2004-067429. *Cf.* aussi : CE, 30 juill. 2003, n° 240884, *Sté Dubus S.A*, *Rec. CE* 2003, tables, p. 671, JurisData:2003-06609, *AJDA* 2004, p. 26, note A. LAGET-ANNAMAYER ; CE, 30 Mai 2007, n° 266737, *Sté Dubus Management S.A*, JurisData:2007-072022. Dans l'affaire *Sté Habib Bank Ltd,* la haute juridiction administrative française a rappelé que la possibilité conférée à une juridiction ou à un organe administratif qui, eu égard à sa nature, à sa composition et à ses attributions, peut être qualifié de tribunal au sens de l'art. 6§1 de la CESDH, de s'autosaisir d'affaires relevant de sa compétence n'est pas, en soi, contraire à l'exigence d'équité procédurale. Pour le cas d'espèce, le Conseil d'État a jugé que si la faculté de la Commission bancaire de se saisir d'office de l'affaire n'est pas, en soi, contraire à l'exigence d'équité, en revanche, l'acte d'auto-saisine n'est pas neutre ; ce qui constitue un manque à l'impartialité

Ensuite, concernant le droit de demander une seconde délibération, il faut savoir qu'il s'agit d'une faculté qui concerne seulement les décisions réglementaires, c'est le cas de l'ACPR, de l'AMF, de l'ARCEP et du CSA[484].

270. En réalité, les raisons du refus de qualifier ces autorités de juridictions sont à chercher ailleurs que dans ces deux arguments. En effet, c'est dans les arguments qui justifièrent le recours des pouvoirs publics à cette organisation hétéroclite que réside la véritable raison : s'affranchir de certaines formalités et garanties, qui pèseraient sur la souplesse et l'efficacité pratique que nécessite la régulation[485].

On aurait pu améliorer le pouvoir du juge pénal ou même conférer des pouvoirs plus étendus aux différentes juridictions, afin de faire face à l'objectif répressif de la régulation. Cependant et comme nous l'avons vu, aux yeux des pouvoirs publics et des défenseurs du droit de la régulation économique, les juridictions souffrent de beaucoup de lenteur, et les garanties dont bénéficient les justiciables ne font qu'alourdir la procédure et perdre du temps dans une sphère dont le leitmotiv est la souplesse et l'adaptabilité. C'est pour privilégier ces aspects qu'on a vu dans ces autorités, qui cumulent un ensemble de pouvoirs, l'instrument idéal pour mener à bien la mission de régulation.

En les créant le législateur savait pertinemment qu'il donnait naissance à une catégorie juridique qui allait bouleverser l'architecture institutionnelle traditionnelle, et qu'il allait à l'encontre de principes juridiques bien établis. Mais, il a préféré donner la priorité à l'efficacité pratique et à certains choix politiques[486] plutôt que de respecter ces principes ou penser à prévoir des garanties au profit des justiciables. Ainsi, il apparaît clairement que ce sont les raisons qui ont présidé le choix de créer les AAIRE, et les pouvoirs dont elles

---

objective, raison pour laquelle la décision a été annulée, *cf.* CE, sect., 20 oct. 2000, n° 180122, *Sté Habib Bank Ltd*, *Rec. CE* 2000, p. 433, JurisData:2000-061179, *Bull. Joly Bourse* 2001, p. 39, note J.-M. MOULIN. *Cf.* dans le même sens : CE, 30 mai 2007, n° 266737, *Sté Dubus Management*, inédit. Pour plus de détails sur la question de la faculté d'auto-saisine, *cf. infra*, pp. 318 et s.

[484] Art. L.612-11, al. 3 et L.621-3, I du C. mon. fin., (concernant l'ACPR et l'AMF) ; art. R.20-44-16, al. 6 du CPCE (ARCEP) ; art. 6, al. 1 de la loi n° 86-1067 du 30 sept. 1986, préc., (CSA).

[485] Pour certains auteurs, le refus de faire du Cons. conc. une juridiction, était lié à des considérations d'opportunité en relation avec le fait que « le contrôle de la concurrence n'est pas un contrôle purement juridique et répressif, il comporte une grande part d'appréciation économique et il est une mission de régulation *de* l'économie. Il ne doit pas s'exercer exclusivement a posteriori et il doit comprendre, pour une part, un rôle de dialogue, de conseil et de prévention », *cf.* J. DONNEDIEU DE VABRES, EDCE, 1985-1986, p. 86. À l'occasion de la consécration de son pouvoir répressif par l'ord. du 1er déc. 1986, certains ont défendu l'idée d'un organisme juridictionnel, *cf.* Rapport THYRRAUD, Sénat, n° 137, 1er S. O., 1986-1987, séance du 20 déc. 1986, *JORF*, Débats Sénat, 21 déc. 1986, p. 6539 ; Rapport LAMASSOURE, A.N, n° 573, 1er S. O., 1986-1987, 2e S., 18 déc. 1986, *JORF*, Débats, A.N, 19 déc. 1986, p. 7814.

[486] Selon Olivier GOHIN « Le caractère juridictionnel d'une institution est moins une question de qualification juridique qu'un choix de politique jurisprudentielle. Il a été jugé préférable d'éviter une extension excessive du domaine des juridictions spéciales », *cf.* « Qu'est-ce qu'une juridiction », art. cit., p. 93.

bénéficient, qui sont à l'origine du refus de leur reconnaître le caractère juridictionnel.

Enfin, l'on se demande si cette obstination ira jusqu'au bout ou, au contraire, l'on assistera à un fléchissement de la position du législateur et des pouvoirs publics. D'autant plus qu'avec le phénomène de « judiciarisation » de leur procédure, les arguments ayant justifié la création de ces autorités s'estompent de plus en plus. Une telle hypothèse n'est pas à écarter, et le statut de l'ancienne Commission bancaire qui était, avant tout, une AAIRE est là pour en témoigner.

b. ...et même reconnue pour l'ancienne Commission bancaire

271. Aussi paradoxal que cela puisse paraître, au moment où il traitait les différentes AAIRE d'organismes administratifs, le législateur a qualifié explicitement l'ancienne Commission bancaire de juridiction, lorsqu'elle faisait usage de son pouvoir de sanction. Même si cette autorité n'existe plus, et l'ACPR qui a pris sa place n'a pas reçu la même qualification, nous estimons légitime de revenir sur cette question et s'interroger pourquoi le législateur avait-il fait de cette Commission une exception en lui reconnaissant la qualité de juridiction (**b-1**).

b.1. La Commission bancaire française, une juridiction répressive d'exception

272. L'ancienne Commission bancaire, qui a succédé à la Commission de contrôle des banques, a été créée par la loi du 24 janvier 1984[487], avant de voir sa compétence étendue aux entreprises financières grâce à la loi de modernisation des activités financières[488]. Ce qui a fait l'originalité de cette autorité, par rapport à ses consœurs, est le fait qu'elle détenait une double casquette : d'une part, elle intervenait en tant que service de l'État pour exercer un contrôle continu des entreprises et, d'autre part, elle était qualifiée de juridiction, chargée de faire respecter le dispositif législatif et réglementaire régissant les entreprises relevant de son champ de contrôle. En effet, d'après l'ancienne version de l'article L.613-23-I du Code monétaire et financier, « lorsque la Commission bancaire statue en application de l'article L.613-21, elle est une juridiction administrative ».

Par ailleurs, pour mieux la rapprocher des juridictions et imprégner ses « jugements » d'une certaine crédibilité, le législateur exigeait pour la validité des délibérations de la Commission, en sa qualité de juridiction administrative, la présence de la totalité de ses membres ou d'au moins leurs représentants . Dans la même optique, elle était également soumise aux règles essentielles du

---

[487] Loi n° 84-46 du 24 janv. 1984, relative à l'activité et au contrôle des établissements de crédit, *JORF* du 25 janv. 1984 p. 390.

[488] Loi n° 96-597 du 2 juill. 1996, de modernisation des activités financières, *JORF* n° 154 du 4 juill. 1996 p. 10063.

procès, en particulier, les exigences du procès équitable au sens de l'article 6§1 de la CESDH .

273. Certains auteurs n'ont pas manqué de remettre en cause la démarche du législateur. À leurs yeux, l'autorité de régulation bancaire, comme toutes les autres AAIRE, était chargée de réguler un secteur précis et, du fait, ils ne comprenaient pas pourquoi on lui a reconnu la qualité de juridiction, qui paraissait « inutile puisque l'on sait bien que [ses pouvoirs] ne sont pas dépendants de cette qualification »[489]. D'ailleurs, la plupart des autres AAIRE exercent un pouvoir de sanction important, sans pour autant bénéficier d'une telle qualité. C'est dire que, nonobstant la qualification légale, cette Commission restait à leurs yeux une autorité administrative indépendante[490].

Paragraphe 2. De l'applicabilité du principe de la séparation des pouvoirs aux AAIRE

274. Pour pouvoir dire que le législateur viole le principe de la séparation des pouvoirs, à cause de la reconnaissance d'une fonction juridictionnelle aux AAIRE, il nous paraît primordial, dans un premier temps, de lever le voile et de déterminer la véritable définition de ce principe. À ce sujet, la réponse dépend du choix à faire entre une définition rigide ou souple de ce principe (**A**). Par ailleurs, une étude approfondie, notamment à la lumière de l'évolution du système juridico-politique, nous révèle que le principe de la séparation des pouvoirs est non seulement un mythe, mais encore caduque et en déclin (**B**).

A. Le véritable sens du principe de la séparation des pouvoirs

275. L'idée de la séparation des pouvoirs a été initialement conçue par Aristote. Tombée dans l'oubli, elle a été « redécouverte » au XVIIème siècle par John Locke dans son ouvrage *Two treaties of gouvernement*. Mais, sa renommée est principalement due à MONTESQUIEU, et à son ouvrage *De l'esprit des lois*, qui a estimé qu'« il y a dans chaque État trois sortes de pouvoirs ; la puissance législative, la puissance exécutrice des choses qui dépendent du droit des gens et la puissance exécutrice de celles qui dépendent du droit civil [...] on appellera cette dernière la puissance de juger »[491]. Avant

---

489 T. BONNEAU, *Droit bancaire*, 6ème éd., Paris, Montchrestien, 2005, p. 109.

490 Ch. GAVALDA et J. STOUFFLET, *Droit bancaire*, t, 1, 6ème éd., Paris, Litec, 2005, p. 249. Sur la même question Michel GENTOT estime que tout « comme c'était le cas pour la Commission de contrôle des banques, la Commission a moins le souci de sanctionner que de préconiser des mesures de redressement et de prévenir l'apparition de situations qui pourraient être catastrophiques pour les déposants. Son rôle de juridiction administrative, si important soit-il, s'efface donc derrière les responsabilités qu'elle exerce en qualité d'autorité administrative », *cf. Les autorités administrative indépendantes*, *op. cit.*, p. 109. Enfin, Stéphane PIEDELIÈVRE trouve, pour sa part, la nature juridique de la Commission « incertaine » tout en reconnaissant que « ses attributions sont similaires à celles d'autres autorités administratives indépendantes », *cf. Droit bancaire*, Paris, PUF, 2003, p. 131.

491 MONTESQUIEU, *De l'esprit des lois,* 1748, chapitre VI, du livre XI.

d'ajouter que « Lorsque dans la même personne ou dans le même corps de magistrature la puissance législative est unie à la puissance exécutive, il n'y a point de liberté parce qu'on peut craindre que le même monarque ou le même sénat ne fasse de lois tyranniques pour les exécuter tyranniquement. *Il n'y a point encore de liberté si la puissance de juger n'est pas séparée de la puissance législative et exécutrice. Si elle était jointe à la puissance législative, le pouvoir sur la vie et la liberté des citoyens serait arbitraire, car le juge serait législateur. Si elle était jointe à la puissance exécutrice, le juge pourrait avoir la force d'un oppresseur.* »[492] (souligné par nous)

276. Deux interprétations sont avancées pour définir le principe de la séparation des pouvoirs : une interprétation traditionnelle ou rigide, pouvant donner raison à certains auteurs et parlementaires dans leur condamnation du pouvoir répressif des AAIRE (**1**). Et une interprétation moderne ou souple, sous la coupe de laquelle un pouvoir répressif administratif est envisageable (**2**).

1. L'interprétation traditionnelle, défavorable au pouvoir répressif des AAIRE

277. Interprété strictement, le principe de la séparation des pouvoirs s'opposerait à l'octroi d'un pouvoir répressif, qui n'aurait plus de caractère exceptionnel, à l'administration en général et aux AAIRE en particulier. En effet, d'après l'interprétation « traditionnelle »[493] de cette théorie, le principe de la séparation des pouvoirs est composé de deux éléments distincts : *la spécialisation* et *l'indépendance* des pouvoirs. Ainsi, pour préserver les libertés et droits des citoyens d'éventuels abus des pouvoirs publics, il est préconisé la distribution du pouvoir de l'État entre trois pouvoirs (organes) indépendants les uns des autres – législatif, exécutif et juridictionnel – en reconnaissant à chacun d'eux « l'exclusivité » de l'une des fonctions étatiques qui sont au nombre de trois[494].

---

[492] *Ibid.*

[493] Terminologie employée dans G. BURDEAU, F. HAMON et M. TROPER, *Droit constitutionnel*, 22ème éd., Paris, LGDJ, 1991, p. 168. *Cf.* dans ce sens : F. DOUËB, *Les sanctions pécuniaires des autorités administratives*, *op. cit.*, p. 94.

[494] Trois critères définissent cette conception de la doctrine classique :

1- Spécialisation fonctionnelle : chaque organe est spécialisé et ne peut donc participer à la fonction d'un autre organe.

2- Indépendance des organes politiques : les organes politiques ne peuvent agir les uns sur les autres, même à travers de simples moyens d'empêcher.

3- Équilibre : il n'y a pas de hiérarchie entre les pouvoirs ou les organes ; chacun est au même niveau, ayant des fonctions équivalentes.

Cf. dans ce sens, la position de Léon DUGUIT qui, dans son analyse de la théorie de la séparation des pouvoirs, écrivait que « les organes investis de ces trois fonctions de l'État seraient trois organes représentant le souverain, investis d'une partie de la souveraineté, absolument indépendants l'un de l'autre et sans action l'un sur l'autre », *cf. Traité de droit constitutionnel*, t. 2, 3ème éd., *op. cit.*, p. 665. Allant dans le même sens Raymond CARRÉ DE MALBERG estime que Montesquieu « décompose et sectionne la puissance de l'État en trois

278. Jean-Marie AUBY affirmait en 1952 que les sanctions administratives étaient limitées aux pouvoirs disciplinaires et qu'elles « ne pouvaient s'appliquer aux relations générales de l'État et des citoyens sans supplanter d'une manière inadmissible le droit pénal »[495]. Donc pour la doctrine de l'époque, les sanctions administratives n'étaient tolérées qu'en raison de leur nature disciplinaire[496]. Dans une telle hypothèse, il n'y a pas violation du principe de la séparation des pouvoirs, parce que le pouvoir de sanction de l'administration est fondé sur le lien juridique préalable qui lie cette administration à la personne sanctionnée. La sanction administrative, dans pareilles hypothèses, est considérée comme un moyen d'exécution des actes administratifs. Mais, comme il existe des sanctions administratives répressives, qui peuvent être infligées même en l'absence d'un lien juridique « direct » et préalable, cela exclut l'hypothèse d'exécution d'un acte administratif. En conséquence, un tel pouvoir n'est pas du ressort de l'administration, mais du pouvoir judiciaire[497].

279. Suivant le raisonnement des adeptes de cette conception, l'attribution d'un pouvoir répressif aux AAIRE serait l'exemple le plus vivant et

---

pouvoirs principaux, susceptibles d'être attribués séparément à trois autorités primordiales et indépendantes », *cf. Contribution à la théorie générale de l'État*, t. 2, *op. cit.*, p. 20. C'est cette conception de la théorie qui servit de cheval de bataille à ses antagonistes qui virent dans cette dispersion des pouvoirs de l'État un risque d'immobilisme et de coups d'État. Pour eux, cela constitue une idée contraire au principe de l'unité et de l'indivisibilité de la souveraineté, *cf.* F. DOUËB, *ibid.*, p. 12.

495 J.-M. AUBY, « Les sanctions administratives en matière de circulation automobile », art. cit., p. 111.

496 *Cf. supra*, pp. 126 et s.

497 *Cf.* M. TROPER, *La séparation des pouvoirs et l'histoire constitutionnelle française*, Paris, LGDJ, 1980, p. 99. Étant donné les dangers que représente la politique répressive pour les libertés publiques et individuelles, *a priori*, les juridictions répressives sont les seules en mesure de garantir le respect de ces libertés. C'est d'ailleurs ce qui nous permet d'être en adéquation avec l'art. 66 de la Constitution française de 1958, aux termes duquel la protection des libertés et la sauvegarde des droits fondamentaux, relèvent de la compétence de l'autorité judiciaire. Pour cette raison la majorité de la doctrine estime que le champ de compétence du pouvoir ou de l'autorité judiciaire doit être respecté, car il s'agit de l'un des fondements de la démocratie. À propos de l'octroi d'un pouvoir de sanction au CSA, Pierre MAZEAUD a jugé, lors des débats à l'A.N, que « personne ici sur quelque banc qu'il siège ne saurait naturellement admettre que l'on fasse échec à la séparation des pouvoirs et que, demain, une autorité administrative puisse prononcer des sanctions à caractère pénal. Non seulement ce serait un précédent grave mais, surtout, qui peut dire qu'au-delà des sanctions pénales, on ne prononcera pas aussi des sanctions purement civiles ? Que deviendrait alors l'élément fondamental de notre démocratie, c'est-à-dire le pouvoir judiciaire ? ». Avant d'ajouter qu'« il est inconcevable au regard de notre droit positif de laisser à une autorité administrative un pouvoir répressif qui relève de la seule autorité, de la seule compétence, de l'autorité judiciaire », *cf. JORF*, Débats, A.N, (C.R.), Année 1988, n° 56, du 6 déc. 1988, p. 3109. Bien avant, le commissaire du gouvernement Jean ROMIEU, soutenait, dans ses fameuses conclusions sur l'arrêt *Sté Immobilière de St Just*, que « le mode d'exécution habituel des actes de puissance publique est [...] la sanction pénale, confiée à la juridiction [...] et qu'il y a là un principe fondamental de notre droit public. », cité entre autres dans : J. FOURÉ, « Les sanctions administratives du code général des impôts », *LPA*, n° 8, 17 janv. 1990, p. 46 ; J.-L. DE CORAIL, art. cit., p. 104 ; F.-P. BONOIT, *Le droit administratif français*, Paris, Dalloz, 1968, p. 552.

l'illustration la plus parfaite de la violation du principe de la séparation des pouvoirs, pour la simple raison que ces autorités sont dotées d'une double casquette, des plus dangereuses pour les libertés individuelles. Elles sont non seulement parties et juges au conflit, pis c'est également elles qui déterminent, dans certains cas, les faits sanctionnables et leurs sanctions. Ainsi, en principe il y aurait violation du principe à un double degré. En premier lieu, en conférant un pouvoir de prononcer des sanctions de type pénal (qui fait partie de la fonction juridictionnelle) à une administration active et, en second lieu, en cumulant ce pouvoir avec une fonction réglementaire (l'édiction d'actes réglementaires)[498].

En effet, dans le cas d'espèce, les règles d'*indépendance* et de *spécialisation*, qui fondent le principe de la séparation des pouvoirs, semblent ne pas être remplies. Tout d'abord, il y a violation de la règle d'*indépendance* du fait de la dépendance de ces autorités du pouvoir exécutif, tant d'un point de vue organique que fonctionnel[499]. Ensuite, il y a également violation de la règle de *spécialisation*, puisqu'en exerçant leur pouvoir répressif elles empiétent sur la compétence du juge et outrepassent la simple mission administrative. Donc, il est possible de soutenir qu'aux termes de cette conception, le principe de la séparation des pouvoirs est perçu à la fois comme un principe de séparation et de non-cumul des pouvoirs.

280. Ce sont ces arguments que les requérants ont soulevés, lorsqu'ils ont saisi le Conseil constitutionnel pour l'annulation des dispositions dotant le CSA et la COB d'un pouvoir répressif. Les députés à l'origine de la saisine du juge constitutionnel le 22 décembre 1988, au sujet du pouvoir de sanction du CSA, ont soutenu que les articles 42-1 et 42-2 de la loi n° 86-1067 du 30 septembre 1986, relative à la liberté de communication, « violent le principe constitutionnel de séparation des pouvoirs, affirmé solennellement par l'article 16 de la déclaration des droits de l'homme : le pouvoir d'infliger des sanctions ou des peines appartient exclusivement au juge et seule une loi constitutionnelle pourrait déroger à ce principe en le confiant à une autorité

---

498 Afin d'éviter cette situation de cumul de pouvoirs, le sénateur Charles JOLIBOIS avait proposé de remplacer le pouvoir de sanction de la COB par la création d'une Chambre des marchés financiers au sein du TGI de Paris, auprès de laquelle la COB pourrait formuler des propositions de sanctions, *cf. JORF* 1989, n° 37, S. (C.R.), 9 juin 1989, p. 1258. André DE LAUBADERE relevait à ce propos que « le pouvoir [d'infliger des sanctions administratives] d'une autorité étrangère à l'ordre des juridictions pénales, est évidemment très exorbitant et constitue une forme extrême des prérogatives susceptibles d'être reconnues à l'administration », *cf. Traité élémentaire de Droit administratif*, *op. cit.*, p. 333. Pour nombre de juristes, le Conseil constitutionnel a paru adhérer à une telle idée, dans sa décision n° 84-181 DC du 10-11 oct. 1984 (loi visant à limiter la concentration et à assurer la transparence financière et le pluralisme des entreprises de presse, *Rec.* 1984, p. 78, *JORF* du 13 oct. 1984, p. 3200), en considérant qu'« à supposer même que les dispositions de la loi aient pour objet de réprimer les abus au sens de l'article 11 de la déclaration des droits de l'homme et du citoyen, cette répression ne saurait être confiée à une autorité administrative ». Mais, des décisions postérieures contredirent cette interprétation. Pour plus de détails sur ce point, *cf.* Cons. const., n° 88-248 DC du 17 janv. 1989, préc., ; n° 89-260 DC du 28 juill. 1989, préc.

499 *Cf. supra*, pp. 132 et s.

administrative et l'exigence du respect de la séparation des pouvoirs est d'autant plus forte, en l'espèce, qu'il s'agit de protéger l'une des principales libertés fondamentales, inscrite à l'article 11 de la déclaration des droits de l'homme »[500].

Les sénateurs ont fait de même le 4 juillet 1989, en déférant au Conseil constitutionnel la loi relative à la sécurité et à la transparence du marché financier, lui reprochant, entre autres, d'avoir doté la COB d'un pouvoir répressif considérable. Une démarche qui viole, à leurs yeux, le principe de la séparation des pouvoirs lequel interdit « d'une part, qu'une autorité administrative puisse exercer un pouvoir juridictionnel, d'autre part, que les pouvoirs de réglementation et de sanction soient réunis entre les mêmes mains »[501].

281. Dans son étude consacrée aux AAIRE, Rachid ZOUAIMIA considère la reconnaissance d'un pouvoir répressif à ces autorités comme un véritable empiétement sur la compétence du pouvoir judiciaire et « semble heurter de front le principe de la séparation des pouvoirs »[502] qui distingue trois fonctions étatiques : la fonction de dire le droit, celle consistant à en assurer l'exécution, et enfin, celle qui consiste à rendre justice. Avant d'ajouter que « cette dernière fonction relève assurément du pouvoir judiciaire et ne peut être exercée que par des juridictions »[503],

C'est pour ces raisons que cette partie de la doctrine estime que l'administration doit être cantonnée à un rôle d'exécution des lois, de contrôle et de prévention, et laisser au juge le soin de faire respecter ces lois et d'en sanctionner tout manquement[504].

2. L'interprétation moderne ou souple, favorable au pouvoir répressif des AAIRE

282. La portée de la position doctrinale précédente peut être atténuée par une analyse modérée du principe de la séparation des pouvoirs. En effet, une partie de la doctrine trouve que certains auteurs exagèrent dans leur interprétation la pensée *De l'esprit des lois*, imputant à MONTESQUIEU des idées auxquelles il n'a certainement pas pensé. À leurs yeux, ce dernier n'a jamais préconisé une séparation absolue des trois pouvoirs étatiques, mais juste une séparation souple[505]. Parmi les défenseurs de cette tendance, il y a

---

500 Cons. const., n° 88-248 DC du 17 janv. 1989, préc., (saisine par 60 députés).

501 Cons. const., n° 89-260 DC du 28 juill. 1989, préc., (saisine de 60 sénateurs).

502 R. ZOUAIMIA, *Les autorités administratives indépendantes et la régulation économique en Algérie*, Alger, Ed., Houma, 2005, p. 85.

503 *Ibis*.

504 *Cf.* dans ce sens : F. DOUËB, *Les sanctions pécuniaires des autorités administratives*, *op. cit.*, p. 96 ; Ch. GAVALDA, « Les sanctions applicables par le Conseil supérieur de l'audiovisuel », *LPA*, n° 8, 17 janv. 1990, p. 72.

505 Même si les partisans de cette interprétation s'accordent sur le fait que MONTESQUIEU n'a jamais préconisé une séparation absolue des pouvoirs, leurs avis divergent quant à certaines de ses idées comme par exemple ; « le pouvoir arrête le pouvoir » et la réalisation d'un

lieu de citer Charles EISENMANN, qui a défendu, dans son étude intitulée « "L'esprit des lois" et le principe de la séparation des pouvoirs », l'idée selon laquelle la séparation absolue des pouvoirs constitue un mythe. Pour lui, la « façon [traditionnelle] de comprendre et de présenter les idées constitutionnelles de L'esprit des lois est erronée »[506], et MONTESQUIEU n'a jamais préconisé l'octroi *exclusif* et *intégral* d'une fonction quelconque à une seule autorité ou un seul organe de l'État.

Dans l'esprit de MONTESQUIEU ni le Parlement ni le Gouvernement, pas même les tribunaux ne sont les détenteurs exclusifs et spécialisés d'une fonction. Au contraire, il attribue la fonction législative conjointement au Parlement et au Gouvernement : les projets de lois adoptés par le Parlement ne seront lois qu'après l'aval du monarque qui dispose d'un droit de veto absolu contre ces projets, adoptés par les deux chambres. Le Parlement, pour sa part, participe également à la fonction exécutive en contrôlant son activité : « dans un État libre, la puissance législative a le droit et doit avoir la faculté d'examiner de quelle manière les lois qu'elle a faites ont été exécutées »[507]. Enfin, même si les tribunaux sont chargés de la fonction juridictionnelle, MONTESQUIEU reconnaît aux deux chambres du Parlement le droit de connaître de certains litiges[508].

En somme, MONTESQUIEU et contrairement à ce que certains ont voulu lui faire dire, insiste sur une collaboration des différentes autorités détentrices des différentes fonctions étatiques. Et, dans sa fameuse théorie il a simplement

---

« gouvernement modérée ». Certains défendent l'idée selon laquelle la balance des pouvoirs consiste à assigner à un organe une partie de la compétence d'un autre. C'est le cas de Charles EISENMANN, pour qui « deux organes ne peuvent s'arrêter l'un l'autre en ce sens que si et dans la mesure où ils sont appelés à consentir tous deux, sous une forme quelconque, à une même décision, c'est-à-dire où ils exercent conjointement la même fonction pour le règlement de la même matière », *cf.* «"L'esprit des lois" et la séparation des pouvoirs », *in* Mél. R., CARRÉ DE MALBERG, Paris, Sirey, 1933, pp. 165 et 175. *Cf.* aussi dans le même sens : X. BOISSY, *La séparation des pouvoirs, œuvre jurisprudentielle* ; *Sur la construction de l'État de droit postcommuniste*, Bruxelles, Bruylant, 2003, p. 27. Pour d'autres, il n'a jamais été question pour MONTESQUIEU de faire partager chaque fonction entre plusieurs organes, mais seulement reconnaître à chaque pouvoir le droit de contrôler l'autre, c'est dire qu'il faut distinguer en réalité entre la « faculté de statuer » et la « faculté d'empêcher ». Le pouvoir exécutif, par exemple, détient le droit d'empêcher le Parlement d'abuser de son pouvoir par la technique du veto que détenait le Roi, mais cela ne veut nullement dire qu'il participe activement à la fonction législative. C'est l'interprétation faite par ces juristes de l'œuvre de MONTESQUIEU, où il insistait sur le fait que « La puissance exécutrice [...] doit prendre part à la législation par sa faculté d'empêcher, sans quoi elle sera bientôt dépouillée de ses prérogatives », *cf.* dans ce sens : G. BACOT, « L'esprit des lois, la séparation des pouvoirs et Charles EISNMANN », *RDP* 1992, p. 405.

[506] Ch. EISENMANN, *ibid. Cf.* aussi : X. BOISSY, *ibid.*, p. 26 ; J.-C. COLLIARD, « Séparation des pouvoirs », *in* O. DUHAMEL et Y. MENY (dir.), Dictionnaire constitutionnel, Paris, PUF, 1992, p. 972.

[507] MONTESQUIEU, *op. cit.*

[508] *Ibid. Cf.* également Ch. EISENMANN, *ibid.*, pp. 166 et s.

défendu un *principe négatif* qui interdit que deux des trois fonctions soient réunies *intégralement* entre les mêmes mains[509].

283. Partant de là, certains auteurs ne trouvent pas d'inconvénient à ce que l'on reconnaît un pouvoir répressif à l'administration, à condition qu'il soit bien encadré. C'est ce qu'affirme Jean-Louis DE CORAIL pour qui « sans doute certaines interprétations du principe de séparation des pouvoirs conduiraient-elles à condamner la reconnaissance d'un tel pouvoir. Mais la doctrine qui a étudié avec objectivité le texte de l'esprit des lois a montré que, dans la pensée de Montesquieu, il importait d'éviter une confusion des pouvoirs au profit d'un même organe et qu'à certaines conditions l'organe exécutif pouvait participer aux diverses fonctions étatiques »[510]. Et, c'est d'ailleurs dans ce sens que le Conseil d'État et le Conseil constitutionnel ont défini, avec précision, les nombreuses garanties qui doivent entourer la mise en œuvre de ce pouvoir répressif administratif.

284. On ne peut clore ce point sans parler d'une autre tendance de la doctrine qui légitime le pouvoir répressif de l'administration par le principe même de la séparation des pouvoirs. En effet, selon certains auteurs, soumettre l'administration à l'intervention du juge judiciaire serait en contradiction avec l'article 13 de la loi des 16-24 août 1790, selon lequel « Les fonctions judiciaires sont distinctes et demeureront toujours séparées des fonctions administratives. Les juges ne pourront, à peine de forfaiture, troubler, de quelque manière que ce soit, les opérations des corps administratifs, ni citer devant eux les administrateurs pour raison de leurs fonctions. » Un principe réaffirmé par l'article unique de la loi du 16 fructidor an III : « Défenses itératives sont faites aux tribunaux de connaître des actes d'administration, de quelque espèce qu'ils soient, aux peines de droit. » C'est la raison pour laquelle l'on a estimé que « juger l'administration, c'est aussi administrer »[511].

Il faut dire que « l'attribution du contentieux administratif à l'autorité administrative ou à des juridictions spéciales, déjà pratiquée sous l'Ancien

---

[509] *Cf.* M. TROPER, *La séparation des pouvoirs et l'histoire constitutionnelle française*, *op. cit.*, pp. 118 et s. ; « L'interprétation de la Déclaration des Droits ; l'exemple de l'article 16 », *Droits*, n° 8, 1988, pp. 121 et s. ; Ch. EISENMANN, *ibid.*, p. 177 ; C. TEITGEN-COLLY, « Les instances de régulation et la Constitution », art. cit., p. 195.

[510] J.-L. DE CORAIL, « Administration et sanction. Réflexion sur le fondement du pouvoir administratif de répression », art. cit., p. 125. Dans ce sens, *cf.* F. DOUËB, *ibid.*, p. 105 ; J.-Cl. MASCLET, « La loi sur les entreprises de presse », *AJDA* 1984, p. 644 ; P. HEBRAUD, « L'acte juridictionnel et la classification des contentieux », *Rec. acad. légis. de Toulouse*, 1949, t. 19, p. 131.

[511] J. CHEVALLIER, *L'élaboration historique du principe de séparation de la juridiction administrative et de l'administration active*, *op. cit.*, pp. 97 et s. ; P.-P.-N. HENRION DE PANSEY, *De l'autorité judiciaire en France*, 2ème éd., Paris, 1818, pp. 452-458-459-505-513, cité dans S. VELLEY, « La constitutionnalisation d'un mythe : justice administrative et séparation des pouvoirs », *RDP* 1989, p. 777 ; R. CHAPUS, *Droit administratif général*, *op. cit.*, pp. 748-771.

Régime, a été admise, depuis 1789, comme une application normale du principe de la séparation des pouvoirs »[512].

285. En plus de l'analyse contestée du principe de la séparation des pouvoirs, les évolutions ayant marqué le régime politique français, posent la problématique de la pertinence contemporaine du principe et de sa réelle opposition à l'octroi d'un pouvoir répressif aux AAIRE, en particulier, et à l'administration, en général. En effet, l'analyse du régime constitutionnel français démontre que la séparation des pouvoirs, au sens voulu par MONTESQUIEU, ne se trouve à aucun point de vue réalisée. Il paraît même difficile de s'en tenir à cette version initiale du principe, eu égard aux nouvelles donnes politico-institutionnelles[513].

---

[512] É. LAFFERIÈRE, *Traité de la juridiction administrative et des recours contentieux*, t. 1, 2ème éd., Paris, Berger-Levrault et Cie, 1896, p. 12. *Cf.* dans le même sens, *cf.* S. VELLEY, *ibid.*, p. 778. Certains tentent de fonder la faculté reconnue à l'administration d'infliger des sanctions en mettant en avant deux principes fondamentaux du droit administratif qui sont le *privilège du préalable* et la *présomption de légalité*. En effet, ce que Maurice HAURIOU appelle « le privilège du préalable » est capital en droit public : il indique que l'administration n'a pas à saisir les juridictions lorsqu'elle veut conférer un droit ou imposer une obligation à un administré ; ses décisions ont un caractère exécutoire. Il s'agit d'un principe qui découle de la présomption de légalité qui recouvre l'action administrative.

[513] Le contexte constitutionnel et juridique du XVIIIème siècle, qui vit naître le principe de la séparation des pouvoirs, était caractérisé, d'une part, « par le risque de cinération du pouvoir étatique par l'organe législatif » et, d'autre part, par « un système répressif arbitraire qui n'applique pas le principe de la légalité des délits et des peines et confère au Roi tout pouvoir pour faire cesser les poursuites (lettre de grâce, de mission, de pardon et surtout d'abandon de procédure) ou incarcérer un individu pour une durée indéterminée (lettre de cachet) », et enfin par « une confusion des compétences administratives et juridictionnelles : selon la logique de l'Ancien Régime, la justice était rendue par le Roi et des administrateurs juges », *cf.* F. DOUËB, *ibid.*, pp. 107 et s. Aussi, le recours au principe de la séparation des pouvoirs obéissait à une finalité capitale : celle d'assurer aux citoyens les meilleures garanties juridiques contre le risque d'une oppression étatique. Toutefois, les nouvelles donnes politico-institutionnelles sont complètement différentes. D'après certains, une telle finalité doit changer : le principe précité devrait avoir comme finalité la limitation du pouvoir exécutif et son « cantonnement [...] afin qu'il n'empiéte pas sur l'exercice des deux autres pouvoirs », *ibid.* De plus, l'évolution du droit répressif a fait de lui beaucoup plus un moyen pour freiner et réguler la répression qu'un instrument de pure répression. Ainsi, le pouvoir sanctionnateur à l'administration, ne semble pas heurter cette analyse finaliste du principe de la séparation des pouvoirs. Pour plusieurs juristes, l'administration peut exercer un pouvoir de sanction même en l'absence d'un lien juridique préalable entre elle et le destinataire de la sanction, sans pour autant qu'on puisse parler d'empiétement sur la compétence du juge. Afin de mieux cerner une telle conception, certains estiment qu'il faudrait distinguer les notions de contentieux et de juridiction ; la notion de contentieux, définit matériellement, englobe « l'ensemble des réclamations fondées sur un droit ou sur la loi ». Par conséquent, trancher dans un contentieux ne veut nullement dire faire acte de juger.Lla fonction juridictionnelle ne pouvant être réduite à une telle opération, nécessite plusieurs autres éléments d'ordre formel, *cf.* É. LAFFERIÈRE, *ibid.*, t. II, pp. 8-10 cité par F. DOUËB, *ibid.*, p.110. En d'autres termes, il faudrait selon Jacques CHEVALLIER, distinguer les fonctions juridictionnelle et contentieuse, cette dernière suppose l'existence d'un conflit et une intervention pour le trancher, de son côté « la situation contentieuse naît d'une contestation sur le contenu, la portée ou l'application du droit » et ne préjuge pas de ses modalités d'exercice : qu'elles soient administratives ou juridictionnelles, *cf.* « Fonction contentieuse et fonction juridictionnelle », art. cit., pp. 275 et s. ; « Réflexions sur l'arrêt "Cadot" », art. cit.,

B. Le principe de la séparation des pouvoirs, entre caducité et déclin

286. Nonobstant le clivage existant entre interprétations rigide et souple du principe de la séparation des pouvoirs, faut-il le reconnaître l'interprétation, qui lui est donné est loin de l'idée originale qu'il véhicule. En effet, l'organisation constitutionnelle française fait apparaître une dualité de pouvoirs, exécutif et législatif, le « pouvoir juridictionnel » est tout simplement occulté. (**1**). Par ailleurs, avec l'évolution du droit public dans les deux États, l'on est en droit de s'interroger sur la véritable place que doit occuper ce principe, dans la mesure où les données ont complètement changé, depuis que MONTESQUIEU a présenté sa fameuse théorie de séparation des pouvoirs (**2**).

1. L'absence d'une véritable vision ternaire des pouvoirs

287. Contrairement aux États-Unis où la Constitution consacre une distinction claire et nette des trois pouvoirs - exécutif, législatif et juridictionnel - dont l'exercice est fondé sur des mécanismes de contrôle mutuel[514], la séparation des pouvoirs semble se résumer, au moins théoriquement[515], à un face-à-face entre pouvoirs exécutif et législatif, le ''pouvoir'' judiciaire n'occupant qu'une place résiduelle.

288. « La conception française de la séparation des pouvoirs »[516] s'explique par la méfiance des révolutionnaires à l'encontre du pouvoir des juges qui, sous l'Ancien Régime, s'opposaient au pouvoir central et paralysaient l'administration royale. Ainsi, après la Révolution, le pouvoir judiciaire était considéré comme une partie de la fonction exécutive, étant donné que les deux fonctions, de jugement et d'exécution, se confondaient pour réaliser un but commun qui était l'exécution des lois. En sus de la

---

spéc. pp. 85 et s. ; M. HAURIOU, « Les éléments du contentieux », *Rec. acad. législ. de Toulouse*, t. 1, 1905, p. 13 ; *Droit administratif*, 1933, 2ème éd, pp. 404 et 405, cités par F. DOUËB, *ibid.*

514 L. FAVOREU, *Droit constitutionnel*, 8ème éd., Paris, Dalloz, 2005, p. 339 ; Th. S. RENOUX, « L'apport du Conseil constitutionnel à l'application de la théorie de la séparation des pouvoirs en France », *D.* 1991, chron. p. 174.

515 « Au moins théoriquement », parce qu'en réalité avec le phénomène majoritaire et la faculté reconnue aux membres du gouvernement de se présenter à la députation, il est difficile de distinguer le pouvoir exécutif du pouvoir législatif. En fin du compte, le face à face se résume à un duel politique entre parti au pouvoir (qui détient l'exécutif comme le législatif) et le(s) parti(s) d'opposition représentant en général la minorité.

516 Cons. const., nos : 86-224 DC du 23 janv. 1987, préc., 15ème consid. (*cf.* Notes : Y. GAUDEMET, *RDP* 1987, p. 1314 ; J. CHEVALLIER, *AJDA* 1987, p. 345 ; L. FAVOREU, *RFDA* 1987, p. 301) ; 89-261 DC du 28 sept. 1989, loi relative aux conditions de séjour et d'entrée des étrangers en France, *Rec. Cons. const.* 1989, p. 81, *JORF* du 1er août 1989, 19ème consid. ; 2001-448 DC du 25 juill. 2001, loi organique relative aux lois de finances, *Rec. Cons. const.* 2001, p. 99, *JORF* du 2 août 2001, p. 12490, 103ème consid. *Cf.* également ; J. MENDES CONSTANTE, « La justice et la conception française de la séparation des pouvoirs », *Les Cahiers français*, 1er nov. 2006, p. 19 ; L. FAVOREU et L. PHILIP, *Les grandes décisions du Conseil constitutionnel*, 15ème éd., Paris, Dalloz, 2009, p. 537 ; Th. S. RENOUX, *ibid.*, p. 171.

modeste place réservée au pouvoir judiciaire, la conception révolutionnaire du principe de la séparation des pouvoirs ignorait presque les mécanismes assurant la limitation et l'équilibre des pouvoirs, ce qui a favorisé la suprématie du pouvoir législatif sur le pouvoir exécutif. On pourrait dire que les concepteurs de la Constitution de 1791 se sont inspirés des idées de Jean-Jacques Rousseau qui a revendiqué un seul pouvoir dans l'État : celui de la volonté générale[517].

289. Le principe de la séparation des pouvoirs n'a pas été, non plus, expressément affirmé dans la Constitution de 1958. Cependant, il est possible de déduire sa consécration dans l'organisation du pouvoir (au sens large) qu'elle contient. À la lumière de ses dispositions, convient de faire remarquer que le constituant ne parle pas d'un « pouvoir judiciaire », mais seulement d'une « autorité judiciaire », ce qui dénote de la place qu'on tient à réserver au pouvoir judiciaire par rapport aux pouvoirs exécutif et législatif. En somme, dans cette Constitution, la conception dualiste des pouvoirs est maintenue aussi, mais avec un ascendant, cette fois-ci, pour le pouvoir exécutif, autrefois délaissé. Cette séparation des « pouvoirs » est perçue comme : « l'un des moyens du "parlementarisme rationalisé" destiné à éviter les excès du régime et dont la traduction principale se trouve être la séparation des compétences normatives entre les matières dans lesquelles le parlement légifère et celles dans lesquelles il doit laisser une large marge de manœuvre au règlement », et n'a pas pour but de rechercher « une garantie contre un pouvoir unique et totalitaire »[518].

Peut-être certains objecteront-ils que cela rentre dans la logique même de MONTESQUIEU qui préconise un équilibre des pouvoirs, notamment par la réunion de « la faculté de statuer et la faculté d'empêcher »[519] entre les mains de chaque pouvoir. Néanmoins, cette affirmation s'estompe lorsqu'on sait qu'une telle démarche n'est pas réciproque ; si le président de la République participe à la fonction législative, ce n'est pas le cas du Parlement qui se trouve complètement désarmé face aux pouvoirs présidentiels[520] et, par ricochet, de l'exécutif tout entier[521].

---

517 L. FAVOREU, *Droit constitutionnel*, *op. cit.*, pp. 338 et 339. Cependant, interprétée au regard de la notion de souveraineté, consacrée à l'art. 3 de la Déclaration de 1789 (« le principe de toute souveraineté réside essentiellement dans la nation »), cette séparation des pouvoirs va jouer, avant tout, en faveur du pouvoir représentant cette volonté nationale, c'est-à-dire le pouvoir législatif, *cf.* Th. S. RENOUX, *ibid.*, p. 169.

518 *Ibid.*, p.171.

519 *Cf.* MONTESQUIEU, *op. cit.*

520 *Cf.* l'instauration de l'élection du président de la République au suffrage universel direct a conféré une plus grande légitimité à la fonction présidentielle. Plus grande même que celle des députés, car la circonscription du président de la République est supposée être tout l'État. Représentant de tout un peuple, le président n'a pas de compte à rendre au Parlement. En droit français, en plus du fait majoritaire, qui assure au président de la République une mainmise absolue sur le Parlement, nombres de députés et de sénateurs sont souvent désignés directement par le président en tant que représentants (Jack Lang, porteur de messages présidentiels/Cuba/Corée en 2009 ; Pierre Lellouche, représentant spécial de la France pour l'Afghanistan et le Pakistan 2009), chargés de missions (Christiane Taubira/2008, Paul

290. Qu'en est-il de l'indépendance de l'autorité judiciaire par rapport aux deux autres pouvoirs, en particulier le pouvoir exécutif ? Ériger la justice en « autorité » indépendante dans la Constitution[522] n'a pas changé grand-chose dans la relation de l'exécutif avec la justice ; l'étude et l'analyse des textes régissant cette autorité nous révèlent la fragilité de son indépendance.

Le premier signe de l'influence de l'exécutif sur la justice est d'avoir fait du président de la République, chef de l'exécutif, le garant de son

---

Giacobbi/2009), présidents de commissions (Jean-François Copé/président de la Commission pour la nouvelle télévision publique 2008), ou même nommés à la tête d'établissements publics (l'Office national des forêts/Hervé Gaymard, l'Agence de financement des infrastructures de transport/Gérard Longuet puis Dominique Perben le 1er juin 2011, l'établissement public de Chambord/Gérard Larcher nommé en Conseil des ministres du 29 févr. 2012, Conseil culturel de l'Union pour la Méditerranée+ institut du monde arabe/Renaud Muselier). Pour plus de détails sur la question voir : http://www.mediapart.fr/files/Prolonger3_le_parlement_bis.pdf.

[521] La Constitution de 1958 est ambiguë sur la question ; si l'on se tient à la lettre des articles 20 « Le Gouvernement détermine et conduit la politique de la nation » et 21 « Le Premier ministre dirige l'action du Gouvernement », de ce texte, les pouvoirs du Premier ministre apparaissent plus étendus et font de lui la pierre angulaire de l'exécutif. Toutefois, le pouvoir du président de la République est plus souverain et plus important. Aussi, en pratique le premier se trouve en situation de subordination au second. Moins « légitime » que le président, qui le nomme (art. 8 de la Constitution), le Premier ministre et son équipe ne peuvent mener une politique contraire à celle définie en Conseil des ministres, c'est-à-dire à celle du président de la République qui est élu pour son programme. Par ailleurs, même si le Premier ministre et son équipe ne sont responsables que devant le Parlement (art. 49 de la Constitution), il n'en demeure pas moins que, en dehors des périodes de cohabitation, le gouvernement engage sa responsabilité politique, de fait, devant le président de la République, de la bonne exécution de la politique présidentielle. Cela étant, si juridiquement le président de la République ne semble pas pouvoir révoquer le Premier ministre (il doit attendre sa démission), la pratique est totalement différente : étant le chef de la majorité parlementaire, le président dispose d'un pouvoir de révocation de fait (en sollicitant la démission, donc une sorte de révocation-démission). En somme, nous pouvons dire que le bicéphalisme de l'exécutif est neutralisé, hors des périodes de cohabitation, au profit de la primauté présidentielle. Le phénomène majoritaire fait que le président de la République dispose, en sus de ses propres pouvoirs, d'une large partie de ceux de ''son'' gouvernement. L'ère Sarkozy en est une preuve édifiante (le président de la République adressait souvent des directives, directement aux ministres et se réunissait avec certains d'entre eux, sans passer par le Premier ministre). Pour rappel, voulant mettre fin à une telle ambiguïté constitutionnelle, le Comité Balladur a proposé de modifier, d'une part, les termes de l'art. 5 de la Constitution pour ''enfin'' reconnaître que le président de la République « définit la politique de la Nation ». Et d'autre part, l'art. 20 du même texte, devant disposé seulement que : « Le Gouvernement conduit la politique de la Nation », *cf.* É. BALLADUR, *Une Vème République plus démocratique*, Rapport du Comité de réflexion et de proposition sur la modernisation et le rééquilibrage des institutions de la Vème République, remis à la présidence de la République en oct. 2007, Paris, La DF-Fayard, 2008, p. 13. *Cf.* sur ce sujet : J.-C. COLLIARD, « Que peut le Président ? », *Pouvoirs* 1994, n° 68, p. 15 ; « La singularité française », *Pouvoirs* 1998, n° 85, p. 50 ; J.-C. ZARKA, *Fonction présidentielle et problématique, majorité présidentielle, majorité parlementaire sous la Vème République*, Paris, LGDJ, 1992 ; G. VEDEL, « Le quinquennat contre les risques de cohabitation », *in* P. TRONQUOY (dir), *La Vème République, permanence et mutations*, *Les Cahiers français*, n° 300, 2001, p. 34 ; J.-J. CHEVALLIER, G. CARCASSONNE et O. DUHAMEL, *Histoire de la Vème République 1958-2007*, 13ème éd., Paris, Dalloz, 2009.

[522] *Cf.* art. 64, al. 1 de la Constitution.

indépendance[523]. De la même façon que pour le pouvoir législatif, cette influence est perceptible tant sur le plan organique que fonctionnel. Du point de vue organique, l'emprise de l'exécutif sur ‘‘le pouvoir judiciaire’’ est due à ses prérogatives dans la nomination et la gestion de la carrière des magistrats, ainsi que de son emprise sur la Conseil Supérieur de la Magistrature (CSM)[524].

---

523 Nous pensons qu'il est exagéré et inopportun de confier une telle mission à un homme politique qui, la course au pouvoir ou au maintien oblige, peut abuser de son statut pour instrumentaliser voire dénigrer l'appareil judiciaire. Comment peut-on affirmer que le président de la République est garant de l'indépendance de l'autorité judiciaire, or on l'a vu lors du mandat de Nicolas SARKOZY, chaque fait divers lui servait de prétexte pour remettre en cause le travail des magistrats. En réalité, confier la garantie de l'indépendance au chef de l'État, chef de l'exécutif, reviendrait à « proclamer que le loup est garant de la sécurité de la bergerie », *cf.* G. CARCASSONNE, *La Constitution, introduite et commentée*, 9ème éd., Paris, Le Seuil, Coll., « Points Essais », 2009, p. 312.

524 Censé garantir l'indépendance des magistrats le CSM se retrouve, lui-même, sous l'emprise de l'exécutif. Sans rentrer dans les détails. la révision constitutionnelle du 23 juill. 2008 (*cf.* loi constitutionnelle n° 2008-724 du 23 juill. 2008 de modernisation des institutions de la Vème République, *JORF* n° 0171 du 24 juill. 2008, p. 11890) a complètement modifé la composition, l'organisation et les prérogatives du CSM français (*cf.* également : la loi organique n° 2010-830 du 22 juill. 2010, relative à l'application de l'article 65 de la Constitution, *JORF* n° 0168 du 23 juill. 2010, p. 13562 ; Cons. const. n° 2010-611 DC du 19 juill. 2010, loi organique relative à l'application de l'article 65 de la constitution, *Rec. Cons. const.* 2010, p. 148, *JORF* du 23 juill. 2010, p. 13583). Désormais, comme l'a recommandé le « Comité Balladur », le président de la République ne préside plus le CSM, une telle tâche étant confiée au premier président de la Cour de cassation pour la formation-siège, et au Procureur général pour la formation-parquet. La réforme a également mis fin à la vice-présidence de droit du ministre de la justice, qui n'est plus membre du Conseil, mais peut participer aux séances de ses formations, hormis en matière disciplinaire. Autres points de la réforme ; l'ouverture de la composition du CSM sur la société civile ; l'institutionnalisation de la formation plénière ; la création des commissions d'admission des requêtes. Enfin, l'innovation majeure est de permettre à tout justiciable, à l'occasion d'une procédure le concernant, de saisir le CSM d'une plainte à l'encontre d'un magistrat si son comportement est constitutif d'une faute disciplinaire. Malgré ces quelques points positifs de la réforme, cette dernière est jugée inachevée, ratée voire comme une vraie fausse réforme. Pour cause, le CSM français ne semble pas s'être débarrassé de l'emprise de l'exécutif. Plusieurs griefs sont retenus pour étayer un tel jugement. L'art. 64 de la Constitution reste inchangé, donc le CSM demeure un « simple assistant » du président de la République dans la garantie d'indépendance de l'‘‘autorité judiciaire’’. De son côté, le ministre de la justice n'est pas complètement écarté du Conseil, dans la mesure où il peut participer aux séances des deux formations du Conseil, hormis en matière disciplinaire. En somme, le cordon ombilical n'est pas du tout rompu entre l'exécutif et le judiciaire. D'autre part, les magistrats ne sont pas majoritaires, ce qui est contraire aux orientations arrêtées au niveau du Conseil de l'Europe [La commission d'enquête parlementaire sur l'affaire dite d'Outreau, a préconisé une parité entre magistrats et non-magistrats, une « parité » également recommandée par la Charte européenne sur le statut des juges, adoptée, en juill. 1998, par le Conseil de l'Europe. Dans tous les pays européens où il existe un CSM, les magistrats y sont majoritaires, sauf en Belgique où magistrats et non-magistrats se retrouvent à égalité (*cf.* D. ROUSSEAU, « Indépendance de la justice et justice constitutionnelle : une occasion manquée ! », *RPP* 2007, n° 1045, p. 79). Le mode de désignation des six personnes extérieures, est également critiquable, même s'il s'inspire de celui du Conseil constitutionnel (deux par le président de la République, deux par le président de l'Assemblée Nationale et deux par celui du Sénat). Car avec le fait majoritaire, ce système n'offre aucune garantie en termes de représentation pluraliste et on n'est pas à l'abri des dérives partisanes. De plus, la norme européenne tend à ce que les membres non-juges du

Du point de vue fonctionnel, plusieurs auteurs regrettent que le constituant n'ait pas permis à la formation plénière du CSM de s'autosaisir des questions touchant l'autorité judiciaire, en particulier celles en relation avec son indépendance. En effet, la dernière révision constitutionnelle a certes consacré l'existence de la formation plénière (alinéa 8 de l'article 65 de la Constitution), mais ses attributions sont définies de manière à l'empêcher de donner des avis spontanés sur des questions d'actualité en relation avec l'autorité judiciaire, étant donné qu'elle ne peut se prononcer que sur demandes d'avis formulées par le président de la République au titre de l'article 64 de la Constitution, ou sur toute question relative à la déontologie des magistrats et sur le fonctionnement de la justice dont le saisit le ministre de la justice[525]. C'est dire que le juge, « n'est qu'un bouclier des libertés, non un véritable contre-pouvoir politique, équivalent au pouvoir législatif »[526].

291. MONTESQUIEU a lui-même entretenu une certaine ambiguïté sur le pouvoir juridictionnel, en faisant remarquer que « les juges de la Nation ne sont […] que la bouche qui prononce les paroles de la loi »[527]. Il a même soutenu que leur puissance était « nulle » par rapport aux autres pouvoirs. Toutefois, cela ne constitue nullement une contradiction dans ses propos, parce que le fait que le « pouvoir judiciaire » soit de moindre importance que les deux autres « pouvoirs », n'a pas empêché l'auteur d'être clair sur la nécessité de les séparer et sur le fait qu'ils puissent s'« empêcher », s'« enchaîner » et se « lier ». Cela étant, en l'état actuel de la Constitution, le pouvoir judiciaire ne bénéficie pas de telles facultés envers le pouvoir législatif, devant lequel il se trouve sérieusement diminué.

2. Vers le déclin du principe de la séparation des pouvoirs ?

292. Il y a déjà bien longtemps qu'une grande partie de la doctrine, pour des raisons tant politiques que juridiques, s'est dressée contre la théorie de la séparation des pouvoirs chère à MONTESQUIEU. D'un point de vue politique, on y voit un facteur d'immobilisme et d'empêchement. Et, du point de vue juridique, les adversaires de la théorie avancent les dangers qui pèseraient sur l'unité de l'État, dans le cas où la souveraineté serait fragmentée

---

Conseil supérieur de la justice, soient désignés par des autorités non politiques. En matière disciplinaire, le CSM continuera à donner, par le biais de la formation disciplinaire compétente pour le parquet, de simples avis sur les sanctions disciplinaires. Mais, également, sur la nomination des magistrats du parquet. (*cf.* B. LOUVEL, « La tutelle de l'exécutif sur le juge français ébranlée par le modèle européen », *Gaz. Pal.*, n° 143 du 22 mai 2008, p. 2 ; J.-C. ZARKA, « La réforme du Conseil supérieur de la magistrature », *Gaz. Pal.*, n° 150 du 29 mai 2008, p. 8 ; J.-L. GALLET, « Vers un nouveau CSM ? », *Gaz. Pal.*, n° 264 du 21 sept. 2010, p. 10 ; D. LUDET, « Conseil supérieur de la magistrature : une liberté... surveillée ? », *LPA*, n° 254 du 19 déc. 2008, p. 111.

[525] *Cf.* J.-L. GALLET, *ibid.* ; D. LUDET, *ibid.*

[526] Th. S. RENOUX, art. cit., p. 174.

[527] *Cf.* MONTESQUIEU, *op. cit.*

entre trois pouvoirs complètement indépendants[528]. Pour Léon DUGUIT, il s'agit d'une « théorie artificielle » et que « la séparation des pouvoirs se trouve en contradiction avec la réalité sociale », avant d'ajouter qu'« on s'est trompé » en pensant « qu'il y avait là un système protecteur de l'individu contre l'arbitraire gouvernemental »[529]. Félix MOUREAU abonde dans le même sens, relevant que « le principe de la séparation des pouvoirs est une chimère, une vue imaginaire : il n'est susceptible ni d'une définition précise ni d'une application raisonnable »[530].

293. Durant la période contemporaine, c'est un tout autre phénomène qui tend à réduire la portée du principe de la séparation des pouvoirs. Il s'agit, en l'occurrence, du fait majoritaire, qui se produit quand le président de la République est soutenu par une majorité parlementaire, notamment lorsque les deux parties appartiennent à la même famille politique. Ainsi, est-il difficile de distinguer le Parlement du pouvoir exécutif lorsqu'il y a coïncidence des majorités politiques au Gouvernement et au sein du Parlement[531], une même force politique pouvant exercer, à la fois, le pouvoir exécutif et le pouvoir législatif[532]. Cette évolution nous invite au dépassement des anciens modèles et à une présentation plus pragmatique des systèmes de séparation des pouvoirs.

294. En effet, les régimes contemporains de séparation des pouvoirs, se caractérisent par l'interdépendance des fonctions ; même si les pouvoirs législatif et exécutif sont amenés à exercer des fonctions différentes, chacun

---

[528] En liant séparation des pouvoirs et souveraineté, la doctrine et les révolutionnaires français trouvèrent que l'idée du fractionnement de cette souveraineté entre trois pouvoirs de force égale serait un danger pour l'État. La souveraineté, selon l'art. 3 de la Déclaration de 1789, « réside essentiellement dans la nation », et c'est cette dernière qui doit détenir le véritable pouvoir. Ce qui explique que la séparation des pouvoirs, mise en œuvre à cette période-là, joua beaucoup plus en faveur du pouvoir représentant cette volonté nationale, c'est-à-dire le pouvoir législatif. Par ailleurs, l'analyse de l'œuvre de MONTESQUIEU démontre qu'il a été beaucoup plus intéressé par la recherche de mécanismes qui permettraient que les pouvoirs s'empêchent, se lient et s'enchaînent, que par la recherche de la manière dont ils pourraient collaborer et travailler en commun.

[529] L. DUGUIT, *Études de droit public, t. 2, L'État, les gouvernants et les agents*, *op. cit.*, pp. 281 et s. ; M. TROPER, *La séparation des pouvoirs et l'histoire constitutionnelle française*, *op. cit.*, p. 11.

[530] F. MOUREAU, *Pour le régime parlementaire*, Paris, Fontemoing, 1902, p. 183, cité dans R. CARRÉ DE MALBERG, *Contribution à la théorie générale de l'État*, t. 2, *op. cit.*, p. 15.

[531] Le face à face traditionnel entre pouvoir exécutif et pouvoir législatif s'est effacé, devant celui entre majorité et opposition.

[532] De cette manière, l'exécutif ne trouve aucune difficulté à faire passer ces projets de loi et le rôle de contrôle que le Parlement est censé exercer se trouve relégué au second plan. Pour reprendre une expression bien consacrée, les projets de loi « passe comme une lettre à la poste », c'est dire que le Parlement est réduit à « une chambre d'enregistrement ». *Cf.* sur la question : P. GAUDEMET, « La séparation des pouvoirs : Mythe et réalité », *D.* 1961, chron. XXIII, p. 121. Il s'ensuit qu'une séparation des pouvoirs avec les données actuelles reste une pure illusion et un simple slogan. De plus, en combinant le principe de la séparation des pouvoirs avec l'art. 3 de la Déclaration de 1789, en principe, c'est au Parlement d'avoir un certain ascendant sur les autres pouvoirs, dès lors qu'il représente l'expression de la volonté générale. Or, dans les faits c'est le pouvoir exécutif qui a la mainmise sur le pouvoir législatif.

d'eux peut participer à la fonction exercée par l'autre[533]. Une telle donne rend l'application du principe de la séparation des pouvoirs quasi-impossible, ce qui nécessite, à notre avis, sa révision ou carrément son abandon. Et, comme dirait un auteur « quelle que soit la valeur initiale de la pensée de MONTESQUIEU en la matière, la théorie est devenue caduque »[534]. Il nous paraît illogique de tenir à un principe qui est devenu, nonobstant la justesse et le bien-fondé de son objectif originel, inadapté à notre société. Il faut avoir le courage de remettre en cause certains principes et dogmes, même s'ils ont fondé notre société et marqué son organisation. C'est, apparemment, dans ce sens que s'inscrit la réflexion de Paul GAUDEMET qui, après avoir conclu à la caducité du principe de la séparation des pouvoirs, a suggéré de garder l'idée principale de MONTESQUIEU consistant à ne pas concentrer les différents pouvoirs entre les mains d'une même personne, mais en imaginant d'autres mécanismes comme, par exemple, le « pluralisme politique »[535].

295. En somme, suivant cet exposé, brandir le principe de la séparation des pouvoirs pour interdire aux AAIRE le bénéfice d'un pouvoir répressif peut paraître peu convaincant. D'ailleurs, même le Conseil constitutionnel n'a pas pris en compte les contestations parlementaires et doctrinales qui s'appuyaient sur un tel argument. Certes, il a été réticent à un certain moment, mais pour mettre fin aux différentes interprétations dont ses décisions faisaient l'objet, il n'a pas hésité a déclaré, d'une manière assez claire, que « le principe de la séparation des pouvoirs [...] ne fait [pas] obstacle à ce qu'une autorité administrative [...] puisse exercer un pouvoir de sanction »[536].

---

533 *Cf.* dans ce sens : L. FAVOREU, *Droit constitutionnel*, *op. cit.*, pp. 342 et s.

534 X. BOISSY, *op. cit.*, p. 16. Cet auteur ajoute qu'« avec le régime parlementaire type, apparaissent les partis politiques qui changent radicalement le législatif ; celui-ci cesse d'être une assemblée des représentants élus, considérés comme des individus libres de leurs opinions et de leurs comportements. Dès le XIXème siècle, il devient le forum des partis politiques qui transcendent et contrôlent les députés pris individuellement ; la discipline des partis s'imposait avec le temps, à gauche puis à droite, de sorte que la séparation entre l'exécutif et le législatif devient factice ; les militants du parti devenant la troupe disciplinée sous les directives des dirigeants, au sein de la majorité gouvernementale. »

535 Pour Paul GAUDEMET, ce principe ne se trouve même pas réalisé dans le régime politique britannique qui a servi de champ d'étude pour Montesquieu. L'étude du droit constitutionnel anglais nous révèle plusieurs éléments qui confortent cette affirmation : le Roi, tête de l'exécutif, fait partie en même temps du Parlement, organe du législatif. Et le gouvernement par ses ordres en conseil, empiéte sur le législatif et les Cours de justice, contribue au premier degré dans l'élaboration des règles de droit par le mécanisme des précédentes judiciaires propre au pays de commun law. Pour sa part, le Parlement, via la Chambre des lords, exerce des fonctions judiciaires et participe même à la fonction exécutive, lorsqu'il contrôle par des questions l'administration durant les « Supply days », *cf.* « La séparation des pouvoirs : Mythe et réalité », art. cit., p. 123.

536 Cons. const., nos : 88-248 DC du 17 janv. 1989, préc., 27ème consid. ; 89-260 DC du 28 juill. 1989, préc., 6ème consid. ; 96-378 DC du 23 juill. 1996, préc., 15ème consid. ; 2000-433 DC du 27 juill. 2000, préc., 50ème consid. ; 2009-580 DC du 10 juin 2009, loi favorisant la diffusion et la protection de la création sur internet, *Rec. Cons. const.* 2009, p. 107, *JORF* du 13 juin 2009, p. 9675, 14ème consid. ; 2013-331 QPC du 5 juill. 2013 Société Numéricâble SAS et autre [Pouvoir

SECTION 2. … À SA RECONNAISSANCE PAR LE CONSEIL CONSTITUTIONNEL

296. Le Conseil constitutionnel n'a pas manqué les occasions pour se positionner par rapport à ces autorités, et plus particulièrement à leur pouvoir répressif. Il apparaît de l'ensemble de ses décisions, rendues en la matière, qu'en dépit des griefs formulés à l'encontre de ce pouvoir, le Conseil l'a explicitement déclaré conforme à la Constitution. À ses yeux, ni le principe de la séparation des pouvoirs ni aucun autre principe constitutionnel ne se dressent contre sa reconnaissance à ces autorités.

Même si la clarté de la position du juge constitutionnel ne souffre d'aucun doute, à ses débuts il était réticent et hésitant sur la question, et il ne s'est prononcé d'une manière aussi claire qu'après un débat nourri et parfois passionné suscité par le pouvoir répressif des AAIRE **(Sous-section 1)**. Cela étant dit, malgré une légitimation fondée sur la notion de prérogatives de puissance publique, l'acceptation de ce pouvoir reste néanmoins conditionnée **(Sous-section 2)**.

SOUS-SECTION 1. UNE RECONNAISSANCE PROGRESSIVE

297. L'analyse des décisions rendues par le Conseil constitutionnel, au sujet du pouvoir répressif des AAIRE, nous montre que sa démarche était imprégnée de prudence et de méfiance. Les dangers que comporte un tel pouvoir sur les libertés fondamentales et sa condamnation par la majorité de la doctrine, ont fait que ses premières décisions, rendues sur le sujet, soient marquées par un certain flou. Cependant, le fait de ne pas avoir condamné ce pouvoir, prouve qu'il était toléré et accepté, même d'une manière implicite (**Paragraphe 1**). Une telle position n'a pas répondu pour autant aux interrogations de la doctrine, au contraire elle a donné suite à des interprétations controversées. C'est ce qui a sûrement fait décider le Conseil à se positionner d'une manière plus explicite et claire en 1989, à l'occasion de deux décisions rendues, entre autres, à propos des pouvoirs répressifs de la COB et du CSA. Aux termes de ces deux fameuses décisions, le Conseil a estimé ne voir aucun inconvénient à ce que des autorités administratives, en particulier les AAIRE, soient dotées d'un pouvoir répressif (**Paragraphe 2**).

Paragraphe 1. La phase de l'acceptation implicite et retenue

298. La première manifestation de la légitimation implicite du pouvoir répressif administratif par le Conseil constitutionnel, apparaît dans la décision n° 82-155 DC du 30 décembre 1982, au sujet des sanctions fiscales contenues

---

de sanction de l'Autorité de régulation des communications électroniques et des postes], *JORF* du 7 juill. 2013, p. 11356, 10ème consid.

dans la loi de finances rectificative de 1982[537]. Tout en rappelant la valeur constitutionnelle du principe de non-rétroactivité des peines en matière pénale, formulé à l'article 8 de la DDHC de 1789, le juge constitutionnel a affirmé qu'il « ne concerne pas seulement les peines appliquées par les juridictions répressives, mais s'étend nécessairement à *toute sanction ayant le caractère d'une punition*, même si le législateur a cru devoir laisser le soin de la prononcer à *une autorité de nature non judiciaire* » (souligné par nous). Ainsi, d'après cette décision le juge constitutionnel reconnaît et tolère, implicitement, l'existence des sanctions administratives répressives, toutefois il subordonne leur constitutionnalité à leur non-rétroactivité[538]. Dans sa décision, le Conseil ne parle pas expressément d'une autorité administrative, mais l'expression « à une autorité de nature non judiciaire » s'applique également à toute autorité administrative détentrice d'un pouvoir répressif, ce qui inclut les AAIRE qui en sont dotées.

299. Il est également possible de déduire cette acceptation à l'occasion de la décision n° 84-181 des 10 et 11 octobre 1984[539]. En l'espèce, le Conseil constitutionnel a certes condamné les sanctions administratives prévues dans la loi du 23 octobre 1984, visant à limiter la concentration et à assurer la transparence financière et le pluralisme des entreprises de presse[540]. Toutefois, il ne l'a fait que parce qu'elles sont assimilées à des autorisations préalables qui ne peuvent être tolérées concernant la liberté de la presse. En effet, aux termes des articles 19 et 20 du projet de loi soumis au juge constitutionnel[541], la Commission pour la transparence et le pluralisme de la presse (CTP) pouvait mettre en demeure l'auteur d'une violation de l'article 15 du même texte[542], et faute d'une soumission à l'expiration du délai prescrit, elle était chargée d'informer le ministère public et de lui transmettre le dossier. Cette constatation entraînerait automatiquement la privation des publications incriminées des avantages fiscaux et postaux accordés aux entreprises de presse.

---

[537] Sur la loi de finances rectificative pour 1982. *Rec. Cons. const.* 1982, p. 88, *JORF* du 31 déc. 1982, p. 4034.

[538] *Cf.* sur la question : L. FAVOREU, *RDP* 1983, p. 333 ; L. HAMON, *D.* 1984, IR, p. 472 ; M. DE VILLIERS, *RA.* 1983, p. 142.

[539] Sur la loi visant à limiter la concentration et à assurer la transparence financière et le pluralisme des entreprises de presse, *Rec. Cons. const.* 1984, p. 78, *JORF* du 13 oct. 1984, p. 3200. *Cf.* J. FOURRÉ, « L'entrée en vigueur de l'article 11 de la Déclaration des droits de l'homme et du citoyen du 26 août 1789 », *LPA*, 1985, p. 11 ; M. DE VILLIERS, *RA.* 1984, p. 580 ; J.-J. BIENVENUE, *AJDA* 1984, p. 689 ; L. FAVOREU, *RDP* 1986, p. 395,

[540] Loi n° 84-937 du 23 oct. 1984, *JORF* du 24 oct. 1984, p. 3323.

[541] Ces articles sont déclarées non conformes à la Constitution.

[542] Selon cet article : « Toute personne qui cède ou acquiert la propriété ou le contrôle d'une entreprise de presse éditant ou exploitant un quotidien d'information politique et générale doit, avant que l'opération soit réalisée, en faire la déclaration à la commission [la CTP]. [Si cette dernière] estime que l'opération envisagée est de nature à porter atteinte au pluralisme de la presse au sens des articles 10 à 14 de la présente loi, et après avoir entendu les personnes intéressées, les en avertit ».

Les sénateurs, à l'origine de la saisine du Conseil, soutenaient que les dispositions attribuant le pouvoir de sanction à la CTP violaient le principe de la séparation des pouvoirs dans la mesure où le législateur avait reconnu « à une autorité administrative des pouvoirs judiciaires ». Pour justifier leur inconstitutionnalité, ils ont mis en exergue l'article 66 de la Constitution selon lequel l'autorité judiciaire est la gardienne de la liberté individuelle, ce qui sied à la liberté de la presse qui est une liberté fondamentale. Tout en écartant l'argument avancé, le juge constitutionnel a, tout de même, condamné le procédé se basant sur le fait que reconnaître une sanction administrative, qui s'applique avant même que le ministère public ait pu commencer l'instruction des dossiers qui lui étaient transmis, produisait des effets équivalents à ceux d'un régime d'autorisation préalable. À ses yeux, un tel régime ne saurait être accepté à l'occasion d'une liberté de l'ampleur de la liberté de la presse. De ce fait, les dispositions législatives le prévoyant étaient contraires à l'article 11 de la DDHC qui considère la libre communication des pensées et des opinions comme un des droits les plus précieux de l'homme.

Même si la formulation générale de la position précitée, suggère une condamnation de principe de toute répression administrative, certains auteurs ont estimé que la décision n'avait pas en réalité une telle portée. Pour eux la position du juge constitutionnel s'expliquait par la nature et la spécificité de la liberté en cause[543]. La liberté de la presse est l'une des principales libertés fondamentales entourée de garanties remarquables, aussi le régime des autorisations administratives préalables est incompatible avec le libre exercice d'une telle liberté. Or, obliger les entreprises de presse à ne pas agir tant qu'elles n'ont pas reçu l'aval de la CTP est assimilable à un régime d'autorisation préalable. C'est ce qui expliquerait l'attitude et la sévérité du Conseil constitutionnel. Il n'en demeure pas moins que ce dernier n'a pas émis une réserve de principe à l'encontre du pouvoir répressif administratif dans sa totalité. D'ailleurs, le régime des autorisations administratives préalables, existe dans d'autres domaines sans pour autant que le Conseil ne condamne le pouvoir de sanction reconnu aux organes concernés. C'est le cas notamment de la liberté de la communication audiovisuelle, domaine où, pour des raisons techniques, un régime d'autorisation préalable est imposé aux titulaires des bandes de fréquence.

300. Une reconnaissance, même implicite, de la répression administrative est également perceptible dans la décision n° 86-217 DC du 18 septembre 1986[544], dans laquelle le Conseil constitutionnel déboute les sénateurs et déclare expressément le texte conforme à la Constitution, tout en sachant que parmi les dispositions du texte attaqué se trouvent celles relatives au pouvoir de sanction de la CNCL. Le fait de ne pas avoir censuré le texte qui comporte

543 *Cf.* J.-Cl. MASCLET, « La loi sur les entreprises de presse », *op. cit.*, p. 644.

544 Loi relative à la liberté de communication, *Rec. Cons. const.* 1986, p. 141, *JORF* du 19 sept. 1986, p. 11294.

de telles dispositions est une preuve de plus d'une reconnaissance des sanctions administratives.

301. Enfin, une telle position est vérifiable dans une décision rendue presque cinq mois plus tard, en l'occurrence la décision n° 86-224 DC du 23 janvier 1987, portant sur la loi transférant à la juridiction judiciaire le contentieux des décisions du Conseil de la concurrence[545]. Ce raisonnement est conforté en 1989 par deux décisions fondatrices concernant respectivement la COB et le CSA, dans lesquelles le Conseil constitutionnel reconnaît, cette fois-ci sans aucune ambiguïté, la constitutionnalité du pouvoir répressif des AAIRE.

Paragraphe 2. La phase de l'acceptation explicite et sans équivoque

302. La position du Conseil constitutionnel, vis-à-vis du pouvoir répressif des AAIRE, est devenue toute claire en 1989 : il n'existerait aucun obstacle constitutionnel à ce qu'une autorité administrative, même indépendante, soit dotée d'un pouvoir répressif. Il a fallu donc attendre 1989 pour que le Conseil mette un terme à la controverse doctrinale, qui entourait le pouvoir répressif des AAIRE, née de ses décisions précédentes. Pour la première fois, le juge constitutionnel a expressément déclaré conformes à la Constitution, les sanctions administratives, rejetant de ce fait l'argument tant avancé et relatif à la violation du principe de la séparation des pouvoirs.

303. La manifestation d'une telle position s'est faite, tout d'abord, dans la décision n° 88-248 DC du 17 janvier 1989, relative au CSA[546]. Dans leur requête, les députés reprochaient au texte incriminé d'avoir doté une autorité administrative d'un pouvoir répressif en violation du principe de la séparation des pouvoirs, tel que proclamé par l'article 16 de la DDHC. À leurs yeux, « le pouvoir, en effet, d'infliger des sanctions ou des peines appartient exclusivement au juge et seule une loi constitutionnelle pourrait déroger à ce principe en le confiant à une autorité administrative et l'exigence du respect de la séparation des pouvoirs est d'autant plus forte, en l'espèce, qu'il s'agit de protéger l'une des principales libertés fondamentales, inscrite à l'article 11 de la déclaration des droits de l'homme ».

Dans sa réponse le Conseil constitutionnel a tenu à préciser que pour la réalisation de certains objectifs de valeur constitutionnelle « que sont la sauvegarde de l'ordre public, le respect de la liberté d'autrui et la préservation du caractère pluraliste des courants d'expression socioculturels », le législateur « peut sans qu'il soit porté atteinte au principe de la séparation des pouvoirs,

---

545 *Rec. Cons. const.* 1987, p. 8, *JORF* du 25 janv. 1987, p. 924, *AJDA* 1987, p. 345, note J. CHEVALLIER, *RDP* 1987, p. 1341, Y. GAUDEMET, *RFDA* 1987, p. 287, note B. GENEVOIS ; *RFDA* 1987, p. 301, note L. FAVOREU.

546 B. GENEVOIS, « Le Conseil constitutionnel et la définition des pouvoirs du Conseil supérieur de l'audiovisuel, à propos de la décision n° 88-248 DC du 17 janv. 1989 », *RFDA* 1989, p. 215.

doter l'autorité indépendante chargée de garantir l'exercice de la liberté de communication audiovisuelle de pouvoirs de sanction dans la limite nécessaire à l'accomplissement de sa mission »[547]. Les formules utilisées dans la décision, conjuguées à l'ampleur de la liberté en cause, en l'occurrence la liberté de communication audiovisuelle, ont soulevé la question de savoir si cette position constituait un jugement de principe ou bien le pouvoir répressif administratif n'a été toléré que dans ce secteur particulier ? Plus encore, la question s'est posée de savoir si la constitutionnalité du pouvoir de sanction n'a été admise qu'en raison du lien spécial entre l'administration, c'est-à-dire le CSA, et la personne sanctionnée titulaire d'une autorisation ?

Contrairement à une partie de la doctrine qui a vu, dans cette décision, un jugement de principe par rapport à la constitutionnalité du pouvoir répressif administratif[548], certains auteurs ont estimé qu'en s'attardant sur l'indépendance du CSA, et plus spécialement sur la liberté de communication audiovisuelle et des contraintes techniques relatives au secteur, le Conseil constitutionnel s'est référé à un contexte particulier, aussi son jugement ne pouvait être généralisé à tout le pouvoir répressif administratif[549]. En somme, croyant mettre un terme à la controverse doctrinale et aux différentes interprétations qui ont suivi ces précédentes décisions, finalement le juge constitutionnel n'a apparemment pas levé l'incertitude qui planait sur le sujet.

304. C'est peut-être la raison pour laquelle il a tenté d'être le plus précis possible lors de la décision n° 89-260 DC du 28 juillet 1989, relative au pouvoir répressif de la COB[550], rendue presque huit mois après la précédente. Désormais, « le principe de séparation des pouvoirs, non plus qu'aucun principe ou règle de valeur constitutionnelle ne fait obstacle à ce qu'une autorité administrative [...] puisse exercer un pouvoir de sanction »[551]. Ainsi, par ces formules de portée générale le Conseil a définitivement consacré la constitutionnalité de la répression administrative. Ce considérant de principe sera repris par la suite dans plusieurs décisions à chaque fois que le pouvoir répressif administratif, en particulier celui des AAIRE, sera remis en cause[552].

---

[547] Cons. const., n° 88-248 DC du 17 janv. 1989, préc., 27ème consid.

[548] Jean-Louis AUTIN a estimé que la haute juridiction admet la constitutionnalité des sanctions administratives sans distinction, *cf.* « La décision du Conseil constitutionnel relative au Conseil Supérieur de l'Audiovisuel », *RA.* 1989, p. 223.

[549] C'est l'avis de Pierre JALADE pour qui la position adoptée est justifiée par le caractère spécifique de la protection d'une liberté fondamentale, en l'occurrence, la liberté de communication audiovisuelle, *cf.* « Vers un renforcement des pouvoirs de la COB », art. cit., p. 4.

[550] *Cf.* sur la question : P. BÉZARD, « Le pouvoir de "sanction financière directe" de la Commission des opérations de bourse », art. cit., p. 52.

[551] 6ème consid.

[552] *Cf.* Cons. const., nos : 96-378 DC du 23 juill. 1996, préc., 15ème consid., (*cf.* J. CHEVALLIER, « La nouvelle réforme des télécommunications : ruptures et continuités », *RFDA* 1996, p. 909 ; H. MAISL, « La nouvelle réglementation des télécommunications (commentaire de la loi) », *AJDA* 1996, p. 762) ; 97-389 DC du 22 avr. 1997, loi portant diverses dispositions relatives à l'immigration, *Rec. Cons. const.* 1997, p. 45, *JORF* du 25 avr. 1997, p. 6271, 30ème consid., (*cf.* F. LUCHAIRE, « Le Conseil constitutionnel et la loi du 24 avr. 1997

Sous-section 2. Un pouvoir légitimé mais conditionné

305. Partant de la jurisprudence constitutionnelle, rendue en matière du pouvoir répressif des AAIRE, il apparaît que, pour l'avaliser et le légitimer, le juge constitutionnel a fait appel à l'une des notions phares du droit administratif, en l'occurrence la notion de prérogatives de puissance publique (**Paragraphe 1**). D'autre part, son acceptation n'a été possible que sous la condition qu'il soit limité et soumis à un certain nombre de principes propres au droit pénal (**Paragraphe 2**).

Paragraphe 1. Un pouvoir fondé sur la notion de prérogatives de puissance publique

306. La jurisprudence du Conseil constitutionnel au sujet des AAIRE, contient un enseignement capital quant au fondement juridique qui a pu justifier la reconnaissance d'un pouvoir répressif à ces autorités. De telles précisions peuvent être relevées, tout d'abord, dans la décision n° 86-224 DC du 23 janvier 1987, qui intéresse le Conseil de la concurrence. Appelé à se prononcer sur la constitutionnalité de la loi votée le 20 décembre 1986, transférant à la juridiction judiciaire le contentieux des décisions de cet organisme, le juge constitutionnel a refusé toute valeur constitutionnelle aux textes de 1790 et de l'an III, tout en affirmant qu'il figure au nombre des principes fondamentaux reconnus par les lois de la République celui selon lequel « relève en dernier ressort de la compétence de la juridiction administrative l'annulation ou la réformation des décisions *prises dans l'exercice de prérogative de puissance publique* par les autorités exerçant le

---

sur l'immigration », *RDP* 1997, p. 931) ; 2000-433 DC du 27 juill. 2000, préc., 50ème consid., (*cf.* A. LEPAGE, « Du sens de la mesure en matière de responsabilité civile sur internet. La loi, la jurisprudence et le fournisseur d'hébergement », *D.* 2001, p. 322 ; A. BENSOUSSAN et P. NOGUIER, « Hébergeur de contenu : irresponsabilité actuelle/responsabilité virtuelle ? », *Gaz. Pal.*, 2000, p. 26) ; 2006-535 DC du 30 mars 2006, préc., 36ème consid., (*cf.* B. MATHIEU, « L'examen juridique de la constitutionnalité du contrat première embauche (à propos de la décision du Conseil constitutionnel du 30 mars 2006) », *LPA*, 2006, p. 4) ; 2009-580 DC du 10 juin 2009, loi favorisant la diffusion et la protection de la création sur internet, préc., 14ème consid., (*cf.* W. BENESSIANO, « L'inconstitutionnalité, sanction de l'identification d'un pouvoir de répression pénale dévalué. Décision n° 2009-580 DC du 10 juin 2009 », *RFDC* 2010, p. 168 ; A. CAPPELLO, « Retour sur la jurisprudence du Conseil constitutionnel relative aux sanctions administratives », *Rev. sc. crim.* 2010, p. 415) ; 2012-280 QPC du 12 oct. 2012, Société groupe Canal Plus et autre [Autorité de la concurrence : organisation et pouvoir de sanction], *Rec. Cons. const.* 2012, p. 529, *JORF* du 13 oct. 2012, p. 16031, 16ème consid. ; 2013-331 QPC du 5 juill. 2013, Société Numéricâble SAS et autre, préc., 10ème consid. ; 2013-341 QPC du 27 sept. 2013, M. Smaïn Q. et autre [Majoration de la redevance d'occupation du domaine public fluvial pour stationnement sans autorisation], *JORF* du 1er oct. 2013, p. 16304, 10ème consid. ; 2013-678 DC du 14 nov. 2013, loi organique portant actualisation de la loi organique n°99-209 du 19 mars 1999 relative à la Nouvelle-Calédonie, *JORF* du 16 nov. 2013, p. 18634, 8ème consid. ; 2013-359 QPC du 13 déc. 2013, Société Sud Radio Services et autre [Mise en demeure par le Conseil supérieur de l'audiovisuel], *JORF* du 15 déc. 2013, p. 20432, 3ème consid.

pouvoir exécutif [...] ou les organismes publics placés sous leur contrôle »[553] (souligné par nous). Ensuite, c'est davantage sa décision n° 89-260 DC du 28 juillet 1989 qui doit retenir notre attention sur la question. En effet, aux requérants qui l'ont saisi pour contester l'élargissement du pouvoir répressif de la COB, la réponse du Conseil a été sans ambiguïté « le principe de la séparation des pouvoirs, non plus qu'aucun principe ou règle de valeur constitutionnelle ne fait obstacle à ce qu'une autorité administrative *agissant dans le cadre de prérogatives de puissance publique*, puisse exercer un pouvoir de sanction »[554] (souligné par nous).

Il est en effet précisé, dans ces deux décisions, que l'autorité administrative, dotée d'un pouvoir de sanction, exerce et agit dans le cadre de prérogatives de puissance publique. Ainsi, c'est la notion de prérogatives de puissance publique qui nous permet de qualifier le pouvoir répressif administratif, tout comme elle définit la nature de l'activité exercée par l'autorité qui en bénéficie, et qui constitue une activité de service public. Comme on l'a déjà noté, même si elles ne sont pas soumises à un pouvoir hiérarchique ou de tutelle, ces autorités constituent des organes représentant l'État et agissent en son nom et/ou pour son compte. Pour le bon exercice de la mission de service public dont elles sont chargées, elles sont dotées de prérogatives de puissance publique, y compris d'un pouvoir de sanction[555].

307. Au moyen de ces décisions, de principe, le Conseil constitutionnel a mis un terme aux différentes controverses doctrinales sur le fondement juridique du pouvoir répressif administratif, notamment celles qui le justifiaient par rapport au lien préalable existant entre l'autorité administrative et les personnes poursuivies. De même qu'il a reconnu l'existence de sanctions administratives répressives, différentes des sanctions disciplinaires. Une reconnaissance qui n'est pas sans limites.

Paragraphe 2. Les limites constitutionnelles

308. Certes, le juge constitutionnel a soutenu qu'aucun principe constitutionnel ne s'oppose à ce qu'une autorité administrative soit investie d'un pouvoir de sanction, même lorsqu'elle le cumule avec un autre pouvoir, notamment avec le pouvoir réglementaire. Cependant, la proximité de ce genre de sanctions avec les sanctions pénales et les risques d'abus de la part de l'administration, ont fait que l'octroi et l'exercice d'un tel pouvoir soient conditionnés. De l'ensemble la jurisprudence précitée, nous pouvons résumer ces conditions dans ce qui suit :

---

553 15ème consid.

554 6ème consid.

555 *Cf.* P. SABOURIN, « Les autorités administratives indépendantes, une catégorie nouvelle », *AJDA* 1983, p. 275 ; Conseil d'État, Rapport public de 2001, *Réflexions générales sur les autorités administratives indépendantes*, préc., p. 257.

- l'autorité administrative doit agir dans le cadre de prérogatives de puissance publique ;

- le pouvoir répressif reconnu à l'autorité administrative, ne doit pas être exorbitant. Pour reprendre les termes du juge constitutionnel, ce pouvoir doit être dans « la limite nécessaire à l'accomplissement »[556] de la mission de l'autorité administrative. Toutefois, ceci pose le problème de déterminer, avec exactitude, ces limites et la partie qui a le droit de les tracer. Certes, suivant le principe de légalité des délits et des peines, c'est le législateur qui en est compétent[557]. Néanmoins, il ne faut surtout pas omettre le rôle joué par les AAIRE en la matière ; étant plus proches des secteurs régulés, ces autorités s'estiment plus informées des problèmes techniques, donc les plus aptes à déterminer les moyens adéquats dont elles ont besoin pour y faire face[558]. Par ailleurs, en plus d'être associées à l'élaboration des textes, certaines d'entre elles sont même dotées d'un pouvoir réglementaire qui leur permet de contribuer à la définition ou à l'élargissement de leur pouvoir de sanction. Pis, elles n'attendent même pas une habilitation légale pour le faire[559]. Enfin, si la logique veut qu'après le vote d'un texte le rôle des AAIRE se limite à son exécution, la nature du droit et de la sphère économique, fait que ces autorités assurent une réelle fonction normative, car il leur appartient de préciser les conditions de son application par des instructions, des recommandations, des avis et des décisions individuelles[560] ;

- le juge constitutionnel n'a admis la constitutionnalité de la répression administrative, que dans la mesure où « la sanction susceptible d'être infligée

---

[556] Cons. const., n^os : 88-248 DC du 17 janv. 1989, préc., 27ème consid. ; 2013-331 QPC du 5 juill. 2013, préc., 10ème consid. ; 2013-678 DC du 14 nov. 2013, préc., 8ème consid. ; 2013-359 QPC du 13 déc. 2013, préc., 3ème consid.

[557] Outre les sanctions « légales », il existe également, dans le cas de certaines AAIRE, des sanctions conventionnelles. Il s'agit de pénalités contractuelles contenues dans les conventions conclues entre l'AAIRE et l'agent économique, donc loin des textes législatifs et de leurs textes d'application. C'est le cas de l'art. 28, al. 5 de la loi n° 86-1067 du 30 sept. 1986, préc., qui subordonne la délivrance de certaines autorisations à la conclusion d'une convention avec le CSA, contenant entre autres les pénalités contractuelles dont dispose ce régulateur pour assurer le respect des obligations conventionnelles. *Cf.* sur le sujet : S. CLÉMENT-CUZIN, « Le pouvoir de sanction du conseil supérieur de l'audiovisuel », *AJDA* 2001, p. 112 ; J.-Ph. THIELLAY, « L'évolution récente du régime des sanctions du conseil supérieur de l'audiovisuel », *AJDA* 2003, p. 475.

[558] *Cf.* dans ce sens, les entretiens réalisés avec les responsables des différentes AAI, qui ont exprimé le souhait d'être dotés ou de renforcer leur pouvoir répressif, *cf.* M.-A. FRISON-ROCHE, « Étude dressant un bilan des autorités administratives indépendantes », préc., pp. 92 et s.

[559] *Cf. supra*, pp. 71 et s.

[560] Jean-Philippe FELDMAN nous cite l'exemple du CSA qui n'a pas hésité à modifier, en 2003, les conventions concernant la protection du jeune public, la vie publique et les droits de la personne, en aggravant les obligations des opérateurs radiophoniques, *cf.* « Les autorités administratives indépendantes sont-elles légitimes ? Sur les AAI en général et le conseil supérieur de l'audiovisuel en particulier », *D.* 2010, p. 2852.

est exclusive de toute privation de liberté »[561]. Une condition logique, étant donné que seule « l'autorité judiciaire, gardienne de la liberté individuelle » peut prononcer des mesures privatives de liberté, d'après l'article 66 de la Constitution ;

- l'exercice de ce pouvoir doit être « assorti par la loi de mesures destinées à assurer les droits et libertés constitutionnellement garantis »[562]. C'est le cas des différents principes applicables à toute sanction à caractère de punition, tels que les principes de la nécessité et de la légalité des peines ainsi que les droits de la défense.

---

561 Cons. const., n^os^ : 88-260 DC du 28 juill. 1989, préc., 6ème consid. ; 97-389 DC du 22 avr. 1997, préc., 30ème consid.

562 Cons. const., n^os^ : 88-248 DC du 17 janv. 1989, préc., 27ème à 32ème consid. ; 96-378 DC du 23 juill. 1996, préc., 15ème consid. ; 97-389 DC du 22 avr. 1997, préc., 30ème consid. ; 2000-433 DC du 27 juill. 2000, préc., 50ème consid. ; 2006-535 DC du 30 mars 2006, préc., 36ème consid. ; 2009-580 DC du 10 juin 2009, préc., 14ème consid. ; 2012-280 QPC du 12 oct. 2012, préc., 16ème consid. ; 2013-331 QPC du 5 juill. 2013, préc., 10ème consid

CHAPITRE 2

Une certaine distorsion dans l'organisation étatique de la répression

309. Dans la mesure où la sanction administrative répressive a un caractère pénal, se pose alors le problème de sa distinction de la sanction pénale. *A priori*, d'un point de vue organique la réponse semble évidente ; la sanction administrative répressive émane d'une autorité administrative, tandis que la sanction pénale est prononcée par un juge. En revanche, d'un point de vue matériel les deux types de sanctions sont très proches (**Section 1**).

Étant donné la proximité étroite des sanctions administratives répressives et des sanctions pénales, le transfert de certains pans du pouvoir de sanction du juge aux AAIRE et la volonté de dépénaliser la sphère économique, il est intéressant voire important de s'interroger sur la place qu'on compte réserver au droit pénal en la matière. Par ailleurs, en consacrant un ordre répressif administratif aux côtés de l'ordre répressif pénal, on ne fait que multiplier les sanctions et les autorités répressives ce qui pourrait constituer une distorsion au sein de l'organisation (**Section 2**).

Section 1. Les limites des critères de distinction avec les sanctions pénales

310. La distinction entre répression pénale et répression administrative est cruciale à ce stade de notre étude, car elle nous permettra de ressortir et repérer les ressemblances et les différences qui peuvent exister entre ces deux types de répressions étatiques et, mieux encore, de constater à quel point l'aspect répressif du droit administratif est proche du droit pénal. Il convient à présent de déterminer le critère à suivre : la distinction doit-elle être fondée sur une différence matérielle entre sanction administrative et sanction pénale ou sur un critère organique commandé par le principe de la séparation des autorités administrative et judiciaire. À ce propos, la majorité de la doctrine privilégie une distinction matérielle, basée sur la finalité de la mesure. Toutefois, le critère matériel nous semble inadéquat et incapable de différencier les deux types de répressions (**Sous-section 1**). Aussi, l'on préfère mettre en avant le critère formel, plus indiqué, à nos yeux, pour réaliser une telle distinction (**Sous-section 2**).

SOUS-SECTION 1. LA DISTINCTION MATÉRIELLE, UN CRITÈRE DÉPASSÉ

311. Dans le cadre de la conception matérielle, la séparation entre sanctions administrative et pénale est souvent basée sur un critère finaliste. Pour les adeptes de cette conception, les objectifs visés par les pouvoirs publics, diffèrent selon qu'il s'agit de l'une ou de l'autre catégorie des sanctions. Il n'en demeure pas moins que cette distinction n'est pas évidente dans la mesure où elles constituent toutes les deux une procédure d'ordre répressive, donc matériellement identiques (**Paragraphe 1**). Devant la fragilité du critère finaliste, certains ont fait appel au critère de la gravité de la sanction (**Paragraphe 2**). D'autres se sont basés, quant à eux, sur la qualité des personnes visées par la procédure répressive et la nature de l'intérêt défendu (**Paragraphe 3**).

Paragraphe 1. Quant aux finalités : les vicissitudes du critère finaliste

312. Se basant sur le critère finaliste, une grande partie de la doctrine estime qu'il existe bel et bien une différence entre les sanctions administratives et les sanctions pénales. Pour certains d'entre eux, la contrainte administrative joue un simple rôle préventif tandis que les peines pénales visent la répression (**A**). Non loin de cette idée, d'autres estiment qu'au moment où le droit pénal se caractérise par son aspect rétributif, le pouvoir de sanction administratif poursuit l'exécution forcée d'une réglementation (**B**).

A. Prévention ou répression ?

313. La fonction administrative a été pendant longtemps confondue avec la fonction de police. L'idée a en effet prévalu que le droit administratif vise la prévention et la préservation de l'intérêt général, tandis que le droit pénal, lui, a pour objectif la répression et la punition. De nos jours, cette conception est loin de la réalité, car l'analyse des différentes mesures retenues dans le droit pénal, y compris les peines, nous démontre que la prévention n'est pas un attribut de la fonction administrative. En effet, en sus des mesures de sûreté, la sanction pénale dont l'objectif principal est de réprimer une infraction joue également un rôle préventif à travers sa vertu d'intimidation et de dissuasion. Il faut dire qu'avec l'évolution des systèmes juridiques ces deux derniers siècles, l'on est tenté de dire que quelle qu'elle soit leur nature, les sanctions jouent, avant tout, une fonction préventive, consistant à empêcher l'accomplissement de comportements considérés indésirables[563].

---

[563] Selon Guy CANIVET, ancien premier président de la cour d'appel de Paris, « d'une manière générale, une sanction, quelle qu'elle soit, a une double fonction : la première est de punir le

314. Saisi à propos de la loi n° 81-82 du 2 février 1981, renforçant la sécurité et protégeant la liberté des personnes[564], à laquelle on reprochait l'inconstitutionnalité de certaines de ses dispositions, notamment ses articles 76, 77 et 78 qui « seraient contraires au principe de séparation des pouvoirs en ce qu'elles confient à la police judiciaire, avec les prérogatives dont dispose celle-ci, des opérations de prévention d'atteintes à l'ordre public relevant normalement de la police administrative »[565], le Conseil constitutionnel a jugé que de tels pouvoirs sont nécessaires à la mise en œuvre de certains droits et principes de valeur constitutionnelle, et qu'aucune atteinte n'est portée à la Constitution tant que les procédures sont établies par la loi dans le respect des règles constitutionnelles[566].

315. D'autre part, la finalité répressive n'est plus le monopole du juge pénal, car les AAIRE qui sont avant tout des administrations, détiennent un véritable pouvoir répressif, notamment suite à la dépénalisation dont ont bénéficié certaines d'entre elles. Il n'est donc pas logique de dénier ce caractère à ces sanctions, tout simplement parce qu'elles sont transférées au profit de ces organismes ; elles avaient et elles ont toujours cet objectif en vue. En somme, le critère finaliste ne peut servir de base de distinction entre sanctions administrative et pénale sachant que le droit administratif et le droit pénal se partagent les fonctions préventive et répressive.

B. Rôle rétributif ou simple exécution forcée ?

316. Toujours d'un point de vue matériel, une partie de la doctrine estime que les sanctions administratives visent l'exécution forcée d'une réglementation tandis que les sanctions pénales jouent un rôle rétributif. En effet, le premier rôle assigné à la peine est d'ordre rétributif : la sanction d'une faute. La peine, expression de la vengeance sociale, est à ce titre considérée comme une sorte de mal, en raison de sa nature spécifiquement afflictive et infamante, qu'on inflige à l'auteur de l'infraction en compensation du mal qu'il a engendré, lui-même, à la société afin que le trouble à l'ordre public soit effacé. Il s'agit, en quelque sorte, d'un prolongement de la justice privée, érigée sur la vengeance du clan, de la tribu ou de la famille.

---

coupable à la mesure de la faute commise, c'est ce qu'on appelle le caractère rétributif de la peine, la seconde est de dissuader ceux qui seraient tentés de commettre une telle infraction, c'est l'exemplarité de la peine », *cf.* « La responsabilité du système judiciaire dans l'exécution de la politique économique », *in Mise en œuvre judiciaire du droit de la concurrence*, Table ronde de l'OCDE, 1997, OCDE/GD(97)200.

[564] Cons. const., n° 80-127 DC des 19-20 janv. 1981, loi renforçant la sécurité et protégeant la liberté des personnes, *Rec. Cons. const.* 1981, p. 15, *JORF* du 22 janv. 1981, p. 308, *D.* 1982, Jur. p. 441, note A. DEKEUWER, *AJDA* 1981, p. 278, note Ch. GOURNAY, *RDP* 1981, p. 651, note L. PHILIP, *D.* 1981, p. 101, chron. J. PRADEL, *Gaz. Pal.*, 1981, p. 100, note D. PERIER-DAVILLE, *AJDA* 1981, p. 275, note J. RIVERO. *Cf.* également : L. FAVOREU, « La Cour de cassation, le Conseil constitutionnel et l'article 66 de la Constitution », *D.* 1986, chron. p. 169.

[565] 54ème consid.

[566] *cf.* 56ème et 63ème consid.

317. Dans le cadre de la justice rétributive, on s'intéresse au mal engendré par l'infraction, en faisant subir à l'auteur de la faute un mal équivalent. Donc, comme l'indique d'ailleurs la signification littérale du terme : attribuer en retour, la peine doit se préoccuper beaucoup plus du passé. C'est-à-dire de la nature de l'infraction commise, du dommage social causé, du trouble apporté à l'ordre public, de la faute de l'auteur, etc., et ce, contrairement à la prévention qui se tourne vers l'avenir et la réparation vers le présent. Dans le cadre de cette conception, la répression de la faute est de mise même en l'absence de tout dommage.

318. Peu à peu, en particulier après la seconde guerre mondiale, la répression pénale a connu des réformes d'inspiration humaniste[567]. Désormais, grâce aux idées de l'école de la défense sociale nouvelle, l'on commence à s'intéresser à l'auteur de l'infraction, en préconisant des peines, respectueuses des droits de l'homme, dont l'objectif est beaucoup plus le reclassement social et la réhabilitation du délinquant[568]. Certes, pour certaines infractions la peine garde son aspect rétributif, mais la resocialisation des auteurs d'infractions et l'humanisation des sanctions sont devenues la clef de voûte de la pénologie contemporaine[569]. C'est dans cette optique que sont consacrés certains principes, en particulier ceux de l'individualisation et de la proportionnalité de la peine, qui impliquent la prise en considération de la personnalité de l'auteur de l'infraction ainsi que la gravité de son acte.

319. Le rôle utilitaire de la peine est clairement exprimé dans différents textes touchant la matière[570]. C'est le cas de la loi pénitentiaire de 2009, selon laquelle le service public pénitentiaire « contribue à l'insertion ou à la réinsertion des personnes qui lui sont confiées par l'autorité judiciaire, à la prévention de la récidive et à la sécurité publique dans le respect des intérêts de la société, des droits des victimes et des droits des personnes détenues. Il est

---

[567] Ce repositionnement coïncide également avec l'apparition d'un certain nombre de Conventions internationales et régionales dont l'objectif est la protection des droits de l'homme : la Déclaration universelle des droits de l'homme (DUDH) du 10 déc. 1948 (*cf.* art. 5 et 6); le Pacte international relatif aux droits civils et politiques (PIDCP) du 10 déc. 1966 (*cf.* art. 7, 10 et 16). Au niveau régional, il y a lieu de citer, du côté français : la CESDH du 4 nov. 1950 ; la Convention européenne pour la prévention de la torture et des peines ou traitements inhumains ou dégradants (CPT), adoptée en 1987 ; les Règles pénitentiaires européennes (RPE), adoptées en 1973, *cf.* P. PONCELA, « L'harmonisation des normes pénitentiaires européennes », *Rev. sc. crim.* 2007, p.126 ; J.-P. CÉRÉ, « Les nouvelles règles pénitentiaires européennes. Vers une protection globale des droits des détenus », *RPDP* 2006, p. 415 ; P. DARBEDA, « Le renouveau des règles pénitentiaires européennes », *RPDP* 2006, p. 655).

[568] *Cf.* M. ANCEL, *La défense sociale nouvelle, un mouvement de politique criminelle humaniste*, Paris, Cujas, 1954 ; 2ème éd., 1966 ; 3ème éd., révisée, 1981 ; B. BOULOC, *Droit pénal général*, 22ème éd., Paris, Dalloz, Coll., « Précis », 2011, pp. 69 et s.

[569] *Cf.* J.-H. SYR, *Punir et réhabiliter*, Paris, Economica, 1990, p. 79.

[570] J.-H. ROBERT, *Droit pénal général*, *op. cit.*, pp. 33 et s.

organisé de manière à assurer l'individualisation et l'aménagement des peines des personnes condamnées »[571].

Cette orientation moderne de la répression pénale est confortée par le juge constitutionnel, selon lequel la peine contribue non seulement à assurer la sécurité de la société et la punition du condamné, mais également à favoriser l'amendement de celui-ci et préparer son éventuelle réinsertion[572].

320. Qu'en est-il du pouvoir répressif administratif ? Joue-t-il également un rôle rétributif ?

Certains auteurs réfutent tout rôle rétributif à la contrainte administrative. Pour eux, cette dernière poursuit seulement une exécution forcée des obligations légales qui pèsent sur les administrés, et ce, dans le but de maintenir le bon fonctionnement des services publics et la protection de l'intérêt général[573]. Pour Gaston JÈZE, par exemple, la sanction administrative n'est pas assimilable à la sanction pénale dans la mesure où « le châtiment personnel de l'agent public, au nom du sentiment de la justice répressive, n'existe pas ou est tout à fait secondaire »[574]. Dans le même sens Hans KELSEN estime que, même si elles infligent toutes deux un mal, dans le cadre de l'exécution forcée on vise à rétablir la conformité des choses au droit, en réparant la situation provoquée par le comportement illicite. En revanche, la peine vise la punition de l'auteur de l'infraction[575].

Dans le prolongement de l'idée de l'exécution forcée, certains auteurs dénient le caractère rétributif aux sanctions administratives, en se basant sur la mission de régulation dont est chargée l'administration[576]. Une mission

---

[571] Art. 1 et 2 de la loi n° 2009-1436 du 24 nov. 2009, pénitentiaire, *JORF* n° 0273 du 25 nov. 2009, p. 20192. *Cf.* R. GASSIN, « Les fondements juridiques de la réinsertion des délinquants en droit positif français », *Rev. sc. crim.* 1996, p. 163.

[572] Cons. const., n° 93-334 DC du 20 janv. 1994, loi instituant une peine incompressible et relative au nouveau code pénal et à certaines dispositions de procédure pénale, *Rec. Cons. const.* 1993, p. 27, *JORF* du 26 janv. 1994, p. 1381, 12ème consid.

[573] *Cf.* B. GENEVOIS, « La sanction administrative en droit français », *APC*, n° 7, 1984, p. 70 et s ; TC, 2 déc. 1902, *Sté immobilière Saint-Just*, *D.* 1903.3.41, concl. J. ROMIEU, *S.*, 1904, 3, p. 17, note M. HAURIOU, GAJA, 18ème éd., 2011, n° 10, p. 61.

[574] G. JÈZE, *Les principes généraux du droit administratif, t. 3, Le fonctionnement des services publics*, Éd. Giard, 1926, réimpr., Paris, Dalloz, Coll., « Bibliothèque Dalloz », 2011, p. 87.

[575] H. KELSEN, *Théorie pure du droit*, *op. cit.*, p. 150.

[576] *Cf.* A. VARINARD et E. JOLY-SIBUET, « Les problèmes juridiques et pratiques posés par la différence entre droit pénal et droit administratif pénal », *RID pén.* 1989, p. 189 ; M. DELMAS-MARTY et C. TEITGEN-COLLY, *Punir sans juger ? op. cit.*, p. 16. Selon cette partie de la doctrine, dans le cadre de la régulation le respect de la réglementation est réalisé avant tout par la menace et la dissuasion, d'où la non-application systématique des sanctions. C'est seulement en cas d'échec de la régulation que les sanctions administratives sont appliquées. Mieux encore, l'autorité administrative peut même faire appel au parquet en lui transmettant le dossier bien que les faits se soient produits à un stade bien antérieur. Comment peut-on affirmer que les sanctions administratives des AAIRE sont applicables seulement en cas d'échec de la régulation ? N'est-il pas vrai que ce dispositif répressif est l'un des outils ou des mécanismes de la régulation ? D'ailleurs, même les adeptes du droit de la régulation justifient, nous l'avons vu, ce pouvoir exorbitant par les besoins de la régulation, *cf. supra*, pp. 66 et s. Il

caractérisée, entre autres, par l'usage étendu de la technique transactionnelle, ce qui aboutit à la modération de la punition. Dans certains domaines la transaction est même considérée comme une procédure de droit commun[577].

321. En réalité, la distinction entre rétribution et exécution forcée pour séparer les sanctions administratives des sanctions pénales est loin d'être convaincante, car « les buts de punition, d'exécution et de régulation coexistent souvent dans la même action juridique »[578]. La régulation n'est pas l'apanage de la contrainte administrative, pas plus que la rétribution n'est le monopole de la contrainte pénale. En effet, « tout le phénomène juridique exerce une fonction de régulation et de cohésion »[579]. Même la répression pénale vise la régulation de la société - y compris l'économie - et impose le respect de la loi, donc son exécution par tout un chacun. Il est également inexact de dénier le rôle rétributif joué par le pouvoir de sanction administratif, plus particulièrement lorsqu'il s'agit de sanctions héritées de la dépénalisation.

322. En réalité, les sanctions administratives, dont celles relevant de la compétence des AAIRE, ont un caractère punitif, raison pour laquelle on exige qu'elles soient proportionnées aux faits. Le coupable est ainsi rétribué à proportion de l'infraction commise. Même s'il trouve qu'en droit de la concurrence l'utilité de la peine se mesure à son caractère dissuasif, Guy CANIVET n'a pas omis de souligner dans ses propos, précédemment rapportés, que toute sanction, quelle qu'elle soit, vise à punir le coupable à la mesure de la faute commise, ce qu'on appelle le caractère rétributif de la peine[580]. Par ailleurs, la recherche de l'intention punitive de l'autorité sanctionnatrice ne constitue-t-elle pas l'argument retenu, tant pas la jurisprudence que par la doctrine, pour distinguer les mesures de police des sanctions administratives[581] ? Si l'on consent à reconnaître aux sanctions administratives un objectif répressif et punitif pour les distinguer des mesures de police, pourquoi le leur dénié lorsqu'il s'agit de les rapprocher des sanctions pénales qui poursuivent le même but ?

323. Le pouvoir répressif administratif joue donc bel et bien un rôle rétributif[582]. Il existe, en effet, entre les sanctions pénale et administrative une telle proximité que Léon DUGUIT affirma dès le début du siècle que « le moment viendra peut-être où la répression disciplinaire se confondra complètement avec la répression pénale ; la chose n'est pas impossible

---

s'agit, en effet, de l'un des moyens, aux côtés du pouvoir réglementaire, mis entre les mains de ces autorités pour réaliser leur mission.

577 M. DELMAS-MARTY et C. TEITGEN-COLLY, *ibid.*, p. 25.

578 G. DELLIS, *Droit pénal et droit administratif*, *op. cit.*, p. 47.

579 *Ibid.*, p. 46.

580 *Cf.* Cons. conc., Rapport annuel 2005, préc., p. 103.

581 *Cf. supra*, pp. 99 et s. Ce critère est également retenu pour distinguer les mesures hiérarchiques des mesures disciplinaires, *cf.* J.-L. DE CORAIL, « La distinction entre mesure disciplinaire et mesure hiérarchique dans le droit et la fonction publique », art. cit., p. 3.

582 *Cf.* J. MOREAU, *Droit administratif*, *op. cit.*, p. 217. Ce dernier estime, en effet, que partant de leur contenu les sanctions administratives sont répressives, et qu'au vu de leur auteur elles s'attachent à l'action de l'administration.

puisqu'au fond, les deux espèces de répression ont le même caractère et reposent sur le même fondement »[583]. Enfin, il est intéressant de rappeler la position de Georges DELLIS qui, tout en remettant en cause le critère finaliste, nous propose d'adopter une distinction interne des répressions pénale et administrative. D'après cet auteur, « il existe une répression pénale rétributive et une répression pénale injonctive, comme il existe aussi une répression administrative régulatrice et une répression administrative punitive »[584].

324. En parlant de « toute sanction [administrative] ayant le caractère de punition »[585], le juge constitutionnel semble à première vue distinguer, lui aussi, entre la punition et l'exécution forcée ou la régulation. En réalité une telle expression vise les sanctions administratives comparativement aux autres mesures de police, et l'intention du Conseil constitutionnel n'est pas de distinguer les sanctions administratives entre elles. En adoptant l'expression précitée, le Conseil voulait juste étendre l'application des principes du droit pénal aux sanctions administratives, tout en excluant les mesures de police et autres mesures n'ayant pas une finalité répressive. Par ailleurs, les sanctions prononcées par le CSA, visées par le juge constitutionnel dans l'une de ses décisions, peuvent bien être considérées comme poursuivant une exécution

---

[583] Vu cette proximité des objectifs le droit disciplinaire est qualifié même de « frère germain » du droit pénal, *cf.* J. RICOL, *Les tendances du droit disciplinaire*, *op. cit.*, p. 13, cité par Georges DELLIS, qui réitère que « c'est la sanction disciplinaire qui fait preuve de liens de parenté plus étroits avec la catégorie pénale », *cf. Droit pénal et droit administratif, op. cit.*, pp. 214 et 215. Si le droit disciplinaire est le « frère germain » du droit pénal, le droit administratif répressif – donc les sanctions administratives *répressives* – devrait être son « frère siamois », qui a été sorti de l'ombre par la notion d'AAIRE. En effet, en principe, la répression pénale est incompatible avec la notion de discipline, dans la mesure où cette dernière ne concerne qu'un groupe déterminé et défend un intérêt restreint alors que la répression pénale concerne l'ensemble des citoyens et vise l'intérêt général, *cf.* sur la question : J. CHEVALLIER, « L'analyse institutionnelle », art. cit., p. 14. En revanche, le droit administratif répressif dépasse les limites d'une discipline, pour viser l'intérêt général, tout comme le droit pénal, il devrait donc être plus proche de ce dernier.

[584] G. DELLIS, *ibid.*, p. 47. *Cf.* également sur la distinction entre rétribution et injonction : P. LASCOUMES et C. BARBERGER, « De la sanction à l'injonction: "le droit pénal administratif" comme expression du pluralisme des formes juridiques sanctionnatrices », *Rev. sc. crim.* 1988, p. 45.

[585] Cons. const., n[os] : 82-155, DC du 30 déc. 1982, loi de finances rectificative pour 1982, *Rec. Cons. const.* 1982, p. 88, *JORF* du 31 déc. 1982, p. 4034, 33ème consid. ; 88-248 DC du 17 janv. 1989, préc., 18ème consid. ; 89-260 DC du 28 juill. 1989, préc., 18ème consid. ; 92-307 DC du 25 févr. 1992, loi portant modification de l'ordonnance n° 45-2658 du 2 nov. 1945, modifiée, relative aux conditions d'entrée et de séjour des étrangers en France, *Rec. Cons. const.* p. 48, *JORF* du 12 mars 1992, p. 3003, 26ème consid. ; 93-325 DC du 13 août 1993, loi relative à la maîtrise de l'immigration et aux conditions d'entrée et de séjour des étrangers en France, *Rec. Cons. const.* p. 224, *JORF* du 18 août 1992, p. 11722, 37ème consid. ; 2011-210 QPC du 13 janv. 2012, M. Ahmed S. [Révocation des fonctions de maire], *Rec. Cons. const.* 2012, p. 78, *JORF* du 14 janv. 2012, p. 753, 5ème consid. ; 2013-331 QPC du 5 juill. 2013, préc., 8ème et 10ème consid.

forcée de la réglementation[586]. Un exemple de la difficulté pratique de distinguer l'exécution forcée de l'intention punitive.

325. En somme, même sur la base du caractère rétributif, les sanctions administratives, en particulier celles des AAIRE, ne peuvent être distinguées des sanctions pénales, dans la mesure où elles poursuivent toutes ce même objectif.

Paragraphe 2. Quant à la nature et à la gravité de la sanction

326. Le critère de la nature et de la gravité de la sanction, déjà utilisé en droit pénal pour qualifier les infractions en crimes, délits et contraventions, a également servi de critère de distinction entre sanctions administratives et sanctions pénales. Partant de cet aspect, les sanctions pénales sont souvent présentées comme étant les plus sévères des formes de contraintes (**B**). Par ailleurs, ayant fait du juge pénal le seul compétent pour le prononcé des peines privatives de liberté, peut-on se baser sur la nature des sanctions pour distinguer les sanctions pénales des sanctions administratives ? (**A**). Faut-il le rappeler, la nature et la gravité de la sanction constituent le troisième critère retenu par la CEDH dans sa définition autonomiste de « la matière pénale »[587].

A. Par rapport à la nature des sanctions

327. En principe, seul le juge pénal est compétent pour porter atteinte aux libertés individuelles, aussi est-il seul à pouvoir prononcer des peines privatives de liberté[588]. C'est ce qui ressort du second alinéa de l'article 66 de la Constitution. D'ailleurs, le Conseil constitutionnel n'a validé le pouvoir de sanction administratif, y compris celui des AAIRE, qu'à la condition qu'il ne porte pas atteinte à la liberté individuelle[589].

Néanmoins, cela n'a pas empêché le législateur de doter l'administration de la faculté de prononcer des mesures privatives de la liberté individuelle. Il convient de citer, à ce sujet, le régime de l'indigénat et autres mesures assorties de peines d'emprisonnement que pouvaient prononcer les administrateurs des colonies françaises, particulièrement en Algérie[590].

---

[586] *Cf.* dans ce sens : J. KLUGER, « L'élaboration d'une notion de sanction punitive dans la jurisprudence du Conseil constitutionnel », *Rev. sc. crim.* 1995, pp. 505 et s. ; G. DELLIS, *ibid.*

[587] *Engel et autres c. Pays-Bas*, 8 juin 1976, § 82-83, série A n° 22 ; *Öztürk c. Allemagne*, 21 févr. 1984, § 50, série A n° 73 ; *Campbell et Fell c. Royaume-Uni*, 28 juin 1984, § 72, Série A n° 80 ; *Pierre-Bloch c. France*, 21 oct. 1997, § 53, *Recueil des arrêts et décisions* 1997-VI ; *Malige c. France*, 23 sept. 1998, § 34-35, *Recueil des arrêts et décisions* 1998-VII.

[588] B. GENEVOIS, « Les sanctions administratives en droit français », *APC*, n° 7, 1984, p. 70.

[589] Selon le Conseil, aucun principe constitutionnel ne contrevient à la reconnaissance d'un pouvoir de sanction à la COB, à condition que la sanction susceptible d'être infligée soit « exclusive de toute privation de liberté », *cf.* Cons. const., n^{os} : 89-260 DC du 28 juill. 1989, préc., 6ème consid. ; 97-389 DC du 22 avr. 1997, préc., 30ème consid.

[590] V. ROLLAND et P. LAMPUÉ, *Précis de la législation coloniale*, 3ème éd., Paris, Dalloz, 1940, n° 331 et s., cité par J. MOURGEON, *op. cit.*, pp. 82 et s. ; N. FISHER, *La rétention*

L'ordonnance n° 45-1484 du 30 juin 1945, relative à la constatation, la poursuite et la répression des infractions à la législation économique, de son côté, a reconnu au préfet la faculté de prononcer, après avis du directeur départemental du contrôle économique, l'internement administratif du délinquant dans les conditions fixées par l'ordonnance du 4 octobre 1944 sur l'internement administratif des individus dangereux pour la défense nationale ou la sécurité publique[591]. Il existe encore de nos jours plusieurs exemples, notamment le régime disciplinaire spécial appliqué dans les casernes et les prisons ; l'internement d'une personne pour des raisons d'hygiène et de santé publique ; l'internement des malades mentaux ; le placement des alcooliques ; les mesures à l'encontre des étrangers[592].

Certes, nous avons affaire à des hypothèses exceptionnelles, néanmoins exceptionnels qu'ils soient ces exemples démontrent que l'administration peut prononcer des mesures privatives de liberté, aussi on ne doit pas accorder d'importance au critère de la nature de la sanction, en particulier sur la base de la réserve faite au juge de prononcer des peines privatives de liberté. L'inadéquation de ce critère est confortée par le fait que les peines pénales ne se résument pas à celles privant l'individu de sa liberté. Le droit pénal contient en effet une pléthore de peines qui peuvent être classées en fonction de leur objet :

- Sanctions affectant la personne du délinquant : sanctions privatives ou restrictives de liberté (l'emprisonnement, la détention criminelle et la réclusion criminelle), sanctions atteignant l'honneur du condamné (affichage ou/et publication du jugement) ;
- Sanctions affectant le patrimoine du condamné (l'amende, la confiscation et la fermeture d'établissements) ;

---

administrative dans l'État de droit. Genèse et pratique du contrôle de l'enfermement des étrangers en instance d'éloignement dans la France contemporaine, Thèse, IEP Paris, 2007 ; C. COLLOT, *Les institutions de l'Algérie durant la période coloniale_(1830-1962), op. cit.*, p. 190 ; I. MERLE, « La justice coloniale française : un code pour l'indigénat », *L'Histoire*, n° 302, oct. 2005.

591 *Cf. supra*, p. 50 ; J.-P. MUNCH, *La sanction administrative*, *op. cit.*, p. 27.

592 *Cf.* sur la question : P. AMSELEK, « Les vicissitudes de la compétence juridictionnelle en matière d'atteintes administratives à la liberté individuelle », *RDP* 1965, p. 801. À en croire la CEDH, le fait qu'il s'agisse de peines privatives de liberté n'est pas suffisant, en lui-même, pour que ces dernières relèvent de la « matière pénale » si « par leur nature, leur durée, ou leurs modalités d'exécution [elles] ne sauraient causer un préjudice important », *cf. Engel et autres c. Pays-Bas*, 8 juin 1976, préc., § 82. Aussi, dans les arrêts : *Ravnsborg c. Suède*, 23 mars 1994, série A n° 283-B et *Putz c. Autriche*, 22 févr. 1996, *Recueil des arrêts et décisions* 1996-I, la CEDH n'a pas retenu la qualification pénale alors que le requérant s'exposait à une peine d'emprisonnement de 14 jours à 3 mois (*Ravnsborg*) et de 10 jours (*Putz*). Cette conception doit être écartée et attaquée avec vigueur, car « à l'heure où les Etats démocratiques multiplient les peines alternatives à l'emprisonnement, en matière notamment de petites, voire de moyenne délinquance, placer si haut le seuil de gravité d'une sanction s'avère peu conforme à l'esprit protecteur de la Convention européenne. Ne durerait-elle que vingt-quatre heures, une privation de liberté demeure une peine au sens pénal du terme sans qu'il soit besoin de s'interroger en plus sur son quantum », *cf.* R. KOERING-JOULIN et P. TRUCHE, « Retour sur le champ "pénal" européen », Mél., L-E. PETTITI, Bruxelles, Bruylant, 1998, p. 519.

- Sanctions affectant les droits du condamné (la suspension, l'annulation, l'interdiction d'exercer une activité ou une fonction, retrait d'une licence, etc.).

Or, le droit administratif pénal a adopté quasiment toutes ces formes de la peine.

B. Par rapport à la sévérité de la sanction

328. Outre le critère de la nature des sanctions pénales, l'on a également tenté de fonder leur différence avec les sanctions administratives sur leur degré de sévérité. Sous influence de la jurisprudence européenne et de la définition autonomiste de la « matière pénale » dégagée par la CEDH, ce critère est retenu tant par le juge judiciaire[593] que le juge administratif[594].

329. Abstraction faite des sanctions privatives de libertés, les sanctions pénales sont-elles réellement plus sévères que les sanctions administratives infligeables par les AAIRE ? On ne le pense pas. Les sanctions administratives, particulièrement en matière de régulation économique, sont tout aussi sévères que les sanctions pénales. Mieux encore, une telle question ne mérite même pas d'être posée lorsqu'il s'agit des « amendes administratives », c'est-à-dire de sanctions administratives pécuniaires. Car, tout comme en droit pénal, elles sont d'un contenu pécuniaire direct et d'un montant qui peut dépasser celui des amendes pénales. Par ailleurs, les autres sanctions administratives privatives ou restrictives de droits, telles que les suspensions, les retraits, les fermetures, les interdictions d'exercer, etc., portent, elles aussi, atteinte aux intérêts des personnes poursuivies en entraînant indirectement, mais sûrement, une diminution de leur patrimoine. Du reste, ces sanctions sont aussi considérées graves parce qu'elles portent atteinte à l'honneur de la personne physique et à la renommée de la personne morale. Il apparaît donc que le pouvoir répressif des AAIRE, conjugué à la nature de ces dernières, est suffisamment sévère pour être soumis au même régime juridique applicable aux peines pénales.

330. D'autre part, il est très difficile en pratique de cerner le seuil de gravité. La CEDH, par exemple, n'a dégagé aucun critère objectif et abstrait en ce sens, ce qui risque d'engendrer un flottement et une contradiction de la jurisprudence. À ce propos, le juge Jan DE MEYER s'est étonné, dans une opinion dissidente jointe à l'affaire *Pierre-Bloch*, qu'on puisse « estimer qu'un montant de 59 572 francs français n'est pas assez important pour en faire une sanction relevant de la matière pénale au sens de l'article 6§1, alors qu'on a admis que 60 marks allemands suffisaient dans l'affaire Öztürk, 300 francs suisses dans l'affaire Weber et 250 livres maltaises dans l'affaire Demicoli »[595].

---

[593] *Cf.* les conclusions de l'Avocat général Marie-Charlotte PINIOT sous Cass. com., 9 avr. 1996, *Haddad c/Agent judiciaire du trésor*, *RJDA* 1996, p. 438.

[594] *Cf.* M. GUYOMAR, « Le droit au juge indépendant et impartial en matière administrative, le principe vu par le Conseil d'État », *AJDA* 2001, p. 522.

[595] *Pierre-Bloch c. France*, 21 oct. 1997, préc.

Toujours au plan européen, le risque est également grand d'assister à une divergence de solutions entre la Cour et la Commission. Cela s'est produit dans l'affaire *Putz* où la Commission a jugé que « les peines en jeu en l'espèce revêtaient une importance assez grande pour entraîner la qualification ''pénale'' au sens de la Convention, des manquements imputés à l'intéressé » (§ 55)[596], tandis que la Cour a écarté ce caractère pénal, car « l'enjeu pour le requérant n'était pas assez important pour autoriser à qualifier de pénales les infractions en cause » (§ 37)[597].

La CEDH, elle-même, a reconnu la fragilité de ce critère. C'est ce qui ressort de l'arrêt *Öztürk* dans lequel elle a soutenu que « rien ne donne en effet à penser que l'infraction pénale (criminal offence), au sens de la Convention, implique nécessairement un certain degré de gravité. À cet égard, nombre d'États contractants distinguent aujourd'hui encore [...] entre crimes, délits et contraventions tout en les qualifiant, les uns et les autres, d'infractions pénales. En outre, il serait contraire à l'objet et au but de l'article 6 (art. 6), qui garantit aux "accusés" le droit à un tribunal et à un procès équitable, de permettre à l'État de soustraire à l'empire de ce texte toute une catégorie d'infractions pour peu qu'il les juge légères. [...] La faiblesse relative de l'enjeu (paragraphe 18, ci-dessus) ne saurait retirer à une infraction son caractère pénal intrinsèque »[598]. Mieux encore, la CEDH qui se base sur le caractère essentiellement répressif et dissuasif de la mesure, a mis sur le même point d'égalité tant les sanctions privatives de liberté que les mesures de fermeture d'établissements et des amendes qui ont aussi un degré de sévérité suffisamment important pour être considérées comme des sanctions « pénales »[599].

331. Enfin, comme l'a justement noté le juge Jan DE MEYER, dans une autre opinion dissidente sous l'arrêt *Putz*, « Faut-il vraiment admettre qu'on n'a pas le droit d'être jugé convenablement lorsqu'il ne s'agit que d'une petite amende ou d'une brève période d'emprisonnement ? Et où se situe alors le seuil de sévérité à partir duquel on peut invoquer ce droit ? À quel montant ? À quel nombre de jours de détention ? »[600].

---

596 Rapport de la Commission européenne du 11 oct. 1994, *Putz c/ Autriche*, req. n° 18892/91.

597 *Putz c. Autriche*, 22 févr. 1996, préc. *Cf.* sur la question : F. SUDRE et C. PICHERAL (dir.), *L'extension des garanties du procès équitable hors les juridictions ordinaires : Les contraintes européennes*, *op. cit.*, p. 33 ; G. COHEN-JONATHAN et J.-F. FLAUSS, « Cour et Commission européennes des droits de l'homme », *Justices* 1996, n° 3, p. 246 ; J.-F. FLAUSS, « Actualité de la CEDH », *AJDA* 1994, p. 515.

598 *Öztürk c. Allemagne*, arrêt du 21 févr. 1984, §§ 53-54, Série A n° 73.

599 *Deweer c. Belgique*, arrêt du 27 févr. 1980, §§ 42-46, Série A n° 35 ; *Öztürk c. Allemagne*, arrêt du 21 févr. 1984, préc. ; *Lutz c. Allemagne*, arrêt du 25 août 1987, §§ 54-55, Série A n° 123.

600 *Putz c. Autriche*, 22 févr. 1996, préc. *Cf.* pour une critique de ce critère : J. LAMARQUE, « Jurisprudence fiscale », *Justices* 1996, n° 3, p. 398. Même si le critère de la sévérité de la sanction est flou et ne peut convenir comme une base de distinction entre sanctions administratives et sanctions pénales, il n'en demeure pas moins qu'il est indispensable pour qu'on puisse vérifier le respect du principe de proportionnalité.

Paragraphe 3. Quant aux personnes visées et à la nature de l'intérêt protégé

332. Toujours d'un point de vue matériel, pour distinguer les sanctions administratives des sanctions pénales certains auteurs s'appuient, d'une part, sur la qualité des personnes auxquelles s'adresse la sanction et, d'autre part, sur la nature de l'intérêt protégé. Comme nous pouvons le remarquer, il s'agit là des éléments constitutifs de la théorie institutionnelle que nous avons amplement abordée[601].

Suivant le raisonnement des partisans de cette théorie, le champ d'application des sanctions pénales serait très vaste, dans la mesure où ces dernières concernent tous les citoyens, contrairement à celui des sanctions administratives plus restreint, car leur prononcé est lié à l'existence d'un lien préalable entre l'autorité administrative et la personne sanctionnée.

Outre la qualité des personnes, cette théorie met en évidence la nature de l'intérêt protégé. La répression pénale est exercée pour le maintien de l'ordre dans l'institution primaire, c'est-à-dire l'État, donc assure la défense de l'intérêt général, tandis que ''la répression'' disciplinaire (administrative) est exercée pour le maintien de l'ordre dans les institutions secondaires, en l'occurrence les différentes autorités et institutions administratives, donc défend un intérêt privé[602].

333. Sans revenir en détail sur l'appréciation de cette théorie, que nous avons déjà développée, il y a lieu de relever qu'à l'état actuel du droit la théorie institutionnelle ne peut pas fonder le pouvoir de sanction des AAIRE, étant donné qu'aucun de ses éléments de base n'est rempli dans le cas de ces autorités[603]. Tout d'abord, le pouvoir de sanction des AAIRE peut s'exercer même à l'encontre de personnes n'ayant aucun lien préalable avec elles. De plus, les compétences répressives de certaines de ces autorités ont été définies *rationae materiae*, ce qui leur permet de sanctionner un grand nombre de personnes, dans la mesure où, nonobstant la qualité de la personne, il suffit de commettre l'un des faits cités pour s'exposer aux sanctions prévues. Ensuite, concernant la nature de l'intérêt défendu, les AAIRE défendent bel et bien un intérêt général, ce qui expliquerait les prérogatives de puissance publique dont elles sont dotées.

---

[601] *Cf. supra*, pp. 82 et s., 91 et s.

[602] Partant de ce fondement commun, qui est le maintien de l'ordre, certains auteurs n'hésitent pas à affirmer le caractère disciplinaire du droit pénal et, d'autre part, que « le droit disciplinaire n'est au fond que le droit pénal particulier des institutions », *cf.* A. LÉGAL et J. BRÈTHE DE LA GRESSAYE, *Le pouvoir disciplinaire dans les entreprises privées*, *op. cit.*, p. 114. *Cf.* également : R. BONNARD, *De la répression disciplinaire des fautes commises par les fonctionnaires publics*, Bordeaux, Imprimerie Y. Cadoret, 1903 ; J. MOURGEON, *op. cit.*, p. 56. Même s'il conclut sur la base de la décision Cons. const., n° 82-155 DC du 30 déc. 1982, préc., qu'il existe à l'intérieur des sanctions des punitions auxquelles doivent s'appliquer les principes du droit pénal, Michel DEGOFFE a reconnu, tout de même, que ce régime des punitions ne caractérise que l'existence d'un droit pénal « au rabais », *cf. Droit de la sanction non pénale*, *op. cit.*, pp. 34-35 et pp. 50-72.

[603] *Cf. supra*, pp. 91 et s.

334. En somme, les critères des personnes visées par la contrainte et de la nature de l'intérêt défendu ne peuvent servir de base de distinction entre les sanctions pénales et les sanctions administratives répressives, relevant du pouvoir de ces autorités de régulation.

SOUS-SECTION 2. LA DISTINCTION DU POINT DE VUE FORMEL, LA PLUS APPROPRIÉE

335. Avec les limites de la conception matérielle, le critère formel apparaît le plus approprié pour distinguer entre sanctions pénales et sanctions administratives. En effet, étant donné les similitudes relevées du point de vue matériel entre ces deux types de sanctions, il ne nous reste qu'à explorer le côté formel pour tenter cette distinction. Hubert-Gérald HUBRECHT estime, à ce sujet, que « c'est dans la singularité organique que réside l'essentiel de la définition de la sanction administrative »[604]. Une opinion qu'on partage, car la sanction administrative est un acte administratif qui reste avant tout une notion formelle. De ce point de vue, la distinction entre les sanctions administratives et les sanctions pénales, peut être fondée soit par rapport à la manière avec laquelle l'autorité dont il émane est organisée (**Paragraphe 1**), soit par rapport à la procédure selon laquelle la sanction est rendue ou, enfin, par rapport à la force légale de cet acte[605] (**Paragraphe 2**).

Paragraphe 1. D'un point de vue organique

336. Dans le cadre du critère organique, l'on s'intéresse à la provenance de l'acte pour l'imprégner de la même nature que l'organe qui l'a édicté. En prenant en compte la nature des autorités sanctionnatrices, on est en mesure de dire que les sanctions administratives et les sanctions pénales sont prononcées par des autorités de nature différente. En effet, les sanctions administratives (actes administratifs) sont prononcées par des autorités administratives, au moment où le prononcé des sanctions pénales (actes juridictionnels) relève de la compétence exclusive du juge.

337. Pour rappel, le critère organique a revêtu une importance considérable au début de la formation du droit administratif, cependant il s'est trouvé un peu malmené après l'appel fait à des personnes privées pour agir en lieu et place de l'administration. Cette problématique ne se pose pas dans notre cas d'espèce dans la mesure où il n'est pas question de personnes privées, mais d'autorités administratives voire « publiques » (le cas des API).

338. Certains auteurs relativisent la portée du critère organique, mettant en avant le cas de certaines autorités administratives dotées de la qualité juridictionnelle, lorsqu'elles usent de leur pouvoir de sanction. C'était le cas de

---

604 H.-G. HUBRECHT, « Sanctions administratives », *J.-Cl. adm. Fasc.*, 202, 1993, n° 2.

605 *Cf.* sur ce point, la définition de Raymond CARRÉ DE MALBERG concernant l'acte juridictionnel (donc de la sanction pénale), *supra*, pp. 161 et s.

la Commission bancaire, comme l'est toujours le cas des juridictions administratives spéciales[606]. Mieux encore, la plupart des AAIRE sont désormais organisées sur le modèle des juridictions. En sus de distinguer, au sein de chacune d'elles, entre instances/fonctions d'accusation, de poursuite et de jugement, leurs collèges sont composés, entre autres, de magistrats.

Certes, les AAIRE sont très proches des juridictions lorsqu'elles usent de leur pouvoir de sanction : nous-mêmes sommes arrivés à la conclusion qu'il s'agit de juridictions de fait. Toutefois, même s'ils prononcent des sanctions à caractère de punitions, ces organismes restent aux yeux du législateur, du juge et d'une grande partie de la doctrine des autorités administratives. Il ne faut pas omettre aussi que ces autorités, contrairement au juge pénal avec lequel elles partagent le pouvoir de sanction, cumulent un ensemble de pouvoirs jugés nécessaires à leur mission de régulation, en particulier, un pouvoir réglementaire.

339. En somme, si on s'en tient à la qualification légale et juridictionnelle des AAIRE, il est aisé de dire qu'elles sont d'une nature différente, ce qui peut fonder une distinction organique entre les sanctions pénales prononcées par le juge et les sanctions administratives répressives prononcées par ces organismes.

Paragraphe 2. D'un point de vue procédural

340. Pour appuyer le critère organique, il est important de faire appel également à un second élément d'ordre procédural. De ce point de vue, les organes chargés de juger, c'est-à-dire prononcer des sanctions pénales, sont tenus d'observer des règles spéciales de procédure dans le but de garantir les droits des justiciables. C'est le cas des règles du contradictoire, de la publicité des débats, de la motivation et du double degré de juridiction, etc.

341. Certains tenteront peut-être de relativiser la portée d'un tel critère, en soutenant que ce genre de formalités a été élargi aux AAIRE, et que des principes comme le contradictoire ou l'obligation de motivation ne sont plus une exclusivité des jugements (sanctions pénales), puisqu'ils caractérisent même la plupart des décisions administratives, en particulier les sanctions administratives prononcées par ces autorités de régulation.

On ne peut nier le phénomène de judiciarisation des AAIRE induit, entre autres, par leur soumission à un grand nombre de principes, naguère applicables exclusivement en droit pénal. Néanmoins, comme nous le verrons

---

[606] C'est le cas du Conseil supérieur de la magistrature et des différents Ordres professionnels et organisations professionnelles nationales : des Chambres régionales des comptes ; de la Cour de discipline budgétaire et financière ; du Conseil supérieur de l'éducation ; du Conseil national de l'enseignement supérieur et de la recherche ; des Conseils nationaux et régionaux des ordres professionnels (architectes, médecins…), etc. Il s'agit, faut-il le reconnaître encore une fois, d'une situation paradoxale dans la mesure où la qualité de juridiction est reconnue à ces autorités administratives lorsqu'elles exercent un « simple » pouvoir disciplinaire, tandis qu'on persiste à refuser une telle qualité aux AAIRE qui exercent un véritable pouvoir répressif.

dans la seconde partie de notre étude, cette transposition n'est pas vraiment rigoureuse. En effet, au nom de la célérité et de l'efficacité de l'action de ces autorités, les procédures et principes précités sont soit complètement écartés, soit appliqués d'une manière souple. Donc, même s'il n'est pas à lui seul suffisant pour servir base de distinction, le critère procédural peu bien être complémentaire au critère organique.

SECTION 2. LA REMISE EN CAUSE DU DROIT PÉNAL EN MATIÈRE ÉCONOMIQUE

342. Outre l'apparition d'un courant international favorable au transfert des infractions d'importance mineure du droit pénal traditionnel au profit du droit administratif pénal, les politiques poursuivies par l'État interventionniste et, à sa suite, l'État régulateur[607], ont « engendré la prolifération des réglementations administratives fréquemment accompagnées de normes auxiliaires de droit administratif pénal prévoyant des sanctions à caractère répressif aux violations de ces réglementations »[608]. Avec l'avènement des AAIRE l'on est passé à un autre stade dans la consécration du droit administratif pénal, dans la mesure où leurs sanctions administratives sont très proches, dans leur forme et leur procédure ainsi que dans leur contenu, des sanctions pénales. On est donc en droit de s'interroger si ces autorités, du moins celles dotées d'un pouvoir répressif, peuvent constituer une alternative au juge pénal (**Sous-section 1**) ? Par ailleurs, l'engouement suscité par ces autorités et leur pouvoir répressif, nous interpelle quant à la possibilité d'affaiblissement que peut subir le droit pénal (**Sous-section 2**).

SOUS-SECTION 1. LES AAIRE UNE ALTERNATIVE AU JUGE PÉNAL ?

343. Partant de leur organisation et de leur fonctionnement, qui font d'elles de véritables juridictions, conjugués à leur important pouvoir répressif dont le régime est même aligné sur celui des sanctions pénales, les AAIRE peuvent-elles constituer une alternative au juge pénal ? À première vue, il existe plusieurs éléments qui confortent une telle possibilité. C'est le cas de l'indépendance des deux modes répressifs et de la subsidiarité du droit pénal.

---

607 *Cf.* sur le sujet : J. CHEVALLIER, « L'État régulateur », *RFAP* 2004, n° 111, p. 473 ; G. TIMSIT, « La régulation. La notion et le phénomène », *in La régulation. Nouveaux modes ? Nouveaux territoires ? RFAP* 2004, n° 109, p. 5 ; J. COMAILE et B. JOBERT (dir.), *Les métamorphoses de la régulation politique*, Paris, LGDJ, Coll., « Droit et Société », 1988 ; M.-A. FRISON-ROCHE, « Définition du droit de la régulation économique », art. cit., p. 126 ; E. COHEN, « De l'État dirigiste à l'État régulateur », *Sciences Humaines* 2002, n° 133, p. 38 ; Th. CHALUMEAU, « L'intervention publique dans le domaine économique : quelles limites ? », *Problèmes économiques*, n° 3010, 5 janv. 2011, p. 41.

608 XIVème Congrès international de droit pénal, Vienne, 2 - 7 oct. 1989, *RID pén.* 1990, Vol. 61, 3-4, pp. 86-110.

Cependant, s'il existe réellement une indépendance entre les deux types de répressions (**Paragraphe 1**), il est, en revanche, difficile d'admettre que le droit pénal joue un rôle subsidiaire dans la fonction répressive (**Paragraphe 2**).

Paragraphe 1. Indépendance du pouvoir répressif des AAIRE de la répression pénale

344. La liberté d'agir des AAIRE en matière de répression est très grande, et l'indépendance d'un tel pouvoir par rapport à l'action pénale illustre parfaitement la consécration d'un ordre administratif répressif, malgré l'hétérogénéité de la matière. Cette indépendance se vérifie tant du point de vue du cumul des sanctions administratives et pénales (**A**) que du point de vue du principe de l'autorité de la chose jugée, où il est même possible de parler de la naissance d'une action publique administrative(**B**).

A. Possibilité de cumul des deux types de répressions

345. Suivant le principe de l'indépendance des systèmes répressifs/de sanction entre eux, le cumul des sanctions à l'égard des mêmes faits et d'une même personne est possible, (comme c'est le cas entre sanctions administratives et pénales)[609]. En effet, lorsque les pouvoirs publics décident de mettre en marche tant la voie administrative que la voie pénale, ces deux actions sont présumées différentes et indépendantes l'une de l'autre. Il existe donc une possibilité de les exercer cumulativement et parallèlement[610]. En l'espèce, le cumul est jugé possible dans la mesure où l'institution de chacun de ces types de sanctions, repose sur des objets différents et tend à assurer la sauvegarde de valeurs et d'intérêts qui ne se confondent pas[611].

346. Dans le but de limiter les cas de cumul ou du moins ses effets, le législateur a prévu un ensemble de règles, à l'exemple de l'interdiction faite à la CRE de prononcer des sanctions pécuniaires si le manquement est

---

[609] Conseil d'État, *Les pouvoirs de l'administration dans le domaine des sanctions*, *op. cit.*, p. 60 ; Th. LAMBERT, *Les sanctions administratives fiscales : aspects de droit comparé*, Paris, L'Harmattan, Coll., « Finances publiques », 2006, p. 191 ; G. GOULARD, « L'indépendance des procédures. Retour à un principe traditionnel », *RJF* 1996, p. 2 ; M. ROUGEVIN-BAVILLE, *La sanction en matière administrative dans le droit français*, Rapport présenté lors du 3ème colloque des Conseils d'État et des Tribunaux Administratifs Suprêmes des pays membres des Communautés Européennes, Bruxelles du 19 au 21 oct. 1972 (disponible sur : http://www.juradmin.eu/colloquia/1972/france-2.pdf), p. 269.

[610] Un parallélisme des procédures a été institué par la législation économique du régime de Vichy, les infractions étaient réprimées par des peines correctionnelles prononcées soit par le juge judiciaire, soit par l'autorité administrative, soit par les deux, *cf.* l'ord. n° 45-1483 du 30 juin 1945, préc.

[611] Ainsi que le note Raymond ODENT « un cumul de sanctions est légalement possible lorsqu'il s'agit de mesures infligées pour des causes juridiques différentes », *cf. Contentieux administratif : Les Cours de droit*, IEP de Paris, 6ème éd., 1977-1981, rééd., 2 tomes, Dalloz, 2007, p. 2144.

constitutif d'une infraction pénale[612]. L'ARCEP était également soumise à la même interdiction, avant que l'ordonnance n° 2014-329 du 12 mars 2014, relative à l'économie numérique, qui a rétabli le pouvoir de sanction de l'ARCEP après sa mise en cause constitutionnelle, n'opte pour une autre formule. Désormais, « Lorsque le manquement est constitutif d'une infraction pénale, le montant total des sanctions prononcées ne peut excéder le montant de la sanction encourue le plus élevé »[613].

Dans la même perspective il a été également prévu que lorsqu'une AAIRE « a prononcé une sanction pécuniaire devenue définitive avant que le juge pénal ait statué définitivement sur les mêmes faits ou des faits connexes, celui-ci ***peut*** ordonner que la sanction pécuniaire s'impute sur l'amende qu'il prononce »[614] (souligné par nous). Intéressante qu'elle puisse paraître une telle règle reste une faculté est non une obligation, ce qui pourrait restreindre son efficacité. C'est peut-être la raison pour laquelle le législateur a parfois prévu que « Lorsque le manquement est constitutif d'une infraction pénale, le montant de la sanction pécuniaire ne peut excéder celui prévu pour l'amende pénale »[615].

347. Ayant eu l'occasion de se prononcer sur ce principe, la Section du rapport et des études du Conseil d'État a estimé qu'il est souhaitable que les cas de cumul de sanctions administratives et pénales, soient limités au maximum. Pour ce faire, trois hypothèses particulières de cumul sont proposées[616] :

- lorsqu'on a affaire à des sanctions administratives provisoires, comme pour la suspension d'une autorisation. C'est dire que dans l'attente du prononcé d'une sanction pénale, il est possible d'infliger une sanction administrative qui jouera une double finalité : la prévention et la répression ;
- lorsque les sanctions pénales et administratives ont une nature différente (c'est le cas du retrait d'autorisation/amende, de la sanction pécuniaire/emprisonnement) ;
- lorsque la sanction pénale a un caractère exceptionnel (c'est le cas dans le domaine boursier, fiscal ou de la concurrence, où, en principe, les sanctions communes sont de nature administrative, mais une sanction pénale peut intervenir en cas de pratiques frauduleuses).

---

612 *Cf.* art. L.134-27, al. 1, 2° du C. énergie. Aux termes du dernier alinéa de cette disposition, le législateur a exigé dans l'hypothèse où le manquement a déjà fait l'objet d'une sanction pécuniaire au titre d'une autre législation, de limiter la sanction pécuniaire infligée par la CRE de sorte que le montant global des sanctions pécuniaires ne dépasse pas le montant le plus élevé de l'une des sanctions encourues.

613 *Cf.* les art. L.5-3, III, al. 5 et L.36-11, III, al. 4 du CPCE.

614 Les art., L.621-16 du C. mon. fin., ; L.42-2, al. 3 de la loi n° 86-1067, préc. ; 43-V, al. 3 de la loi n° 2010-476 du 12 mai 2010, préc.

615 *Cf.* les art. L.42-2, al. 2 de la loi n° 86-1067, préc. ; 43-V, al. 2 de la loi n° 2010-476 du 12 mai 2010, préc.

616 Conseil d'État, *Les pouvoirs de l'administration dans le domaine des sanctions*, *op. cit.*, p. 79.

348. De son côté, le Conseil constitutionnel s'est livré à un véritable ''slalom'', concernant la question du cumul des sanctions administratives et des sanctions pénales. Dans un premier temps, à l'occasion de la décision n° 88-248 DC, l'on a pu croire qu'il interdisait le cumul de ces deux types de sanctions dans la mesure où il a estimé « qu'une sanction pécuniaire ne peut se cumuler avec une sanction pénale »[617]. Cependant, cette affirmation est le résultat d'une déduction de la loi du 17 janvier 1989 sur les pouvoirs du CSA, et ne constitue nullement une position du juge constitutionnel. Dans un second temps, d'ailleurs pas aussi lointain, marchant sur les traces du juge administratif[618], tout en affirmant que le principe *non bis in idem* n'est pas applicable « en cas de cumul entre sanctions pénales et sanctions administratives »[619], le juge constitutionnel a tenté de réduire les effets d'un éventuel cumul en faisant appel au principe de proportionnalité. Aussi, a-t-il estimé que le « principe de proportionnalité implique qu'en tout état de cause, le montant global des sanctions éventuellement prononcées ne dépasse pas le montant le plus élevé de l'une des deux sanctions encourues »[620]. Pour ainsi dire, le cumul entre sanctions administratives et pénales est possible, mais sous condition de respecter le principe de proportionnalité. C'est ce qui a fait dire à un auteur que le Conseil constitutionnel a « substitué au principe du non-cumul des peines celui du non-cumul des montants des peines »[621].

---

617 30ème consid.

618 CE, sect., 19 févr. 1943, *Grandgirard, Rec. CE* 1943, p. 43 ; CE, 3 janv. 1945, *James. Rec. CE* 1945, p. 3.

619 Cons. const., n° 89-260, préc., 16ème consid. Selon Frédéric STASIAK le Conseil constitutionnel s'est déjà exprimé sur le principe dans sa décision n° 88-248, en interdisant le cumul des sanctions, cf. « Les sanctions par les autorités de régulation : les exemples du droit boursier et du droit de la concurrence », *in* B. BOULOC (dir.), *Autorités de régulation et vie des affaires*, Paris, Dalloz, Coll., « Thème et commentaires », 2006, p. 113 et s. Cependant, contrairement à ce qui a été avancé, le Conseil constitutionnel n'a pas interdit le cumul des sanctions dans la décision citée, il a juste vu dans ce principe, retenu par le législateur, une garantie légale dont bénéficiaient les administrés, et ce n'est que dans la décision relative au CSA qu'il a interprété, à sa manière, l'éventualité d'une double procédure conduisant au cumul de sanctions pécuniaires.

620 Cons. const., n° 89-260, préc., 22ème consid. Dans le même sens, *cf.* Cons. const., n° 2012-266 QPC du 20 juill. 2012, M. Georges R., préc., 8ème consid. *Cf.* également : CE, 16 juill. 2010, n° 321056, *Beslay c/ AMF*, inédit, JurisData:2010-013304 ; Cass. ass. plén., 8 juill. 2010, n° 10-10.965.

621 A. DELION, « Les autorités administratives indépendantes dans le domaine économique et financier », Communication à la table ronde de l'Institut international de sciences administratives, Helsinki, juill. 1994, p. 23. *Cf.* également sur ce point : C. TEITGEN-COLLY, « Sanctions administratives et autorités administratives indépendantes », art. cit., p. 39 ; M. DELMAS-MARTY et C. TEITGEN-COLLY, *Punir sans juger ? op. cit.*, p. 102 ; F. MODERNE, *Sanctions administratives et justice constitutionnelle*, *op. cit.*, p. 271 ; Conseil d'État, *Les pouvoirs de l'administration dans le domaine des sanctions*, *op. cit.*, p. 60 ; R. VANDERMEEREN, « La ''double peine'' : diversité des ordres juridiques et pluralité des systèmes répressifs », *AJDA* 2003, p. 1854.

Dans la décision n° 96-378 DC du 23 juillet 1996[622], le juge constitutionnel semblait prendre du recul par rapport à sa précédente solution, puisqu'il a estimé qu'« une sanction administrative de nature pécuniaire ne peut se cumuler avec une sanction pénale ». Donc, certains auteurs ont cru voir un revirement de position, et la reconnaissance d'une valeur constitutionnelle au principe de non-cumul des sanctions administratives de nature pécuniaire et des sanctions pénales[623]. Cette analyse a été vite démentie par la décision n° 97-395 DC du 30 décembre 1997, qui reconnaît la possibilité de cumuler les sanctions administratives et pénales et, par ricochet, rejette implicitement toute valeur constitutionnelle au principe de non-cumul[624].

En somme, le principe reste celui du cumul des sanctions administratives et pénales, néanmoins tout en respectant le principe de proportionnalité, dont le respect s'impose tant aux autorités administratives que judiciaires[625].

349. Dans une jurisprudence constante, la haute juridiction judiciaire estime que le principe *non bis in idem*, consacré par l'article 4 du Protocole n° 7, additionnel à la CESDH, ne trouve à s'appliquer, selon les réserves faites par la France en marge de ce protocole, que pour les infractions relevant en droit français de la compétence des tribunaux statuant en matière pénale[626].

---

622 Sur la loi portant réglementation des télécommunications, *Rec. Cons. const.* 1996, p. 99, *JORF* du 27 juill. 1996, 15ème consid. La CEDH refuse également le cumul des poursuites administratives et pénales, sur le fondement de l'art. 4 du protocole additionnel n° 7. Dans la décision *Gradinger c. Autriche*, 23 oct. 1995, § 55, série A n° 328-C, la Cour énonce qu'elle « n'ignore pas que les dispositions en cause se distinguent non seulement sur le plan de l'appellation des infractions mais sur celui, plus fondamental, de leur nature et de leur but. Elle relève en outre que l'infraction punie par l'article 5 du Code de la route ne représente qu'un aspect du délit sanctionné par l'article 81 par.2 du Code pénal. Néanmoins, les deux décisions litigieuses se fondent sur le même comportement. Partant, il y a eu violation de l'article 4 du Protocole n° 7 ».

623 *Cf.* F. MODRNE, « Le pouvoir de sanction au confluent du droit interne et des droits européens », art. cit., p. 15 et s. Se basant sur la décision n° 96-378 DC du 23 juill. 1996, préc., cet auteur distingue entre, d'une part, le principe de non-cumul des sanctions administratives pécuniaires et sanctions pénales qui, selon lui, est érigé en principe constitutionnel et, d'autre part, le principe de non-cumul des sanctions administratives non pécuniaires avec les sanctions pénales qui est juste un principe légal. *Cf.* également sur la question : F. STASIAK, *ibid.*, p.190.

624 Cons. const., n° 97-395 DC du 30 déc. 1997, préc., 14ème consid., : « lorsqu'une sanction administrative est susceptible de se cumuler avec une sanction pénale, le principe de proportionnalité implique qu'en tout état de cause, le montant global des sanctions éventuellement prononcées ne dépasse pas le montant le plus élevé de l'une des sanctions encourues ». Sur la question, cf. *AJDA* 1998, p. 125, note J.-E. SCHOETTL.

625 Dans un jugement du 3 déc. 1993, le Tribunal correctionnel de Paris a prononcé une dispense de peine à l'encontre de l'auteur d'un délit d'initié, déjà condamné par la COB à une amende de 10 millions de francs, cf. *LPA*, n° 8, 19 janv. 1994, p. 12, note C. DUCOULOUX-FAVARD. Sur ce point, cf. R. SALOMON, « Le pouvoir de sanction des autorités administratives indépendantes en matière économique et financière. Conformité aux garanties fondamentales », *JCP G* 2000.I.264.

626 Cass. crim. 4 juin 1998, n° 97-80.620, *Bull. crim.* 1998, n° 186, p. 506 ; Cass. crim.19 mai 1999, n° 98-80.267, inédit ; Cass. crim. 2 avr. 2008, nos 07-85.179, 07-85.179, 00-81.980, 03-85.041, JurisData:2008-043762 ; Cass. crim. 28 janv. 2009, n° 07-81.674, inédit,

Pour cette raison, elle a, par exemple, jugé que le principe précité « n'interdit pas l'exercice de poursuites devant le juge répressif parallèlement à une procédure conduite devant la COB aux fins de sanctions administratives »[627].

Récemment, dans un arrêt du 22 janvier 2014[628], la chambre criminelle de la Cour de cassation a confirmé son rejet de l'application de l'article 4 du Protocole n° 7 dans le cas d'une double poursuite pénale et administrative. Cependant, contrairement à sa jurisprudence précédente, et malgré le fait que le requérant ait soulevé au soutien de son pourvoi la contrariété du cumul d'une sanction administrative et d'une sanction pénale avec l'article 4 précité et contesté la validité de la réserve française, la chambre criminelle a basé, cette fois-ci, sa solution sur la Charte des droits fondamentaux de l'Union européenne et l'article 14-1 de la directive n° 2003/6/CE du 28 janvier 2003.

Pour la haute Cour judiciaire « l'article 50 de la charte des droits fondamentaux de l'Union européenne ne s'oppose pas à ce qu'une personne sanctionnée pour un manquement relevant de la compétence de l'AMF puisse, en raison des mêmes faits, être poursuivie et condamnée pour un délit dès lors que, d'une part, ce cumul garantit la sanction effective, proportionnée et dissuasive, au sens de l'article 14-1 de la directive n° 2003/6/CE du 28 janvier 2003, dont dépend la réalisation de l'objectif d'intérêt général reconnu par l'Union européenne, entrant dans les prévisions de l'article 52 de la charte et tendant à assurer l'intégrité des marchés financiers communautaires et à renforcer la confiance des investisseurs, d'autre part, le montant global des amendes susceptibles d'être prononcées ne peut dépasser le plafond de la sanction encourue la plus élevée ».

Apparemment, pour le juge judiciaire le principe *non bis in idem* trouve ses limites dans l'article 14.1 de la directive précitée. D'après cette disposition « Sans préjudice de leur droit d'imposer des sanctions pénales, les États membres veillent à ce que, conformément à leur législation nationale, des mesures administratives appropriées puissent être prises ou des sanctions administratives appliquées à l'encontre des personnes responsables d'une violation des dispositions arrêtées en application de la présente directive. Les États membres garantissent que ces mesures sont effectives, proportionnées et dissuasives. »

Au vu de ce texte, il apparaît qu'effectivement les États membres peuvent avoir dans leur arsenal répressif, destiné à faire face à la violation des dispositions arrêtées en application de la directive n° 2003/6/CE[629], en plus des sanctions pénales, des sanctions administratives. Toutefois, hormis l'obligation de garantir des sanctions effectives, proportionnées et dissuasives, à aucun

---

JurisData:2009-047081 ; Cass. com., 8 févr. 2011, n° 10-10.965, *M. Frydman c/AMF*, JurisData:2011-001344.

[627] Cass. crim. 1er mars 2000, n° 99-86.299, *Bull. crim.* 2000, n° 98.

[628] Cass. crim., 22 janv. 2014, n° 12-83.579, *Bull. crim.*, 2014, n° 22, JurisData:2014-000571.

[629] Directive n° 2003/6/CE du Parlement européen et du Conseil du 28 janvier 2003 sur les opérations d'initiés et les manipulations de marché (abus de marché), *JOUE* n° L 96 du 12 avr. 2003, p. 16.

moment il n'est dit qu'ils peuvent cumuler et prononcer simultanément les deux types de sanctions[630].

350. Concernant l'obligation de respecter le principe de non-cumul des sanctions figurant à l'article 4 du protocole n° 7 de la CESDH[631], certes une réserve a été formulée sur ce point par le gouvernement français, pour qui « seules les infractions relevant, en droit français, de la compétence des tribunaux *statuant en matière pénale*, doivent être regardées comme des infractions au sens des articles 2 à 4 du présent Protocole »[632] (souligné par nous). Toutefois, au vu du développement de la jurisprudence européenne l'État français risque un autre revers devant le juge Strasbourgeois à cause du pouvoir de sanction de ses AAIRE. En effet, se basant sur l'article 4 du Protocole n° 7 à la CESDH, la CEDH n'a pas hésité à condamner l'État italien, le 4 mars 2014[633], auquel il est reproché de cumuler les poursuites pénales et administratives en matière d'infractions boursières. Plus exactement, les auteurs d'une manipulation de marché ont subi, pour les mêmes faits - manipulation de marché - des poursuites de la part de la CONSOB (*Commissione Nazionale per le Società e la Borsa*), équivalent italien de l'AMF, et du juge pénal.

Pour chercher une éventuelle violation du Protocole n° 7, le juge Strasbourgeois a voulu, dans un premier temps, vérifier son applicabilité eu égard à la réserve posée par l'Italie. Autrement dit, il était question de s'assurer de la conformité de la réserve italienne à l'article 57 de la CESDH,

---

630 Pour rappel la directive précitée a été abrogée par le Règlement n° 596/2014 du Parlement européen et du Conseil du 16 avril 2014 sur les abus de marché (règlement relatif aux abus de marché) et abrogeant (en plus de la directive précitée) les directives 2003/124/CE, 2003/125/CE et 2004/72/CE de la Commission, *JOUE n° L* 173, 12 juin 2014, p. 1. Ce nouveau texte a néanmoins repris quelques éléments de la directive de 2003, en disposant que « rien n'empêche les États membres d'établir des règles prévoyant à la fois des sanctions administratives et des sanctions pénales pour les mêmes infractions », mieux encore, que « les États membres ne sont pas tenus d'infliger à la fois des sanctions administratives et pénales pour la même infraction, mais ils en ont le loisir si leur droit national l'autorise. » Il n'en demeure pas moins qu'une telle faculté est encadrée, dans la mesure où la directive n° 2014/57/UE impose aux États membres « lors de l'application du droit national transposant la présente directive, [de] veiller à ce que l'application de sanctions pénales en cas d'infractions conformément à la présente directive et de sanctions administratives conformément au règlement n° 596/2014 n'entraîne pas une violation du principe non bis in idem », *cf.* La Directive n° 2014/57/UE du Parlement européen et du Conseil du 16 avr. 2014, relative aux sanctions pénales applicables aux abus de marché (directive relative aux abus de marché), *JOUE* n° L 173, 12 juin 2014, p. 179.

631 Protocole n° 7 du 22 nov. 1984, relatif à la Convention de sauvegarde des droits de l'homme et des libertés fondamentales, dont l'article « 4 - Droit à ne pas être jugé ou puni deux fois », stipule que : « 1. Nul ne peut être poursuivi ou puni pénalement par les juridictions du même État en raison d'une infraction pour laquelle il a déjà été acquitté ou condamné par un jugement définitif conformément à la loi et à la procédure pénale de cet État. »

632 Déclaration faite lors de la signature, le 22 nov. 1984, et confirmée lors du dépôt de l'instrument de ratification, le 17 févr. 1986.
http://www.conventions.coe.int/Treaty/Commun/ListeDeclarations.asp?CL=FRE&CM=1&NT=117&VL=0 (consulté le 25 juill. 2014).

633 *Grande Stevens et autres c. Italie*, n°s 18640/10, 18647/10, 18663/10, 18668/10 et 18698/10, 4 mars 2014.

qui traite des conditions de validité des réserves des États membres. Or, il s'est avéré à la Cour européenne que la réserve revêtait un caractère général et était dépourvue du « bref exposé » de la loi ou des lois prétendument incompatibles avec l'article 4 du Protocole n° 7, imposé par l'article 57. Par ailleurs, elle a pu « déduire du libellé de la réserve que l'Italie a entendu exclure du champ d'application de cette disposition toutes les infractions et les procédures qui ne sont pas qualifiées de « pénales » par la loi italienne. Il n'empêche qu'une réserve qui n'invoque ni ne mentionne les dispositions spécifiques de l'ordre juridique italien excluant des infractions ou des procédures du champ d'application de l'article 4 du Protocole n° 7, n'offre pas à un degré suffisant la garantie qu'elle ne va pas au-delà des dispositions explicitement écartées par l'État contractant »[634]. Pour cette raison elle a conclu à l'invalidité de la réserve italienne dans la mesure où elle ne satisfait pas aux exigences de l'article 57 § 2[635].

Ensuite, rappelant sa jurisprudence constante selon laquelle l'existence d'une « accusation en matière pénale » est déterminée eu égard à trois critères : la qualification juridique de la mesure litigieuse en droit national, la nature même de celle-ci, la nature et le degré de sévérité de la sanction[636], la Cour a estimé que, compte tenu de la gravité des sanctions encourues en la matière, l'accusation portée devant la CONSOB devait être considérée comme une « accusation en matière pénale » au sens de l'article 6 de la CESDH[637].

Enfin, ayant jugé que les faits reprochés aux requérants devant la CONSOB et devant les juridictions pénales se référaient à la même conduite, la Cour a unanimement conclu à la violation de l'article 4 du Protocole n° 7.

351. Une lecture comparée des réserves italienne et française, à propos de l'applicabilité des articles 2 à 4 du Protocole précité, nous révèle qu'elles sont identiques, aussi l'État français n'est pas à l'abri d'une condamnation devant le juge strasbourgeois. Pour rappel, la réserve italienne dispose que « La République italienne déclare que les articles 2 à 4 du Protocole ne s'appliquent qu'aux infractions, aux procédures et aux décisions qualifiées pénales par la loi italienne. »[638] La réserve française, quant à elle, stipule que « Le Gouvernement de la République française déclare que seules les infractions relevant en droit français de la compétence des tribunaux statuant en matière pénale doivent être regardées comme des infractions au sens des articles 2 à 4

---

[634] *Cf.* § 210.
[635] *Cf.* § 211.
[636] *Engel et autres c. Pays-Bas*, 8 juin 1976, § 82, série A n° 22, (§94)
[637] À l'occasion, la Cour n'a pas manqué de rappeler ses décisions rendues à l'encontre de certaines AAIRE françaises disposant d'un pouvoir de sanction, auquel s'applique l'article précité dans son volet pénal (§ 100); CDBF (*Guisset c. France*, n° 33933/96, § 59, CEDH 2000-IX), CMF (*Didier c. France* (déc.), n° 58188/00, 27 août 2002), ADLC (*Lilly France S.A. c. France* (déc.), n° 53892/00, 3 décembre 2002), AMF (*Messier c. France* (déc.), n° 25041/07, 19 mai 2009), et de la Commission bancaire (*Dubus S.A.*, préc.,).
[638] *Cf.* htp:www.conventions.coe.int/Treaty/Commun/ListeDeclarations.asp?CL=FRE&CM=1&NT=117&VL=0.

du présent Protocole. »[639] En sus de la ressemblance frappante entre les deux réserves, il est important de souligner que tout comme l'Italie, la France n'a pas assorti sa réserve du « bref exposé » exigé par l'article 57 de la CESDH. Donc, *a priori*, rien n'empêchera la Cour européenne de transposer sa solution aux autorités françaises, pour condamner le cumul des poursuites pénales et administratives en matière économique.

352. La portée de la réserve française nous semble également limitée, compte tenu de l'évolution de la jurisprudence de la CEDH qui considère que « la matière pénale s'entend de toute matière punitive et ayant une certaine gravité »[640]. Il s'agit en effet d'une réserve émise bien avant la prolifération des AAIRE et de leur fameux pouvoir répressif, avec la jurisprudence qu'elles ont engendrée tant au niveau national qu'européen, aussi une telle position devrait être reconsidérée à la lumière de cette nouveauté. Mieux encore, des textes internationaux opposables à l'État français et contenant des dispositions relatives au principe *ne bis in idem*, n'ayant pas fait l'objet de réserves de la part du Gouvernement français, peuvent également être soulevés au besoin. C'est le cas de l'article 50 de la Charte des droits fondamentaux de l'Union européenne[641] et de l'article 14-7 du Pacte international relatif aux droits civils et politiques[642]. Comme pour la première, cette seconde disposition a été également soulevée par le demandeur au pourvoi ayant donné lieu à l'arrêt du 22 janvier 2014, mais la Cour de cassation ne s'est pas prononcée sur ce point. Les juges du fond ont estimé, quant à eux, « que ce texte ne faisait référence qu'à un précédent fondé sur une condamnation pénale, [or] les décisions prononcées par l'Autorité des marchés financiers étant des sanctions administratives ». La cour d'appel n'a fait que confirmer la solution de la Cour de cassation dans une jurisprudence antérieure, dans laquelle elle a jugé que « l'interdiction d'une double condamnation à raison des mêmes faits prévue, notamment, par l'article 14, paragraphe 7, du Pacte de New-York ne trouve à s'appliquer que dans le cas où une même infraction pénale, ayant déjà donné lieu à un jugement définitif de condamnation ou d'acquittement, ferait l'objet d'une nouvelle poursuite et, le cas échéant, d'une condamnation devant ou par une *juridiction répressive* »[643] (souligné par nous).

Même s'il n'existe pas de réserves françaises sur l'article 14-7, du Pacte de New-York, il est tout de même écarté, tout comme l'article 4 du Protocole n° 7 précité, sur la base de la nature de la juridiction ayant prononcé la sanction. La

---

[639] *Ibid.*

[640] *Öztürk c. Allemagne*, 21 févr. 1984, §54, série A n° 73 ; *Bendenoun c. France*, 24 févr. 1994, § 47, série A n° 284 ; *Malige c. France*, 23 sept. 1998, §34, *Recueil des arrêts et décisions* 1998-VII.

[641] D'après lequel « Nul ne peut être poursuivi ou puni pénalement en raison d'une infraction pour laquelle il a déjà été acquitté ou condamné dans l'Union par un jugement pénal définitif conformément à la loi. »

[642] Selon cette disposition « Nul ne peut être poursuivi ou puni en raison d'une infraction pour laquelle il a déjà été acquitté ou condamné par un jugement définitif conformément à la loi et à la procédure pénale de chaque pays. »

[643] Cass. crim. 5 juin 2002, n° 01-85005, inédit, JurisData:2002-015322.

Cour de cassation fait ainsi prévaloir un critère organique pour définir la matière pénale, déniant de la sorte toute possibilité pour une autorité administrative – selon le droit interne – de prononcer une sanction pénale.

Il n'en reste pas moins qu'en leur appliquant le critère de la nature et du degré de sévérité, dégagé par la jurisprudence européenne, les décisions répressives des AAIRE devraient être qualifiées de sanctions pénales. En effet, dans l'affaire *Sergueï Zolotoukhine c. Russie* de 2009[644], la CEDH a rappelé l'insuffisance du critère de la qualification juridique de la procédure en droit interne, pour déterminer à lui seul l'applicabilité du principe *non bis in idem* au regard de l'article 4 du Protocole n° 7. Laisser une telle initiative à « l'appréciation des États contractants [...] risquerait de conduire à des résultats incompatibles avec l'objet et le but de la Convention ». Pour le juge Strasbourgeois « Les termes « procédure pénale » employés dans le texte de l'article 4 du Protocole n° 7 doivent être interprétés à la lumière des principes généraux applicables aux expressions « accusation en matière pénale » (criminal charge) et « peine » (penalty) figurant respectivement à l'article 6 et à l'article 7 de la Convention »[645]. Autrement dit, la nécessité de faire appel aux « critères Engel » – par référence à l'arrêt Engel et autres – qui sont de trois, à savoir : la qualification juridique de l'infraction en droit interne ; la nature même de l'infraction et enfin le degré de sévérité de la sanction que risque de subir l'intéressé.

353. Cette position est partagée par la CJUE qui a estimé, dans une réponse à une question préjudicielle, que « Le principe ne bis in idem énoncé à l'article 50 de la charte des droits fondamentaux de l'Union européenne ne s'oppose pas à ce qu'un État membre impose, pour les mêmes faits [...], successivement une sanction fiscale et une sanction pénale dans la mesure où la première sanction ne revêt pas un caractère pénal »[646]. Donc, la Cour n'a approuvé le cumul que parce que la sanction fiscale - pour ce qui est de la question qui lui était posée – ne revêt pas un caractère pénal. À ce sujet, tout comme la CEDH, la CJUE a rappelé que pour apprécier la nature pénale des sanctions, trois critères sont pertinents ; la qualification juridique de l'infraction en droit interne, la nature même de l'infraction et enfin la nature ainsi que le degré de sévérité de la sanction que risque de subir l'intéressé.

354. Même si les sanctions des AAIRE françaises sont qualifiées en droit interne d'administratives, écartant de la sorte le premier critère, il n'en demeure pas moins que les deux autres critères se trouvent quant à eux remplis (peuvent s'appliquer). En effet, en plus d'avoir affaire aux mêmes faits, dans le cas des deux poursuites pénale et administrative, les sanctions administratives dont sont dotées les AAIRE sont parfois plus importantes que celles prévues en droit pénal. À titre d'exemple, outre les sanctions d'interdiction temporaire ou définitive d'exercice, l'AMF peut prononcer une sanction pécuniaire dont

---

644 *Sergueï Zolotoukhine c. Russie* [GC], n° 14939/03, §§ 52-53, CEDH 2009.

645 *Ibid.*

646 CJUE 26 févr. 2013, *Aklagaren c. Hans Akerberg Fransson*, aff. C-617/10, § 37.

le montant « ne peut être supérieur à 100 millions d'euros ou au décuple du montant des profits éventuellement réalisés »[647]. Comment peut-on dénier à de telles sanctions le caractère pénal ?

355. Ne devrait-on pas s'étonner du fait que l'on refuse d'appliquer le principe de non-cumul entre sanctions pénales et administratives sous prétexte que ces dernières ne sont pas rendues par des « tribunaux statuant en matière pénale », tout en regardant l'AAIRE qui use de son pouvoir de sanction « comme un tribunal au sens de l'article 6 de la [CESDH] »[648] qui décide « du bien-fondé d'accusations en matière pénale au sens de la Convention européenne des droits de l'homme »[649] ? N'est-il pas contradictoire de soumettre ces autorités à l'article 6 de la CESDH, car considérées comme des tribunaux décidant d'une matière pénale, tout en refusant de les soumettre à d'autres dispositions du même texte (article 4 du protocole n° 7) sous prétexte que les décisions ne sont pas rendues par des tribunaux statuant en matière pénale ?

356. Le Conseil constitutionnel a été saisi le 17 décembre 2014 par la Cour de cassation d'une question prioritaire de constitutionnalité à propos du principe *ne bis in idem*[650]. La réponse était très attendue, car pouvant remettre en cause de fond au comble la portée de ce principe en matière de pouvoir de sanction des AAIRE si jamais le Conseil donnait raison à la partie saisissante.

Dans une réponse inattendue[651], rendue le 18 mars 2015[652], le juge constitutionnel a déclaré inconstitutionnel le cumul des poursuites pour les mêmes faits devant une AAIRE et devant le juge. Plus exactement il a condamné le cumul des poursuites d'une personne devant l'AMF pour manquement d'initié et devant le tribunal correctionnel pour délit d'initié. Pour le Conseil « les dispositions contestées tendent à réprimer les mêmes faits [et] définissent et qualifient de la même manière le manquement d'initié et le délit d'initié »[653]. Aussi, a-t-il jugé que « *la répression du manquement d'initié et celle du délit d'initié poursuivent une seule et même finalité de protection du bon fonctionnement et de l'intégrité des marchés financiers* ; que ces répressions d'atteintes portées à l'ordre public économique s'exercent dans les

---

647 Art. L.621-15-III, a et c, du C. mon. fin.

648 CE, 28 oct. 2002, n° 222188, *M. Laurent c/ Commission de contrôle des assurances*, JurisData:2002-064583 ; CE, 10 mars 2003, n° 227357, *Laurent et autres c/ Commission de contrôle des assurances*, JurisData:2003-065096.

649 CE, 2 nov. 2005, n° 271202, *SA Banque privée Fideuram Wargny c/ AMF*, JurisData:2005-069162 ; CE, 2 nov. 2005, n° 270826, *WITVOET c/ AMF*, inédit, JurisData:2005-069205 ; CE, 4 févr. 2005, n° 269001, *SA GSD GESTIONS c/ AMF*, JurisData:2005-068135 ; CE, 3 déc. 1999, *Dédier*, préc. Dans le même sens, *cf.* Cass. com., 9 avr. 1996, n° 94-11.323, *Haddad*, *Bull. civ.* 1996, IV, n° 115, p. 96, JurisData:1996-001496.

650 Cass. crim., 17 déc. 2014, n° 14-90.042, inédit.

651 Inattendue, au vu de ses précédentes positions et des conséquences que peut avoir cette nouvelle solution.

652 Cons. const., n° 2014-453/454 QPC et 2015-462 QPC du 18 mars 2015, M. John L. et autres [Cumul des poursuites pour délit d'initié et des poursuites pour manquement d'initié]

653 24ème consid.

deux cas non seulement à l'égard des professionnels, mais également à l'égard de toute personne ayant utilisé illégalement une information privilégiée ; que ces *deux répressions protègent en conséquence les mêmes intérêts sociaux* »[654] (souligné par nous). Par conséquent, il a déclaré les articles L.465-1 et L.621-15 du Code monétaire et financier non conformes à la Constitution[655].

Quelle sera la réponse du législateur avant le 1er septembre 2016[656] : se contentera-t-il de redéfinir « le manquement » et « le délit » d'initié, ou ira-t-il plus loin en prévoyant également une solution générale applicable pour l'ensemble des AAIRE ? Cela reviendrait à remettre en cause l'ensemble de sa jurisprudence et constituerait une véritable révolution en droit français. Qui sera privilégié du juge pénal et de l'AMF ? La solution ne risque-t-elle pas de créer une relation concurrentielle voire conflictuelle entre ces deux autorités ?

Le législateur est intervenu par la loi n° 2016-819 du 21 juin 2016 réformant le système de répression des abus de marché[657], en optant pour une articulation de la mise en mouvement de l'action publique et la procédure devant l'AMF, concernant les infractions d'abus de marché. Désormais, selon le nouvel article L. 465-3-6 du Code monétaire et financier, le procureur de la République financier ne peut mettre en œuvre l'action publique lorsque l'AMF a entamé une procédure de sanction pour les mêmes faits. Réciproquement, l'AMF ne peut pas enclencher cette procédure lorsque le procureur de la République financier a mis en mouvement l'action publique. C'est pour ces raisons qu'il a été prévu que lorsque le procureur envisage de poursuivre, il doit en informer l'AMF, qui dispose alors de deux mois pour faire connaître sa décision. Si elle décide de procéder à la notification des griefs, elle doit en

---

654 25ème consid.

655 Dans le but de ne pas « empêcher toute poursuite et de mettre fin à celles engagées à l'encontre des personnes ayant commis des faits qualifiés de délit ou de manquement d'initié [...] il y a lieu de reporter au 1er septembre 2016 la date de l'abrogation de l'article L. 465-1, des dispositions contestées de l'article L. 621-15 et de celles des articles L. 466-1, L. 621-15-1, L. 621-16 et L. 621-16-1[du C. mon. fin.] » (35ème consid.). Cependant, pour faire cesser « l'inconstitutionnalité constatée à compter de la publication de la présente décision » le Conseil a décidé que « des poursuites ne pourront être engagées ou continuées sur le fondement de l'article L. 621-15 [...] à l'encontre d'une personne autre que celles mentionnées au paragraphe II de l'article L. 621-9 du même code dès lors que des premières poursuites auront déjà été engagées pour les mêmes faits et à l'encontre de la même personne devant le juge judiciaire statuant en matière pénale sur le fondement de l'article L. 465-1 du même code ou que celui-ci aura déjà statué de manière définitive sur des poursuites pour les mêmes faits et à l'encontre de la même personne ; que, de la même manière, des poursuites ne pourront être engagées ou continuées sur le fondement de l'article L. 465-1 [...] dès lors que des premières poursuites auront déjà été engagées pour les mêmes faits et à l'encontre de la même personne devant la commission des sanctions de l'Autorité des marchés financiers sur le fondement des dispositions contestées de l'article L. 621-15 du même code ou que celle-ci aura déjà statué de manière définitive sur des poursuites pour les mêmes faits à l'encontre de la même personne » (36ème consid.).

656 Le Conseil constitutionnel a reporté au 1er septembre 2016 la date de l'abrogation des dispositions affectées par la déclaration d'inconstitutionnalité (35ème consid.)

657 Loi n° 2016-819 du 21 juin 2016 réformant le système de répression des abus de marché, *JORF* du 22 juin 2016.

informer le procureur de la République financier, qui dispose alors de quinze jours pour confirmer son intention de mettre en mouvement l'action publique et saisir le procureur général près la cour d'appel de Paris. Lorsque c'est l'AMF qui prend l'initiative, un mécanisme d'information du procureur est également prévu. Lorsque le procureur général près la cour d'appel de Paris est saisi, que ce soit par le procureur de la République financier ou l'AMF, c'est-à-dire en cas de désaccord sur l'initiative de la procédure, il dispose d'un délai de deux mois pour autoriser ou non le procureur de la République financier à mettre en œuvre les poursuites. La décision de l'AMF renonçant à procéder à la notification des griefs, et la décision du procureur de la République financier renonçant à mettre en œuvre l'action publique sont définitives et insusceptibles de recours. Cette procédure de coordination est bien évidemment suspensive de la prescription de l'action publique, d'une part, et de l'action de l'AMF, d'autre part. La plainte avec constitution de partie civile n'est recevable que si le procureur de la République financier peut exercer les poursuites.

La transposition de cette solution à toutes les AAIRE nous paraît découler de la logique des choses et du bon sens, dans la mesure où les répressions pénale et administrative visent la défense d'un même ordre et la protection d'un même intérêt.

357. Par ailleurs, les solutions déjà consacrées par le législateur, bien avant cette jurisprudence, sont loin de régler le problème puisqu'elles ne concernent que le cumul des sanctions pécuniaires. Ainsi, la question reste posée sur le risque de cumul entre sanctions administratives non pécuniaires et sanctions pénales, d'une part, et sanctions administratives pécuniaires et sanctions pénales non pécuniaires, d'autre part. On rappellera, à ce propos, que d'après les hypothèses avancées dans le rapport du Conseil d'État, un cumul de sanctions administratives et pénales est possible lorsqu'elles sont de natures différentes. Enfin, au lieu de supprimer la formule qui interdit aux AAIRE de prononcer une sanction si le manquement est constitutif d'une infraction pénale (comme il l'a fait en 2014 pour l'ARCEP)[658], le législateur aurait mieux fait de la généraliser – applicable pour le moment seulement à l'égard de la CRE – à toutes ces autorités de régulation.

358. On ne peut clore ce débat quant au cumul des sanctions administratives et pénales, sans évoquer le rapport Coulon de 2008, sur la dépénalisation de la vie des affaires, où il est notamment question de la suppression de la possibilité de cumul entre sanctions pénales et administratives, et de la réforme de l'articulation des procédures de l'AMF et des procédures pénales en matière financière[659]. Ce qui dénote de l'importance de la question et nous révèle que les solutions actuelles sont loin d'être dans l'intérêt des justiciables.

---

[658] *Cf. infra*, pp. 404 et s.

[659] *Cf.* J.-M. COULON, *La dépénalisation de la vie des affaires*, Rapport au garde des Sceaux, ministre de la justice, La DF, Collection des rapports officiels, févr. 2008, pp. 61 et 105,

359. Plus récemment, tenant compte de l'évolution de la jurisprudence tant européenne que nationale, notamment l'arrêt *Grande Stevens c/ Italie* du 4 mars 2014 de la Cour européenne des droits de l'homme[660] et la décision du Conseil constitutionnel du 18 mars 2015[661], un groupe de travail de l'AMF a présenté un rapport portant ses réflexions et propositions pour faire face au problème de cumul des sanctions pénales et administratives[662]. Comme il est précisé dans le Rapport, son objet n'est pas de supprimer le double régime de répression, mais uniquement la possibilité de cumul de poursuites pénales et administratives pour les mêmes faits. Autrement dit, il est question de trouver des solutions pour exercer les poursuites pénales ou administratives de manière alternative de sorte que le principe *ne bis in idem* serait respecté.

D'abord, l'AMF propose d'interdire par une loi le cumul des poursuites tout en donnant à chaque voie répressive sa juste place, en précisant les actes de poursuite qui emportent l'affectation exclusive du dossier dans une des voies de répression. Aussi, préconise-t-il de réserver la voie pénale, suivant des critères objectifs[663], aux faits les plus graves[664], en ligne avec la Directive sur les abus de marchés. Tandis que « la répression administrative doit, grâce à une définition des manquements large et plus objective, sanctionner des comportements portant atteinte au bon fonctionnement des marchés. »[665] Pour mettre en œuvre ce partage, fondé sur la finalité de la répression, les auteurs du rapport préconisent une nouvelle rédaction de l'incrimination des délits boursiers, en distinguant les faits très graves relevant de ceux-ci de l'ensemble des faits constituant des manquements, dans la logique de la Directive sur les abus de marché qui doit être transposée avant le 3 juillet 2016.

Ensuite, bien qu'un partage clair entre le champ d'application du délit et celui du manquement soit proposé dans la loi, les experts du gendarme financier nous proposent la mise en place et le développement d'un mécanisme de concertation obligatoire, d'une durée de deux mois, entre le Parquet

---

660 Pour rappel, comme nous l'avons vu, aux termes de cette jurisprudence la CEDH a jugé qu'une sanction devenue définitive au plan pénal comme au plan administratif entraine l'interruption automatique des poursuites dans l'autre voie répressive pour les mêmes faits. *Cf.* *supra*, p. 215.

661 *Cf.* p. iii/ix du Rapport.

662 Rapport du groupe de travail de l'Autorité des marchés financiers « L'application du principe ne bis in idem dans la répression des abus de marché – Proposition de réforme », 19 mai 2015, disponible sur le site internet de l'AMF.

663 Pour les rédacteurs du Rapport, il est important que les abus de marché ne puissent caractériser un délit pénal que lorsqu'ils sont particulièrement graves et justifient des peines privatives de liberté. Plus précisément, « la voie pénale doit [...] être réservée aux infractions les plus graves et sanctionner plus sévèrement des intentions fautives ou dolosives qui heurtent les valeurs du groupe social. De son côté, la répression administrative doit, grâce à des manquements larges et plus objectifs sanctionner des comportements portant atteinte au bon fonctionnement des marchés. » *Cf.* p. 20 du Rapport.

664 Selon le Rapport, des seuils en valeur absolue de bénéfice ou de perte évitée devraient être introduits pour mesurer la gravité de la faute. De même que la sanction pénale doit être réservée pour les cas de récidive et les faits d'initiés en bande organisée. *Cf.* p. 24 du Rapport.

665 *Cf.* p. iii/ix du Rapport.

national financier et l'AMF préalablement à l'engagement des poursuites, et ce, pour favoriser l'allocation optimale des dossiers pouvant relever du juge pénal et de l'AMF[666].

360. À première vue, la solution proposée apparaît claire et simple, il n'en demeure pas moins qu'il est légitime de s'interroger sur « les critères objectifs » et leur efficacité dans la mise en place de frontières claires entre les deux types de répressions. D'autant plus qu'il sera difficile d'y arriver dans les autres secteurs, outre que financier, où l'on a l'habitude d'utiliser des expressions générales, telles que « la présente loi et des textes pris pour son application » ; les « dispositions législatives et réglementaires qui leur sont applicables » ; « les obligations qui leur sont imposées par les textes législatifs et réglementaires », pour désigner les infractions. À ce propos, le secteur financier nous paraît plus technique ce qui faciliterait la démarche.

Par ailleurs, appliquer de telles solutions remettrait en cause la souplesse du principe de légalité des délits tel qu'il est applicable aujourd'hui à la répression administrative[667].

361. Dans la mesure où les sanctions administratives et pénales ont une même finalité qui est là répression, l'on trouve légitime de s'interroger sur l'utilité de maintenir les deux répressions. Et s'il existe une réelle différence entre elles pourquoi aurions-nous besoin d'imposer une procédure de concertation ? Une telle exigence est un aveu de l'inexistence de frontières, excepté organique, entre les sanctions pénales et les sanctions administratives répressives. Par conséquent, si l'une peut jouer le rôle de l'autre, pourquoi les maintenir ensemble ? Il aurait été compréhensible, par exemple, qu'un même manquement fasse l'objet d'une sanction pénale et d'une autre disciplinaire, car ces deux types de sanctions visent des finalités différentes et le manquement est différemment qualifié (infraction/faute disciplinaire), ce qui n'est pas le cas entre une sanction pénale et une sanction administrative répressive.

En somme, si on est amené à maintenir seulement l'une d'elles, il nous paraît plus judicieux de donner la priorité à la répression originale qui est la répression pénale, ce qui serait par ailleurs en adéquation avec l'orientation de la politique criminelle posée par la nouvelle Directive européenne sur les abus de marché. Le rapport de l'AMF, lui-même, évoque l'impossibilité de mettre un terme à la répression pénale.

---

[666] Pour plus d'efficacité, l'AMF préconise de faire accompagner sa réforme d'aménagements de la procédure pénale. Aussi, dans le but de réduire les délais de cette dernière et rendre les procédures de sanctions plus efficace, le Rapport nous propose de mettre en place une coordination entre le Parquet national financier et l'AMF pour favoriser l'échange d'informations dans le cadre des enquêtes ; inciter à la reprise des actes d'investigation réalisés par l'AMF dans le cadre de la procédure pénale ; rapprocher les montants des sanctions pénales et des sanctions administratives et créer un délit d'initié en bande organisée ; user de la faculté pour l'AMF de se constituer partie civile dans la procédure pénale ; et enfin expérimenter la citation directe et la comparution sur reconnaissance préalable de culpabilité dans les dossiers qui s'y prêtent. *Cf.* pp. 27 et s., du Rapport.

[667] *Cf. infra*, p. 414 et s.

Certes, la répression administrative a toujours existé dans la législation économique, cependant elle n'est pas pour autant indispensable. Son existence est dictée, à notre sens, par la volonté de donner un certain crédit et une autorité pour l'administration, pour l'accomplissement de ses missions. On n'a, tout simplement, pas voulu tout laisser entre les mains du pouvoir judiciaire.

Pour justifier la nécessité de maintenir la répression administrative, le rapport de l'AMF reproche à la procédure pénale d'être souvent longue et d'aboutir « à des sanctions trop faibles pour être considérées comme suffisamment dissuasives malgré la possibilité, très rarement utilisée, de prononcer des peines privatives de liberté »[668]. Dans ce cas, pourquoi ne pas s'atteler à corriger les carences de cette procédure, en prévoyant des sanctions lourdes tout en mettant fin à la lourdeur par l'aménagement de la procédure ?

Peut-être que notre raisonnement va surprendre, il n'en demeure pas moins qu'on pense qu'il est tout à fait possible de supprimer les sanctions administratives répressives qui ne sont d'autres qu'un privilège de plus reconnu à l'administration. Nous connaissons jusque-là le phénomène de dépénalisation, arrivera-t-on un jour à un phénomène de « désadministrativation » des sanctions ? Enfin, la proposition de l'AMF n'est pas complètement nouvelle. Faut-il le rappeler, dans la perspective de limiter les cas de cumul des sanctions, le législateur a prévu que les AAIRE ne peuvent prononcer de sanctions pécuniaires tant que le manquement est constitutif d'une infraction pénale[669].

B. De l'autorité relative de la chose jugée au pénal sur l'administratif

362. Dans la mesure où la répression administrative est indépendante de la répression pénale, l'on est en droit de s'interroger sur les risques de divergences entre le juge pénal et l'AAIRE compétente dans leur traitement des mêmes faits. La solution se trouve dans le principe de l'autorité de la chose jugée et de la portée qu'on lui réserve en la matière. Lié à toute décision judiciaire, ce principe signifie que les parties ne peuvent, sous réserve des voies de recours, recommencer un nouveau procès portant sur un litige qui aurait été déjà jugé[670]. Un principe dont on ne peut se prévaloir qu'une fois certaines conditions réunies. En effet, aux termes des articles 1355 du Code civil il faudrait que la chose demandée soit la même ; qu'elle concerne les

---

[668] *Cf.* p. viii/ix du Rapport.

[669] Pour plus de détails sur ce point, *cf. supra*, p. 210 et *infra*, p. 404.

[670] *Cf.* les art. 480 et 482 du CPC. *Cf.* sur le sujet : A. BOTTON, *Contribution à l'étude de l'autorité de la chose jugée au pénal sur le civil,* Paris, LGDJ-Lextenso, Coll., « Bibliothèque des sciences criminelles », t. 49, 2010. À ne pas confondre avec la force de la chose jugée, qui désigne l'état d'un jugement qui n'est pas ou n'est plus susceptible de recours.

mêmes parties, agissant dans les mêmes qualités ; qu'elle porte sur des droits ayant le même objet et la même cause[671].

363. Pour la doctrine, le risque d'une contrariété de solutions entre juge pénal et autorité administrative, donc des AAIRE, ne se pose que du côté de cette dernière[672]. Car, le juge pénal ne peut aucunement être tenu par l'appréciation, tant de faits que de droit, portée par l'administration. Il est donc à ce titre pleinement indépendant : il décide souverainement, suivant les règles et techniques juridiques propres au droit pénal, si les faits qui lui sont exposés sont réels et tombent sous le coup de la loi pénale. La véritable question qui se pose donc est de savoir : à quel point l'AAIRE compétente est-elle liée et tenue par les solutions du juge pénal ? Peut-elle toujours sanctionner même en cas de relaxe au pénal ? Plus encore, dans l'hypothèse où elle se prononcerait avant le juge pénal, qu'en serait-il de la personne et de la sanction administrative prononcée en cas de relaxe ?

364. La haute juridiction administrative admet que l'autorité de la chose jugée s'impose à l'administration, donc aux AAIRE, mais seulement en ce qui concerne l'appréciation portée par le juge pénal sur la réalité des faits reprochés[673], à l'exclusion des conséquences juridiques qu'il en a tirées. Autrement dit, hormis l'obligation de respecter les constatations du juge quant à l'existence ou à l'inexistence matérielle des faits[674], l'autorité administrative ne saurait être liée par la qualification juridique qu'il en donne[675]. Une solution

---

671 *Cf.* Cass. civ., 1e, 24 oct. 2012, n°11-20.442, *Mme Pinguet*, *Bull. civ.* 2012, I, n° 209, JurisData:2012-023910 ; Cass. com., 3 mai 2006, n° 03-14.171, *Sté BSA*, *Bull. civ.* 2006, IV, n° 105 p. 105, JurisData:2006-033318. Il s'agit selon la Cour de cassation française de conditions cumulatives, *cf.* Cass. com., 16 janv. 1980, *Mialhe*, n° 78-12.056, *Bull. civ.* 1980, IV, n° 26, JurisData:1980-097026.

672 M. ROUGEVIN-BAVILLE, *La sanction en matière administrative dans le droit français*, préc., p. 271.

673 *Cf.* CE, 9 nov. 1932, *Sté WEIL-HAERINGE*, *Rec. CE* 1932, p. 941 ; CE, 13 mai 1959, *VALETTE-VIALARD*, *Rec. CE* 1959, p. 309 ; CE, ass., 8 janv. 1971, n° 77800, *Ministre de l'intérieur c/ Dame Desamis*, *Rec. CE* 1971, p. 19 ; CE, 22 mai 1981, *Ministre des Universités c/ M.F.*, *D.* 1982.IR., p. 27 ; CE, 29 nov. 1999, n° 179624, *Mme Wach*, *Rec. CE* 1999, p. 368, JurisData:1999-051219, *D.* 2000, p. 21 ; CE, 27 juill. 2005, n° 259111, *Ministre de la santé, de la famille et des personnes handicapées* c/ *Garcia*, *Rec. CE* 2005, p. 348, JurisData:2005-068696, *AJDA* 2006, p. 100, note D. COSTA ; CE, 21 sept. 2011, n° 349222, *Ministre de la défense et des anciens combattants c/ Moustaquima*, JurisData:2011-019452 ; CE, 10 oct. 2012, n° 345903, *Sté Le Madison c/ Ministère de l'intérieur,* JurisData:2012-022741. *Cf.* sur le sujet : J. PRADEL, *Manuel de procédure pénale,* 14ème éd., Paris, Cujas, 2008/2009, p. 942 ; *Droit pénal comparé*, 3ème éd., Paris, Dalloz, Coll., « Précis Droit privé », 2008, pp. 481-483.

Il va de soi également, dans un sens à inverse, que la personne mise en cause ne peut soutenir utilement devant l'autorité administrative compétente qu'elle n'a pas commis les faits pour lesquelles elle a été condamnée par le juge (*cf.* CE, 10 mars 1961, *Ministre de l'Agriculture*, *Rec. CE* 1961, tables, p. 929).

674 D'après Jacques MOURGEON ces constatations « ne sont susceptibles d'avoir autorité sur l'administratif que si elles ne sont plus sujettes à discussion », *cf. La répression administrative*, *op. cit.* p. 264.

675 Exceptionnellement, l'autorité de la chose jugée s'étend à la qualification juridique donnée aux faits par le juge pénal « lorsque la légalité d'une décision administrative est subordonnée à la condition que les faits qui servent de fondement à cette décision constituent une infraction

qui s'explique dans le cas où un fait justifie, à cause de sa nature, une sanction administrative, alors même qu'il ne constituerait pas une infraction pénale.

365. Suivant ce développement, il y a lieu de distinguer en pratique deux hypothèses : lorsque les faits sont reconnus par le juge pénal, l'AAIRE ou l'administration ne peut le contredire sur cette question, tout en conservant sa liberté d'appréciation de ces faits sous le contrôle du juge compétent. En revanche, et c'est là la seconde hypothèse, lorsque le juge nie carrément l'existence des faits, l'AAIRE est tenue également par ce constat, donc elle ne peut pas prononcer, de son côté, une sanction[676].

366. Enfin, il faut savoir que cette autorité de la chose jugée, qui pèse sur l'administration, ne s'étend pas :

- Aux ordonnances de non-lieu rendues par le juge d'instruction et aux décisions de classement sans suite prises par le parquet[677] ;

- Aux jugements d'acquittement ou de relaxe prononcés au bénéfice du doute[678]. Il en est de même pour l'acquittement ou la relaxe en considérant que les faits ne constituent pas une infraction[679]. Donc, ici également, l'administration n'est pas liée tant que l'inexistence matérielle des faits n'est pas proclamée ; elle peut chercher à savoir s'ils ne sont pas sanctionnables selon ''ses textes''.

367. Autres signes d'indépendance des deux systèmes répressifs : en matière de répression administrative, la prescription des faits obéit à des règles propres, aussi la prescription de l'action publique n'a-t-elle aucune incidence sur l'action répressive administrative[680]. Plus encore, « le pénal ne tient pas l'administratif en l'état » ; en cours de répression judiciaire, l'autorité administrative n'est pas tenue de rester immobile[681] si elle n'a pas encore agi,

---

pénale », *cf.* CE, 10 oct. 2012, n° 345903, *Sté Le Madison c/ Ministère de l'intérieur*, JurisData:2012-022741 ; CE, ass., 8 janv. 1971, n° 77800, *Ministre de l'intérieur c/ Dame Desamis*, *Rec. CE* 1971, p.19.

[676] CE, 22 juin 1952, *Moizant*, *Rec. CE* 1952, p. 332.

[677] CE, 17 juin 1959, *Dlle Victor*, *Rec. CE* 1959, p. 366 ; CE, 7 juill. 1971, *Ministre de l'Equipement et du Logement c/ Sieur Thierry*, *Rec. CE* 1971, p. 514 ; CE, ass., 5 mai 1976, *Lerquemain*, *Rec. CE* 1976, p. 229.

[678] CE, 11 mai 1956, *Chomat*, *Rec. CE* 1956, p. 200 ; CE, 4 mars 1992, n° 89545, *M. Rossi*, JurisData:1992-042723 ; Cass. soc., 21 juin 1989, n° 88-44.240, *Sté CIE IBM FRANCE*, *Bull. civ.* 1989, V, n° 457, p. 278, JurisData:1989-702198, *D.* 1990, p. 132 note J. PRALUS-DUPUY.

[679] CE, 8 janv. 1997, n° 143379, *M. Grocolas*, inédit ; CE, 20 févr. 1952, *Villaret*, *Rec. CE* 1952, p. 116 ; Cass. soc., 21 juin 1989, préc.

[680] *Cf.* CAA de Lyon, 1er avr. 1997, *M. Zekri*, *Rec. TA* 1997, p. 554.

[681] *Cf.* CE, 11 juill. 1958, *Tordo*, *Rec. CE* 1958, p. 241 ; CE, 9 nov. 1979, n° 12867, *A. Y c/ Le Conseil national de l'ordre des médecins*, *Rec. CE* 1979, tables, p. 187 ; Cass. civ., 1e, 15 mai 1984, *Macary c /Procureur général près la Cour d'appel de Nîmes*, JurisData:1984-700902, *D.* 1985, Somm, p. 106 ; TGI Paris, 9 et 13 juill. 1983, inédit ; CE, 26 juill. 1982, n° 34740, *Ministre de l'intérieur c/ Simoné*, *Rec. CE* 1982, p. 287, JurisData:1982-041500 ; CE, 14 juin 1991, *Association radio solidarité*, préc. *Cf.* sur le sujet : É. MASSAT, « Des rapports du droit disciplinaire et du droit pénal dans l'administration, Contribution à une étude sur le pouvoir administratif visant les usagers des services publics », *Rev. sc. crim.* 2003, p. 743 ; R. CHAPUS, *Droit administratif général*, *op. cit.*, p. 256 ; J. MOURGEAON, *op. cit.*, p. 270 ; CE, 21 juill. 1995, n° 151765, *M. Capel*, *Rec. CE* 1995, p. 637, JurisData:1995-044286, *AJDA* 1996, p. 83,

ou d'interrompre les poursuites et de surseoir à statuer avant que le juge pénal n'ait définitivement tranché[682].

368. Qu'en est-il du cas où l'autorité administrative statue avant le juge pénal ? Plus précisément, quel est le sort de la sanction administrative prononcée avant que le juge pénal ne nie, de son côté, l'existence des faits ? Dans ce cas de figure la décision administrative peut faire l'objet d'un recours devant le juge compétent afin de demander de faire cesser la contradiction entre les deux décisions. En revanche, si la décision administrative répressive est devenue définitive, l'autorité administrative n'est pas tenue de la revoir ou de l'annuler. Selon certains en pareil cas, « la pratique administrative, dans l'impossibilité d'effacer la contradiction, s'applique à en faire disparaître les effets »[683].

369. En somme, après cet exposé, il est bien clair que l'autorité de la chose jugée au pénal sur la répression administrative est toute relative. À ce sujet, certains estiment que le Conseil d'État a « poussé très loin le principe de l'indépendance de la répression administrative ; il ne fait place au principe antagoniste de l'autorité absolue de la chose jugée au pénal que dans la mesure où une solution contraire conduirait à une contrariété de fait incompatible avec les exigences d'une bonne justice »[684].

370. Malgré son exclusion par la doctrine, nous estimons légitime de reconnaître l'autorité de la chose jugée aux décisions répressives des AAIRE. Certains objecteront sûrement qu'une telle notion est liée aux décisions juridictionnelles, or celles des AAIRE n'ont pas cette qualité. Le Conseil constitutionnel a même estimé, dans sa décision du 18 mars 2015, que d'après « *la jurisprudence constante de la Cour de cassation* [...] *seule une décision définitive rendue par une juridiction répressive statuant sur l'action publique*

---

obs. S. SALON. Nous pouvons aisément deviner que pour l'autorité administrative sanctionnatrice, il vaudrait mieux que le contentieux pénal soit terminé avant qu'elle ne se prononce. De la sorte, elle évite de se mettre en contradiction avec le juge pénal, au cas où ce dernier viendrait à nier l'existence des faits. De même qu'elle pourrait profiter de l'instruction pénale pour puiser des renseignements et des indices qui pourraient lui être utiles pour se prononcer, *cf.* CE, 26 juill. 1982, *Ministre de l'intérieur c/ Simoné*, préc. Par ailleurs, la gravité du manquement de l'administré variera sûrement selon qu'il est associé ou non à une infraction pénale. Pour plus de détails sur ces points, *cf.* J. PRALUS-DUPUY, « La répression disciplinaire de l'infraction pénale », *Rev. sc. crim.* 1992, p. 229.

682 En revanche, il s'agit d'une possibilité à laquelle l'autorité administrative peut recourir de son propre gré, *cf.* CE, 26 mai 1955, *Dame Kowatewski*, *Rec. CE* 1955, p. 297, *D.* 1955, p. 687, concl. C. MOSSET, note G. MORANGE ; CE, 26 mai 1993, n° 106083, *Foyer "La Maladrerie"*, *Rec. CE* 1993, p. 852, JurisData:1993-045717). Dans un sens opposé, la haute juridiction judiciaire française a estimé que le juge pénal n'est pas tenu de surseoir à statuer sous prétexte d'une instance administrative parallèle, *cf.* Cass. crim., 21 sept. 2011, n° 09-86.657, 5285, inédit, JurisData:2011-022414 ; Cass. crim., 17 juin 2009, n° 08-86.111, inédit, JurisData:2009-049310. Enfin, selon le juge administratif français, l'autorité administrative peut se référer à un jugement pénal, mais à condition de ne pas s'estimer liée par lui, faute de quoi elle commettrait une erreur de droit, *cf.* CE, 2 déc. 1970, *Beauville*, *Rec. CE* 1970, p. 1087.

683 J. PRALUS-DUPUY, *ibid.*, p. 233.

684 M. ROUGEVIN-BAVILLE, *La sanction en matière administrative dans le droit français*, préc., p. 272.

a l'autorité de la chose jugée en matière pénale ». Aussi, a-t-il jugé « *qu'une décision définitive d'une autorité administrative prononçant une sanction ayant le caractère d'une punition ne constitue pas une cause d'extinction de l'action publique* »[685]. Donc, d'après cette décision, il faudrait trois conditions pour qu'une décision puisse bénéficier de l'autorité de la chose jugée en matière pénale ; il doit s'agir d'une décision *définitive*, rendue par une *juridiction répressive*, statuant sur l'*action publique*.

Ces conditions ne sont pas totalement absentes dans le cas des AAIRE. En effet, lors de cette première partie de notre étude nous avons tenté de démontrer que les AAIRE remplissent la totalité des critères qui fondent une juridiction[686], de même que nous avons constaté que leurs décisions répressives réunissent les critères matériel et formel, nécessaires pour mériter le caractère de décisions juridictionnelles[687]. Par ailleurs, les voies de recours prévues à leur encontre attestent qu'elles sont investies de l'autorité de la chose jugée qui caractérise les décisions juridictionnelles ; tout comme ces dernières, les décisions répressives des AAIRE ne peuvent être remises en cause, en dehors de l'exercice des voies de recours prévues devant les juridictions compétentes. Aussi, est-il possible de considérer ces autorités comme des juridictions [administratives] répressives, d'autant plus que « leur pouvoir juridictionnel » consiste, exclusivement, au prononcé de sanctions répressives[688].

Le Conseil constitutionnel a également jugé, dans la même décision précitée, que les répressions pénale et administrative, en matière financière, « *poursuivent une seule et même finalité* », et « *protègent* [...] *les mêmes intérêts sociaux* »[689], ce qui revient à dire que tout comme le ministère public l'AMF agit en réalité au nom et au compte de la société, et ce, même si on a l'habitude de dire qu'elle agit au nom et au compte de l'État. Cela n'est pas contradictoire en soi dans la mesure où l'État, lui-même, est créé pour servir et protéger la société.

Pour toutes les raisons précitées, hormis d'un point de vue organique et procédural, sur le fond il n'existe aucune différence entre les répressions pénale et administrative. Compte tenu de leurs similitudes, on est même tenté de parler de la naissance d'une *action publique administrative*, aux côtés de l'action publique *pénale*, faisant de l'AAIRE une sorte de *ministère public*. En effet, à l'image l'action publique pénale, l'action publique administrative vise la protection de la société (qu'il s'agisse des consommateurs ou des agents économiques), et tout comme le ministère public, c'est l'AAIRE qui détient le droit de déclencher l'action publique administrative et bénéficie à ce

---

[685] 31ème et 33ème consid.
[686] *Cf. supra*, pp. 160 et s.
[687] *Cf. supra*, pp. 148 et s.
[688] N'est-ce pas que les AAIRE sont considérées, lorsqu'elles usent de leur pouvoir répressif, comme des tribunaux décidant du bien fondé d'accusations en matière pénale ? *Cf. supra*, p. 218.
[689] 25ème consid. *Cf. supra*, pp. 98 et 219.

propos d'une opportunité des poursuites[690] et peut rendre presque les mêmes décisions que lui[691].

À notre sens, il n'est nullement exagéré de parler de la possibilité d'existence ou de la naissance d'une action publique administrative, dès l'instant qu'on a accepté la notion d'AAI malgré son étrangeté et sa nature *sui generis*. Il est en effet légitime de revoir certaines notions juridiques, pour tenir compte de l'évolution de l'architecture institutionnelle et l'apparition des AAIRE. Répondant à une question sur la signification du concept d'« action publique » (au sens large) et de l'urgence de s'interroger sur son avenir, Jean PISANI-FERRY, Commissaire général de France Stratégie, a estimé que « L'État n'est plus un monolithe. »[692] Une telle affirmation est très intéressante, de nos jours plusieurs acteurs, dont les AAIRE, concourent à la régulation de la société, aussi est-il nécessaire de repenser et revoir certains principes et notions juridiques, celles-là même bien ancrées dans nos systèmes politico-juridiques.

Paragraphe 2. L'utopique subsidiarité du droit pénal

371. Pour appuyer le fait que le droit administratif pénal et les AAIRE pourraient constituer une alternative à la répression pénale classique, peut-on mettre en avant le caractère subsidiaire de celle-ci ? Le droit pénal a pour mission principale la protection des valeurs sociales, cependant il n'est pas le seul à poursuivre cet objectif. Plusieurs mesures et voies y concourent. C'est pour cette raison que la subsidiarité du droit pénal est souvent mise en avant. En effet, pour la doctrine le droit pénal intervient comme *ultima ratio*, c'est-à-dire une mesure de dernier recours. Une telle conception est dictée par le fait que ce droit est considéré, malgré son humanisme récent, comme un droit de stigmatisation et de symbolisme. Il est même reconnu que la peine pénale, en elle-même, quelle qu'elle soit, porte atteinte aux droits et libertés fondamentaux. En conséquence, elle doit être une réponse ultime au comportement fautif ; on lui fait appel seulement si les autres voies se révèlent incapables de faire face au problème[693]. C'est ce qui expliquerait, peut-être, la reconnaissance à certaines autorités administratives la faculté de proposer une « transaction pénale »[694], qui aurait comme conséquence, dans l'hypothèse de

---

690 *Cf. infra*, pp. 328 et s.

691 *Cf. infra*, pp. 341 et s.

692 *Cf.* France stratégie, Quelle action publique pour demain ? 5 Objectifs 5 Leviers. Dossier de présentation, 13 avril 2015, p. 4. Disponible sur : www.strategie.gouv.fr/sites/strategie.gouv.fr/files/atoms/files/apdd_dossier_presse_09_04_9.pdf

693 *Cf.* P.F. DA CUNHA, *Droit et récits*, Les presses de l'université de Laval, Canada, 2003, p. 126 ; J. TOUBON, « Introduction aux enjeux de la pénalisation de la vie économique », *in* M.-A. FRISON-ROCHE, (dir.) *Les enjeux de la pénalisation de la vie économique*, Actes du Colloque, 20 et 21 mars 1996, Paris, Dalloz, Coll., « Thèmes et commentaires », 1997, p. 1, spéc., p. 3.

694 *Cf.* à titre d'exemple : art. 28 de la loi organique n° 2011-333 du 29 mars 2011, relative au Défenseur des droits, *JORF* n ° 0075 du 30 mars 2011 ; art. 11-1 à 11-3 de la loi n° 2004-1486

son acceptation, de mettre un terme aux poursuites pénales[695]. De même que le recours à l'*amende forfaitaire* applicable dans le cas des contraventions[696].

À ce propos Jean-André ROUX a souligné qu'étant donné leur vigueur, les sanctions pénales ne doivent intervenir que, strictement et nécessairement, après la constatation de l'insuffisance des sanctions civiles ou administratives à protéger le droit[697]. Des propos qui vont dans le même sens que ceux tenus par Émile ACOLLAS pour qui le droit pénal « ne doit jamais former qu'une ressource extrême »[698]. Pour certains auteurs, le principe de la subsidiarité du droit remonterait même à MONTESQUIEU et son fameux *Esprit des lois*[699].

372. Comme corollaire à sa subsidiarité il convient également d'évoquer le caractère sélectif du droit pénal, dans la mesure où les normes pénales n'interviennent pas pour protéger n'importe quelle valeur sociale ; ne sont sanctionnés que les comportements susceptibles de nuire gravement à cette valeur. Du point de vue moral, certaines conduites ne sont considérées comme illicites que dans la circonstance où elles touchent à l'ordre public ou aux tiers, par contre, elles échappent à toute sanction pénale si elles ne dépassent pas un cadre privé.

373. Le caractère subsidiaire du droit pénal a été au centre de la 19ème Conférence de recherche criminologique du Conseil de l'Europe. À cette occasion, un des intervenants a estimé qu'il existe « des raisons de principe et d'efficacité pour promouvoir davantage la subsidiarité du droit pénal, en développant des stratégies sociales qui pourraient permettre d'éviter le plus possible l'intervention de la justice pénale. Ceci aboutirait en même temps à

---

du 30 déc. 2004 portant création de la Haute Autorité de lutte contre les discriminations et pour l'égalité, *JORF* n° 0304 du 31 déc. 2004, p. 22567 ; art. 350 du C. douanes ; art. L. 173-12-I du C. environnement ; art. L.161-25 du C. forestier ; art. L. 248 du Livre des procédures fiscales. *Cf.* sur le sujet : E. SERVERIN, P. LASCOUMES et Th. LAMBERT, *Transactions et pratiques transactionnelles*, Sujets et objets des transactions dans les relations conflictuelles de droit privé et de droit public, Paris, Economica 1987 ; M. DOBKINE, « La transaction en matière pénale », *D.* 1994, chron. p. 137 ; B. LE PAGE-SEZNEC, *Les transactions en droit pénal*, Thèse, Université Paris X, 1995. Certains voient en telle démarche une forme de dépénalisation « de facto », *cf.* M. DELMAS-MARTY, *Pour un droit commun*, Seuil, 1994, p. 36.

695 *Cf.* l'art. 6, al. 3 du CPP ; CE, ass., 7 juill. 2006, n° 283178, *France Nature Environnement*, JurisData:2006-070406 ; Cass. crim., 12 févr. 1990, n° 88-85.567, *Bull. Crim.* 1990, n° 72, p. 190, JurisData:1990-000769.

696 *Cf.* l'art. 529 du CPP. Pour plus de détails sur le sujet des amendes forfaitaires, *cf.* B. LE PAGE-SEZNEC, *Les transactions en droit pénal*, op. cit., pp. 202 et s. ; J. PRADEL, *Procédure pénale*, 16ème éd., Paris, Cujas, Coll., « Références », 2011, pp. 207 et s.

697 J.-A. ROUX, *Cours de droit pénal et de procédure pénale*, Paris, Sirey, 1920, p. 15.

698 E. ACOLLAS, *Les délits et les peines*, Paris, Ch. Delagrave, 1887, p. 44. Pour Jean PRADEL, en tant que « droit sanctionnateur, le droit pénal n'est [...] qu'un droit subsidiaire ou, si l'on préfère, auxiliaire. [car] il apparaît comme le prolongement nécessaire des diverses branches de droit, incapables d'assurer seules la protection des règles qu'elles édictent », *cf.* *Droit pénal général*, *op. cit.*, p. 64.

699 E. DREYER, *Droit pénal général*, 2ème éd., Paris, LexisNexis, Coll., « Manuel », 2012, p. 49.

une justice pénale mieux ciblée, moins surchargée et donc plus efficace, elle aussi »[700].

La question a été également au centre des débats lors d'un Colloque organisé à l'occasion du cinquantenaire de la fondation de la Revue de science criminelle et de droit pénal comparé en 1986[701]. Pour les intervenants « souvent invoquée, mais rarement appliquée, la subsidiarité de la sanction pénale devait inspirer les choix du législateur »[702], raison pour laquelle la subsidiarité du droit pénal a été le premier des principes retenus dans les « lignes directrices pour une harmonisation européenne en matière pénale », dégagées de ce colloque.

374. En pratique, cette subsidiarité n'a jamais été prise en compte. Au contraire, la sanction pénale est érigée en principe et les autres voies de sanction en exceptions ou compléments. Il n'existe pas un texte de loi – au sens large – en quelque matière que ce soit, qui ne contient un article qui stipule que « ceux qui contreviendront aux dispositions précédentes seront punis de [...] ». Le choix du législateur de privilégier la répression pénale est dicté par l'impact juridique et moral que peut avoir le procès pénal sur l'auteur de l'infraction et au sein de la société en général. Aussi, ce mode répressif apparaît le plus ample à jouer un rôle dissuasif, donc préventif. Mieux encore, le recours à la répression pénale était tel que certains parlent même d'une surpénalisation – ou d'inflation pénale – de la société en général et de l'économie en particulier[703].

375. En somme, avancer le caractère subsidiaire de la répression pénale pour justifier son déclin, n'est pas tout à fait fondé. Cette spécificité était de tout le temps la sienne sans qu'on trouve à redire. Au contraire, il est question beaucoup plus de la pénalisation[704], ou même de surpénalisation, que d'un éventuel déclin.

SOUS-SECTION 2. VERS LE DÉCLIN DU DROIT PÉNAL ?

376. Avec l'émergence et la consécration d'un ordre répressif administratif et l'engouement suscité par les AAIRE, peut-on parler d'un affaiblissement ou même du déclin du droit pénal au profit du droit administratif pénal en matière de régulation économique ? Une telle interrogation est plus que légitime

---

700 M.L. WALGRAVE, « Synthèse et conclusions », *in* Conseil de l'Europe, *Nouvelles stratégies sociales et système de justice pénale*, 19ème Conférence de Recherches Criminologiques, Strasbourg 26-29 nov. 1990, pp. 7, 18-19.

701 Le cinquantenaire de la fondation de la Revue de science criminelle et de droit pénal comparé. Séance solennelle commémorative suivie d'un Colloque "Des principes directeurs de politique criminelle pour l'Europe", Paris, 21-22 mai 1986. Travaux publiés dans : *Rev. sc. crim.* n° 1, janv.-mars 1987, pp. 25 et s.

702 R. MERLE, « Lignes directrices pour une harmonisation européenne en matière pénale », *Rev. sc. crim.* 1987, p. 185.

703 *Cf. infra*, pp. 243 et s.

704 *Cf.* M.-A. FRISON-ROCHE (dir.), *Les enjeux de la pénalisation de la vie économique*, *op. cit.*

compte tenu notamment du phénomène de dépénalisation, notamment du droit des affaires (**Paragraphe 1**), conjugué à une relation qui devient de plus en plus concurrentielle que complémentaire, entre le juge pénal et les AAIRE (**Paragraphe 2**). La réponse à la question posée n'est pas aisée et dépend beaucoup de l'appréciation que les uns et les autres font du rôle que doit jouer le juge dans la sphère économique.

Paragraphe 1. Le désir de dépénaliser la vie des affaires

377. Ce qui semble trancher en faveur de l'affaiblissement du droit pénal est le phénomène de dépénalisation, en particulier celui qui touche la vie des affaires. À ce sujet, il faut rappeler qu'après le rapport remis au Premier ministre en 1996, sur la modernisation du droit des sociétés[705], c'était au tour du rapport Coulon de 2008 de présenter un ensemble de propositions dans le sens de la dépénalisation de la sphère économique[706]. En effet, voulant mettre en œuvre la promesse du président de la République de dépénaliser le droit des affaires, faite le 30 août 2007 lors de son discours à l'université du Medef (Mouvement des entreprises de France), la garde des sceaux a mis en place un groupe de travail chargé d'une telle mission le 4 octobre 2007. Dans la lettre de mission adressée au président de ce groupe, Jean-Marie COULON, la ministre de la justice a évoqué la volonté de « lutter contre une pénalisation excessive du droit des affaires, qui constitue une source d'insécurité juridique et handicape ainsi l'esprit d'entreprise »[707]. Il incombait donc à ce groupe de chercher à « limiter le risque pénal des entreprises et d'envisager des modes de régulation plus adaptés à la vie économique ».

378. Aborder ou traiter de la dépénalisation soulève deux points d'importance à nos yeux ; d'une part, démontrer la difficulté de faire un choix entre répression pénale et répression administrative (**A**). D'autre part, mettre en exergue le problème d'inflation juridico-institutionnelle de la matière répressive qu'engendre le processus de dépénalisation (**B**).

---

[705] Ph. MARINI, *La modernisation du droit des sociétés*, Rapport au premier ministre, La DF, Coll., « Des rapports officiels », 1996. *Cf.* sur le sujet avant et après ce rapport : F. DERRIDA, « La dépénalisation dans la loi du 25 janvier 1985 relative au redressement et à la liquidation judiciaires des entreprises », *Rev. sc. crim.* 1989, p. 663 ; M. DELMAS-MARTY, « Les conditions de rationalité d'une dépénalisation partielle du droit de l'entreprise », *in Bilan et perspectives du droit pénal de l'entreprise*, IXème Congrès de l'association française de droit pénal, Economica, 1989 ; J.-H. ROBERT, « Tableau récapitulatif des dépénalisations opérées depuis 2003 dans le droit des sociétés par action », *Dr. pén.* 2005, p. 6 et s. ; « Dépénalisations saupoudrées », *Dr. pén.* 2003, pp. 17 et s. ; W. JEANDIDIER, « L'art de dépénaliser: l'exemple du droit des sociétés », *in Propos sur les obligations et quelques autres thèmes fondamentaux du droit*, Mél., J.-L. AUBERT, Paris, Dalloz, 2005, p. 449 s. ; B. BOULOC, « La dépénalisation dans le droit pénal des affaires », *D.* 2003, chron. p. 2492 ; « Le droit pénal dans la vie commerciale », *in* P. BLOCH et S. SCHILLER (dir.), *Quel code de commerce pour demain ?* Actes du colloque organisé au Sénat, le 30 mars 2007, Paris, Litec, 2007, p. 28.

[706] J.-M. COULON, *La dépénalisation de la vie des affaires*, *op. cit.*

[707] *Ibid.*, p. 3.

A. De la difficulté du choix quant au mode répressif

379. En général, la dépénalisation profite à la voie administrative. Cela étant, dépénalise-t-on car les faits ne sont pas graves, ou parce que les sanctions administratives sont plus efficaces ? Sur quelle base le législateur préférera-t-il les sanctions administratives aux sanctions pénales ? Le choix du législateur, quant à la nature de la sanction à réserver à un manquement donné, ne peut être tranché sur la base d'une règle générale. Sa décision, prise *in concreto*, doit être fondée sur plusieurs éléments et critères, notamment la nature et le degré de la faute, la gravité de la menace ou du dommage, et la valeur sociale en cause[708].

380. En principe, en matière économique, on ne dépénalise pas par rapport à la gravité des faits, étant donné que les « infractions » ayant fait les frais de ce processus sont assez graves : le montant élevé des « amendes administratives » qui leur sont réservées en est la preuve. Il nous reste à explorer donc le second argument relatif à l'efficacité de la répression.

381. À première vue, le droit pénal dont la fonction est de réprimer, doit avoir les faveurs du législateur et constituer le premier choix. Toutefois, pour les partisans du droit de la régulation économique, compte tenu des caractéristiques de la sphère économique, le pouvoir de sanction des AAIRE présente des avantages non négligeables. Prononcées par des autorités qui maîtrisent assez bien le secteur régulé, notamment d'un point de vue technique, et dont certains des membres sont des professionnels issus du milieu, ces sanctions administratives paraissent moins traumatisantes et mieux acceptées par leurs destinataires que les sanctions pénales. D'un point de vue pratique, étant avant tout des décisions administratives, elles sont donc immédiatement exécutoires ; l'autorité administrative n'est pas tenue de saisir le juge et elle met en œuvre ce pouvoir suivant une procédure plus facile et plus souple que la procédure pénale.

En réalité, la plupart de ces mérites ne sont plus valables de nos jours, notamment après la soumission des AAIRE quasiment à la même procédure que les sanctions pénales. Mieux encore, les caractéristiques de ses dernières font d'elles le mode le plus efficace et le plus respectueux des droits des personnes poursuivies. Par ailleurs, les personnes morales sont désormais pénalement responsables, et le droit pénal s'est enrichi de mesures répondant aux besoins d'efficacité et de célérité. En effet, outre le développement des peines complémentaires (confiscations, fermetures, déchéances de droits, etc.), la suppression des temps de l'instance est une solution de plus en plus adoptée en droit pénal[709].

---

[708] XIVème Congrès international de droit pénal, Vienne, 2-7 oct. 1989, préc.

[709] C'est le cas de la suppression de la Chambre d'accusation par la loi n° 2000-516 du 15 juin 2000 (renforçant la protection de la présomption d'innocence et les droits des victimes, *JORF* n° 138 du 16 juin 2000, p. 9038), qui a reconnu au juge d'instruction le droit de saisir directement la Cour d'assises (*cf.* art. 181 du CPP) ; la suppression de l'instruction avec le régime de la comparution immédiate (art. 393 du CPP) ; la suppression de l'audience avec la procédure de comparution sur reconnaissance préalable de culpabilité (art. 495-7 et s. du CPP). *Cf.* sur la

382. À la question de savoir si le droit pénal pouvait être un obstacle au développement des entreprises, comme le prétendent les partisans de la dépénalisation, le professeur Dominique BLANC a rétorqué qu'« Au contraire. Il est le meilleur garant de ce dont le monde des affaires a le plus besoin : un cadre juridique stable et une dissuasion effective contre la fraude »[710]. Avant d'ajouter, concernant la question de la lenteur de la procédure pénale, que malgré les défaillances qu'on pourrait enregistrer, face à des pratiques de plus en plus difficiles à détecter, cette procédure offre plus de moyens d'action que la procédure administrative, comme pour les gardes à vue. Cette procédure offre également aux acteurs économiques des garanties qu'ils ne peuvent espérer dans une enquête administrative. C'est le cas du droit d'accès à l'intégralité du dossier et de celui d'être « informé de tous les actes de la procédure, qu'il peut contester ». À l'opposé, l'enquête administrative est plus opaque dans la mesure où l'intéressé doit attendre la notification des griefs. À propos de l'inefficacité qu'on reproche à la sanction pénale, l'auteur estime que les entreprises anticipent les sanctions pécuniaires en incluant une prime au risque dans leur calcul initial. Par contre, dans le cadre d'une sanction pénale, on ne peut pas éliminer le risque, étant donné qu'en plus des personnes morales, sont également mises en cause des personnes physiques. Autrement dit, dans le cadre de la répression administrative, l'entreprise ne s'empêchera pas de commettre l'infraction, sachant que les bénéfices qu'elle peut escompter seront plus considérables que le montant de l'amende à payer[711].

383. On ne cesse de reprocher aux peines pénales le fait qu'elles soient traumatisantes et infamantes[712]. N'a-t-on pas, au contraire, besoin d'une certaine dose de ce « traumatisme » et de « déshonneur » pour que la sanction puisse jouer son effet dissuasif ? « Si l'on en croit les travaux menés depuis dix ans sur ce thème par des économistes américains et français, le droit pénal possède un caractère dissuasif que l'amende administrative n'offre pas »[713]. En

---

question de la célérité en matière de droit pénal : J. PRADEL, « La célérité et les temps du procès pénal : comparaison entre quelques législations européennes », *in Le champ pénal*, Mél., R. OTTENHOF, Paris, Dalloz, 2006, p. 251 ; J.-H. ROBERT, « L'alternative entre les sanctions pénales et les sanctions administratives », art. cit., p. 90.

[710] D. BLANC, « Droit des affaires : La dépénalisation n'est pas la solution », *Alternatives Économiques*, n° 268, avr. 2008.

[711] Qu'elle ne payera forcément pas. Pour cela il faudrait déjà qu'elle se fasse prendre.

[712] M.-Th. CALAIS-AULOY trouve, par exemple, « inutilement lourd et infamant » le fait de « faire comparaître devant les tribunaux répressifs le dirigeant de société qui n'a pas convoqué les actionnaires dans les formes requises ou le chef d'entreprise qui a engagé dans des conditions irrégulières un travailleur étranger », *cf.* « La dépénalisation en droit des affaires », *D.* 1988, chron. p. 316.

[713] D. BLANC, *ibid.* Par ailleurs, « pour essayer de voir quels sont les critères d'implantation des activités économiques dans les pays,[la Banque Mondiale] affirme que l'un des premiers critères est la stabilité juridique et non pas le caractère flexible de la législation du pays. Il n'est jamais dit que la sévérité d'un droit serait une raison de ne pas investir dans un pays ; au contraire, un droit sévère peut être un cause de sécurité juridique parce qu'on est sûr que les partenaires eux-mêmes vont être soumis à une loi contraignante. La contrainte peut être vue comme un atout. Mais une chose est sûre pour l'entreprise : l'instabilité juridique est

effet, il est bien clair que le risque d'une amende n'aura jamais le même effet que le risque d'une peine de prison, et le risque d'être poursuivi devant un juge n'aura pas, également, le même effet que le risque de l'être devant une autorité administrative[714]. Prenant l'exemple des pratiques anticoncurrentielles, qui ne sont plus considérées comme des infractions pénales, Frédéric STASIAK trouve « choquante [...] l'impunité dont bénéficient les personnes physiques ayant pris une part personnelle et déterminante à l'égard d'un tel comportement »[715]. En somme, l'efficacité de la répression ne doit pas être réduite à l'exigence de la célérité des procédures : il faudrait également se pencher sur son impact et ses effets sur ses destinataires.

384. Avec la démarche des pouvoirs publics, l'on se dirige droit vers l'instauration d'une justice parallèle, sur mesure et très tolérante avec les acteurs économiques qui n'ont pas besoin de tous ces égards, plus que les simples citoyens[716]. Un traitement de faveur qui contredit la volonté affichée de « moraliser le capitalisme financier »[717]. Est-il juste de réprimer le vol d'un téléphone portable plus durement que quelqu'un qui détourne des millions, si ce ne sont pas des milliards, d'euros ou de dinars ? Sur quelle morale et au nom de quelle justice peut-on dire qu'il est infamant de poursuivre un dirigeant d'une entreprise devant les tribunaux, tout en le faisant pour les simples citoyens ? À ce sujet, il est intéressant de reprendre la fameuse expression d'Honoré de Balzac qui estima, à juste titre d'ailleurs, que « les assassinats sur la grande route me semblent des actes de charité comparés à certaines combinaisons financières »[718].

385. Enfin, certains se sont même demandé si la dépénalisation n'est « pas un leurre ? [dans la mesure où] très souvent le législateur reprend d'une main

---

dangereuse ; elle devient catastrophique en la matière. », *cf.* M.-A. FRISON-ROCHE, « Considération des règles répressives dans la prise de décisions des entreprises », *LPA*, n° 139, 19 nov. 1997, p. 25, spéc., 27. *Cf.* aussi sur le sujet : J.-P. JEAN, « De l'efficacité en droit pénal », in *Le droit pénal à l'aube du troisième millénaire*, Mél., J. PRADEL, Paris, Cujas, 2006, p. 135.

714 Pour Valérie MALABAT : « Le droit pénal présente une efficacité procédurale qui est intéressante. Surtout lorsqu'on relève que l'effet dissuasif du droit pénal est principalement lié à la certitude de la réponse pénale, c'est-à-dire, à l'efficacité de la procédure pénale. D'autre part, l'application du droit pénal est recherchée pour les sanctions qui lui sont propres et qui pourront être prononcées : c'est alors l'efficacité sanctionnatrice du droit pénal qui est recherchée », *cf.* « Droit pénal et droit pénal des affaires, raisons et évolutions d'un lien historique », *in* B. SAINTOURENS (dir.), *Dépénalisation, régulation et renouvellement des sanctions en droit comparé des affaires,* Paris, Litec, Coll., « Colloques et Débats », 2009, p. 1, spéc., p. 3. *Cf.* dans le même sens : B. BOULOC, *Procédure pénale*, 21ème éd., Paris, Dalloz, Coll., « Précis », 2008, n° 284 ; M. BÉHAR-TOUCHAIS, « L'efficacité du droit de la concurrence : les défis des moyens de son application », *in* B. SAINTOURNES (dir.), *ibid.*, p. 35.

715 F. STASIAK, *Droit pénal des affaires*, 2ème éd., Paris, LGDJ, 2009, p. 347.

716 *Cf. infra*, pp. 361 et s.

717 Une expression qui revenait assez souvent dans le discours de l'ancien président Nicolas SARKOZY, *cf.* http://sites.univ-provence.fr/veronis: Discours à Charleville-Mézières 18/12/06 ; Congrès de l'UMP 14/01/2007 ; Discours à Perpignan 23/02/2007.

718 HONORÉ DE BALZAC, *Une fille d'Ève. Scènes de la vie privée*, t. 1, Bruxelles, Meline, Cans et Compagnie, 1839, p. 69.

ce qu'il avait donné de l'autre »[719]. Qu'il s'agisse de la matière boursière ou de la concurrence, le droit pénal est encore assez présent dans la régulation économique, malgré les toilettages successifs. La pénalisation de la sphère économique reste nécessaire et indispensable, au nom de l'intérêt public économique et en celui de l'intérêt des acteurs intervenant dans cette sphère. Le maintien d'une libre concurrence nécessite une intervention pénale à la hauteur de l'infraction[720].

Cela dit, il convient de rappeler que, malgré les quelques propositions formulées en faveur de la dépénalisation, le rapport Coulon recommande le maintien du noyau dur du droit pénal des affaires car l'évitement de la sanction pénale est jugé « légitimement ''impossible'' »[721].

386. Oui à la dépénalisation pour la promotion des investissements, mais il ne faudrait pas omettre l'intérêt général et le principe d'égalité devant la loi. En effet, ne portons-nous pas atteinte à l'ordre public de protection des victimes en dépénalisant ? Le principe d'égalité ne se trouvera-t-il pas écorné, au nom de cette protection préférentielle qu'on veut accorder à une partie forte (les agents économiques) ? Si le droit pénal des affaires doit muer pour faire face aux nouvelles donnes socio-économiques, cela doit se faire dans le cadre d'une politique nationale prenant en compte l'ensemble des intérêts. Pour reprendre Ali MEBROUKINE la dépénalisation souhaitable du droit des affaires ne doit signifier « ni répression accrue contre la délinquance de droit commun ni impunité promise ou proclamée pour les délinquants en col blanc »[722].

387. Au sujet du choix à faire entre les deux modes répressifs – administratif ou pénal – Pierre LASCOUMES avance deux conceptions. L'une, pragmatique et utilitariste, considère qu'il faut doter l'administration de tous les moyens, y compris répressifs, nécessaires à l'obtention de résultats plus ou moins immédiats dans le cadre d'une politique publique donnée. La seconde, légaliste, estime que dans la mesure où il y a limitation de la liberté individuelle, le juge est le seul garant contre les abus de l'administration, aussi l'essentiel du pouvoir répressif doit-il lui appartenir. Le pouvoir de l'autorité administrative en la matière doit être limité et sévèrement encadré. À partir de ces deux conceptions, l'auteur nous propose une solution médiane « basée sur la distinction entre comportements de simple indiscipline administrative (non-respect de procédure, retard d'exécution, information partielle...) et

---

[719] F. STASIAK, *ibid.*, p. 9. Même si le particularisme de la politique pénale applicable aux affaires, est en recul dans certains domaines, elle demeure en pleine extension dans d'autres, *cf.* M. DELMAS-MARTY et G. GIUDICELLI-DELLAGE, *Droit pénal des affaires*, 4ème éd., Paris, PUF, 2000, pp. 33 et s.

[720] *Cf.* M.-A. FRISON-ROCHE (dir.), *Les enjeux de la pénalisation de la vie économique*, *op. cit.*, en particulier les articles de : J. LARCHÉ, « Les politiques de la pénalisation de la vie économique », p. 95 ; Ch. FRIED, « Libéralisme et droit pénal », p. 101 ; Ch. BABUSIAUX, « La répression et le contrôle administratif de la régulation concurrentielle », pp.113 et 115.

[721] *Cf.* J.-M. COULON, *La dépénalisation de la vie des affaires*, *op. cit.*, p. 21.

[722] A. MEBROUKINE, « Les limites du droit des affaires en Algérie. Les experts plaident pour sa dépénalisation », Quotidien *L'Expression* du 28 août 2010.

comportements manifestant une intention délictueuse caractérisée ou causant des dommages sociaux importants (obstacle à contrôle, non-respect d'engagements, dissimulation...). Cette distinction recoupe en partie la distinction contravention/délit ou celle de police/droit criminel. Elle conduit à déléguer seulement à l'administration la sanction de ce qui relèverait de la compétence du tribunal de police »[723].

388. En somme, nous pensons que la dépénalisation n'est pas la seule alternative qui puisse exister pour améliorer la répression en matière économique. Il est par exemple plus facile, plus raisonnable et moins coûteux de procéder à des changements (modifier/compléter) au sein de l'ordre répressif pénal, au lieu de bouleverser l'architecture juridico-institutionnelle pour, en fin de compte, garder ses mêmes sanctions tout en adoptant d'autres modes de sanctions. Une situation qui favorise l'inflation de la matière répressive.

B. Inflation juridico-institutionnelle de la matière répressive

389. Outre la fragilité des arguments avancés pour justifier le désir de dépénaliser la sphère économique, ce processus a grandement contribué à une inflation juridico-institutionnelle de cette dernière. En effet, malgré la tentative de faire des AAIRE une sorte de « guichet unique » chargé de la mission de régulation, plusieurs autres autorités et institutions concourent à cette mission, usant des mêmes prérogatives et des mêmes pouvoirs que ces organismes dits indépendants.

390. D'une part, on fait face à une sur-institutionnalisation de la sphère économique en matière répressive, illustrée par la multitude des autorités et des organismes chargés du contrôle et de la répression[724]. D'abord, il y a le juge pénal qui, malgré la dépénalisation de certains domaines, reste la première autorité répressive en la matière. Ensuite, aux côtés du juge pénal, il y a l'intrusion de ces nouvelles autorités de régulation, qui ne cessent d'empiéter sur son pouvoir de sanction. Enfin, on ne doit pas omettre le rôle de l'administration traditionnelle qui, malgré le transfert d'une grande partie de son pouvoir répressif aux nouvelles autorités de régulation, en conserve une grande partie.

Un état de fait relevé également par José LEFEBVRE qui, après avoir évoqué le désordre engendré par le fait que des comportements naguère incriminés au pénal le sont aujourd'hui en administratif « sous l'angle de la régulation », a estimé que ce processus a « crée des distorsions au sein de

---

[723] P. LASCOUMES, « Les sanctions administratives: une forme de droit pénal instrumentaliste ? L'exemple du droit pénal de l'environnement », *Déviance et société*, 1990, Vol. 14, n° 1, p. 75, spéc., pp. 77 et 78.

[724] *Cf.* dans ce sens : M. S. E. HELALI, « La Convention européenne des droits de l'homme et les droits français et communautaire de la concurrence », *RTDE* 1991, p. 609, spéc., p. 610.

l'organisation étatique de la répression par une extension du nombre des autorités répressives sans pour autant priver le juge de toute compétence »[725].

391. D'autre part, la sphère économique souffre d'une sur-réglementation ou, si l'on veut, d'une inflation normative[726]. Par ce phénomène, on ne vise pas seulement les textes de nature réglementaire, mais tous les textes juridiques applicables à cette sphère qu'ils soient des lois ou des règlements. L'on a souvent mis en exergue le problème d'inflation des textes juridiques répressifs[727], au point de parler de son « effet polluant »[728]. Cependant, ce phénomène est beaucoup plus perceptible en matière économique où, en plus des sanctions pénales, l'on porte un intérêt grandissant aux sanctions administratives. Comme le fait remarquer René CHAPUS « Jadis exceptionnels, rares naguère (sauf quand ''pénalités fiscales''), les textes aujourd'hui se bousculent pour investir diverses autorités administratives (collégiales, le plus souvent), tant du pouvoir d'adresser des observations, [...] que de celui de prononcer des sanctions »[729]. Le risque est encore grand si on laisse les AAIRE élargir leur pouvoir répressif d'elles-mêmes, par leur interprétation maximaliste des textes et leur pouvoir réglementaire[730].

392. L'inflation des textes est aggravée par un problème d'hétérogénéité, comme l'illustre assez bien le régime juridique des AAIRE, soumises sur certains points à des règles de procédure et de fond totalement différentes. C'est à ce titre que les études menées sur ces autorités recommandent la nécessité d'harmoniser les règles qui leur sont applicables. Plus encore, s'inspirant de modèles étrangers, certains auteurs regrettent l'absence « d'un

---

[725] *Cf.* « La dépénalisation, facteur d'ordre ou source de désordre ? », *in* J. CHEVALLIER (dir.), *Désordre(s),* CURAPP, Paris, PUF, 1997, p. 246.

[726] *Cf.* « Encadré : L'inflation législative : les principales lois pénales sur une décennie », in *Les réformes pénales 2000-2010 : entre inflation législative et révolutions silencieuses : « Dossier : Vers une réforme de la justice pénale »*, La DF, Coll., « Regards sur l'actualité », n° 357, janv. 2010, p. 10.

[727] *Cf.* sur la question ; J. HAMEL, « Préface », *in* J. HAMEL (dir.), *Le droit pénal spécial des sociétés anonymes ; études de droit commercial,* Paris, Dalloz, Coll., « Publications de l'Institut des sciences juridiques et financières appliquées aux affaires de faculté de droit de Paris », 1955, p. 8 ; M. DELMAS-MARTY, « L'enjeu d'un code pénal, réflexions à propos de l'inflation des lois pénales en France », *in* Mél., R. LEGROS, Éd. Université Libre de Bruxelles, Faculté de Droit, 1985, p. 165 ; « Pour des principes directeurs de législation pénale », *Rev. sc. crim.* 1985, p. 225 ; *Le flou du droit*, Paris, PUF, 1986, p. 65 et s ; « L'inflation pénale », VIème Congrès de l'Association française de droit pénal, Montpellier, 7-9 nov. 1983 ; J.-J. DE BRESSON, « Inflation des lois pénales et législation ou réglementations techniques », *Rev. sc. crim.* 1985, p. 241 ; H. MATSOPOULOU, « Les propositions sur « la dépénalisation de la vie des affaires » », *Rev. sociétés*, 2008, p. 1 ; M.-Ch. SORDINO, « Flux et reflux du droit pénal au sein du droit des affaires », À propos de la « dépénalisation de la vie des affaires »), *Gaz. Pal.*, n° 145 du 24 mai 2008, p. 2 ; M.- Th. CALAIS-AULOY, « La dépénalisation en droit des affaires », *op. cit.*, p. 315.

[728] A. VIANDIER et J.-J. CAUSSAIN, note sous CA Paris, 26 mai 1989, *Sté Fiable /Sté de Gestion industrielle*, JurisData:1989-023411, *JCP E* 1990, 15677, pt n° 15.

[729] *Droit administratif général*, t. 1, 15ème éd., Paris, Montchrestien, Coll., « Domat droit public », 2001, p. 1172.

[730] *Cf. supra*, pp. 66 et s., 143 et s.

‘‘Code de procédures administratives’’ qui pourrait notamment inclure le ’’droit administratif pénal’’ »[731].

393. Avec l’existence d’une pléthore de textes, notamment d’incrimination, conjuguée au problème de cumul des sanctions, « le droit lui-même [semble] produire ce qu’il a pourtant pour première vocation d’empêcher ; de l’insécurité juridique, de l’incertitude, un sentiment d’arbitraire même »[732]. Pis encore, la multitude et le chevauchement des textes ne facilitent pas leur compréhension et leur assimilation, ce qui peut alimenter la méfiance de leurs destinataires. Malgré les tentatives d’enrayer ce phénomène, le problème va crescendo. Il est même difficile d’y faire face dans la mesure où les lois changent au gré des majorités politiques[733].

Paragraphe 2. Des relations à la frontière de la concurrence et de la complémentarité

394. Dès lors que l’existence de deux systèmes répressifs, dont l’un administratif et l’autre pénal, est bien établie, il est tout à fait légitime de s’interroger sur la manière d’envisager leur coexistence. Sont-ils mis en concurrence ou, au contraire, cette coexistence est fondée sur une dynamique de complémentarité ? L’étude des deux systèmes nous révèle que hormis les situations – assez rares – où seules des sanctions administratives sont prévues[734], communément, le législateur prévoit les deux types de sanctions dans la même matière. L’existence de la répression pénale se trouve-t-elle menacée par cette mise en concurrence avec la répression administrative qu’on prétend plus efficace et adéquate à la sphère économique ? (**A**). Les pouvoirs publics et une partie de la doctrine préfèrent parler plutôt d’une relation de complémentarité et d’interdépendance entre les deux types de répressions (**B**).

A. Une mise en concurrence menaçante pour la répression pénale ?

395. On est dans l’hypothèse d’une concurrence lorsqu’il existe des sanctions administratives et d’autres pénales pour réprimer les mêmes faits, tout en sachant qu’il existe une indépendance des poursuites administratives à l’égard des poursuites pénales. Dans une telle situation, nous l’avons vu précédemment, le principe de non-cumul est écarté. Il n’existe donc aucun obstacle pour que les mêmes faits soient sanctionnés par le juge et

---

731 Un code qui permettrait, selon Jean-François DAVIGNON, d’ordonner la matière et d’assurer une sécurité juridique aux citoyens, *cf.* « Quelle place pour la répression administrative dans notre ordonnancement juridique ? », art. cit., p. 6.

732 J. TOUBON, « Introduction aux enjeux de la pénalisation de la vie économique », *op. cit.*, p. 5.

733 Une situation que résume assez bien la formule historique du député socialiste André LAIGNEL, « Vous avez juridiquement tort car vous êtes politiquement minoritaires », en s’adressant, le 13 oct. 1981, aux membres de l’opposition, minoritaire à l’Assemblée Nationale.

734 C’est le cas, par exemple, des sanctions réservées aux pratiques anticoncurrentielles en droit de la concurrence.

l'administration mais, dans certaines hypothèses, pour l'intérêt des personnes poursuivies ce cumul est soumis à des aménagements[735]. Par ailleurs, pour bien organiser cette concurrence, la jurisprudence a présenté certaines solutions concernant l'autorité de la chose jugée au pénal sur la répression administrative.

396. À première vue, le pouvoir répressif des AAIRE peut paraître plus efficace et plus adapté à la sphère économique que celui du juge pénal. D'ailleurs, ce sont les motifs avancés pour justifier son octroi à ces autorités. Dans ce cas, dans la mesure où les sanctions prononcées par ces autorités visent principalement un but répressif comme les sanctions pénales, l'on se demande s'il n'est pas temps de mettre fin au cumul des sanctions en la matière. Il n'est pas question de remettre en cause le pouvoir disciplinaire, qui peut s'exercer amplement par ces autorités aux côtés des sanctions pénales, étant donné la différence d'objectif. En revanche, si on juge que les sanctions administratives répressives, reconnues à ces autorités, sont plus efficaces, souples et commodes à la vie économique, pourquoi donc garder les sanctions pénales ? Pourquoi ne pas opter pour une dépénalisation totale des matières en question ?

397. Le problème ne se serait pas posé si on avait affaire à des sanctions administratives disciplinaires, mais en l'espèce on est face à des sanctions administratives concourant au même objectif que les sanctions pénales. On l'a vu un peu plus haut, le critère finaliste n'est pas vraiment adapté pour fonder une distinction entre les sanctions pénales et les sanctions administratives répressives, dans la mesure où ces deux types de sanctions jouent un rôle préventif et rétributif. À quoi bon sert-il alors d'instituer deux modes répressifs, procédant de surcroît avec la même nature de sanctions – en particulier pécuniaires – pour sanctionner un même comportement ?

398. En somme, le législateur et les pouvoirs publics doivent faire un choix. Si on prenait en considération les arguments avancés pour justifier le pouvoir répressif des AAIRE, on dirait, sans hésitation, que c'est ce dernier qui remporte la faveur des pronostics. En réalité, au vu des arrêts rendus suite au recours exercés à l'encontre des décisions répressives de ces autorités, il est légitime de penser que le juge n'a rien à envier à ces organismes en matière des connaissances et de la maîtrise technique des affaires qui lui sont soumises. Plus encore, la soumission de ces autorités de régulation aux mêmes principes de fond et de forme que ceux connus en droit pénal, relativise la portée de l'argument avancé quant à la rapidité des sanctions administratives.

En effet, l'on a souvent justifié la création des AAIRE et le pouvoir répressif dont elles disposent par la volonté de pallier les limites des pouvoirs classiques, en particulier, le pouvoir judiciaire inadéquat, du fait de la lourdeur de sa procédure, et jugé incapable de maîtriser la technicité prévalant en matière économique. « À l'heure où se multiplient ces nouvelles autorités, s'interroger sur la pertinence de ces arguments paraît plus que légitime, vu

---

[735] *Cf. supra*, pp. 210 et s.

notamment l'évolution de la notion d'AAI et les aménagements que ces autorités ont subi tant sur le plan fonctionnel que procédural, et plus particulièrement par rapport aux larges pouvoirs reconnus au juge du contrôle »[736].

Outre la lourdeur de la procédure juridictionnelle, l'octroi d'un pouvoir de sanction aux AAIRE a été également justifié par la remise en cause de la capacité du juge à appréhender et maîtriser des données techniquement complexes. Certes, il est tout à fait légitime de s'interroger sur la capacité technique du juge en matière économique, particulièrement sa maîtrise des mécanismes de la régulation dans des secteurs jugés très techniques. Néanmoins, il est étonnant de parler de telles limites au vu des pouvoirs qu'exerce le juge du contrôle. Mieux encore, eu égard à la jurisprudence rendue en matière de régulation économique, le juge nous paraît être un « fin technicien », donc lui reprocher son manque de maîtrise des aspects techniques de la vie économique, n'est pas tout à fait convainquant. N'y a-t-il pas, en effet, contradiction entre l'octroi d'un pouvoir de sanction aux AAIRE, sous prétexte que le juge est incapable de maîtriser ces domaines, et la reconnaissance d'un pouvoir de réformation à ce même juge ? N'est-ce pas là, au contraire, une reconnaissance de sa capacité et de son aptitude technique ? Plus encore, ces autorités de régulation n'hésitent pas à reprendre dans leur « réglementation des concepts, voire de manière plus précise et ponctuelle, des phrases de juges, des citations d'arrêts »[737]. L'on sait encore, qu'en cas de doute sur un point donné, le juge dispose d'un large panel de mesures pour faire éclater la vérité et appliquer la loi. C'est le cas des compléments d'information et des expertises auxquelles il peut faire appel. Après ce qui vient d'être exposé, il nous paraît légitime de s'interroger si le pouvoir de sanctions des AAIRE est toujours justifiable ?[738]

399. En tout état de cause, la répression pénale ne semble pas, en l'état actuel des choses, s'incliner complètement devant la répression administrative qui lui a ravi, certes, quelques pans de sa compétence, mais ne l'a pas pour autant fait infléchir. En effet, le pouvoir de sanction de ces nouvelles autorités de régulation est strictement encadré et limité, car son octroi ressort de l'exception ; la plénitude de la fonction répressive relève toujours du juge. Aussi, en dehors de l'hypothèse où un texte spécial reconnaît expressément un tel pouvoir à une AAIRE, c'est le juge seul qui est compétent.

400. Enfin, si l'on suit le raisonnement des partisans du droit de la régulation économique, un jour où un l'autre le juge recouvrera ses droits, dans la mesure où le régulateur sectoriel doit disparaître lorsque la concurrence est totalement établie dans le secteur régulé. « Alors, seul le juge de droit commun doit poursuivre la nécessaire action de régulation économique

---

736 A. TAIBI, « La justification du pouvoir de sanction des AAI de régulation est-elle toujours pertinente ? », art. cit., p. 463.

737 J.-F. LEPETIT, « État, juge et régulateur », *LPA*, n° 17, 23 janv. 2003, p. 9.

738 *Cf.* A. TAIBI, « La justification du pouvoir de sanction des AAI de régulation est-elle toujours pertinente ? », art. cit.

associée à ce secteur et, dès lors, il devient impératif qu'il puisse pleinement exercer ce contrôle »[739].

B. Les AAIRE complémentaires du juge pénal

401. Loin de l'esprit de concurrence, les pouvoirs publics et une partie de la doctrine, en particulier partisane du droit de la régulation économique, tentent de minimiser l'état de concurrence qui peut exister entre ces deux modes de répression, préférant à la place, parler d'une relation de complémentarité et d'interdépendance.

L'analyse des textes généraux et de ceux régissant les AAIRE, nous révèle effectivement une certaine coopération et complémentarité entre ces régulateurs indépendants et le juge pénal, cependant il est exagéré, en l'état actuel des choses, de parler d'une interdépendance équilibrée. D'après ces textes, cet aspect relationnel tourne beaucoup plus au profit du juge que de celui de ces autorités de régulation. En effet, en sus de leur mission de régulation, ces dernières sont mises au service du juge. C'est dans cet esprit que s'inscrit le rôle de police judiciaire joué par ces autorités ; d'une manière indirecte, lorsqu'elles s'aperçoivent, à l'occasion d'un contrôle ou d'une enquête menée pour les besoins de leur mission de régulation, que les faits qui leur sont exposés sont constitutifs d'une infraction pénale, elles saisissent le procureur de la République. D'une manière directe ; en dehors de la mission de régulation, ces autorités sont également directement chargées de chercher et de constater toute infraction pour le compte du juge pénal. Enfin, en sus de la faculté de s'appuyer sur les différentes lignes directrices, discours et autres documents élaborés par ces régulateurs indépendants, le juge peut les solliciter directement sur une question donnée[740]. Une démarche qu'il peut accomplir même dans le silence des textes spéciaux, sur la base de l'article 143 du Code de procédure civile relatif à l'*amicus curiae*.

402. Les AAIRE, quant à elles, peuvent tirer profit de la répression pénale, lorsque leur intervention succède à celle du juge pénal, en tirant les enseignements de l'instruction judiciaire. Par ailleurs, les présidents – mais

---

[739] F. DEPUIS-TOUBOL, « Le juge en complémentarité du régulateur », *LPA*, n° 17, 23 janv. 2003, p. 17.
La prolifération de ces autorités, conjuguée à leurs évolutions structurelle et fonctionnelle, notamment par les fusions, la séparation des instances d'instruction et de jugement, etc., prouve au contraire la volonté de faire d'elles une composante, à part entière, du système politico-administratif national. Par ailleurs, l'engouement suscité par ces autorités, semble démentir ceux qui ont estimé, à leur apparition, qu'elles constituaient une solution isolée pour des problèmes ponctuels.

[740] *Cf.* par exemple l'art. L.462-3 du C. com. Le fait que l'avis de la COB pouvait être requis avant certaines poursuites ou avant le jugement a fait dire à certains que cette autorité faisait figure « d'expert officiel et obligatoire », de ce fait elle était le véritable organe de poursuites, le ministère public n'était, en fin de compte, qu'un « relais formel », *cf.* Y. GUYON, « La Commission des opérations de bourse », *in* C.-A. COLLIARD et G. TIMSIT (dir.), *Les autorités administratives indépendantes*, *op. cit.*, p.178.

aussi le secrétaire général de l'AMF – de certains de ces organismes peuvent même, en cas d'urgence, solliciter l'intervention du juge[741].

403. Enfin, il faudrait également relever « l'originalité »[742] du droit pénal ; malgré la différence qui peut exister entre droit pénal et droit administratif, à l'origine, ces deux branches de droit relèvent du droit public. Comme le souligne Pierre DELVOLVÉ « Le droit pénal n'est distingué du droit public que pour des raisons contingentes : judiciaires, puisqu'il est appliqué par des juridictions de cet ordre et non par les juridictions administratives ; universitaires, puisqu'il est rattaché aux disciplines enseignées par des professeurs de droit privé »[743]. C'est ce qui explique, selon l'auteur, qu'ils concourent à la répression, y compris en matière économique, en appliquant le droit administratif aux entreprises privées et le droit pénal aux personnes morales publiques et leurs agents[744].

[741] À titre d'exemple, le président de l'AMF peut demander au président du TGI de Paris de statuer en la forme de référé, en cas de manquements aux obligations résultant des dispositions législatives ou réglementaires, ou des règles professionnelles visant à protéger les investisseurs contre les opérations d'initiés, les manipulations de cours et la diffusion de fausses informations, ou à tout autre manquement de nature à porter atteinte à la protection des investisseurs ou au bon fonctionnement du marché, etc., *cf.* les art. L.621-13 et L.621-14-III du C. mon. fin. *Cf.* aussi les art. : L.36-11-VII du CPCE (ARCEP), et 42-10 de la loi n° 86-1067, préc., (CSA).

[742] Ph. CONTE et P. MAISTRE DU CHAMBON, *Droit pénal général*, 7ème éd., Paris, Armand Colin, Coll., « U », 2004, pp. 12 et s.

[743] P. DELVOLVÉ, « Répression, droit pénal et droit administratif », *in* M.-A. FRISON-ROCHE (dir.), *Les enjeux de la pénalisation de la vie économique*, *op. cit.*, p. 37.

[744] *Ibid.*

CONCLUSION DU SECOND TITRE

404. Le pouvoir répressif des AAIRE a clairement été reconnu par le juge constitutionnel. L'intervention de ce dernier fait suite aux critiques assez sévères, envers ce pouvoir, tant de juristes de loi que de la classe politique. Faut-il le reconnaître, la méfiance de la doctrine est toute légitime et fondée, car les AAIRE dotées d'un pouvoir répressif nous rappellent, à un degré près, le système de l'administration-juge qui a constitué une page noire de l'histoire française. Certes, ces nouvelles autorités administratives de régulation sont dites indépendantes, ce qui devrait les éloigner de ce système, cependant cette indépendance, beaucoup plus « décrétée » et « proclamée », est relative. On devrait plutôt parler d'autonomie que d'une véritable indépendance.

405. Plus encore, suivant certaines interprétations, on serait même face à une violation du principe de la séparation des pouvoirs. Une violation portée à deux degrés : non seulement il y a empiétement sur la compétence du juge judiciaire, mais, plus grave encore, certaines de ces autorités administratives cumulent leur pouvoir répressif avec un pouvoir réglementaire.

L'on a aussi relevé qu'en usant de leur pouvoir répressif, ces nouvelles autorités de régulation exercent bel et bien une fonction juridictionnelle, en particulier celles qui héritèrent de ce pouvoir du juge pénal, suite à sa dépénalisation. En sus de cette fonction, ces organismes de régulation sont également organisés et fonctionnent comme de véritables juridictions. Malgré cette réalité on persiste à leur dénier cette qualité, alors même qu'on l'a reconnue à d'autres organismes qui sont pourtant loin en apparence d'être confondu à des juridictions, comme c'est le cas pour les différents ordres professionnels.

406. Les pouvoirs publics auraient pu faire face aux besoins de la régulation en améliorant, par exemple, le service de la justice notamment par le renforcement et l'adaptation de la mission répressive des juridictions. La sanction (ou la norme), qu'elle soit pénale ou administrative, ne doit-elle pas son efficacité en grande partie à la volonté et aux moyens mis en place pour son exécution ? Au lieu de cela, les pouvoirs publics ont préféré, pour des raisons pratiques voire politiques, outrepasser le droit et créer des autorités *sui generis*.

407. En validant en encourageant ce mode répressif, l'on assiste à une véritable distorsion dans l'organisation étatique de la répression, du fait de la consécration d'un ordre répressif administratif identique à l'ordre répressif pénal, tant d'un point de vue matériel que formel. Par ailleurs, en empiétant sur la compétence du juge, principal protecteur des libertés et droits des citoyens, on porte incontestablement le discrédit sur l'institution judiciaire et sur le rôle qui lui revient dans la société.

408. Cela dit, malgré l'engouement suscité par les AAIRE et la volonté de dépénaliser la vie des affaires, on n'en est pas au point de parler de l'effacement du droit pénal en matière économique. Au contraire, le droit pénal reste plus qu'indispensable dans la régulation économique et le juge pénal est, pour le moment, le maître répressif en la matière.

CONCLUSION DE LA PREMIÈRE PARTIE

409. Grâce à la notion d'AAIRE, le législateur a fait sortir la répression administrative de son exceptionnalité au point d'en faire un ordre répressif parallèle à l'ordre répressif pénal. Au nom de l'efficacité pratique et des besoins modernes de la régulation, l'on a jugé indispensable de faire de ces autorités une sorte de « guichet unique » se traduisant par l'exercice de tous les pouvoirs, autrefois éparpillés entre administration traditionnelle et juridictions. C'est à ce titre qu'il a été jugé que le principe de la séparation des pouvoirs, non plus qu'aucun autre principe ou règle de valeur constitutionnelle, ne fait obstacle à ce que ces autorités bénéficient d'un pouvoir de sanction. C'est encore pour ces raisons que des textes portant dépénalisation, notamment de la vie des affaires, se succédèrent ces dernières années.

Certes, les normes juridiques doivent être le reflet des phénomènes sociétaux et évoluer avec l'évolution de la société et de ses besoins. Cependant, nous estimons qu'il aurait été plus logique et légitime que l'on reconnaisse que le principe de la séparation des pouvoirs n'est plus compatible avec le système institutionnel actuel, le fait majoritaire ayant complètement modifié la donne. Car, soutenir que le pouvoir répressif des AAIRE ne viole pas un tel principe, ou qu'il n'y a pas empiétement sur la compétence du juge, et que le cumul des pouvoirs réglementaire et de sanction entre les mains d'une même autorité ne contredit pas les termes de la Constitution, c'est tout simplement travestir la réalité. Une réalité juridique qui n'intéresse apparemment pas le pouvoir politique. Par ailleurs, il nous semble contradictoire de soutenir qu'aucun principe ou règle constitutionnelle ne fait obstacle à ce que ces autorités soient dotées d'un pouvoir répressif voire de le cumuler avec le pouvoir réglementaire, pour ensuite remettre en cause l'organisation et le fonctionnement de ces autorités ?

410. Cela dit, malgré le processus de substitution des sanctions administratives aux sanctions pénales il subsiste néanmoins une grande proximité entre les deux modes répressifs, étant donné leur finalité punitive. En outre, malgré la création des AAIRE, l'État reste le contrôleur, l'initiateur des poursuites et l'exécuteur de la sanction. D'autre part, la dépénalisation partielle du monde des affaires, n'implique pas un renoncement définitif à la répression pénale qui reste le noyau dur de la politique pénale. Contrairement au pouvoir répressif des AAIRE, la sanction pénale reste le mode répressif effectif et légitime. Le développement de la vie économique nécessite une liberté d'action et d'initiative, mais la sanction pénale, plus efficace et la plus crainte, reste nécessaire pour assurer et sauvegarder cette liberté. Il n'en demeure pas moins que, même pour des raisons d'efficacité pratique, la répression ne peut être réduite à l'assouplissement et à la célérité de la procédure.

SECONDE PARTIE

La mise en œuvre complexe du pouvoir répressif des AAIRE

411. Malgré leur proximité, le clivage entre répression pénale et répression administrative se révèle tout particulièrement lors de leur mise en œuvre. En effet, chargées d'appliquer une réglementation, mais aussi d'en sanctionner les violations, les AAIRE se trouvent alors juges et parties. À ce titre, le droit administratif pénal s'éloigne du droit pénal dont la répression est gouvernée par le « principe de la séparation des fonctions judiciaires »[745].

Toutefois, il apparaît de la mise en œuvre de la procédure répressive devant ces autorités de régulation que le législateur ne cesse de réduire le clivage existant entre ces deux droits répressifs, en transposant, même d'une manière modérée, les principes et la procédure du droit pénal au pouvoir répressif de ces autorités. Cette mise en œuvre reste néanmoins assez complexe, notamment à cause de la disparité des règles procédurales.

412. Ainsi, que ce soit lors du premier titre, réservé au déroulement de la procédure répressive (**Titre 1**), ou du second, réservé, quant à lui, à l'encadrement du pouvoir répressif des AAIRE (**Titre 2**), nous aurons l'occasion une fois de plus de constater les points de convergence et de divergence entre le droit pénal et le droit administratif pénal.

---

[745] J. PRADEL, *Manuel de procédure pénale*, *op. cit.*, p. 25.

TITRE 2

De pouvoirs très étendus à une procédure disparate

413. Tout comme en droit pénal, il convient de distinguer trois phases dans l'exercice du pouvoir répressif des AAIRE : la phase de contrôle et d'enquête, la phase des poursuites et d'instruction et enfin la phase du prononcé de la sanction (**Chapitre 1**). Comme nous l'avons vu, les besoins de la régulation et les caractéristiques de la sphère justifient l'octroi de plusieurs pouvoirs à ces organismes de régulation, notamment un important voire un exorbitant pouvoir répressif. Son exorbitance est visible à l'étude de la typologie des sanctions que ces autorités infligent, et ce, tant par rapport à leur nombre et à leur nature qu'à la qualité des personnes qu'elles visent. Aussi, est-il tout à fait légitime d'affirmer que les pouvoirs de ces autorités sont plus étendus que ceux détenus par le juge (**Chapitre 2**).

CHAPITRE 1

Le poids de la procédure répressive et sa disparité

414. L'étude des phases de la mise en œuvre de la procédure répressive administrative des AAIRE, si elle nous renseigne sur les larges pouvoirs de ces autorités en la matière, ainsi que sur leur rapprochement des juridictions, nous démontre également la disparité des règles applicables pour chaque autorité, malgré l'unicité de leur nature et de leur mission.

Pour mettre en exergue ces points, nous aborderons le sujet de la mise en œuvre du pouvoir répressif de ces autorités phase par phase, en respectant l'ordre logique et chronologique de son exercice. Aussi, l'on s'attardera, dans un premier temps, sur la phase de contrôle et d'enquête (**Section 1**), pour s'intéresser ensuite à l'instance, de son introduction à la notification de la décision (**Section 2**).

SECTION 1. LA PHASE DE CONTRÔLE ET D'ENQUÊTE

415. D'emblée, il faut distinguer dans cette phase les opérations de contrôle et celles d'enquête. Les premières sont effectuées habituellement par les AAIRE pour s'assurer du respect des textes régissant le secteur régulé, et ainsi prévenir des manquements. Les secondes, quant à elles, peuvent être menées lorsque des soupçons sont relevés soit durant les opérations de contrôle, soit suite à la saisine d'une personne intéressée. La phase d'enquête administrative préalable doit également être distinguée des enquêtes d'instruction réalisées dans le cadre de la procédure répressive, après la confirmation des allégations de la partie saisissante par l'autorité compétente. Certes, notre étude concerne au premier plan le pouvoir répressif de ces autorités, et non leur pouvoir de contrôle et d'enquête. Toutefois, c'est aussi grâce à cette phase que ces organismes de régulation pourraient découvrir l'existence de manquements, donc exercer leur pouvoir répressif. En effet, l'engagement de la procédure répressive est, le plus souvent, le résultat de la phase de contrôle qui permet de repérer d'éventuels manquements aux dispositions légales, susceptibles de justifier l'usage de leur pouvoir de commandement et, le cas échéant, leur pouvoir répressif. Ainsi, l'étude de la mise en œuvre du pouvoir répressif de ces autorités ne peut être dissociée, sans méconnaître un chaînon important qui est la phase de contrôle et d'enquête.

416. Par ailleurs, le pouvoir de contrôle des AAIRE s'exerce de deux manières : un contrôle sur pièces et un autre sur place. Le contrôle sur pièces consiste essentiellement en l'analyse des documents déclaratifs (états comptables et financiers, états trimestriels, rapport de solvabilité, états divers, rapports annuels, etc.) transmis, systématiquement ou sur demande du régulateur, par les personnes assujetties à son contrôle. Même si ce type de contrôle joue un rôle d'alerte et de prévention, et permet d'avoir un regard continu sur les activités et les personnes contrôlées, en pratique il est loin d'être à lui seul suffisant, car son efficacité est subordonnée à la qualité des informations reçues. Aussi, cette voie est complétée par un second type de contrôle qui est le contrôle sur place, dans le cadre duquel les investigations sont menées par le régulateur en procédant à des visites d'inspection *in situ* chez les personnes contrôlées. Cette méthode permet non seulement de s'assurer de l'exactitude des rapports et documents transmis, mais également de découvrir d'éventuels manquements sanctionnables.

417. Toutes les AAIRE, objet de notre étude, disposent d'un pouvoir d'enquête qui, jugé un peu timide, a même été renforcé pour certaines d'entre elles[746]. L'analyse de ce pouvoir dans sa globalité nous révèle certains traits communs aux différents types d'enquêtes, qui peuvent être appréhendés soit du côté de ces organismes, soit du côté des personnes faisant l'objet de l'enquête (**Sous-section 1**). Une analyse plus affinée nous démontre également que les pouvoirs dont disposent ces autorités diffèrent selon qu'on est dans le cadre des enquêtes coercitives ou des enquêtes non coercitives (**Sous-section 2**).

Malgré la différence de principe existant entre le contrôle et l'enquête, les contrôleurs de certaines AAIRE exercent les mêmes prérogatives que leurs enquêteurs dans le cadre des enquêtes non coercitives[747], au moment où d'autres n'exercent, à première vue, qu'un contrôle avant que l'autorité n'use de son pouvoir répressif[748]. Aussi, l'on a sciemment assimilé le contrôle à l'enquête tout au long de ce chapitre.

---

[746] Par exemple, la loi n° 89-531 du 2 août 1989, relative à la sécurité et la transparence du marché financier, *JORF* du 4 août 1989, p. 9822, a renforcé de manière considérable les pouvoirs de la COB. Pour plus de détails sur la question, *cf.* P. BÉZARD, « Le nouveau visage de la commission des opérations de bourse », *RIDC* 1989, n° 4, p. 929.

[747] *Cf.* l'art. L.621-9 à L.621-10 du C. mon. fin., (AMF).

[748] *Cf.* les art. L.612-24, L.612-26 et L.612-27 du C. mon. fin., (ACPR). L'ACPR l'a rappelé à l'occasion de la décision n° 2013-01 du 25 nov. 2013, *Caisse d'épargne et de prévoyance du Languedoc-Roussillon*, en estimant que « le législateur a doté l'ACPR de pouvoirs de contrôle mais non d'enquête, excluant toute coercition ».

SOUS-SECTION 1. TRAITS COMMUNS AUX DIFFÉRENTES ENQUÊTES ADMINISTRATIVES

418. Assurément, il existe en principe une différence de taille tant par rapport aux pouvoirs des AAIRE qu'à la procédure d'enquête, selon qu'on est dans le cadre d'une enquête simple (non coercitive) ou lourde (coercitive). Néanmoins, l'analyse des dispositions régissant la question nous révèle qu'il existe également, malgré l'importance d'une telle différence, des traits communs qui peuvent être déduits grâce à l'observation soit de ces autorités (**Paragraphe 1**), soit des personnes soumises à leur contrôle (**Paragraphe 2**).

Paragraphe 1. Du côté des AAIRE

419. Dans le but de gagner en efficacité lors des enquêtes, les textes régissant les AAIRE ont prévu plusieurs règles procédurales phares, comme pour l'inopposabilité du secret professionnel (**B**), et d'un certain nombre de moyens de contraintes pour s'assurer la coopération des personnes contrôlées ou faisant l'objet de l'enquête (**C**). Par ailleurs, même si la plupart de ces autorités s'appuient, pour mener les enquêtes, sur des corps extérieurs, le besoin de renforcer leur impartialité et leur crédibilité a été sûrement à l'origine de la démarche du législateur de doter certaines d'entre elles d'enquêteurs propres (**A**).

A. Les parties habilitées à enquêter

420. la mission d'enquête confiée aux AAIRE relève, avant tout, de corps extérieurs appartenant la plupart du temps à l'administration traditionnelle en charge des secteurs régulés ou, tout simplement, à la police judiciaire. Néanmoins, désireux de donner plus de crédibilité à ces autorités, tant du point de vue de leur impartialité que de celui de leur efficacité, le législateur a pris soin de les doter de leurs propres enquêteurs, habilités et assermentés à cet effet. En outre, en cas de nécessité, elles peuvent même faire appel à des personnes étrangères expertes sur le sujet objet de l'enquête.

421. En droit de la concurrence, aux côtés des agents de la DGCCRF relevant du ministère des finances, qui gardent leurs pouvoirs d'enquête en matière de pratiques anticoncurrentielles[749], l'ordonnance de 2008[750] reconnaît également à l'ADLC un pouvoir d'enquête propre qu'elle exerce par le biais des agents de ses services d'instruction, habilités à cet effet par le rapporteur général[751]. Ce dernier peut, dans le cas où des investigations sont menées au nom ou pour le compte d'une autorité de concurrence d'un autre État membre

---

[749] *Cf.* l'art. 450-1-II du C. com.

[750] Ord. n° 2008-1161 du 13 nov. 2008, portant modernisation de la régulation de la concurrence, *JORF* n° 0265 du 14 nov. 2008, p. 17391.

[751] Art. L.450-1-I, al. 1 du C. com.

de l'Union européenne, autoriser les agents de cette dernière à assister, dans leurs investigations, les agents mentionnés à l'alinéa précédent[752].

422. Dans le domaine de l'énergie, le président de la CRE peut habiliter des agents de ses services pour mener les enquêtes nécessaires pour l'accomplissement des missions confiées à la commission[753]. Cette dernière peut se faire assister par des personnes appartenant à des organismes spécialisés « pour une mission de contrôle déterminée et pour une durée limitée »[754], de même qu'elle peut désigner « toute personne compétente pour réaliser, le cas échéant, une expertise »[755].

423. En matière des postes et des communications électroniques, les enquêtes sont menées par des fonctionnaires et agents du ministère chargé des postes et de l'ARCEP habilités à cet effet par le ministre chargé des postes et assermentés dans les conditions fixées par les textes[756], le cas échéant il est possible de faire appel à toute personne compétente pour réaliser une expertise qu'on juge nécessaire[757].

424. L'organisation des contrôles, en matière bancaire et d'assurances, appartient au secrétaire général de l'ACPR qui détient le pouvoir d'enquête[758]. Le contrôle est effectué par des personnes appartenant à ses services, accrédités auprès des personnes soumises au contrôle de l'autorité. Le secrétaire général peut également diligenter des contrôles par des corps de contrôle extérieurs à l'ACPR, des commissaires aux comptes, des experts, ou des personnes ou autorités compétentes dans le cadre d'un protocole d'accord avec le collège[759]. Enfin, l'autorité peut faire appel pour l'exercice de ses contrôles à des autorités exerçant dans d'autres États des fonctions homologues et à leur personnel[760].

425. Dans le domaine financier, lorsque l'AMF décide de procéder à des contrôles ou enquêtes, outre ses services, elle peut recourir à des corps et

---

752 Art. L.450-1-I, al. 2 du C. com. La disposition est prévue en application du 1 de l'art. 22 du règlement n° 1-2003 du Conseil de l'Union européenne (*JOCE* n° L 1 du 4 janv. 2003, p. 1), relatif à la mise en œuvre des règles de concurrence prévues aux art. 81 et 82 du Traité instituant la Communauté européenne.

753 Art. L.135-3, al. 1 du C. énergie. Aux termes de l'article L.135-13 du même texte, ces agents sont qualifiés également pour procéder, dans l'exercice de leurs fonctions, à la recherche et à la constatation des infractions aux dispositions du code de l'énergie.

754 Art. L.135-2 du C. énergie.

755 Art. L.135-3, al. 3 du C. énergie.

756 Art. L.5-9, al. 2 et L.32-4, al. 2 du CPCE. Ces agents et fonctionnaires peuvent aussi rechercher et constater par procès-verbal les infractions à certaines dispositions du CPCE, *cf.* les art. L.20-I et L.40 du même texte.

757 Art. L.5-9, al. 4 du CPCE.

758 Art. L.612-23, al. 1 du C. mon. fin.

759 Art. L.612-23, al. 3 et R.612-24-I et II du C. mon. fin. Aux termes de la première disposition afin de contribuer au contrôle des personnes mentionnées aux 1° et 3° du II de l'art. L. 612-2, le secrétaire général de l'ACPR peut recourir à une association professionnelle, représentant les intérêts d'une ou plusieurs catégories de ces personnes, et dont la personne objet du contrôle est membre.

760 Art. R.612-24-III du C. mon. fin

personnes extérieures afin de l'assister dans ces opérations, tels les commissaires aux comptes, les experts inscrits sur une liste d'experts judiciaires ou à toute autre personne ou autorité compétente[761]. Elle peut même conclure des protocoles d'accord avec des entreprises de marché ou des chambres de compensation, dans le but de leur accorder une délégation générale du pouvoir de contrôle et d'enquête.

426. Enfin, ce sont des fonctionnaires et des agents habilités à cet effet par le directeur général de l'ARJEL qui procèdent, sous sa direction, aux enquêtes administratives nécessaires à l'application de la loi en la matière[762]. Le même constat peut être fait concernant le transport ferroviaire : sont qualifiés pour procéder aux enquêtes nécessaires, les agents de l'ARAFER habilités par son président et assermentés dans les conditions prévues ; le cas échéant, toute personne compétente pour réaliser une expertise[763].

B. L'inopposabilité du secret professionnel

427. Qu'il s'agisse des enquêteurs propres aux AAIRE ou des personnes extérieures apportant leur concours aux enquêtes, le secret professionnel ne peut leur être opposé. En effet, les dispositions relatives au pouvoir d'enquête de ces régulateurs consacrent expressément le principe de l'inopposabilité du secret professionnel, érigé même en élément de base du pouvoir d'enquête de ces autorités. De la sorte, les enquêteurs et autres « assimilés » peuvent, sans se voir opposer le secret professionnel, consulter tout document nécessaire à l'instruction de l'affaire dont ils ont la charge[764]. Plus encore, les enquêteurs sont même habilités à réclamer ces documents ou n'importe quelle autre information de personnes en relation avec le mis en cause, telles que les commissaires aux comptes et toute autre administration publique, sans qu'on puisse leur opposer le secret professionnel[765]. Pour les besoins de l'enquête,

---

761 *Cf.* les art. R.621-31, R.621-32 et L.621-9-2 du C. mon. fin. En 2006, l'AMF a inauguré un nouveau dispositif de recours aux délégations régionales de la Banque de France pour la réalisation des missions de contrôle des conditions de commercialisation auprès du public des actions d'EDF, *cf.* AMF, Rapport annuel de 2006, La DF, p. 303. Tandis qu'en 2007, ce sont les délégations régionales au contrôle de la commercialisation d'instruments financiers et de la gestion, sous mandat pour le compte de personnes physiques dans six banques commerciales régionales, qui étaient associées aux opérations de contrôle du régulateur financier. Durant cette même année, 7 missions de contrôle ont été confiées à la Commission bancaire, *cf.* AMF, Rapport annuel de 2007, La DF, p. 189.

762 *Cf.* l'art. 42-II de la loi n° 2010-476 du 12 mai 2010, préc. Aux termes de cette disposition, ces enquêteurs sont également compétents pour constater les infractions prévues aux articles 56 et 57 de cette loi.

763 *Cf.* l'art. L1264-1 du C. transports.

764 *Cf.* l'art. L.450-7 C. com., (ADLC) ; l'art. L.612-1-IV, al. 1 et L.621-9-3 du C. mon. fin., (ACPR/AMF) ; l'art. 42-III, al. 3 de la loi n° 2010-476 du 12 mai 2010, préc., (ARJEL).

765 Celles-ci peuvent également « communiquer spontanément tous documents » susceptibles d'intéresser les AAIRE qui disposent de ce droit de communication, *cf.* Cass. com., 26 janv. 1999, n°s 97-30.110, 97-30.113, *Sté Sacer Sud-Est*, inédit, JurisData:1999-000473, *LPA*, n° 230, 18 nov. 1999, p. 15, obs. M. PETITIER.

ces derniers seront tout simplement déliés de ce secret, à l'égard de ces autorités de régulation,

428. Il faut avouer que faire bénéficier du principe de l'inopposabilité du secret professionnel des personnes étrangères aux services d'enquête des AAIRE, peut constituer un danger réel pour le secret des affaires. S'il est très intéressant et même indispensable que les enquêteurs de ces autorités bénéficient d'un tel principe pour qu'ils puissent agir efficacement, en revanche livrer des informations couvertes par le secret professionnel à une personne, qui n'est en fin de compte qu'un simple « prestataire de services », risque, quant à lui, de porter préjudice aux personnes contrôlées et, par ricochet, alimenter la méfiance vis-à-vis de ces autorités. Par ailleurs, même si le législateur impose à ces autorités de veiller à ce que les enquêteurs ne soient pas en situation de conflit d'intérêts avec les personnes faisant l'objet de l'enquête, on connaît les limites d'une telle règle qui est insuffisante, à elle seule, pour réaliser l'indépendance et l'impartialité attendues[766].

429. Outre le principe précité, pour assurer le bon déroulement de l'enquête ainsi que la coopération des personnes contrôlées ou de celles sollicitées pour les besoins de l'enquête, le législateur a également prévu des sanctions pour toute entrave et opposition au travail des enquêteurs.

C. Du délit d'entrave

430. Le droit français distingue, à ce sujet, l'opposition violente aux enquêteurs, incriminée dans le Code pénal pour sa gravité, de l'opposition passive qui constitue un délit d'entrave institué par les textes conférant aux AAIRE le pouvoir d'enquête, dont la sanction est laissée dans certains cas à ces autorités.

Aux termes de l'article 433-6 du Code pénal, la « résistance violente » à des personnes « dépositaires de l'autorité publique ou chargées d'une mission de service public agissant, dans l'exercice de leurs fonctions, pour l'exécution des lois, des ordres de l'autorité publique [...] » est qualifiée de « rébellion » et punie d'un an d'emprisonnement et de quinze mille (15 000) EUR d'amende[767]. Dans le second cas de figure, c'est-à-dire l'opposition passive, la personne n'exprime pas une violence quelconque, mais refuse volontairement[768] d'accéder aux sollicitations des enquêteurs. Selon la jurisprudence, constituent un délit d'entrave, en matière d'enquêtes administratives : le refus, même courtois, d'autoriser l'accès aux locaux

---

766 Malgré les dispositions retenues dans le sens de la consécration du principe de l'impartialité, des AAIRE se sont vu censurer leurs décisions répressives pour le non-respect d'un tel principe, voir par exemple, *cf.* CE, sect., 27 oct. 2006, n°s 276069, 277198 et 277460, *M. Parent et autres*, préc.

767 Art. L.433-7 du CP.

768 Les comportements ne sont répréhensibles que s'il existe une volonté de s'opposer au contrôle, *cf.* CA Paris, 5 juill. 1990, n° 90/2128, *Randuineau A*, JurisData:1990-023292.

professionnels[769], le refus de rester dans l'entreprise et de désigner un mandataire lors d'une perquisition[770], le fait de ne pas consentir à photocopier – sans raison légitime – les documents recherchés[771] ou de ne pas obtempérer pour se rendre dans les locaux de la DGCCRF avec les documents sollicités dans la mesure où ils n'ont pas pu être présentés lors de l'intervention sur place[772]. Tous ces actes peuvent être prouvés par tous moyens. Il a même été jugé qu'à défaut d'un procès-verbal constatant les éléments matériels de l'infraction, le juge peut fonder sa décision « sur les éléments du dossier soumis au débat contradictoire, tels que les courriers échangés entre l'administration et le prévenu »[773].

431. Pour faire face à de telles situations, certaines AAIRE sont habilitées à sanctionner d'elles-mêmes ce type de manquements. C'est le cas de l'ADLC qui peut, dans le cas où une entreprise ou un organisme ne défère pas à une convocation ou ne répond pas dans un délai précis à une demande de renseignements ou de communication de pièces, prononcer une injonction assortie d'une astreinte. Lorsque l'opposition relève de pratiques frauduleuses, « notamment en fournissant des renseignements incomplets ou inexacts, ou en communiquant des pièces incomplètes ou dénaturées »[774], l'autorité peut, suite à la demande de son rapporteur général, prononcer une sanction pécuniaire dont le montant maximum ne peut excéder 1 % du montant du chiffre d'affaires mondial, hors taxes, le plus élevé, réalisé au cours de l'un des exercices clos depuis l'exercice précédant celui au cours duquel les pratiques furent mises en œuvre.

432. Le cas de l'ARCEP reste, à nos yeux, intrigant. En effet, on ne comprend pas la distinction effectuée par le législateur entre :

- d'une part, les prestataires du service universel ou un titulaire de l'autorisation prévue à l'article L.3 du Code des postes et des communications électroniques dont le refus de communiquer les informations demandées, la communication d'informations inexactes ou faisant obstacle au déroulement de l'enquête, relèvent de la compétence de l'ARCEP qui peut leur infliger une sanction pécuniaire ne pouvant excéder quinze mille (15 000) EUR[775].

---

769 T. Toulon, 31 janv. 1952, *Gaz. Pal.*, 1952, Juris., p. 56.

770 Cass. crim., 25 févr. 1992, n° 91-82.731, *Bull. crim.* 1992, n° 86, p. 219, JurisData:1992-001546.

771 CA Paris, 21 janv. 2000, *Demaegdt c/Ministère public*, JurisData:2000-111565, *D, cah, aff.* 2000, Actualité Juris., p. 150, obs. A. MARMONTEL.

772 Cass. crim., 14 janv. 1991, n° 90-80.293, inédit, JurisData:1991-001362, *Dr. pén.* 1991, p. 8.

773 Cass. crim., 19 janv. 2000, n° 99-83.045, *Bull. crim.* 2000, n° 37, p. 101, *LPA*, n° 63, 29 mars 2001, p. 10, obs. M. MALAURIE-VIGNAL.

774 Art. L.464-2-V, al. 2 du C. com.

775 *Cf.* l'art. L.5-3 al. 3 du CPCE. Avant la modification de cette disposition en 2014, la sanction n'est prononcée qu'après mise en demeure, du directeur des services de l'ARCEP, restée infructueuse.

- d'autre part, les exploitants de réseaux ou les fournisseurs de services de communications électroniques dont l'opposition au bon déroulement de l'enquête constitue un délit relevant de la compétence du juge pénal[776].

433. Dans le domaine des jeux et paris en ligne, l'opérateur agréé qui communique des informations inexactes, refuse de fournir les informations demandées ou fait obstacle au déroulement de l'enquête, est passible d'une sanction pécuniaire d'un montant qui ne peut excéder trente mille (30 000) EUR, prononcée par la commission des sanctions de l'ARJEL après mise en demeure restée infructueuse[777]. La commission peut également décider de la publication de la décision prononcée au Journal officiel, de l'affichage ou de la diffusion de cette décision dans les conditions prévues par l'article 131-35 du Code pénal[778].

434. Le législateur a également traité du délit d'entrave, en matière d'énergie, en faisant de la CRE l'autorité compétente pour le sanctionner. Cependant, contrairement aux autorités précitées, les sanctions infligeables sont celles prévues pour tout manquement aux dispositions législatives ou réglementaires afférentes au secteur. En effet, aux termes de l'article L.134-29 du Code de l'énergie, lorsqu'un délit d'entrave est constaté, le président de la CRE met l'intéressé en demeure de s'y conformer, « Lorsque l'intéressé ne se conforme pas à cette mise en demeure dans le délai fixé ou fournit des renseignements incomplets ou erronés, le comité de règlement des différends et des sanctions peut prononcer à son encontre les sanctions prévues à l'article L.134-27. »

435. Dans le domaine bancaire et d'assurances, la sanction du délit d'entrave relève de la compétence du juge pénal. En matière d'assurances, « Le fait, pour tout dirigeant [...], après mise en demeure, de ne pas répondre aux demandes d'information de l'Autorité de contrôle prudentiel et de résolution, ou de mettre obstacle de quelque manière que ce soit à l'exercice par celle-ci de sa mission de contrôle, ou de lui communiquer sciemment des renseignements inexacts, est puni d'un emprisonnement d'un an et d'une amende de 15 000 euros »[779]. Ce sont les mêmes sanctions prévues en matière bancaire[780].

Plus graves sont les peines prévues pour le délit d'entrave dans le domaine financier. En effet, aux termes de l'article L.642-2 du Code monétaire et financier « Est puni d'un emprisonnement de deux ans et d'une amende de 300 000 euros le fait, pour toute personne, de mettre obstacle à une mission de contrôle ou d'enquête de l'Autorité des marchés financiers effectuée dans les conditions prévues aux articles L.621-9 à L.621-9-2 ou de lui communiquer des renseignements inexacts. »

---

776 *Cf.* l'art. L.39-4 du CPCE, selon lequel l'auteur de ces faits « sera puni de trois mois d'emprisonnement et de 30 000 euros d'amende ou de l'une de ces deux peines seulement ».

777 *Cf.* l'art. 43-VI et VII de la loi n° 2010-476, préc.

778 *Ibid.*

779 Art. L.310-28 du C. assurances.

780 Les art. L.571-4, L.572-2, L.572-8, L.572-18, L.573-1-1 et L.574-4 du C. mon. fin.

436. En somme, après cet exposé, il faut reconnaître que la position du législateur sur la question du délit d'entrave en matière de régulation économique reste incompréhensible. Sur quelle base a-t-il reconnu le pouvoir de sanctionner ce ''délit'' à certaines AAIRE, alors qu'une telle compétence relève du juge pénal pour d'autres d'entre elles ? Les faits sont quasiment identiques, les autorités concernées sont d'une même nature et concourent à une même mission, donc qu'est-ce qui a pu déterminer le législateur dans son choix ?

437. Cela dit, dans un esprit d'équilibre, le législateur a prévu plusieurs règles pour sauvegarder l'intérêt des administrés soumis au pouvoir d'enquête des AAIRE.

Paragraphe 2. Du côté des personnes contrôlées ou les limites aux moyens de pression

438. Face aux pouvoirs exorbitants des AAIRE, le législateur a fait en sorte de ne pas trop léser les personnes soumises à leur pouvoir d'enquête. Il faut dire que sa tâche n'était pas du tout aisée, étant donné qu'il devait concilier deux impératifs contradictoires, en l'occurrence la protection de l'ordre public économique et le respect des libertés individuelles des administrés. Aussi a-t-il prévu plusieurs règles et principes, empruntés particulièrement à la matière pénale, pour encadrer les opérations de contrôle et d'enquête menées par ces autorités. Parmi les plus en vue, il y a lieu de citer la loyauté qui doit régner lors de cette phase d'enquête et qui se traduit par l'exigence de la loyauté dans l'administration des preuves (**A**), l'inviolabilité des correspondances échangées avec les avocats (**B**) et le respect du secret des affaires (**C**).

A. Loyauté dans l'administration des preuves : entre recherche de la vérité et respect de l'équité

439. La loyauté de la preuve est une question fréquemment invoquée en matière de répression pénale. Son intérêt ne date pas d'aujourd'hui, il y a plus de quarante ans déjà, pour ne pas aller plus loin, le doyen Pierre BOUZAT définit la loyauté en matière d'enquête comme étant « une manière d'être de la recherche des preuves, conforme au respect des droits de l'individu et à la dignité de la justice »[781]. Sont considérées comme une déloyauté dans l'administration des preuves la provocation à la commission des infractions, *Provocatio omnia corrumpit*, ou leur obtention d'une manière clandestine. Au premier abord, chercher à savoir si l'administration des preuves doit l'être d'une manière loyale est une question qui ne mérite même pas d'être posée ; il

[781] P. BOUZAT, « La loyauté dans la recherche des preuves », *in Problèmes contemporains de procédure pénale*, Mél., L. HUGUENEY, Sirey, 1964, p. 172.

paraît, en effet, contradictoire de « sanctionner la transgression de la loi sur la base de preuves elles-mêmes obtenues illégalement »[782].

440. Le législateur n'énonce pas expressément le principe de la loyauté des preuves, qui n'est autre que la conséquence, d'une part, du principe de légalité de la preuve que nous pouvons déduire des articles 81 du Code de procédure pénale qui dispose que « Le juge d'instruction procède, *conformément à la loi*, à tous les actes d'information » (souligné par nous) et, d'autre part, de l'article 9 du Code de procédure civile selon lequel « Il incombe à chaque partie de *prouver conformément à la loi* les faits nécessaires au succès de sa prétention » (souligné par nous). Il convient d'ajouter également l'article préliminaire du Code de procédure pénale d'après lequel « I.- La procédure pénale doit être équitable et contradictoire et préserver l'équilibre des droits des parties. » Plusieurs dispositions peuvent justifier l'exigence de la loyauté dans l'administration de la preuve, c'est le cas notamment du droit au respect de la vie privée ou au secret professionnel protégé par les articles 9, 259 et 259-1 du Code civil, les articles 226-1 et 226-13 du Code pénal. Toutefois, le plus souvent la jurisprudence fait appel aux dispositions de la CESDH en particulier ses articles 6§1 et 8.

441. Dans le but de privilégier la découverte de la vérité, la chambre criminelle de la Cour de cassation admet, dans une certaine mesure, la possibilité que des pièces d'origine déloyale ou illicite soient administrées dans un dossier pénal. À ce propos, l'on doit distinguer deux hypothèses : celle où la preuve déloyale ou illicite est administrée par une autorité publique et celle où elle l'est par un particulier.

Dans la première hypothèse, la chambre criminelle considère que la provocation à la commission d'une infraction par un agent de l'autorité publique, en l'absence d'éléments antérieurs permettant d'en soupçonner l'existence, porte atteinte au principe de loyauté des preuves et au droit à un procès équitable[783]. Pour cette raison, les éléments de preuve ainsi obtenus sont

---

[782] E. MOLINA, « Réflexion critique sur l'évolution paradoxale de la liberté de la preuve des infractions en droit français contemporain », *Rev. sc. crim.* 2002, p. 263.

[783] Lorsque le ministère public ou des administrations, pouvant engager l'action publique, sont à l'origine des poursuites, la chambre criminelle fait preuve de rigueur lorsqu'elle doit se prononcer sur la régularité d'une preuve. Dans une jurisprudence constante, la Cour de cassation estime que « porte atteinte au principe de loyauté des preuves et au droit à un procès équitable, la provocation à la commission d'une infraction par un agent de l'autorité publique, en l'absence d'éléments antérieurs permettant d'en soupçonner l'existence ; que la déloyauté d' un tel procédé rend irrecevables en justice les éléments de preuve ainsi obtenus, quand bien même ce stratagème aurait permis la découverte d' autres infractions déjà commises ou en Cours de commission », *cf.* Cass. crim., 4 juin 2008, n° 08-81.045, *Bull. crim.* 2008, n° 141, JurisData:2008-044296, *D.* 2008, p. 1766, obs. S. LAVRIC, *JCP G* 2009.II.10009, note F. FOURMENT. *Cf.* aussi: Cass. crim., 7 févr. 2007, n° 06-87.753, *Bull. crim.* 2007, n° 37, JurisData:2007-037763 ; Cass. crim., 9 août 2006, n° 06-83.219. *Bull. crim.* 2006, n° 202, JurisData:2006-034897, *D.* 2007, p. 402, obs. G. ROUJOU DE BOUBEE, *Rev. sc. crim.* 2006, p. 848, obs. R. FINIELZ. Le même sort est réservé aux preuves réunies déloyalement par un intermédiaire de l'agent public ou celles réalisées à l'étranger par un agent public étranger, *cf.* Cass. crim., 11 mai 2006, n° 05-84.837, *Bull. crim.* 2006, n° 132, JurisData:2006-033840, *AJP*

irrecevables en justice, quand bien même ce procédé déloyal aurait permis la découverte d'autres infractions déjà commises ou en cours d'exécution. En revanche, la chambre estime que les provocations à la preuve ne portent pas atteinte à ce principe, donc accepte les preuves issues d'un tel procédé[784].

Dans la seconde hypothèse, lorsque la preuve est administrée par un particulier (partie, témoin, etc.), la chambre criminelle estime qu'elle ne peut pas refuser une preuve même déloyale ou illicite, car elle ne constitue pas un acte de procédure[785]. La seule exigence qu'elle se fixe est celle de soumettre la preuve à un débat contradictoire, ensuite le juge exercera son pouvoir souverain d'appréciation en application de l'article 427 du Code de procédure pénale[786]. Il faut reconnaître qu'une interprétation littérale de cet article corrobore une telle position : après avoir édicté le principe de la liberté de la preuve, dans son premier alinéa, il soumet, dans le second, la recevabilité

2006, p. 354, note É. VERGES. *Cf.* sur le sujet : B. DE LAMY, « De la loyauté en procédure pénale. Brèves remarques sur l'application des règles de la chevalerie à la procédure pénale », *in Le droit pénal à l'aube du troisième millénaire*, Mél., J. PRADEL, *op. cit.*, p. 97 ; C. AMBROISE-CASTEROT, « Recherche et administration des preuves en procédure pénale : la quête du Graal de la Vérité », *AJP* 2005, p. 261.

[784] La chambre criminelle a jugé, par exemple, que l'intervention des gendarmes a eu pour effet de permettre la constatation d'un délit de trafic d'influence dont ils n'ont pas déterminé la commission, ce qui ne constitue pas ruse ayant porté atteinte au principe de la loyauté des preuves, *cf.* Cass. crim., 16 janv. 2008, n° 07-87.633, *Bull. crim.* 2008, n° 14, JurisData:2008-042637. Dans une autre affaire, elle a également estimé que « l'intervention des policiers a eu lieu dans un contexte préexistant de trafic de stupéfiants qu'elle avait pour objet de constater et n'a en rien déterminé les agissements délictueux de [l'accusé] déjà commis et en train de se commettre, en l'espèce l'organisation de transports de fonds en relation avec ce trafic et leur réception, d'autre part, que ce dernier a, à cet effet, librement choisi de pénétrer en France », aussi n'y a-t-il pas lieu de parler d'une quelconque atteinte au principe de la loyauté des preuves, *cf.* Cass. crim., 8 juin 2005, n° 05-82.012, *Bull. crim.* 2005, n° 173, JurisData:2005-029152. Enfin, dans le même esprit, elle a conforté la chambre d'accusation qui a relevé que l'intervention d'un policier n'avait pas déterminé les agissements des personnes mises en examen mais avait eu pour seul effet, en facilitant son infiltration d'un réseau préexistant, de constater le trafic de stupéfiants. À ses yeux une telle opération est régulière et ne porte nullement atteinte au principe précité, *cf.* Cass. crim., 13 oct. 2004, n° 03-81.763, *Bull. crim.* 2004, n° 243, JurisData:2004-025257, *Dr. pén.* 2005, comm. 2, obs. M. VÉRON, *Rev. sc. crim.* 2005, p. 66, obs. E. FORTIS ; Cass. crim., 30 avr. 1998, n° 97-85.747, *Bull. crim.* 1998, n° 147, p. 392, JurisData:1998-002848.

[785] *Cf.* Cass. crim., 11 févr. 1992, n° 91-86.067, *Bull. crim.* 1992, n° 66, p. 166, JurisData:1992-001937 ; Cass. crim., 23 juill. 1992, n° 92-82.721, *Bull. crim.* 1992, n° 274, p. 744, JurisData:1992-001981 ; Cass. crim., 27 avr. 2010, n° 09-83.395, *Bull. crim.* 2010, n° 16, JurisData:2010-051634 ; Cass. crim., 31 janv. 2012, n° 11-85.464, 497, *Bull. crim.* 2012, n° 27, JurisData:2012-001332 ; Cass. crim., 7 mars 2012, n° 11-88.118, *Bull. crim.* 2012, n° 64, JurisData:2012-003630, *D.* 2012, p. 818. *Cf.* sur le sujet : J. PRADEL, *Procédure pénale*, *op. cit.*, n° 323 s. ; « Procédure pénale », *D.* 2012, p. 2118 ; S. GUINCHARD et J. BUISSON, *Procédure pénale*, 7ème éd., Paris, LexisNexis/Litec, Coll., « Manuel », 2011, n° 2299.

[786] *Ibid.* L'art. 427 du CPP, dispose que « Hors le cas où la loi en dispose autrement, les infractions peuvent être établies par tout mode de preuve et le juge décide d'après son intime conviction. Le juge ne peut fonder sa décision que sur des preuves qui lui sont apportées au cours des débats et contradictoirement discutées devant lui. »

d'une preuve aux seules exigences de son versement aux débats et de sa discussion contradictoire devant le juge.

442. La position de la chambre criminelle n'a pas suscité l'unanimité de la doctrine. À titre d'exemple, Philipe CONTE juge l'argument du contradictoire, « qui viendrait purger la pièce de son vice originel [...] erroné », dans la mesure où « avant d'envisager les vertus de la contradiction, encore faut-il commencer par s'interroger sur la recevabilité : la première présuppose la seconde, elle ne saurait y suppléer. Or l'unique problème de la preuve illicite ou déloyale est bien celui de sa recevabilité »[787].

443. La CEDH semble, elle aussi, ne pas condamner, par principe et de manière générale, le recours à des preuves déloyales, voire illégales. Certes, depuis un arrêt du 6 décembre 1988, elle s'est prononcée pour la loyauté dans l'administration de la preuve[788]. Cependant, elle a rappelé que si la CESDH garantit en son article 6§1 le droit à un procès équitable, elle ne réglemente pas pour autant l'admissibilité des preuves en tant que telle, ce qui relève du ressort des États[789], aussi s'est-elle estimée incapable d'« exclure par principe et in abstracto l'admissibilité d'une preuve recueillie de manière illégale »[790]. Pour la Cour, son rôle se limite « à rechercher si la procédure, considérée dans son ensemble, y compris le mode de présentation des preuves, revêt un caractère équitable »[791]. Autrement dit, pour elle, il est possible de produire une preuve illégale devant la justice dès lors qu'elle est discutée dans le cadre

---

787 Ph. CONTE, « La loyauté de la preuve dans la jurisprudence de la Chambre criminelle de la Cour de cassation : vers la solution de la quadrature du cercle ? », *Dr. pén.* 2009, n° 4, Étude 8. *Cf.* aussi : du même auteur, « L'arbitraire judiciaire : chronique d'humeur », *JCP G* 1988.I.3343 ; M.-L. RASSAT, *Traité de procédure pénale*, Paris, PUF, 2001, p. 334 ; note sous Cass. crim., 27 févr. 1996, n° 95-81.366, *Bull. crim.* 1996, n° 93, p. 273, *JCP G* 1996.II.22629 ; E. MOLINA, « Réflexion critique sur l'évolution paradoxale de la liberté de la preuve des infractions en droit français contemporain », *Rev. sc. crim.* 2002, p. 274 ; S. GUINCHARD, « Vers une démocratie procédurale », *in Ce qui a changé dans la justice depuis 20 ans*, *Justices* 1999, p. 91, spéc., p. 117 ; S. GUINCHARD et J. BUISSON, *Procédure pénale*, 2ème éd., Paris, Litec, 2002, p. 473 ; J. PRADEL, « La procédure pénale française à l'aube du troisième millénaire », *D.* 2000, chron. p. 6 ; D. REBUT, « Chronique de procédure pénale », *RGDP* 1999, n° 4, p. 641.

788 *Barberà, Messegué et Jabardo c. Espagne*, 6 déc. 1988, § 83, série A n° 146. *Cf.* également : *Teixeira de Castro c. Portugal*, 9 juin 1998, § 36, *Recueil des arrêts et décisions* 1998-IV, *JCP G* 1999.I.105, obs. F. SUDRE, *Rev. sc. crim.* 1999, p. 401, obs. R. KOERING-JOULIN.

789 *Schenk c. Suisse*, 12 juill. 1988, § 46, série A n° 140, *Rev. sc. crim.* 1988, p. 840, obs. P.-H. TEITGEN et T. PETTITI ; *Van Mechelen et autres c. Pays-Bas*, 23 avr. 1997, § 50, *Recueil* 1997-III ; *Teixeira de Castro c. Portugal*, 9 juin 1998, § 34, préc. ; *ETERNIT c. France*, 27 mars 2012, n° 20041/10, § 39, CEDH 2012.

790 *Schenk c. Suisse*, 12 juill. 1988, préc. Cette solution a été reprise dans quatre arrêts postérieurs : *Khan c. Royaume-Uni*, n° 35394/97, CEDH 2000-V ; *P.G. et J.H. c. Royaume-Uni*, n° 44787/98, CEDH 2001-IX ; *Jasper c. Royaume-Uni* [GC], n° 27052/95, 16 févr. 2000 ; *Fitt c. Royaume-Uni* [GC], n° 29777/96, CEDH 2000-II ; *Bykov c. Russie* [GC], no 4378/02, § 89, préc.

791 *Schenk c. Suisse*, 12 juill. 1988, préc. ; *Barberà, Messegué et Jabardo c. Espagne*, 6 déc. 1988, préc. ; *Lüdi c. Suisse*, 15 juin 1992, § 43, série A n° 238 ; *Khan c. Royaume-Uni*, n° 35394/97, § 34, préc. ; *P.G. et J.H. c. Royaume-Uni*, n° 44787/98, § 76, préc. ; *ETERNIT c. France*, 27 mars 2012, n° 20041/10, § 39, préc.

d'un procès équitable[792]. Ce qui compte à ses yeux est le respect des droits de la défense et le respect de l'égalité des armes[793].

444. En plus des critiques de la doctrine, la position de la chambre criminelle est loin d'être partagée par les autres chambres de la Cour de cassation. À titre d'exemple, la deuxième chambre civile n'a pas hésité à censurer, au double visa des articles 9 du Code de procédure civile et 6§1 de la CESDH, un arrêt d'appel qui avait admis que soit produit, au soutien d'une demande en paiement formée par des héritiers, l'enregistrement d'une conversation téléphonique privée, effectué et conservé à l'insu de l'auteur des propos[794]. Elle a jugé qu'il s'agissait là d'un procédé déloyal rendant irrecevable en justice la preuve ainsi obtenue.

Au visa des articles 9 du Code de procédure civile et 6§1 de la CESDH ainsi que du principe de loyauté dans l'administration de la preuve, la chambre sociale a, de son côté, censuré un arrêt qui a reconnu à l'employeur le droit de procéder à l'écoute d'enregistrements réalisés par une salariée sur son dictaphone personnel en son absence ou sans qu'elle ait été dûment appelée[795].

445. Qu'en est-il du respect du principe de loyauté dans l'administration de la preuve en matière de régulation économique ? Plus précisément, ce principe est-il applicable devant les AAIRE ? Force est de constater qu'à l'état actuel des textes et de la jurisprudence, le principe de loyauté dans l'administration de la preuve s'impose en matière de régulation, tant à l'encontre des parties que de ces autorités de régulation elles-mêmes.

---

792 *Cf.* A. HUET et R. KOERING-JOULIN, *Droit pénal international*, 1ère éd., Paris, PUF, Coll., « Thémis », 1994, p. 274.

793 *Bykov c. Russie* [GC], n° 4378/02, § 90, 10 mars 2009.

794 Cass. civ., 2e, 7 oct. 2004, n° 03-12.653, *Mme Slusarek*, *Bull. civ.* 2004, II, n° 447, JurisData:2004-025068, *D.* 2004, p. 122, note Ph. BONFILS et p. 2643, obs. L. MARINO, *JCP G* 2005.II.10025, note N. LÉGER, *RTD civ.* 2005, p.135, obs. J. MESTRE et B. FAGES. Sur la même base, parfois encore sur celle des art. 8 de la CEDH, 9 du C. civ., et L.120-2 du C. travail, la chambre sociale a adopté la même position, *cf.* Cass. soc., 23 mai 2012, n° 10-23.521, *Roy c/ SARL Réunion fixations (R'FIX)*, *Bull. civ.* 2012, V, n° 156, JurisData:2012-010790 ; Cass. soc., 29 janv. 2008, n° 06-45.814, *Madame Prieto c/ Société Norbert Dentressangle Logistics*, inédit, JurisData:2008-042565 ; Cass. soc., 18 mars 2008, n° 06-40.852, *Sté Colom c/ Mme Delaide*, *Bull. civ.* 2008, V, n° 65, JurisData:2008-043260 ; Cass. soc., 22 mai 1995, 93-44.078, *S A MANULEV SERVICE c/ M. Salingue*, *Bull. civ.* 1995, n° 164, p. 119, JurisData:1995-001202.

795 Cass. soc., 23 mai 2012, n° 10-23.521, *Roy c/ SARL Réunion fixations (R'FIX)*, *Bull. civ.* 2012, V, 156, JurisData:2012-010790. Comme nous aurons l'occasion de le vérifier, la chambre sociale n'a fait que reprendre le visa de l'Assemblée plénière, plus particulièrement le principe de loyauté dans l'administration de la preuve, énoncé pour la première fois dans le fameux arrêt du 7 janv. 2011, nos 09-14.316 et 09-14.667, *Sté Philips France*, préc. *Cf.* aussi, sur le principe de loyauté dans l'administration de la preuve en la matière : Cass. soc., 6 févr. 2013, n° 11-23.738, *Bull. crim.* 2013, n° 52, JurisData:2013-001563 ; Cass. soc., 18 mars 2008, n° 06-40.852, *Sté Colom c/ Mme Delaide*, *Bull. civ.* 2008, V, n° 65, JurisData:2008-043260 ; Cass. soc., 26 nov. 2002, n° 00-42.401, *Mme Meret c/ société Wyeth-Lederle*, *Bull. civ.* 2002 ; Cass. soc., 22 mai 1995, 93-44.078, *S A MANULEV SERVICE c/ M. Salingue*, *Bull. civ.* 1995, n° 164, p. 119, JurisData:1995-001202.

446. Tout d'abord, concernant les parties, avec l'arrêt rendu dans l'affaire *Sté Sony France* 2008[796], la chambre commerciale de la Cour de cassation semble marcher sur les pas des chambres civile et sociale, en n'admettant pas de l'une des parties une preuve obtenue d'une manière déloyale[797]. Pour revenir à la genèse de cette affaire, rappelons que, saisi par une société de pratiques qu'elle estimait anticoncurrentielles, en produisant comme preuve des enregistrements téléphoniques mettant en cause deux sociétés à l'origine d'ententes verticales avec des distributeurs, le Conseil de la concurrence avait accepté ce moyen de preuve qu'il a jugé valable. En effet, faisant allusion à la position de la chambre criminelle, précédemment développée, l'autorité de régulation horizontale s'est prévalue de « sa mission de protection de l'ordre public économique », et du caractère répressif de ses poursuites, donc de « l'efficacité qui doit présider » à son action[798]. Reprenant largement ses arguments, la cour d'appel de Paris l'a approuvée dans sa démarche[799]. Toutefois, par une décision du 3 juin 2008, la chambre commerciale de la Cour de cassation a censuré les juges du fond au visa de l'article 6§1 de la CESDH. Dans un attendu de principe, la haute juridiction judiciaire a jugé que « l'enregistrement d'une communication téléphonique réalisée par une partie à l'insu de l'auteur des propos tenus constitue un procédé déloyal rendant irrecevable sa production à titre de preuve »[800].

Cette solution s'est heurtée à la résistance de la juridiction du renvoi, en l'occurrence la cour d'appel de Paris, qui a estimé que devant le Conseil de la concurrence l'admissibilité d'une preuve obtenue dans des conditions contestées doit s'apprécier au regard des fins poursuivies, de la situation particulière et des droits des parties auxquelles cet élément de preuve est opposé. Autrement dit, l'élément de preuve déloyalement obtenu n'est pas contestable dès lors que son utilisation ne porte pas atteinte aux droits de la défense des parties[801]. La doctrine et les professionnels du droit de la concurrence ont attendu impatiemment la réponse de la Cour de cassation,

---

[796] Cass. com., 3 juin 2008, n°s 07-17147 et 07-17196, *Sté Sony France*, *Bull. civ.* 2008, IV, n° 112, JurisData:2008-044217.

[797] Cette position est conforme à la jurisprudence de cette chambre, *cf.* Cass. com., 25 févr. 2003, n° 01-02.913, *SCP Filliol et Goic*, inédit, JurisData:2003-018064. En l'espèce, elle a conforté les juges du fond qui ont écarté des débats un enregistrement téléphonique effectué dans les locaux d'une société par son gérant, à l'insu de son correspondant, car ce moyen de preuve, sous sa forme sonore ou écrite, avait été déloyalement obtenu.

[798] Cons. conc., n° 05-D-66, 5 déc. 2005, relative à la saisine de la SARL AVANTAGE à l'encontre de pratiques mises en œuvre dans le secteur des produits d'électronique grand public, *BOCCRF* n° 5 du 29 avr. 2006.

[799] CA Paris, 19 juin 2007, n° 06/00628, *Sté Philips France*, JurisData:2007-336831, *Contrats, conc. consom.* 2007, comm. n° 208, obs. G. DECOCQ.

[800] Cass. com., 3 juin 2008, n°s 07-17147 et 07-17196, *Sté Sony France*, *Bull. civ.* 2008, IV, n° 112, JurisData:2008-044217.

[801] CA Paris, 29 avr. 2009, n° 08/11907, *Sté Philips France*, JurisData:2009-007496.

après sa saisine d'un nouveau pourvoi[802]. Dans un arrêt rendu le 7 janvier 2011, cette fois-ci, au visa des articles 6§1 de la CESDH et 9 du Code de procédure civile et du principe de loyauté dans l'administration de la preuve, l'Assemblée plénière a réaffirmé l'attendu de principe de la chambre commerciale de 2008 : « l'enregistrement d'une communication téléphonique réalisé à l'insu de l'auteur des propos tenus, constitue un procédé déloyal rendant irrecevable sa production à titre de preuve »[803]. Désormais, un principe général de loyauté de l'administration des preuves semble avoir été dégagé en droit de la concurrence[804].

447. La position que nous pouvons avoir vis-à-vis d'une telle solution sera liée à l'idée qu'on se fait des limites du droit à la protection de la vie. En effet, les partisans et les défenseurs de ce droit étaient sûrement ravis de la position de la Cour de cassation, en revanche, si on se base sur la nécessité de défendre l'intérêt général par la promotion et la sauvegarde d'une saine concurrence, l'on ne peut que partager la position de la cour d'appel de Paris, d'autant plus que les droits de la défense seront respectés. Par ailleurs, exerçant un pouvoir répressif semblable à celui du juge pénal, de plus soumis à la quasi-totalité des principes guidant le droit pénal, on ne trouve pas choquant qu'une AAIRE accepte, sous certaines conditions, comme pour le juge pénal, une preuve déloyale.

En tout cas, la solution de la Cour de cassation ne fait que confirmer notre conclusion quant au clivage qui se creuse entre l'arsenal juridique destiné à la société civile et celui réservé à la sphère économique. Outre les transactions et l'obligation de passer par une mise en demeure avant l'infliction de toute sanction, il ne manquait que cette immunité.

448. Certes, la solution dégagée précédemment concerne un élément de preuve présenté par la partie saisissante, mais le principe s'impose également aux AAIRE et à leurs enquêteurs. Déjà, bien avant l'arrêt *Sté Sony France*, des commentateurs ont estimé obligatoire l'applicabilité du principe de loyauté des investigations en matière de répression administrative, car il découle de l'article 6§1 de la CESDH[805]. D'ailleurs se basant sur le principe des droits de la défense, le juge judiciaire a depuis longtemps exigé le respect de la loyauté en matière de concurrence, notamment lors de la phase d'enquête. En effet,

---

[802] Entre temps, au visa de l'art. 9 du CPC, la chambre commerciale a eu l'occasion de dégager la même solution que celle de 2008, *cf.* Cass. com., 13 oct. 2009, n° 08-19.525, *Leymarie c/ AGCA*, inédit, JurisData:2009-049941.

[803] Cass. ass. plén., 7 janv. 2011, n°s 09-14.316 et 09-14.667, *Sté Philips France*, préc., *D.* 2011, p. 157, obs. E. CHEVRIER, p. 562, note F. FOURMENT, et 2891, obs. P. DELEBECQUE, *RTD civ.* 2011, p. 127, obs. B. FAGES, *JCP G*, n° 8, 2011. 208, note B. RUY.

[804] Le principe ainsi dégagé est repris dans, Cass. soc., 23 mai 2012, n° 10-23.521, *Roy c/ SARL Réunion fixations (R'FIX)*, préc.

[805] Le principe était déjà applicable en matière fiscale et douanière. *Cf.* M. MALAURIE-VIGNAL, obs. sous CA Paris, 6 juin 2000, n° 22/25124, *Sté auxiliaire d'entreprise de l'Atlantique Socae Atlantique*, JurisData:2000-116512, *LPA*, n° 63, 29 mars 2001, p. 13 ; Cass. crim., 28 oct. 1991, n° 90-83692, *Bull. crim.* 1991, n° 381, p. 952, JurisData:1991-003072, *JCP E* 1992, 318, note J. PANNIER.

dans un arrêt remontant à 1994, la cour d'appel de Paris a estimé, sur le fondement de l'article 14 du Pacte international relatif aux droits civils et politiques, que la circonstance que l'enquête menée par les inspecteurs de la direction générale de la consommation, de la concurrence et de la répression des fraudes (DGCCRF) ne soit pas soumise aux exigences du contradictoire, dont le bénéfice n'est accordé qu'à compter de la notification des griefs, ne « peut conduire les personnes entendues à faire, dans l'ignorance de l'objet de l'enquête, des déclarations sur la portée desquelles elles pourraient se méprendre et qui seraient ensuite utilisées contre elles ; qu'une telle conséquence, laquelle s'oppose à l'obligation de loyauté qui doit présider à la recherche des preuves, serait au demeurant incompatible avec l'article 14 du Pacte international relatif aux droits civils et politiques qui garantit le droit de toute personne à ne pas être forcée de témoigner contre elle-même ou de s'avouer coupable »[806].

449. Mieux encore, l'opposabilité du principe de loyauté des preuves aux enquêteurs des AAIRE a été clairement exprimée par la chambre commerciale de la Cour de cassation. Dans un arrêt du 24 mai 2011, sous le visa du principe précité, cette chambre a estimé que le fait que des enquêteurs de l'AMF recueillent des déclarations d'une personne, dans les locaux d'une société, sans constater qu'elle renonçait préalablement au bénéfice des règles applicables aux auditions et visant à assurer la loyauté de l'enquête, constitue une violation du principe de loyauté dans l'administration de la preuve[807]. Il est donc clair que ce principe est d'une portée générale et sera sûrement étendu à l'ensemble des AAIRE dont le fonctionnement et la mission sont proches de ceux de l'ADLC et de l'AMF.

450. Plus encore, dans le but de rendre effectif le principe de la loyauté dans l'administration des preuves, les textes régissant les AAIRE ont adopté certaines règles pouvant être considérées comme ses corollaires. Il s'agit notamment, de l'obligation faite à ces autorités lors des visites de présenter une demande motivée et comportant tous les éléments d'information en leur possession, de nature à justifier la visite, ainsi que de l'obligation d'évoquer la faculté pour l'occupant des lieux ou son représentant de faire appel à un

[806] En l'espèce, elle a jugé que l'enquête administrative prévue par l'article 46 de l'ordonnance du 1er déc. 1986 exige de la part des enquêteurs une obligation de loyauté qui doit les conduire à renseigner les personnes entendues sur le but réel de l'enquête. Tel n'est pas le cas lorsque l'objet de l'enquête n'est pas mentionné sur les procès-verbaux et qu'il est dit aux intéressés qu'elle porte sur le prix pratiqué en matière de carburants alors qu'elle concerne en fait une entente. De plus, en raison de l'absence de remise des doubles dans le court délai, imparti par l'article 31 du décret du 29 déc. 1986, ils n'ont pu préparer leur défense ou contester les procès-verbaux, ce qui les prive de force probante, *cf.* CA Paris, 8 avr. 1994, n° 93/17256, *Ministre de l'économie c/ Hyperallye*, JurisData:1994-022585. *Cf.* également : CA Paris, 15 avr. 1995, n° 93/17256, *Sté Martinken*, JurisData:1995-021253 ; CA Paris, 2 avr. 1996, n° 95/12792, *Sté Pro-Gec*, JurisData:1996-020751.

[807] Cass. com., 24 mai 2011, n° 10-18.267, *Sté Kelly*, *Bull. civ.* 2011, IV, n° 82, JurisData:2011-009654.

conseil de son choix[808]. Il est clair, toutes ces règles visent à insuffler un air de transparence, de crédibilité et de loyauté dans les opérations menées.

451. Enfin, avant de clore le sujet du principe de loyauté dans l'administration de la preuve, il faut rappeler que, concernant des questions touchant à la vie privée des parties, les chambres civiles de la Cour de cassation s'acheminent vers la consécration d'un « droit à la preuve », selon leurs termes, permettant dans certains cas de faire abstraction du principe de la loyauté dans l'administration de la preuve, en acceptant des preuves présentées en violation d'un secret légalement protégé. En l'espèce, le juge procède *in concreto* en pesant, dans chaque affaire, les intérêts en présence, pour savoir s'il doit privilégier la protection du secret ou accepter sa violation. D'après la jurisprudence rendue sur la question, il apparaît qu'il existe deux conditions pour qu'on puisse bénéficier d'un « droit à la preuve » : d'abord, il doit s'agir du seul moyen pour établir le fait décisif, ensuite, en contrôlant la proportionnalité des valeurs en jeu, c'est-à-dire entre celles sauvegardées par le secret et celles liées à l'intérêt que compte défendre le plaideur, l'atteinte au secret doit paraître au juge moindre[809].

---

[808] *Cf. infra*, p. 312.

[809] À titre d'exemple, au visa des articles 6 et 8 de la CESDH la chambre commerciale a jugé que le principe de l'égalité des armes, qui implique qu'une partie puisse faire la preuve d'un élément de fait essentiel au succès de ses prétentions, s'il porte atteinte à la vie privée du fait de la production de pièces couvertes par le secret médical, peut être justifiée par les droits de la défense, s'il est proportionnée aux intérêts antagonistes en présence, *cf.* Cass. com., 15 mai 2007, n° 06-10606, *SA GMBA*, *Bull. civ.* 2007, IV, n° 130, JurisData:2007-038955, *RTD civ.* 2007, p. 637, note R. PERROT. Les juges de la première chambre civile ont de leur côté, au visa des art. 9 du C. civ. et du CPC, ensemble les art. 6 et 8 de la CESDH, cassé l'arrêt d'appel pour ne pas avoir admis la production de la lettre du père de l'une des parties et touchant à la vie privée de celle-ci, sans que les juges aient caractérisé la nécessité de cette pièce quant aux besoins de la défense et la proportionnalité au but recherché, *cf.* Cass. civ., 1e, 16 oct. 2008, n° 07-15778, *M. Leclery c/ M. Descours*, *Bull. civ.* 2008, I, n° 230, JurisData:2008-045356. Dans une autre décision, la même chambre n'a pas hésité à censurer les juges du fond, dans la mesure où ils ont écarté « une lettre des débats, sans rechercher si la production litigieuse n'était pas indispensable à l'exercice de *son droit à la preuve*, et proportionnée aux intérêts antinomiques en présence » (souligné par nous), *cf.* Cass. civ., 1e, 5 avr. 2012, n° 11-14.177, *Loosveld c/ Loosveld Maes*, *Bull. civ.* 2012, n° 85, JurisData:2012-006418. La chambre a également admis, sur la même base, une filature filmée menée pendant deux jours par un huissier de justice sur la voie publique ou dans des lieux ouverts au public, à la demande d'une compagnie d'assurances assignée en référé-provision, soucieuse de ses intérêts patrimoniaux et de ceux des autres assurés, et montrant le demandeur – contrairement aux constatations préalables de l'expert judiciaire le disant en totale perte d'autonomie et en besoin d'une assistance continue – se déplaçant seul sur la voie publique, sans aucune provocation à s'y rendre, qu'il s'agisse de conduire sa voiture, de se promener, ou de se livrer à diverses emplettes, *cf.* Cass. civ., 1e, 31 oct. 2012, n° 11-17.476, *M. Allouni c/ Compagnie Garantie Mutuelle des Fonctionnaires ; Mme Jobert ; Mutualité Sociale Agricole du Var*, *Bull. civ.* 2012, I, n° 224, JurisData:2012-024373. Avec une telle démarche, la haute juridiction française subit encore l'influence de la CEDH qui, se basant sur l'art. 6§1 de la CESDH, estime qu'on ne peut avoir « accès effectif au juge » ni à un « procès équitable » si un plaideur est empêché de faire triompher ses prétentions légitimes. Dans l'arrêt *N.N. et T.A. c. Belgique*, n° 65097/01, 13 mai 2008, la Cour européenne a jugé qu'en dehors des cas « prévus par la loi », constitue une violation de l'art. 8 de la CESDH toute atteinte au respect au droit d'une personne au respect de sa vie privée et de sa correspondance si

452. La chambre criminelle a rendu également des décisions sur la base d'un justificatif qui ressemble au droit à la preuve, en l'occurrence « la nécessité de se défendre ». C'est ce qui ressort par exemple d'une décision du 31 janvier 2007 dans laquelle elle a jugé que « l'enregistrement de la conversation téléphonique privée [...], était justifié par la nécessité de rapporter la preuve des faits dont il était victime et de répondre, *pour les besoins de sa défense*, aux accusations de violences qui lui étaient imputées [d'autant plus que] la valeur de ce moyen de preuve a été contradictoirement débattue [devant la cour d'appel] »[810] (souligné par nous).

B. Secret des correspondances échangées avec un avocat

453. L'inviolabilité des correspondances échangées entre un avocat et son client est une règle instituée avant tout dans l'intérêt général, pour assurer la confiance qui s'impose dans l'exercice de certaines professions[811]. Néanmoins,

---

elle ne poursuit pas un but ou des buts légitimes (ceux visés à l'al. 2 de l'art. 8) et n'est pas « nécessaire dans une société démocratique (c'est-à-dire proportionnée aux objectifs poursuivis) (§ 37). À ses yeux, est considéré comme un « but légitime » le droit d'une des parties au procès de se voir offrir une possibilité raisonnable de présenter sa cause, y compris ses preuves (§ 42). Pour savoir si la violation du secret est « nécessaire dans une société démocratique », c'est-à-dire proportionnée au but légitime poursuivi, la cour doit « « trancher le conflit existant en l'espèce entre, d'une part, le droit d'une partie à un procès, de surcroît demanderesse [...] de faire valoir l'ensemble des arguments et moyens de preuve à l'appui de sa cause au regard de son droit à un procès équitable et, d'autre part, le droit à l'intimité de l'autre partie qui peut imposer à l'État l'obligation positive de faire obstacle à l'utilisation d'éléments de preuve susceptibles de porter atteinte à son droit à la vie privée. De part et d'autre, il s'agit de droits qui méritent a priori un égal respect, ce qui amène la Cour à examiner l'ensemble de la situation » (§ 43). À ce propos elle a jugé que les exigences découlant du droit à une procédure contradictoire et l'égalité des armes « implique l'obligation d'offrir, dans les différends opposant des intérêts de caractère privé, à chaque partie une possibilité raisonnable de présenter sa cause dans des conditions qui ne la placent pas dans une situation de net désavantage par rapport à son adversaire [...]. L'article 6 implique notamment, à la charge du « tribunal », l'obligation de se livrer à un examen effectif des moyens, arguments et offres de preuve des parties, sauf à en apprécier la pertinence pour la décision à rendre » (§ 44). Enfin, pour la Cour les violations « doivent se limiter autant que faire se peut à celles qui sont rendues strictement nécessaires par les spécificités de la procédure, d'une part, et par les données du litige, d'autre part ». *cf.* également : *L.L. c. France*, n° 7508/02, CEDH 2006-XI ; *Verliere c. Suisse* (déc.), n° 41953/98, CEDH 2001-VII.

810 Cass. crim., 31 janv. 2007, n° 06-82.383, *Bull. crim.* 2007, n° 27, p. 100, JurisData:2007-037449.

811 Concernant notre étude, il est question tout d'abord, de la promotion de la liberté d'exercice de la profession d'avocat, qui renforce la notion d'État de droit à laquelle participe l'avocat dans son rôle de défenseur des libertés individuelles. Ensuite, il est question également du renforcement de la crédibilité de la justice, dont la profession d'avocat constitue l'une des pierres angulaires. En effet, selon la CEDH, la protection dont doivent bénéficier les avocats est d'autant plus importante, que ces derniers « occupant une situation centrale dans l'administration de la justice et leur qualité d'intermédiaires entre les justiciables et les tribunaux permettant de les qualifier d'auxiliaires de justice », *cf. Xavier Da Silveira c. France*, n° 43757/05, § 37, 21 janv. 2010 ; *André et autre c. France*, n° 18603/03, § 42, 24 juill. 2008 ; *Niemietz c. Allemagne*, 16 déc. 1992, § 37, série A n° 251-B.

liée au droit de tout justiciable d'« avoir la possibilité de s'adresser en toute liberté à son avocat, dont la profession même comporte la tâche de donner, de façon indépendante, des avis juridiques à tous ceux qui en ont besoin »[812], la protection des correspondances échangées entre l'avocat et son client constitue également un élément fondamental de la notion des droits de la défense, ce qui explique sa consécration au niveau du droit interne et son affirmation par la jurisprudence tant nationale qu'européenne.

454. Au niveau du droit interne, cette règle est avant tout consacrée par les textes encadrant la profession d'avocat. Plus exactement, la règle est consacrée à l'article 66-5 de la loi n° 71-1130 du 31 décembre 1971, portant réforme de certaines professions judiciaires et juridiques, qui stipule qu'« En toutes matières, que ce soit dans le domaine du conseil ou dans celui de la défense, les consultations adressées par un avocat à son client ou destinées à celui-ci, les correspondances échangées entre le client et son avocat, entre l'avocat et ses confrères à l'exception pour ces dernières de celles portant la mention "officielle", les notes d'entretien et, plus généralement, toutes les pièces du dossier sont couvertes par le secret professionnel. »[813] De son côté, le Conseil constitutionnel a affirmé la valeur constitutionnelle du principe du secret des correspondances en le rattachant aux articles 2 et 4 de la Déclaration des droits de l'homme et du citoyen de 1789[814].

455. Compte tenu de l'impact des poursuites pénales sur les libertés individuelles et dans le but de garantir le respect des droits de la défense, il est logique et évident que la règle soit plus appliquée en matière pénale. Sa consécration en la matière est faite plus précisément à l'article 432 du Code de procédure pénale selon lequel « la preuve par écrit ne peut résulter de la correspondance échangée entre le prévenu et son avocat ».

456. La confidentialité des échanges entre avocats et clients implique l'inviolabilité du cabinet et du domicile de l'avocat. À ce propos, l'on a remarqué que les perquisitions et autres saisies effectuées dans ces lieux sont strictement encadrées. D'après l'article 56-1 du Code de procédure pénale, ces

---

812 CJCE, 18 mai 1982, aff. C-155/79, *AM & S Europe Limited c. Commission*, *Rec. CJCE* 1982, I, p. 1575, § 18 ; TPICE, 17 sept. 2007, *Akzo Nobel Chemicals Ltd c. Commission et Akcros Chemicals Ltd c. Commission*, T-125/03 et T-253/03, *Rec. TPICE* 2007, p. II-03523, pt 77.

813 Dans sa rédaction issue de la loi n° 2004-130 du 11 févr. 2004, réformant le statut de certaines professions judiciaires ou juridiques, des experts judiciaires, des conseils en priorité industrielle et des experts en ventes aux enchères publiques, *JORF* n° 36 du 12 févr. 2004. Cependant, c'est la loi n° 97-308 du 7 avr. 1997, modifiant les articles 54, 62, 63 et 66-5 de la loi n° 71-1130 du 31 déc. 1971, portant réforme de certaines professions judiciaires et juridiques, *JORF* n° 0082 du 8 avr. 1997, p. 5323, qui introduit une telle disposition lors de la modification de l'article 66-5. En 2004, le législateur a juste ajouté la phrase suivante : « à l'exception pour ces dernières de celles portant la mention "officielle" », c'est-à-dire l'exception du principe énoncé.

814 Cons. const., n° 2004-492 DC du 2 mars 2004, loi portant adaptation de la justice aux évolutions de la criminalité, *Rec. Cons. const.*, 2004, p. 66, *JORF* du 10 mars 2004, p. 4637, 4ème consid. ; Cons. const., n° 2013-679 DC du 4 déc. 2013, loi relative à la lutte contre la fraude fiscale et la grande délinquance économique et financière, *JORF* du 7 déc. 2013, p. 19958, 70ème consid.

opérations ne peuvent être menées que par un magistrat, en présence du bâtonnier ou de son délégué, sur la base d'une décision écrite, précise et motivée prise par ce magistrat. Seuls ce dernier et le bâtonnier ont le droit de prendre connaissance et de consulter les documents et autres objets, et ces opérations sont dûment portées dans un procès-verbal mentionnant les éventuelles objections du bâtonnier. Le dossier est ensuite transmis au juge des libertés et de la détention.

457. Dans une jurisprudence constante, la Cour de cassation a jugé que les perquisitions au domicile et au cabinet d'un avocat sont exceptionnellement permises, si le juge d'instruction détient des indices plausibles de la participation de l'avocat à l'infraction et que les raisons et l'objet des perquisitions étaient bien déterminés. De même, les pièces échangées entre l'avocat et ses clients peuvent aussi faire l'objet d'une saisie mais seulement lorsqu'elles sont de nature à établir la preuve de la participation de l'avocat à l'infraction[815].

458. Au niveau européen, la CEDH trouve que la confidentialité des correspondances entre un avocat et son client doit jouir d'un statut privilégié[816] et bénéficier d'une protection renforcée, car les avocats « se voient confier une mission fondamentale dans une société démocratique : la défense des justiciables. Or un avocat ne peut mener à bien cette mission fondamentale s'il n'est pas à même de garantir à ceux dont il assure la défense que leurs échanges demeureront confidentiels. C'est la relation de confiance entre eux, indispensable à l'accomplissement de cette mission, qui est en jeu »[817]. Cela pourrait aussi avoir « des répercussions sur la bonne administration de la justice »[818]. Pour toutes ces raisons, elle déclare le secret professionnel des avocats comme « l'un des principes fondamentaux sur lesquels repose l'organisation de la justice dans une société démocratique »[819].

459. Dans l'arrêt *André et autre c. France* du 24 juillet 2008[820], se basant notamment sur l'article 8§1 de la CESDH, la Cour de Strasbourg a condamné une procédure de visite domiciliaire et les saisies effectuées dans le cabinet d'avocats d'une société soupçonnée de fraude. Pour la Cour, les opérations de

---

[815] *Cf.* Cass. com., 26 nov. 2013, n° 12-27.162, inédit, *Sté Futura finances c/ Directeur général des finances publiques*, JurisData:2013-027319 ; Cass. crim., 25 juin 2013, n° 12-88.021, *Bull. crim.* 2013, n° 155, JurisData:2013-013173 ; Cass. com., 26 oct. 2010, n° 09-16.917, inédit, *Sté Futura finances c/ Directeur général des finances publiques*, JurisData:2010-019729 ; Cass. crim., 18 janv. 2006, n° 05-86.447, *Bull. crim.* 2006, n° 22, JurisData:2006-031898 ; Cass. crim., 18 juin 2003, n° 03-81.979, *Bull. crim.* 2003, n° 129, p. 500, JurisData:2003-019803.

[816] *Michaud c. France*, n°12323/11, § 117, 6 déc. 2012 ; *Ekinci et Akalın c. Turquie*, n° 77097/01, § 47, 30 janv. 2007 ; *Campbell c. Royaume-Uni*, 25 mars 1992, §§ 46-48, série A n° 233.

[817] *Michaud c. France*, n°12323/11, § 118, préc.

[818] *Michaud c. France*, n°12323/11, §§ 117-123, préc. ; *Moulin c. France*, n° 37104/06, § 71, 23 nov. 2010 ; *André et autre c. France*, n° 18603/03, § 41, 24 juill. 2008 ; *Wieser et Bicos Beteiligungen GmbH c. Autriche,* n° 74336/01, § 65-66, CEDH 2007-IV ; *Niemietz c. Allemagne,* 16 déc. 1992, § 37, série A n° 251-B.

[819] *Michaud c. France*, n°12323/11, § 123, préc.

[820] *André et autre c. France*, n° 18603/03, préc.

saisies effectuées portaient, malgré la présence du bâtonnier de l'ordre des avocats, « incontestablement atteinte au secret professionnel, qui est la base de la relation de confiance qui existe entre l'avocat et son client »[821]. Plus encore, elle a estimé que « la protection du secret professionnel est notamment le corollaire du droit qu'a le client d'un avocat de ne pas contribuer à sa propre incrimination ». Pour cette raison, même si le droit interne peut prévoir des visites et des perquisitions, « celles-ci doivent impérativement être assorties de garanties particulières », comme exiger « l'existence d'indices plausibles de participation d'un avocat à une infraction »[822].

Donc, aux yeux du juge Strasbourgeois, le secret professionnel des avocats n'est pas intangible[823], les États membres peuvent prévoir des ingérences, dans cette hypothèse il convient de mettre l'importance du secret en balance avec celle que revêt l'intervention ou l'ingérence de l'État. Comme nous l'avons relevé, un peu plus haut, à propos des ingérences touchant au droit à la vie privée, la Cour cherche tout d'abord si « l'ingérence » qui enfreint l'article 8 de la CESDH est « prévue par la loi », ensuite si elle vise un ou des buts légitimes au regard du paragraphe 2 et enfin, si elle est « nécessaire, dans une société démocratique », pour le ou les atteindre[824]. Tout en insistant sur le fait que « les exceptions que ménage le paragraphe 2 de l'article 8 appellent une interprétation étroite et [que] leur nécessité dans un cas donné doit se trouver établie de manière convaincante »[825]. La Cour rappelle également qu'elle doit être convaincue de l'existence de garanties adéquates et suffisantes contre les abus[826].

Enfin, l'intérêt pour la confidentialité des correspondances échangées entre un avocat et son client a été réitéré à maintes reprises tant par la CJUE, le TPICE que par la CEDH[827].

---

821 *Michaud c. France*, n°12323/11, § 117, préc. ; *Xavier Da Silveira c. France*, n° 43757/05, § 36, préc. ; *André et autre c. France*, n° 18603/03, § 41, préc.

822 *Xavier Da Silveira c. France*, n° 43757/05, §37 ; *André et autre c. France*, n° 18603/03, § 42 ; *Roemen et Schmit c. Luxembourg*, n° 51772/99, § 69, CEDH 2003-IV ; *Niemietz c. Allemagne*, 16 déc. 1992, § 37, préc.

823 *Michaud c. France*, n°12323/11, § 123, préc.

824 *Michaud c. France*, n°12323/11, § 93, préc.

825 *Moulin c. France*, n° 37104/06, § 70, préc. ; *Crémieux c. France*, 25 févr. 1993, § 38, série A n° 256-B ; *Roemen et Schmit c. Luxembourg*, n° 51772/99, § 68 ; *Xavier Da Silveira c. France*, n° 43757/05, § 34, préc.

826 *Xavier Da Silveira c. France*, n° 43757/05, § 34, préc. ; *Matheron c. France*, n° 57752/00, § 35, 29 mars 2005 ; *Lambert c. France*, 24 août 1998, § 31, Recueil des arrêts et décisions 1998-V ; *Funke c. France*, 25 févr. 1993, § 56, série A n° 256-A ; *Crémieux c. France*, 25 févr. 1993, § 39, préc. ; *Miailhe c. France* (n° 1), 25 févr. 1993, § 37, série A n° 256-C.

827 *Liberty et autres c. Royaume-Uni*, n° 58243/00, § 62, 1 juill. 2008 ; *Van Vondel c. Pays-Bas*, n° 38258/03, § 48, 25 oct. 2007 ; *Scordino c. Italie* (n° 1) [GC], n° 36813/97, § 186, CEDH 2006-V ; *Cocchiarella c. Italie* [GC], n° 64886/01, § 77, CEDH 2006-V ; *Sallinen et autres c. Finlande*, n° 50882/99, §§ 87, 89, 91, 92, 27 sept. 2005 ; *Beck c. Norvège*, n°26390/95, §§ 27-29, 26 juin 2001 ; CJCE, 18 mai 1982, aff. C-155/79, *AM & S Europe Limited c/Commission des Communautés européennes*, préc. ; TPICE (Ord.), 4 avr. 1990, *Hilti c/ Commission*, aff. T-30/89, *Rec. TPICE* 1990, p. II-163 (Pub.ext) ; TPICE (Ord.), 30 oct. 2003, *Akzo Nobel Chemicals et Akcros Chemicals c/ Commission* aff. Jointes T-125/03 R et T-253/03 R, *Rec.*

460. Au niveau interne, la jurisprudence française a également pris soin de rappeler l'importance et la nécessité de protéger la confidentialité des correspondances échangées entre l'avocat et son client, l'érigeant en une règle absolue qui ne cède qu'exceptionnellement. En effet, se basant sur les articles 66-5 de la loi du 31 décembre 1971, 6 et 8 de la CESDH la chambre criminelle a, dans un attendu de principe, estimé que le pouvoir reconnu à l'officier de police judiciaire par les articles 56 et 76 du Code de procédure pénale ou au juge d'instruction par l'article 96 dudit code, de saisir les objets et documents utiles à la manifestation de la vérité trouve sa limite dans le principe de la libre défense qui commande de respecter la confidentialité des correspondances échangées entre un avocat et son client et liées à l'exercice des droits de la défense »[828]. Elle a fait de même concernant les enquêtes menées par les AAIRE, notamment l'ADLC, en reprenant un attendu de principe, basé sur les articles 66-5 de la loi du 31 décembre 1971 et L.450-4 du Code de commerce, selon lequel « Le pouvoir, reconnu aux agents de l'Autorité de la concurrence par l'article L.450-4 du Code de commerce, de saisir des documents et supports informatiques, trouve sa limite dans le principe de la libre défense qui commande de respecter la confidentialité des correspondances échangées entre un avocat et son client et liées à l'exercice des droits de la défense »[829]. Dans le même sens, la cour d'appel de Paris a jugé, par exemple, que les correspondances échangées entre un Syndicat et son avocat relèvent du secret professionnel, et leur saisie dans le cadre d'une enquête de la concurrence constitue « une atteinte aux droits de la défense »[830].

Les AAIRE, elles-mêmes, reconnaissent la valeur et l'importance d'un tel secret, comme c'est le cas de l'ADLC, qui s'est déjà prononcé, dans la décision n° 07-D-49[831], sur l'application et l'étendue du secret des

---

TPICE 2003, p. II-4771. *Cf.* sur la question : L. IDOT, Commentaire sous TPICE, 17 sept. 2007, aff. T-125/03 et T-253/03, *Akzo Nobel Chemicals*, *Europe* (Paris), n° 11, nov. 2007, pp. 29-30 ; C. PRIETO, « Pouvoirs de vérification de la Commission et protection de la confidentialité des communications entre avocats et clients », note sous TPICE, 1ère ch., 17 sept. 2007, *JCP G* 2007.II.10201.

828 Cass. crim., 13 déc. 2006, n° 06-87.169, *Bull. crim.* 2006, n° 313, JurisData:2006-036852

829 Cass. crim., 24 avr. 2013, n° 12-80331, *Bull. crim.* 2013, n° 102, JurisData:2013-008124 ; Cass. crim., 24 avr. 2013, n° 12-80.332, inédit, JurisData:2013-007950 ; Cass. crim., 24 avr. 2013, n° 12-80.336, inédit, JurisData:2013-008125 ; Cass. crim., 24 avr. 2013, n° 12-80.346, 1874, inédit, JurisData:2013-007953.

830 CA Paris 26 sept. 1991, *Syndicat local des moniteurs de l'école de ski français de la vallée de Meribel*, JurisData:1991-044997, *Gaz. Pal.*, 23-24 juill. 1993, n° 204/205, p. 19, note J.-C. FOURGOUX. L'arrêt est confirmé par la Cour de cassation : Cass. com., 9 nov. 1993, n° 91-20.722, *Lechene*, *Bull. civ.* 1993, IV, n° 399, p. 289, JurisData:1993-002448, *D.* 1994, n° 27, p. 399, note M. LOMBARD.

831 *Cf. BOCCRF* n° 3 du 23 avr. 2008, p. 384. En l'espèce, le Conseil de la concurrence a estimé qu'aucune violation du secret protégé n'était caractérisée. Au regard de l'art. 66-5 de la loi du 31 déc. 1971, aucune des notes manuscrites concernées, n'était couverte par le secret professionnel, car elles ne constituaient pas une communication entre un avocat et son client. Conformément à la jurisprudence européenne précitée, ces notes qui étaient des réflexions personnelles et servaient d'aide-mémoire sur les actions à entreprendre, n'étaient pas des

communications entre les avocats et leurs clients, faisant appel, entre autres, à l'article 66-5 de la loi du 31 décembre 1971.

461. Concernant l'étendue de ce droit, il faut savoir que la notion de correspondance doit être prise au sens large : elle couvre tout échange de messages ou d'opinions, quel que soit le support choisi pour les émettre. Dans une ordonnance du 4 avril 1990, le président du TPICE a considéré que « la protection des communications entre avocats et clients doit être considérée comme s'étendant également aux notes internes qui se bornent à reprendre le texte ou le contenu de ces communications »[832]. Plus encore, le Tribunal n'a pas manqué de préciser que « compte tenu de sa finalité, le principe de protection accordée aux communications entre l'avocat et son client doit être regardé comme s'étendant aux documents préparatoires, même s'ils n'ont pas été échangés avec un avocat ou n'ont pas été créés pour être transmis matériellement à un avocat, dès lors qu'ils ont été élaborés exclusivement aux fins de demander un avis juridique à un avocat, dans le cadre de l'exercice des droits de la défense »[833].

La CEDH parle, de son côté, de correspondance entre avocat et client « quelle qu'en soit la finalité »[834]. D'ailleurs, comme elle le précise, dans l'article 8 de la CESDH, le mot « correspondance » ne s'accompagne d'aucun adjectif[835].

462. Par ailleurs, il faut savoir que la confidentialité des correspondances échangées entre l'avocat et son client s'impose uniquement au premier. N'étant pas tenu au secret professionnel, le client peut les rendre publiques[836] et les produire en justice[837]. Dans cette seconde hypothèse, la partie qui produit spontanément « aux débats la lettre litigieuse, dont elle était l'auteur, [ne peut] invoquer un secret professionnel portant sur des informations qu'elle avait elle-même rendues publiques »[838]. Sont également exclues de la protection les correspondances dont « il est impossible de les identifier comme bénéficiant du secret professionnel de l'avocat, celles-ci pouvant relever de la gestion d'affaires d'un cabinet à compétences multiples autres que celles d'un avocat »[839]. Il a été jugé également qu'il appartient à l'intéressé d'identifier les documents qu'il considère comme protégés par le secret de la correspondance

---

documents préparatoires élaborés exclusivement aux fins de demander l'avis juridique d'un avocat, dans le cadre de la procédure qui était en cours.

832 TPICE, Ord., 4 avr. 1990, *Hilti c/ Commission*, aff., T-30/89, préc., pt 18.

833 Aff. *Akzo*, arrêt du 17 sept. 2007, préc.

834 *Michaud c. France*, n° 12323/11, § 117, préc.

835 *Niemietz c. Allemagne*, 16 déc. 1992, § 32, préc.

836 Cass. civ., 1e, 30 avr. 2009, n° 08-13.596, *M. Achoui c/ Bâtonnier de l'Ordre des Avocats du Barreau de Paris ; Procureur général près la cour d'appel de Paris*, inédit, JurisData:2009-047995.

837 Cass. civ., 1e, 30 mai 2013, n° 12-27.090, 649, inédit, *Vajda c/ Babled*, JurisData:2013-011116 ; Cass. civ., 1e, 30 sept. 2008, n° 07-17.162, *Mme Y*, inédit.

838 Cass. com., 6 juin 2001, n° 98-18.577, *Sté Cozeg c/ Banque des Antilles françaises*, *Bull. civ.* 2001, IV, n° 110, p. 101, JurisData:2001-009960.

839 Cass. com., 7 juin 2011, n° 10-19.585, *SAS X... Gavaudan gestion et autre*, inédit.

ou le secret professionnel ou comme étrangers à l'objet de l'opération autorisée et d'en solliciter la restitution[840]. Enfin, d'après la jurisprudence il n'y a pas lieu de se prévaloir du secret des correspondances lorsque les documents ou supports en cause sont remis spontanément et volontairement aux enquêteurs[841].

463. Les actes faits en violation de la procédure prévue entraînent leur nullité absolue[842] et les documents ainsi saisis sont restitués. La Cour de cassation a estimé, à ce propos, que viole le principe de la libre défense qui commande de respecter la confidentialité des correspondances échangées entre un avocat et son client et liées à l'exercice des droits de la défense, le juge qui refuse de se prononcer sur le contenu d'un document et d'annuler la saisie d'une pièce dont il admet qu'elle relève véritablement de la correspondance entre avocat et client, tout en soutenant que l'AAIRE ayant procédé à la saisie ne s'opposait pas à la restitution de ce document protégé et que la simple copie réalisée par celle-ci ne saurait constituer une atteinte disproportionnée au regard des intérêts en présence[843]. Dans le même sens, le juge ne peut pas justifier le rejet d'une demande d'annulation des saisies portant sur des documents et messages électroniques relatifs à des échanges entre la société et des avocats, par le fait que ces saisies ne procèdent pas d'une recherche délibérée par les enquêteurs, mais constituent seulement le résultat, d'une part, du caractère composite du contenu des fichiers de messagerie qui comportent chacun une multitude de messages et, d'autre part, de la nécessité, où se trouvaient les rapporteurs, après constatation que ces fichiers contenaient bien des éléments entrant dans le champ de l'autorisation judiciaire, d'en effectuer une copie en intégralité[844]. Le juge ne peut pas arguer non plus que les enquêteurs de l'AAIRE n'ont pas mis en œuvre des procédés déloyaux pour recueillir les correspondances litigieuses, ni divulgué à des tiers des informations soumises au secret professionnel. Ici également, il ne suffit pas de dire que l'AAIRE ne s'oppose pas à la restitution par destruction des documents litigieux[845]. Cela étant dit, l'invalidation des saisies de documents confidentiels ou couverts par le secret professionnel n'entraîne pas la nullité de l'ensemble des opérations[846].

---

840 Cass. crim., 30 nov. 2011, n° 10-81.748, préc.

841 Cass. crim., 24 avr. 2013, n° 12-80.331, Bull. crim. 2013, n° 102, JurisData:2013-008124 ; CA Paris, 29 sept. 2011, n° 2010/24176, *Sté Orgasynth, S.A., Emmanuel Alves*, JurisData: 2011-021991 (confirmé par Cass. com., 29 janv. 2013, n° 11-27.333, *S.A., Orgasynth c/ AMF*, JurisData:2013-001113) ; CA Paris, 9 sept. 2010, n° 2010/00128, *International Technologie Sélection c/ AMF*, JurisData:2010-017541 (confirmé par Cass. civ., 1e, 8 mars 2012, n° 10-26.288, inédit, *Sté International Technologie Sélection c/ AMF*, JurisData:2012-005632).

842 *Cf.* les art. 56-1 du CPP et 22, al. 3 de la loi n° 13-07 du 29 oct. 2013, préc.

843 Cass. crim., 24 avr. 2013, n° 12-80.331, préc.

844 Cass. crim., 24 avr. 2013, n° 12-80.332, préc. ; Cass. crim., 24 avr. 2013, n° 12-80.336, préc.

845 *Ibid.*

846 Cass. crim., 24 avr. 2013, n° 12-80331, préc. ; Cass. crim., 12 janv. 2012, n° 10-87087, inédit, JurisData:2012-002592 ; Cass. crim., 30 nov. 2011, n° 10-81.748, *Bull. crim.* 2011, n° 242, JurisData:2011-026678.

464. Avant de terminer sur cette question, il est intéressant de rappeler que, dans un arrêt rendu le 14 septembre 2010, la CJUE a estimé que la confidentialité des échanges n'est reconnue que pour l'« avocat indépendant, c'est-à-dire non lié au client par un rapport d'emploi »[847]. Pour la Cour, en dépit de son inscription au barreau et de sa soumission aux règles professionnelles, un avocat interne, c'est-à-dire un juriste d'entreprise, « ne jouit pas à l'égard de son employeur du même degré d'indépendance qu'un avocat exerçant ses activités dans un cabinet externe à l'égard de son client »[848]. Cette position n'est pas du tout nouvelle, la CJUE vient, par cet arrêt, réitérer le refus qu'elle avait déjà exprimé dans son arrêt *AM & S* de 1982[849].

C. La nécessité de préserver le secret des affaires

465. Comme nous l'avons vu un peu plus haut, les enquêteurs des AAIRE bénéficient, dans le cadre de leur mission, de l'inopposabilité du secret professionnel. Néanmoins, faut-il le rappeler, l'objet de la règle du secret professionnel est de protéger l'intimité des individus et de garantir le libre exercice des professions. Pour reprendre Maurice BLONDET, cette règle joue dans « l'intérêt privé de l'homme en peine qui doit s'abandonner à autrui »[850]. Par conséquent, constituant une exception, l'inopposabilité du secret doit être strictement interprétée et encadrée, et les AAIRE doivent être soumises au principe de la confidentialité des enquêtes et autres investigations, mais aussi de l'instruction.

466. Étant dans la sphère économique, en plus de la protection des correspondances échangées entre l'avocat et son client, le respect du principe de la libre concurrence nécessite d'étendre cette protection à toutes les informations liées aux affaires de l'opérateur économique mis en cause. C'est tout simplement la nécessité de respecter le secret des affaires qui doit s'imposer aux autorités de régulation, de même qu'aux parties entre elles. Il s'agit là d'une question un peu délicate, dans la mesure où cette protection nécessite une subtile conciliation entre le droit au secret, les droits de la défense et l'efficacité des procédures de concurrence.

467. Il convient de noter qu'il n'existe aucune définition de la notion de secret des affaires. Dans une jurisprudence rendue dans des affaires en matière de concurrence et d'aides de l'État, le TPICE a défini le secret des affaires comme « des informations dont non seulement la divulgation au public, mais également la simple transmission à un sujet de droit différent de celui qui a

---

[847] CJUE, 14 sept. 2010, aff. C-550/07, *Akzo Nobel Chemicals c/ Commission européenne*, § 43.
[848] *Ibid.*, § 45.
[849] CJCE, 18 mai 1982, aff. C-155/79, préc.
[850] M. BLONDET, « Le secret professionnel », in *La chambre criminelle et sa jurisprudence*, Recueil d'études à la mémoire de Maurice PATIN, Paris, Cujas, 1966, p. 199, spéc., p. 201.

fourni l'information peut gravement léser les intérêts de celui-ci »[851]. Il s'agit d'informations qui ne sont « connues que par un nombre restreint de personnes [...] dont la divulgation est susceptible de causer un préjudice sérieux à la personne qui les a fournies ou à des tiers. Enfin, il faut que les intérêts susceptibles d'être lésés par la divulgation de l'information soient objectivement dignes de protection »[852]. La CJCE parle même d'un « principe général » devant s'appliquer pendant le déroulement de la procédure administrative[853].

468. L'absence d'une définition légale n'a pas empêché le législateur de prévoir des procédures qui participent à la protection du secret des affaires. C'est le cas de l'article 11 des Code de procédure pénale, selon lequel « Sauf dans le cas où la loi en dispose autrement et sans préjudice des droits de la défense, la procédure au cours de l'enquête et de l'instruction est secrète. Toute personne qui concourt à cette procédure, est tenue au secret professionnel dans les conditions et sous les peines [prévues dans ces codes] ».

Fait également partie du dispositif prévu pour la protection du secret des affaires, l'incrimination par le législateur commercial de la divulgation par l'une des parties d'informations concernant l'autre partie et dont elle n'a pu avoir connaissance que grâce aux communications ou consultations dont elle a bénéficié[854]. Des faits qui sont punis des peines prévues à l'article 226-13 du Code pénal, c'est-à-dire d'un an d'emprisonnement et de quinze mille (15 000) EUR d'amende. D'après la Cour de cassation, le principe du respect des droits de la défense ne justifie pas cette divulgation sauf si elle est nécessaire à l'exercice de ces droits[855]. Il a été jugé également que la sanction qui s'attache à la divulgation d'informations couvertes par le secret des affaires n'est pas la nullité de la procédure, mais le versement d'une indemnité s'il est démontré

---

851 TPICE, 18 sept. 1996, *Postbank c. Commission*, n° T-353/94, *Rec. TPICE* 1996, p. II-00921, pt 87.

852 TPICE, 8 nov. 2011, *Idromacchine e. a. c. Commission*, n° T-88/09, *Rec. TPICE* 2011, II-07833, pt 45 ; TPICE, 12 oct. 2007, *Pergan Hilfsstoffe für industrielle Prozesse c. Commission*, T-474/04, *Rec. TPICE* 2007, p. II-4225, pt 65 ; TPICE, 30 mai 2006, *Bank Austria Creditanstalt c. Commission*, T-198/03, *Rec. TPICE* 2006, p. II-1429, pt 71. *Cf.* également : Communication 2005/C 325/07 de la Commission européenne, du 22 déc. 2005, relative aux règles d'accès au dossier de la Commission dans les affaires relevant des articles 81 [CE] et 82 [CE], des articles 53, 54 et 57 de l'accord EEE et du règlement (CE) n° 139/2004 du Conseil (*JOUE* n° C 325, p. 7), §§ 3.2.1 et 3.2.2, pts 18 et 19.

853 CJCE, 24 juin 1986, *Akzo Chemie c. Commission*, n° 53/85, *Rec.* 1986, p. 01965, pt 28. Selon la cour les art. 19, 3 et 21 du règlement n° 17 « Premier règlement d'application des articles 85 et 86 du traité », qui prévoient respectivement la publication de communications préalablement à l'accord d'attestations négatives ou d'exemptions ainsi que de certaines décisions, imposent l'un et l'autre à la Commission l'obligation de tenir compte de l'intérêt légitime des entreprises à ce que leurs secrets d'affaires ne soient pas divulgués. Aussi doivent-ils être considérés « comme l'expression d'un principe général qui s'applique pendant le déroulement de la procédure administrative ».

854 Art. L.463-6 du C. com.

855 Cass. com., 19 janv. 2010, n° 08-19.761, *Sté Coppa MG et autre c/ Sté JVC France*, *Bull. civ.* 2010, IV, n° 8, JurisData:2010-051192.

que la communication desdites informations a créé un préjudice direct et certain à l'entreprise concernée[856].

469. La loi n° 68-678 du 26 juillet 1968, relative à la communication de documents et renseignements d'ordre économique, commercial, industriel, financier ou technique à des personnes physiques ou morales étrangères, dite aussi « loi de blocage »[857], fait également partie de l'arsenal juridique dédié à la protection du secret des affaires. Sous peine d'un emprisonnement de six (6) mois et d'une amende de dix-huit mille (18 000) EUR ou de l'une de ces deux peines seulement, ce texte interdit la communication à des autorités étrangères de documents ou de renseignements de nature économique, commerciale, industrielle, financière ou technique, en dehors des cas prévus par les traités internationaux. De même, il interdit, toujours sous réserve des traités ou accords internationaux et des lois et règlements en vigueur, à toute personne de demander, de rechercher ou de communiquer les documents et renseignements précités dans le but de constituer des preuves en vue d'une procédure judiciaire ou administrative étrangère ou dans le cadre de celle-ci[858]. Toutefois, cette loi est jugée obsolète et ineffective et n'être qu'un « tigre de papier » face aux procédures de *discovery* américaines auxquelles elle devait faire face[859]. Pour cette raison, un rapport parlementaire a proposé, en plus de la révision de cette loi, de compléter le Code pénal de certaines dispositions pour consacrer, d'une part, une définition légale du secret des affaires et, d'autre part, un délit de violation de ce secret[860].

---

856 CA Paris, 4 juill. 2013, n° 2012/05160, *Sté Digicel Antilles Française et* autres c/ *Sté Outremer SAS*, JurisData:2013-015880,

857 *JORF* du 27 juill. 1968, p. 7267. Modifiée et complétée par : loi n° 80-538 du 16 juill. 1980, relative à la communication de documents et renseignements d'ordre économique, commercial, industriel, financier ou technique à des personnes physiques ou morales étrangères, *JORF* du 17 juill. 1980, p. 1799 ; ord. n° 2000-916 du 19 sept. 2000, portant adaptation de la valeur en euros de certains montants exprimés en francs dans les textes législatifs, *JORF* n° 0220 du 22 sept. 2000, p. 14877.

858 *Cf.* les art. 1er, 1er *bis* et 3 de cette loi.

859 B. CARAYON, *Sanctionner la violation du secret des affaires*, Rapport d'information n° 4159, fait au nom de la commission des lois constitutionnelles, de la législation et de l'administration générale de la République sur la proposition de loi n° 3985, A.N, 2012, pp. 19 et s. Vu son importance, plusieurs rapports et propositions de lois sont consacrés à la protection du secret des affaires, *cf.* B. CARAYON, *Intelligence économique, compétitivité et cohésion sociale*, Rapport remis au Premier ministre, La DF, Coll., « rapports officiels », juill. 2003 ; *Pour une stratégie de sécurité économique nationale*, Rapport d'information n° 1664, déposé en application de l'article 146 du Règlement par la Commission des finances, de l'économie générale et du plan sur la stratégie de sécurité économique nationale, A.N, Coll., « Documents d'information de l'Assemblée nationale », juin 2004 ; Proposition de loi n° 1611, relative à la protection des informations économiques, A.N, 2004 ; Proposition de loi n° 1754, relative à la protection des informations économiques, A.N, 2009 ; Proposition de loi n° 3103, relative à la protection des informations économiques, A.N, 2011 ; C. MATHON, *La protection du secret des affaires : enjeux et propositions*, Rapport au Haut responsable chargé de l'intelligence économique, 2009 (disponible sur :
http://www.claudemathon.fr/public/Secret_des_affaires_Rapport_final_17_avril_09.pdf).

860 *Cf.* B. CARAYON, *Sanctionner la violation du secret des affaires*, préc., pp. 38-41 et s.

470. La volonté de sauvegarder le secret des affaires est également perceptible dans un autre texte général, en l'occurrence la loi n° 78-753 du 17 juillet 1978, portant diverses mesures d'amélioration des relations entre l'administration et le public et diverses dispositions d'ordre administratif, social et fiscal[861]. En effet, depuis sa modification en 2011[862], l'article 6-I, 1° de cette loi, devenu l'article L311-5 du Code des relations entre le public et l'administration, intègre parmi la catégorie des documents non communicables « les documents élaborés ou détenus par l'Autorité de la concurrence dans le cadre de l'exercice de ses pouvoirs d'enquête, d'instruction et de décision ». Nous estimons que le législateur aurait pu étendre cette solution aux autres AAIRE, notamment à l'AMF, vu l'importance de la sphère financière, dont les documents élaborés ou détenus dans le cadre de sa mission méritent amplement d'être couverts par cette protection. D'autant plus que cet article semble applicable dans le cas de toutes ces autorités, étant donné que le (II) de cette disposition étend la protection aux documents administratifs « dont la communication porterait atteinte [...] au secret en matière commerciale et industrielle ». Cette affirmation est par ailleurs confirmée par l'application de cette disposition à l'ARCEP et à la CRE[863].

Plus récemment, c'est la loi n° 2017-55 du 20 janvier 2017 portant statut général des AAI et des API qui a confirmé cette volonté en soumettant les membres de ces autorités au respect du secret des délibérations. Ainsi, aux termes de l'alinéa 3 de l'article 9 de ce texte « Les membres et anciens membres des autorités administratives indépendantes et des autorités publiques indépendantes sont tenus de respecter le secret des délibérations. Ils sont soumis au secret professionnel, dans les conditions prévues aux articles 226-13 et 226-14 du Code pénal. Ils font preuve de discrétion professionnelle pour tous les faits, informations ou documents dont ils ont ou ont eu connaissance dans l'exercice ou à l'occasion de l'exercice de leurs fonctions. »

---

[861] *JORF* du 18 juill. 1978, p. 2851.

[862] *Cf.* la loi n° 2011-525 du 17 mai 2011, de simplification et d'amélioration de la qualité du droit, *JORF* n° 115 du 18 mai 2011, p. 8537.

[863] *Cf.* respectivement les art. L.5-9, al. 7 et L.32-4, al. 4 du CPCE ; l'art. L.133-6, al. 2 du C. énergie. Soumettre l'ADLC, l'ARCEP et la CRE, éventuellement les autres AAIRE, à l'art. 6 de la loi n° 78-753 du 17 juill. 1978, préc., signifie-t-il que les secrets ainsi gardés peuvent être divulgués au bout de 25 ans, comme il est stipulé à l'article 213-2 du Code du patrimoine auquel nous renvoie cette disposition ? La Commission européenne répond par l'affirmative. Pour elle, il existe des informations qui perdent de leur importance commerciale en raison du temps qui passe, aussi ne peuvent-elles plus être considérées comme confidentielles, « En règle générale, la Commission suppose que les informations relatives au chiffre d'affaires, aux ventes, aux parts de marché des parties et autres données similaires datant de plus de cinq ans ne sont plus confidentielles. », *cf.* Communication 2005/C 325/07 de la Commission européenne, du 22 déc. 2005, relative aux règles d'accès au dossier de la Commission dans les affaires relevant des articles 81 [CE] et 82 [CE], préc., § 3.2.3, pt 23. C'est ce même délai de cinq (5) ans qui est retenu par le législateur français à l'art. R.463-14 du C. com., pour écarter toute atteinte aux secrets des affaires du fait de la divulgation d'informations portant sur les ventes, parts de marché, offres ou données similaires sauf si le rapporteur général en décide autrement.

471. Outre les dispositions générales précitées, tout en consacrant l'inopposabilité du secret professionnel aux AAIRE, le législateur a pris en compte l'intérêt des personnes concernées par le secret, obligeant les enquêteurs au respect du secret des informations recueillies. En effet, force est de constater que dans certains textes régissant ces autorités, en contrepartie de l'inopposabilité du secret professionnel, les enquêteurs sont soumis au respect du principe du secret des renseignements et informations ainsi recueillis[864].

472. La notion du secret des affaires a eu droit à une attention particulière de la part du législateur en matière de droit de la concurrence, où elle est consacrée aux articles L.463-4[865] et R.463-13 à R.463-15-1 du Code de commerce. Certes, retenue dès l'ordonnance de 1986, mais la solution globalisante n'a pas été satisfaisante, notamment au regard de la jurisprudence européenne[866]. La notion est restée pendant longtemps une notion difficile à cerner, il a fallu attendre l'ordonnance du 4 novembre 2004 et son décret d'application du 27 décembre 2005 pour voir une prise en charge claire et efficace de la protection du secret des affaires[867]. D'une part, et contrairement à la situation précédente, le nouveau régime permet l'identification des secrets d'affaires, notamment en instaurant une annexe confidentielle au dossier. D'autre part, le nouveau dispositif semble offrir « une meilleure conciliation entre la protection du secret des affaires et l'efficacité de la procédure »[868]. La

---

[864] *Cf.* à titre d'exemple les art. L.612-17, L.612-24, L. 612-44, L. 641-1 et L.621-12 du C. mon. fin., (ACPR/AMF) ; les art. L.5-9, al. 7 et L.32-4 du CPCE (l'ARCEP) ; l'art. 36-IV de la loi n° 2010-476 du 12 mai 2010, préc., (ARJEL) ; l'art. L.133-6, al. 2 du C. énergie (CRE) ; l'art. L1261-3 du C. transports.

[865] Selon cette disposition, « Sauf dans les cas où la communication ou la consultation de ces documents est nécessaire à l'exercice des droits de la défense d'une partie mise en cause, le rapporteur général de l'Autorité de la concurrence peut refuser à une partie la communication ou la consultation de pièces ou de certains éléments contenus dans ces pièces mettant en jeu le secret des affaires d'autres personnes. Dans ce cas, une version non confidentielle et un résumé des pièces ou éléments en cause lui sont accessibles. »

[866] M.-Ch. BOUTARD LABARDE, « Le secret des affaires devant le Conseil : une surprenante négligence », *Gaz. Pal.*, 1992, doctr. p. 1 ; B. GENESTE, « Le secret d'affaires en droit communautaire et en droit français de la concurrence », *D. aff.*, n° 39/40, 1997, p. 1271 ; B. LASSERRE, « Modernisation : Les adaptations nécessaires du Conseil de la concurrence », *Concurrences* n° 1, 2004, p. 29 ; L. IDOT, « Quelques réflexions sur la confidentialité en droit de la concurrence : à propos des secrets d'affaires et du secret professionnel », in *Aspects contemporains du droit de la distribution et de la concurrence*, Actes du colloque, Université de Toulouse I, 24 et 25 mars 1995, Coll., « Centre de droit des affaires de l'Université de Toulouse », Paris, Montchrestien, 1996, p. 109.

[867] Ord. n° 2004-1173, portant adaptation de certaines dispositions du Code du commerce au droit communautaire de la concurrence (*JORF* n° 258 du 5 nov. 2004, p. 18689), et décret n° 2005-1667 du 27 déc. 2005, modifiant le décret n° 87-849 du 19 oct. 1987, relatif aux recours exercés devant la cour d'appel de Paris contre les décisions du Conseil de la concurrence, *JORF* n° 302 du 29 déc. 2005, p. 20215. *Cf.* B. CHEVNEL et C. NOURISSAT, « Adaptation du droit français au droit communautaire : commentaire de l'ordonnance n° 2004-1173 du 4 nov. 2004 », *RLC* 2005, n° 2, p. 63.

[868] Ch. LEMAIRE, « La protection du secret des affaires devant le Conseil de la concurrence : une évolution bienvenue », *JCP E* 2006, 1161. *Cf.* également sur la question : B. LASSERRE,

promulgation de l'ordonnance n° 2008-1161 du 13 novembre 2008[869], portant modernisation de la régulation de la concurrence, et du décret du 10 février 2009 pris en application de l'article L.463-4 du Code de commerce,[870] a été l'occasion d'apporter des correctifs aux règles relatives à la protection du secret des affaires, dans le sens de l'allégement de sa mise en œuvre. Désormais, c'est au rapporteur général que revient la compétence de gérer la procédure du secret des affaires et non plus au président du collège. Il n'en demeure pas moins que la modification la plus apparente est le remplacement de l'annexe confidentielle par une version non confidentielle et un résumé des pièces ou éléments en cause[871]. « Il en résulte que le secret est dorénavant inopposable aux membres du collège et au commissaire du gouvernement. Quant aux services d'instruction, ils ne sont tenus d'en demander la levée que dans l'hypothèse où ils entendent utiliser une pièce couverte par ce secret contre une personne autre que celle ayant obtenu cette protection. »[872]

473. Tout comme pour le décret du 27 décembre 2005, il est possible de reprocher à la réforme de 2009 l'absence d'ouverture d'un recours autonome contre les décisions relatives aux secrets des affaires. Faut-il le rappeler, selon l'article R.464-29 du Code de commerce, de telles décisions ne peuvent faire l'objet d'un recours qu'avec la décision de l'ADLC sur le fond, alors qu'en la matière « la seule protection efficace est incontestablement la prévention »[873]. La CJCE a relevé à ce sujet, dès 1986 dans l'affaire *Akzo*, qu'en matière d'accès au dossier « la possibilité dont dispose l'entreprise d'intenter un recours contre une décision finale constatant une infraction aux règles de concurrence n'est pas de nature à lui donner une protection adéquate de ses droits [...]. D'une part, la procédure administrative peut ne pas aboutir à une décision de constatation d'infraction. D'autre part, le recours ouvert contre cette décision, si elle intervient, ne fournit de toute façon pas à l'entreprise le moyen de prévenir les effets irréversibles qu'entraînerait une communication irrégulière de certains de ses documents »[874].

474. D'après le nouveau dispositif de protection du secret des affaires en droit de la concurrence, et à l'instar des mesures d'instruction *in futurum* consacrées à l'article 145 du Code de procédure civile où le secret des affaires

---

« Le Conseil de la concurrence dans le réseau communautaire », *Concurrences* n° 3, 2005, p. 42, spéc. p. 46.

[869] Ord. n° 2008-1161 du 13 nov. 2008, portant modernisation de la régulation de la concurrence, *JORF* n° 0265 du 14 nov. 2008, p. 17391.

[870] Décret n° 2009-142 du 10 févr. 2009, pris en application de l'art. L.463-4 du C.com., relatif à la protection du secret des affaires devant l'Autorité de la concurrence, *JORF* n° 35 du 11 févr. 2009, p. 2429.

[871] *Cf.* l'art. L.463-4 du C. com.

[872] *Cf.* L. IDOT et C. LEMAIRE, « Le nouveau visage de la régulation de la concurrence en France – L'Autorité de la concurrence entre deux Europe », *JCP G* 2009.I.125.

[873] M.-Ch. BOUTARD LABARDE, *ibid.*

[874] CJCE, 24 juin 1986, aff. 53/85, *Akzo Chemie BV*, *Rec. CJCE* 1986, p. 1965.

s'efface face à la nécessité de garantir les droits de la défense[875], le rapporteur général peut également permettre la consultation ou procéder à la communication des documents nécessaires à l'exercice des droits de la défense d'une partie mise en cause[876]. Le législateur a même créé, à l'article R.463-14 du Code de commerce, une présomption selon laquelle ne sont pas réputés violer le secret des affaires, d'une part, les informations, documents ou parties de documents pour lesquels une demande de protection au titre du secret des affaires n'a pas été présentée, et, d'autre part, sauf si le rapporteur général en décide autrement dans des cas exceptionnels, les éléments portant ventes, parts de marché, offres ou données similaires de plus de cinq ans. Néanmoins, il a déjà été jugé que la nécessité de respecter les droits de la défense « ne fait pas obstacle à ce que certaines données communiquées [au Conseil des marchés financiers] soient soustraites à l'examen des parties à l'instance dès lors qu'il existe un intérêt légitime à ce que des informations mettant en jeu le secret des affaires demeurent confidentielles et que la connaissance de celles-ci n'est pas nécessaire à l'exercice effectif du recours ouvert contre la décision de l'autorité de marché »[877].

---

[875] *Cf.* pour la Cour de cassation « nonobstant le secret professionnel auquel les commissaires aux comptes et les experts comptables sont tenus dans l'intérêt de la société bénéficiaire, constitue un moyen de preuve légalement admissible la production par ceux-ci de documents nécessaires à la manifestation de la vérité », *cf.* Cass. com., 14 nov. 1995, n° 93-10.937, *P, CRCACM de Haute Vienne*, *Bull. civ.* 1995, IV, n° 262, p. 241, JurisData:1995-002956. *Cf.* aussi : Cass. civ., 2e, 7 janv. 1999, n° 95-21.934, *SA Vericar*, *Bull. civ.* 1999, II, n° 4, p. 3, JurisData:1999-000014 ; Cass. civ., 2e, 8 févr. 2006, n° 05-14.198, *FS-P+B+R, Kemoun c/ SAS Aegis Media France*, *Bull. civ.* 2006, II, n° 44, JurisData:2006-032060 ; CA Paris, 7 mai 2008, n° 07/22092, *Sté Axe Selection SA*, JurisData:2008-367932. La solution est valable même pour le secret bancaire : « dès lors qu'il appartient au banquier d'établir l'existence et le montant de la créance dont il réclame le paiement à la caution ou à ses ayants droit, ceux-ci sont en droit d'obtenir par lui la communication des documents concernant le débiteur principal nécessaires à l'administration d'une telle preuve, sans que puisse leur être opposé le secret bancaire », *cf.* Cass. com., 16 déc. 2008, n° 07-19.777, *M. Dierstein ; Mme Klutzky, épouse Dierstein*, *Bull. civ.* 2008, II, n° 206, JurisData:2008-046298. *Cf.* sur le sujet : A. MILLERAND, « La protection des secrets de la vie des affaires à l'épreuve des mesures *in futurum* », *Droit des sociétés* n° 6, juin 2011, alerte 24 ; F.X. LUCAS, « Expertise *in futurum* et secret des affaires », *Bull. Jolly Sociétés*, 1er juin 1999, n° 6, p. 666, note sous Cass. civ., 2e, 7 janv. 1999, préc. ; G. VIRASSAMY, « Les limites à l'information sur les affaires d'une entreprise », *RTD com.* 1988, p. 179.

[876] En matière de pratiques anticoncurrentielles la haute juridiction judiciaire française a estimé que les éléments produits par l'administration pour justifier des présomptions de pratiques anticoncurrentielles au soutien d'une demande de visite et saisie, prévue à l'article L.450-4 du C. com., doivent pouvoir être consultés par l'entreprise concernée dans la mesure où cela est nécessaire à l'exercice du recours qu'elle est en droit d'introduire contre l'ordonnance du juge, dès lors que ce dernier qui l'accorde a visé lesdites éléments[876], *cf.* Cass. com., 1er avr. 1997, n° 95-30.152, *Sté Cola Midi Méditerranée*, inédit, JurisData:1997-001728 ; Cass. com., 9 juill. 1996, n° 94-16.223, *Sté Berger-Levrault M. Maury et autres c/ DGCCRF*, Bull. civ. 1996, IV, n° 214, p. 186, JurisData:1996-003086 ; Cass. com., 21 oct. 1997, n° 96-30.016, *Sté Bianco Produits Petroliers c/ DGCCRF*, JurisData:1997-004271.

[877] Cass. com., 7 janv. 2004, n° 02-14.053, *ADAM et autres c/ SCA Financière Pinault et autres*, inédit, JurisData:2004-021759.

475. De même, en matière de concentrations entre entreprises, d'après le juge administratif les concurrents hostiles à une opération de concentration ne peuvent se prévaloir du principe du contradictoire pour prendre connaissance d'informations couvertes par le secret des affaires auxquelles a accès le Conseil de la concurrence dans le cadre des investigations qu'il mène pour apprécier la portée économique de la concentration[878]. Pour la haute juridiction administrative, le fait de ne pas avoir contradictoirement associé les sociétés requérantes à de telles investigations ne suffit pas pour dire que l'avis rendu a vicié l'équité du procès, dès lors que « d'une part, le raisonnement développé qui soutient ses conclusions laisse toute latitude à la contestation ultérieure devant le juge et que, d'autre part, les requérantes ont bénéficié des mêmes garanties procédurales que si l'avis avait été rendu dans le cadre de la procédure administrative suite à la saisine du Conseil de la concurrence par le ministre »[879]. À ce propos, faut-il le rappeler, plusieurs dispositions prévues en matière des pratiques anticoncurrentielles sont exclues dans le cas des concentrations entre entreprises. En effet, d'après l'article R.463-15-1 du Code de commerce, dans le cadre des projets d'opérations de concentration les dispositions des articles R.463-13 à R.463-15 du même code ne sont pas applicables. Toujours selon cette disposition, le rapporteur général veille à ce que les informations, jugées par les personnes les ayant fournies comme constitutives de secrets d'affaires, soient réservées à l'ADLC et au commissaire du gouvernement et à ce que soient constituées, si nécessaire, des versions non confidentielles des documents les contenant.

Outre le droit de la concurrence, le secret des affaires est également consacré dans le cadre du pouvoir de l'ARCEP[880], de l'ARJEL[881], de l'ACPR[882], de l'AMF[883] et de l'ARAFER[884].

---

[878] CE, 13 févr. 2006, n° 279180, *Sté Fiducial Informatique*, JurisData:2006-069741.

[879] *Ibid.* Plusieurs dispositions prévues en matière de pratiques anticoncurrentielles sont exclues s'agissant des opérations de concentration. En effet, d'après l'art. R.463-15-1 du C. com., crée par le décret n° 2009-142 du 10 févr. 2009, préc., dans le cadre des projets d'opérations de concentration les dispositions des art. R. 463-13 à R.463-15 du même code ne sont pas applicables. Toujours selon cette disposition, le rapporteur général veille à ce que les informations, jugées par les personnes les ayant fournies comme constitutives de secrets d'affaires, soient réservées à l'ADLC et au commissaire du gouvernement et à ce que soient constituées, si nécessaire, des versions non confidentielles des documents les contenant. *Cf.* CE, 21 déc. 2012, n°s 362347, 363542 et 363703, *Sté Groupe Canal Plus c/ ADLC*, JurisData:2012-030180.

[880] *Cf.* les art. L.5-6, al. 3 et L.36-8-I, al. 3 du CPCE.

[881] *Cf.* l'art. 43-III, al. 2 de la loi n° 2010-476 du 12 mai 2010, préc., ainsi que les art. de 17 à 22 du décret n° 2010-495 du 14 mai 2010, relatif à la procédure de sanction applicable aux opérateurs agréés de jeux ou de paris en ligne, préc.

[882] *Cf.* l'art. L.612-24, al. 8 du C. mon. fin.

[883] *Cf.* l'art. L.621-15-IV *bis*, al. 2 du C. mon. fin.

[884] *Cf.* l'art. L1264-10 du C. transports. Il est possible de remarquer d'après cette disposition que, tout comme en matière de concurrence, le législateur français a également adopté, dans le cas de l'ARAFER, l'idée de verser en annexe confidentielle au dossier des documents dont la communication ou la consultation porterait atteinte à un secret protégé par la loi, mais

476. En somme, après cet aperçu sur les points communs des enquêtes administratives menées par les AAIRE, par rapport aux personnes contrôlées, il sera question dans ce qui suit des spécificités de chaque type d'enquête, selon qu'on se situe soit face à une enquête non coercitive, dite simple, soit face à une enquête coercitive, dite lourde.

SOUS-SECTION 2. SPÉCIFICITÉS DES DIFFÉRENTES ENQUÊTES ADMINISTRATIVES MENÉES PAR LES AAIRE, DES POUVOIRS CLASSIQUES AU RÔLE DE POLICE JUDICIAIRE

477. On distingue dans le cadre du pouvoir d'investigation des AAIRE les enquêtes non coercitives, dites simples, des enquêtes coercitives, dites lourdes ou soumises au contrôle juridictionnel. La différence essentielle entre ces deux types d'enquêtes réside dans l'étendue des pouvoirs qu'elles exercent durant cette phase. Contrairement, aux enquêtes simples, où ces autorités bénéficient des mêmes pouvoirs que l'administration traditionnelle (**Paragraphe 1**), dans le cadre des enquêtes coercitives, leurs enquêteurs peuvent perquisitionner et saisir tout ce qui pourrait les aider à faire la lumière sur d'éventuels manquements. Par conséquent, ces autorités doivent être préalablement autorisées, par une ordonnance judiciaire, à effectuer ce type d'enquêtes (**Paragraphe 2**).

Paragraphe 1. Des pouvoirs classiques dans le cadre des enquêtes non coercitives

478. Sauf dispositions particulières, les AAIRE exercent un pouvoir d'enquête administratif classique, c'est-à-dire non coercitif. À l'image de l'administration traditionnelle, ces autorités peuvent, pour les besoins du contrôle ou de l'enquête, accéder aux locaux professionnels, se faire communiquer tous documents, convoquer et interroger des personnes ou même demander une expertise. En revanche, elles ne peuvent procéder, dans le cadre de ce type d'enquêtes, à aucune saisie ou perquisition (**A**). Pour prévenir tout abus de leur part, les pouvoirs que recouvrent ces enquêtes sont encadrés par le principe des droits de la défense (**B**).

A. Les prérogatives des AAIRE en matière d'enquête non coercitive

479. Partant des différentes dispositions traitant des pouvoirs des AAIRE en matière d'enquêtes non coercitives, il apparaît qu'elles exercent toutes, nonobstant la nature du secteur régulé, les mêmes prérogatives, à savoir[885] :

---

indispensables et nécessaires à la procédure ou à l'exercice des droits d'une ou plusieurs des parties.

[885] *Cf.* les art. : L.5-9 et L.32-4 du CPCE (ARCEP) ; L.135-4 du C. énergie (CRE) ; L.450-3 et L.450-7 du C. com. (l'ADLC) ; L.612-24, L.612-26 et L.612-27 du C. mon. fin., (ACPR) ;

- **Le droit d'accès** : il s'agit du droit des enquêteurs d'accéder à tous les locaux, terrains et véhicules à usage professionnel ;

- **Le droit de communication** : à leur demande, les enquêteurs peuvent recevoir communication des documents comptables et factures, ainsi que toutes pièces ou documents utiles et en prendre copie ;

- **Le droit de convocation et d'audition** : les enquêteurs peuvent recueillir, sur convocation ou sur place, les renseignements et justificatifs propres à l'accomplissement de leur mission.

B. Encadrement des pouvoirs d'enquêtes non coercitives des AAIRE

480. Amené à se prononcer sur l'aménagement par le législateur d'un pouvoir d'enquête administratif au profit de l'ancienne COB, le Conseil constitutionnel a refusé, dans sa décision n° 87-240 DC du 19 janvier 1988[886], d'étendre aux enquêtes administratives non coercitives la jurisprudence dite « fouille des véhicules »[887] et « perquisitions fiscales »[888], beaucoup plus protectrices des libertés individuelles. En effet, la loi n° 88-70 du 22 janvier 1988, sur les bourses de valeur[889], a renforcé de façon considérable les pouvoirs d'enquête de la COB, notamment en lui reconnaissant la faculté de confier à des agents habilités la possibilité de procéder à des enquêtes auprès d'un certain nombre d'établissements et de recueillir « toutes informations utiles ». Aussi, pour les députés, auteurs de la saisine, le texte déféré pour examen au Conseil constitutionnel n'était pas assorti « des garanties nécessaires à la sauvegarde des droits des citoyens ». Pour arguments, ils ont souligné, en premier lieu, que l'habilitation dont bénéficiaient les agents enquêteurs était insuffisamment délimitée et, en second lieu, que les agents désignés pouvaient n'être ni des officiers de police judiciaire ni des membres du personnel de la COB, tout en ajoutant que n'étaient prévus ni le contrôle d'un magistrat ni l'intervention d'un officier de police judiciaire.

481. Dans sa réponse, le Conseil constitutionnel a estimé que les dispositions mises en cause n'étaient pas contraires à la Constitution. Pour répliquer aux griefs retenus, le juge constitutionnel a relevé, d'une part, que les agents habilités ne pouvaient accéder qu'aux locaux professionnels (ce qui exclut naturellement les locaux à usage d'habitation, et surtout les locaux à usage mixte) et, d'autre part, qu'aucun principe ni règle de valeur

---

L.621-10 et R.621-35 du C. mon. fin., (AMF) ; 42 de la loi n° 2010-476 du 12 mai 2010 (ARJEL) ; L1264-2 et L1264-3 du C. transport (ARAFER).

[886] Loi sur les bourses de valeurs, *Rec. Cons. const.* 1988, p. 28, *JORF* du 21 janv. 1988.

[887] Cons. const., n° 76-75 DC du 12 janv. 1977, loi autorisant la visite des véhicules en vue de la recherche et de la prévention des infractions pénales, *Rec. Cons. const.* 1977, p. 33, *JORF* du 13 janv. 1976 ; L. FAVOREU et L. PHILIP, *Les grandes décisions du Conseil constitutionnel, op. cit.*, p. 274.

[888] Cons. const., n° 83-164 DC du 29 déc. 1983, loi de finances pour 1984, *Rec. Cons. const.* 1983, p. 67, *JORF* du 30 déc. 1983 ; L. FAVOREU et L. PHILIP, *Les grandes décisions du Conseil constitutionnel, op. cit.*, p. 422.

[889] *JORF* du 23 janv. 1988.

constitutionnelle n'exigeaient que les agents aient la qualité d'officiers de police judiciaire ou appartiennent nécessairement au personnel de la COB, tout en ajoutant que l'objet de leur mission était suffisamment précis et limitait clairement le champ ouvert aux enquêtes. Enfin, le juge constitutionnel observait que les enquêteurs ne pouvaient procéder à une perquisition ou à une saisie ni effectuer un acte quelconque de contrainte matérielle[890].

482. Même si le Conseil constitutionnel n'a pas voulu aligner la procédure de l'enquête administrative non coercitive sur celle de l'enquête coercitive, il a cependant strictement défini l'étendue de l'enquête administrative dite « simple ». L'analyse des décisions précitées ainsi qu'une jurisprudence constante en la matière, démontrent que le juge constitutionnel a pris en compte l'intérêt des personnes contrôlées. C'est ainsi que les agents enquêteurs des AAIRE ne peuvent recueillir des éléments d'information qu'avec le consentement des personnes concernées, et sans disposer, à cette fin, de moyens de coercition directs[891]. En cas de refus de collaboration, les enquêteurs n'ont qu'à dresser un procès-verbal pour constater le délit d'entrave, qui sera sanctionné par l'autorité de régulation ou la juridiction compétente.

483. De plus, même si les enquêteurs bénéficient d'un droit d'accès, celui-ci est limité aux locaux, terrains et moyens de transport à usage professionnel. C'est-à-dire qu'ils ne peuvent accéder aux domiciles privés. Plus encore, ils ne peuvent procéder à la visite ou à la fouille des lieux auxquels ils accèdent, de telles opérations nécessitant une autorisation judiciaire. Pour reprendre les professeurs André DECOCQ et Michel PEDAMON, dans le cadre du droit d'accès, « les personnes chez lesquelles les enquêteurs se présentent doivent les recevoir, mais [...] ces enquêteurs doivent se tenir à la place qui leur est assignée par lesdites personnes, à partir de laquelle ils doivent formuler leur demande. Encore, celles-ci ne doivent-elles pas, par leur imprécision et leur généralité, constituer des mesures équivalant à une perquisition ou une fouille automatique »[892].

---

[890] *Cf.* les 6ème, 7ème et 9ème consid., de la décis., n° 87-240 DC du 19 janv. 1988, préc. Le Conseil constitutionnel a pu confirmer sa position lors de l'examen de la loi de finance rectificative pour 1990 (Cons. const., n° 90-286 DC du 28 déc. 1990, loi de finances rectificative pour 1990, *Rec. Cons. const.* 1990, p. 107, *JORF* du 30 déc. 1990, p. 10613). Cette loi reconnaissait aux agents de l'administration la possibilité de vérifier la conformité du fonctionnement du système de télétransmission aux exigences définies par le législateur. Les auteurs de la saisine ont fait valoir qu'était méconnu « l'exercice des libertés constitutionnellement reconnues », argument réfuté par le juge constitutionnel.

[891] Les enquêteurs « ne disposent [...] d'aucune possibilité de contrainte matérielle et ne peuvent procéder à aucune perquisition ou saisie », *cf.* Cons. const., n° 87-240 DC du 19 janv. 1988, loi sur les bourses de valeurs, *Rec. Cons. const.* 1988, p. 28, *JORF* du 21 janv. 1988, p. 1024, 5ème consid. *Cf.* aussi : Cons. const., nos : 89-271 DC du 11 janv. 1990, loi relative à la limitation des dépenses électorales et à la clarification du financement des activités politiques, *Rec. Cons. const.* 1990, p. 21, *JORF* du 13 janv. 1990, 3ème consid., *RFDC* 1990, p. 322, note A. ROUX ; 92-316 DC du 20 janv. 1993, préc., 15ème consid.

[892] A. DECOCQ et M. PEDAMON, « L'ordonnance du 1er décembre 1986 », *J.-Cl. Conc. consom.*, n° spéc. 1987, n° 99.

484. En outre, ces enquêtes administratives donnent lieu à l'établissement d'un procès-verbal dont un double est transmis ou laissé à la personne contrôlée. En principe, le procès-verbal doit être rédigé le plus tôt possible, cependant dans le silence des textes, la Cour de cassation a jugé que le pouvoir d'appréciation revient au juge du fond[893]. Sa nullité pourrait même être prononcée dans le cas où l'exagération du délai porte atteinte aux intérêts des parties concernées[894]. C'est pour éviter une telle conséquence que la plupart des textes régissant les AAIRE ont consacré le délai de cinq (5) jours[895]. À notre avis, pour éviter toute équivoque, le législateur aurait pu être plus précis en déterminant le point de départ de ce délai, et son silence à ce sujet pourrait être mal interprété. Certains diront peut-être que l'on doit prendre en compte comme point de départ la fin de l'enquête. Or l'achèvement de celle-ci se traduit en principe par la transmission ou l'envoi du procès-verbal.

485. Au sujet du pouvoir d'audition, l'acte de convocation doit, selon le Conseil constitutionnel, préciser « que la personne convoquée peut se faire accompagner d'un conseil de son choix », de même qu'il doit prévoir un délai de convocation raisonnable qui tiendrait compte « d'éventuelles circonstances particulières »[896]. En pratique, seul le Code monétaire et financier consacre le droit de la personne convoquée à se faire assister d'un conseil de son choix devant les enquêteurs de l'AMF et de l'ACPR[897].

486. Le juge constitutionnel s'est également intéressé au droit à la communication des documents, en exigeant la motivation de la demande qui, de surcroît, ne doit concerner que des documents professionnels[898]. Malgré ces exigences, dans les textes, seule l'ARCEP est tenue de motiver sa demande[899]. De plus, certaines AAIRE bénéficient toujours du droit de demander la communication de « tous documents » qu'elles jugent nécessaires pour les besoins de l'enquête. Ainsi, hormis le cas de l'ADLC, qui ne peut, aux termes de l'article L.450-3 du Code de commerce, demander que les livres, factures et

---

[893] Cass. crim., 3 juin 1991, n° 90-81.249, inédit, *RJDA* 1991, p. 644. *Cf.* dans le même sens : CA Paris, 8 févr. 1983, *Gaz. Pal.*, 1989.II.367, note J.-P. MARCHI. Pour d'autres exemples, *cf.* B. BOULOC, « Les droits de la défense dans la procédure pénale applicable en matière de la concurrence », *Rev. sc. crim.* 1982, p. 513, spéc., p. 529.

[894] Cass. crim., 13 nov. 1991, n° 91-83.316, *Bull. crim.* 1991, n° 407, p. 1028, JurisData:1991-003741.

[895] *Cf.* les art. L.5-9, al. 3 et L.32-4-II, al. 5 du CPCE (ARCEP) ; L.135-3, al. 2 du C. énergie (CRE) ; 42-II, al. 2 de la loi n° 2010-476 du 12 mai 2010 (ARJEL) ; L1264-2, al. 6 du C. transport (ARAFER). Concernant le cas du reste des AAIRE ayant fait l'objet de notre étude, tout en évoquant le procès-verbal qui doit être transmis ou laissé aux personnes concernées, le législateur n'a pas mentionné un délai précis pour cela, *cf.* l'art. L.450-2 du C. com. (ADLC) ; les art. R.612-26, al. 3 et L.621-35, al. 3 du C. mon. fin., (ACPR/AMF). Dans ces deux dernières dispositions, comme dans le cadre des enquêtes coercitives, le législateur a exigé que le procès-verbal soit signé par la personne en charge du contrôle et par la personne contrôlée, et en cas de celle-ci, mention en est faite au procès-verbal.

[896] Cons. const., n° 92-316 DC du 20 janv. 1993, préc., 16ème consid.

[897] *Cf.* les art. L.621-11 et R.612-27 du C. mon. fin.

[898] Cons. const., n° 92-316 DC du 20 janv. 1993, préc.

[899] *Cf.* les art. L.5-9, al. 1 et L.32-4-I al. 1 du CPCE.

autres documents professionnels, le droit de communication des autres AAIRE couvre, lui, tout document quelle qu'en soit sa nature. C'est le cas de l'ACPR et de l'AMF qui peuvent se faire communiquer « *tous documents* »[900] (souligné par nous), et de la CRE dont le droit de communication concerne les « documents comptables et factures, *de toute pièce ou document utile* »[901] (souligné par nous).

487. Avant la promulgation de la loi n° 2016-1321 du 7 octobre 2016 pour une République numérique[902], la position du législateur quant au droit de communication de l'ARCEP était, à notre sens, ambiguë. En effet, s'il a été clair au sujet du droit de communication « des documents comptables et factures, [ainsi que] *de toute pièce ou document utile* »[903] (souligné par nous), concernant les prestataires du service universel et des titulaires de l'autorisation prévue à l'article L.3 du Code des postes et des communications électroniques, en revanche sa position pouvait semer le trouble dans le cas des personnes exploitant des réseaux de communications électroniques ou fournissant des services de communications électroniques. En effet, après avoir fait référence, à l'article L.32-4, 1° du Code des postes et des communications électroniques, aux « documents nécessaires », le législateur a ensuite évoqué, à l'alinéa 3 du même article, seulement les « documents professionnels nécessaires »[904]. A-t-on voulu distinguer la phase de contrôle, où le droit de communication couvre tous « documents nécessaires », de la phase d'enquête, où ce droit ne concernait que les documents professionnels ? La logique voudrait, au contraire, que c'est durant la phase d'enquête qu'il serait plus intéressant et efficace que les enquêteurs bénéficient du droit de communication de tous documents. Cette problématique ne se pose plus depuis la modification de l'article L.32-4, où l'expression « professionnels » est désormais supprimée.

Enfin, il faut savoir que lorsque la demande de communication des documents est émise lors d'une visite sur place, les enquêteurs prennent connaissance du contenu du document réclamé sur les lieux mêmes. Ils peuvent également en demander une copie ou l'emporter. Dans ce dernier cas, ils doivent fixer un délai de restitution pour ne pas « porter des atteintes excessives au droit de la propriété »[905].

---

[900] Art. L.612-24, al. 2 et L.621-10, al. 1 du C. mon. fin.

[901] Art. L.135-4, al. 2 du C. énergie.

[902] *JORF* n°0235 du 8 octobre 2016.

[903] Art. L.5-9, al. 5 du CPCE. C'est la même formulation utilisée dans le cas de l'ARJEL (art. 42-III, al. 2 de la loi n° 2010-476 du 12 mai 2010) et de l'ARAFER (art. L1264-2 *in fine* du C. transports).

[904] Avant cet alinéa et plus exactement au 2° du même article, il est précisé que les enquêteurs peuvent « recueillir auprès des personnes fournissant des services de communication au public en ligne les informations ou *documents concernant les conditions techniques et tarifaires d'acheminement du trafic appliquées à leurs services* » (souligné par nous). Contrairement au 1°, il s'agit ici de documents professionnels et la demande vise une autre catégorie de personnes.

[905] Cons. const., n° 92-316 DC du 20 janv. 1993, préc., 16ème consid.

En sus des pouvoirs d'enquête classiques, les AAIRE sont dotées durant la phase d'enquête d'importants autres pouvoirs qu'elles exercent sous le contrôle du juge compétent. Au vu de leur importance, elles sont même tenues de jouer le rôle d'une police judiciaire.

Paragraphe 2. Le rôle de police judiciaire sectorielle dans le cadre des enquêtes coercitives

488. Dans le cadre des enquêtes coercitives, les enquêteurs des AAIRE peuvent procéder à des visites domiciliaires, perquisitionner et saisir toute chose qu'ils jugent importante pour prouver les manquements, voire les infractions recherchées. Eu égard à l'ampleur de tels pouvoirs sur les libertés et droits des personnes contrôlées, leur exercice ne devrait pas être laissé au bon vouloir de ces autorités. Ainsi, jugés nécessaires et indispensables pour l'accomplissement de leur mission de régulation, le Conseil constitutionnel et la CEDH ont fait le choix « de l'encadrement, ou si l'on préfère de l'équivalence des garanties »[906]. Autrement dit, tout en reconnaissant à l'administration d'importants pouvoirs d'enquête, on a tenté d'encadrer ces derniers dans le sens d'offrir plus de garanties aux personnes ainsi contrôlées.

489. Par ailleurs, soumises aux autorisations et au contrôle du juge judiciaire dans l'exercice de leur pouvoir d'enquête administrative, et mises à contribution pour enquêter dans certains cas sur des infractions pénales, les AAIRE apparaissent comme une véritable police judiciaire sectorielle (**A**). Compte tenu de la nature des pouvoirs exercés dans le cadre de ce type d'enquêtes, le législateur a pris soin de bien les encadrer pour une meilleure prise en compte des droits des personnes contrôlées (**B**).

A. Les AAIRE, une police judiciaire sectorielle ?

490. Étant donné l'influence et l'intervention permanente du juge au stade de l'enquête administrative, les AAIRE semblent perdre beaucoup de leur indépendance. Elles sont même appelées à enquêter au profit de ce juge sur les infractions pénales commises dans les secteurs qu'elles régulent. Une mission qui fait d'elles une véritable police judiciaire sectorielle, agissant pour le compte des autorités judiciaires[907] (**1**), mais pas au point de parler d'une soumission totale de leurs enquêteurs aux ordres d'un magistrat (**2**).

1. Le rôle d'assistance au juge judiciaire

491. L'on a déjà vu que le pouvoir d'enquête constitue un élément complémentaire et indispensable pour la mission de régulation exercée par les

---

[906] T. RENOUX, *RFDC* 1991, p. 125, cité *in* L. FAVOREU et L. PHILIP, *Les grandes décisions du Conseil constitutionnel*, *op. cit.*, p. 242.

[907] *Cf.* dans ce sens : J. LEFEBVRE, *Le pouvoir de sanction des autorités administratives indépendantes*, *op. cit.*, p. 323.

AAIRE. Cependant, les pouvoirs dont dispose l'administration traditionnelle en la matière sont apparus limités pour réaliser une régulation efficiente. Pour cette raison, s'inspirant des pouvoirs de la police judiciaire, le législateur a reconnu à ces autorités des pouvoirs étendus, leur permettant de visiter, de perquisitionner et même de saisir. Il n'en reste pas moins qu'au vu des retombées et des conséquences de tels pouvoirs sur les libertés et droits des personnes contrôlées, l'autorité de régulation concernée devrait préalablement solliciter une autorisation judiciaire.

492. Les AAIRE peuvent également user de tels pouvoirs, au stade de l'enquête administrative, non plus pour les besoins de la régulation, mais en soutien à l'activité judiciaire. En effet, en plus des enquêtes menées pour les besoins de la régulation, ces autorités sont qualifiées, sur autorisation judiciaire, pour procéder à la recherche et à la constatation des infractions pénales, relevant de la compétence du juge judiciaire. À cet égard, l'analyse des différents textes régissant ces autorités nous permet de distinguer parmi elles, celles qui sont habilitées d'une manière directe à jouer le rôle d'une police judiciaire, en sus des enquêtes qu'elles mènent exclusivement pour les besoins de la régulation, de celles qui ne jouent ce rôle qu'indirectement ou incidemment en exerçant leur mission de régulation.

493. L'AMF, l'ARCEP, la CRE, le CSA et l'ADLC font partie des autorités qui sont chargées directement de chercher et de constater des infractions relevant de la compétence du juge pénal. C'est dire que si elles sont amenées à exercer certains pouvoirs coercitifs dans le cadre de leurs enquêtes, cela ne répond pas à une mission de régulation pure, mais d'assistance judiciaire.

Dans le domaine des communications électroniques et postales, par exemple, en plus du pouvoir d'enquête, corollaire de la mission de régulation, détenu par l'ARCEP aux termes des articles L.5-9, L.5-9-1, L.32-4 et L.32-5 du Code des postes et des communications électroniques, le législateur lui a reconnu, aux termes des articles L.20 et L.40, la faculté de mener des perquisitions et autres saisies dans le but de rechercher et constater les infractions commises par les opérateurs soumis à son contrôle.

La même faculté est reconnue à la CRE dont les agents disposent, selon les articles L.135-12 et L.135-13 du Code de l'énergie, des mêmes pouvoirs définis aux articles L.135-3 et L.135-4 du même Code, c'est-à-dire de ceux exercés pour les besoins de la régulation, afin de rechercher et constater les infractions pénales à la loi précitée[908].

[908] Aux termes de l'article L.135-13 du C. énergie, dans le cadre de la recherche et de la constatation des infractions, les agents de cette autorité disposent des pouvoirs d'enquête définis aux articles L.135-3 et L.135-4 du même code. Or, il nous semble que ces deux dispositions à elles seules ne couvrent pas l'ensemble du régime juridique des enquêtes coercitives. Aussi, le législateur aurait dû inclure également, à notre sens, les articles de L.135-5 à L.135-11 du même code, où l'on traite, entre autres, de l'obligation de solliciter une autorisation judiciaire pour procéder à des perquisitions et saisies, notamment dans le domicile des personnes concernées.

En sus de la recherche et de la constatation de manquements relevant de la compétence de l'AMF, les enquêteurs de cette dernière peuvent aussi solliciter une autorisation judiciaire dans le but de rechercher les infractions définies aux articles L.465-1 à L.465-3-3 du Code monétaire et financier[909].

En matière de droit de la concurrence, et à l'instar des AAIRE précédemment citées, l'ADLC peut solliciter une autorisation judiciaire de visite domiciliaire et de saisie uniquement dans le but de constater des infractions. Et ce, bien évidemment, en sus de celle qu'elle peut demander pour constater les pratiques anticoncurrentielles, dont la répression relève de sa propre compétence. C'est le sens de l'alinéa 2 de l'article L.450-4 du Code de commerce, qui n'exige pas que la demande d'autorisation comporte tous les éléments d'information de nature à justifier la visite, lorsque cette dernière « vise à permettre la constatation d'infractions [...] en train de se commettre ».

Enfin, dans le même esprit, le CSA peut habiliter spécialement ses agents et ceux placés sous son autorité pour constater par procès-verbal les infractions citées à l'article 78 de la loi n° 86-1067[910].

494. Aux côtés de cette première catégorie, d'autres AAIRE jouent également le rôle d'une police judiciaire, mais d'une manière indirecte. C'est le cas de l'ARAFER et de l'ARJEL qui doivent transmettre le dossier au procureur de la République lorsqu'elles s'aperçoivent que les faits sont susceptibles de recevoir une qualification pénale[911].

Il existe enfin, dans cette même catégorie, des AAIRE qui exercent des enquêtes non coercitives, mais jouent un rôle d'assistance indirecte au profit du juge. C'est le cas de l'ACPR qui doit informer le procureur de la République des faits susceptibles de justifier des poursuites pénales, sans préjudice des sanctions qu'elle peut elle-même prononcer[912].

495. En somme, qu'il s'agisse de la première ou de la seconde catégorie, l'intervention des AAIRE dans la procédure pénale est incontestable. Par conséquent, il semble que la mission de régulation s'efface au profit d'une contribution à la mission judiciaire répressive et d'une sectorisation du contrôle juridictionnel. Sauf à prendre la notion de régulation dans un sens plus large et étendu, incluant tous les contrôles, qu'ils soient juridictionnels ou administratifs. Dans ce cas, l'on considérera leur rôle de police judiciaire comme ordinaire, dès lors qu'il s'agit d'un élément faisant partie de leur mission de régulation.

496. Si le recours aux AAIRE pour la recherche et la constatation des infractions pénales, peut paraître bénéfique au juge pénal, en particulier, et à la régulation de la sphère économique, en général, des problèmes pourraient cependant en surgir. Il serait, en effet, délicat de confier simultanément une

---

Pourquoi le législateur s'est-il contenté des simples pouvoirs consacrés aux articles L.135-3 et L.135-4, or que les articles L.135-5 à L.135-11 leurs sont complémentaires.

[909] *Cf.* l'art. L.621-12 du C. mon. fin.

[910] *Cf.* l'art. 78-III, al. 2 de la loi n° 86-1067, préc.

[911] *Cf.* l'art. L1264-17 du C. transports ; l'art. 44-IV de la loi n° 2010-476 du 12 mai 2010, préc.

[912] *Cf.* l'art. L.612-28 du C. mon. fin.

mission, la police judiciaire, à deux organes totalement différents et indépendants l'un de l'autre. Comment les visites et les saisies seront-elles organisées lorsque les deux corps d'enquêteurs se retrouveront sur les lieux ? Qui des deux aura la priorité quant aux pièces saisies ? Ce sont là des questions, parmi d'autres, que peut soulever une telle situation et qui méritent une attention plus minutieuse de la part du législateur pour éviter tout chevauchement des rôles[913].

497. Ces interrogations sont certes légitimes, néanmoins il faut reconnaître que grâce à leur rôle de police judiciaire les AAIRE contribuent utilement à l'activité judiciaire. Leurs agents seraient, en effet, sûrement plus qualifiés techniquement pour enquêter sur des délits plus techniques, vis-à-vis desquels les officiers de la police judiciaire, dont la mission est générale, pourraient connaître des limites. Partant, au-delà des risques de confusion qui pourraient surgir, une bonne organisation et l'harmonisation des deux corps, pour les rendre complémentaires, pourrait jouer en faveur tant de l'appareil judiciaire que des AAIRE. D'ailleurs, le législateur aurait pu se contenter de doter ces autorités de la faculté de saisir le juge judiciaire ou le procureur, qui désigneront à leur tour des officiers de police judiciaire pour effectuer l'enquête nécessaire. Au contraire, il est allé plus loin, en permettant aux nouvelles autorités de régulation de procéder elles-mêmes aux enquêtes nécessaires, ce qui dénote de l'apport attendu d'elles.

498. Enfin, outre le risque de confusion entre les deux corps d'enquêteurs chargés de la police judiciaire, l'exercice d'une telle tâche et l'obligation de solliciter une autorisation judiciaire préalable, qui pèse sur les AAIRE, soulèvent la question de la nature de la relation existant entre les enquêteurs de ces autorités et le juge judiciaire. Une interrogation qui est également valable dans le cas où l'autorisation est sollicitée dans le cadre de l'enquête administrative coercitive, effectuée pour les besoins de la régulation. À ce sujet, il faut d'emblée écarter toute soumission hiérarchique, mais sans pour autant nier l'existence d'une certaine dépendance fonctionnelle.

2. La quasi-soumission des enquêteurs administratifs au juge judiciaire

499. L'interdépendance de l'objet sectoriel de l'enquête et du rôle des enquêteurs, crée un véritable pont entre la procédure de régulation et la procédure judiciaire. Toutefois, en dépit de l'importance de l'intervention judiciaire au stade de l'enquête administrative, menée par les AAIRE en tant que police judiciaire sectorielle ou comme simple autorité de régulation, cela n'est pas pour autant suffisant pour affirmer que leurs enquêteurs sont soumis aux ordres du juge judiciaire.

500. Faut-il le remarquer, c'est le juge judiciaire qui détermine le cadre dans lequel ces enquêteurs interviennent. Si administrativement ces derniers

---

913 *Cf.* dans ce sens : J. LEFEBVRE, *Le pouvoir de sanction des autorités administratives indépendantes*, *op. cit.*, p. 326.

agissent sur ordre et pour le compte des autorités de régulation, à travers leur fonction ils dépendent beaucoup plus du juge judiciaire. C'est d'ailleurs dans cette optique que s'inscrit le pouvoir reconnu au juge judiciaire de désigner un ou plusieurs officiers de police judiciaire pour superviser les opérations menées et le tenir informé de leur déroulement ; de ses pouvoirs d'autoriser ou non les visites domiciliaires et les saisies ; d'arrêter ou de suspendre les procédures ou même de se transporter sur les lieux, et enfin de l'obligation faite aux enquêteurs de lui transmettre le procès-verbal de l'enquête.

501. Partant de ce constat, certains auteurs parlent d'une co-direction de fait qui s'installe : l'une hiérarchique, par rapport à l'AAIRE, l'autre fonctionnelle, par rapport au juge[914]. C'est dire que, même si le statut des enquêteurs administratifs diffère de celui des officiers de police judiciaire, leurs fonctions convergent, notamment dans le cas où l'autorité de régulation agit en tant que police judiciaire sectorielle, puisque les deux corps d'enquêteurs interviennent pour constater des infractions relevant de la compétence du juge judiciaire, mais pouvant également être sanctionnées par l'autorité de régulation.

Aussi, cette dépendance fonctionnelle a-t-elle impliqué l'application d'un régime inspiré de la procédure pénale. En effet, les visites domiciliaires et autres saisies, effectuées pour la constatation des infractions pénales, sont soumises à la plupart des règles de la procédure pénale. C'est le cas, notamment, du moment de la visite qui ne peut se dérouler avant 6 heures et après 21 heures[915]. Sans trop s'attarder sur la question, il y a lieu de signaler aussi l'exigence de la présence de l'intéressé ou de son représentant et l'établissement d'un procès-verbal[916].

B. Encadrement des enquêtes coercitives

502. Sous l'impulsion du droit de l'Union européenne et de la jurisprudence de la CEDH, plus particulièrement depuis les arrêts *Ravon*[917], *André*[918] et *Maschino*[919], et dans le but d'offrir plus de garanties aux personnes soumises au pouvoir d'enquête coercitif des AAIRE, le législateur entreprit un processus de réformes qui a touché tant les pouvoirs de ces autorités que ceux du juge chargé de leur contrôle.

503. L'étude des textes régissant les AAIRE, nous révèle que le pouvoir juridictionnel joue un rôle prépondérant durant la période de l'enquête administrative : c'est au juge d'autoriser ou de refuser les visites domiciliaires

---

914 *Ibid.*, p. 330.

915 *Cf.* Art. 59 du CPP; l'art. L621-12, al. 8 du C. mon. fin., (AMF) ; l'art. L.20-I, al. 2 du CPCE (ARCEP) ; l'art. L1264-5 du C. transports (ARAFER).

916 *Ibid.*

917 *Ravon et autres c. France*, n° 18497/03, 21 févr. 2008, *D.* 2008, AJ. 1054, obs. C. GUELAND, *Rev. sociétés* 2008, p. 658, note B. BOULOC, *Rev. sc. crim.* 2008, p. 598, obs. H. MATSOPOULOU.

918 *André et autre c. France*, n° 18603/03, 24 juill. 2008.

919 *Maschino c. France*, n° 10447/03, 16 oct. 2008.

(**1**), et c'est aussi sous son contrôle que sont effectuées ces opérations (**2**). Ainsi, quoi qu'on ait pu dire sur le phénomène de dépénalisation, le rôle du juge reste très important dans la régulation de la sphère économique. Plus encore, au vu de la nature juridique de ces régulateurs, de l'intensité de leur activité et de l'exorbitance de leurs pouvoirs, étant l'instance chargée de leur contrôle le juge doit voir son rôle s'accroître, comparativement au temps de l'administration traditionnelle en charge de la régulation.

1. Un contrôle en amont, autoriser les visites domiciliaires et les saisies

504. L'AAIRE désireuse de procéder à une visite domiciliaire et éventuellement à des saisies, doit présenter une demande remplissant un ensemble de conditions dont le juge s'assure du respect (**a**) et, éventuellement, y répondre positivement en délivrant une ordonnance qui, elle aussi, doit satisfaire à certaines conditions (**b**).

a. De la requête administrative

505. La demande de l'AAIRE intéressée par des opérations de visites domiciliaires ou des saisies, doit comporter toutes les informations et les éléments nécessaires à la justification de la visite, c'est pourquoi le juge est tenu de vérifier, avant toute autorisation, que la demande est bien fondée et motivée, et comporte tous les éléments d'information en possession du demandeur de nature à justifier la visite[920]. En effet, considéré comme le garant des libertés individuelles[921], le juge ne doit pas, en principe, autoriser une atteinte à l'inviolabilité du domicile que « sur une présomption suffisamment étayée que la visite permettra d'obtenir des éléments de preuve précis de l'infraction soupçonnée »[922]. À ce propos, faut-il le rappeler, la jurisprudence admet l'utilisation de tout moyen pour démontrer l'existence d'une présomption de manquement[923]. Néanmoins, le juge doit contrôler

---

[920] *Cf.* Cass. com., 21 juin 2011, n° 09-67.793, *Sté Colas midi Méditerranée*, *Bull. civ.* 2011, IV, n° 101, JurisData:2011-012353. *Cf.* les art. L.450-4, al. 2 du C. com., (ADLC) ; L.621-12, al. 3 du C. mon. fin., (AMF) ; L1264-4, al. 2 du C. transports (ARAFER) ; 20-II, al. 3 et 40, al. 5 du CPCE (ARCEP). Dans le cas de cette dernière autorité, cette exigence est consacrée seulement lorsqu'il s'agit de visites pour constater et rechercher des infractions pénales. Par contre, aux art. L.5-9-1 et L.32-5 du CPCE, réservés aux enquêtes pour les besoins de la régulation, nulle trace d'une telle condition. Cela étant dit, malgré cette première condition, le fait que le manquement serait « en train de se commettre », assouplit les conditions de perquisition : une autorisation judiciaire est toujours nécessaire en pareil cas, mais la demande peut ne comporter que des indices permettant de présumer l'existence des pratiques anticoncurrentielles dont la preuve est recherchée, *cf.* art. L.450-4, al. 2 du C. com.

[921] *Cf.* l'art. 66 de la Constitution.

[922] O. DUGRIP, note sous Cass. ch., mixte, 15 déc. 1988, n° 87-19.759, *Farnaud c/ Directeur général des impôts*, Bull. ch., mixte 1988, n° 4, p. 3, JurisData:1988-703195, *JCP G* 1988.II.21263.

[923] L'administration peut employer un tableau établi à partir de l'interrogation des banques de données Euridile et Infogreffe (Cass. com., 4 oct. 1994, n° 93-12.949, *Boulogne et autres*, *Bull. civ.* 1994, IV, n° 275, p. 219, JurisData:1994-002321, *RJDA* 1995, p. 190), ou des pièces

l'origine de toutes les pièces présentées par l'administration et ainsi écarter celles qui sont illicites[924].

b. De l'ordonnance judiciaire

506. Le juge compétent pour autoriser les opérations de visites domiciliaires et autres saisies des AAIRE, est le juge des libertés et de la détention du tribunal de grande instance (ci-après, TGI) dans le ressort duquel sont situés les lieux à visiter[925]. Lorsque ces derniers sont situés dans le ressort de plusieurs juridictions et qu'une action simultanée doit être menée dans chacun d'eux, une ordonnance unique peut être délivrée par l'un des présidents compétents. Il faut dire que, depuis les fameux arrêts *Ravon* et *André*, et les modifications introduites au sein du droit français, désormais les visites domiciliaires et autres saisies, effectuées par les AAIRE tant pour la constatation des manquements aux règles de la régulation que des infractions, devraient être autorisées par le juge des libertés et de la détention du TGI[926]. Exceptionnellement, la situation dans le domaine des postes et des communications électroniques est différente : une distinction est faite entre les enquêtes menées pour les besoins de la régulation, dont l'autorisation des visites domiciliaires relève de la compétence du juge des libertés et de la détention, et les enquêtes menées pour constater des infractions, dont l'autorisation des visites domiciliaires et saisies relève de la compétence du président du TGI[927]. C'est à se demander pourquoi cette exception et ce choix du législateur ?

507. À l'occasion de l'affaire *Ravon*, la CEDH avait considéré l'article L.16 B du Livre des procédures fiscales, autorisant les visites domiciliaires opérées par les agents de l'administration fiscale, contraire à l'article 6§1 de la CESDH. Pour la Cour, ces visites ne présentaient pas les garanties nécessaires au regard des principes du procès équitable et du droit à un contrôle juridictionnel effectif. Et pour cause, le juge européen évoque, entre autres : l'impossibilité de faire appel des ordonnances autorisant les visites et de contester le déroulement de ces opérations ; l'absence d'un avocat pendant ces

---

régulièrement tirées d'une autre procédure concernant un autre administré (Cass. com., 27 janv. 1998, n° 96-30.063, *M. René Gacon,* inédit, *RJF* 1998, p. 416, n° 573, 1ère espèce ; Cass. com., 15 juin 1999, nos 97-30.098 et 97-30.101, *Association "Au coeur de la communication" et autres,* inédit, *RJF* 1999, p. 760, n° 1208).

[924] La Cour de cassation a censuré une ordonnance fondée sur un document illicite – dérobé –, communiqué par un procureur de la République, au motif que la transmission « ne pouvait rendre licite leur détention et leur production par les agents de l'administration fiscale à l'appui de leur demande de visite et de saisie domiciliaire », *cf.* Cass. com., 4 févr. 1997, n° 95-30.008, *EURL Jacky Chris*, inédit, *RJF* 1997, p. 320, n° 447.

[925] *Cf.* l'art. L.450-4, al. 1 du C. com., (ADLC) ; l'art. L.621-12, al. 1 et 2 du C. mon. fin., (AMF) ; l'art. L.135-5, al. 2 du C. énergie (CRE) ; l'art. L1264-4 du C. transports (ARAFER).

[926] *Ibid.*

[927] *Cf.* les art. L.5-9-1, L.32-5-I, L.20-II et L.40, al. 4 du CPCE.

opérations ; l'absence d'une notification verbale des voies de recours ; le défaut d'information sur la faculté de suspendre ou d'arrêter les visites[928].

508. Étant donné que la procédure de visite domiciliaire en matière fiscale, présentait des similitudes indéniables avec celle prévue pour les AAIRE, et pour se mettre en conformité avec les exigences de la Cour européenne et ainsi éviter d'autres revers, la loi n° 2008-776 du 4 août 2008 de modernisation de l'économie[929] a autorisé, aux termes de son article 164-VI, le Gouvernement à prendre par voie d'ordonnance de l'article 38 de la Constitution les mesures nécessaires pour « adapter, dans le sens d'un renforcement des droits de la défense, les législations conférant à l'autorité administrative un pouvoir de visite et saisie ».

Prenant acte de cette « autorisation », l'on a procédé, par le biais de l'ordonnance n° 2009-375 du 1er avril 2009[930], à la réformation des voies de recours contre certaines visites et saisies administratives, notamment celles effectuées par l'ARCEP et la CRE. Dans le même esprit, deux autres textes ont été adoptés concernant les deux plus « importantes » autorités de régulation françaises. En l'occurrence, l'ordonnance n° 2008-1161 du 12 novembre 2008[931], portant modernisation de la régulation de la concurrence, et l'ordonnance n° 2009-233 du 26 février 2009, réformant les voies de recours contre les visites domiciliaires et les saisies de l'Autorité des Marchés Financiers[932]. Si les réformes entreprises ratèrent l'occasion d'harmoniser les textes régissant les différentes AAIRE, elles constituent en revanche une avancée indéniable dans le sens de la sauvegarde des droits de la défense.

509. Pour bien cerner la question de l'autorisation judiciaire et du rôle du juge judiciaire en la matière, nous étudierons dans ce qui suit l'ordonnance judiciaire, d'abord du point de vue de son contenu et des conditions de sa validité (**b.1**), ensuite des modalités de recours dont elle peut faire l'objet (**b.2**).

b.1. Contenu et condition de validité de l'ordonnance judiciaire

510. L'ordonnance judiciaire autorisant les visites domiciliaires doit être motivée, en indiquant les éléments de fait comme de droit qui laissent supposer l'existence de manquements dont la preuve est recherchée[933]. À ce sujet, la question s'est posée de savoir si le juge compétent est tenu de motiver

---

928 *Cf. Ravon et autres c. France*, n° 18497/03, § 31, 21 févr. 2008.

929 *JORF* n° 0181 du 5 août 2008, p. 12471.

930 Relative à la réformation des voies de recours contre certaines visites et saisies administratives, préc.

931 *JORF* n° 0265 du 14 nov. 2008, p. 17391.

932 *JORF* n° 0049 du 27 févr. 2009, p. 3486.

933 À titre d'exemple, il a été jugé que le simple fait que des sociétés se livrent à des pratiques anticoncurrentielles, sans autre précision, n'est pas suffisant pour autoriser des visites, *cf.* Cass. com., 5 févr. 1991, n° 89-20.191, *Sté SMAC Acieroïd*, *Bull. civ.* 1991, IV, n° 57, p. 39, JurisData:1991-701443 ; Cass. com., 23 févr. 1993, n° 91-19.745, *Sté Tunzini Nessi*, *Bull. civ.* 1993, IV, n° 77, p. 51, JurisData:1993-000339.

personnellement son ordonnance ou bien peut-il se contenter d'un renvoi à la requête présentée par l'autorité administrative ? Pour la jurisprudence, notamment la Cour de cassation, le rôle du juge consiste à s'assurer concrètement du bien-fondé de la requête qui lui est soumise à partir des éléments mis à sa disposition[934], aussi elle s'est largement prononcée pour la seconde solution[935]. Cela n'a pas empêché des positions divergentes de certains juges du fond. C'est le cas de la cour d'appel d'Orléans qui n'a pas hésité, dans un arrêt du 13 mars 2012, à annuler la décision d'un juge des libertés et de la détention ainsi que les opérations de visite qu'il a autorisées. À ses yeux, le juge ayant autorisé ces opérations « s'est borné à signer une ordonnance pré-rédigée par l'administration dont les termes sont identiques à ceux de la requête ainsi qu'à ceux d'une autorisation rendue par un autre juge ». Or, dans de telles conditions, on ne peut admettre, sur la base de l'obligation d'impartialité objective, que « les motifs et le dispositif sont réputés établis par le juge qui a rendu et signé l'autorisation ». Mieux encore, les juges du fond se sont interrogés « si le premier juge a lu l'ordonnance qu'il a signée, dès lors qu'il n'a pas changé une virgule au texte pré-rédigé, n'en retirant pas les paragraphes qui concernaient la visite domiciliaire à effectuer dans le ressort du tribunal d'Argentan [les locaux et dépendances à visiter se trouvent à Briare] et que la société peut dès lors avoir des motifs légitimes de douter de l'impartialité voire de l'indépendance du premier juge »[936]. En somme, pour les juges du fond, le juge ayant autorisé les opérations de visite n'aurait tout simplement pas rempli son office. Pour censurer cette solution, la chambre commerciale de la Cour de cassation a usé d'une formule de principe : « les motifs et le dispositif de l'ordonnance rendue en application de l'article L.16 B du Livre des procédures fiscales sont réputés établis par le juge qui l'a rendue et signée », avant d'ajouter « que cette présomption ne porte pas atteinte aux principes d'impartialité et d'indépendance du juge qui statue sur requête, dans le cadre d'une procédure non contradictoire »[937]. Dans d'autres décisions, la Cour a justifié sa position en estimant qu'« en se référant aux motifs de la requête qui le saisit, le président du tribunal, qui s'est ainsi approprié, après en avoir vérifié la pertinence, la motivation de droit et de fait

---

[934] *Cf.* O. DURGRIP, note sous Cass. ch. mixte, 15 déc. 1988, préc. ; Cass. crim., 28 nov. 2007, n° 06-80.009, inédit, JurisData:2007-042273 ; Cass. crim., 6 févr. 2008, n° 06-89.359, inédit, *Dr. fisc.* n° 5, 2008, p. 230, chron. R. SALOMON.

[935] Cass. crim., 27 févr. 2013, n° 11-88.471, JurisData:2013-003251 ; Cass. com., 4 mai 2010, n° 09-15.588, *SARL France Business informatique Orléans (FBIO)*, inédit, JurisData:2010-005458 ; Cass. crim., 28 nov. 2007, n°06-82.077, inédit, JurisData:2007-042272 ; Cass. crim., 10 sept. 2003, n° 02-81.419, inédit, JurisData:2003-020710 ; Cass. com., 23 mars 1993, n° 91-20.702, *Sté Entrepose-Montalev*, *Bull. civ.* 1993, IV, n° 111. *Cf.* dans le même sens, la cour d'appel de Paris : CA Paris, ord., 29 mars 2011, n° 10/16575 ; CA Paris, ord., 5 avr. 2011, n°s 10/07460, 10/07498 et 10/0797.

[936] Cass. com., 28 mai 2013, n° 12-16.317, *Directeur général des finances publiques c/ Sté Pagasus Farms Ltd*, JurisData:2013-010789.

[937] *Ibid.*

justifiant le bien-fondé des mesures sollicitées, a fait l'exacte application [de la loi] »[938].

À notre sens, la position de la haute juridiction judiciaire n'emporte pas la conviction, car le fait que la procédure ne soit pas contradictoire ne peut permettre un abus quelconque de même qu'il ne peut justifier une « démission » de la part des juges dans leur office. On trouve, en effet, gênant voire choquant que le rôle d'un juge se résume, en pareil cas, à apposer d'une manière aussi légère et expéditive[939], au point de ne pas faire attention à des fautes d'orthographe contenues dans la requête administrative, son sceau sur un document présenté par l'une des parties au litige[940].

511. Outre la motivation, l'ordonnance autorisant les opérations de visite et de saisie doit « faire preuve par elle-même de sa régularité, les productions ultérieures ne peuvent être prises en considération pour l'établir »[941]. Du point de vue formel, elle doit, sous peine de nullité, comporter : le nom du juge et, le cas échéant, la mention de sa délégation[942], le nom et la qualité du fonctionnaire qui a sollicité et obtenu l'autorisation[943], l'origine licite des

---

[938] Cass. crim., 16 avr. 2008, n° 06-88.978, *Sté Internationale de règlements*, inédit, JurisData:2008-044572, *Bull. Joly Bourse* 2008, p. 309, note J.-L. CAPDEVILLE.

[939] Pour illustrer notre propos, nous pouvons citer l'exemple d'une ordonnance rendue, dans des termes strictement identiques à trois autres décisions distinctes rendues par trois juridictions différentes, le jour même de la présentation de la requête de l'administration, laquelle était accompagné de 113 pièces réparties sur 451 pages, ce qui suggère selon les requérants que le magistrat qui l'a signée sans en être l'auteur n'a procédé personnellement à aucune vérification concrète des suspicions de l'administration, donc a méconnu les exigences de l'art. 16 B du Livres des procédures fiscales. Néanmoins, pour les juges de la chambre criminelle « les motifs et le dispositif de l'ordonnance sont réputés être établis par le juge qui l'a rendue et signée ; que la circonstance que d'autres ordonnances aient été prononcées le même jour, et en des termes identiques, par d'autres magistrats, n'est pas de nature à entacher d'irrégularité la décision attaquée », *cf.* Cass. crim., 22 févr. 2001, n° 99-30.031, inédit, JurisData:2001-009097. *Cf.* aussi : Cass. crim., 27 févr. 2013, n° 11-82.446, *Bull. crim.* 2013, n° 52, JurisData:2013-003245 ; Cass. crim., 9 févr. 2005, n° 03-86.471, inédit ; Cass. crim., 16 janv. 2002, n° 00-30.251, inédit, JurisData:2002-013199.

[940] *Cf.* sur la question, Haritini MATSOPOULOU qui regrette cet état de fait, in *Les enquêtes de police*, LGDJ, Coll., « Bibliothèque des sciences criminelles », t. 32, 1996, p. 477.

[941] Cass. com., 9 oct. 1990, n° 89-10.369, *Pirmamod*, *Bull. civ.* 1990, IV, n° 230, p. 160, JurisData:1990-702636.

[942] Cass. crim., 10 avr. 2002, n° 00-30.137, inédit, http://www.legifrance.gouv.fr ; Cass. crim., 14 juin 2001, n° 00-30.170, inédit, http://www.legifrance.gouv.fr ; Cass. com., 17 nov. 1998, n° 97-30.141, *M. Arcadi Gaydamak*, inédit, http://www.legifrance.gouv.fr ; Cass. com., 10 mars 1996, n° 94-11.697, *Sté EITF*, inédit, JurisData:1996-004920 ; Cass. com., 6 mars 1990, n°s 89-12.763 et 89-13.233, *Sté Sogea*, *Bull. civ.* 1990, IV, n° 61, p. 41, JurisData:1990-700515.

[943] En l'état actuel des textes, seuls ceux régissant la CRE et l'ARCEP consacrent une telle exigence, *cf.* l'art. L135-5 al. 3 du C. énergie et les art. L.5-9-1, I et L.32-5 al. 2 du CPCE. Devant l'ARCEP, le législateur français distingue également les enquêtes menées pour les besoins de la régulation où l'ordonnance doit contenir une telle mention, des enquêtes menées en tant que police judiciaire pour lesquelles il ne retient pas cette condition. Nous estimons qu'au contraire, c'est dans le cadre de leur mission de police judiciaire que le législateur aurait pu être plus exigeant et imposer de déterminer le nom et la qualité des agents enquêteurs. D'autant plus que sa position n'est pas uniforme dans la mesure où il ne procède pas à cette distinction dans le cas de la CRE, par exemple.

documents établissant la présomption de manquement[944]. Elle doit également bien déterminer la date des visites, les pratiques et les marchés visés, raison pour laquelle la Cour de cassation interdit les ordonnances dont l'objet est général et indéterminé[945]. Dans le même sens, doivent être définis limitativement le marché et les pratiques présumées[946]. Par ailleurs, aux termes de l'article L.450-4 du Code de commerce, le juge des libertés et de la détention peut autoriser, après avoir vérifié que la requête administrative est fondée, des opérations de visite et saisie dans toute entreprise, quelle qu'elle soit son activité. Aussi, les juges du fond ne peuvent « ajout[er] à la loi des conditions qu'elle ne comporte pas », en exigeant des présomptions plus précises, graves et concordantes, car il s'agirait d'autoriser des opérations de visite et saisie dans les locaux d'entreprises de presse[947].

512. Concernant les documents pouvant faire l'objet d'un contrôle ou d'une saisie, il est de jurisprudence constante que l'ordonnance judiciaire n'a pas à les désigner expressément[948]. Toutefois, le principe en la matière est que l'administration compétente peut saisir "tous documents utiles" à la preuve des agissements retenus et en relation avec les marchés définis par

---

Toutefois, aux termes d'une jurisprudence bien établie, la circonstance que les enquêteurs n'aient pas été désignés nominativement n'affecte en rien la régularité de la décision. Aussi, le président du tribunal peut laisser au chef de service, qui a sollicité et obtenu l'autorisation exigée par la loi, le soin de désigner les agents enquêteurs, *cf.* Cass. com., 25 janv. 2000, n°s 98-30.291 et 98-30.292, *Sté les travaux du midi,* inédit, JurisData:2000-000415 ; Cass. crim., 16 avr. 2008, n° 06-88.978, *Sté Internationale de règlements*, préc.

[944] Cass. crim., 28 mars 2007, n° 06-81.099, inédit, JurisData:2007-038889 ; Cass. crim., 6 déc. 2006, n° 05-85.341, inédit, http://www.legifrance.gouv.fr ; Cass. crim., 20 avr. 2005, n° 04-81.607, inédit, JurisData:2005-028877 ; CA Paris, 15 juin 2010, n° 09/20624, *Sté Veolia Transport, Sté Keolis,* JurisData:2010-012497 ; Cass. com., 20 oct. 1998, n° 96-30.023, *Ardoine, Bull. civ.* 1998, IV, n° 251, p. 208, JurisData:1998-003909.

[945] Cass. crim., 25 janv. 2012, n° 10-85-476, inédit, JurisData:2012-003083 ; Cass. com, 11 janv. 2000, n°s 97-30-190 et 97-30-191, *Sté Sacer Sud-Est et autres c/ Directeur général de la concurrence, de la consommation et de la répression des fraudes, Bull. civ.* 2000, n° 9, p. 8 ; Cass. com., 12 nov. 1996, n° 99-10.596, inédit ; Cass. com., 3 mai 1995, n° 93-17.768, inédit ; Cass. com., 6 avr. 1993, n° 91-17.835, *Sté GTM-BTP c/ DGCCRF, Bull. civ.* 1993, IV, n° 145, p. 99 ; Cass. com., 26 oct. 1993, n° 92- 13.658, *Sté société anonyme Trabet et autres c/ DGCCRF, Bull. civ.* 1993, IV, n° 367, p. 266.

[946] Cass. com., 15 mars 1994, n° 92-15.501, *Sté Wanner Isofi c/ DGCCRF, Bull. civ.* 1994, IV, n° 116, p. 89, JurisData:1994-000480 ; Cass. crim., 9 févr. 2005, n° 03-85.302, *Bull. crim.* n° 51, p. 166, JurisData:2005-027419 ; Cass. com., 4 mars 1997, n° 95-30.130, *Sté Schering-Plough*, inédit, JurisData:1994-000480.

[947] Cass. com., 11 janv. 2012, n° 10-85.446, *Le rapporteur général de l'ADLC, Sté 10 Médias, Bull. crim.* 2012, n° 8, JurisData :2012-000198.

[948] Cass. com., 29 oct. 1991, n°s 90-12.923 (inédit), 90-12.925 (*Bull. civ.* 1991, IV, n° 325, p. 225) et 90-13.362 (inédit) ; Cass. com., 14 janv. 1992, n° 90-10.602, inédit ; Cass. com., 12 déc. 1995, n°s 93-21.605 (*M. Francis Z*, inédit), 93-20.979 (*Sté SAR entreprise générale et autres*, inédit), 93-20.978 (*Sté Constructions modernes parisiennes*, inédit), 93-20.810 (*Sté SN Soteba*, inédit) et 93-20.980 (*M. Francis Poullain*, inédit).

l'ordonnance d'autorisation[949]. Plus encore, selon la haute juridiction judiciaire « si l'administration ne peut appréhender que des documents se rapportant aux agissements retenus par l'ordonnance autorisant les opérations de visite et de saisie, il ne lui est pas interdit de saisir des pièces *pour partie utiles* à la preuve de ces agissements [notamment si] les écrits, supports et données saisis n'étaient ni divisibles ni étrangers au but de l'autorisation accordée »[950] (souligné par nous). Donc les juges de la haute juridiction judiciaire n'exigent pas que l'''utilité'' des documents soit totale, dans la mesure où ils acceptent également la saisie de documents « pour partie utiles » à la preuve des agissements retenus[951].

513. Par ailleurs, si les documents strictement personnels échappent en principe au contrôle et à la saisie, la question s'est posée quant au sort des documents dits ''mixtes''. C'est-à-dire ceux pouvant contenir des données et informations professionnelles et personnelles en même temps[952]. Dans une décision du 17 juin 1997[953], le Conseil de la concurrence a estimé qu'il ne peut être utilement soutenu que l'agenda saisi n'avait pas un caractère professionnel, car comportant des annotations personnelles. Pour lui, « la simple présence de cinq annotations, en partie illisibles comme le reconnaît la société S.B.B.A., interprétées par elle comme étant des annotations personnelles, parmi de multiples annotations liées de manière quasiment exclusive à l'activité professionnelle de l'intéressé, ne suffit pas à enlever un caractère « professionnel » aux extraits du document, communiqués en copies

---

949 Cass. com., 14 janv. 1992, n° 90-10582, *Sté CAPS*, *Bull. civ.* 1992, IV, n° 17 ; Cass. com., 19 déc. 1995, n° 94-10.581, *Heller*, *Bull. civ.* 1995, IV, n° 308, p. 282 ; Cass. com., 23 mars 1999, n° 97-30319, *Bull. civ.* 1999, IV, n° 70, p. 57.

950 Cass. crim., 14 déc. 2011, n° 10-85.293, *Bull. crim.* 2011, n° 259, JurisData:2011-028264. *Cf.* aussi : Cass. crim., 30 nov. 2011, n° 10-81.749, *Bull. crim.* 2011, n° 243, JurisData:2011-026676.

951 Cass. crim., 14 déc. 2011, n° 10-85.293, préc. ; Cass. crim., 12 déc. 2007, n° 06-81.907, inédit, JurisData:2007-042609 ; Cass. crim., 9 févr. 2005, n° 03-86.664, inédit, JurisData:2005-027527 ; Cass. crim., 9 févr. 2005, n° 03-86.795, *Bull. crim.* 2005, n° 53, p. 193, JurisData:2005-027673 ; Cass. com., 13 juill. 2004, n° 03-11.430, *Sté DTP Terrassement*, *Bull. civ.* 2004, IV, n° 163, p. 175, JurisData:2004-024684 ; Cass. com., 13 juin 1997, n° 95-30.228, *Sté Eurosyntec*, inédit, JurisData:1997-002750 ; Cass. com., 13 mai 1997, n° 95-30.097, *Sté GTM Entrepose*, inédit, JurisData:1997-002230.

952 Pour certains auteurs, les enquêteurs ne peuvent demander la communication de ce type de documents car ils contiennent des informations personnelles, *cf.* J-M. MOUSSERON et V. SELINSKY, *Le droit français nouveau de la concurrence*, 2ème éd., Paris, Litec, 1988, p. 174. D'autres en revanche ont défendu la possibilité d'exiger et d'examiner ce genre de documents, *cf.* Ch. GAVALDA et G. LUCAS DE LUSSAC, « Commentaire de l'ordonnance du 1er déc. 1986 relative à la liberté des prix et de la concurrence », *ALD* 1988, p. 47.

953 Cons. conc., n° 97-D-39 du 17 juin 1997, relative à des pratiques mises en œuvre par différentes entreprises dans le secteur du béton prêt à l'emploi dans la région Provence Alpes Côte d'Azur, *BOCCRF* n° 15 du 30 août 1997. Le Conseil a reconduit la même solution dans la décision n° 00-D-68 du 17 janv. 2001, relative à des pratiques concertées sur des marchés de transport de personnel d'entreprises, *BOCCRF* n° 10 du 24 juill. 2001.

aux enquêteurs ». Donc l'agenda est considéré comme ayant un caractère professionnel, ce qui a permis son contrôle et sa saisie[954].

514. Concernant les données informatiques, les AAIRE, plus particulièrement l'ADLC, ne procèdent pas au tri des informations, comme elles le font pour les documents « papier ». En effet, arguant de l'article L.450-4 du Code de commerce, d'après lequel les enquêteurs peuvent « procéder [...] à la saisie de documents et de tout support d'information », l'ADLC se dit en mesure de saisir les supports eux-mêmes et non seulement quelques données parmi celles qu'ils contiennent. Se basant sur le caractère d'insécabilité, la Cour de cassation valide les saisies en bloc, en estimant par exemple que le juge avait « souverainement estimé que les supports et données saisis n'étaient ni divisibles ni étrangers au but de l'autorisation accordée »[955] et qu'elles « étaient susceptibles de contenir des éléments intéressant l'enquête »[956]. De même, elle trouve les fichiers « constitués de messageries électroniques insécables »[957], et que « l'administration n'avait pas à individualiser sur place les seuls messages entrant dans le champ de l'autorisation judiciaire »[958]. C'est ce qui est qualifié de saisie globale ou en bloc. Dans le but d'atténuer la contestation des entreprises du marché, elle a souligné assez souvent dans sa jurisprudence qu'il appartient au juge « de vérifier concrètement, en se référant au procès-verbal et à l'inventaire des opérations, la régularité de ces dernières et d'ordonner, le cas échéant, la restitution des documents qu'il estimait appréhendés irrégulièrement ou en violation des droits de la défense »[959].

Mieux encore, elle a jugé que « dès lors que les enquêteurs soupçonnent l'existence de documents incluant des données personnelles ou couvertes par le secret des correspondances d'avocat, ou si l'occupant des lieux les alerte, ils

---

[954] *Cf.* dans ce sens : CA Paris, 25 mars 2008, n° 07/04789, *Sté Cemex Betons Sud-Est.*

[955] Cass. crim., 17 juin 2009, n° 07-88.354, inédit. *Cf.* aussi : Cass. crim., 24 avr. 2013, n° 12-80.346, préc. ; Cass. crim., 30 nov. 2011, 10-81.749, *Bull. crim.* 2011, n° 243, JurisData:2011-026676 ; Cass. crim., 14 déc. 2011, n° 10-85.293, *Bull. crim.* 2011, n° 259, JurisData:2011-028264 ; Cass. crim., 12 déc. 2007, n° 06-81.907, inédit, JurisData:2007-042609.

[956] Cass. crim., 8 avr. 2010, n°s 08-87.415 et 08-87.416, inédits. *Cf.* aussi : Cass. crim., 16 déc. 2009, n° 08-86.359, inédit ; Cass. crim., 20 mai 2009, n° 07-86.437, *Bull. crim.* 2009, n° 103.

[957] Cass. crim., 11 janv. 2012, n° 10-87.087, inédit, JurisData:2012-002592. La cour d'appel de Paris avait recouru à une expertise pour tenter, entre autres, de « fournir au délégué du premier président tous les éléments qui lui permettront d'évaluer techniquement la possibilité de la saisie sélective de messages dans la messagerie électronique sans compromettre l'authenticité de ceux-ci », *cf.* CA Paris, 2 nov. 2010, n° 10/01858, *Sté Sobea Environnement c/ ADLC* ; CA Paris, 2 nov. 2010, n° 10/01894, *Sté Sade-compagnie générale de travaux hydrolique c/ ADLC. Cf.* aussi : CA Paris, 4 janv. 2011, n° 09/13945, *Le CSTB c/ ADLC.* Malgré la nécessité et le bon sens d'une telle démarche, la Cour de cassation a désavoué le juge parisien en soutenant que « seuls les faits dont dépend la solution du litige peuvent, à la demande des parties ou d'office, faire l'objet d'une mesure d'instruction [...] le juge [...] ne pouvait [sans méconnaître ce principe] ordonner une mesure sans rapport concret avec le litige comme tendant à apprécier la possibilité pour les enquêteurs de procéder autrement qu'ils ne l'avaient fait », *cf.* Cass. crim., 16 juin 2011, n° 11-80.345, *Bull. crim.* 2011, n° 135 ; Cass. crim., 11 janv. 2012, n° 10-88.197, *Bull. crim.* 2012, n° 10.

[958] Cass. crim., 1er juill. 2009, n° 07-87.080, JurisData:2009-049207.

[959] Cass. crim., 11 janv. 2012, n° 10-88.197, *Bull. crim.* 2012, n° 10, JurisData:2012-000197.

placent les données sous scellés et il est ultérieurement procédé, sous le contrôle du juge à leur restitution »[960]. Reprenant d'une main ce qu'elle a donné par l'autre, elle a estimé que « la confection de scellés provisoires est une faculté laissée à l'appréciation des enquêteurs »[961].

515. Il est clair que les saisies en bloc ou globales sont attentatoires aux droits de la défense, dans la mesure où elles incluent des éléments ne relevant pas de l'objet de l'enquête, des éléments purement personnels et d'autres couverts par la confidentialité. Arguer de l'insécabilité des données est peu convaincant au moment où il existe des techniques et des logiciels capables de trier les données électroniques comme cela se fait ailleurs, notamment au niveau de la Commission européenne qui l'a d'ailleurs rappelé dans une note le 18 mars 2013[962].

Certes, une position de principe traduisant un revirement jurisprudentiel est enregistrée avec les quatre arrêts du 24 avril 2013[963], à travers lesquels la Cour de cassation a estimé que le pouvoir reconnu aux enquêteurs de l'ADLC « par l'article L.450-4 du Code de commerce, de saisir des documents et supports informatiques, trouve sa limite dans le principe de la libre défense qui commande de respecter la confidentialité des correspondances échangées entre un avocat et son client et liées à l'exercice des droits de la défense ». Mais cette solution est basée sur les articles L.450-4 du Code de commerce et 66-5 de la loi du 31 décembre 1971, donc elle concerne les enquêteurs de l'ADLC et seulement à propos du secret professionnel des avocats. En effet, il est question dans ces arrêts du respect du « principe de la libre défense » qui implique le respect du secret professionnel de l'avocat. Qu'en sera-t-il des enquêtes menées par les autres AAIRE, notamment l'AMF ? Quid des autres secrets professionnels (issus des échanges avec des comptables, des médecins, etc., et d'autres professions soumises au secret professionnel) et de tout autre secret lié à la vie privée des personnes contrôlées ? Par ailleurs, en optant pour une annulation sélective au lieu d'une saisie sélective, comme réclamé par les acteurs du marché, la Cour de cassation n'a pas mis fin à la méthode globale dans les saisies. Par conséquent, les enquêteurs peuvent continuer à saisir

---

[960] Cass. crim., 29 juin 2011, n° 10-85.479, inédit.

[961] Cass. crim., 11 janv. 2012, n° 10-87.087, inédit, JurisData:2012-002592 ; Cass. crim., 14 déc. 2011, n° 10-85.293, Bull. crim. 2011, n° 259, JurisData:2011-028264 ; Cass. crim., 17 juin 2009, n° 07-88.354, inédit .

[962] *cf.* European Commission, « Explanatory note to an authorisation to conduct an inspection in execution of a Commission decision under Article 20(4) of Council Regulation N° 1/2003 », disponible sur : http://ec.europa.eu/competition/antitrust/legislation/explanatory_note.pdf.

[963] Cass. crim., 24 avr. 2013, n°s 12-80.331, 12-80.332, 12-80.336, 12-80.346, préc. Pour plus de détails sur la question, *cf.* L. SAENKO, « Les saisies globales en droit de la concurrence : perspectives nouvelles », *JCP E* 2013, 1453 ; D. PIAU, « Allô, le secret professionnel… non mais allô quoi ! », *Gaz. Pal.*, 2013, n° 155, p. 10 ; G. FABRE, « Saisies globales de messageries et respect du secret professionnel de l'avocat », *RLC* 2012, n° 30, p. 60. Peut-être, s'agit-il d'une coïncidence mais ces arrêts sont rendus après que la Commission européenne ait publié le 18 mars 2013 une note sur la méthode sélective lors des enquêtes.

globalement comme avant, les personnes ainsi contrôlées sont obligées d'exercer un recours pour que le juge compétent fasse ensuite un tri. Donc en réalité, rien n'a changé, la protection doit être effective au moment de l'enquête, pas après l'exercice d'un recours juridictionnel. N'est-il pas contradictoire de défendre « le principe de la libre défense » lorsque les secrets sont déjà consommés et connus par les enquêteurs ? À suivre la logique de la Cour de cassation, la protection arrive après la violation des droits de la défense.

516. La question de l'identification des lieux où les visites sont autorisées dans l'ordonnance judiciaire est différemment traitée par les dernières réformes. S'agissant de la CRE, par exemple, tout en annonçant que les visites peuvent avoir lieu en « tous lieux », le législateur a exigé que « l'ordonnance comporte l'adresse des lieux à visiter »[964]. C'est cette même expression qui est utilisée pour imposer une telle mention dans les ordonnances judiciaires autorisant les visites dans les secteurs des postes et communications électroniques[965]. Cependant, il faut noter que, dans ce secteur, cette exigence est exprimée à l'occasion des visites et saisies entreprises pour les besoins de la régulation. En revanche, elle n'a pas été renouvelée à l'occasion des mêmes opérations menées par l'ARCEP en tant que police judiciaire, c'est-à-dire pour la constatation des infractions qui relèvent de la compétence du juge[966]. Le même constat peut être fait concernant l'AMF, l'ARAFER et l'ADLC ; les opérations de visite peuvent certes se dérouler « en tous lieux », à condition d'être autorisées par le juge compétent, mais les textes régissant ces autorités ne contiennent aucune disposition imposant la désignation expresse des lieux à visiter dans l'ordonnance judiciaire. Le législateur s'étant contenté de prévoir que la « demande (d'autorisation) doit comporter tous les éléments d'information en possession du demandeur de nature à justifier la visite »[967].

517. Qu'en est-il du respect de cette exigence en pratique ? D'après les affaires exposées devant le juge du contrôle, plus particulièrement en matière de concurrence, il est apparu qu'il arrive assez souvent que les autorités de régulation effectuent des visites dans des lieux autres que ceux désignés dans l'ordonnance judiciaire. En principe, les visites domiciliaires sont des mesures attentatoires aux libertés individuelles, notamment à la vie privée, raison pour laquelle la jurisprudence rendue en la matière considère, du moins dans un premier temps, que les lieux faisant l'objet de ces opérations doivent être décrits avec précision[968]. En cas de besoin, au cours des opérations, les agents

---

[964] Art. L.135-5 al. 1 et 3 du C. énergie.

[965] *Cf.* les art. L.5-9-1-I, al. 2 et L.32-5-I, al. 2 du CPCE.

[966] *Cf.* les art. 20 et 40 du CPCE.

[967] *Cf.* Les art. L.621-12, al. 1 du C. mon. fin., L1264-4 du C. transports et L.450-4, al. 1 du C. com

[968] Cass. com., 21 mars 1989, n° 88-10.162, *SARL La Ligne du Cuir et autres c/Direction générale de la concurrence*, *Bull. civ.* 1989, IV, n° 93, p. 60, JurisData:1989-700912, *RTD com.* 1990, p. 85, obs. B. BOULOC ; Cass. com., 4 avr. 1995, n° 93-12.948, *Sté Solvay santé animale*, *Bull. civ.* 1995, IV, n° 117, p. 104, JurisData:1995-000783.

enquêteurs sont priés de solliciter les autorisations complémentaires qui leur sembleraient nécessaires[969]. Toutefois, cette fermeté a laissé place à plus de souplesse ; dans un arrêt rendu le 16 avril 2008, la Cour de cassation semblait s'être éloignée de la fermeté affichée précédemment, puisque malgré le fait que l'ordonnance judiciaire ait autorisé des enquêteurs, de l'AMF en l'espèce, à effectuer la visite des locaux de la société mise en cause et de « toute autre société située dans le ressort territorial du tribunal de grande instance de Paris où seraient susceptibles de figurer des pièces ou documents ayant un lien avec l'enquête », elle n'a pas trouvé utile de la censurer sous prétexte que « les opérations n'ont eu lieu [de fait] que dans les locaux spécifiquement désignés dans l'ordonnance »[970]. Dans le cas d'espèce, la haute juridiction judiciaire a apprécié les faits *in concreto*, en jugeant que seule une atteinte concrète aux droits de la société contrôlée aurait permis de juger l'ordonnance irrégulière, et dès lors que les opérations de visite et de saisie n'avaient été réalisées que dans les locaux spécifiquement désignés dans l'ordonnance, c'est-à-dire les locaux occupés à usage professionnel par la société X, elle a estimé qu'il n'y avait pas lieu d'accéder au moyen présenté[971].

518. Outre la position controversée de la Cour de cassation, la confusion a été alimentée par l'ordonnance du 13 novembre 2008, portant modernisation de la régulation de la concurrence qui, en modifiant l'alinéa 5 de l'article L.450-4 du Code de commerce, semble légaliser la faculté d'effectuer des visites et saisies dans des lieux autres que ceux désignés dans l'ordonnance judiciaire. En effet, abordant la question de la notification de l'autorisation de visite et de saisie, le législateur prévoit qu'en cas d'absence de l'occupant des lieux, cette dernière est notifiée après les opérations, par lettre recommandée avec accusé de réception, et qu'il « en va de même lorsqu'il n'est pas procédé à la visite dans un des lieux visés par l'ordonnance ». Il est aisé de comprendre à travers cette nouvelle formulation que les opérations de visite et de saisie peuvent avoir lieu dans des endroits autres que ceux visés dans l'autorisation.

519. Il est bien clair qu'il s'agit là d'une véritable entorse aux droits des personnes contrôlées. Si on se place du côté des AAIRE, qui bénéficient de cette situation, une telle liberté dans le choix des lieux à visiter leur permettrait de gagner plus en efficacité, mais reconnaître une telle faculté à une administration, dotée de surcroît d'une panoplie de pouvoirs exorbitants, constitue un véritable abus voire une méthode déloyale dans la quête de la

---

[969] *Ibid.*

[970] Cass. crim., 16 avr. 2008, *Sté Internationale de règlements*, préc.

[971] Si certains semblent être satisfaits d'une telle solution (R. SALOMON, obs. sous Cass. crim., 16 avr. 2008, préc., *Rev. sociétés* 2008, comm. n° 163), d'autres, en revanche, cela contribue à l'ouverture de la boite de Pandore. Pour ces derniers, conférer « un blanc-seing » aux AAIRE, en l'espèce l'AMF, dans l'exercice du droit de visite et de saisie, contredit l'existence du régime de l'autorisation judiciaire préalable qui est censée « préserver les droits et libertés malmenés par le droit de visite et de saisie », raison pour laquelle ils estiment que l'« autorisation attentatoire aux libertés individuelles et à la vie privée devant toujours être interprétée strictement ». Aussi, considèrent-ils l'ordonnance en cause irrégulière sur ce point (J.-L. CAPDEVILLE, note sous Cass. crim., 16 avr. 2008, *Bull. Joly Bourse* 2008, p. 309).

preuve. En effet, comment peut-on parler de respect des droits de la défense et des libertés individuelles si l'on permet à certaines AAIRE de mener des opérations de visite et de saisie « brusquement » là où elles le souhaitent, sans que ces lieux ne soient identifiés par l'ordonnance judiciaire ? Ce qui est inexplicable également est la distinction opérée par le législateur entre les AAIRE en traitant de cette question. Pour quelle raison n'a-t-il pas exigé l'identification des lieux à visiter dans l'ordonnance judiciaire dont pourraient bénéficier l'ADLC, l'ARAFER et l'AMF, comme il l'a fait pour la CRE et l'ARCEP ou même en matière fiscale[972] ? Et dire que les réformes entreprises en la matière sont dictées en principe dans le but d'« adapter, dans le sens d'un renforcement des droits de la défense, les législations conférant à l'autorité administrative un pouvoir de visite et saisie »[973].

520. Pour terminer sur le contenu de l'ordonnance judiciaire autorisant les opérations de visite et de saisie, il faut noter que la position du législateur quant au délai et à la voie de recours dont elle peut faire l'objet n'est pas également uniforme. Dans les secteurs de l'énergie, des postes et communications électroniques ces informations sont mentionnées dans l'acte notifiant l'ordonnance[974]. Mieux encore, cet acte doit aussi indiquer, d'une part, les voies et délais de recours contre le déroulement de ces opérations et, d'autre part, la possibilité de saisir le juge ayant autorisé la visite d'une demande de suspension ou d'arrêt de cette visite[975]. Dans le cas de l'AMF, de l'ARAFER et de l'ADLC, les textes ont évoqué seulement l'obligation de mentionner le délai et la voie de recours dans l'ordonnance judiciaire[976].

Nous estimons qu'on est en droit de s'interroger sur les raisons de toute cette disparité procédurale, entre différentes AAIRE, d'autant plus que les réformes sont réalisées à la même période. Le législateur aurait pu, en effet, profiter des réformes induites par les arrêts *Ravon* et *André*, pour harmoniser la procédure des opérations de visite et de saisie menées par les AAIRE, ce qu'il n'a pas fait.

521. Outre ces mentions, doit être également expressément évoquée la faculté des personnes contrôlées de faire appel à un conseil de leur choix, un droit qui jusque-là n'était pas prévu par les textes. Si cette obligation est prévue, d'une manière assez claire, dans le cas de l'AMF et de l'ADLC[977], le législateur ne l'a pas consacrée en revanche dans les textes régissant le reste des AAIRE ayant fait l'objet de notre étude. Certes, il existe dans le cadre des opérations de visite et de saisie menées par l'ARCEP et la CRE des dispositions stipulant que l'occupant des lieux peut se faire assister d'un

---

[972] *Cf.* art. L.16 B du Livre des procédures fiscales.
[973] Art. 164-VI de la loi n° 2008-776 du 4 août 2008 de modernisation de l'économie, préc.
[974] *Cf.* les art. L.5-9-1-II, al. 2 et L.32-5-II al. 2 du CPCE (ARCEP) ; L.135-6, al. 2 du C. énergie (CRE).
[975] *Ibid.*
[976] *Cf.* les art. L.621-12, al. 4 du C. mon. fin., (AMF) ; R.450-2, al. 1 du C. com., (ADLC) ; L1264-4, al. 8 du C. transports (ARAFER).
[977] Art. L.450-4, al. 5 du C. com et L.621-12, al. 4 du C. mon. fin.

« avocat » de son choix[978], mais cela ne vaut pas la consécration d'un tel droit dans l'ordonnance judiciaire. Par ailleurs, faut-il le remarquer, le droit d'être assisté pendant ces opérations semble, à première vue, être restreint puisque l'occupant des lieux peut se faire assister seulement d'un « avocat », contrairement à ce qui a été prévu pour les deux premières autorités où l'on parle de « conseil »[979]. Enfin, il faut savoir que l'exercice de ce droit n'entraîne pas la suspension des opérations de visite et saisie, dans la mesure où l'ordonnance judiciaire est exécutoire au seul vu de la minute[980]. La suspension des opérations précitées ne peut être obtenue qu'auprès du juge qui les a autorisées.

b.2. Modalités de recours contre l'ordonnance judiciaire, ou l'instauration d'un second degré de juridiction

522. Suite aux réformes introduites dans l'arsenal juridique encadrant les opérations de visite et saisie, l'ordonnance judiciaire autorisant ces opérations peut désormais faire l'objet d'un appel devant le premier président de la cour d'appel, relevant du ressort du juge ayant autorisé la visite et la saisie. Avant ce texte, l'autorisation n'était susceptible que d'un pourvoi en cassation, et l'institution d'un appel – recours de plein contentieux[981]– fait suite aux critiques portées par la CEDH sur la position française au regard du droit à un procès équitable. En effet, pour la Cour européenne, le droit interne français n'offrait pas l'accès à un contrôle juridictionnel effectif de la régularité des décisions autorisant les visites, puisqu'elles n'étaient susceptibles que d'un pourvoi en cassation, qui ne permettait pas un examen des éléments de fait fondant ces autorisations. Pour le juge Strasbourgeois, la circonstance que l'autorisation soit « délivrée par un juge – de sorte qu'à première vue, un contrôle juridictionnel incluant un examen de cette nature se trouve incorporé dans le processus décisionnel lui-même – ne suffit pas à combler cette lacune »[982]. Enfin, à ses yeux, le fait que le législateur ait prévu que les

---

[978] Art. L.5-9-1-IV et L.32-5-IV du CPCE, et L.135-8, al. 1 du C. énergie.

[979] Le terme « conseil » est beaucoup plus large et vise toute personne qu'on sollicite pour avoir son avis sur une question donnée, donc pouvant inclure même un avocat.

[980] Art. L.621-12, al. 6 du C. mon. fin., (AMF) ; les art. L.5-9-1-I, al. 3 et L.32-5-I, al. 3 du CPCE (ARCEP), et L.135-5, al. 4 du C. énergie (CRE) ; art. L1264-4, al. 6 du C. transports (ARAFER).

[981] L'appel est la voie de recours qui tend à faire réformer ou annuler, par la juridiction du second degré, la décision du premier juge. À cet effet, il remet la chose jugée en question pour qu'il soit à nouveau statué en fait et en droit (*cf.* les art. 542 et 561 du CPC). Alors que le pourvoi en cassation tend à faire censurer par la Cour de cassation la non-conformité aux règles de droit du jugement attaqué (*cf.* art. 604 du CPC), sans que cette dernière puisse se prononcer sur les éléments de fait, qui relèvent du pouvoir souverain des juges du fond.

[982] *Ravon et autres c. France*, n° 18497/03, §§ 28-30, préc. Au gouvernement français, qui évoqua la jurisprudence de la CEDH dans l'affaire *Keslassy* (*Keslassy c. France* (déc.), n° 51578/99, CEDH 2002-I), rendue sur le terrain de l'art. 8 de la CESDH, selon laquelle l'existence d'un tel recours contribue à garantir la préservation du droit au respect de la vie privé et du domicile, le juge Strasbourgeois a soutenu que « l'on ne saurait considérer que l'instance

opérations s'effectuent sous le contrôle du juge qui les a ordonnées, n'est pas suffisant pour permettre un « contrôle indépendant de la régularité de l'autorisation elle-même ».

523. L'étude des dispositions régissant ce recours en appel, nous révèle que celles applicables en matière de droit de la concurrence sont différentes de celles retenues dans les autres secteurs. Tout d'abord, en droit de la concurrence, l'appel est soumis aux règles du Code de procédure pénale[983], en revanche dans les autres matières le recours est soumis aux règles de la procédure civile[984]. Une situation incompréhensible, car ayant soumis les enquêtes des AAIRE à plusieurs règles et principes empruntés à la matière pénale, le législateur aurait pu soumettre ce recours dans le cas de toutes ces autorités au Code de procédure pénale, d'autant plus qu'un tel choix s'impose, en principe de lui-même, en raison de l'intervention d'un juge des libertés et de la détention ou d'un officier de police judiciaire dans ces opérations.

524. Ensuite, concernant le délai du recours, en droit de la concurrence le délai est de dix (10) jours tandis que dans les autres matières, il est de quinze (15) jours. Par ailleurs, dans tous les cas de figure, le délai court à compter soit de la remise de l'ordonnance, de sa réception, de sa signification ou de sa notification, soit de la remise ou de la réception du procès-verbal ou de l'inventaire. Concernant les enquêtes de l'ADLC, les personnes mises en cause, mais n'ayant pas fait l'objet de visite et de saisie, le délai court à compter de la date à laquelle elles ont reçu notification du procès-verbal et de l'inventaire et, au plus tard à compter de la notification de griefs prévue à l'article L.463-2 du Code de commerce. Le recours, qui n'est pas suspensif, est formé par déclaration remise ou adressée par pli recommandé, et dans certains textes – AMF et ARAFER – également par voie électronique, au greffe de la cour. Tandis qu'en matière de concurrence, l'appel est formalisé par déclaration au greffe du tribunal de grande instance[985]. Enfin, d'après les textes, l'ordonnance du premier président de la cour d'appel est susceptible d'un recours en cassation qui sera exercé selon les règles du Code de procédure pénale en matière de droit de la concurrence, et selon les règles prévues dans le Code de procédure civile dans les autres cas[986].

---

au cours de laquelle le juge examine la demande d'autorisation est conforme à l'article 6§1 alors que la personne visée par la perquisition projetée – qui ignore à ce stade l'existence d'une procédure intentée à son encontre – ne peut se faire entendre » (*Ravon* § 30). *Cf.* également sur ce point : *André et autre c. France*, n° 18603/03, § 35, 24 juill. 2008 ; *Kandler et autres c. France*, n° 18659/05, § 25-27, 18 sept. 2008 ; *Maschino c. France*, n° 10447/03, §§ 21-24, 16 oct. 2008.

[983] *Cf.* l'art. L.450-4, *in fine* du C. com.

[984] *Cf.* art. L.621-12, al. 6 du C. mon. fin., (AMF) ; art. L.5-9-1-VI, al. 3 et L.32-5-V du CPCE (ARCEP) ; art. L1264-4, al. 10 du C. transports (ARAFER) ; art. L.135-9, al. 4 du C. énergie (CRE).

[985] *Cf.* sur toutes ces questions : l'art. L.450-4 al. 12 du C. com., (ADLC) ; l'art. L.621-12, al. 6 du C. mon. fin., (AMF) ; les art. L.5-9-1-VI, al. 2 et L.32-5-V, al. 2 du CPCE (ARCEP) ; l'art. L1264-4, al. 10 du C. transports (ARAFER) ; l'art. L.135-9, al. 2 du C. énergie (CRE).

[986] *Ibid.*

2. Un contrôle en aval, ou le contrôle du déroulement des opérations

525. Le rôle du juge ne se limite pas à autoriser les visites domiciliaires et autres saisies, il intervient également en aval pour en contrôler le déroulement. Ces opérations doivent en effet s'effectuer sous l'autorité et le contrôle du juge qui les a autorisées, en l'occurrence le juge des libertés et de la détention, qui peut même en cas de besoin se rendre sur les lieux pendant l'intervention, comme il peut, à tout moment, en décider la suspension ou l'arrêt[987]. De tels pouvoirs sont-ils pour autant suffisants pour dire qu'il y a respect des droits de la défense ?

526. Après avoir établi l'applicabilité de l'article 6§1 de la CESDH, dans l'affaire *Ravon*, la Cour européenne a estimé que le droit d'accès à un tribunal doit être concret et effectif, notamment en lui permettant de se pencher sur toutes les questions de fait comme de droit. Selon la Cour, en matière de visites domiciliaires, cela implique que les personnes contrôlées puissent obtenir un contrôle juridictionnel effectif, non seulement de la régularité de la décision prescrivant la visite, mais également « des mesures prises sur son fondement »[988], c'est-à-dire des opérations elles-mêmes. Or, le fait que ces dernières s'effectuent sous le contrôle du juge-même qui les a ordonnées, de sorte que, pendant leur déroulement, les personnes dont les locaux sont visés par ces opérations ont la possibilité de le saisir, en vue d'une suspension ou de l'arrêt de la visite, apparaît aux yeux du juge Strasbourgeois « plus théorique qu'effectif »[989], et ce, pour l'absence, notamment :

- d'obligation pour les agents procédant à la visite de faire connaître aux intéressés leur droit de soumettre toute difficulté au juge ;
- d'obligation pour le juge de mentionner dans l'ordonnance d'autorisation la possibilité et les modalités de sa saisine, en vue de la suspension ou de l'arrêt de la visite ;
- de la possibilité de saisir le juge qui a autorisé les opérations, après l'achèvement de celles-ci.

527. Qu'en est-il de ces reproches après les réformes adoptées en la matière ? Tout d'abord, à propos de l'obligation de faire connaître aux intéressés leur droit de soumettre toute difficulté au juge, l'étude des textes régissant les AAIRE ne révèle l'existence d'aucune disposition allant dans ce sens.

Ensuite, l'obligation d'indiquer dans l'ordonnance judiciaire la possibilité et les modalités de la saisine du juge compétent, en vue de la suspension ou de l'arrêt de la visite, n'est pas également remplie hormis le cas de deux autorités. Effectivement, seul l'acte de notification de l'ordonnance judiciaire, adressé par les enquêteurs de l'ARCEP et de la CRE, mentionne, en plus de la voie et

---

[987] *Cf.* l'art. L.450-4, al. 4 du C. com (ADLC); l'art. L.621-12, al. 6 du C. mon. fin., (AMF) ; les art. L.5-9-1-III, al. 1 et L.32-5-III, al. 1 du CPCE (ARCEP) ; l'art. L.135-7 du C. énergie (CRE) ; l'art. 23-I, al. 4 et 5 de la loi n° 2009-1503 du 8 déc. 2009, préc., (ARAFER).

[988] *Ravon et autres c. France*, n° 18497/03, § 28, 21 févr. 2008.

[989] *Ibid.*, § 31.

le délai du recours contre le déroulement de la visite, la faculté offerte aux personnes contrôlées de saisir le juge, l'ayant autorisée, d'une demande de suspension ou d'arrêt, mais sans aucun autre détail quant aux modalités de la saisine. Pour le reste des AAIRE, ayant fait l'objet de notre recherche, le législateur a certes abordé la question de la suspension et de l'arrêt de la visite, cependant la formulation utilisée suggère qu'il s'agit d'une simple faculté reconnue au juge compétent. En effet, dans le cas de la CRE et l'ARCEP, le législateur a consacré à deux reprises la faculté de suspendre ou d'arrêter la visite, la première est reconnue aux personnes visées par la visite et la seconde au juge l'ayant autorisée. Au sujet de la première il est dit que l'acte de notification de l'ordonnance judiciaire doit mentionner « que le juge ayant autorisé la visite peut être saisi d'une demande de suspension ou d'arrêt de cette visite »[990]. Quant à la seconde, il est dit qu'« à tout moment [le juge], peut décider la suspension ou l'arrêt de la visite »[991]. Tandis que dans le cas de l'AMF, de l'ADLC et de l'ARAFER, le législateur a adopté seulement cette seconde formule[992]. La différence est flagrante ; pour les deux premières autorités, il est question, dans un premier lieu, d'une faculté reconnue aux personnes visées par l'opération et dont ils prennent connaissance grâce à l'acte de notification de l'ordonnance qui la contient, en second lieu, le législateur a consacré une faculté reconnue au juge, tandis que, dans le cas des autres autorités, cette faculté est reconnue seulement au juge, ce qui explique sûrement l'absence d'une obligation de l'indiquer dans l'acte de notification[993].

Enfin, concernant la possibilité de saisir le juge qui a autorisé la visite, après l'achèvement de celle-ci, comme nous l'avons vu, le législateur a remédié à ce problème dès lors que les intéressés bénéficient désormais d'un recours sur le déroulement des opérations qu'ils peuvent exercer auprès du premier président de la cour d'appel compétent dans un délai de 15 jours, ou de 10 jours dans le cas de l'ADLC[994]. Théoriquement, ce sont deux magistrats qui sont désormais compétents pour connaître des contestations formulées contre les opérations de visite et de saisie : d'une part, le juge des libertés et de la détention qui les a autorisées, au cours des opérations et, d'autre part, le président de la cour d'appel, après leur achèvement[995]. Cependant, comme on

[990] Art. L.135-6, al. 3 du C. énergie ; art. L.5-9-1-II, al. 2 et L.32-5-II, al. 2 du CPCE.
[991] Art. L.135-7 du C. énergie ; art. L.5-9-1-III et L.32-5-III du CPCE.
[992] Art. L.621-12, al. 7 du C. mon. fin. ; l'art. L.450-4, al. 4 du C. com. ; l'art. L1264-4, al. 5 du C. transports
[993] Peut-être sur demande des personnes concernées, mais rien ne l'indique donc le juge peut également le décider de son propre gré.
[994] *Cf.* l'art. L.450-4, al. 12 du C. com.
[995] La Cour de cassation a déjà jugé que les intéressés ne peuvent saisir le juge qui a autorisé les opérations dès lors que ces dernières sont achevées. En effet, aux termes de sa jurisprudence, le juge compétent n'est pas le même selon que les opérations sont achevées ou non : dès lors qu'elles ne sont pas achevées, c'est le juge qui les a autorisées qui est compétent pour connaître de leurs éventuelles irrégularités, tandis qu'après leur achèvement, c'est-à-dire après la remise de la copie du procès-verbal et de l'inventaire à l'occupant des lieux ou à son représentant, une

l'a noté précédemment, un tel schéma est faussé par l'ineffectivité des contestations « avant l'achèvement » de la visite, qui reste à notre sens une mesure trompe-l'œil, dès lors que les personnes concernées ne sont pas tenues au courant de leur droit de solliciter le juge qui a autorisé les opérations, notamment pour leur suspension ou leur arrêt définitif durant leur déroulement.

528. Par ailleurs, il est fort intéressant de signaler un « détail » d'importance dans les textes régissant les opérations de visites et saisies menées par les AAIRE : dans le cas de l'ARCEP et de la CRE, il est clairement prévu que l'article régissant l'ordonnance judiciaire de visite et de saisie doit être « reproduit dans l'acte de notification de l'ordonnance du juge des libertés et de la détention autorisant la visite »[996]. Il s'agit là d'un point qui s'inscrit, sans conteste, dans l'intérêt des personnes contrôlées dans la mesure où il leur permettra, sans aucun doute, de connaître leurs droits. Bizarrement, cette disposition n'est pas reprise dans les textes régissant les autres AAIRE.

529. De tout ce qui précède, force est de constater que, malgré les réformes introduites suite à l'affaire *Ravon*, le législateur n'a pas totalement pris en compte les reproches du juge européen, plus particulièrement concernant l'obligation d'indiquer aux personnes contrôlées la faculté qu'elles ont de solliciter la suspension ou l'arrêt des opérations, ainsi que de l'obligation de faire connaître aux intéressés leur droit de soumettre toute difficulté au juge. Par ailleurs, le dispositif qui régit les opérations de visites et saisies menées par les enquêteurs de l'ARCEP et de la CRE, nous paraît le mieux adapté quant aux droits des personnes contrôlées.

Ce qui est encore frappant dans la question des règles encadrant les opérations de visite et de saisie est sa disparité criante, c'est à se demander pourquoi le législateur n'a pas profité des dernières réformes pour uniformiser une telle procédure ?

530. Pour terminer sur ce sujet, notons que dans le cadre des pouvoirs de l'ARCEP, où le législateur distingue clairement les enquêtes menées pour les besoins de la régulation de celles menées en qualité de police judiciaire, seules les premières sont concernées par le processus de réformes. Aucun des avantages précités, consacrés dans le sens de la sauvegarde des droits des

---

telle contestation relève de la compétence des juridictions appelées à statuer sur les poursuites éventuellement engagées sur le fondement des documents appréhendés, *cf.* Cass. com., 18 avr. 2000, n° 98-30.178, *Sté Entreprise Ouvrard et autres*, inédit, JurisData:2000-001744 ; Cass. com., 30 nov. 1999, n° 98-30.005, *Sté Bec frères*, *Bull. civ.* 1999, IV, n° 214, p. 180, JurisData:1999-004193. *Cf.* également en matière fiscale : Cass. crim., 10 avr. 2002, n° 99-30.319, inédit, http://www.legifrance.gouv.fr ; Cass. crim., 13 mars 2002, n° 00-30.177, inédit, http://www.legifrance.gouv.fr ; Cass. crim., 16 janv. 2002, n° 01-86.568, inédit, JurisData:2002-013200 ; Cass. com., 30 mai 2000, n°s 98-30.190 et 98-30.191, *M. Crochet Société Celogen*, Bull. civ. 2000, IV, n° 116, p. 104, JurisData:2000-002278 ; Cass. com., 18 avr. 2000, n° 98-30.178, *Sté Entreprise Ouvrard et autres*, JurisData:2000-001744 ; Cass. com., 30 nov. 1999, n° 98-30.005, *Sté Bec frères*, Bull. civ. 1999, IV, n° 214, p. 180, JurisData:1999-004193.

[996] *Cf.* les art. L.5-9-1-VII et L.32-5-VII du CPCE (ARCEP) ; l'art. L.135-11 du C. énergie (CRE).

personnes visées par les opérations de visite et de saisie, n'est retenu lorsque ces opérations sont menées pour la recherche et la constatation des infractions relevant de la compétence du juge. La situation nous paraît incompréhensible, d'autant plus que les mêmes opérations et pouvoirs sont exercés par les mêmes institutions. Mieux encore, dans le cas des autres AAIRE ces réformes touchent également ces opérations menées sous la casquette de police judiciaire.

SECTION 2. LE DÉROULEMENT DE L'INSTANCE

531. Le déclenchement des poursuites constitue la véritable ouverture de la procédure répressive des AAIRE, comme d'ailleurs pour toute autre poursuite d'ordre pénal. Une phase de procédure durant laquelle il convient de remarquer que les AAIRE bénéficient d'un pouvoir d'auto-saisine, qui peut heurter la notion de procès équitable, de même qu'on leur a reconnu un large pouvoir d'appréciation des saisines dont elles font l'objet (**Sous-section 1**). La phase du déroulement du procès quant à elle nous renseigne assez clairement sur l'hétérogénéité des règles procédurales (**Sous-section 2**).

SOUS-SECTION 1. ENTRE ATTEINTE AU DROIT À UN PROCÈS ÉQUITABLE ET UN ÉTENDU POUVOIR D'APPRÉCIATION DE L'OPPORTUNITÉ DES POURSUITES

532. L'initiative des poursuites devant les AAIRE, est à mettre, tout d'abord, sur le compte de ces autorités elles-mêmes qui, au bout d'un contrôle sur pièces ou sur place, s'apercevant de l'existence d'un manquement donné, déclenchent la procédure répressive. Toutefois, sachant que la phase du contrôle est totalement indépendante de la procédure de sanction, cette dernière peut être déclenchée sans procédure d'investigation soit par auto-saisine de l'autorité de régulation, lorsqu'indirectement elle a pris connaissance de l'existence du manquement, soit par la saisine d'une partie qui a intérêt à le faire. Par ailleurs, dans la plupart des cas, le législateur a prévu ces différents procédés de saisine tous à la fois, assurant de la sorte une assez large possibilité que la procédure répressive soit mise en marche.

Si, dans le cadre de la saisine directe, le large pouvoir d'appréciation quant à l'opportunité des poursuites est soumis au contrôle du juge (**Paragraphe 2**), la procédure d'auto-saisine semble, à première vue, heurter le droit à un procès équitable (**Paragraphe 1**).

Paragraphe 1. L'auto-saisine, une atteinte au droit à un procès équitable ?

533. Le principe d'impartialité implique que les organismes amenés à juger une situation, notamment les juridictions, ne peuvent s'autosaisir du problème ou si l'on veut *ne procedat judex ex officio*. Il faut dire que l'auto-saisine porte, en elle-même, un risque d'arbitraire[997]. C'est d'ailleurs l'avis du Conseil d'État qui a eu l'occasion de rappeler que « selon un principe constant du droit français, une juridiction n'a pas le pouvoir de se saisir elle-même »[998].

Néanmoins, la faculté de s'autosaisir est reconnue à toutes les AAIRE objet de notre étude, en l'occurrence la CRE, l'ARCEP, l'ADLC, l'AMF, le CSA et l'ARAFER[999]. En effet, l'on a jugé utile et logique de doter ces autorités d'un pouvoir de se saisir d'office, car il serait aberrant d'attendre qu'une partie concernée ou intéressée les saisisse, au moment où des manquements s'accomplissent sous leurs yeux[1000].

534. La question de l'auto-saisine a fait couler beaucoup d'encre, et la doctrine s'est interrogée sur la véritable nature juridique de l'acte : s'agit-il d'une décision administrative faisant grief, donc devant respecter les droits de la défense ? Autrement dit, il était question de déterminer le stade procédural où les garanties du procès équitable devraient être appliquées.

La jurisprudence, tant judiciaire qu'administrative, a largement traité le sujet. À travers les solutions dégagées, il apparaît que la faculté d'auto-saisine dont bénéficient les AAIRE ne heurte pas, en elle-même, le principe d'équité (**A**). En revanche, sa mise en œuvre devrait être bien encadrée, car pouvant restreindre le droit à un procès équitable (**B**).

A. La faculté d'auto-saisine ne heurte pas le droit à un procès équitable ?

535. Tout d'abord, il faut remarquer que la question posée est tout à fait justifiée et fondée, même s'il ne s'agit que de la phase administrative. Dès lors qu'elles exercent un pouvoir répressif, pouvant porter atteinte aux libertés publiques et individuelles, les AAIRE mériteraient qu'elles soient soumises aux mêmes limites et restrictions que celles pesant sur le juge. La Cour européenne n'a-t-elle pas jugé que certaines exigences de l'article 6§1 de la

---

[997] *Cf.* G. BOLARD, « L'arbitraire du juge », *in Le juge entre deux millénaires, in* Mél., P. DRAI, *op. cit.*, p. 225 ; N. FRICERO, « Le droit à un tribunal indépendant et impartial », *in* S. GUINCHARD (dir.), *Droit et pratique de la procédure civile,* Paris, Dalloz, Coll., « Dalloz Action », 1999, n° 2131 et s., spéc. n° 2139.

[998] CE, Avis, 19 avr. 1991, relatif à un projet de loi organique sur le Conseil supérieur de la magistrature (cité dans : Conseil d'État, Rapport public 1991, « De la sécurité juridique », Coll., « EDCE », n° 43, Paris, La DF, 1991, p. 63).

[999] *Cf.* respectivement l'art. L.134-25 du C. énergie (CRE) ; les art. L.5-3, al. 1 et L.36-11, al. 1 du CPCE (ARCEP) ; les art. L.450-5, al. 2 et L.462-5-III du C. com., (ADLC) ; l'art. L.621-15-I du C. mon. fin., (AMF) ; les art. 42, al. 1 et 48-1, al. 1 de la loi n° 86-1067, préc., (CSA) ; l'art. L1264-1 du C. transports (ARAFER).

[1000] Aux termes de son étude, réalisée sur les AAI, Marie-Anne FRISON-ROCHE a estimé que « l'auto-saisine, même si elle peut poser des problèmes au regard de l'impartialité, [...] est un outil essentiel pour permettre aux autorités administratives indépendantes d'avoir une action continue ». Aussi, préconise-t-elle d'attribuer cette « puissance processuelle » systématiquement par le législateur, *cf.* M.-A. FRISON-ROCHE, « Étude dressant un bilan des autorités administratives indépendantes », préc., p. 106.

CESDH peuvent « jouer un rôle avant la saisine du juge du fond si et dans la mesure où leur inobservation initiale risque de compromettre gravement le caractère équitable du procès »[1001] ? Aussi, le fait pour ces régulateurs, d'ailleurs tout comme pour les juridictions, de se saisir de leur propre mouvement peut constituer un préjugé, car l'autorité auteur de la saisie n'agira de la sorte que si elle estime que les faits qui lui sont rapportés peuvent constituer des infractions. De ce fait, l'acte d'auto-saisine « exprime l'intention de son auteur et reflète donc un avis »[1002]. Il est alors légitime de craindre une éventuelle atteinte au principe d'impartialité. C'est pour ces raisons que la question s'est posée de savoir s'il n'était pas préférable, au nom de l'équité, de retirer la faculté d'auto-saisine reconnue aux différentes AAIRE ?

536. La jurisprudence ne voit aucun inconvénient à ce que ces autorités soient dotées d'une telle faculté. Amené à se prononcer sur la question, dans le cas de l'ancienne Commission bancaire, le Conseil d'État a estimé que la faculté d'auto-saisine est l'un des principes constitutifs des AAIRE et qu'elle représente l'une des conditions essentielles de leur pouvoir répressif. À ses yeux : « la possibilité conférée à une juridiction ou à un *organe administratif*, qui, eu égard à sa nature, à sa composition et à ses attributions, peut être qualifié de tribunal au sens de l'article 6 [...], *de se saisir de son propre mouvement* d'affaires qui entrent dans le domaine de compétence qui lui est attribué *n'est pas, en soi, contraire à l'exigence d'équité dans le procès* »[1003] (souligné par nous). Certes, en l'espèce, il s'agit d'une solution rendue à l'occasion d'une décision de la Commission bancaire qui, tout en étant une AAI, était considérée comme une juridiction lorsqu'elle faisait usage de son pouvoir de sanction, ce qui pouvait minimiser de la portée de cette décision par rapport aux autres autorités de régulation qui ne bénéficient pas d'une telle qualité. Toutefois, de telles appréhensions doivent être écartées, puisque la haute juridiction administrative parle, en sus des juridictions, d'« organe administratif », une formule générale qui permet de transposer la solution à toutes les AAIRE. Cette idée est confirmée par une jurisprudence postérieure, concernant l'ADLC, l'ancienne ACAM et la CNIL[1004].

[1001] *Imbrioscia c. Suisse*, 24 nov. 1993, § 36, série A n° 275 ; *Salduz c. Turquie* [GC], n° 36391/02, § 50, 27 nov. 2008 ; *Adamkiewicz c. Pologne*, n° 54729/00, § 68, 2 mars 2010.

[1002] J.-L. VALLENS, note sous CA Metz, 9 sept. 1997, n° A-IV-604196, *LPA*, n° 150, 15 déc. 1997, p. 21.

[1003] CE, sect. 20 oct. 2000, n° 180122, *Sté Habib Bank Limited*, préc. *Cf.* dans le même sens : CE, 7 juill. 2004, n° 225937, préc. ; CE, 30 juill. 2003, n° 240884, *Sté Dubus SA*, JurisData:2003-066091 ; CE, ass., 3 déc. 1999, *Didier*, préc., GAJA, 18ème éd. 2011, n° 102, p. 748, *RFDA* 2000, p. 584, concl. A. SEBAN, *D.* 2000, p .62, obs. M. BOIZARD, *AJDA* 2000, p. 126, chron. M. GUYOMAR et P. COLLIN, *JCP E* 2000, 509, note F. SUDRE.

[1004] *Cf.* CE, ass., 21 déc. 2012, n° 353856, *Sté Groupe Canal Plus*, JurisData:2012-030181 ; CE, 9 nov. 2011, n° 341658, *Benzoni c/ Ministre des sports*, JurisData:2011-024487 ; CE, 22 déc. 2011, n° 323612, *Union mutualiste générale de prévoyance c /ACAM*, JurisData:2011-028908 ; CE, 22 déc. 2011, n° 323613, *Sté mutualiste des étudiants de la région parisienne c/ACAM*,

537. Se prononçant sur une éventuelle violation du principe de l'impartialité du fait de l'acte d'auto-saisine dont bénéficie le Conseil de la concurrence, la cour d'appel de Paris, confortée dans sa position par la Cour de cassation, a jugé que le principe d'impartialité n'a pas à s'appliquer durant cette phase procédurale. Pour elle, la décision de saisine d'office a « pour seul objet d'ouvrir la procédure devant le Conseil de la concurrence afin que puissent être conduites les investigations pouvant servir de base à la notification ultérieure de griefs, sans qu'à ce stade, aucun fait ne puisse être qualifié, ni aucune pratique anticoncurrentielle imputée à quiconque ; [...] une telle décision, qui ne constitue pas une décision administrative individuelle »[1005].

538. Encore une fois, c'est vraisemblablement l'argument « d'efficacité » qui est à l'origine de la démarche du législateur et de la position des juges. C'est en effet dans le but « de renforcer l'efficacité et la permanence de leurs prérogatives »[1006] que les AAIRE se sont vues dotées de la faculté d'auto-saisine. Tant pour le législateur que pour le juge du contrôle, l'efficacité de ces autorités, notamment de leur pouvoir répressif, pourrait bien être compromise et remise en cause si jamais sa mise en œuvre dépendait exclusivement de la saisine d'un tiers. De plus, une telle faculté paraît être une suite logique et raisonnable du pouvoir de contrôle dont bénéficient ces autorités ; il serait absurde que l'autorité, ayant découvert des irrégularités au terme des investigations, attende que quelqu'un la saisisse. Enfin, une telle prérogative pourrait même contribuer à renforcer l'indépendance de ces autorités, en décidant de déclencher des poursuites qui leur sembleraient opportunes en toute indépendance.

539. Comme le soutenait le Conseil de la concurrence, le bénéfice de cette prérogative est lié à son caractère d'« autorité administrative indépendante » et à l'« intérêt pratique non négligeable »[1007] qui en résulte. Plus précisément, le Conseil avance trois raisons :

- tout d'abord, l'auto-saisine permet de pallier l'abstention des personnes habilitées à la saisir, notamment lorsque l'autorité dispose d'éléments d'information justifiant une investigation ;

JurisData:2011-030130 ; CE, réf., 6 oct. 2008, n° 311974, *Sté Profil France*, JurisData:2008-073370.

[1005] CA Paris, 27 nov. 2001, n° 00/19180, *Sté Caisse Nationale de Crédit Agricole*, JurisData:2001-184730, *LPA*, n° 244, 7 déc. 2001, p. 4, obs. P. ARHEL ; Cass. com., 23 juin 2004, n° 01-17.928, *SA BNP Paribas*, *Bull. civ.* 2004, IV, n° 132, p. 134, JurisData:2004-024309. Le juge parisien n'a fait que suivre la voie tracée par la Cour de cassation qui a fermement posé, à propos du Conseil de l'ordre des avocats, que « la faculté, pour une juridiction, de se saisir d'office dans les conditions posées par la loi ne porte atteinte à aucun principe du droit français, ni aux principes d'indépendance et d'impartialité garantis par l'article 6-1 de la Convention européenne de sauvegarde des droits de l'homme », *cf.* Cass. civ., 1e, 13 nov. 1996, n° 94-15.252, *Ordre des avocats au barreau de Lille*, *Bull. civ.* 1996, I, n° 391, p. 273, JurisData:1996-004248.

[1006] Recommandation n° 10 du Rapport de l'OPEL sur les AAI, 2006, préc., t. I, p. 10.

[1007] Cons. conc., Rapport public 1989, p. 9.

- ensuite, l'auto-saisine permet également à l'autorité, en cas de rejet d'une saisine mal justifiée par des éléments probants, de se saisir d'office lorsqu'elle estime que la situation mérite malgré tout un examen approfondi ;

- enfin, la saisine d'office peut permettre d'examiner un autre marché que celui qui a fait l'objet de la saisine initiale : secteur d'activité voisin ou connexe ou marché géographiquement distinct[1008].

540. Malgré les inconvénients qu'elle peut poser au regard du principe de l'impartialité, l'auto-saisine reste, aux yeux des rédacteurs du rapport du Sénat de 2006 « un outil essentiel pour permettre aux Autorités administratives indépendantes d'avoir une action continue »[1009], raison pour laquelle ils estiment que son attribution devrait être systématiquement envisagée par le législateur et, mieux encore, de l'inclure dans un éventuel code des AAI pour en faire bénéficier l'ensemble des « autorités administratives indépendantes dotées d'un pouvoir de sanction ou de recommandation qui le jugeraient utile »[1010].

541. Cependant, d'après une décision rendue le 7 décembre 2012, le Conseil constitutionnel ne semble pas partager cette position ni celle des juges judiciaire et administratif. Selon les sages de la rue de Montpensier, « il en résulte qu'en principe une juridiction ne saurait disposer de la faculté d'introduire spontanément une instance au terme de laquelle elle prononce une décision revêtue de l'autorité de chose jugée ; que, si la Constitution ne confère pas à cette interdiction un caractère général et absolu, la saisine d'office d'une juridiction ne peut trouver de justification, *lorsque la procédure n'a pas pour objet le prononcé de sanctions ayant le caractère d'une punition*, qu'à la condition qu'elle soit fondée sur un motif d'intérêt général et que soient instituées par la loi des garanties propres à assurer le respect du principe d'impartialité »[1011] (souligné par nous). Donc la saisine d'office n'est acceptée, exceptionnellement, que lorsque *la procédure n'a pas pour objet le prononcé de sanctions ayant le caractère d'une punition*. Or, dans le cas des AAIRE l'objet de la procédure est exactement le prononcé de sanctions qui ont le caractère d'une punition. Aussi, ces autorités de régulation ne devraient pas bénéficier d'une telle faculté.

542. En pratique, le nombre des saisines d'office est très faible, c'est le cas, par exemple, en droit de la concurrence où on dénombra seulement trois (3) auto-saisines en 2007. Ce n'est qu'après la loi sur la modernisation de l'économie du 4 août 2008, que l'ADLC a accru le nombre de ses auto-

---

[1008] Cons. conc., Avis du 9 juin 1987, *Rev. conc. consom.*, 1987, n° 39, p. 51, obs. D. PANTZ. *Cf.* également : M.-Ch. BOUTARD-LABARDE et V. SÉLINSKY, « La vente exclusive en pharmacie à l'épreuve du droit de la concurrence », *Cah. dr. entr.*, n° 2, 1988, p. 7.

[1009] M.-A. FRISON-ROCHE, « Étude dressant un bilan des autorités administratives indépendantes », préc., p. 106.

[1010] Recommandation n° 10 du Rapport de l'OPEL sur les AAI, t. I, préc., p. 85.

[1011] Cons. const., n° 2012-286 QPC du 07 déc. 2012, Société Pyrénées services et autres [Saisine d'office du tribunal pour l'ouverture de la procédure de redressement judiciaire], *Rec.* 2012, p. 642, JORF du 8 déc. 2012, p. 19279, 4ème consid.

saisines pour atteindre treize (13) en 2010, contre huit (8) en 2009 et six (6) en 2008[1012]. La faiblesse de l'auto-saisine en la matière s'explique, selon certains auteurs, principalement par le pouvoir conféré au ministre chargé de l'économie de saisir l'ADLC. Pour reprendre Jean Jacques MENURET, le ministre « est chargé d'une mission générale de surveillance du marché. Son intérêt pour agir est purement objectif, fondé sur le seul souci de faire respecter la libre concurrence. [Ainsi, l'ADLC] trouve en la personne du ministre chargé de l'Économie un relais qui lui permet d'économiser cette voie procédurale »[1013].

543. Outre la faculté d'auto-saisine, en elle-même, la procédure de sa mise en œuvre semble également heurter le droit à un procès équitable.

B. La mise en œuvre de la procédure d'auto-saisine susceptible de heurter le droit à un procès équitable

544. Nous l'avons vu, pour la jurisprudence la faculté d'auto-saisine, en elle-même, ne contrevient pas au principe d'un procès équitable, néanmoins il faudrait bien encadrer sa mise en œuvre. C'est ce qui ressort de la formule utilisée par le Conseil d'État, qui a estimé que l'auto-saisine « n'est pas, *en soi*, contraire à l'exigence d'équité dans le procès, énoncée par ses stipulations » (souligné par nous). Avant d'ajouter « que toutefois, [lorsqu'elle use de son pouvoir de sanction, l'AAIRE] doit statuer dans des conditions respectant le principe d'impartialité »[1014]. Autrement dit, le principe en lui-même n'est pas remis en cause, contrairement à son exercice.

Les hautes juridictions n'ont jugé la procédure d'auto-saisine compatible avec l'équité que sous la condition qu'elle s'exerce d'une manière qui ne heurte pas cette exigence : la décision d'auto-saisine ne doit pas s'apparenter à un pré-jugement. Il en résulte que l'auto-saisine ne peut être, par principe, exclue du champ d'application de la notion du procès équitable et de l'article 6§1 de la CESDH. Par conséquent, toute personne ayant affaire aux AAIRE peut légitimement demander que lesdits actes soient examinés au regard des règles du procès équitable. Par ailleurs, c'est pour cette raison que le Conseil d'État a jugé, dans l'affaire *Habib Bank*, que le principe d'impartialité avait été violé par la Commission bancaire, car celle-ci avait préjugé de l'affaire :

[1012] *Cf.* l'ADLC, Rapport annuel de 2010, la DF, p. 14, et celui de 2008, p. 50.

[1013] J.-J. MENURET, « La saisine d'office du Conseil de la concurrence au regard de l'article 6§1 de la CEDH », art. cit., p. 4. L'étude des Rapports d'activités durant la période allant de 2004 à 2008, nous démontre effectivement que le nombre des saisines effectuées par le ministre, est plus important que celui des auto-saisines. Ce n'est qu'à partir de 2009 que le pouvoir d'auto-saisine a pris le dessus sur le pouvoir de saisine du ministre (à titre comparatif : 2004 (17 saisines du ministre/ 9 auto-saisines) ; 2007 (13 saisines du ministre/ 3 auto-saisines) ; 2008 (6 saisines du ministre/ 6 auto-saisines) ; 2009 (4 saisines du ministre/ 8 auto-saisines) ; 2010 (2 saisines du ministre/ 13 auto-saisines), *cf.* Cons. conc., Rapport annuel 2008, La DF, p. 50 et l'ADLC, Rapport annuel de 2010, La DF, pp. 12 et 14.

[1014] CE, 6 janv. 2006, n° 279596, *Sté Lebanese Communication Groupe*, JurisData:2006-069435.

« la Commission bancaire a, en l'espèce, méconnu la règle d'impartialité en présentant pour établis les faits dont elle faisait état et en prenant parti sur leur qualification d'infraction à différentes dispositions législatives et réglementaires »[1015].

545. Pour rappel, cette question a connu, une divergence de raisonnements entre les juges judiciaire et administratif. Amenée à se prononcer sur la faculté d'auto-saisine du Conseil de la concurrence, la cour d'appel de Paris a estimé qu'un tel acte ne fait pas grief[1016]. En effet, aux plaignants qui reprochaient à la décision de cette autorité de régulation le fait qu'elle ne soit pas motivée ni même notifiée, la cour d'appel a répondu qu'il ne s'agissait pas d'une décision individuelle, entrant dans les prévisions de la loi du 11 juillet 1979, de sorte qu'elle n'était pas soumise à l'obligation de motivation ni de notification. Pour la cour, cette décision a eu pour seul objet d'ouvrir une procédure permettant que soient conduites des investigations aux termes desquelles, le cas échéant, une notification de griefs pourrait intervenir, ainsi, à ce stade, aucun fait ne pouvait encore être qualifié ni aucune pratique anticoncurrentielle imputée à quiconque. Par ailleurs, la cour d'appel a tenté de justifier l'absence de motivation en référence à la mission de régulation dévolue à cette autorité. La saisine d'office est considérée, à ce titre, comme l'une des prérogatives qui lui permet d'assurer la police des pratiques anticoncurrentielles. La démarche de la cour d'appel de Paris a été confortée par la Cour de cassation, pour qui l'acte d'auto-saisine du Conseil de la concurrence ne peut constituer un acte de poursuite[1017].

546. De son côté, le Conseil d'État avait adopté une analyse différente dans l'affaire *Habib Bank*. Pour lui, l'acte d'auto-saisine, même s'il n'est pas considéré comme une décision faisant grief, constitue néanmoins un véritable acte procédural. D'où les exigences formulées : outre que le libellé de l'acte d'auto-saisine doit rester neutre – ne pas donner le sentiment que les faits visés sont d'ores et déjà établis ou que leur caractère répréhensible est d'ores et déjà reconnu – il importe que cet acte fasse apparaître avec précision les faits dont le « tribunal » s'est saisi, ainsi que, le cas échéant, la qualification qu'ils pourraient éventuellement recevoir au regard des normes que ce tribunal est chargé d'appliquer. Il s'agit, selon l'arrêt, de permettre aux personnes qui seront ultérieurement mises en cause de présenter utilement leurs

---

[1015] CE, sect. 20 oct. 2000, *Sté Habib Bank Limited*, préc. *Cf.* aussi : CE, 22 déc. 2011, n° 323612, *Union mutualiste générale de prévoyance*, préc. ; CE, 22 déc. 2011, n° 323613, *Sté mutualiste des étudiants de la région parisienne*, préc.

[1016] CA Paris, 27 nov. 2001, n° 00/19180, *Sté Caisse Nationale de Crédit Agricole*, préc. *Cf.* également dans ce sens : CA Paris, 24 juin 2008, n° 06/06913, *SA France Travaux*, JurisData:2008-369797 ; CA Paris, 18 févr. 2003, n° 02/14535, *Compagnie Générale des Eaux*, JurisData:2003-200255. Cette position rejoint celle déjà adoptée par la même Cour à propos de la notification de griefs, qui n'a pas, selon les magistrats Parisiens, à être examinée au regard de l'art. 6§1 de la CEDSH (CA Paris, 2 juill. 1999, *D c/ COB*, JurisData:1999-111506, *JCP E* 2000, 84, note S. ROBNEAU ; CA Paris, 18 nov. 1999, n° 99/11980, *Eskenazi*, JurisData:1999-106580, *Bull. Joly Bourse* 2000, p. 256, note A. PIETRANCOSTA).

[1017] Cass. com., 23 juin 2004, n° 01-17.928, *SA BNP Paribas*, préc.

observations[1018]. Au fond, si l'on suit bien le raisonnement du Conseil d'État, c'est le principe du contradictoire qui est en cause et, plus largement, le nécessaire respect des droits de la défense. En somme, il est clairement acquis qu'en elle-même, la procédure d'auto-saisine ne pose pas de problème vis-à-vis du principe d'impartialité, mais encore faut-il que cette procédure s'exerce dans des conditions qui ne laissent aucun doute sur l'impartialité de l'autorité.

547. Il faut tout de même reconnaître que l'acte d'auto-saisine suppose un certain préjugé de la part de son auteur, l'AAIRE en l'occurrence : le fait de vouloir déclencher la procédure révèle l'existence de doutes. Il est donc utopique de croire qu'une AAIRE, ou même un juge, aborde une affaire sans qu'il ait un avis préétabli bien que minime. Il est en effet illusoire et quasiment impossible d'imaginer une auto-saisine exempte de tout préjugé, lorsqu'elle est le fruit d'une enquête préalable, qui aura révélé certains faits. On est bien face à un pré-jugement lourd de conséquences, puisque l'autorité a construit son avis sur la base d'éléments qui n'ont pas subi l'épreuve du contradictoire. Or, l'organisation et le fonctionnement des AAIRE, plus particulièrement à leur apparition, étaient incompatibles avec la notion des droits de la défense. Plus encore, c'était même l'un des mobiles de leur création : fuir le formalisme qui encombre les juridictions, notamment du fait de l'alourdissement de la procédure par les droits de la défense.

548. Ces appréhensions sont confirmées par la Cour européenne dans le fameux arrêt *Dubus* du 11 juin 2009[1019] qui, même si elle ne contredit pas le Conseil d'État sur l'importance de l'acte d'auto-saisine dans l'arsenal juridique des AAIRE a, en revanche, développé une position qui remet en cause la procédure de sa mise en œuvre. Pour revenir brièvement sur cette position, rappelons que la requérante, la société *Dubus*, a estimé que la Commission bancaire avait violé son droit à voir sa cause entendue « par un tribunal indépendant et impartial au sens » de l'article 6§1 de CESDH, dans la mesure où, en exerçant sa fonction de juridiction, elle occupait à la fois les fonctions de l'autorité poursuivante d'instruction et de jugement du même contentieux[1020], accusation rejetée par le gouvernement français qui a soutenu

---

1018 *Cf.* sur cette question : M. GUYOMAR et P. COLLIN, « Validité du pouvoir de saisine d'office de la Commission bancaire au regard de l'article 6-1 de la Convention européenne des droits de l'homme », *AJDA* 2000, p. 1001, chron. sous CE, sect., 20 oct. 2000, n° 180122, *Sté Habib Bank Ltd.*

1019 *Dubus S.A. c. France*, n° 5242/04, 11 juin 2009.

1020 Dans l'arrêt du 30 juill. 2003, rendu dans la présente affaire, le Conseil d'État a jugé, de son côté, qu'« aucun principe général du droit, non plus que les stipulations [de l'art. 6§1], n'impose la séparation des phases d'instruction et de jugement au sein d'un même procès ». En l'espèce, « ni le secrétariat général, chargé des contrôles sur pièces et sur place sur instruction de la Commission, ni les personnes qui procèdent pour lui à ces contrôles, ne prennent part à la décision de la Commission relative à la sanction susceptible d'être infligée à l'entreprise contrôlée ». Raisons pour lesquelles l'on a estimé que la procédure suivie par la Commission bancaire n'était pas contraire à l'exigence d'impartialité, *cf.* CE, 30 juill. 2003, n° 240884, *Dubus SA*, JurisData:2003-066091, *AJDA* 2004, p. 28, note A. LAGET-ANNAMAYER, *LPA*, 20 févr. 2004, concl. M. GUYOMAR.

qu'il existait une séparation organique au sein même de la Commission « qui a pour effet de conférer à la procédure disciplinaire une autonomie effective par rapport au contrôle administratif ». La CEDH a tranché en faveur de la requérante. Dans sa décision, la Cour a relevé l'imprécision des textes qui régissent la procédure devant la Commission bancaire française, quant à la composition et aux prérogatives des organes appelés à exercer les différentes fonctions qui lui sont dévolues. Pour la Cour, avec l'enchaînement des actes qui caractérisent cette procédure, il est légitime que la société requérante ait « l'impression que ce sont les mêmes personnes qui l'ont poursuivie et jugée ». Plus précisément, le juge Strasbourgeois a remis en cause le pouvoir d'auto-saisine qui a contribué, selon lui, à la confusion des rôles au sein de la Commission. En effet, pour lui, il est « nécessaire d'encadrer plus précisément le pouvoir de se saisir d'office de manière à ce que soit effacée l'impression que la culpabilité de la requérante a été établie dès le stade de l'ouverture de la procédure » (§ 60). Il semblait ne pas être convaincu « par l'affirmation du Gouvernement sur l'existence d'une séparation organique au sein de la Commission bancaire », raison pour laquelle il a jugé que la requérante « pouvait nourrir des doutes objectivement fondés quant à l'indépendance et l'impartialité de la Commission du fait de l'absence de distinction claire entre ses différentes fonctions » (§ 61).

En somme, la Cour européenne ne remet pas complètement en cause la saisine d'office des AAIRE, elle exige en revanche un encadrement substantiel et précis quant aux modalités de sa mise en œuvre. Ce qui passe, avant tout, par la proscription du cumul des fonctions par un même organe[1021].

549. Pour éviter d'autres revers, le Conseil constitutionnel a jugé certaines dispositions contraires à la Constitution en ce qu'elles n'organisaient pas la séparation des fonctions de poursuites et d'instruction de celle de jugement, comme dans le cas de l'ACPR et de l'ARCEP[1022]. En revanche, à l'occasion d'une procédure similaire il a déclaré conforme à la Constitution, entre autres, l'article L.462-5, III du Code de commerce, lequel porte sur la possibilité d'auto-saisine de l'ADLC sur proposition du rapporteur général, en cas de non-respect des conditions prévues lors de l'octroi d'une autorisation de

---

[1021] *Cf.* sur ce sujet : J. LASSERE CAPDEVILLE, « La Commission bancaire face à l'article 6 de la Convention européenne des droits de l'Homme », *RD bancaire et fin.* 2010, dossier 21 ; Ph. PAILLER, « Procédure disciplinaire devant la Commission bancaire », comm. CEDH, 5e sect., 11 juin 2009, n° 5242/04, *Dubus SA c/ France*, *JCP E* 2009, 2081.

[1022] Cons. const., 2013-331 QPC du 5 juill. 2013, préc., 11ème et 12ème consid. ; Cons. const., n° 2011-200 QPC du 2 déc. 2011, Banque populaire Côte d'Azur [Pouvoir disciplinaire de la Commission bancaire], *Rec. Cons. const. 2011*, p. 559, *JORF* du 3 déc. 2011, p. 20496, 8ème consid. Selon ce dernier considérant « en organisant la Commission bancaire sans séparer en son sein, d'une part, les fonctions de poursuite des éventuels manquements des établissements de crédit aux dispositions législatives et réglementaires qui les régissent et, d'autre part, les fonctions de jugement des mêmes manquements, qui peuvent faire l'objet de sanctions disciplinaires, [les dispositions contestées] méconnaissent le principe d'impartialité des juridictions et, par suite, doivent être déclarées contraires à la Constitution ».

concentration[1023]. Pour le juge constitutionnel, au vu de l'organisation et du fonctionnement de cette autorité, le législateur n'aurait pas opéré de confusion entre les fonctions de poursuite et d'instruction et les fonctions de jugement en son sein.

550. De son côté, le Conseil d'État, même s'il a insisté dans sa jurisprudence antérieure sur l'obligation de respecter le principe d'impartialité en reconnaissant la faculté d'auto-saisine aux AAIRE, depuis le revers subi au niveau européen, son ton a changé. Désormais, dans un considérant de principe, il a adopté une formule qu'il reconduit à chaque fois que le pouvoir d'auto-saisine des AAIRE est remis en cause ; après le rappel de la possibilité pour toute AAIRE de s'autosaisir, sans méconnaître les stipulations de l'article 6 de la CESDH, il insiste sur le fait que « ce pouvoir doit être suffisamment encadré pour ne pas donner à penser que les membres de la formation appelée à statuer sur la sanction tiennent les faits visés par la décision d'ouverture de la procédure ou la notification ultérieure des griefs comme d'ores et déjà établis ou leur caractère répréhensible au regard des règles ou principes à appliquer comme d'ores et déjà reconnu, en méconnaissance du principe d'impartialité rappelé par l'article [précité] »[1024].

551. À notre sens, le risque de partialité dû à la faculté d'auto-saisine n'est pas tout à fait résolu, même après la réorganisation de certaines AAIRE, dans le sens de distinguer en leur sein entre, d'une part, les fonctions de poursuite et d'instruction et, d'autre part, les fonctions de jugement. C'est le cas à titre d'exemple de l'ARCEP et de l'ACPR. Le fait d'avoir distingué entre ces deux fonctions au sein de ces deux autorités n'est autre qu'un partage technique des fonctions au sein du même organisme. Exercées toutes deux au sein d'une même autorité, il est difficile d'imaginer l'instance de jugement contredire l'instance de poursuite et d'instruction[1025].

552. Enfin, l'auto-saisine n'est pas la seule voie qui permet le déclenchement des poursuites administratives, les AAIRE peuvent, en effet, être également saisies d'une manière directe par les parties concernées ou intéressées.

1023 Cons. const., n° 2012-280 QPC du 12 oct. 2012, *Sté Groupe Canal plus et autre* [Autorité de la concurrence : organisation et pouvoir de sanction], *Rec. Cons. cosnt.*, 2012, p. 529, JORF du 13 oct. 2012, p. 16013. Cette position est reprise dans CE, 24 juin 2013, n° 360949, *Sté Colruyt France c/ ADLC*, JurisData:2013-013079.

1024 *Cf.* CE, ass., 21 déc. 2012, n° 353856, *Sté Groupe Canal Plus*, préc. ; CE, 9 nov. 2011, n° 341658, *Benzoni c/Ministre des sports*, préc. ; CE, 22 déc. 2011, n° 323612, *Union mutualiste générale de prévoyance c/ACAM*, préc. ; CE, 22 déc. 2011, n° 323613, *Sté mutualiste des étudiants de la région parisienne c/ACAM*, préc. ; CE, réf., 6 oct. 2008, n° 311974, *Sté Profil France*, préc.

1025 Pour plus de détails sur ce point, *cf. infra*, pp. 474 et s.

Paragraphe 2. Un large pouvoir d'appréciation de l'opportunité des poursuites

553. Aux côtés de la saisine d'office, le législateur a logiquement reconnu le droit de saisir les AAIRE aux personnes affectées par les comportements incriminés. Sous peine d'irrecevabilité, ces saisines doivent satisfaire aux mêmes conditions que celles relatives à la recevabilité des actions en justice (**A**).

Si les AAIRE bénéficient, dans le cadre de la saisine directe, d'une grande liberté d'appréciation quant à l'opportunité des poursuites, ce pouvoir est néanmoins soumis à un contrôle juridictionnel (**B**). Pour mémoire, en droit pénal, l'opportunité des poursuites est appréciée souverainement par le ministère public[1026], toutefois en se constituant partie civile, la victime met en mouvement *ipso facto* l'action publique[1027].

A. Les bénéficiaires, et les conditions de recevabilité, de la saisine directe

554. On est face à une saisine directe lorsque son auteur est une personne concernée ou intéressée, c'est-à-dire qui agit pour satisfaire un intérêt particulier (**1**). Pour que la saisine soit recevable, l'auteur de la saisine doit avoir un intérêt et une qualité à agir devant le régulateur, de même qu'il doit étayer ses allégations par des éléments de preuve suffisants (**2**).

1. Les bénéficiaires de la saisine directe

555. Il s'agit en général des personnes physiques ou morales intervenant dans le secteur régulé, des organismes professionnels et autres parties ayant intérêt. Concernant la première catégorie, le droit de saisir se justifie par le fait que les bénéficiaires peuvent être d'éventuelles victimes directes des manquements relevés, tandis que pour les organismes professionnels et autres personnes intéressées, notamment les collectivités locales et différents ministères, le bénéfice d'un tel droit s'explique par leur qualité de représentants et de garants des intérêts moraux et collectifs de la profession ou de l'activité régulée.

556. Pour être plus précis sur la question, dans le domaine de l'énergie, par le biais de son Comité de règlement des différends et des sanctions, la CRE peut être saisie par « le ministre chargé de l'énergie, de l'environnement, d'une organisation professionnelle, d'une association agréée d'utilisateurs ou

---

[1026] *Cf.* l'art. 40-1 du CPP. Sur la question, *cf.* L. SIMMAT-DURAND, « Le pourquoi et l'opportunité des poursuites », *Gaz. Pal.*, 19-20 juin 1996, p. 2. Il a été jugé, par exemple, que le juge ne peut, sans excès de pouvoir, censurer une décision de classement sans suite, *cf.* CE, 25 mars 1994, n° 123644, *Gueand*, JurisData:1994-042548, *Gaz. Pal.*, 17-18 juin 1994, n° 168-169, p. 3. Cependant, le pouvoir discrétionnaire du ministère public est limité, puisque le ministre de la justice peut l'enjoindre d'engager des poursuites, *cf.* art. 36 du CPP.

[1027] *Cf.* l'art. 85 du CPP.

de toute autre personne concernée »[1028]. Dans une formulation très proche, la saisine de l'ARCEP pourrait se faire par le « ministre chargé des postes, d'une organisation professionnelle, d'une association agréée d'utilisateurs, d'une personne physique ou morale concernée, du prestataire du service universel postal ou d'un titulaire de l'autorisation prévue à l'article L.3 » lorsqu'il s'agit du secteur postal[1029], soit par le « ministre chargé des communications électroniques, d'une organisation professionnelle, d'une association agréée d'utilisateurs ou d'une personne physique ou morale concernée », lorsqu'il s'agit du secteur des communications électroniques[1030].

557. En vertu de l'article L.462-5-I du Code de commerce la saisine de l'ADLC pourrait être l'œuvre du ministre chargé du commerce lorsqu'il s'agit de pratiques anticoncurrentielles ou de concentrations. Tandis que les différentes entreprises[1031], collectivités territoriales, organisations professionnelles et syndicales, organisations de consommateurs agréées, les Chambres d'agriculture, Chambres de métiers ou Chambres de commerce et d'industrie, ne peuvent la saisir qu'à l'occasion de pratiques anticoncurrentielles[1032]. Dans le cadre de leurs prérogatives en matière d'urbanisme commercial (en cas d'exploitation abusive d'une position dominante, ou d'un état de dépendance économique de la part d'une entreprise ou d'un groupe d'entreprises exploitant un ou plusieurs magasins de commerce de détail), les maires peuvent également saisir l'ADLC[1033].

558. Enfin, dans le domaine de l'audiovisuel, le CSA peut être saisi, lui aussi, par « les organisations professionnelles et syndicales représentatives du secteur de la communication audiovisuelle, le Conseil national des langues et cultures régionales, les associations familiales et les associations de défense des droits des femmes ainsi que les associations ayant dans leur objet social la défense des intérêts des téléspectateurs »[1034]. À première vue, cette formulation semble restrictive quant aux parties bénéficiaires du droit de saisine. Cependant, la rigueur de la disposition est nuancée, en pratique, puisque le Conseil d'État n'a pas hésité à répondre, de plus positivement, à des saisines

---

1028 Art. L.134-25 du C. énergie.
1029 Art. L.5-3 du CPCE.
1030 Art. L.36-11 du CPCE.
1031 Dans sa décision n° 99-D-25 l'ADLC a rappelé que pour être regardé comme une entreprise, le saisissant doit exercer une activité d'offreur de biens ou de services sur un marché, à la date de la saisine. Aussi, le fait qu'une personne ait exercé une telle activité dans le passé n'en fait pas de lui une entreprise au sens des dispositions relatives à la saisine dans le Code de commerce. D'après cette décision, lorsqu'une entreprise est mise en liquidation judiciaire, le liquidateur n'a pas qualité pour reprendre la procédure ainsi irrégulièrement ouverte par l'ancien entrepreneur, car, en vertu des dispositions de l'art. 152 de la loi du 25 janv. 1985, le liquidateur n'a vocation à exercer les droits et actions du débiteur qu'en ce qui concerne le patrimoine de ce dernier ; or, la faculté de saisir le Conseil de la concurrence n'est pas un droit patrimonial, *cf.* Cons. conc., n° 99-D-25 du 6 avr. 1999, relative à une saisine de M. Patrick Guillot, *BOCCRF* n° 14 du 25 août 1999.
1032 Art. L.462-5-II du C. com.
1033 Art. L.752-5 et L.752-26 du C. com.
1034 Art. 42, al. 3 de la loi n° 86-1067 du 30 sept. 1986, préc.

initiées par des personnes, notamment des associations étrangères au domaine de l'audiovisuel, autres que celles citées à l'article précédent. Par exemple, dans l'affaire *Association Ici et Maintenant*, la haute juridiction administrative a estimé que rien n'empêchait une personne de saisir le CSA dès lors « qu'il ressort des termes même de la décision attaquée qu'elle a été prise à la base des pouvoirs propres de sanction » de cette autorité[1035]. Certes, la contrepartie de cette extension est le risque d'encombrement de l'autorité de régulation, ce qui explique certainement pourquoi le législateur n'a pas voulu reconnaître cette faculté de saisine à l'ensemble des associations. Toutefois, avec cette démarche, le juge administratif semble chercher à établir un équilibre, précisant les limitations législatives tout en permettant au CSA d'engager une procédure de sanction dont l'origine se trouve dans les plaintes déposées par tout particulier ou organisme, mais sur la base formelle de l'exercice d'un pouvoir propre.

559. Contrairement au secteur de l'audiovisuel, la formule utilisée par le législateur en matière ferroviaire est très générale, ce qui permet d'élargir le champ des personnes pouvant saisir l'ARAFER. Aux termes de l'article L1264-1 du Code des transports, cette autorité peut être saisie « soit à la demande de l'autorité administrative compétente, d'un gestionnaire d'infrastructure (…) ou de *toute autre personne concernée* » (souligné par nous).

560. Il convient d'observer de toutes les dispositions précitées que, dans le cas de toutes les AAIRE, la première personne à être investie d'un pouvoir de saisine directe est le ministre dont dépend l'activité régulée. Nous pouvons voir, dans une telle démarche, la volonté de garder un œil sur la politique nationale du gouvernement et le souhait d'harmonisation entre la mission de ces autorités et l'exécutif. Cependant, cela pourrait traduire également le vœu de maintenir la mainmise de l'exécutif sur le secteur économique régulé, malgré l'existence d'une autorité de régulation dite indépendante. Donc, outre le commissaire du gouvernement, par lequel l'exécutif maintient un pied dans le secteur régulé par une AAIRE, reconnaître la faculté de saisine, en premier chef, au ministre dénote de la volonté de renforcer la présence de l'exécutif malgré son retrait « direct » de la gestion de certains secteurs au profit des AAIRE.

561. L'autre remarque qu'il y a lieu de relever de l'ensemble de ces textes, est l'implication des associations et organisations professionnelles dans la saisine des AAIRE. En effet, en sus des entreprises activant dans le secteur régulé, le législateur a aussi reconnu la faculté de saisine à des associations dont le but est la défense d'un intérêt collectif. Comme c'est le cas des associations de consommateurs et des organisations professionnelles. Un tel procédé est indispensable, car de la sorte les associations peuvent être d'une

---

[1035] CE, 9 oct. 1996, n° 173073, *Association Ici et Maintenant*, *Rec. CE* 1996, p. 401, JurisData:1996-050726, *LPA*, n° 104-105, 25 au 31 déc. 1996, p. 12, comm. G. PELLISSIER, *D.* 1997, p. 81, obs. T. HASSLER.

aide incontestable aux régulateurs, en les tenant au courant des manquements qui portent préjudice au secteur régulé. En outre, « cela compenserait le fait que les associations, notamment les associations de consommateurs, n'ont pas de place au sein des autorités administratives indépendantes, n'apparaissant à la rigueur qu'à travers des commissions consultatives. Cela serait d'autant plus pertinent pour les autorités qui ne sont pas dotées d'un pouvoir d'auto-saisine »[1036].

Du reste, il faut noter que les associations peuvent jouer ce rôle même en l'absence d'un texte explicite. Dans un arrêt en date de 18 septembre 2008, la Cour de cassation a jugé, en effet, que « même hors habilitation législative, et en l'absence de prévision statutaire expresse quant à l'emprunt des voies judiciaires, une association peut agir en justice au nom d'intérêts collectifs dès lors que ceux-ci entrent dans son objet social »[1037].

562. Avant de terminer sur ce point, il est intéressant de noter que saisie *in rem* du fonctionnement des secteurs régulés, l'ADLC n'est pas tenue par les termes de la plainte[1038]. Elle n'est donc pas liée par la qualification donnée aux faits, et rien ne l'empêche de mettre en cause des personnes non citées dans la lettre de saisine. Pour des parties qui se plaignaient de ce que les griefs qu'on leur a reprochés, au stade de la notification, avaient une portée plus large que la saisine initiale, le Conseil de la concurrence leur a répondu qu'il peut

---

1036 M.-A. FRISON-ROCHE, « Étude dressant un bilan des autorités administratives indépendantes », préc., pp. 107 et 108.

1037 Cass. civ., 1e, 18 sept. 2008, n° 06-22038, *Association française contre les myopathies (AFM)*, *Bull. civ.* 2008, I, n° 201, JurisData:2008-045004, *LPA*, n° 37, 20 févr. 2009 p. 7, note G. CHABOT. *Cf.* aussi : L. BORÉ, « Les prémisses d'une consécration générale du droit d'action des associations au plan civil », *RLDC* 2008, p. 17. Cet arrêt ne fait que conforter une jurisprudence antérieure : Cass. civ., 2e, 27 mai 2004, n° 02-15.700, *Association de sauvegarde église de Castels et Château de Fages*, *Bull. civ.* 2004, II, n° 239, JurisData:2004-023895, *RTD com.* 2004, p. 555, obs. L. GROSCLAUDE ; Cass. civ., 3e, 26 sept. 2007, n° 04-20.636, *SCI Les Chênes*, *Bull. civ.* 2007, III, n° 255, JurisData:2007-040517, *JCP G* 2008.II.10020, obs. B. PARANCE, *RTD civ.* 2008, p. 305, obs. P. JOURDAIN. Nous pouvons rappeler, à ce propos, les termes d'un arrêt de la cour d'appel de Paris, affirmant le principe de la recevabilité de l'action associationnelle « pour la défense des intérêts généraux de la société à la condition que cette action soit conforme à l'objet défini par les statuts de l'association et respecte cette spécialité », *cf.* CA Paris, 15 nov. 1989, n° 88/21340, *Association Saint Pie c/ Sté KZ Productions*, JurisData:1989-025419, *D.* 1990, p. 289, obs. Th. HASSLER.

1038 « Le Conseil, qui est saisi *in rem* de l'ensemble des faits et pratiques affectant le fonctionnement d'un marché et n'est pas lié par les demandes et qualifications de la partie saisissante, peut, sans avoir à se saisir d'office, retenir les pratiques révélées par les investigations auxquelles il a procédé à la suite de sa saisine qui, quoique non visées expressément dans celle-ci, ont le même objet ou le même effet que celles qui lui ont été dénoncées ; [...] il peut également retenir, parmi ces pratiques, celles qui se sont poursuivies après sa saisine », *cf.* CA Paris, 22 févr. 2005, n° 04/13460, *Sté JC DECAUX*, JurisData:2005-265803). Dans le même sens, *cf.* CA Paris, 17 sept. 2008, n° 07/14904, *Éditions Presse Magazine*, JurisData:2008-001580 ; CA Paris, 30 janv. 2007, n° 06/00566, *Sté Le Foll*, JurisData:2007-324848 ; CA Paris, 24 août 2007, n° 07/13005, *TDF*, JurisData:2007-344761 ; Cass. com., 12 juill. 2005, n° 04-16.933, *Conseil national des professions de l'automobile (CNPA)*, *Bull. civ.* 2005, IV, n° 162, JurisData:2005-029493 ; CA Paris, 29 juin 2004, n° 04/01851, *CNPA*, JurisData:2004-247025.

« examiner, sans avoir à se saisir d'office, les pratiques anticoncurrentielles révélées au cours de l'instruction dès lors que celles-ci concernent les mêmes marchés ou des marchés connexes »[1039]. Cette faculté d'interpréter largement le champ de la saisine initiale est confirmée par la haute juridiction judiciaire, dans un arrêt du 18 juillet 2008[1040], qui conçoit qu'une saisine relative aux parfums de luxe puisse s'étendre *a posteriori* aux produits cosmétiques.

563. De telles solutions retenues en droit de la concurrence devraient également s'appliquer pour l'ensemble des AAIRE, dans la mesure où il s'agit avant tout d'une violation du droit objectif, donc l'autorité de régulation est fondée à mettre en cause toute personne que l'instruction a révélé avoir participé à l'infraction.

2. Les conditions de recevabilité de la saisine

564. Partant de la théorie générale de l'action et des textes régissant les AAIRE, il apparaît que la recevabilité de la saisine, obéit, comme pour une action en justice, à une double condition : l'intérêt et la qualité pour agir (**a**). Par ailleurs, l'auteur de la saisine doit être convaincant, c'est dire qu'il doit pouvoir prouver ses allégations (**b**).

a. Avoir un intérêt et une qualité pour agir

565. Toute action ou demande en justice est soumise au principe « pas d'intérêt, pas d'action »[1041]. L'intérêt à agir étant défini comme l'« importance qui, s'attachant pour le demandeur à ce qu'il demande, le rend recevable à le demander en justice et à défaut de laquelle le demandeur est sans droit pour agir »[1042]. Il ne suffit pas d'avoir un droit, seule l'existence d'un intérêt compte pour la recevabilité de la demande. Néanmoins, le législateur peut attribuer le droit d'agir aux seules personnes qu'il qualifie. C'est le cas des AAIRE, puisque la loi prend soin de déterminer les parties pouvant les saisir. Cela étant, la demande ne peut être recevable que si l'intérêt prétendu est légitime, direct, personnel, né et actuel.

566. Légitime, l'intérêt l'est lorsqu'il est juridiquement protégé, qu'il soit matériel ou moral. Direct et personnel, l'intérêt l'est lorsque le demandeur tend à la réalisation d'un droit ou d'une prérogative personnelle ou objective, sauf dans les cas où le législateur attribue expressément à une ou plusieurs personnes physiques ou morales déterminées le droit d'agir pour soutenir une

---

[1039] Cons. conc., n° 07-D-44 du 11 déc. 2007, relative à des pratiques mises en œuvre par le GIE Ciné Alpes, *BOCCRF* n° 3 du 23 avr. 2008.

[1040] Cass. com., 10 juill. 2008, n° 07-17.276, *SA GUERLAIN*, *Bull. civ.* 2008, IV, n° 152, JurisData:2008-044905.

[1041] *Cf.* l'art. 31 et 32 du CPC.

[1042] G. CORNU (dir.), Vocabulaire juridique, Association Henri Capitant, Paris, PUF, 9ème éd., mise à jour « Quadrige », août 2011, p. 560. L'intérêt à agir est aussi défini comme étant la constatation d'un mal et la possibilité d'un remède, *cf.* G. CORNU J. et FOYER, *Procédure civile*, 2ème éd., Paris, PUF, Coll., « Thémis », 1996, p. 338.

prétention d'intérêt collectif[1043], comme c'est le cas des AAIRE qui peuvent être saisies par des associations chargées de la défense d'un intérêt collectif lié au secteur régulé. Enfin, le litige doit être né et actuel. Ce qui signifie que, d'une part, il ne doit pas y avoir prescription des faits, et que, d'autre part, une action ne peut reposer sur une violation éventuelle ou future d'un droit[1044]. Il faut néanmoins distinguer l'intérêt à agir du bien-fondé d'une demande : c'est au juge d'apprécier si la demande est bien fondée. L'auteur de la demande, ou si l'on veut de la saisine, doit juste démontrer qu'il a intérêt à ce que son affaire soit examinée, et ce n'est pas parce qu'il ne justifie pas d'un préjudice que sa demande est pour autant dépourvue d'intérêt. En réalité, l'intérêt lui-même peut donc être éventuel. D'ailleurs, le législateur a bien mis en évidence une telle donne en droit de la concurrence, estimant que la condamnation concerne également les pratiques anticoncurrentielles qui « *peuvent* avoir pour effet » d'entraver la concurrence[1045] (souligné par nous). Par ailleurs, il a été jugé que l'appréciation de l'existence d'un *intérêt à agir* se fait à la date de l'introduction de la demande en justice, donc de la saisine[1046].

567. La qualité pour agir est l'une des conditions fondant toute action ou demande en justice, en plus de l'intérêt[1047]. Le législateur n'évoque pas expressément cette condition, qui découle, le plus souvent, de l'intérêt direct et personnel. L'article 31 du Code de procédure civile évoque, en effet, un intérêt légitime au succès ou au rejet d'une prétention, ainsi que les personnes à qui la loi attribue le droit d'agir et qu'elle qualifie pour élever ou combattre une prétention, ou pour défendre un intérêt déterminé[1048]. Il a déjà été jugé, par exemple, qu'une personne ayant perdu la qualité de copropriétaire, n'avait plus d'intérêt actuel à demander la condamnation de son vis-à-vis à procéder aux

---

1043 L'intérêt collectif est plus précis que l'intérêt général. L'intérêt est collectif lorsqu'il concerne un groupe identifié de personnes, une catégorie de citoyens. Cette règle est toutefois assouplie dans la mesure où les groupements de personnes peuvent parfois agir pour défendre un intérêt qui ne leur est pas propre (autorisés dans certains cas par la loi pour les syndicats, acceptation par la jurisprudence pour les associations, il s'agit d'assurer la défense collective des intérêts individuels de leurs membres.

1044 Cass. civ., 3e, 8 févr. 2006, n° 04-17.512, *M. Gabriel Elfassi*, *Bull. civ.* 2006, III, n° 23, p. 20, JurisData:2006-032072.

1045 *Cf.* les art. L.420-1 et L.420-5 du C. com.

1046 Cass. civ., 1e, 9 juin 2011, n° 10-10.348, *CRCAM de la Corse*, *Bull. civ.* 2011, I, n° 111, JurisData:2011-010935 ; Cass. civ., 3e, 8 déc. 2010, n° 09-70.636, *Obadia*, *Bull. civ.* 2010, III, n° 218, JurisData:2010-023242 ; Cass. civ., 2e, 11 mars 2010, n° 08-22.026, *Sté Saint Louis Sucre*, inédit, http://www.legifrance.gouv.fr ; Cass. civ., 2e, 13 févr. 2003, n° 01-03.272, *Mme Leroux*, Bull. civ. 2003, II, n° 34, p. 31, JurisData:2003-017901.

1047 *Cf.* CS, com., 7 janv. 1997, n° 146425, *Rev. Jud.*, n° spécial, 1999, p. 102 (en langue arabe).

1048 Selon certains, la condition de la qualité à agir est énoncée à l'art. 32 du CPC qui stipule qu'est « irrecevable toute prétention émise par ou contre une personne dépourvue du droit d'agir ». En réalité, cette disposition contient le sort réservé à une action qui ne remplit pas les conditions de sa recevabilité, y compris l'intérêt à agir. En effet, lorsqu'on parle d'une personne dépourvue du « droit d'agir », on ne vise pas seulement celle qui est dépourvue d'une qualité pour le faire, mais également d'un intérêt. Autrement dit, est titulaire d'un droit d'agir en justice toute personne ayant un intérêt et une qualité d'agir.

travaux de remise en état des parties communes et de suppression d'ouvrage[1049].

568. Abordant la notion de la qualité à agir, le doyen Jacques HERON évoquait la « traduction processuelle de la titularité d'un droit substantiel »[1050]. Autrement dit, on entend par *qualité d'agir* le titre juridique ou la caractéristique d'une personne en vertu de laquelle elle agit en justice pour obtenir la reconnaissance d'un droit. La qualité ne doit pas être confondue avec l'intérêt, néanmoins les deux notions peuvent se confondre, et le plus souvent, la qualité est absorbée par l'intérêt à agir. C'est le cas lorsque l'auteur de la saisine, ou de l'action défend son propre intérêt. Dans certains cas, comme pour certaines AAIRE, le législateur a créé des actions attitrées qui ne peuvent être exercées que par les parties ayant *la qualité* exigée. Une manière de limiter le recours à une telle procédure et, de ce fait, désengorger les AAIRE.

569. Suivant la règle « nul ne plaide par procureur », toute action ou demande en justice n'appartient en principe qu'au titulaire du droit[1051]. Toutefois, elle peut être attribuée à certaines personnes pour qu'elles puissent défendre l'intérêt d'autrui qui est le plus souvent un intérêt collectif, tel est le cas pour les associations[1052] et les syndicats[1053]. En revanche, conférée par voie légale ou statutaire, *la qualité* ne peut être déléguée[1054]. Par ailleurs, la qualité d'agir devrait être appréciée à la date d'introduction de la demande et non au moment du trouble allégué[1055].

570. Le législateur a été très explicite quant à l'exigence d'un intérêt et d'une qualité pour qu'une partie puisse agir devant l'ADLC. Le premier alinéa de l'article L.462-8 du Code de commerce donne en effet à cette autorité la possibilité de « déclarer, par décision motivée, la saisine irrecevable pour défaut d'intérêt ou de qualité à agir de l'auteur de celle-ci ». Sûrement, dans le but d'élargir son champ d'action, ce régulateur n'hésite pas à interpréter de

---

1049 Cass. civ., 3e, 9 févr. 2010, n° 08-22.042, *Sté David*, inédit, http://www.legifrance.gouv.fr.

1050 J. HERON, *Droit judiciaire privé*, 3ème éd., par Th. Le BARS, Paris, Montchrestien, Coll., « Domat droit privé », 2006, p. 61. Dans le même sens, la qualité pour agir est définie comme « le titre juridique conférant le droit d'agir, c'est-à-dire le droit de solliciter du juge qu'il examine le bien-fondé d'une prétention », *cf.* L. CADIET et E. JEULAND, *Droit judiciaire privé*, 7ème éd., Paris, Litec/LexisNexis, Coll., « Manuel », 2011, p. 262.

1051 Ce droit est également reconnu à ses héritiers ou successeurs universels, ses représentants légaux ou conventionnels et enfin ses créanciers.

1052 CS, soc., 20 mai 1997, n° 143.596, *Rev. Jud.*, n° 1, p.66.

1053 CS, soc., 17 déc. 1996, n° 135.960, *Rev. Jud.*, 1996, n° 2, p. 100 ; CS, soc., 9 déc. 1997, n° 149.274, *Rev. Jud.*, 1998, n° 1, p. 139.

1054 Sauf exception légale, seules les personnes habilitées à représenter une personne morale peuvent intenter une action en justice au nom de celle-ci. C'est ce qu'on appelle l'action *ut singuli*.

1055 CA Paris, 23 févr. 1989, *Mignot*, JurisData:1989-640252, *Rev. conc. consom.*, 1989, n° 52, p. 20, obs. A. TARGA, *Gaz. Pal.*, 1989, p. 475, note J.P. MARCHI ; Cass. com., 14 déc. 2010, n° 09-72.946, *SAS Sandoz*, *Bull. civ.* 2010, IV, n° 196, JurisData:2010-023884.

façon assez large l'intérêt à agir[1056]. Toujours dans le même esprit, selon la pratique décisionnelle de cette autorité, il n'est pas nécessaire d'exiger un intérêt à agir des auteurs d'une plainte formulée devant la DGCCRF, suivie d'un transfert du dossier à l'ADLC[1057].

b. La pertinence de la demande de saisine

571. L'auteur de la saisine doit étayer ses allégations par des éléments de preuve suffisants, faute de quoi il verra sa saisine rejetée. Certes, dans le but de faire face aux saisines abusives, une telle exigence paraît logique, mais la tâche s'annonce très délicate pour les personnes et entreprises qui ne disposent pas des moyens nécessaires pour se livrer aux investigations. Ainsi, par exemple, l'ADLC est autorisée à déclarer la saisine irrecevable lorsque les faits invoqués « ne sont pas appuyés d'éléments suffisamment probants »[1058]. Cependant, pour atténuer une telle charge de preuve, la jurisprudence interprète cette exigence d'une manière large[1059].

B. L'opportunité des poursuites soumise au contrôle du juge

572. Pour reprendre Jacques MOURGEON, « l'opportunité consiste dans la possibilité de librement déterminer les conditions d'une action : son moment, ses motifs, ses moyens. Ainsi définie, l'opportunité d'agir implique celle de ne pas agir. Il y a donc opportunité lorsqu'il y a alternative entre l'action et l'inaction, ou quand l'action étant décidée, il y a alternative entre ses conditions »[1060]. Faut-il le rappeler, l'opportunité dont bénéficie l'administration dans ses agissements n'est qu'un élément du pouvoir discrétionnaire qui lui est souvent reconnu. À ce sujet, il est bien admis qu'en général, l'administration est juge de l'opportunité d'agir ou non. Aux yeux du juge administratif, le refus d'engager des poursuites à la suite d'une plainte ne peut constituer une faute. Pour le commissaire du gouvernement Michel GENTOT, le fait que l'administration soit tenue d'une obligation générale de faire

---

1056 Cons. conc., n° 08-D-02 du 12 févr. 2008, relative à une demande de mesures conservatoires présentée par la Free SAS et concernant l'accès aux infrastructures de génie civil de France Télécom dans le cadre du déploiement de boucles locales optiques résidentielles de type FTTh, *BOCCRF* n° 5 du 26 juin 2008.

1057 Cons. conc., n° 07-D-16 du 9 mai 2007, relative à des pratiques sur les marchés de la collecte et de la commercialisation des céréales, *BOCCRF* n° 5 du 31 juill. 2007.

1058 Art. L.462-8, al. 2 du C. com. Sur la question, *cf.* Cass. com., 16 juin 1998, n° 96-17.797, *M. Yves Collin*, inédit, JurisData:1998-002929 ; CA Paris, 27 janv. 2011, n° 10/08945, *Sté Française de Radiotéléphonie-SFR*, JurisData:2011-000862 ; CA Paris, 2 déc. 2010, n° 10/08010, *Sté Euro Power Technology* ; CA Paris, 1er juin 2010, n° 10/07349, *Sté Euro Power Technology*, JurisData:2010-012499 ; CA Paris, 23 févr. 2010, n° 08/09840, *Sté Edition Jean-Paul Gisserot*, JurisData:2010-008390 ; CA Paris, 2 juill. 2008, n° 08/06267, *Sté CDG Participations*, JurisData:2008-369799.

1059 *Cf.* CA Paris, 17 déc. 1987, *Sté des Lubrifiants du Midi*, JurisData:1987-600331, *Rev. conc. consom.*, 1988, n° 41, p. 28, obs. A. TARGA, *Gaz. Pal.*, 1988, n° 1, p. 206, note J.-P. MARCHI.

1060 J. MOURGEON, *op. cit.*, p. 303.

respecter la loi, n'altère en rien sa liberté « quant aux choix des mesures positives qui doivent être utilisées pour faire assurer aux administrés le respect de la réglementation »[1061]. En d'autres termes, les autorités administratives peuvent refuser de poursuivre, tout en mettant en œuvre une autre voie juridique pour assurer le respect des textes, telles les recommandations, la saisine du procureur de la République ou la diffusion d'un communiqué, etc. En somme, l'administration ne peut être considérée comme fautive, donc responsable, que dans le cas où elle s'abstient systématiquement de mettre en œuvre l'ensemble des pouvoirs dont elle dispose pour faire respecter la loi[1062].

À titre d'exemple, d'après une jurisprudence constante, en matière de fonction publique il appartient à l'administration d'apprécier l'opportunité des poursuites disciplinaires[1063]. Les usagers[1064], les autres agents[1065] et les tiers[1066] ne peuvent, pour l'instant, attaquer un refus de l'administration d'engager une procédure disciplinaire ou même la sanction qu'elle pourrait prononcer. En revanche, le juge administratif accepte d'exercer un contrôle de l'erreur manifeste d'appréciation sur le refus opposé à un tiers d'engager des poursuites disciplinaires en matière ordinale[1067].

573. La même situation prévaut dans le cadre des AAIRE. Il apparaît des différentes dispositions traitant du sujet que la mise en œuvre de leurs pouvoirs de contrôle et de sanction, suite à une saisine directe, reste à l'appréciation de ces autorités. En effet, dans tous leurs textes institutifs, il est explicitement dit

---

[1061] CE, ass., 7 mai 1971, n°s 74669 et 74977, *Ministre de l'Économie c/ Sastre, Rec. CE* 1971, p. 334, *RDP* 1972, p. 443, note M. WALINE, *JCP G* 1971.I.2446, chron. D. LOSCHAK. Le Conseil d'État a jugé par exemple que « Les dispositions des articles 1, 42 et 42-1 de la loi du 30 septembre 1986, n'ont pas pour effet d'obliger le conseil supérieur de l'audiovisuel, qui dispose d'autres moyens pour conduire les titulaires d'autorisation pour l'exploitation d'un service de communication audiovisuelle à respecter les obligations qui leur sont imposées, à adresser aux titulaires une mise en demeure lorsqu'il est saisi d'une telle demande en application de l'alinéa 3 de l'article 42 de la loi précitée. », *cf.* CE, 23 avr. 1997, n° 131688, *Sté des auteurs et compositeurs dramatiques et autres*, JurisData:1997-050686.

[1062] CE, 4 oct. 1968, *Sieur et Dame Pascal*, *Rec. CE* 1968, p. 876, *RDP* 1969, p. 545.

[1063] CE, 21 mai 1955, *Deleuze*, *Rec. CE* 1955, p. 296. Sur le sujet, *cf.* S. BOLLE, « L'engagement des poursuites disciplinaires dans la fonction publique. Un régime « introuvable » », *RFDA* 2001 p. 421 ; J.-M. AUBY, D. JEAN-PIERRE et A. TAILLEFAIT, *Droit de la fonction publique*, 2ème éd., Paris, Dalloz, Coll., « Précis », 2005, pp. 387 et s. ; A. TAILLEFAIT, « Un tiers n'a pas intérêt à agir contre une sanction infligée à un agent public », comm. sous CE, 17 mai 2006, n° 268938, *M. Balanger c/ Ministre de l'emploi, de la cohésion sociale et du logement*, *Dr. adm.* n° 10, 2006, p. 154.

[1064] CAA Paris, 24 févr. 2003, n° 02PA00871, *Pasqua*, *JCP A* 2003, n° 1325, obs. A. TAILLEFAIT ; TA Lyon, 18 juill. 2002, n° 013965, *Aillard*.

[1065] CE, sect., 10 juill. 1995, n° 141654, *Mme Laplace*, *Rec. CE* 1995, p. 302, JurisData:1995-045616, *AJDA* 1995, p. 849, note F. MALLOL. Sur la question, *cf.* M. DEGOFFE, *Droit pénal et droit administratif*, *op. cit.*, p. 333.

[1066] CE, 17 mai 2006, n° 268938, *M. Balanger*, préc.

[1067] CAA Paris, 8 nov. 2002, n° 98PA00668, *Meiers* ; CE, 9 févr. 2001, n° 215734, *PIFFRE*, JurisData:2001-062029 ; CE, 11 mai 2001, n° 218124, *Mme GUGLIELMI*, inédit, JurisData:2001-062366 ; CE, 30 avr. 1997, n° 163807, *Mme Bouteille*, inédit ; CE, 14 nov. 1990, n° 89896, *Ganaye X.*, inédit. Sur l'opportunité des poursuites en matière fiscales, *cf.* les art. L.228, L230 et R.228-1 du Livre des Procédure Fiscales.

que telle ou telle autorité « peut » enclencher une enquête ou prononcer une sanction[1068]. Donc ces autorités bénéficient bel et bien d'un pouvoir discrétionnaire sur la question.

574. Ce large pouvoir d'appréciation est conforté par la haute juridiction administrative qui a jugé, dans un considérant de principe, qu'« il appartient à une autorité administrative indépendante qui dispose en vertu de la loi d'un pouvoir de sanction qu'elle exerce de sa propre initiative [...] de décider, lorsqu'elle est saisie par un tiers de faits de nature à motiver la mise en œuvre de ce pouvoir, et après avoir procédé à leur examen, des suites à donner à la plainte. Elle dispose, à cet effet, d'un large pouvoir d'appréciation [...] »[1069]. De même, il a été jugé que le CSA, qui dispose d'autres moyens pour conduire les titulaires d'autorisation pour l'exploitation d'un service de communication audiovisuelle à respecter les obligations de production audiovisuelle qui leur sont imposées, *n'est pas obligé* de leur adresser une mise en demeure lorsqu'*il est saisi* d'une telle demande. Avant d'ajouter que, d'après les articles 3-1 et 42 de la loi du 30 septembre 1986, c'est au CSA d'*apprécier* s'il y a lieu pour lui de prendre immédiatement une telle mesure[1070].

Dans toute la jurisprudence qu'on a pu consulter, le juge administratif est explicite : « [l'AAIRE concernée] dispose, à cet effet, d'un large pouvoir d'appréciation »[1071]. Parmi les éléments d'appréciation sur lesquels elle peut se baser, il y a « la gravité des manquements allégués au regard de la législation ou de la réglementation qu'elle est chargée de faire appliquer, du sérieux des indices relatifs à ces faits, de la date à laquelle ils ont été commis, du contexte dans lequel ils l'ont été et, plus généralement, de l'ensemble des intérêts généraux dont elle a la charge ». Il s'agit là bien évidemment d'éléments cités en exemple, ce qui explique sûrement l'expression « large pouvoir d'appréciation » utilisée par le juge.

575. À première vue, l'adoption du principe de l'opportunité des poursuites avec un large pouvoir d'appréciation prive la victime du bénéfice du principe d'égalité devant les charges publiques, dès lors qu'elle est privée de son droit d'obtenir des AAIRE la condamnation du contrevenant. N'est-ce pas la sauvegarde de ce principe d'égalité entre les citoyens qui justifie, en

---

[1068] *Cf.* à titre d'exemple l'art. L.134-25 du C. énergie (CRE) ; l'art. L1264-1 et L1264-2 du C. transports (ARAFER) ; les art. L.5-3, al. 1 et L.36-11, al. 1 du CPCE (ARCEP).

[1069] CE, 4 juill. 2012, n°s 334062 et 347163, *AFORST c/ ARCEP*, JurisData:2012-015086 ; CE, 30 nov. 2007, n° 293952, *M. K et autres c/ ACAM*, préc. ; CE, 30 déc. 2002, n° 240635, *Mme de Rimonteil de Lombares c/ Commission bancaire*, JurisData : 2002-064807. Dans le même sens, *cf.* CE, 28 déc. 2012, n° 344175, *POUCHARD c/ CNIL*, inédit, JurisData:2012-030621 ; CE, 5 déc. 2011, n°s 319545 et 338379, *LAFFONT c/ CNIL*, JurisData:2011-027474.

[1070] CE, 26 nov. 2012, 349529, 349530, *Union syndicale de la promotion audiovisuelle c/ CSA*, JurisData:2012-027497 ; CE, 9 juin 2006, n° 267898, *Association des usagers des medias d'Europe c/ CSA*, inédit, JurisData:2006-070348 ; CE, 18 déc. 2002, n° 232273, *Association Promouvoir c/ CSA*, JurisData:2002-064845 ; CE, 6 Avr. 1998, n°173291, *Union syndical de la production audiovisuelle c/ CSA*, inédit, JurisData:1998-050444 ; CE, 23 avr. 1997, n° 131688, *Sté des auteurs et compositeurs dramatiques et autres*, préc.

[1071] *Ibid.*

droit pénal, le pouvoir de la victime de déclencher l'action publique en se constituant partie civile. Ainsi, méconnaître à la victime d'un manquement, même de nature administrative, le pouvoir de contraindre l'administration à enclencher les poursuites, est tout simplement contraire à l'essence même du droit répressif[1072].

576. Si on était face à des sanctions purement contractuelles, il serait envisageable et acceptable que l'autorité administrative renonce aux poursuites prévues, en transigeant avec son cocontractant[1073]. Mais, même dans ce cas de figure, une instruction de la demande est indispensable. De plus, dans notre cas de figure, il s'agit de violations de lois et règlements, et non de simples stipulations contractuelles, donc l'autorité administrative n'a d'autre choix que d'instruire la demande et éventuellement prononcer les sanctions qui s'imposent. C'est sûrement pour ces raisons que la haute juridiction administrative a accepté de soumettre les décisions de refus de poursuivre des AAIRE au contrôle du juge.

577. Ces deux dernières décennies ont vu les pouvoirs publics se préoccuper de plus en plus des intérêts des administrés vis-à-vis de l'administration. Avec le développement des notions de droits de la défense, de la bonne gouvernance et de l'État de droit, conjugué à l'avènement des AAIRE, la sauvegarde des intérêts des administrés face à ces autorités de régulation, dites indépendantes, est apparue plus qu'indispensable. Tenant compte de leur indépendance et de la panoplie de pouvoirs dont elles disposent, ces autorités peuvent être tentées d'en abuser[1074], d'où l'intérêt de contrôler leur refus d'instruire. C'est, apparemment, la raison pour laquelle on a reconnu à la victime d'un manquement le droit d'intenter un recours contre leurs décisions de refus de poursuivre, qui sont considérées comme des actes administratifs susceptibles d'un recours pour excès de pouvoir.

578. Dans le considérant de principe précité, la jurisprudence est explicite à ce propos, « la décision [de l'AAIRE] qu'elle prend, lorsqu'elle refuse de donner suite à la plainte, a le caractère d'une décision administrative que le

---

1072 *Cf.* dans ce sens, F. DOUËB, *op. cit.*, p. 468.

1073 *Cf.* dans ce sens : CE, 21 juill. 1926, *Sieur Barnier*, *Rec. CE* 1926, p. 767 ; CE, 13 juill. 1928, *Sieur Delaroche*, *Rec. CE* 1928, p. 901 ; CE, 21 févr. 1968, *Sté industrielle d'études et travaux*, *RDP* 1969, p. 363. Pour une opinion contraire, *cf.* G. JÈZE, *Principes généraux du droit administratif*, *op. cit.*, pp. 279 et 298 ; C. BLUMANN, *La renonciation en droit administratif français*, LGDJ, 1974, p. 221.

1074 À titre d'exemple, l'arbitraire des AAIRE peut se traduire par l'inaction vis-à-vis des manquements. Ce fut le cas du CSA qui n'a engagé de procédure de sanction à l'encontre de la société *La Cinq*, le 21 aout 1990, qu'après avoir reçu une missive du ministre de la culture et de la communication, en l'occurrence Jack Lang. Dans sa lettre, le ministre reprochait au Conseil son indulgence à l'égard des chaines privées, tout en réclamant plus de fermeté dans l'application de la loi pour l'amélioration des programmes. En effet, malgré les réclamations du Conseil en matière de violence, drogue et prostitution, le ministre n'a constaté aucune amélioration dans le comportement des chaines privées. *Cf.* sur la question, F. DOUËB, *op. cit.*, p. 467.

juge de l'excès de pouvoir peut annuler en cas d'erreur de fait ou de droit, d'erreur manifeste d'appréciation ou de détournement de pouvoir »[1075].

579. En somme, après l'examen de la forme, notamment l'existence des conditions de recevabilité (intérêt et qualité d'agir), l'autorité administrative saisie apprécie également le bien-fondé de la saisine, en évaluant les preuves produites par le plaignant. En l'absence de l'une des conditions nécessaires l'AAIRE peut déclarer, par décision motivée, la saisine irrecevable. C'est alors qu'intervient le contrôle du juge, qui peut, en la circonstance, ordonner toutes les mesures d'informations qu'il estime à même de l'éclairer. Par ailleurs, la consécration de l'obligation de motivation des décisions administratives défavorables, tant dans les textes généraux que spéciaux, conjuguée au « développement du contrôle des motifs de fait et de droit »[1076], sont autant d'éléments qui participent à l'encadrement du pouvoir discrétionnaire de ces autorités.

580. Toutefois, connu pour sa souplesse de traitement à l'encontre des autorités administratives en général, et des AAIRE en particulier, le Conseil d'État se contente d'un contrôle minimum puisqu'il ne censure que les décisions entachées d'une erreur manifeste d'appréciation[1077]. Les AAIRE continuent ainsi à bénéficier d'un large pouvoir d'appréciation, illustré comme nous l'avons vu par la largesse des critères et des éléments pouvant fonder leurs décisions de refus.

SOUS-SECTION 2. L'HÉTÉROGÉNÉITÉ CRIANTE DES RÈGLES PROCÉDURALES

581. Après la saisine ou l'auto-saisine d'une AAIRE, commence alors la phase de déroulement du procès. Tout comme en matière pénale, cette phase débute par l'instruction et l'étude de l'affaire (**Paragraphe 1**) et s'achève, éventuellement, par le prononcé d'une sanction (**Paragraphe 2**).

L'analyse des différentes dispositions législatives et réglementaires, nous révèle aussi, une fois de plus, l'hétérogénéité des règles procédurales régissant ces autorités, ce qui est inconcevable étant donné qu'elles ont le même statut et sont chargées d'une mission identique, qui est la régulation économique.

[1075] CE, 4 juill. 2012, n°s 334062 et 347163, *AFORST c/ ARCEP*, préc. ; CE, 26 nov. 2012, n°s 349529 et 349530, *Union syndicale de la promotion audiovisuelle c/ CSA*, préc. ; CE, 30 nov. 2007, n° 293952, *M. K et autres c/ ACAM*, préc. ; CE, 9 juin 2006, n° 267898, *Association des usagers des medias d'Europe c/ CSA*, préc. ; CE, 18 déc. 2002, n° 232273, *Association Promouvoir c/ CSA*, préc. ; CE, 30 déc. 2002, 240635, *Mme de Rimonteil de Lombares c/ Commission bancaire*, préc. ; CE, 6 Avr. 1998, n°173291, *Union syndicale de la production audiovisuelle c/ CSA*, préc.

[1076] R. ZOUAIMIA et M.-Ch. ROUAULT, *Droit administratif*, *op. cit.*, p. 73.

[1077] CE, 6 avr. 1998, *Union syndicale de la production audiovisuelle*, préc. ; CAA Lyon, 28 déc. 1990, n° 89LY01299, *Fouriat*, JurisData:1990-051893 ; CAA Paris, 19 déc. 1995, n° 93PA01250, *Kechchian* ; CE, 23 avr. 1997, n° 131688, *Sté des auteurs et compositeurs dramatiques et autres*, préc.

Certes, il s'agit dans la plupart des cas de ''simples détails'', mais qui ont leur importance aux yeux du ''justiciable''.

Paragraphe 1. Phase d'instruction et d'étude de l'affaire

582. À quelques différences près, l'instruction des affaires devant l'ensemble des AAIRE débute par la désignation d'un rapporteur (**A**), et la prise de certaines décisions préliminaires (**B**).

A. De la désignation d'un rapporteur…

583. À l'instar du contentieux administratif, devant les juridictions administratives, l'instruction des affaires au niveau des AAIRE commence par la désignation d'un ou plusieurs rapporteurs. En effet, après une auto-saisine ou une saisine directe le président de l'AAIRE concernée, dans d'autres cas le directeur général ou le chef du service juridique, désigne un rapporteur et, le cas échéant, un ou plusieurs rapporteurs adjoints, choisis généralement mais pas forcément parmi les agents de l'autorité et dont la mission est d'instruire l'affaire. À cet égard, le rapporteur peut demander à l'AAIRE de désigner des enquêteurs et de faire procéder à toute enquête qu'il juge utile, de même qu'il peut recueillir tous les renseignements nécessaires à son enquête auprès des parties et des tiers. Dans le cadre de sa mission, il peut personnellement sans se voir opposer le secret professionnel, consulter tout document nécessaire à l'instruction.

584. Le législateur a réservé une place importante au principe du contradictoire durant la phase d'instruction dans la plupart des textes régissant les AAIRE[1078]. À titre d'exemple, il a clairement prévu que « l'instruction et la procédure devant l'Autorité de la concurrence sont contradictoires »[1079].

585. Au terme de l'instruction, le rapporteur établit un procès-verbal ou un rapport motivé qu'il transmet à l'autorité concernée[1080] et dans lequel il formule son avis quant aux suites à donner, compte tenu de sa propre appréciation de la matérialité et de la gravité des faits. Il peut, par exemple, arrêter les griefs retenus contre la personne mise en cause ou, au contraire, les éléments justifiant l'irrecevabilité de la plainte lorsqu'il s'agit d'une saisine directe.

[1078] En pratique, ce principe connaît toutefois une application souple, le juge du contrôle estimant, dans le cadre du droit d'accès au dossier, que la non communication de certaines pièces du dossier n'engendre pas une censure de la sanction, sauf si la personne concernée démontre l'existence d'un préjudice, *Cf. infra.*, pp. 455 et s.

[1079] Art. L.463-1 du C. com. *Cf.* également les art. L.134-33 du C. énergie (CRE) ; les art. L.612-38, al. 4 et L.621-15-II, al. 1 du C. mon. fin., (ACPR/AMF) ; l'art. L1264-10 du C. transports (ARAFER) ; l'art. 44-I de la loi n° 2010-476 du 12 mai 2010 (ARJEL) ; l'art. 42-7, 3° de la loi n° 86-1067, préc., (CSA)

[1080] Qui peut s'agir : du Collège, du président ou du directeur général de l'AAIRE, de la Commission ou du Comité.

B. … à la prise de décisions préliminaires

586. Suite au procès-verbal ou au rapport dressé par le rapporteur, l'autorité de régulation concernée peut prononcer l'une des décisions suivantes : l'irrecevabilité, le non-lieu, le classement de l'affaire, le sursis à statuer ou la formulation de l'accusation avec mise en demeure[1081].

587. La décision d'irrecevabilité est rendue par l'autorité de régulation à l'occasion d'une saisine directe, pour incompétence, défaut d'intérêt ou de qualité pour agir de l'auteur de la saisine, prescriptions des faits ou lorsque l'autorité de régulation estime que les faits ne sont pas appuyés d'éléments suffisamment probants[1082]. L'ADLC peut également rejeter la saisine lorsqu'elle est informée qu'une autre autorité nationale de concurrence, d'un État membre de l'Union européenne ou la Commission européenne, a traité – ou traite – des mêmes faits relevant des dispositions prévues aux articles 81 et 82 du Traité instituant la Communauté européenne[1083].

588. Le second type de décisions pouvant être prises est la décision de non-lieu. Eu égard à des circonstances de fait comme de droit, les AAIRE peuvent, à tout moment, constater le non-lieu à poursuivre la procédure de sanction. À titre d'exemple, lorsqu'elle estime que la pratique contestée ne porte pas atteinte à la concurrence sur le marché, l'ADLC peut décider qu'il n'y a pas lieu de poursuivre la procédure, et ce, après avoir permis à l'auteur de la saisine et au commissaire du gouvernement de consulter le dossier et de faire valoir leurs observations dans un délai de deux mois à partir de la date à laquelle le dossier a été mis à leur disposition[1084].

[1081] Comme nous aurons l'occasion de le voir, en matière de concurrence il est question d'injonctions et non de mises en demeure. En effet, après sa saisine, l'autorité de régulation horizontale peut prononcer avant toute sanction une injonction. Cependant, selon l'art. 42-3 de la loi n° 86-1067, le CSA peut prononcer un retrait d'autorisation sans mise en demeure préalable.

[1082] *Cf.* l'art. L.462-8, al. 1 et 2 du C. com.

[1083] *Cf.* l'art. L.462-8, al. 3 et 4 du C. com. *Cf.* pour quelques exemples de décisions d'irrecevabilité rendues par l'autorité de régulation horizontale, *cf.* Cons. conc., n^os^ : 09-D-35 du 25 nov. 2009, relative à des pratiques mises en œuvre dans le secteur du transport médical d'urgence ; 08-D-01 du 18 janv. 2008, relative à une saisine présentée par la société Segard, *BOCCRF* n° 5 du 26 juin 2008 ; 05-D-23 du 18 mai 2005, relative à la saisine de la société France Incendie, *BOCCRF* n° 4 du 14 mars 2006 ; 04-D-46 du 30 sept. 2004, relative à une saisine de l'entreprise Arnaud Marin concernant des pratiques mises en œuvre par la société R. Marin, *BOCCRF* n° 10 du 9 déc. 2004. En droit français, le nombre des décisions d'irrecevabilité soit en raison du caractère insuffisamment probant des éléments accompagnant les saisines, soit parce que les faits n'entraient pas dans le champ des compétences de l'autorité, a considérablement baissé au fil du temps. En effet, très nombreuses durant les premières années de création du Conseil de la concurrence, ces décisions se sont raréfiées par la suite. À titre d'exemple, on dénombre : 31 décisions en 1987, 9 en 1988, 5 en 1989, 6 en 1990, 12 en 1991, 5 en 1992, 8 en 2007, 11 en 2008, 9 en 2010, 4 en 2011, *cf.* les Rapports d'activité des années citées.

[1084] *Cf.* les art. L.464-6, L.464-6-1 et R464-7 du C. com. À titre d'exemple, nous pouvons citer les décisions n^os^ : 10-D-02 du 14 janv. 2010, relative à des pratiques mises en œuvre dans le secteur des héparines à bas poids moléculaire ; 10-D-12 du 15 avr. 2010, relative à des pratiques mises en œuvre par la société Hypromat France SAS dans le secteur du lavage

Plus particulièrement, les décisions de non-lieu sont prises lorsque l'autorité de régulation estime qu'elle a déjà statué sur les pratiques objets de la saisine, par une décision confirmée par la juridiction compétente, et ce, même si les parties ne sont pas les mêmes[1085]. La même décision est également rendue si la pratique contestée résulte d'un texte législatif ou réglementaire ou parce qu'elle a bénéficié d'une autorisation préalable, du fait qu'elle assure un progrès économique ou technique, qu'elle contribue à l'amélioration de l'emploi ou permet aux petites et moyennes entreprises de consolider leur position concurrentielle sur le marché[1086].

Avant la réforme de 2014, le directeur général de l'ARCEP pouvait également constater le non-lieu à poursuivre la procédure par une décision motivée, lorsque la personne mise en cause s'est conformée à la mise en demeure dans le délai imparti[1087].

589. Outre les décisions précitées, l'ADLC peut aussi décider de clore une affaire pour laquelle elle s'était saisie d'office, lorsqu'elle est informée qu'une autre autorité nationale de concurrence d'un État membre de l'Union européenne ou la Commission européenne a traité – ou traite – des mêmes faits relevant des dispositions prévues aux articles 81 et 82 du Traité instituant la Communauté européenne[1088]. De même, elle peut rendre une décision de classement dans le cadre d'une saisine directe quand la partie saisissante lui signifie son désir de retirer sa plainte[1089]. Toutefois, l'autorité de régulation

---

automobile par haute pression ; 09-D-38 du 28 déc. 2009, relative à des pratiques mises en œuvre par les sociétés Ethicon SAS, Tyco Healthcare France et le syndicat national des industries des technologies médicales ; 06-D-12 du 6 juin 2006, relative à des pratiques mises en œuvre dans le secteur de la distribution de commodités chimiques (*BOCCRF* n° 1 du 26 janv. 2007), annulée par CA Paris, 13 mars 2007, n° 06/08337, *GACHES CHIMIE*, JurisData:2007-328703 (confirmé par Cass. com., 26 févr. 2008, n° 07-14.126, *Sté Brenntag*, *Bull. civ.* 2008, IV, n° 44, JurisData:2008-042932); 06-D-17 du 22 juin 2006, relative à des pratiques relevées dans le secteur du transport du béton prêt à l'emploi dans l'Oise (*BOCCRF* n° 1 du 26 janv. 2007), confirmée par CA Paris, 15 mai 2007, n° 06/12899, *Sté TLB*, JurisData:2007-335952.

[1085] Cons. conc., n° 94-D-62 du 14 déc. 1994, relative à une saisine de la société communication Media Services.

[1086] *Cf.* l'art. L.420-4 du C. com.

[1087] *Cf.* l'art. 22 du Règlement intérieur de l'ARCEP (Décis., n° 06-0044 du 10 janv. 2006, portant règlement intérieur de l'ARCEP, modifiée notamment par la décis., n° 2012-1351 du 6 nov. 2012, *JORF* n° 0284 du 6 déc. 2012). Cette disposition n'a pas été reprise dans le, nouveau règlement intérieur de l'ARCEP, *cf.* Décision n° 2017-0870 de l'Autorité de régulation des communications électroniques et des postes en date du 26 juillet 2017, JORF n°0184 du 8 août 2017 .

[1088] *Cf.* l'art. L.462-8, al. 6 du C. com.

[1089] *Cf.* l'art. L.462-8, al. 7 du C. com., selon lequel : « Il est donné acte, par décision du président de l'Autorité de la concurrence ou d'un vice-président délégué par lui, des désistements des parties ou des dessaisissements effectués par la Commission européenne ». Nous pouvons citer à titre d'exemple les décisions du Conseil de la concurrence n^{os} : 01-D-79 du 13 déc. 2001, relative à une saisine du ministre chargé de l'économie concernant le secteur des vitamines pour l'alimentation animale ; 01-D-82 du 18 déc. 2001, relative à une saisine présentée par la société JL Electronique ; 01-D-84 du 20 déc. 2001, relative à des pratiques mises en œuvre par France Télécom Cable ; 01-D-85 du 28 déc. 2001, relative à une demande

peut poursuivre l'affaire, qui est alors traitée comme une saisine d'office[1090]. Une telle solution nous paraît logique sachant que les autorités de régulation sectorielles ainsi que l'autorité de régulation horizontale sont chargées de veiller au bon fonctionnement de l'économie nationale, donc d'un intérêt général, et leur rôle ne se limite pas à la défense de l'intérêt individuel des acteurs du secteur régulé. En effet, les AAIRE ne jouent pas un simple rôle de juge entre deux parties en litige, elles sont principalement chargées de créer et de maintenir l'équilibre dans un marché et d'appliquer une politique nationale. Contrairement au procès civil, qui ''appartient'' aux parties, les décisions de sanction des AAIRE relèvent d'une démarche répressive d'ordre public. Ainsi, si elles estiment que l'intérêt général est en jeu, elles peuvent passer outre les demandes et les conclusions des parties[1091]. Se prononçant sur la question, l'ADLC a estimé que les affaires portées devant ses instances « relèvent d'un contentieux objectif visant à protéger l'ordre public économique qui n'est pas soumis aux demandes des parties. Par conséquent, la disparition ou le désistement d'une plaignante n'a pas d'effet sur la procédure, l'autorité de concurrence, qui est saisie *in rem*, pouvant examiner tous les faits non prescrits portés à sa connaissance indépendamment de la position du plaignant »[1092].

590. Par ailleurs, une décision de classement peut également être rendue, à tout moment de la procédure, si le manquement a pris fin[1093]. À ce sujet, se basant sur le sens d'équité et sur le principe de l'égalité des citoyens devant la loi, nous estimons que la violation d'une règle de droit obligatoire mérite d'être sanctionnée, même si l'auteur du manquement a décidé de cesser son comportement répréhensible. En effet, il est impensable de ''pardonner'' une infraction, notamment après que son auteur ait largement tiré bénéfice, au moment où en droit commun même la tentative est sanctionnée avec la peine prévue pour l'infraction elle-même. On ne peut se vanter d'être dans un État

des sociétés MA Editions et Iliad concernant des pratiques mises en œuvre sur le marché des annuaires inversés.

[1090] Selon l'art. L.462-8, *in fine*, du C. com., « En cas de désistement, l'Autorité [de la concurrence] peut poursuivre l'affaire, qui est alors traitée comme une saisine d'office ». Sur la question, *cf.* Cons. conc., n° 07-D-09 du 14 mars 2007, relative à des pratiques mises en œuvre par le laboratoire GlaxoSmithKline France, *BOCCRF* n° 7 du 24 déc. 2007.

[1091] Le Conseil de la concurrence a précisé sa position sur ce point dans la décision n° 94-D-21 du 22 mars 1994, ODA, annuaire France Télécom, où, prenant acte du désistement d'une des entreprises saisissantes, a déclaré que l'instruction continuait sans qu'il y ait lieu, pour lui, de se saisir d'office.

[1092] Cons. conc., n° 07-D-09, préc. *cf.* également : Cons. conc., n° 06-D-18 du 28 juin 2006 relative à des pratiques mises en œuvre dans le secteur de la publicité cinématographique. Position confortée par CA Paris, 8 mai 1998, n° 1997/04714, *Sté Coca-cola entreprise c/ Sté Orangina France*. JurisData:1998-022167, qui a jugé qu'« une fois la saisine déposée, son auteur n'a pas la maîtrise de la procédure engagée devant la Conseil ».

[1093] *Cf.* c'était le cas à l'art. 15 du Règlement intérieur de la CRE de 2001 avant son abrogation, *cf.* Décision du 15 févr. 2001 relative au règlement intérieur de la commission, *JORF* n° 120 du 24 mai 2001, p. 8345. Cette disposition n'a pas été reprise dans les Règlements intérieurs postérieurs.

de droit si l'on place une partie de la société, en l'occurrence les agents économiques, au-dessus des lois de la République.

591. Outre les décisions précitées, les AAIRE peuvent dans certaines situations décider de surseoir à statuer sur une affaire soit pour un complément d'instruction[1094], soit parce qu'elles entendent faire procéder à certains actes d'instruction qui n'avaient pas été envisagés par le rapporteur[1095], soit parce qu'elles attendent la position d'une juridiction[1096] ou du tribunal de première instance des communautés[1097] dans le cas de l'ADLC. Une décision de sursis à statuer est aussi envisageable concernant la procédure d'engagements, dans la mesure où l'ADLC peut ordonner qu'il soit sursis à statuer, pour un délai fixé en séance, lorsque les modifications à opérer sont plus substantielles et que l'entreprise concernée souhaite disposer d'un délai plus long afin de prendre une décision sur une nouvelle proposition d'engagements ou lorsqu'une décision définitive ne peut être prise à l'issue de la séance[1098]. L'AMF peut également « reporter sa décision à l'issue d'un délai qu'elle impartit à l'institution pour prendre toute mesure de nature à mettre fin à l'infraction »[1099].

1094 *Cf.* à titre d'exemple, les décisions du Conseil de la concurrence n[os] : 07-D-09 du 14 mars 2007, préc.; 04-D-10 du 1er avr. 2004, relative à des pratiques de la société UGC Ciné-Cité mises en œuvre dans le secteur de l'exploitation des salles de cinéma, *BOCCRF* n° 7 du 6 sept. 2004 ; 99-D-43 du 30 juin 1999, relative à des pratiques mises en œuvre par la Centre d'études techniques de l'équipement, laboratoire des Ponts et Chaussés situé à Clermont-Ferrand, et de divers maîtres d'œuvre ; 99-D-46 du 29 juin 1999, relative à des pratiques mises en œuvre par le Conseil départemental de l'Ordre des chirurgiens-dentistes de la Haute-Savoie et la Confédération nationale des syndicats dentaires à l'encontre de M. X.

1095 *Cf.* Cons. conc., n° 02-D-41 du 26 juin 2002, relative au respect de l'injonction prononcée à l'encontre de la société France Télécom par la cour d'appel de Paris dans son arrêt du 29 juin 1999, *BOCCRF* n° 14 du 30 sept. 2002. Selon l'art. R463-7 du C. com., « Lorsqu'elle estime que l'instruction est incomplète, l'Autorité de la concurrence peut décider de renvoyer l'affaire en tout ou partie à l'instruction. Cette décision n'est pas susceptible de recours ».

1096 *Cf.* Cons. conc., n° 91-D-46 du 5 nov. 1991, relative à des pratiques du Comité interprofessionnel des fromages produits dans le département du Cantal et dans l'aire géographique de l'appellation d'origine Cantal.

1097 Par exemple, dans la décis., n° 91-D-53 du 26 nov. 1991 (relative à une entente conclue entre les sociétés Quantel et Continuum dans le secteur des lasers pulsés à forte puissance de crête destinés à la recherche scientifique), le Conseil de la concurrence a décidé de surseoir à statuer dans l'attente que le Tribunal de première instance se prononce. Le Tribunal a été, en effet, saisi d'un recours contre une décision de la Commission ayant refusé d'exempter l'accord litigieux.

1098 *Cf.* l'art. 15 de la décision de l'ADLC du 30 mars 2009 portant adoption du règlement intérieur de l'Autorité de la concurrence (*JORF* n° 0080 du 4 avr. 2009), qui nous renvoie aux modalités décrites dans le Communiqué de procédure du 2 mars 2009 relatif aux engagements en matière de concurrence (*cf.* en particulier le pt. 37 du communiqué). *Cf.* également sur la question : la décision n° 06-S-01 du 3 févr. 2006, relative à la saisine au fond et à la demande de mesures conservatoires présentées par la société Bijourama à l'égard de pratiques de la société Festina France.

1099 Art. L.621-15-2, al. 3 du C. mon. fin. *Cf.* aussi : l'art. L.370-4, al. 2 du C. assurances (ACPR).

592. Enfin, les AAIRE peuvent être amenées à décider qu'il y a lieu de formuler des accusations. En effet, si l'enquête préliminaire ou l'instruction de l'affaire conduisent à la constatation d'un manquement à une disposition législative ou réglementaire, afférente à l'activité régulée ou aux prescriptions du titre en vertu duquel une personne est autorisée à l'exercer, il appartient à l'autorité de régulation compétente d'ouvrir formellement la procédure de sanction. Dans ce cas de figure, elle doit arrêter clairement les griefs tels que relevés par l'instruction. Toutefois, concernant le contenu des griefs, l'autorité n'est pas tenue par les situations ni par les qualifications proposées dans l'acte de saisine[1100], ni même par celles formulées par le rapporteur[1101]. Elle n'est pas non plus tenue de retenir les griefs à l'égard de toutes les parties mises en cause, dès lors qu'elle estime que le comportement de certaines d'entre elles ne justifie pas de sanction[1102]. Après les avoir arrêtés, les griefs doivent être notifiés aux mis en cause. La lettre de notification doit en effet informer les parties des pratiques qu'on leur reproche ainsi que de leur qualification juridique, afin de leur permettre de contester, au cours de la procédure contradictoire, soit la réalité des faits ou leur qualification, soit leur imputation. Au risque de violer le principe du contradictoire, l'autorité de régulation ne peut pas donc fonder la sanction qu'elle prononce sur des faits qui n'ont pas été portés à la connaissance de son destinataire[1103].

593. Après ce bref exposé des décisions préliminaires, il est intéressant avant de clore ce sujet de s'interroger, dans un second temps, si ces décisions peuvent faire l'objet d'un recours ? En droit de la concurrence, les textes sont explicites : aux termes de l'article L.464-8 du Code de commerce, les décisions de l'ADLC, notamment ses décisions initiales, peuvent faire, dans un délai d'un mois, l'objet d'un recours en annulation ou en réformation devant la

---

[1100] *Cf.* la décis., n° 07-D-23 du 12 juill. 2007, relative à la saisine de la SA Édition presse magazines 2000 relative à des pratiques mises en œuvre par la société Nouvelles Messageries de la Presse Parisienne (NMPP). Dans le même sens, la cour d'appel de Paris a rappelé, dans une jurisprudence constante, que le Conseil de la concurrence « est saisi *in rem* de l'ensemble des faits et pratiques affectant le fonctionnement d'un marché, sans être lié par les demandes et qualifications de la partie saisissante », *cf.* CA Paris, 17 sept. 2008, n° 07/14904 ? *Éditions Presse Magazine* ; CA Paris, 30 janv. 2007, n° 06/00566, *Sté Le Foll*, préc. ; CA Paris, 26 juin 2007, n° 06/07821, *Guerlain* ; CA Paris, 24 août 2007, n° 07/13005, *TDF*, préc.

[1101] La cour d'appel de Paris a confirmé, à maintes reprises, la faculté du Conseil de la concurrence à retenir un grief abandonné par le rapporteur, *cf.* CA Paris, 19 juin 2007, n° 06/00628, *Sté Philips France*, JurisData:2007-336831 ; CA Paris, 25 avr. 2006, n° 05/13773, *Sade,* JurisData:2006-300192.

[1102] CA Paris 25 sept. 1991, *Sté Salomon,* JurisData:1991-644998, qui a conforté le Conseil de la concurrence dans sa décision n° 91-D-03 du 15 janv. 1991, relative à la situation de la concurrence sur le marché de la chaussure.

[1103] Dans l'arrêt *SARL Filmdis* du 29 mars 2005, n° 04/19930, JurisData:2005-278310, la cour d'appel de Paris a censuré la décision du Conseil de la concurrence, car deux des griefs retenus n'avaient pas été formellement et expressément visés dans la notification des griefs, « peu importe à cet égard qu'elle [la pratique] ait été dénoncée dans le rapport et que les parties s'en soient expliquées devant lui ». Pour la cour, une telle imprécision dans la définition des griefs portait atteinte au principe du contradictoire et justifiait l'annulation de la décision en ses articles visant les pratiques concernées.

cour d'appel de Paris. Parfois le législateur n'évoque pas explicitement les décisions d'irrecevabilité et de non-lieu, se contentant de parler du recours à l'encontre des décisions de telle ou telle autorité. Cependant, avec la formulation retenue il est légitime de penser que les décisions préliminaires sont également visées. Sont dans cette situation l'ACPR et l'AMF[1104].

Paragraphe 2. Phase du prononcé de la sanction

594. Avec l'étude de la phase du prononcé de la sanction, l'on se rend compte de l'ampleur de la juridictionnalisation des AAIRE et de l'intérêt accordé aux droits des personnes mises en cause devant elles. Ce constat est vérifiable tant au stade du déroulement des séances d'audience et du délibéré (**B**), que des procédures de notification et de publication des sanctions (**C**). Mais également avec la consécration de la procédure de récusation pour sauvegarder l'impartialité subjective au sein de ces autorités de régulation (**A**).

A. L'adoption d'une procédure de récusation

595. Malgré l'interdiction faite aux rapporteurs des AAIRE d'assister au délibéré, les décisions répressives rendues par ces organismes n'ont pas cessé pour autant de faire l'objet de censures sur la base du principe d'impartialité. Mais, à la différence de la présence du rapporteur qui soulève une partialité objective, cette fois-ci c'est l'impartialité subjective qui est visée. La première autorité à subir un tel revers est l'AMF et plus précisément sa commission des sanctions. En effet, le Conseil d'État a eu l'occasion d'annuler à deux reprises, en l'espace de six mois, des décisions répressives de l'AMF pour défaut d'impartialité, mettant en lumière une nouvelle faille dans l'organisation de cette autorité. Le problème soulevé réside dans le risque de conflit d'intérêts qui peut surgir, en particulier, entre les professionnels membres de la commission des sanctions et ceux que celle-ci est censée juger. C'est exactement ce qui s'est passé dans les deux affaires traitées par le juge administratif. Dans la première, le juge a annulé la sanction infligée à une société de gestion et plusieurs de ses dirigeants et salariés au motif que l'un des membres de la commission des sanctions avait créé, un an avant que l'affaire ne soit jugée, une société avec l'un des salariés de la société mise en cause[1105]. Le même grief a été retenu dans la seconde affaire, où l'un des

---

[1104] *Cf.* les art. L.612-16-III et L.621-30 du C. mon. fin.

[1105] CE, sect., 27 oct. 2006, n°s 276069, 277198 et 277460, M. *Parent et autres*, préc. Sur la question, *cf.* J.-B. DUBRULLE, « La difficile conciliation de l'article 6 de la CEDH avec le pouvoir de sanction des autorités administratives indépendantes », *LPA*, n° 133, 4 juill. 2007, p. 14 (note sous l'arrêt précité) ; M. GUYOMAR, « Le Conseil d'État précise dans quelle mesure les § 1 et 3 de l'article 6 de la Convention EDH sont applicables à la procédure devant la commission des sanctions de l'AMF », *LPA*, n° 253, 20 déc. 2006, p. 4 (concl. sous l'arrêt précité); J.-M. GLATT, « Contentieux administratif et Convention européenne de sauvegarde des droits de l'homme et des libertés fondamentales », *LPA*, n° 237, 28 nov. 2006, p. 15 (note sous l'arrêt précité).

membres de la commission ayant statué dans l'affaire était également membre du directoire d'un établissement bancaire en litige avec la société mise en cause dans l'affaire[1106]. Dans les deux affaires, le Conseil d'État a estimé que le membre concerné de la commission des sanctions aurait dû se déporter. Un sérieux coup dur pour l'AMF : il s'agit en effet d'une véritable atteinte à l'image d'une autorité, censée avoir été conçue d'une manière à éviter les critiques dont ont fait l'objet ses prédécesseurs, et une mise à mal de la crédibilité de son pouvoir répressif qui constitue le fondement de son autorité.

596. Pour remédier à cette situation, une procédure de récusation des membres de la commission des sanctions de l'AMF a été instituée[1107]. Il est désormais fait obligation à ses membres de ne pas siéger à ladite commission s'ils estiment qu'il existe une cause de récusation[1108]. De son côté, la personne mise en cause ou son mandataire peut demander la récusation d'un des membres ou du rapporteur, par acte ou par déclaration déposée au secrétariat de la commission des sanctions[1109]. Cette procédure est également adoptée dans le cas de l'ACPR[1110], de l'ARJEL[1111] et, à un degré moindre, de l'ARCEP[1112].

Aux termes des articles R.621-39-2-1° et R.612-41-1° du Code monétaire et financier, lorsque la récusation concerne le rapporteur, la demande de la personne mise en cause doit, à peine d'irrecevabilité, être formée dans un délai d'un (1) mois à compter de la notification de la décision procédant à la désignation du rapporteur. Tandis que, lorsque la demande vise un membre de la formation appelée à délibérer, le délai est de quinze (15) jours à compter de la notification de la composition de cette formation. Si le motif n'a pu être connu dans ces délais, la récusation peut intervenir au plus tard avant la fin de la séance de la commission des sanctions appelée à statuer[1113]. Dans tous les

---

1106 CE, 30 mai 2007, n°s 288538 et 293408, *Sté Europe Finance et Industrie et M. A.*, JurisData:2007-071939. *Cf.* sur la question : O. DUFOUR, « L'AMF envisage de modifier sa procédure de sanction », *LPA*, n° 137, 10 juill. 2007, p. 3.

1107 *Cf.* l'art. 11 de la loi n° 2007-1774 du 17 déc. 2007, portant diverses dispositions d'adaptation au droit communautaire dans les domaines économique et financier, *JORF* n° 0293 du 18 déc. 2007, p. 20354 ; le décret n° 2008-893 du 2 sept. 2008, relatif à la commission des sanctions de l'Autorité des marchés financiers, *JORF* n° 0207 du 5 sept. 2008, p. 13919.

1108 *Cf.* l'art. R.621-39-1 du C. mon. fin.

1109 *Cf.* les art. L.621-15-III *quater* et R.621-39-1 à R.621-39-10 du C. mon. fin.

1110 *Cf.* les art. R.612-40 à R.612-45 du C. mon. fin.

1111 *Cf.* l'art. 9 du Décret n° 2010-495 du 14 mai 2010 relatif à la procédure de sanction applicable aux opérateurs agréés de jeux ou de paris en ligne, *JORF* n°0111 du 15 mai 2010 page 9052.

1112 *Cf.* l'art. D598 du CPCE, qui a retenu l'auto-récusation d'un membre de la formation restreinte, mais pas celle pouvant être demandée par la personne poursuivie.

1113 *Cf.* les art. R.612-41et L.612-39-2°, 3° du C. mon. fin. (ACPR/AMF). Contrairement à l'AMF, le délai de la présentation de la demande de récusation est plus court dans le cas de l'ACPR, où il est seulement de 8 jours. Pour la jurisprudence, un motif relevant de la procédure de récusation est irrecevable devant le juge de cassation dès lors que le requérant avait eu, et en temps utile, la possibilité d'user de ce droit avant la séance au cours de laquelle l'affaire a été appelée à l'audience, *cf.* CE, 5 juill. 2000, n° 189523, *Mme Rochard*, JurisData:2000-060720, *AJDA* 2000, p. 613 ; Cass. ass. plén., 24 nov. 2000, n° 99-12.412, *SARL Delpech et Fils*, *Bull. A.*

cas de figure, sous peine d'irrecevabilité, la demande doit indiquer les motifs de la récusation et contenir les pièces propres à la justifier[1114].

597. Une fois que la demande de récusation lui a été communiquée, le membre concerné doit s'abstenir jusqu'à ce qu'il ait été statué sur la question. Dans les huit (8) jours de cette communication, le membre ainsi récusé doit faire savoir par écrit soit son acquiescement à la récusation, soit les motifs pour lesquels il s'y oppose. Dans le premier cas de figure, il est procédé pour son remplacement, tandis que dans le second cas, la commission des sanctions se prononce sur la demande, en prenant soin d'avertir l'auteur de la demande, par tous moyens, de la date à laquelle sera examinée sa demande ainsi que de la possibilité pour lui de présenter des observations orales. Le membre récusé n'est pas admis à participer à la séance statuant sur son cas. Si la récusation est acceptée, il est procédé au remplacement du membre récusé. Les actes qu'il a accomplis avant qu'il ait eu connaissance de la demande de récusation ne peuvent être remis en cause. Enfin, la décision de la commission ne peut donner lieu à recours qu'avec la décision statuant sur les griefs[1115].

598. En somme, après l'exposé de cette procédure, force est de constater que s'appuyant sur le droit d'une personne mise en cause de récuser un juge, le législateur s'est largement inspiré du Code de justice administrative, en particulier des articles L.721-1 et R.721-1 à R.721-9, pour instituer la procédure de récusation devant l'AMF et l'ACPR. Certes, la procédure accroît la crédibilité de ces deux importantes AAIRE, et peut même contribuer à la fois à désencombrer le Conseil d'État et la cour d'appel de Paris et au respect des droits de la défense, mais le législateur gagnerait sûrement plus en crédibilité si une telle procédure est élargie aux autres AAIRE. Le droit à récuser un membre devrait exister dans le cas de toutes ces autorités dès lors qu'elles sont soumises aux règles d'incompatibilités[1116]. En effet, il peut arriver que ces règles ne soient pas respectées, en conséquence permettre à la personne mise en cause de soulever cette ''violation'' et demander la récusation du membre concerné devraient aller de soi. Néanmoins, comme nous l'avons vu, le législateur n'a retenu le droit de la personne poursuivie devant ces autorités récusation de récuser un de ses membres que dans le cas de l'AMF et de l'ACPR. Cette procédure n'étant consacrée devant l'ARJEL que par le biais d'un texte réglementaire, en l'occurrence le décret n° 2010-495 du 14 mai 2010 relatif à la procédure de sanction de cette autorité.

Il est également possible de reprocher au législateur le court délai de présentation de la demande de récusation dans le cas de l'ACPR. Effectivement, comme nous l'avons noté un peu plus haut, contrairement à la récusation d'un membre de la commission des sanctions de l'AMF, où le délai

---

P. 2000, n° 10, p. 17, JurisData:2000-007145. Donc en la matière, la loyauté du procès implique que la possibilité de contestation soit réelle est effective.

[1114] *Cf.* les art. R.612-42 et R.621-39-4 C. mon. fin., (ACPR/AMF).

[1115] *Cf.* sur toute cette procédure les art. R.612-42 à R.612-45 et R.621-39-4 à R.621-39-10 du C. mon. fin., (ACPR/AMF).

[1116] Sur la question des incompatibilités, *cf. supra*, pp. 133 et s.

de la demande de récusation est de quinze jours, la demande de récusation d'un membre de l'ACPR est de huit jours à compter de la réception de la lettre l'informant de la composition de la commission. Or, un tel délai n'est pas à l'avantage de la personne mise en cause. Assurément, comme dans le cas de l'AMF, si le motif invoqué n'a pu être connu de la personne mise en cause dans le délai précité, elle peut demander la récusation au plus tard avant la fin de la séance. Néanmoins, l'on est en droit de s'interroger sur les motifs d'une telle différence de délai entre l'AMF et l'ACPR.

Enfin, pourquoi a-t-on prévu que la récusation ne remet pas en cause les actes accomplis en présence du membre récusé avant la demande de récusation[1117] ? Sur la base de quelle logique peut-on écarter un membre pour éviter une éventuelle partialité, tout en validant les actes auxquels il a pris part avant cette récusation ? Par ailleurs, nous estimons que l'auto-récusation aurait plus de sens si elle était obligatoire et sous la menace d'une sanction.

B. Des règles régissant la tenue des séances et du délibéré

599. Après l'instruction du dossier, l'affaire est renvoyée devant l'instance compétente de l'AAIRE concernée (collège, commission, comité, formation) pour rendre sa décision. À ce stade, il est intéressant de relever que la tenue des séances d'audience (**1**) et du délibéré (**2**), se rapproche beaucoup de celle des juridictions.

1. Le déroulement de l'audience

600. Par lettre recommandée avec demande d'avis de réception, remise en main propre contre récépissé ou acte d'huissier ou par tout autre moyen permettant de s'assurer de la date de sa réception, la personne mise en cause, et s'il y a lieu l'auteur de la saisine, sont convoqués, dans un délai raisonnable[1118], à la séance d'audience au cours de laquelle le rapporteur ou son adjoint présente son rapport. Les règles régissant la tenue des séances

---

[1117] Art. R.612-44 du C. mon. fin.

[1118] En droit de la concurrence, aux termes de l'art. R.464-6 du C. com., le délai est de 3 semaines au moins avant la tenue de la séance, cependant le rapporteur général peut réduire ce délai lorsque l'autorité se réunit pour statuer en application de l'art. L.464-1 du même code. Dans le cas de l'ARCEP, selon l'art. 14 de son Règlement intérieur, ce délai est de 15 jours au moins avant l'audience. Concernant l'ACPR et l'AMF, le délai ne peut être inférieur à trente (30) jours francs à compter de la communication du rapport du rapporteur, *cf.* les art. R.612-39 et R.621-39-III du C. mon. fin. *Cf.* sur le sujet : M.F. BOUTARD-LABARDE et Y. GAUDEMET, « Le contentieux des sanctions pécuniaires du Conseil de la concurrence », *LPA*, n° 50, 25 avr. 1990, p. 11). Ces auteurs pensent qu'il est indispensable que les parties intéressées prennent connaissance de ses observations suffisamment à l'avance pour pouvoir y répondre utilement. De son côté, la cour d'appel de Paris, saisie de cette question dans l'affaire du *Groupement cartes bancaires,* en a conclu qu'un délai suffisant doit être laissé aux entreprises pour leur permettre de prendre connaissance des observations du commissaire du gouvernement et d'y répondre utilement, *cf.* CA Paris, 16 nov. 1989, n° 89/10718, *GIE CB c/ CNC,* JurisData:1989-025426, *BOCCRF* n° 23 du 18 nov. 1989.

d'audience diffèrent légèrement d'une autorité à une autre ; pour certaines d'entre elles les séances sont publiques, tandis que pour d'autres elles sont tenues à huis clos.

Dans le cas de la CRE par exemple, avant la réforme de son règlement intérieur en 2013, et à l'exclusion du délibéré, les séances étaient publiques sauf demande contraire de la personne poursuivie. Toutefois, sur demande d'une personne entendue par la Commission ou du commissaire du gouvernement, le président pouvait décider, après avis de la Commission, de tenir la séance à huis clos partiellement[1119]. Devant la commission des sanctions de l'AMF, et aux termes de l'article L.621-15-IV *bis* du Code monétaire et financier, les séances sont publiques à moins que le président de la formation saisie de l'affaire décide, d'office ou sur la demande d'une personne mise en cause, d'interdire au public l'accès de la salle pendant tout ou partie de l'audience dans l'intérêt de l'ordre public, de la sécurité nationale ou lorsque la protection des secrets d'affaires ou de tout autre secret protégé par la loi l'exige. La même chose est prévue dans le cas de l'ACPR, sauf qu'ici c'est un texte réglementaire qui a consacré implicitement ce principe[1120]. Concernant l'ARAFER, sa commission des sanctions siège à huis clos, toutefois les parties peuvent être présentes, demander à être entendues et se faire représenter ou assister[1121]. Dans le domaine de la concurrence, les séances de l'ADLC ne sont pas publiques, seuls les parties et le commissaire du gouvernement peuvent y assister[1122]. Enfin, avant la réforme de 2014, l'article 24 du règlement intérieur de l'ARCEP avait expressément prévu que les séances étaient publiques.

601. Peut-on parler de violation des droits de la défense du fait de la non-publicité des audiences de certaines des AAIRE ? La Cour de cassation a eu l'occasion de s'exprimer sur la question, à propos des audiences du Conseil de la concurrence, en estimant que « c'est sans méconnaître les dispositions [de l'article 6§1 de la CEDH] que l'arrêt [de la cour d'appel] retient que le fait que les débats devant le Conseil ne sont pas publics en application de l'article L.463-7 du Code de commerce, ne saurait faire grief aux parties intéressées dès lors que les décisions prises par le Conseil subissent a posteriori le contrôle effectif d'un organe judiciaire offrant toutes les garanties d'un tribunal au sens de la Convention européenne de sauvegarde des droits de l'homme »[1123]. C'est

---

[1119] *Cf.* l'art. 4-II du Règlement intérieur de la CRE de 2001 avant son abrogation, préc. Le nouveau Règlement intérieur du Comité de règlement des différends et des sanctions de la CRE ne dit mot sur la question (*cf.* Décision du 15 décembre 2017, préc.).

[1120] *Cf.* l'art. R.612-47 du C. mon. fin.

[1121] *Cf.* l'art. L1264-10, al. 4 du C. transports.

[1122] *Cf.* l'art. L.463-7, al. 1 du C. com.

[1123] Cass. com., 29 juin 2007, n° 07-10.303, *Sté Bouygues Telecom*, *Bull. civ.* 2007, IV, n° 181, JurisData:2007-039946 (CA Paris, 12 déc. 2006, n° 06/00048, *Sté Bouygues télécom /Association UFC que choisir*, JurisData:2006-317994). *Cf.* dans le même sens : Cass. com., 28 juin 2005, n° 04-13.910, *Novartis Pharma*, *Bull. civ.* 2005, IV, n° 137 (CA Paris, 30 mars 2004, n° 03/15046, *Sté Novartis Pharma*, JurisData:2004-247008) ; CA Paris, 15 nov. 2005, n°

également la position développée par le Conseil d'État qui, tout en reconnaissant l'applicabilité de l'article 6§1 de la CEDH aux AAIRE, a exclu l'exigence du caractère public des audiences de ces autorités. En effet, après avoir rappelé l'obligation de respecter les principes d'impartialité, d'indépendance et de la présomption d'innocence, le juge administratif écarte le moyen tiré du défaut d'audience publique énoncé au premier paragraphe de cet article, au motif que l'examen en séance publique par le Conseil d'État d'un recours suffisait à assurer le respect de la publicité de l'audience exigée à l'article 6§1[1124].

602. Il est tout de même étonnant qu'on reconnaisse l'applicabilité de l'article 6§1 aux AAIRE, mais en n'en faisant qu'une application partielle. Pourquoi exiger le respect des principes d'impartialité et d'indépendance dès la phase administrative et exclure le principe du caractère public des audiences ? L'argument avancé, tant par le juge judiciaire qu'administratif, est l'existence d'un recours de pleine juridiction devant un organe judiciaire offrant toutes les garanties d'un tribunal au sens de la CESDH. Pourquoi n'a-t-on pas repris le même argument concernant le non-respect des autres principes énoncés à l'article 6§1, notamment le principe d'impartialité et d'indépendance ? Mieux encore, si l'existence d'un tel recours suffit à lui seul, pourquoi le législateur a-t-il prévu que les audiences des autres AAIRE, autres que l'ADLC, la CRE et l'ARAFER, soient publiques ?

Peut-être bien qu'une application intégrale du contenu de l'article 6§1 risque de bouleverser la procédure devant les AAIRE, néanmoins les juges judiciaire et administratif ont tous deux reconnu, dans une jurisprudence abondante, que ces autorités doivent être regardées comme statuant en matière pénale, donc soumises à l'article précité. Or, il se trouve que la publicité de l'audience est l'une des conditions du procès équitable et des droits de la défense, au sens de cet article, ce qui implique que l'application de ce dernier doit être tout simplement intégrale. Plus encore, après avoir énoncé le principe de la publicité des débats, la CESDH a déterminé les cas où il est possible d'y déroger, mais sans évoquer la possibilité d'exercer un recours juridictionnel postérieur[1125]. Certes, cette disposition s'adresse en premier lieu aux juridictions, néanmoins son élargissement aux AAI étant reconnu, l'applicabilité du

---

05/08308, *TPS*, JurisData:2005-293749 ; Cass. com., 26 nov. 2003, n° 00-22.605, *Sté TF1*, *Bull. civ.* 2003, IV, n° 178, p. 195, JurisData:2003-021075.

[1124] CE, 9 avr. 1999, n°s 182421 et 184097, *GIE Oddo Futures*, JurisData:1999-050476. *Cf.* également dans le même sens : CE, 17 nov. 2006, *Sté CNP Assurances c/ ACAM*, préc. ; CE, 27 oct. 2006, *M. Parent et autres*, préc. ; CE, 6 janv. 2006, n° 279596, *Lebanese Communication Group*, *Rec. CE* 2006, p. 1, JurisData:2006-069435, *Gaz. Pal.*, 22 juin 2006, n° 173, p. 24, note F. BOUCARD et D. ROBINE.

[1125] Selon l'art. 6§1 « l'accès de la salle d'audience peut être interdit à la presse et au public pendant la totalité ou une partie du procès dans l'intérêt de la moralité, de l'ordre public ou de la sécurité nationale dans une société démocratique, lorsque les intérêts des mineurs ou la protection de la vie privée des parties au procès l'exigent, ou dans la mesure jugée strictement nécessaire par le tribunal, lorsque dans des circonstances spéciales la publicité serait de nature à porter atteinte aux intérêts de la justice ».

principe de la publicité va de soi. L'on peut arguer qu'aucun principe général de droit n'impose la publicité des débats en matière disciplinaire[1126], cependant qu'on le veuille ou non il n'est pas question ici d'un pouvoir de sanction purement disciplinaire mais d'un pouvoir de sanction administratif d'essence répressive.

603. Cela étant, il faut savoir que la séance s'ouvre par la vérification du quorum à laquelle procède le président de la formation. Lors de l'audience, le rapporteur général et, le cas échéant, les rapporteurs adjoints présentent les conclusions et des observations orales. Le commissaire du gouvernement peut aussi présenter des observations au cours de la séance. Les membres de la formation de l'AAIRE peuvent entendre toute personne dont ils estiment l'audition utile[1127]. Cependant, le principe du contradictoire implique que les parties puissent, préalablement aux débats, avoir connaissance du nom et de la qualité des témoins que l'autorité a prévu d'auditionner[1128]. Sur demande faite au président dans un délai raisonnable avant la séance, les parties peuvent également demander l'audition d'une personne[1129]. D'après l'article 6§1 de la CESDH, la demande d'audition de témoins est consacrée comme un droit de ‘‘l'accusé’’. Toutefois, la politique sélective des juridictions, par rapport au contenu de l'article précité, a relégué un tel droit au rang d'une simple faculté[1130].

604. Après l'exposé du rapporteur ou de son adjoint, la personne mise en cause, le cas échéant assistée ou représentée par un mandataire de son choix, est invitée à répondre aux questions des membres du collège, du comité ou de la commission et à présenter ses observations orales.

[1126] M. GUYOMAR, concl. sur CE, 12 oct. 2009, n° 311641, *Petit c/H3C*, JurisData:2009-011551, *LPA*, n° 89, 5 mai 2010, p. 6.

[1127] *Cf.* à titre d'exemple, l'art. 48 règlement intérieur de l'ADLC.

[1128] La cour d'appel de Paris a rappelé à maintes reprises que la notification des griefs marquait le début de la phase contradictoire de la procédure suivie devant le Conseil de la concurrence, *cf.* CA Paris, 24 juin 2008, n° 06/06913, *Sté France Travaux*, préc. ; CA Paris, 3 juill. 2008, n° 07/10671, *Eiffage Construction*, JurisData:2008-369808.

[1129] *Cf.* l'art. R.464-6 al.3 du C. com.

[1130] Confirmant la position du Conseil de la concurrence, la Cour de cassation a estimé que le rapporteur, qui dispose d'un pouvoir d'appréciation quant à la conduite des investigations, est libre de décider quelles auditions lui paraissent les plus utiles à l'instruction. Aussi, « le rapporteur n'est pas tenu de procéder à des auditions s'il s'estime suffisamment informé pour déterminer les griefs susceptibles d'être notifiés. L'absence d'audition préalable à la notification des griefs des représentants des personnes morales à l'égard desquelles des griefs ont été retenus ne constitue pas une atteinte au principe du contradictoire qui est respecté lorsque les personnes mises en cause répondent à la notification des griefs et est donc sans incidence sur la régularité de la procédure », *cf.* Cass. com., 15 juin 1999, n° 97-15.185, *Sté Lilly France*, *Bull. civ.* 1999, IV, n° 128, p. 106, JurisData:1999-002482 ; Cass. com., 22 févr. 2005, n° 03-20.928, *Sté Socarel*, inédit, JurisData:2005-027215.

2. De la séance de délibération

605. Il ressort des textes institutifs des AAIRE que leurs formations répressives, dont les décisions sont prises à la majorité de leurs membres[1131], délibèrent en présence de leurs membres et d'un agent de leurs services faisant office de secrétaire de séance, mais sans la présence des parties, du rapporteur[1132] et du commissaire du gouvernement.

606. Lors du délibéré, l'AAIRE n'est pas tenue de viser, dans sa décision finale, toutes les observations et de répondre à chacun des arguments développés en défense lors de la procédure[1133], comme il lui est loisible de ne pas suivre les conclusions du rapporteur en arrêtant la sanction la plus adéquate. Par contre, elle est tenue de garder un lien de cohérence entre la notification des griefs adressée aux intéressés et sa décision finale. Une obligation liée au principe du contradictoire qui impose d'identifier clairement le fondement de la sanction. Les décisions de l'autorité de régulation ne peuvent donc être fondées que sur des faits visés dans la notification des griefs, sur des pièces qui avaient été discutées par les parties et sur des qualifications qui avaient été indiquées dans les griefs et dans les rapports.

C. Notification et publication de la sanction

607. Une fois la décision de la formation répressive rendue, il est question de sa notification aux parties concernées et de sa publication. Mis à part quelques règles spécifiques, une telle procédure est la même pour l'ensemble des AAIRE. D'après les différents textes régissant ces autorités, la décision de sanction est notifiée à la personne sanctionnée, notamment par lettre recommandée avec demande d'avis de réception remise en main propre contre récépissé ou acte d'huissier[1134]. La décision est également communiquée, selon les autorités de régulation et les cas, à l'auteur de la saisine, au ministre chargé de l'économie et au commissaire du gouvernement voire à une autre autorité de régulation[1135].

[1131] *Cf.* l'art. 4 *in fine* de la loi n° 86-1067 (CSA) ; l'art. L.461-3 du C. com. (ADLC) ; l'art. L.130, al. 8 du CPCE (ARCEP) ; les art. L.612-13, al. 1 et 2 et L.621-3 du C. mon. fin., (ACPR/AMF) ; l'art. L.133-1 du C. énergie (CRE).

[1132] Pour plus de détails sur la question de la présence du rapporteur au délibéré, *cf. infra.*, pp. 467 et s.

[1133] *Cf.* CE. 14 juin 1991, n° 107365, *Association Radio Solidarité*, note J.-L. AUTIN, *RFDA* 1992, p. 1016.

[1134] *Cf.* les art. R.612-9-I et R.621-40-V du C. mon. fin. (ACPR/AMF) ; les art. L.5-3 et L.36-11 du CPCE (ARCEP) ; l'art. 42-7, al. 3 de la loi n° 86-1067, préc., et l'art. 23 du Règlement intérieur du CSA ; les art. L.464-8 et R.464-30 du C. com. (ADLC) ; l'art. L134-34 du C. énergie et l'art. 18 du Règlement intérieur du comité de règlement des différends et des sanctions de la Commission de régulation de l'énergie ; l'art. L1264-10, al. 6 du C. des transports (ARAFER).

[1135] *Cf.* le cas de l'AMF (art. R 621-40-V du C. mon. fin), de l'ADLC, (art. L.464-8 et R464-8 du C. com.) et du CSA (l'art. 42-6 de la loi n° 86-1067, préc).

608. Outre leur notification, les décisions des AAIRE peuvent ou doivent, dans certains cas, faire l'objet d'une publication. Sans s'attarder sur cette question, qui sera traitée ultérieurement, il y a lieu de noter que si une telle procédure est appelée à jouer un rôle ‘‘pédagogique’’, dans le cas de certaines de ces autorités de régulation, notamment de l'ADLC, l'objectif visé est de faire courir le délai de recours à l'égard des tiers[1136].

609. Bien que l'on refuse, pour le moment, de qualifier ces autorités de régulation de juridictions, il n'en demeure pas moins que les éléments d'une telle qualification sont également visibles au stade du prononcé de la sanction administrative.

[1136] La publication des décisions répressives des AAIRE joue également un rôle punitif et dissuasif, *cf. infra*, pp. 373 et s.

CHAPITRE 2

L'exorbitance et l'originalité des sanctions infligeables par les AAIRE

610. Tout comme en matière pénale, une fois les phases d'enquête et d'instruction achevées, arrive la phase du prononcé des sanctions. À ce sujet, l'étude des textes régissant les AAIRE nous révèle, d'une part, l'existence de sanctions très variées, mais dominées par celles ayant un aspect pécuniaire et transactionnel (**Section 1**) et, d'autre part, une très large étendue du pouvoir répressif (**Section 2**).

SECTION 1. UNE VARIÉTÉ DE SANCTIONS DOMINÉE PAR L'ASPECT PÉCUNIAIRE ET TRANSACTIONNEL

611. Jugeant leur omniprésence et leur pouvoir de surveillance insuffisants pour mener à bon escient leur mission de régulation, plusieurs AAIRE se sont vues dotées d'un pouvoir de prononcer une large gamme de sanctions, révélant de la sorte leurs multiples possibilités de réaction. En effet, hormis les peines privatives de liberté qui sont du ressort exclusif du juge, ces autorités peuvent infliger toutes les autres sanctions connues en droit pénal, mais avec une prédominance des sanctions pécuniaires et transactionnelles.

Le plus souvent, les textes institutifs des AAIRE établissent une liste exhaustive des sanctions mises à leur disposition[1137]. Plusieurs classifications sont possibles pour appréhender cette panoplie de sanctions, tout dépend du critère pris en compte comme base de la distinction[1138]. Ainsi, une distinction est possible par exemple sur la base de la durée définitive ou provisoire des sanctions, ou sur la base du caractère principal, complémentaire ou accessoire de ces sanctions. Cependant, la classification dominante reste, sans conteste, celle fondée sur le contenu des sanctions, qui nous permet de distinguer les sanctions patrimoniales (**Sous-section 1**) des sanctions extrapatrimoniales

---

[1137] L'ADLC n'est pas soumise à une échelle de sanctions.

[1138] Pour plus de détails sur la question voir dans ce sens M. DELMAS-MARTY et C. TEITGEN-COLLY, *Punir sans juger ? op. cit.*, p.76.

(**Sous-section 2**). Par ailleurs, l'étude de la typologie des sanctions infligeables par les AAIRE pose la question de savoir s'il convient d'inclure dans cette classification les différentes mises en demeure et autres injonctions, détenues par la plupart de ces autorités, prises en amont des véritables sanctions (**Sous-section 3**).

SOUS-SECTION 1. LES SANCTIONS PATRIMONIALES, D'UN MONTANT ÉLEVÉ À L'INSTAURATION D'UNE JUSTICE PARALLÈLE

612. On entend par sanctions patrimoniales celles qui affectent directement le patrimoine de leurs destinataires, et peuvent prendre soit la forme de sanctions pécuniaires directes ou, si l'on veut, d'amendes administratives, soit la forme de sanctions pécuniaires négociées ou transactionnelles. Dans la sphère économique, les sanctions patrimoniales paraissent les plus adéquates et les plus redoutables, ce qui explique leur généralisation à toutes les AAIRE détentrices d'un pouvoir répressif. Un choix qui s'est fait malgré les réserves exprimées par la doctrine à leur égard. En effet, pour certains, en sus de leur montant très élevé, les sanctions administratives pécuniaires, plus particulièrement les sanctions directes, atteignent leurs destinataires dans leur statut de citoyens, au lieu de se borner à s'appliquer à l'objet même de la relation existant entre ces derniers et l'administration, ce qui implique en principe la compétence du juge (**Paragraphe 1**).

Malgré les avantages qu'elles peuvent présenter pour les acteurs de la sphère économiques, les sanctions pécuniaires transactionnelles, quant à elles, semblent contribuer à l'instauration d'une justice parallèle ou à double vitesse (**Paragraphe 2**).

Paragraphe 1. Le montant très élevé des sanctions pécuniaires directes

613. À l'instar du droit pénal, le droit administratif n'a pas hésité à faire des sanctions pécuniaires l'une des pièces maîtresses de la répression en matière administrative et, plus particulièrement, dans le domaine économique. Comme nous l'avons déjà vu dans la première partie de notre étude, certains auteurs ont fait de cette catégorie de sanctions la seule à mériter le qualificatif de sanctions administratives *stricto sensu*, ou répressives, reléguant les autres formes de sanctions au rang disciplinaire. Une conception que nous avons contestée de notre part[1139].

Cela étant dit, pour rendre les sanctions pécuniaires administratives dissuasives, en plus de leur rôle punitif, le législateur a prévu des montants très importants parfois plus élevés que ceux des amendes pénales (**A**), ce qui n'a

[1139] *Cf. supra,* p. 84 et s.

pas manqué de soulever certaines critiques, malgré les avantages qu'elles présentent (**B**).

A. Contenu et applications de la notion

614. Très proches des amendes pénales, les sanctions pécuniaires des AAIRE se traduisent également par le versement par l'auteur de l'infraction d'une somme d'argent au profit des caisses de l'État. Cela confirme la portée répressive de ce type de sanctions est leur montant assez souvent très élevé. Cependant, malgré leur proximité avec les amendes pénales, ces deux types de sanctions se distinguent par leurs modes de fixation et de recouvrement. Si le montant de l'amende pénale est déterminé par une fourchette fixant un seuil minimum et un plafond maximum, en matière de sanctions administratives pécuniaires, hormis des cas rares où un montant fixe est déterminé par le législateur, le plus fréquemment il s'agit de sommes proportionnelles dont le montant ou le plafond varie en fonction d'un élément de référence qui diffère suivant les matières. Dans tous les cas, il peut s'agir soit du chiffre d'affaires de l'entreprise destinataire de la sanction, soit du montant des profits réalisés par l'auteur du manquement. En somme, la différence de fixation du montant des sanctions pécuniaires doit être relativisée dans la mesure où l'AAIRE sanctionnatrice, à l'instar du juge pénal, bénéficie d'une grande liberté dans le choix de la sanction du fait de la fixation d'un plafond maximum.

615. En droit de la concurrence c'est le chiffre d'affaires qui est pris comme élément de calcul de la sanction pécuniaire. Le montant des sanctions pécuniaires, réservées aux pratiques anticoncurrentielles, à l'inexécution des injonctions de l'ADLC et au non-respect des engagements déjà acceptés, peut atteindre dans le cas d'une entreprise un taux de 10 % de son chiffre d'affaires mondial hors taxes, ou trois millions (3 000 000) EUR si le contrevenant n'est pas une entreprise. Tandis que dans le cadre des procédures simplifiées, il a été prévu un montant maximum de sept cent cinquante mille (750 000) EUR pour chacun des auteurs des pratiques prohibées[1140]. En matière de concentrations, en cas de défaut de notification, l'ADLC peut infliger aux personnes

---

[1140] Art. L.464-2-I, al. 4 et L.464-5 du C. com. Comme nous l'avons noté précédemment, suite au camouflet subi par l'arrêt CA Paris, 19 janv. 2010, n° 09/00334, *Sté AMD Sud-Ouest SAS*, JurisData:2010-000337, l'ADLC, a été amenée à publier un communiqué de procédure relatif à la méthode de détermination des sanctions pécuniaires : Communiqué du 16 mai 2011 relatif à la méthode de détermination des sanctions pécuniaires, disponible sur :
http://www.autoritedelaconcurrence.fr/doc/communique_sanctions_concurrence_16mai2011_fr.pdf.
La publication de ce communiqué fait suite au Rapport sur l'appréciation de la sanction en matière de pratiques anticoncurrentielles remis en sept. 2010 par Jean-Martin Folz, Christian Raysseguier et Alexander Schaub à la ministre de l'Économie (*cf.* http://www.ladocumentationfrancaise.fr), suscité notamment par l'arrêt rendu par la cour d'appel de Paris le 19 janv. 2010. En l'espèce, la cour avait divisé par 8 le montant des sanctions pécuniaires prononcées par le Conseil de la concurrence (décis., 08-D-32 du 16 déc. 2008, relative à des pratiques mises en œuvre dans le secteur du négoce des produits sidérurgiques) le ramenant de 575 millions d'euros à 72 millions d'euros.

auxquelles incombait la charge de la notification une sanction pécuniaire dont le montant diffère selon son destinataire. Ainsi, lorsqu'il s'agit de personnes morales le montant s'élève à 5 % de leur chiffre d'affaires hors taxes réalisé en France, augmenté, le cas échéant, de celui réalisé en France durant la même période par la partie acquise, tandis qu'il est d'un million cinq cent mille (1 500 000) EUR concernant les personnes physiques. Outre ces hypothèses, la réalisation effective d'une concentration, notifiée sans autorisation préalable de l'ADLC, expose les personnes ayant procédé à la notification à une sanction pécuniaire qui ne peut dépasser les montants précédents. Les mêmes montants sont prévus pour les cas d'omission ou de déclaration inexacte d'une notification[1141]. Enfin, si elle estime que les parties n'ont pas exécuté dans les délais fixés une injonction, une prescription ou un engagement figurant dans sa décision ou dans la décision du ministre ayant statué sur l'opération, l'ADLC peut prononcer une sanction pécuniaire d'un montant maximum s'élevant, pour les personnes morales, à 5 % de leur chiffre d'affaires hors taxes réalisé en France lors du dernier exercice clos, augmenté, le cas échéant, de celui qu'a réalisé en France durant la même période la partie acquise et, pour les personnes physiques, à 1,5 million EUR[1142].

616. En matière bancaire et des assurances, après la création de l'ACPR le législateur a bien prévu un seuil maximum pour la sanction pécuniaire. Toutefois, dans un premier temps, le critère de sa détermination n'était plus le chiffre d'affaires ou le capital minimum auquel était astreinte la personne morale sanctionnée[1143]. En effet, le législateur avait fixé directement le montant plafond de l'''amende'', qui pouvait être au plus égal à cent (100) millions EUR[1144], ou n'excédant pas un million (1 000 000) EUR lorsque le destinataire de la sanction est un changeur manuel[1145]. Ensuite, depuis l'ordonnance n° 2017-1107 du 22 juin 2017[1146], le législateur a retenu parfois, en plus du plafond précédent, le critère du chiffre d'affaires fixé à 10 % du chiffre d'affaires annuel net. L'ACPR peut également assortir ses sanctions d'une astreinte dont elle fixe la date d'effet et le montant journalier qui ne peut excéder quinze mille (15 000) EUR[1147].

[1141] Art. L.430-8-I du C. com.

[1142] Art. L.430-8-II et III du C. com.

[1143] Sous l'ère de la Commission bancaire, le plafond maximum de la sanction pécuniaire était le capital minimum auquel était astreinte la personne morale sanctionnée (*cf.* l'ancien art. L.613-21 du C. mon. fin.). Tandis qu'en matière d'assurances, c'était le chiffre d'affaires qui servait de base de calcul du plafond de la sanction pécuniaire. L'ACAM ne pouvait prononcer une sanction pécuniaire excédant 3 % du chiffre d'affaires hors taxes, ce taux est relevé à 5 % en cas de récidive. Dans certaines hypothèses, le législateur avait prévu un montant fixe qui était de trente-sept mille cinq cents (37 500) EUR, *cf.* les art. L.310-18 et L.310-18-1 du C. assurances, avant leur abrogation.

[1144] *Cf.* l'ancienne version des art. L.612-39, al. 6 et L.612-41-I, al. 4 du C. mon. fin.

[1145] *Cf.* l'ancienne version de l'art. L.612-41-II, al.2 du C. mon. fin.

[1146] relative aux marchés d'instruments financiers et à la séparation du régime juridique des sociétés de gestion de portefeuille de celui des entreprises d'investissement, *JORF* n°0149 du 27 juin 2017.

[1147] *Cf.* les art. L. 612-39 à L. 612-42 et R.612-52 du C. mon. fin.

617. L'ARJEL et l'ARCEP, ne peuvent de leur côté infliger des sanctions pécuniaires supérieures à 5 % du chiffre d'affaires hors taxes, un taux qui peut passer à 10 % en cas de récidive. À défaut d'activité antérieure permettant de calculer le montant, le législateur a fixé le seuil maximum de l'amende à cent cinquante mille (150 000) EUR, ce montant est porté à trois cent soixante-quinze mille (375 000) EUR en cas de nouvelle violation de la même obligation[1148]. Enfin, dans d'autres cas, le législateur a prévu un montant maximum de trente mille (30 000) EUR en matière de jeux en ligne, et de quinze mille (15 000) EUR en matière postale[1149]. Lorsque l'ARCEP agit dans le secteur des communications électroniques, le montant des sanctions pécuniaires est moins important qu'en matière postale, dans la mesure où le plafond maximum de la sanction ne peut dépasser 3 % du chiffre d'affaires, ou 5 % en cas de nouvelle violation de la même obligation[1150]. En plus du chiffre d'affaires pris comme base de détermination du montant de la sanction pécuniaire, le législateur a donc également opté pour un plafond fixe.

618. Dans le cadre des sanctions pécuniaires du CSA, le législateur a opté pour le taux de 3 % du chiffre d'affaires, porté à 5 % en cas de récidive[1151]. Les mêmes taux sont retenus dans le cadre du pouvoir répressif de la CRE. En effet, lorsque l'intéressé ne se conforme pas à une mise en demeure, le montant de la sanction pécuniaire ne peut excéder 3 % du chiffre d'affaires hors taxes du dernier exercice clos, porté à 5 % en cas de récidive dans le cas d'un manquement aux obligations de transmission d'informations ou de documents ou à l'obligation de donner accès à la comptabilité, ainsi qu'aux informations économiques, financières et sociales prévues à l'article L.135-1 du Code de l'énergie. À défaut d'activité permettant de déterminer ce plafond, le montant de la sanction ne peut excéder cent mille (100 000) EUR, porté à deux cent cinquante mille (250 000) EUR en cas de récidive. Autres ces situations, pour les autres manquements, le montant de la sanction pécuniaire ne peut excéder 8 % du chiffre d'affaires hors taxes lors du dernier exercice clos, porté à 10 % en cas de récidive. Ici également, à défaut d'activité permettant de déterminer ce plafond, le montant ne peut excéder cent

---

[1148] *Cf.* l'art. L.5-3-III, b du CPCE et l'art. 43-V de la loi n° 2010-476 du 12 mai 2010, préc.

[1149] Il s'agit du cas où l'opérateur communique des informations inexactes, refuse de fournir les informations demandées ou fait obstacle au déroulement de l'enquête menée par les fonctionnaires ou agents habilités. *Cf.* l'art. L.5-3-III, al. 4 du CPCE ainsi que l'art. 43-VI de la loi n° 2010-476 du 12 mai 2010, préc.

[1150] *Cf.* l'art. L.36-11-III du CPCE. Ici également, en cas de défaut d'activité, le législateur a déterminé le montant maximum de la sanction qui est de cent cinquante mille (150 000) EUR, ou de trois cent soixante-quinze mille (375 000) EUR en cas de nouvelle violation de la même obligation.

[1151] *Cf.* les art. 42-1-3°, 42-2, al. 1, 48-2 et 48-3 de la loi du 30 sept. 1986, préc. Selon l'art. 42-2 al. 2 et 3 « Lorsque le manquement est constitutif d'une infraction pénale, le montant de la sanction pécuniaire ne peut excéder celui prévu pour l'amende pénale (et) Lorsque le CSA a prononcé une sanction pécuniaire devenue définitive avant que le juge pénal ait statué définitivement sur les mêmes faits ou des faits connexes, celui-ci peut ordonner que la sanction pécuniaire s'impute sur l'amende qu'il prononce ».

cinquante mille (150 000) EUR, porté à trois cent soixante-quinze mille (375 000) EUR en cas de récidive. Dans le cas où le manquement a déjà fait l'objet d'une sanction pécuniaire au titre d'une autre législation, la sanction pécuniaire éventuellement prononcée par le comité est limitée de sorte que le montant global des sanctions pécuniaires ne dépasse pas le montant le plus élevé de l'une des sanctions encourues[1152].

619. Enfin, dans le domaine financier la commission des sanctions de l'AMF peut prononcer des sanctions pécuniaires dont le montant, qui varie suivant la qualité des auteurs et la nature des manquements, ne peut dépasser un plafond prédéterminé ou calculé sur le montant des profits réalisés[1153]. Ainsi, aux termes de l'article L.621-15-III-a du Code monétaire et financier le montant de la sanction ne peut être supérieur à cent millions (100 000 000) EUR ou au décuple du montant des profits éventuellement réalisés, alors qu'au (b) du même article, le montant ne peut être supérieur à quinze millions (15 000 000) EUR, ou au décuple du montant des profits éventuellement réalisés en cas de pratiques mentionnées aux (c) et (d) du (II) ou à trois cent mille (300 000) EUR, ou au quintuple des profits éventuellement réalisés dans les autres cas. Quant au (c) du même article, le législateur a fixé le plafond maximum de la sanction pécuniaire à cent millions (100 000 000) EUR ou au décuple du montant des profits éventuellement réalisés.

620. Dans tous ces cas de figure, la détermination du montant des sanctions pécuniaires doit être en fonction de la gravité des manquements commis, de la situation de l'intéressé et de l'ampleur du dommage, et en relation avec les avantages réalisés ou des profits tirés des manquements[1154].

B. Appréciation de la notion

621. Le recours aux sanctions pécuniaires présente des avantages non négligeables dans la sphère économique, raison pour laquelle elles sont considérées la sanction type ou la sanction par excellence du pouvoir répressif des AAIRE. Cela explique leur octroi à toutes ces autorités bénéficiant de ce pouvoir. Une telle démarche nous paraît compréhensible, sachant qu'on est dans la sphère économique où l'argent constitue ''le nerf'' des opérations économiques. L'infliction de sanctions pécuniaires dont les montants sont considérables peut avoir un important retentissement, ce qui leur permet de jouer un véritable rôle dissuasif en plus de leur rôle répressif. De plus, contrairement aux amendes pénales, en matière administrative il est possible pour l'AAIRE, qui prononce une sanction pécuniaire, de la graduer. Par

---

[1152] *Cf.* l'art. L.134-27, al. 1, 2° du C. énergie.

[1153] *Cf.* l'art. L.621-15-III du C. mon. fin. Tout comme pour le CSA, selon l'art. L.621-16 du C. mon. fin. « Lorsque la Commission des sanctions de l'Autorité des marchés financiers a prononcé une sanction pécuniaire devenue définitive avant que le juge pénal ait statué définitivement sur les mêmes faits ou des faits connexes, celui-ci peut ordonner que la sanction pécuniaire s'impute sur l'amende qu'il prononce ».

[1154] *Cf. infra*, pp. 403 et s.

conséquent, elles sont plus acceptées par leurs destinataires qui espèrent l'indulgence du régulateur afin de bénéficier le montant le plus bas possible.

622. Malgré ces avantages, souvent mis en avant pour justifier le recours assez fréquent à des sanctions pécuniaires, ce type de sanctions n'a pas échappé au feu de la critique. Pour Christian GAVALDA, par exemple, ces sanctions « sont de plus en plus durement ressenties par les intéressés et le public » du fait de leur montant élevé conjugué à « la nature incertaine »[1155] des autorités qui les infligent. En effet, pour cet auteur, les sanctions pécuniaires « qui furent au début surtout légères, théoriques et dissuasives [...] sont passées peu à peu à des amendes de plus en plus lourdes pouvant mettre en cause l'existence même des entreprises ainsi sanctionnées »[1156]. Il est vrai que certaines sanctions pécuniaires sont d'un tel montant qu'elles peuvent avoir une incidence importante et réelle sur la trésorerie des entreprises sanctionnées, les obligeant dans des cas à déposer le bilan. Se plaçant, dans un second temps, du côté de la nature des AAIRE, Christian GAVALDA trouve aussi que doter ces autorités de ce mode de sanction laisse entrevoir une tendance peu démocratique du procédé ; « les précédents des sanctions financières prononcées par des autorités administratives remontaient à une époque peu favorable à la démocratie [...]. Les pouvoirs de sanctions attribués à des organismes de nature ambiguë ne peuvent qu'inquiéter un juriste, attaché aux règles démocratiques. Le caractère purement consultatif de ces organismes spécialisés, cantonnés à des avis, pour éclairer les juridictions [...] eut en revanche été la voie démocratique et respectueuse des principes de 1789 »[1157].

623. Pour atténuer la portée de ces critiques et mieux faire passer et accepter ces "amendes" aux montants mirobolants, le législateur a fait appel, dans le cas de certaines AAIRE, à des procédures négociées ou transactionnelles.

Paragraphe 2. Les transactions pécuniaires et le risque d'instauration d'une justice à deux vitesses

624. Outre leur prononcé direct, les sanctions pécuniaires infligeables par les AAIRE peuvent être le fruit de procédures négociées ou transactionnelles. Pour rappel, la transaction est un mécanisme inspiré du droit anglo-saxon, un droit qui ne cesse d'influencer les pays européens au point de faire de l'ombre au système romano-germanique.

625. Cette technique est consacrée, tout d'abord, en droit de la concurrence où elle a été introduite dans l'article L.464-2-III et IV du Code de

[1155] Ch. GAVALDA, « Les sanctions applicables par le Conseil supérieur de l'audiovisuel », art. cit., p. 70.
[1156] *Ibid.*
[1157] *Ibid.*, pp.72 et 79.

commerce respectivement par la loi du 15 mai 2001 (loi dite NRE)[1158] et l'ordonnance n° 2004-1173 du 4 novembre 2004[1159]. Selon ces dispositions, il existerait trois formes de procédure négociées ; la procédure de non-contestation des griefs, la procédure de clémence et la procédure d'engagements, appelée aussi la transaction-compromis[1160]. Cependant, cette dernière ne constitue pas une procédure répressive, mais plutôt un outil de régulation permettant à l'ADLC d'intervenir rapidement sans trop de formalisme.

626. Dans le domaine financier, après maintes sollicitations du gendarme financier (AMF), le législateur a consenti à lui reconnaître également un pouvoir de transaction à l'occasion de la loi de régulation bancaire et financière d'octobre 2010[1161]. Néanmoins, cette procédure, dénommée « composition administrative », ne concerne que des manquements professionnels minimes, contrairement à celle du droit de la concurrence qui concerne des manquements généraux aux lois et règlements.

627. La technique transactionnelle repose sur des concessions réciproques entre les autorités de régulation et les personnes soumises à leur pouvoir répressif et permet, sous certaines conditions, d'alléger ou d'effacer le montant de la sanction pécuniaire prévue à l'origine. Il n'en demeure pas moins que, nonobstant les avantages qu'elle peut présenter (**A**), ses inconvénients sont beaucoup plus importants, il y va même de la sécurité et de la crédibilité de la norme juridique (**B**).

[1158] Loi n° 2001-420 du 15 mai 2001, relative aux nouvelles régulations économiques, *JORF* n° 113 du 16 mai 2001, p. 7776.

[1159] Portant adaptation de certaines dispositions du code de commerce au droit communautaire de la concurrence, *JORF* n° 258 du 5 nov. 2004, p. 18689.

[1160] *Cf.* E. SUEL, « Un nouveau mode de régulation des activités économique : la négociation des sanctions encourues », in *Quel sens pour le droit* ? Actes de la journée d'étude 2007 de l'institut d'étude de droit public, F. JULIEN-LAFERRIÈRE et al., (dir.), Paris, L'Harmattan, 2008, p. 143, spéc., 149.

[1161] Loi n° 2010-1249 du 22 oct. 2010 de régulation bancaire et financière, *JORF* n° 0247 du 23 oct. 2010, p. 18984 (les art. 2 à 9 de la loi). Les modalités de la mise en œuvre de la procédure ont été précisées dans le décret n° 2011-968 du 16 août 2011, relatif aux pouvoirs de sanction de l'Autorité des marchés financiers et à la procédure de composition administrative, *JORF* n° 0190 du 18 août 2011, p. 13998. Modifiée par le décret n° 2011-977 du 16 août 2011, *JORF* n° 0191 du 19 août 2011, p. 14075. Pour rappel, l'idée de reconnaître à l'AMF un pouvoir de transaction a été évoquée peu après la création de cette autorité en 2003, *cf.* Ph. MARINI, « La loi de sécurité financière : un an après », Rapport d'information n ° 431 (2003-2004), fait au nom de la commission des finances, Assemblée Nationale, déposé le 27 juill. 2004 ; D. SAURI, Faut-il accorder à l'AMF le pouvoir de transiger ? Compte rendu du colloque organisé le 8 févr. 2005, par l'Association Européenne pour le Droit Bancaire et Financier (AEDBF), disponible sur :
www.aedbf.asso.fr/COLLOQUES/resumetransactionamf.doc ; Recommandation n° 3 du Rapport de l'OPEL sur les AAI, 2006, t. I, préc., pp. 59 et s.

A. Les avantages de la technique

628. Pour ses promoteurs, le mécanisme répressif transactionnel est bénéfique tant aux personnes poursuivies qu'aux autorités sanctionnatrices. D'une part, cette technique permet aux personnes poursuivies non seulement d'éviter le risque d'une sanction pécuniaire potentiellement lourde, mais également de réduire les frais d'avocat qui, dans le domaine des affaires, peuvent être très importants. Aussi, ils préféreront sûrement tenter d'''arracher'' une transaction bien négociée, dans laquelle ils essayeront de limiter au maximum le montant de la sanction pécuniaire ou même d'en obtenir une exonération complète, que prendre le risque d'un procès long et coûteux. Par ailleurs, avec une transaction l'entreprise se « redore son blason »[1162]. En effet, qu'on le veuille ou non, malgré la faculté de prononcer la moitié de la sanction pécuniaire, l'existence d'une transaction renvoie l'image d'une entreprise conciliante prête à se corriger, à faire des concessions et à se repentir, donc elle sera bien vue que celle qui est sanctionnée tout court.

D'autre part, et c'est là leur argument majeur, ce mode de répression, qui concilie « les objectifs de sanction et de pédagogie »[1163], est le plus « adapté à la mission de régulation de certaines AAI »[1164]. Ces dernières exécuteraient plus efficacement leur mission si leur pouvoir répressif est combiné avec la technique contractuelle, à travers la transaction. Les partisans des AAIRE sont conscients que la culture juridique traditionnelle française est « perturbée par cette contractualisation de la répression »[1165], mais elle reste à leurs yeux « la meilleure façon d'obtenir des comportements futurs adéquats »[1166]. Étant plus souple et plus rapide, du fait de la non-contestation des griefs et de la collaboration des concernés, ce qui permet un allègement substantiel de l'instruction, l'on a jugé cette procédure plus adéquate aux caractéristiques de la sphère économique.

629. Très attachées à démontrer leur efficacité pour compenser une légitimité qui leur fait défaut, les AAIRE préfèrent recourir à une procédure négociée pour éviter de soumettre leur argumentation à un débat contradictoire devant le juge du contrôle qui pourrait remettre en cause leurs décisions. Enfin, l'on a estimé que cette procédure offre des garanties de sécurité juridique à la collectivité publique grâce aux éventuels engagements de non-récidive pris par les entreprises. Elle peut même « constituer une alternative pertinente à l'attribution ou au développement de pouvoirs de sanction qui assimilent les autorités à des juridictions et mettent en cause la légitimité des autorités judiciaires »[1167]. C'est pour ces raisons qu'il a été suggéré de

---

[1162] A. TAIBI, « La prolifération des AAI de régulation. Du déséquilibre de l'ordre répressif à l'instauration d'une justice à deux vitesses », art. cit.

[1163] *Cf.* P. GÉLARD, Rapport de l'OPEL sur les AAI, 2006, t. I, préc., p. 61.

[1164] *Ibid.*

[1165] *Cf.* M.-A. FRISONE-ROCHE, « Étude dressant un bilan des autorités administratives indépendantes », préc., p. 93.

[1166] *Ibid.*

[1167] P. GÉLARD, *ibid.*

reconnaître ce pouvoir de transaction pénale à d'autres autorités de régulation, notamment l'AMF, en complément ou en remplacement de leur pouvoir répressif ''traditionnel''[1168].

B. Les inconvénients de la technique

630. Malgré les avantages pratiques qu'elle offre, notamment en matière de régulation économique, la contractualisation de la sanction reste une véritable entorse à la sécurité juridique et ses défauts peuvent largement dépasser ses avantages[1169]. Pour justifier le souhait de généraliser cette technique répressive aux AAIRE, l'on a avancé, entre autres, le fait qu'elle est avantageuse pour la personne poursuivie qui pourrait bénéficier d'une réduction ou même d'une exonération de la sanction pécuniaire prévue à l'origine. La vérité est toute autre. Le mode transactionnel pêche par son insécurité et son manque de garanties aux personnes poursuivies. En effet, du fait de la distinction entre l'autorité qui négocie et l'autorité qui rend la décision finale, la personne poursuivie n'est pas sûre de voir la transaction appliquée ou du moins respectée dans ses termes. C'est l'aveu même du président de l'ADLC qui a estimé que « si le modèle français a peut-être atteint, du point de vue de la perfection juridique, un stade bien plus développé qu'ailleurs, il reste qu'il a un coût pour les entreprises : c'est le coût de l'incertitude »[1170]. En somme, si le président de cette autorité, lui-même, parle d'« incertitude », que peut-elle être la réaction des personnes concernées ? Il sera en effet très difficile de les convaincre d'opter pour une transaction lorsqu'elles sauront que ce qui a été négocié n'est pas définitif, du moment qu'il risque d'être remis en cause.

En matière de concurrence par exemple, le collège reste souverain dans l'acceptation de la transaction (clémence/non contestation des griefs) et n'est nullement lié par les propositions de réduction ou d'exonération du rapporteur général[1171]. Si la personne partie à la transaction est tenue par le respect de ses

---

[1168] *Cf.* Recommandation n° 3, Rapport de l'OPEL sur les AAI, 2006, t. I, préc., p. 11. *Cf.* également sur la question : D. SAURI, *ibid.* Se sont aussi les vœux des présidents successifs à la tête de l'autorité, Michel Prada (*cf.* AMF, Rapport annuel de 2005, La DF, Paris, p. 5), Jean-Pierre Jouyet (*cf.* présentation du Rapport annuel 2008 et du plan stratégique- Discours du 29 juin 2009, disponible sur : http://www.amf-france.org ; Les Entretiens de l'AMF, 6ème éd., le 16 déc. 2009, « L'Europe intégrée des services financiers : quelle protection pour l'épargnant », consultable sur : www.amf.france.org).

[1169] A. TAIBI, « La prolifération des AAI de régulation. Du déséquilibre de l'ordre répressif à l'instauration d'une justice à deux vitesses », art. cit.

[1170] Intervention de Bruno LASSERRE dans la table ronde « La pratique et les programmes de clémence et de transaction », lors du Colloque « Clémence et transaction en matière de concurrence, premières expériences et interrogations de la pratique », organisé le 9 avr. 2005 par la CCIP, *Gaz. Pal.* n° 287-288, 14-15 oct. 2005.

[1171] *Cf.* par exemple, Cons. conc., n° 03-D-45 du 25 sept. 2003, relative aux pratiques mises en œuvre dans le secteur des calculatrices à usage scolaire, *BOCCRF* n° 16 du 17 déc. 2003. Dans cette affaire, le Cons. conc., n'a pas retenu la proposition du rapporteur général qui a proposé de réduire la sanction de moitié (50 %), puisque le taux de réfaction retenu par l'autorité était

engagements, revêtus de l'autorité de la chose décidée, sous peine de s'exposer à des poursuites[1172], il est injuste de ne pas prévoir une règle semblable du côté des AAIRE. Pis, que peut faire la personne à qui l'autorité a refusé la proposition de transaction suggérée par le rapporteur, ou même celle à qui l'on a refusé une transaction ? Peut-elle revenir sur ses révélations ou ses engagements ? Sûrement pas[1173]. Avouons que c'est une situation très délicate et embarrassante qui pourrait limiter l'attractivité de la procédure. Cependant, faut-il l'avouer, reconnaître une liberté d'appréciation à une autre instance que celle qui a négocié est un gage d'impartialité et de crédibilité, pouvant contribuer à écarter tout risque de complaisance, de capture et d'influence dont peut faire l'objet le négociateur.

631. Le même problème se pose avec la procédure de composition administrative devant l'AMF. C'est le collège de ce dernier qui peut proposer, dans la notification des griefs adressée à la personne mise en cause, d'entrer en voie de composition administrative. L'acceptation de cette dernière devrait intervenir dans un délai d'un mois. L'accord ainsi conclu avec le secrétaire général de l'AMF, dans un délai de quatre mois à compter de son acceptation, est validé par le collège et transmis au président de la commission des sanctions pour homologation. Si l'accord n'obtient pas l'aval du collège, ce dernier *peut* (une simple faculté) soumettre par le biais de son secrétaire général un nouveau projet d'accord à la personne concernée[1174]. Que peut-il se passer si le collège rejette l'accord sans proposer un nouveau projet ? Qu'en est-il dans l'hypothèse où l'accord est validé par le collège mais n'a pas reçu l'homologation de la commission des sanctions ? D'après les textes, dans ces cas de figure, la notification des griefs sera transmise à la commission des

---

seulement de 20 %. Dans un sens contraire, dans la décision n° 04-D-65 du 30 nov. 2004, relative à des pratiques mises en œuvre par La Poste dans le cadre de son contrat commercial (*BOCCRF* n° 3 du 31 mars 2005), l'autorité a appliqué un taux de réfaction de 90 %, alors que le rapporteur général avait proposé un taux compris entre 40 % et 50 %. Cette liberté d'appréciation est confirmée par les juridictions de contrôle : CA Paris, 21 sept. 2004 n° 03/18636, *Sté Dexxon Data Media*, JurisData:2004-249326 ; Cass. com., 22 nov. 2005, n° 04-19102, *Sté Dexxon Data Media, Bull. civ.* 2005, IV, n° 231, p. 250 ; Cass. com., 28 nov. 2006, n° 05-20.181, *Sté OGF*, inédit, JurisData:2006-036228. Enfin, cette façon de faire est confirmée également dans le point 48 du Communiqué de procédure du 10 févr. 2012 relatif à la non-contestation des griefs (disponible sur : http://www.autoritedelaconcurrence.fr).

[1172] Sur le fondement de l'art. 463-3 du C. com.

[1173] En revanche, dans le cadre de la procédure de non-contestation des griefs, l'entreprise concernée est admise à présenter des observations sur les éléments susceptibles d'être pris en considération par le collège pour déterminer son éventuelle sanction pécuniaire. Les éléments en question sont : la gravité des faits, l'importance du dommage causé à l'économie ; la situation individuelle de l'organisme ou de l'entreprise mise en cause ou du groupe auquel elle appartient ; l'existence d'une éventuelle réitération, *cf.* Communiqué de procédure du 10 févr. 2012, relatif à la non-contestation des griefs, préc., pts 16 et 17 ; CA Paris, 21 sept. 2004, n° 03/18636, préc. ; Cass. com., 22 nov. 2005, n° 04-19102, préc. ; Cass. com., 28 nov. 2006, *OGF*, préc. Autrement dit, le choix de la procédure de transaction n'implique aucun renoncement aux voies de recours ouvertes contre les décisions prises.

[1174] *Cf.* les art. L.621-14-1 et R.621-37-1 à R.621-37-4 du C. mon. fin.

sanctions qui appliquera l'article L.621-15 du Code monétaire et financier, c'est-à-dire ouvrira la procédure de sanction[1175]. Donc, même si la personne mise en cause reconnaît les faits et accepte l'accord, elle n'est pas tout à fait sûre de bénéficier de cette procédure de composition administrative. Toutes ces incertitudes vont sûrement peser avant que les professionnels n'acceptent de s'aventurer dans une telle procédure.

632. La technique transactionnelle a démontré également ses failles dans la pratique. Ainsi, concernant la portée de la non-contestation des griefs, le Conseil de la concurrence, a jugé, dans sa décision n° 04-D-42 du 4 août 2004[1176], que l'entreprise ne doit contester « ni la réalité des pratiques, ni leur qualification au regard des dispositions du code de commerce, ni l'imputabilité de ces pratiques à la personne morale qui demande le bénéfice des dispositions de l'article L.464-2-III ». C'est dire que, pour cette autorité, la reconnaissance des griefs englobe donc la non-contestation, non seulement des pratiques, mais également de leur qualification et de leur imputabilité. Or, dans cette affaire, cette règle a été appliquée mais d'une manière équivoque. En effet, malgré le fait que les entreprises en cause ont reconnu les griefs notifiés, les procès-verbaux portant la transaction étaient ambigus sur la question : pour l'une des entreprises en cause, il a été mentionné « qu'en tant que personne morale, elle n'a en aucun cas participé à la conception, à l'organisation ou à la mise en œuvre de pratiques illicites », tandis que pour la seconde entreprise, il a été souligné que « de nombreuses preuves de bonne foi [ont été] apportées par cette entreprise »[1177]. Dans ces deux cas de figure, il y a bien eu contestation de l'imputabilité des pratiques par les deux entreprises, mais l'autorité de régulation a curieusement estimé que la condition de non-contestation était remplie[1178].

633. Toujours du point de vue pratique, négocier et transiger peut faire naître un risque de proximité entre le régulateur et les opérateurs du fait des contacts permanents qui s'établissent entre les deux parties. Selon Philippe CHONÉ, « traiter une dénonciation ou négocier un engagement suppose un certain savoir-faire et une certaine déontologie, en raison du contact permanent avec les opérateurs économiques, avec les dangers de compromission qu'une

---

[1175] *Cf.* les art. L.621-14-1, al. 5 et R.621-37-4 du C. mon. fin.

[1176] relative à des pratiques mises en œuvre dans le cadre du marché de la restauration de la flèche de la cathédrale de Tréguier, *BOCCRF* n° 10 du 9 déc. 2004.

[1177] DGCCRF, « La pratique transactionnelle du Conseil de la concurrence », *Actualités de la CCRF*, n° 184 - mars 2005.

[1178] Concernant le premier cas cité, le Conseil de la concurrence a estimé que le représentant de la société concernée a affirmé solennellement, en réponse à une question du Conseil, qu'il n'entendait pas contester ni la réalité, ni la qualification, ni l'imputabilité de la pratique relevée. Pour le cas de figure, malgré les réserves du commissaire du gouvernement quant à la régularité du procès-verbal, même si le Conseil a considéré que la mention citée ne devait pas figurer dans le procès-verbal, il a cependant estimé qu'elle est insuffisante à elle seule pour entacher d'ambiguïté la déclaration de l'entreprise quant à la non-contestation des griefs.

telle proximité entre le régulateur et le régulé crée »[1179]. Lors de la création des différents régulateurs, l'on s'est attaché à trouver les mécanismes nécessaires pouvant assurer leur indépendance tant vis-à-vis de l'exécutif que des acteurs du secteur régulé, ce que certains appellent le phénomène de capture. Or, qu'avec la procédure transactionnelle, basée bien évidemment sur les négociations entre opérateurs et régulateurs, ces derniers deviennent plus vulnérables au risque de capture. En effet, les négociations, qui impliquent des concessions réciproques, pourraient rapprocher et faciliter les liens de sympathie et d'affinité entre les deux parties, ce qui pourrait se répercuter sur l'objectivité de la position du régulateur soit par rapport à l'affaire en cause, soit pour des affaires futures mettant en cause le même opérateur.

634. Autre reproche, la procédure transactionnelle semble violer le principe d'égalité, et risque d'aboutir à la mise en place d'une justice à deux vitesses : « l'une, rapide et discrète, pour ne pas dire secrète, à la disposition des plus puissants et des plus riches, capables de « payer pour en finir » sans bruit, l'autre [plus lente et compliquée] pour tous les quidams qui n'ont ni relations ni moyens »[1180]. Le simple citoyen n'a-t-il pas lui aussi le droit de voir ''sa'' justice plus efficace, les délais réduits et même la possibilité de négocier ''ses égarements''[1181] ? Mais jusqu'où veut-on aller avec ce désir de répondre « efficacement » aux besoins de la sphère économique ? L'on a déjà franchi plusieurs interdits au nom de cette efficacité ; c'est le cas de la notion d'AAI, de leur pouvoir répressif et de son cumul avec un pouvoir réglementaire.

635. Par ailleurs, lorsqu'on évoque le monde des affaires, c'est souvent l'idée de l'opacité qui survient en premier lieu. Quid si l'on reconnaît à ses acteurs le droit de transiger qui, en fin de compte, ne fera qu'amplifier ce caractère d'opacité. Plus encore, contrairement au rôle pédagogique qu'on lui prête, la transaction « mettrait à mal la valeur pédagogique du message accompagnant la sanction, qui se limiterait alors aux griefs et à la reconnaissance de culpabilité »[1182]. Quel est donc l'intérêt à élargir cette procédure aux autres AAIRE ?

636. Il est aussi difficile de comprendre et d'approuver les arguments avancés, selon lesquels la procédure transactionnelle serait plus efficace. Certes, d'un point de vue technique cette procédure pourrait être efficace si l'on se place du côté de l'autorité de régulation. Cependant, à notre sens, du

---

[1179] Ph. CHONÉ, « Droit de la concurrence et régulation sectorielle : Entre ex ante et ex post », *in* M.-A. FRISON-ROCHE (dir.), *Les engagements dans les systèmes de régulation*, série « Droit et économie de la régulation » Vol. 4, Paris, Presses de Sciences Po et Dalloz, Coll., « Thèmes et commentaires », 2006, p. 43, spéc., p. 49.

[1180] C. NEUVILLE, « L'AMF doit-elle transiger avec les coupables ? », *La Vie Financière*, n° 3096 / Vendredi 8 oct. 2004 / Catégorie : Analyse.

[1181] A. TAIBI, « La prolifération des AAI de régulation. Du déséquilibre de l'ordre répressif à l'instauration d'une justice à deux vitesses », art. cit.

[1182] J. THOUVENEL (Membre de la commission de sanction de l'AMF), interview dans *Les Echos* du 11 déc. 2007, Marchés, p. 33.

point de vue de la sauvegarde de l'ordre public économique et de la promotion de la libre concurrence, cette procédure n'est pas recommandable. Qu'est-ce qui ferait décider un opérateur de renoncer à commettre des manquements ? Est-ce l'existence de la voie transactionnelle, qui lui permet de s'acquitter de la moitié de la sanction pécuniaire, voire d'être complètement exonéré ou bien, au contraire, c'est plus de fermeté et d'intransigeance ? On doute vraiment que la transaction puisse jouer un rôle dissuasif. Au contraire, la possibilité de transiger servira de tremplin pour les opérateurs qui pourront toujours tenter ''leur chance'' se sachant capables par la suite de négocier leur ''reddition'' si jamais ils se font prendre.

637. Pour reprendre un débat traditionnel, il est également choquant et inacceptable d'imaginer une autorité publique -représentant l'autorité de l'État- négocier les sanctions à infliger avec l'auteur de l'infraction. Il est en effet étonnant d'associer ''un accusé'' à l'élaboration de la sanction qui lui sera appliquée. Mieux encore, en sus de faire partie de la composante même des régulateurs, les professionnels sont même associés à l'élaboration des textes qui leur seront applicables. C'est ainsi qu'on les voit assez fréquemment conviés, par le biais de leurs avocats, à des rencontres pour participer à l'élaboration du droit qui leur sera applicable[1183].

638. Si l'engouement des professionnels pour cette procédure est compréhensible, eu égard aux avantages qu'ils en tirent, cette manière de faire reste quant à elle discutable. Par ailleurs, il est légitime de s'interroger si cette démarche n'est pas justifiée par la volonté des autorités de régulation de dépasser et de s'affranchir d'une certaine procédure qui ne cesse d'être remise en cause par les juridictions de contrôle ? En effet, par l'intermédiaire de leurs avocats, les opérateurs ont à chaque fois pu trouver les failles nécessaires dans le dispositif répressif des AAIRE pour faire annuler leurs décisions répressives. Ainsi, la procédure transactionnelle paraît être le moyen idéal pour faire accepter la sanction, sans prendre le risque de se faire censurer.

639. Enfin, il faut savoir que la technique transactionnelle limite considérablement le rôle du juge du contrôle, notamment en matière de respect des droits fondamentaux[1184].

1183 Le Conseil de la concurrence français a même instauré une concertation avec les avocats pratiquant le droit de la concurrence. À titre d'exemple, ces deux parties se sont réunies en Assemblée plénière, le 21 sept. 2007, pour faire le point sur les travaux de concertation menés pendant l'hiver 2006/2007, *cf.* sur la question : F. ZIVY, « Bonnes pratiques procédurales du Conseil de la concurrence : premier aperçu de six mois de mise en œuvre », *Concurrences*, n° 2, 2008.

1184 *Cf.* à ce propos : D. WAELBROECK, « Le développement en droit européen de la concurrence des solutions négociées (engagements, clémence, non-contestation des faits et transactions) : que va-t-il rester aux juges ? », *Gaz. Pal.*, n° 235-239, 2008, p. 3.

SOUS-SECTION 2. IMPRÉCISION ET INADÉQUATION DE CERTAINES SANCTIONS EXTRAPATRIMONIALES

640. En sus des sanctions patrimoniales, l'arsenal répressif des AAIRE est également constitué de sanctions extrapatrimoniales. Même si ce type de sanctions a des effets incontestables sur le patrimoine de leurs destinataires, il s'agit toutefois d'effets qui se produisent conséquemment à la sanction qui a, dans la majorité des cas, un caractère personnel. Faut-il le rappeler, les peines privatives de liberté, qui sont des peines extrapatrimoniales, ne sont pas admises en la matière. Leur nature et leurs retombées sur les libertés individuelles ont fait qu'elles relèvent de la compétence exclusive du juge judiciaire.

L'étude des sanctions extrapatrimoniales des AAIRE si elle nous révèle leur variété, nous démontre également leur originalité et leur différence par rapport à celles connues en droit pénal. Ainsi, les sanctions privatives ou restrictives de droits se caractérisent, dans certains cas, par leur imprécision (**Paragraphe 1**), au moment où les sanctions morales nous semblent inappropriées à la matière économique (**Paragraphe 2**). Enfin, contrairement au rôle purement pédagogique qu'on leur prête, la publication et à l'affichage des sanctions constituent de véritables sanctions complémentaires jouant un rôle dissuasif et punitif (**Paragraphe 3**).

Paragraphe 1. L'imprécision des sanctions administratives restrictives de droits

641. Très répandues en matière de la fonction publique, les sanctions restrictives ou privatives de droits se sont encore plus développées à l'occasion de la régulation de certaines activités économiques. L'étude des textes régissant les AAIRE confirme, en effet, l'évolution de ce type de sanctions, qui sont passées de simples mesures de police à de véritables sanctions administratives répressives occupant une place primordiale dans la répression administrative en général et dans l'arsenal répressif de ces autorités en particulier.

642. Dans le cadre de la répression administrative, la privation ou la restriction d'une liberté fondamentale est proscrite, les sanctions privatives ou restrictives de droits, quant à elles, sont très utilisées en la matière. À ce titre, les textes institutifs des AAIRE nous offrent une gamme très variée de ce type de sanctions, applicables tant aux personnes physiques qu'aux personnes morales. Il peut s'agir : d'un retrait, d'une suspension, d'une fermeture, d'une interdiction d'exercice ou d'accès, d'une réduction de la durée de l'agrément ou de l'autorisation, d'une radiation ou d'une démission d'office[1185]. Parmi

---

[1185] *Cf.* les art. L.621-15-III et L.532-12 du C. mon. fin., (AMF) ; les art. L.612-39, L.612-40, L.612-41-I, II, L.511-17, L.532-6, al. 3, 1 et L.532-7, al. 1 du même code (ACPR) ; les art. L.5-3-III, a et L.36-11-III du CPCE (ARCEP) ; l'art. 134-27, al. 1, 1° du C. énergie (CRE) ; l'art.

cette panoplie de sanctions, celles privatives de droits sont jugées plus extrêmes car pouvant mener à la cessation de l'activité professionnelle et à la mise en liquidation. Il n'en demeure pas moins que, même dans le cas des sanctions restrictives de droits, les risques encourus sont considérables, et la survie économique de la personne sanctionnée pourrait bien être ébranlée. Un opérateur suspendu par exemple pour un mois, en plus des profits qu'il aurait à perdre durant cette période, pourrait payer cher les conséquences d'une telle sanction même après la reprise de son activité, au regard de sa notoriété qui serait entachée dans une sphère qui repose beaucoup sur cet élément.

643. L'analyse des textes instituant ce type de sanctions au profit des AAIRE, nous révèle un manque de précision quant à la durée de certaines sanctions restrictives de droits censées être limitées dans le temps. C'est le cas du secteur de l'audiovisuel où le législateur n'avait pas précisé la durée de la « suspension de l'édition ou de la distribution du ou des services ou d'une partie du programme »[1186].

La remarque était également valable dans le domaine bancaire où la commission des sanctions de l'ACPR pouvait prononcer, aux termes du premier alinéa de l'article L.612-40 du Code monétaire et financier, à l'encontre d'une compagnie financière ou d'une compagnie financière holding mixte, « la suspension temporaire d'un ou plusieurs dirigeants, avec ou sans nomination d'administrateur provisoire ». Néanmoins, le législateur n'avait pas déterminé les limites de cette sanction[1187].

Cette ''lacune'' est perceptible dans le pouvoir de sanction de la commission des sanctions de l'AMF qui peut, en vertu de l'article 621-15-III, a et b du Code monétaire et financier, prononcer une interdiction à titre temporaire « de l'exercice de tout ou partie des services fournis » ou un retrait temporaire « de la carte professionnelle, ou l'interdiction à titre temporaire [...] de tout ou partie des activités », sans pour autant que le législateur ne détermine la durée de ces interdictions ou retraits.

644. Nous pouvons supposer qu'en utilisant dans certains cas le terme « interdiction », sans qu'il ne soit suivi de l'adjectif « temporaire », le législateur a voulu que ces sanctions soient définitives, c'est-à-dire privatives des droits en cause. Par conséquent, l'autorité sanctionnatrice n'a d'autre choix que de les prononcer ou pas sans pouvoir les moduler. En revanche, dans les

---

43-IV de la loi n° 2010-476, préc., (ARJEL) ; l'art. 42-1 de la loi n° 86-1067, préc., (CSA) ; l'art. L1264-9, al. 1, 2°, a du C. transports.

1186 Le 3° de l'art. 42-1. Il s'agit d'une sanction que peut prononcer le CSA en complément de la sanction pécuniaire. Au 1° du même article, le législateur a consacré presque la même sanction de suspension mais tout en précisant qu'elle est prononcée pour un mois au plus.

1187 Au même moment, le législateur avait prévu aux art. L.612-39, al. 2 et L.621-41-I, al. 2 du même Code, une durée maximale de dix (10) ans pour les sanctions d'interdictions et de suspensions. Désormais depuis l'adoption de l'ordonnance n° 2014-1332 du 6 nov. 2014, portant diverses dispositions d'adaptation de la législation au mécanisme de surveillance unique des établissements de crédit (*JORF* n° 0258 du 7 nov. 2014, p. 18791), le législateur a généralisé la durée maximale de dix (10) ans à toutes les sanctions de suspensions et d'interdictions temporaires, y compris celles de l'art. L.612-40.

cas où il utilise des expressions comme « interdiction temporaire », « fermeture temporaire », « suspension » ou « suspension temporaire », sans établir leur durée ou leurs limites, le législateur reconnaît un pouvoir discrétionnaire à l'autorité sanctionnatrice.

Néanmoins, si l'on veut écarter toute suspicion et que ce mode répressif soit mieux accepté, il serait préférable que le législateur sorte de son mutisme pour déterminer avec précision la durée de ces sanctions restrictives de droits.

645. Saisi le 22 janvier 2014 par la Cour de cassation[1188] d'une question prioritaire de constitutionnalité relative à la conformité aux droits et libertés que la Constitution garantit de l'article 3 de l'ordonnance n° 45-1418 du 28 juin 1945, relative à la discipline des notaires et de certains officiers ministériels[1189], le Conseil constitutionnel a estimé que « la peine disciplinaire d'interdiction temporaire s'inscrit dans une échelle de peines disciplinaires énumérées par les dispositions de l'article 3 de l'ordonnance du 28 juin 1945 susvisée et dont la peine la plus élevée est la destitution qui implique, pour la personne condamnée, l'interdiction définitive d'exercer ; que, dès lors, le législateur pouvait, sans méconnaître le principe de légalité des peines, ne pas fixer de limite à la durée de l'interdiction temporaire »[1190].

Apparemment, le juge constitutionnel n'a nullement répondu au problème posé. Ou du moins sa solution n'emporte pas conviction. Son argument pour valider une sanction d'interdiction temporaire est-il lié à l'existence d'une autre sanction plus grave qui est la destitution ? Incompréhensible ! Si la destitution emporte en elle-même le seuil maximum de l'interdiction temporaire, pourquoi avoir prévu cette dernière ? C'est tout simplement un non-sens. À notre avis, une seule chose aurait pu justifier une telle situation : le fait que le prononcé de la sanction d'interdiction temporaire, dont il est question à l'article 3 de l'ordonnance n° 45-1418 du 28 juin 1945, relève de la compétence du TGI[1191]. Autrement dit, il serait moins choquant de laisser au juge judiciaire, garant des libertés individuelles, l'opportunité de déterminer la limite temporelle maximale à une peine d'interdiction temporaire, que de le faire au profit de l'administration, plus particulièrement les AAIRE.

Cette voie semble également découler de la jurisprudence de la Cour de cassation qui a jugé que « la loi qui prévoit une sanction de nature temporaire peut, sans contrevenir aux principes des droits de l'homme, *laisser au juge* le soin d'ajuster la sanction au cas particulier sur lequel il est appelé à se

---

1188 Cass. civ., 1e, 22 janv. 2014, n° 13-40.066, inédit, JurisData:2014-001645.

1189 Cons. const., n° 2014-385 QPC du 28 mars 2014, M. Joël M. [Discipline des officiers publics ou ministériels - Interdiction temporaire d'exercer] *JORF* du 30 mars 2014, p. 6202.

1190 *Ibid.*, 7ème consid.

1191 Aux termes de l'article 9 de cette ordonnance, la chambre de discipline ne peut prononcer que l'une des trois premières peines énumérées à l'article 3, c'est-à-dire un rappel à l'ordre, la censure simple ou la censure devant la chambre assemblée. En revanche, selon l'article 15 du même texte, le juge peut prononcer, sous réserve des prescriptions de l'alinéa 2 de l'article 2, n'importe laquelle des six sanctions citées. En l'occurrence, « 1° Le rappel à l'ordre ; 2° La censure simple ; 3° La censure devant la chambre assemblée ; 4° La défense de récidiver ; 5° L'interdiction temporaire ; 6° La destitution. »

prononcer, en respectant le caractère effectivement temporaire de cette sanction »[1192] (souligné par nous). Donc, d'après la haute juridiction judiciaire, le législateur peut prévoir une sanction temporaire tout en lissant au juge – non pas à une administration – le soin de la déterminer en prenant en considération son destinataire.

646. Enfin, saisie de la question de savoir si la limitation à une durée maximale de cinq (5) ans, prévue lorsque l'interdiction temporaire est prononcée à titre de peine complémentaire par le juge pénal, est applicable à l'interdiction complémentaire prononcée à titre de sanction disciplinaire, la Cour de cassation a répondu par la négative : « la peine complémentaire d'interdiction d'exercer une fonction publique ou une activité professionnelle ou sociale prévue en matière pénale et la sanction disciplinaire d'interdiction temporaire sont de nature différente ; qu'il s'en déduit que l'article 131-27 du Code pénal qui limite la durée de cette première peine n'est pas applicable en matière disciplinaire »[1193].

Paragraphe 2. Inadéquation des sanctions morales aux infractions économiques

647. Pour la majorité de la doctrine, seules les sanctions pécuniaires infligées par les AAIRE constituent de véritables sanctions administratives répressives, raisonnement que l'on récuse de notre part. En effet, on a soutenu précédemment que même si le législateur a retenu des sanctions qui sont d'origine disciplinaire, néanmoins elles sont prévues pour sanctionner, outre la violation des règles professionnelles et disciplinaires, des manquements aux textes législatifs et réglementaires.

On retrouve de telles sanctions dans l'arsenal répressif de l'ARCEP et de l'ARJEL qui peuvent prononcer un *avertissement*[1194], ainsi que de l'ACPR et de l'AMF qui sont habilitées à prononcer, en sus d'un *avertissement*, un *blâme*[1195].

648. Il faut dire que l'emprunt de sanctions disciplinaires en matière de répression administrative dans le domaine économique est très répandu. Or, les sanctions disciplinaires, de surcroît de premier degré, sont inadéquates pour sanctionner des violations de textes législatifs. Est-il vraiment raisonnable et logique de sanctionner une personne ayant violé des lois de la République, et non un quelconque simple règlement intérieur ou des dispositions déontologiques, par un simple avertissement ou un blâme ? Mieux encore,

---

1192 Cass. civ., 1e, 9 mai 2001, n° 00-16319, *L. G.*, *Bull. civ.* I, n° 127, p. 83, JurisData:2001-009371.

1193 Cass. civ., 1e, 18 oct. 2008, n° 04-15215, *M. X c/Procureur général près la cour d'appel de Caen et autre*, *Bull. civ.* I, n° 367, JurisData:2005-030300.

1194 *Cf.* respectivement, l'art. L.5-3-III, al. 3, a) du CPCE (ARCEP) et l'art. 43-IV de la loi n° 2010-476 du 12 mai 2010, préc., (ARJEL).

1195 *Cf.* les art. L.612-39, al. 1, L.612-40, al. 1, L.612-41, al. 1 et L.621-15-III du C. mon. fin., (ACPR/AMF).

certains des manquements ainsi sanctionnés étaient des infractions pénales avant leur dépénalisation. À notre sens, en matière économique les avertissements et autres blâmes sont incompatibles avec les manquements et surtout la qualité de leurs auteurs[1196].

649. C'est vrai que, dans certaines situations, les personnes sanctionnées sont liées aux autorités de régulation par des liens juridiques préalables, néanmoins il ne s'agit pas de liens qu'on pourrait qualifier de disciplinaires. Par ailleurs, dans plusieurs cas de figure, les AAIRE sanctionnent des personnes ne présentant aucun lien direct avec elles[1197]. En utilisant des expressions aussi générales que les « manquements aux lois et règlements », qui englobent des règles autres que celles prévues pour maintenir la discipline au sein d'une activité économique donnée, le législateur a sûrement voulu faire face à tous les manquements de quelque nature qu'ils soient. Dans certains textes il distingue même expressément les manquements aux obligations disciplinaires et professionnelles des manquements aux lois et règlements[1198], mais tout en les soumettant aux mêmes sanctions, notamment des avertissements et des blâmes.

Une question de compatibilité entre ce genre de sanctions et les mises en demeure peut même être évoquée en la matière. À quoi sert, en effet, un avertissement ou un blâme s'il est précédé d'une mise en garde ou d'une mise en demeure ? Ces dernières ne sont-elles pas une forme d'avertissement ? Quel intérêt donc à recourir à ces deux mesures à l'occasion d'une même infraction ?

Enfin, on trouve choquant de prévoir, en plus des procédures répressives négociées, des sanctions sous forme de simples avertissements et blâmes, au moment où les coupables relevant de la compétence du juge sont condamnés à des peines de prison, en plus d'amendes, sans ''sommation''[1199]. Il est tout de même étonnant de retenir ce type de sanctions pour faire face aux manquements touchant un domaine aussi sensible que l'économie nationale d'un pays.

Paragraphe 3. Le rôle répressif de la publication et de l'affichage des sanctions

650. En plus des sanctions patrimoniales et extrapatrimoniales, prononcées à titre principal, certaines AAIRE peuvent ou sont contraintes d'ordonner ou de procéder, à titre complémentaire, à la publication des sanctions qu'elles

---

[1196] Avec les avocats et les juristes, voire les experts, dont ils sont généralement entourés, ils n'ignorent sûrement pas la nature et les retombées des actes qu'ils accomplissent dans le cadre de leurs activités.

[1197] *Cf. supra*, pp. 86 et s.

[1198] *Cf. supra*, pp. 89 et s., *infra*, pp. 399 et s.

[1199] *Cf.* nous avons déjà condamné dans cette étude la procédure des mises en demeure et autres injonctions, en plus des procédures négociées, qui constitue une véritable entorse pour l'équité, la justice et l'égalité des citoyens devnt la loi, *cf. supra*, pp. 351 et s.

infligent. Cette procédure peut prendre trois formes, qui peuvent même être cumulatives : la publication dans des journaux, l'affichage en certains lieux et enfin l'insertion dans des Bulletins ou Rapports officiels ou privés. Une lecture attentive des textes institutifs des AAIRE nous révèle une hétérogénéité dans le traitement de la question ; pour la plupart de ces autorités, la publication des décisions de sanctions est obligatoire, tandis que pour d'autres, la formulation des textes laisse entendre qu'elles bénéficient d'une simple faculté. Qu'il s'agisse d'une obligation ou d'une simple faculté, lorsqu'on parle de la publication des décisions répressives des AAIRE, on doit distinguer les cas où elle représente une sanction complémentaire ordonnée par l'autorité concernée des cas où elle constitue une simple mesure d'information appliquée par l'autorité elle-même, notamment dans des supports officiels.

651. Aux termes de l'article L.621-15-V du Code monétaire et financier, « La décision de la commission des sanctions *est rendue* publique dans les publications, journaux ou supports qu'elle désigne » (souligné par nous). Suivant cette disposition, c'est la commission des sanctions de l'AMF qui procède elle-même à la publication de ses décisions et, d'après la formulation utilisée, il semble qu'il s'agit d'une obligation et non pas d'une simple faculté. Néanmoins, cette disposition a connu des modifications en 2015 et en 2017. Désormais, suivant certaines circonstances, le législateur reconnaît à cette commission la faculté de « décider de reporter la publication d'une décision ou de publier cette dernière sous une forme anonymisée ou de ne pas la publier »[1200].

Dans les domaines bancaire et des assurances les sanctions de la commission des sanctions de l'ACPR sont également rendues « publique dans les publications, journaux ou supports qu'elle désigne, dans un format proportionné à la faute commise et à la sanction infligée »[1201]. D'après l'alinéa 3 de l'article 42-7 de la loi n° 86-1067, la décision répressive du CSA « *est* également *publiée* au Journal officiel » (souligné par nous). Ici également, il s'agit d'une obligation et c'est l'autorité elle-même qui procède à la publication de ses décisions. Après la notification de ses décisions aux intéressés, l'ARAFER se trouve également dans l'obligation de procéder à leur publication[1202].

[1200] Cette faculté est reconnue : « a) Lorsque la publication de la décision est susceptible de causer à la personne en cause un préjudice grave et disproportionné, notamment, dans le cas d'une sanction infligée à une personne physique, lorsque la publication inclut des données personnelles ; b) Lorsque la publication serait de nature à perturber gravement la stabilité du système financier, de même que le déroulement d'une enquête ou d'un contrôle en cours. », *cf.* l'art. L621-15-V du C. mon. fin.

[1201] Art. L.612-39, al. 7, L.612-40, al. 5, L.612-41-I, al. 6 et II, al. 5 du C. mon. fin. Une autre formulation (la forme impérative) qui démontre le caractère obligatoire de cette procédure est utilisée par exemple à l'art. L.351-8 du C. assurances, selon lequel « L'Autorité de contrôle prudentiel *procède*, aux frais de l'entreprise, à la publication des mesures qu'elle a ordonnées dans les journaux et publications qu'elle désigne et à l'affichage dans les lieux et pour la durée qu'elle indique » (souligné par nous).

[1202] *Cf.* l'art. L1264-10, al. 6 du C. transports.

Dans le cas de certaines autorités la publication et l'affichage de leurs décisions répressives semblent constituer une simple faculté. En matière de concurrence par exemple, l'ADLC « *peut* ordonner la publication, la diffusion ou l'affichage de sa décision ou d'un extrait de celle-ci selon les modalités qu'elle précise. Elle *peut* également ordonner l'insertion de la décision ou de l'extrait de celle-ci dans le rapport établi sur les opérations de l'exercice par les gérants, le conseil d'administration ou le directoire de l'entreprise »[1203] (souligné par nous). Outre cette procédure qui peut être considérée comme une sanction complémentaire, l'ADLC est tenue d'après l'article D464-8-1 et le second alinéa de l'article R464-28 du Code de commerce de publier ses décisions sur son site internet.

En matière de jeux en ligne, la commission des sanctions de l'ARJEL bénéfice, elle, d'une simple faculté, puisqu'aux termes de l'article 43-VII de la loi n° 2010-476 du 12 mai 2010 elle « *peut* [...] décider, à l'encontre des personnes physiques et morales frappées des sanctions mentionnées aux IV à VI : 1° La publication de la décision prononcée au Journal officiel ; 2° L'affichage ou la diffusion de cette décision dans les conditions prévues par l'article 131-35 du code pénal » (souligné par nous). Enfin, bénéficiant de la même faculté, la CRE peut également procéder à la publication de ses décisions au Journal officiel[1204].

D'après la formulation des textes, l'ARCEP était, avant la réforme de 2014, dans l'obligation de publier ses décisions répressives au Journal officiel. Désormais la formation restreinte de ce régulateur bénéficie d'une simple faculté, dans la mesure où il est expressément dit que ses décisions « *peuvent* être rendues publiques dans les publications, journaux ou services de communication au public par voie électronique choisis par la formation restreinte, dans un format et pour une durée proportionnés à la sanction infligée » (souligné par nous)[1205].

652. Le législateur a le plus souvent précisé que les frais de la publication sont supportés par la personne sanctionnée. Néanmoins, il est également possible de déduire de certaines des dispositions préciétes que le législateur tente de préserver l'intérêt de ces personnes, en prévoyant que la publication se fasse en fonction de la gravité du manquement ou sous réserve des secrets protégés par la loi. Cela dit, certaines AAIRE sont carrément exemptes d'une

---

1203 Art. L.464-2-I, al. 5 du C. com. Selon la cour d'appel de Paris « la mesure de publication constitue une sanction accessoire [...] autonome » et que le Conseil de la concurrence « la décide librement en fonction des éléments en cause », *cf.* CA Paris, 6 déc. 1990, n° 90/013644, *Fédération nationale des producteurs de l'horticulture et des pépinières*, JurisData:1990-025361.

1204 Art. L.134-34 du C. énergie. À titre comparatif, d'après cette disposition les décisions « *peuvent être publiées* au Journal officiel de le République française » (souligné par nous), tandis qu'aux art. 42-7 de la loi n° 86-1067, préc., (CSA) ; L1264-10, al. 6 du C. transports (ARAFER), le législateur utilise l'expression « *sont publiées* au Journal officiel de le République française » (souligné par nous).

1205 *Cf.* les art. L.5-3-V et L.36-11-VI du CPCE

telle procédure lorsqu'elle « risque de perturber gravement les marchés financiers ou de causer un préjudice disproportionné aux parties en cause »[1206].

653. Il ressort de la formulation des textes que les AAIRE qui bénéficient du pouvoir de publier leurs sanctions, peuvent en déterminer les formes. À titre d'exemple, suite à des irrégularités constatées dans l'exécution de ses injonctions de publication, l'ADLC a exigé le respect d'un certain format lors des publications (taille et couleur des caractères, etc.)[1207]. Afin de permettre le contrôle de l'exécution des injonctions, les entreprises mises en cause doivent transmettre au bureau de la procédure de l'autorité une copie de ces publications dès leur parution[1208].

654. Si le principe de l'utilité de la procédure de publication est acquis, les modalités de sa mise en œuvre, notamment celles du texte à publier, sont discutables. D'ailleurs, les AAIRE ont vu certaines de leurs décisions censurées pour cette raison[1209]. Ayant eu l'occasion de se prononcer sur ce point, le juge du contrôle a estimé que « la publication que le Conseil [de la concurrence] peut ordonner en application de l'article L.464-2, alinéa 5, procède du principe fondamental de la publicité des décisions à forme et à contenu juridictionnel »[1210]. Aussi, pour la cour d'appel de Paris « sauf abus, le

---

1206 Art. L.612-39, al. 9, L.612-40, al. 5, L.612-41, al. 6 et l'art. L.621-15-V du C. mon. fin., (ACPR/AMF).

1207 À titre d'exemple, dans la décision n° 09-D-39 du 18 déc. 2009, relative à des pratiques mises en œuvre par le Conseil national des exploitants thermaux dans le secteur du thermalisme, nous pouvons lire dans l'art. 3 ce qui suit « Il est enjoint au Conseil national des exploitants thermaux de procéder à la publication du texte figurant au paragraphe 66 dans le journal « Le Quotidien du médecin » dans les deux mois qui suivront la notification de cette décision. Cette publication interviendra dans un encadré en caractères noirs sur fond blanc de hauteur au moins égale à trois millimètres sous le titre suivant, en caractère gras de même taille : « Décision n° 09-D-39 du 18 déc. 2009 de l'Autorité de la concurrence relative à des pratiques mises en œuvre par le Conseil national des exploitants thermaux dans le secteur du thermalisme ». Elle pourra être suivie de la mention selon laquelle la décision a fait l'objet de recours devant la cour d'appel de Paris si de tels recours sont exercés. Le Conseil national des exploitants thermaux adressera, sous pli recommandé, au bureau de la procédure, copie de ces publications, dès leur parution ».

1208 *Cf.* à titre d'exemple ADLC n^os^ : 13-D-14 du 11 juin 2013, relative à des pratiques mises en œuvre dans le cadre de relations entre des vétérinaires et les sociétés protectrices des animaux (SPA) en région Alsace ; 13-D-12 du 28 mai 2013, relative à des pratiques mises en œuvre dans le secteur de la commercialisation de commodités chimiques ; 12-D-08 du 6 mars 2012, relative à des pratiques mises en œuvre dans le secteur de la production et de la commercialisation des endives ; 10-D-28 du 20 sept. 2010, relative aux tarifs et aux conditions liées appliquées par les banques et les établissements financiers pour le traitement des chèques remis aux fins d'encaissement ; 08-D-23 du 15 oct. 2008, relative à des pratiques mises en œuvre par le syndicat des artisans et entrepreneurs de taxis des Alpes-de-Haute-Provence et certains de ses membres.

1209 Étant donné le préjudice pouvant découler d'une telle publicité, pour les entreprises concernées, cette procédure est susceptible d'un recours, *cf.* CA Paris, ord., du 12 oct. 1989, n° 89/903, *Syndicat national de l'édition phonographique*, JurisData:1989-025448, *D.* 1990, somm. p.107.

1210 CA Paris, 23 sept. 2010, n° 10/00163, *Sté Digicel, Sté France Télécom, Sté Outremer Télécom*, inédit ; CA Paris, 28 oct. 2010, n° 10/04500, *Max Rombi, Sté Imarko, Sté*

Conseil est maître de publier sa décision ». Donc, si le juge trouve le principe de la publication en lui-même indiscutable, en revanche il existe une possibilité de contester ces décisions si l'on arrive à démontrer un abus de la part de l'ADLC, notamment dans les modalités du texte à publier. À ce sujet, le juge exige que « le sens du résumé à publier soit aisément accessible à tous et dénué d'ambiguïté »[1211]. Cela représente pour les personnes faisant l'objet d'une injonction de publication, un véritable moyen de contestation par lequel ils ont pu faire censurer plusieurs injonctions de cette nature. À maintes reprises, après le rappel du caractère fondamental du principe de la publicité, le juge n'a pas hésité à accorder un sursis à l'exécution d'une injonction de publication prononcée par le Conseil de la concurrence, avant de confirmer l'annulation de cette partie de la décision une fois le fond de l'affaire traité, estimant que le communiqué portant le résumé manquait de clarté et que de ce fait, la mesure de publication était « susceptible d'engendrer des conséquences manifestement excessives » pour les sociétés requérantes[1212].

655. Pour les AAIRE et certains auteurs, si la mesure de publication constitue une véritable sanction complémentaire à but répressif et dont le caractère est stigmatisant, elle obéit toutefois beaucoup plus à une stratégie pédagogique et préventive[1213]. À leurs yeux, tout en cherchant à prévenir de futures violations, en persuadant les acteurs du marché de s'abstenir de ce genre de comportements, les diffusions ainsi faites visent en premier lieu à informer sur les pratiques susceptibles d'être sanctionnées par l'autorité de régulation. Dans son rapport d'activité de 2009, l'ADLC a estimé que la publication de ses décisions répressives « constitue une sanction à l'égard des entreprises, mais surtout, participe à la mission de prévention attribuée à celle-ci, chargée d'assurer la défense de l'ordre public économique ». Avant d'ajouter que cette procédure « permet [également] d'alerter autant les acteurs du marché que les consommateurs et les collectivités publiques sur le caractère anticoncurrentiel de certaines pratiques et les invite à exercer leur

---

Arkopharma, JurisData:2010-027302 ; CA Paris, 23 févr. 2010, n° 09/08268, *Sté Vinci*, JurisData:2010-000570 ; CA Paris, 2 févr. 2010, n° 09/02623, *Frédéric B.*, JurisData:2010-000327 ; CA Paris, ord., 28 janv. 2010, n° 09/24356, *Sandanter et autres*, JurisData:2010-001064 ; CA Paris, ord., du 29 sept. 2009, n° 08/12495, *Établissements Mathé*, *BOCCRF* n° 9 du 9 oct. 2009 ; CA Paris, ord., du 11 mars 2009, n° 09/02483, *Sté Établissements Marc Morel et Fils*, *BOCCRF* n° 4 avr. 2009 ; CA Paris, ord., 5 oct. 2004, n° 04/15103, *Sté Technique d'Abatage de Laval (STAL)*, JurisData:2004-252017, *BOCCRF* n° 8 du 26 sept. 2006.

[1211] CA Paris, ord., 4 mars 2009, n° 08/15800, *Sté Plysorol*, inédit, *BOCCRF* n° 4 du 19 avr. 2010.

[1212] *Ibid.* Dans cette affaire, l'on a jugé que le résumé à publier entretenait une confusion entre les sociétés sanctionnées et les groupes auxquelles elles appartenaient, pouvant « laisser croire à un lecteur non spécialisé » que c'était les groupes eux-mêmes qui avaient été sanctionnés ; que l'augmentation de prix qui était mentionnée dans le communiqué pouvait « laisser à comprendre à un lecteur moyennement attentif » que le chiffre indiqué correspondait à l'augmentation générale du coût d'approvisionnement en carburant alors qu'il ne s'agissait que d'une fraction de ce coût, enfin que le chiffre indiqué était approximatif et que la méthode pour y parvenir ne figurait pas dans la décision. *Cf.* également : CA Paris, ord., 11 mars 2009, préc.

[1213] *Cf.* M. DELMAS-MARTY et C. TEITGEN-COLLY, *Punir sans juger ? op. cit.*, p. 83.

vigilance »[1214]. C'est pour raison qu'il est souvent exigé de procéder aux publications dans des organes de presse susceptibles de toucher le maximum de personnes concernées par les pratiques[1215].

656. À notre sens, le rôle répressif (dissuasif-punitif) de ces mesures de diffusion est beaucoup plus imposant que leur rôle pédagogique. Effectivement, ce type de mesures joue un rôle pédagogique, mais il s'agit d'un résultat obtenu conséquemment et incidemment à leur rôle principal qui est la dissuasion et la punition. Si le but était vraiment d'ordre pédagogique, l'on se contenterait, dans le cas de l'ADLC par exemple, de la publication faite par l'Autorité elle-même sur son site internet. Exiger la publication dans d'autres supports, notamment la presse, est dicté beaucoup plus par le désir de dissuader les autres de commettre les mêmes faits que de les informer de ces infractions qu'ils n'ignorent sûrement pas[1216]. Le recours à des injonctions de publication en matière économique, et dans le domaine des affaires en général, découle de la conviction qu'une mauvaise publicité dans cette sphère peut faire mal, ce qui constitue un moyen de dissuasion des plus efficaces[1217].

L'ADLC le dit assez clairement dans son rapport d'activité précité, la publication de ses décisions répressives constitue une « sanction pour les entreprises ». Or, le rôle de la sanction est double ; la dissuasion et la punition. Aussi, le rôle pédagogique ne se produit qu'incidemment à la véritable mission de la sanction.

657. Par ailleurs, il convient de faire remarquer aussi que le législateur a reconnu à toutes les AAIRE le pouvoir d'ordonner la publication des sanctions qu'elles prononcent. Partant, si l'on vise réellement un but pédagogique et préventif, et si l'on est réellement préoccupé beaucoup plus par l'intérêt des consommateurs et des autres acteurs du marché, pourquoi n'a-t-on pas imposé ce pouvoir d'injonction de publication à toutes ces autorités ? Enfin, comme mentionné un peu plus haut, la cour d'appel de Paris a rappelé, à maintes fois, que la publication « procède du principe fondamental de la publicité des décisions à forme et à contenu juridictionnel ». Suivant ce raisonnement, sachant que la cour d'appel considère les décisions répressives de l'ADLC, et

---

1214 ADLC, Rapport annuel de 2012, préc., p. 250, accessible également sur : http://www.autoritedelaconcurrence.fr/doc/pratique_ra2012.pdf.

1215 *Ibid.*

1216 *Cf.* Par ailleurs, se donne-t-on cette peine d'informer hors de la sphère économique ? Le simple citoyen n'a-t-il pas, lui aussi, le droit d'être informé des infractions et des sanctions qu'il encourt devant ''son'' juge ?

1217 Ce que vient de confirmer Thierry Kirat et Amir Rezaee, dans une étude intitulée « Do financial markets react to regulatory sanctions ? Evidence from France », juin 2015, disponible sur : http://basepub.dauphine.fr/bitstream/handle/123456789/15152/SubmittedDofinancialmarketsreacttoregulatorysanctions-Kirat%26Rezaee.pdf?sequence=1. Cf. également, « La médiatisation des sanctions de l'AMF plus efficace que ses amendes », *Les Echos*, 16 juin 2015, disponible sur www.lesechos.fr/finance-marches/marches-financiers/021141632227-la-mediatisation-des-sanctions-de-lamf-plus-efficace-que-ses-amendes-1128858. L'article cite l'exemple de la société Gaussin dont l'action a perdu 14 % de sa valeur en deux jours au mois de Mai 2015, après une audience publique de la commission des sanctions de l'AMF.

par ricochet les décisions répressives des autres AAIRE, comme ayant un caractère juridictionnel tant sur le fond que sur la forme, donc soumises au principe fondamental de la publicité, pourquoi alors a-t-on fait de la publication une simple faculté entre les mains de cette autorité ? Le caractère juridictionnel de ses décisions aurait, au contraire, dicté de rendre leur publication obligatoire.

Enfin, certains auteurs n'ont pas manqué de faire remarquer que « le développement de telles mesures de publicité pourrait être de nature à faire perdre à la répression administrative un de ses « atouts » pour ses destinataires qui tient à sa mise en œuvre confidentielle, laquelle tranche avec le caractère public de la répression pénale »[1218].

SOUS-SECTION 3. LE POUVOIR DE COMMANDEMENT ET LE RISQUE D'ATTEINTE À L'ÉQUILIBRE DE L'ORDRE RÉPRESSIF

658. En sus de la faculté de prononcer des sanctions, les AAIRE sont dotées, dans le cadre de leur large pouvoir de contrôle, d'un important pouvoir de mise en demeure et d'injonction. On n'est pas face à de simples mesures annonçant l'éventualité d'exercer le pouvoir de sanction, plus que ça, on a affaire à un véritable pouvoir de commandement. Qu'on utilise l'expression *injonction* ou *mise en demeure* dans les deux cas de figure, ces autorités rappellent, d'une manière impérative, aux auteurs des manquements constatés, le devoir de se conformer aux obligations qui pèsent sur eux sous peine d'appliquer les sanctions prévues en la matière. L'injonction ou la mise en demeure peut consister tantôt en une obligation d'abstention (interdiction d'un comportement), tantôt en une obligation de faire (modification ou imposition d'un comportement), tout en sachant que le cumul de ces deux formes est possible.

659. L'étude du pouvoir de commandement des AAIRE est intéressante à plus d'un titre ; les mises en demeure et autres injonctions apparaissent comme de véritables sanctions car susceptibles de causer à leurs destinataires un préjudice tant moral que matériel. Cela expliquerait sûrement leur généralisation dans la sphère économique (**Paragraphe 1**). Et c'est également la raison pour laquelle il faudrait bien déterminer leur nature juridique pour savoir si les AAIRE sont dans l'obligation de respecter les droits de la défense en les édictant (**Paragraphe 2**).

Se contenter de prononcer des mises en demeure dans le cas de manquements à des textes législatifs et réglementaires constitue à notre sens une véritable atteinte à l'équilibre de l'ordre répressif, dans la mesure où les particuliers, devant le juge, ne sont pas priés de cesser leurs infractions, mais plutôt directement sanctionnés. Par ailleurs, adopter de telles mesures nous paraît comme une réelle remise en cause de la force obligatoire de la norme

---

1218 M. DELMAS-MARTY et C. TEITGEN-COLLY, *Punir sans juger ? op. cit.*, p. 83.

juridique, ce qui constitue une menace pour la sécurité juridique (**Paragraphe 3**).

Paragraphe 1. Vers la subsidiarité du pouvoir répressif des AAIRE ?

660. En guise d'introduction au sujet du pouvoir de commandement des AAIRE, l'étude portera sur deux questions capitales : dans un premier temps, s'interroger si la validité des mesures prises, en particulier les mises en demeure, est soumise à des conditions quelconques (**A**), puis, dans un second temps, mettre en évidence la percée et l'engouement pour ces mesures dans la sphère économique au risque de rendre le pouvoir répressif des AAIRE complètement subsidiaire (**B**).

A. Conditions de validité des mises en demeure

661. La mise en demeure doit-elle respecter des formes précises ? Le juge administratif a eu l'occasion de se prononcer à maintes reprises sur la forme et le contenu de la mise en demeure, contribuant de la sorte à mieux cerner la question. Il ressort de l'ensemble de cette jurisprudence que l'on ne peut qualifier tout document dont l'objet est un avertissement de mise en demeure, étant donné que cette dernière doit remplir certaines conditions tant de forme que de fond.

662. Tout d'abord, il faut souligner qu'il n'y a pas d'obligation à prononcer les termes mêmes de *mise en demeure* ou *d'injonction*, dès lors que la correspondance considérée *comporte un ordre adressé* à une personne de respecter une obligation donnée[1219]. Revenant sur cette notion d'*ordre adressé*, un éclaircissement est donné par la décision d'Assemblée du 11 mars 1994 *Société La Cinq*[1220], où le Conseil d'État affirme que ne peuvent être qualifiées de mises en demeure les décisions qui se bornent à rappeler une réglementation, les décisions qui font état de l'intention d'user d'un pouvoir de sanction ou enfin celles qui adressent une simple mise en garde. Autrement dit, la mise en demeure doit être précise, car si elle est rédigée en termes trop généraux, elle risque d'être considérée comme un simple rappel de la

---

[1219] Selon le commissaire du gouvernement Bernard STIRN « sans revêtir une forme particulière, elles consistent en un ordre adressé par une autorité administrative, que celle-ci prononce les termes mêmes de mise en demeure ou qu'elle emploie d'autres formules équivalentes d'injonctions ou de prescriptions [cette notion opère] même lorsqu'elles ne comportent ni délai ni menace de sanction », *cf.* concl. sous CE, sect. 25 janv. 1991, n° 103143, *Confédération nationale des associations familiales catholiques et autres*, *Rec. CE* 1991, p. 30, JurisData:1991-040026, *RFDA* 1991, p. 285.

[1220] CE, ass., 11 mars 1994, n° 115052, *Sté La Cinq*. *Rec. CE* 1994, p. 117, JurisData:1994-041509, *RFDA* 1994, p. 429, concl. P. FRYDMAN, *AJDA* 1994, p. 370, chron. C. MAUGÜE et L. TOUVET.

législation, d'autant plus si elle est adressée périodiquement à un ensemble de destinataires[1221].

663. Par ailleurs, il apparaît aussi de la jurisprudence du Conseil d'État que l'AAIRE n'est pas tenue de faire état, dans la mise en demeure, de la sanction encourue au cas où il n'y a pas déféré. C'est ce qui ressort de l'arrêt *Société Télévision française 1* du 13 janvier 1995[1222], où la chaîne de télévision privée TF1 a tenté de faire annuler une décision répressive du CSA du 22 avril 1992, en se basant, entre autres, sur le fait que la sanction est intervenue sans mise en demeure préalable. Suivant son commissaire du gouvernement, le Conseil d'État a rejeté le moyen précité, en estimant que la société requérante était destinataire d'une lettre envoyée le 13 avril 1990, dans laquelle le CSA a relevé de « multiples manquements aux dispositions de l'article 11 du décret du 26 janvier 1987 », tout en exigeant de mettre « définitivement un terme à l'ensemble des pratiques » incriminées. Malgré le fait que la même lettre soit dirigée à d'autres sociétés et qu'elle n'a pas indiqué la sanction encourue, susceptible d'être infligée par le CSA, rien n'empêche qu'« il s'agit bel et bien d'une mise en demeure [...] et le moyen manque en fait, d'autant que deux autres lettres ont été adressées à TF1 sur le même sujet »[1223]. C'est dire que pour le juge administratif, l'autorité sanctionnatrice n'a pas à se lier, au stade de la mise en demeure ou de l'injonction, quant aux choix de la sanction qu'elle pourrait prononcer ultérieurement.

664. Une question s'est posée, concernant les obligations à caractère annuel, quant au moment où la mise en demeure devrait être adressée à la personne mise en cause. Le problème s'est présenté concrètement avec l'obligation de respecter des quotas de diffusion ou des obligations de production, dans le domaine de l'audiovisuel. En effet, constatant que l'entreprise TF1 n'a pas rempli complètement l'obligation de diffuser 120 heures d'œuvres audiovisuelles françaises, aux heures de grande écoute, le CSA a attiré son attention une première fois au mois d'août 1991. Néanmoins, à la fin de la même année le régulateur de l'audiovisuel s'est aperçu que l'entreprise citée n'avait toujours pas respecté la totalité de son engagement puisqu'il manquait encore 13 heures de diffusion, aussi a-t-il lancé une procédure de sanction qui l'a amené à infliger le 28 juillet 1992 une sanction pécuniaire. S'appuyant sur la décision n° 88-248 DC, par laquelle le Conseil constitutionnel a subordonné l'exercice du pouvoir de sanction du CSA à une mise en demeure préalable, TF1 a demandé l'annulation de la sanction, en estimant que « la mise en demeure du 9 août 1991 était prématurée et il fallait

---

[1221] Le commissaire du gouvernement dans la décision *Sté La Cinq* entend que le document doit contenir, à l'adresse de son destinataire, une injonction ou un ordre de se mettre en conformité avec une obligation, *cf.* P. FRYDMAN, concl. sur CE, ass., 11 mars 1994, *Sté la Cinq*, préc., *RFDA* 1994, p. 435.

[1222] CE, 13 janv. 1995, n° 138691, *Sté Télévision française 1 (TF1)*, *Rec. CE* 1995, p. 32, JurisData:1995-040408.

[1223] H. TOUTÉE, concl. sur CE, 13 janv. 1995, *Sté Télévision française 1 (TF1)*, préc., *AJDA* 1995, p. 408.

attendre la fin de l'année pour être sûr qu'elle ne respecterait pas ses obligations ». Toutefois, de l'avis même d'Henri TOUTÉE, commissaire du gouvernement, « il serait très certainement contraire à la volonté du législateur et même à celle du Conseil constitutionnel d'admettre qu'une chaîne puisse, délibérément ou non, ne pas respecter une obligation s'étendant sur un an sans courir aucun risque, sinon celui de se voir mise en demeure de respecter enfin les obligations l'année suivante »[1224]. Aussi, selon lui, s'apercevant que les obligations risquaient de ne pas être respectées, le CSA n'a pas attendu la fin de l'année pour envoyer la mise garde, car s'il avait attendu la fin de l'année pour être sûr que le manquement serait consommé TF1 aurait pu demander le détournement de procédure. Suivant l'avis de son commissaire du gouvernement le Conseil d'État a jugé qu'« une telle mise en demeure, qui a rappelé les exigences de la réglementation qui s'imposaient à TF1, est intervenue à une date permettant à celle-ci de se conformer à ses obligations ; dès lors, la société requérante n'est pas fondée à soutenir que la mise en demeure préalable au prononcé de la sanction pécuniaire que la CSA lui a infligée le 28 juillet 1992 aurait revêtu un caractère prématuré entachant d'irrégularité la procédure de sanction »[1225].

665. Il résulte de ce qui précède que, même si elles ne sont pas soumises à une forme précise, les mises en demeure et autres injonctions doivent respecter un certain nombre de règles de fond comme de forme. À titre d'exemple, elles doivent être précises quant à leur contenu : constater un manquement bien précis et viser les dispositions législatives et réglementaires au regard desquelles les faits seraient susceptibles d'être qualifiés de manquements[1226] ; ordonner clairement, à une personne donnée, l'accomplissement ou l'interdiction d'un comportement particulier. Enfin, elles peuvent être prises à tout moment dès lors que l'autorité de régulation peut prévoir, raisonnablement, la méconnaissance de certaines obligations.

B. Vers la généralisation de la procédure dans la sphère économique ?

666. Le Conseil constitutionnel a fait de la mise en demeure une condition *sine qua non* pour que le CSA puisse faire usage de son pouvoir de sanction. Dans sa fameuse décision n° 88-248 DC, le juge constitutionnel a en effet adopté une interprétation neutralisante jugeant qu'« il résulte du rapprochement de l'article 42-1 [...] que les pouvoirs de sanction dévolus au Conseil supérieur de l'audiovisuel ne sont susceptibles de s'exercer, réserve faite du cas régi par les articles 42-3 et 42-9, qu'après mise en demeure des titulaires d'autorisation [...] "de respecter les obligations qui leur sont imposées par les textes législatifs et réglementaires et par les principes définis à l'article premier" de la loi précitée, et faute pour les intéressés de respecter

[1224] *Ibid.*
[1225] CE, sect., 10 juill. 1995, n°141726, *Sté Télévision française 1 (TF1)*, *AJDA* 1995, p. 642.
[1226] CE, réf. ord., 19 févr. 2008, *Sté Profil France*, n° 311974, JurisData:2008-073370.

lesdites obligations ou de se conformer aux mises en demeure qui leur ont été adressées »[1227]. Mieux encore, le Conseil considère l'interprétation qu'il a fournie comme une condition de constitutionnalité du texte examiné[1228]. Pour certains commentateurs[1229], l'exigence d'une mise en demeure et surtout sa constitutionnalisation, à l'occasion de la décision du 17 janvier 1989, est à mettre sur le compte de la position du juge constitutionnel dans la même décision par rapport au principe de légalité, qui faut-il le rappeler n'est pas rigoureusement respecté en matière de répression administrative. D'après eux, une injonction préalable, rappelant à son destinataire les obligations à respecter, tout en lui ordonnant de cesser son comportement, serait le palliatif d'une consécration incomplète et inachevée du principe de légalité. Certains d'autres ont tout bonnement regretté la position du juge constitutionnel[1230].

667. En tout état de cause, le Conseil d'État a repris à son compte la position du Conseil constitutionnel, qu'il n'a pas cessé de défendre depuis, notamment dans l'affaire *Société La Cinq*. En l'espèce, malgré ses critiques formulées à l'encontre de la position du juge constitutionnel, le commissaire du gouvernement Patrick FRYDMAN a soutenu que « les réserves [d'interprétation] émises [par le Conseil constitutionnel] constituent le soutien nécessaire à la déclaration de conformité du texte et s'incorporent en quelque sorte à celui-ci, toute interprétation contraire de ces réserves ayant par hypothèse pour effet de la rendre inconstitutionnelle »[1231].

Pour rester dans le même secteur, il faut noter qu'en plus des éditeurs et distributeurs de services de communication audiovisuelle et les opérateurs de réseaux satellitaires, il a été expressément prévu que le CSA peut mettre en demeure les sociétés nationales de programmes France Télévisions et Radio France, ainsi que la société en charge de l'audiovisuel extérieur de la France, de respecter les obligations qui leur sont imposées par les textes législatifs et réglementaires et par les principes définis aux articles 1er et 3-1 de la loi de 1986[1232], avant le prononcé de la sanction[1233].

1227 Cons. const., n° 88-248 DC du 17 janv. 1989, préc., 38ème consid.

1228 *Ibid.*, 39ème consid.

1229 B. GENEVOIS, *RFDA* 1989, p. 215. *Cf.* aussi P. FRYDMAN, concl. sur CE, ass., 11 mars 1994, *Rec. CE* 1994, p. 117, *RFDA* 1994, p. 432 ; Conseil d'État, *Les pouvoirs de l'administration dans le domaine des sanctions*, *op. cit.*, p. 57.

1230 G. VEDEL, « Aspects généraux et théoriques », *in L'unité du droit*, Mél., R. DRAGO, Economica, 1996, p. 1, spéc. p. 7.

1231 *Cf.* « Le contrôle des sanctions pécuniaires infligées par le Conseil supérieur de l'audiovisuel », concl. sur CE, ass., 11 mars 1994, *RFDA* 1994, p. 429. *Cf.* également : *AJDA* 1994, p. 370, chron. C. MAUGÜE et L. TOUVET, *RDP* 1995, p. 517, note J.-M. BLANQUER, *JCP G* 1994.II.22350, note M.-Ch. ROUAULT ; CE, 13 janv. 1995, *Sté Télévision française 1 (TF1)*, *AJDA* 1995, p. 406, concl. H. TOUTÉE, préc. ; CE, 20 mai 1996, n° 167694, *Sté Vortex*, *Rec. CE* 1996, p. 189, JurisData:1996-050586, *AJDA* 1996, p. 711, *RFDA* 1996, p. 845 ; CE, 9 oct. 1996, n°173073, *Association Ici et Maintenant*, préc. ; CE, 6 janv. 2006, n° 279596, *Sté Lebanese Communication GROUP*, préc.

1232 *Cf.* l'art. 48-1 de la loi n° 86-1067, préc.

1233 *Cf.* l'art. 48-2 de la loi n° 86-1067, préc. Le CSA peut également enjoindre, par décision motivée, au président de l'Institut National de l'Audiovisuel (INA) de prendre dans un délai

668. Dans le domaine bancaire et des assurances, l'ACPR bénéficie, quant à elle, d'une simple *faculté* de mettre en demeure ou d'enjoindre, avant l'infliction des véritables sanctions[1234]. Ce qui confirme l'aspect facultatif d'une telle mesure, avant l'usage du pouvoir répressif, n'est pas seulement le verbe « pouvoir » (conjugué à la troisième personne du singulier de l'indicatif présent) utilisé dans l'article L.612-31 du Code monétaire et financier, mais également le fait que le non-respect d'une mise en demeure soit l'une des hypothèses, citées aux articles L.612-39 et L.612-41 du même code, qui peuvent justifier son pouvoir de sanction[1235]. Par ailleurs, elle peut même faire usage de ce pouvoir à l'encontre de certaines catégories de personnes sans aucune référence à une mise en demeure[1236]. Dans une décision du 18 juin 2013 (*ARCA Patrimoine*, procédure n° 2012-07), la commission des sanctions de l'ACPR, a écarté tout caractère subsidiaire de son pouvoir, en estimant qu'aucune disposition du Code monétaire et financier « ne subordonne l'ouverture d'une procédure disciplinaire à l'échec préalable d'une recommandation faite par l'ACP à l'issue d'un précédent contrôle ou d'une mesure de police ni à l'absence de coopération de l'établissement au cours du contrôle ; qu'il est donc loisible au collège d'ouvrir une telle procédure à l'encontre d'un établissement qui n'a fait l'objet d'aucune mesure de police ni d'aucun autre contrôle que celui dont il examine les conclusions »[1237].

---

déterminé les mesures nécessaires pour faire cesser tout manquement grave aux obligations qui lui sont imposées par les textes législatifs et réglementaires et par les principes définis aux articles 1er et 3-1, *cf.* l'art. 49-1 de la loi n° 86-1067, préc. Cependant, le législateur ne nous éclaire pas quant à la suite que le CSA peut réserver à l'INA s'il ne défère pas à l'injonction.

1234 Aux termes de l'art. L.612-31 du C. mon. fin., l'ACPR « *peut* mettre en demeure toute personne soumise à son contrôle de prendre, dans un délai déterminé, toutes mesures destinées à sa mise en conformité avec les obligations au respect desquelles l'Autorité de contrôle prudentiel a pour mission de veiller » (souligné par nous).

1235 À titre d'exemple, aux termes de l'art. L.612-39 du C. mon. fin., la commission des sanctions de l'ACPR peut prononcer une voire plusieurs sanctions « Si l'une des personnes [soumises à son contrôle] a enfreint une disposition européenne, législative ou réglementaire au respect de laquelle l'Autorité a pour mission de veiller ou des codes de conduite homologués applicables à sa profession, […], n'a pas tenu compte d'une mise en garde, *n'a pas déféré à une mise en demeure* ou n'a pas respecté les conditions particulières posées ou les engagements pris à l'occasion d'une demande d'agrément, d'autorisation ou de dérogation prévue par les dispositions législatives ou réglementaires applicables » (souligné par nous). L'injonction constitue par exemple une étape obligatoire avant l'infliction des sanctions, prévues à l'article précité, à l'encontre des entreprises d'assurance opérant sur le territoire français en libre prestations de services qui ne respectent pas les règles qui s'imposent à elles. En effet, selon l'art. L.351-7 du C. assurances « Lorsqu'une entreprise d'assurance opérant sur le territoire de la République française en libre prestation de services ne respecte pas les règles qui s'imposent à elle, l'Autorité de contrôle prudentiel *enjoint* à l'entreprise concernée de mettre fin à cette situation irrégulière » (souligné par nous). L'art. 351-8 du même code ajoute que « Si l'entreprise persiste à enfreindre les règles qui s'imposent à elle sur le territoire de la République française, l'Autorité de contrôle prudentiel et de résolution peut […] prononcer, […] les sanctions énumérées à l'article L.612-39 du [C. mon. fin.] ».

1236 *Cf.* les art. L.612-40 et L.612-41-II du C. mon. fin.

1237 *Cf.* www.acpr.banque-france.fr/uploads/media/20130621-Decision-de-la-commission-des-sanctions.pdf.

L'on pense qu'une telle démarche, même si elle s'oppose à la position du Conseil constitutionnel et à ce qui est fait avec les autres AAIRE, pourrait trouver comme argument dans l'existence d'un avertissement dans l'échelle de sanctions que cette autorité est habilitée à prononcer. À quoi bon servirait-il de mettre en demeure pour ensuite avertir ? Certes l'avertissement n'est pas tout à fait une mise en demeure, mais tous deux remplissent la même fonction. Cependant, comme nous aurons l'occasion de le vérifier, certaines autorités peuvent prononcer un avertissement, sans obligation qu'il soit précédé d'une mise en demeure[1238].

Sous l'ère de l'ACAM, la question s'est posée de savoir si le recours à une mise en demeure ou à une injonction est obligatoire, le Conseil d'État a adopté le même raisonnement que pour le CSA : « il résulte du rapprochement des dispositions du Code (art. L.310-17 et L.310-18) éclairées par les travaux préparatoires de la loi n° 89-1014 du 31 décembre 1989 dont elles procèdent, que *les pouvoirs de sanction* dévolus à la commission de contrôle des assurances par l'article L.310-18 *ne sont susceptibles de s'exercer qu'après qu'une injonction ait été adressée à* l'entreprise pour l'inviter à respecter les dispositions législatives et réglementaires applicables »[1239] (souligné par nous).

La voisine de l'ACPR dans le Code monétaire et financier, en l'occurrence l'AMF bénéficie également d'un pouvoir de commandement qui lui permet d'ordonner, aux termes de l'article L.621-14-I du Code monétaire et financier, « qu'il soit mis fin, en France ou à l'étranger, aux manquements aux obligations résultant des dispositions législatives ou réglementaires ». Néanmoins, selon la procédure de sanction énoncée à l'article L.621-15 du même code, l'injonction précitée n'est pas un préalable pour le prononcé des sanctions, dans la mesure où elle ne fait pas partie des étapes prévues dans la procédure de sanction.

669. La procédure des mises en demeure est également prévue dans les domaines de l'énergie et des communications, avec des expressions qui tendent à faire valoir son caractère obligatoire. En effet, aux termes des articles L.134-26 et L.134-27 du Code de l'énergie et des articles L.5-3 et L.36-11 du Code des postes et des communications électroniques, la CRE et l'ARCEP sont tenues de mettre en demeure les personnes mises en cause avant l'infliction des sanctions prévues. Il n'en demeure pas moins que, suite à la modification des textes la régissant, le cas de cette seconde autorité mérite qu'on s'y attarde. Certes, les deux dispositions précitées conservent la procédure de mise en demeure, qui est même indispensable, lorsque l'ARCEP constate un manquement aux dispositions législatives ou réglementaires afférentes à son activité ou aux textes et décisions pris en application de ces dispositions. Néanmoins, une telle procédure n'est plus exigée, comme

---

1238 C'est le cas de l'AMF, de l'ARCEP et de l'ARJEL.

1239 CE, 21 févr. 1996, n°s 171138 et 172053, *Mutuelle antillaise d'assurances et autres*, *Rec. CE* 1996, tables, p. 737, JurisData:1996-050043, *AJDA* 1996, p. 322, concl. D. PIVETEAU, (annulation d'une sanction non précédée d'une telle garantie).

auparavant, dans le cas où elle constate un refus de communiquer les informations demandées, la communication d'informations inexactes ou de tout autre obstacle au déroulement de l'enquête[1240]. Comment peut-on permettre à ce régulateur de prononcer directement, dans ce cas de figure, une sanction pécuniaire de 15 000 EUR, alors qu'il est dans l'obligation de mettre en demeure la personne poursuivie avant de lui infliger un « simple » avertissement ? Enfin, faut-il le rappeler, l'obligation de mettre en demeure qui pèse sur ce régulateur est confirmée par le juge administratif, qui a jugé que l'ARCEP ne peut user de son pouvoir de sanction à l'encontre d'exploitants de réseaux ou de fournisseurs de services n'ayant pas respecté les dispositions législatives et réglementaires afférentes à leur activité, que s'ils ne se sont pas conformés à la mise en demeure qui leur a été adressée au préalable par l'Autorité[1241].

670. Dans le domaine des jeux en ligne, l'ARJEL a également hérité de *l'obligation* de mettre en demeure avant de prononcer une sanction. En effet, à la lumière de l'article 43, II et VI de la loi n° 2010-476 du 12 mai 2010, relative à l'ouverture à la concurrence et à la régulation du secteur des jeux d'argent et de hasard en ligne, il apparaît assez clairement que cette autorité n'a d'autre choix que de mettre en demeure l'opérateur préalablement à toute sanction.

671. Enfin, l'injonction constitue l'une des mesures phares du dispositif répressif de l'ADLC, qui *peut* à la lumière du premier alinéa de l'article L.464-2-I du Code de commerce « *ordonner* aux intéressés de mettre fin aux pratiques anticoncurrentielles dans un délai déterminé »[1242] (souligné par nous). Le caractère facultatif de la démarche est confirmé au second alinéa de la même disposition selon lequel « Elle [l'ADLC] peut infliger une sanction pécuniaire applicable soit *immédiatement*, soit en cas d'inexécution des injonctions » (souligné par nous).

672. Les formules utilisées pour établir le champ d'application du pouvoir de commandement des AAIRE sont diverses et disparates. Dans la majorité des cas, le législateur utilise des formules générales, tandis que dans d'autres cas, il est question de formules plus précises. Dans le cadre des formules générales, il y a recours à des mises en demeure ou à des injonctions lorsqu'il y a manquement : « à une disposition législative ou réglementaire » ; « aux obligations imposées par les textes législatifs et réglementaires » ; « aux dispositions du présent code et des textes et décisions pris pour son application » ; « aux obligations résultant des règlements européens, des dispositions législatives ou réglementaires ou des règles professionnelles » ; « ne respecte pas les règles qui s'imposent à elles » ou lorsqu'il s'agit

---

[1240] *Cf.* l'art. L.5-3 al. 3 du CPCE

[1241] CE, 4 juill. 2012, n° 334062, *Association française des opérateurs de réseaux et services de télécommunications, (AFORST) c/ ARCEP*, JurisData:2012-015086.

[1242] *Cf.* également l'art. L.464-2-V du C. com.

de pratiques « anticoncurrentielles »[1243]. En somme, dans ce cas de figure, les autorités de régulation bénéficient d'une marge de manœuvre importante, contrairement au cas où le législateur utilise des formules précises quant aux faits incriminés, dans lesquels les pouvoirs de l'autorité de régulation se trouvent être restreints[1244].

673. Enfin, si le législateur reconnaît aux AAIRE un aussi large pouvoir de décision, il ne le conditionne pas toutefois à l'existence préalable des dommages. Il suffit qu'il y ait un risque pour que l'autorité de régulation use de son pouvoir. Pour cette raison, certains auteurs trouvent que « l'injonction présente alors un caractère préventif ; elle s'éloigne de l'acte juridictionnel pour se rapprocher des mesures de police administrative [...] la mission de régulation dépasse largement le cadre du contrôle de l'application des règles de droit et l'objet des injonctions n'est pas simplement de critiquer et sanctionner la violation des normes juridiques, il est de façon plus positive mais aussi plus interventionniste de parvenir au redressement d'une situation pratique »[1245].

Paragraphe 2. La nature juridique des mises en demeure et des injonctions

674. S'interroger si les mises en demeure et autres injonction constituent de véritables décisions administratives faisant grief (**A**), est indispensable pour se rendre compte de la place qui devrait être réservée aux droits de la défense dans le cadre de ce pouvoir de commandement (**B**).

A. Les mises en demeure et les injonctions constituent-elles des décisions faisant grief ?

675. En droit administratif, toute décision est, avant toute chose, un acte unilatéral, cependant, tout acte unilatéral n'a pas le caractère d'une décision. En effet, la décision est une des manifestations les plus importantes de l'acte unilatéral, mais il existe des actes unilatéraux non décisoires. Selon René CHAPUS, « un acte unilatéral est une décision lorsque la manifestation de volonté de son auteur se traduit d'une norme destinée à modifier l'ordonnancement juridique ou bien, au contraire, à le maintenir en l'état »[1246].

676. La mise en demeure en droit public constitue-t-elle une décision administrative faisant grief ? À une certaine période, la haute juridiction administrative considérait les mises en demeure comme de simples *actes*

[1243] *Cf.* les art. 42, al. 1 et 48-1, al. 1 de la loi n° 86-1067 (CSA) ; l'art. L.134-26 du C. énergie (CRE) ; les art. L.5-3 et L.36-11 du CPCE (ARCEP) ; les art. L.612-31 et L.621-14-II du C. mon. fin., (ACPR/AMF) ; l'art. L.464-2-I, al. 1 du C. com., (ADLC).

[1244] *Cf.* par exemple l'art. L.134-29 du C. énergie (CRE) ; L.464-2-V du C. com., (ADLC).

[1245] N. DECOOPMAN, « Le pouvoir d'injonction des autorités administratives indépendantes », *JCP G* 1987.I.3303.

[1246] R. CHAPUS, *Droit administratif général*, *op. cit.*, p. 502.

précédant la décision, c'est-à-dire non décisoires donc ne faisant pas grief[1247]. Se basant par exemple sur « les termes dans lesquels elles sont rédigées », le juge administratif a refusé de les considérer comme des décisions susceptibles de faire l'objet d'un recours pour excès de pouvoir[1248]. Néanmoins, une telle position a beaucoup évolué et l'on reconnaît désormais aux mises en demeure le caractère de décisions administratives faisant grief, donc susceptibles de faire l'objet d'un recours juridictionnel[1249].

677. Pour reprendre Bernard STIRN, « De façon générale, il est aujourd'hui possible de constater que les mises en demeure sont progressivement devenues l'une des catégories de décisions administratives soumises au contrôle du juge de l'excès de pouvoir »[1250]. D'après cet auteur, la mise en demeure est considérée comme « une décision faisant grief dans les cas où, au regard des textes en vertu desquels elle intervient, elle produit elle-même des effets qui lui sont propres, soit par les délais qu'elle fixe ou les sanctions dont elle menace, soit par la position qu'elle arrête, en réglant une question déterminée »[1251]. Dans le même sens René CHAPUS estime que « Dans l'état actuel du droit jurisprudentiel, on peut estimer qu'il y a des chances que toute mise en demeure – enjoignant à son destinataire d'adopter un comportement déterminé ou bien de s'en abstenir ou d'y renoncer – soit considérée comme constitutive d'une décision susceptible de recours [et qu'il en est] autrement quand la mise en demeure ne fait qu'annoncer une décision

---

[1247] J. RIVERO et M. WALINE, *Droit administratif*, 21ème éd., Paris, Dalloz, Coll., « Précis Dalloz. Droit public-Science politique », 2006, p. 207 ; R. CHAPUS, *Droit du contentieux administratif*, 13ème éd., Paris, Montchrestien, Coll., « Précis Domat droit public », 2008, p. 555 ; A. CIAUDO, *L'irrecevabilité en contentieux administratif français*, Paris, L'Harmattan, Coll., « Logiques juridiques », 2009, pp. 416 et s.

[1248] CE, 25 mai 1988, n° 70720, *Pouey*, *Rec. CE* 1988, tables, p. 558, JurisData:1988-644632 ; CE, 17 juin 1988, n° 73044, *Saurois*, *Rec. CE* 1988, tables, p. 558, JurisData:1988-645184 ; CE, 29 juin 1990, n° 88249, *Mme Hirner-Darnis*, JurisData:1990-643998 ; CE, 29 janv. 1992, n° 86197, *M. Daniel D.*, inédit ; CE, 4 oct. 1996, n° 168131, *Conseil interprofessionnel du vin de Bordeaux*, *Rec. CE* 1996, p. 381, JurisData:1996-050858.

[1249] *Cf.* sur la question : CE, 3 oct. 1984, n° 34008, *Mme Moriondo*, *Rec. CE* 1984, tables, p. 676, JurisData:1984-042169 ; CE, 1er mars 1989, n° 84403, *Boissonade*, JurisData:1989-641853 ; CE, sect., 25 janv. 1991, n° 103143, *Confédération nationale des associations familiales catholiques*, préc., *RFDA* 1991, p. 285, concl. B. STIRN, *AJDA* 1991, p. 362, chron. R. SCHWARTS et C. MAUGÜÉ, *RDP* 1991, p. 525, note J.-M. AUBY ; CE, 25 juill. 1994, n° 102334, *Courty*, *Rec. CE* 1994, p. 369, JurisData:1994-045846 ; CE, 26 juin 1996, n° 135098, *Commune de Grand de Marie Galante*, JurisData:1996-050965 ; CE, 23 oct. 1998, n° 172017, *Prebot*, JurisData:1998-051027 ; CE, 25 nov. 1998, n° 168125, *Compagnie Luxembourgeoise de la télédiffusion*, JurisData:1998-051278 ; CE, 29 mars 2000, n° 199545, *Isas*, *Rec. CE* 2000, tables, p. 1140, JurisData:2000-060549 ; CE, 26 juill. 2004, n° 262851, *Mechri c/ Cnil*, *Rec. CE* 2004, p. 355, JurisData:2004-067268 ; CE, 27 juill. 2005, n° 259111, *Ministre de la santé, de la famille et des personnes handicapées c/ M. G...*, préc. ; CE, 11 déc. 2006, n° 281567, *SCI Groupement de développement immobilier c/ Ministre de la culture et de la communication*, *Rec. CE* 2006, tables, p. 995, JurisData:2006-071191 ; CE, 23 févr. 2011, n° 339826, *Sté Chazal c/ Commune de Saint-Priest*, JurisData:2011-002216.

[1250] B. STIRN, concl. sur CE, sect., 25 janv. 1991, *Confédération nationale des associations familiales catholiques et autres*, préc.

[1251] *Ibid.*

et informer de ce qu'elle sera, dans le cas où elle ne serait pas suivie d'effets »[1252], ou celles constituant de simples mesures préparatoires.

678. Donc désormais, à la lumière de la jurisprudence du Conseil d'État, les mises en demeure et les injonctions feraient grief tant qu'elles ne constituent pas une simple étape préalable d'une procédure ou qu'elles se limitent à rappeler les obligations qui résultent des textes applicables. Il faut dire qu'avec l'avènement de la notion d'AAIRE et leurs pouvoirs exorbitants, la reconnaissance du caractère de décision faisant grief à leurs mises en demeure et autres injonctions va de soi dès lors que ces dernières, tout comme les véritables sanctions, peuvent porter préjudice à leurs destinataires tant d'un point de vue moral que matériel[1253]. C'est sûrement pour cette raison que le Conseil d'État les a assimilées à des décisions faisant grief, donc compétent pour en apprécier la régularité[1254].

B. Mises en demeure, injonctions et respect des droits de la défense

679. Sur la base du critère finaliste, les mises en demeure et les injonctions font partie du large pouvoir préventif des AAIRE. Même si elles peuvent être un prélude à l'infliction des sanctions, elles ne sont pas en elles-mêmes de véritables sanctions. Pour reprendre Nicole DECOOPMAN, « l'injonction constitue [...] à la fois l'exercice d'un pouvoir de contrôle et la manifestation d'un pouvoir de commandement, tout en se situant en deçà de la sanction qui peut néanmoins être prononcée au cas de non-respect de l'injonction »[1255]. Le même auteur ajoute que « sa fonction n'est pas de réprimer, ni de réparer, mais de corriger, de rétablir une situation, de mettre en quelque sorte les intéressés dans le droit chemin juridique, économique »[1256]. Si les mises en demeure et autres injonctions ne sont pas des sanctions, mais pouvant néanmoins faire grief, les AAIRE sont-elles dans l'obligation de garantir les droits de la défense, notamment le principe du contradictoire, à l'occasion de leur prononcé ?

680. Dans le domaine financier, l'AMF est dans l'obligation de mettre « la personne concernée en mesure de présenter ses explications »[1257], avant de lui ordonner de cesser les manquements constatés. La même obligation pèse sur l'ACPR qui ne peut décider des mesures précédentes qu'« au terme d'une

---

[1252] R. CHAPUS, *Droit du contentieux administratif, op. cit.*, pp. 555 et s.

[1253] *Cf.* J.-L. AUTIN, « Le pouvoir de répressif d'une autorité administrative indépendante devant le juge administratif », note sous CE, 14 juin 1991, *Association Radio Solidarité*, art. cit.

[1254] *Cf.* CE, 25 nov. 1998, n° 168125, *Cie luxembourgeoise de Télédiffusion*, JurisData:1998-051278 ; CE, 11 déc. 1996, n° 163553, *Sté Radio Nostalgie*, JurisData:1996-051591 ; CE, 20 mars 1991, n° 109756, *Sté La Cinq*, *Rec. CE* 1991, p. 99, JurisData:1991-042420. *Cf.* aussi : J.-L. AUTIN, *ibid.* Un recours est expressément prévu pour les injonctions prononcées par l'ADLC, *cf.* l'art. L.464-2-I, al. 6 du C. com.

[1255] N. DECOOPMAN, « Le pouvoir d'injonction des autorités administratives indépendantes », art. cit., n° 5.

[1256] *Ibid.*, n° 13.

[1257] Art. L.621-14-II du C. mon. fin.

procédure contradictoire »[1258]. En principe, la même obligation pèse également sur l'ADLC, dont la procédure est explicitement qualifiée de contradictoire[1259].

681. Hormis les cas précédents, aucun autre texte régissant les autres AAIRE ne mentionne une telle obligation. Les textes généraux, quant à eux, sont formels sur la nécessité de respecter le principe du contradictoire par l'administration. En droit administratif, exception faite de certaines situations, les décisions administratives individuelles défavorables doivent respecter ce principe. L'obligation est retenue à l'article L122-1 du Code des relations entre le public et l'administration, selon lequel ce type de décisions « n'interviennent qu'après que la personne intéressée a été mise à même de présenter des observations écrites, et le cas échéant, sur sa demande, des observations orales ». Suivant cette disposition, même en cas du silence des textes spéciaux, sous peine d'illégalité, avant la prise de toute décision individuelle défavorable, son destinataire doit être mis en mesure d'exprimer ses observations sur les griefs qui lui sont reprochés. Par conséquent, une telle solution s'applique également lors de l'exercice du pouvoir de mise en demeure et d'injonction par les AAIRE, d'autant plus qu'on a conclu précédemment au fait que les mises en demeure et autres injonctions sont de véritables décisions administratives faisant grief.

682. Toutefois, invariablement, le juge administratif estime qu'une mise en demeure, prononcée par le CSA, « ne constitue pas une sanction, mais une mesure préalable à une éventuelle sanction »[1260], avant de préciser qu'« eu égard à son objet et en l'absence de dispositions législatives ou réglementaires particulières [une mise en demeure] n'est soumise à aucune procédure préalable »[1261]. Plus encore, pour le Conseil d'État, dans le cadre de ce type de mesures, on ne fait pas face à « une accusation en matière pénale au sens de l'article 6-1 de la Convention européenne des droits de l'homme »[1262]. Dans une décision de 2006, la haute juridiction administrative a réitéré sa position en estimant que les mises en demeure, prises en application d'une convention conclue avec le CSA, ne constituent pas « des décisions qui « restreignent l'exercice des libertés publiques ou, de manière générale, constituent une mesure de police » au sens des dispositions de l'article 1er de la loi du 11 juillet 1979, ni une décision administrative individuelle qui déroge aux règles générales fixées par la loi ou le règlement au sens des dispositions de l'article

---

[1258] Art. L.612-35 du C. mon. fin. *Cf.* également art. L.612-30 du C. mon. fin.

[1259] *Cf.* art. L.463-1 et L.464-1du C. com.

[1260] CE, 15 janv. 1997, n° 155049, *Sté SERC Fun Radio*, *Rec. CE* 1997, tables, p. 1058, JurisData:1997-050114, *Gaz. Pal.*, 28 sept. 1997, n° 271-273, Pan., p. 145.

[1261] CE, 14 juin 1989, n° 95031, *Sté Soritel* et *Sté W Rock*, inédit, JurisData:1989-045172 ; CE, 23 avr. 1997, n° 162688, *Sté SERC Fun Radio*, inédit, JurisData:1997-050559. Il en va de même pour les mises en demeure prises par le CSA en application d'une convention conclue avec le bénéficiaire d'une autorisation de radiodiffusion, *cf.* CE, 11 déc. 1996, n° 130674, *Sté Communication du Centre*, *Rec. CE* 1996, tables, p. 688, JurisData:1996-051590, *Gaz. Pal.*, 30 juill. 1997, n° 211-212, Pan., p. 125 ; CE, 21 nov. 2003, n° 249376, *Sté Canal 9*, inédit.

[1262] CE, 30 déc. 2002, n° 236826, *Sté Vortex*, *Rec. CE* 2002, tables, p. 724, JurisData:2002-064869.

2 de ladite loi »[1263], de même qu'elles n'entrent dans aucun des autres cas visés aux articles 1 et 2 de cette loi. Par conséquent, cette autorité de régulation peut adopter ces mesures sans que la personne concernée ait été mise à même de présenter des observations écrites ou orales en application des dispositions de l'article 24 de la loi n° 2000-321 du 12 avril 2000[1264]. En des termes plus simples, lors de l'exercice de leur pouvoir de mise en demeure, les AAIRE n'ont pas à respecter les droits de la défense[1265].

683. Outre la haute juridiction administrative, certains auteurs ont également exprimé des réserves quant à l'applicabilité des textes généraux précités aux AAIRE. À titre d'exemple, Nicole DECOOPMAN fait remarquer que les textes généraux concernent les services administratifs de l'État et les établissements publics et, de ce fait, ne s'appliquent pas aux nouvelles autorités de régulation dont l'indépendance les éloigne de ces catégories[1266]. À notre sens, cette position est inacceptable étant donné que ces autorités constituent une partie intégrante de l'administration publique, nonobstant leur indépendance, qui est d'ailleurs relative. Par ailleurs, certaines d'entre elles sont mêmes désignées expressément comme étant des *Autorités Publiques Indépendantes*. De son côté, le juge, saisi du contentieux lié à ces autorités, les qualifie d'« autorités administratives ». Mieux encore, s'inscrivant dans une totale contradiction avec certaines de ses positions, précédemment exposées, le juge administratif a jugé, par exemple, « que la Commission de contrôle des mutuelles et des institutions de prévoyance qui doit être regardée comme une « autorité administrative » au sens de l'article premier de la loi du 12 avril 2000, est soumise aux prescriptions de l'article 24 de cette dernière loi »[1267]. Il a fait de même en matière d'audiovisuel, en jugeant que « le Conseil supérieur de l'audiovisuel, qui est une autorité administrative au sens de l'article 1er de la

---

[1263] CE, 30 août 2006, n° 276866, *Association Free Dom*, *Rec. CE* 2006, p. 392, JurisData:2006-070632. *Cf.* également : CE, 24 janv. 2007, n° 284060, *Association Parti libéral modéré*, inédit.

[1264] Relative aux droits des citoyens dans leurs relations avec les administrations, *JORF* n° 88 du 13 avr. 2000.

[1265] CE, 23 avr. 1997, n°162797, *Sté France 2*, JurisData:1997-050684 ; CE, 15 janv. 1997, n° 155049, *Sté SERC Fun Radio*, préc. ; CE 23 avr. 1997, n° 162797, *Sté France 2*, préc. ; CE, 30 déc. 2002, n° 236826, *Sté Vortex*, préc. ; CE, 27 juin 2005, n° 258402, *SARL Saprodif Méditerranée FM*, *Rec. CE* 205, tables, p. 1064, JurisData:2005-068557.

[1266] *Cf.* N. DECOOPMAN, « Le pouvoir d'injonction des autorités administratives indépendantes », art. cit., n° 27. L'auteur visait dans son développement le décret n° 83-1025 du 18 nov. 1983, relatif aux relations entre l'Administration et les usagers (abrogé à compter du 1er juill. 2007 par le décret n° 2006-672 du 8 juin 2006, modifié, relatif à la création, à la composition et au fonctionnement de commissions administratives à caractère consultatif, *JORF* n° 132 du 9 juin 2006).

[1267] CE, 12 juin 2002, n° 240741, *Caisse de décès - Union d'épargne d'Alsace et de Lorraine*, *Rec. CE* 2002, tables, p. 607 ; CE, 30 mars 2007, n° 269102, *UDM de Guadeloupe*, JurisData:2007-071668.

loi n° 2000-321 du 12 avril 2000, est en conséquence soumis aux prescriptions de l'article 4 de celle loi »[1268].

Donc il n'y a aucun doute sur l'applicabilité de ces textes généraux aux AAIRE, ce qui induit que les mises en demeure et autres injonctions, décisions individuelles défavorables prononcées par ces autorités, doivent respecter le principe du contradictoire même dans le silence de leurs textes institutifs. Les AAIRE devraient donc tenir compte des observations préalables de la personne concernée, ce qui est d'ailleurs en parfaite harmonie avec une des fonctions des mises en demeure : permettre une défense sommaire avant tout prononcé d'une mesure plus contraignante, en l'occurrence une sanction.

684. Pour revenir à la position du Conseil d'État, n'est-il pas paradoxal de reconnaître à la mise en demeure le caractère d'une décision faisant grief tout en refusant sa soumission aux garanties des droits de la défense, en particulier celui du contradictoire ? Si l'on admet que ce genre de décisions peut porter atteinte aux droits des administrés, d'où leur soumission à un contrôle juridictionnel, pourquoi refuser que certains droits soient respectés lors de la prise de ces actes ? En effet, à l'image des véritables sanctions infligeables par les AAIRE, les mises en demeure et autres injonctions peuvent être d'elles-mêmes, sans attendre le prononcé d'une sanction, préjudiciables à leurs destinataires tant sur le plan moral que matériel. Rappelons que la haute juridiction administrative a beaucoup tergiversé avant de reconnaître aux mises en demeure le caractère d'une décision faisant grief, espérons que la question du respect des droits de la défense connaîtra le même sort, il en va du bon sens des choses.

685. Étant l'une des illustrations des droits de la défense, la motivation des actes de l'administration mérite qu'on s'y attarde un peu dans le cadre des mises en demeure, avant d'y revenir un peu plus loin dans le cadre de la motivation des sanctions[1269]. Force est de constater que l'obligation de motivation des injonctions et autres mises en demeure est consacrée seulement en droit de la concurrence[1270].

686. Avec une telle situation, est-il possible de faire appel aux textes généraux, comme on l'a fait précédemment pour le principe du contradictoire ? Aux termes du premier article de la loi n° 79-587 du 17 juillet 1979, relative à la motivation des actes administratifs et à l'amélioration des relations entre l'administration et le public[1271], « doivent être motivées les décisions qui : - restreignent l'exercice des libertés publiques ou, de manière générale, constituent une mesure de police ». Or, comme on l'a dit précédemment avec Nicole DECOOPMAN, faisant partie de leur large pouvoir préventif, les mises en demeure sont rendues par les AAIRE même

---

1268 CE, 15 juin 2012, n° 351892, *Association régionale d'animation (Radio Totem)*, JurisData:2012-012829 ; CE, 27 mars 2013, *Sté Bourgogne Radios*, n°s 353468 et 354181, JurisData:2013-006088.

1269 *Cf. infra*, pp. 479 et s.

1270 *Cf.* les art. L.430-7-III et L.430-9 du C. com.

1271 *JORF* du 12 juill. 1979, p. 1711.

lorsqu'il y a juste un risque, c'est ce qui fait d'elles des mesures de police administrative, donc concernées par l'obligation de motivation. Abstraction faite de ce texte, la motivation des mises en demeure et autres injonctions va de soi et relève du bon sens et de la logique des choses : il est tout à fait normal, lorsqu'on est averti ou mis en demeure, de faire ou de ne pas faire quelque chose, de savoir ce que l'on nous reproche pour éventuellement corriger notre comportement.

En somme, puisqu'on a conclu que les mises en demeure et autres injonctions sont des actes administratifs décisoires, d'où leur soumission au contrôle du juge, leur motivation serait obligatoire pour rendre l'exercice de ce contrôle effectif en permettant à leurs destinataires de bien préparer leur défense, d'une part, et pour que le juge puisse mieux cerner les contours de l'affaire dont il saisit, d'autre part. Par ailleurs, *a priori* la motivation des mises en demeure ira dans le sens des partisans de l'élargissement du pouvoir transactionnel des AAIRE sous prétexte de son efficacité et de son rôle pédagogique.

687. Outre l'obligation de respecter les droits de la défense en matière des mises en demeure et autre injonctions, ces dernières posent un réel problème quant à l'équilibre de l'ordre répressif.

Paragraphe 3. Une atteinte à l'équilibre de l'ordre répressif

688. Le recours aux mises en demeure et autres injonctions est justifié par certains par le manque de rigueur dans l'application du principe de légalité des délits en la matière. En effet, commentant la décision n° 88-248 DC du Conseil constitutionnel, qui a confirmé l'obligation de recourir à des mises en demeure avant le prononcé des sanctions, Bruno GENEVOIS a expliqué la position du juge constitutionnel par son désir de remédier aux insuffisances du principe de légalité des délits en matière de sanctions administratives[1272]. Une opinion partagée par le commissaire du gouvernement Patrick FRYDMAN, qui a mis cette exigence sur le compte de la volonté du juge constitutionnel de compenser le caractère mesuré qu'il a consenti, dans la même décision, au principe de légalité des délits[1273].

689. À notre sens, il est surprenant que l'on applique le pouvoir de commandement administratif à l'encontre de personnes qui ne sont nullement liées préalablement à l'administration. Le recours à ce régime aurait été compréhensible dans le cadre d'un contrat administratif, où l'on pourrait rappeler à l'ordre la partie défaillante avant l'infliction des sanctions prévues. En revanche, appliquer cette mesure dans le cas de manquements aux textes législatifs et réglementaires nous paraît comme une réelle remise en cause de la force obligatoire de la norme juridique, ce qui constitue une menace pour la

---

[1272] *RFDA* 1989, p. 215.

[1273] Concl. sur CE, 11 mars 1994, *Sté La Cinq*, *RFDA* 1994, p. 429, préc. *Cf.* aussi : CE, 13 janv. 1995, *Sté Télévision française 1 (TF1)*, préc.

sécurité juridique. N'est-ce pas que la loi, au sens large du terme, devrait être obligatoire dès sa publication au Journal officiel, et que nul n'est censé l'ignorer à compter de cette publication. Quid de professionnels qui ne lésinent pas sur les moyens pour se faire entourer de juristes, d'experts et de consultants les plus compétents ? Ont-ils vraiment besoin d'être avertis et ''priés'' de respecter la loi avant de leur infliger les sanctions prévues ?[1274] Par ailleurs, en principe, l'institution d'un pouvoir de sanction contient en lui-même « à l'adresse de son destinataire, une injonction ou un ordre de se mettre en conformité avec une obligation »[1275]. De quel droit veut-on alors faire des opérateurs économiques une catégorie au-dessus des lois, dont les infractions ne seront punies qu'après les avoir ''priés de bien vouloir'' cesser leurs manquements ? Il faut avouer qu'on est face à une véritable atteinte au principe de l'égalité devant la loi, puisque le droit pénal, lui, n'impose pas que les délinquants soient mis en demeure de s'abstenir de commettre les infractions[1276]. Cela dit, il est insuffisant d'essayer de justifier une telle démarche par le manque de rigueur dans l'application du principe de légalité des délits, dans la mesure où des mises en demeure sont également prévues dans le cas où les obligations violées sont clairement spécifiées dans les textes d'incrimination.

690. Par ailleurs, cette démarche consacrerait tout simplement l'impunité de certaines infractions. En effet, dans la mesure où une mise en demeure ou une injonction doit toujours précéder l'infliction d'une sanction, l'on ne pourra pas sanctionner « la première infraction commise, laquelle n'aura, par définition, généralement pas pu être précédée d'une mise en demeure »[1277]. Par conséquent, dans sa quête du profit, il est possible d'imaginer un opérateur commettre une infraction en connaissance de cause, ne se souciant nullement des sanctions qu'il encourt, car il n'ignorant pas que l'administration doit tout d'abord le mettre en demeure et qu'il n'est susceptible d'être sanctionné que s'il récidive[1278]. N'est-ce pas là l'instauration d'un ordre répressif, parallèle à l'ordre répressif commun où non seulement la tentative est sévèrement punie, plus encore où la récidive est une circonstance même aggravante ?

Pour tenter d'atténuer un tant soit peu l'impunité dont peuvent bénéficier certains agents économiques la haute juridiction administrative a jugé en 2010 que les mises en demeure ne sauraient nullement être limitées dans le temps ; toute réitération de l'''infraction'', peu importe le moment de sa survenance, permet à l'autorité de régulation d'infliger directement la sanction sans

---

[1274] *Cf.* A. TAIBI, « La prolifération des AAI de régulation. Du déséquilibre de l'ordre répressif à l'instauration d'une justice à deux vitesses », art. cit.

[1275] P. FRYDMAN, concl. sur CE, ass., 11 mars 1994, préc.

[1276] *Cf.* A. TAIBI, *ibid.*

[1277] P. FRYDMAN, concl. *RFDA* 1994, préc.

[1278] La société TF1 a demandé au juge administratif d'annuler la décision du 22 avr. 1992 par laquelle le CSA lui a infligé une sanction pécuniaire, en arguant, entre autres, que la décision serait intervenue sans mise en demeure préalable, contrairement aux exigences des art. 42 et suivants de la loi de 1986, *cf.* CE, 13 janv. 1995, *Sté Télévision française 1 (TF1)*, préc..

renouveler la mise en demeure[1279]. Toutefois, cela reste insuffisant dans la mesure où la première infraction reste toujours impunie.

SECTION 2. UNE TRÈS LARGE ÉTENDUE DU POUVOIR RÉPRESSIF

691. L'analyse des textes régissant les AAIRE nous révèle que le champ d'application de leur pouvoir répressif est immense. En plus de la diversité des sujets de droit qui leur sont soumis, le champ d'application de ce pouvoir s'est élargi par la généralité des manquements incriminés (**Sous-section 1**). Un état de fait que confirme, à première vue, la pléthore de sanctions que ces autorités peuvent prononcer (**Sous-section 2**).

SOUS-SECTION 1. QUANT AUX DESTINATAIRES ET AUX MANQUEMENTS

692. L'étendue du pouvoir répressif des AAIRE quant à ses destinataires et aux manquements sanctionnés n'est pas si différente de celle du droit pénal. Tout d'abord, du côté des sujets soumis à ce pouvoir et contrairement à ce que soutiennent certains auteurs, les sanctions peuvent toucher même des personnes qui ne sont pas liées préalablement à ces autorités. En sus des personnes passibles de sanctions conséquemment à des liens juridiques préalables, d'autres le sont par la seule volonté de la loi (**Paragraphe 1**). Ensuite, l'étendue de ce pouvoir répressif est perceptible au niveau des manquements incriminés, puisqu'en plus de manquements bien déterminés, l'on n'a pas hésité à utiliser des expressions générales (**Paragraphe 2**).

Paragraphe 1. Des destinataires divers

693. Il est question ici de déterminer les personnes assujetties au pouvoir répressif des AAIRE. Nous avons vu que pour une partie de la doctrine, les sanctions administratives ne sont susceptibles de s'appliquer que sur des personnes liées à l'administration par des liens juridiques spéciaux, à l'opposé des peines du droit pénal qui peuvent concerner tous les citoyens. Cependant, on a démontré que cette analyse, basée sur la théorie institutionnelle, ne peut être retenue. L'étude de l'arsenal répressif de ces autorités de régulation nous démontre, au contraire, une grande diversité des sujets de droit ainsi soumis à ces autorités. Il peut s'agir de personnes physiques ou morales, de droit public ou privé, liées préalablement ou pas à ces autorités. Dans tous les cas, il convient de distinguer entre deux catégories de personnes : des personnes indéterminées (**A**) et des personnes bien déterminées (**B**).

[1279] CE, 22 oct. 2010, n° 324614, *Sté Vortex*, inédit, JurisData:2010-019718.

A. Des personnes indéterminées

694. Dans cette première catégorie, les sujets sanctionnables sont des personnes indéterminées[1280]. Certes, il s'agit des acteurs des secteurs régulés, mais les textes n'ont pas identifié les personnes pouvant faire l'objet des sanctions. En d'autres termes, aucune liste n'est préétablie, ce qui élargit le champ d'application des sanctions des AAIRE.

En droit de la concurrence, le législateur parle de « parties en cause », « intéressés » « entreprises ou organismes », « les entreprises ou groupements d'entreprises » et « le contrevenant »[1281]. Il est clair que ce type d'expressions manque de précision, ce qui ouvre large le champ d'application du pouvoir répressif de l'autorité de régulation horizontale.

La même démarche est encore perceptible, concernant respectivement l'AMF, l'ARCEP, l'ARAFER et la CRE. À l'instar de l'ancienne COB[1282], le législateur a investi l'AMF d'un pouvoir répressif qui s'étend à plusieurs personnes. C'est ce qui ressort des dispositions de l'article L.621-15-II, c à f du Code monétaire et financier, qui lui confère le pouvoir de prononcer une sanction à l'encontre de « Toute personne [...] ». Dans le domaine postal et des communications électroniques, l'ARCEP peut sanctionner les « exploitants de réseaux »[1283]. Or, il se trouve que cette formulation est très large, dans la mesure où elle recouvre un réseau ouvert au public, un réseau indépendant et même un réseau interne[1284]. En matière de transport ferroviaire, le pouvoir répressif de l'ARAFER peut s'exercer lui aussi notamment sur tout « gestionnaire d'infrastructure, d'un exploitant d'installation de service (...) d'une entreprise ferroviaire ou d'un autre candidat (...) tout fournisseur de services à destination des entreprises de transport public routier »[1285]. Enfin, le pouvoir répressif de la CRE peut viser, entre autres, selon le premier alinéa de l'article L.134-25 du Code de l'énergie, les « utilisateurs » des réseaux, ouvrages et installations en matière de gaz et d'électricité. Une expression qui désigne tous les Français, qu'ils soient professionnels du secteur ou de simples consommateurs[1286].

695. En sus de l'élargissement du champ d'application de ce pouvoir répressif à raison des personnes concernées, le législateur a complété cette approche à raison des faits incriminés. Dès lors que le manquement est constaté, la sanction est encourue quelle qu'elle soit la qualité de l'auteur.

1280 *Cf. supra*, pp. 87 et s.
1281 *Cf.* les art. L.464-1 et L.464-2 du C. com.
1282 Dans sa décision n° 89-260 DC du 28 juill. 1989, préc., 18ème consid., le Conseil constitutionnel a déclaré licite le pouvoir conféré à la COB de sanctionner les « auteurs des pratiques » contraires aux règlements qu'elle édicte.
1283 Art. L.36-11 du CPCE.
1284 Art. L.32, 3°, 4° et 5° du CPCE.
1285 Art. L1264-7 du C. transports.
1286 *Cf.* dans ce sens J. LEFEBVRE, « Le pouvoir de sanction, le maillage répressif », *in* N. DECOOPMAN (dir.), *Le désordre des autorités administratives indépendantes, L'exemple du secteur économique et financier*, Paris, PUF, Coll. « CEPRISCA », 2002, p. 114.

C'est le cas, par exemple, en droit de la concurrence où sont prohibées certaines pratiques anticoncurrentielles, telles les ententes prohibées, l'abus d'une position de dominance, le contrat d'achat exclusif conférant à son titulaire un monopole de distribution, les offres de prix ou pratiques de prix de vente aux consommateurs abusivement bas par rapport aux coûts de production[1287]. Dans ces hypothèses, le législateur n'a mentionné aucun auteur en particulier, le critère *ratione materiae* a été privilégié au critère *ratione personae*, il suffit de commettre l'un des faits cités pour s'exposer aux sanctions prévues.

Le même constat peut être fait dans le domaine financier où l'AMF est habilitée à exercer son pouvoir répressif à l'encontre de « Toute personne [quelle qu'elle soit] qui, sur le territoire français ou à l'étranger, s'est livrée ou a tenté de se livrer à une opération d'initié ou s'est livrée à une manipulation de cours, à la diffusion d'une fausse information ou à tout autre manquement mentionné au premier alinéa du I de l'article L.621-14 »[1288], ou encore à « Toute personne qui, sur le territoire français ou étranger, s'est livrée ou a tenté de se livrer à la diffusion d'une fausse information lors d'une opération d'offre au public de titres financiers »[1289].

Dans tous ces cas de figure la qualité de l'auteur du manquement importe peu, du moment qu'il intervient dans le secteur concerné et qu'il commit le comportement prohibé. En effet, que l'auteur soit une personne physique ou morale, professionnel ou consommateur, l'essentiel est que l'on puisse lui imputer les faits incriminés.

B. Des catégories bien définies

696. Aux côtés des personnes indéfinies, pouvant faire l'objet du pouvoir répressif des AAIRE, le législateur a également soumis à ce dernier des catégories de personnes bien déterminées et prédéfinies. En effet, comme il s'agit principalement d'autorités sectorielles, le législateur a procédé, dans la plupart du temps, par la désignation des catégories concernées par ce pouvoir. Aussi, seules les personnes faisant partie de ces catégories seront concernées. Cette approche est la plus retenue par le législateur.

697. Selon l'article L.621-15-II, a et b du Code monétaire et financier la commission des sanctions de l'AMF peut exercer son pouvoir répressif sur « Les personnes mentionnées aux 1° à 8° et 11° à 18° du II de l'article L.621-9 »[1290]. Sont également soumis à ce pouvoir, d'après l'article L.621-17 du

---

[1287] *Cf.* les art. L.420-1 et L.420-5 du C. com.

[1288] Art. L.621-15-II, c du C. mon. fin.

[1289] Art. L.621-15-II, d du C. mon. fin., *cf.* également les e, f et g de la même disposition.

[1290] Il s'agit en l'occurrence des « prestataires de services d'investissement agréés ou exerçant leur activité en libre établissement en France ainsi que les personnes morales placées sous leur autorité ou agissant pour leur compte » et des « intermédiaires en biens divers », ainsi que des « personnes, autres que celles mentionnées aux 1° et 7°, produisant et diffusant des analyses financières » et des « agents liés mentionnés à l'article L.545-1 ».

même code, « les conseillers en investissements financiers définis à l'article L.541-1 ».

Dès l'instant qu'elle est chargée simultanément des domaines bancaire et des assurances, le champ de compétence de l'ACPR quant aux personnes est considérable. Une liste de ces personnes est citée à l'article L.612-2 du Code monétaire et financier. Sans être exhaustif, nous pouvons citer : « Les établissements de crédit » ; « Les établissements de paiement » ; « Les changeurs manuels » ; « Les entreprises exerçant une activité d'assurance directe mentionnées à l'article L. 310-1 du code des assurances » ; « Les entreprises exerçant une activité de réassurance dont le siège social est situé en France » ; « Les mutuelles et unions régies par le livre II du code de la mutualité ».

Le même raisonnement est reconduit concernant le pouvoir répressif de l'ARCEP qui l'exerce sur les « prestataires du service universel ou des titulaires de l'autorisation prévue à l'article L.3 » du Code des postes et des communications électroniques, ainsi que sur les « exploitants de réseaux ou les fournisseurs de services de communications électroniques »[1291]. On retrouve la même démarche en matière d'audiovisuel où le CSA détient le pouvoir de sanctionner « les éditeurs et distributeurs de services de communication audiovisuelle et les opérateurs de réseaux satellitaires » ; « les services de télévision relevant de la compétence d'un autre État membre de la Communauté européenne ou partie à l'accord sur l'Espace économique européen » ; ou encore les sociétés nationales de programmes (France Télévisions, Radio France et la société en charge de l'audiovisuel extérieur de la France)[1292].

Aux termes de l'article L.134-25 du Code de l'énergie, le pouvoir de sanction de la CRE s'étend, quant à lui, à tous les « gestionnaires de réseaux publics de transport ou de distribution d'électricité, des opérateurs des ouvrages de transport ou de distribution de gaz naturel ou des exploitants des installations de stockage de gaz naturel ou des installations de gaz naturel liquéfié ou des exploitants de réseaux de transport et de stockage géologique de dioxyde de carbone ». De son côté, le pouvoir de sanction de l'ARJEL s'exerce sur tout « opérateur de jeux ou de paris en ligne titulaire de l'agrément »[1293]. Enfin, dans le domaine ferroviaire, les sanctions infligées par l'ARAFER touchent les gestionnaires d'infrastructure, les exploitants d'installations de service, les entreprises ferroviaires et les autres candidats, au sens du livre Ier de la deuxième partie, la SNCF, les entreprises de transport public routier de personnes, les exploitants des aménagements relevant de l'article L. 3114-1, de tout fournisseur de services à destination des entreprises

---

1291 Art. L.5-3 et L.36-11 du CPCE.

1292 *Cf.* respectivement les art. 42, 43-8 et 44 de la loi n° 86-1067, préc.

1293 Art. 43 de la loi n° 2010-476 du 12 mai 2010, préc.

de transport public routier dans ces aménagements et des concessionnaires d'autoroutes[1294].

698. Suite à cet exposé, il est aisé de se rendre compte de la grande diversité des sujets de droit soumis au pouvoir répressif des AAIRE. En effet, il peut s'agir de personnes physiques ou morales, de droit privé ou public, liées conventionnellement à ces autorités ou complètement soumises à leur contrôle par la force de la loi. Plus encore, dans le cas de certaines de ces autorités, le sujet de droit appartenant à la catégorie définie par la loi peut être sanctionné même si la sanction trouve son origine dans le comportement d'une personne ne relevant pas des catégories prédéfinies. C'est le cas du CSA qui n'a pas hésité à suspendre la diffusion de la chaîne *Skyrock* pour des propos jugés « attentatoires à l'ordre public et au respect de la dignité de la personne humaine », tenus par un animateur de la Radio[1295].

699. Cet immense champ de compétence des AAIRE quant aux personnes sanctionnables est par ailleurs renforcé par une définition souple des manquements poursuivis.

Paragraphe 2. Des manquements diffus[1296]

700. À la différence des infractions en matière pénale, il est difficile d'établir une typologie précise des manquements sanctionnables par les AAIRE. En droit pénal, le principe de légalité des délits qui implique que les infractions soient précisément définies est strictement respecté. En revanche, dans le cadre du pouvoir répressif des autorités de régulation précitées, ce principe connaît une application modérée[1297]. Si certains manquements sont bien définis préalablement, dans d'autres cas, c'est une approche beaucoup plus souple qui est retenue. Pour reprendre José LEFEBVRE, en matière de régulation, le principe de légalité est « certaines fois respecté dans sa lettre et, d'autres fois, dans son esprit »[1298].

701. À titre d'exemple en droit de la concurrence, le principe de légalité est quasi respecté, le législateur ayant pris soin de bien déterminer les comportements incriminés dans le même texte comportant les sanctions prévues[1299]. Cependant, si les manquements sont ainsi bien déterminés, les faits constitutifs de ces manquements sont, de leur côté, cités en exemple. En effet, le législateur utilise aux articles L.420-1 et L.420-2 du Code de commerce, l'adverbe « notamment » ce qui signifie que les pratiques citées le sont seulement en exemple.

[1294] *Cf.* les art. L1264-7 et L1264-2 du C. des transports.

[1295] CSA, n° 95-1, portant suspension de la diffusion du programme Skyrock, *JORF* du 8 janv. 1995, p. 400.

[1296] Pour plus de détails, *cf. supra*, pp. 89 et s.

[1297] *Cf. infra*, pp. 414 et s.

[1298] J. LEFEBVRE, « Le pouvoir de sanction, le maillage répressif », art. cit., p. 119.

[1299] *Cf.* les art. L.420-1, L.420-2, L.420-5, L.430-8 et L.420-5 du C. com.

702. Dans certains cas de figure, les manquements sont partiellement définis. Tel est le cas de l'article L.621-15, II (c, d, e) du Code monétaire et financier, où le législateur parle de toute personne qui « s'est livrée ou a tenté de se livrer à une opération d'initié, à une manipulation de cours, à la diffusion d'une fausse information » ou encore « à la diffusion d'une fausse information lors d'une opération d'offre au public de titres financiers ». Toutefois, le législateur ne s'arrête pas là, puisqu'il est question également de tous « manquements aux obligations résultant des règlements européens entrant dans le champ de compétence de l'Autorité des marchés financiers »[1300], et de toute personne qui « s'est livrée à tout autre manquement mentionné au premier alinéa du I de l'article L.621-14 [du Code monétaire et financier] ». Or, dans cette dernière disposition, le législateur parle, entre autres, de « manquements aux obligations résultant des règlements européens, des dispositions législatives ou réglementaires [ou] tout autre manquement de nature à porter atteinte à la protection des investisseurs ou au bon fonctionnement du marché ». Avec de telles expressions il est clair que les manquements cités, plus haut, le sont seulement à titre d'exemple.

703. Pour le reste des secteurs économiques, il convient de noter que, même s'il cite expressément certains manquements, le législateur a fait de la violation des textes législatifs et réglementaires le fondement principal du pouvoir répressif des AAIRE. Ainsi, dans les différents textes régissant ces autorités, il est question de manquements portant atteinte à « une disposition [obligations], [européenne], législative ou réglementaire afférentes [applicables] à son activité [ou] au respect de laquelle l'Autorité a pour mission de veiller »[1301], ou aux « obligations qui leur sont imposées par les textes législatifs et réglementaires »[1302], ou enfin « les manquements mentionnés aux titres Ier et II du présent livre et aux livres III et IV »[1303]. Dans ces hypothèses les AAIRE appréhendent les manquements sur un fondement identique à celui du juge ; tout comme ce dernier, elles sanctionnent des infractions ou des manquements aux lois et/ou aux règlements. Cependant, à l'inverse du droit pénal, ces manquements sont moins précis en matière administrative.

704. Rappelons que pour le Conseil constitutionnel, « appliquée en dehors du droit pénal, l'exigence d'une définition des infractions sanctionnées se trouve satisfaite, en matière administrative, par la référence aux obligations

---

[1300] Art. L.621-15-II, g du C. mon. fin.

[1301] Les art. L.612-39, L.612-40 et L.612-41, I du C. mon. fin., (ACPR) ; l'art. 43-II de la loi n° 2010-476, préc., (ARJEL) ; les art. L.5-3 et L.36-11 du CPCE (ARCEP). Dans le même sens, *cf.* l'art. L1264-7 du C. transports, selon lequel l'ARAFER peut sanctionner, entre autres, « Le manquement (…) aux obligations (…) incombant au titre de l'accès au réseau ou de son utilisation ».

[1302] Les art. 42, al. 1 et 48-1, al. 1 de la loi n° 86-1067, préc., (CSA).

[1303] Art. L.134-25 du C. énergie (CRE).

auxquelles le titulaire d'une autorisation administrative est soumis en vertu des lois et règlements »[1304].

705. En somme, il faut dire que le recours à des formules générales, pour désigner les manquements en matière de régulation économique, n'est pas un choix fortuit. Une telle démarche est dictée par la volonté de permettre aux régulateurs d'avoir un pouvoir aussi large que possible, afin de faire face aux comportements qui portent atteinte au marché considéré. Toutefois, si une telle démarche convient parfaitement aux autorités de régulation, elle complique en revanche beaucoup plus la tâche aux personnes concernées par ces textes, car on a l'impression qu'il faut être fautif pour s'en rendre compte par la suite. En effet, malgré le soin pris pour déterminer les faits répréhensibles dans les règlements, dans plusieurs cas, l'on doit attendre les premières mises en demeure et autres injonctions pour avoir une définition précise des manquements. En plus du risque que cela induit sur la sécurité juridique, cet état de fait ne fait qu'amplifier le pouvoir réglementaire des AAIRE, tant décrié pour son cumul avec le pouvoir répressif.

SOUS-SECTION 2. QUANT AUX SANCTIONS INFLIGEABLES

706. Outre les destinataires et les manquements incriminés, l'étendue du pouvoir répressif des AAIRE est vérifiable quant aux sanctions que ces autorités sont habilitées à prononcer. À ce sujet, il est intéressant de chercher à savoir si ces autorités bénéficient d'une compétence discrétionnaire ou si leur pouvoir est au contraire lié ? Pour être plus précis une telle étendue doit être appréciée par rapport tant au choix de la sanction (**Paragraphe 1**) qu'à son mode de fixation (**Paragraphe 2**).

Paragraphe 1. Un pouvoir lié quant au choix de la sanction

707. Les AAIRE sont-elles tenues d'infliger une sanction déterminée ? En d'autres termes, le choix de la mesure répressive est-il libre ou lié ? À première vue, d'après leurs textes institutifs, dans tous les cas où une échelle de sanctions est prévue, l'autorité concernée est en principe libre de choisir la sanction à infliger. Cependant, une lecture attentive de ces textes nous révèle qu'en réalité, le principe retenu en la matière est celui de la restriction du pouvoir de ces autorités quant au choix de la sanction (**A**), le libre choix n'est qu'exceptionnel (**B**).

A. Le principe : un choix lié

708. Dans le cadre du pouvoir répressif des AAIRE, le choix quant à la sanction infligeable paraît lié et bien encadré. Pour cause, l'autorité sanctionnatrice doit non seulement se conformer aux principes de légalité et de

---

[1304] Décis., n° 88-248 DC du 17 janv. 1989, préc., 37ème consid.

la séparation des pouvoirs (**1**), mais aussi rendre sa décision répressive en tenant compte de la gravité du manquement, de la situation de l'intéressé et de l'ampleur du dommage et des avantages tirés (**2**). Dans des hypothèses, certaines de ces autorités doivent même s'assurer que le manquement ne constitue pas une infraction pénale (**3**), et doit reposer sur des faits distincts, ou couvrir une période distincte de ceux ayant déjà fait l'objet d'une mise en demeure (**4**).

1. Un choix lié par les principes de légalité et de la séparation des pouvoirs

709. La première restriction qui pèse sur le choix des AAIRE quant à la sanction à prononcer, n'est autre que le principe de légalité des peines. Celui-ci implique que les sanctions soient précisées, d'une manière claire et sans équivoque, par les textes d'incrimination. Comme nous aurons l'occasion de le voir en détail, bien que modérément appliqué, ce principe constitue l'un des fondements de ce pouvoir répressif administratif. En effet, même s'il connaît une application assouplie concernant la détermination des manquements, il est en revanche bien respecté dans sa seconde partie concernant la détermination des sanctions (peines). Le législateur ayant bien pris soin de fixer les sanctions à infliger, les autorités de régulation doivent s'en tenir à ces dernières.

Pour rappel, le pouvoir répressif de ces autorités n'a été accepté qu'à la condition de respecter certains principes, notamment celui de légalité, pierre angulaire du droit pénal. Ainsi, les AAIRE ne peuvent infliger que les sanctions prévues expressément par les textes et lesquelles ne peuvent être une peine privative de liberté.

710. En plus du principe de légalité, celui de la séparation des pouvoirs suppose que ces autorités soient confinées au rôle d'exécutrices des textes juridiques, c'est-à-dire de prononcer les sanctions, prédéterminées par le législateur. Toutefois, contrairement au principe de légalité des peines, avec le cumul des pouvoirs réglementaire et répressif dont bénéficient les AAIRE, le respect du principe de la séparation des pouvoirs n'est pas totalement assuré comme nous avons eu l'occasion de le vérifier dans la première partie de cette étude[1305].

711. Concernant les sanctions en elles-mêmes, faut-il le rappeler, les AAIRE disposent d'un arsenal pléthorique constitué de sanctions patrimoniales, extrapatrimoniales et morales. Cependant, comme on est dans la sphère économique, caractérisée par l'aspect pécuniaire, en plus du fait que les auteurs sont généralement des personnes morales, l'on a l'impression que les AAIRE n'ont pour choix que d'opter pour les sanctions patrimoniales.

[1305] *Cf. supra*, pp. 171 et s.

2. Un choix dicté par la gravité du manquement, la situation de l'intéressé, l'ampleur du dommage et des avantages tirés

712. En plus de l'obligation de puiser dans les sanctions préalablement fixées par les textes, le choix des AAIRE quant à la sanction infligeable est aussi dicté par un certain nombre d'éléments qui sont : la gravité du manquement, la situation de l'intéressé, l'ampleur du dommage et des avantages réalisés.

Selon leurs textes institutifs, lorsque l'une de ces autorités de régulation se trouve face à un choix à faire, soit entre les sanctions extrapatrimoniales elles-mêmes (l'avertissement, le blâme, la suspension ou le retrait, etc.), soit entre ces dernières et une sanction pécuniaire, l'accent est mis sur l'obligation de fonder le choix sur « la gravité du manquement » ou « des faits »[1306]. Tandis que, lorsqu'il est question de prononcer une sanction pécuniaire l'autorité est dans l'obligation de prendre en considération plusieurs éléments pour déterminer le montant de la sanction. Plus précisément, la sanction doit être proportionnée non seulement à la gravité du manquement, mais également à la situation de l'intéressé, l'ampleur du dommage et des avantages tirés voire l'éventuelle réitération des pratiques prohibées[1307].

713. Par ailleurs, l'obligation de prendre en compte les différents éléments précités dans la détermination de la sanction infligeable peut paraître, à première vue, bénéfique pour les personnes sanctionnées. Toutefois, le pouvoir discrétionnaire laissé aux AAIRE quant à l'appréciation de la gravité du manquement pourrait bien poser problème, dans la mesure où l'autorité administrative aura le loisir d'infliger les sanctions les plus lourdes sous prétexte de la gravité du manquement. Un tel pouvoir est à double tranchant : s'il peut constituer un moyen pratique pour faire bénéficier les personnes poursuivies des sanctions les moins sévères, nous pouvons craindre en revanche que l'autorité sanctionnatrice en abuse pour infliger, au contraire, les sanctions les plus lourdes. C'est pour faire face à une telle éventualité que ces autorités sont soumises, en plus du principe de légalité, au respect des principes de nécessité, de motivation et de proportionnalité des peines. Cela permettra au juge du contrôle de s'assurer de l'adéquation des sanctions infligées avec les manquements relevés.

[1306] *Cf.* les art. L.612-39, al. 1, L.612-40, al. 1, L.612-41, al. 1 du C. mon. fin., (ACPR) ; l'art. L.5-3-III, b et L.36-11-III du CPCE (ARCEP) ; l'art. L.134-27 du C. énergie (CRE) ; l'art. 43-IV de la loi n° 2010-476, préc., (ARJEL) ; l'art. 42-1 de la loi n° 86-1067, préc., (CSA) ; l'art. L1264-9 du C. transports (ARAFER).

[1307] *Cf.* l'art. L.464-2-I, al. 3 du C. com., (ADLC) ; L.621-15-III, c et III *ter*, L.621-17, al. 2 du C. mon. fin., (ACPR/AMF) ; l'art. 43-V de la loi n° 2010-476, préc., (ARJEL); l'art. 42-2 de la loi n° 86-1067, préc., (CSA) ; l'art. L1264-9 du C. transports (ARAFER) ; les art. L.5-3-III, b et L.36-11-III du CPCE (ARCEP) ; l'art. L.134-27-2° du C. énergie (CRE).

3. Le manquement ne doit pas constituer une infraction pénale

714. Afin d'éviter le cumul des sanctions, le législateur a prévu, dans le cadre du pouvoir répressif de certaines AAIRE, que ces dernières ne peuvent pas prononcer de sanctions pécuniaires tant que le manquement est constitutif d'une infraction pénale. C'est le cas de la CRE[1308], mais également de l'ARCEP avant les modifications apportées par l'ordonnance n° 2014-329 du 12 mars 2014, relative à l'économie numérique[1309]. Dans cette hypothèse, le pouvoir de prononcer des sanctions est bel et bien lié et restreint, l'autorité de régulation ne pouvant prononcer que des sanctions extrapatrimoniales.

4. Le manquement doit reposer sur des faits distincts ou couvrir une période distincte de ceux ayant déjà fait l'objet d'une mise en demeure

715. Désormais, depuis novembre 2013, le législateur a « innové » en matière d'audiovisuel en exigeant que le manquement sanctionné, par le CSA, « repose[r] sur des faits distincts ou couvre[ir] une période distincte de ceux ayant déjà fait l'objet d'une mise en demeure »[1310]. À vrai dire, une telle démarche ne constitue pas une véritable innovation, dans la mesure où elle confirme ce que l'on a relevé quant à l'impunité des premières infractions ayant fait l'objet de la mise en demeure[1311].

Du fait de ces différentes restrictions, il est clair qu'en matière du prononcé des sanctions par les AAIRE, le principe est le choix lié, le libre choix ne constituant qu'une exception.

B. L'exception : le libre choix

716. Dès lors que toutes les conditions sont remplies, l'autorité de régulation peut faire son choix quant à la sanction à prononcer. Il ressort des différents textes, qu'exceptionnellement au principe précédent, certaines AAIRE peuvent choisir de prononcer soit une ou plusieurs sanctions extrapatrimoniales, soit une sanction pécuniaire, au moment où d'autres peuvent prononcer les deux types de sanctions à la fois.

717. En matière postale, lorsque la personne poursuivie est un titulaire de l'autorisation prévue à l'article 3 du Code des postes et des communications électroniques, l'ARCEP a le choix de lui infliger soit l'une des sanctions extrapatrimoniales retenues[1312], soit une sanction pécuniaire[1313]. En revanche,

---

1308 l'art. L.134-27-2° du C. énergie (CRE).

1309 Désormais, le législateur a opté pour une autre formule : « Lorsque le manquement est constitutif d'une infraction pénale, le montant total des sanctions prononcées ne peut excéder le montant de la sanction encourue le plus élevé », *cf.* les art. L.5-3, III, b, al. 3 et L.36-11, III, al. 4 du CPCE. Sur la question, *cf. supra*, pp. 210 et 221.

1310 Art. 42-1 et 48-2 de la loi n° 86-1067, préc.

1311 *Cf. supra*, p. 481.

1312 Il s'agit de l'avertissement ; de la réduction de la durée de l'autorisation d'une année, de sa suspension pour un mois au plus et de son retrait, *cf.* l'art. L.5-3-III du CPCE .

1313 *ibidem.*

elle ne peut prononcer à l'encontre du prestataire du service universel qu'une sanction pécuniaire[1314]. Enfin, lorsqu'il est question d'un délit d'entrave, l'Autorité n'a d'autre choix que de prononcer une sanction pécuniaire.

En matière de communications électroniques, l'ARCEP a également le choix de prononcer, à l'encontre des exploitants de réseau et des fournisseurs de services de communications électroniques, soit une sanction extrapatrimoniale[1315], soit une sanction pécuniaire[1316]. Ainsi, l'autorité de régulation bénéficie d'un double choix : d'abord, entre une sanction extrapatrimoniale et une sanction pécuniaire, ensuite, si elle décide d'opter pour la première, elle fait son choix parmi les sanctions retenues.

Dans le domaine bancaire et des assurances, l'ACPR peut prononcer une ou plusieurs sanctions extrapatrimoniales, en sus ou à la place de laquelle ou desquelles elle peut prononcer une sanction pécuniaire[1317]. Dans toutes les hypothèses, si le choix de la/des sanction(s) extrapatrimoniale(s) est lié à la gravité du manquement, en revanche celui de prononcer en sus ou à leur place d'une sanction pécuniaire relève d'un choix libre de l'autorité[1318].

Si en vertu de l'article L.621-15-III-c du Code monétaire et financier l'AMF ne peut prononcer qu'une sanction pécuniaire[1319], le législateur lui a reconnu en revanche une grande marge de manœuvre lorsque l'auteur du manquement est un conseiller en investissements financiers. En effet, selon l'article L.621-17 du même code, « Tout manquement par les conseillers en investissements financiers définis à l'article L.541-1 aux *lois, règlements* et obligations professionnelles les concernant est passible des sanctions prononcées par la commission des sanctions selon les modalités prévues aux I, a et b du III et III bis à V de l'article L.621-15 » (souligné par nous). Or, d'après cette dernière disposition, la commission des sanctions du gendarme financier peut prononcer « l'avertissement, le blâme, l'interdiction à titre

---

1314 Sachant que La Poste est le prestataire du service universel, pour 15 ans depuis le 1er janv. 2011 (*cf.* l'art. L.2, al. 1 du CPCE), il est aisé de comprendre qu'étant seul sur le marché, il ne peut subir l'une des sanctions extrapatrimoniales citées, car on ne peut imaginer la réduction de la durée de son autorisation, sa suspension ou son retrait au risque de paralyser le service universel postal.

1315 Il est question de : la suspension totale ou partielle du droit d'établir un réseau de communications électroniques ou de fournir un service de communications électroniques, ou le retrait de ce droit ; la suspension totale ou partielle, la réduction de la durée ou le retrait de la décision d'attribution ou d'assignation prise en application des articles L. 42-1 ou L. 44 ; le retrait des droits d'utilisation sur une partie de la zone géographique sur laquelle porte la décision, une partie des fréquences ou bandes de fréquences préfixes, numéros ou blocs de numéros attribués ou assignés, ou une partie de la durée restant à courir de la décision ; la suspension ou l'arrêt de la commercialisation d'un service, *cf.* l'art. L.36-11, III du CPCE.

1316 Ici également, avant la modification de cette disposition en 2014, le législateur exigeait pour le prononcé d'une sanction pécuniaire que le manquement ne soit pas constitutif d'une infraction pénale, *cf.* l'art. L.36-11, III du CPCE.

1317 *Cf.* les art. L.612-39, L.612-40 et L.612-41 du C. mon. fin.

1318 *Cf.* les art. L.612-39, al. 4, L.612-40, al. 3 et L.612-41-I, al. 4, II, al. 2 du C. mon. fin.

1319 À l'encontre des personnes autres que celles mentionnées au II de l'art. L.621-9, auteurs des faits mentionnés aux c à g du II.

temporaire ou définitif de l'exercice de tout ou partie des services fournis, la radiation du registre [...] soit à la place, soit en sus de ces sanctions une sanction pécuniaire »[1320]. Ainsi, le législateur ne précise pas si l'autorité sanctionnatrice peut prononcer une ou plusieurs sanctions extrapatrimoniales, par contre il est certain qu'elle a le choix d'infliger soit une sanction pécuniaire, soit des sanctions extrapatrimoniales, soit les deux à la fois.

Paragraphe 2. Un pouvoir quasi-discrétionnaire dans la fixation des sanctions

718. Si le législateur a été ferme concernant le respect du principe de légalité des peines, il a toutefois reconnu aux AAIRE une grande marge de manœuvre quant au mode de fixation des sanctions. Ainsi, le plus souvent, leurs textes institutifs leur laissent le pouvoir de fixer d'elles-mêmes le montant des sanctions pécuniaires (**A**) ou la durée de certaines sanctions restrictives de droits (**B**).

A. Le cas des sanctions pécuniaires

719. S'il ressort à travers les normes instituant le pouvoir répressif des AAIRE que le principe de légalité des peines est bien respecté, en revanche elles leur confèrent un pouvoir d'appréciation considérable quant à la fixation du montant des sanctions pécuniaires. Contrairement à la matière pénale, où les amendes voient leur montant déterminé par une fourchette fixant un seuil minimum et un plafond maximum, en matière de régulation économique le législateur a fixé uniquement un seuil maximum dont le calcul se fait d'une façon différente et variable. En effet, toutes les dispositions se limitent à la fixation d'un plafond, qui peut être fixe ou proportionné à un élément déterminé, comme le chiffre d'affaires ou les profits réalisés. Ainsi, il apparaît clairement que dans le cadre de ces sanctions, une importante marge de manœuvre est laissée à l'autorité sanctionnatrice dans la graduation du montant, sous réserve de respecter le principe de proportionnalité.

À titre d'exemple, le montant des sanctions pécuniaires, réservées aux pratiques anticoncurrentielles, à l'inexécution des injonctions de l'ADLC et au non-respect des engagements déjà acceptés, peut atteindre dans le cas d'une entreprise un taux de 10 % de son chiffre d'affaires mondial hors taxes, ou trois millions (3 000 000) EUR si le contrevenant n'est pas une entreprise, tandis que, dans le cadre des procédures simplifiées, il a été prévu un montant maximum de sept cent cinquante mille (750 000) EUR pour chacun des auteurs des pratiques prohibées[1321]. En matière de concentrations, le montant

[1320] À l'origine prévues à l'encontre des personnes mentionnées aux 1° à 8°, 11°, 12° et 15° du II de l'art. L.621-9 du C. mon. fin., ainsi que des personnes physiques placées sous l'autorité ou agissant pour le compte de l'une de ces personnes.
[1321] Art. L.464-2-I, al. 4 et L.464-5 du C. com.

maximum de la sanction pécuniaire prévue pour les personnes morales est de 5 % de leur chiffre d'affaires hors taxes réalisé en France lors du dernier exercice clos, augmenté, le cas échéant, de celui qu'a réalisé en France durant la même période la partie acquise. Lorsqu'il s'agit de personnes physiques, ce montant est de 1,5 million EUR[1322].

720. Même si le législateur a pris soin de fixer un montant maximum aux sanctions pécuniaires, les AAIRE gardent néanmoins un important pouvoir discrétionnaire, dès lors que le seuil minimum n'est pas déterminé. L'importance de ce pouvoir dans la détermination du montant des sanctions pécuniaires est beaucoup plus perceptible dans le cas de la procédure de transaction, consacrée en droit de la concurrence, où le régulateur peut consentir une exonération partielle ou totale de la sanction pécuniaire dont la détermination du montant reste à sa propre appréciation.

Certes, l'on peut arguer que la reconnaissance d'une telle marge de manœuvre est nécessaire, dans le cadre de la répression administrative exercée par ces organismes, car elle permettrait de mieux proportionner en pratique la sanction à la gravité de l'infraction et prendre en compte des éléments tirés du comportement des entreprises mises en cause, ainsi que de leur situation particulière, voire de celle du secteur concerné. Par ailleurs, les personnes mises en cause elles-mêmes préféreraient sûrement ce type de solutions, où elles auraient l'occasion peut-être de laisser une bonne impression auprès de l'autorité sanctionnatrice qui, n'ayant pas de seuil minimum à respecter, pourrait les faire bénéficier du montant le plus faible possible. L'on peut même avancer que ce pouvoir discrétionnaire est bien encadré par le législateur dans la mesure où les AAIRE sont soumises au principe de proportionnalité.

Cependant, le risque est grand de voir, par exemple dans le cas de la procédure de transaction, où s'instaure une certaine proximité entre le régulateur et l'entreprise, les autorités de régulation abuser d'un tel pouvoir au point de ''concéder'' des sanctions en deçà des manquements commis. Nous pouvons également reproduire ici les critiques retenues dans le cadre des procédures négociées, c'est-à-dire la création d'une justice à deux vitesses[1323]. Il est, en effet, illogique de prévoir un tel pouvoir discrétionnaire au bénéfice des opérateurs économiques sans que les simples citoyens ne puissent bénéficier d'une telle ''largesse''.

B. Le cas des sanctions restrictives de droits

721. En principe, s'agissant des sanctions restrictives de droit, la nature et la durée de l'interdiction ou de la suspension du droit sont prédéterminées par les textes. Il n'en demeure pas moins qu'il existe des hypothèses où le

---

1322 Art. L.430-8, I du C. com.

1323 *Cf. supra*, pp. 351 et s.

législateur est resté muet, comme pour le cas de certaines sanctions reconnues pour au CSA et à l'AMF[1324].

722. Il convient de rappeler que l'administration a toujours bénéficié de la possibilité de rendre ce type de "mesures", considérées jusque-là comme relevant du pouvoir de police administrative et jugées nécessaires pour faire face d'urgence à un trouble à l'ordre public. Cependant, avec l'essor de la notion des droits de la défense, la jurisprudence a évolué dans le sens de la reconnaissance du caractère de sanctions à ces mesures. Désormais, à chaque fois que "la mesure" intervient en réaction à un manquement, et non pour faire face à un trouble à l'ordre public, elle doit être regardée comme une sanction, ce qui oblige l'administration à respecter les garanties liées à l'exercice d'un tel pouvoir[1325].

Ainsi, l'évolution jurisprudentielle sur la question a contraint le législateur à entourer le prononcé de ces sanctions d'un ensemble de conditions de fond et de forme, qui constituent des garanties indéniables au regard de la protection des libertés publiques. Cependant, comme nous l'avons déjà vu en première partie de cette étude, le véritable problème posé par les sanctions restrictives ou privatives de droits est la difficulté de les distinguer des simples mesures de police, ce qui est vérifiable en matière de retrait d'agréments ou d'autorisations[1326].

Cependant, nonobstant les garanties tant de fond que de procédure dont est entouré le pouvoir répressif des AAIRE, cela ne peut justifier leur pouvoir discrétionnaire quant à la détermination de la durée de certaines sanctions.

1324 *Cf. supra*, pp. 359 et s.

1325 *Cf.* notre développement, quant à la différence entre mesures de police et sanctions administratives, *supra*, pp. 99 et s.

1326 *Ibid.*

CONCLUSION DU PREMIER TITRE

723. À travers l'étude et l'analyse des textes régissant les AAIRE, il est possible d'en tirer deux enseignements significatifs concernant le déroulement de leurs procédures répressives. D'abord, ces autorités sont dotées de pouvoirs exorbitants et plus larges que ceux détenus par le juge judiciaire, comme l'attestent leurs pouvoirs en matière d'enquêtes coercitives. Compte tenu de l'importance de tels pouvoirs, ces autorités jouent même le rôle d'une police judiciaire sectorielle : en sus des enquêtes qu'elles mènent pour les besoins de la régulation, elles sont notamment habilitées d'une manière directe pour rechercher et constater des infractions pénales.

Ensuite, contrairement à la conception traditionnelle de la répression administrative qui limite ce pouvoir aux personnes liées aux autorités administratives et à des faits bien précis et plus techniques, l'étendue du pouvoir répressif des AAIRE est immense. Cela est vérifiable, d'une part, concernant les sujets soumis à ce pouvoir, puisqu'en plus des personnes passibles de sanctions conséquemment au lien préalable qui les lie à ces autorités, d'autres le sont par la seule volonté de la loi. D'autre part, l'immensité de son étendue est aussi confirmée par la nature des comportements incriminés, étant donné qu'en plus de ceux qui sont bien déterminés, le législateur utilise des expressions de portée générale sans préciser les faits visés. Enfin, ce constat est conforté tant par le choix des sanctions infligeables que par le mode de leur fixation.

724. On a également pu remarquer qu'au nom de l'efficacité pratique et des spécificités de la sphère économique, l'aspect transactionnel domine le pouvoir répressif des AAIRE, déjà précédé d'un large pouvoir de commandement. Or, en procédant de la sorte, le législateur porte un sérieux coup à la sécurité juridique et au principe d'égalité devant la loi. En effet, conscientes que la sanction prévue n'est prononcée qu'après une mise en demeure et/ou une injonction, donc seulement en cas de récidive, les personnes soumises au contrôle de ces autorités seraient tentées de commettre des manquements qui pourraient leur rapporter plus que le montant de la sanction prévue. La contractualisation de la sanction contribue également à la mise en place d'une justice à deux vitesses, l'une ''secrète'' et rapide pour les plus aisés, l'autre plus sévère, longue et complexe pour les simples citoyens. Une telle procédure nous paraît particulièrement choquante, car il est inconcevable qu'une autorité publique négocie avec l'auteur d'une infraction qui de surcroît, compte tenu de son statut et des moyens dont il dispose, est donc plus averti des conséquences de ses faits et gestes.

TITRE 2

La modération de l'encadrement législatif compensée par une certaine rigueur du contrôle juridictionnel

725. Jusqu'à ce stade de notre étude, nous avons pu voir que non seulement les AAIRE se rapprochent beaucoup des juridictions, du fait de leur organisation et de leur fonctionnement, elles sont également dotées d'une panoplie de pouvoirs dont un véritable pouvoir répressif qui n'a rien à envier à celui du juge. Résultat de la dépénalisation et des nouvelles politiques de régulation, ce pouvoir répressif administratif a fait l'objet de critiques acerbes, car jugé exorbitant pour des autorités administratives qualifiées d'« indépendantes ».

726. Après l'aperçu donné sur le déroulement de la procédure répressive devant ces autorités, il nous paraît logique, compte tenu notamment de l'ampleur de leur pouvoir, de compléter notre étude par un aperçu du contrôle dont il fait l'objet. À ce sujet, il faut noter d'emblée que des avancées considérables ont été enregistrées dans le sens de l'encadrement de ce pouvoir. Certes, des facteurs tels que la culture démocratique, la maturité et l'expérience des institutions y sont pour beaucoup dans cet état de fait. Toutefois, il faut aussi reconnaître que le droit de l'Union Européenne et la jurisprudence de la CEDH ont beaucoup fait progresser le droit français sur la question. Plusieurs aménagements et changements dans l'organisation et le fonctionnement des AAIRE françaises n'ont été possibles que grâce à l'application et à la transposition du droit de l'Union Européenne et aux revers subis par le Gouvernement français devant la CEDH.

727. Quoi qu'il en soit, il apparaît des différents textes institutifs des AAIRE, que le législateur ne cesse de faire des progrès dans le sens d'un encadrement plus efficace du pouvoir répressif de ces autorités, mais ce cadre législatif reste malgré tout timide et modéré (**Chapitre 1**). En revanche, le contrôle juridictionnel, s'il est un peu complexifié, reste quant à lui très efficace (**Chapitre 2**).

CHAPITRE 1

L'application modérée des principes généraux du droit pénal

728. Il ressort de la jurisprudence du Conseil constitutionnel relative aux AAIRE, que la constitutionnalité de leur pouvoir répressif n'est admise que sous condition de sa soumission aux garanties qui entourent habituellement ce genre de pouvoir[1327]. Certes, le juge constitutionnel refuse de reconnaître explicitement que ce pouvoir porte atteinte au principe de séparation des pouvoirs, mais il a imposé la nécessité de son encadrement. En effet, dans la mesure où la reconnaissance d'un pouvoir répressif à ces autorités déroge à l'application du principe de séparation des pouvoirs, en ce qu'il devrait théoriquement revenir à l'autorité judiciaire, les sanctions administratives ne sauraient être prononcées qu'en conformité avec les règles qui se seraient elles-mêmes imposées au juge pénal s'il avait été compétent en la matière[1328]. Par ailleurs, il est tout à fait logique que la dépénalisation et le transfert de certains pans du pouvoir répressif du juge au profit de ces autorités s'accompagnent d'un transfert des garanties encadrant l'exercice de ce pouvoir. De plus, considérant la nature des AAIRE, il y a lieu de souhaiter, avec Franck MODERNE, que « dans un domaine aussi sensible pour les

---

[1327] Ce sont les amendes fiscales qui se sont vues appliquer, en premier lieu, les principes propres au droit pénal, lorsque le Conseil constitutionnel a eu à se prononcer à l'égard des sanctions fiscales dans le cadre de la loi de finances rectificative pour 1982, *cf.* Cons. const., n° 82-155 DC du 30 déc. 1982, préc. *Cf.* aussi : Cons. const., n° 87-237 DC du 30 déc. 1987, loi de finances de 1988, *Rec. Cons. const.* 1987, p. 63, *JORF* du 31 déc. 1987. Une telle position a été ensuite généralisée à tout le pouvoir répressif administratif, notamment celui des AAIRE, *cf.* Cons. const., n^{os} : 88-248 du 17 janv. 1989, préc. 89-260 DC du 28 juill. 1989, préc. ; *RDP* 1989, p. 399, note L. FAVOREU ; *RFDA* 1989, p. 215, comm. B. GENEVOIS ; M. DELMAS-MARTY et C. TEITGEN-COLLY, *Punir sans juger ? op. cit.*, p. 63 ; F. MODRNE, *Sanction administrative et justice constitutionnelle*, *op. cit.*, p. 193 ; D. VATEL, « Aspects judiciaires et juridictionnels du pouvoir de sanction de la COB », *Rev. sociétés* 1994, p. 25, spéc., p. 26 ; Conseil d'État, *Les pouvoirs de l'administration dans le domaine des sanctions*, préc., p. 53 ; J.-F. DAVIGNON, « Quelle place pour la répression administrative dans notre ordonnancement juridique ? », art. cit., p. 5.

[1328] *RFDA* 1994, p. 429, concl. P. FRYDMAN sur CE, ass., 11 mars 1994. *S.A la Cinq*, préc.

libertés individuelles, l'alignement se fasse sur le régime le plus protecteur »[1329].

729. Ainsi, quoi qu'on ait pu dire sur le caractère non juridictionnel des AAIRE, il n'en demeure pas moins que ces dernières sont soumises, lors de l'exercice de leur pouvoir répressif, pratiquement à la totalité des règles de fond et de procédure qui encadrent d'habitude la fonction juridictionnelle. Bien évidemment, l'ampleur et la gravité de ce pouvoir justifient amplement cette restriction. Toutefois, comme nous pouvons le déduire de l'ordonnancement et de la jurisprudence française, l'application des principes du droit pénal, qu'ils soient de fond (**Section 1**) ou de procédure (**Section 2**), n'est pas totalement rigoureuse[1330].

730. Enfin, il est également utile de rappeler que l'article 6§1 de la CESDH aura joué un rôle important dans l'adoption des principes généraux naguère propres au droit pénal. Cependant, contrairement à la Cour de cassation qui n'a pas hésité à reconnaître son applicabilité aux nouvelles autorités de régulation, la position du Conseil d'État était beaucoup plus mesurée à ses débuts[1331].

SECTION 1. UNE APPLICATION MINIMALE DES GARANTIES DE FOND

731. En principe, comme pour les sanctions pénales, l'établissement et l'application des sanctions administratives doivent respecter plusieurs principes de fond, pour la plupart de valeur constitutionnelle. Il s'agit plus particulièrement du principe de légalité des délits et des peines (**Sous-section 1**), et de celui de la proportionnalité (**Sous-section 2**). Néanmoins, comme nous aurons l'occasion de le vérifier, l'application de ces principes en la matière reste modérée.

SOUS-SECTION 1. LA BANALISATION DU PRINCIPE DE LÉGALITÉ DES DÉLITS ET DES PEINES

732. Par définition, le principe de légalité des infractions et des peines signifie que, dans tous les cas, un texte de loi doit obligatoirement déterminer au préalable tant l'infraction que la sanction qui lui est applicable, et que le juge ne peut créer des incriminations ou des peines *ex nihilo*, ni appliquer des

---

[1329] F. MODRNE, *Sanctions administratives et justice constitutionnelle*, préc., p. 193.

[1330] *Cf.* E. MIGNON, « L'ampleur, le sens et la portée des garanties en matière de sanctions administratives », *AJDA* 2001, p. 99, spéc., p. 105. Comme l'a rappelé Yves DESDEVISES « ce n'est pas le tout d'affirmer que ce qui importe c'est le respect des principes du droit répressif de valeur constitutionnelle [...] Ce qui importe, ce sont les garanties réelles, tangibles, palpables offertes au justiciable, que ce dernier soit condamné par une autorité administrative ou judiciaire », *cf.* « L'ordre répressif administratif », art. cit., p. 160.

[1331] *Cf. infra*, p. 463 et s.

incriminations et des peines hors des cas prévus par les textes[1332]. L'adoption d'un tel principe, cher à BECCARIA, est dictée d'abord par le principe de la séparation des pouvoirs qui commande que soit réservé à la loi, expression de volonté générale, le soin de prévoir des sanctions qui, en toute hypothèse, portent atteinte aux libertés individuelles[1333]. Ensuite, déterminer préalablement les comportements incriminés et les sanctions qui leur sont applicables dans un texte joue non seulement un rôle d'information et de dissuasion, mais plus encore contribue à prévenir tout arbitraire[1334].

733. Même si à l'origine, le principe cité trouve son application en matière pénale dont il constitue la pierre angulaire[1335], avec le phénomène de dépénalisation et l'avènement des AAIRE, sa transposition à la répression administrative est devenue plus qu'indispensable. Il s'agit d'ailleurs d'une des recommandations de l'Association internationale de droit pénal, qui a estimé que le « droit administratif pénal devrait obéir au principe de la légalité »[1336].

En l'absence de dispositions constitutionnelles dans ce sens, c'est la haute juridiction constitutionnelle qui s'est chargée de transposer ce principe à la répression administrative. Toutefois, comme nous aurons l'occasion de le détailler, si le juge constitutionnel est apparu un peu ferme en matière de légalité des peines, il l'est beaucoup moins concernant la légalité des délits (manquements/infractions).

734. Pour mieux cerner la place réservée à ce principe en matière du pouvoir répressif des AAIRE, il convient à notre sens d'étudier séparément les deux variantes du principe de légalité : d'une part, la légalité des incriminations, qui apparemment fait l'objet d'une transposition assouplie en matière administrative (**Paragraphe 1**). D'autre part, la légalité des sanctions qui, à première vue, est bien respectée mais pas d'une manière ferme (**Paragraphe 2**). Outre la légalité matérielle, le pouvoir répressif des AAIRE nous offre, en matière de la nature de la norme exigible pour définir les

---

1332 En d'autres termes, ce principe signifie qu'« une action ou une abstention, si préjudiciable soit-elle à l'ordre social, ne peut être sanctionnée par le juge que lorsque le législateur l'a visée dans un texte et interdite sous la menace d'une peine », *cf.* G. STEFANI, G. LEVASSEUR et B. BOULOC, *op. cit.*, p. 95.

1333 *Cf. Des délits et des peines*, par Cesare BECCARIA, traduit par Maurice CHEVALLIER, Librairie Droz, Genève, 1965, pp. 9 et s. Eu égard à son importance, ce principe est consacré dans la DDHC de 1789 qui dispose en son art. 5 que : « tout ce qui n'est pas défendu par la loi ne peut être empêché et nul ne peut être contraint de faire ce qu'elle n'ordonne pas ». Avant d'ajouter, un peu plus loin, dans son art. 8 que : « la loi ne doit établir que des peines strictement et évidemment nécessaire et nul ne peut être puni qu'en vertu d'une loi établie et promulguée antérieurement au délit, et légalement appliquée ». Il a même été repris ensuite dans l'art. 7 de la CESDH de 1950 et par le PIDCP en son art. 15.

1334 C'est ce qu'a assuré la CEDH dans plusieurs de ses décisions, *cf.* par exemple : *S.W. c. Royaume-Uni*, 22 nov. 1995, § 34, série A n° 335-B, dans lequel la Cour précise, en abordant le principe de la légalité, qu'il a pour objet d'« assurer une protection effective contre les poursuites, les condamnations et les sanctions arbitraires ».

1335 *Cf.* l'art. 111-3 du CP.

1336 Association internationale de droit pénal, XIVème Congrès, Vienne, 2-7 oct. 1989, *Principes de droit pénal substantiel*, *RID pén.* 1990, Vol. 61, n° 3-4, p. 86.

infractions et les peines, une parfaite illustration du déclin de la norme législative. En effet, la souplesse du principe de la légalité formelle est frappante, étant donné la part des textes réglementaires et la volonté grandissante de ces autorités de définir par elles-mêmes les infractions (manquements) et de leurs peines (sanctions) (**Paragraphe 3**).

Paragraphe 1. Une application assouplie du principe de légalité des infractions

735. La légalité des infractions, *nullum crimen sine lege*, qui constitue le premier élément du principe de la légalité signifie qu'aucun fait ou comportement n'est punissable s'il n'a pas été préalablement prévu par un texte. Plus encore, le législateur est tenu de « définir les infractions dans des termes suffisamment clairs et précis pour exclure l'arbitraire »[1337]. En d'autres termes, vu sous cet angle, ce principe n'exige pas seulement que l'incrimination soit préalablement établie, mais encore faut-il que le texte soit, d'une part, précis (*nullum crimen sine lege certa*)[1338], ne prêtant à aucune équivoque et, d'autre part, interprété strictement (*nullum crimen sine lege stricta*), ce qui revient à interdire toute interprétation extensive ou analogique.

736. Ainsi, suivant ce principe, aucune sanction, qu'elle soit pénale ou administrative, ne semble pouvoir être prise si les faits motivant cette sanction n'ont pas été définis avec une précision et une clarté suffisantes, permettant à toute personne de savoir et de prévoir que son comportement pourrait faire l'objet de poursuites. Or, c'est, semble-t-il, la principale faiblesse de la répression administrative où l'on sanctionne, aussi durement que la répression pénale, la violation de règles énoncées avec une formulation générale dont le contenu ne permet pas de dire précisément quels comportements leur inobservation prohibe. En effet, même si le principe de légalité des délits est bien consacré en matière de répression administrative, son application semble être assouplie comparativement à la répression pénale.

737. C'est ce qui ressort des décisions du Conseil constitutionnel rendues au sujet du pouvoir répressif de certaines AAIRE. En réponse à la requête des députés qui l'ont saisi sur un texte relatif au CSA, à qui l'on reprochait de ne pas avoir été suffisamment précis sur les infractions pouvant donner lieu à des sanctions, le Conseil constitutionnel a répondu « qu'appliquée en dehors du

---

[1337] Cons. const., n° 80-127 DC des 19-20 janv. 1981, loi renforçant la sécurité et protégeant la liberté des personnes, préc.

[1338] *Cf.* sur la question : J.-H. ROBERT, *Les sanctions prétoriennes en droit privé français*, Thèse, Université de Paris II, 1972, p. 135 ; Ph. CONTE et P. MAISTRE DU CHAMBON, *Droit pénal général*, *op. cit.*, pp. 66 et s. ; B. BOULOC, *Droit pénal général*, *op. cit.*, p. 127. À ce propos F. MODERNE parle du principe de « typicité » ou de « certitude », comme corollaire du principe de légalité, qui « contraint le législateur à spécifier la nature des incriminations et la portée des sanctions de manière telle que l'intéressé ne puisse avoir de doute fondé ni sur l'infraction punissable ni sur la peine encourue », *cf.* « La sanction administrative (éléments d'analyse comparative) », *RFDA* 2002, p. 483.

droit pénal, l'exigence d'une définition des infractions sanctionnées se trouve satisfaite, en matière administrative, par la seule référence aux obligations auxquelles le titulaire d'une autorisation est soumis en vertu des lois et règlements »[1339]. Toutefois, il faut relever que, contrairement à la régulation économique, le juge constitutionnel s'est montré plus ferme en matière de rentrée et de séjour des étrangers en France, où il exige que les infractions soient définies « en termes suffisamment clairs pour exclure l'arbitraire »[1340].

738. Le juge administratif, qui se contentait d'habitude d'incriminations vagues[1341] et acceptait même, sous son contrôle, que l'administration détermine d'elle-même les éléments constitutifs des infractions[1342], n'a pas hésité à censurer des décisions administratives répressives au motif du non-respect du principe de légalité des infractions. C'est le cas de l'arrêt *Prigest* dans lequel le Conseil a relevé que « le principe de légalité des délits et des peines qui s'applique aux sanctions administratives au même titre qu'aux sanctions pénales [...] implique que les éléments constitutifs des infractions soient définis de façon précise et complète »[1343]. La même position est réitérée dans la décision rendue en 2005 dans l'affaire *Société GSD Gestion*, où le Conseil a réduit de moitié la sanction prononcée à l'encontre du dirigeant de la société de gestion du fait que la commission des sanctions de l'AMF l'avait, en partie, fondée sur un texte qui ne s'appliquait pas aux dirigeants[1344]. Toutefois, les exigences de clarté et de précision de l'incrimination exprimées dans l'arrêt *Prigest* ont complètement disparu de la jurisprudence postérieure du Conseil. En effet, sûrement sous influence du Conseil constitutionnel, la haute juridiction administrative a adopté dans une jurisprudence abondante un considérant de principe, quant à la place réservée au principe de légalité des

---

[1339] Cons. const., n° 88-248 DC, préc., 37ème consid. Sur la question, *cf.* J. BIGUENET, « La nécessaire réforme des incriminations en droit disciplinaire professionnel », *Gaz. Pal.*, 26 sept. 2006, n° 269, p. 2. Cf. dans le même sens, en matière disciplinaire : Cons. const., n° 2011-199 QPC du 25 nov. 2011, M. Michel G. [Discipline des vétérinaires], *Rec.* 2011, p. 555, *JORF* du 26 nov. 2011, p. 20016, 7ème consid. ; n° 2013-332 QPC 12 juill. 2013, Mme Agnès B. [Sanction des irrégularités commises par un organisme collecteur de fonds au titre du « 1 % logement »], *JORF* du 14 juill. 2013, p. 11830, 8ème consid.

[1340] Cons. const., n° 92-307 DC du 25 févr. 1992, loi portant modification de l'ordonnance n° 45-2658 du 2 nov. 1945, modifiée, relative aux conditions d'entrée et de séjour des étrangers en France, préc., *RFDA* 1992, p. 185, comm. B. GENEVOIS. *Cf.* également : Cons. const., n° 96-377 DC du 16 juill. 1996, loi tendant à renforcer la répression du terrorisme, *Rec. Cons. const.* 1996, p. 87, *JORF* du 23 juill. 1996 ; P.-E. SPITZ, « À propos de la décision du Conseil constitutionnel n° 96-377 DC du 16 juill. 1996, loi tendant à renforcer la répression du terrorisme », *RFDA* 1997, p. 538.

[1341] CE, 13 janv. 1995, *Sté Télévision française 1 (TF1)*, préc.

[1342] CE, ass., 13 juill. 1967, *Allegretto*, *Rec. CE* 1967, p. 315, *D.* 1968, p. 47, concl. J.-M. GALABERT. Sur la question, *cf.* Conseil d'État, *Les pouvoirs de l'administration dans le domaine des sanctions*, *op. cit.*, p. 55 ; H.-G. HUBRECHT, « La notion de sanction administrative », art. cit., p. 6 et s. ; J. MOURGEON, *op. cit.*, pp. 251 et s.

[1343] CE, 9 oct. 1996, n° 170363, *Sté Prigest*, *Rec. CE* 1996, 690, *D.* 1996, p. 237. Le considérant énoncé dans cet arrêt est repris dans : CE, 11 janv. 2008, nos 298497 et 298498, *SARL Route Logistique Transports*, inédit, JurisData:2008-073022.

[1344] CE, 4 févr. 2005, n° 269001, *Sté GSD Gestion*, préc.

délits en matière administrative, selon lequel « lorsqu'il est appliqué aux sanctions administratives, le principe de légalité des délits et des peines ne fait pas obstacle à ce que les infractions soient définies par référence aux obligations auxquelles est soumise une personne à raison de l'activité qu'elle exerce »[1345].

Plus récemment, traitant une demande d'annulation pour excès de pouvoir des articles 3 et 5 du décret n° 2011-728 du 24 juin 2011, relatif à la discipline dans les établissements d'enseignement du second degré[1346], car méconnaissent le principe de légalité des délits qui résulte de l'article 8 de la DDHC ainsi que des stipulations des articles 6 et 7 de la CESDH, la haute juridiction administrative a estimé que « les poursuites et les sanctions prévues à l'article R.511-13 du code de l'éducation dont les élèves peuvent faire l'objet ne constituent, eu égard tant à leur nature disciplinaire qu'aux conséquences qu'elles emportent sur les élèves, ni *des accusations en matière pénale* au sens de l'article 6 [CESDH], ni des condamnations au sens de l'article 7 de cette convention »[1347] (souligné par nous). *A contrario*, lorsqu'on est face à des accusations en matière pénale au sens de l'article 6 de la CESDH, ce qui est le cas des sanctions répressives des AAIRE, le respect du principe de légalité des délits devrait en principe être de rigueur.

739. Même si certains croient déceler une tendance du législateur vers le renforcement de la « légalité matérielle », du fait que « les dispositions du droit écrit définissant infraction et sanction sont de plus en plus précises »[1348], en réalité cet optimisme doit être pondéré. Certes, certaines infractions sont bien précisées, néanmoins, si on analyse les différentes ''incriminations'' citées dans les textes institutifs des AAIRE, on ne peut qu'être surpris par la généralité des expressions utilisées. Ainsi, le législateur a eu recours à une telle démarche dans le domaine de la concurrence, où l'adverbe *notamment* est utilisé à l'occasion de citer les pratiques anticoncurrentielles[1349]. Dans les autres secteurs, c'est l'expression « manquements aux textes législatifs et

---

1345 CE, ass., 7 juill. 2004, n° 255136, *Ministère de l'intérieur c/ Benkerrou, RFDA* 2004, p. 913, concl. M. GUYOMAR, *AJDA* 2004, p.1695 et s, comm. C. LANDAIS et F. LENICA ; CE, 19 nov. 2004, n° 263459, *Marcon*, JurisData:2004-067664, *Gaz. Pal.*, 2005, somm. p. 2061 ; CE, 16 janv. 2008, nos 292790 et 292806, *M. Haberer*, JurisData:2008-072954, *AJDA* 2008, p. 1000, note M. COLLET ; CE, 12 oct. 2009, n° 311641, *Petit*, JurisData:2009-011551, *AJDA* 2009, p. 2163, comm. S.-J. LIÉBER et D. BOTTEGHI ; *LPA*, n° 89, 5 mai 2010, p. 6, concl. M. GUYOMAR ; CE, 7 juin 2010, n° 338531, *Centre hospitalier de Dieppe c/Ministre de la santé et des sports*, JurisData:2010-008792, *AJDA* 2010, p. 1178, obs. C. BIGET.

1346 *JORF* n° 0147 du 26 juin 2011, p. 10876.

1347 CE, ass., 6 juin 2014, n° 351582, *Fédération des conseils de parents d'élèves des écoles publiques (FCPE)*, JurisData:2014-012039, 8ème consid.

1348 M. DELMAS-MARTY et C. TEITGEN-COLLY, *Punir sans juger ? op. cit.*, p. 69.

1349 *Cf.* l'art. L.420-1 du C. com. concernant la prohibition de certaines actions concertées, conventions et ententes ; l'art. L.420-2 du C. com. concernant les abus d'une position de dominance sur le marché et d'un état de dépendance économique. *Cf.* sur la question : X. DE MELLO, « l'ordonnance modifiée sur la concurrence et la Constitution », *Gaz. Pal.*, 4 et 5 janv. 1987, p. 5.

réglementaires » qui revient le plus souvent[1350]. Ce type d'expressions laisse les portes grandes ouvertes devant les autorités de régulation concernées pour inclure dans les incriminations des comportements qu'elles jugent elles-mêmes comme constitutifs d'infractions.

740. Pour Jacques MOURGEON, la souplesse dans l'application du principe de légalité des infractions en matière de répression administrative s'explique par le fait que « dans le droit administratif répressif, la source jurisprudentielle de l'incrimination tient une place de plus en plus considérable, souvent supérieure à celle de l'incrimination législative qu'elle concurrence »[1351]. Cet auteur ajoute qu'une certaine rigueur dans l'incrimination est exigée lorsque les textes s'adressent à une large partie d'individus, par contre les juges constitutionnel et administratif sont beaucoup plus tolérants lorsque la répression administrative est exclusive car elle touche des individus liés préalablement à l'administration[1352]. Allant dans le même sens, Bruno GENEVOIS observe que l'assouplissement du principe de légalité des infractions en matière administrative s'applique uniquement dans le cadre de la loi sur la liberté de la communication qui établit un régime d'autorisation administrative. Ainsi, les autres cas, où les infractions n'impliquent aucune relation antérieure entre l'administration et l'administré, restent soumis au principe de légalité dans sa pleine signification[1353].

741. Il est difficile d'accepter un tel argumentaire, notamment lorsqu'on sait que, juste quelque mois après le prononcé de la décision précitée, le Conseil constitutionnel a validé un autre texte, relatif à la COB, qui contenait des incriminations contenues dans des expressions générales, tout en sachant que la COB pouvait infliger ses sanctions même à l'encontre de personnes avec lesquelles elle n'avait aucun lien juridique préalable[1354].

742. Il faut avouer que la situation est complètement ambiguë, sinon comment peut-on valider les sanctions administratives répressives des AAIRE, sous condition de les soumettre aux principes généraux du droit pénal, tout en admettant que l'application de ces derniers n'entraîne pas les mêmes conséquences ? En effet, « dans le cas des sanctions administratives on voit bien que la mise en œuvre d'un principe identique (au droit pénal) s'accompagne d'adaptations qui en rendent en définitive la portée moins contraignante »[1355].

[1350] *Cf. supra*, pp. 89 et s., 388 et s.

[1351] J. MOURGEON, *op. cit.*, p. 254.

[1352] *Ibid*, p. 250.

[1353] *Cf.* « Le Conseil constitutionnel et la définition des pouvoirs du conseil supérieur de l'audiovisuel », comm. sur Cons. const., n° 88-248 DC, *RFDA* 1989, p. 227.

[1354] *Cf.* Cons. const., n° 89-260 DC, préc.

[1355] H.-G. HUBRECHT, « La notion de sanction administrative », art. cit., pp. 6 et s. Cela dit, d'après le Conseil d'État, il ne faut surtout pas exagérer sur la question et apprécier à sa juste valeur l'écart entre sanctions administratives et sanctions pénales sur le sujet. Car le principe de légalité de l'incrimination n'a pas toujours été respecté dans sa totalité même en droit pénal. Le Conseil d'État a relevé dans une étude de 1984 que, dans certaines matières techniques, les éléments constitutifs de l'infraction pénale n'étaient bien souvent pas clairement définis, *cf.* en

743. Apparemment, l'adoption d'un "régime minimum" ou d'une interprétation souple, du principe de légalité des infractions en matière de répression administrative s'explique, en premier lieu, par les mêmes motifs qui sont à l'origine de l'octroi d'un pouvoir répressif aux AAIRE, à savoir : le souci de s'affranchir des problèmes liés à l'application très stricte et rigide des lois pénales qui ne permettraient pas aux autorités de régulation d'accomplir convenablement leur mission. Aux yeux des concepteurs de ces autorités, une marge d'appréciation est indispensable pour qu'elles puissent avoir leur propre critère afin d'analyser et de qualifier les faits économiques et financiers, qui nécessitent une certaine élasticité d'interprétation. En second lieu, il faut dire que la conception pénaliste de la légalité est incompatible avec la nature et les techniques du droit administratif, notamment la présomption de légalité des actes administratifs.

En somme, suivant cette conception, le principe de légalité n'exclut pas tout pouvoir d'appréciation de l'autorité administrative ; il faut juste éviter les jugements subjectifs et arbitraires.

C'est peut-être pour l'ensemble de ces raisons que certains auteurs affirment que, même s'il constitue une garantie fondamentale, le principe de légalité risque aussi de devenir une "malédiction" pour un système juridique s'il donne naissance à un formalisme excessif[1356].

744. Certes, il y a une grande part de vérité dans cet argumentaire, mais on aurait dû prendre en compte le fait qu'il ne s'agit plus des sanctions infligées par l'administration traditionnelle, c'est-à-dire des sanctions administratives qu'on a qualifiées de *première génération*. Il faut rappeler, en effet, qu'au vu de leur finalité et de leur gravité, ces sanctions sont très proches des peines pénales. Pis, elles sont infligées par des autorités dites « indépendantes », raison de plus pour être vigilant avec ce régime répressif, dangereux pour les libertés individuelles.

Paragraphe 2. Une application un peu plus rigoureuse du principe de légalité des peines

745. La légalité des peines, *nulla poena sine lege*, représente la seconde composante du principe de légalité[1357]. Au moyen de cette règle, il est fait interdiction à l'autorité sanctionnatrice de prononcer une peine autre que celle définie préalablement dans les textes ou de dépasser les seuils fixés et, tout comme la légalité des délits, l'interprétation par analogie n'est pas admise.

---

ce sens : J.-J. DE BRESSON, « Inflation des lois pénales et législations ou règlementations techniques », art. cit., p. 242.

[1356] M. DELMAS-MARTY, *Le flou du droit*, PUF, Coll., « Les voies du droit », 1986, p. 33. Dans ce sens, *cf.* G. DELLIS, *Droit pénal et droit administratif*, *op. cit.*, p. 243.

[1357] B. BOULOC, *Droit pénal général*, *op. cit.*, p. 139.

Cependant, à l'inverse de la légalité des délits, la légalité des peines est apparemment bien respectée en répression administrative[1358].

746. Une telle exigence a été formulée dans un premier temps par le juge administratif, avant d'être confirmée par le juge constitutionnel. À la lumière de cette jurisprudence, les autorités administratives ne peuvent procéder à une création *ex nihilo* d'une sanction. Pour éviter la censure du juge du contrôle, elles doivent prononcer une sanction parmi celles expressément prévues par les textes[1359]. Mieux encore, la haute juridiction administrative a même jugé que le non-respect de l'échelle légale des sanctions constitue un moyen d'ordre public[1360]. De son côté, le juge constitutionnel a expressément exigé, dans sa décision n° 88-248 DC du 17 janvier 1989, « qu'une *peine* ne peut être infligée qu'à la condition que soit respecté le principe de légalité des délits et des peines »[1361] (souligné par nous). Contrairement donc à la légalité des infractions, en principe la clarté d'une telle position ne permet aucune exception au principe quant à la légalité des sanctions.

747. Un problème pourrait toutefois se poser concernant les sanctions administratives prenant la forme d'un retrait d'autorisation et/ou d'agrément, puisqu'elles peuvent être prononcées même en l'absence d'un texte sur la base de la règle du parallélisme des compétences. Comme nous l'avons vu, pour y faire face, le Conseil d'État distingue les retraits répressifs, pour lesquels il exige des dispositions textuelles expresses, des retraits non répressifs qui, eux, ne sont pas soumis au principe de légalité des peines[1362].

Néanmoins, le problème n'est pas pour autant réglé ; contrairement aux peines pénales qui sont fixées en fonction de seuils maximums dans leur durée et/ou leur montant, les textes régissant les AAIRE ne mentionnent pas toujours le montant de l'amende ou la durée d'une interdiction ou d'une suspension[1363].

[1358] M. DELAMS-MARTY et C. TEITGEN-COLLY, *Punir sans juger ? op. cit.*, p. 67 ; J. MOURGEON, *op. cit.*, p. 115 ; A. VARINARD et E. JOLY-SIBUET, « Les problèmes juridiques et pratiques posés par la différence entre droit pénal et droit administratif », art. cit., p. 189.

[1359] CE, 31 mars 1944, *De Weirdt*, *Rec. CE* 1944, p. 105 ; CE, 14 févr. 1951, *Fédération nationale des syndicats d'utilisateurs de lait*, *Rec. CE* 1951, p. 88 (cités dans M. ROUGEVIN-BAVILLE, *La sanction en matière administrative dans le droit français*, *op. cit.*, p. 268). *Cf.* aussi : CE, 24 nov. 1982, n° 32944, *Ministère des transports c/héritiers Malonda*, *Rec. CE* 1982, tables, p. 720, JurisData:1982-606829, *RDP* 1983, p. 1676 ; CE, 7 mars 1986, n° 65012, *Ministre de l'intérieur et de la décentralisation c/ Delclaux*, inédit, JurisData:1986-040856. Pour Bruno GENEVOIS, la jurisprudence est plus stricte encore s'agissant des sanctions administratives appliquées en matière économique, car la règle *nulla poena sine lege* y revêt un caractère absolu, *cf.* « Le Conseil constitutionnel et la définition des pouvoirs du conseil supérieur de l'audiovisuel », art. cit. p. 215.

[1360] CE, 24 nov. 1982, *Ministère des transports c/héritiers Malonda*, préc. Sur la question, *cf.* B. GENEVOIS, *ibid.*, p. 216 ; M. DELAMS-MARTY et C. TEITGEN-COLLY, *ibid.*, p. 64.

[1361] 35ème consid.

[1362] *Cf.* CE, 25 juill. 1975, n° 96377, *Ministre de l'Equipement c/ Richoux*, *Rec. CE* 1975, p. 429, *RDP* 1976, p. 335, note J.-M. AUBY, *Dr. sociétés* 1975, p. 457 note F. MODERNE. Dans ce sens, *cf.* G. DELLIS, *Droit pénal et droit administratif*, *op. cit.*, p. 248.

[1363] *Cf. supra*, pp. 359 et s., 396 et s.

La conséquence immédiate est importante puisque l'administration dispose d'une marge de manœuvre plus large que celle du juge pénal[1364].

Paragraphe 3. L'illustration du déclin de la loi contemporaine avec la légalité formelle

748. Aux côtés des questions liées à la légalité matérielle, une interrogation d'importance capitale revient assez souvent lorsqu'on aborde le principe de légalité des délits et des peines : savoir quelle est la nature du texte qui devrait contenir l'incrimination et sa sanction. En d'autres termes, après la légalité matérielle, il est question de chercher à savoir si une légalité formelle est imposée en matière de pouvoir répressif des AAIRE, et dans l'affirmative si elle est respectée.

749. Pour nombre de pénalistes, la Constitution du 4 octobre 1958 a porté, sans conteste, un grand coup « au mythique et quasi sacré principe de la légalité criminelle »[1365]. En effet, avant cette date, le législateur détenait une compétence exclusive pour établir les incriminations et les sanctions susceptibles d'être infligées, qu'elles soient pénales ou administratives[1366]. Depuis l'adoption du texte constitutionnel, une telle compétence est désormais partagée entre pouvoirs réglementaire et législatif[1367]. Pis, certains auteurs

---

[1364] *Cf.* en ce sens : A. SAILLARD, *L'appropriation des règles pénales par le juge administratif répressif, Thèse*, Université d'Orléans, 2000, p. 160.

[1365] J.-F. SEUVIC, Intervention durant le Cycle Procédure pénale 2006, Troisième conférence, *Force ou faiblesse de la constitutionnalisation du droit pénal*, 16 mars 2006. Disponible sur : http://www.courdecassation.fr/colloques_activites_formation_4/2006_55/intervention_m._seuvic_9574.html.

[1366] CE, ass., 18 juin 1958, *Syndicat des grossistes en matériel électrique de la région de Provence et autres*, *Rec. CE* 1958, p. 358 ; CE, ass., 6 mars 1959, *Syndicat des grandes pharmacies de la région de Paris*, *Rec. CE* 1959, p. 164, (cités dans : E. LEMOINE, *La répression de l'indifférence sociale en droit pénal français*, Paris, L'Harmattan, Coll., « Logiques juridiques », 2002. p. 260). Sur la question, *cf.* G. DELLIS, *Droit pénal et droit administratif*, *op. cit.*, pp. 231 et s. ; Conseil d'État, *Les pouvoirs de l'administration dans le domaine des sanctions*, *op. cit.*, p. 55.

[1367] Ainsi, les contraventions relèvent désormais de la compétence du règlement. À ce propos, l'art. 111-2 du CP rappelle assez clairement la ligne de partage entre la loi et le règlement : « La loi détermine les crimes et délits et fixe les peines applicables à leurs auteurs. Le règlement détermine les contraventions et fixe, dans les limites et selon les distinctions établies par la loi, les peines applicables aux contrevenants. » Cependant, faut-il le rappeler, c'est le législateur qui est compétent pour définir la catégorie des contraventions. C'est dire que c'est à la loi qu'il revient de donner une définition générale des contraventions et de déterminer leur régime juridique. Le pouvoir réglementaire, de son côté, est compétent pour déterminer les contraventions en elles-mêmes et les peines qui leur sont applicables pour autant que ces peines n'emportent pas privation de liberté. D'autre part, si le législateur est exclusivement compétent pour définir l'incrimination en matière criminelle et correctionnelle, et le règlement en matière contraventionnelle, il a été jugé possible de renvoyer à une norme inférieure, par délégation de la loi ou du règlement, le soin de déterminer une telle définition. Ainsi, la loi se bornera-t-elle à fixer le cadre général et les peines applicables, laissant au règlement la charge de préciser le champ d'application ainsi que les éléments constitutifs de l'infraction, *cf.* Cons. const., n° 82-

parlent même du déclin du principe de la légalité[1368]. Force est de reconnaître, d'après les articles 34, 37 et 38 de la Constitution qu'il n'y a pas que la matière pénale qui a pâti de ce bouleversement, c'est carrément toute la loi qui a connu un net recul au profit du règlement, au point de pouvoir parler de sa décadence. Toujours est-il que la Constitution – plus précisément ses articles 34 et 66 et son Préambule – accorde une très large place à la loi en matière pénale. Aux termes de son article 34 par exemple, c'est la loi qui fixe les règles concernant « la détermination des crimes et délits ainsi que les peines qui leur sont applicables ; la procédure pénale ». Mais toutes les dispositions précitées concernent uniquement les sanctions pénales, ce qui ne résout pas la difficulté de savoir qui est compétent pour déterminer les incriminations et sanctions administratives.

Cela veut-il dire que les règles générales du droit administratif, y compris la détermination des « incriminations » et des « peines », relèvent de la compétence du pouvoir réglementaire ?

750. L'étude du droit français nous montre qu'en matière administrative, la souplesse du principe de la légalité formelle est frappante, étant donné qu'infractions comme sanctions sont définies majoritairement par des textes réglementaires. Se contentant de formules générales, le législateur laisse une marge de manœuvre considérable aux textes réglementaires dans la détermination des infractions et, à un degré moindre, les sanctions qui leur sont applicables. Or, même si à première vue, les dispositions constitutionnelles précitées sont relatives aux sanctions pénales *stricto sensu*, la compétence législative pour l'institution des sanctions administratives doit être retenue sur la base de ces mêmes dispositions. En effet, d'après l'article 34 de la Constitution c'est à la loi de fixer les règles concernant : « les garanties fondamentales accordées aux citoyens pour l'exercice des libertés publiques ».

751. Par ailleurs, il n'est pas fondé de se prévaloir de la gravité des sanctions comme critère de répartition des compétences entre la loi et le règlement dans l'institution des infractions et de leurs peines. Dire que les sanctions les plus graves relèvent du droit pénal et, par ricochet, de la compétence législative, contrairement aux sanctions administratives qui sont de moindre gravité, ce qui expliquerait leur rattachement à la compétence réglementaire, n'est pas acceptable. Une telle hiérarchie n'est nullement absolue et, pour cause, les sanctions pécuniaires, ou si l'on veut les amendes administratives, prévues en matière de concurrence et de la bourse, pour ne citer que ces deux domaines, peuvent atteindre des montants nettement supérieurs à ceux des amendes pénales les plus courantes. En plus des amendes, toutes les sanctions administratives extrapatrimoniales applicables

145 DC du 10 nov. 1982, loi relative à la négociation collective et au règlement des conflits collectifs du travail, *Rec. Cons. const.* 1982, p. 64, *JORF* du 11 nov. 1982, p. 3393.

[1368] R. MERLE et A. VITU, *Traité de droit criminel*, *op. cit.*, pp. 235 et s. ; P. CONTE et P. MAISTRE DU CHAMBON, *Droit pénal général*, *op. cit.*, p. 161.

en matière économique, en l'occurrence la suspension et/ou le retrait d'un agrément ou d'une autorisation, la suspension de l'exercice d'une activité, etc., peuvent être d'une gravité considérable pour leurs destinataires, compte tenu du préjudice qu'elles peuvent causer sur leur notoriété dans le marché ainsi que sur leur situation financière. N'est-ce pas d'ailleurs cette gravité qui était à l'origine de l'obligation de respecter un certain nombre de garanties procédurales, en contrepartie de l'acceptation de ce pouvoir. Aussi, est-il logique de soutenir que c'est uniquement la nature de l'autorité publique investie du pouvoir de sanction – le juge ou une autorité administrative – qui paraît constituer le critère de distinction pertinent entre sanction administrative et sanction pénale, et non celui de la gravité.

752. Le commissaire du gouvernement Alain BAQUET estime que l'intervention nécessaire du législateur pour habiliter « une autorité non juridictionnelle pour infliger des sanctions à une personne physique ou morale, et en fixer les limites, paraît constituer l'une des garanties fondamentales mentionnées par les dispositions de l'article 34 de la Constitution relatives à l'exercice de libertés publiques »[1369], mais sans pour autant chercher « à distinguer selon que les sanctions administratives excèdent ou non le seuil de gravité des peines de police »[1370].

753. D'autres auteurs partagent aussi l'idée de la nature législative de la norme qui devrait déterminer les infractions administratives et leurs sanctions, en particulier dans le cas du pouvoir répressif des AAIRE. C'est le cas par exemple de Franck MODRNE qui, abordant l'obligation de précision des infractions et des sanctions administratives, parle du principe de typicité, corollaire du principe de légalité et qui « implique que non seulement les incriminations doivent être prévues par un texte de valeur législative, mais encore que ce texte doit présenter un degré de précision suffisant pour que les intéressés puissent mesurer exactement la nature et le type des comportements sanctionnables et des punitions qu'ils encourent éventuellement »[1371].

754. Dans la mesure où la plupart des textes institutifs des AAIRE empruntent des expressions assez générales pour désigner les comportements incriminés, laissant de la sorte un large pouvoir discrétionnaire à ces autorités pour la détermination des éléments constitutifs des infractions, retenir la forme législative pour encadrer dans ses détails la répression administrative en matière de régulation économique nous paraît être une démarche fort souhaitable et même indispensable. En effet, étant donné le statut de ces organismes ainsi que la pléthore des pouvoirs dont ils bénéficient, il faudrait redoubler d'efforts et être plus vigilant et rigoureux vis-à-vis de leur pouvoir répressif. Appliquant dans la plupart du temps des sanctions, relevant naguère de la compétence du juge, ces autorités administratives dites indépendantes

---

[1369] Concl. sur CE, ass., 16 janv. 1981, *Sté Varoise de transports et autres*, *AJDA* 1981, p. 600.

[1370] *Ibid.*

[1371] F. MODERNE, *Sanctions administratives et justice constitutionnelle*, *op. cit.*, p. 246 ; M. DELAMS-MARTY et C. TEITGEN-COLLY, *Punir sans juger ? op. cit.*, pp. 67-68.

doivent être logiquement, d'ailleurs même un peu plus que le juge, soumises au principe de la légalité formelle. .

755. Certains pourront dire que la généralité des expressions utilisées par le législateur est compensée par l'exigence d'une mise en demeure, dans laquelle l'AAIRE doit préciser le contenu de l'infraction, préalablement à l'infliction de toute sanction. Cependant, cela ne résout en rien le risque d'arbitraire que représentent les AAIRE sur les droits de la personne poursuivie. Rappelons, à ce sujet, que ces autorités détiennent des pouvoirs exorbitants en amont et en aval de la mission de régulation. Non seulement elles participent à l'élaboration des textes de lois puisqu'elles sont souvent, et même dans des cas, impérativement consultées dans ce sens, plus encore c'est à elles qu'incombe la mission de définir la politique étatique dans ses détails, y compris le volet répressif. Ces missions et prérogatives exercées en amont ajoutées au pouvoir de contrôle et de sanction, exercé en aval, peuvent paraître exorbitantes.

756. D'autres essaieront peut-être d'atténuer notre méfiance en mettant en avant l'existence d'habilitations législatives pour déterminer les éléments constitutifs des infractions, ce qui pourrait faire croire que l'exigence législative est respectée[1372]. D'ailleurs, certains auteurs trouvent illogique d'accepter que le pouvoir réglementaire détermine certaines infractions pénales légères, et lui refuser cette capacité en matière de répression administrative. En d'autres termes, il serait paradoxal que les infractions pénales puissent être définies par voie réglementaire et que les infractions administratives obéissent d'une façon plus stricte au principe de légalité.

757. Certes ces autorités sont censées être plus proches des secteurs régulés, ce qui implique que leur contribution à l'élaboration des textes serait bénéfique et même indispensable. Néanmoins, pourquoi les habiliter encore en aval, après les avoir associées en amont, pour déterminer les éléments de l'infraction ? La situation devient plus critique lorsqu'on sait que ces autorités n'hésitent pas à profiter de toute brèche pour élargir leurs pouvoirs, notamment répressifs[1373].

Ces craintes ne peuvent être dissipées que par l'acceptation d'une réserve législative, assurant un arsenal juridique clair et simple capable d'être bien compris et assimilé par ses destinataires.

[1372] Abordant le pouvoir de sanction de la COB, David VATEL parle d'une « légalité par délégation », qui ne heurte pas le juge constitutionnel. L'auteur souligne que « le principe de légalité des incriminations n'est donc pas ici directement, mais indirectement respecté, la loi ne prévoyant pas la peine applicable à un comportement déterminé, mais laissant à l'AAI le soin de déterminer ce comportement dans le cadre de son pouvoir réglementaire, qui lui-même ne résulte de la loi que depuis 1985 », *cf.* « Aspects judiciaires et juridictionnels du pouvoir de sanction de la COB », art. cit., p. 29.

[1373] *Cf. supra*, pp. 66 et s.

SOUS-SECTION 2. LE PRINCIPE DE LA PROPORTIONNALITÉ TEMPÉRÉE PAR LES LIMITES DE SES COROLLAIRES

758. Comme son nom l'indique, le principe de proportionnalité a pour but de proportionner la sévérité de la contrainte en tenant compte de la gravité du comportement incriminé. En d'autres termes, on cherche au travers de ce principe à adapter la sanction à la gravité de l'infraction, évitant de la sorte des sanctions excessives par rapport aux faits qui les ont motivées. C'est pour cette raison que ce principe est considéré, de nos jours, comme l'un des principes qui singularise tout pays se proclamant État de droit. Enfin, il faut savoir que ce principe n'est autre que le corollaire du principe de la nécessité des peines figurant à l'article 8 de la DDHC qui exige, entre autres, le recours à des « peines strictement et évidemment nécessaires ».

D'après les textes institutifs des AAIRE, si le principe de la proportionnalité est pleinement consacré et reconnu dans le cadre de leur pouvoir de sanction (**Paragraphe 1**), on ne peut pas en dire autant de ses corollaires (**Paragraphe 2**).

Paragraphe 1. Le principe clairement affirmé et reconnu

759. La jurisprudence administrative ainsi qu'une partie de la doctrine ont pendant longtemps soutenu que le principe de proportionnalité n'est pas applicable en matière administrative. De ce fait, dès lors qu'un manquement est constaté, et sous condition de s'en tenir aux sanctions déterminées par le législateur, l'autorité répressive est complètement libre d'appliquer la sanction qu'elle estime adéquate[1374]. Pour Jacques MOURGEON, le pouvoir discrétionnaire de l'autorité administrative, dans l'appréciation de la gravité de l'infraction, est motivé par la perspective d'individualisation de la peine[1375]. Pour d'autres, cet état de fait n'est autre qu'une conséquence de la quasi-exclusion du principe de légalité des incriminations en droit administratif[1376].

760. En réalité, ni l'inapplication du principe *nullum crimen sine lege*, ni le besoin d'individualisation de la sanction ne justifient réellement une telle absence. Apparemment, la cause réelle réside dans la réticence du juge administratif à « consacrer un principe général de proportionnalité pour l'ensemble du droit administratif »[1377], ce qui risque de l'amener à se substituer complètement à l'autorité administrative en effectuant un pur contrôle d'opportunité. C'est là en effet la véritable raison de la position du juge

---

[1374] *Cf.* dans ce sens : G. VICHÉ, *La Sanction professionnelle, notion du droit administratif nouveau*, Thèse, Université de Montpellier, 1948, p. 278 ; R. BONNARD, *De la répression disciplinaire des fautes commises par les fonctionnaires publics*, *op. cit.*, p. 75 ; J.-C. COLLIARD, « La sanction administrative », art. cit., p. 35.

[1375] J. MOURGEON, *op. cit.*, p. 312.

[1376] *Cf.* dans ce sens : M. LEFONDRÉ, *Recherches sur les sanctions administratives et leur nature juridique*, *op. cit.*, p. 329.

[1377] G. DELLIS, *Droit pénal et droit administratif*, *op. cit.*, p. 257.

administratif qui estimait que le contrôle normal qu'il exerçait sur les sanctions administratives excluait le contrôle de l'erreur manifeste d'appréciation de la part de l'administration. Aussi, n'a-t-il pas cessé de réitérer dans sa jurisprudence que « le degré de gravité de la sanction, compte tenu des faits reprochés, ne saurait être discuté par la voie contentieuse »[1378].

761. Cette position a été fortement critiquée par la doctrine, qui a estimé que la non-consécration du principe de proportionnalité constitue une grande lacune du droit administratif répressif, et que « le bien-fondé d'un principe de droit ne doit pas être écarté en raison des problèmes techniques que poserait le contrôle juridictionnel »[1379]. D'ailleurs, des voix discordantes se sont élevées même au sein de la haute juridiction administrative[1380].

762. Sous le feu de la critique, le Conseil d'État s'est repositionné par rapport à la question à partir de 1978, date à laquelle il a finalement accepté de vérifier la *disproportion manifeste* de la sanction aux manquements incriminés[1381]. Avec l'avènement des AAIRE, la situation est devenue encore plus claire, puisque le recours contre leurs décisions répressives est qualifié expressément par les textes de recours de plein contentieux. Cela implique que le juge administratif est dans l'obligation non seulement de contrôler la corrélation et la proportionnalité de la sanction aux manquements commis, mais également de se substituer éventuellement à l'administration pour fixer lui-même la sanction qu'il juge adéquate[1382]. Plus encore, le Conseil d'État a même accepté de vérifier l'adéquation des sanctions administratives aux manquements constatés alors que les textes ne prévoyaient pas expressément un tel recours[1383]. Dans des décisions relativement récentes, le juge

---

[1378] CE, 9 janv. 1963, *Sté Charnoz et Cie*, *AJDA* 1963, p. 362, note L. JACQUIGNON ; CE, 29 juin 1960, *Gaudin*, *RDP* 1960, p. 869 ; CE, 1er oct. 1976, *Soucasse*, *Rec. CE* 1976, p. 386, *D.* 1977, p. 552, note B. PACTEAU.

[1379] G. DELLIS, *ibid.*

[1380] *Cf.* J. KAHN, concl. sur CE, 22 nov. 1967, n° 68660, *Administration générale de l'assistance publique à Paris c/ Dem. Chevreau*, *D.* 1969, Jur. p. 51. *Cf.* également sur la question : J.-L. AUTIN note sous CE, 14 juin 1991, *Association Radio-Solidarité*, préc. ; M. FROMONT, « Le principe de proportionnalité », *AJDA* 1995, p. 156 ; X. PHILIPPE, *Le contrôle de proportionnalité dans les jurisprudences constitutionnelle et administrative françaises*, Paris, Economica, 1990 ; J. MEKHANTAR, *Le principe de la proportionnalité*, Thèse, Université de Paris II, 1990.

[1381] CE, sect., 9 juin 1978, n° 05911, *Sieur Lebon*, *Rec. CE* 1978, p. 245, *AJDA* 1978, p. 593, concl. B. GENEVOIS ; *D.* 1978, IR. p. 361, note P. DELVOLVE ; *RDP* 1979, p. 227, note J.-M. AUBY. *Cf.* également : CE, 26 juill. 1978, n° 93715, *Vinolay*, *Rec. CE* 1978, p. 315 ; CE, 13 janv. 1995, *Sté Télévision française 1 (TF1)*, préc. ; CE, sect., 10 juill. 1995, n°141726, *Sté Télévision française 1 (TF1)*, préc. ; CE, 20 mai 1996, *Sté Vortex*, n°167694, préc. ; CE, 9 oct. 1996, *Association Ici et maintenant*, n°173073, préc. ; CE, 30 mai 2012, n° 351551, *Sté Vera c/ Présidence de la Polynésie française*, JurisData:2012-011585 ; CE, 19 juin 2013, n° 357885, *Fédération de l'hospitalisation privée médecine, chirurgie, obstétrique c/ Secrétariat général du Gouvernement*, inédit, JurisData:2013-012596.

[1382] *Cf.* dans ce sens : R. CHAPUS, *Droit administratif général, op. cit.*, p. 790.

[1383] Sanctions infligées par le Conseil des bourses de valeurs : CE, ass., 1er mars 1991, n° 112820, *Le Cun et autres*, *Rec. CE* 1991, p. 71, JurisData:1991-040264, *RFDA* 1991, p. 612, concl. M. DE SAINT-PULGENT, *AJDA* 1991, p. 358, obs. R. SCHWARTZ et Ch. MAUGÜE.

administratif rappelle dans un considérant de principe qu'« il appartient aux autorités administratives et judiciaires compétentes de veiller au respect de l'exigence, imposée par le principe de proportionnalité auquel la Constitution les soumet »[1384]. Donc il ne fait aucune distinction entre autorité administrative et judiciaire quant au respect du principe de proportionnalité.

763. En somme, vu l'importance de leurs pouvoirs, il nous paraît tout à fait logique de renforcer le contrôle juridictionnel exercé sur les décisions de ces nouvelles autorités de régulation, notamment par la consécration du principe de proportionnalité concernant leurs décisions répressives. Il s'agit en quelque sorte d'une contrepartie et d'un contrepoids indispensable par rapport à leur nature et aux pouvoirs dont elles disposent.

764. Dans la mesure où la Déclaration des droits de l'homme et du citoyen est intégrée au bloc de constitutionnalité, ce principe fait donc partie de la Constitution. C'est ainsi qu'après l'avoir retenu à plusieurs reprises concernant les sanctions pénales[1385], le Conseil constitutionnel l'a appliqué pour la première fois en matière de sanctions administratives dans sa décision n° 87-237 DC du 30 décembre 1987, relative à la loi de finances pour 1988, dans laquelle il a relevé que l'article contesté édictait « une sanction qui pourrait, dans nombre de cas, revêtir un caractère manifestement disproportionné »[1386]. Sa position devient plus claire lors des deux fameuses décisions : n° 88-248 DC relative au CSA et n° 89-260 DC relative à la COB[1387]. À l'occasion de la première décision, le juge constitutionnel a affirmé que l'analyse d'un certain nombre de dispositions de la loi, qui lui a été déférée, confirme le respect du principe de proportionnalité par le législateur. En effet, pour le juge constitutionnel, « la diversité des mesures susceptibles d'être prises [par l'autorité sur la base] de l'article 42-1 de la loi, correspond à la volonté du législateur de proportionner la répression à "la gravité du manquement" reproché au titulaire d'une autorisation », avant d'ajouter que

---

1384 CE, 4 oct. 2010, n° 341845, *Repplinger c/ Ministre de l'intérieur*, JurisData:2010-017813 ; CE, 16 juill. 2010, n° 321056, *Beslay c/AMF*, JurisData:2011-001764. *Cf.* également : CE, 30 mai 2012, n° 351551, *Sté Vera c/ Présidence de la Polynésie française*, préc.

1385 *Cf.* Cons. const., n^{os} : 81-127 DC du 20 janv. 1981, loi renforçant la sécurité et protégeant la liberté des personnes, *Rec. Cons. const.* 1981, p. 15, *JORF* du 22 janv. 1981, p. 308 ; 84-176 DC du 25 juill. 1984, loi modifiant la loi du 29 juill. 1982 sur la communication audiovisuelle et relative à certaines dispositions applicables aux services de communication audiovisuelle soumis à autorisation, *Rec. Cons. const.* 1982, p. 55, *JORF* du 28 juill. 1984, p. 2493 ; 86-215 DC du 3 sept. 1986, loi relative à la lutte contre la criminalité et la délinquance, *Rec. Cons. const.* 1986, p.130, *JORF* du 5 sept. 1986, p. 10788.

1386 16ème consid., *Rec. Cons. const.* 1987, p. 63, *JORF* du 31 déc. 1987. *Cf.* sur la question : B. GENEVOIS, « L'application du principe de proportionnalité aux amendes fiscales », *RFDA* 1988, p. 350.

1387 De la même façon, il a relevé dans la décision n° 92-307 DC du 25 févr. 1992 préc., à propos des dispositions prévoyant une amende sanctionnant les entreprises de transport qui débarquent sur le territoire français un étranger non ressortissant de la communauté et démuni du document de voyage, que « le montant de l'amende encourue par l'entreprise de transport, fixé selon le cas à 10 000 F et à 5 000 F par passager concerné, n'est pas manifestement disproportionné par rapport au manquement que la loi entend réprimer ».

« le principe de proportionnalité doit pareillement recevoir application pour l'une quelconque des sanctions énumérées à l'article 42-1 ; qu'il en va ainsi en particulier des sanctions pécuniaires prévues au 3° de cet article ; qu'à cet égard, l'article 42-2 précise que le montant de la sanction pécuniaire doit être en fonction de la gravité des manquements commis et en relation avec les avantages tirés du manquement par le service autorisé »[1388]. Enfin, dans toutes ses décisions, le juge constitutionnel rattache le principe de proportionnalité à l'article 8 de la Déclaration des droits de l'homme et du citoyen de 1789 qui évoque des « peines strictement et évidemment nécessaires »[1389].

765. Même en l'absence d'une disposition de portée générale, relative à l'application du principe de proportionnalité en matière de répression administrative, ce ne sont sûrement pas les textes spéciaux qui manquent. Avec les exigences européennes en matière de proportionnalité des sanctions aux manquements incriminés[1390], le législateur a introduit ce principe dans tous les textes régissant les AAIRE. Par conséquent, ces dernières sont tenues de prendre en compte, lors de la détermination de la sanction, la gravité du manquement[1391].

766. Outre le juge administratif, le juge judiciaire a eu l'occasion de faire appel au principe de proportionnalité dans sa jurisprudence relative au pouvoir répressif du Conseil de la concurrence[1392]. À ce propos, une question s'est posée de savoir si ce principe implique la prise en compte d'une situation de crise économique. Pour le juge judiciaire, les difficultés que peut connaître un secteur donné à cause d'une crise ne font pas partie des facteurs légaux, visés par l'article L.464-2 du Code de commerce, à prendre en compte dans la

---

[1388] 30ème consid.

[1389] En plus des décisions précitées, *cf.* Cons. const., nos : 2013-679 DC du 4 déc. 2013, loi relative à la lutte contre la fraude fiscale et la grande délinquance économique et financière, *JORF* du 7 déc. 2013, p. 19958, 9ème consid. ; 2013-341 QPC du 27 sept. 2013, M. Smain Q. et autre [Majoration de la redevance d'occupation du domaine public fluvial pour stationnement sans autorisation], *JORF* du 1er oct. 2013, p. 16304, 4ème consid. ; 2012-266 QPC du 20 juill. 2012, M. Georges R. [Perte de l'indemnité prévue en cas de décision administrative d'abattage d'animaux malades], *Rec. Cons. const.*, 2012, p. 390, *JORF* du 21 juill. 2012, p. 12001, 4ème consid. ; 2012-289 QPC du 17 janv. 2013, M. Laurent D. [Discipline des médecins], *JORF* du 18 janv. 2013, p. 1294, 3ème consid.

[1390] CJCE, 6 juill. 2000, *Molkereigenossenschaft Wiedergeltingen eG*, aff., C-356/97, *Rec. CJCE* 2000, I, p. 5461, pts 33 à 36 ; CJCE, 7 déc. 2000, *De Andrade*, aff., C-213/99, *Rec. CJCE* 2000, I, p. 11083, pts 14 à 25 ; *Cumpănă et Mazăre c. Roumanie* [GC], n° 33348/96, § 111, CEDH 2004-XI.

[1391] *Cf. supra*, pp. 391 et s.

[1392] Cass. com., 10 mars 1992, n° 90-16.298, *Sté France loisirs et autre*, *Bull. civ.* 1992, IV, n° 111, p. 81, *LPA*, n° 10, 22 janv. 1993, p. 9, note F. DREIFUSS-NETTER ; Cass. com., 9 avr. 1996, *Haddad*, préc. ; Cass. com., 15 juin 1999, n° 98-10.931, *Directeur général des Impôts*, *Bull. civ.* 1999, n° 130, p. 109, JurisData:1999-002484, *D.* 1999, p. 192 ; Cass. com., 6 déc. 2005, n° 04-19541, *Sté des Caves et producteurs réunis de Roquefort*, *Bull. civ.* 2005, IV, n° 240 p. 264, *D.* 2006, p. 64, obs. E. CHEVRIER ; CA Paris, 2 oct. 2007, n° 06/12253, *Européenne de Travaux Ferroviaires (ETF)*, JurisData:2007-344768 ; Cass. com., 18 nov. 2008, n° 07-21743, *Sté Carrefour Hypermarche France*, JurisData:2008-045939 ; Cass. com., 12 juill. 2011, n° 10-17.482, *Sté Lafarge ciments*, *Bull. civ.* 2011, IV, n° 116, JurisData:2011-015387.

détermination des sanctions[1393]. Toutefois, il lui est arrivé de prendre en considération la crise économique comme élément d'atténuation de la gravité des faits[1394].

767. Nonobstant l'intérêt porté au principe précité, il faut remarquer que le contrôle juridictionnel exercé sur la proportionnalité des sanctions administratives est restreint car, comme nous l'avons vu plus haut, le Conseil d'État contrôle seulement la *disproportion manifeste* entre l'infraction et la sanction encourue.

768. En tout état de cause, proportionner la répression à la gravité des manquements n'implique pas seulement la vérification de proportionnalité de la part du juge administratif, mais la nécessité pour lui d'exercer un plein contrôle sur les sanctions prononcées par ces autorités[1395]. Dans plusieurs décisions, la haute juridiction administrative n'a pas hésité à rendre réel un tel contrôle, en substituant sa décision à celle censurée. À cet égard, elle ne cesse de reprendre un considérant de principe selon lequel « il appartient au juge du fond, saisi d'une contestation portant sur une sanction que l'administration inflige à un administré, de prendre une décision qui se substitue à celle de l'administration [...] ; que, par suite, compte tenu des pouvoirs dont il dispose ainsi pour contrôler une sanction de cette nature, le juge se prononce sur la contestation dont il est saisi comme juge de plein contentieux »[1396].

769. Enfin, il faut savoir que le principe de proportionnalité s'applique au-delà des sanctions pécuniaires, puisque le Conseil constitutionnel l'a aussi retenu concernant une suspension partielle d'un programme audiovisuel, en relevant que « le législateur a entendu proportionner aussi bien la durée que l'ampleur de la suspension à la gravité du manquement commis par le titulaire de l'autorisation ; que, dans cet esprit, la partie du programme qui peut faire l'objet d'une mesure de suspension temporaire n'excédant pas un mois doit être en relation directe avec le manquement relevé »[1397].

770. Après avoir vérifié et confirmé la consécration du principe de proportionnalité, en matière du pouvoir répressif des AAIRE, il est temps de traiter de la place réservée à ses aspects ou corollaires.

1393 CA Paris, 26 janv. 2010, n° 09/03532, *Adecco France*, JurisData:2010-000336 ; CA Paris, ord., du 29 sept. 2009, n° 08/12495, *Établissements Mathé*, préc.

1394 CA Paris, 19 janv. 2010, n° 09/00334, *Sté AMD Sud-Ouest*, JurisData:2010-000337.

1395 *Cf.* J. PRALUS-DUPUY, « La répression disciplinaire de l'infraction pénale », art. cit., p. 229 ; J.-L. CROZAFON, « Le contrôle jurisprudentiel de la sanction disciplinaire dans l'entreprise et dans l'administration », *Dr. soc.* 1985, p. 201 ; F. MODERNE, « Le pouvoir de sanction administrative au confluent du droit interne et des droits européens », *RFDA* 1997, p. 1.

1396 CE, ass., 16 févr. 2009, n° 274000, *Sté Atom* ; CE, 27 juill. 2009, n° 295358, *La Caisse interfédérale de crédit mutuel*, *Rec. CE* 2009, tables, p. 684 ; CE, 31 juill. 2009, n° 307781, *Sté Cyberoffice*, *RJF* 2009, n° 1115.

1397 Cons. const., n° 88-248 DC du 17 janv. 1989, préc., 42ème consid.

Paragraphe 2. Une consécration limitée de ses corollaires

771. Le principe de proportionnalité des sanctions est constitué essentiellement de deux corollaires : le principe de non-cumul (**A**), et celui d'individualisation (**B**). À ce sujet, l'étude des textes institutifs des AAIRE ainsi que de la jurisprudence rendue en la matière nous révèle une tendance à la reconnaissance de tels corollaires, il n'en demeure pas moins que leur consécration reste limitée.

A. Le principe de non-cumul des sanctions

772. La finalité du principe de non-cumul des sanctions, *ne bis in idem*, est de prémunir qu'une personne ne soit punie deux fois pour les mêmes faits. Il serait, en effet, excessif et démesuré que des sanctions soient cumulées pour sanctionner un même comportement. Le Conseil constitutionnel n'a pas reconnu une valeur constitutionnelle au principe de non-cumul des sanctions, mais simplement une valeur législative[1398]. Dans sa décision n° 89-260 DC, relative à la COB, il a fait de ce principe une conséquence du principe de proportionnalité[1399].

773. Si en droit pénal, sauf disposition légale expresse contraire, le cumul des sanctions est interdit, en matière de régulation économique la question est beaucoup plus délicate. En effet, malgré la dépénalisation de certains secteurs économiques, au profit des AAIRE, le juge garde souvent un pouvoir répressif, accroissant de la sorte le nombre d'autorités sanctionnatrices compétentes et du fait des sanctions susceptibles d'être prononcées.

En plus du cumul entre sanctions pénales et sanctions administratives qu'on a largement abordé[1400], il y a lieu également de s'interroger sur la possibilité de cumul entre sanctions administratives elles-mêmes. Il est donc légitime et même indispensable de s'interroger si une AAIRE peut prononcer plus d'une sanction, pour un même fait, et si un seul manquement peut être sanctionné simultanément par deux d'entre elles.

774. Depuis bien longtemps, le non-cumul entre sanctions administratives est en principe de rigueur : le prononcé d'une sanction administrative exclut toute autre sanction administrative fondée sur les mêmes faits. Le Conseil constitutionnel est clair à ce sujet, un manquement ne peut « donner lieu qu'à une seule sanction administrative, qu'elle soit légale ou contractuelle »[1401]. Mais, sans pour autant lui reconnaître une valeur constitutionnelle, le principe de non-cumul est considéré comme un simple principe général du droit, ce qui permet au législateur d'y déroger.

C'est encore la même solution qui est dégagée par le juge administratif qui estime que « s'il est de principe qu'un même manquement ne peut donner lieu

---

1398 Cons. const., n° 82-143 DC du 30 juill. 1982, loi sur les prix et les revenus, notamment ses articles 1, 3 et 4, *Rec. Cons. const.* 1982, p. 57, *JORF* du 31 juill. 1982.

1399 22ème consid.

1400 Pour plus de détails sur cette question, *cf. supra*, pp. 210 et s.

1401 *Cf.* Cons. const., n° 88-248 DC, préc., 30ème consid.

qu'à une seule sanction administrative, ce principe ne s'applique que pour autant que la loi n'en a pas disposé autrement »[1402]. Même attitude chez le juge judiciaire qui, en matière disciplinaire, a rappelé, dans une décision du 31 octobre 1989, qu'une faute déjà sanctionnée par un avertissement, un blâme ou une mise à pied disciplinaire, ne peut fonder un licenciement, car l'employeur a alors épuisé son droit disciplinaire à l'égard des faits déjà sanctionnés. Autrement, le licenciement serait dépourvu de cause réelle et sérieuse[1403].

775. Donc, bien que la jurisprudence s'entende pour prohiber le cumul des sanctions administratives par une même autorité, à l'occasion des mêmes faits, le cumul reste possible lorsque le législateur l'a prévu. Il s'agit de ce que l'on appelle les sanctions composites. À ce sujet, faut-il le rappeler, le Conseil constitutionnel n'a pas constaté l'inconstitutionnalité des textes en cause. On retrouve ce type de sanctions en matière bancaire et des assurances, où l'ACPR peut prononcer « soit à la place, *soit en sus* » (souligné par nous) de l'une des sanctions extra-patrimoniales une sanction pécuniaire[1404]. La même possibilité est reconnue à l'AMF, le CSA et l'ARJEL[1405].

776. La question du non-cumul des sanctions administratives ne se pose pas uniquement dans le cadre des prérogatives d'une seule et même AAIRE, il existe également un risque de cumul de ce type de sanctions entre plusieurs de ces autorités, en particulier entre l'ADLC et les autorités de régulation sectorielles. En effet, ces dernières, chargées de favoriser l'ouverture à la concurrence de certains secteurs économiques, naguère monopolistiques, ainsi que le maintien de l'équilibre dans ces marchés, peuvent se heurter à la compétence de l'autorité de régulation horizontale qui a une vocation d'encadrement horizontal du marché. Pour y faire face, le législateur a choisi d'organiser l'inter-régulation et l'articulation entre les compétences de ces autorités[1406].

Ainsi, en plus des dispositions contenues dans le Code de commerce et traitant des relations de l'ADLC avec les AAIRE sectorielles, on retrouve dans les différents textes régissant ces dernières d'autres dispositions consacrées

---

1402 CE, 12 avr. 1995, n° 143797, *Sté PME Assurances*, *Rec. CE* 1995, tables, p. 670, JurisData:1995-041945. *Cf.* également : CE, 11 mars 1938, *Hirigoyen*, *Rec. CE* 1938, p. 264 ; CE, 5 mars 1954, *Banque alsacienne privée et Sieur Dupont*, *Rec. CE* 1954, p. 144, *RDP* 1954, p. 804, note M. WALINE ; CE, 23 avr. 1958, *Commune du Petit-Quevilly*, *AJDA* 1958, p. 383 ; CE, 15 juin 1960, *Stock*, *AJDA* 1960, p. 316, obs. V.S.

1403 Cass. soc., 31 oct. 1989, n° 86-43.744, *M. Pioche*, *Bull. civ.* 1989, V, n° 629, p. 379, JurisData:1989-703743 ; Cass. soc., 3 févr. 2004, n°01-45.989, *Sté Peugeot Citroën automobile*, inédit, JurisData:2004-022227.

1404 *Cf.* les art. L.561-36, al. 3, L.612-39, L.612-40 et L.612-41-I et II du C. mon. fin.

1405 *Cf.* respectivement : l'art. L.621-15-III du C. mon. fin. ; l'art. 42-1 de la loi n° 86-1067, préc. ; l'art. 43-IV et V de la loi n° 2010-476 du 12 mai 2010, préc.

1406 En droit administratif, la jurisprudence tolère le cumul des sanctions dans l'hypothèse où deux autorités administratives sont compétentes pour infliger une sanction à raison des mêmes faits, *cf.* CE, 6 avr. 1973, *Mourot*, *Rec. CE* 1973, p. 285 ; R. VANDERMEEREN, « La « double peine » : diversité des ordres juridiques et pluralité des systèmes répressifs », art. cit., p. 1859.

aux hypothèses où ces autorités seraient confrontées à des pratiques dites anticoncurrentielles ou de concentrations.

777. Le second aspect du principe de proportionnalité des sanctions administratives n'est autre que le principe d'individualisation.

B. Le principe d'individualisation des sanctions administratives

778. On entend par l'individualisation de la sanction son adaptation à chaque délinquant en fonction de la gravité de son acte et de sa personnalité[1407], ce qui implique une plus grande liberté du juge dans son choix quant à la sanction infligeable. La notion fut conceptualisée, en France, à la fin du XIXème siècle par Raymond SALEILLES, qui a publié en 1898 *L'individualisation de la peine*[1408], dans lequel il a défendu l'idée d'une peine adaptée à la situation de son destinataire.

779. En matière pénale, la personnalisation de la peine a fait son entrée dans le Code pénal en 1994 dans son article 132-24, selon lequel « Dans les limites fixées par la loi, la juridiction prononce les peines et fixe le régime en fonction de la gravité de l'infraction et de la personne de son auteur. Lorsque la juridiction prononce une peine d'amende, elle détermine son montant en tenant compte également des ressources et des charges de l'auteur de l'infraction. » Cette disposition a été complétée en 2005 par un alinéa 2 qui dispose que « La nature, le quantum et le régime des peines prononcées sont fixés de manière à concilier la protection effective de la société, la sanction du condamné et les intérêts de la victime avec la nécessité de favoriser l'insertion et la réinsertion du condamné et de prévenir la commission de nouvelles infractions. »[1409]

780. Concernant la valeur de ce principe, le Conseil constitutionnel s'y est référé dans certaines de ses décisions, mais sans lui conférer valeur constitutionnelle. C'est le cas de la décision n° 80-127 DC du 20 janvier

---

1407 Le principe a été défini comme « Parti consistant (surtout de la part d'un juge) à adapter une mesure (de garde, de sanction, etc.) à la personnalité propre et à la situation particulière d'un individu », *cf.* G. CORNU (dir.), Vocabulaire juridique, *op. cit.*, p. 538.

1408 R. OTTENHOF (dir.), *L'individualisation de la peine. De Saleilles à aujourd'hui*, réédition de la troisième édition de l'ouvrage de Raymond Saleilles, suivi de : *L'individualisation de la peine cent ans après Saleilles*, Paris, Érès, Coll., « Criminologie et sciences de l'homme », 2001.

1409 *Cf.* l'art. 4 de la loi n° 2005-1549 du 12 déc. 2005, relative au traitement de la récidive des infractions pénales, *JORF* du 13 déc. 2005. Dans le même esprit, la loi n° 2009-1436 du 24 nov. 2009, pénitentiaire (JORF n° 0273, du 25 nov. 2009, p. 20192) a ajouté un 3ème alinéa qui stipule que « En matière correctionnelle, en dehors des condamnations en récidive légale prononcées en application de l'article 132-19-1, une peine d'emprisonnement sans sursis ne peut être prononcée qu'en dernier recours si la gravité de l'infraction et la personnalité de son auteur rendent cette peine nécessaire et si toute autre sanction est manifestement inadéquate ; dans ce cas, la peine d'emprisonnement doit, si la personnalité et la situation du condamné le permettent, et sauf impossibilité matérielle, faire l'objet d'une des mesures d'aménagement prévues aux articles 132-25 à 132-28. »

1981[1410], où il a estimé que « si la législation française a fait une place importante à l'individualisation des peines, elle ne lui a jamais conféré le caractère d'un principe unique et absolu prévalant de façon nécessaire et dans tous les cas sur les autres fondements de la répression pénale ; qu'ainsi, [...] le principe de l'individualisation des peines [doit] être regardé comme l'un des principes fondamentaux reconnus par les lois de la République ».

Toutefois, la valeur constitutionnelle de ce principe découlait de certaines décisions relatives au principe de la nécessité des peines[1411]. C'est dans cette optique que s'inscrit la condamnation des peines automatiques, visant les entreprises de presse, qui interdisent au juge – ou même à l'autorité administrative sanctionnatrice – d'apprécier la gravité du comportement puni[1412]. Dans la même lancée, il a déclaré les amendes fiscales instituées par la loi du 30 décembre 1987 non conformes aux principes constitutionnels dans la mesure où elles étaient prévues « en toute hypothèse »[1413], et dans un sens contraire il a reconnu la constitutionnalité du pouvoir de sanction du CSA car il ne revêt pas « un caractère automatique »[1414]. Par ailleurs, se basant à chaque fois sur l'article 8 de la DDHC, le Conseil nous démontre également la connexité existant entre les principes d'individualisation et de proportionnalité des sanctions.

781. La constitutionnalisation du principe d'individualisation des peines a été opérée par la décision du 22 juillet 2005 sur la loi précisant le déroulement de l'audience d'homologation de la comparution sur reconnaissance préalable de culpabilité[1415]. Dans un considérant très laconique, le juge constitutionnel a estimé « qu'en précisant que le procureur de la République n'est pas tenu d'être présent à cette audience, la loi déférée n'a méconnu, contrairement à ce qui est soutenu par les requérants, [...] le principe d'individualisation des peines qui découle de l'article 8 de la Déclaration des droits de l'homme et du citoyen de 1789 ». Une position réitérée dans une décision du 3 mars 2007, où il est précisé que ce principe « s'impose [même] dans le silence de la loi »[1416].

[1410] Sur la loi renforçant la sécurité et protégeant la liberté des personnes, préc., 16ème consid.

[1411] *Cf.* P. CLEMENT et G. LEONARD, Rapport d'information sur le traitement de la récidive des infractions pénales, fait au nom de la Commission des lois constitutionnelles, de la législation et de l'administration générale de la République, n° 1718, A.N, enregistré le 7 juill. 2004.

[1412] Cons. const., n° 84-181 DC du 11 oct. 1984, loi visant à limiter la concentration et à assurer la transparence financière et le pluralisme des entreprises de presse, préc., 80ème et 81ème consid.

[1413] Cons. const., n° 87-237 DC du 30 déc. 1987, loi de finances pour 1988, préc., 16ème consid.

[1414] Cons. const., n° 89-248 DC, préc., 29ème consid. *Cf.* également dans ce sens : Cons. const., nos : 93-325 DC du 13 août 1993, loi sur la maitrise de l'immigration, préc., 49ème consid. ; 99-410 DC du 15 mars 1999, loi organique relative à la Nouvelle-Calédonie, *Rec. Cons. const.* 1999, p. 51, *JORF* du 21 mars 1999, p. 4234, 42ème consid.

[1415] Cons. const., n° 2005-520 DC du 22 juill. 2005, loi précisant le déroulement de l'audience d'homologation de la comparution sur reconnaissance préalable de culpabilité, *Rec. Cons. const.* 2005, p. 118, *JORF* du 27 juill. 2005, p. 12241, 3ème consid.

[1416] Cons. const., n° 2007-553 DC du 3 mars 2007, loi relative à la prévention de la délinquance, *Rec. Cons. const.* 2007, p. 93, *JORF* du 7 mars 2007, p. 4356, 28ème consid.

L'enthousiasme apporté par cette consécration a vite cédé à une déception croissante de la part des juristes, notamment du syndicat de la magistrature[1417]. En effet, le juge constitutionnel a semble-t-il pris du recul par rapport à ce principe dans une décision du 9 août 2007[1418], dans la mesure où il n'a pas considéré que l'application obligatoire de peines minimales en cas de récidive contraire au principe d'individualisation des peines, comme le soutenaient les auteurs de la saisine. Pour lui, « le principe d'individualisation des peines [...] ne saurait faire obstacle à ce que le législateur fixe des règles assurant une répression effective des infractions ; qu'il n'implique pas davantage que la peine soit exclusivement déterminée en fonction de la personnalité de l'auteur de l'infraction ». Certes, il ne remet pas en cause complètement le principe d'individualisation, néanmoins il le restreint. Dans cette décision, le principe d'individualisation des peines n'apparaît pas comme un principe absolu, il peut faire l'objet d'une conciliation, et ce, au détriment de l'indépendance des magistrats dont la liberté dans la détermination de la peine est grandement réduite.

782. En matière de régulation économique, ce principe est largement consacré dans les textes régissant les AAIRE. Tout comme le juge en matière pénale, les AAIRE sont donc sommées de prononcer des sanctions en respectant le principe d'individualisation. Cela implique que le critère de la gravité des manquements doit être pris en compte par l'autorité sanctionnatrice lorsqu'elle a un choix à faire entre une sanction pécuniaire et une sanction extrapatrimoniale ou, dans le cas où elle est tenue de choisir, une ou deux sanctions parmi un ensemble de sanctions extrapatrimoniales. Lorsqu'il s'agit de sanctions pécuniaires, en plus du respect du critère précité, le montant de la sanction doit être en relation avec les avantages ou les profits éventuellement tirés de ces manquements, de l'ampleur du dommage et de la situation de la personne poursuivie. En matière de droit de la concurrence, où existe la procédure de transaction, le législateur évoque, en plus du critère de collaboration-dénonciation qui peut mener à une exonération totale ou partielle, le critère de l'absence de contestation pour bénéficier d'une réduction du montant[1419]. Par ailleurs, toujours dans le cadre du droit de la concurrence, le législateur a bien précisé que les sanctions doivent être déterminées individuellement pour chaque entreprise ou organisme sanctionné et de façon motivée pour chaque sanction[1420].

[1417] Communiqué de presse du syndicat de la magistrature, du lundi 4 juill. 2007. Disponible sur :
http://www.syndicat-magistrature.org/Appel-du-Syndicat-de-la,520.html.

[1418] Cons. const., n° 2007-554 DC du 9 août 2007, loi renforçant la lutte contre la récidive des majeurs et mineurs, *Rec. Cons. const.* 2007, p. 303, *JORF* n° 185 du 11 août 2007, p. 13478, 13ème consid.

[1419] Art. L.464-2-III du C.com.

[1420] Aux termes de l'art. L.464-2-I, al. 3 du C. com. « Les sanctions pécuniaires sont proportionnées à la gravité des faits reprochés, à l'importance du dommage causé à l'économie, à la situation de l'organisme ou de l'entreprise sanctionné ou du groupe auquel l'entreprise appartient et à l'éventuelle réitération de pratiques prohibées par le présent titre. *Elles sont*

783. De son côté, le juge du contrôle a eu l'occasion d'affirmer, à plusieurs reprises, l'obligation de respecter le principe d'individualisation des sanctions par les AAIRE. La plupart des décisions sont rendues au sujet des décisions répressives de l'ADLC.[1421] À titre d'exemple, se basant sur ce principe, le moyen tiré par les entreprises d'une comparaison des sanctions prononcées contre d'autres entreprises a été jugé inopérant[1422].

SECTION 2. UNE APPLICATION PROGRESSIVE MAIS CHARGÉE D'EXCEPTIONS DES GARANTIES DE PROCÉDURE

784. Au même titre qu'en droit pénal, le respect d'un certain nombre de règles procédurales doit être de rigueur en matière de répression administrative. C'est ce qui ressort d'ailleurs des recommandations de l'Association internationale de droit pénal, qui n'a pas omis les aspects procéduraux du droit répressif administratif, en estimant que : « a) La présomption d'innocence et le principe d'intime conviction du juge devraient être respectés par le droit administratif pénal ;

b) Dans les cas ne présentant pas de difficultés particulières, la procédure peut être simplifiée. Mais le défendeur devrait avoir le droit d'être entendu pour présenter ses moyens de défense ainsi que le droit à l'assistance d'un conseil ;

c) La procédure, dans les cas relevant du droit administratif pénal, peut être conduite par les instances administratives ou par toute autre autorité non judiciaire, celle-ci pouvant prononcer la sanction. Cependant, le recours à l'autorité judiciaire selon une procédure contradictoire devrait toujours être possible »[1423].

785. Quelle est la place réservée à ces garanties dans la répression exercée par les AAIRE ? Certes, ces garanties s'imposent progressivement à ces autorités, toutefois leur application est mesurée et chargée d'exceptions sous prétexte de l'existence d'un contrôle juridictionnel postérieur. Pour bien cerner

---

déterminées individuellement pour chaque entreprise ou organisme sanctionné » (souligné par nous).

1421 Cass. com., 13 oct. 2009, n° 08-18.224, *Sté Spie*, JurisData:2009-049882 ; Cass. com., 18 nov. 2008, n° 07-21.743, *Carrefour hypermarché France*, inédit, JurisData:2008-045939 ; Cass. com., 22 nov. 2005, n° 04-19.102, *Sté Dexxon Data Media*, préc. ; CA Paris 24 juin 2008, n° 06/06913, *Sté France Travaux*, préc. ; CA Paris 17 sept. 2008, n° 07/10371, *La Coopérative ardéchoise*, JurisData:2008-001530 ; CA Paris 4 mars 2008, n° 07/00370, *José Alvarez* ; CA Paris, 19 juin 2007, n° 06/00628, *Sté Philips France*, JurisData:2007-336831.

1422 Cass. com., 23 avr. 2003, n° 01-16.124, *Interflora*, inédit, JurisData:2003-019103 ; CA Paris, 25 févr. 2009, n° 08/02003, *Transeuro Desbordes Worldwide Relocations*, JurisData:2009-007585 ; CA Paris, 11 mars 2009, n° 07/19110, *Sté Bouygues Télécom SA*, JurisData:2009-007341 ; CA Paris, ord., 29 sept. 2009, n° 08/12495, *Établissements Mathé*, préc. ; CA Paris, 3 nov. 2009, n° 09/01024, *Sté Compagnie Française de Transport Interurbain SA*, JurisData:2009-014161 ; CA Paris, 24 nov. 2009, n° 09/0315, *Chevron Products Company Sté des pétroles Shell SAS*, JurisData:2009-017472.

1423 Congrès de Vienne du 2-7 oct. 1989, préc., p. 87.

la question, il convient d'aborder, tout d'abord, la phase des poursuites, pour s'interroger sur le sort réservé à la règle de prescription (**Sous-section 1**). Ensuite, à la phase d'instruction, il sera question du respect de la présomption d'innocence et des droits de la défense (**Sous-section 2**). Enfin, dans le cadre de la phase du prononcé de la sanction il sera intéressant de s'interroger sur la place réservée aux principes d'impartialité et de motivation (**Sous-section 3**).

SOUS-SECTION 1. LA CONSÉCRATION DU PRINCIPE DE LA PRESCRIPTION AU STADE DES POURSUITES

786. La prescription des poursuites signifie que l'écoulement d'un délai entraîne l'extinction de l'action et rend toute poursuite impossible. Ce principe puise sa justification dans le fait qu'au-delà d'un certain délai, le trouble causé par l'infraction ainsi que les preuves disparaissent avec le temps, donc le risque d'erreur judiciaire augmente. D'une certaine manière, la prescription est une sorte de sanction de la négligence des autorités. Ainsi, est-il dans l'intérêt de l'auteur d'un manquement qu'il y ait une règle de prescription et de préférence de courte durée ; il est inconcevable que cette personne encoure d'une manière permanente et indéfinie le risque d'une poursuite.

787. Contrairement au droit pénal, où la prescription constitue un principe fondamental[1424], « le droit administratif [lui] cultive de saisissantes lacunes »[1425] sur la question. Cependant, la régulation économique semble faire exception puisque le législateur a consacré cette règle dans le cas de toutes les AAIRE faisant l'objet de notre recherche (**Paragraphe 1**). Par ailleurs, l'étude des textes institutifs de ces autorités ainsi que de la jurisprudence rendue sur le sujet nous révèle que, tout comme la matière pénale, la prescription extinctive en matière de régulation économique peut également faire l'objet d'une interruption (**Paragraphe 2**).

Paragraphe 1. Un délai de prescription conforme aux caractéristiques de la sphère économique

788. À l'inverse du droit privé où les règles de la prescription se sont enrichies d'une jurisprudence abondante, en droit administratif la question n'a pas connu le même succès[1426]. Le juge administratif n'a élaboré ni une théorie générale ni un régime commun de la prescription. De toute manière, il apparaît

---

1424 Si le droit pénal est régi par le principe de la prescriptibilité de l'action publique (*cf.* les art. 133-2 et 133-6 du CP), certaines infractions sont réputées imprescriptibles. C'est le cas des crimes contre l'humanité, de crimes et délits qualifiés d'actes terroristes et subversifs, de crime transnational organisé, de corruption ou de détournement de deniers publics, *cf.* les art. 213-5 du CP.

1425 B. PLESSIX, « La prescription extinctive en droit administratif », *RFDA* 2006, p. 375.

1426 R. ROUQUETTE, « Les prescriptions en droit administratif », *Dr. adm.*, n° 8-9, août-sept. 2002, p. 6.

du peu de décisions rendues en la matière que le principe est celui de l'imprescriptibilité de l'action administrative. Dans le but de ne pas restreindre la liberté d'action de l'autorité publique, le Conseil d'État a estimé qu'en l'absence d'un texte, le pouvoir de sanction administratif ne se prescrit pas[1427]. Une position qui se justifie selon Jacques MOURGEON du fait que « la permanence et l'importance des finalités et des exigences de l'œuvre à accomplir excluent que l'institution (secondaire) puisse s'accommoder de l'idée de prescription »[1428]. Cependant, le juge administratif admet que les sanctions économiques soient atteintes par la prescription triennale, qu'on soit face à une procédure administrative ou judiciaire, et ce, en raison de leur nature contraventionnelle[1429].

789. Qu'en est-il des actions répressives des AAIRE ? Tous les textes institutifs de ces autorités ont consacré la règle de prescription triennale[1430], excepté trois d'entre eux. Tout d'abord, en droit de la concurrence, le législateur a opté pour un délai de prescription de cinq (5) ans[1431]. Faut-il le rappeler, avant 2004, c'était aussi un délai de trois (3) ans qui a prévalu en matière de concurrence. Toutefois, dans le but d'harmoniser les règles françaises et européennes relatives à la prescription des infractions et, par ricochet, permettre une pleine application des mécanismes de coopération des infractions aux règles européennes de concurrence, le délai est aligné sur celui du droit de l'Union européenne, c'est-à-dire cinq (5) ans[1432]. Le second domaine à faire exception à la règle de prescription triennale est le transport

---

[1427] CE, 22 nov. 1989, n° 80147, *Martin*, JurisData:1989-647104. Un raisonnement identique est retenu en matière de pouvoir disciplinaire, dans l'arrêt *Thomas* du 7 févr. 2001, n° 210574, JurisData:2001-062028, à l'occasion duquel la haute juridiction administrative a jugé « qu'en l'absence de prescription en matière disciplinaire, le moyen tiré de la longueur du délai écoulé entre la date à laquelle les faits ont été commis et celle à laquelle le décret attaqué a été pris doit être écarté ». Dans le même sens, *cf.* CE 14 juin 1991, *Aliquot*, préc., *AJDA* 1991, p. 506, chron. C. MAUGÜE et R. SCHWARTZ. Pour rappel, cette position n'est qu'une confirmation de celle dégagée, pour la première fois, par l'arrêt d'Assemblée *Sieur Deleuze* du 27 mai 1955 (*Rec. CE* 1955, p. 296), selon lequel « en l'absence de dispositions législatives imposant, à peine de nullité, un terme à la procédure disciplinaire, il n'appartient pas au juge d'instituer un délai de l'expiration duquel l'action disciplinaire serait frappée de forclusion », *cf.* la chronique précitée de C. MAUGÜE et R. SCHWARTZ.

[1428] J. MOURGEON, *op. cit.*, p. 358.

[1429] CE, 16 févr. 1962, *Percy du Sert*, *Rec. CE* 1962, p. 112, *RDP* 1962, p.1174, note M. WALLINE ; CE, 29 avr. 1960, *Lemmou*, *AJDA* 1961, p. 94.

[1430] *Cf.* l'art. L.134-33, al. 2 du C. énergie (CRE) ; l'art. L.621-15-I, al. 2 du C. mon. fin., (AMF) ; l'art. 44-III de la loi n° 2010-476, préc., (ARJEL) ; les art. L.5-3-IV et L.36-11-V du CPCE (ARCEP) ; les art. 42-5 et 48 -5 de la loi n° 86-1067, préc., (CSA).

[1431] *Cf.* art. L.462-7, al. 1 du C. com.

[1432] Conformément à son art. 2, 2°, l'ord. n° 2004-1173 du 4 nov. 2004 édicte les mesures d'adaptation du Livre IV du Code de commerce, relatif à la liberté des prix et de la concurrence, requises pour une application pleine et entière du règlement (CE) n° 1/2003 du Conseil européen du 16 déc. 2002, relatif à la mise en œuvre des règles de concurrence prévues aux articles 81 et 82 du Traité instituant la Communauté Européenne. En plus du délai de la prescription, sont également alignées sur les règles communautaires les causes d'interruption de la prescription, *cf.* les art. L.462-6 et L.462-7 du C. com.

ferroviaire, où l'on a retenu également le délai de cinq (5) ans[1433]. Mais contrairement au droit de la concurrence, où le changement est justifié par les règles européennes, la question reste posée quant au choix d'un tel délai au lieu de celui de trois (3) ans retenu pratiquement pour toutes les autres AAIRE. Certes, si l'on se place du côté de l'ADLC et de l'ARAFER, cette consécration peut paraître comme un véritable acquis, par contre placé du côté des auteurs des manquements, un tel changement pourrait être perçu comme une réelle régression quant à leurs intérêts. Avant de clore ce point, il convient de noter que le législateur est resté muet sur la question dans le cas de l'ACPR.

790. Enfin, la prescription n'est pas un acte inéluctable dans la mesure où elle peut être interrompue ou suspendue.

Paragraphe 2. Interruption de la prescription de l'action répressive des AAIRE

791. L'interruption a pour effet d'effacer le délai écoulé et un nouveau délai identique commence à courir à compter de la date de l'acte ou de l'évènement interruptif. La suspension, plus rare, renvoie à la notion d'obstacle qui empêche le délai de prescription de courir. Donc le décompte de ce dernier est temporairement interrompu et reprend dès la disparition de l'obstacle[1434].

En matière pénale, les causes d'interruption du délai de prescription de l'action publique sont nombreuses. La règle est posée au premier alinéa de l'article 7 du Code de procédure pénale, qui définit ces causes comme étant tout « acte d'instruction ou de poursuite ».

792. En droit de la régulation économique, une règle générale sur les causes d'interruption ressort des mêmes dispositions qui ont consacré la règle de la prescription. En effet, c'est la même expression qui revient dans tous les textes, en l'occurrence, « tout acte tendant à la recherche, la constatation ou la sanction des faits »[1435]. Devant la généralité d'une telle règle, c'est la jurisprudence qui est venue préciser ses termes. La Cour de cassation a, en effet, rendu une jurisprudence abondante sur la prescription en matière de droit de la concurrence. À titre d'exemple, sont considérés comme un évènement interruptif :

- les actes interruptifs de la prescription de l'action publique, exercée en application de l'article L.420-6 du Code de commerce, interrompant également

---

1433 *Cf.* l'art. L1264-10 *in fine* du C. transports (ARAFER).

1434 *Cf.* dans ce sens : R. MERLE et A. VITU, *Traité de droit criminel*, *op. cit.*, p. 1047.

1435 *Cf.* les art. L.462-7 du C. com., (ADLC) ; L.134-33, al. 2 du C. énergie (CRE) ; l'art. L.621-15-I, al. 2 du C. mon. fin., (AMF) ; l'art. 44-III de la loi n° 2010-476, préc., (ARJEL) ; les art. L.5-3-IV et L.36-11-V du CPCE (ARCEP) ; les art. 42-5 et 48 -5 de la loi n° 86-1067, préc., (CSA) ; l'art. L1264-10 *in fine* du C. transports (ARAFER).

la prescription de l'action devant l'Autorité de concurrence portant sur les mêmes faits[1436] ;

- la demande de communication du dossier pénal adressée par l'ADLC au juge d'instruction et la lettre du rapporteur accusant réception des pièces pénales[1437] ;

- le procès-verbal établi par le rapporteur, officialisant l'intégration des pièces du dossier pénal à la procédure suivie devant l'autorité[1438] ;

- la seconde saisine de l'ADLC qui porte sur la même entente que la première saisine, tout en présentant des éléments de preuve complémentaires, constitue un acte tendant à la recherche, à la constatation ou à la sanction des faits dont l'autorité a été saisie[1439] ;

- les opérations de visite et de saisie qui constituent des actes de recherche et de constatation de faits susceptibles de constituer des pratiques anticoncurrentielles prohibées ; de même que les voies de recours exercées à l'encontre des décisions autorisant ces opérations ou rejetant les requêtes tendant à leur annulation[1440] ;

- la transmission à l'ADLC du rapport administratif d'enquête établi par la DGCCRF en application de l'article L.450-2 du Code de commerce, ainsi que la demande de renseignements sur la situation financière et juridique adressés aux entreprises mises en cause, par un rapporteur désigné pour l'instruction d'une saisine de l'ADLC[1441] ;

- la convocation pour audition adressée par le rapporteur au représentant de l'une des entreprises mises en cause, qui tend à la recherche, à la constatation ou à la sanction des faits dénoncés dans la saisine de l'ADLC, que ce rapporteur est chargé d'instruire[1442].

Il a été prévu également que l'article L.462-7 du Code de commerce définit les actes interruptifs de prescription par référence à leur objet ou à leur finalité, et non par référence à leur auteur. De ce fait, un acte tendant à la recherche, la constatation ou la sanction de pratiques anticoncurrentielles, même s'il ne concerne que certaines des entreprises incriminées ou une partie seulement des faits commis pendant la période visée par la saisine, interrompt la prescription à l'égard de toutes les entreprises mises en cause et pour l'ensemble des faits

---

1436 Cependant, cet effet interruptif ne met pas la survie de l'action administrative dans la dépendance de celle de l'action publique. La Cour de cassation a estimé « qu'indépendantes, les deux actions suivent leur propre évolution en fonction des actes accomplis par chacune des autorités compétentes », *cf.* Cass. com., 13 oct. 2009, n° 08-17.269, *Colas Île-de-France Normandie*, *Bull. civ.* 2009, IV, n° 125.

1437 Cass. com., 15 janv. 2008, n° 07-11.677, *Colas Île-de-France Normandie*, *Bull. civ.* 2008, IV, n° 5, JurisData:2008-042334.

1438 Cass. com., 13 oct. 2009, n° 08-17.269, préc.

1439 Cass. com., 15 janv. 2008, n° 07-11.677, préc.

1440 Cass. com., 6 mars 2007, n° 06-13.501, *Sté Demathieu et Bard*, *Bull. civ.* 2007, IV, n° 77, JurisData:2007-037807.

1441 Cass. com., 10 juill. 2008, n° 07-17.276, *SA GUERLAIN*, préc.

1442 Cass. com., 6 nov. 2007, n° 06-16.194, *Sté DBS et autres*, *Bull. civ.* 2007, IV, n° 232, JurisData:2007-041258.

dont est saisie l'ADLC, dès lors que ceux-ci présentent entre eux un lien de connexité[1443].

En revanche, pour la haute juridiction judiciaire, ne constituent pas des actes tendant à la recherche la constatation ou la sanction des pratiques visées par l'instruction, au sens de l'article L.462-7 du Code de commerce, les lettres répondant aux questions du rapporteur quand leur réception et leur lecture par le rapporteur lui auraient permis de compléter sa connaissance des faits[1444]. La Cour considère également la désignation de rapporteurs comme une mesure d'ordre interne qui, par conséquent, n'interrompt pas le délai de prescription[1445].

793. Les actes de poursuite ou d'instruction considérés comme interruptifs de la prescription par la haute juridiction administrative ne diffèrent pas trop des précédents. Ainsi, il a été jugé, par exemple, que l'ouverture d'une enquête à l'encontre d'une entreprise doit être regardée comme ayant interrompu la prescription à l'égard des manquements. Le même effet est reconnu à la saisine, la notification des griefs aux intéressés ou leur convocation à une audience tendant à la sanction des faits poursuivis de la commission des sanctions de l'AMF et le prononcé d'une première sanction[1446].

SOUS-SECTION 2. LES LIMITES DES GARANTIES AU STADE DE L'INSTRUCTION DE L'AFFAIRE

794. Au stade de l'instruction de l'affaire devant les AAIRE, le principe de la présomption d'innocence, qui est une garantie capitale et indispensable dans toute poursuite et tout procès, connaît une application biaisée dans la mesure où il est partiellement respecté (**Paragraphe 1**). Les droits de la défense, quant à eux, s'ils font l'objet d'une reconnaissance affichée, leur application reste mesurée (**Paragraphe 2**).

Paragraphe 1. L'application biaisée de la présomption d'innocence

795. Son importance dans la protection de la personne a fait de la présomption d'innocence l'un des principes fondamentaux contenus dans tous les textes en rapport avec la promotion et la sauvegarde des droits de

---

[1443] Cass. com., 13 oct. 2009, n° 08-17.269, préc. ; Cass. com., 6 mars 2007, n° 06-13.501, préc. ; Cass. com., 12 juill. 2005, n° 04-16.933, *Conseil national des professions de l'automobile (CNPA)*, *Bull. civ.* 2005, IV, n° 162, JurisData:2005-029493 ; Cass. com., 10 juill. 2008, n° 07-17276, préc.

[1444] Cass. com., 6 nov. 2007, n° 06-17.881, *Ministre de l'économie des finances et de l'industrie*, Bull. 2007, IV, n° 233, JurisData:2007-041257.

[1445] Cass. com., 8 juill. 1997, n° 96-10.373, *Ministre de l'économie*, Bull. 1997, IV, n° 220, p. 191, JurisData:1997-003268.

[1446] CE, 29 mars 2010, n°s 323354, 323488, 323491 et 324395, *M. Patrick B*, JurisData:2010-003033 ; CE, 30 mai 2007, n° 293423, *Sté Tradition Securities and Futures*, JurisData:2007-071941 ; CE, réf., 29 janv. 2009, n° 323490, *Sté Global Equities*, inédit, JurisData:2009-075006.

l'homme[1447]. Le crédit de ce principe est que toute personne accusée d'une infraction est présumée innocente jusqu'à ce que sa culpabilité soit légalement et définitivement établie. Il s'agit d'un principe fondamental qui fait reposer sur l'accusation la charge de rapporter la preuve de culpabilité d'un prévenu. En outre, son respect implique l'interdiction faite à l'autorité répressive d'accomplir toute action ou comportement pouvant, par ses propos, laisser apparaître une conviction personnelle quant à la culpabilité de l'accusé. Par ailleurs, si la preuve de culpabilité est insuffisante, le doute profite à la personne poursuivie.

796. Compte tenu de la nature et des pouvoirs des AAIRE, le principe de la présomption d'innocence devrait y jouer un rôle important. Il n'en est rien en réalité, et son application devant ces organismes semble biaisée. Certes, il a fait l'objet d'une consécration et d'une reconnaissance jurisprudentielle, toutefois, une telle démarche doit être nuancée car son respect reste partiel (**A**). La relativité de ce principe, en matière de répression administrative, est illustrée par la faculté reconnue par le juge constitutionnel au législateur d'instituer des présomptions de culpabilité (**B**).

A. Un principe partiellement respecté

797. Si la répression pénale ''baigne'' pleinement dans la présomption d'innocence[1448], la question reste posée quant à la place que devrait occuper ce principe en matière administrative. Entre ceux qui l'excluent et ceux qui, au contraire, confirment sa consécration, la doctrine reste divisée sur la question (**1**). La jurisprudence semble, quant à elle, donner raison à la seconde partie (**2**).

1. De la divergence doctrinale

798. Pour une grande partie de la doctrine, conséquemment à la présomption de légalité des actes administratifs, la présomption d'innocence est méconnue en matière de répression administrative[1449]. De même, le

---

[1447] Selon l'art. 11 de la DUDH « Toute personne accusée d'un acte délictueux est présumée innocente. Jusqu'à ce que sa culpabilité ait été légalement établie au cours d'un procès public où toutes les garanties nécessaires à sa défense lui auront été assurées », *cf.* également les art. 14, al. 2 du PIDCP ; 9 de la DDHC ; 6§2 de la CESDH ; 16 de la CADH et l'art. 7, al. 1, b de la CADHP.

[1448] En droit français, en plus de la Constitution qui a consacré le principe dans son préambule, par le biais de la DDHC, le principe est retenu au paragraphe III de l'article préliminaire du CPP, selon lequel « Toute personne suspectée ou poursuivie est présumée innocente tant que sa culpabilité n'a pas été établie. Les atteintes à sa présomption d'innocence sont prévenues, réparées et réprimées dans les conditions prévues par la loi. » *cf.* aussi : Cass. crim., 22 févr. 1993, n° 92-81.811, *Bull. crim.* 1993, n° 84, p. 201, JurisData:1993-002829 ; Cass. crim., 21 mars 1990, n° 88-84.011, *Bull. crim.* 1990, n° 125, p. 331, JurisData:1990-701526.

[1449] *Cf.* J. MOURGEON, *op. cit.*, p. 456 ; M. DELMAS-MARTY et C. TEITGEN-COLLY, *Punir sans juger ? op. cit.*, pp. 118 et 352 ; H.-G. HUBRECHT, « La notion de sanction administrative », art. cit., p. 11 ; Y. GAUDEMET, « Présomption de régularité de l'action

privilège du préalable, dont bénéficie l'administration, entraîne l'applicabilité des actes administratifs et leur respect par leurs destinataires, sauf à exercer un recours à leur encontre[1450]. Plus encore, en la matière, le doute ne profite pas à la défense mais à l'accusation ; les faits avancés par l'autorité administrative étant considérés comme établis s'ils ne sont pas combattus ou contredits[1451]. C'est pour ces raisons que des commentateurs, bien avisés, ont vu une incompatibilité entre répression administrative et présomption d'innocence[1452].

799. Pour une autre partie de la doctrine, moins nombreuse, la présomption d'innocence a toute sa place en droit administratif et même si elle n'est pas explicitement consacrée, elle est néanmoins respectée d'une façon indirecte[1453]. Les partisans de ce courant doctrinal font remarquer que le défaut d'une consécration explicite de la présomption d'innocence est pallié par d'autres garanties procédurales et pas des moindres. En premier lieu, ils évoquent l'obligation de respecter les droits de la défense avant toute condamnation. En second lieu, se basant sur la charge de la preuve, ils estiment que le contrôle du juge administratif sur les décisions administratives permet indirectement le respect de la présomption d'innocence. À leurs yeux, « le juge administratif a le pouvoir de mettre l'autorité répressive, bien que partie défenderesse, dans l'obligation de fournir la preuve de l'existence et de la gravité des faits incriminés »[1454].

Cette seconde position est beaucoup plus proche de la vérité et de la logique. Même en l'absence d'une disposition expresse, la présomption d'innocence se trouve être respectée indirectement par l'exigence du respect des principes des droits de la défense et d'impartialité. Obliger les AAIRE à communiquer les griefs et le dossier, tout en reconnaissant aux personnes poursuivies le droit de discuter ces griefs, est un aveu que ces dernières sont présumées innocentes à ce stade. Par ailleurs, le principe d'impartialité

---

administrative et sauvegarde des droits des administrés », *AJDA* 1982, p. 629 ; R. CHAPUS, note sous CE, 21 déc.1960, *Premier ministre c/Vicat-Blanc*, *Rec. CE* 1960, p. 1093, *D.* 1961, p. 421 ; B. GENEVOIS, note sous Cons., const., n° 88-248 DC du 17 janv. 1989, *RFDA* 1989, p. 227.

1450 G. VEDEL et P. DELVOLVÉ, *Droit administratif*, t. 1, 12ème éd., 1992, Paris, PUF, Coll. « Thémis », p. 245.

1451 L'intéressé doit apporter la preuve qu'il n'a pas de rapports avec les faits qui lui sont reprochés, *cf.* CE, 1er juin 1943, *Magnas*, *S.* 1943, p. 37 note G. LIET-VEAUX ; CE, 30 janv. 1951, *Jacquesson*, *Rec. CE* 1951, p. 39. Ces deux arrêts sont cités dans Y. BROUSSOLLE, « Les limites de la libéralisation du régime pétrolier par la loi du 31 déc. 1992 », *RFDA* 1996, p. 509. Il incombe également à un fonctionnaire des douanes d'apporter la preuve que le don qu'il a reçu d'une entreprise soumise à son contrôle était sans rapport avec l'exercice de ses fonctions, *cf.* CAA Paris 20 mai 1997, n° 96PA00135, *M.B*, AJFP 1997, n° 6, pp. 34 et 35.

1452 *Cf.* B. GENEVOIS, note sous Cons., const., n° 88-248 DC du 17 janv. 1989, préc., p. 227.

1453 *Cf.* C. DUCOULOUX-FAVARD note sous CA Paris, 15 janv. 1993, *Derveloy c/Agent judiciaire du trésor*, *D.* 1993, p. 273 ; G. DELLIS, *Droit pénal et droit administratif*, *op. cit.*, p. 347 ; A. SAILLARD, *op. cit.*, p. 361 et s.

1454 G. DELLIS, *ibid.*, p. 353. *Cf.* également sur la question : R. CHAPUS, note sous CE, 21 déc. 1960, préc. ; A. SAILLARD, *ibid.*, p. 361 et s.

implique l'exclusion de tout préjugé, ce qui revient à dire ne pas avoir un soupçon de culpabilité préétablie concernant la personne poursuivie.

Toutefois, on ne partage pas leur position quant au rôle palliatif joué par le contrôle juridictionnel. Pour cause, la présomption d'innocence a besoin d'être renforcée lors de la phase administrative, avant l'infliction de la sanction administrative. Certes, la jurisprudence a évolué au point de transférer la charge de preuve à l'administration[1455], cependant, étant donné sa nature ainsi que celle des autorités qui l'infligent, et son impact sur ses destinataires, la sanction administrative répressive devrait faire l'objet de plus d'attention avant même que l'affaire ne soit portée devant le juge, c'est-à-dire devant l'autorité administrative.

2. Une consécration jurisprudentielle relative

800. Au niveau européen, l'intérêt porté au principe de la présomption d'innocence était à l'origine de l'adoption d'un Livre vert sur le sujet[1456]. Le principe est aussi retenu à l'article 6§2 de la CESDH selon lequel « Toute personne accusée d'une infraction est présumée innocente jusqu'à ce que sa culpabilité ait été légalement admise ». Pour la CEDH, la présomption d'innocence ne se limite pas à une garantie procédurale en matière pénale, sa portée est plus étendue et exige qu'aucun représentant de l'État ne déclare qu'une personne est coupable d'une infraction avant que sa culpabilité n'ait été

[1455] CE, 26 nov. 2012, n° 354108, *Cordière c/ France Télécom*, JurisData:2012-027366. Traitant de la charge de preuve en matière de contentieux administratif, la haute juridiction administrative française a jugé, dans un considérant de principe, que le juge du contrôle ne saurait exiger de l'auteur du recours qu'il apporte la preuve des faits qu'il avance, même s'il lui est loisible d'écarter les allégations qu'il juge insuffisamment étayées. En revanche, si elles sont sérieuses et ne sont pas démenties par l'administration, le juge peut mettre en œuvre ses pouvoirs généraux d'instruction des requêtes et de prendre toutes mesures propres à lui procurer, par les voies de droit, les éléments de nature à lui permettre de former sa conviction, en particulier en exigeant de l'administration compétente la production de tout document susceptible de permettre de vérifier les allégations du demandeur. Mieux encore, en matière de sanction il appartient à l'autorité qui a prononcé la sanction d'établir l'exactitude des griefs, *cf.* CE, 16 juin 1965, n° 62105, *Sieur Morin*, *Rec. CE* 1965, p. 365. Une jurisprudence étendue même aux décisions, outre que les sanctions, qui préjudicient son destinataire, comme pour le retrait d'un agrément ou d'une autorisation, *cf.* CE, 13 mars 1970, *Dame Vve Sinigo*, p. 191. Pour plus de détails sur la question, *cf.* J.-P. COLSON, *L'office du juge et la preuve dans le contentieux administratif*, Paris, LGDJ, Coll., « Bibliothèque de droit public », 1970 ; A. PLANTEY et F.-Ch. BERNARD, *La preuve devant le juge administratif*, Paris, Economica, 2003 ; J. DELMAS-MARSALET, *Le contrôle juridictionnel des interventions économiques de l'Etat*, EDCE, 1969, n° 22, p. 133 ; R. DENOIX DE SAINT-MARC et D. LABETOULLE, *Les pouvoirs d'instruction du juge administratif*, EDCE, 1970, n° 23, p. 69 ; H. GAUDEMAR, « La preuve devant le juge administratif », *Dr. adm.*, 2009, n° 6, p. 12.

[1456] Commission des communautés européennes, Bruxelles, le 26.4.2006 COM(2006) 174 final, Livre Vert sur la présomption d'innocence, disponible sur : http://eur-lex.europa.eu/LexUriServ/site/fr/com/2006/com2006_0174fr01.pdf (consulté en juin 2008)

établie par un tribunal[1457]. Autrement dit, une atteinte à ce principe peut émaner non seulement d'un juge mais aussi de toute autre autorité publique[1458].

801. Dans la mesure où la jurisprudence consent à l'application de l'article 6§1 de la CESDH au pouvoir répressif des AAIRE, par conséquent l'applicabilité de son paragraphe 2 va de soi. D'ailleurs, le premier paragraphe est considéré comme un socle auquel se rattache le second qui est propre à la matière pénale[1459]. C'est ce qui ressort de la position de la haute juridiction administrative qui considère la présomption d'innocence comme une liberté fondamentale[1460] et consent à invoquer le paragraphe 2 de l'article 6 de la CESDH dès la phase administrative[1461]. Pour le Conseil d'État, « le respect de cette exigence s'impose, non seulement devant les instances chargées de l'instruction puis du jugement de l'affaire, mais également vis-à-vis d'autres *autorités publiques* »[1462] (souligné par nous). Nous pouvons remarquer, avec Mattias GUYOMAR[1463], que le Conseil d'État admet l'applicabilité de ce paragraphe sans faire jouer le critère organique. Une solution qui nous paraît logique, sachant que le principe de la présomption d'innocence concerne la personne poursuivie qui doit en bénéficier indépendamment de la nature de l'autorité investie du pouvoir répressif[1464]. Une position qui rejoint celle de la CEDH.

802. Le juge judiciaire n'est pas en reste. Dans plusieurs arrêts, rendus notamment en matière boursière et de la concurrence, la Cour de cassation a

---

[1457] *Allenet de Ribemont c. France*, 10 févr. 1995, §§ 35-36, série A n° 308 ; *Karadağ c. Turquie*, n° 12976/05, § 60, 29 juin 2010.

[1458] *Daktaras c. Lituanie*, n° 42095/98, §§ 41-42, CEDH 2000-X.

[1459] Le Tribunal de première instance de communautés européennes a rappelé qu'« eu égard à la nature des infractions en cause ainsi qu'à la nature et au degré de sévérité des sanctions qui s'y rattachent, le principe de la présomption d'innocence s'applique notamment aux procédures relatives à des violations des règles de concurrence applicables aux entreprises susceptibles d'aboutir à la prononciation d'amendes ou d'astreintes », *cf.* TPICE, 25 oct. 2005, *Groupe Danone c. Commission*, aff. T-38/02, *Rec. TPICE* 2005, p. II-4407. Dans le même sens, *cf.* CJCE, 8 juill. 1999, *Hüls c/ Commission*, aff. C-199/92 P, *Rec. CJCE* 1999, I, p. 4287, pts. 149-150 ; CJCE, 8 juill. 1999, aff. C-235/92 P, *Montecatini c/ Commission, Rec. CJCE* 1999, I, p. 4539, pts 175 et 176. La Cour européenne a jugé que la présomption d'innocence, même consacrée au paragraphe 2 de l'article 6, figure parmi les éléments du procès équitable exigé par le paragraphe 1, *cf. Cf. Deweer c. Belgique*, 27 févr. 1980, § 56, série A n° 35 ; *Minelli c. Suisse*, 25 mars 1983, § 27, série A n° 62 ; *Allenet de Ribemont c. France*, 10 févr. 1995, § 35, série A n° 308 ; *Bernard c. France*, 23 avr. 1998, § 37, *Recueil des arrêts et décisions* 1998-II ; *Pandy c. Belgique*, n° 13583/02, § 41, 21 sept. 2006 ; *Poncelet c. Belgique*, n° 44418/07, § 49, 30 mars 2010.

[1460] CE, sect., 27 oct. 2006, n° 276069, *M. Parent et autres*, préc. ; CE, réf., 14 mars 2005, n° 278435, *M. Gollnisch, Rec. CE* 2005, p. 103, JurisData:2005-068223, *AJDA* 2005, p. 1633, note L. BURGORGUE-LARSEN, AJFP 2005, p. 222.

[1461] CE, 24 mars 2006, n° 257330, *SA Martell & Co, Rec. CE* 2006, p. 163 ; CE, réf., 14 avr. 2005, n° 279473, *Joubrel*, JurisData:2005-068400, *AJDA* 2005, p. 1919.

[1462] CE, réf. 14 avr. 2005, n° 279473, préc.

[1463] Concl. sur CE, sect., 27 oct. 2006, *M. Parent et autres*, *Bull. Joly Bourse* 2007, p. 80, préc.

[1464] CE, sect., 27 oct. 2006, *M. Parent et autres*, préc.

rappelé l'obligation qui pèse sur les AAIRE de respecter la présomption d'innocence. C'est le cas, par exemple, dans la fameuse affaire *Ciments Français*, que nous pouvons résumer en ces termes : dans une déclaration à la presse, le président de la COB avait considéré comme établi que la personne poursuivie, dans une affaire en cours, était coupable des manquements qui lui étaient imputés, alors que la procédure n'était pas encore terminée et que la COB, sous la direction de ce même président devait, par la suite, prononcer une sanction contre ce dirigeant. La Cour de cassation donne raison au demandeur au pourvoi, au visa de l'article 6§2 de la CESDH, en estimant que le président de la COB ne pouvait pas faire de déclarations publiques sur une affaire en cours, et ce, entre la notification des griefs à la société et le prononcé de la sanction prise contre elle sous la présidence de l'auteur de ces déclarations[1465].

Dans une affaire analogue, la Cour est allée encore plus loin en jugeant que « peu important que leur auteur ayant cessé ses fonctions n'ait pas participé à la délibération décidant la poursuite de la procédure au vu des observations en réponse aux griefs, ni à la décision sur le fond, dès lors que le respect de la présomption d'innocence interdit que le président de la COB en exercice ne déclare une personne coupable d'une infraction avant que les juges compétents ne se soient prononcés »[1466]. À l'inverse, dans d'autres affaires, la haute juridiction judiciaire a tout simplement écarté le moyen selon lequel le Conseil de la concurrence aurait violé le principe de la présomption d'innocence[1467].

À certains requérants qui soutenaient que l'appellation "commission des sanctions" – de l'AMF – donne à penser que l'appréciation de la culpabilité est déjà réglée et que seul le choix d'une sanction demeure en débat, la Cour a répondu qu'une telle dénomination « n'implique pas que cette commission soit investie du seul pouvoir de sanctionner des manquements préalablement établis, [et qu'elle] n'est pas de nature à faire naître un doute légitime quant à la conformité de cet organe aux exigences du procès équitable »[1468]. Elle a également jugé, à propos de la même commission, que la publication forcée de

---

[1465] Cass. com., 18 juin 1996, n° 94-14.178, *Conso, Bull. civ.* 1996, IV, n° 179, p. 155, JurisData:1996-002498, *Gaz. Pal.*, 9 avr. 1997, n° 99-100, Pan. p. 68-71. Dans un sens contraire, *cf.* Cass. com., 19 déc. 2006, n° 05-18.919, *M. Jean-Marie Messier*, inédit, JurisData:2006-036772. Déjà bien avant la Cour de cassation, la cour d'appel de Paris a mis en évidence l'importance de la présomption d'innocence devant les AAIRE, comme dans le cas de l'arrêt rendu le 15 janv. 1993 qui, en évoquant le principe de la présomption d'innocence, a marqué les limites conférées au président de la COB de communiquer des informations au public, *cf.* CA Paris, 15 janv. 1993, n° 92/14779, *Derveloy c/Agent judiciaire du trésor*, JurisData:1993-020250, *Gaz. Pal.*, 7 mai 1993, n° 1278, Flash, p. 26, *JCP E* 1993, 71, note M. DOBKINE, *D.* 1993, Jur. p. 273, note C. DUCOULOUX-FAVARD, *RD bancaire et de la bourse* 1993, p. 93, obs. M.-A. FRISON-ROCHE et M. GERMAIN.

[1466] Cass. com., 1er déc. 1998, n° 96-20.189, *Oury, Bull. civ.* 1998, IV, n° 283, p. 237, *LPA*, n° 11, 15 janv. 1999, p. 5, note C. DUCOULOUX-FAVARD, *JCP E* 1999, 372, note E. GARRAUD.

[1467] Cass. com., 29 juin 2007, *Sté Bouygues Telecom*, préc.

[1468] Cass. com., 19 janv. 2010, n° 08-22.084, *Sté AD capital et M. X... c/ AMF*, inédit, JurisData:2010-051284.

ses décisions, même sans préservation de l'anonymat de la personne sanctionnée, procède du principe fondamental de la publicité des décisions à forme et contenu juridictionnels, et ne porte pas atteinte au principe de la présomption d'innocence de la personne ainsi sanctionnée dès lors qu'elle dispose d'un recours tendant à obtenir le sursis à l'exécution de la mesure de publication[1469].

803. Dans l'hypothèse d'une double poursuite, pénale et administrative, à raison des mêmes faits ou de faits distincts, la question s'est posée de savoir si l'autorité administrative investie d'un pouvoir répressif ne méconnaît pas le principe de la présomption d'innocence en prononçant une sanction sans attendre que les juridictions aient définitivement statué. Se basant sur l'indépendance de la procédure administrative de la procédure pénale, le juge administratif a estimé qu'il n'y avait pas eu violation de la présomption d'innocence en pareille hypothèse[1470].

804. À l'aune de cet exposé, il est aisé de remarquer que si le principe de la présomption d'innocence a pris de l'importance dans le cadre du pouvoir répressif des AAIRE, il n'est pas pour autant complètement respecté. Comment peut-il en être autrement puisque les recours exercés à l'encontre des décisions de ces autorités ne sont pas, par principe, suspensifs[1471]. D'après sa définition, la présomption d'innocence est de mise dès lors que n'intervient pas une condamnation légale *définitive* de l'intéressé[1472]. Or, pouvant faire l'objet d'un recours juridictionnel, de surcroît de pleine juridiction, les décisions répressives de ces autorités ne sont donc pas définitives. Par ricochet, la personne sanctionnée bénéficie toujours de la présomption d'innocence. Donc, tant que sa culpabilité n'est pas définitive, pourquoi refuser que le recours soit suspensif ? Pourquoi lui appliquer une sanction alors qu'à ce stade, elle est toujours présumée innocente ?

805. La relativité de la présomption d'innocence est également perceptible dans les moyens de preuves retenus devant les AAIRE. À titre d'exemple, on n'est pas tenu devant l'ADLC de se baser sur des preuves formelles et certaines, l'existence d'un faisceau d'indices graves, précis et concordants, voire d'un parallélisme de comportement – sous certaines conditions[1473] – est

---

[1469] Cass. com., 13 nov. 2013, n° 12-21.572, *MM. Y...et Z... c/ AMF*, inédit, JurisData:2013-025532. Dans le même sens, *cf.* CA Paris, 15 mars 1995, n° 94/23061, *Fournier c/ Agent judiciaire du trésor*, JurisData:1995-021028.

[1470] CE, 27 mai 2009, n° 310493, *Hontang*, JurisData:2009-310493 ; CE, 7 août 2008, n° 289159, *Torres*, JurisData:2008-074142 ; CE, réf., 5 mars 2008, n° 312719, *Triquenaux*, JurisData:2008-073339 ; CE, 26 oct. 2005, n° 278224, *Joubrel*, JurisData:2005-069127.

[1471] *Cf. infra*, pp. 518 et s.

[1472] *Konstas c. Grèce*, n° 53466/07, § 35, 24 mai 2011 ; *Englert c. Allemagne*, n° 10282/83, rapport de la Commission du 9 oct. 1985, DR 31, p. 11, § 49 ; *Nölkenbockhoff c. Allemagne*, n° 10300/83, rapport de la Commission du 9 oct. 1985, DR 31, p. 12, § 45.

[1473] Cass. com., 1er mars 2011, n° 09-72655, *Sté Total Réunion*, *Bull. civ.* 2011, IV, n° 29, JurisData:2011-002674 ; Cons. conc., n° 07-D-49 du 19 déc. 2007, relative à des pratiques mises en œuvre par les sociétés Biotronik, Ela Medical, Guidant, Medtronic et Saint Jude

suffisant pour prouver la culpabilité de la personne poursuivie. N'est-ce pas là une atteinte à la règle stipulant que « le doute profite à l'accusé », *in dubio pro reo*, l'un des fondements de la présomption d'innocence ? En principe, après la consécration de ce principe par l'article 9-1 du Code civil, sa protection devrait être assurée de la même manière tant devant les instances juridictionnelles que disciplinaires et administratives.

B. La présomption de culpabilité ou le privilège de trop reconnu aux AAIRE

806. Nonobstant la consécration constitutionnelle du principe de la présomption d'innocence, la jurisprudence constitutionnelle a grandement contribué à entretenir la confusion et la relativité du principe, en reconnaissant au législateur la possibilité d'instituer des présomptions de culpabilité.

807. Faut-il le rappeler, la présomption d'innocence à valeur constitutionnelle puisqu'elle est consacrée à l'article 9 de la DDHC, qui fait partie du bloc de constitutionnalité, selon lequel « Tout homme étant présumé innocent jusqu'à ce qu'il ait été déclaré coupable ». La formulation générale d'une telle disposition plaide pour son applicabilité en toute matière, notamment administrative, dès l'instant qu'une personne fait l'objet de poursuites pour une quelconque infraction (manquement).

Néanmoins, d'après le juge constitutionnel, le législateur est exceptionnellement habilité à instituer des présomptions de culpabilité en matière répressive. Saisi en 1999, à l'occasion de la loi portant diverses mesures relatives à la sécurité routière et aux infractions sur les agents des exploitants de réseau de transport public de voyageurs[1474], le Conseil constitutionnel a jugé qu'« en principe, le législateur ne saurait instituer de présomption de culpabilité en matière répressive », avant d'ajouter qu'« à titre exceptionnel, de telles présomptions peuvent être établies, notamment en matière contraventionnelle, dès lors qu'elles ne revêtent pas de caractère irréfragable, qu'est assuré le respect des droits de la défense et que les faits induisent raisonnablement la vraisemblance de l'imputabilité »[1475]. Ainsi, le Conseil retient la présomption d'innocence comme principe et qu'exceptionnellement il autorise le législateur à y déroger en instituant une présomption de culpabilité, sous trois conditions :

- la présomption de culpabilité ne doit pas être irréfragable ;
- assurer le respect des droits de la défense ;

Medical dans le cadre de l'approvisionnement des hôpitaux en défibrillateurs cardiaques implantables, *BOCCRF* n° 3 du 23 avr. 2008, p. 384.

[1474] Cons. const., n° 99-411 DC du 16 juin 1999, loi portant diverses mesures relatives à la sécurité routière et aux infractions sur les agents des exploitants de réseau de transport public de voyageurs, *Rec. Cons. const.* 1999, p. 75, *JORF* du 19 juin 1999, p. 9018, *D.* 1999, Jur. p. 589, note Y. MAYAUD ; *AJDA* 1999, p. 736, chron. J.-E. SCHOETTL, *RDP* 1999, p. 1287, note F. LUCHAIRE, *RDP* 2000, p. 68, chron. D. ROUSSEAU.

[1475] *Ibid.*, 5ème consid.

- que les faits induisent raisonnablement la vraisemblance de l'imputabilité.

Aussi, le Conseil a approuvé en l'espèce la procédure de recouvrement des amendes pénales, encourues en matière d'excès de vitesse, parce qu'il a estimé « simple » la présomption de culpabilité instituée par le texte et que la personne poursuivie pouvait renverser la présomption de la faute par la preuve de la force majeure ou par tout autre élément pouvant établir qu'il n'était pas l'auteur de l'infraction[1476].

808. Il faut reconnaître qu'autoriser le législateur à instituer une présomption de culpabilité, en dépit des conditions auxquelles elle est soumise, porte une véritable atteinte à la présomption d'innocence, ce qui est regrettable selon les termes de Dominique ROUSSEAU[1477]. Pour reprendre Jean-Philippe FILDMAN, l'expression de présomption de culpabilité « sonne comme un oxymoron et qu'elle ne devrait pas trouver sa place dans un État de droit »[1478].

Par ailleurs, en sus de la présomption de légalité et du privilège du préalable, l'application de la présomption de culpabilité en matière administrative ne fait qu'accroître les privilèges de l'administration, qui se trouve déjà dans une position plus confortable que ses vis-à-vis.

809. Dans sa jurisprudence, le juge constitutionnel n'a validé le pouvoir répressif des AAIRE qu'à la condition de le soumettre quasiment aux mêmes principes que ceux guidant le droit pénal, en insistant notamment sur le respect des droits de la défense. N'y a-t-il pas une certaine contradiction dans une telle

---

[1476] *Cf.* Cons. const., n° 99-411 DC, préc., 6ème consid. C'est ce même raisonnement qui est reproduit, textuellement, dans la fameuse décision du 10 juin 2009 sur la loi favorisant la diffusion et la protection de la création sur Internet (*cf.* Cons. const., n° 2009-580 DC du 10 juin 2009, préc., 17ème consid.). Toutefois, cette fois-ci le texte est jugé contraire à l'article 9 de la DDHC, car il institue « une présomption de culpabilité à l'encontre du titulaire de l'accès à Internet, pouvant conduire à prononcer contre lui des sanctions privatives ou restrictives de droit » et que c'est à lui seul de « produire les éléments de nature à établir que l'atteinte portée au droit d'auteur ou aux droits voisins procède de la fraude d'un tiers », ce qui opère « un renversement de la charge de la preuve »[1476] (*cf.* 18ème consid.). Cette solution n'est pas loin de celle adoptée par le juge Strasbourgeois, selon laquelle si la CESDH ne prohibe pas les présomptions de fait ou de droit, elle oblige en revanche les Etats « à ne pas dépasser à cet égard un certain seuil », ils doivent « les enserrer dans des limites raisonnables, prenant en compte la gravité de l'enjeu et préservant les droits de la défense », *cf. Salabiaku c. France*, 7 oct. 1988, § 28, série A nº 141-A ; *Radio France et autres c. France*, n° 53984/00, § 24, CEDH 2004-II. Aussi, le rôle de la Cour est de rechercher si ces limites ont été franchies au détriment du requérant, *cf. Haxhishabani c. Luxembourg*, n° 52131/07, § 38, 20 janv. 2011 ; *Radio France et autres c. France*, n° 53984/00, § 24, CEDH 2004-II.

[1477] D. ROUSSEAU, « Chronique de jurisprudence constitutionnelle 1998-1999 », *RDP* 2000, p. 17.

[1478] J.-Ph. FELDMAN, « Le Conseil constitutionnel, la loi « Hadopi » et la présomption d'innocence », note sous Cons. const., n° 10 juin 2009, n° 2009-580 DC, loi favorisant la diffusion et la protection de la création sur internet, *JCP G* 2009, 101. *Cf.* aussi du même auteur : *La présomption d'innocence et la réforme des institutions, in* G. MILLIÈRE et al., *Avancer vers l'État de droit. Droit et présomption d'innocence,* Éd. Cheminements, Coll., « Turgot », 2008, p. 55.

position[1479] ? Comment peut-on en effet dissocier le principe de la présomption d'innocence des droits de la défense ? N'est-il pas vrai que ces derniers, qui se traduisent plus essentiellement par le droit d'être informé et le droit de discuter les charges, insinuent que la personne poursuivie est en principe innocente et qu'on tente, par "le procès", de prouver sa culpabilité ?

Certes, il faut reconnaître que sa position sur la question n'est pas aussi claire que sur l'obligation de respecter les autres principes propres au droit pénal, qui revient assez souvent dans sa jurisprudence sur les AAIRE, tels que les droits de la défense, le principe de la légalité des délits et des peines, l'obligation de motivation de la décision répressive, et enfin les principes de nécessité et de proportionnalité des peines. Toutefois, il ne faut pas omettre que, dans la mesure où l'on a reconnu et admis que les sanctions infligeables par les AAIRE relèvent de la « matière pénale » au sens de l'article 6 de la CESDH, et étant donné que le juge constitutionnel lui-même reconnaît à ses sanctions le caractère d'une « punition » poursuivant un objectif répressif[1480], le principe de la présomption d'innocence ne peut être écarté en la matière.

Paragraphe 2. Les droits de la défense, entre reconnaissance affichée et application mesurée

810. Face au pouvoir répressif exorbitant détenu par les AAIRE, l'application du principe des droits de la défense, reconnu comme une garantie fondamentale dans un État de droit, s'avère plus qu'indispensable. Malgré le flottement constaté dans sa jurisprudence, le Conseil d'État n'a pas attendu l'avènement de ces autorités pour reconnaître l'importance des droits de la défense en matière administrative, qu'il a érigés en principe général du droit dès lors qu'une décision administrative revêt le caractère d'une sanction[1481]. Sur la même lancée, la Cour de cassation juge que « la défense constitue pour toute personne un droit fondamental à caractère constitutionnel »[1482]. De son côté, le Conseil constitutionnel a reconnu à ce principe une valeur constitutionnelle et l'a rattaché aux principes fondamentaux reconnus par les

---

[1479] *Cf.* Wilfrid JEANDIDIER parle à ce propos d'« une grande hypocrisie du droit pénal », *cf.* « La présomption d'innocence ou le poids des mots », *Rev. sc. crim.* 1991, p. 49.

[1480] *Cf. supra*, pp. 102 et s.

[1481] CE, sect., 5 mai 1944, *Dame Vve Trompier-Gravier*, préc. ; CE, ass., 26 oct. 1945, *Aramu*, *Rec. CE* 1945, p. 213, *D.* 1946, p. 158, note G. MORANGE, *S.* 1946, 3, p. 1, concl. R. ODENT. On a parlé de flottement de la jurisprudence dans la mesure où dans une jurisprudence postérieure, le Conseil d'État a considéré que la nature de décision administrative des sanctions expliquait « que le droit pénal et les garanties qu'il représente pour l'administré sont par principe inapplicables », *cf.* CE, 12 mai 1950, *Marcaillou*, *Rec. CE* 1950, p. 280. Cité dans C. TEITGEN-COLLY, « Sanctions administratives et autorités administratives indépendantes », art. cit., p. 40.

[1482] Cass. ass. plén., 30 juin 1995, n° 94-20.302, *M.X*, *Bull. civ.* 1995, AP, n° 4, p. 7, JurisData:1995-001668, *JCP G* 1995.II.22478, note M. JEOL et A. PERDRIAU.

lois de la République dont le respect s'impose tant au législateur[1483] qu'aux autorités administratives « sans qu'il soit besoin pour le législateur d'en rappeler l'existence »[1484]. En sus de consécration jurisprudentielle, le principe est largement adopté par le législateur en matière de régulation économique. L'intérêt porté à ce principe n'est pas fortuit, il s'agit en effet de l'une des exigences de la CESDH en matière de procès équitable[1485].

811. Même si l'obligation de respecter les droits de la défense est amplement consacrée, nous pouvons observer des différents textes et en particulier de la jurisprudence que son application est parfois modérée. Cela étant, le principe des droits de la défense se traduit essentiellement par deux exigences, le droit de la personne poursuivie d'être informée (**A**), et son droit de discuter les charges retenues contre elle (**B**).

A. Le droit d'être informé

812. Il est dans la logique des choses que l'administré faisant l'objet d'une procédure répressive soit prévenu et informé des griefs retenus contre lui. Le droit d'être informé se traduit par l'obligation de communiquer ou de notifier les griefs à la personne poursuivie (**1**) et par le droit d'accès au dossier (**2**).

1. L'obligation de notifier les griefs

813. La notification des griefs[1486] consiste en l'envoi d'un courrier recommandé à la personne mise en cause, pour lui rappeler le droit applicable, répertorier les faits relevés et préciser que si ces faits sont établis, ils pourraient contrevenir aux dispositions législatives, réglementaires ou conventionnelles, tout en lui laissant un délai raisonnable pour contester la réalité des faits, leur qualification ou carrément leur imputation[1487]. Cela est

---

[1483] Cons. const., n[os] : 76-70 DC du 2 déc. 1976, loi relative au développement de la prévention des accidents du travail, *Rec. Cons. const.* 1976, p. 39, *JORF* du 7 déc. 1976, p. 7052 ; 77-83 DC du 20 juill. 1977, loi modifiant l'article 4 de la loi de finances rectificative pour 1961, *Rec. Cons. const.* 1977, p. 39, *JORF* du 22 juill. 1977, p. 3885 ; 81-127 DC du 20 janv. 1981, préc. ; 86-225 DC du 23 janv. 1987, loi transférant à la juridiction judiciaire le contentieux des décisions du Conseil de la concurrence, *Rec. Cons. const.* 1987, p. 8, *JORF* du 25 janv. 1987, p. 925 ; 89-268 DC du 29 déc. 1989, loi de finances 1990, préc. ; 90-285 DC du 28 déc. 1990, loi de finances 1991, *Rec. Cons. const.* 1990, p. 95, *JORF* du 30 déc. 1990, p. 16609.

[1484] Cons. const., n[os] : 76-70 DC du 2 déc. 1976, préc. ; 77-83 DC du 20 juill. 1977, préc. ; 97-389 DC du 22 avr. 1997, loi portant diverses dispositions relatives à l'immigration, préc.; 97-395 DC du 30 déc. 1997, préc.

[1485] *Cf.* l'art. 6§3 de la CESDH.

[1486] « Un grief est un ensemble de faits juridiquement qualifiés et imputés à une entreprise », *cf.* CA Paris, 28 janv. 2009, n° 08/00255, *EPSE Joué Club*, JurisData:2009-007882 ; Cons. conc., n° 04-D-42, 4 août 2004, relative à des pratiques mises en œuvre dans le cadre du marché de la restauration de la flèche de la cathédrale de Tréguier, préc. ; Cons. conc., n° 05-D-64, 25 nov. 2005, relative à des pratiques mises en œuvre sur le marché des palaces parisiens, *BOCCRF* n° 5 du 29 avr. 2006.

[1487] *Cf.* Cons. conc., n° 05-D-64, 25 nov. 2005, préc. ; Cons. conc., n° 06-D-18, 28 juin 2006, relative à des pratiques mises en œuvre dans le secteur de la publicité cinématographique,

logique étant donné qu'aucune sanction n'est possible sur la base d'une preuve gardée secrète envers la défense. Compte tenu de son importance, la haute juridiction administrative a estimé que l'obligation de communiquer « l'essentiel des griefs » découle du principe des droits de la défense et qu'elle est imposable d'office, même en l'absence de tout texte[1488].

Assimilée à un acte d'accusation, la notification des griefs marque l'ouverture de la procédure contradictoire qui permet à la personne mise en cause de bénéficier des garanties liées aux droits de la défense[1489]. Pour qu'un tel bénéfice soit effectif, la notification doit contenir un exposé des griefs rédigé dans des termes suffisamment clairs[1490]. Aussi, le collège, le comité ou la commission des sanctions de l'autorité de régulation compétente ne saurait, sauf notification de griefs complémentaires à laquelle il lui est loisible de procéder, sanctionner un fait ou une personne qui n'a pas été visée dans la notification des griefs[1491]. Mais, le juge du contrôle accepte parfois une rédaction sommaire et cherche dans le corps même de la notification si les personnes poursuivies ont pu se méprendre sur les griefs notifiés[1492].

814. Le législateur a consacré la règle de notification des griefs dans tous les textes régissant les AAIRE. Qu'il s'agisse de l'AMF, de l'ACPR, de l'ADLC, de l'ARCEP, de la CRE ou du CSA[1493], tous ces organismes sont tenus de notifier à la personne poursuivie les griefs qui lui sont reprochés.

BOCCRF n° 1 du 26 janv. 2007 ; Cons. conc., n° 06-D-07 *bis*, 21 mars 2006, relative à des pratiques mises en œuvre dans le secteur des travaux publics dans la région Ile-de-France, *BOCCRF* n° 1 du 26 janv. 2007 ; CA Paris, 28 janv. 2009, *EPSE Joué Club*, préc. *Cf.* également dans ce sens : CJUE, 3 sept. 2009, *Papierfabrik August Koehler c/ Commission*, C-322/07 P, C-327/07 P, et C-338/07 P (points 36-37); CJCE, 15 juill. 1970, *ACF Chemiefarma c/ Commission*, aff. 41/69, *Rec. CJCE* 19970, I, p. 661, pt 26 ; CJCE, 3 juill. 1991, *AKZO c/ Commission*, aff., C-62/86, *Rec. CJCE* 1991, I, p. 3359, pt 29.

1488 CE, ass., 26 oct. 1945, *Aramu*, préc.

1489 CA Paris, 8 avr. 2009, n° 08/01092, *Ela Médical*, préc. ; CA Paris, 24 juin 2008, n° 06/06913, *Sté France Travaux*, préc. ; CA Paris, 29 mars 2005, n° 04/19930, *SARL Filmidis*, préc.

1490 Le Conseil de la concurrence français a défini la notification des griefs comme étant « un document synthétique qui contient une description précise des faits reprochés, leur date, leur imputabilité et leur qualification, puis reprend, *in fine*, en les résumant, la rédaction des griefs eux-mêmes dans une formule concise », *cf.* Cons. conc., n° 09-D-06, 5 févr. 2009, relative à des pratiques mises en œuvre par la SNCF et Expedia Inc. dans le secteur de la vente de voyages en ligne, *BOCCRF* n° 2 du 18 févr. 2009. *Cf.* sur la question : CA Paris, 11 juin 2010, n° 07/20116, *Sté de chasse et de pêche de Paley*, JurisData:2010-016021 ; CA Paris, 29 mars 2005, *SARL Filmidis*, préc. ; Cass. com., 29 juin 2007, n° 07-10.303, *Sté Bouygues Télécom*, préc.

1491 CA Paris, 29 mars 2005, *SARL Filmidis*, préc. ; Cons. conc., n° 06-D-07 *bis*, 21 mars 2006, préc. Sur la question d'ajout d'un nouveau grief au stade du rapport ou de la décision, *cf.* CA Paris, ord., 29 sept. 2009, n° 08/12495, *Établissements Mathé*, préc ; CA Paris, 24 nov. 2009, n° 09/0315, *Chevron Products Company Sté des pétroles Shell SAS*, préc.

1492 CA Paris, 26 sept. 2006, n° 05/24285, *Hôtel Le Bristol*, JurisData:2006-311947 ; CA Paris, 29 mars 2005, *SARL Filmidis*, préc.

1493 *Cf.* respectivement les art. L.612-38, al. 1, L.612-40-XI et L.621-15-I, al. 2 du C. mon. fin., (ACPR/AMF) ; l'art. L.463-2, al. 1 du C. com (ADLC) ; les art. L.5-3, II et L.36-11, II du CPCE (ARCEP) ; l'art. L.134-31 du C. énergie (CRE) ; l'art. 42-7, 3° de la loi n° 86-1067, préc.,

815. Outre les textes juridiques, il existe une jurisprudence abondante traitant de la notification des griefs, en particulier en droit de la concurrence, ce qui ne nous empêche pas de les transposer, dans certains cas, aux autres AAIRE. À titre exemple, il a été jugé que, s'il y a lieu de retenir de nouveaux griefs ou d'imputer des griefs à l'encontre de nouvelles entreprises, ou encore s'il apparaît que les personnes concernées ont subi des changements dans leurs structures ou dans leur personne juridique, le rapporteur peut procéder à une notification de griefs complémentaires, dès lors que le principe du contradictoire est respecté ; les parties bénéficient d'un nouveau délai après la nouvelle notification de griefs pour consulter le dossier et présenter leurs observations[1494]. Comme pour la notification des griefs initiale, les faits doivent être formulés de manière suffisamment précise et les pratiques étayées d'éléments de preuve suffisants pour que les parties puissent préparer utilement leur défense[1495]. Si la notification des griefs complémentaires est possible, elle ne peut en revanche se prononcer sur l'annulation, le maintien ou l'abandon de griefs contenus dans la notification initiale[1496].

816. Amenée à se prononcer sur la question du formalisme dans la lettre de notification des griefs, la cour d'appel de Paris a écarté le moyen fondé sur un défaut de signature, en estimant que « la notification des griefs et le rapport, qui constituent des actes d'instruction d'une procédure soumise aux textes spécifiques régissant la matière, ne revêtent pas la qualification de décision prise par une administration de l'État au sens de la loi du 12 avril 2000 relative aux droits des citoyens dans leurs relations avec les administrations ; qu'ils ne sont pas soumis à l'obligation de signature prévue par l'article 4 de cette loi »[1497]. Plus explicite, le Conseil de la concurrence trouve que « les autorités administratives indépendantes constituent une catégorie juridique distincte qui n'est pas soumise à la loi du 12 avril 2000 relative aux droits des citoyens dans leurs relations avec l'administration »[1498].

On consent, dans une certaine mesure, que la sphère économique est antinomique avec le formalisme, mais de là à soutenir que la signature de la notification des griefs n'est pas obligatoire et écarter l'application de la loi citée, du fait de la nature juridique des AAIRE, n'est pas acceptable. Faut-il le

---

(CSA) ; l'art. L1264-8, al. 2 du C. transports (ARAFER) ; les art. 43-II, al. 3 et 44-I de la loi n° 2010-476, préc., (ARJEL).

1494 *Cf.* en ce sens : CA Paris, 19 sept. 1990, *Sté Herlicq c/ Ministre de l'économie*, JurisData:1990-643505 ; CA Paris, 23 mai 1995, n° 94/26671, 27031, *Sté Robert Bosch France*, JurisData:1995-021838.

1495 CA Paris, 8 juill. 1992, n° 91/25310, *Sté Carrière Gontero*, JurisData:1992-022771 ; CA Paris, 17 juin 2003, n° 02/17634, *SNR Roulements*, JurisData:2003-214611.

1496 Cons. conc., n° 01-D-41 du 11 juill. 2001, relative à des pratiques mises en œuvre sur les marchés des titres restaurant et de titres emploi-service, *BOCCRF* n° 14 du 24 sept. 2001 ; Cons. conc., n° 04-D-48 du 14 oct. 2004, relative à des pratiques mises en œuvre par France Télécom, SFR Cegetel et Bouygues Télécom, *BOCCRF* n° 1 du 21 janv. 2005.

1497 CA Paris, 7 mars 2006, n° 05/12604, *Sté INEO*, JurisData:2006-298135 ; CA Paris, 30 mars 2004, n° 03/15046, *Sté Novartis Pharma*, préc. ; CA Paris, 17 juin 2003, *SNR Roulements*, préc.

1498 Cons. conc., Rapport annuel de 2006, La DF, Paris, p. 201.

rappeler, on n'est pas en présence d'un acte administratif ordinaire, mais devant un acte grave de conséquences puisqu'il porte sur l'accusation d'une personne. Par conséquent, identifier l'auteur de l'acte nous paraît plus qu'indispensable. Par ailleurs, l'applicabilité de la loi du 12 avril 2000 est bel et bien reconnue, tant par la jurisprudence que par le législateur. En effet, un détour du côté de la jurisprudence administrative nous révèle que cette loi est souvent visée et appliquée dans des décisions rendues à l'occasion de questions liées aux droits de la défense et au contradictoire devant les AAIRE[1499]. Mieux encore, la haute juridiction administrative a estimé que « la CCMIP [une AAI], qui doit être regardée comme une autorité administrative au sens de l'article premier de la loi du 12 avril 2000, est soumise aux prescriptions de l'article 24 de cette dernière loi »[1500]. De son côté, la loi précitée contient même une disposition applicable au Médiateur de la République qui est lui aussi une AAI[1501].

Certes, la Cour de cassation a confirmé la position des juges du fond, mais les termes utilisés sont beaucoup plus mesurés et moins catégoriques sur l'inapplicabilité de la loi en cause. Pour la haute juridiction judiciaire, « l'omission de la signature prévue par l'article 4 de la loi n° 2000-321 du 12 avril 2000 n'est pas de nature à justifier l'annulation », car il n'existe « aucune ambiguïté sur l'auteur de la notification de griefs dont le nom est expressément indiqué en page de couverture et s'étant ainsi assuré de l'identité de l'auteur de l'acte »[1502]. Donc, afin de s'éloigner du formalisme, qui ne sied pas avec les caractéristiques de la sphère économique, la Cour a estimé qu'il n'y a pas lieu d'annuler l'acte, dès lors que le nom de son auteur est expressément indiqué dans le document lui-même. La solution de la Cour n'est pas fondée sur l'inapplicabilité de la loi du 12 avril 2000 aux AAIRE, ni même sur la nature de la notification des griefs, mais seulement sur des données et circonstances tirées de cet acte. Autrement dit, si le nom de la personne ne figurait pas en page de couverture, le texte aurait sûrement trouvé application.

817. En sus de l'identité de l'auteur de la notification, d'autres interrogations ont concerné son destinataire. À ce sujet, la CJUE a jugé que « la communication des griefs doit préciser sans équivoque la personne

---

1499 CAA Paris, 22 oct. 2009, n° 07PA01797, *Sté CG Pan European Crossing France* ; CAA Paris, 3 avr. 2007, n° 06PA03647, *Sté Altitude Développement* (deux décisions concernant l'ARCEP). *Cf.* également : CE, 30 août 2006, n° 276866, *Association Free Dom*, préc., (à propos du CSA) ; CE, réf., 12 nov. 2009, n° 332558, *Sté AIRAS 1*, inédit (à propos de la CRE) ; CE, 12 juin 2002, n° 240741, *Caisse de décès - Union d'épargne d'Alsace et de Lorraine*, *Rec. CE* 2002, tables, p. 607.

1500 CE, 30 mars 2007, n° 269102, *UDM de Guadeloupe*, JurisData:2007-071668 ; CE, 12 juin 2002, *Caisse de décès - Union d'épargne d'Alsace et de Lorraine*, préc.

1501 L'art. 26 de cette loi a modifié l'art. 14 de la loi n° 73-6 du 3 janv. 1973, instituant le Médiateur de la République, afin de prévoir que le Rapport annuel du Médiateur fasse « l'objet d'une communication du Médiateur de la République devant chacune des deux assemblées ».

1502 Cass. com., 6 mars 2007, n° 06-13.501, *SA Demathieu et Bard*, préc. ; Cass. com., 28 janv. 2003, n° 01-00.528, *Domoservices Ouest*, préc. ; Cass. com., 20 nov. 2001, n° 99-16.776, *Sté SACER*, *Bull. civ.* 2001, IV, n° 182, p. 173, JurisData:2001-011780.

juridique qui sera susceptible de se voir infliger des amendes et être adressée à cette dernière »[1503]. Des problèmes se sont posés en particulier par rapport aux entités économiques indépendantes telles que les filiales[1504]. La jurisprudence a dégagé une présomption selon laquelle une maison mère qui détient à 100 % sa filiale est présumée responsable des pratiques commises par cette dernière, sauf si elle démontre que sa filiale dispose d'une autonomie de décision[1505].

2. Le droit d'accès au dossier

818. Le droit d'être informé des charges et griefs qui pèsent sur la personne poursuivie devant une AAIRE se traduit également, en plus de la communication des griefs, par le libre accès au dossier. Pour permettre à l'accusé une meilleure compréhension des griefs qui lui sont reprochés et de préparer convenablement sa défense, lui communiquer le dossier ou du moins lui laisser la possibilité de le consulter sur place et en prendre copie, paraissent plus qu'indispensables. Il en va du respect du droit à un procès équitable[1506].

819. Comme pour la notification des griefs, le législateur a également consacré le droit d'accès au dossier dans le cas de toutes les AAIRE faisant l'objet de notre étude. Au moment où certaines d'entre elles transmettent le dossier directement avec la notification des griefs, d'autres en revanche permettent à l'intéressé de seulement le consulter et d'en prendre copie[1507]. En

---

[1503] CJUE, 3 sept. 2009, *Papierfabrik August Koehler c/ Commission*, aff. C-322/07 P, C-327/07 P, et C-338/07 P, pt 40 ; CJCE, 13 févr. 1979, *Hoffmann-La Roche c/ Commission*, aff. 85/76, *Rec. CJCE* 1979, I, p. 00461, pt 9 ; CJCE, 2 oct. 2003, *ARBED c/ Commission*, aff. C-176/99 P, *Rec. CJCE* 2003, I, p. 10687, pt 19.

[1504] Est considérée comme une entité pouvant faire l'objet d'une notification des griefs, celle dont les organes dirigeants sont à même de déterminer librement une stratégie industrielle, financière et commerciale pleinement autonome, *cf.* CA Paris, 27 sept. 1996, n° 95/26527, *SNC SCREG Ouest c/Ministre de l'économie*, JurisData:1996-022935 ; Cons. conc., n° 95-D-66, 17 oct. 1995, relative à des pratiques constatées lors d'un marché public de voirie de la communauté urbaine du Mans ; Cons. conc., n° 07-D-12, 28 mars 2007, relative à des pratiques mises en œuvre dans le secteur du chèque-cinéma.

[1505] CA Paris, 30 janv. 2007, n° 06/00566, *Sté Le Foll*, préc. ; CA Paris, 24 avr. 2007, n° 06/06912, *SAS JH Industrie*, JurisData:2007-335953 ; Cass. com., 15 janv. 2008, n° 07-11.677, *Sté Colas Ile-de-France*, préc. ; CJCE, 21 févr. 1973, *Continental Can c. Commission*, aff. C-6/72, *Rec. CJCE* 1973, I, p. 215, pt 15 ; CJCE, 10 sept. 2009, *Akzo Nobel*, aff. C-97/08 P, *Rec. CJCE* 2009, I, p. 8237, pts 58 à 60.

[1506] La violation du droit à un procès équitable, pour non communication de pièces du dossier, peut être fondée soit sur la violation du principe du contradictoire, soit sur la base de la violation du droit à l'égalité des armes. Le principe du contradictoire se trouve violé lorsqu'une pièce du dossier n'est pas communiquée aux parties, tandis que si le défaut de communication d'une pièce ne concerne que l'une des parties, alors que son adversaire a pu en avoir accès, c'est le principe de l'égalité des armes qui se trouve violé. La CEDH a jugé que le requérant ne peut pas se prévaloir d'une violation du droit à l'égalité des armes, dans le cas où les pièces contestées n'ont pas fait l'objet d'une communication à l'autre partie ou au juge, *cf. Latournerie c. France (dec.)*, n° 50321/99, 10 déc. 2002 ; *Nideröst-Huber c. Suisse*, 18 févr. 1997, § 23, Recueil des arrêts et décisions 1997-I, p. 108.

[1507] *Cf.* les art. R.612-36, al. 1, R.621-37-2, al. 1 et R.621-38, al. 4 du C. mon. fin., (ACPR/AMF) ; 42-7 et 48-6 de la loi n° 86-1067, préc., (CSA) ; L.134-31 du C. énergie (CRE) ;

droit de la concurrence, dans le but de respecter l'intérêt légitime des entreprises à ce que leurs secrets d'affaires ne soient pas divulgués, le législateur a restreint le droit d'accès au dossier. Ainsi, à l'exception des hypothèses « où la consultation des documents est nécessaire à l'exercice des droits de la défense d'une partie mise en cause, le rapporteur général de l'Autorité de la concurrence peut refuser à une partie la communication ou la consultation de pièces ou de certains éléments contenus dans ces pièces mettant en jeu le secret des affaires d'autres personnes. Dans ce cas, une version non confidentielle et un résumé des pièces ou éléments en cause lui sont accessibles »[1508].

820. Saisie à maintes reprises sur le sujet, notamment en matière disciplinaire[1509], la haute juridiction administrative a jugé que le moyen tiré de l'absence de communication du dossier ou de certaines pièces de ce dernier n'est pas d'ordre public et doit de ce fait être soulevé par l'intéressé en première instance[1510]. Après avoir rappelé que « l'instruction devant l'ADLC doit être pleinement contradictoire », le juge judiciaire a estimé de son côté que « l'absence éventuelle de pièces dans le dossier soumis aux parties n'est de nature à entraîner l'annulation de la décision que s'il est avéré qu'elle a porté atteinte à leurs intérêts »[1511]. Donc le défaut de communication d'une

---

les art. L.5-3-III et L.36-11-III du CPCE (ARCEP) ; L.463-2 du C. com., (ADLC) ; 44-I de la loi n° 2010-476, préc., (ARJEL) ; l'art. L1264-10, al. 1 du C. transports (ARAFER) ; l'art. 42-7, 3°, 5° de la loi n° 86-1067, préc., (CSA).

[1508] *Cf.* l'art. L.463-4 du C. com. Ce paragraphe est repris, depuis la récente réforme de 2013, dans le cas du CSA, *cf.* l'art. 42-7, 5° de la loi n° 86-1067, préc. Dans le même sens, l'ARCEP pouvait transmettre le rapport, outre qu'à la personne poursuivie, à l'auteur de la saisine, mais « sous réserve des secrets protégés par la loi ». *Cf.* l'art. 23 du Règlement intérieur de l'ARCEP, en vigueur en 2012, avant sa modification.

[1509] CE, 22 mars 1944, *Prats, Rec. CE* 1944, p. 95 ; CE, 26 févr. 1947, *Bourret, Rec. CE* 1947, tables, p. 596 ; CE, 4 févr. 1955, *Massoni, Rec. CE* 1955, p. 71, *RA.* 1955, p. 196, note G. LIET-VEAUX ; CE, 9 janv. 1963, *Broca, Rec. CE* 1963, tables, p. 918, *RDP* 1963, p. 339, *AJDA* 1963, p. 373 ; CE, 23 févr. 1968, n° 72893, *ministère de l'Intérieur c/Benhamou, AJDA* 1968, p. 476 ; CE, 20 févr. 1970, *Dumontier, AJDA* 1970, p. 627 ; CE, 23 févr. 1979, *Arquin, Dr. adm.*, 1979, n° 139 ; CE, 22 déc. 1989, n° 82237, *M. Morin, Rec. CE* 1989, p. 279, *AJDA* 1990, p. 121 ; CE, 19 avr. 1991, n° 102016, *M. Monnet,* JurisData:1991-041894, *AJDA* 1991, p. 557 ; CE, 25 mars 1994, n° 101515, *Ministre de la coopération et du développement c/ Mme Zante, Rec. CE* 1994, p. 1004, JurisData:1994-044407, *Dr. adm.*, 1994, n° 253, note F.S. ; CE, 12 nov. 1997, n° 173293, *M. Fessard de Foucault, Rec. CE* 1997, p. 646, JurisData:1997-051156. Il a même été jugé qu'un fonctionnaire doit être informé qu'il a le droit d'obtenir communication intégrale de son dossier individuel, à défaut de quoi la procédure est déclarée irrégulière, *cf.* CE, 21 juin 1996, n° 140775, *Commune de Buchères c/ Collery, Rec. CE* 1996, p. 235, JurisData:1996-050957.

[1510] CE, 23 avr. 1965, *Vve Ducroux, Rec. CE* 1965, p. 231, *AJDA* 1965, p. 348, concl. J.-M. GALABERT, *Dr. adm.*, 1965, comm. p. 169 ; CE, 8 févr. 1980, *Dame Emprin, Rec. CE* 1980, p. 747, *Dr. adm.*, 1980, comm. p. 93 ; CE, 29 mars 1985, n° 45498, *Commune d'Ermont c/ Schwitzer, Rec. CE* 1985, p.748, JurisData:1985-605340, *Dr. adm.*, 1985, comm. p. 242.

[1511] CA Paris, 1er juin 2010, n° 08/21057, *Sté Canal 9 c/ GIE les Indépendants,* JurisData:2010-012500 ; CA Paris, 4 févr. 2009, n° 08/23828, *Apple Sales International*, JurisData:2009-007935 ; CA Paris, 26 nov. 2008, n° 07/13915, *CSRP c/Ministre de l'économie*, JurisData:2008-

pièce du dossier ou même « du rapport administratif d'enquête et de ses annexes »[1512], n'est pas suffisant en lui-même pour censurer la décision tant qu'on n'a pas démontré une atteinte aux intérêts de la personne sanctionnée. La cour d'appel de Paris s'est également prononcée sur l'hypothèse où certaines pièces sont incomplètes ou difficilement lisibles, en estimant que cet état de fait « n'est pas de nature à porter atteinte au principe de la contradiction, mais seulement, le cas échéant, à réduire ou anéantir leur force probante, ce que le débat contradictoire a pour objet de permettre aux parties de discuter »[1513]. Si cette seconde solution nous paraît acceptable, la première, quant à elle, nous semble très sévère à l'encontre des personnes concernées. Néanmoins, il faut remarquer que cette solution est rendue à l'occasion de la procédure d'engagement et non d'une décision de sanction[1514].

Nous pouvons dire que lorsqu'on est face à une sanction, la non-communication d'un dossier ou d'une de ses pièces, dès lors que ce document a été visé dans la décision, doit être considérée comme une irrégularité substantielle de procédure, par conséquent la méconnaissance de cette obligation devrait entraîner l'annulation de la sanction intervenue pour vice de procédure. C'est d'ailleurs ce que ressort dans certaines décisions du juge judiciaire[1515].

821. Cette ligne de conduite est confirmée par le juge Strasbourgeois qui estime nécessaire, au pénal comme au civil, de respecter le principe du contradictoire en donnant aux parties le droit « de prendre connaissance de toute pièce ou observation présentée au juge et de la discuter ». Il en va, selon lui, « de la confiance des justiciables dans le fonctionnement de la justice »[1516].

004659 ; CA Paris, 6 nov. 2007, n° 06/18379, *Canal 9/GIE Les Indépendants*, JurisData:2007-350036 ; Cass. com., 2 févr. 2010, n° 08-70.449, *CSRP*, *Bull. civ.* 2010, IV, n° 26.

[1512] Cass. com., 2 févr. 2010, *CSRP*, préc.

[1513] CA Paris, 24 juin 2008, n° 06/06913, *Sté France Travaux*, préc.

[1514] Même en matière d'engagements, le principe du contradictoire doit être respecté. Cassant partiellement l'arrêt de la cour d'appel de Paris rendu le 6 nov. 2007 (précité), la Cour de cassation a estimé à ce propos que « lorsque la procédure d'engagements est mise en œuvre, les parties à la procédure doivent, sous réserve de l'article L.463-4 du Code de commerce [secret des affaires], avoir accès à l'intégralité des documents sur lesquels s'est fondé le rapporteur pour établir l'évaluation préliminaire et à l'intégralité de ceux soumis au Conseil pour statuer sur les engagements » et qu'il appartient à la cour d'appel de « vérifier, au besoin d'office, si le défaut de communication de certaines pièces a pu porter atteinte aux intérêts des parties », *cf.* Cass. com., 4 nov. 2008, n° 07-21.275, *Canal 9 c/ GIE Les Indépendants*, *Bull. civ.* 2008, IV, n° 188, JurisData:2008-045690.

[1515] *Cf.* Cass. com., 14 janv. 1992, n° 89-20.576, *Bureau Véritas*, *Bull. civ.* 1992, IV, n° 15, p. 11 ; CA Paris, 11 juin 2010, n° 07/20116, *Sté de chasse et de pêche de Paley*, JurisData:2010-016021.

[1516] *Lobo Machado c. Portugal*, 20 févr. 1996, § 31, Recueil des arrêts et décisions 1996-I, p. 206. *Cf.* également : *Vermeulen c. Belgique*, 20 févr. 1996, § 33, Recueil des arrêts et décisions 1996-I, p. 234 ; *Nideröst-Huber c. Suisse*, 18 févr. 1997, § 23, Recueil des arrêts et décisions 1997-I, p. 107 ; *K.D.B. c. Pays-Bas*, 27 mars 1998, § 44, Recueil des arrêts et décisions 1998-II, p. 631 ; *Kress c. France* [GC], n° 39594/98, § 74, CEDH 2001-VI ; *Spang c. Suisse*, n° 45228/99, § 32, 11 oct. 2005 ; *Ferreira Alves c. Portugal (n° 3)*, n° 25053/05, § 33, 21 juin 2007.

Ainsi, même si elle a admis, dans des « circonstances […] très particulières », que la non-communication de certaines pièces ne porte pas atteinte au principe du contradictoire, dès lors que cela n'avait pas d'« incidence sur l'issue du litige »[1517], pour la CEDH, le principe reste celui du droit des parties au procès de prendre connaissance de toute pièce ou observation présente dans le dossier[1518]. Dans l'affaire *Baccichetti*, la Cour a estimé que, dès lors que la pièce non communiquée à la personne sanctionnée est mentionnée dans les visas de la décision, elle « n'est pas assurée que ce document n'ait pas eu d'incidence sur l'issue du litige »[1519], et conclut donc au non-respect du principe du contradictoire, d'où la condamnation de la France pour violation de l'article 6 de la CESDH.

B. Le droit de discuter les charges retenues

822. C'est en toute logique qu'après la communication des griefs et la mise à la disposition de l'intéressé du dossier, on lui permet de s'expliquer et se défendre, en présentant ses observations dans un délai qui doit être raisonnable (**1**). Par ailleurs, dans le but d'arriver à un équilibre des forces, un tant soit peu, entre l'AAIRE et la personne poursuivie, cette dernière devrait bénéficier de la faculté de se faire assister ou représenter par une personne de son choix (**2**). Étant donné son importance et le besoin de le rendre effectif, le droit de discuter les charges retenues, dans ses deux composantes citées, doit être rappelé dans la notification des griefs.

1. Présenter des observations après un délai raisonnable[1520]

823. Avant le prononcé de toute sanction, la personne poursuivie est en principe invitée à se défendre, pour éventuellement infirmer les accusations de l'AAIRE, d'où l'exigence d'une notification des griefs. Mais, pour que cette garantie soit véritablement effective, la personne mise à même de se défendre doit bénéficier d'un délai raisonnable pour préparer sa défense. L'on vise ici bien évidemment le délai entre la notification des charges et du dossier et la présentation de ses observations par la personne "accusée". Il en va même du principe de l'égalité des armes. Compte tenu du statut privilégié des AAIRE en tant qu'administration, conjugué à leurs pouvoirs exorbitants, reconnaître aux personnes qu'elles mettent en cause un délai raisonnable pour préparer

---

[1517] *Salé c. France*, n° 39765/04, §19, 21 mars 2006 ; *Stepinska c. France*, n° 1814/02, §18, 15 juin 2004 ; *Verdú Verdú c. Espagne*, n° 43432/02, §27, 15 févr. 2007.

[1518] *Cf.* les arrêts : *Lobo Machado c/Portugal*, préc. ; *Vermeulen c/Belgique* du 20 févr. 1996, préc. ; *Nideröst-Huber c/Suisse* du 18 févr. 1997, préc. ; *J.J. c. Pays-Bas*, 27 mars 1998, § 43, Recueil des arrêts et décisions 1998-II, p. 613 ; *Ferreira Alves (n° 3)*, préc., § 37.

[1519] *Baccichetti c. France*, n° 22584/06, §§ 33-34, 18 févr. 2010.

[1520] Une distinction doit être faite entre le délai raisonnable pour présenter les observations, qui fera l'objet de notre étude, et le délai raisonnable du jugement selon lequel les justiciables ont droit à ce que leurs requêtes soient traitées dans un délai raisonnable. Mais les deux notions relèvent du droit à un procès équitable, consacré notamment à l'art. 6 de la CESDH.

convenablement et efficacement leur défense est une démarche juste, nécessaire et indispensable.

824. La jurisprudence n'a pas posé de règle générale permettant de dire quand un délai peut être considéré comme étant raisonnable, toutefois le juge du contrôle s'assure que la personne a eu le temps nécessaire pour préparer sa défense, en tenant compte notamment de la nature des griefs formulés. Un délai de deux ans et neuf mois a été par exemple jugé excessif, car il ne permettait pas à l'intéressé d'organiser sa défense au moment voulu[1521]. Sous peine de priver la personne poursuivie de la possibilité de préparer sa défense, le délai « raisonnable » ne doit pas non plus être trop court[1522].

825. Dans le domaine de l'énergie, le délai reconnu à la personne poursuivie afin qu'elle présente ses observations nous paraît très court. En effet, aux termes de l'article du Code de l'énergie « La ou les personnes concernées sont invitées à présenter leurs observations écrites ou orales dans un délai de quinze jours à compter de (la) notification »[1523]. Pour le reste des AAIRE ayant fait l'objet de notre recherche, le législateur a prévu un délai relativement raisonnable. C'est le cas de l'AMF et de l'ADLC, où le délai de deux (2) mois nous paraît assez raisonnable pour que les parties concernées puissent bien étudier le dossier et préparer leur défense[1524].

Concernant l'ARJEL et le CSA, si le délai d'un (1) mois nous semble également raisonnable[1525], en revanche la possibilité reconnue à la seconde autorité de le réduire, en cas d'urgence, jusqu'à sept jours, ainsi que de sa faculté de prononcer comme sanction l'insertion d'un communiqué dans le programme, après seulement un délai de deux jours francs[1526], n'est sûrement pas dans l'intérêt des personnes poursuivies. D'une part, un délai de deux voire de sept jours peut paraître insignifiant pour préparer convenablement une défense, d'autre part, la notion de « cas d'urgence » reste large et floue.

Devant l'ACPR, le législateur a opté pour une autre formulation, à savoir un délai « qui ne peut être inférieur à trente jours francs »[1527], ce qui revient à dire que cette autorité peut accorder un délai plus long. Reste le cas de l'ARCEP qui bénéficie d'un pouvoir discrétionnaire dans la détermination du

---

1521 CE, 8 nov. 1963, *Ministre de l'agriculture c/ Coopérative d'insémination artificielle*, *Rec. CE* 1963, p. 532, *AJDA* 1964, p. 28, chron. J. FOURRÉ et M. PUYBASSET, *D.* 1964, p. 492, note J.-C. MAESTRE.

1522 À titre d'exemple, le Conseil d'État a jugé qu'un fonctionnaire informé de la révocation envisagée à son égard la veille du jour où elle a été signée n'avait pas disposé d'un délai suffisant, *cf.* CE, 20 janv. 1956, *Nègre*, *Rec. CE* 1956, p. 24.

1523 *Cf.* également, l'art. 14 du Règlement intérieur du comité de règlement des différends et des sanctions de la CRE.

1524 *Cf.* respectivement les art. R.621-38 al. 4 du C. mon. fin. et L.463-2, al. 1 et 3 du C. com.

1525 *Cf.* respectivement l'art. 3 du décret n° 2010-495 du 14 mai 2010, relatif à la procédure de sanction applicable aux opérateurs agréés de jeux ou de paris en ligne, *JORF* n° 0111 du 15 mai 2010, p. 9052 ; l'art. 42-7, 3° de la loi n° 86-1067, préc.

1526 *Cf.* les art. 42-4 et 48-3 de la loi n° 86-1067, préc.

1527 *Cf.* les art. R.612-38-I, al. 3 et 7 et R.612-39 du C. mon. fin.

délai, dans la mesure où le législateur s'est contenté d'en fixer un seuil minimum de dix jours[1528].

Néanmoins, il ressort de la jurisprudence que les parties peuvent présenter des demandes de prolongation et il leur appartiendrait, en cas de refus, de démontrer que le délai qui leur est imparti pour répondre aux griefs n'était pas suffisant pour bien préparer leur défense[1529].

2. Le droit de se faire représenter ou assister

826. Certes, en droit administratif, la procédure est essentiellement écrite, aussi le droit à comparaître n'existe qu'en cas de consécrations textuelles. Cependant, des auditions sont souvent prévues lorsque la décision – la sanction – est prise par une autorité collégiale, ce qui est le cas des AAIRE. Dans ce cas de figure, l'administré peut se défendre seul ou se faire assister par un avocat, ou mandater carrément une personne pour le représenter.

827. Le droit de se faire assister ou représenter est reconnu dans le cas de toutes les AAIRE faisant l'objet de notre recherche[1530]. Toutefois, les cas de l'AMF, de l'ARJEL, de l'ARCEP et du CSA méritent une attention particulière. En effet, pour les trois premières autorités citées, aucun texte de valeur législative ne reconnaît ce droit à la personne poursuivie, sa consécration est le fait d'un décret[1531]. Pis, dans le cas de l'ARCEP, avant l'adoption du décret n° 2014-867 du 1er août 2014 relatif à la procédure de sanction, c'est une simple décision de l'autorité - portant règlement intérieur - qui s'est chargée de le faire[1532]. Certes, il est dans l'intérêt du justiciable que ce droit soit reconnu et consacré, mais laisser le soin de le faire à un règlement n'est pas rassurant du point de vue de la sécurité juridique. Par ailleurs, il est même légitime de s'interroger sur la légalité d'une telle démarche, étant donné que la reconnaissance d'un tel droit relève en principe du texte de base, c'est-à-dire de la loi. Concernant le CSA, avant les modifications apportées, à la faveur de la loi n° 2013-1028 du 15 novembre 2013, l'on a remarqué que le législateur parlait seulement du droit d'être représenté mais pas de celui d'être assisté[1533]. Aussi l'on s'est interrogé si la personne mise en cause ne pouvait

---

[1528] *Cf.* l'art. D.596 du CPCE.

[1529] Faute d'une telle démonstration, la Cour de cassation a écarté par exemple le moyen tiré de la méconnaissance du principe d'égalité des armes, au motif que la personne poursuivie a bénéficié seulement de deux mois au moment où le rapporteur avait bénéficié d'un délai illimité (deux ans en l'espèce), *cf.* Cass. com., 28 janv. 2003, n° 01-00.528, *Sté Domoservices maintenance*, préc. *Cf.* aussi : Cass. com., 13 juill. 2004, n° 03-11.430, *SNC DTP Terrassement*, *Bull. civ.* 2004, IV, n° 163, JurisData : 2004-024684.

[1530] *Cf.* l'art. L.463-7, al. 1 du C. com. (ADLC) ; les art. L.612-38, al. 4 et R.612-36, al. 1 du C. mon. fin. (ACPR) ; l'art. L.134-31 du C. énergie (CRE) ; l'art. L1264-10, al. 1 du C. transports (ARAFER).

[1531] *Cf.* les art. R.621-37-2, al. 1 et R.621-38, al. 4 du C. mon. fin. (AMF) ; l'art. 3 du décret n° 2010-495 du 14 mai 2010, préc., (ARJEL) ; l'art. D.597, II du CPCE.

[1532] Art. 19, al. 3 du Règlement intérieur de l'ARCEP, avant sa modification.

[1533] *Cf.* l'ancienne version de l'art. 42-7 al. 3 de la loi n° 86-1067, préc. Pour information, devant l'ADLC, l'AMF, l'ACPR et l'ARCEP, il est question de se « faire représenter et

pas bénéficier de l'aide d'une personne de son choix devant le CSA ? Cette position était d'autant plus intrigante qu'un tel droit était reconnu pour les parties lorsqu'il s'agissait d'une procédure de règlement des différends devant la même autorité[1534]. Désormais, suites à la réforme précitée la personne mise en cause « peut se faire assister par toute personne de son choix »[1535].

828. En sus du droit interne, cette garantie est consacrée dans tous les textes internationaux et régionaux relatifs aux droits de l'homme. Que ce soit la CESDH ou le PIDCP, ces textes ont réservé, dans le cadre des droits de la défense, une place appréciable au droit de se faire assister ou représenter par une personne de son choix[1536].

SOUS-SECTION 3. CONSÉCRATION DU PRINCIPE DE LA MOTIVATION MAIS PERSISTANCE DE LA SUSPICION DE PARTIALITÉ, AU STADE DU PRONONCÉ DES SANCTIONS

829. Compte tenu de la panoplie de pouvoirs dont disposent la plupart des AAIRE, les garanties d'un procès équitable doivent être également respectées au stade du prononcé de la sanction administrative, c'est le cas notamment du principe d'impartialité et de la motivation des décisions. Même si le principe d'impartialité semble incompatible avec l'organisation, le fonctionnement et la mission de ces autorités, le législateur a franchi des pas considérables dans l'adaptation de ces organismes à ce principe cardinal du procès équitable. Il n'en reste pas moins que cela n'a pas complètement mis fin à la suspicion de partialité qui colle aux AAIRE (**Paragraphe 1**). D'autre part, malgré l'existence d'une présomption de légalité des actes administratifs, la motivation de leurs décisions répressives s'est imposée tant dans les textes que dans la jurisprudence (**Paragraphe 2**).

Paragraphe 1. Le principe d'impartialité : entre désir d'efficacité et quête d'équité

830. Le principe d'impartialité comporte deux aspects : le premier, lié à l'idée de neutralité, est d'ordre personnel et implique que le juge ne doit manifester ni parti pris ni préjugé personnel par rapport à l'affaire. C'est ce

---

assister », tandis que devant l'ARAFER et la CRE, le législateur parle seulement de la faculté de « se faire assister », ce qui est à notre sens mieux que l'expression « se faire représenter » consacrée dans le cas du CSA. En effet, cette dernière expression renvoie à l'hypothèse où l'intéressé serait absent. En revanche, se faire assister vise le cas où l'intéressé est présent et à ses côtés une autre personne pour l'aider et l'assister.

[1534] Les art. 26 et 33 du Règlement intérieur du CSA, avant sa modification en 2014 (Délibération du 9 avr. 2014 fixant le règlement intérieur du Conseil supérieur de l'audiovisuel, JORF n° 0106 du 7 mai 2014).

[1535] Art. 42-7, 6° de la loi n° 86-1067, préc.

[1536] *Cf.* l'art. 6-3-c de la CESDH ; l'art. 14-3-d du PIDCP ; l'art. 7-1-c de la CADHP ; l'art. 16-3 de la CADH.

qu'on qualifie d'« impartialité subjective » ou encore d'« impartialité personnelle »[1537]. Le second, quant à lui, s'appuie sur des considérations organiques et fonctionnelles, implique que les règles régissant le fonctionnement et l'organisation du tribunal doivent permettre d'éviter tout soupçon sur le prononcé du jugement. C'est ce qu'on désigne comme « impartialité objective ». Autrement dit, *l'impartialité subjective* tient au comportement du juge, tandis que *l'impartialité objective* à l'organisation du tribunal[1538]. C'est cette seconde notion qui intéressera notre étude.

831. L'apparence constitue un élément principal dans l'appréciation de l'impartialité objective : la composition du tribunal saisi de l'affaire (élément organique), ainsi que l'intervention de l'un de ses membres à l'occasion de fonctions antérieures dans la même affaire (élément fonctionnel) sont deux facteurs déterminants pour accomplir cette appréciation. Le tribunal ne doit pas donner, au vu de sa composition, l'apparence d'absence d'objectivité, ce qui ferait craindre aux justiciables le manque d'impartialité. Par ailleurs, la connaissance que l'un des membres du tribunal pourrait avoir du litige, dans le cadre de fonctions antérieures, et les décisions qu'il aurait prises, sont susceptibles de provoquer chez les justiciables une crainte légitime que la formation de jugement, comprenant ce membre, n'offre pas les garanties suffisantes d'impartialité. Qu'en est-il de la place réservée à ce principe dans le cadre du pouvoir répressif des AAIRE ? La question a fait couler beaucoup d'encre.

832. Au vu de leur organisation, de leur fonctionnement et tout particulièrement de leur finalité, les AAIRE étaient à leur création incompatibles avec le principe d'impartialité (**A**). Toutefois, avec le temps, la pratique aidant, l'on s'est aperçu que maintenir ces autorités, qui souffrent déjà d'un manque de légitimité, avec la même organisation aggraverait beaucoup plus leur image. En effet, au vu de leur nature et de la panoplie de pouvoirs dont elles disposent, le principe d'impartialité devrait constituer un élément qui permettrait sans doute d'assurer la transparence et l'objectivité du pouvoir répressif qu'elles exercent. Aussi, ces autorités n'ont comme choix que de s'accommoder avec ce principe (**B**).

1537 R. KOERING-JOULIN, « Le juge impartial », *Justices* 1998, n° 10, p. 1 et s.

1538 L'analyse des Conventions et autres Traités internationaux, en matière de droits de l'homme, démontre un intérêt croissant et particulier pour le principe de l'impartialité. C'est le cas de la DUDH du 10 déc. 1948, qui dispose, dans son article 10, que « Toute personne a droit, en pleine égalité, à ce que sa cause soit entendue équitablement et publiquement par un tribunal indépendant et impartial […] ». Le même principe est également consacré à l'art. 14 du PIDCP du 16 déc. 1966. Outre ces textes internationaux, le principe *d'impartialité du « tribunal »* est aussi consacré dans des textes régionaux, tels que la CESDH et son fameux art. 6§1 ; la CADH (art. 13-1) et la CADHP (art. 7, al. 1. d).

A. Incompatibilité du principe avec le fonctionnement et la mission des AAIRE, ou lorsque la fin justifie les moyens

833. L'impartialité objective a beaucoup focalisé l'intérêt de la doctrine[1539] et a énormément pesé sur ces autorités. Il faut reconnaître qu'avec leur organisation et leur fonctionnement, il était tout simplement difficile de soumettre les premiers modèles d'AAIRE au principe d'impartialité. N'est-il pas vrai d'ailleurs que leur création est dictée, selon leurs concepteurs, par la volonté de s'affranchir des formalités procédurales qui alourdissent le procès ordinaire et ne sied pas avec les caractéristiques de la sphère économique. La difficulté est accentuée en particulier par le fonctionnement de ces autorités qui fait qu'elles cumulent plusieurs pouvoirs. Pour être plus précis, la difficile conciliation entre la mission de régulation et le principe d'impartialité se manifeste tant sur le plan du cumul des fonctions de poursuite, d'instruction et de jugement (**1**) que sur le plan du cumul des pouvoirs réglementaire et de sanction (**2**).

1. Sur le cumul des fonctions de poursuite, d'instruction et de jugement

834. Déniant la qualité de juridictions aux AAIRE, le Conseil d'État a pendant longtemps refusé de les soumettre à l'article 6§1 de la CESDH, avant de rallier sous certaines conditions la position de la Cour de cassation. En effet, à ses débuts, la haute juridiction administrative considérait le moyen tiré de la violation de l'article 6§1 inopérant à l'encontre des AAIRE. Une telle position a été clairement exposée dans un Avis de la section du contentieux le 31 mars 1995, à l'occasion de l'affaire *Ministre du Budget c/ SARL Auto-Industrie Méric*[1540], selon lequel : « il résulte du texte même de cet article [article 6 de la CEDH] que l'ensemble de ces stipulations n'est applicable qu'aux procédures contentieuses suivies devant les juridictions lorsqu'elles statuent sur des droits et obligations de caractère civil ou sur des accusations en matière pénale [...]. Il suit de là que l'article 6 précité n'énonce, y compris dans son paragraphe 2, aucune règle ou aucun principe dont le champ

---

[1539] *Cf.* M.-A. FRISON-ROCHE, « L'impartialité du juge », *D.* 1999, chron. p. 53 ; N. RONTCHEVSKY, « La Commission des opérations de bourse à l'épreuve de l'exigence d'impartialité », *Bull. Joly Bourse* 1999, p. 129 ; J.-F. BRISSON, « Les pouvoirs de sanction des autorités de régulation et l'article 6§1 de la Convention européenne des droits de l'homme à propos d'une divergence entre le Conseil d'État et la Cour de cassation », art. cit., pp. 855-856 ; R. KEORING-JOULIN, « La notion européenne de tribunal indépendant et impartial au sens de l'article 6§1 de la Convention européenne de sauvegarde des droits de l'homme et du citoyen », *Rev. sc. crim.* 1990, p.765 ; « Le juge impartial », *Justices* 1998, n° 10, p. 1 et s. ; J.-M. MOULIN et S. ETOA, « L'application de la notion conventionnelle de procès équitable aux autorités administratives indépendantes en droit économique et financier », *CRDF* 2002, n° 1, p. 47 ; J.-V. COMPERNOLLE, « Évolution et assouplissement de la notion d'impartialité objective », note sous *Nortier c. Pays-Bas*, 24 août 1993, série A n° 267, *RTDH* 1994, p. 429 ; D. CHABANOL, « Théorie de l'apparence ou apparence de théorie ? Humeurs autour de l'arrêt Kress », *AJDA* 2002, p. 9.

[1540] CE, sect., Avis, 31 mars 1995, n° 164008, *Ministre du budget c/ SARL Auto Méric, Rec. CE* 1995, p. 154, JurisData:1995-041934.

d'application s'étendrait au-delà des procédures contentieuses suivies devant les juridictions, et qui gouvernent l'élaboration ou le prononcé de sanctions, quelle que soit la nature de celles-ci, par les autorités administratives qui en sont chargées par la loi ». Par une telle position, on semble privilégier un critère organique : le juge ne vérifiait le respect de l'article 6§1 de la CEDH qu'une fois le juge saisi[1541].

Le « revirement spectaculaire »[1542], du juge administratif, a lieu à l'occasion de l'arrêt *Didier* du 3 décembre 1999[1543]. À cette occasion, l'Assemblée du contentieux n'a pas suivi le raisonnement du commissaire du gouvernement, Alain SEBAN, qui était favorable à la reconduction de la jurisprudence *Auto-Méric* en concluant au rejet du moyen comme inopérant[1544]. Au contraire, elle a admis, l'applicabilité de l'article 6§1 à la procédure répressive devant le CMF, en jugeant qu'« alors même que le conseil des marchés financiers siégeant en formation disciplinaire n'est pas une juridiction au regard du droit interne, le moyen tiré de ce qu'il aurait statué dans des conditions qui ne respecteraient pas le principe d'impartialité rappelé à l'article 6-1 précité peut, eu égard à la nature, à la composition et aux attributions de cet organisme, être utilement invoqué à l'appui d'un recours formé devant le Conseil d'État à l'encontre de sa décision ».

Aux yeux du Conseil d'État, pour que le moyen tiré de l'article 6§1 soit opérant, il faut, d'une part, que l'organisme administratif à l'encontre duquel il est soulevé présente des caractéristiques l'assimilant à une « quasi-juridiction », d'où l'expression « eu égard à la nature, à la composition et aux

---

1541 C'est pourquoi l'opérance du moyen tiré de la méconnaissance de l'article 6§1 ne faisait aucun doute dans l'affaire *Leriche* où était contestée la décision d'une juridiction ordinale, *cf.* CE, Sec., 3 déc. 1999, n° 195512, *Leriche*, JurisData:1999-051316, *JCP G* 2000.II.10267, note F. SUDRE. Plusieurs décisions du Conseil d'État avaient déjà admis comme opérant à l'encontre d'une décision juridictionnelle du Conseil national de l'ordre des médecins un moyen tiré de la méconnaissance des stipulations de l'art. 6§1, *cf.* par exemple : CE, 30 déc. 1996, n° 141853, *M. L'Hermite*, JurisData:1996-051530, *Gaz. Pal.*, 30 juill. 1997, n° 211-212, Pan., p.124. Comme l'explique Jean-Claude BONICHOT : « la procédure juridictionnelle est une chose, la procédure administrative, même très formalisée, en est une autre et le régime des décisions prises est évidemment fondamentalement différent. Ces autorités administratives ne sont donc pas soumises à l'article 6 dans leur intégralité, pour la raison même qu'elles ne sont pas exactement des tribunaux », *cf.* « Les sanctions administratives en droit français et la Convention européenne des droits de l'homme, de la prévention pour les adaptations à l'adaptation préventive », *AJDA* 2001, n° sépcial, p. 73.

1542 F. SUDRE, note sous CE, ass., 3 déc. 1999, *Didier*, préc., *JCP E* 2000, 509.

1543 CE, ass., 3 déc. 1999, n° 207434, *Didier*, *Rec. CE* 1999, p. 399, *D.* 2000, p. 62, obs. M. BOIZARD, *AJDA* 2000, p. 126, chron. M. GUYOMAR et P. COLLIN, *JCP E* 2000, 509, note F. SUDRE.

1544 Selon Alain SEBAN « « le pouvoir législatif ou réglementaire a sans doute le pouvoir de décider que les organismes administratifs devront satisfaire à tout ou partie des prescriptions de l'article 6§1 ; mais le juge ne peut en revanche faire produire aux stipulations de cet article plus de droit qu'elles n'en contiennent. L'article 6§1 a pour seul objet de consacrer le droit à un procès équitable ; si ce procès équitable a bien été organisé par le droit interne devant les droits qu'il tient de l'article 6§1 », *cf.* concl. sur CE, ass., 3 déc. 1999, *Didier*, *RFDA* 2000, p. 584, préc.

attributions de cet organisme » et, d'autre part, que le vice allégué soit de nature à compromettre de manière irrémédiable la procédure, ce qui pourrait être le cas dans l'hypothèse du non-respect du principe d'impartialité par les AAIRE.

La position du juge administratif s'explique par le fait qu'il considère, à juste titre d'ailleurs, que le principe d'impartialité est d'une importance telle que sa méconnaissance peut vicier la procédure répressive dès l'origine et d'une manière indélébile. Comme l'explique Mattias GUYOMAR, l'impartialité se caractérise par sa transversalité et semble être appropriée à l'ensemble de la procédure répressive, raison pour laquelle il trouve que « le vice de partialité, s'il est avéré, étant de nature à contaminer l'ensemble de la procédure sans correction possible », aussi propose-t-il d'« exiger le respect de cette exigence dès la phase administrative »[1545].

Depuis l'arrêt *Dédier*, dans une jurisprudence constante, le Conseil d'État reprend un considérant de principe dans lequel il écarte, dans un premier temps, toute méconnaissance du droit à un procès équitable, pour non-respect des dispositions de l'article 6§1 de la CESDH durant la phase administrative, dès lors qu'existe un recours de pleine juridiction devant son office. Pour soutenir ensuite qu'« alors même que [l'AAIRE] n'est pas une juridiction au regard du droit interne, le moyen tiré de ce qu'elle aurait statué dans des conditions qui ne respecteraient pas *le principe d'impartialité* rappelé audit article 6,1 peut, eu égard à la nature, à la composition et aux attributions de cet organisme, être utilement invoqué à l'appui d'un recours formé devant le Conseil d'État à l'encontre de sa décision »[1546] (souligné par nous).

835. C'est ce même raisonnement qui est développé par la cour d'appel de Paris dans sa fameuse décision *Société KPMG* du 7 mars 2000[1547], où elle a soutenu que la COB n'est pas tenue de satisfaire, sous tous leurs aspects, aux prescriptions de forme de l'article 6§1 dès lors que ses décisions subissent *a posteriori*, sur les points tant de fait que de droit, le contrôle effectif d'un organe judiciaire offrant toutes les garanties d'un tribunal au sens du texte précité.

En revanche, elle a estimé que le moyen tiré de ce que la Commission se serait prononcée dans des conditions qui ne respecteraient pas l'exigence d'impartialité peut être utilement invoqué à l'appui du recours formé à

[1545] M. GUYOMAR, concl. sur CE, 27 oct. 2006, n° 276069, *M. Parents et autres*, *Bull. Joly Bourse* 2007, p. 80.

[1546] CE, 18 déc. 2009, n° 323460, *Compagnie Blue Line*, inédit, JurisData:2009-018439 ; CE, sect., 17 nov. 2006, n° 276926, *Sté CNP Assurances*, préc. ; CE, 27 oct. 2006, *M. Parents et autres*, préc. ; CE, 6 janv. 2006, n° 279596, *Lebanese Communication Group*, préc. ; CE, 4 févr. 2005, n° 269001, *Sté GSD gestions*, préc. ; CE, 31 mars 2004, n° 243579, *Sté Etna Finance*, JurisData:2004-066993 : *LPA*, n° 150, 2005, p. 14, concl. M. GUYOMAR ; CE, 19 mars 2003, n°240718, *M. Hannoun c/ CMF*, JurisData:2003-065083, *Gaz. Pal.*, 13 janv. 2004, n° 13, p. 13, note Ph. GRAVELEAU, *LPA*, 23 avr. 2003, p. 5, concl. M. GUYOMAR.

[1547] *JCP E* 2000, 992, note A. COURET ; *Bull. Joly Bourse* 2000, p. 244, note N. RONTCHEVSKY ; *JCP G* 2000.II.10408, note R. DRAGO ; *D. Aff.*, 2000, p. 512, obs. M. BOISARD ; *Rev. sociétés* 2000, p. 327, note S. ROBINEAU.

l'encontre de sa décision. Plus important encore, la cour a estimé que l'exigence d'impartialité doit s'apprécier d'une manière objective et concrète, et que le cumul des fonctions de poursuite, d'instruction et de jugement au sein d'une même autorité administrative n'est pas en lui-même contraire au principe d'impartialité. Pour cette raison, elle a proposé « de rechercher si, compte tenu des modalités concrètes de mise en œuvre de ces attributions, spécialement au regard de la composition des organes appelés à les exercer, le droit de la personne poursuivie à un procès équitable a été ou non méconnu ». En l'espèce, le collège avait successivement décidé la mise en accusation de la société sur des faits qu'il a constatés, formulé les griefs visant la personne poursuivie, statué sur sa culpabilité et sanctionné cette dernière, ce qui justifiait selon la cour des doutes objectifs sur l'impartialité de la procédure[1548].

836. La démarche des différentes juridictions est apparemment inspirée de la jurisprudence de la Cour de Strasbourg qui a affirmé, pour la première fois à l'occasion de l'arrêt *Imbrioscia* en 1993[1549], que l'article 6§1 de la CESDH ne se désintéresse pas « des phases qui se déroulent avant la procédure de jugement », dans la mesure où certaines de ses exigences peuvent « jouer un rôle avant la saisine du juge du fond si et dans la mesure où leur inobservation initiale risque de compromettre gravement le caractère équitable du procès ». Avant de préciser en 2000, dans l'affaire *Kingsley*, le caractère irrémédiable du vice de partialité[1550].

837. Il ressort de l'ensemble de la jurisprudence du Conseil d'État, appliquant l'article 6§1 de la CESDH aux AAIRE, que lorsqu'il est question du principe d'impartialité, l'approche globale n'est pas retenue. En effet, ce principe qui participe de l'ordre public international[1551] et de l'égalité des

---

[1548] À titre d'exemple, le Conseil de la concurrence qui s'est prononcé sur le caractère prohibé d'une partie des faits dénoncés dans le cadre d'une procédure tendant à l'obtention de mesures conservatoires, ne pouvait dans une formation comportant des membres ayant statué dans cette procédure statuer au fond sans manquer objectivement au principe d'impartialité garanti par l'article 6§1 de la CESDH, *cf.* Cass. com., 9 oct. 2001, n° 98-21.987, *Marché du béton*, *Bull. civ.* 2001, IV, n° 160, p. 152, JurisData:2001-011217. En revanche, le principe d'impartialité et le respect des droits de la défense ne s'opposent pas à ce que le Conseil de la concurrence exerce successivement sa compétence consultative et son pouvoir de sanction, dès lors que les faits qu'il apprécie dans la procédure de sanction sont distincts des questions qu'il a examinées antérieurement dans le cadre d'une procédure d'avis. De même que le principe d'impartialité ne fait pas obstacle à ce qu'un même agent procède à l'instruction des faits dont l'Autorité est saisie et présente un rapport oral devant la formation de l'Autorité, amenée à statuer sur les griefs éventuellement notifiés à la suite de cette instruction, dès lors qu'il n'assiste ni ne participe au délibéré, *cf.* Cass. com., 9 juin 2004, n° 03-16.668, *Conseil supérieur de l'Ordre des géomètres-experts et autres*, *Bull. civ.* 2004, IV, n° 117, JurisData:2004-024153.

[1549] *Imbrioscia c. Suisse*, 24 nov. 1993, § 36, série A n° 275.

[1550] *Kingsley c. Royaume-Uni*, n° 35605/97, §§ 49-50, 7 nov. 2000.

[1551] Cass. civ., 1e, 3 déc. 1996, n° 94-20.986, *Mme Tordjeman*, *Bull. civ.* 1996, I, n° 427, p. 299, JurisData:1996-004666. Marie-Anne FRISON-ROCHE estime, à propos de l'importance du principe de l'impartialité, que « l'impartialité du juge est la condition *sine qua non* du système juridique en entier », sans lequel « le droit est [alors] précipité dans le chaos », *cf.* « L'impartialité du juge », art. cit. p. 53.

armes a été érigé depuis longtemps par le Conseil d'État comme un principe général de droit[1552], donc applicable même en l'absence d'un texte et s'impose nonobstant toute disposition réglementaire contraire. Il faut dire que le respect de ce principe doit être effectif et réel à tous les stades de la procédure, y compris la phase administrative, dès lors que sa violation ne peut être purgée par la suite. Il apparaît donc que ce principe constitue une exception à l'efficacité et à la souplesse qui autorise, selon le juge administratif, des tempéraments au droit à un procès équitable dans le cadre du pouvoir répressif des AAIRE.

838. Partant de ce qui précède, on s'attendait à ce que les deux hautes juridictions administrative et judiciaire s'accordent à voir s'appliquer le principe d'impartialité aux AAIRE dès la phase administrative. Il n'en est rien de tout ça, puisque des divergences ont apparu entre elles quant à la portée de ce principe. La divergence est telle qu'elle est intervenue juste à quelques mois d'intervalle malgré la similarité des situations[1553].

Par deux arrêts rendus le 5 février 1999[1554], l'Assemblée plénière de la Cour de cassation a jugé que le membre de la COB nommé rapporteur et chargé de procéder à une instruction sur les faits, ne pouvait pas participer au délibéré. Confirmant la position du juge du fond, la haute juridiction judiciaire a estimé que le rôle joué par ce membre dans les investigations, l'instruction de l'affaire et sa participation au délibéré n'était pas respectueux des principes du contradictoire et de l'égalité des armes entre les parties. Selon l'avocat général Maurice-Antoine LAFORTUNE, « le principe d'impartialité du tribunal interdit au juge de manifester tout parti pris, tout préjugé ou préjugement à l'égard de l'une des parties en cause »[1555]. Or, ajoute-t-il « le rapporteur, en raison de sa mission d'instruction et de ses moyens d'action et d'investigations, participe activement à l'élaboration et à la réunion de ces accusations ». En somme, pour la Cour de cassation, tout acte d'instruction présume la formation d'un préjugé, ce qui rend incompatible le cumul des fonctions d'instruction et de jugement. Peu de temps après ces deux arrêts, la Cour de cassation a eu l'occasion de réaffirmer la même solution, en cassant un arrêt de la cour d'appel de Paris, à propos cette fois-ci du rôle joué par le

---

[1552] *Cf.* B. GENEVOIS, « Principes généraux du droit », Encycl. Dalloz, Contentieux administratif, n° 545 et s. ; M. GUYOMAR concl. sur CE, 27 oct. 2006, *Parents et autres*, préc.

[1553] J.-P. BRISSON, « Les pouvoirs de sanction des autorités de régulation et l'article 6§1 de la Convention européenne des droits de l'homme à propos d'une divergence entre le Conseil d'État et la Cour de cassation », art. cit., p. 847.

[1554] Cass. ass., plén., 5 févr. 1999, n° 97-16.440 et 97-16.441, *COB c/ J-M Oury*, JurisData:1999-000593 ; N. RONTCHEVSKY, « La Commission des opérations de bourse à l'épreuve de l'impartialité », art. cit., p. 129 ; *RD bancaire et de la bourse* 1999, p. 32, obs. M. GERMAIN et M.-A. FRISON-ROCHE ; *JCP E* 1999, 357, note E. GARAUD ; *JCP G* 1999.II.10060, note H. MATSOPOULOU ; *Gaz. Pal.*, 24-25 févr. 1999, p. 8, concl. M.-A. LAFORTUNE, note J.-M. DELGUERDE, L. GRAMBLAT et M. HERBIÈRE.

[1555] *Cf. Gaz. Pal.*, 24-25 févr. 1999, p. 8, concl. M.-A. LAFORTUNE, préc.

rapporteur du Conseil de la concurrence[1556]. La participation du rapporteur général et du rapporteur au délibéré, même sans voix délibérative, a été, elle aussi, considérée comme contraire aux dispositions de l'article 6§1 de la CESDH[1557].

De son côté, le Conseil d'État a considéré dans l'arrêt *Didier* du 3 décembre 1999 que le rapporteur près du CMF ne propose que des mesures qui pourraient être décidées par le collège lui-même, et qu'il ne peut être assimilé à un juge d'instruction car il n'est pas à l'origine de la saisine, ne formule pas les griefs et ne prend aucune des mesures de contraintes qui pourraient être assimilées à un préjugement de la culpabilité. Dans une jurisprudence constante sur la question, le Conseil d'État a pris le soin de préciser que les pouvoirs d'instruction du rapporteur ne différaient pas de ceux de la formation qui allait prononcer la sanction, c'est-à-dire le collège, soulignant ainsi le lien existant entre les deux fonctions. À maintes reprises, le Conseil n'a pas manqué de souligner que « l'exigence d'équité dans le procès [...] pas plus qu'aucun principe général du droit, n'imposent la séparation des phases d'instruction et de jugement au sein d'un même procès »[1558]. Comme l'affirmait Alain SEBAN, à l'occasion de l'affaire *Didier*, « l'obligation d'impartialité ne saurait interdire à une juridiction, et il en va *a fortiori* de même d'un organisme administratif, d'exercer les diverses fonctions qui relèvent de son office, même lorsque celui-ci comporte à la fois des fonctions d'instruction et des fonctions de jugement »[1559]. En somme, pour le juge administratif, ce sont les fonctions d'accusation qui se traduisent par la faculté de saisir l'organe investi du pouvoir de sanction, de formuler ou d'élargir les griefs, de classer l'affaire, qui sont par nature incompatibles avec celles de jugement et non la fonction d'instruction[1560].

839. Faut-il le rappeler également, pour le juge tant administratif que judiciaire, la faculté d'auto-saisine reconnue aux AAIRE n'est nullement contraire en soi à l'exigence d'équité annoncée par les stipulations de l'article

---

[1556] Dans son arrêt, la cour d'appel de Paris avait privilégié une approche globale. Face à la demande de nullité de la décision du Cons. conc., fondée sur la présence au délibéré du rapporteur et du rapporteur général, la cour d'appel de Paris a jugé que leur présence, prévue par l'ord. du 1er déc. 1986, est sans voix délibérative. De plus, il existe un recours de pleine juridiction devant la cour d'appel qui remplit les critères du tribunal édicté par la CESDH. *Cf.* CA Paris, 6 mai 1997, *SNC Campenon-Bernard et* autres, JurisData:1997-850066, *LPA*, n° 30, 11 mars 1998, p. 18, note P. ARHEL.

[1557] *Cf.* Cass. com., 5 oct. 1999, n° 97-15.617, *SNC Campenon-Bernard et* autres, *Bull. civ.* 1999, IV, n° 158, p. 133, JurisData:1999-003372, *Gaz. Pal.*, n° 336 du 2 déc. 1999, p. 9, concl. M.-A. LAFORTUNE.

[1558] CE, 6 janv. 2006, n° 279596, *Lebanese Communication Group*, préc. ; CE, sect., 17 nov. 2006, n° 276926, *Sté CNP Assurances*, préc. ; CE, 30 juill. 2003, n° 240884, *Dubus SA*, préc.

[1559] *RFDA* 2000, p. 584, concl. A. SEBAN, préc.

[1560] CE, ass., 4 juill. 2003, n° 234353, *Dubreuil*, *Rec. CE* 2003, p. 313, *RFDA* 2003, p. 713, concl. M. GUYOMAR ; CE ass., 23 févr. 2000, n° 195715, *Labor Metal*, *Rec. CE* 2000, p. 83, JurisData:2000-060057, *RFDA* 2000, p. 435, concl. A. SEBAN, *AJDA* 2000. 464, chron. M. GUYOMAR et P. COLLIN.

6§1 de la CESDH[1561]. Mais, comme nous l'avons vu, le Conseil d'État n'a pas hésité à remettre en cause des décisions de l'ACAM, dans la mesure où il a considéré que l'encadrement des pouvoirs dont elle disposait « couvrant à la fois le contrôle des organismes relevant du code des assurances ou du code de la mutualité, la décision d'ouvrir une procédure disciplinaire et de définir les griefs reprochés, l'instruction de la procédure et le prononcé des sanctions disciplinaires », était insuffisant et qu'« eu égard à l'insuffisance des garanties dont la procédure est entourée, la circonstance que les mêmes personnes se prononcent sur la décision de poursuivre, d'une part, et sur la sanction, d'autre part, est de nature à faire naître un doute objectivement justifié sur l'impartialité de cette autorité »[1562].

840. Enfin, la question s'est posée de savoir si la mise en demeure d'une personne pouvait remettre en cause l'impartialité d'une AAIRE qui serait appelée à trancher des faits nouveaux commis par la même personne. Pour le Conseil d'État, la société requérante n'est pas fondée à soutenir que la mise en demeure adressée par le CSA, en application des dispositions de l'article 42 de la loi du 30 septembre 1986, le prive de l'impartialité exigée de lui pour décider d'engager une procédure de sanction sur la base de faits nouveaux susceptibles de révéler un manquement du service à ses obligations[1563].

841. La position du juge administratif est confortée même par la Cour européenne. En effet, tout en excluant la possibilité d'exercer successivement les fonctions de poursuite puis de jugement[1564], la Cour s'est livrée à une appréciation *in concreto* du rôle du juge durant les différentes phases auxquelles il était appelé à intervenir pour se prononcer sur la violation du principe d'impartialité. Autrement dit, tout dépend de la nature des tâches accomplies par le juge avant de prononcer la sanction. La Cour a clairement affirmé, dans l'arrêt *Hauschildt*[1565], que le fait qu'un juge ait pris des décisions avant le procès « ne peut justifier en soi » des appréhensions quant à son impartialité. Pour elle, l'élément déterminant consiste à savoir si les doutes de la personne sanctionnée peuvent être considérés comme objectivement justifiés[1566].

1561 *Cf. supra*, pp. 309 et s.

1562 CE, 22 déc. 2011, n° 323612, *Union mutualiste générale de prévoyance*, préc. ; CE, 22 déc. 2011, n° 323613, *Sté mutualiste des étudiants de la région parisienne*, préc.

1563 CE, 6 janv. 2006, n° 279596, *Lebanese Communication Group*, préc. Dans cette même affaire, la société requérante a également estimé qu'il y a eu atteinte au principe d'impartialité, dans la mesure où la direction juridique du CSA joue un rôle capital dans l'élaboration du rapport de présentation de l'affaire, tout en étant placée sous l'autorité du président du Conseil. Le Conseil d'État a rétorqué que la société n'est pas fondée à soutenir, par voie d'exception, que les dispositions de la loi du 30 sept. 1986 et du Règlement intérieur du CSA, relatives à la procédure de sanction devant cette autorité, sont contraires aux principes d'impartialité et d'équité du procès.

1564 *Piersack c. Autriche*, 1er oct. 1982, § 30, série A n°53.

1565 *Hauschildt c. Danemark*, 24 mai 1989, § 50, série A n°154.

1566 *Cf. Sainte-Marie c. France*, 16 déc. 1992, § 32, série A n° 253-A ; *Nortier c. Pays-Bas*, 24 août 1993, § 33, série A n° 267 ; *Saraiva de Carvalho c. Portugal*, 22 avr. 1994, § 35, série A n° 286-B ; *Remli c. France*, 23 avr. 1996, § 48, *Recueil des arrêts et décisions* 1996-II ; *Kress c.*

842. À notre sens, le principe d'impartialité devrait être appliqué dans le cadre du pouvoir répressif des AAIRE avec plus de fermeté. Nonobstant les efforts entrepris par le législateur dans le but de remédier aux causes qui alimentent le doute des personnes « jugées » devant les AAIRE, au sujet de leur impartialité, la situation reste malgré tout confuse et alimentée de temps en temps par les divergences du juge judiciaire avec le juge administratif.

D'ailleurs, la Cour de Strasbourg n'a pas manqué de remettre en cause l'organisation de la défunte Commission bancaire, sur ce point, dans un arrêt rendu le 11 juin 2009 à l'occasion de l'affaire *Dubus SA*[1567]. Invoquant l'article 6§1 de la CESDH, la société Dubus se plaignait du manque d'impartialité et d'indépendance de la Commission bancaire dans le cadre de sa procédure de sanction ainsi que de l'iniquité de la procédure répressive prévue devant cette Commission. La CEDH a souligné l'imprécision des textes de la procédure devant la Commission en notant le manque de distinction claire entre les fonctions de poursuites, d'instruction et de sanction dans l'exercice de son pouvoir répressif. Pour la Cour, la requérante a ainsi raisonnablement pu avoir l'impression que, dans la procédure litigieuse, ce sont les mêmes personnes qui l'ont poursuivie et jugée. En conséquence, elle a conclu à la violation de l'article précité car les doutes de la société *Dubus SA* étaient objectivement fondés du fait de l'absence de distinction claire entre ses différentes fonctions.

Prenant acte de l'arrêt précité, l'ordonnance n° 2010-76 du 21 janvier 2010, portant fusion des autorités d'agrément et de contrôle de la banque et de l'assurance, a été l'occasion de revoir la procédure répressive de cette autorité dans le but de satisfaire aux exigences de la CESDH, en particulier son article 6§1. Désormais, l'ACPR qui a remplacé, entre autres, la Commission bancaire, comporte deux organes distincts : le collège (autorité de poursuite) et la commission des sanctions (autorité de jugement). Néanmoins, comme nous le verrons ces réformes ne dissipent pas complètement les doutes et les soupçons de partialité.

2. Sur le cumul des pouvoirs réglementaire et de sanction

843. Le respect du principe d'impartialité peut être évoqué non seulement par rapport aux questions liées à l'organisation interne des AAIRE, mais

---

France [GC], n° 39594/98, § 81, CEDH 2001-VI ; *Depiets c. France*, n° 53971/00, § 35, CEDH 2004-I ; *Lindon, Otchakovsky-Laurens et July c. France* [GC], n°s 21279/02 et 36448/02, § 75, CEDH 2007-XI ; *Gómez de Liaño y Botella c. Espagne*, n° 21369/04, § 71, 22 juill. 2008 ; *Micallef c. Malte* [GC], n° 17056/06, §§ 93-96, CEDH 2009 ; *Adamkiewicz c. Pologne*, n° 54729/00, § 101, 2 mars 2010 ; *Cardona Serrat c. Espagne*, n° 38715/06, §§ 28-38, 26 oct. 2010. *Cf.* sur la question : CE, 8 nov. 2010, n° 329384, *Caisse Nationale des Caisses Nationales d'Epargne et de Prévoyance*, inédit, JurisData:2010-020877 ; J.V. COMPERNOLLE, « Évolution et assouplissement de la notion d'impartialité objective », art. cit., p. 431 ; J.-F. FLAUSS, « La double lecture de l'arrêt *Kress c. France* », *LPA*, n° 197, 3 oct. 2001, p. 13.

[1567] *Dubus S.A. c. France*, n° 5242/04, §§ 54-57, 11 juin 2009.

également par rapport à leur cumul des pouvoirs répressif et réglementaire[1568]. En effet, en sus de l'interdiction du cumul des fonctions relevant du pouvoir répressif, le principe d'impartialité implique également l'interdiction de cumuler les qualités de juge et de partie au litige. Comme on l'a précédemment noté, la plupart des AAIRE bénéficient en sus du pouvoir répressif d'un pouvoir réglementaire direct et indirect, ce qui crée une confusion et une méfiance légitime chez les personnes poursuivies par ces autorités.

844. Pour rappel, saisi sur la question de l'octroi d'un pouvoir réglementaire à une AAI, en l'occurrence la CNCL, le Conseil constitutionnel a estimé que la Constitution qui confère au Premier ministre, sous réserve des pouvoirs reconnus au président de la République, l'exercice du pouvoir réglementaire à l'échelon national, ne fait « pas obstacle à ce que le législateur confie à une autorité de l'État autre que le Premier ministre, le soin de fixer, dans un domaine déterminé et dans le cadre défini par les lois et règlements, des normes permettant de mettre en œuvre une loi »[1569]. En l'espèce, le constituant s'est prononcé sur l'octroi d'un pouvoir réglementaire à une AAI, mais n'a pas traité la question de son cumul avec un pouvoir répressif. N'est-il pas choquant et injuste qu'une autorité de régulation dite indépendante, bénéficiant d'un pouvoir réglementaire, conçoive une règle, se charge du contrôle de son respect et enfin sanctionne sa violation ?

845. Marchant sur les pas du juge constitutionnel, le Conseil d'État ne décèle aucune contradiction entre le cumul de ces pouvoirs. Dans un considérant de principe, repris dans plusieurs de ses décisions, la haute juridiction administrative estime que « l'attribution par la loi à une autorité administrative le pouvoir de fixer les règles dans un domaine déterminé et d'en assurer le respect, par l'exercice d'un pouvoir de contrôle des activités exercées et de sanction des manquements constatés, ne contrevient pas aux exigences rappelées par l'article 6-1 de la CESDH dès lors que ce pouvoir de sanction est aménagé de telle façon que soient assurés le respect des droits de la défense, le caractère contradictoire de la procédure et l'impartialité de la décision »[1570].

846. Cette même juridiction a déjà jugé, dans l'arrêt *Putot*, que « le principe général du caractère contradictoire de la procédure et du respect dû aux droits de la défense s'oppose à ce que, dans le cours d'une procédure juridictionnelle de caractère répressif, une même personne puisse être à la fois plaignante et juge »[1571]. Apparemment, le Conseil n'a pas l'intention d'élargir cette solution aux AAIRE, peut-être du fait que la solution dégagée dans cet

---

[1568] J.-F. BRISSON, « Les pouvoirs de sanction des autorités de régulation et l'article 6§1 de la Convention européenne des droits de l'homme à propos d'une divergence entre le Conseil d'État et la Cour de cassation », art. cit., p. 857.

[1569] Cons. const., n° 86-217 DC du 18 sept. 1986, préc., 58ème consid.

[1570] CE, 30 juill. 2003, n° 240884, *Sté Dubus SA*, préc. : CE, 30 juill. 2003, n° 238169, *Banque d'escompte et Wormser frères réunis*, préc.

[1571] CE, 14 janv. 1981, n° 12026, *Putot*, *Rec. CE* 1981, p. 17.

arrêt vise la procédure juridictionnelle, ce qui n'est pas le cas de ces autorités de régulation. Toutefois, on ne doit pas occulter que ces dernières sont considérées comme un « tribunal » lorsqu'elles exercent leur pouvoir répressif, d'où la possibilité de leur transposer la solution dégagée dans l'arrêt précité.

847. Certes, suivant la logique des concepteurs de ce mode de régulation, il serait difficile de priver les AAIRE de l'un ou de l'autre des pouvoirs, indispensables simultanément dans le cadre de la mission de régulation. Mais si un choix doit être fait, il serait judicieux qu'elles gardent leur pouvoir réglementaire et laissent le prononcé des sanctions à d'autres autorités, telle qu'une juridiction spécialisée en matière de régulation. En effet, les ''débarrasser'' du pouvoir répressif leur laissera l'occasion de se consacrer à la mission réglementaire qui sied bien avec ce type d'autorités étant donné leurs compétences techniques.

848. L'autre solution serait de généraliser l'éclatement interne des AAIRE en séparant l'organe chargé de la répression de l'organe chargé de la réglementation ou du contrôle. Cette solution, bien que pratique, est insuffisante du fait de la proximité qui peut s'installer entre différents organes appartenant à la même autorité de régulation.

B. Aux AAIRE de s'accommoder avec le principe d'impartialité ?

849. Pour justifier la position du juge administratif, quant à l'application assouplie du principe d'impartialité en matière des AAIRE, Mattias GUYOMAR évoque la nécessité de préserver « l'équilibre qui a présidé, notamment pour les AAI, à la composition des formations investies du pouvoir de sanction »[1572]. D'après lui, « une application mécanique du principe d'impartialité risquerait ainsi, par les conséquences concrètes qu'elle entraînerait, de perturber en profondeur le fonctionnement interne des AAI ». Plus encore, il trouve que « la généralisation de la position de la Cour de cassation allait conduire à la fragilisation d'un grand nombre de procédures en droit interne ».

Cependant, faut-il le rappeler, c'est cette nouvelle catégorie d'autorités administratives qui a bousculé l'ordre juridique français ; leur ''indépendance'', conjuguée au cumul des pouvoirs réglementaire et de sanction, heurte de plein fouet l'architecture juridico-institutionnelle traditionnelle. Il incombe donc, en principe, à ces autorités, nouvelles venues, de s'accommoder avec certains principes fondamentaux du droit, en l'espèce celui d'impartialité.

850. La seule consécration jurisprudentielle du principe d'impartialité objective des AAIRE est-elle suffisante ? (**1**). La réponse ne peut être que négative, comme le confirme la réorganisation de certaines AAIRE par le législateur qui a pris conscience de la nécessité de concrétiser le principe dans

---

[1572] M. GUYOMAR et P. COLLIN, « Les diverses applications du principe d'impartialité », *AJDA* 2000, p. 126, chron. sous, CE, ass., 3 déc. 1999, *Didier*.

la pratique. Toutefois, les réformes entreprises n'ont pas pour autant levé les soupçons de partialité (**2**).

1. La seule reconnaissance jurisprudentielle insuffisante pour dissiper la suspicion

851. Certes, le phénomène de processualisation auquel sont soumises les AAIRE, ces dernières années, ne sied sûrement pas avec leur finalité ainsi que leur organisation et fonctionnement tels qu'initialement conçus. Selon ses partisans, la régulation dont sont chargées ces autorités nécessiterait l'intégration et le cumul de plusieurs fonctions traditionnellement éparpillées entre plusieurs administrations. Il s'agit de faire de ces entités une sorte de « guichet unique » en la matière, ce qui leur donnerait les moyens de faire face aux caractéristiques de la sphère économique qui nécessite des actions et réactions rapides et efficaces. C'est dans cette optique que les garanties de fond sont modestement appliquées dans le cas du pouvoir répressif de ces nouvelles autorités de régulation. Aussi, priver encore les personnes poursuivies du bénéfice du principe d'impartialité reviendrait à anéantir tout espoir d'équité. Or, appliquer les garanties procédurales de la procédure répressive pénale, notamment le principe d'impartialité, paraît tout à fait logique et ce pour deux raisons. D'une part, ces autorités infligent des sanctions administratives dites *stricto sensu* qui ont la même finalité que les sanctions pénales et, d'autre part, il s'agit pour certaines AAIRE de domaines qui relevaient, avant leur dépénalisation, de la compétence du juge pénal. Ainsi, pourquoi priver les ''administrés'' de garanties dont ils auraient pu bénéficier naguère devant le véritable juge ? Au contraire, on devrait être plus attentif dans le cas de ces autorités qui, en plus d'être administratives, rappelant de la sorte l'administration traditionnelle tant décriée, sont réputées être indépendantes.

852. Sous l'influence du juge judiciaire et ''la pression'' du juge Strasbourgeois, malgré une certaine réticence voire résistance, le Conseil d'État a fini par reconnaître l'applicabilité du principe dès la phase administrative. Cette consécration est-elle pour autant suffisante pour dissiper la suspicion des ''justiciables'' ? Sûrement pas. Depuis la reconnaissance de l'applicabilité de l'article 6§1 de la CESDH et, par ricochet, de l'obligation de respecter le principe d'impartialité dès la phase administrative, plusieurs recours fondés sur la violation de ce principe sont accueillis tant par les juridictions nationales qu'européennes. Ce qui dénote, d'une part, de la méfiance des personnes poursuivies envers ces organismes et, d'autre part, de l'inadéquation de ces derniers avec certains principes de droit.

En sus de la consécration du principe d'impartialité, il faudrait donc revoir complètement l'organisation et le fonctionnement de ces autorités quitte à s'éloigner de l'''efficacité'' tant recherchée. Très présente dans la doctrine[1573],

---

[1573] *Cf.* É. PISIER, « Du recours aux sages », art. cit., p. 773 ; T. TUOT, « La planète des sages », *in* R. FAUROUX et B. SPITZ (dir.), *Notre État*, Paris, Robert Laffont, 2001, p. 688.

l'idée de sagesse, qui caractérise la composante de ces autorités, ne peut à elle seule remédier au problème de partialité.

2. Vers un nouveau type d'AAIRE qui ne mettra pas fin au risque de partialité

853. Face à la censure dont ont fait l'objet les décisions de certaines AAIRE, notamment sur la base de l'article 6§1 de la CESDH, le législateur a été conduit à revoir l'organisation et le fonctionnement de ces autorités, dans le sens de garantir la conformité de la procédure aux exigences de sauvegarde des droits de l'homme. Cette réforme a commencé par la COB qui, après le décret de 1997[1574], a subi une véritable réorganisation dont l'objectif est d'accentuer la séparation de ses fonctions, en particulier entre celles d'instruction et de jugement. En effet, prenant acte de l'arrêt *KPMG Fiduciaire de France* du 7 mars 2000[1575], la procédure suivie devant cette autorité a été modifiée par deux décrets du 2 août 2000, qui ont contribué à une distinction des fonctions au sein de cette autorité[1576].

Dans le même souci, en matière de concurrence, le rapporteur auprès de l'ADLC qui pouvait assister au délibéré sans voix délibérative, a été interdit de ce délibéré[1577].

854. Le droit à un procès impartial a été également la préoccupation majeure de la loi de sécurité financière, qui a introduit des modifications tendant à assurer l'impartialité structurelle et processuelle de l'AMF dans l'exercice de son pouvoir de sanction. En plus de la création au sein de cette

---

1574 *Cf.* décret n° 97-774 du 31 juill. 1997, portant modification du décret n° 90-263 mars 1990 relatif à la procédure d'injonctions et de sanctions administratives prononcées par la Commission des opérations de bourse et aux recours contre les décisions de cette commission qui relèvent de la compétence du juge judiciaire. *JORF* du 3 août 1997. *Cf.* sur la question : C. DUCOULOUX-FAVARD et N. RONTCHEVSKY, « La procédure de sanction administrative des infractions boursières après le décret n° 97-774 du 31 juil. 1997 », *Bull. Joly Bourse,* 1998, p. 107 ; E. DEZEUZE, « La réforme de la procédure de sanctions administratives de la Commission des opérations de bourse (à propos du décret n° 97-774 du 31 juil. 1997) », *JCP E* 1997, 709 ; M.-A. FRISON-ROCHE, « Les garanties de la défense dans les procédures de sanction devant la COB (annotations) », *RD bancaire et de la bourse,* oct. 1997, p. 182.

1575 CA Paris, 7 mars 2000, *KPMG Fiduciaire France*, préc.

1576 Décret n° 2000-720 du 1er août 2000, modifiant le décret n° 68-23 du 3 janv. 1968, portant organisation administrative et financière de la Commission des opérations de bourse, *JORF* n° 177 du 2 août 2000, p. 11938 ; Décret n° 2000-721 du 1er août 2000, modifiant les dispositions du décret n° 90-263 du 23 mars 1990 relatives à la procédure de sanctions administratives prononcées par la Commission des opérations de bourse, *JORF* n° 177 du 2 août 2000, p. 11939. *Cf.* sur cette réforme : J.-J. DAIGRE, « La nouvelle procédure de sanction de la C.O.B. Une réforme en clair-obscur », *JCP E* 2000, p. 1602 ; O. DUFOUR, « La COB modifie l'exercice de son pouvoir de sanction », *LPA*, n° 165, 18 août 2000, p. 3 ; R. SALOMON, « Le pouvoir de sanction des autorités administratives indépendantes en matière économique et financière et les garanties fondamentales », *JCP G* 2000.I.264 ; M. BOIZARD, « La procédure de sanction de la COB revue au nom des principes de la Convention européenne des droits de l'homme », *D. Aff.,* 2000, n° 31, p. III

1577 La loi n° 2001-420 du 15 mai 2001, relative aux nouvelles régulations économiques, préc.

autorité d'une commission des sanctions, il a été prévu, pour mieux insister sur son impartialité, que les fonctions de ses membres sont incompatibles avec celles de membre du collège[1578]. La nouvelle structure paraît, à première vue, satisfaire l'exigence d'impartialité en procédant à une séparation claire des phases de poursuite, d'instruction et de jugement. Selon l'article L.621-15, I du Code monétaire et financier : « S'il décide l'ouverture d'une procédure de sanction [le collège] transmet la notification des griefs à la commission des sanctions, qui désigne un rapporteur parmi ses membres ». Donc, seul le collège peut décider de l'opportunité des poursuites, la commission des sanctions ne peut s'autosaisir. L'article précité précise également, au sujet du rapporteur, que la commission des sanctions statue « hors de sa présence ». Ainsi, désormais la personne en charge de l'instruction ne doit plus participer à la formation du jugement et ne peut même pas être présente au délibéré. En raison du préjugé et de l'idée qu'elle s'est forgée sur l'affaire, l'on a estimé que, même privé du droit de vote, il pourrait influencer les membres de l'instance en charge du jugement, compte tenu de sa maîtrise des faits.

Avec le processus de réformes entrepris, l'on a estimé que le législateur est allé plus loin que les exigences de la CESDH. Mieux encore, la CEDH a même conforté le Conseil d'État dans sa position au sujet de l'affaire *Didier*[1579]. Cependant, malgré les progrès réalisés dans le sens de la sauvegarde des droits de la défense avec cette nouvelle organisation, des lacunes engendrant des problèmes d'impartialité subjective sont apparues dans la procédure de mise en œuvre des sanctions établies par la loi de sécurité financière. Pour y faire face et éviter aux décisions administratives la censure du juge, des dispositions nouvelles ont prévu la possibilité de récuser un membre de la commission des sanctions pour défaut d'impartialité[1580].

C'est assurément le même but – mettre fin au cumul des fonctions – qui est à l'origine de la création au sein de la CRE d'un « comité de règlement des différends et des sanctions », dont les fonctions de membre sont incompatibles avec celles de membre du collège.

En matière bancaire et des assurances, la création de l'ACPR s'est accompagnée d'un important changement de procédure, marqué par la volonté d'assurer l'impartialité objective remise en cause notamment sous l'ère de l'ancienne Commission bancaire[1581]. Désormais, la distinction est renforcée entre pouvoir de contrôle, pouvoir de police administrative et pouvoir de sanction, au sein de cette autorité, et chacun de ces pouvoirs est exercé par un

[1578] *Cf.* l'art. L.621-2-IV du C. mon. fin., qui fixe la composition de la commission des sanctions.

[1579] *Didier c. France* (déc.), n° 58188/00, CEDH 2002-VII (extraits), *Bull. Joly Bourse* 2003, p. 159, note A. BIENVENU, *RD bancaire et fin.* 2003, p. 39, comm. A. PIETRACONSTA.

[1580] *Cf.* loi n° 2007-1774 du 17 déc. 2007, portant diverses dispositions d'adaptation au droit communautaire dans les domaines économique et financier, *JORF* du 18 déc. 2007 ; décret n° 2008-893 du 2 sept. 2008, relatif à la commission des sanctions de l'Autorité des marchés financiers, *JORF* du 20 sept. 2008.

[1581] *Dubus S.A. c. France*, n° 5242/04, 11 juin 2009.

organe spécifique[1582]. Aux termes du Code monétaire et financier, l'organisation des contrôles sur pièces et sur place est confiée au secrétaire général[1583] ; le collège, lui, délibère sur les priorités de contrôle, prend les mesures de police administrative[1584] et décide de l'ouverture d'une procédure disciplinaire[1585] ; enfin, la commission des sanctions prononce les sanctions[1586]. En instituant cette formation au sein de l'autorité, le législateur établit une séparation organique et fonctionnelle du pouvoir de sanction, d'une part, et du pouvoir de contrôle et de police administrative, d'autre part, au sein de l'ACPR[1587].

C'est cette même organisation qui est retenue en matière de jeux en ligne et des transports, où l'ARJEL et l'ARAFER sont également constituées d'un collège est d'une commission des sanctions dont la fonction de membre est incompatible avec celle de membre du collège[1588].

Dans le domaine des postes et des communications électroniques, les sanctions sont prononcées par la formation restreinte de l'ARCEP, composée des trois membres le plus récemment nommés à l'Autorité à la date de la sanction, qui est en théorie distincte de la formation de règlement des différends, de poursuite et d'instruction[1589].

Plus récemment, la volonté de distinguer entre les organes/fonctions d'instruction et de sanction a été consacrée dans la loi n° 2017-55 portant statut général des AAI et API, dont l'article 8 dispose qu'« Au sein d'une autorité administrative indépendante ou d'une autorité publique indépendante, le mandat de membre du collège est incompatible avec celui de membre d'une commission des sanctions ou de règlement des différends et des sanctions./ Au sein du collège d'une autorité administrative indépendante ou d'une autorité publique indépendante, certains membres peuvent faire partie d'une formation restreinte, seule compétente pour prononcer des sanctions. Dans ce cas, ils ne peuvent pas participer aux délibérations du collège qui engagent les poursuites. »

1582 J.-G. DE TOCQUEVILLE et B. DELAUNAY, « Le pouvoir de sanction de l'ACP : le nouveau cadre procédural », *Bull. Joly Bourse* 2011, p. 124.

1583 Art. L.612-23 du C. mon. fin.

1584 Art. L.612-30 à L.612-38 du C. mon. fin.

1585 Art. L.612-38 du C. mon. fin. Pour être plus précis, c'est l'une des formations du collège de supervision ou le collège de résolution qui décide l'ouverture d'une procédure de sanction, après un examen des conclusions établies, dans le cadre de la mission de contrôle de l'Autorité de contrôle prudentiel et de résolution, par les services de l'Autorité ou le rapport établi en application de l'article L.612-27 du même code.

1586 Art. L.612-38, L.612-39 à L.612-41 du C. mon. fin.

1587 *Cf.* en particulier les art. L.612-23, L.612-30, L.612-33 et L.612-39 du C. mon. fin. *Cf.* sur le sujet : P.-G. MARLY, « Éclairage. Regard sur l'Autorité de contrôle prudentiel », *Bull. Joly Bourse* 2010, p. 206 ; B. DAILLE-DUCLOS, « L'Autorité de contrôle prudentiel : nouvelles règles de contrôle et de sanctions en matière d'assurance », *LPA*, n° 91, 7 mai 2010, p. 4.

1588 *Cf.* les art. 35 et 41-I de la loi n° 2010-476 du 12 mai 2010, préc., et l'art. L1261-1 du C. des transports.

1589 *Cf.* l'art. L130 du CPCE.

855. Cependant, la réorganisation de certaines AAIRE dans le sens de distinguer entre différentes fonctions en leur sein n'est pas suffisante pour lever les soupçons de partialité qui colle à ces autorités. En effet, malgré le partage des fonctions au sein de l'ARCEP et de l'ACPR, à titre d'exemple, aux yeux des citoyens les sanctions sont prononcées par l'ARCEP ou l'ACPR et non par une instance interne. Il est difficile d'expliquer et de convaincre un non-juriste que le principe d'impartialité est sauvegardé, du fait de la distinction entre formation de sanction et formation de poursuite, tout en sachant que ces deux formations sont des instances internes d'une même autorité. Mieux encore, malgré la réorganisation qu'elles ont subie, leurs textes institutifs continuent à disposer que ce sont ces autorités qui prononcent les sanctions. Si on prend l'exemple de l'ARCEP, certes c'est la formation restreinte qui inflige les sanctions, cependant d'après le premier alinéa des articles L5-3 du Code des postes et des communications électroniques, il est clairement dit que « l'Autorité de régulation des communications électroniques et des postes peut, [...] *prononcer* des sanctions » (souligné par nous)[1590]. Il est difficile après ça d'affirmer que la formation restreinte est totalement indépendante de la formation de poursuite et d'instruction. Peut-on réellement parler d'impartialité entre deux organes ayant la même hiérarchie et agissant au nom et au compte d'une même personne (autorité) ?

Plus encore, d'après le IV de l'article L5-3 et du V de l'article L36-11 du Code des postes et des communications électroniques « l'Autorité de régulation des communications électroniques et des postes et la formation restreinte ne peuvent être saisies de faits remontant à plus de trois ans, s'il n'a été fait aucun acte tendant à leur recherche, leur constatation ou leur sanction. » En principe, la formation restreinte n'est jamais saisie directement, c'est à la formation de règlement des différends, de poursuite et d'instruction de lui transmettre le dossier d'instruction après qu'elle ait notifié les griefs à la personne en cause. Pourquoi donc parler du délai de prescription au sujet de la formation restreinte, en plus de l'ARCEP ? Un tel délai ne devrait s'appliquer que pour la saisine de l'ARCEP, voire la formation de poursuite et d'instruction, qui doit rejeter toute demande-saisine ayant dépassé le délai de prescription. Autrement dit, si le dossier est transmis à la formation restreinte cela voudrait dire qu'en amont on a pris soin de vérifier qu'il n'y a pas eu prescription. À notre avis, une telle formulation n'a de sens que s'est l'on admet que l'ARCEP et la formation restreinte exercent séparément un pouvoir

[1590] Il est dit à l'art. L36-11 du même code que l'ARCEP peut « sanctionner » et non pas « prononcer des sanctions ». C'est subtil mais très important : en usant de l'expression « peut [...] sanctionner », au premier alinéa de à l'art. L36-11, en parlant de l'ARCEP en tant qu'autorité/entité, ensuite de celle « peut prononcer », en parlant de la formation restreinte au III de la même disposition, nous pouvons penser que si l'ARCEP est détentrice d'un pouvoir de sanction, c'est la formation restreinte en revanche qui l'exerce. Tandis qu'à l'art. L5-3 le législateur utilise l'expression « peut prononcer » en parlant de l'ARCEP et ensuite de la formation restreinte, ce qui peut créer un doute quant à l'instance qui exerce véritablement le pouvoir de sanction.

de sanction ce qui est loin d'être le cas. Aussi, nous estimons que la nouvelle formulation des articles L5-3 et L36-11 du Code des postes et des communications électroniques, peut jeter un trouble et un doute quant à l'impartialité de l'ARCEP.

Enfin, en séparant les fonctions au sein des AAIRE, le législateur aurait pu appuyer le principe d'impartialité en permettant aux présidents ou aux collèges de ces autorités d'exercer un recours à l'encontre des décisions des instances répressives (commission des sanctions, formation restreinte et autres comités) ce qui n'est pas le cas. En adoptant une telle procédure on pourrait penser qu'il y a un semblant d'indépendance des organes répressifs dans la prise de leurs décisions, dans le cas contraire cela voudrait dire que ces derniers ne font qu'entériner les décisions et confirmer les accusations du collège et des instances de poursuites et d'instruction. Par ailleurs, les règles d'incompatibilité sont insuffisantes, en elles seules, pour réaliser l'impartialité entre services d'une même autorité.

Il a fallu attendre la création de l'ACPR pour voir le législateur reconnaître que les décisions prononcées par la commission des sanctions peuvent faire l'objet d'un recours de pleine juridiction devant le Conseil d'État de la part du président de cette autorité et ce, après accord de la formation du collège de supervision à l'origine de la notification des griefs[1591]. Ensuite, la solution a été transposée au cas de l'AMF vers la fin 2010[1592]. Il n'en demeure pas moins que hormis ces deux autorités la faculté du président d'exercer un recours à l'encontre des décisions répressives n'a pas été élargie aux autres autorités disposant d'un organe répressif distinct de celui des poursuites et d'accusation. Par ailleurs, en pratique le recours à une telle procédure est très rare.

856. Nous pouvons remarquer, même si certains ne veulent pas l'admettre, qu'avec toutes ces réformes dont elles font l'objet, l'on s'achemine tout droit vers la juridictionnalisation des AAIRE ou du moins de leurs organes de sanction. En effet, l'on a beau refuser de les qualifier de juridictions ou même de quasi-juridictions, la réalité est là : après la judiciarisation de leur procédure répressive, c'est au tour de la structure même de ces autorités de subir la juridictionnalisation. Il faut avouer que d'administratives elles n'ont que le nom. Si on prend, à titre d'exemple, la commission des sanctions de l'ARJEL ou le comité de règlement des différends et des sanctions de la CRE, il est aisé de se rendre compte d'une telle réalité : au vu de leur composition nous pouvons facilement les confondre avec les véritables juridictions[1593].

[1591] L.612-16-III du C. mon. fin.

[1592] Loi n° 2010-1249 du 22 oct. 2010 de régulation bancaire et financière, *JORF* n° 0247 du 23 oct. 2010, p. 18984, qui a modifié, entre autres, l'art. L621-30, al.3 du C. mon. fin.

[1593] D'après l'art. L.132-3 du C. énergie, le comité de règlement des différends et des sanctions de la CRE est constitué de quatre membres, venant tous de la magistrature (2 conseillers désignés par le vice-président du Conseil d'État et 2 conseillers à la Cour de cassation désignés par le premier président de cette cour). La commission des sanctions de l'ARAFER, composée de 3 membres sont également tous des magsitrats (*cf.* art. L1261-16 du C. des transports). Pour le reste des AAIRE, la plupart de leur organes répréssifs sont constitués de deux à un tiers de

Paragraphe 2. La motivation des décisions répressives des AAIRE

857. L'obligation de motivation des sanctions administratives signifie que l'autorité administrative sanctionnatrice doit mettre en évidence les motifs qui justifient l'infliction de la sanction. Il s'agit de donner à l'administré l'occasion de connaître les raisons qui ont dicté la décision, pour qu'il puisse bien organiser sa défense ou être en mesure de mieux l'accepter. Ainsi, l'existence de ces motifs témoigne de ce que la décision administrative n'est pas le fruit de l'arbitraire[1594]. De plus, l'obligation de motivation peut jouer un rôle pédagogique non négligeable en matière de régulation économique, d'autant plus que les AAIRE ne cessent de justifier leur faculté de publier les décisions répressives par leur portée pédagogique. Enfin, l'existence d'un contrôle juridictionnel sur les décisions répressives de ces autorités implique la motivation de ces dernières pour permettre au juge d'exercer un contrôle réel et effectif.

858. Lorsqu'on parle de la règle de motivation des décisions administratives, il y a lieu de distinguer la motivation formelle de la motivation matérielle ; la première vise l'existence, *prima facie*, des motifs dans la décision, tandis que la seconde désigne le contenu même de ces motifs[1595]. Par ailleurs, l'étude de cette règle dans le cadre du pouvoir répressif des AAIRE nous révèle l'intérêt croissant qui lui est accordé tant dans les textes (**A**) que dans la jurisprudence (**B**).

A. La consécration législative du principe de la motivation

859. La motivation des décisions administratives n'était pas obligatoire en dehors de dispositions expresses[1596], et le juge refusait de l'ériger en principe

---

membres issus de la magistrature, *cf.* l'art. 41 de la loi n° 2010-476 du 12 mai 2010, préc. (ARJEL) ; l'art. L612-9 et L621-2-IV du C. mon. fin (ACPR/AMF).

[1594] Selon Guy CANIVET « la raison d'être de la motivation est de permettre aux intéressés de s'assurer qu'ont réellement été méditées les raisons de la décision et que l'acte qui fait grief à leurs droits n'est pas le fruit du hasard ou de l'arbitraire », *cf.* « Le juge et l'autorité de marché », *RJ Com.* 1992, p. 185 et s. De son côté Jean-François LEPETIT considère la motivation comme un élément de « sécurité juridique », *cf.* « État, juge et régulateur », art. cit., p. 9.

[1595] *Cf.* dans ce sens J.-M. AUBY et R. DRAGO, *Traité de contentieux administratif*, Paris, LGDJ, 1962, T, III, p. 37 ; C. WIENER, « La motivation des décisions administratives dans le droit comparé », *RIDC* 1969, Vol. 21, n° 41, p. 779.

[1596] CE, 13 oct. 1967, *Ministre des Armées Ministre des Armées c/ Ecole privée de filles de Pradelles*, *Rec. CE* 1967, p. 374 ; CE, 10 févr. 1978, *Rischmann. Rec. CE* 1978, tables, p. 3784 ; CE, 7 juill. 1978, *CEVAPIC*, *Rec. CE* 1978, tables, p. 718, *D.* 1979, p. 187, note P. COUZINET ; CE, 4 déc. 1981, n° 23122, *Office National de la Chasse*, *Rec. CE* 1981, p. 462, JurisData:1981-041386. En plus, des textes spéciaux le juge administratif consent à l'application de l'obligation de motivation à certains organismes professionnels, eu égard à leur nature, leur composition et leurs attributions, *cf.* CE, ass., 27 nov. 1970, n° 74877, *Agence Maritime Marseille-Fret*, *Rec. CE* 1970, p. 704, *RDP* 1971, p. 987, concl. M. GENTOT.

général de droit[1597]. Une telle position s'expliquait par la présomption de légalité dont bénéficient les actes administratifs et du désir de ne pas entraver le fonctionnement des services administratifs. Cependant, les décisions administratives répressives constituent l'exception au principe de la motivation facultative. De plus, sous le feu de la critique, conjugué au développement des notions de droits de l'homme et de la bonne gouvernance, ainsi que le besoin de transparence dans la gestion des affaires publiques, le principe de la motivation a connu une progression lente mais sûre. La motivation des décisions administratives est apparue plus que nécessaire tant pour les administrés que pour l'administration elle-même, en particulier concernant les décisions administratives qui infligent une sanction. Pour reprendre Serge DAËL, la motivation est « devenue un élément typique du droit public »[1598].

Désormais, suite à la loi du 11 juillet 1979, le législateur a imposé la motivation des décisions administratives lorsqu'elles sont défavorables à leurs destinataires[1599]. Aux termes du premier article de ce texte, « les personnes physiques et morales ont le droit d'être informées sans délai des motifs des décisions administratives individuelles défavorables qui les concernent. À cet effet, doivent être motivées les décisions qui infligent une sanction »[1600].

860. À la lumière de la loi du 11 juillet 1979, notamment ses trois premiers articles, nous pouvons noter que la règle de motivation exige l'existence de trois conditions de forme et une condition de fond. Sur la forme, la décision administrative doit être écrite, individuelle et défavorable, ce qui est le cas, bien évidemment, des décisions administratives répressives[1601]. Sur le fond, la motivation doit comporter les considérations de droit et de fait qui la justifient. Par conséquent, l'organe administratif de sanction est tenu de préciser les éléments de faits qui ont fondé sa décision, indépendamment du fait que l'intéressé ait été informé des griefs retenus contre lui. À titre d'exemple, selon la jurisprudence, l'obligation de motivation n'est pas satisfaite lorsque la motivation est générale ou uniforme pour des personnes ou des situations différentes, en revanche elle l'est dès lors qu'elle est circonstanciée,

---

1597 CE, 26 janv. 1973, *Garde des Sceaux c/Lang*, *Rec. CE* 1973, p. 72, *D.* 1973, p. 606, note B. PACTEAU.

1598 Concl. sur CE, sect., 7 mai 1993, n°s 135815/926 à 928/951 et 140178, *Lallemand et autres c/ Commission nationale des comptes de campagne et des financements politiques*, JurisData:1993-041847, *RFDA* 1993, p. 490.

1599 Loi n° 79-587 du 11 juill. 1979, relative à la motivation des actes administratifs et à l'amélioration des relations entre l'administration et le public, préc.

1600 Cette obligation est confirmée par l'art. 24 de la loi n° 2000-321 du 12 avr. 2000, préc. *Cf.* sur l'application de cet article en matière répressive : CE, 6 nov. 1981, n° 27784, *Pauc*, *Rec. CE* 1981, p. 572 ; CE, 6 mai 1996, n° 134415, *Colomer*, *Rec. CE* 1996, tables, 1996, p. 682, JurisData:1996-043401 ; CE, 28 juin 1996, n° 148481, *Têtevuide*, JurisData:1996-044094. *Cf.* aussi : J. SINGER, « La motivation des actes administratifs », *RA.* 1980, p. 70 ; R. VIARGUES, « Forme et contenu de la motivation des actes administratifs », *RDP* 1982, p. 773.

1601 *Cf.* dans un sens contraire concernant les mesures conservatoires : CE, 15 déc. 2000, n° 194807, *Vankemmel et Syndicat des professeurs hospitalo-universitaires*, JurisData:2000-061865.

spécifique, explicite et directement liée à la situation ou à la personne concernée[1602].

861. Enfin, outre ces textes, de portée générale, l'obligation de motivation des décisions administratives répressives est consacrée dans le cas de toutes les AAIRE faisant l'objet de cette recherche[1603].

B. L'apport de la jurisprudence dans la consécration du principe

862. L'absence d'une disposition Constitutionnelle n'a pas empêché le Conseil constitutionnel de rappeler l'importance de la règle de motivation des décisions administratives répressives. À titre d'exemple, il a évoqué cette règle dans sa décision n° 88-248 DC en y voyant, dans l'obligation imposée par la loi au CSA de motiver ses sanctions, « une garantie » assortissant le pouvoir répressif de cette autorité, mais sans pour autant aller jusqu'à l'imposer de lui-même[1604]. Cette position créa une controverse autour de la valeur constitutionnelle de cette garantie[1605]. Depuis l'année 2000, cette controverse a trouvé son issue puisque le juge constitutionnel exige expressément la motivation de toute décision administrative prononçant une sanction[1606].

[1602] *Cf.* CE, 18 mai 1990, n° 105293, *Association Arménienne d'aide sociale*, *Rec. CE* 1990, p. 128, JurisData:1990-042736, *AJDA* 1990, p. 722, concl. B. STIRN.

[1603] *Cf.* l'art. 42-7-6° de la loi n° 86-1067, préc., (CSA) ; l'art. L.134-34 du C. énergie (CRE) ; l'art. L.464-2-I, al. 3 du C. com., (ADLC) ; les art. L.5-3-V et L.36-11-VI du CPCE (ARCEP) ; l'art. L.621-15-IV du C. mon. fin., (AMF) ; l'art. 44-I de la loi n° 2010-476, préc., (ARJEL) ; l'art. L1261-2 du C. des transports. L'ACPR n'est obligée de motiver ses décisions répressives qu'à la faveur de la promulgation de la loi n° 2013-672 du 26 juill. 2013, de séparation et de régulation des activités bancaires (*JORF* n° 0173 du 27 juill. 2013, p. 12530), *cf.* l'art. L.612-38, al. 6 du C. mon. fin. Pour rappel, dans le cadre du pouvoir de sanction du CSA à l'encontre des entreprises citées à l'article 44 de la loi n° 86-1067, cette autorité était soumise par l'art. 48-7 à l'obligation de motivation, désormais depuis la réforme de 2013 (loi n° 2013-1028 du 15 nov. 2013, relative à l'indépendance de l'audiovisuel public, préc.) cet article est abrogé et les sanctions prononcées à l'encontre des entreprises précitées ne sont plus soumises à une telle obligation, ni même à la procédure prévue à l'art. 42-7 de la même loi. Une telle démarche constitue un net recul concernant la consécration des droits de la défense, et on s'interroge sur le pourquoi d'une telle suppression.

[1604] Cons. const., n° 88-248 DC du 17 janv. 1989, préc., 30ème consid.

[1605] Par exemple, parmi ceux qui ont défendu la valeur constitutionnelle de la protection accordée à l'obligation de motivation, nous pouvons citer Nicolas MOLFESSIS, *cf. Le Conseil constitutionnel et le droit privé*, LGDJ, 1994. Tandis que, Thierry LE BARS, lui, de son côté a défendu une opinion diamétralement opposée, *cf. Le défaut de base légale en droit judiciaire privé*, LGDJ, 1997, p. 38. Pour Franck MODERNE, ce n'est pas sûr que le juge constitutionnel français aille plus loin dans le sens de constitutionnaliser la règle de motivation, « dans la mesure où l'exigence de motivation n'est pas toujours posée par la loi pénale », *cf. Sanctions administratives et justice constitutionnelle*, *op. cit.*, p. 319. Dans le même sens, *cf.* M. DELMAS-MARTY et C. TEITGEN-COLLY, *Punir sans juger ? op. cit.*, p. 115.

[1606] Cons. const., n° 2000-433 DC du 27 juill. 2000, préc., 56ème consid. *Cf.* aussi : Cons. const., nos : 2001-451 DC du 27 nov. 2001, loi portant amélioration de la couverture des non-salariés agricoles contre les accidents du travail et les maladies professionnelles, préc., 40ème consid. ; 2004-497 DC du 1er juill. 2004, loi relative aux communications électroniques et aux services de communication audiovisuelle, *Rec. Cons. const.* 2004, p. 107, *JORF* du 10 juill. 2004, p. 12506,14ème consid.

Par ailleurs, il faut reconnaître qu'on pourrait facilement admettre une valeur constitutionnelle à l'obligation de motivation. D'une part, le défaut de motivation empêcherait l'administré, faisant l'objet de la sanction, d'exercer pleinement son droit de recours en justice qui constitue l'un des éléments des droits de la défense[1607]. D'autre part, son défaut empêcherait également le juge de vérifier si le principe de proportionnalité a été bien respecté[1608].

Outre la jurisprudence constitutionnelle, il existe une jurisprudence administrative et judiciaire abondante qui consacre l'obligation de motivation des décisions administratives répressives en tant que principe général du droit[1609], tout en précisant son contenu.

863. Pour le Conseil d'État, l'autorité administrative est dans l'obligation de mentionner les considérations de faits et de droit sur lesquelles elle s'est basée pour prononcer la/les sanction(s)[1610]. Plus particulièrement, la haute juridiction administrative a jugé que l'obligation de motivation ne concerne que les décisions administratives prononçant une sanction principale. Ainsi, par exemple, la décision par laquelle l'autorité administrative rend publique la sanction prononcée, qui a le caractère d'une sanction complémentaire, n'a pas besoin d'une motivation spécifique et distincte de la motivation d'ensemble de la sanction principale[1611]. Étant donné que l'absence ou l'insuffisance de motivation peut créer un doute sur la régularité de l'acte, le juge des référés saisi d'une demande en ce sens devrait ordonner, sur la base de l'article L.521-1 du Code de justice administrative, un sursis à l'exécution des décisions administratives incorrectement motivées[1612]. Plus encore, dès l'instant que l'illégalité constitue une faute, un recours en responsabilité est en principe

---

1607 Plusieurs auteurs ont mis l'accent sur la nécessité de l'obligation de motivation pour l'organisation de la défense de l'intéressé. Ainsi, pour Michel STASSINOPOULOS, « le principe de motivation constitue l'antichambre du droit d'être entendu », *cf. Le droit de la défense devant les autorités administratives*, Paris, LGDJ, 1976, p. 69. Pour d'autres, la motivation en matière répressive a même une valeur morale : « quand on est condamné, on aime à savoir pourquoi », écrivait René GARRAUD, car on ignore les motifs sur lesquels s'est basée l'autorité répressive pour l'infliction de la sanction, *cf. Traité théorique et pratique d'instruction criminelle et de procédure pénale,* t. III, Paris, Sirey, 1912, n° 1245.

1608 F. MODERNE, *ibid.*

1609 CE, 5 déc. 1924, *Légillon, Rec. CE* 1924, p. 985 (cité dans C.-J. GUILLERMET, *La motivation des décisions de justice : La vertu pédagogique de la justice*, Paris, L'Harmattan, Coll., « Bibliothèque de droit », 2006, p. 32) ; CE, 14 déc. 1992, n° 130261, *Lanson, Rec. CE* 1992, tables, p. 1217, JurisData:1992-049659.

1610 CE, 1er févr. 2006, n° 271676, *Touzard, Rec. CE* 2006, p. 38, JurisData:2006-069582 ; CE, 17 nov. 2006, *Sté CNP Assurances*, préc. ; CE, 4 févr. 2005, *GSD Gestion*, préc. ; Cass. civ., 1e, 12 oct. 2004, n° 01-16.763, *Ecole de formation professionnelle des barreaux, Bull. civ.* 2004, I, n° 221, p. 185, JurisData:2004-025179.

1611 CE, 6 juin 2008, n° 299203, *Sté Tradition Sécurities and Futures*, JurisData:2008-073664. *Cf.* aussi : CE, 7 févr. 2007, n° 288373, *Choquenet*, JurisData:2007-071442 ; CE, 17 nov. 2006, *CNP assurances*, préc.

1612 CE, 6 nov. 2001, n° 235247, *Deslandes F.,* JurisData:2001-063053, *LPA.* n° 67, 3 avr. 2002, p. 13, concl. S. BOISSARD ; CE, 22 août 2002, n°247068, *Département Bouches-du-Rhône*, JurisData:2002-064568, *AJDA* 2002, p. 1245, note F. TOURETTE.

possible si la décision administrative crée un préjudice à son destinataire[1613]. Il est intéressant de s'interroger, à ce propos, sur la possibilité de régulariser rétroactivement une décision administrative déclarée nulle pour motivation insuffisante. En principe, la motivation doit figurer dans le corps même de la décision ou dans un document joint, aussi la motivation postérieure est illégale. En effet, l'acte portant régularisation doit être considéré comme nul puisqu'il se réfère à un acte annulé donc n'ayant plus d'existence juridique[1614]. Néanmoins, la jurisprudence n'est pas monolithique sur ce point puisqu'elle a accepté de régulariser certaines décisions jugées insuffisamment motivées[1615].

864. De son côté, le juge judiciaire a estimé que, dès lors que la décision du Conseil de la concurrence contient les énonciations de fait et de droit qui en constituent le fondement et qui permettent au juge du contrôle d'en apprécier la légalité, aucune nullité pour défaut de motivation ne peut être prononcée, et que toute autre considération quant à la pertinence de ses motifs relève du pouvoir de réformation du juge dans le cadre de contrôle de pleine juridiction[1616]. Dans le même sens, la cour d'appel de Paris a écarté le moyen tiré de la violation du principe du contradictoire qui aurait résulté d'un défaut de motivation de la décision du Conseil, en rappelant que si cette autorité est dans l'obligation de répondre à tous les moyens des parties, elle n'est pas tenue par contre de reprendre chacun des arguments présentés par celles-ci, à condition que « sa décision reste suffisamment motivée pour permettre le contrôle de la cour »[1617].

865. Au niveau européen la CEDH s'est aussi attachée à la protection de l'obligation de motivation qu'elle rattache tantôt au droit à un recours[1618], tantôt au principe d'impartialité[1619]. Certes, la CESDH n'énonce aucune disposition expresse obligeant l'administration à motiver ces décisions défavorables, mais d'après son article 13, la violation des droits et libertés qu'elle comporte ouvre

---

1613 CE, 30 juill. 1997, n° 160968, *Commune de Montreuil-sous-bois*, JurisData:1997-050730 ; CAA Paris, 2 févr. 2006, n° 05PA01830, *Ghellam*, inédit, JurisData:2006-294619 ; CAA Paris for. plén., 15 déc. 1999, n° 96PA02393, *Epoux Maranne*, JurisData:1999-113394 ; CAA Paris, 17 déc. 1998, n° 96PA01950, *Centre hospitalier de Gonesse*, JurisData:1998-049429 ; CAA Nantes, 12 juin 1997, *Fedrigo*, AJFP 1998, n° 2, p. 41.

1614 CE, 5 avr. 2006, n° 278588, *Amefia*, inédit ; CE, 30 déc. 2002, n° 225515, *Mme Gateaux c/ Ministre de la jeunesse, de l'éducation nationale et de la recherche*, *Rec. CE* 2006, tables, p. 589, JurisData:2002-065104 ; CE, 11 oct. 1999, n° 196796, *Sté Vortex*, inédit ; CE, 25 mars 1994, n°s 124765 et 142516, *Association Radio Zinzine et autres*, *Rec. CE* 1994, p. 161, JurisData:1994-042581 ; CE, 20 mai 1988, n° 59657, *Mme Nardin*, *Rec. CE* 1988, p. 198, JurisData:1988-644591.

1615 CE, 31 janv. 1997, n°s 142434 et 150778, *Association "Union Pieds-Noirs"*, *Rec. CE* 1997, p. 29, JurisData:1997-050211.

1616 CA Paris, 6 mai 2008, n° 07/06172, *Lafarge Ciments*, inédit ; CA Paris, 24 juin 2008, n° 06/06913, *Sté France Travaux*, préc. ; CA Paris, 23 janv. 2007, n° 06/01498, *Pharma-Lab*, JurisData:2007-324831.

1617 CA Paris, 26 juin 2007, n° 06/07821, *Guerlain*, préc. *Cf.* dans le même sens : CA Paris, 23 janv. 2007, *Pharma-Lab*, préc.

1618 *Hadjianastassiou c. Grèce*, 16 déc. 1992, § 33 et 34, série A n° 252.

1619 L. BORÉ, « La motivation des décisions de justice et la Convention européenne des droits de l'homme », *JCP G* 2002.I.104. *Cf.* aussi : *Higgins et autres c. France*, 19 févr. 1998, § 42, *Recueil des arrêts et décisions* 1998-I ; *Dulaurans c. France*, n° 34553/97, § 38, 21 mars 2000.

droit pour la victime à un recours effectif devant une instance nationale. Or, l'absence de motivation dans une décision administrative défavorable prive son destinataire, s'il désire la contester, de tout moyen de défendre sa cause dans la mesure où il ignore les motifs de la sanction. Autrement dit, en l'absence de motivation, aucun argument ne saurait être utilement développé devant les juridictions compétentes pour contester la décision, ce qui revient à priver d'effet utile tout recours susceptible d'être intenté à l'encontre de la décision. De même, le manque de motivation prive le juge de tout élément d'appréciation pour évaluer la légalité interne de la décision attaquée.

CHAPITRE 2

La soumission du pouvoir répressif des AAIRE à un contrôle juridictionnel rigoureux

866. Bien que placées à l'abri de tout pouvoir hiérarchique ou de tutelle, les AAIRE n'en sont pas moins soumises à un contrôle juridictionnel. Ce dernier revêt une importance particulière dans le cas de ces autorités dites indépendantes, du fait qu'il constitue le seul véritable contrôle qu'elles subissent. Il s'agit en quelque sorte de la contrepartie de leur statut, et en particulier de leur pouvoir répressif[1620]. De plus, vu son importance, le droit à un recours juridictionnel est considéré comme un principe de valeur constitutionnelle que le Conseil constitutionnel rattache à l'article 16 de la DDHC. En effet, se basant sur cette disposition, le juge constitutionnel a estimé qu'« en principe il ne doit pas être porté d'atteintes substantielles au droit des personnes intéressées d'exercer un recours effectif devant une juridiction »[1621].

867. Pour rappel, l'arrêt *Rétail* a provoqué un débat d'idées des plus intéressants sur la soumission de ces organismes de régulation à un contrôle juridictionnel. À l'occasion de cette jurisprudence, le Conseil d'État a estimé que les réponses adressées par le Médiateur de la République aux parlementaires, qui le saisissaient de réclamations, n'avaient pas le caractère de décisions administratives susceptibles de faire l'objet de recours par voie contentieuse[1622]. Certains commentateurs se sont alors interrogés sur le fait de

[1620] En 1989 le Conseil constitutionnel n'a admis le pouvoir répressif reconnu au CSA que parce « toute décision infligeant une sanction peut faire l'objet [...] d'un recours », *cf.* Cons. const., n° 89-260 DC du 17 janv. 1989, préc., 31ème consid.

[1621] Cons. const., n° 96-373 DC du 9 avr. 1996, loi organique portant statut d'autonomie de la Polynésie française, *Rec. Cons. const.* 1996, p. 43, *JORF* du 13 avr. 1996, p. 5724, 38ème consid. Dans le même sens : Cons. const., n° 99-422 DC du 21 déc. 1999, loi de financement de la sécurité sociale pour 2000, *Rec. Cons. const.* 1999, p. 143, *JORF* du 30 déc. 1999, p. 19730, 64ème consid., *AJDA* 2000, p. 48, chron. J.-E. SCHOETTL, *RFDA* 2000, p. 125, note D. RIBES. *Cf.* également sur la question : P. DELVOLVÉ, « Le pouvoir de sanction et le contrôle du juge », art. cit.

[1622] CE, ass., 10 juill. 1981, n° 5130, *Rétail*, *Rec. CE* 1981, p. 303, *RDP* 1981, p. 1440, concl. M. FRANC.

savoir si les actes des AAI, placées hors hiérarchie, pouvaient ou non être déférés au juge de l'excès de pouvoir, d'autres ont carrément défendu l'idée d'une immunité juridictionnelle[1623]. Toutefois, cette idée a été écartée, et un consensus existe sur l'utilité et l'obligation de soumettre les AAI au contrôle juridictionnel.

868. Du côté législatif, l'étude des textes institutifs des AAIRE nous montre que le législateur a bel et bien aménagé un contrôle juridictionnel pour encadrer l'activité de ces autorités, en particulier leur pouvoir répressif qui intéresse notre étude.

Si l'existence du contrôle lui-même n'a pas suscité beaucoup d'objections, en revanche certaines particularités de sa mise en œuvre n'ont pas manqué de susciter l'intérêt et la curiosité de la doctrine. Ces dernières tiennent tout d'abord à un aspect structurel, lié à l'éclatement de ce contrôle entre les deux ordres juridictionnels (**Section 1**) ; ensuite, à la singularité de certaines règles procédurales ainsi qu'à la portée de ce contrôle (**Section 2**).

SECTION 1. ÉCLATEMENT DE LA COMPÉTENCE JURIDICTIONNELLE

869. La nature administrative des AAIRE ne faisant plus de doute, il aurait fallu s'attendre à ce que le droit de regard sur les recours formulés à l'encontre de leurs décisions, notamment répressives, revienne au juge administratif. Ce n'est pas tout à fait le cas, puisque le législateur a transféré tout ou une partie du contentieux de certaines de ces autorités au juge judiciaire, dérogeant de la sorte au principe de répartition des compétences entre les deux ordres de juridictions (**Sous-section 1**). Déjà bien difficile à cerner, la notion d'AAIRE s'est complexifiée encore plus par l'éclatement du contrôle juridictionnel auquel ces autorités sont soumises, d'où l'intérêt de s'attarder sur les arguments avancés pour justifier un tel éclatement (**Sous-section 2**).

SOUS-SECTION 1. UNE RÉPARTITION DE COMPÉTENCE COMPLEXE ET INCOHÉRENTE

870. Si le contentieux relatif aux actes réglementaires des AAIRE relève logiquement de la compétence du juge administratif, en revanche celui relatif à leurs actes individuels, en particulier les sanctions, se trouve quant à lui désagréablement éclaté entre juge administratif et juge judiciaire (**Paragraphe 1**). Cependant, malgré l'éclatement du contrôle juridictionnel, l'on a pu noter une unicité du droit appliqué par les deux ordres de juridictions (**Paragraphe 2**). En sus des désagréments engendrés pour les justiciables, qui devraient jouir d'une très forte culture juridique pour pouvoir déterminer la juridiction

---

1623 CE, ass., 10 juill. 1981, préc., *AJDA* 1981, p. 486, obs. F. TIBERGHIEN et B. LASSERRE, *RDP* 1981, p.1687, note J.-M. AUBY, *D.* 1981, p. 622, note Y. GAUDEMET et IR, p. 528, obs. P. DELVOLVÉ ; Y. GAUDEMET, « Le Médiateur est-il une autorité administrative ? », *in Service public et libertés*, Mél., R.-É. CHARLIER, *op. cit.*, p. 117.

compétente, cette démarche soulève plusieurs zones d'incertitudes, notamment le risque de divergence entre juge administratif et juge judiciaire (**Paragraphe 3**).

Paragraphe 1. L'intrusion du juge judiciaire dans le contentieux des AAIRE

871. Il ressort de l'analyse des textes institutifs des AAIRE que le contentieux né de l'exercice de leur pouvoir répressif relève, dans l'ensemble, de la compétence du juge administratif (**A**). Toutefois, le législateur tend de plus en plus à transférer une partie de cette compétence au juge judiciaire qui se trouve, de ce fait, impliqué dans le contentieux de ces autorités nonobstant sa nature administrative (**B**).

A. La compétence de principe du juge administratif partialement respectée

872. D'après leurs textes institutifs, la compétence pour connaître du contentieux des AAIRE relève principalement du juge administratif, qu'il s'agisse du contentieux de la légalité (**1**) ou de celui de la responsabilité (**2**).

1. Dans le contentieux de la légalité

873. Dans les systèmes prônant la dualité des juridictions, le contrôle des autorités administratives appartient en principe au juge administratif. S'agissant avant toute chose d'autorités administratives, dotées de prérogatives de puissance publique, le contentieux des AAIRE devrait donc relever de la compétence de ce juge. Cette compétence de principe est confirmée par le Conseil constitutionnel, dans sa décision sur le Conseil de la concurrence rendue le 23 janvier 1987, selon laquelle « à l'exception des matières réservées par nature à l'autorité judiciaire, relève en dernier ressort de la compétence de la juridiction administrative l'annulation ou la réformation des décisions prises, dans l'exercice de prérogatives de puissance publique, par les autorités exerçant un pouvoir exécutif, leurs agents, les collectivités territoriales de la République ou les organismes publics placés sous leur contrôle »[1624]. En usant de leurs prérogatives de puissance publique, ces nouvelles autorités de régulation maintiennent un certain ordre et équilibre dans leur domaine d'intervention, par l'édiction de normes et de décisions individuelles, créant ou supprimant des droits ou infligeant des sanctions, assumant à ce titre une véritable action de service public de police. Dans la mesure où on a affaire à

[1624] Cons. const., n° 86-224 DC du 23 janv. 1987, préc., 15ème consid. Le Tribunal des conflits français a eu l'occasion de rappeler la compétence exclusive du juge administratif quant à l'appréciation de la légalité des actes administratifs, *cf.* TC, 4 nov. 1996, n° 03038, *Sté Datasport c/ Ligue nationale de Football*, *Rec. CE* 1996, p. 552, *AJDA* 1997, p. 142, chron. D. CHAUVAUX et Th.-X. GIRARDOT.

des décisions prises *dans l'exercice de prérogatives de puissance publique*, il paraît tout à fait logique que le contentieux de ces autorités relève de la compétence du juge administratif.

874. Par ailleurs, la nature administrative des AAIRE est une chose indiscutable[1625]. Par exemple, la nature administrative du Conseil de la concurrence et par ricochet celle de l'ADLC, est confirmée tant par le législateur que par le juge constitutionnel. Dans sa décision du 23 janvier 1987, le Conseil constitutionnel l'a en effet expressément désigné comme étant un « organisme administratif ». Pour rappel, bien avant la création de cette autorité, la loi du 30 décembre 1985 avait déjà qualifié la Commission de la concurrence d'autorité administrative indépendante[1626], une qualification qui a été reprise à l'occasion de la création de l'ADLC[1627].

875. L'étude des textes régissant les AAIRE nous révèle que la compétence de principe du juge administratif pour connaître leur contentieux de la légalité a été respectée. Le législateur a été explicite sur la question en reconnaissant une telle compétence à la haute juridiction administrative.

Ainsi, hormis les sanctions prononcées par l'ADLC et celles infligées par l'AMF aux non-professionnels[1628], le pouvoir répressif des autres AAIRE est soumis au contrôle juridictionnel du Conseil d'État[1629]. En sus des textes spéciaux, cette compétence est confirmée d'une manière assez claire à l'article R.311-1 du Code de justice administrative, réservé à la compétence du Conseil d'État en « raison de la matière ».

876. En somme, la compétence de principe du juge administratif pour connaître du contentieux de la légalité des décisions répressives des nouvelles autorités de régulation est bien respectée. Plus particulièrement encore, à l'intérieur de l'ordre juridictionnel administratif, c'est au Conseil d'État qu'échoit cette compétence. Ce dernier statue en premier et dernier ressort alors même qu'il s'agit d'un recours de pleine juridiction. Un tel choix, faut-il le reconnaître, porte atteinte à l'un des principes les plus fondamentaux de l'organisation juridictionnelle, en l'occurrence le principe du double degré de

---

1625 *Cf. supra*, pp. 142 et s.

1626 Loi n° 85-1408 du 30 décembre 1985 portant amélioration de la concurrence, *JORF* du 31 décembre 1985 (art. 6).

1627 Art. L.461-1 du C. com. Pour rappel, cette qualification n'a pas été reprise dans l'ord. de n° 86-1243 du 1er déc. 1986, préc.

1628 Aux termes de l'art. L.621-30 du C. mon. fin., l'examen des recours formés contre les décisions individuelles de l'AMF autres que celles, y compris les sanctions prononcées à leur encontre, relatives aux personnes et entités mentionnées au II de l'article L.621-9 du C. mon. fin., c'est-à-dire les non-professionnels, relève de la compétence du juge judiciaire et plus précisément de la cour d'appel de Paris. *Cf.* également l'art. R.621-45-II du même code.

1629 C'est le cas des décisions répressives prononcées par : le CSA (art. 42-8 de la loi n° 86-1067 du 30 déc. 1986, préc.) ; l'ARCEP (art. L.36-11 du CPCE) ; la CRE (art. L.134-34 du C. énergie) ; l'ACPR et l'AMF (les art. L.612-16-IV et R.621-45-I du C. mon. fin.) ; l'ARJEL (art. 44-II de la loi n° 2010-476 du 12 mai 2010, préc.) ; l'ARAFER (art. L1264-10, al. 7 du C. transports).

juridiction, indispensable pour la protection des intérêts des justiciables[1630]. Compte tenu de la nature et des pouvoirs des AAIRE, le respect de ce principe devrait être de rigueur en la matière.

2. Dans le contentieux de la responsabilité

877. Nous l'avons déjà vu, les AAIRE sont des autorités administratives exerçant des prérogatives de puissance publique, donc c'est en toute évidence que leur contentieux de la légalité relève, conformément au principe de la séparation des autorités administratives et judiciaires, de la compétence des juridictions administratives. En principe, pour la même raison, leur contentieux en responsabilité devrait également faire partie de la compétence du juge administratif. Qu'en est-il réellement ?

878. En matière de responsabilité des AAIRE, pour bien situer la compétence du juge administratif, au sein de l'ordre juridictionnel administratif, l'on doit distinguer celles dépourvues de personnalité morale de celles qui en sont pourvues. En effet, en cas de décisions illégales, les autorités dotées d'une personnalité morale, en l'occurrence l'AMF, l'ARAFER et le CSA, engagent leur propre responsabilité. Tandis que les autres, privées d'une personnalité morale, engagent la responsabilité de l'État[1631]. Par conséquent, le juge administratif compétent ne sera pas le même dans les deux hypothèses.

879. Le silence des textes régissant ces autorités sur leur responsabilité implique le retour aux règles de droit commun concernant la responsabilité des autorités administratives et autres personnes publiques. À la lumière de ces règles, notamment celles relatives à la répartition des compétences matérielles et territoriales à l'intérieur de la juridiction administrative, la compétence pour connaître du contentieux en responsabilité visant l'État du fait des actes des AAIRE dépourvues d'une personnalité morale, en l'occurrence l'ARCEP, l'ARJEL, l'ACPR et la CRE, relève des tribunaux administratifs. Plus précisément, le contentieux sera attribué au tribunal compétent pour statuer sur sa légalité. Toutefois dans la mesure où le contentieux de la légalité relève de la compétence du Conseil d'État, le tribunal compétent sera celui du lieu de résidence ou du siège du requérant[1632]. Sinon, l'application des règles de connexité permet de porter l'action en responsabilité devant le Conseil d'État

---

[1630] *Cf.* sur la question les critiques de Jean-Jacques DAIGRE dans « Recours contre les décisions de la future Autorité des marchés financiers : compétence administrative ou judiciaire ? », *RD bancaire et fin.* 2003, p. 197.

[1631] Selon le Conseil constitutionnel « toute décision du Conseil supérieur de l'audiovisuel qui interviendrait en violation des dispositions législatives ou réglementaires serait susceptible d'entraîner la mise en jeu de la responsabilité de la puissance publique », *cf.* Cons. const., n° 88-248 DC du 17 janv. 1989, préc., 42ème consid. Pour rappel, le CSA n'a été érigé en API dotée d'une personnalité morale qu'à la faveur de la loi n° 2013-1028 du 15 nov. 2013 relative à l'indépendance de l'audiovisuel public, préc.

[1632] *Cf.* respectivement les art. R.312-14-1°, R.311-1-4° et R.312-14-3° du CJA. *Cf.* également sur la question: CE, 26 juill. 2006, *Tissot*, n° 285247, JurisData:2006-070649.

lorsque ce dernier a été saisi d'un recours en annulation ou en réformation de la décision source du préjudice allégué[1633].

880. Reste le cas des AAIRE bénéficiaires d'une personnalité morale, dont la compétence pour connaître le contentieux en responsabilité suit celui sur la légalité. Ainsi, les demandes d'indemnisation, à l'encontre des décisions répressives du CSA, de l'ARAFER ainsi que celles de l'AMF touchant les professionnels, doivent être introduites auprès du Conseil d'État qui peut être saisi d'un recours de plein contentieux[1634]. En effet, dans la mesure où le Conseil d'État est compétent pour connaître de la légalité des décisions répressives de ces autorités, c'est à lui également qu'échoit le rôle de connaître du contentieux en responsabilité découlant de ces mêmes décisions.

B. Le transfert de compétence au juge judiciaire

881. Contre toute attente, le législateur a reconnu la compétence du juge judiciaire pour connaître une partie du contentieux des AAIRE, dérogeant de la sorte non seulement à la règle de la compétence de principe du juge administratif, mais également au principe de la séparation des autorités administratives et judiciaires. Apparemment, le fait qu'il s'agisse de décisions rendues par des autorités administratives, et à l'occasion de prérogatives de puissance publique, n'a pas gêné le législateur pour désigner le juge judiciaire, plus précisément la cour d'appel de Paris, compétent pour connaître du contentieux de ces autorités. Cette compétence est reconnue tant en matière du contentieux de la légalité (**1**) que pour celui de la responsabilité (**2**).

1. Dans le contentieux de la légalité

882. C'est la loi n° 87-499 du 6 juillet 1987[1635] qui a opéré le premier transfert de compétence, en confiant au juge judiciaire le contentieux des décisions du Conseil de la concurrence. Désormais, « les décisions de l'Autorité de la concurrence [...] sont notifiées aux parties en cause et au ministre chargé de l'économie, qui peuvent, dans le délai d'un mois, introduire

---

[1633] *Cf.* l'art. R.341-1 et s. du CJA, selon lequel « Lorsque le Conseil d'État est saisi de conclusions relevant de sa compétence de premier ressort, il est également compétent pour connaître de conclusions connexes relevant normalement de la compétence de premier ressort d'un tribunal administratif ». *Cf.* dans ce sens : CE, 13 juin 2001, *Verdure*, n° 211403, JurisData:2001-062786, d'après lequel : « eu égard à la connexité existant entre les conclusions tendant à l'annulation de la décision contestée dont le Conseil d'État est compétent pour connaître en premier et dernier ressort et celles tendant à la réparation du préjudice résultant de cette décision, le Conseil d'État est compétent, en application des dispositions précitées de l'article R.341-1 [...] pour connaître également en premier ressort des conclusions à fin d'indemnité présentées par le requérant. »

[1634] *Cf.* l'art. 42-8 de la loi n°86-1067 du 30 déc. 1986, préc., (CSA) ; l'art. L1264-10, al. 7 du C. transports (ARAFER) ; l'art. R.621-45-I du C. mon. fin., (AMF) ; CE, 4 févr. 2005, *Sté GSD Gestion et autre*, préc. ; CE, 15 mars 2006, n° 276370, *Zerbib*, JurisData:2006-069828.

[1635] Loi transférant le contentieux des décisions du Conseil de la concurrence à la juridiction judiciaire, *JORF* du 7 juill. 1986.

un recours en annulation ou en réformation *devant la cour d'appel de Paris* » (souligné par nous). Néanmoins, la haute juridiction administrative garde toujours une marge d'intervention en matière de droit de la concurrence, puisqu'elle est compétente pour connaître des recours dirigés contre les décisions rendues concernant les concentrations économiques. L'article L.464-8 du Code de commerce énumère les catégories de décisions de l'ADLC susceptibles de faire l'objet d'un recours devant la cour d'appel de Paris, mais sans évoquer celles prises en application du Titre III relatif aux concentrations économiques. Aussi, pouvons nous déduire que c'est le Conseil d'État qui en est subsidiairement compétent, dans la mesure où l'ADLC fait partie des autorités de régulation dont les décisions sont soumises, par l'article R.311-1, 4° du Code de justice administrative, au contrôle du Conseil d'État qui rend à ce propos des décisions en premier et dernier ressort[1636].

Le législateur a opté pour le même choix en matière boursière concernant le Conseil du marché à terme, le Conseil des bourses de valeurs et la COB[1637], avant de le confirmer à l'occasion de la création de l'AMF. Selon l'article R.621-45-II du Code monétaire et financier « Les recours contre les décisions de portée individuelle prises par l'Autorité des marchés financiers, autres que celles mentionnées au (I), sont portés devant la cour d'appel de Paris ». Avant la création de cette entité, la cour d'appel de Paris connaissait des recours formés contre les sanctions administratives de la COB, tandis que le Conseil d'État était compétent pour statuer sur les recours formés contre les sanctions « disciplinaires » du CMF et de la COB. Dans le cadre de la loi du 1er août 2003, le législateur a certes maintenu la dualité de compétence entre juge administratif et juge judiciaire en matière de recours contre les décisions individuelles de l'AMF, toutefois il a substitué une distinction ***rationae personae*** à la distinction ***rationae materiae***, qui a prévalu autrefois. Une démarche qui complique davantage le contentieux de cette autorité.

Notons que, dans le cas de l'ARCEP et de la CRE, même si la compétence de principe revient au juge administratif, cependant c'est le juge judiciaire – la cour d'appel de Paris – qui est compétent pour connaître des recours contre les décisions d'arbitrage et les mesures conservatoires prises par ces autorités[1638]. Paradoxalement, alors que cette démarche tend à se généraliser aux décisions

---

1636 C'est encore la haute juridiction administrative qui est compétente pour connaître des recours relatifs aux décisions du Ministre chargé de l'économie prises dans la cadre du pouvoir d'évocation qu'il exerce en matière de concentration.

1637 *Cf.* l'art. 5 de la loi n° 88-70 du 22 janv. 1988 sur les Bourses de valeurs, *JORF* du 23 janv. 1988 ; l'art. 9 de la loi n° 89-531 du 2 août 1989, portant réforme de la COB et modifiant l'art. 12 de l'ord. du 28 sept. 1967, *JORF* du 4 août 19892 ; l'art. 5 du décret n° 88-603 du 7 mai 1988, relatif aux recours exercés devant la cour d'appel de Paris contre les décisions du Conseil du marché à terme et du Conseil des bourses de valeurs, *JORF* du 8 mai 1988 ; l'art. 6 du décret n° 90-263 du 23 mars 1990, relatif à la procédure d'injonctions et de sanctions administratives prononcées par la Commission des opérations de bourse et aux recours contre les décisions de cette commission qui relèvent de la compétence du juge judiciaire, *JORF* du 25 mars 1990.

1638 Cf. l'art. L.134-24 du C. énergie concernant la CRE, et les art. L.5-6, al. 4 et L.36-8, IV du CPCE concernant l'ARCEP.

d'arbitrages rendues par les AAIRE, celles rendues par le CSA relèvent quant à elles de la compétence du Conseil d'État[1639].

2. Dans le contentieux de la responsabilité

883. Après le transfert de compétence d'une partie du contentieux de la légalité de certaines AAIRE, du juge administratif au juge judiciaire, il est tout à fait légitime et même fort intéressant de chercher à savoir si ce dernier conserve sa compétence lorsqu'une demande d'indemnité, fondée sur l'illégalité de la décision répressive, est jointe au recours pour annulation, ou doit-on, au contraire, considérer sa compétence comme exceptionnelle ne pouvant faire échec à la compétence de principe du juge administratif ? Se basant sur la théorie des blocs de compétences et la volonté de réaliser une bonne administration de la justice, nous pouvons dire qu'en plus du juge administratif, le contentieux de la responsabilité des AAIRE relève en partie de la compétence du juge judiciaire et plus particulièrement de la cour d'appel de Paris.

884. Il est intéressant d'observer que contrairement au contentieux de la légalité, dont la répartition des compétences entre ordres administratif et judiciaire est le fait du législateur, « le transfert » de la compétence du contentieux de la responsabilité au juge judiciaire est intervenu par voie jurisprudentielle, plus précisément par le Tribunal des conflits[1640]. Pour rappel, dans l'affaire *Compagnie Diamantaire d'Anvers*, la requérante avait introduit un recours en excès de pouvoir devant le Conseil d'État contre une décision de la COB tout en demandant au tribunal administratif de Paris des dommages-intérêts pour le préjudice subi. Estimant que les deux recours, en annulation et en responsabilité, sont unis par un lien de connexité, le tribunal a renvoyé la demande au Conseil d'État. Entre-temps, fut promulguée la loi n° 89-531 du 2 août 1989 transférant au juge judiciaire l'examen des recours exercés contre les décisions de la COB[1641]. Se basant sur ce texte, le Conseil d'État s'est déclaré incompétent « pour connaître de toute contestation relative aux décisions de la COB visées [par la loi du 2 août 1989], y compris les demandes d'indemnité fondées sur l'illégalité dont seraient entachées ces décisions »[1642].

Après sa saisine, la cour d'appel de Paris a rejeté également la demande d'indemnité au motif que la loi précitée « n'a donné compétence au juge

---

[1639] *Cf.* l'art. 42-15 de la loi n° 86-1067 du 30 sept. 1986, préc.

[1640] *Cf.* J.-Ph. KOVAR, « La responsabilité des autorités de régulation face au dualisme juridictionnel », *RD bancaire et fin.* 2009, étude 12.

[1641] Aux termes de l'art. 12 de l'ord. du 28 sept. 1967, dans sa rédaction issue des dispositions de l'article 9 de la loi du 2 août 1989 : « L'examen des recours contre les décisions de la Commission des opérations de bourse autres que celles qui ont un caractère réglementaire ou qui sont relatives à l'agrément des organismes de placement collectif en valeurs mobilières ou des gérants de portefeuille relève de la compétence du juge judiciaire ».

[1642] CE, sect., 6 juill. 1990, *Compagnie diamantaire d'Anvers et Delcourt*, *Rec. CE* 1990, p. 206, CJEG, 1990, p. 380, concl. C. DE LA VERPILLIÈRE, *AJDA* 1990, p. 907 obs. L. RICHER, *RFDA* 1991, p. 293 note F. LLORENS.

judiciaire que pour l'examen des recours pour excès de pouvoir dirigés contre certaines décisions de la COB, mais ne lui a attribué aucune compétence en matière de pleine juridiction »[1643]. Saisi pour trancher ce conflit de compétence, le Tribunal des conflits a donné compétence au juge judiciaire[1644].

885. En principe, une stricte interprétation de la loi du 2 août 1989 aurait écarté la compétence du juge judiciaire, toutefois la bonne administration de la justice a justifié ce transfert[1645]. En effet, le Tribunal des conflits semble vouloir constituer un bloc de compétence au profit du juge judiciaire lorsqu'il a la compétence du contentieux de l'illégalité, ce qui évitera aux justiciables de voir la procédure se dédoubler dans une même affaire[1646]. Autrement dit, comme il a été précisé par le commissaire du gouvernement Françoise FLIPO, « en principe, lorsqu'un dommage est imputable à une décision, le tribunal compétent est celui qui est apte à connaître du recours en annulation dirigé contre cette décision »[1647], c'est dire que « le contentieux de l'annulation implique celui de l'indemnisation »[1648].

Suivant cette position c'est le juge judiciaire, en l'occurrence la cour d'appel de Paris, qui sera compétent pour connaître des actions en responsabilité fondées sur un dommage subi du fait des décisions répressives prises par l'AMF à l'encontre des non-professionnels[1649]. Se basant sur les arguments précédemment avancés, notamment la volonté de constituer un bloc de compétence, nous pouvons soutenir sans hésitation que c'est cette même juridiction, déjà en charge du contentieux de la légalité, qui est compétente dans le cas du contentieux en responsabilité de l'ADLC[1650].

[1643] CA Paris, 29 mai 1991, n° 90/015332, *Compagnie diamantaire d'Anvers*, JurisData:1991-021977, *Bull. Joly Sociétés* 1991, p. 734, note L. FAUGÉROLAS, *RD bancaire et de la bourse* 1992, p. 75, obs. M.-A. FRISON-ROCHE.

[1644] TC, 22 juin 1992, n° 02671, *Mizon*, *Rev. sociétés* 1992, p. 774, note Y. GUYON, *Bull. Joly Socités* 1992, p. 961, note A. COURET, *JCP G* 1993.II.22035, concl. F. FLIPO, note M.-A. FRISON-ROCHE, *D.* 1993, p. 439, note N. DECOOPMAN. Selon les termes du tribunal, le législateur a « entendu donner compétence aux juridictions de l'ordre judiciaire pour connaître de toute contestation relative aux décisions de la Commission des opérations de bourse visées à l'article 12 précité de l'ordonnance du 28 sept. 1967, y compris les demandes d'indemnité fondées sur l'illégalité dont seraient entachées ces décisions ».

[1645] *Cf.* F. FLIPO, concl. préc.

[1646] *Cf.* N. DECOOPMAN, note sous CA Paris, 6 avr. 1994, n° 94/3851, *Mizon c/ Agent judiciaire du trésor*, JurisData:1994-022690, *D.* 1994, p. 511, note sous TC, 22 juin 1992, préc. ; « Le contrôle juridictionnel des autorités administratives indépendantes », in *Le droit administratif en mutation*, Paris, PUF, CURAPP, 1993, p. 211 ; F. LLORENS, note sous CE, 6 juill. 1990, *Compagnie diamantaire d'Anvers et M. Delcourt*, *RFDA* 1991, p. 293.

[1647] F. FLIPO, concl. préc.,

[1648] M.-A. FRISON-ROCHE, note sous TC, 22 juin 1992, préc.

[1649] *Cf.* art. R.621-45-II du C. mon. fin.

[1650] *Cf.* art. L.464-8 du C. com.

Paragraphe 2. L'unité du droit applicable au contentieux de la responsabilité

886. Le principe de la responsabilité de la puissance publique s'est imposé lentement à partir de la fin du XIXème siècle. La responsabilité qui peut incomber à l'État pour les dommages causés aux particuliers par le fait des personnes qu'il emploie dans le service public, n'est ni générale, ni absolue, mais elle a ses règles spéciales. En effet, l'arrêt *Blanco* a posé le principe de l'autonomie du droit de la responsabilité administrative par rapport au droit privé[1651]. Du fait de leur nature administrative, il est intéressant de savoir si la responsabilité des AAIRE est soumise au régime de la responsabilité administrative, notamment lorsque ce contentieux relève de la compétence du juge judiciaire.

887. En principe, la répartition des compétences entre les deux ordres de juridictions est gouvernée par le principe de la liaison de la compétence et du fond. L'application de ce principe suggère d'appliquer le droit civil au contentieux de la responsabilité des AAIRE qui relève de la compétence du juge judiciaire, et les règles du droit public pour celui qui relève de la compétence du juge administratif. La cour d'appel de Paris en a décidé autrement puisqu'elle fait appliquer à ce contentieux, qui relève de sa compétence, le régime de la responsabilité administrative. Donc il y a eu dissociation de la compétence du fond au niveau de cette juridiction. Ainsi, il est possible de soutenir qu'on fait face à une unité du droit applicable pour le contentieux de la responsabilité des AAIRE : le droit public est applicable tant devant le juge administratif que devant le juge judiciaire.

Le régime de la responsabilité administrative a été appliqué pour la première fois à ces autorités de régulation devant le juge judiciaire à l'occasion de l'arrêt *Deverloy* du 15 janvier 1993[1652] dans lequel la cour d'appel de Paris a fait appel à la distinction, classique en droit administratif, entre faute simple et faute qualifiée pour juger que la responsabilité de l'État à raison du fonctionnement de la COB est subordonnée à la preuve d'une **faute lourde**.

888. En somme, en principe la soumission du contentieux de la responsabilité des AAIRE aux règles du droit public implique l'exigence des mêmes conditions applicables au régime de la responsabilité administrative.

[1651] TC, 8 févr. 1873, *Blanco*, GAJA, 18ème éd., 2011, n° 1, p. 1. Selon cet arrêt la responsabilité de l'administration « n'est ni générale, ni absolue [...] il appartient au juge de déterminer, dans chaque espèce, s'il y a une faute caractérisée du service de nature à engager sa responsabilité, et de tenir compte, à cet effet, tout à la fois de la nature de ce service, des aléas et des difficultés qu'il comporte, de la part d'initiative et de liberté dont il a besoin, en même temps que de la nature des droits individuels intéressés, de leur importance, du degré de gêne qu'ils sont tenus de supporter, de la protection plus ou moins grande qu'ils méritent, et de la gravité de l'atteinte dont ils sont l'objet ».

[1652] JurisData:1993-020250, *D.* 1993, n° 19, p. 273, note C. DUCOULOUX FAVARD. *Cf.* également : CA Paris 6 avr. 1994, *Mizon*, JurisData:1994-022690. L'applicabilité du régime de la responsabilité administrative aux AAIRE est un prolongement de la jurisprudence *Docteur Giry*, *cf.* Cass. civ., 2e, 23 nov. 1956, n°56-11871, *Bull. civ.* 1956, II, n° 626, p. 407.

Tout d'abord, prouver l'existence d'un préjudice certain[1653]. Ensuite, démontrer un fait dommageable de la part de ces autorités et un lien de causalité entre ce dernier et le dommage[1654]. Enfin, il faudrait que la personne responsable soit déterminée. Du côté des conditions de formes, en plus d'un intérêt à agir, d'une qualité et d'une capacité, le recours juridictionnel doit s'appuyer sur une décision administrative préalable[1655]. Autrement dit, la victime doit avant tout adresser sa demande de réparation à l'administration et c'est seulement lorsqu'elle essuie un refus qu'elle pourra solliciter la juridiction compétente. Le défaut de réponse de l'administration pendant deux mois vaut décision implicite de rejet[1656], ce qui permettra à la victime d'exercer le recours juridictionnel[1657].

Comme nous aurons l'occasion de le vérifier un peu plus loin, parmi les conditions citées ce qui pose réellement problème est, d'une part, la détermination de la personne responsable, dans la mesure où la majorité des AAIRE est dépourvue de personnalité morale et, d'autre part, la nature de la faute exigée.

889. Enfin, le fractionnement du contrôle juridictionnel risque de nous mener à une divergence des solutions entre juge administratif et juge judiciaire.

Paragraphe 3. Le risque d'éclatement du droit en matière du contentieux de légalité

890. Si l'on a constaté précédemment une unité du droit applicable au contentieux de la responsabilité, en revanche, le fractionnement du contrôle juridictionnel risque de mener à une contradiction des solutions jurisprudentielles entre juge administratif et juge judiciaire. Autrement dit, l'on assistera à un éclatement du droit en matière de régulation. Cette éventualité s'est d'ailleurs confirmée à propos de l'applicabilité de l'article 6§1 de la CESDH aux procédures répressives des AAIRE. Sans revenir en détail sur un

---

[1653] *Cf.* CAA Paris, 5 juin 2008, n° 06PA00904, *Laurent*, inédit. Selon cet arrêt : « la faute n'est en tout état de cause susceptible de donner lieu au paiement d'une indemnité que dans la mesure où elle est directement la cause d'un préjudice certain ».

[1654] *Cf.* CAA Paris, 5 juin 2008, *Laurent*, préc. ; CAA Paris, 17 juin 2010, n° 06PA00904, *Laurent*, inédit.

[1655] *Cf.* l'art. R.421-1 du CJA, selon lequel « Sauf en matière de travaux publics, la juridiction ne peut être saisie que par voie de recours formé contre une décision, et ce, dans les deux mois à partir de la notification ou de la publication de la décision attaquée ».

[1656] *Cf.* l'art. R.421-2 du CJA, selon lesquels « Sauf disposition législative ou réglementaire contraire, le silence gardé pendant plus de deux mois sur une réclamation par l'autorité compétente vaut décision de rejet ».

[1657] *Cf.* CE, 13 juill. 2007, *ABRIC*, n° 297742. JurisData:2007-072186, selon lequel « les conclusions indemnitaires [...] sont en tout état de cause [...] irrecevables, dès lors que, contrairement aux prescriptions de l'article R.421-1 du code de justice administrative, elles n'ont pas été précédées d'une demande à l'administration ayant donné lieu à une décision », *cf.* *AJDA* 2007, p. 1245, concl. L. DREPAS.

point que nous avons largement traité[1658], l'on rappellera que, contrairement à la Cour de cassation qui a reconnu depuis l'arrêt *Haddad* du 9 avril 1996 l'applicabilité de l'article 6 aux procédures de sanction des AAIRE dépendant de sa compétence, le Conseil d'État refusait de le faire pour celles qui dépendent de son contrôle sous prétexte qu'elles ne sont pas des juridictions. Il a fallu attendre l'arrêt *Didier* du 3 décembre 1999 pour voir la haute juridiction administrative s'aligner sur la solution de la Cour de cassation.

891. Concernant les prescriptions de l'article 6§1 elles-mêmes, il semble que les juges administratif et judiciaire s'accordent sur les garanties dont le respect s'impose dès la phase administrative et celles qui, pour des impératifs de souplesse et d'efficacité, ne s'imposent qu'au niveau de la juridiction. En effet, pour la Cour de cassation, pour des raisons de souplesse et d'efficacité, les AAIRE qui dépendent de sa compétence, peuvent ne pas satisfaire à certaines exigences de l'article 6 dès lors que leurs décisions répressives sont soumises *a posteriori* au contrôle effectif d'une juridiction ayant le pouvoir de réexaminer, en fait et en droit, et de réformer la décision de sanction. Il en est ainsi du principe de la publicité des débats, qui n'est pas important à ses yeux. En revanche, le respect de l'exigence d'impartialité, du principe du contradictoire et du droit à la présomption d'innocence s'imposent dès la phase administrative, c'est-à-dire devant l'autorité de régulation. À première vue, le Conseil d'État a adopté la même position. Pour lui, également, seuls les principes d'impartialité et de droits de la défense s'imposent dès la phase administrative, tandis que les principes du droit à l'assistance d'un avocat et à la publicité des débats ne s'appliquent qu'au niveau de la phase juridictionnelle. Ainsi, pour le Conseil d'État tant que les concernés peuvent exercer un recours de pleine juridiction devant un tribunal indépendant et impartial, il suffit que ces garanties soient remplies au niveau de ce tribunal. Toutefois, les deux hautes juridictions françaises ont connu une divergence quant à la portée à donner au principe d'impartialité. La Cour de cassation considérait contraire à ce principe la participation du rapporteur au délibéré, même sans voix délibérative dès lors qu'il a participé aux investigations nécessaires pour l'instruction de l'affaire. Le Conseil d'État quant à lui ne semblait sanctionner pour violation de l'impartialité que le cumul de la fonction d'accusation et de jugement[1659].

892. La situation s'est complexifiée avec les nouveaux critères de partage de la compétence juridictionnelle pour connaître des recours dirigés contre les décisions répressives de l'AMF. Comme nous l'avons vu précédemment, le législateur a maintenu à l'occasion de la loi du 1er août 2003 la dualité du contrôle juridictionnel exercé sur cette autorité, toutefois il a adopté une nouvelle distinction fondée sur le critère *rationae personae*. Désormais, le juge administratif est compétent pour connaître des recours visant les sanctions frappant des professionnels, tandis que le juge judiciaire connaît des recours

---

1658 *Cf. supra*, pp. 453 et s.
1659 *Cf. supra*, pp. 453 et s.

visant les sanctions frappant des non-professionnels. Déjà compliqué par son éclatement entre les deux ordres de juridictions[1660], le contrôle juridictionnel sur la procédure répressive de l'AMF se trouve embrouillé davantage avec ce nouveau critère de distinction. Il est en effet étonnant et regrettable que le contrôle juridictionnel, concernant des sanctions d'une même nature, prononcées par une même autorité et à propos d'un même manquement, soit fractionné entre deux ordres juridictionnels, avec le risque de contradiction et de divergence que cela peut engendrer.

893. Par ailleurs, ce partage de compétence porte atteinte au principe de l'égalité devant la loi dans la mesure où les professionnels sont privés du double degré de juridiction, contrairement aux non-professionnels, et ce, malgré la lourdeur des sanctions dont ils peuvent faire l'objet[1661]. Pour toutes ces raisons, l'on rejoint les auteurs qui proposent de soumettre « l'ensemble des recours contre les décisions de sanction au juge judiciaire qui est le gardien des libertés individuelles »[1662].

894. Plus récemment, dans un rapport du 19 mai 2015, un groupe de travail de l'AMF a jugé nécessaire d'unifier les voies de recours devant le même ordre de juridiction[1663], notamment pour éviter toute contrariété de décision entre le Conseil d'État et la Cour de cassation comme cela peut être le cas actuellement »[1664].

895. Au-delà du risque de divergence des solutions jurisprudentielles, l'éclatement du contrôle juridictionnel peut engendrer le même problème entre

---

[1660] Il existe déjà une divergence entre les deux juges quant à l'applicabilité du principe de personnalité des peines aux personnes morales. Pour le Conseil d'État, ce principe « ne fait pas obstacle à ce qu'à l'occasion d'une opération de fusion ou de scission, les sanctions fiscales soient mises à la charge de la société absorbante, d'une nouvelle société créée pour réaliser la fusion ou de sociétés issues de la scission, à raison des manquements commis avant cette opération par la société absorbée, fusionnée ou scindée », *cf.* Avis CE, 4 déc. 2009, n° 329173, *Sté Rueil Sports*, *JORF* n° 0034 du 10 févr. 2010, p. 2412 ; BD*CF*. 2/10, n° 21, concl. E. GLASER. *Cf.* également : CE, sect., 22 nov. 2000, n° 207697, *Sté Crédit agricole Indosuez Chevreux*, *Rec. CE* 2000, p. 537, JurisData:2000-061571, *AJDA* 2000, p. 1069, chron. M. GUYOMAR et P. COLLIN. Une jurisprudence diverge de celle de la Cour de cassation qui fait bénéficier les personnes morales du principe de personnalité des peines, tant pour les sanctions pénales, que pour les sanctions administratives y compris financières, *cf.* Cass. com., 15 juin 1999, n° 97-16.439, *COB* c/ *Compagnie générale immobilière Georges V et autres*, *Bull. civ.* 1999, IV, n° 127, p. 105, JurisData:1999-002489.

[1661] Après un recours devant la cour d'appel de Paris, les non-professionnels, plus particulièrement les émetteurs et dirigeants initiés, peuvent exercer un pourvoi en cassation devant la Cour de cassation, en revanche, les professionnels peuvent seulement exercer un contrôle devant le Conseil d'État.

[1662] N. RONTCHEVSKY, « Les sanctions administratives : régime et recours », *Bull. Joly Bourse* 2004, p. 1. Sur le même sujet, *cf.* J.-J. DAIGRE, « Recours contre les décisions de la future Autorité des marchés financiers : compétence administrative ou judiciaire ? », art. cit., p. 197 ; J. RIFFAULT-SILK, « Le projet de loi de sécurité financière », *Rev. sc. crim.* 2003, p. 581, spéc. p. 584.

[1663] Sur « L'application du principe ne bis in idem dans la répression des abus de marché – Proposition de réforme », préc., *cf. supra*, pp. 221 et s.

[1664] *Cf.* p. 31/49 du Rapport.

différentes AAIRE, plus particulièrement entre l'une des autorités de régulation sectorielles et l'autorité de régulation horizontale du fait de l'interférence des missions et des compétences entre elles.

896. En effet, suivant l'hypothèse où le même acte est sanctionné simultanément par l'ADLC et une autorité de régulation sectorielle, la juridiction compétente pour connaître des éventuels recours sera différente. Le Conseil d'État serait compétent dans le cas où la décision répressive est rendue par l'autorité sectorielle, et la cour d'appel de Paris dans le cas où la décision est rendue par l'ADLC. Par contre, si les deux autorités étaient sous le contrôle d'une même juridiction, cela permettrait non seulement de faire face au problème de conflits de compétences entre l'ADLC et les autres autorités de régulation, mais permettrait aussi d'harmoniser leurs décisions si ces dernières sont amenées à connaître d'un même litige mais sous un angle de droit différent.

SOUS-SECTION 2. UNE RÉPARTITION DE COMPÉTENCE PEU CONVAINCANTE

897. Si, pour certains auteurs, le transfert d'une partie du contentieux des AAIRE au juge judiciaire se justifie par l'incapacité du juge administratif à y faire face (**Paragraphe 1**), pour d'autres, cela se justifie au contraire par le fait qu'il s'agit d'une compétence naturelle du juge judiciaire (**Paragraphe 2**). Appelé à se prononcer sur la question, le Conseil constitutionnel a, pour sa part, mis les opérations de transfert de compétence sur le compte de l'intérêt d'une bonne administration de la justice (**Paragraphe 3**).

Paragraphe 1. L'inadéquation du contrôle juridictionnel administratif

898. Prenant le juge administratif comme base de leur argumentation, les tenants de cette tendance doctrinale expliquent le transfert de compétence au juge judiciaire par l'incapacité du juge administratif à faire face aux litiges, dont il est saisi, aussi bien au regard des spécificités des matières considérées (**A**), que des règles du procès administratif (**B**). Un juge auquel on reproche également son manque d'impartialité (**C**). Mais comme nous le constaterons, sans être complètement faux, ces arguments sont loin de justifier réellement les opérations de transfert.

A. Spécificité et technicité de la matière

899. D'après les défenseurs d'un tel argument les domaines boursier et de la concurrence, par exemple, sont d'une telle technicité qu'il est difficile pour le juge administratif de bien cerner le contentieux qui s'y rattache. En effet, le contentieux des décisions administratives répressives des AAIRE, notamment dans les domaines cités, peut porter sur des questions liées tant au droit des sociétés qu'aux droits pénal et commercial, ce qui fait du juge judiciaire l'instance la mieux placée et adaptée pour la situation[1665].

900. À notre sens, il est complètement excessif et démesuré d'accabler le juge administratif d'incapacité technique pour expliquer, donc fonder, le transfert de compétence au juge judiciaire. N'a-t-on pas d'ailleurs avancé, entre autres, ce même argument pour justifier la dépénalisation et le transfert du pouvoir répressif du juge judiciaire aux AAIRE ? De plus, le déficit en connaissances techniques n'est pas irrémédiable. Outre l'expérience qu'il peut acquérir avec la pratique, le juge administratif, tout comme le juge judiciaire, peut toujours compter sur l'apport et le concours des experts en toute matière. Comme dirait Martin COLLET, « faudrait-il décharger les Cours d'assises des crimes de sang, considérant que la bonne application du droit impose la compréhension des ressorts psychiatriques de chaque meurtre ; ou encore que l'intime conviction des jurés ne peut se forger sans une parfaite maîtrise de la balistique, nécessaire dès lors que le doute pèse sur l'origine d'un coup de feu meurtrier ? »[1666].

Même si la spécialisation est toujours invoquée pour justifier la compétence de certaines juridictions – les juridictions spécialisées[1667] et consulaires[1668] – y compris administratives[1669], en principe le juge n'est tenu que par ses connaissances juridiques.

901. Par ailleurs, faut-il le rappeler, le Conseil d'État reste le juge du contrôle de la plupart des AAIRE, y compris d'une partie du contentieux des autorités qui ont connu les opérations de transfert de compétence, c'est-à-dire l'AMF, l'ADLC et le CDLC. Il est quand même étrange de parler de spécificités de la matière pour justifier les opérations de transfert or le juge administratif est toujours compétent dans ces matières. Dans le domaine financier, par exemple, le Conseil d'État est compétent pour connaître des décisions répressives de l'AMF prononcées à l'encontre des professionnels, au moment où le juge judiciaire est, quant à lui, compétent pour le contrôle des

---

[1665] *Cf.* dans ce sens : J. RIBS, « Le Conseil d'État et les marchés financiers », *LPA*, n° 118, 2 oct. 1995, p. 10.

[1666] M. COLLET, *Le contrôle juridictionnel des actes des autorités administratives indépendantes*, LGDJ, Coll., « Bibliothèque de droit public », 2003, p. 309.

[1667] M. DEGOFFE, *La juridiction administrative spécialisée*, LGDJ, 1996, p. 3.

[1668] Selon un Rapport parlementaire, portant sur les tribunaux de commerce, « les connaissances techniques et pratiques des juges consulaires sont ainsi mises en avant pour légitimer l'exception que constituent les tribunaux de commerce. En effet, qui mieux qu'un commerçant pour juger un commerçant ? », *cf.* F. COLCOMBET et A. MONTEBOURG, *Les tribunaux de commerce : une justice en faillite* ? Rapport n° 1038, fait au nom de la Commission d'enquête sur l'activité et le fonctionnement des Tribunaux de commerce, Documents d'information de l'Assemblée Nationale, 1998, p. 30.

[1669] *Cf.* dans ce sens Bernard STIRN, pour qui « le droit administratif présente des caractéristiques qui justifient un juge particulier, surtout à une époque où la complexité du droit impose des spécialisations », *cf.* « Quelques réflexions sur le dualisme juridictionnel », *Justices* 1996, n° 3, p. 41, spéc., p. 42.

décisions rendues par la même autorité à l'encontre des non-professionnels[1670]. En matière de concurrence, la haute juridiction administrative garde toujours une marge d'intervention en la matière puisqu'elle est compétente pour connaître des recours dirigés contre les décisions rendues concernant les concentrations économiques[1671]. Mieux encore, ses décisions rendues dans cette matière attestent d'une « analyse économique rigoureuse, pertinente [qui a pu mettre] en exergue des questions et des concepts microéconomiques fondamentaux »[1672].

902. La vérité est que le juge administratif, au titre de sa fonction consultative, n'est jamais coupé des réalités économiques, et son rôle dans l'encadrement de l'économie est indéniable. C'est dans cet esprit que s'inscrit, par exemple, l'Avis de la section des finances du 21 décembre 2000 qui a jeté les jalons de la réforme de la loi organique relative aux lois de finances[1673]. De plus, de larges pans de la sphère économique sont régis par des règles de droit public, c'est le cas du droit financier et fiscal.

903. Certes, on entend beaucoup plus parler du juge administratif en matière de régulation économique après l'apparition des AAIRE mais, comme le rappelle Bernard STIRN, en réalité, la concurrence est « une idée tout à fait traditionnelle en droit administratif » où elle « est apparue »[1674]. Une idée qui s'est illustrée dans les exigences anciennes du Code des marchés publics et les principes d'égalité et de la liberté du commerce et de l'industrie. Certains ont même soutenu que l'économie est devenue un « patrimoine juridique commun »[1675].

[1670] *Cf.* les art. L.621-30 et R.621-45 du C. mon. fin.

[1671] L'art. L.464-8 du C. com. énumère les catégories de décisions de l'ADLC susceptibles de faire l'objet d'un recours devant la cour d'appel de Paris, mais sans évoquer celles prises en application du Titre III relatif aux concentrations économiques. Aussi, nous pouvons déduire que c'est le Conseil d'État qui en est subsidiairement compétent, étant donné que l'ADLC fait partie des autorités de régulation dont les décisions sont soumises, par l'art. R.311-1, 4° du CJA, au contrôle du Conseil d'État qui rend à ce propos des décisions en premier et dernier ressort.

[1672] M. BAZEX et B. THIRY, note sous CE, sect., 9 avr. 1999, n° 201853, *Sté The Coca-Cola Compagny*, JurisData:1999-050088, *AJDA* 1999, p. 616. *Cf.* également : M. COLLET, *ibid.*, p. 313.

[1673] CE, ass., gén. sect. fin., Avis, 21 déc. 2000, n° 365546, « Réforme de la loi organique relative aux lois de finances », cité dans Conseil d'État, Rapport public de 2001, *Réflexions générales sur les autorités administratives indépendantes*, préc., p. 210.

[1674] B. STIRN, « L'idée de concurrence dans le contentieux administratif : la pluralité des sources », Travaux de l'Atelier de la concurrence *Le juge administratif et le droit de la concurrence* du 29 mars 2000, disponible sur : www.minefe.gouv.fr/fonds-documentaires/dgccrf/02_actualité/ateliers_concu/juge.htm. *Cf.* également dans le même sens : Ch. BRÉCHON-MOULÈNES, « La place du juge administratif dans le contentieux économique public », *AJDA* 2000, p. 679.

[1675] J. CAILLOSSE, « Le droit administratif français saisi par la concurrence ? », *AJDA* 2000, p. 100.

B. Limites de la procédure du procès administratif

904. Pour une partie de la doctrine, les arguments qui peuvent justifier le transfert de compétence sont à rechercher dans la procédure du procès administratif. Le juge judiciaire n'a bénéficié du droit de regard sur une partie du contentieux administratif qu'en raison de l'inefficacité du procès administratif, due aux règles régissant ce dernier. Yves GAUDEMET a bien résumé les griefs retenus : « complexité extrême du contentieux, multiplication des procédures particulières avec chacune des règles spécifiques, encombrement des tribunaux et lenteur, insuffisance des procédures d'urgence [...], ineffectivité des décisions prononcées, complexité et mobilité des règles répartitrices de compétences à l'intérieur de la juridiction administrative »[1676]. Pour ces raisons, parmi d'autres, « le juge judiciaire [apparaît] mieux armé pour statuer sur les litiges touchant à la vie des entreprises »[1677].

905. En réalité, les arguments avancés ne peuvent expliquer et justifier les opérations de transfert, tout simplement parce que les éléments qui ont servi de base à la critique ne sont pas propres au procès administratif, puisqu'ils sont valables également dans le cas du procès judiciaire. De plus, les reproches avancés rongent le contentieux administratif dans sa totalité et non seulement en matière de régulation économique. Par ailleurs, certains voient même en la procédure administrative contentieuse le moyen qui peut satisfaire l'efficacité recherchée en matière économique, en raison de « la large recevabilité des recours, le caractère inquisitoire de la procédure, les conclusions explicatives du commissaire du gouvernement »[1678].

906. S'agissant de la lenteur des procédures, il faut quand même rappeler que les décisions administratives sont immédiatement exécutoires, et de leur côté, les recours, en principe, ne sont pas suspensifs. En outre, les décisions rendues par le Conseil d'État, dans le cadre du contrôle du pouvoir répressif des AAIRE, le sont en premier et dernier ressort, ce qui représente au plan de la célérité un avantage considérable. Il faut avouer encore que le juge judiciaire ne brille pas non plus à ce sujet, puisque la lenteur de la procédure juridictionnelle, sans distinction, est l'un des éléments phares qui ont servi de justificatif pour la création des AAIRE et leur empiétement sur la compétence du pouvoir judiciaire.

907. Concernant la question de l'insuffisance des procédures d'urgence et de l'ineffectivité des décisions des juridictions administratives, il est clair que la célérité est primordiale dans la sphère économique et que le contentieux économique exige une réactivité immédiate du juge, car il y va même de la survie de l'entreprise et de l'équilibre du marché. Il est également vrai que les juridictions administratives présentaient un réel déficit sur ce point, mais,

---

1676 Y. GAUDEMET, « Monde économique et justice administrative : la mesure d'une critique », *Justices* 1995, n° 1, p. 51.

1677 J. CHEVALLIER, « Les autorités administratives indépendantes et la régulation des marchés », *Justices* 1995, n° 1, p. 81, spéc., p. 88.

1678 Ch. BRÉCHON-MOULÈNES, *ibid.*

depuis, plusieurs réformes ont été initiées dans le sens de remédier à ces carences. C'est le cas de la loi n° 95-125 du 8 février 1995, relative à l'organisation des juridictions et à la procédure civile, pénale et administrative[1679], et de la loi n° 2000-597 du 30 juin 2000, relative au référé devant les juridictions administratives[1680]. Malgré ce processus de réformes, cela n'a pas empêché pour autant des transferts de compétence antérieurs, ce qui prouve que les reproches cités ci-dessus ne peuvent à eux seuls justifier ces opérations de transfert.

C. L'impartialité du juge administratif

908. Écarter la compétence du juge administratif au profit du juge judiciaire a été aussi justifié par la proximité du premier avec l'administration. En effet, pour certains le juge administratif est souvent associé aux privilèges accordés à l'administration. Autrement dit, en raison de son action au service de l'intérêt général, ce juge est considéré pendant longtemps comme l'allié de l'administration, d'où le risque de partialité lorsqu'il est amené à arbitrer des litiges dont l'administration fait partie. De ce fait, le juge judiciaire, qu'on dit beaucoup plus proche des particuliers, est apparu le seul à même de faire face à l'administration. De la sorte, « ''au moins'' les justiciables compteront sur un tiers impartial, susceptible d'arbitrer leur litige avec un État trop prompt à s'affranchir de la légalité, à la faveur d'une ''concupiscence'' irrépressible »[1681].

L'assimilation de l'État et de l'administration au juge administratif a été, par exemple, l'un des arguments phares présentés pour justifier le transfert de compétence en matière de droit de la concurrence. C'est ce qui ressort des propos de Jacques THYRAUD, rapporteur du premier projet de droit de la concurrence, qui affirmait que « si un ministre abandonne les prérogatives administratives et presque régaliennes qui étaient les siennes au profit d'une instance collégiale [...] parce qu'il y avait trop d'État dans la vie des affaires, ce n'est pas pour introduire l'État dans le contentieux de la concurrence »[1682]. De son côté, Alain LAMASSOURE, rapporteur devant l'Assemblée Nationale de la seconde proposition de loi, indiquait que « tirant toutes les conséquences du désengagement de l'État, elle transférerait le contentieux du Conseil de la

---

[1679] *JORF* du 9 févr. 1995.

[1680] *JORF* du 1er juill. 2000.

[1681] M. COLLET, *Le contrôle juridictionnel des actes des autorités administratives indépendantes*, *op. cit.*, pp. 325 et s. La Section du rapport et des études du Conseil d'État, elle-même, relève que « la première justification, à savoir offrir à l'opinion une garantie renforcée d'impartialité des interventions de l'État, est probablement la raison la plus importante et en tout cas le motif transversal de la création de l'essentiel des autorités administratives indépendantes. Elle est née d'une méfiance à l'égard du pouvoir politique et du pouvoir administratif », *cf.* Conseil d'État, Rapport public de 2001, *Réflexions générales sur les autorités administratives indépendantes*, préc., p. 275.

[1682] Rapport THYRRAUD, Sénat, n° 137, 1e S.O, 1986-1987, séance du 20 déc. 1986, *JORF*, Débats Sénat, 21 déc. 1986, p. 6475.

concurrence du Conseil d'État à la juridiction judiciaire [et qu'ainsi] la justice déléguée achèverait de remplacer la justice retenue »[1683].

909. Certains auteurs ont puisé leurs arguments dans la position du juge administratif à l'encontre du droit de l'Union Européenne. Ainsi, à leurs yeux la proximité du Conseil d'État avec l'administration et l'État en général l'a rendu réticent et hésitant dans l'application du droit de l'Union Européenne. En effet, parce que ce dernier est défavorable à l'État et à ses entreprises publiques, le juge administratif est enclin à ne pas l'appliquer. Pour Christian BOLZE, par exemple, le transfert du contentieux du Conseil de la concurrence au juge judiciaire est justifié par le fait que le Conseil d'État est moins porté que la Cour de cassation à s'inspirer du droit de l'Union Européenne en matière de concurrence[1684].

910. Même s'il y a une grande part de vérité dans cet argumentaire, il ne peut suffire à lui seul pour justifier les opérations de transfert, à défaut d'expliquer le choix du transfert. En effet, comme on l'a vu, le Conseil d'État reste compétent pour connaître d'une partie du contentieux des AAIRE concernées par le transfert, en l'occurrence l'AMF et l'ADLC. Donc pour quelles raisons l'application des règles européennes serait-elle plus urgente dans les domaines transférés que dans les autres ? Si on avait voulu faciliter l'application du droit de l'Union européenne, on aurait dû procéder à un transfert de toute la matière. La même observation vaut pour toutes les autres autorités de régulation où le Conseil d'État garde sa compétence de principe. Il est ainsi incompréhensible que les pouvoirs publics aient procédé à ce transfert de compétence juridictionnelle pour cause d'impartialité du juge administratif et de la volonté de voir le droit de l'Union européenne appliqué, au moment où ce même juge garde sa compétence de principe pour contrôler les AAIRE.

911. Le doyen Georges VEDEL, quant à lui, préfère distinguer entre impartialité et neutralité du juge administratif et fait prévaloir son apport dans l'amélioration de la place des administrés faisant face à la puissance publique. En effet, pour lui « Par contraste avec la timidité des juges ordinaires [...], le CE de plus en plus sûr de lui et de sa pérennité est devenu entre la puissance publique et les citoyens, un arbitre certes non neutre mais impartial et finalement au service des droits de l'homme »[1685].

En outre, pour reprendre Marie-Anne FRISON ROCHE et Roland DRAGO, « on ne peut adresser au juge des remontrances contradictoires : soutenir qu'il n'est pas légitime car, trop proche de ce sur quoi il statue, il perd

---

1683 Rapport LAMASSOURE, A.N, n° 690, 2e S.O, 1986-1987, 1e S., 28 avr. 1986, *JORF*, Débats A.N, 29 avr. 1987, p. 671.

1684 Ch. BOLZE, « Le transfert du contentieux des décisions du conseil de la concurrence à la cour d'appel de Paris », *D.* 1988, chron. p. 169, spéc., p. 171.

1685 Discours du doyen Georges Vedel, à la Sorbonne, en 1999, à l'occasion du bicentenaire du CE. Cité dans H. MOUANNES, « Le Conseil d'État et la notion d'impartialité ou la variable équation », VIème Congrès des Constitutionnalistes, Montpellier, 9, 10 et 11 juin 2005, disponible sur :
http://www.droitconstitutionnel.org/congresmtp/textes7/MOUANNES.pdf.

son impartialité et rend en conséquence des jugements déviés par l'objet, et affirmer dans le même temps qu'il n'est pas adéquat car trop éloigné de l'objet, il ne le comprend pas et prend en conséquence de mauvaises décisions »[1686].

912. Enfin, n'oublions pas que c'est au juge administratif que revient le plus grand mérite d'avoir réalisé la soumission de l'administration au droit, et si on estime réellement que ce dernier est incapable de garder son impartialité, il faudrait envisager de le dessaisir complètement du contentieux lié à la matière économique, pour faire du juge judiciaire le seul juge compétent.

Paragraphe 2. L'idée d'une compétence naturelle du juge judiciaire

913. Le transfert de compétence au juge judiciaire est encore justifié par le fait qu'il s'agit d'une compétence qui reviendrait par « nature » au juge judiciaire. Pour les adeptes de cette conception, il faudrait dépasser tant la nature des AAIRE que celle de leurs décisions, et se concentrer sur la nature du droit applicable (**A**), ou celle de l'objet même du contentieux (**B**). En d'autres termes, comme le résume assez bien Nathalie LAVAL MADER, « le juge judiciaire serait le juge naturel des litiges n'opposant que des conflits privés et se terminant par des sanctions pécuniaires infligées à une personne privée [...]. Les activités de ces organismes [les AAI], en outre, s'exercent dans le droit des sociétés, le droit commercial, le droit financier et boursier »[1687].

A. Le critère du droit applicable

914. Aux côtés de la précédente présentation dont les arguments, pour justifier l'opération de transfert de compétence, sont axés sur le juge administratif, une autre frange de la doctrine s'est basée, quant à elle, sur le critère du droit applicable. Pour les partisans de cette seconde présentation, dans la relation entre la compétence et le fond, c'est la première qui dépend du second. À ce propos, Charles EISENMANN trouve que « la question du droit applicable est première, celle de la compétence juridictionnelle est seconde. Telle est la pensée des juges, la base de leurs actes »[1688]. Un avis non partagé par plusieurs juristes pour qui « la distinction du droit public et du droit privé

[1686] R. DRAGO et M.-A. FRISON-ROCHE, « Mystères et mirages des dualités des ordres de juridictions et de la justice administrative », in *Le privé et public*, *APD*, t. 41, Sirey, 1997, p. 135, spéc., p. 140.

[1687] N. LAVAL MADER, *La compétence du juge judiciaire en matière administrative par détermination de la loi*, Thèse, Université de Toulouse, 1994, pp. 140 et 141.

[1688] Ch. EISENMANN, « Le rapport entre la compétence juridictionnelle et le droit applicable en droit administratif français », *in Droit comparé, Théorie générale du droit et droit privé*, t. 2, Mél., J. MAURY, Paris, Dalloz, 1960, p. 379, spéc., p. 401.

[…] tient aujourd'hui à titre principal à la dualité de juridictions, et non l'inverse »[1689].

915. Pour rappel la *summa divisio juris* entre droit public et droit privé a donné lieu à des débats doctrinaux continus et toujours pas achevés. Il ressort de la majorité de ces réflexions que cette distinction, qui trahit la réalité du droit positif, est purement artificielle ayant un but idéologique[1690]. Exposant sa réflexion sur ce but idéologique, Michel JEANTIN parle des « nécessités de l'organisation économique [qui] conduisent le législateur à multiplier les techniques de droit public intervenant dans des matières de droit privé », mais sans omettre de souligner le « phénomène inverse de privatisation du droit public qui tend à soumettre les activités d'intérêt général à des mécanismes de droit privé »[1691]. Cette position est pertinente d'autant plus qu'avec l'avènement du droit de la régulation économique, conjugué aux exigences du droit de l'Union Européenne qui est indifférent à la distinction entreprise privée et entreprise publique[1692], et compte tenu également de l'interprétation de la CEDH, l'on assiste à un mouvement d'unification des règles du procès, contribuant de la sorte à l'effacement des frontières entre les deux branches de droit[1693]. En effet, le droit de la régulation économique, qui s'affranchit de la distinction traditionnelle entre droit public et droit privé, est considéré comme un « entre-deux du droit de la concurrence et du droit public »[1694], dont le but, outre la construction, la surveillance et le maintien d'un équilibre dans le marché[1695], est de rapprocher l'État de la société civile. C'est cet objectif, entre autres, qui est à l'origine de la création et la prolifération des AAIRE[1696].

Par ailleurs, même en dehors du droit de la régulation économique, l'interpénétration entre ces deux branches a été relevée de longue date déjà. Inutile de s'attarder ici sur les différents exemples où le juge administratif a eu recours au « droit privé »[1697] et le juge judiciaire au « droit public »[1698]. Enfin,

---

1689 R. DRAGO et M.-A. FRISON-ROCHE, *ibid.*, p. 137.

1690 *Cf.* dans ce sens : J. CAILLOSSE, « Droit public-droit privé : sens et portée d'un partage académique », *AJDA* 1996, p. 955 ; F.-X. TESTU, « La distinction du droit public et du droit privé est-elle idéologique ? », *D.* 1998, p. 345.

1691 Cité dans F.-X. TESTU, *ibid.*

1692 *Cf.* dans ce sens : A. WINCKLER, « Public et privé : l'absence de préjugés », *in Le privé et le public*, *APD* 1997, t. 41, pp. 301 et s.

1693 *Cf.* dans ce sens : M.-A. FRISON-ROCHE, « Le droit de la régulation », art. cit., p. 610 ; L. RICHER, « Les recours contre les décisions administratives devant le juge judiciaire (aperçu de droit administratif judiciaire) », *CJEG* 1990, chron. pp. 367 et s.

1694 M.-A. FRISON-ROCHE, *ibid.*, p. 611.

1695 *Ibid.*, p. 610 ; « Étude dressant un bilan des autorités administratives indépendantes », préc., p. 23, spéc., n° 1.1.5.

1696 C. TEITGEN-COLLY, « Autorités administratives indépendantes », art. cit., p. 67.

1697 *Cf.* par exemple, les multiples cas proposés par Jean WALINE dans *Recherches sur l'application du droit privé par le juge administratif*, Thèse, Paris, 1962 ; ou encore par Benoît PLESSIX dans *L'utilisation du droit civil dans l'élaboration du droit administratif*, Thèse, Université de Paris II, 2001.

pour reprendre encore une fois Michel JEANTIN, la distinction entre droit public et droit privé est le fruit « d'un moment historique de l'évolution du droit et de la société »[1699]. Donc avec l'évolution de la société et de ses besoins, une remise en cause d'une telle classification est tout à fait possible et légitime[1700]. De plus, nous le verrons, cette *summa divisio juris* est même remise en cause par les failles de la dualité des juridictions.

916. En somme, avancer le droit applicable pour justifier le transfert de compétence au juge judiciaire n'est pas vraiment convaincant, étant donné la difficulté de distinguer au préalable entre la sphère du droit privé et celle du droit public. Plus encore, même au niveau du juge judiciaire, ce sont les règles du droit public qui sont applicables, notamment en matière de responsabilité. D'ailleurs, la cour d'appel de Paris, qui a bénéficié de l'opération de transfert de compétence, se prononce sur un contentieux purement administratif, ce qui lui a valu d'être considérée par certains comme étant une juridiction administrative[1701].

B. Le critère de la nature de la matière objet du contentieux

917. Pour certains auteurs, les AAIRE interviennent dans des domaines recouvrant des matières privées, donc suivant le principe de la séparation des pouvoirs et l'article 66 de la Constitution, c'est de la compétence du juge judiciaire que doit relever ce genre de matière.

918. Dans sa définition de « la décision administrative de droit privé », Jean LAMARQUE considère que ce type de décision se singularise par son « objet de droit privé [tandis que] formellement, elle se présente comme un acte unilatéral de droit public »[1702]. Ainsi, suivant cette idée les décisions des AAIRE, même si formellement elles donnent l'impression d'être des actes administratifs qui relèveraient de ce fait de la compétence du juge administratif, doivent relever au vu de leur objet du contrôle du juge judiciaire. C'est l'argument qu'on trouve avancé par les parlementaires à l'origine du transfert, « Le recours devant la juridiction civile est plus adapté à la réalité de

---

1698 *Cf.* A. VAN LANG, *Juge judiciaire et droit administratif*, Paris, LGDJ, 1996 ; R. DRAGO, « Le juge judiciaire, juge administratif », in *La dualité de juridictions en France et à l'étranger*, *op. cit.*, p. 757, spéc., p. 761.

1699 Cité dans J. CAILLOSSE, « Droit public-droit privé : sens et portée d'un partage académique », art. cit., p. 956.

1700 *Cf.* dans ce sens : R. CHAPUS, « Dualité de juridictions et unité de l'ordre juridique », in *La dualité de juridictions en France et à l'étranger*, *op. cit.*, p. 739, spéc. pp. 741 et s.

1701 P. DELVOLVÉ, « La Cour d'appel de Paris, juridiction administrative », in *Études offertes à J.-M. AUBY*, Paris, Dalloz, 1992, pp. 47 et s. ; « La nature des recours devant la Cour d'appel de Paris contre les actes des autorités boursières », *op. cit.*, pp. 499 et s. ; J.-J. ISRAËL, « Contentieux administratif et contentieux de la concurrence », *in Droit administratif*, Mél., R. CHAPUS, *op. cit.*, pp. 315 et s.

1702 J. LAMARQUE, « La décision administrative de droit privé », in *Problèmes du droit public contemporain*, Mél., M. STASSINOPOULOS, *op. cit.*, p. 301. *Cf.* aussi : J. PINI, « Les décisions administratives de droit privé, contribution à l'étude de la notion d'acte administratif », *RRJ* 1993, n° 3, p. 793.

la vie économique. D'abord, la juridiction civile est plus proche de la vie des entreprises, plus proche du quotidien de la micro-économie [...]. Ensuite, les principes tirés du droit administratif ne sont pas, me semble-t-il, les plus appropriés pour juger des situations qui mettent en cause des relations purement privées »[1703]. Alain LAMASSOURE, rapporteur du texte devant l'Assemblée Nationale, a défendu la même idée en soutenant que « traditionnellement, les tribunaux judiciaires sont les gardiens des libertés individuelles, de la propriété commerciale et de la propriété privée »[1704].

919. Une telle conception nous paraît peu convaincante. Tout d'abord, comme nous l'avons relevé précédemment, la notion d'objet privé est devenue insignifiante au vu de l'imprécision de la frontière entre le droit privé et le droit public. D'ailleurs, plusieurs décisions administratives ont pour objet de trancher des conflits entre personnes privées et interviennent dans des matières privées. À ce sujet, Laurent RICHER estime que « le seul ''critère'' de la décision administrative de droit privé paraît être la compétence judiciaire [...]. Cette compétence judiciaire ne repose pas sur des critères juridiques précis mais plutôt sur quelques idées générales qui ont inspiré le législateur ou le juge »[1705].

920. Ensuite, il faut dire que l'imbrication entre intervention publique et activités privées complique toute tentative d'isoler une matière privée d'une matière publique[1706]. L'on sait, en effet, que la sphère économique est beaucoup plus considérée comme une matière réglementaire que législative et, par ricochet, le rôle que devait jouer l'exécutif en la matière ne peut qu'être considérable. Cet état de fait s'est amplifié par les progrès techniques et économiques, qui ont accru la présence de l'État dans la sphère économique : appelé, entre autres, à arbitrer entre intérêts privés divergents. Les décisions prises en la matière n'ont aucune retombée juridique directe sur

---

1703 Propos de Michel d'ORNANO, initiateur du la proposition de loi, 1e S.O, 1986-1987, 2e S., 18 déc. 1986, *JORF*, Débats, A.N, 19 déc. 1986, p. 7816. Durant la même séance de débats parlementaires Georges CHAVANES, ministre délégué auprès du ministre de l'économie, a défendu « une volonté de cohérence [...] entre la véritable nature du contentieux de la concurrence et son juge naturel », dans la mesure où « Le juge judiciaire est manifestement le juge naturel de la vie des entreprises et cette matière est proche du droit commercial ». Pour lui « les pratiques restrictives de concurrence ou les comportements déloyaux mettent en jeu des conflits d'intérêts entre entreprises et partenaires économiques privés » (*cf.* p. 7815).

1704 Rapport LAMASSOURE, A.N, n° 690, 2e S.O, 1986-1987, 1e S., 28 avr. 1986, *JORF*, Débats A.N, 29 avr. 1987, p. 671 ; Rapport A.N, n° 573, 1er S.O, 1986-1987, 2e S., 18 déc. 1986, *JORF*, Débats, A.N, 19 déc. 1986, p. 7814. Dans le même sens, *cf.* B. STIRN, « Quelques réflexions sur le dualisme juridictionnel », art. cit., p. 41, spéc., p. 45, qui estime que les décisions du Conseil de la concurrence sont « imprégnées de droit commercial ».

1705 L. RICHER, « Les recours contre les décisions administratives devant le juge judiciaire (aperçu de droit administratif judiciaire) », art. cit., p. 370. Pour une conclusion similaire, tentant de dégager les « raisons de circonstance » qui ont pu guider les transferts législatifs : S. BRACQ, « Les causes des transferts législatifs de compétence en faveur du juge judiciaire », *LPA*, n° 251, 17 déc. 1999, p. 5.

1706 *Cf.* sur cette question : D. TRUCHET, « État et marché », in *Droit et marché, APD*, t. 40, 1996, p. 314.

l'administration, mais cela ne l'a pas empêché d'intervenir dans cette « matière privée ». C'est le cas pour certaines AAIRE qui sont habilitées à rendre des décisions « arbitrales » entre opérateurs privés. Ceci s'explique par le fait que le rôle de régulateur joué par l'État implique aussi ce genre de mission, car des litiges même entre opérateurs privés peuvent avoir des conséquences sur l'ordre public économique.

921. Par ailleurs, le dualisme juridictionnel ne cesse d'être remis en cause. Pour plusieurs auteurs, « l'argument de la spécialisation des juridictions n'est pas vraiment probant »[1707], et « le principe de dualité des ordres de juridictions est surtout délétère en ce qu'il appartient à l'ordre du fantasme »[1708]. Ces auteurs parlent d'une « pagaille organisationnelle »[1709] qui a brisé l'unicité réelle du marché[1710], et prônent la réunification des deux ordres de juridiction dans « un ordre unique de juridictions multipliées, composées de juges spécialisés »[1711].

922. La conception fondée sur la nature de la matière objet du contentieux est contrariée également par le fait que le juge administratif garde toujours le droit de regard sur certaines décisions prises dans les matières qui ont fait l'objet de transfert d'où l'étonnement quant au choix sélectif effectué. Enfin, s'il s'agit réellement de matières faisant partie par « nature » du ressort du juge judiciaire, pourquoi a-t-on reconnu au début la compétence du juge administratif ? Est-ce une bévue ? Il est difficile de répondre par l'affirmative, d'autant plus que ce genre de compétence a été reproduit quasiment pour toutes les AAIRE. Ce qui veut dire qu'il ne s'agit nullement d'une erreur de la part du législateur.

1707 X. PRETOT, « Réflexions sur la justice administrative », *D.* 1986, p. 271. *Cf.* sur la question : R. CHAPUS, « Dualité de juridictions et unité de l'ordre juridique », *op. cit.*, p. 739 ; G. BIGOT, *L'autorité judiciaire et le contentieux de l'administration : Vicissitudes d'une ambition, 1800-1872*, Thèse, Université de Rennes 1, 1997 ; P. DELVOLVÉ, « Paradoxes du (ou paradoxes sur le) principe de séparation des autorités administrative et judiciaire », *in Droit administratif*, Mél., R. CHAPUS, *op. cit.*, p. 135, spéc., p. 145 ; J. CHEVALLIER, « Du principe de séparation au principe de dualité », art. cit., p. 712 ; G. VEDEL, « La loi des 16-24 août 1790 : Texte ? Prétexte ? Contexte ? », art. cit., p. 698 ; J.-M. AUBY, « Dualité juridictionnelle et dualisme juridique », in *Le contrôle juridictionnel de l'administration*, Économica, 1991, pp. 103 et s.

1708 R. DRAGO et M.-A. FRISON-ROCHE, « Mystères et mirages des dualités des ordres de juridiction et de la justice administrative », art. cit., p. 146. Dans un sens opposé Bernard STIRN trouve que « devant les besoins d'aujourd'hui, la dualité des ordres de juridiction est un atout, presque une évidence », *ibid.*, p. 41.

1709 R. DRAGO et M.-A. FRISON-ROCHE, *ibid.*, p. 145.

1710 D. TRUCHET, *ibid.*, p. 314 et s ; « Plaidoyer pour une cause perdue : la fin du dualisme juridictionnel », *AJDA* 2005, p. 1767. *Cf.* également : M. BAZEX, « L'implosion du dualisme de juridictions », *Pouvoirs* 1988, n° 46, p. 350.

1711 J.-F. BURGELIN, « La justice. De l'autorité vers le pouvoir ? », *Revue des Deux Mondes*, janv. 1997, pp. 39 et s., spéc. p. 48. Dans le même sens, *cf.* R. DRAGO et M.-A. FRISON-ROCHE, *ibid.*, pp. 143 et 147.

Paragraphe 3. L'intérêt de la bonne administration de la justice

923. Après l'exposé des différentes conceptions doctrinales sur la justification de l'éclatement du contrôle juridictionnel exercé sur le contentieux des AAIRE, il est temps de voir les arguments « officiels » avancés sur la question. Pour le Conseil constitutionnel, c'est l'intérêt de *la bonne administration de la justice* qui justifie le transfert de compétence du Conseil d'État au juge judiciaire.

924. Le transfert de compétence ainsi effectué l'a-t-il été vraiment dans « l'intérêt de la bonne administration de la justice » ? Partant des difficultés et de la complexité des procédures de recours, pour les justiciables, il apparaît évident que cette notion a beaucoup plus servi d'argument pour les réformes qui touchent une organisation juridictionnelle jusque-là sacramentelle (**A**). En effet, contrairement à ce que laisse penser une telle expression, elle n'a nullement fait évoluer l'intérêt de la justice ni même celui des justiciables qui se retrouvent face à une véritable ''pagaille'' organisationnelle[1712] (**B**).

A. Un simple instrument de politique jurisprudentielle

925. Amené à se prononcer sur le principe de la séparation des autorités administratives et judiciaires, dans sa fameuse décision du 23 janvier 1987, le Conseil constitutionnel a estimé que « dans la mise en œuvre de ce principe, lorsque l'application d'une législation ou d'une réglementation spécifique pourrait engendrer des contestations contentieuses diverses qui se répartiraient entre la juridiction administrative et la juridiction judiciaire, il est loisible au législateur, dans l'intérêt d'une bonne administration de la justice, d'unifier les règles de compétence juridictionnelle au sein de l'ordre juridictionnel principalement intéressé »[1713] (souligné par nous).

Partant, pour le juge constitutionnel, le principe de la séparation des autorités administratives et judiciaires n'empêche pas le législateur de procéder à un réaménagement des règles de compétence juridictionnelle, et ce, dans l'intérêt d'une bonne administration de la justice. En l'espèce, le législateur a été autorisé à « unifier » les règles de compétence juridictionnelle au sein de l'ordre juridictionnel principalement intéressé, en l'occurrence l'ordre judiciaire. Autrement dit, pour éviter l'émiettement et le fractionnement d'un contentieux, dû à l'application d'un texte législatif ou réglementaire, ce qui est contraire à une bonne administration de la justice, la compétence du contentieux dans sa totalité doit être reconnue au seul ordre juridictionnel principalement intéressé.

926. Loin de la question de l'encadrement du pouvoir répressif des AAIRE et du transfert précité, la notion de bonne administration de la justice en elle-

---

[1712] R. DRAGO et M.-A. FRISON-ROCHE, *ibid.*, p. 145.

[1713] Cons. const., n° 86-224 DC du 23 janv. 1987, préc. *Cf.* également dans ce sens : Cons. const., n° 2002-461 DC du 29 août 2002, loi d'orientation et de programmation pour la justice, *Rec. Cons. const.* 2002, p. 204, *JORF* du 10 sept. 2002.

même est consacrée par le législateur. On la retrouve dans le premier Livre du Code de procédure civile, réservé à des dispositions communes à toutes les juridictions, notamment pour les cas d'évocation des situations de litispendance et de connexité, d'exécution des mesures d'instruction et des injonctions et disjonctions d'instances. Nous pouvons remarquer, à ce sujet, que législateur utilise tantôt l'expression la « bonne justice », tantôt « la bonne administration de la justice »[1714]. Certaines dispositions consacrant la notion sont contenues dans le Code de justice administrative. Il s'agit de dispositions prévues pour organiser le champ de compétence des juridictions relevant de cet ordre juridictionnel, en l'occurrence les Tribunaux administratifs, les cours administratives d'appel et le Conseil d'État[1715]. Il est intéressant de relever que c'est dans ce second Code que le législateur a consacré l'expression exacte de « bonne administration de la justice », dans le premier Code il lui a préféré celle de la « bonne justice » à l'exception de l'article 155-1.

927. Malgré le peu d'écrits consacrés à cette notion, il ressort des réflexions qui se sont intéressées à la question, qu'il faut distinguer un sens large d'un sens étroit[1716]. Pour reprendre Jacques ROBERT, au sens large, cette notion doit être considérée comme une « notion-ambition » qui englobe « l'ensemble des critères et conditions que doit remplir toute justice pour être bien administrée ». Tandis qu'au sens étroit, elle est une « notion-justification », et doit être comprise « comme un objectif à atteindre, comme une finalité que servirait l'emploi de moyens techniques appropriés »[1717]. Il semble que c'est cette seconde définition qui a motivé le Conseil constitutionnel à avaliser l'éclatement du contrôle juridictionnel entre juge administratif et juge judiciaire. Autrement dit, cette notion est utilisée comme un instrument de politique jurisprudentielle afin de justifier une dérogation à une règle bien établie, qui est celle de la séparation des autorités.

Pour revenir à Jacques ROBERT, la bonne administration de la justice « doit être comprise comme un objectif à atteindre, comme une finalité qui servirait l'emploi de moyens appropriés. Au nom de cette finalité, pourraient être tolérées un certain nombre d'entorses aux postulats et principes traditionnels », ainsi « des décisions dérogatoires ou exorbitantes seraient admises en vue de rendre plus aisés ou plus harmonieux l'organisation et le fonctionnement de la justice »[1718].

928. Toutefois, en pratique, la notion de la bonne administration de la justice est beaucoup plus utilisée comme un moyen pour faire accepter

---

[1714] *Cf.* les art. 89, 101, 155-1, 367 et 568 du CPC.

[1715] *Cf.* les art. L.311-1, L.321-1 et L.821-2 du CJA.

[1716] *Cf.* N. LAVAL MADER, « La bonne administration de la justice », *LPA*, n° 160, 12 août 1999, p. 12 ; J. ROBERT, « La bonne administration de la justice », *AJDA* 1995, p.117 ; J.-M. FAVRET, « La bonne administration de la justice administrative », *RFDA* 2004, p. 943 ; O. GABARDA, « L'intérêt d'une bonne administration de la justice », Étude de droit du contentieux administratif, *RDP* 2006, p. 153.

[1717] J. ROBERT, *ibid.*

[1718] *Ibid.*

des décisions dérogatoires ou exorbitantes et les entorses aux postulats et principes traditionnels, en particulier le principe de la séparation des autorités administratives et judiciaires. La notion de la bonne administration de la justice peut donc être considérée comme un objectif à atteindre dans la mesure où, en pratique, cet objectif n'a pas été atteint, pire encore, l'éclatement du contrôle juridictionnel a même rendu la justice inaccessible aux justiciables.

B. L'intérêt des justiciables loin de celui d'une bonne administration de la justice ?

929. L'analyse du contrôle juridictionnel exercé sur le pouvoir répressif des AAIRE nous révèle que l'aménagement des règles de répartition des compétences, entre les deux ordres de juridiction, est loin d'être dans l'intérêt des justiciables. En effet, il nous paraît antinomique de défendre l'intérêt d'une bonne administration de la justice au moment où on complexifie beaucoup plus cette justice pour ses destinataires. La justice n'est bonne que si elle est dans l'intérêt de ces derniers, or l'éclatement du contrôle, la multiplication de la procédure et son hétérogénéité criante ne sont pas faits pour simplifier et rapprocher la justice des citoyens. Nous pouvons même dire, à l'aune de ce constat, qu'elle n'est pas effective.

930. Dans son argumentaire pour légitimer le transfert de compétence à l'ordre juridictionnel principalement intéressé, le Conseil constitutionnel a avancé, sur la base de l'intérêt de la bonne administration de la justice, le souci d'éviter l'émiettement du contentieux. Quid alors du transfert de compétence qui a touché le contentieux de l'AMF ? En effet, nous l'avons vu, le législateur a adopté, concernant la procédure de recours juridictionnels contre les décisions de l'AMF, une nouvelle distinction fondée sur le critère *rationae personae* : le juge administratif est compétent pour connaître des recours visant les sanctions frappant des professionnels, le juge judiciaire lui connaît des recours visant les sanctions frappant les non-professionnels[1719]. On se demande vraiment si l'intérêt d'une bonne administration de la justice est de mise ici encore ? Si on suit le raisonnement du juge constitutionnel, développé lors de la décision de 1987, nous pouvons dire que le principe de la bonne administration de la justice n'a pas été respecté en l'espèce, puisqu'il y a émiettement du contentieux. Peut-être qu'il existe une certaine logique juridique, dans une telle démarche, mais partager un même contentieux entre les deux ordres de juridictions tout en parlant de l'intérêt d'une bonne administration de la justice nous paraît incompréhensible et difficile à accepter.

La bonne administration de la justice est-elle à ce point si différente de l'intérêt des justiciables ? Comme le soulignent Henri et Léon MAZEAUD et André TUNC « il est proprement scandaleux que la répartition des compétences entre les deux ordres de juridictions soit si changeante et si

---

[1719] Art. L. 621-30 et R.621-45 du C. mon. fin.

obscure, qu'en contrepartie de satisfactions intellectuelles qu'elle procure à un petit nombre d'initiés, elle reste incertaine à la plupart de ceux qui, comme juges et avocats, doivent appliquer le droit et que le nombre des litiges qu'elle suscite ne fasse que s'accroître »[1720].

À notre sens, la notion de la bonne administration de la justice est abusivement utilisée, pour justifier une certaine orientation de la politique gouvernementale. Ce qui importe pour les justiciables en pratique, loin des théories juridiques et autres règles techniques, est de bénéficier d'une justice qui leur soit accessible et compréhensible.

SECTION 2. LE CONTRÔLE JURIDICTIONNEL FRAGILISÉ PAR LA DISPARITÉ PROCÉDURALE

931. L'étude des textes institutifs des AAIRE ainsi que de la jurisprudence rendue en la matière, nous révèle que le juge constitue un véritable rempart pour les administrés au vu de l'importance des pouvoirs qu'il détient à l'encontre des décisions contrôlées. Néanmoins, ce contrôle juridictionnel se singularise également, outre son éclatement, par la spécificité de sa procédure et l'importance de sa portée. En effet, tant en matière de contentieux de la légalité (**Sous-section 1**) qu'en matière de responsabilité (**Sous-section 2**), partant des textes régissant ce contrôle, il apparaît clairement que la procédure contentieuse de ces autorités de régulation est disparate et dans des cas originale. C'est pour cette raison que plusieurs voix se sont élevées pour réclamer un code de procédure commun à toutes ces autorités..

SOUS-SECTION 1. DANS LE CONTENTIEUX DE LA LÉGALITÉ

932. Dans le cadre du contentieux de la légalité, le législateur fait appel certes à plusieurs règles procédurales de droit commun, toutefois leur application diffère non seulement de ce dernier mais également d'une autorité à une autre. Plus encore, dans certains cas, il est question même de règles spécifiques et originales à la matière économique (**Paragraphe 1**).

Sur le fond, le législateur a été très explicite quant à la nature du recours exercé contre les décisions répressives des AAIRE, en exigeant qu'il soit de plein contentieux, un fait qui contrarie les limites techniques qu'on a reprochées au pouvoir judiciaire pour justifier le transfert du pouvoir répressif à ces organismes (**Paragraphe 2**).

[1720] H. MAZEAUD et L. et A. TUNC, *Traité théorique et pratique de la responsabilité délictuelle et contractuelle,* t. 1, 6ème éd., Paris, Montchrestien, 1965, p. 489.

Paragraphe 1. Les règles de procédure, entre spécificité et disparité

933. Il est frappant de constater à quel point la procédure contentieuse des AAIRE est disparate et dérogatoire. En effet, prenant sûrement en compte la mission et la nature de ces autorités, le législateur a adopté certaines règles de procédure différentes de celles de droit commun. Si nous pouvons comprendre, dans une certaine mesure, la spécificité de ces règles, par contre il est incompréhensible qu'elles soient disparates. Cette remarque a d'ailleurs été relevée dans quasiment toutes les études consacrées à ces autorités, et leurs auteurs ont plaidé pour la consécration d'un code commun à cette procédure contentieuse[1721].

La spécificité de cette procédure est perceptible dans trois points : la personnalité contentieuse des AAIRE (**A**), la question du recours suspensif (**B**) et enfin, celle des délais (**C**).

A. La personnalité contentieuse des AAIRE

934. Les AAIRE n'ont pas de personnalité morale. Par conséquent, elles sont en principe privées des attributs de la personnalité morale. Sans cette personnalité morale, elles n'ont donc pas de personnalité contentieuse leur permettant d'ester ou de se défendre en justice (**1**). Toutefois, l'on assiste ces dernières années à la création de « mégas » autorités de régulation, qualifiées d'Autorités Publiques Indépendantes et chargées de la régulation de plusieurs secteurs économiques à la fois, auxquelles le législateur n'a pas hésité à reconnaître une personnalité morale, ce qui leur permet de jouir d'une personnalité contentieuse (**2**).

1. Personnalité morale et capacité juridique

935. En principe, c'est l'attribution d'une personnalité morale qui permet de doter une institution d'une capacité d'ester en justice. Dans la mesure où les AAIRE en sont dépourvues, normalement c'est à l'État de représenter ces autorités devant la justice. En effet, ces autorités demeurent des services de l'État ; sans personnalité distincte, elles agissent en son nom et pour son compte, notamment par la voie d'actes administratifs unilatéraux engageant celui-ci[1722]. Même s'il s'agit de nouvelles institutions dans l'architecture institutionnelle leur mission rentre dans le cadre général des activités de contrôle administratif classique ; leur mission de régulation n'est autre qu'un cumul des missions de l'administration traditionnelle, et l'absence d'une personnalité juridique fait qu'elles sont soumises au même régime qu'elle.

[1721] *Cf.* « Étude dressant un bilan des autorités administratives indépendantes », préc., p. 35 ; Recommandation n° 17 du Rapport d'information sur les AAIRE de R. DOSIÈRE et Ch. VANNESTE, Rapport d'information sur les AAI, t. I, préc., p. 123.

[1722] Dans ce sens, *cf.* J. CHEVALLIER, « Réflexions sur l'institution des autorités administratives indépendantes », art. cit., n° 12.

Néanmoins, le législateur a fini par leur reconnaître le droit d'ester et de se défendre devant le juge.

936. Avant que le législateur ne leur reconnaisse une personnalité contentieuse, il existait une différence d'approche entre les juges administratif et judiciaire sur la question. Selon ce dernier, la capacité juridique des AAIRE est liée soit à l'existence d'une personnalité morale, soit à une reconnaissance résultant d'un texte spécial. En effet, se prononçant sur la recevabilité d'un pourvoi formé par l'ancienne COB, la Cour de cassation a estimé qu'« attendu que la Commission des opérations de bourse n'a pas de personnalité juridique ; que, par ailleurs, aucun texte particulier ne l'autorise à se pourvoir en cassation d'un arrêt de la cour d'appel de Paris [...] qu'elle-même étant ainsi dépourvue de capacité, le pourvoi qu'elle a formé est nul »[1723]. Pour le juge judiciaire, en l'absence d'une personnalité morale la capacité juridique de ces autorités peut résulter d'une fiction juridique posée par un texte[1724].

Malgré son hostilité à la reconnaissance d'une personnalité juridique aux AAI[1725], le juge administratif a jeté les jalons d'un régime contentieux unifié de ces autorités dans une décision du 5 novembre 1993 relative encore une fois à l'ancienne COB[1726]. Ainsi, contre l'avis de son commissaire du gouvernement, le Conseil d'État a reconnu à cette autorité une personnalité contentieuse, basée sur une conception réaliste en relation avec sa nature et ses prérogatives, lui permettant d'agir en justice, sans qu'il soit exigé que le

---

[1723] Cass. com., 26 oct. 1993, n° 91-16.575, *Consorts Rezzonico et autres*, Bull. civ. 1993, IV, n° 352, p. 254, JurisData:1993-002165, *D.* 1994, p. 237, note N. DECOOPMAN. *Cf.* également : Cass. com., 15 mars 1994, n° 91-18.076, *Mme Escher*, *Bull. civ.* 1994, IV, n° 107, p. 82, JurisData:1994-000484 : « Attendu que la Commission des opérations de bourse n'a pas de personnalité juridique ; que par ailleurs, aucun texte ne l'autorise à défendre dans une instance tendant à l'annulation de ses décisions et à l'indemnisation des conséquences dommageables de celles-ci ; qu'il s'ensuit que le pourvoi formé par Mme Escher n'est pas recevable en ce qu'il est dirigé contre cette Commission. », *cf. D.* 1995, p. 195, note I. BON-GARCIN, *Bull. Joly Bourse* 1994, p. 269, note T. BONNEAU ; Cass. com., 5 mars 1996, n° 94-11.616, *Lezeau et Association des épargnants victimes de la COB*, *Bull. civ.* 1996, IV, n° 71, p. 57, JurisData:1996-000770, *LPA*, n° 48, 19 avr. 1996, p. 15, note C. DUCOULOUX-FAVARD.

[1724] Dans ce sens, *cf.* C. CHAUVET, « La personnalité contentieuse des autorités administratives indépendantes », *RDP* 2007, p. 379. Sur la théorie de la fiction, *cf.* L. MICHOUD et L. TROTABAS, *Théorie de la personnalité morale et son application au droit français,* 3ème éd., 2 Vol. Paris, LGDJ, 1932 ; R. SALEILLES, *De la personnalité juridique, histoire et théorie*, 2ème éd., Paris, Rousseau, 1922 ; F.C. VON SAVIGNY, *Traité de droit romain*, t, 2, trad., Ch. GUENOUX, 2ème éd., Paris, FIRMIN DIDOT Frères, 1860, pp. 223 et s.; Ch. AUBRY et Ch. RAU, *Cours de droit civil français*, t. 1, 5ème éd., 1897, p. 268 ; G. CORNU, *Droit civil. Introdution, Les personnes, Les biens,* 12ème éd., Paris, Montchrestien, Coll., « Domat Droit privé », 2005, p. 353.

[1725] Selon les rédacteurs du Rapport de 2001 « l'expérience n'a pas démontré que l'absence de personnalité morale distincte de l'État était un obstacle au bon fonctionnement d'une autorité de régulation », *cf.* Conseil d'État, Rapport public de 2001, *Réflexions générales sur les autorités administratives indépendantes*, préc., p. 379.

[1726] CE, 5 nov. 1993, n° 143973, *COB*, *Rec. CE* 1993, tables, p. 944, JurisData:1993-046373. *Cf.* sur ce point : M. DEGOFFE, « Les autorités publiques indépendantes », *AJDA* 2008, p. 622 ; C. CHAUVET, *ibid.*, p. 382.

ministre s'approprie sa requête[1727]. Cette reconnaissance n'est pas liée seulement au fait que ces autorités soient indépendantes, car il existe des organes administratifs considérés comme indépendants sans pour autant qu'ils bénéficient d'une personnalité contentieuse[1728] ; nous pouvons considérer que le juge administratif a sûrement pris en considération la notion d'AAI dans son ensemble (nature, mission et prérogatives). Pour certains, la conception du Conseil d'État est « basée sur une méthode de réalité institutionnelle et peut-être faudrait-il en arriver à un système de réalité fonctionnelle, s'intéressant plus à la manière de prendre l'acte qu'à l'institution qui l'a pris »[1729].

937. S'inspirant sûrement de la position du Conseil d'État, le législateur a consenti aux AAIRE une faculté leur permettant d'être représentées *directement* devant les juridictions. Aussi, et contrairement aux autres services de l'État, ces autorités ont reçu un traitement spécial dans la mesure où, sans bénéficier d'une personnalité morale, leurs présidents ont reçu la qualité pour agir devant toute juridiction. Désormais, ces autorités peuvent former des recours juridictionnels et déposer des conclusions en demande comme en défense, et ce, en leur nom.

C'est le cas de l'ACPR, de l'ARCEP et de l'ARJEL dont les présidents ont la « qualité pour agir devant toute juridiction » pour « l'accomplissement des missions qui [leur] sont confiées »[1730]. Le Code de commerce reprend une disposition proche, concernant l'ADLC, en reconnaissant à son président la qualité de la représenter « en justice et dans tous les actes de la vie civile. Dans ce cadre, il signe les actes et pièces au nom de l'Autorité. Le président de l'Autorité de la concurrence a qualité pour agir en demande et en défense et présenter des observations devant toute juridiction au nom de cette Autorité »[1731]. En matière d'énergie, outre le président de la CRE, une telle qualité est également reconnue au président du comité de règlement des différends et des sanctions qui peut agir en justice au nom du comité[1732].

Reconnaître une telle qualité au président d'une instance dépourvue d'une personnalité morale, ne devrait pas nous étonner, de la part d'un législateur qui a donné naissance aux AAIRE elles-mêmes. En revanche, ce qui pourrait nous

---

[1727] Il faut dire qu'avec une telle position le Conseil d'État est allé plus loin que ce qui est prévu par certains textes : l'ord. n° 67-833 du 28 sept. 1967 avait reconnu au président de la COB la qualité d'agir devant toute juridiction, mais au nom de l'État.

[1728] TA Marseille, 1er mars 1995, *Sté SEMICA et Commune de La Ciotat*, *RFDA* 1996, p. 136, concl. G. FERULLA. Le ministre rompt ici avec une habitude contraire consistant à ne pas défendre les actes d'une Chambre régionale des comptes qui ne se trouve pas sous son pouvoir hiérarchique, *cf.* TA Strasbourg, 4 juill. 1985, *Commissaire de la République de la Moselle c/ Président du conseil général de la Moselle*, *AJDA* 1985, p. 728. *Cf.* aussi à ce propos : CE, 10 janv. 1986, n° 70253, *Chambre régionale des comptes d'Île-de-France*, *Rec. CE* 1986, p. 6, JurisData:1986-040004, *AJDA* 1986, p. 187, obs. J. MOREAU, *RFDA* 1986, p. 396, concl. M. ROUX.

[1729] C. CHAUVET, *ibid.*, p. 383.

[1730] *Cf.* respectivement, l'art. L.612-16-I et II, du C. mon. fin., ; l'art. L.134 du CPCE (ARCEP) ; l'art. 37-IV de la loi n° 2010-476, préc., (ARJEL).

[1731] Art. R.461-1 du C. com.

[1732] *Cf.* l'art. L.132-1, al. 3 du C. énergie (CRE).

interpeller et le fait que le législateur ait agi de la sorte seulement au profit du comité de règlement des différends et des sanctions de la CRE. Pourquoi, n'a-t-il pas reconnu une telle qualité à tous les présidents des instances répressives des autres AAIRE ? Par ailleurs, dans la mesure où la tendance actuelle et vers la distinction au sein de ces autorités entre les organes chargés des poursuites et de l'instruction et ceux chargés du jugement, il aurait été préférable, voire indispensable, de permettre aux présidents des instances répressives d'agir en justice. Il y va même de la crédibilité de ces instances et du respect du principe d'impartialité.

938. L'étude approfondie des textes régissant les AAIRE sur ce point précis nous révèle que le législateur leur a reconnu en réalité une sorte de personnalité contentieuse fonctionnelle. En effet, excepté l'ADLC, qui semble bénéficier d'une personnalité contentieuse générale et pleine, le reste des AAIRE n'ont bénéficié d'une capacité juridique que pour « l'accomplissement des missions » qui leur sont confiées. Toutefois, en pratique, le juge administratif est allé plus loin que ce que les textes ont prévu, dans la mesure où il a reconnu à ces autorités une capacité d'agir en justice même à l'occasion de contentieux nés en dehors de leur mission de régulation[1733]. En somme, sans être titulaires d'une personnalité substantielle, elles bénéficient d'une personnalité processuelle[1734]. Pour cette raison, certains ne voient pas l'utilité de doter ces nouvelles autorités de régulation d'une personnalité morale[1735].

2. L'exception avec les Autorités Publiques Indépendantes

939. À l'occasion de la loi n° 2003-706 du 1er août 2003, relative à la sécurité financière, le législateur a franchi un grand pas au sujet de la notion d'AAI. En effet, c'est lors de l'édiction de ce texte qu'il a reconnu la personnalité morale à deux AAIRE, qu'il qualifia d'« ***Autorités Publiques***

1733 *Cf.* par exemple, dans le cadre d'un contentieux portant sur la taxe d'habitation : CAA Paris, 1er déc. 1998, n° 96PA04594, *Commission des opérations de Bourse*, *RDF* 1999, p. 1285, concl. M. MARTEL. Confirmée implicitement par : CE, ass., 23 févr. 2001, n° 204425, *Commission des opérations de Bourse*, JurisData:2001-062333, *RDF* 2001, p. 836, concl. G. BACHELIER. *Cf.* sur ce point : C. CHAUVET, *ibid.*, p. 382.

1734 *Cf.* sur cette notion : E. SAVAUX, « La personnalité morale en procédure civile », *RTD civ.* 1995 p. 1.

1735 Les rédacteurs du Rapport parlementaire sur les AAI de 2006 ont estimé que « La capacité d'agir en justice attachée à la personnalité morale n'apparaît pas comme un avantage suffisant pour que le législateur entende en doter la majorité des AAI. En effet, plusieurs autorités administratives indépendantes sont d'ores et déjà pourvues, en ce domaine, de prérogatives importantes dont l'étendue ne serait guère modifiée par l'attribution de la personnalité morale », *cf.* P. GÉLARD, Rapport de l'OPEL sur les AAI, 2006, t. I, préc., p. 66. Une position qui s'inspire notamment des conclusions de Marie-Anne FRISON-ROCHE qui relève que « la souveraineté du législateur lui permet de donner à des autorités administratives indépendantes des prérogatives juridiques « comme si » elles étaient des personnes juridiques [c'est-à-dire des sujets de droit dotés de droits et d'obligations] sans pour autant leur conférer cette personnalité », *cf.* « Étude dressant un bilan des autorités administratives indépendantes », préc., p. 58.

Indépendantes ». Il s'agit, en l'occurrence, de l'AMF et de la Commission de contrôle des assurances, des mutuelles et des institutions de prévoyance (CCAMIP) devenue l'ACAM.

Instituée en 2009, l'ARAF, devenue l'ARAFER, est également qualifiée par le législateur d'Autorité Publique Indépendante[1736]. En 2004, la CRE avait bénéficié d'une personnalité morale, sans que la loi ne la qualifie pour autant d'API[1737], avant qu'elle ne lui soit retirée six mois après par l'article 103 de la loi n° 2005-781 du 13 juillet 2005[1738]. Après la création de l'ACPR, qui a "absorbé" entre autres l'ACAM, des AAIRE il ne restait que l'AMF et l'ARAFER qui bénéficiaient de ce statut[1739], avant que le CSA ne troque sa qualité d'AAI pour celle d'API en 2013[1740].

Le bénéfice d'une personnalité morale permettra à l'AMF et l'ARAFER de jouir d'une personnalité contentieuse et ainsi agir en justice *au nom de l'autorité*[1741]. Ce qui n'est pas le cas du CSA dont le président agit devant toute juridiction *au nom de l'État*[1742], et ce, malgré la personnalité morale dont le Conseil est doté.

940. Force est de reconnaître que la création des *API* constitue une véritable innovation en droit public français en général, et en matière d'AAI en particulier, dans la mesure où on fait face à une nouvelle catégorie de personnes publiques, en l'occurrence des autorités publiques mais « indépendantes »[1743]. De même, il est intéressant de s'interroger pour quelle raison le législateur n'a pas élargi le statut d'API aux autres AAIRE, notamment l'ADLC et l'ARCEP, pour ne citer que celles-ci, qui sont aussi

---

1736 *Cf.* l'ancien art. L. 2131-1 (devenu L1261-1) du C. transports.

1737 Selon l'art. 117 de la loi n° 2004-1485 du 30 déc. 2004 de finances rectificative pour 2004 (*JORF* n° 304 du 31 déc. 2004), la Commission « dispose de la personnalité morale et de l'autonomie financière ».

1738 Loi de programme fixant les orientations de la politique énergétique, *JORF* n° 163 du 14 juill. 2005.

1739 Pour rappel, en plus de ces deux autorités, il existe en droit français cinq (5) autres API, qui ne font pas l'objet de notre étude. Il s'agit de la Haute autorité de santé (HAS), de l'Agence française de lutte contre le dopage (AFLD) ; de la Haute autorité pour la diffusion des œuvres et la protection des droits sur internet (HADOPI) ; du Haut conseil du commissariat aux comptes (H3C) et du Médiateur national de l'énergie.

1740 *Cf.* la nouvelle version de l'art. 3-1 de la loi n° 86-1067 du 30 sept. 1986, préc., issue des modifications de la loi n° 2013-1028 du 15 nov. 2013, relative à l'indépendance de l'audiovisuel public, *JORF* n° 0266 du 16 déc. 2013, p. 18622. Désormais, l'art. 2 de la loi n° 2017-55 du 20 janv. 2017, préc., reconnaît la personnalité morale à toutes les API.

1741 *Cf.* l'art. L.621-2- II du C. mon. fin. et l'art. L1261-11 du C. transports.

1742 *Cf.* l'art. 20 de la loi n° 86-1067, préc.

1743 *Cf.* sur le sujet : J.-M. PONTIER, « La personnalité publique, notion anisotrope », *RFDA* 2007, p. 979 ; L. RICHER, « Les personnes publiques innommées », in *La personnalité publique*, Actes du colloque organisé les 14 et 15 juin 2007 par l'A.F.D.A., Paris, Litec, Coll., « Colloques et débats », 2007, p. 133 ; D. LINOTTE et G. SIMONIN, « L'autorité des marchés financiers, prototype de la réforme de l'État ? », *AJDA* 2004, 143 ; D. TRUCHET, « Avons-nous encore besoin du droit administratif ? », *in Le droit administratif Permanences et convergences*, Mél., J.-F. LACHAUME, Paris, LGDJ, 2007, p. 1039 ; M. DEGOFFE, « Les autorités publiques indépendantes », art. préc.

importantes que l'AMF, l'ARAFER et le CSA, voire du HAS et de l'AFLD. Les arguments avancés pour justifier l'octroi de ce statut à ces dernières : à savoir, affirmer et renforcer leur indépendance[1744] et leur autonomie financière[1745], sont également valables et souhaitables dans le cas des autres AAIRE.

Par ailleurs, bien avant l'apparition de cette notion, le défaut d'une personnalité morale n'a pas empêché la COB de posséder une capacité juridique et une autonomie financière, donc à quoi bon recourir à la notion d'API qui ne fait qu'encombrer de plus le droit administratif français ? En effet, la notion d'AAI n'a pas encore trouvé une véritable assise dans le système juridique français qu'apparaît celle d'API qui elle aussi modifie d'une manière plus remarquée l'architecture institutionnelle.

B. La question du recours suspensif

941. Il est bien admis qu'en matière pénale l'ensemble des voies de recours exercées à l'encontre d'une décision ont un effet suspensif[1746]. En revanche, en droit administratif, la règle est l'effet non suspensif des recours formés contre les décisions administratives. Bénéficiant de la présomption de légalité et du privilège du préalable, les décisions administratives, notamment les sanctions administratives, sont exécutoires immédiatement sans que l'administration ne soit obligée de recourir préalablement au juge. Une exécution qui est valable même lorsque les décisions font l'objet d'un recours en annulation. Cependant, vu les risques que peut constituer une telle

---

[1744] Se prononçant sur l'apport du statut d'API sur l'indépendance des AAIRE, Marie-Anne FRISON-ROCHE trouve qu'« il n'est pas techniquement acquis qu'il faille cette personnalité pour que les autorités administratives indépendantes soient effectivement indépendantes et qu'il n'y a pas d'urgence technique à leur attribuer cette personnalité, mais il peut y avoir urgence symbolique si le législateur veut expliciter sa volonté politique de soutenir l'indépendance la plus grande possible des AAI », *cf.* « Étude dressant un bilan des autorités administratives indépendantes », préc., p. 60. De plus, on ne peut réellement parler d'une véritable indépendance dans la mesure où l'AMF, par exemple, est structurellement placée sous la tutelle du pouvoir exécutif ; c'est le ministre de l'économie qui nomme ses membres, choisit son président et homologue son règlement général, en plus de la désignation d'un commissaire du gouvernement au sein de cette autorité. *Cf.* M.-L. COQUELET, « Brèves remarques à propos d'une fusion attendue : la création de l'autorité des marchés financiers », *LPA*, n° 228, 14 nov. 2003, p. 6.

[1745] Martine LOMBARD estime, à propos de la question de l'autonomie financière que procurerait ce statut, que « nul ne met en doute, par exemple, l'indépendance des juridictions financières ou administratives en France, alors même qu'elles ne sont pas dotées de telles ressources propres. Nul ne songerait a fortiori à revendiquer à leur bénéfice l'attribution de la personnalité morale pour consolider une indépendance fortement ancrée par ailleurs dans nos institutions », *cf.* « Brèves remarques sur la personnalité morale des institutions de régulation », *RJEP/CJEG.*, n° 619, avr. 2005, p. 128.

[1746] La suspension s'applique au recours intenté, lui-même, mais aussi au délai prévu pour l'exercer, *cf.* les art. 489 et 545 du CPP (concernant l'opposition); les art. 506 CPP (concernant l'appel) ; les art. 569 CPP (concernant le pourvoi en cassation). Cependant, sans rentrer dans les détails, il faut savoir que l'exécution immédiate est prévue dans certains cas exceptionnels.

procédure par rapport aux administrés dans les cas où la décision répressive viendrait à être annulée par le juge, il a été reconnu à l'administré le droit de demander un sursis à exécution et au juge de l'accorder lorsqu'un nombre de conditions sont réunies. Ce dernier doit être convaincu que l'acte entraînerait, sans conteste, une modification dans la situation de droit ou de fait telle qu'elle existait antérieurement, que le préjudicie est irréparable ou difficilement réparable et enfin que les motifs invoqués sont sérieux[1747].

942. Avant l'adoption de la loi du 30 juin 2000[1748], en plus du fait que le sursis constituait une option exceptionnelle, il était quasiment impossible de l'obtenir lorsqu'il s'agissait de décisions portant sur des sanctions pécuniaires. Le Conseil d'État considérait que le préjudice financier ne présentait pas les caractères d'un préjudice difficilement réparable[1749]. Une telle conception de la notion du sursis en matière de sanctions administratives paraît contredire la logique du droit répressif où le sursis est considéré comme un contrepoids indispensable au pouvoir de sanction[1750]. Le Conseil constitutionnel le considère même comme une condition *sine qua non* à la licéité du pouvoir répressif administratif : « le droit pour le justiciable [...] de demander et d'obtenir, le cas échéant, un sursis exécution de la décision attaquée constitue une garantie essentielle des droits de la défense »[1751]. C'est dans cette logique que s'inscrit également la démarche du législateur qui, conscient de la nécessité d'assouplir l'obtention du sursis en matière de répression, est intervenu par le biais des lois du 6 juillet 1987[1752] et du 30 juin 2000 pour réformer les procédures de référé devant la cour d'appel de Paris et les juridictions administratives.

943. Pour mieux cerner le sujet du sursis à exécution, nous étudierons respectivement la suspension des décisions répressives des AAIRE par le juge judiciaire (**1**), et ensuite par le juge administratif (**2**).

1. Le recours suspensif devant le juge judiciaire

944. Le législateur semble avoir assoupli les conditions d'octroi du sursis à exécution dans le cadre du contentieux administratif ayant fait l'objet d'un

---

[1747] J.-F. LACHAUME, *Les grandes décisions de la jurisprudence. Droit administratif*, Paris, PUF, Coll., « Thémis », 1983, p. 244.

[1748] Loi n° 2000-597 du 30 juin 2000, relative au référé devant les juridictions administratives, *JORF* n° 151 du 1er juill. 2000.

[1749] *Cf.* en ce sens : CE, 28 avr. 1978, *Sieur Alata et Société des Editeurs du Seuil*, n° 05494, *Rec. CE* 1978, p. 192, *AJDA* 1978, p. 398. Dans un sens contraire, *cf.* CE, 6 juin 1986, n° 72720, *Epoux Merigot*, JurisData:1986-044053, *RFDA* 1986, p. 794.

[1750] S. TSIKLITIRAS, « Le statut constitutionnel du sursis à exécution devant le juge administratif », *RDP* 1992, p. 679, spéc., p. 693.

[1751] Cons. const., n° 86-224 DC du 23 janv. 1987, préc., 22ème consid. Le juge constitutionnel a toujours vérifié dans ces décisions l'existence d'un sursis, *cf.* par exemple : Cons. const., nos : 88-248 DC du 17 janv. 1989, préc. ; n° 92-307 DC du 25 févr. 1992, préc.

[1752] Loi n° 87-499 du 6 juill. 1987, transférant le contentieux des décisions du Conseil de la concurrence à la juridiction judiciaire, *JORF* du 7 juill. 1987.

transfert au juge judiciaire. Selon l'article L.464-7 du Code de commerce, le premier président de la cour d'appel de Paris peut ordonner qu'il soit sursis à l'exécution d'une décision de l'ADLC, « si celle-ci est susceptible d'entraîner des conséquences manifestement excessives ou s'il est intervenu, postérieurement à sa notification, des faits nouveaux d'une exceptionnelle gravité ». Ainsi, est-il possible de soutenir qu'au vu des limites de la procédure du sursis à exécution prévue en droit administratif, avant sa réforme en juin 2000, le législateur a préféré retenir une procédure inspirée de l'article 524 du Code de procédure civile[1753] ; le sursis est accordé lorsque la décision attaquée est susceptible d'entraîner des conséquences manifestement excessives, sans qu'il soit nécessaire que le préjudice soit irréparable. C'est la même condition qui est encore retenue concernant les décisions individuelles de l'AMF, touchant les non-professionnels, qui relèvent de la compétence du juge judiciaire[1754]. Après avoir énoncé le principe du privilège de l'exécutoire des

---

[1753] Celui-ci dispose que « lorsque l'exécution provisoire a été ordonnée, elle ne peut être arrêtée, en cas d'appel, que par le premier président statuant en référé et dans les cas suivants : 1° Si elle est interdite par la loi ; 2° Si elle risque d'entraîner des conséquences manifestement excessives ». Le Rapport des débats parlementaires sur le projet de loi transférant le contentieux des décisions du Conseil de la concurrence au juge judiciaire, nous révèle que dans sa mouture initiale le projet de loi était prédominé par les règles de la procédure administrative. Ainsi, par exemple, deux conditions de fond devaient être remplies pour que le sursis soit accordé : « d'une part que la décision attaquée, en cas d'exécution, soit susceptible d'entraîner des conséquences difficilement réparables ; d'autre part que les moyens énoncés dans la requête apparaissent sérieux et de nature à justifier l'annulation de la décision attaquée », *cf.* Rapport LAMASSOURE, A.N, n° 690, 2e S.O, 1986-1987, 1e S., 28 avr. 1986, *JORF*, Débats A.N, 29 avr. 1987, p. 672. Pour Jean ARTHUIS, secrétaire d'Etat, la transposition des règles de la procédure administrative en tant que critères d'appréciation du sursis par le Président de la cour d'appel de Paris est « malvenue parce qu'il serait pour le moins paradoxal, au moment où l'on s'applique à réintégrer ce contentieux dans le droit commun judiciaire, de greffer sur une procédure civile, un mécanisme de contentieux administratif. Il n'est donc pas souhaitable, dans l'intérêt de la cohérence, que précisément nous recherchons, de contraindre le juge judiciaire à se prononcer en fonction de références et de normes qui lui sont étrangères ». Avant d'ajouter que « pour sauvegarder l'équilibre réalisé par le contentieux administratif entre efficacité de l'action administrative et droits de la défense, il est nécessaire, s'agissant des conditions de fond qui gouvernent l'octroi du sursis à exécution, de recourir aux règles de droit commun de la procédure civile, notamment celles prévues à l'article 524 du nouveau Code de procédure civile. D'abord, parce que ce sont les règles que le juge civil connaît et applique. Ensuite, parce que greffer un mécanisme de contentieux administratif sur une procédure civile peut avoir des conséquences non mesurables actuellement. Il n'est d'ailleurs pas souhaitable, dans l'intérêt d'une bonne administration de la justice, d'utiliser un mécanisme étranger au judiciaire, spécificité qui se surajoute à l'originalité du mécanisme retenu pour le contrôle des décisions du Conseil de la concurrence », *cf.* Compte rendu intégral, 2e S.O, 1986-1987, 1e S., 25 juin 1987, *JORF*, Débats A.N, du 26 juin 1987, p. 3156.

[1754] D'après le Rapport des débats parlementaires ayant précédé le vote de la loi du 1er août 2003, relative à la sécurité financière, la procédure du sursis à exécution des décisions du Conseil de la concurrence a été la référence, *cf.* F. GOULARD, Rapport sur le projet de loi de sécurité financière, Fait au nom de la Commission des finances, de l'économie générale et du plan, A.N, n° 807, enregistré le 10 avr. 2003, 2ème partie, t. I, p. 118. Déjà bien avant ce texte, cette procédure est évoquée lors du vote de la loi n° 89-531 du 2 août 1989, relative à la sécurité et à la transparence du marché financier, qui a reconnu un pouvoir de sanction à la COB. Selon

décisions de cette autorité, le premier alinéa de l'article L.621-30 du Code monétaire et financier a reconnu au juge la faculté de prononcer un sursis à exécution lorsqu'elles sont susceptibles d'entraîner « des conséquences manifestement excessives ».

945. Même si le législateur a opté pour une procédure plus souple inspirée de l'article 524 du Code de procédure civile, et même si la seule condition exigée pour le prononcé du sursis est l'existence de « conséquences manifestement excessives » causées par la décision contestée, en pratique l'interprétation de ce caractère reste assez sévère. En matière de sanctions pécuniaires, par exemple, un sursis au paiement d'une sanction pécuniaire n'est prononcé qu'exceptionnellement[1755]. Le sursis n'est accordé, dans de tels cas de figure, que dans l'hypothèse où son paiement met en péril l'existence de la personne morale condamnée (dépôt de bilan)[1756], ou place la personne physique sanctionnée dans une situation de surendettement[1757]. Plus encore, étant donné que le juge du sursis n'est pas habilité à apprécier au fond la légalité de la sanction infligée[1758], et qu'il appartient exclusivement au juge du fond de déterminer la juste application du principe de la proportionnalité des

---

Gérard GOUZES, député rapporteur, « compte tenu des nouveaux pouvoirs attribués à la Commission des opérations de bourse, nous proposons que joue un dispositif analogue régissant le Conseil de la concurrence, le Conseil des bourses de valeurs, le Conseil des marchés à terme », *cf.* Compte rendu intégral, 2e S.O, 1988-1989, 2e S., 18 avr. 1989, *JORF*, Débats A.N, du 19 avr. 1989, p. 268.

[1755] CA Paris, 27 mai 1997, *Sté Multigestion*, JurisData:1997-021129. En l'espèce, la COB a infligé une sanction pécuniaire de 7.500.000 F. Or si elle était intégralement recouvrée, elle aurait pour effet d'absorber la totalité des fonds propres de la société sanctionnée, ce qui risquerait d'entraîner le retrait de son agrément à moins que l'actionnaire majoritaire ne s'engage à recapitaliser celle-ci. Dès lors, la modification profonde de la situation financière de la société requérante est de nature à entraîner pour celle-ci des conséquences manifestement excessives. Pour y remédier, il y a lieu de prononcer le sursis à hauteur de 4.000.000 F et l'exécution de la sanction devant être faite à hauteur de 3.500.000 F. *Cf.* également : CA Paris, 12 janv. 1989, *GIE Internougat*, *Gaz. Pal.*, 22 juin 1989, obs. J.-P. MARCHI ; CA Paris, ord., 26 juin 1996, n° 789/96, *Sté Entreprise Industrielle c/ Ministre de l'économie*, JurisData:1996-021687, *BOCCRF*, 20 août 1996, p. 407 ; CA Paris, ord., 26 juin 1996, n° 818/96, *Entreprise CHAIGNAUD c/ Ministre de l'économie*, JurisData:1996-021688).

[1756] CA Paris, 25 juill. 2008, n° 08/13658, *Sté Etablissement A. MATHE, S.A*, JurisData:2008-369816 ; CA Paris, 23 sept. 2008, *SAS PLYSOROL*, JurisData:2008-373487 ; CA Paris, 1er oct. 2008, *SAS Etablissement ALLIN*, JurisData:2008-373488.

[1757] *Cf.* Cass. com., 15 juin 1999, n° 97-13.669, *Oury*, inédit, JurisData:1999-002563 ; CA Paris, 6 avr. 1990, *Gaz. Pal.*, 1990, Juris., p. 412, note J.-P. MARCHI ; CA Paris, 24 févr. 1993, *Sté ELF Antar*, JurisData:1993-021843 ; CA Paris, ord., 28 sept. 1993, n° 1087/93, *Haddad c/Agent judiciaire du trésor*, JurisData:1993-024288 ; CA Paris, ord., 24 sept 1996, *R. Lesage c/COB*, n°1335/96, JurisData:1996-022381.

[1758] CA Paris, ord., 12 févr. 1997, *D.* 1998, somm. p. 63, obs. I. BON-GARCIN ; CA Paris, ord., 19 nov. 1997, *Bull. Joly Bourse* 1997, p. 256, note N. RONTCHEVSKY ; CA Paris, ord., 16 déc. 1997, Banque et droit, sept.-oct. 1998, p. 29, note H. DE VAUPLANE, *JCP E* 1998, 1403, note G. DECOCQ ; CA Paris, ord., 16 janv. 2002, nos COBSAE2001/3, 2000/4, 2001/5, 2001/6, *Mouilleron et autres c/ COB,* JurisData:2002-173521, *Bull. Joly Bourse* 2002, pp. 191 et s., note T. GRANIER ; CA Paris, ord., 19 avr. 2005, n° 05/07263, *M.*, JurisData:2005-269347, *Banque et Droit*, juill.-août 2005, p. 50, note J.-J. DAIGRE et H. DE VAUPLANE.

sanctions, c'est à l'intéressé qu'incombe la charge de démontrer le caractère excessif de l'exécution de la décision[1759], notamment, en produisant des documents comptables ou financiers permettant d'apprécier l'incidence des condamnations financières sur sa situation patrimoniale.

946. À vrai dire, la santé financière d'un agent économique pourrait être affectée non seulement du fait des sanctions pécuniaires, mais également à cause des autres sanctions qui peuvent paraître à première vue de ''moindre importance'' tels la suspension, l'avertissement ou même la publicité faite aux sanctions. L'atteinte au crédit et à la réputation de l'entreprise dans le marché pourrait avoir des conséquences non négligeables sur sa situation financière et ses relations commerciales. C'est pour cette raison qu'il arrive au juge d'accorder un sursis à exécution des décisions ordonnant la publication de la sanction[1760]. Toutefois, le juge refuse de généraliser le sursis à exécution en la matière, en estimant que « l'invocation du caractère irréversible d'une telle mesure en cas d'infirmation de la décision du conseil ne peut justifier le différé de son exécution, sauf à vider de sens le principe posé par l'article 15 de l'ordonnance du 1er décembre 1986 concernant le caractère non suspensif du recours »[1761]. Pour faire face à d'éventuelles conséquences excessives, dans une telle hypothèse, le juge peut autoriser l'accompagnement de la publication d'une mention expresse indiquant qu'un recours a été formé[1762].

2. Le recours suspensif devant le juge administratif

947. L'étude des textes régissant les différentes AAIRE nous révèle que le législateur n'a pas retenu une position uniforme et homogène à propos du sursis à exécution des décisions répressives de ces autorités, dont le contentieux relève de la compétence du juge administratif. Sa position vacille entre silence, renvois à la procédure de droit commun, refus de reconnaître

---

1759 CA Paris, ord., 5 oct. 2004, n° 04/15103, *Sté STAL*, préc. ; CA Paris, 19 avr. 2005, préc.

1760 Le discrédit inhérent à la publication d'une sanction dont une personne est frappée doit être significatif, car il est apprécié au regard de la bonne information des acteurs et du public des marchés financiers. En effet, la cour d'appel de Paris considère que le risque pour une personne sanctionnée de voir entacher son crédit et sa réputation, ne peut faire obstacle à la nécessaire information des « autres personnes intéressées », des marchés et des investisseurs, *cf.* CA Paris, ord., 4 nov. 1994, n° 1290/94, *Fournier*, JurisData:1994-024554, *LPA*, n° 77, 28 juin 1995, p. 26, note C. DUCOULOUX-FAVARD. Les requérants doivent donc démontrer et expliciter le dommage effectivement subi car le caractère manifestement excessif des mesures de publication est examiné en fonction de l'affaire particulière en cause et non d'une manière générale.

1761 CA Paris, 22 sept. 2004, n° 04/14608, 04/14881, *Sté Mayenne Viandes*, JurisData:2004-249338 ; CA Paris, ord., 24 févr. 1995, n° 108/95, *Fédération française de ski*, JurisData:1995-020803 ; CA Paris, 4 nov. 1994, *Fournier*, préc.

1762 CA Paris, ord., 24 sept 1996, *R. Lesage*, préc. ; CA Paris, 27 mai 1997, *Sté Multigestion*, JurisData:1997-021129. Étant donné le risque de discrédit que fait courir la publication d'une sanction sur des personnes qui peuvent être en réalité « innocentes », il a été proposé de rendre anonyme ce type de publication, *cf.* N. RONTCHEVSKY, obs. sur CA Paris, ord., 16 sept. 1999, *Sté X c/ COB*, JurisData:1999-109121, *RTD com.* 2000, p. 148. *cf.* la position de la Cour de cassation à ce sujet, *supra*, pp. 436 et s., en plus de notre développement, *supra*, p. 364.

l'effet suspensif et enfin recours à un régime dérogatoire consistant en une application d'office du sursis à exécution.

948. Si l'on prend, par exemple, le domaine des communications, tout en rappelant que les décisions de la formation restreinte de l'ARCEP peuvent faire l'objet d'une demande de suspension, le législateur nous renvoie directement à l'article L.521-1 du Code de justice administrative quant aux formalités de cette demande[1763]. Dans le cas des décisions répressives de la CRE, le législateur a prévu qu'elles « peuvent faire l'objet [...] d'une demande de sursis à exécution devant le Conseil d'État »[1764], sans aucune autre précision quant à la procédure à suivre, ce qui revient à dire que c'est celle de droit commun qui s'appliquerait en la matière.

Aussi bizarre que cela puisse paraître, en matière de transport ferroviaire, le législateur a retenu le caractère suspensif du recours, à l'encontre des décisions répressives de l'ARAFER, mais seulement dans l'hypothèse des sanctions pécuniaires[1765]. Pourquoi distingue-t-il entre ces dernières et l'« interdiction temporaire d'accès à tout ou partie du réseau ferroviaire pour une durée n'excédant pas un an »[1766], dont le recours est exclu du bénéfice de l'effet suspensif ? Est-ce sur la base du critère de la gravité de la sanction ? Ce serait fort étonnant, dans la mesure où une telle démarche n'a pas été renouvelée pour les autres AAIRE, malgré la gravité de leurs sanctions pécuniaires. C'est le cas de l'AMF, de l'ACPR, de l'ARJEL et du CSA où le législateur est resté muet sur la question. Exceptionnellement, il a prévu, dans le cas de cette dernière autorité, que les recours formés contre les décisions de retrait d'autorisation prononcées sans mise en demeure, ont un effet suspensif[1767].

Nous pouvons déduire de ce qui précède que, mis à part les exceptions citées, c'est la procédure de droit commun qui devrait s'appliquer. Cette solution est d'ailleurs confirmée par le juge constitutionnel qui a estimé, en abordant la question des recours à l'encontre des sanctions du CSA, qu'en plus du sursis à exécution prévu en cas de retrait de l'autorisation, « dans les autres cas, le sursis à l'exécution de la décision attaquée peut être demandé en

---

[1763] Art. 5-3-V du CPCE.

[1764] Art. L.134-34, al. 2 du C. énergie. Avant l'abrogation de l'art. 40 de la loi n° 2000-108 du 10 févr. 2000, relative à la modernisation et au développement du service public de l'électricité, le législateur avait retenu d'une manière dérogatoire une suspension automatique dans le cas où le recours de pleine juridiction concerne des sanctions pécuniaires, *cf.* l'ancienne version de l'art. 40, al. 7.

[1765] *Cf.* art. L1264-10, al. 7 du C. transports.

[1766] Pour rappel, aux termes de l'art. L1264-9 du C. transports, l'ARAFER peut prononcer, en fonction de la gravité du manquement, soit une interdiction temporaire d'accès à tout ou partie du réseau ferroviaire pour une durée n'excédant pas un an, soit une sanction pécuniaire.

[1767] « sauf lorsque le retrait est motivé par une atteinte à l'ordre public, à la sécurité ou à la santé publiques », art. 42-9 de la loi n° 86-1067 du 30 sept. 1986, préc. En revanche, les sanctions prononcées aux termes de l'art. 42-15, dans le cadre de son rôle d'arbitrage, peuvent faire l'objet d'un recours de pleine juridiction qui a un effet suspensif.

application de l'article 48 de l'ordonnance n° 45-1078 du 31 juillet 1945 et du décret n° 63-766 du 30 juillet 1963 »[1768].

949. À la lumière de cet exposé, on ne peut s'empêcher de s'interroger sur le régime dérogatoire retenu par le législateur concernant le sursis à exécution de plein droit de certaines décisions répressives de l'ARAFER et, dans certains cas, du CSA. Sur quelle base le législateur a-t-il prévu la suspension d'office de certaines décisions, tout en laissant d'autres, pas moins importantes, au pouvoir discrétionnaire du juge ? En principe, ce n'est pas le critère de la nature des sanctions qui est pris en considération dans cette distinction, dans la mesure où ce régime dérogatoire est prévu simultanément dans le cas de sanctions pécuniaires (ARAFER) et des retraits d'autorisations sans mises en demeure (CSA). Comme on l'a noté un peu plus haut, ce n'est pas non plus le critère de la gravité des sanctions qui est à l'origine d'une telle démarche, car les sanctions pécuniaires de certaines d'entre elles, telles que l'AMF et l'ADLC, sont plus importantes que celles de l'ARAFER et ne bénéficient pas pour autant d'un sursis à exécution de plein droit. De plus, qu'on le veuille ou non, et même si, à première vue, les sanctions pécuniaires et le retrait d'autorisation sans mise en demeure apparaissent plus graves que les autres sanctions administratives, les sanctions administratives non-pécuniaires peuvent engendrer le même préjudice que les sanctions pécuniaires.

950. Lorsqu'on parle des règles de droit commun, on vise bien évidemment le Code de justice administrative, et plus précisément son article L.521-1[1769] relatif à la procédure dite du « référé-suspension » instituée par la réforme du 30 juin 2000[1770]. Cette procédure qui constitue sans conteste l'innovation majeure de ce texte, remplace la procédure du sursis à exécution et modifie sensiblement les conditions du bénéfice de cette procédure dans le but de faciliter l'obtention d'une suspension. En effet, aux termes de la disposition précitée, il apparaît qu'à l'exigence d'un « moyen sérieux de nature à justifier l'annulation de la décision » et d'un « risque de préjudice difficilement réparable », succédèrent deux conditions : l'urgence et la présentation d'un moyen propre à créer « un doute sérieux » quant à la légalité de la décision. Ainsi, contrairement à l'ancienne procédure qui exige, partant de l'interprétation du « moyen sérieux », l'établissement quasi certain de

---

[1768] Cons. const., n° 88-248 DC, préc., 30ème consid.

[1769] Le Conseil d'État appliquait déjà la procédure de droit commun aux autorités ayant précédé l'AMF (COB et CMF), *cf.* CE, 27 juin 2003, n° 257403, *Sté Ethys*, préc. ; CE, 24 janv. 2002, n° 240717, *Hannoun*, préc. Le recours au CJA est confirmé à maintes reprises par la haute juridiction administrative : CE, réf., 11 févr. 2005, n° 276376, *O. Barre*, JurisData:2005-068232. Pour plus de détails sur ce point, *cf.* M. LOMBARD, « Référé-suspension et autorités de régulation », *Dr. adm.*, n° 8, août 2005, comm. p. 35 ; CE, réf., 12 mai 2005, n° 279011, *Zerbib*, JurisData:2005-068586.

[1770] *Cf.* loi n° 2000-597 du 30 juin 2000, relative au référé devant les juridictions administratives, *JORF* n° 151 du 1er juill. 2000, p. 9948.

l'illégalité, ce qui l'a rendue très restrictive, le juge du référé doit se contenter d'un « doute sérieux »[1771].

951. Ainsi, même si le législateur a prévu un cas de suspension automatique (sanctions pécuniaires de l'ARAFER), tout en assouplissant la procédure de son octroi dans le cadre du Code de justice administrative, il apparaît toutefois que tous ces aménagements ne sont qu'un trompe-l'œil, et ce, pour deux raisons. D'une part, la condition d'urgence est laissée à l'appréciation souveraine du juge, qui détient « une très grande liberté quant à l'appréciation concrète des diverses données du dossier et du poids respectif des intérêts en présence »[1772]. Ainsi, considérée comme factuelle, le pouvoir du juge de l'apprécier *in concreto* ne peut être en effet que considérable. D'autre part, le référé-suspension reste une mesure exceptionnelle, dans la mesure où le juge peut rejeter la demande de suspension même si les conditions nécessaires à son octroi en sont réunies. En effet, l'article 521-1 du Code de justice administrative est clair à ce sujet, le juge « peut ordonner », donc il s'agit bien d'une simple faculté. C'est ce que confirme la haute juridiction administrative qui a estimé, en se basant sur cet article et les débats parlementaires ayant procédé l'adoption de la loi du 30 juin 2000, que « même lorsque les conditions fixées par [l'article précité] sont remplies, il appartient au juge des référés d'apprécier, si, à titre exceptionnel, il convient néanmoins de ne pas ordonner la suspension de l'exécution de la décision attaquée ou de certains de ses effets »[1773].

1771 *Cf.* CE, réf., 29 janv. 2009, n° 323490 et 323492, *Sté Global Equities*, JurisData:2009-075006 ; CE, 6 juin 2007, n° 306129, *Le Trèfle-Les nouveaux écologistes*, JurisData:2007-072331.

1772 R. HOSTIOU, « notion d'urgence dans le cadre de la procédure de référé visant à obtenir la suspension de la D.U.P », note sous TA Limoges, ord., 23 févr. 2001, n° 0173, *AJDI* 2001, p. 1000. *Cf.* sur le même sujet : M. GUYOMAR et P. COLLIN, « Référé et contrôle de cassation, synthèse de la jurisprudence du Conseil d'État des cinq premiers mois depuis l'entrée en vigueur du code de justice administrative », chron. *AJDA* 2001, p. 465 ; R. DENOIS DE SAINT MARC, « Les procédures d'urgence : premier bilan », *AJDA* 2002, p. 1. Sur la notion d'urgence dans le cadre des recours exercés à l'encontre des décisions de l'AMF, *cf.* CE, réf., 12 sept. 2013, n° 370404, *X.*, inédit, JurisData:2013-021228 ; CE, réf., 17 juill. 2013, n° 369458, *A.*, inédit, JurisData:2013-018296 ; CE, réf., 18 oct. 2012, n° 362867, *Sté X.*, JurisData:2012-024872 . En matière administrative, dans une jurisprudence abondante et constante, le Conseil d'État estime que la condition d'urgence « doit être regardée comme remplie lorsque la décision administrative contestée préjudicie de manière suffisamment grave et immédiate à un intérêt public, à la situation du requérant ou aux intérêts qu'il entend défendre », *cf.* CE, 19 juin 2013, n° 364819, *Commune de Bassillac*, inédit, JurisData:2013-013014 ; CE, 12 juin 2013, n° 358921, *Commune de Lambesc*, inédit, JurisData:2013-012403 ; CE, 24 avr. 2013, n° 362499, *Lieu-Sanh*, Inédit, JurisData:2013-008762 ; CE, 11 oct. 2012, n° 357804, *Sté française du radiotéléphone (SFR)*, inédit, JurisData:2012-023440.

1773 CE, 15 juin 2001, n° 230637, *Sté Robert Nioche et Fils*, JurisData:2001-062602. Il ne s'agit pas là d'une nouveauté de la loi de 2000, car ce pouvoir existait déjà du temps du sursis à exécution. L'arrêt de principe date de 1976, en l'occurrence : CE, ass., 13 févr. 1976, 13 févr. 1976, *Association de sauvegarde du quartier Notre-Dame*, *Rec. CE* 1976, p. 100, JurisData:1976-600012. Position sans cesse réaffirmée depuis, *cf.* TA Nice, 21 mai 1992, n° 92220, *Association pour la défense des sites de Théoule-Sur-Mer*, JurisData:1992-043053 ; CE, 20 févr. 1987, n° 79385, *Mme Blanche RICARD*, inédit, JurisData:1987-605841 ; CAA Lyon,

952. Certes, il s'agit avant tout de décisions administratives, mais à notre sens la finalité répressive de ces décisions, conjuguée à la nature des AAIRE qui les infligent, auraient dû inciter le législateur à accorder aux agents économiques un régime de suspension spéciale et en même temps uniforme. Une telle démarche est fort recommandable dans le domaine économique où l'application d'une décision répressive entachée d'une illégalité est préjudiciable non seulement pour l'entreprise sanctionnée, mais également pour le budget de l'État et des AAIRE, dans le cas où une action en responsabilité est engagée.

C. La question des délais

953. La position du législateur sur ce point est caractérisée par la consécration d'une multitude de délais de recours et parfois par son mutisme.

Le délai du recours contentieux établi concernant les décisions de sanctions de l'ADLC est d'un (1) mois après la notification de la décision[1774]. Dans le cas des décisions répressives de l'AMF, qu'il s'agisse de professionnels ou de non-professionnels, le délai est de deux (2) mois à compter de la notification pour les personnes qui font l'objet de la décision, et à compter de sa publication pour les autres personnes intéressées[1775]. Il a été également prévu que la mise en ligne de ces décisions sur le site internet de l'AMF fait courir le délai de recours à l'égard des tiers, et que la date de mise en ligne est expressément mentionnée sur le site Internet[1776]. Il y a lieu de souligner que le délai de deux (2) mois est bien plus long que celui qui était prévu antérieurement par le décret n° 90-263 du 23 mars 1990, qui était de dix (10) jours[1777]. C'est ce même délai de deux (2) mois, suivant la notification de la décision, qui est également retenu dans le cas de l'ACPR[1778]. Pour le reste des AAIRE les textes sont restés muets sur la question, ce qui implique l'application des délais de droit commun, c'est-à-dire deux (2) mois[1779].

Paragraphe 2. Les pouvoirs du juge du contrôle ou la nécessité d'un recours de plein contentieux

954. Communément, on distingue en droit administratif le « recours pour excès de pouvoir » du « recours de pleine juridiction ». Alors que le premier, considéré comme « un instrument essentiel dans du contrôle juridictionnel de

22 sept. 1993, n° 93LY00621, *Association la défense du quartier de la Condamine et ses environs*, JurisData:1993-046850.

[1774] *Cf.* l'art. L.464-8 du C. com.

[1775] *Cf.* l'art. R.621-44 du C. mon. fin.

[1776] *Ibid.*

[1777] *Cf.* l'art. 11 du décret cité.

[1778] *Cf.* l'art. L.612-16-III du C. mon. fin.

[1779] *Cf.* l'art. R.421-1 du CJA.

l'administration »[1780], permet au juge d'annuler l'acte administratif jugé illégal, le second, quant à lui, permet au juge d'aller au-delà de l'annulation pour réformer les décisions attaquées, c'est-à-dire substituer à la sanction infligée par l'administration une autre qu'il estime plus adéquate[1781].

955. L'importance et la gravité du pouvoir répressif des AAIRE, conjuguées à leur indépendance, exigent sa soumission à un contrôle juridictionnel complet, ce qui devrait se traduire par l'adoption d'un recours de pleine juridiction qui permet à la juridiction d'exercer de larges pouvoirs, en procédant notamment à la substitution d'une nouvelle décision à la celle censurée[1782].

L'étude des dispositions relatives au contrôle exercé sur ces autorités nous révèle que le Conseil d'État exerce un contrôle de plein contentieux (**A**). Devant le juge judiciaire, si la cour d'appel de Paris détient un pouvoir étendu allant jusqu'à la réformation des décisions de l'ADLC, en revanche son contrôle sur le contentieux de l'AMF, lorsqu'il s'agit des non-professionnels, pose problème car le législateur n'a pas pris le soin de qualifier le recours (**B**).

A. L'étendue du contrôle du juge administratif

956. Amenée à se prononcer sur la nature du recours juridictionnel exercé à l'encontre des décisions administratives relevant de la matière pénale, la CEDH a estimé que le contrôle doit être de « pleine juridiction »[1783], permettant de réexaminer « les questions de fait et celles de droit »[1784]. Pour la Cour, le droit à un tribunal, affirmé à l'article 6§1 de la CESDH, implique que ledit tribunal ait « plénitude de juridiction »[1785]. C'est apparemment sous l'influence d'une telle jurisprudence que le législateur a décidé de généraliser ce type de contrôle au pouvoir répressif des AAIRE dont le contrôle relève de la compétence du juge administratif.

957. Il faut reconnaître que le Conseil constitutionnel y est aussi pour beaucoup dans la démarche du législateur. L'attribution d'un tel pouvoir au profit du juge du contrôle était sa condition pour reconnaître la

---

[1780] G. VEDEL et P. DELVOLVÉ, *Le système français de protection des administrés contre l'administration*, Sirey, Coll., « Droit public », 1991, p. 201.

[1781] R. CHAPUS, *Droit administratif général*, *op. cit.*, p. 790.

[1782] É. LAFERRIÈRE, *Traité de la juridiction administrative et des recours contentieux*, *op. cit.*, p. 15.

[1783] *Albert et Le Compte c. Belgique*, 10 févr. 1983, § 29, série A n° 58.

[1784] *Belilos c. Suisse*, 29 avr. 1988, § 71, série A n° 132.

[1785] *Bodén c. Suède*, 27 oct. 1987, § 34 et 40, série A n° 125-B ; *Gradinger c. Autriche*, 23 oct. 1995, § 44, série A n° 328-C. Sur la question, *cf.* C. MAMONTOFF, « La notion de pleine juridiction au sens de l'article 6 de la convention européenne des droits de l'homme et ses implications en matière de sanction administrative », *RFDA* 1999, p. 1004 ; F. MODERNE, « Le pouvoir de sanction administrative au confluent du droit interne et des droits européens », art. cit., p. 1 ; P. DELVOLVE, « Le pouvoir de sanction et le contrôle du juge », art. cit.

constitutionnalité du pouvoir répressif de ces autorités de régulation[1786]. Dans sa décision du 17 janvier 1989, le juge constitutionnel a relevé que « toute décision infligeant une sanction peut faire l'objet devant le Conseil d'État d'un recours de pleine juridiction » (31ème consid.). Selon certains « si cela n'avait pas été le cas [l'existence d'un recours de pleine juridiction], la loi aurait pu ne pas avoir été reconnue conforme à la Constitution »[1787].

958. Pour une partie de la doctrine, « les préférences à la fois du législateur et du juge européen pour le plein contentieux » s'expliquent par le « ''déficit'' de contrôle en matière de sanction » [1788] qui caractérise le recours pour excès de pouvoir. Cela dit, en l'état actuel des choses, les textes institutifs des AAIRE sont assez clairs quant à l'étendue du contrôle juridictionnel : ils précisent tous expressément qu'il s'agit d'un recours de « pleine juridiction »[1789], ce qui permet au juge de prononcer la réformation de la sanction, au lieu de pouvoir simplement l'annuler ou la confirmer sans la rectifier dans le cadre d'un recours pour excès de pouvoir.

B. L'étendue du contrôle exercé par le juge judiciaire

959. Aux termes de l'article L.464-8 du Code de commerce, les décisions de l'ADLC relatives aux pratiques anticoncurrentielles peuvent « faire l'objet d'un recours en *annulation ou en réformation* par les parties en cause et le commissaire du gouvernement devant la cour d'appel de Paris » (souligné par nous). D'après ce mécanisme, les recours seront ceux du contentieux administratif puisque, comme en matière administrative, le juge exercera un contrôle de légalité et un contrôle de pleine juridiction, c'est-à-dire qu'il peut maintenir la décision, la réformer ou l'annuler, comme le fait le juge administratif[1790]. Son rôle se limite-t-il à l'annulation de la décision pour excès de pouvoir comme pour le Conseil d'État, ou bien agira-t-elle comme un juge judiciaire, juge d'appel, c'est-à-dire en tant que juge du fait et du droit ?

Cette question s'est déjà posée au sujet du pouvoir de contrôle exercé par la cour d'appel de Paris sur certaines décisions de la COB, de même qu'elle s'est posée concernant les recours exercés à l'encontre des décisions de l'AMF

1786 Dans ce sens, *cf.* B. GENEVOIS, « Le Conseil constitutionnel et la définition des pouvoirs du Conseil supérieur de l'audiovisuel, à propos de la décision n° 88-248 DC du 17 janv. 1989 », art. cit., p. 227.

1787 P. DELVOLVÉ, *ibid.*, p. 18.

1788 C. TEITEGN-COLLY et M. DELAMS-MARTY, *Punir sans juger ? op. cit.*, p. 124.

1789 *Cf.* les art. 42-8 et 48-8 de la loi n° 86-1067 du 30 sept. 1986, préc., (CSA) ; les art. L.5-3-V et L.36-11-VI du CPCE (ARCEP) ; l'art. L.134-34 du C. énergie (CRE) ; les art. L.612-16-III et R.621-45 du C. mon. fin., (ACPR/AMF) ; l'art. L.464-8 du C. com., (ADLC) ; l'art. L1264-10, al. 7 du C. transports (ARAFER) ; l'art. 44-II de la loi n° 2010-476 du 12 mai 2010, préc., (ARJEL).

1790 P. DELVOLVÉ, « La nature des recours devant la Cour d'appel de Paris contre les actes des autorités boursières », art. cit., p. 499.

visant les non-professionnels, dans la mesure où le législateur parle seulement d'un « recours [...] devant la Cour d'appel de Paris »[1791], sans le qualifier.

Des auteurs ont estimé que contrôler les faits et le droit fait partie des compétences ordinaires de la cour d'appel de Paris, donc en transférant la compétence de connaître une partie du contentieux de ces autorités, le législateur a voulu que le juge judiciaire exerce ses propres pouvoirs. En effet, selon Pierre DELVOLVÉ, « en attribuant compétence à la cour d'appel de Paris, le législateur et le Gouvernement n'ont pu oublier que celle-ci dispose normalement, dans l'exercice de ses attributions ordinaires, d'un pouvoir lui permettant non seulement d'annuler, mais de réformer les décisions (les jugements) qui lui sont déférées. Si le contentieux de certaines décisions des autorités [...] lui a été attribué, c'est pour qu'elle en connaisse à un autre titre que l'excès de pouvoir et dans le plein exercice des pouvoirs qui sont normalement les siens, c'est-à-dire des pouvoirs de réformation »[1792].

Ensuite, la nature et l'étendue du contrôle sont confirmées également par la gravité des décisions contestées sur les droits des ''justiciables''. Le fait qu'il s'agisse de décisions répressives, « la plénitude du contrôle s'impose comme une condition d'existence même de la prérogative du régulateur, de sa compatibilité avec nos normes constitutionnelles, comme avec les normes de la Convention européenne des droits de l'homme »[1793]. Autrement dit, si contre les décisions administratives en général, ces recours peuvent n'être que des recours en annulation, contre les sanctions administratives ce sont des recours en réformation[1794]. C'est pour cette raison que certains estiment que la cour

---

[1791] Art. R.621-45-II du C. mon. fin. Contrairement au recours exercé devant la cour d'appel de Paris, cette disposition a expressément qualifié le recours exercé devant le Conseil d'État de recours de pleine juridiction.

[1792] P. DELVOLVÉ, *ibid. Cf.* dans le même sens : N. DECOOPMAN, « La complexité du contrôle juridictionnel », *in* N. DECOOPMAN (dir.), *Le désordre des autorités administratives indépendantes*, art. cit., p. 167, spéc., p. 177 ; M.-C. BOUTARD-LABARDE et Y. GAUDEMET, « Le contentieux des sanctions pécuniaires du Conseil de la concurrence », *LPA*, n° 50, 25 avr. 1990, p. 7 ; O. DOUVRELEUR, « Une voie de recours sui generis : le recours contre les décisions du Conseil de la concurrence », *Gaz. Pal.*, 22 mars 1988, p. 179 ; Y. GAUDEMET, « Le pouvoir de réformation de la Cour d'appel de Paris dans le contentieux des décisions du Conseil de la concurrence », *JCP G* 1999.I.188. En France, le Conseil d'État a jugé qu'en l'absence de dispositions législatives expresses, le recours dirigé contre une sanction est retenu comme un recours pour excès de pouvoir. Sur la question, *cf.* R. SCHWARTZ et C. MAUGÜE, Chronique de jurisprudence administrative française, *AJDA* 1991, p. 358.

[1793] J. MARIMBERT, « L'ampleur du contrôle juridictionnel sur le régulateur », art. cit., p. 41. Si, contre les décisions autres que les sanctions, les recours peuvent n'être que des recours en annulation, contre les décisions répressives, exercer un plein contrôle apparaît aux yeux de cet auteur comme « une obligation juridique [...], car en matière de sanctions, le juge doit pouvoir exercer la plénitude de ses pouvoirs, y compris peut-être – mais cela est plus controversé – la possibilité de modifier le quantum de la sanction et d'exercer un pouvoir de réformation de la sanction ».

[1794] M-C. BOUTARD-LABARDE et Y. GAUDEMET, *ibid.* ; O. DOUVRELEUR, *ibid.* ; Y. GAUDEMET, *ibid.*

d'appel de Paris s'apparente beaucoup plus à une juridiction administrative sur ce point[1795].

Faut-il le rappeler également, tout en exigeant l'exercice d'un recours de pleine juridiction, la Cour européenne parle de sanctions administratives relevant de « la matière pénale »[1796], nonobstant la qualité du juge devant lequel sera exercé le recours.

960. De son côté, la cour d'appel de Paris, s'estimant saisi d'un recours de plein contentieux a retenu qu'il lui appartenait, après avoir annulé la décision pour faute d'impartialité, de se prononcer sur le fond de l'affaire qui lui était soumise. En effet, par deux arrêts du 27 juin 2002, après avoir annulé pour des vices de procédure les décisions de la COB, le juge parisien a statué sur le fond en condamnant, dans l'une des affaires, la société sanctionnée à une amende de 80 000 euros tout en ordonnant la publication de la sanction[1797], et en jugeant, dans l'autre, qu'il n'y a pas lieu de sanctionner l'opérateur sanctionné par la COB, car n'ayant pas disposé d'une information privilégiée[1798].

Saisie d'un pourvoi à l'encontre de la position de la cour d'appel, dans le cadre du premier arrêt, la Cour de cassation a jugé que « c'est à bon droit que la cour d'appel, après avoir exactement énoncé qu'elle était saisie d'un recours de plein contentieux, a retenu qu'il lui appartenait, après avoir annulé la décision, de se prononcer sur le fond de l'affaire qui lui était soumise »[1799]. L'arrêt rendu par la haute juridiction judiciaire est inédit, mais il est porteur d'un principe. C'est pour la première fois en effet qu'elle qualifie le recours exercé devant la cour d'appel de Paris d'un recours de plein contentieux[1800].

961. Dans l'exposé qui précède, il est question d'une solution concernant la COB, mais rien n'empêche son applicabilité au cas de l'AMF, et plus précisément des recours exercés à l'encontre des décisions répressives de la commission des sanctions devant la cour d'appel de Paris. C'est ce qui a été confirmé par le Conseil d'État. En effet, statuant sur un recours formé contre le décret du 21 mai 2003[1801], la haute juridiction administrative a jugé que « si le II de l'article 27 du décret attaqué *ne mentionne pas expressément les pouvoirs de la cour d'appel de Paris* et *ne prévoit pas*, en particulier, qu'elle *est investie*

[1795] G. CANIVET, « Le juge et l'autorité de marché », art. cit., p. 185.

[1796] *Gradinger c. Autriche*, 23 oct. 1995, § 42, série A n° 328-C. Pour plus de détails sur la question, *cf.* C. MAMONTOFF, « La notion de pleine juridiction au sens de l'article 6 de la convention européenne des droits de l'homme et ses implications en matière de sanction administrative », art. cit., p. 1004 ; F. MODERNE, « Le pouvoir de sanction administrative au confluent du droit interne et des droits européens », art. cit., p. 1 ; P. DELVOLVÉ, « Le pouvoir de sanction et le contrôle du juge », art. cit., p. 18.

[1797] CA Paris, 27 juin 2002, n° 01/19862, *S.A. Olitec*, JurisData:2002-187667, *Banque et Droit* n° 85, sept.-oct. 2002, p. 28, chron. H. DE VAUPLANE et J.-J. DAIGRE.

[1798] CA Paris, 27 juin 2002, n° 01/19629, *GERBELOT-BARILLON*, JurisData:2002-187667.

[1799] Cass. com., 23 juin 2004, n° 02-17.936, *COB c/ S.A. Olitec*, inédit, JurisData:2004-024504

[1800] note J.-J. DAIGRE, *Rev. sociétés* 2005, p. 422.

[1801] Décret n° 2003-1109 du 21 nov. 2003, relatif à l'Autorité des marchés financiers, *JORF* n° 271 du 23 nov. 2003, p. 19904.

d'un pouvoir de pleine juridiction, cette circonstance n'a ni pour objet, ni pour effet de faire obstacle à ce que la Cour d'appel de Paris exerce les pouvoirs répondant aux exigences des articles 6 et 13 de la convention européenne de sauvegarde des droits de l'homme et des libertés fondamentales »[1802] (souligné par nous). Donc, même si les textes ne qualifient pas expressément la nature du recours exercé devant la cour d'appel de Paris et ne mentionnent pas les pouvoirs qu'elle peut exercer à cette occasion, ceci ne l'empêche pas d'exercer les pouvoirs du recours de plein contentieux, une des exigences de la CEDH.

Par ailleurs, en principe, la logique voudrait que la cour d'appel de Paris exerce les mêmes pouvoirs que lorsqu'elle statue sur un recours contre les décisions répressives de l'ADLC, à savoir l'annulation ou la réformation[1803].

En somme, en plus de l'annulation de la décision, la cour d'appel de Paris peut même statuer sur le fond, donc user d'un pouvoir de réformation, mais pour cela la nullité ne doit pas affecter l'ensemble des actes de procédure[1804]. Autrement dit, les juges parisiens bénéficient d'un pouvoir d'appréciation en légalité, de fond ou procédural, et en opportunité.

SOUS-SECTION 2. DANS LE CONTENTIEUX DE LA RESPONSABILITÉ

962. Il convient dès à présent de noter que ce qui intéressera notre étude est la responsabilité fondée sur l'illégalité des décisions répressives prises par les AAIRE, et non celle qui résulte de leur activité de contrôle en général. En effet, en plus de leur responsabilité qui pourrait être fondée sur une carence de contrôle ou d'une mauvaise exécution, ces autorités de régulation peuvent être déclarées également responsables dans le cas où le juge compétent estime illégales leurs décisions répressives.

963. Tout comme la plupart des questions liées à la notion d'AAIRE, celle liée à leur responsabilité constitue également un sujet délicat et intéressant en même temps. En effet, dépourvues d'une personnalité morale, leur responsabilité du fait de l'illégalité de leurs décisions pose un problème quant à la détermination de qui devrait répondre des éventuels dommages causés (**Paragraphe 1**). Dans le même sillage, il serait également intéressant de déterminer le fondement juridique de cette responsabilité (**Paragraphe 2**).

Paragraphe 1. Personnalité morale et responsabilité des AAIRE

964. Ne bénéficiant pas d'une personnalité morale, les AAIRE sont en principe privées d'un des attributs de cette personnalité, en l'occurrence un patrimoine propre. Par conséquent, elles ne peuvent répondre directement de leurs agissements fautifs, notamment du fait de leurs sanctions jugées illégales.

1802 CE, 23 mars 2005, n° 267811, *ADAM c/ Secrétariat général du gouvernement*, inédit, JurisData:2005-068249.

1803 *Cf.* l'art. L.464-8 du C. com.

1804 CA Paris 7 mars 2000, n° 1999/15862, *KPMG*, préc.

Mais, nous avons vu que ces autorités agissent au nom de l'État et malgré leur « indépendance », elles restent l'un de ses services. De ce fait, c'est contre l'État, personne morale de rattachement, que les actions en responsabilité doivent être dirigées (**A**). Exceptionnellement, les API devraient pouvoir, quant à elles, faire face personnellement aux demandes d'indemnisation dans la mesure où elles bénéficient d'une personnalité morale et, par ricochet, d'un patrimoine propre (**B**).

A. Personnalité morale et patrimoine propre

965. L'autonomie financière de la COB, qui a été renforcée par le législateur, a laissé penser à certains qu'elle est un organisme autonome doté d'une personnalité morale. Ainsi, pour Guy BRAIBANT, « la COB a la personnalité morale, à la différence de la CNIL, institution analogue qui ne l'a pas »[1805]. Cependant, cette position qu'une grande partie de la doctrine ne partage pas, a été démentie par la jurisprudence administrative[1806]. En effet, comme nous l'avons vu dans la première partie de cette étude, ces autorités n'ont pas un budget propre, ce qui fait qu'elles sont inscrites au budget général du Premier ministre ou d'un des ministres en charge du secteur régulé. Certes, une *autonomie de gestion financière* leur est reconnue ; d'une part, elles peuvent déterminer seules le montant de leurs crédits et, d'autre part, la plupart des présidents des différents collèges sont ordonnateurs des crédits. Ce qui veut dire qu'ils sont libres de décider de l'utilisation des crédits mis à la disposition des autorités. Cependant, cela n'est pas suffisant pour dire qu'elles bénéficient d'une *autonomie financière*, parce que les crédits demandés sont soumis à l'approbation de l'autorité de rattachement.

966. L'argument consistant à dire que ces autorités bénéficient de la faculté de percevoir des redevances pour services rendus n'est pas lui aussi convaincant parce qu'en réalité, c'est le Gouvernement qui détermine les règles d'assiette, de calcul et de recouvrement de ces redevances. Plus encore, si on prend l'exemple de l'ARCEP qui a des ressources puisées sur des rémunérations pour services rendus et des taxes et redevances, son budget reste intégré à celui de l'État[1807]. Comme l'a souligné Thierry TUOT, ancien directeur général de la CRE, « il est toutefois dommage que pour des raisons institutionnelles, la question de l'indépendance financière du régulateur n'ait pas été posée. Il me semble en effet assez choquant que le propriétaire de

---

[1805] « Droit d'accès et droit à l'information », art. cit., p.709.

[1806] CE, 2 févr. 1960, *Kampmann*, *Rec. CE* 1960, p. 107, *AJDA* 1960, p. 46, chron. M. COMBARNOUS et J.-M. GALABERT ; CE, 22 juin 1984, n° 18371, *Sté Pierre et Cristal*, *Rec. CE* 1984, tables, p. 506, JurisData:1984-600604 ; CE, ass., 30 nov. 2001, n° 219562, *Ministre des finances et de l'industrie c/ Kechichian et autres*, *Rec. CE* 2001, p. 587, JurisData:2001-063085, *LPA*, n° 28, 7 févr. 2002, p. 7, concl. A. SEBAN, *LPA*, n° 224, 8 nov. 2002, p. 11, note A. BOURREL, *AJDA* 2002, p. 133, chron. M. GUYOMAR et P. COLLIN.

[1807] En sus de ses propres ressources, l'autorité propose aux ministres compétents, lors de l'élaboration du projet de loi de finances de l'année, les crédits nécessaires. des crédits qui seront inscrits au budget général de l'État, *cf.* l'art. 133 du CPCE.

l'opérateur historique fixe le niveau de ressources du régulateur chargé de vérifier que cet opérateur historique obéit bien aux règles du marché »[1808].

967. Par ailleurs, le principe de la responsabilité de la puissance publique, du fait des décisions des AAIRE qui interviendraient en violation des dispositions législatives ou réglementaires, a été posé par le Conseil constitutionnel à l'occasion de sa décision n° 88-248 relative aux pouvoirs du CSA.

968. Il résulte de ce qui précède que les AAIRE dépourvues des attributs de la personnalité juridique, notamment un patrimoine propre, ne peuvent répondre « directement » des préjudices résultant de leurs décisions. C'est sur le patrimoine de la personne qu'elles représentent, l'État en l'occurrence, que s'impute la réparation. Cela implique que l'autorité de régulation concernée ne peut se prononcer sur les demandes de réparation des préjudices causés par ses décisions. En vertu des textes en vigueur[1809] qui obligent l'autorité administrative incompétemment saisie d'une demande à la transmettre à l'autorité administrative compétente, l'autorité concernée est tenue de renvoyer la demande indemnitaire au ministre en charge du secteur régulé aux fins d'examen et de décision. Dans l'hypothèse où l'AAIRE traite la demande et la rejette, le ministre en charge du secteur régulé doit être regardé comme ayant implicitement rejeté cette demande à l'expiration du délai de deux mois après la date de réception de cette demande au niveau de l'autorité de régulation[1810].

B. Le cas des Autorités Publiques Indépendantes

969. Le législateur a « enrichi » la notion d'AAI depuis 2003 d'une nouvelle variété qui est les API. Comme nous l'avons relevé, contrairement à la « version traditionnelle » d'AAI, ces nouvelles institutions sont dotées d'une personnalité morale. Cette dernière leur permettra, notamment s'agissant de l'AMF, du CSA et de l'ARAFER qui intéressent notre étude, de bénéficier d'une autonomie patrimoniale et ainsi répondre *personnellement* et sur leur *patrimoine propre* des éventuels dommages résultant de leurs activités de contrôle en général et de leurs décisions répressives jugées illégales en particulier.

970. Assurément, bénéficier d'une personnalité juridique conforterait l'affectation directe à leur patrimoine, des ressources prélevées sur les opérateurs économiques[1811]. Toutefois, les victimes des fautes commises par

---

[1808] T. TUOT, « Le rôle et la place du régulateur sectoriel dans l'ouverture à la concurrence et l'importance de la coordination entre les régulateurs européens de l'énergie », *Rev. conc. consom.*, 2002, n° 128, p. 25.

[1809] Art. 20 de la loi du 12 avr. 2000, relative aux droits des citoyens dans leurs relations avec l'administration, préc. ; art. 23, al. 2 du décret n° 88-131, organisant les rapports entre l'administration et les administrés, préc.

[1810] *Cf.* CE, 26 juill. 2006, *Tissot*, n° 285247, JurisData:2006-070649.

[1811] Il s'agit des droits fixes ou de contributions proportionnelles, perçus des opérateurs lorsqu'ils sollicitent ou font l'objet de leur contrôle, *cf.* l'art. L.621-5-3 du C. mon. fin., et le

cette autorité peuvent, au cas de son insolvabilité, mettre en jeu subsidiairement la responsabilité de l'État. Ce dernier peut même être appelé à l'instance par l'autorité de régulation, le requérant et le juge pour présenter ses observations, de même qu'il peut le faire de sa propre initiative. C'est ce que précise un Avis (non contentieux) du Conseil d'État concernant l'ancienne Commission de contrôle des assurances, des mutuelles et des institutions de prévoyance (CCAMIP)[1812]. Pour le Conseil, « Dès lors que la capacité juridique lui a ainsi été attribuée, il appartient à cette commission, en vertu du principe général selon lequel nul n'est responsable que de son fait, auquel ni la nature des missions confiées à la commission, ni les modalités selon lesquelles elle les exerce n'impliquent de déroger, d'assumer les conséquences des actions en responsabilité qui pourraient être engagées contre elle à l'occasion des fautes commises dans l'exercice de ses missions », avant d'ajouter que : « L'indépendance que la loi a conférée à la CCAMIP implique qu'elle assure elle-même sa défense dans le cadre des contentieux indemnitaires engagés contre elle. Toutefois, l'État peut, outre les cas où il y est appelé par le requérant ou la commission, intervenir dans les instances engagées contre la CCAMIP, lorsqu'il estime qu'elles peuvent déboucher sur la mise en jeu de sa responsabilité subsidiaire. En outre, le juge administratif, dans la conduite de l'instruction, a la faculté de demander à l'État de présenter ses observations ».

Il est également indiqué que, vu les missions confiées à la CCAMIP, cette dernière ne peut souscrire un contrat d'assurance auprès d'une société qui relèverait ou pourrait relever de son contrôle, pour couvrir les risques encourus à raison des fautes qu'elle pourrait commettre. Donc, *a contrario*, les API qui n'interviennent pas dans le secteur des assurances peuvent le faire.

971. Dire qu'avec une personnalité morale, les API bénéficient d'un patrimoine propre et d'une autonomie financière est tout simplement fallacieux[1813]. Bien avant l'apparition de cette nouvelle catégorie d'autorités publiques, le défaut de personnalité morale n'a pas empêché la COB de posséder une autonomie financière.

---

décret n° 2010-1724 du 30 déc. 2010, relatif aux montants et aux taux des taxes perçues par l'Autorité des marchés financiers, *JORF* n° 0303 du 31 déc. 2010, p. 23473 ; l'art. 21 de la loi n° 2009-1503 du 8 déc. 2009, relative à l'organisation et à la régulation des transports ferroviaires et portant diverses dispositions relatives aux transports, préc. ; l'Arrêté du 7 oct. 2010, fixant le taux du droit fixe perçu par l'autorité de régulation des activités ferroviaires et modifiant l'Arrêté du 24 mai 2006, fixant le taux du droit de sécurité dû à l'Établissement public de sécurité ferroviaire, *JORF* n° 0239 du 14 oct. 2010, p. 18462.

[1812] CE, ass., Avis, n° 371558 du 8 sept. 2005, *Dr. adm.*, n° 5, mai 2006, comm. 89.

[1813] À titre d'exemple les ressources financières de l'AFLD proviennent très majoritairement d'une subvention versée à partir du budget du ministère chargé des sports et, plus accessoirement, du produit de prestations d'analyses ou de prélèvements qu'elle réalise pour le compte de fédérations internationales ou d'États étrangers. Sur la question, *cf.* M.-A. FRISON-ROCHE, « Étude dressant un bilan des autorités administratives indépendantes », préc., pp. 127 et s. ; R. DOSIÈRE et Ch. VANNESTE, Rapport d'information sur les AAI, t. I, préc., pp. 102 et s.

Les API, notamment l'AMF et l'ARAFER, bénéficient-elles réellement d'un patrimoine financier suffisant pour faire face aux éventuelles condamnations en réparation dont le prix peut s'avérer en pratique très élevé ? Certes, le budget de ces deux API est basé sur le système des ressources propres, qui repose sur des prélèvements opérés sur les entreprises qui sollicitent telle ou telle opération. Toutefois, ce système n'est pas tout à fait sécurisant et ne peut assurer pour le régulateur, en particulier l'AMF, un budget sûr, de surcroît dans un secteur qui nécessite un budget considérable. À ce propos, on rejoint ceux qui parlent d'un risque de compression de l'équilibre financier de cette autorité. Par conséquent, et plus grave encore, nous pouvons « craindre que la menace de procès et de sanctions pécuniaires ne soient, par le jeu d'un effet pervers, de nature à remettre en cause son indépendance, notamment quant à l'exercice du pouvoir de sanction »[1814].

En fin de compte, quelle différence avec les AAI, puisque c'est l'État qui est responsable en cas d'insolvabilité de l'AMF et de l'ARAFER ? Certes, il peut réclamer ensuite à ces autorités la somme dont il s'est acquitté, mais n'est-ce pas là un véritable camouflet pour la question d'indépendance de ces autorités. En effet, dire que les API seront plus indépendantes et répondront personnellement de leurs fautes du fait de la personnalité morale dont elles bénéficient, n'est pas tout à fait vrai[1815]. Il n'existe donc pas, en réalité, d'indépendance entre les API et l'État. Ces autorités agissent certes en leur nom mais pour le compte de l'État, tout comme les AAI non dotées d'une personnalité morale.

Paragraphe 2. Fondement de la responsabilité des AAIRE

972. Comme nous l'avons démontré un peu plus haut, le contentieux de la responsabilité des AAIRE, notamment du fait de leurs décisions illégales, est soumis au droit public. Il reste maintenant à déterminer le fondement juridique d'une telle responsabilité et chercher à savoir s'il existe un régime de responsabilité administrative commun à l'ensemble de ces nouvelles autorités de régulation.

[1814] M.-L. COQUELET, « Brèves remarques à propos d'une fusion attendue : la création de l'autorité des marchés financiers », art. cit., p. 11. Certains pensent, à ce sujet, que « Si le budget de l'Autorité provient des ressources du marché lui-même, la responsabilité de l'autorité prend de ce fait une forme mutualisée [...]. Cela relativise le lien entre responsabilité pécuniaire et souci de bien faire », *cf.* M.-A. FRISON-ROCHE, « Les qualités du régulateurs face aux exigences du droit », *in Les régulations économiques : légitimité et efficacité*, série « Droit et Économie de la régulation », Vol. 1, *op. cit.*, p. 128. Cela revient à dire que c'est « au marché et donc à la collectivité de ses acteurs, de supporter le poids de la réparation de la faute commise par l'autorité de régulation dans l'exercice de sa mission […] (ce qui peut favoriser) le risque d'une déresponsabilisation de l'autorité de régulation », M.-L. COQUELET, *ibid.*

[1815] M. Pierre Bordry, président de l'AFLD, a déclaré que « pour 2010 le ministère a fait le choix de diminuer de moitié sa subvention et de nous attribuer pour le reste le produit de l'augmentation d'une taxe qui a finalement été supprimée par le Sénat. Il nous manque donc 4 millions d'euros pour équilibrer un budget », *cf.* R. DOSIÈRE et Ch. VANNESTE, *ibid.*

973. À la lecture des rares décisions rendues en la matière, on s'aperçoit que c'est le régime classique de la responsabilité administrative en matière d'activité de contrôle et de tutelle qui est appliqué. Ainsi, seule une faute lourde peut être invoquée pour engager la responsabilité de l'État, ou celle des AAIRE dotées d'une personnalité morale (**A**). Cependant, avec l'abandon du critère de la faute lourde au profit de celui de la faute simple dans plusieurs domaines, l'on est tenté de se demander s'il ne faut pas opter également pour ce critère en matière de régulation économique (**B**).

A. Une responsabilité fondée sur la faute lourde

974. Jugeant la mission de contrôle administratif comme un exercice délicat, du fait de ses caractéristiques et des moyens dont dispose l'administration pour son accomplissement, le juge administratif, saisi sur le fondement de ce genre d'activités, retient le critère de la faute lourde comme condition pour l'engagement de la responsabilité de l'État[1816]. C'est un système qui permet de garantir une certaine « franchise de responsabilité », pour reprendre l'expression de Jacques-Henri STAHL[1817]. En effet, un tel critère est considéré comme « l'instrument de limitation de la responsabilité qui permet le plus souvent au juge administratif de restreindre les obligations de l'administration »[1818].

975. Concernant la responsabilité des AAIRE, il est fort intéressant de rappeler qu'après avoir retenu le critère de la faute lourde, la cour administrative d'appel de Paris a opté pour celui de la faute simple. En effet, dans une décision rendue le 19 décembre 1995, *Kechichian et autres*, la cour a estimé que « la responsabilité de l'État à raison de son activité de contrôle des établissements bancaires ne peut, compte tenu de la spécificité et de la particulière complexité de celle-ci, être engagée qu'en cas de *faute lourde* »[1819] (souligné par nous). Ensuite à deux reprises, affaires *El Shikh* et *Kechichian*, changeant de position, elle a jugé que « dans l'accomplissement de sa *mission administrative* de surveillance et de contrôle des établissements de crédit, la responsabilité de l'État est susceptible d'être engagée pour *faute simple* ; que dans l'exercice par la commission bancaire de sa *fonction disciplinaire de*

1816 CE, 2 févr. 1960, *Kampmann*, *Rec. CE* 1960, p. 107, *AJDA* 1960, p. 46, chron. M. COMBARNOUS et J.-M. GALABERT ; CE, sect., 28 juin 1963, *Bapst*, *Rec. CE* 1963, p. 411, *AJDA* 1963, p. 47, chron. M. GENTOT et J. FOURÉ ; CE. sect., 13 juin 1964, *d'André*, *Rec. CE* 1964, p. 329, *RDP* 1965, p. 65, note M. WALLINE ; CE. 16 janv. 1966, *D^lle^ de Waligorski et autres*, *Rec. CE* 1966, p. 40.

1817 J.-H. STAHL, concl. sur CE, sect., 20 juin 1997, n° 139495, *M. Theux*, *RFDA* 1998, p. 82. *Cf.* également : M. GUYOMAR, concl. sur CE, 30 déc. 2002, *LPA*, n° 59, 24 mars 2003, p. 7 ; A. SEBAN, concl. sur CE, 30 nov. 2001, *LPA*, n° 28, 7 févr. 2002, p. 7.

1818 L. RICHER, *La faute du service public dans la jurisprudence du Conseil d'État*, Paris, Economica, 1978, p. 113.

1819 CAA Paris, 19 déc. 1995, n° 93PA01250, *Kechichian et autres*, *Rec. TA* 1995, p. 671, JurisData:1995-049047. *Cf.* également : CAA Paris, 19 déc. 1995, n° 93PA00991, *Sté Editions Sorman*, JurisData:1995-049145.

caractère juridictionnel, la responsabilité de l'État ne peut être engagée que pour *faute lourde* »[1820] (souligné par nous).

Appliquant la même solution pour la Commission de contrôle des assurances, la cour a cru bon de reconnaître le caractère juridictionnel à la mission de sanction de cette commission d'où l'exigence d'une faute lourde, comme elle l'a fait pour la Commission bancaire. Pour la cour administrative d'appel de Paris, « la responsabilité de l'État, à l'occasion de l'exercice, par la Commission de contrôle des assurances, de sa mission de surveillance et de contrôle des entreprises d'assurances prévue par l'article L.310-12 du Code des assurances, est susceptible d'être engagée *pour faute simple* ; qu'en revanche, elle ne peut l'être à l'occasion de l'exercice par la Commission de contrôle des assurances, de sa *mission disciplinaire de caractère juridictionnel* prévue par l'article L.310-18 du même code, que *pour faute lourde* »[1821] (souligné par nous).

976. La réaction du Conseil d'État ne s'est pas fait attendre, à la première occasion où il a été saisi, il a tout simplement censuré la solution de la cour administrative d'appel de Paris pour avoir commis une erreur de droit. L'arrêt *El Shikh* n'ayant pas fait l'objet d'un recours, c'est en effet à l'occasion de l'affaire *Kechichian*[1822] que le Conseil d'État a exposé sa position catégorique quant à la responsabilité des AAIRE : « la responsabilité que peut encourir l'État pour les dommages causés par les insuffisances ou carences de celle-ci [la Commission bancaire] dans l'exercice de sa mission, ne peut être engagée qu'en cas de faute lourde ». Le Conseil d'État a eu l'occasion de réaffirmer cette solution dans une seconde affaire, *Groupe Norbert Dentressangle,* mettant en cause la Commission de contrôle des assurances[1823]. Ainsi, après avoir confirmé la position de la cour administrative d'appel de Paris quant à l'exigence d'une faute lourde, lors de l'exercice de son pouvoir de sanction, il l'a ensuite désavoué quant au caractère juridictionnel des décisions de sanction prises par l'autorité de régulation des assurances.

977. Suivant la position du Conseil d'État, il est clair que l'exigence d'une faute lourde n'étant pas réservée à la fonction juridictionnelle, elle est transposable pour toutes les AAIRE. Nous pouvons citer, à ce propos, un

---

[1820] CAA Paris, 30 mars 1999, n° 96PA04386, *El Shikh*, Rec. p. 505, *AJDA* 1999, p. 883, obs. M. H., *JCP G* 2000.II.10276, concl. M. HEERS ; CAA Paris, 25 janv. 2000, n° 93PA01250, *MM. Kechichian, Hamod et autres*, JurisData:1995-049047.

[1821] CAA Paris 13 juill. 1999, n° 96PA02356, *Groupe Norbert Dentressangle*, *AJDA* 1999, p. 951.

[1822] CE, ass., 30 nov. 2001, *Ministre des finances et de l'industrie c/ Kechichian et autres*, préc.

[1823] CE, 18 févr. 2002, n° 214179, *Groupe Norbert Dentressangle*, *Rec. CE* 2002, tables, p. 918, JurisData:2002-064092. *Cf.* également : CE, 30 juill. 2003, n° 210344, *Kalfon*, JurisData:2003-066101. Dans cette dernière décision, le Conseil d'État distingue entre la Commission bancaire et le CECEI ; dans le cas de ce dernier, eu égard à sa mission qui consiste à délivrer ou retirer l'agrément des établissements de crédits, une faute simple suffit pour engager la responsabilité de l'État, en revanche, eu égard à la nature des pouvoirs dévolus à la Commission bancaire, la responsabilité de la puissance publique n'est engagée qu'en cas de faute lourde.

jugement du tribunal administratif de Paris[1824], d'après lequel « la responsabilité de l'État n'était susceptible d'être engagée du fait des décisions prises par une autorité administrative indépendante chargée d'une mission de régulation dans un secteur économique et financier que si les actes de cet organisme étaient constitutifs d'une faute lourde ». Donc, sans ambiguïté aucune, au vu de cette formulation générale, cette position concerne toutes les AAIRE du fait de leurs décisions relevant de leur mission, notamment les décisions répressives[1825].

978. Saisie en appel, la cour administrative d'appel de Paris a conforté les juges de première instance quant à l'exigence d'une faute lourde, mais sa position par rapport à la responsabilité de l'État qui pourrait résulter d'un manquement au principe d'impartialité a jeté un trouble[1826]. Pour le requérant, le manquement du président de la Commission de contrôle des assurances au principe d'impartialité, par ailleurs constaté par le Conseil d'État[1827], constitue une faute lourde pouvant engager la responsabilité de la puissance publique. En quoi la cour administrative d'appel de Paris a répondu que « *quelle que soit la gravité de la faute* de ce que le président de la commission a méconnu l'exigence d'impartialité, cette faute n'est en tout état de cause susceptible de donner lieu au paiement d'une indemnité que dans la mesure où elle est directement la cause d'un préjudice certain, ce qui ne serait pas le cas si les faits soumis à la commission impliquaient nécessairement la sanction litigieuse » (souligné par nous). Ainsi, non seulement la cour ne se prononce pas sur le degré de gravité d'un manquement au principe d'impartialité, il apparaît encore de sa réponse qu'une faute simple est suffisante pour engager la responsabilité de l'État pourvu qu'il y ait un lien de causalité entre elle et le

---

1824 TA Paris, 13 janv. 2006, n° 0310642/7.

1825 G. ECKERT, « La responsabilité administrative des autorités de régulation », *RD bancaire et fin.* 2009, étude 13, p. 20.

1826 CAA Paris, 5 juin 2008, n° 06PA00904, *Laurent*, inédit. *Cf.* également : CAA Paris, 1er mars 2010, n° 07PA01850, *Sté Kaufman & Broad Développement*, JurisData:2010-010055. Selon cet arrêt, « à l'occasion de l'exercice, par la commission de contrôle des assurances, de ses missions de contrôle et de sanction des entreprises d'assurance, la responsabilité que peut encourir l'État pour les dommages causés par les insuffisances ou carences de la commission ne se substitue pas à celle de ces entreprises vis-à-vis, notamment, de leurs clients ; que, dès lors, et eu égard à la nature des pouvoirs qui sont dévolus à la commission de contrôle des assurances, elle ne peut être engagée qu'en cas de faute lourde ; que l'exigence d'une telle faute ne méconnaît pas les stipulations de l'article 6 de la convention européenne de sauvegarde des droits de l'homme et des libertés fondamentales ».

1827 CE, 28 oct. 2002, n° 222188, *Laurent c/ Commission de contrôle des assurances*, JurisData:2002-064583 ; CE, 10 mars 2003, n° 227357, *Laurent c/ Commission de contrôle des assurances*, JurisData:2003-065096. Dans ces deux décisions, le Conseil d'État a annulé toutes les décisions prononcées par la Commission de contrôle des assurances pour méconnaissance des stipulations de l'art. 6 de la CESDH. Pour le juge administratif, l'exigence d'impartialité doit être regardée comme ayant été méconnue par la commission, dès lors que le président de la commission de contrôle des assurances a ainsi pris nettement position sur le non-respect par les entreprises en cause des obligations légales de solvabilité et sur d'autres comportements fautifs de M. X..., avant que la commission ne délibère, sous sa présidence, et ne prononce la sanction susmentionnée.

préjudice subi. Il est difficile de parler d'un revirement sachant qu'elle a confirmé, dans la même décision, l'exigence d'une faute lourde. Plus encore dans une décision en date du 1er mars 2010, la cour a encore une fois exigé une faute lourde de la part de la Commission de contrôle des assurances pour engager la responsabilité de l'État[1828].

Dans son jugement du 13 janvier 2006 précité, le tribunal administratif de Paris s'est également prononcé sur les conséquences du régime de la faute lourde sur le droit à un recours effectif, en jugeant que l'exigence d'une telle faute n'a pas pour effet de priver le justiciable d'un recours effectif au sens de l'article 13 de la CESDH.

979. Enfin, malgré la dévolution d'une partie du contentieux des AAIRE au juge judiciaire, ce dernier tout comme le juge administratif exige également la présence d'une faute lourde[1829].

980. Avant de terminer sur le régime de la faute lourde, il est intéressant de noter que la demande d'indemnisation pourrait aussi être fondée sur le régime de la responsabilité sans faute lorsqu'il existe une rupture de l'égalité devant les charges publiques. Dans cette hypothèse, le préjudice doit être spécial et anormal[1830].

B. Faute lourde et régulation économique

981. Le critère de la faute lourde, comme fondement de la responsabilité administrative, a été décrié et critiqué par la doctrine qui y voit un véritable obstacle pour l'exercice du droit à un recours réel et effectif, mais aussi parce qu'à ses yeux le rôle d'un tel critère est bien révolu. Par ailleurs, la jurisprudence administrative tend à confirmer une telle tendance, et certains auteurs y voient un début de déclin de ce critère.

982. D'une part, le critère de la faute lourde est considéré, à juste titre d'ailleurs, comme « l'instrument logique d'une démarche du juge qui a pour souci de protéger les finances de l'État en évitant une reconnaissance trop fréquente de responsabilité »[1831]. Par conséquent, les justiciables se trouvent lésés et désarmés par rapport à l'administration, puisque ce critère aboutit dans la plupart des cas à établir l'irresponsabilité et l'immunité de

---

[1828] CAA Paris, 1er mars 2010, n° 07PA01850, *Sté Kaufman & Broad Développement*, préc.

[1829] Cass. com., 26 oct. 1993, n° 91-16.575, *Consorts Rezzonico et autres c/ Mizon ès qual. et autres*, préc., *D.* 1994, n° 17, p. 237, note N. DECOOPMAN ; CA Paris, 13 janv. 1994, *ADEVIC*, JurisData:1994-020199, *Gaz. Pal.*, 10 juill. 1994, n° 191-192, Juris., p. 14, note S. PETIT, *RD bancaire et de la bourse* 1994, p. 37 ; CA Paris, 26 janv. 1999, n° 97/27707, *Cauval Industries*, JurisData:1999-020028, *RTD com.* 1999, p. 464, note N. RONTCHEVSKY, *Bull. Joly Bourse* 1999, p. 475, obs. A. COURET, *RD bancaire et de la bourse* 1999, p. 34.

[1830] CAA Paris, 1er mars 2010, *Sté Kaufman & Broad Développement*, préc ; CE, 13 juin 2001, n° 211403, *Verdure*, préc.

[1831] M. CLINQUENNOIS, « Essai sur la responsabilité de l'État du fait de ses activités de contrôle et de tutelle », *LPA*, n° 98, 16 août 1995, p. 4.

l'administration[1832]. Cette situation pourrait même constituer une violation du droit à un recours effectif, dans la mesure où même retenu, le recours serait tout simplement illusoire.

D'autre part, la faute lourde a permis de passer du régime de l'irresponsabilité à l'établissement d'une responsabilité de la puissance publique. De ce fait, ce rôle serait bien révolu, et la survivance de la faute lourde est mal perçue. Comme le souligne Jacques-Henri STAHL, commissaire du gouvernement, dans ses conclusions sous l'arrêt *Theux*, « le régime de faute lourde [est perçu] comme un héritage édulcoré d'un ancien principe d'irresponsabilité de la puissance publique »[1833].

983. Ce qui a encouragé la majorité de la doctrine à plaider la cause de la faute simple est la tendance de la jurisprudence à favoriser ce critère, notamment dans des domaines où la faute lourde était bien ancrée[1834]. Depuis l'arrêt *Époux V* de 1992, les conclusions des commissaires du gouvernement affirment, presque toutes, le souhait de voir le régime de la faute simple généralisé[1835]. Plus encore, ils y voient même une démarche inéluctable car elle assurera une unification bénéfique des régimes de responsabilité tant pour les justiciables que pour le juge, sans pour autant bouleverser l'unité du droit[1836]. Dans une étude adoptée le 9 mai 1996, relative à la responsabilité pénale des agents publics en cas d'infractions non intentionnelles, le Conseil d'État avouait qu'il « pourrait être envisagé que la jurisprudence poursuive son évolution, en supprimant la nécessité d'une faute lourde pour les activités de tutelle et de contrôle »[1837].

[1832] *Cf.* en ce sens : N. POULET-GIBOT LECLERC, « La faute lourde n'a pas disparu, elle ne disparaîtra pas », *LPA*, n° 132, 3 juill. 2002, p. 16, spéc., p. 19.

[1833] J.-H. STAHL, concl. sur CE, sect., 20 juin 1997, n° 139495, *M. Theux*, préc. Pour Nadine POULET-GIBOT LECLERC ce critère « apparaît comme un élément de politique jurisprudentielle qui permet d'assurer des transitions, jadis entre un système d'irresponsabilité et l'introduction de la responsabilité pour faute de la personne publique, aujourd'hui entre un État décideur et un État régulateur. Ces périodes de transition nécessitent des « franchises de responsabilité » qui passeraient par le maintien de la faute lourde », *cf.* « La faute lourde n'a pas disparu, elle ne disparaîtra pas », art. cit., p. 16.

[1834] CE, ass., 10 avr. 1992, n° 79027, *Epoux V*, *Rec. CE* 1992, p. 171, JurisData:1992-040766 (les activités médicales) ; CE, ass., 9 avr. 1993, n° 138653, *M. G., M. D., M. B.*, *Rec. CE* 1993, p. 110, *AJDA* 1993, p. 344, chron. C. MAUGÜÉ et L. TOUVET, *RFDA* 1993, p. 583, concl. H. LEGAL, (les centres de transfusion sanguine) ; CE, sect., 20 juin 1997, *M. Theux*, préc., (les services de secours d'urgence) ; CE, sect., 13 mars 1998, n° 89370, *Améon*, *Rec. CE* 1998, p. 82, JurisData:1998-050037, *D.* 1998 p. 537 note G. LEBRETON, (secours en mer) ; CE, 29 avr. 1998, n° 164012, *Commune de Hannappes*, *Rec. CE* 1998, p. 185, JurisData:1998-050176, *RDP* 1998, p. 1001 note X. PRÉTOT, *D.* 1998, p. 535, note G. LEBRETON, (lutte contre l'incendie).

[1835] *Cf.* par exemple les conclusions de : H. LEGAL, *AJDA* 1992, p. 355, sur l'arrêt *Epoux V*, préc. ; J.-H. STAHL, *RFDA* 1998, p. 82, sur l'arrêt *Theux*, préc. ; L. TOUVET, CJEG, 1998, p. 197, sur arrêt *Améon*, préc.

[1836] *AJDA* 1998, p. 418, chron. F. RAYNAUD et P. FOMBEUR, à propos de l'arrêt *Améon*, préc.

[1837] Conseil d'État, *La responsabilité pénale des agents publics en cas d'infractions non intentionnelles* : étude adoptée par l'Assemblée générale du Conseil d'État le 9 mai 1996, Paris,

984. Nous l'avons vu, en matière de régulation économique, sans aucune ambiguïté, la jurisprudence retient le régime de la faute lourde. Le maintien de cette faute dans le cas des AAIRE, pourrait être mis sur le compte des nécessités de la régulation. En effet, l'on sait que le propre de cette dernière est la création et le maintien d'un équilibre dans différents secteurs économiques, et cela suppose « un niveau élevé de flexibilité et de souplesse afin d'assurer une adaptation constante de la réglementation et des techniques de contrôle à une situation mouvante »[1838]. Ainsi, avec le régime de la faute lourde, on garantit une marge d'action et d'initiative à ces autorités de régulation qui interviennent dans des secteurs très sensibles et en mutation constante.

Ce raisonnement défendu par le commissaire du gouvernement Alain SEBAN, et consacré dans L'arrêt *Kechichian* du 30 novembre 2001, a été sévèrement critiqué par la doctrine qui a exprimé un sentiment de déception et d'incompréhension[1839]. Pour certains auteurs, l'adoption de la faute simple nous aurait amenés au même résultat, avant d'ajouter que ce régime ne va pas établir la responsabilité de la puissance publique d'une manière systématique dans la mesure où il appartiendra au juge d'apprécier *in concreto* ce qui constitue un manquement fautif ou une simple erreur excusable[1840]. Donc, il est possible de préserver la marge d'action et d'initiative de l'administration même avec le régime de la faute simple.

985. Pour justifier sa solution le juge administratif fait appel, dans un considérant de principe, à « la nature des pouvoirs » qui sont dévolus aux AAIRE, c'est-à-dire un pouvoir de contrôle et de sanction. Cette large expression nous permet d'inclure même le pouvoir réglementaire reconnu à certaines d'entre elles. Si le juge avait parlé de la difficulté de la mission de ces autorités et des besoins de la régulation, l'argument aurait pu être dans une certaine mesure convaincant. En revanche, se prévaloir des pouvoirs reconnus à ces autorités pour justifier l'exigence de la faute lourde et tout à fait intrigant à notre sens. En effet, si l'on se place du côté de ces pouvoirs, exorbitants faut-il le rappeler, dans une démarche compensatoire, on devrait au contraire favoriser le régime de la faute simple. Étant donné la nature et les prérogatives de ces organismes, au lieu de favoriser l'impunité de la puissance publique, le sens de l'équité voudrait que ce soit les justiciables qui mériteraient d'être protégés et non ces autorités.

Donc, en principe les pouvoirs de ces autorités constituent beaucoup plus un argument pour généraliser le critère de la faute simple qu'un argument pour le réfuter. Tout d'abord, le fait que ces autorités soient déclarées indépendantes

---

La Documentation française, 1996, p.198. Sur la question, *cf.* Géraldine CHAVRIER qui estime que l'arrêt *Epoux V* de 1992 marque un processus de « sécularisation du droit de la responsabilité administrative », *cf.* « Essai de justification et conceptualisation de la faute lourde », *AJDA* 2003, p.1026.

1838 A. SEBAN, concl. sur CE, 30 nov. 2001, *Kechichian*, préc.

1839 A. BOURREL, note sous CE, 30 nov. 2001, *Kechichian*, préc.

1840 *Cf.* N. POULET-GIBOT LECLERC, « La faute lourde n'a pas disparu, elle ne disparaîtra pas », art. cit., p. 19 ; A. BOURREL, préc.

devrait encourager le renforcement du contrôle juridictionnel, notamment dans le cadre du contentieux de la responsabilité. Ensuite, n'oublions pas que certaines AAIRE sont dotées d'une personnalité morale, ce qui signifie en principe qu'elles engagent leur propre responsabilité, et c'est dans leur patrimoine qu'on va puiser le montant des éventuelles réparations. Même si la victime se retourne contre l'État, dans le cas d'insolvabilité de l'autorité de régulation, ce dernier pourra à son tour réclamer les sommes payées à l'autorité. Sinon, pour le reste des AAIRE qui ne bénéficient pas d'une personnalité morale, il nous paraît indispensable de distinguer les activités de contrôle de ces autorités de leur pouvoir purement répressif. Dans le premier cas, on pourrait continuer à exiger la faute lourde puisque c'est avant tout l'État qui fait face aux demandes d'indemnisation, et parce qu'il ne s'agit pas d'une demande directe, mais d'un préjudice subi du fait du contrôle et non du contrôleur lui-même[1841]. En revanche, il est préférable d'opter pour le régime de la faute simple à l'occasion du pouvoir de sanction.

[1841] Y. GAUDEMET, « Responsabilité de l'administration et nouvelles activités de contrôle », in *Vers de nouvelles normes en droit de la responsabilité publique*. Actes du colloque des 11 et 12 mai 2001 organisé par le Sénat, l'Université de Paris 13, avec le concours du ministère de l'Éducation nationale, La Documentation française, Coll., « Colloques du sénat », Paris, 2001. Disponible sur : http://www.senat.fr/colloques/colloque_responsabilite_publique/colloque_responsabilite_publique14.html.

CONCLUSION DU SECOND TITRE

986. Étant donné la nature des AAIRE et l'importance de leur pouvoir répressif, l'encadrement et le contrôle de l'exercice de ce pouvoir sont plus qu'indispensables. À ce sujet, les textes régissant ces autorités nous révèlent que l'encadrement juridique est loin d'être satisfaisant. En effet, les principes généraux et autres règles qui consacrent les différentes garanties de fond et de procédure, applicables en droit pénal, sont modérément appliqués en la matière. Arguant des caractéristiques de la sphère économique et des besoins spécifiques de la régulation économique, l'application de certains principes et règles garantissant les droits des ''justiciables'' s'en trouve être tout simplement assouplie.

987. Ce qui est frappant également dans la procédure contentieuse des AAIRE est sa disparité. Tout en adoptant certaines règles de droit commun, le législateur a prévu d'autres règles spécifiques à ce contentieux, différant d'une autorité à une autre, ce qui rend leur maîtrise difficile. C'est d'ailleurs la raison pour laquelle de nombreuses voix se sont prononcées pour l'adoption d'un code de procédure commun au contentieux de ces autorités.

988. La timidité de l'encadrement juridique dont fait l'objet le pouvoir répressif est atténuée par un contrôle juridictionnel rigoureux. Les personnes sanctionnées par les AAIRE peuvent en effet intenter un recours juridictionnel, qui de plus est de plein contentieux, ce qui permet au juge de contrôle, non seulement d'annuler la décision administrative répressive jugée illégale, mais aussi de la réformer en lui substituant une autre qu'il estime plus adéquate. Ce qui contraste avec le reproche tenant aux limites techniques du juge, avancé pour justifier l'octroi de ce pouvoir aux AAIRE.

Néanmoins, on déplore l'éclatement du contrôle juridictionnel entre les juges judiciaire et administratif, qui rend ce contrôle complexe et incohérent. Le souci de réaliser une bonne administration de la justice ne nous a pas paru convaincant, étant donné l'existence de plusieurs éléments dans l'organisation de ce contrôle qui contredisent un tel argument.

CONCLUSION DE LA SECONDE PARTIE

989. En contrepartie de l'important pouvoir répressif dont bénéficient les AAIRE, beaucoup de travail reste à faire quant à la sauvegarde des droits des personnes qui leur sont soumises. Qu'il s'agisse de la phase pré-décisoire ou de celle du prononcé de la sanction, ces autorités exercent une pléthore de pouvoirs plus conséquents que ceux dévolus au juge judiciaire et à l'administration traditionnelle. Malgré cela, les limites et autres contraintes juridiques qui pèsent sur ces autorités lors de leur exercice sont loin d'être rassurantes. Certes, grâce plus particulièrement au droit de l'Union Européenne et à la jurisprudence de la CEDH, des progrès considérables sont réalisés dans le sens de la protection des personnes soumises aux pouvoirs de ces autorités, toutefois cela reste insuffisant.

990. Même si le contrôle juridictionnel a pallié un tant soit peu le déficit de l'encadrement juridique, il n'en reste pas moins qu'il est rendu complexe du fait de son éclatement et de la disparité de sa procédure. Aussi, serait-il préférable d'unifier ce contrôle en désignant un seul ordre juridictionnel compétent. De même qu'il serait indispensable que le législateur unifie la procédure du contentieux des AAIRE, en prévoyant un code unique pour toutes ces autorités. En effet, il est inconcevable que des autorités ayant la même nature juridique et poursuivant le même objectif – la régulation économique – soient soumises à des règles différentes. Pis, on rencontre cette disparité au sein même d'une seule autorité, et on pense en particulier au contentieux de l'AMF dont le contrôle juridictionnel et la procédure diffèrent selon qu'il concerne un professionnel ou un non-professionnel.

CONCLUSION GÉNÉRALE

991. Contrairement à ce que peut suggérer le mythe de la déréglementation et du retrait de l'État de la sphère économique, ce dernier est toujours présent, en force même, mais sous de nouvelles formes. À titre d'exemple, « en passant de son état de Gendarme à celui de Providence, en arrivant à celui de Régulateur, l'État n'a non seulement rien abandonné, ou presque, de son arsenal de sanction, mais il a, tout au contraire, enrichi ce dernier, et perfectionné les modalités de son utilisation »[1842]. Il s'agit en fin de compte d'une politique continue, dans la mesure où chaque forme d'État a conservé quasiment l'ensemble du dispositif répressif de la forme qui l'a précédé. Cependant, le pas a été franchi à l'occasion de la création des AAIRE, où l'on a clairement fait sortir le pouvoir de sanction administratif de ses limites et de son « exceptionnalité », au point de le banaliser. L'engouement envers ce mode de sanction a été justifié par la quête de l'efficacité, de la réactivité et de la souplesse que commande la sphère économique.

992. Toutefois, les critiques dont le pouvoir répressif administratif a fait l'objet, ont porté leurs fruits, puisqu'il a été soumis quasiment aux mêmes garanties que celles prévues en droit pénal. Au rythme où va la consécration des principes portant sur ces garanties, il est tout à fait légitime et logique de nourrir des doutes sur les avantages recherchés. En effet, l'un des arguments avancés pour justifier le pouvoir répressif des AAIRE et la dépénalisation dont ont bénéficié certaines d'entre elles, est la souplesse de la procédure répressive administrative affranchie de quelques principes et règles qui alourdissent la sanction pénale. Or, en pénalisant le pouvoir de sanction de ces autorités, l'efficacité pratique, tant louée et recherchée, de la sanction administrative n'est-elle pas compromise ? L'évolution ''subie'' par cette sanction, notamment après la montée en puissance de la notion des droits de l'homme, n'a-t-elle pas dépouillé le pouvoir répressif des AAIRE de ses avantages ? En se basant sur les arguments l'ayant justifié, l'on est en droit de douter de la pertinence de l'affirmation selon laquelle leur pouvoir de sanction constitue une réaction rapide et efficace.

1842 J.-F. DAVIGNON, « Quelle place pour la répression administrative dans notre ordonnancement juridique ? », art. cit., p. 5.

993. Dès lors qu'on ne cesse de renforcer les garanties entourant l'exercice du pouvoir répressif des AAIRE, au point que la procédure ressemble à celle en vigueur devant le juge, l'on se retrouve devant deux hypothèses ou voies d'évolution[1843]. La première d'entre elles est la juridictionnalisation des instances répressives des AAIRE, à savoir les commissions de sanctions, et autres formations et comités. En plus d'être organisées sur le modèle des juridictions, ces instances exercent bel et bien une fonction contentieuse et, en conséquence, leurs décisions répressives peuvent aisément être qualifiées d'actes juridictionnels. Néanmoins, malgré un tel état de fait l'on persiste à leur dénier la qualité de juridictions, ce qui a donné naissance à une sorte de juridictions déguisées, ou de fait, au sein de ces autorités de régulation.

Du moment qu'il ne s'agit pas de requalifier les AAIRE elles-mêmes, mais leurs organes répressifs, et étant donné que les arguments avancés pour justifier la dotation de ces autorités d'un pouvoir répressif ne sont plus de mise, notamment après la soumission de ce dernier aux mêmes principes de fond et de forme que la procédure pénale, on ne voit pas ce qui pourrait empêcher de qualifier ces organes de juridictions. En effet, en l'état actuel des choses, rien n'empêche le législateur de les considérer comme des juridictions lorsqu'elles usent de leur pouvoir de sanction. N'a-t-il pas qualifié l'ancienne Commission bancaire de juridiction lorsqu'elle usait de son pouvoir répressif ? S'il a pu qualifier toute une AAIRE de juridiction, lorsqu'elle prononce des sanctions, ne peut-il pas le faire pour les instances répressives des AAIRE qui n'ont pour mission que le prononcé des sanctions ?

994. La seconde hypothèse, ou la seconde voie d'évolution possible, consiste en la juridictionnalisation du pouvoir répressif des AAIRE, autrement dit son transfert à des juridictions. Jusqu'à présent, on a connu la dépénalisation, l'on se demande s'il arrivera le jour où on pourra parler de ''désadministrativation'' des sanctions. C'est-à-dire une sorte de « dépénalisation à l'envers », consistant à faire sortir de la répression administrative certaines infractions au profit de la répression pénale. Dans la mesure où le renforcement des garanties est arrivé au point où la procédure répressive de ces autorités de régulation ressemble à celle en vigueur devant le juge, pourquoi ne pas transférer leur pouvoir de sanction à ce dernier ? Étant le détenteur légitime et historique du pouvoir répressif, l'original vaudrait sûrement mieux que sa copie.

Plusieurs facteurs plaident pour l'emprunt de cette voie. Tout d'abord, tout en continuant à bénéficier de tous les autres pouvoirs et prérogatives, ces autorités de régulation gagneraient à se ''débarrasser'' de leur pouvoir répressif qui les a complètement ''déformées''. Compte tenu de leur composition, de leurs modes de fonctionnement et d'organisation, personne ne peut nier le rôle que jouent ces autorités dans la régulation économique, en particulier dans le cadre de leur pouvoir réglementaire, d'avis, de propositions,

---

[1843] Certes, il en existe sûrement d'autres voies à explorer, mais ces deux-là nous paraissent les plus proches de l'état actuel des choses.

de contrôle et de règlement des différends. Il est donc intéressant de leur laisser de tels pouvoirs, mais en les ''libérant'' de leur pouvoir répressif, source d'invasion de la procédure pénale, qui les éloigne un peu plus chaque jour de leur forme originale. Dans cette nouvelle configuration, le rôle des AAIRE, en matière de sanction, devrait s'arrêter au stade des poursuites. Elles seront comme une sorte de « Parquet spécialisé »[1844] en matière économique.

995. Par ailleurs, l'argument consistant à remettre en cause les capacités techniques du juge n'est pas réellement convaincant, dans la mesure où en exerçant un contrôle de pleine juridiction, qui lui permet de réformer les décisions des autorités de régulation, le juge de contrôle présente une réelle compétence technique. Qu'on le veuille ou non, une telle démarche est un aveu et une reconnaissance de la maîtrise technique du juge de contrôle compétent[1845]. Mieux encore, contrairement aux AAIRE et malgré quelques réserves, la légitimité et l'indépendance du juge sont une chose reconnue et appréciée[1846].

D'autre part, le législateur pénal a fait des efforts importants pour réduire et contenir les critiques portées à l'encontre des sanctions pénales. C'est le cas, à titre d'exemple, de « la variété des peines complémentaires, dont la proportionnalité n'est pas contrôlée par la Cour de cassation, et la création de procédures expéditives »[1847].

Enfin, la juridictionnalisation du pouvoir répressif des AAIRE peut se faire soit au profit des juridictions déjà existantes, soit au profit de nouvelles juridictions spécialisées qui seraient créées en la matière, c'est-à-dire des « juridictions économiques ». Cependant, la première option nous paraît la plus plausible.

996. Évoquant, « l'invasion procédurale du pouvoir de sanction par l'article 6§1 de la CESDH » qui a complètement déformé l'originalité des AAI, Thierry TUOT a jugé qu'« il serait temps [...] de tirer les leçons des dix ou quinze dernières années en modifiant la convention européenne des droits de l'homme de façon à prévoir celles des garanties que l'on est en droit d'attendre d'une procédure administrative de sanction conduite par les autorités administratives indépendantes. Que l'on cesse, enfin, de distordre le texte de cette convention, qui n'avait jamais été prévu à cette fin, en l'adaptant aux quasi-juridictions que sont prétendument devenues les autorités de régulation »[1848]. Il s'agirait donc de modifier le texte de la Convention pour la mettre en adéquation avec le ''phénomène AAI''. Certes, les textes juridiques ne sont tout de même pas un ''livre saint'' et ce que l'homme a fait, il peut

---

1844 J.-M. SAUVÉ, « Les sanctions administratives en droit public français », art. cit., p. 23 ; J. QUASTANA, « La sanction administrative est-elle encore une décision de l'administration ? », art. cit., p. 146.

1845 *Cf.* A. TAIBI, « La justification du pouvoir de sanction des AAI de régulation est-elle toujours pertinente ? », art. cit.

1846 *Cf.* dans ce sens : T. TUOT, « Quel avenir pour le pouvoir de sanction des autorités administratives indépendantes ? Les organismes de régulation économique », *AJDA* 2001, p. 135, spéc., p. 137.

1847 J.-H. ROBERT, « L'alternative entre les sanctions pénales et les sanctions administratives », art. cit., p. 90.

1848 T. TUOT, *ibid.*

également le défaire pour accompagner l'évolution de la société. Les règles de droit ne sauraient être figées dès lors qu'elles reflètent au contraire des phénomènes sociétaux. Cependant, nous estimons qu'avant de s'attaquer à la CESDH, on devrait commencer par modifier les textes au niveau national pour que la notion d'AAI puisse trouver une assise légitime. Car, faut-il le reconnaître, cette notion semble contredire avant tout des règles et des principes du droit national, même si l'on a préféré interpréter ces derniers de manière à faire passer et accepter ces nouvelles autorités, au risque de s'éloigner de leur véritable signification.

997. Au-delà de la juridictionnalisation de leur pouvoir répressif, le moins que l'on puisse faire est de mettre un terme à l'hétérogénéité de la procédure répressive devant ces autorités. Il est, en effet, incompréhensible que l'on puisse adopter des règles procédurales complètement différentes devant des autorités ayant la même nature juridique, bénéficiant des mêmes pouvoirs et poursuivant le même objectif bien que dans des secteurs distincts. Pis encore, ce problème peut se poser même au sein d'une même AAIRE, comme dans le cas de l'AMF dont le contentieux peut relever de la compétence du juge administratif ou du juge judiciaire.

Dès lors que la notion d'AAI elle-même est source de méfiance et d'interrogations, n'est-ce pas donc une complexification de plus que de prévoir des procédures différentes dans l'exercice de leur pouvoir répressif ? Une telle démarche représente même des risques pour la sécurité juridique. C'est la raison pour laquelle des voix se sont élevées pour suggérer l'adoption d'un code de procédure unifiant les règles de procédure applicables devant ces autorités. Il est en effet souhaitable, pour plus de clarté, d'homogénéité et de confiance, que le législateur prévoie, si ce n'est tout un code de procédure, des règles de procédure communes à l'ensemble des AAIRE. Le législateur ne doit pas omettre qu'on est dans une sphère dont les acteurs aspirent à une « absence de la volatilité de la législation […], un minimum de réglementation standardisée, raisonnable, facilement identifiable et appliquée clairement [et à], des éléments de bonne gouvernance »[1849].

998. L'on a également remarqué, tout au long de cette étude, que l'objectif d'efficacité pratique a souvent été mis en avant pour justifier certains avantages accordés aux acteurs de la sphère économique, et ce, au risque d'instaurer une justice et un droit parallèles dans la société. Or, le principe d'égalité implique un traitement identique, sans omettre bien évidemment les spécificités de chaque catégorie juridique.

C'est également ce même objectif qui est retenu pour justifier la relégation des droits de la défense à un second rang en matière économique. Cependant, il ne devrait pas exister d'incompatibilité entre, d'une part, la promotion des investissements et, d'autre part, l'égalité devant la loi et la protection des

---

[1849] Th. W. WÄLDE, *Nouveaux horizons pour le droit international des investissements dans le contexte de la mondialisation de l'économie*, Paris, Pedone, Coll., IHEI, « Cours et Travaux », 2004, p. 20.

droits de l'homme. Les pouvoirs publics ne peuvent et ne doivent dissocier les droits de l'homme du droit économique ; il faut « apprendre à conjuguer économie et droits de l'homme pour inventer un droit commun réellement pluraliste »[1850]. Certes, « le marché, l'entreprise, les valeurs économiques, la consommation constituent les mécanismes formels dominants de la société contemporaine », mais « le droit économique devrait essentiellement avoir pour objet de poser des limites à l'économique »[1851].

Toutefois, un tel constat n'est pas propre au droit français et reflète un phénomène mondial. Mireille DELMAS-MARTY parle à ce propos de « dyschronie »[1852], une situation qui désigne les dysfonctionnements créés par les écarts de vitesses entre le commerce mondial et les droits de l'homme. L'auteur relève, d'ailleurs avec pertinence, que « la vitesse d'intégration des normes mondiales du commerce est beaucoup plus rapide que celle des normes relatives aux droits de l'homme. Alors que l'universalisme des droits de l'homme a été proclamé en 1948, tandis que l'Organisation mondiale du commerce date de 1994, les droits de l'homme, qui avaient une bonne longueur d'avance, restent à la traîne. Il y a déjà une cour mondiale du commerce avec l'Organe d'appel de l'OMC, alors qu'il n'y a toujours pas de cour mondiale des droits de l'homme ». Pour elle, « l'universalisme suppose l'indivisibilité, et l'on ne reconnaîtra vraiment le caractère universel des droits de l'homme en particulier, et plus largement celui de l'ordre juridique mondial, que si l'on admet qu'il est impossible de dissocier le droit du commerce des autres droits, de la personne ou de l'environnement »[1853].

999. À notre sens, une telle situation n'est pas près de changer tant que le droit subit l'écrasement et le poids du politique. De nos jours, c'est le politique qui prédétermine le juridique[1854]. Le droit apparaît, en effet, comme un simple

---

1850 G. FARJAT, « Le droit économique et l'essentiel (pour un colloque sur l'éthique) », *RIDE* 2002, n° 16, p. 154. *Cf.* également, Thomas W WÄLDE, qui a mis l'accent sur la nécessité de revoir entièrement « la présentation » du droit international des investissements, en prenant en compte des questions telles que l'accès libre et non discriminatoire, et le développement des droits de droits de l'homme, *cf. Nouveaux horizons pour le droit international des investissements dans le contexte de la mondialisation de l'économie*, *op. cit.*, p. 9.

1851 G. FARJAT, *ibid.*

1852 « Humaniser la mondialisation » : entretien avec Mireille DELMAS-MARTY, publié dans laviedesidees.fr, le 25 sept. 2009 (disponible sur : http://www.laviedesidees.fr/IMG/pdf/20090928_delmas.pdf).

1853 *Ibid.*

1854 L'équilibre normatif est tout simplement bouleversé : désormais, d'une manière générale, ce n'est plus le Parlement, organe représentatif de la souveraineté nationale, qui produit la loi. Cette dernière n'est plus l'expression de la volonté générale et devient de plus en plus « administrative », *cf.* Y. GAUDEMET, « La loi administrative », art. cit., p. 165. Sur le sujet, *cf.* Conseil d'État, Rapport public 2006, « Considérations générales : Sécurité juridique et complexité du droit », Coll., « EDCE », n° 57, La DF, 2006, p. 229 ; R. VANNEUVILLE, « Sécuriser le droit pour mieux gouverner les conduites : les enjeux sociopolitiques de la promotion de la sécurité juridique », *Revue Gouvernance*, Vol. 5, n° 2, automne 2008 ; G. HISPALIS, « Pourquoi tant de loi(s) ? », *Pouvoirs* 2005, n° 114, p. 101 ; R. DRAGO, « Le droit à l'expérimentation », *in* Y. GAUDEMET et O. GOHIN (dir.), *République décentralisée*, Paris,

instrument entre les mains du pouvoir politique, pour qui le respect des principes et théories juridiques, même bien ancrés, constitue le cadet de ses soucis. La consécration de la notion d'AAI, leur détention de pouvoirs exorbitants et l'éclatement du contrôle juridictionnel dont elles font l'objet, aux dépens de règles et principes juridiques fondant le système juridique français, en est le meilleur exemple.

1000. Sur un autre registre, cette étude nous a révélé également que le pouvoir répressif de l'administration est souvent présenté comme étant disciplinaire. Ce qui n'est pas tout à fait vrai, sauf à vouloir adhérer complètement à la théorie institutionnelle qui érige également le droit pénal en droit disciplinaire. Il est vraiment temps de revoir la notion de « sanction administrative » et cesser de la rattacher abusivement au pouvoir disciplinaire. Il est inacceptable de mettre sur le même plan d'égalité le pouvoir de sanction qu'exerce l'administration sur un fonctionnaire, ou celui qu'exerce la direction d'une entreprise privée sur ses salariés, et le pouvoir de sanction qu'exercent les AAIRE sur les acteurs de la sphère économique. Par ailleurs, vouloir restreindre la qualité de sanction administrative aux seules sanctions pécuniaires sans les autres sanctions restrictives ou privatives de droits, ou même les sanctions morales, c'est tout simplement refuser d'admettre une réalité bien claire ; toutes ces sanctions ne sont-elles pas prononcées par la même autorité, dans la même procédure et prévues pour « réprimer » les mêmes faits ? Dans ces conditions, est-il logique de ne reconnaître la qualité de sanctions administratives qu'aux « amendes administratives » ? Pourquoi et sur quelle base dénier cette qualité aux autres sanctions ? Certes, l'on a fait appel aux mêmes sanctions, naguère connues en matière disciplinaire (sanctions restrictives ou privatives de droit, avertissement, etc.), mais est-ce suffisant pour les considérer comme disciplinaires ? Par ailleurs, le droit pénal contient lui aussi des sanctions restrictives ou privatives de droit.

1001. En somme, l'évolution et la prolifération des AAIRE semblent contredire ceux qui ont estimé, à leur apparition, qu'elles constituaient une solution isolée pour des problèmes ponctuels[1855]. À supposer même qu'elles aient vu le jour pour cette raison-là, le pouvoir politique a préféré les garder pour s'en servir comme une sorte d'écran ; en cas d'échec d'une politique quelconque, en lieu et place de l'administration traditionnelle, ce sont ces autorités, censées réguler le secteur en cause, qui seront responsables et condamnables. Enfin, on a souvent prédit le retrait et à la disparition de ces organismes une fois la concurrence et l'équilibre assurés dans le secteur régulé, néanmoins le phénomène de fusion entre AAIRE, conjugué à la volonté de constitutionnaliser cette notion, semble démontrer la volonté de faire de ces autorités un acteur à part entière du paysage politico-administratif.

Ed. Panthéon-Assas, 2004, p. 67 ; Ch.-A. MORAND (dir.), *Évaluation législative et lois expérimentales*, Aix-en-Provence, Presses universitaires d'Aix-Marseille, 1993.

[1855] *Cf.* dans ce sens : C. TEITGEN-COLLY, « Les instances de régulation et la Constitution », art. cit., p. 157.

BIBLIOGRAPHIE

I. TEXTES JURIDIQUES

1. Au niveau international, européen et régional

Déclaration universelle des droits de l'homme (**DUDH**) du 10 décembre 1948.

Déclaration des Droits de l'Homme et du Citoyen du 26 août 1789 (**DDHC**).

Pacte international relatif aux droits civils et politiques (**PIDCP**). Adopté le 16 décembre 1966 ; entré en vigueur le 23 mars 1976 :
- Adhésion de la France par la loi n° 80-460 du 25 juin 1980, JORF du 26 juin 1980, p. 1569, avec effet le 4 février 1981.

Convention Européenne de Sauvegarde des Droits de l'Homme et des Libertés Fondamentales (**CESDH**), adoptée en 1950 et entrée en vigueur en 1953. Ratifiée par la France le 3 mai 1974 : décret n° 74-360 du 3 mai 1974, JORF du 4 mai 1974, p. 4750.

Convention européenne pour la prévention de la torture et des peines, ou traitements inhumains ou dégradants (**CPT**) : loi d'autorisation d'approbation n° 88-1243 du 30 décembre 1988, JORF du 3 janv. 1989, p. 57 ; décret de publication n° 89-283 du 2 mai 1989, JORF du 6 mai 1989, p. 5789.

La Directive n° 90/388/CEE de la Commission européenne, du 28 juin 1990, relative à la concurrence dans les marchés des services de télécommunication, JOCE n° L 192 du 24 juill. 1990, p. 10.

La Directive 93/22/CEE du Conseil européen, concernant les services d'investissement dans le domaine des valeurs mobilières, JOCE n° L 141 du 11 juin 1993, p. 27.

La Directive n° 95/62/CE du Parlement européen et du Conseil, du 13 déc. 1995, relative à l'application de la fourniture d'un réseau ouvert (ONP) à la téléphonie vocale, JOCE n° L 321 du 30 déc. 1995, p. 6.

La Directive n° 96/92/CE du Parlement européen et du Conseil, du 19 déc. 1996, concernant des règles communes pour le marché intérieur de l'électricité, JOCE n° L 27 du 30 janv. 1997, p. 20.

La Directive n° 97/67/CE du Parlement européen et du Conseil, du 15 déc. 1997, concernant des règles communes pour le développement du marché intérieur des services postaux de la Communauté et l'amélioration de la qualité du service, JOCE n° L 15 du 21 janv. 1998, p. 14.

La Directive n° 98/34/CE du Parlement européen et du Conseil, du 22 juin 1998, prévoyant une procédure d'information dans le domaine des normes et réglementations techniques, JOCE n° L 204 du 21 juill. 1998, p. 37.

La Directive n° 2002/39/CE du Parlement européen et du Conseil, du 10 juin 2002, modifiant la directive 97/67/CE en ce qui concerne la poursuite de l'ouverture à la concurrence des services postaux de la Communauté, JOCE n° L 176 du 5 juill. 2002, p. 21.

La Directive n° 2003/6/CE du Parlement européen et du Conseil du 28 janvier 2003, sur les opérations d'initiés et les manipulations de marché (abus de marché), *JOCE* n° L 96 du 12 avr. 2003, p. 16.

La Directive n° 2014/57/UE du Parlement européen et du Conseil du 16 avr. 2014, relative aux sanctions pénales applicables aux abus de marché (directive relative aux abus de marché), *JOUE* n° L 173, 12 juin 2014, p. 179.

Règlement (CE) n° 1/2003 du Conseil européen du 16 déc. 2002, relatif à la mise en œuvre des règles de concurrence prévues aux articles 81 et 82 du Traité instituant la Communauté Européenne, JOUE n° L 1 du 4 janv. 2003, p. 1.

Règlement n° 596/2014 du Parlement européen et du Conseil du 16 avril 2014 sur les abus de marché (règlement relatif aux abus de marché) et abrogeant la directive 2003/6/CE du Parlement européen et du Conseil et les directives 2003/124/CE, 2003/125/CE et 2004/72/CE de la Commission, *JOUE* n° L 173, 12 juin 2014, p. 1.

Communication 2005/C 325/07 de la Commission européenne, du 22 déc. 2005, relative aux règles d'accès au dossier de la Commission dans les affaires relevant des articles 81 [CE] et 82 [CE], des articles 53, 54 et 57 de l'accord EEE et du règlement (CE) n° 139/2004 du Conseil européen, JOUE n° C 325, p. 7.

Conseil de l'Europe, Recommandation Rec(2006)2 du Comité des Ministres aux États membres sur les Règles pénitentiaires européennes, adoptée par le Comité des Ministres le 11 janv. 2006, lors de la 952ème réunion des Délégués des Ministres. Disponible sur : https://wcd.coe.int/ViewDoc.jsp?id=955547.

2. Au niveau interne

A. Lois fondamentales

Constitution du 4 oct. 1958.

Loi constitutionnelle n° 2008-724 du 23 juill. 2008 de modernisation des institutions de la Vème République, JORF n° 0171 du 24 juill. 2008, p. 11890.

B. Codes, lois et ordonnances

Code de la santé publique.

Code monétaire et financier.

Code de justice administrative.

Code civil.

Code pénal.

Code de procédure civile.

Code de procédure pénale.

Code des assurances.

Code des mutuelles.

Code de l'énergie.

Code des postes et des communications électroniques.

Code des relations entre le public et l'administration.

Code des transports.

Loi 24 sept. 1941, modifiant la loi du 23 août 1940 contre l'alcoolisme, JORF du 8 oct. 1941, p. 4330.

Ordonnance n° 45-1483 du 30 juin 1945, relative aux pris, JORF du 8 juill. 1945, p. 4150.

Loi n° 45-1484 du 30 juin 1945, relative à la constatation, la poursuite et la répression des infractions à la législation économique, JORF du 8 juill. 1945, p. 4156.

Loi n° 52-401 du 14 avr. 1952, portant loi de finances pour l'exercice 1952, JORF du 15 avr. 1952, p. 3923.

Ordonnance n° 67-833 du 28 sept. 1967, instituant une commission des opérations de bourse et relative à l'information des porteurs de valeurs mobilières et à la publicité de certaines opérations de bourse, JORF du 29 sept. 1967, p. 9589.

Loi n° 71-1130 du 31 déc. 1971, portant réforme de certaines professions judiciaires et juridiques, JORF du 5 janv. 1972, p. 131.

Loi n° 77-806 du 19 juill. 1977, relative au contrôle de la concentration économique et à la répression des ententes illicites et des abus de position dominante, JORF du 20 juill. 1977, p. 3833.

Loi n° 78-17 du 6 janv. 1978, relative à l'information, aux fichiers et aux libertés, JORF du 7 janv. 1978, p. 227.

Loi n° 78-753 du 17 juill. 1978, portant diverses mesures d'amélioration des relations entre l'administration et le public et diverses dispositions d'ordre administratif, social et fiscal, JORF du 18 juill. 1978, p. 2851.

Loi n° 79-587 du 11 juill. 1979, relative à la motivation des actes administratifs et à l'amélioration des relations entre l'administration et le public, JORF du 12 juill. 1979, p. 1711.

Loi n° 80-538 du 16 juill. 1980, relative à la communication de documents et renseignements d'ordre économique, commercial, industriel, financier ou technique à des personnes physiques ou morales étrangères, JORF du 17 juill. 1980, p. 1799.

Loi n° 82-652 du 29 juill. 1982, sur la communication audiovisuelle, JORF du 30 juill. 1982, p. 2431.

Loi n° 84-16 du 11 janv. 1984, portant dispositions statutaires relatives à la fonction publique de l'État, JORF du 12 janv. 1984, p. 271.

Loi n° 84-937 du 23 oct. 1984, visant à limiter la concentration et assurer la transparence financière et le pluralisme des entreprises de presse, JORF du 24 oct. 1984, p. 3323.

Loi n° 85-1408 du 30 déc. 1985, portant amélioration de la concurrence, JORF du 31 déc. 1985, p. 15513.

Ordonnance n° 86-1243 du 1er déc. 1986, relative à la liberté des prix et de la concurrence, JORF du 9 déc. 1986, p. 14773.

Loi n° 87-499 du 6 juill. 1987, transférant le contentieux des décisions du Conseil de la concurrence à la juridiction judiciaire, JORF du 7 juill. 1986.

Loi n° 88-70 du 22 janv. 1988, sur les Bourses de valeurs, JORF du 23 janv. 1988, p. 1111

Loi n° 89-25 du 17 janv. 1989, modifiant la loi n° 86-1067 du 30 sept. 1986 relative à la liberté de communication, JORF du 18 janv. 1989, p. 728.

Loi n° 89-531 du 2 août 1989, relative à la sécurité et à la transparence du marché financier, JORF du 4 août 1989, p. 9822.

Loi n° 92-683 du 22 juill. 1992, portant réforme des dispositions générales du code pénal, JORF n° 169 du 23 juill. 1992, p. 9864.

Loi n° 95-125 du 8 févr. 1995, relative à l'organisation des juridictions et à la procédure civile, pénale et administrative JORF n° 34 du 9 févr. 1995, p. 2175.

Loi n° 96-597 du 2 juill. 1996, de modernisation des activités financières, JORF n° 154 du 4 juill. 1996, p. 10063.

Loi n° 96-659 du 26 juill. 1996, portant réglementation des télécommunications, JORF n° 174 du 27 juill. 1996, p. 11384.

Loi n° 97-308 du 7 avr. 1997, modifiant les articles 54, 62, 63 et 66-5 de la loi n° 71-1130 du 31 décembre 1971, portant réforme de certaines professions judiciaires et juridiques, JORF n° 0082 du 8 avr. 1997, p. 5323.

Loi n° 2000-108 du 10 févr. 2000, relative à la modernisation et au développement du service public de l'électricité, JORF n° 35 du 11 févr. 2000, p. 2143.

Loi n° 2000-321 du 12 avr. 2000, relative aux droits des citoyens dans leurs relations avec l'administration JORF n° 88 du 13 avr. 2000, p. 5646.

Loi n° 2000-516 du 15 juin 2000, renforçant la protection de la présomption d'innocence et les droits des victimes, JORF n°138 du 16 juin 2000, p. 9038.

Loi n° 2000-597 du 30 juin 2000, relative au référé devant les juridictions administratives, JORF n° 151 du 1 juill. 2000, p. 9948.

Ordonnance n° 2000-916 du 19 sept. 2000, portant adaptation de la valeur en euros de certains montants exprimés en francs dans les textes législatifs, JORF n° 0220 du 22 sept. 2000, p. 14877.

Loi n° 2001-420 du 15 mai 2001, relative aux nouvelles régulations économiques (NRE), JORF n° 113 du 16 mai 2001, p. 7776.

Loi n° 2003-8 du 3 janv. 2003, relative aux marchés du gaz et de l'électricité et au service public de l'énergie, JORF du 4 janv. 2003, p. 265.

Loi n° 2003-706 du 1er août 2003, de sécurité financière, JORF n° 177 du 2 août 2003, p. 13220.

Loi n° 2004-130 du 11 févr. 2004, réformant le statut de certaines professions judiciaires ou juridiques, des experts judiciaires, des conseils en propriété industrielle et des experts en ventes aux enchères publiques, JORF n° 36 du 12 févr. 2004, p 2847.

Loi n° 2004-810 du 13 août 2004, relative à l'assurance-maladie, JORF n° 190 du 17 août 2004, p. 14598.

Ordonnance n° 2004-1173 du 4 nov. 2004, portant adaptation de certaines dispositions du Code de commerce au droit communautaire de la concurrence, JORF du 5 nov. 2004, p. 18689.

Loi n° 2004-1485 du 30 déc. 2004, de finances rectificative pour 2004, JORF n° 304 du 31 déc. 2004, p. 22522.

Loi n° 2004-1486 du 30 déc. 2004, portant création de la Haute Autorité de lutte contre les discriminations et pour l'égalité, JORF n° 0304 du 31 déc. 2004, p. 22567.

Loi n° 2005-516 du 20 mai 2005, relative à la régulation des activités postales, JORF n° 117 du 21 mai 2005, p. 8825.

Loi n° 2005-781 du 13 juill. 2005, de programme fixant les orientations de la politique énergétique, JORF n° 163 du 14 juill. 2005, p. 11570.

Loi n° 2005-1564 du 15 déc. 2005, portant diverses dispositions d'adaptation au droit communautaire dans le domaine de l'assurance JORF du 16 déc. 2005, p. 19348.

Loi n° 2006-405 du 5 avr. 2006, relative à la lutte contre le dopage et à la protection de la santé des sportifs, JORF n° 82 du 6 avr. 2006, p. 5193.

Loi n° 2006-1537 du 7 déc. 2006, relative au secteur de l'énergie, JORF n° 284 du 8 déc. 2006, p. 18531.

Loi n° 2007-1774 du 17 déc. 2007, portant diverses dispositions d'adaptation au droit communautaire dans les domaines économique et financier, JORF du 18 déc. 2007, p. 20354.

Loi n° 2008-776 du 4 août 2008, de modernisation de l'économie JORF n° 181 du 5 août 2008, p. 12471.

Ordonnance n° 2008-1161 du 13 nov. 2008, portant modernisation de la régulation de la concurrence, JORF n° 0265 du 14 nov. 2008, p. 17391.

Ordonnance n° 2009-233 du 26 févr. 2009, réformant les voies de recours contre les visites domiciliaires et les saisies de l'Autorité des Marchés Financiers, JORF n° 0049 du 27 févr. 2009, p. 3486.

Ordonnance n° 2009-375 du 1er avr. 2009, relative à la réformation des voies de recours contre certaines visites et saisies administratives, JORF n° 0079 du 3 avr. 2009, p. 9822.

Loi n° 2009-669 du 12 juin 2009, favorisant la diffusion et la protection de la création sur internet, JORF n° 0135 du 13 juin 2009, p. 9666.

Loi n° 2009-1436 du 24 nov. 2009, pénitentiaire, JORF n° 0273 du 25 nov. 2009, p. 20192.

Loi n° 2009-1503 du 8 déc. 2009, relative à l'organisation et à la régulation des transports ferroviaires et portant diverses dispositions relatives aux transports, JORF n° 0285 du 9 déc. 2009, p. 21226.

Loi organique n° 2010-830 du 22 juill. 2010, relative à l'application de l'article 65 de la Constitution, JORF n° 0168 du 23 juill. 2010, p. 13562.

Loi organique n° 2011-333 du 29 mars 2011, relative au Défenseur des droits, JORF n ° 0075 du 30 mars 2011.

Ordonnance n° 2011-504 du 9 mai 2011, portant codification de la partie législative du code de l'énergie, JORF n° 0108 du 10 mai 2011, p. 7954.

Loi n° 2011-525 du 17 mai 2011, de simplification et d'amélioration de la qualité du droit, JORF n°115 du 18 mai 2011, p. 8537.

Loi n° 2013-672 du 26 juill. 2013, de séparation et de régulation des activités bancaires, JORF n° 0173 du 27 juill. 2013, p. 12530.

Loi n° 2013-1028 du 15 nov. 2013, relative à l'indépendance de l'audiovisuel public, JORF n° 0266 du 16 déc. 2013, p. 18622.

Ordonnance n° 2014-1332 du 6 nov. 2014, portant diverses dispositions d'adaptation de la législation au mécanisme de surveillance unique des établissements de crédit (JORF n° 0258 du 7 nov. 2014, p. 18791.

Loi n° 2016-819 du 21 juin 2016 réformant le système de répression des abus de marché, JORF du 22 juin 2016.

Loi n° 2016-1321 du 7 octobre 2016 pour une République numérique, JORF du 8 octobre 2016.

Loi oraganique n° 2017-54 du 20 janv. 2017, relative aux autorités administratives indépendantes et autorités publiques indépendantes, JORF du 21 janv. 2017.

Loi n° 2017-55 du 20 janv. 2017, portant statut général des autorités administratives indépendantes et des autorités publiques indépendantes, JORF du 21 janv. 2017.

C. Textes réglementaires

Décret n° 83-1025 du 18 nov. 1983, relatif aux relations entre l'Administration et les usagers, JORF du 3 déc. 1983, p. 3492.

Décret n° 84-708 du 24 juill. 1984, pris pour l'application de la loi n° 84-46 du 24 janv. 1984 relative à l'activité et au contrôle des établissements de crédit, JORF du 25 juill. 1984, p. 2444.

Décret n° 88-603 du 7 mai 1988, relatif aux recours exercés devant la cour d'appel de Paris contre les décisions du Conseil du marché à terme et du Conseil des bourses de valeurs, JORF du 8 mai 1988, p. 6606.

Décret n° 90-263 du 23 mars 1990, relatif à la procédure d'injonctions et de sanctions administratives prononcées par la Commission des opérations de bourse et aux recours contre les décisions de cette commission qui relèvent de la compétence du juge judiciaire, JORF n° 72 du 25 mars 1990, p. 3655.

Décrets n°s 2000-720 et 2000-721 du 2 août 2000, modifiant le décret n° 68-23 du 3 janv. 1968, portant organisation administrative et financière de la Commission des opérations de bourse, JORF du 2 août 2000, p. 11938.

Décret n° 2003-1109 du 21 nov. 2003, relatif à l'Autorité des marchés financiers, JORF n° 271 du 23 nov. 2003, p. 19904.

Décret n° 2005-1667 du 27 déc. 2005, modifiant le décret n° 87-849 du 19 oct. 1987 relatif aux recours exercés devant la cour d'appel de Paris contre les décisions du Conseil de la concurrence, JORF n° 302 du 29 déc. 2005, p. 20215.

Décret n° 2006-672 du 8 juin 2006, relatif à la création, à la composition et au fonctionnement de commissions administratives à caractère consultatif, JORF n° 132 du 9 juin 2006, p. 8706.

Décret n° 2006-1464 du 28 nov. 2006, relatif à la promotion des économies d'énergie dans les messages publicitaires des entreprises du secteur énergétique JORF n° 277 du 30 nov. 2006, p. 18025.

Décret n° 2008-893 du 2 sept. 2008, relatif à la commission des sanctions de l'Autorité des marchés financiers JORF n° 0207 du 5 sept. 2008, p. 13919.

Décret n° 2009-142, du 10 févr. 2009, pris en application de l'art., L.463-4 du Code de commerce, relatif à la protection du secret des affaires devant l'Autortié de la concurrence, JORF n° 35 du 11 févr. 2009, p. 2429.

Décret n° 2010-495 du 14 mai 2010, relatif à la procédure de sanction applicable aux opérateurs agréés de jeux ou de paris en ligne, JORF n°0111 du 15 mai 2010, p. 9052.

Décret n° 2010-1724 du 30 déc. 2010, relatif aux montants et aux taux des taxes perçues par l'Autorité des marchés financiers, JORF n° 0303 du 31 déc. 2010, p. 23473.

Décret n° 2011-728 du 24 juin 2011, relatif à la discipline dans les établissements d'enseignement du second degré, JORF n° 0147 du 26 juin 2011, p. 10876.

Arrêté du 12 nov. 2004, portant homologation des livres II à VI du règlement général de l'Autorité des marchés financiers, JORF n° 273 du 24 nov. 2004, p. 19749.

Arrêté du 7 oct. 2010, fixant le taux du droit fixe perçu par l'autorité de régulation des activités ferroviaires et modifiant l'Arrêté du 24 mai 2006 fixant le taux du droit de sécurité dû à l'Établissement public de sécurité ferroviaire, JORF n° 239 du 14 oct. 2010, p. 18462.

II. JURISPRUDENCE

1. Européenne

A. Cour européenne des droits de l'homme

Adamkiewicz c. Pologne, n° 54729/00, 2 mars 2010.
Albert et Le Compte c. Belgique, 10 févr.1983, série A n° 58.
Allenet de Ribemont c. France, 10 févr.1995, série A n° 308.
André et autre c. France, n° 18603/03, 24 juill. 2008.
Association Ekin c. France, n° 39288/98, CEDH 2001-VIII.
Baccichetti c. France, n° 22584/06, 18 févr.2010.
Barberà, Messegué et Jabardo c. Espagne, 6 déc. 1988, série A n° 146.
Beck c. Norvège, n°26390/95, 26 juin 2001.
Belilos c. Suisse, 29 avr. 1988, série A n° 132.
Bendenoun c. France, 24 févr.1994, série A n° 284.
Bernard c. France, 23 avr. 1998, Recueil des arrêts et décisions 1998-II.
Bodén c. Suède, 27 oct. 1987, série A n° 125-B.
Campbell et Fell c. Royaume-Uni, 28 juin 1984, série A n° 80.
Campbell c. Royaume-Uni, 25 mars 1992, série A n° 233.
Cardona Serrat c. Espagne, n° 38715/06, 26 oct. 2010.
Cocchiarella c. Italie [GC], n° 64886/01, CEDH 2006-V.
Crémieux c. France, 25 févr. 1993, série A n° 256-B.
Cumpănă et Mazăre c. Roumanie [GC], n° 33348/96, CEDH 2004-XI.
Daktaras c. Lituanie, n° 42095/98, CEDH 2000-X.
Depiets c. France, n° 53971/00, CEDH 2004-I.
Deweer c. Belgique, 27 févr.1980, Série A n° 35.
Didier c. France (déc.), n° 58188/00, CEDH 2002-VII (extraits) .
Dubus S.A. c. France, n° 5242/04, 11 juin 2009.
Dulaurans c. France, n° 34553/97, 21 mars 2000.
Editions Périscope c. France, 26 mars 1992, série A n° 234-B.
Ekinci et Akalın c. Turquie, n° 77097/01, 30 janv. 2007.
Engel et autres c. Pays-Bas, 8 juin 1976, série A n° 22.
ETERNIT c. France, 27 mars 2012, n° 20041/10, CEDH 2012.
Ferreira Alves c. Portugal (n° 3), n° 25053/05, 21 juin 2007.
Fitt c. Royaume-Uni [GC], n° 29777/96, CEDH 2000-II.
Frydlender c. France [GC], n° 30979/96, CEDH 2000-VII.
Funke c. France, 25 févr. 1993, série A n° 256-A.

Grande Stevens et autres c. Italie, nos 18640/10, 18647/10, 18663/10, 18668/10 et 18698/10, 4 mars 2014.
Gradinger c. Autriche, 23 oct. 1995, série A n° 328-C.
Gómez de Liaño y Botella c. Espagne, no 21369/04, 22 juill. 2008.
H. c. Belgique, 30 nov. 1987, série A n° 127-B.
Hadjianastassiou c. Grèce, 16 déc. 1992, série A n° 252.
Hauschildt c. Danemark, 24 mai 1989, série A n°154.
Haxhishabani c. Luxembourg, n° 52131/07, 20 janv. 2011.
Higgins et autres c. France, 19 févr.1998, Recueil des arrêts et décisions 1998-I.
Imbrioscia c. Suisse, 24 nov. 1993, série A n° 275.
J.J. c. Pays-Bas, 27 mars 1998, Recueil des arrêts et décisions 1998-II, p. 613.
Jasper c. Royaume-Uni [GC], n° 27052/95, 16 févr.2000.
Kandler et autres c. France, n° 18659/05, 18 sept. 2008.
Karadağ c. Turquie, n° 12976/05, 29 juin 2010.
K.D.B. c. Pays-Bas, 27 mars 1998, Recueil des arrêts et décisions 1998-II, p. 631.
Keslassy (Keslassy c. France (déc.), n° 51578/99, CEDH 2002-I.
Khan c. Royaume-Uni, n° 35394/97, CEDH 2000-V.
Kingsley c. Royaume-Uni, n° 35605/97, 7 nov. 2000.
Konstas c. Grèce, n° 53466/07, 24 mai 2011.
Kress c. France [GC], n° 39594/98, CEDH 2001-VI.
Kruslin c.France, 24 avr. 1990, série A n° 176-A.
Latournerie c. France (dec.), n° 50321/99, 10 déc. 2002.
Lambert c. France, 24 août 1998, Recueil des arrêts et décisions 1998-V.
Le Compte, Van Leuven et De Meyere c. Belgique, 23 juin 1981, série A n° 43.
Liberty et autres c. Royaume-Uni, n° 58243/00, 1 juill. 2008.
Lindon, Otchakovsky-Laurens et July c. France [GC], nos 21279/02, 36448/02, CEDH 2007-XI.
L.L. c. France, n° 7508/02, CEDH 2006-XI.
Lobo Machado c. Portugal, 20 févr.1996, Recueil des arrêts et décisions 1996-I, p. 206.
Lüdi c. Suisse, 15 juin 1992, série A n° 238.
Lutz c. Allemagne, 25 août 1987, Série A n° 123.
Maaouia c. France [GC], n° 39652/98, CEDH 2000-X.
Malige c. France, 23 sept. 1998, Recueil des arrêts et décisions 1998-VII.
Maschino c. France, n° 10447/03, 16 oct. 2008.
Matheron c. France, n° 57752/00, 29 mars 2005.
Miailhe c. France (n° 1), 25 févr. 1993, série A n° 256-C.
Micallef c. Malte [GC], no 17056/06, CEDH 2009.
Michaud c. France, n°12323/11, 6 déc. 2012.
Minelli c. Suisse, 25 mars 1983, série A n° 62.
Moulin c. France, n° 37104/06, 23 nov. 2010.
Nideröst-Huber c. Suisse, 18 févr.1997, Recueil des arrêts et décisions 1997-I, p. 107.

Niemietz c. Allemagne, 16 déc. 1992, série A n° 251-B.
N.N. et T.A. c. Belgique, n° 65097/01, 13 mai 2008.
Nortier c. Pays-Bas, 24 août 1993, série A n° 267.
Öztürk c. Allemagne, 21 févr.1984, série A n° 73.
Pandy c. Belgique, n° 13583/02, 21 sept. 2006.
Pélissier et Sassi c. France [GC], n° 25444/94, CEDH 1999-II.
Pierre-Bloch c. France, 21 oct. 1997, Recueil des arrêts et décisions 1997-VI.
Piersack c. Autriche, 1er oct. 1982, série A n° 53.
P.G. et J.H. c. Royaume-Uni, n° 44787/98, CEDH 2001-IX.
Poncelet c. Belgique, n° 44418/07, 30 mars 2010.
Putz c. Autriche, 22 févr.1996, Recueil des arrêts et décisions 1996-I.
Radio France et autres c. France, n° 53984/00, CEDH 2004-II.
Ravon et autres c. France, n° 18497/03, 21 févr.2008.
Remli c. France, 23 avr. 1996, Recueil des arrêts et décisions 1996-II.
Roemen et Schmit c. Luxembourg, n° 51772/99, CEDH 2003-IV.
Sainte-Marie c. France, 16 déc. 1992, série A n° 253-A.
Salabiaku c. France, 7 oct. 1988, série A n° 141-A.
Salduz c. Turquie [GC], n° 36391/02, 27 nov. 2008.
Salé c. France, n° 39765/04, 21 mars 2006.
Sallinen et autres c. Finlande, n° 50882/99, 27 sept. 2005.
Saraiva de Carvalho c. Portugal, 22 avr. 1994, série A n° 286-B.
Schenk c. Suisse, 12 juill. 1988, série A n° 140.
Scordino c. Italie (n° 1) [GC], n° 36813/97, CEDH 2006-V.
Société Colas Est et autres c. France, n° 37971/97, CEDH 2002-III.
Spang c. Suisse, n° 45228/99, 11 oct. 2005.
Sramek c. Autriche, 22 oct. 1984, série A n° 84.
Stepinska c. France, n° 1814/02, 15 juin 2004.
Teixeira de Castro c. Portugal, 9 juin 1998, Recueil des arrêts et décisions 1998-IV.
Van Marle et autres c. Pays-Bas, 26 juin 1986, série A n° 101.
Van Mechelen et autres c. Pays-Bas, 23 avr. 1997, § 50, Recueil 1997-III.
Van Vondel c. Pays-Bas, n° 38258/03, 25 oct. 2007.
Verdú Verdú c. Espagne, n° 43432/02, 15 févr.2007.
Verliere c. Suisse (déc.), n° 41953/98, CEDH 2001-VII.
Vermeulen c. Belgique, 20 févr.1996, Recueil des arrêts et décisions 1996-I, p. 234.
Wieser et Bicos Beteiligungen GmbH c. Autriche, n° 74336/01, CEDH 2007-IV.
Xavier Da Silveira c. France, n° 43757/05, 21 janv. 2010.

B. Tribunal de première instance des Communautés européennes

TPICE, 8 nov. 2011, *Idromacchine e. a. c. Commission*, n° T-88/09, Rec. 2011, II-07833.

TPICE, 17 sept. 2007, *Akzo Nobel Chemicals Ltd c. Commission et Akcros Chemicals Ltd c. Commission*, aff. jointes T-125/03 et T-253/03, Rec. 2007 II-03523.

TPICE, 12 oct. 2007, *Pergan Hilfsstoffe für industrielle Prozesse c. Commission*, T-474/04, Rec. 2007, p. II-4225.

TPICE, 30 mai 2006, *Bank Austria Creditanstalt c. Commission*, T-198/03, Rec. 2006, p. II-1429.

TPICE, 25 oct. 2005, *Groupe Danone c. Commission*, aff. T-38/02, Rec. 2005, p. II-4407.

TPICE (Ord.), 30 oct. 2003, *Akzo Nobel Chemicals et Akcros Chemicals c. Commission*, aff. Jointes T-125/03 R et T-253/03 R, Rec. 2003, p. II-4771.

TPICE, 18 sept. 1996, *Postbank c. Commission*, n° T-353/94, Rec. 1996, p. II-00921.

TPICE (Ord.), 4 avr. 1990, *Hilti c. Commission*, aff. T-30/89, Rec. 1990, p. II-163.

C. Cour de justice des Communautés européennes

CJCE, 15 juill. 1970, *ACF Chemiefarma c. Commission*, aff. 41/69, Rec. p. 661.

CJCE, 21 févr.1973, *Continental Can c. Commission*, aff. C-6/72, Rec. p. 00215.

CJCE, 13 févr.1979, *Hoffmann-La Roche c. Commission*, aff. 85/76, Rec. p. 00461.

CJCE, 18 mai 1982, *AM & S Europe Limited c/ Commission des Communautés européennes*. Rec. p. I-1575.

CJCE, 3 juill. 1991, *AKZO c. Commission*, aff. C-62/86, Rec. p. I-3359.

CJCE, 24 juin 1986, *Akzo Chemie BV*, aff. 53/85, Rec. p. 1965.

CJCE, 2 oct. 2003, *ARBED c. Commission*, aff. C-176/99 P, Rec. p. 10687.

CJCE, 8 juill. 1999, *Hüls c. Commission*, aff. C-199/92 P, Rec. p. I-4287.

CJCE, 8 juill. 1999, *Montecatini c. Commission*, aff. C-235/92 P, Rec. I-4539.

CJCE, 6 juill. 2000, *Molkereigenossenschaft Wiedergeltingen eG*, aff., C-356/97, Rec. p. I-5461.

CJCE, 7 déc. 2000, *De Andrade*, aff., C-213/99, Rec. p. I-11083.

CJCE, 10 sept. 2009, *Akzo Nobel*, aff. C-97/08 P, Rec. p. I-8237.

D. Cour de justice de l'Union européenne

CJUE, 3 sept. 2009, *Papierfabrik August Koehler c/ Commission*, aff. jointes C-322/07 P, C-327/07 P, et C-338/07 P, p. I-7191.

CJUE, 14 sept. 2010, n° C-550/07, *Akzo Nobel Chemicals c/ Commission européenne*.

CJUE 26 févr. 2013, *Aklagaren c. Hans Akerberg Fransson*, aff. C-617/10.

2. Constitutionnelle

Décision n° 76-70 DC du 2 déc. 1976, loi relative au développement de la prévention des accidents du travail, Rec. Cons. const. 1976, p. 39, JORF du 7 déc. 1976, p. 7052.

Décision n° 76-75 DC du 12 janv. 1977, loi autorisant la visite des véhicules en vue de la recherche et de la prévention des infractions pénales, Rec. Cons. const. 1977, p. 33, JORF du 13 janv. 1976, p. 344.

Décision n° 76-72 DC du 12 janv. 1977, loi autorisant le gouvernement à modifier par ordonnances les circonscriptions pour l'élection des membres de la chambre des députés du territoire Français des Afars et des Issas, Rec. Cons. const. 1977, p. 31, JORF du 13 janv. 1976, p. 343.

Décision n° 77-83 DC du 20 juill. 1977, loi modifiant l'article 4 de la loi de finances rectificative pour 1961, Rec. Cons. const. 1977, p. 39, JORF du 22 juill. 1977, p. 3885.

Décision n° 80-127 DC des 19-20 janv. 1981, loi renforçant la sécurité et protégeant la liberté des personnes, Rec. Cons. const. 1981, p. 15, JORF du 22 janv. 1981, p. 308.

Décision n° 81-134 DC du 5 janv. 1982, loi d'orientation autorisant le gouvernement par application de l'article 38 de la Constitution, à prendre des mesures d'ordre social, Rec. Cons. const. 1982, p. 15, JORF du 7 janv. 1982, p. 215.

Décision n° 82-143 DC du 30 juill. 1982, relative à la loi sur les prix et les revenus, notamment ses art., 1, 3 et 4, Rec. Cons. const. 1982, p. 57, JORF du 31 juill. 1982, p. 2470.

Décision n° 82-145 DC du 10 nov. 1982, loi relative à la négociation collective et au règlement des conflits collectifs du travail. Rec. Cons. const. 1982, p. 64, JORF du 11 nov. 1982, p. 3393.

Décision n° 82-155 DC du 30 déc. 1982, loi de finances rectificative pour 1982. Rec. Cons. const. 1982, p. 88, JORF du 31 déc. 1982, p. 4034.

Décision n° 83-164 DC du 29 déc. 1983, loi de finances pour 1984, Rec. Cons. const. 1983, p. 67, JORF du 30 déc. 1983, p. 3871.

Décision n° 84-176 DC du 25 juill. 1984, loi modifiant la loi du 29 juill. 1982 sur la communication audiovisuelle et relative à certaines dispositions applicables aux services de communication audiovisuelle soumis à autorisation, Rec. Cons. const. 1984, p. 55, JORF du 28 juill. 1984, p. 2492.

Décision n° 84-181 DC du 11 oct. 1984, loi visant à limiter la concentration et à assurer la transparence financière et le pluralisme des entreprises de presse, Rec. Cons. const. 1984, p. 78, JORF du 13 oct. 1984, p. 3200.

Décision n° 86-207 DC du 26 juin 1986, loi autorisant le gouvernement à prendre diverses mesures d'ordre économique et social, Rec. Cons. const. 1986, p. 61, JORF du 27 juin 1986, p. 7978.

Décision n° 86-210 DC du 29 juill. 1986, loi portant réforme du régime juridique de la presse, Rec. Cons. const. 1986, p. 110, JORF du 30 juill. 1986, p. 9393.
Décision n ° 86-215 DC du 3 sept. 1986, loi relative à la lutte contre la criminalité et la délinquance, Rec. Cons. const. p.130, JORF du 5 sept. 1986, p. 10788.
Décision n° 86-217 DC du 18 sept. 1986, loi relative à la liberté de communication, Rec. Cons. const. 1986, p. 141, JORF du 19 sept. 1986, p. 11294.
Décision n° 86-224 DC du 23 janv. 1987, loi transférant à la juridiction judiciaire le contentieux des décisions du conseil de la concurrence, Rec. Cons. const. 1987, p. 8, JORF du 25 janv. 1987, p. 924.
Décision n° 87-237 DC du 30 déc. 1987, loi de finances de 1988, Rec. Cons. const. 1987, p. 63, JORF du 31 déc. 1987, p. 15761.
Décision n° 87-240 DC du 19 janv. 1988, loi sur les bourses de valeurs, Rec. Cons. const. 1988, p. 28, JORF du 21 janv. 1988, p. 1024.
Décision n° 88-248 DC du 17 janv. 1989, loi modifiant la loi n° 86-1067 du 30 sept. 1986 relative à la liberté de communication, Rec. Cons. const. 1989, p. 18, JORF du 18 janv. 1989, p. 75488.
Décision n° 89-260 DC du 28 juill. 1989, loi relative à la sécurité et à la transparence du marché financier, Rec. Cons. const. 1989, p. 71, JORF du 1er août 1989, p. 9676.
Décision n° 89-261 DC du 28 juill. 1989, loi relative aux conditions de séjour et d'entrée des étrangers en France, Rec. Cons. const. 1989, p. 81, JORF du 1er août 1989, p. 9679.
Décision n° 89-268 DC du 29 déc. 1989, loi de finances 1990, Rec. Cons. const. 1990, p. 110, JORF du 30 déc. 1989, p. 16498.
Décision n° 89-271 DC du 11 janv. 1990, loi relative à la limitation des dépenses électorales et à la clarification du financement des activités politiques, Rec. Cons. const. 1990, p. 21, JORF du 13 janv. 1990, p. 573.
Décision n° 90-285 DC du 28 déc. 1990, loi de finances 1991, Rec. Cons. const. 1990, p. 95, JORF du 30 déc. 1990, p. 16609.
Décision n° 90-286 DC du 28 déc. 1990, loi de finances rectificative pour 1990, Rec. Cons. const. 1990, p. 107, JORF du 30 déc. 1990, p. 10613.
Décision n° 92-316 DC du 20 janv. 1993, loi relative à la prévention de la corruption et la transparence de la vie économique et des procédures publiques, Rec. Cons. const. 1993, p. 14, JORF du 22 janv. 1993, p. 1118.
Décision n° 92-307 DC du 25 févr.1992, loi portant modification de l'ord., n° 45-2658 du 2 nov. 1945 modifiée et relative aux conditions d'entrée et de séjour des étrangers en France, Rec. Cons. const. 1992, p. 48, JORF du 12 mars 1992, p. 3003.
Décision n° 93-325 DC du 13 août 1993, loi sur la maitrise de l'immigration, Rec. Cons. const. 1993, p. 224, JORF du 18 août 1993, p. 11722.
Décision n° 93-334 DC du 20 janv. 1994, loi instituant une peine incompressible et relative au nouveau code pénal et à certaines

dispositions de procédure pénale, Rec. Cons. const. 1994, p. 27, JORF du 26 janv. 1994, p. 1381.
Décision n° 96-373 DC du 9 avr. 1996, loi organique portant statut d'autonomie de la Polynésie française, Rec. Cons. const. 1996, p. 43, JORF du 13 avr. 1996, p. 5724.
Décision n° 96-377 DC du 16 juill. 1996, loi tendant à renforcer la répression du terrorisme, Rec. Cons. const. 1996, p. 87, JORF du 23 juill. 1996, p. 11108.
Décision n° 96-378 DC du 23 juill. 1996, loi de réglementation des télécommunications, Rec. Cons. const. 1996, p. 99, JORF du 27 juill. 1996, p. 11400.
Décision n° 97-389 DC du 22 avr. 1997, loi portant diverses dispositions relatives à l'immigration, Rec. Cons. const. 1997, p. 45, JORF du 25 avr. 1997, p. 6271.
Décision n° 97-395 DC du 30 déc. 1997, loi de finance de 1998, Rec. Cons. const. 1997, p. 333, JORF du 31 déc. 1997, p. 19313.
Décision n° 99-410 DC du 15 mars 1999, loi organique relative à la Nouvelle-Calédonie, Rec. Cons. const. 1999, p. 51, JORF du 21 mars 1999, p. 4234.
Décision n° 99-421 DC du 16 déc. 1999, loi portant habilitation du gouvernement à procéder, par ordonnances, à l'adoption de la partie législative de certains codes, Rec. Cons. const. 1999, p. 136, JORF du 22 déc. 1999, p. 19041.
Décision n° 99-422 DC du 21 déc. 1999, loi de financement de la sécurité sociale pour 2000, Rec. Cons. const. 1999, p. 143, JORF du 30 déc. 1999, p. 19730.
Décision n° 2000-433 DC du 27 juill. 2000, loi modifiant la loi n°86-1067 du 30 sept. 1986 relative à la liberté de communication, Rec. Cons. const. 2000, p. 121, JORF du 2 août 2000, p. 11922.
Décision n° 2001-448 DC du 25 juill. 2001, loi organique relative aux lois de finances, Rec. Cons. const. 2001, p. 99, JORF du 2 août 2001, p. 12490.
Décision n° 2002-461 DC du 29 août 2002, loi d'orientation et de programmation pour la justice, Rec. Cons. const. 2002, p. 204, JORF du 10 sept. 2002, p. 14953.
Décision n° 2003-489 DC du 29 déc. 2003, loi de finances pour 2004, Rec. Cons. const. 2003, p. 487, JORF du 31 déc. 2003, p. 22636.
Décision n° 2004-492 DC du 2 mars 2004, loi portant adaptation de la justice aux évolutions de la criminalité, Rec. Cons. const. 2004, p. 66, JORF du 10 mars 2004, p. 4637.
Décision n° 2004-497 DC du 1er juill. 2004, loi relative aux communications électroniques et aux services de communication audiovisuelle, Rec. Cons. const. 2004, p. 107, JORF du 10 juill. 2004, p. 12506.
Décision n° 2004-506 DC du 2 déc. 2004, loi de simplification du droit, Rec. Cons. const. 2004, p. 211, JORF du 10 déc. 2004, p. 20876.

Décision n° 2004-510 DC du 20 janv. 2005, loi relative aux compétences du tribunal d'instance, de la juridiction de proximité et du tribunal de grande instance, Rec. Cons. const. 2005, p. 41, JORF du 27 janv. 2005, p. 1412.

Décision n° 2005-520 DC du 22 juill. 2005, loi précisant le déroulement de l'audience d'homologation de la comparution sur reconnaissance préalable de culpabilité, Rec. Cons. const. 2005, p. 118, JORF du 27 juill. 2005, p. 12241.

Décision n° 2006-534 DC du 16 mars 2006, loi pour le retour à l'emploi et sur les droits et les devoirs des bénéficiaires de minima sociaux, Rec. Cons. const. 2006, p. 44, JORF du 24 mars 2006, p. 4443.

Décision n° 2006-535 DC du 30 mars 2006, loi pour l'égalité des chances, Rec. Cons. const. 2006, p. 50, JORF du 2 avr. 2006, p. 4964.

Décision n° 2007-553 DC du 3 mars 2007, loi relative à la prévention de la délinquance, Rec. Cons. const. 2007, p. 93, JORF du 7 mars 2007, p. 4356.

Décision n° 2007-554 DC du 9 août 2007, loi renforçant la lutte contre la récidive des majeurs et mineurs, Rec. Cons. const. 2007, p. 303, JORF n° 185 du 11 août 2007, p. 13478.

Décision n° 2009-580 DC du 10 juin 2009, loi favorisant la diffusion et la protection de la création sur internet, Rec. Cons. const. 2009, p. 107, JORF du 13 juin 2009, p. 9675.

Décision n° 2010-611 DC du 19 juill. 2010, loi organique relative à l'application de l'article 65 de la constitution, Rec. Cons. const. 2010, p. 148, JORF du 23 juill. 2010, p. 13583.

Décision n° 2010-6/7 QPC du 11 juin 2010, M. Stéphane A. et autres [Article L.7 du code électoral], Rec. Cons. const. 2010, p. 111, JORF du 12 juin 2010, p. 10849.

Décision n° 2011-132 QPC du 20 mai 2011, M. Ion C. [Incapacité et interdiction d'exploiter un débit de boissons], Rec. Cons. const. 2011, p. 246, JORF du 21 mai 2011, p. 8891.

Cons. const., n° 2011-199 QPC du 25 nov. 2011, M. Michel G. [Discipline des vétérinaires] Recueil, p. 555, JORF du 26 nov. 2011, p. 20016

Décision n° 2011-200 QPC du 2 déc. 2011, Banque populaire Côte d'Azur [Pouvoir disciplinaire de la Commission bancaire], Rec. Cons. const. 2011, p. 559, JORF du 3 déc. 2011, p. 20496.

Décision n° 2011-209 QPC du 17 janv. 2012, M. Jean-Claude G. [Procédure de dessaisissement d'armes], Rec. Cons. const. 2012, p. 81, JORF du 18 janv. 2012, p. 1014.

Décision n° 2011-210 QPC du 13 janv. 2012, M. Ahmed S. (Révocation des fonctions de maire), Rec. Cons. const. 2012, p. 78, JORF du 14 janvier 2012, p. 753.

Décision n° 2011-211 QPC du 27 janv. 2012, M. Éric M. [Discipline des notaires], Rec. Cons. const. 2012, p. 87, JORF du 28 janv. 2012, p. 1674.

Décision n° 2012-266 QPC du 20 juill. 2012, M. Georges R. [Perte de l'indemnité prévue en cas de décision administrative d'abattage

d'animaux malades], Rec. Cons. const. 2012, p. 390, JORF du 21 juill. 2012, p. 12001.
Décision n° 2012-280 QPC du 12 oct. 2012, Société Groupe Canal Plus et autre [Autorité de la concurrence : organisation et pouvoir de sanction], Rec. Cons. const. 2012, p. 529, JORF du 13 oct. 2012, p. 16031.
Décision n° 2012-289 QPC du 17 janv. 2013, M. Laurent D. [Discipline des médecins], JORF du 18 janv. 2013, p. 1294 .
Décision n° 2013-331 QPC du 5 juill. 2013, *Société* Numéricâble SAS et autre [Pouvoir de sanction de l'Autorité de régulation des communications électroniques et des postes], JORF du 7 juill. 2013, p. 11356.
Décision n° 2013-332 QPC du 12 juill. 2013, Mme Agnès B. [Sanction des irrégularités commises par un organisme collecteur de fonds au titre du « 1 % logement »], JORF du 14 juill. 2013, p. 11830.
Décision n° 2013-341 QPC du 27 sept. 2013, M. Smain Q. et autre [Majoration de la redevance d'occupation du domaine public fluvial pour stationnement sans autorisation], JORF du 1er oct. 2013, p. 16304.
Décision n° 2013-679 DC du 4 déc. 2013, loi relative à la lutte contre la fraude fiscale et la grande délinquance économique et financière, JORF du 7 déc. 2013, p. 19958.
Décision n° 2014-385 QPC du 28 mars 2014, M. Joël M. [Discipline des officiers publics ou ministériels - Interdiction temporaire d'exercer] JORF du 30 mars 2014, p. 6202.
Décision n° 2014-453/454 QPC et 2015-462 QPC du 18 mars 2015, M. John L. et autres [Cumul des poursuites pour délit d'initié et des poursuites pour manquement d'initié].

3. Judiciaire

A. Cour de cassation

Cass. civ., 2e, 23 nov. 1956, n° 56-11.871, *Trésor public c/ Docteur Giry*, Bull. civ. 1956, II, n° 626.
Cass. crim., 19 févr. 1964, nos 63-90.596 et 63-92.849, Bull. crim. 1964, n° 60.
Cass. com., 16 janv. 1980, *Mialhe*, n° 78-12.056, Bull. civ. 1980, IV, n° 26, JurisData:1980-097026.
Cass. civ., 1e, 15 mai 1984, *Macary c/ Procureur général près la cour d'appel de Nîmes*, JurisData:1984-700902, D. 1985, somm. p. 106.
Cass. civ., 1e, 24 avr. 1985, n° 84-10.235, *Rizzo,* Bull. civ. 1985, I, n° 129, p. 119, JurisData:1985-701541.
Cass. civ., 1e, 7 avr. 1987, n° 85-17.768, *X c/ Ordre des avocats du barreau de Y*, Bull. civ. 1987, I, n° 430, p. 92, JurisData:1987-000766.
Cass. ch., mixte, 15 déc. 1988, n° 87-19.759, *Farnaud c/ Directeur général des impôts*, Bull. ch., mixte 1988, n° 4, p. 3, JurisData:1988-703195.
Cass. com., 21 mars 1989, n° 88-10.162, *SARL La Ligne du Cuir et autres*, Bull. civ. 1989, IV, n° 93, p. 60, JurisData:1989-700912.

Cass. soc., 21 juin 1989, n° 88-44.240, *Sté CIE IBM FRANCE*, Bull. civ. 1989, V, n° 457, p. 278, JurisData:1989-702198.
Cass. soc., 31 oct. 1989, n° 86-43.744, *M. Pioche*, Bull. civ. 1989, V, n° 629, p. 379, JurisData:1989-703743.
Cass. crim., 12 févr. 1990, n° 88-85.567, Bull. crim. 1990, n° 72, p. 190, JurisData:1990-000769.
Cass. com., 6 mars 1990, n°s 89-12.763, 89-13.233, *Sté Sogea*, Bull. civ. 1990, IV, n° 61, p. 41, JurisData:1990-700515.
Cass. crim., 21 mars 1990, n° 88-84.011, Bull. crim. 1990, n° 125, p. 331, JurisData:1990-701526.
Cass. com., 9 oct. 1990, n° 89-10.369, *Pirmamod*, Bull. civ. 1990, IV, n° 230, p. 160, JurisData:1990-702636.
Cass. com., 5 févr. 1991, n° 89-20.191, *Sté SMAC Acieroïd*, Bull. civ. 1991, IV, n° 57, p. 39, JurisData:1991-701443.
Cass. crim., 14 janv. 1991, n° 90-80.293, inédit, JurisData:1991-001362, Dr. pénal. 1991, p. 8.
Cass. crim., 3 juin 1991, n° 90-81.249, inédit, *RJDA* 1991, p. 644.
Cass. crim., 28 oct. 1991, n° 90-83.692, Bull. crim. 1991 n° 381, p. 952, JurisData:1991-003072.
Cass. com., 29 oct. 1991, n°s 90-12923 (inédit), 90-12925 (Bull. civ. 1991, IV, n° 325, p. 225) et 90-13362 (inédit).
Cass. crim., 13 nov. 1991, n° 91-83.316, Bull. crim. 1991, n° 407, p. 1028, JurisData:1991-003741.
Cass. com., 14 janv. 1992, n° 89-20.576, *Bureau Véritas*, Bull. civ. 1992, IV, n° 15, p. 11.
Cass. com., 14 janv. 1992, n° 90-10.582, inédit.
Cass. com., 14 janv. 1992, n° 90-10.602, inédit.
Cass. crim., 11 févr. 1992, n°s 91-86.067, 91-86.067, Bull. crim. 1992, n° 66, p. 166, JurisData:1992-001937.
Cass. crim., 25 févr. 1992, n° 91-82.731, Bull. crim. 1992, n° 86, p. 219, JurisData:1992-001546.
Cass. com., 10 mars 1992, n° 90-16.298, *Sté France loisirs et autre*, Bull. civ. 1992, IV, n° 111, p. 81, JurisData:1992-000476.
Cass. crim., 23 juill. 1992, n° 92-82.721, Bull. crim. 1992, n° 274, p. 744, JurisData:1992-001981.
Cass. crim., 22 févr. 1993, n° 92-81.811, Bull. crim. 1993, n° 84, p. 201, JurisData:1993-002829.
Cass. com., 23 févr. 1993, n° 91-19.745, *Sté Tunzini Nessi*, Bull. civ. 1993, IV, n° 77, p. 51, JurisData:1993-000339.
Cass. com., 23 mars 1993, n° 91-20.702, *Sté Entrepose-Montalev*, Bull. civ. 1993, IV, n° 111, p. 76, RJDA 1994, p. 53.
Cass. com., 6 avr. 1993, n° 91-17.835, *Sté GTM-BTP c/ DGCCRF*, Bull. civ. 1993, IV, n° 145, p. 99.
Cass. com., 26 oct. 1993, n° 91-16.575, *Consorts Rezzonico et autres*, Bull. civ. 1993, IV, n° 352, p. 254, JurisData:1993-002165.

Cass. com., 26 oct. 1993, n° 92- 13.658, *Sté société anonyme Trabet et autres c/ DGCCRF,* Bull. civ. 1993, IV, n° 367, p. 266.
Cass. com., 9 nov. 1993, n° 91-20.722, *Lechene*, Bull. civ. 1993, IV, n° 399, p. 289, JurisData:1993-002448.
Cass. com., 15 mars 1994, n° 91-18.076, *Mme Escher*, Bull. civ. 1994, IV, n° 107, p. 82, JurisData:1994-000484.
Cass. com., 15 mars 1994, n° 92-15.501, *Sté Wanner Isofi c/ DGCCRF,* Bull. civ. IV, n° 116, p. 89, JurisData:1994-000480.
Cass. com., 4 oct. 1994, n° 93-12.949, *Boulogne et autres*, Bull. civ. 1994, IV, n° 275, p. 219, JurisData:1994-002321, RJDA 1995, p. 190.
Cass. com., 4 avr. 1995, n° 93-12.948, *Sté Solvay santé animale*, Bull. civ. 1995, IV, n° 117, p. 104, JurisData:1995-000783.
Cass. com., 3 mai 1995, n° 93-17.768, inédit.
Cass. soc., 22 mai 1995, 93-44.078, *S A MANULEV SERVICE c/ M. Salingue*, Bull. civ. 1995, n° 164, p. 119, JurisData:1995-001202.
Cass. ass. plén., 30 juin 1995, n° 94-20.302, *M.X*, Bull. civ. 1995, AP, n° 4, p. 7, JurisData:1995-001668.
Cass. com., 14 nov. 1995, n° 93-10.937, *CRCACM de Haute Vienne,* Bull. civ. 1995, IV, n° 262, p. 241, JurisData:1995-002956.
Cass. com., 12 déc. 1995, n° 93-20.810, *Sté SN Soteba*, inédit.
Cass. com., 12 déc. 1995, n° 93-20.978, *Sté Constructions modernes parisiennes*, inédit.
Cass. com., 12 déc. 1995, n° 93-20.979, *Sté SAR entreprise générale et autre*s, inédit.
Cass. com., 12 déc. 1995, n° 93-20.980, *M. Francis Poullain*, inédit.
Cass. com., 12 déc. 1995, n° 93-21.605, *M. Francis Z*, inédit.
Cass. crim., 27 févr. 1996, n° 95-81.366, Bull. crim. 1996, n° 93, p. 273, JurisData:1996-000477.
Cass. com., 5 mars 1996, n° 94-11.616, *Lezeau et Association des épargnants victimes de la COB*, JurisData:1996-000770, Bull. civ. 1996, IV, n° 71, p. 57.
Cass. com., 10 mars 1996, n° 94-11.697, *Sté EITF*, inédit, JurisData:1996-004920.
Cass. com., 9 avr. 1996, n° 94-11.323, *Haddad*, Bull. civ. 1996, IV, n° 115, p. 96, JurisData:1996-001496.
Cass. com., 18 juin 1996, n° 94-14.178, *Conso*, Bull. civ. 1996, IV, n° 179, p. 155, JurisData:1996-002498, Gaz. Pal., 9 avr. 1997, n° 99-100, Pan. p. 68-71.
Cass. com., 9 juill. 1996, n° 94-16.223, *Sté Berger-Levrault M. Maury et autres c/ DGCCRF*, Bull. civ. 1996, IV, n° 214, p. 186, JurisData:1996-003086.
Cass. civ., 1e, 13 nov. 1996, n° 94-15.252, *Ordre des avocats au barreau de Lille*, Bull. civ. 1996, I, n° 391, p. 273, JurisData:1996-004248.
Cass. civ., 1e, 3 déc. 1996, n° 94-20.986, *Mme Tordjeman*, Bull. civ. 1996, I, n° 427, p. 299, JurisData:1996-004666.

Cass. com., 4 févr. 1997, n° 94-21.147, *Sté Beton de France*, inédit, JurisData:1997-000573.

Cass. com., 4 févr. 1997, n° 95-30.008, *EURL Jacky Chris*, inédit, RJF, 1997, p. 320, n° 447.

Cass. com., 4 mars 1997, n° 95-30.130, *Sté Schering-Plough*, inédit, JurisData:1994-000480.

Cass. com., 1er avr. 1997, n° 95-30.152, *Sté Cola Midi Méditerranée*, inédit, JurisData:1997-001728.

Cass. com., 13 mai 1997, n° 95-30.097, *Sté GTM Entrepose*, inédit, JurisData:1997-002230.

Cass. com., 13 juin 1997, n° 95-30.228, *Sté Eurosyntec*, inédit, JurisData:1997-002750.

Cass. com., 8 juill. 1997, n° 96-10.373, *Ministre de l'économie*, Bull. 1997, IV, n° 220, p. 191, JurisData:1997-003268.

Cass. com., 21 oct. 1997, n° 96-30.016, *Sté Bianco Produits Petroliers c/ DGCCRF*, inédit, JurisData:1997-004271.

Cass. com., 27 janv. 1998, n° 96-30.063, *M. René Gacon*, inédit, RJF, 1998, p. 416, n° 573.

Cass. com., 24 mars 1998, n° 96-14.845, *Sté SADE-Compagnie générale de travaux hydrauliques,* inédit, BOCCRF du 2 mai 1998, p. 192.

Cass. com., 16 juin 1998, n° 96-17.797, *M. Yves Collin*, inédit, JurisData:1998-002929.

Cass. com., 20 oct. 1998, n° 96-30.023, *Ardoine*, Bull. civ. 1998, IV, n° 251, p. 208, JurisData:1998-003909.

Cass. com., 17 nov. 1998, n° 97-30.141, *M. Arcadi Gaydamak*, inédit.

Cass. com., 1er déc. 1998, n° 96-20.189, *Oury*, Bull. civ. 1998, IV, n° 283, p. 237, JurisData:1998-004629.

Cass. civ., 2e, 7 janv. 1999, n° 95-21.934, *SA Vericar*, Bull. civ. 1999, II, n° 4, p. 3, JurisData:1999-000014.

Cass. com., 26 janv. 1999, nos 97-30.110, 97-30.113, *Sté Sacer Sud-Est*, inédit, JurisData:1999-000473.

Cass. ass., plén., 5 févr.1999, nos 97-16.440, 97-16.441, *COB c/ J-M Oury*, Bull. A. P. 1999, n° 1, p. 1, JurisData:1999-000593.

Cass. com., 23 mars 1999, n° 97-30319, Bull. civ. 1999, IV, n° 70, p. 57.

Cass. com., 15 juin 1999, n° 98-10.931, *Directeur général des Impôts,* Bull. civ. 1999, n° 130, p. 109, JurisData:1999-002484, D. 1999, p. 192.

Cass. com., 15 juin 1999, n° 97-13.669, *Oury*, inédit, JurisData:1999-002563.

Cass. com., 15 juin 1999, n° 97-15.185, *Sté Lilly France*, Bull. civ. 1999, IV, n° 128, p. 106, JurisData:1999-002482.

Cass. com., 15 juin 1999, n° 97-16.439, *COB* c/ *Compagnie générale immobilière Georges V et autres*, Bull. civ. 1999, IV, n° 127, p. 105, JurisData:1999-002489.

Cass. com., 15 juin 1999, nos 97-30.098, 97-30.101, *Association "Au coeur de la communication" et autres,* inédit, RJF, 1999, p.760, n° 1208.

Cass. com., 5 oct. 1999, n° 97-15.617, *SNC Campenon-Bernard et* autres, Bull. civ. 1999, IV, n° 158, p. 133, JurisData:1999-003372.
Cass. com., 30 nov. 1999, n° 98-30.005, *Sté Bec frères*, Bull. civ. 1999, IV, n° 214, p. 180, JurisData:1999-004193.
Cass. com, 11 janv. 2000, nos 97-30-190 et 97-30-191, Bull. civ. 2000, n° 9, p. 8.
Cass. crim., 19 janv. 2000, n° 99-83.045, Bull. crim. 2000, n° 37, p. 101.
Cass. com., 25 janv. 2000, nos 98-30.291, 98-30.292, *Sté les travaux du midi,* inédit, JurisData:2000-000415.
Cass. com., 18 avr. 2000, n° 98-30.178, *Sté Entreprise Ouvrard et autres*, inédit, JurisData:2000-001744.
Cass. com., 30 mai 2000, nos 98-30.190, 98-30.191, *M. Crochet Société Celogen*, Bull. civ. 2000, IV, n° 116, p. 104, JurisData:2000-002278.
Cass. ass. plén., 24 nov. 2000, n° 99-12.412, *SARL Delpech et Fils*, Bull. A. P. 2000, n° 10, p. 17, JurisData:2000-007145.
Cass. crim., 22 févr. 2001, n° 99-30.031, inédit, JurisData:2001-009097.
Cass. civ., 1e, 9 mai 2001, *L. G.*, n° 00-16319, *Bull. civ.* I, n° 127.
Cass. com., 6 juin 2001, n° 98-18.577, *Sté Cozeg c/ Banque des Antilles françaises*, JurisData:2001-009960, Bull. civ. 2001, IV, n° 110, p. 101.
Cass. crim., 14 juin 2001, n° 00-30.170, inédit.
Cass. com., 17 juill. 2001, n° 99-13.407, 99-13.535, *Sté Thomson Multimédia marketing France*, Bull. civ. 2001, IV, n° 144, p. 138, JurisData:2001-010685.
Cass. com., 9 oct. 2001, n° 98-21.987, *Marché du béton*, Bull. civ. 2001, IV, n° 160, p. 152, JurisData:2001-011217.
Cass. com., 20 nov. 2001, n° 99-16.776, *Sté SACER*, Bull. civ. 2001, IV, n° 182, p. 173, JurisData:2001-011780.
Cass. crim., 16 janv. 2002, n° 00-30.251, inédit, JurisData:2002-013199.
Cass. crim., 16 janv. 2002, n° 01-86.568, inédit, JurisData:2002-013200.
Cass. crim., 13 mars 2002, n° 00-30.177, inédit.
Cass. crim., 10 avr. 2002, n° 99-30.319, inédit.
Cass. crim., 10 avr. 2002, n° 00-30.137, inédit.
Cass. civ., 2e, 13 févr. 2003, n° 01-03.272, *Mme Leroux*, Bull. civ. 2003, II, n° 34, p. 31, JurisData:2003-017901.
Cass. com., 25 févr. 2003, n° 01-02.913, *SCP Filliol et Goic*, inédit, JurisData:2003-018064.
Cass. com., 23 avr. 2003, n° 01-16.124, *Interflora*, inédit, JurisData:2003-019103.
Cass. crim., 18 juin 2003, n° 03-81.979, Bull. crim. 2003, n° 129, p. 500, JurisData:2003-019803.
Cass. crim., 10 sept. 2003, n° 02-81.419, inédit, JurisData:2003-020710.
Cass. com., 26 nov. 2003, n° 00-22.605, *Sté TF1,* Bull. civ. 2003, IV, n° 178, p. 195, JurisData:2003-021075.
Cass. com., 7 janv. 2004, n° 02-14.053, *ADAM et autres c/ SCA Financière Pinault et autres*, inédit, JurisData:2004-021759

Cass. soc., 3 févr. 2004, n° 01-45.989, *Sté Peugeot Citroën automobile*, inédit, JurisData:2004-022227.

Cass. civ., 2e, 7 oct. 2004, n° 03-12.653, *Mme Slusarek,* Bull. civ. 2004, II, n° 447, p. 380, JurisData:2004-025068.

Cass. civ., 2e, 27 mai 2004, n° 02-15.700, *Association de sauvegarde église de Castels et Château de Fages*, Bull. civ. 2004, II, n° 239, JurisData:2004-023895.

Cass. com., 9 juin 2004, n° 03-16.668, *Conseil supérieur de l'Ordre des géomètres-experts et autres*, Bull. civ. 2004, IV, n° 117, JurisData:2004-024153.

Cass. com., 23 juin 2004, n° 01-17.928, *SA BNP Paribas*, Bull. civ. 2004, IV, n° 132, JurisData:2004-024309.

Cass. com., 23 juin 2004, n° 02-17.936, *COB c/ S.A. OLITEC*, inédit, JurisData:2004-024504.

Cass. com., 13 juill. 2004, n° 03-11.430, *SNC DTP Terrassement*, Bull. civ. 2004, IV, n° 163, p. 175, JurisData:2004-024684.

Cass. civ., 1e, 12 oct. 2004, n° 01-16.763, *Ecole de formation professionnelle des barreaux*, Bull. civ. 2004, I, n° 221, JurisData:2004-025179.

Cass. crim., 13 oct. 2004, n° 03-81.763, Bull. crim. 2004, n° 243, JurisData:2004-025257.

Cass. crim., 9 févr. 2005, n° 03-85.302, Bull. crim. n° 51, p. 166, JurisData:2005-027419 ;

Cass. crim., 9 févr. 2005, n° 03-86.471, inédit.

Cass. crim., 9 févr. 2005, n° 03-86.664, inédit, JurisData:2005-027527.

Cass. crim., 9 févr. 2005, n° 03-86.795, Bull. crim. 2005, n° 53, p. 193, JurisData:2005-027673.

Cass. com., 22 févr. 2005, n° 03-20.928, *Sté Socarel*, inédit, JurisData:2005-027215.

Cass. crim., 20 avr. 2005, n° 04-81.607, inédit, JurisData:2005-028877.

Cass. com., 28 juin 2005, n° 04-13.910, *Novartis Pharma*, Bull. civ. 2005, IV, n° 137.

Cass. com., 12 juill. 2005, n° 04-16.933, *Conseil national des professions de l'automobile (CNPA)*, Bull. civ. 2005, IV, n° 162, JurisData:2005-029493.

Cass. com., 22 nov. 2005, n° 04-19.102, *Sté Dexxon Data Media,* Bull. civ. 2005, IV, n° 231.

Cass. com., 6 déc. 2005, n° 04-19.541, *Sté des Caves et producteurs réunis de Roquefort*, Bull. civ. 2005, IV, n° 240.

Cass. crim., 18 janv. 2006, n° 05-86.447, Bull. crim. 2006, n° 22, JurisData:2006-031898.

Cass. civ. 2e, 8 févr. 2006, n° 05-14.198, *FS-P+B+R, Kemoun,* Bull. civ. 2006, II, n° 44, JurisData:2006-032060.

Cass. civ., 3e, 8 févr. 2006, n° 04-17.512, *M. Gabriel Elfassi*, Bull. civ. 2006, III, n° 23, JurisData:2006-032072.

Cass. com., 28 févr. 2006, n° 05-12.138, *Association EFS*, Bull. civ. 2006, IV, n° 49 p. 49, JurisData:2006-032440.
Cass. com., 3 mai 2006, n° 03-14.171, *Sté BSA*, Bull. civ. 2006, IV, n° 105 p. 105, JurisData:2006-033318.
Cass. crim., 11 mai 2006, n° 05-84.837, Bull. crim. 2006, n° 132, JurisData:2006-033840.
Cass. crim., 9 août 2006, n° 06-83.219, Bull. crim. 2006, n° 202, JurisData:2006-034897.
Cass. crim., 9 août 2006, n° 06-83.219. Bull. crim. 2006, n° 202, JurisData:2006-034897.
Cass. com., 28 nov. 2006, n° 05-20.181, *Sté OGF*, inédit, JurisData:2006-036228.
Cass. crim., 6 déc. 2006, n° 05-85.341, inédit.
Cass. crim., 13 déc. 2006, n° 06-87.169, Bull. crim. 2006, n° 313, JurisData:2006-036852.
Cass. com., 19 déc. 2006, n° 05-18.919, *M. Jean-Marie Messier*, inédit, JurisData:2006-036772.
Cass. crim., 31 janv. 2007, n° 06-82.383, *Bull. crim.* 2007, n° 27, p. 100, JurisData:2007-037449.
Cass. crim., 31 janv. 2007, n° 06-82.383, Bull. crim. 2007, n° 27, JurisData:2007-037449.
Cass. crim., 7 févr. 2007, n° 06-87.753, Bull. crim. 2007, n° 37, JurisData:2007-037763.
Cass. com., 6 mars 2007, n° 06-13.501, *Sté Demathieu et Bard*, Bull. civ. 2007, IV, n° 77, JurisData:2007-037807.
Cass. crim., 28 mars 2007, n° 06-81.099, inédit, JurisData:2007-038889.
Cass. com., 15 mai 2007, n° 06-10606, *SA GMBA*, Bull. civ. 2007, IV, n° 130, JurisData:2007-038955.
Cass. com., 29 juin 2007, n° 07-10.303, *Sté Bouygues Telecom*, Bull. civ. 2007, IV, n° 181, JurisData:2007-039946.
Cass. civ., 3e, 26 sept. 2007, n° 04-20.636, *SCI Les Chênes*, Bull. civ. 2007, III, n° 255, JurisData:2007-040517.
Cass. com., 6 nov. 2007, n° 06-16.194, *Sté DBS et autres,* Bull. civ. 2007, IV, n° 232, JurisData:2007-041258.
Cass. com., 6 nov. 2007, n° 06-17.881, *Ministre de l'économie des finances et de l'industrie*, Bull. 2007, IV, n° 233, JurisData:2007-041257.
Cass. crim., 28 nov. 2007, n° 06-80.009, inédit, JurisData:2007-042273.
Cass. crim., 28 nov. 2007, n° 06-82.077, inédit, JurisData:2007-042272.
Cass. crim., 12 déc. 2007, n° 06-81.907, inédit, JurisData:2007-042609.
Cass. com., 15 janv. 2008, n° 07-11.677, *Colas Île-de-France Normandie*, Bull. civ. 2008, IV, n° 5, JurisData:2008-042334.
Cass. crim., 16 janv. 2008, n° 07-87.633, Bull. crim. 2008, n° 14, JurisData:2008-042637.
Cass. soc., 29 janv. 2008, n° 06-45.814, *Madame Prieto c/ Société Norbert Dentressangle Logistics*, inédit, JurisData:2008-042565.

Cass. crim., 6 févr. 2008, n° 06-89.359, inédit.
Cass. com., 26 févr. 2008, n° 07-14.126, *Sté Brenntag*, Bull. civ. 2008, IV, n° 44, JurisData:2008-042932.
Cass. soc., 18 mars 2008, n° 06-40.852, *Sté Colom c/ Mme Delaide*, Bull. civ. 2008, V, n° 65, JurisData:2008-043260.
Cass. crim., 16 avr. 2008, n° 06-88.978, *Sté Internationale de règlements*, inédit, JurisData:2008-044572.
Cass. com., 3 juin 2008, nos 07-17147 et 07-17196, *Sté Sony France*, Bull. civ. 2008, IV, n° 112, JurisData:2008-044217.
Cass. crim., 4 juin 2008, n° 08-81.045, Bull. crim. 2008, n° 141, JurisData:2008-044296.
Cass. com., 10 juill. 2008, n° 07-17.276, *SA GUERLAIN*, Bull. civ. 2008, IV, n° 152, JurisData:2008-044905.
Cass. civ., 1e, 18 sept. 2008, n° 06-22.038, *Association française contre les myopathies (AFM)*, Bull. civ. 2008, I, n° 201, JurisData:2008-045004.
Cass. civ., 1e, 30 sept. 2008, n° 07-17.162, *Mme Y*, inédit.
Cass. civ., 1e, 16 oct. 2008, n° 07-15778, *M. Leclery c/ M. Descours,* Bull. civ. 2008, I, n° 230, JurisData:2008-045356.
Cass. civ., 1e, 18 oct. 2008, n° 04-15215, *M. X c/Procureur général près la cour d'appel de Caen et autre*, *Bull. civ*. I, n° 367, JurisData:2005-030300.
Cass. com., 4 nov. 2008, n° 07-21.275, *Canal 9 c/ GIE Les Indépendants*, Bull. civ. 2008, IV, n° 188, JurisData:2008-045690.
Cass. com., 18 nov. 2008, n° 07-21.743, *Sté Carrefour Hypermarche France*, inédit, JurisData:2008-045939.
Cass. com., 16 déc. 2008, n° 07-19.777, *M. Dierstein ; Mme Klutzky, épouse Dierstein*, Bull. civ. 2008, II, n° 206, JurisData:2008-046298.
Cass. com., 17 mars 2009, n° 08-14.503, *Sté laboratoires Glaxosmithkline France*, Bull. civ. 2009, IV, n° 39, JurisData:2009-047484.
Cass. civ., 1e, 30 avr. 2009, n° 08-13.596, *M. Achoui c/ Bâtonnier de l'Ordre des Avocats du Barreau de Paris ; Procureur général près la cour d'appel de Paris*, inédit, JurisData:2009-047995.
Cass. crim., 17 juin 2009, n° 08-86.111, inédit, JurisData:2009-049310.
Cass. com., 13 oct. 2009, n° 08-17.269, *Colas Île-de-France Normandie*, Bull. civ. 2009, IV, n° 125.
Cass. com., 13 oct. 2009, n° 08-18.224, *Sté Spie*, Bull. civ. 2009, IV, n° 124, JurisData:2009-049882.
Cass. com., 13 oct. 2009, n° 08-19.525, *LEYMARIE*, inédit, JurisData:2009-049941.
Cass. com., 19 janv. 2010, n° 08-22.084, *Sté AD capital et M. X... c/ AMF*, inédit, JurisData:2010-051284.
Cass. com., 19 janv. 2010, n° 08-19.761, *Sté Coppa MG et autre c/ Sté JVC France*, Bull. civ. 2010, IV, n° 8, JurisData:2010-051192.
Cass. com., 2 févr. 2010, n° 08-70.449, *CSRP*, Bull. civ. 2010, IV, n° 26.
Cass. civ., 3e, 9 févr. 2010, n° 08-22.042, *Sté David*, inédit.

Cass. civ., 2e, 11 mars 2010, n° 08-22.026, *Sté Saint Louis Sucre*, inédit.

Cass. crim., 27 avr. 2010, n° 09-83.395, Bull. crim. 2010, n°16, JurisData:2010-051634.

Cass. com., 4 mai 2010, n° 09-15.588, *SARL France Business informatique Orléans (FBIO)*, inédit, JurisData:2010-005458.

Cass. com., 26 oct. 2010, n° 09-16.917, inédit, *Sté Futura finances c/ Directeur général des finances publiques*, JurisData:2010-019729.

Cass. civ., 3e, 8 déc. 2010, n° 09-70.636, *Obadia*, *Bull. civ.* 2010, III, n° 218, JurisData:2010-023242.

Cass. com., 14 déc. 2010, n° 09-72.946, *SAS Sandoz*, Bull. civ. 2010, IV, n° 196, JurisData:2010-023884.

Cass. ass. plén., 7 janv. 2011, nos 09-14.316 et 09-14.667, *Sté Philips France*, Bull. A. P. 2011, n° 1, JurisData:2011-000038.

Cass. com., 8 févr. 2011, n° 10-10.965, *M. Frydman c. AMF*, JurisData:2011-001344.

Cass. com., 1er mars 2011, n° 09-72.655, *Sté Total Réunion*, Bull. civ. 2011, IV, n° 29, JurisData:2011-002674.

Cass. com., 24 mai 2011, n° 10-18.267, *Sté Kelly*, Bull. civ. 2011, IV, n° 82, JurisData:2011-009654.

Cass. com., 7 juin 2011, n° 10-19.585, *SAS X... Gavaudan gestion et autre*, inédit.

Cass. civ., 1e, 9 juin 2011, n° 10-10.348, *CRCAM de la Corse*, Bull. civ. 2011, I, n° 111, JurisData:2011-010935.

Cass. com., 21 juin 2011, n° 09-67.793, *Sté Colas midi Méditerranée*, Bull. civ. 2011, IV, n° 101, JurisData:2011-012353.

Cass. com., 12 juill. 2011, n° 10-17.482, *Sté Lafarge ciments*, Bull. civ. 2011, IV, n° 116, JurisData:2011-015387.

Cass. crim., 21 sept. 2011, n° 09-86.657, 5285, inédit, JurisData:2011-022414.

Cass. crim., 30 nov. 2011, n° 10-81.748, Bull. crim. 2011, n° 242 JurisData:2011-026678.

Cass. com., 7 juin 2011, n° 10-19.585, *SAS X... Gavaudan gestion et autre*,inédit.

Cass. crim., 30 nov. 2011, n° 10-81.748, Bull. crim. 2011, n° 242 JurisData:2011-026678.

Cass. crim., 30 nov. 2011, n° 10-81.749, Bull. crim. 2011, n° 243, JurisData:2011-026676.

Cass. crim., 14 déc. 2011, n° 10-85.293, Bull. crim. 2011, n° 259, JurisData:2011-028264.

Cass. com., 11 janv. 2012, n° 10-85.446, *Le rapporteur général de l'ADLC et Sté 10 Médias*, Bull. crim. 2012, n° 8, JurisData :2012-000198.

Cass. crim., 12 janv. 2012, n° 10-87087, inédit, JurisData:2012-002592.

Cass. crim., 31 janv. 2012, n° 11-85.464, 497, Bull. crim. 2012, n° 27, JurisData:2012-001332.

Cass. crim., 7 mars 2012, n° 11-88.118, Bull. crim. 2012, n° 64, JurisData:2012-003630, D. 2012. 818.

Cass. civ., 1e, 8 mars 2012, n° 10-26.288, inédit, *Sté International Technologie Sélection c/ AMF*, JurisData:2012-005632
Cass. civ., 1e, 5 avr. 2012, nos 11-14.177, 412, *Loosveld c/ Loosveld Maes,* Bull. civ. 2012, I, n° 85, JurisData:2012-006418.
Cass. soc., 23 mai 2012, n° 10-23.521, *Roy c/ SARL Réunion fixations (R'FIX)*, Bull. civ. 2012, V, n° 156, JurisData:2012-010790.
Cass. civ., 1e, 24 oct. 2012, n°11-20.442, *Mme Pinguet*, Bull. civ. 2012, I, n° 209, JurisData:2012-023910.
Cass. civ., 1e, 31 oct. 2012, nos 11-17.476, *M. Allouni,* Bull. civ. 2012, I, n° 224, JurisData:2012-024373.
Cass. soc., 6 févr. 2013, n° 11-23.738, Bull. crim. 2013, n° 52, JurisData:2013-001563.
Cass. crim., 27 févr. 2013, n° 11-82.446, Bull. crim. 2013, n° 52, JurisData:2013-003245.
Cass. crim., 24 avr. 2013, n° 12-80.331, Bull. crim. 2013, n° 102, JurisData:2013-008124.
Cass. crim., 24 avr.2013, n° 12-80.332, inédit, JurisData:2013-007950.
Cass. crim., 24 avr. 2013, n° 12-80.336, inédit, JurisData:2013-008125.
Cass. crim., 24 avr. 2013, n° 12-80.346, 1874, inédit, JurisData:2013-007953.
Cass. civ., 1e, 30 mai 2013, n° 12-27.090, 649, inédit, *Vajda c/ Babled*, JurisData:2013-011116.
Cass. crim., 25 juin 2013, n° 12-88.021, Bull. crim. 2013, n° 155, JurisData:2013-013173.
Cass. com., 13 nov. 2013, n° 12-21.572, *MM. Y...et Z... c/ AMF*, inédit, JurisData:2013-025532.
Cass. com., 26 nov. 2013, n° 12-27.162, inédit, *Sté Futura finances c/ Directeur général des finances publiques*, JurisData:2013-027319.
Cass. crim., 22 janv. 2014, n° 12-83.579, Bull. crim., 2014, n° 22, JurisData:2014-000571.
Cass. civ., 1e, 22 janv. 2014, n° 13-40.066, inédit, JurisData:2014-001645.

C. Cours d'appel

CA Versailles, 28 avr. 1982, D.S., 1983, I.R, p.225
CA Paris, 8 févr. 1983, Gaz. Pal., 1989.II.367.
CA Paris, 17 déc. 1987, *Sté des Lubrifiants du Midi*, JurisData:1987-600331.
CA Paris, 12 janv. 1989, *GIE Internougat*, Gaz. Pal., 22 juin 1989.
CA Paris, 23 févr. 1989, *Mignot*, JurisData:1989-640252.
CA Paris, 15 nov. 1989, n° 88/21340, *Association Saint Pie c/Sté KZ Productions,* JurisData:1989-025419.
CA Paris, 16 nov. 1989, n° 89/10718, *GIE CB c/CNC*, JurisData:1989-025426, BOCCRF, n° 23 du 18 nov. 1989.
CA Paris, ord., du 12 oct. 1989, n° 89/903, *Syndicat national de l'édition phonographique*, JurisData:1989-025448, D. 1990, somm. p.107.
CA Paris, 6 avr. 1990, Gaz. Pal., 1990, Juris. p. 412.

CA Paris, 5 juill. 1990, n° 90/2128, *Randuineau A*, JurisData:1990-023292.
CA Paris, 6 déc. 1990, n° 90/013644, *Fédération nationale des producteurs de l'horticulture et des pépinières*, JurisData:1990-025361.
CA Paris, 19 sept. 1990, *Sté Herlicq c/Ministre de l'économie*, JurisData:1990-643505.
CA Paris, 29 mai 1991, n° 90/015332, *Compagnie diamantaire d'Anvers*, JurisData:1991-021977.
CA Paris, 25 sept. 1991, *Sté Salomon,* JurisData:1991-644998.
CA Paris, 26 sept. 1991, *Syndicat local des moniteurs de l'école de ski français de la vallée de Meribel*, JurisData:1991-044997.
CA Paris, 8 juill. 1992, n° 91/25310, *Sté Carrière Gontero*, JurisData:1992-022771.
CA Paris, 15 janv. 1993, *Derveloy c/Agent judiciaire du trésor*, JurisData:1993-020250
CA Paris, 24 févr. 1993, *Sté ELF Antar*, JurisData:1993-021843.
CA Paris, ord., 28 sept. 1993, n° 1087/93, *Haddad c/Agent judiciaire du trésor*, JurisData:1993-024288.
CA Paris, 13 janv. 1994, *ADEVIC*, JurisData:1994-020199.
CA Paris, 6 avr. 1994, n° 94/3851, *Mizon c/Agent judiciaire du trésor*, JurisData:1994-022690.
CA Paris, 8 avr. 1994, n° 93/17256, *Ministre de l'économie c/ Hyperallye*, JurisData:1994-022585.
CA Paris, ord., 4 nov. 1994, n° 1290/94, *Fournier*, JurisData:1994-024554.
CA Paris, ord., 24 févr. 1995, n° 108/95, *Fédération française de ski*, JurisData:1995-020803.
CA Paris, 15 mars 1995, n° 94/23061, *Fournier c/ Agent judiciaire du trésor*, JurisData:1995-021028.
CA Paris, 15 avr. 1995, n° 93/17256, *Sté Martinken*, JurisData:1995-021253.
CA Paris, 23 mai 1995, nos 94/26671, 27031, *Sté Robert Bosch France*, JurisData:1995-021838.
CA Paris, 2 avr. 1996, n° 95/12792, *Sté Pro-Gec*, JurisData:1996-020751.
CA Paris, ord., 26 juin 1996, n° 789/96, *Sté Entreprise Industrielle c/Ministre de l'économie*, JurisData:1996-021687, BOCCRF, 20 août 1996, p. 407.
CA Paris, ord., 26 juin 1996, n° 818/96, *Entreprise CHAIGNAUD* c/Ministre de l'économie, JurisData:1996-021688.
CA Paris, ord., 24 sept. 1996, n° 1335/96, *R. Lesage c/COB*, JurisData:1996-022381.
CA Paris, 27 sept. 1996, n° 95/26527, *SNC SCREG Ouest c/Ministre de l'économie*, JurisData:1996-022935.
CA Paris, ord., 12 févr. 1997, D. 1998, somm. p. 63.
CA Paris, 6 mai 1997, *SNC Campenon-Bernard et* autres, JurisData:1997-850066.
CA Paris, 27 mai 1997, *Sté Multigestion*, JurisData:1997-021129.
CA Metz, 9 sept. 1997, n° A-IV-604196.
CA Paris, ord., 19 nov. 1997, Bull. Joly Bourse 1997, p. 256.

CA Paris, ord., 16 déc. 1997, Banque et droit, sept.-oct. 1998, p. 29.
CA Paris, 28 avr. 1998, n° 97/17847, *France Télécom c/Paris TV Câble*, JurisData:1998-021050.
CA Paris, 8 mai 1998, n° 97/04714, *Sté Coca-cola entreprise c/ Sté Orangina France*. JurisData:1998-022167.
CA Paris, 26 janv. 1999, n° 97/27707, *Cauval Industries*, JurisData:1999-020028.
CA Paris, 2 juill. 1999, *D c/ COB*, JurisData:1999-111506.
CA Paris, 18 nov. 1999, n° 99/11980, *Eskenazi*, JurisData:1999-106580.
CA Paris, ord., 16 sept. 1999, *Sté X c/ COB*, JurisData:1999-109121.
CA Paris, 21 janv. 2000, *Demaegdt c/Ministère public*, JurisData:2000-111565.
CA Paris, 7 mars 2000, n° 99/15862, *Sté KPMG Fiduciaire de France*, JurisData:2000-106246.
CA Paris, 6 juin 2000, *Sté auxiliaire d'entreprise de l'Atlantique Socae Atlantique*, LPA, n° 63 du 29 mars 2001, p. 13.
CA Paris, 27 nov. 2001, n° 00/19180, *Sté Caisse Nationale de Crédit Agricole*, JurisData:2001-184730.
CA Paris, ord., 16 janv. 2002, n[os] COBSAE2001/3, 2000/4, 2001/5, 2001/6, *Mouilleron et autres c/ COB,* JurisData:2002-173521.
CA Paris, 5 mars 2002, n° 01/19862, *SA Olitec*, JurisData:2002-221337.
CA Paris, 27 juin 2002, n° 01/19862, *SA Olitec*, JurisData:2002-187667.
CA Paris, 18 févr. 2003, n° 02/14535, *Compagnie Générale des Eaux*, JurisData:2003-200255.
CA Paris, 17 juin 2003, n° 02/17634, *SNR Roulements*, JurisData:2003-214611.
CA Paris, 30 mars 2004, n° 03/15046, *Sté Novartis Pharma*, JurisData:2004-247008.
CA Paris, 30 mars 2004, n° 03/19352, *Sté SEMIACS*, JurisData:2004-240246.
CA Paris, 29 juin 2004, n° 04/01851, *CNPA*, JurisData:2004-247025.
CA Paris, 21 sept. 2004 n° 03/18636, *Sté Dexxon Data Media*, JurisData:2004-249326.
CA Paris, 22 sept. 2004, n° 04/14608, 04/14881, *Sté Mayenne Viandes*, JurisData:2004-249338.
CA Paris, ord., 5 oct. 2004, n° 04/15103, *Sté Technique d'Abatage de Laval (STAL)*, JurisData:2004-252017, BOCCRF n° 8 du 26 sept. 2006.
CA Paris, 25 janv. 2005, n° 04/12111, *Sté Cerestar France c/EDF-RTE,* JurisData:2005-279033, Concurrence n° 2, 2005, chron. Régulations, p. 97 et s.
CA Paris, 22 févr.2005, n° 04/13460, *Sté JC DECAUX*, JurisData:2005-265803.
CA Paris, 29 mars 2005, n° 04/19930, *SARL Filmidis*, JurisData:2005-278310.
CA Paris, ord., 19 avr. 2005, n° 05/07263, *M.*, JurisData:2005-269347
CA Paris, 15 nov. 2005, n° 05/08308, *TPS*, JurisData:2005-293749.
CA Paris, 7 mars 2006, n° 05/12604, *Sté INEO*, JurisData:2006-298135.

CA Paris, 25 avr. 2006, n° 05/13773, *Sade*, JurisData:2006-300192.
CA Paris, 26 sept. 2006, n° 05/24285, *Hôtel Le Bristol*, JurisData:2006-311947.
CA Paris, 12 déc. 2006, n° 06/00048, *Sté Bouygues télécom /Association UFC que choisir*, JurisData:2006-317994.
CA Paris, 23 janv. 2007, n° 06/01498, *Pharma-Lab*, JurisData:2007-324831.
CA Paris, 30 janv. 2007, n° 06/00566, *Sté Le Foll*, JurisData:2007-324848.
CA Paris, 24 avr. 2007, n° 06/06912, *SAS JH Industrie*, JurisData:2007-335953.
CA Paris, 13 mars 2007, n° 06/08337, *GACHES CHIMIE,* JurisData:2007-328703.
CA Paris, 15 mai 2007, n° 06/12899, *Sté TLB*, JurisData:2007-335952.
CA Paris, 19 juin 2007, n° 06/00628, *Sté Philips France*, JurisData:2007-336831.
CA Paris, 26 juin 2007, n° 06/07821, *Guerlain.*
CA Paris, 13 juill. 2007, n° 07/10701, *Sté France Télécom*, JurisData:2007-344763.
CA Paris, 24 août 2007, n° 07/13005, *TDF*, JurisData:2007-344761.
CA Paris, 2 oct. 2007, n° 06/12253, *Européenne de Travaux Ferroviaires (ETF)*, JurisData:2007-344768.
CA Paris, 6 nov. 2007, n° 06/18379, *Canal 9/GIE Les Indépendants*, JurisData:2007-350036.
CA Paris, 17 janv. 2008, n° 06/08137, *Sté Outils Wolf.*
CA Paris, 4 mars 2008, n° 07/00370, *José Alvarez.*
CA Paris, 6 mai 2008, n° 07/06172, *Lafarge Ciments*, inédit.
CA Paris, 7 mai 2008, n° 07/22092, *Sté Axe Selection SA*, JurisData:2008-367932.
CA Paris, 24 juin 2008, n° 06/06913, *SA France Travaux*, JurisData:2008-369797.
CA Paris, 25 juill. 2008, n° 08/13658, *Sté Etablissement A. MATHE,* JurisData:2008-369816.
CA Paris, 2 juill. 2008, n° 08/06267, *Sté CDG Participations*, JurisData:2008-369799.
CA Paris, 3 juill. 2008, n° 07/10671, *Eiffage Construction*, JurisData:2008-369808.
CA Paris 17 sept. 2008, n° 07/10371, *La Coopérative ardéchoise*, JurisData:2008-001530.
CA Paris, 17 sept. 2008, n° 07/14904, *Éditions Presse Magazine*, JurisData:2008-001580.
CA Paris, 23 sept. 2008, *SAS PLYSOROL*, JurisData:2008-373487.
CA Paris, 1er oct. 2008, *SAS Etablissement ALLIN*, JurisData:2008-373488.
CA Paris, 26 nov. 2008, n° 07/13915, *CSRP c/Ministre de l'économie*, JurisData:2008-004659.
CA Paris, 28 janv. 2009, n° 08/00255, *EPSE Joué Club*, JurisData:2009-007882.

CA Paris, 4 févr. 2009, n° 08/23828, *Apple Sales International*, JurisData:2009-007935.
CA Paris, 25 févr. 2009, n° 08/02003, *Transeuro Desbordes Worldwide Relocations*, JurisData:2009-007585.
CA Paris, ord., 4 mars 2009, n° 08/15800, *Sté Plysorol*, inédit, BOCCRF n° 4 du 19 avr. 2010.
CA Paris, 11 mars 2009, n° 07/19110, *Sté Bouygues Télécom SA*, JurisData:2009-007341.
CA Paris, ord., 11 mars 2009, n° 09/02483, *Sté Établissements Marc Morel et Fils*, BOCCRF n° 4 avr. 2009.
CA Paris, 8 avr. 2009, n° 08/01092, *Sté Ela Médical SAS*, JurisData:2009-007511.
CA Paris, 29 avr. 2009, n° 08/11907, *Philips France SAS*, JurisData:2009-007496.
CA Paris, ord., du 29 sept. 2009, n° 08/12495, *Établissements Mathé*, BOCCRF n° 9 du 9 oct. 2009.
CA Paris, 3 nov. 2009, n° 09/01024, *Sté Compagnie Française de Transport Interurbain SA*, JurisData:2009-014161.
CA Paris, 24 nov. 2009, n° 09/0315, *Chevron Products Company Sté des pétroles Shell SAS*, JurisData:2009-017472.
CA Paris, 19 janv. 2010, n° 09/00334, *Sté AMD Sud-Ouest SAS*, JurisData:2010-000337,
CA Paris, 26 janv. 2010, n° 09/03532, *Adecco France*, JurisData:2010-000336.
CA Paris, ord., 28 janv. 2010, n° 09/24356, *Sandanter et autres*, JurisData:2010-001064.
CA Paris, 2 févr. 2010, n° 09/02623, *Frédéric B.*, JurisData:2010-000327.
CA Paris, 23 févr. 2010, n° 09/08268, *Sté Vinci*, JurisData:2010-000570.
CA Paris, 23 févr. 2010, n° 08/09840, *Sté Edition Jean-Paul Gisserot*, JurisData:2010-008390.
CA Paris, 23 mars 2010, n° 2009/09599, *Sté GEG, S.E.M*, JurisData:2010-003655.
CA Paris, 1er juin 2010, n° 08/21057, *Sté Canal 9 c/ GIE les Indépendants*, JurisData:2010-012500.
CA Paris, 1er juin 2010, n° 10/07349, *Sté Euro Power Technology*, JurisData:2010-012499.
CA Paris, 11 juin 2010, n° 07/20116, *Sté de chasse et de pêche de Paley*, JurisData:2010-016021.
CA Paris, 15 juin 2010, n° 09/20624, *Sté Veolia Transport, Sté Keolis*, JurisData:2010-012497.
CA Paris, 9 sept. 2010, n° 2010/00128, *International Technologie Sélection c/ AMF*, JurisData:2010-017541.
CA Paris, 23 sept. 2010, n° 10/00163, *Sté Digicel, Sté France Télécom, Sté Outremer Télécom*, inédit.

CA Paris, 28 oct. 2010, n° 10/04500, *Max Rombi, Sté Imarko, Sté Arkopharma*, JurisData:2010-027302.
CA Paris, 2 déc. 2010, n° 10/08010, *Sté Euro Power Technology*.
CA Paris, 27 janv. 2011, n° 10/08945, *Sté Française de Radiotéléphonie-SFR*, JurisData:2011-000862.
CA Paris, ord., 5 avr. 2011, n°s 10/07460, 10/07498, 10/0797.
CA Paris, ord., 29 mars 2011, n° 10/16575.
CA Paris, 29 sept. 2011, n° 2010/24176, *Sté Orgasynth, S.A., Emmanuel Alves*, JurisData: 2011-021991.
CA Paris, 29 sept. 2011, n° 10/24639, *Sté GECI Aviation, S.A*, JurisData:2011-021992.
CA Paris, 4 juill. 2013, n° 2012/05160, *Sté Digicel Antilles Française et* autres c/ Sté Outremer SAS, JurisData:2013-015880.

D. Tribunaux

TGI Paris, 9 et 13 juill. 1983, inédit
T. corr. Paris, 3 déc. 1993, LPA, n° 8, 19 janv. 1994, p. 12.

4. Administrative

A. Conseil d'État

CE, 13 déc. 1889, *Cadot*, Rec. CE 1889, p. 1148.
CE, 5 déc. 1924, *Légillon*, Rec. CE 1924, p. 985.
CE, 21 juill. 1926, *Sieur Barnier*, Rec. CE 1926, p. 767.
CE, 13 juill. 1928, *Sieur Delaroche*, Rec. CE 1928, p. 901.
CE, sect., 12 juill. 1929, *Leroux*, Rec. CE 1929, p. 710.
CE, 9 nov. 1932, *Sté WEIL-HAERINGE*, Rec. CE 1932, p. 941.
CE, 11 mars 1938, *Hirigoyen*, Rec. CE 1938, p. 264.
CE, sect., 19 févr.1943, *Grandgirard*, Rec. CE 1943, p. 43.
CE, 19 févr.1943, *Bugnet et autres*, Rec. CE 1943, p. 46, Droit social, 1943, p. 173.
CE, 1er juin 1943, *Magnas,* S. 1943, 3.37.
CE, 22 mars 1944, *Prats,* Rec. CE 1944, p. 95.
CE, 31 mars 1944, *De Weirdt*, Rec. CE 1944, p. 105.
CE, 5 mai 1944, *Dame Vve Trompier-Gravier*, Rec. CE 1944, p. 133.
CE, 3 janv. 1945*, James*. Rec. CE 1945, p. 3.
CE, ass., 26 oct. 1945, *Aramu*, Rec. CE 1945, p. 213.
CE, 26 févr. 1947, *Bourret,* Rec. CE 1947, tables, p. 596.
CE, 12 mai 1950, *Marcaillou*, Rec. CE 1950, p. 280.
CE, 30 janv. 1951, *Jacquesson,* Rec. CE 1951, p. 39.
CE, 14 févr. 1951, *Fédération nationale des syndicats d'utilisateurs de lait*, Rec. CE 1951, p. 88.
CE, 20 févr.1952, *Villaret*, Rec. CE 1952, p. 116.

CE, 22 juin 1952, *Moizant*, Rec. CE 1952, p. 332.
CE, ass., 12 déc. 1953, *De Bayo*, Rec. CE 1953, p. 544.
CE, 5 mars 1954, *Banque alsacienne privée et Sieur Dupont*, Rec. CE 1954, p. 144.
CE, 4 févr. 1955, *Massoni*, Rec. CE 1955, p. 71.
CE, 21 mai 1955, *Deleuze*, *Rec. CE* 1955, p. 296.
CE, 26 mai 1955, *Dame KOWATEWSKI*, Rec. CE 1955, p. 297.
CE, ass., 27 mai 1955, *Sieur Deleuze*, Rec. CE 1955, p. 296.
CE, 12 juill. 1955, *Sté Régionale du Jura*, Rec. CE 1955, p. 420.
CE, ass. 16 déc. 1955, *Dame Bourekba*, D. 1956, II, p. 392.
CE, 11 mai 1956, *Chomat*, Rec. CE 1956, p. 200.
CE, sect., 12 oct. 1956, *Desseaux*, Rec. 1956, p. 364.
CE, 20 déc. 1957, *Baray*, Rec. CE 1957, p. 701.
CE, 23 avr. 1958, *Commune du Petit-Quevilly*, AJDA 1958, p. 383.
CE, ass., 18 juin 1958, *Syndicat des grossistes en matériel électrique de la région de Provence et autres*, Rec. CE 1958, p. 358.
CE, 11 juill. 1958, *Tordo*, Rec. CE 1958, p. 241.
CE, 27 févr. 1959, *Sté Française de participations*, Rec. CE 1959, p. 147.
CE, ass., 6 mars 1959, *Syndicat des grandes pharmacies de la région de Paris*, Rec. CE 1959, p. 164.
CE, 13 mai 1959, *VALETTE-VIALARD*, Rec. CE p. 309.
CE, 17 juin 1959, *Dlle Victor*, Rec. CE 1959, p. 366.
CE, sect., 8 janv. 1960, *Ministre de l'intérieur c/Rohmer et Faist*, Rec. CE 1960, p. 12.
CE, 2 févr. 1960, *Kampmann*, Rec. CE 1960, p. 107.
CE, 29 avr. 1960, *Lemmou*, AJDA 1961, p. 94.
CE, sect., 17 mai 1960, *Feuillette*, Rec. CE 1960, p. 316.
CE, 15 juin 1960, *Stock*, AJDA 1960, p. 316.
CE, 29 juin 1960, *Gaudin*, RDP 1960, p. 869.
CE, 21 déc. 1960, *Premier ministre c/Vicat-Blanc*, Rec. CE 1960, p. 1093.
CE, 25 janv. 1961, *Gendre*, Rec. CE 1961, p. 51.
CE, 10 mars 1961, *Ministre de l'Agriculture*, Rec. CE 1961, tables, p. 929.
CE, 16 févr. 1962, *Percy du Sert*, Rec. CE 1962, p. 112.
CE, 9 janv. 1963, *Sté Charnoz et Cie*, AJDA 1963, p. 362.
CE, 9 janv. 1963, *Broca*, Rec. CE 1963, tables, p. 918.
CE, sect., 28 juin 1963, *Bapst*, Rec. CE 1963, p. 411.
CE, 8 nov. 1963, *Ministre de l'agriculture c/ Coopérative d'insémination artificielle*, Rec. CE 1963, p. 532.
CE, sect., 13 juin 1964, *d'André*, Rec. CE 1964, p. 329.
CE, 23 avr. 1965, *Vve Ducroux*, Rec. CE 1965, p. 231.
CE, 16 juin 1965, n° 62105, *Sieur Morin*, Rec. CE 1965, p. 365.
CE, 16 janv. 1966, *D*[lle] *de Waligorski et autres*, Rec. CE 1966, p. 40.
CE, sect., 30 juin 1967, n° 57775, *Caisse de compensation de l'Organic et autres*, Rec. CE 1967, p. 286.
CE, ass., 13 juill. 1967, *Allegretto*, Rec. CE 1967, p. 315.

CE, 13 oct. 1967, *Ministre des Armées c/ Ecole privée de filles de Pradelles*, Rec. CE 1967, p. 374.
CE, 22 nov. 1967, n° 68660, *Administration générale de l'assistance publique à Paris c/ Dem. Chevreau*, D. 1969, Jur. p. 51.
CE, 21 févr. 1968, *Sté industrielle d'études et travaux*, RDP 1969, p. 363.
CE, 23 févr.1968, n° 72893, *Ministère de l'Intérieur c/Benhamou*, AJDA 1968, p. 476.
CE, 4 oct. 1968, *Sieur et dame Pascal*, Rec. CE 1968, p. 876.
CE, ass., 12 juill. 1969, *L'Etang,* Rec. CE 1969, p. 388.
CE, 1er oct. 1969, *Fournier*, Rec. CE 1969, p. 415.
CE, 20 févr. 1970, *Dumontier*, AJDA 1970, p. 627.
CE, sect., 6 mars 1970, n° 71983, *Ministre de l'Intérieur c/ Sieurs Sydein et Desonneville*, AJDA 1970, p. 564.
CE, ass., 27 nov. 1970, n° 74877, *Agence Maritime Marseille-Fret*, Rec. CE 1970, p. 704
CE, 2 déc. 1970, *Beauville*, Rec. CE 1970, p. 1087.
CE, ass., 8 janv. 1971, n° 77800, *Ministre de l'intérieur c/ Dame Desamis*, *Rec. CE* 1971, p.19
CE, ass., 7 mai 1971, nos 74669, 74977, *Ministre de l'Economie c/ Sastre,* Rec. CE 1971, p. 334.
CE, 7 juill. 1971, *Ministre de l'Equipement et du Logement c/ Sieur Thierry*, Rec. CE 1971, p. 514.
CE, 26 janv. 1973, *Garde des Sceaux c/Lang*, Rec. CE 1973, p. 72.
CE, 6 avr. 1973, *Mourot*, Rec. CE 1973, p. 285.
CE, 25 juill. 1975, n° 96377, *Ministre de l'Equipement c/ Richoux*, Rec. CE 1975, p. 429.
CE, ass., 5 mai 1976, *Lerquemain*, Rec. CE 1976, p. 229.
CE, 1er oct. 1976, *Soucasse*, Rec. CE 1976, p. 386.
CE, 10 févr. 1978, *Rischmann*. Rec. CE 1978, tables, p. 3784.
CE, 28 avr. 1978, n° 05494, Sieur *Alata et Société des Editeurs du Seuil*, Rec. CE 1978, p. 192.
CE, sect., 9 juin 1978, n° 05911, *Sieur Lebon*, Rec. CE 1978, p. 245.
CE, 7 juill. 1978, n° 01593, *CEVAPIC*, Rec. CE 1978, tables, p. 718.
CE, 26 juill. 1978, n° 93715, *Vinolay,* Rec. CE 1978, p. 315.
CE, 23 févr. 1979, *Arquin*, Dr. adm. 1979, n° 139.
CE, 22 déc. 1989, n° 82237, *M. Morin*, Rec. CE 1989, p. 279, AJDA 1990, p. 121.
CE, ass., 12 oct. 1979, nos 01875, 01905, 01948 à 01951, *Rassemblement des nouveaux avocats de France*, Rec. CE 1979, p. 371.
CE, 9 nov. 1979, n° 12867, *A. Y c/ Le Conseil national de l'ordre des médecins*, Rec. CE 1979, tables, p. 187.
CE, 8 févr. 1980, *Dame Emprin*, Rec. CE 1980, p. 747.
CE, 14 janv. 1981, n° 12026, *Putot*, Rec. CE 1981, p. 17.
CE, ass., 6 févr. 1981, n° 14910, *Sté Varoise de transports et autres*, Rec. CE 1981, p. 52.

CE, 22 mai 1981, *Ministre des Universités c/ M.F.*, D., 1982.IR., p. 27.
CE, ass., 10 juill. 1981, n° 5130, *Rétail*, Rec. CE 1981, p. 303.
CE, 6 nov. 1981, n° 27784, *Pauc*, Rec. CE 1981, p. 572.
CE, 4 déc. 1981, n° 23122, *Office National de la Chasse*, Rec. CE 1981, p. 462, JurisData:1981-041386.
CE, 26 juill. 1982, n° 34740, *Ministre de l'intérieur c/ Simoné*, Rec. CE 1982, p. 287, JurisData:1982-041500.
CE, 24 nov. 1982, n° 32944, *Ministère des transports c/héritiers Malonda*, Rec. CE 1982, tables, p. 720, JurisData:1982-606829, RDP 1983, p. 1676.
CE, 22 juin 1984, n° 18371, *Sté Pierre et Cristal*, Rec. CE 1984, tables, p. 506, JurisData:1984-600604.
CE, 3 oct. 1984, n° 34008, *Mme Moriondo*, Rec. CE 1984, tables, p. 676, JurisData:1984-042169.
CE, 29 mars 1985, n° 45498, *Cne d'Ermont /Schwitzer*, Rec. CE 1985, p.748, JurisData:1985-605340, Dr. adm. 1985, comm. p. 242.
CE, 22 mai 1985, n° 61847, *Sté Cabot Corporation et autres*, Rec. CE 1985, p. 158, JurisData:1985-041059.
CE, 10 janv. 1986, n° 70253, *Chambre régionale des comptes d'Île-de-France*, Rec. CE 1986, p. 6, JurisData:1986-040004.
CE, 7 mars 1986, n° 65012, *Ministre de l'intérieur et de la décentralisation c/Delclaux*, inédit, JurisData:1986-040856.
CE, 6 juin 1986, n° 72720, *Epoux Merigot*, JurisData:1986-044053, RFDA 1986, p. 794.
CE, 20 mai 1988, n° 59657, *Mme Nardin*, Rec. CE 1988, p. 198, JurisData:1988-644591.
CE, 25 mai 1988, n° 70720, *Pouey*, Rec. CE 1988, tables, p. 558, JurisData:1988-644632.
CE, 17 juin 1988, n° 73044, *Saurois*, Rec. CE 1988, tables, p. 558, JurisData:1988-645184.
CE, 1er mars 1989, n° 84403, *Boissonade*, JurisData:1989-641853.
CE, 14 juin 1989, n° 95031, *Sté Soritel et Sté W Rock*, inédit, JurisData:1989-045172.
CE, 3 nov. 1989, n° 88408, *Blanquie*, JurisData : 1989-645180, *JCP G* 1989, n° 50, IV, p. 416
CE, 22 nov. 1989, n° 80147, *Martin*, JurisData:1989-647104.
CE, 18 mai 1990, n° 105293, *Association Arménienne d'aide sociale*, Rec. CE 1990, p. 128, JurisData:1990-042736.
CE, 29 juin 1990, n° 88249, *Mme Hirner-Darnis*, JurisData:1990-643998.
CE, sect., 6 juill. 1990, *Compagnie diamantaire d'Anvers et Delcourt*, Rec. CE 1990, p. 206.
CE, 14 nov. 1990, n° 89896, *Ganaye X.*, inédit
CE, sect., 25 janv. 1991, n° 103143, *Confédération nationale des associations familiales catholiques*, Rec. CE 1991, p. 30, JurisData:1991-040026.
CE, ass., 1er mars 1991, n° 112820, *Le Cun et autres*, Rec. CE 1991, p. 71, JurisData:1991-040264.

CE, 20 mars 1991, n° 109756, *Sté La Cinq*, Rec. CE 1991, p. 99, JurisData:1991-042420.
CE, 19 avr. 1991, n° 102016, *M. Monnet,* JurisData:1991-041894, AJDA 1991, p. 557.
CE, Avis, 19 avr. 1991, Conseil d'État, rapport public 1991, « De la sécurité juridique », Coll., « EDCE », n° 43, Paris, La Documentation française, 1991, p. 63.
CE, 14 juin 1991, n° 86294, *M. Aliquot*, Rec. CE 1991, tables, p. 1023, JurisData:1991-045246.
CE, 14 juin 1991, *Association radio solidarité*, Rec. CE 1991, p. 232, JurisData:1991-044255.
CE, 29 janv. 1992, n° 86197, *M. Daniel D.*, inédit.
CE, 4 mars 1992, n° 89545, *M. Rossi*, JurisData:1992-042723.
CE, ass., 10 avr. 1992, n° 79027, *Epoux V*, Rec. CE 1992, p. 171, JurisData:1992-040766.
CE, 14 déc. 1992, n° 130261, *Lanson*, Rec. CE 1992, tables, p. 1217, JurisData:1992-049659.
CE, ass., 9 avr. 1993, n° 138653, *M. G., M. D., M. B.*, Rec. CE 1993, p. 110.
CE, 7 mai 1993, n° 118286, *Mme Barbotin et autres*, JurisData:1993-044942, Gaz. Pal. 25 févr. 1994, n° 56-57, Pan. p. 7.
CE, sect., 7 mai 1993, nos 135815/926 à 928/951 et 140178, *Lallemand et autres c/Commission nationale des comptes de campagne et des financements politiques,* JurisData:1993-041847.
CE, 26 mai 1993, n° 106083, *Foyer "La Maladrerie"*, JurisData:1993-045717, Rec. CE 1993, p. 852.
CE, 5 nov. 1993, n° 143973, *COB*, Rec. CE 1993, tables, p. 944, JurisData:1993-046373.
CE, ass., du 11 mars 1994, n° 115052, *Sté La Cinq*. Rec. CE 1994, p. 117, JurisData:1994-041509.
CE, 25 mars 1994, n° 101515, *Ministre de la coopération et du développement c/ Mme Zante*, Rec. CE 1994, p. 1004, JurisData:1994-044407.
CE, 25 mars 1994, n° 123644, *Gueand*, JurisData:1994-042548, Gaz. Pal., 17-18 juin 1994, n° 168-169, p. 3.
CE, 25 mars 1994, nos 124765, 142516, *Association Radio Zinzine et autres*, Rec. CE 1994, p. 161, JurisData:1994-042581.
CE, 25 juill. 1994, n° 102334, *Courty*, Rec. CE 1994, p. 369, JurisData:1994-045846.
CE, 9 nov. 1994, n° 140726, *TIGRINI*, JurisData:1994-051302.
CE, 13 janv. 1995, n° 138691, *Sté Télévision française 1 (TF1)*, Rec. CE 1995, p. 32, JurisData:1995-040408.
CE, sect., Avis, 31 mars 1995, n° 164008, *Ministre du budget c/SARL Auto Méric,* Rec. CE 1995, p. 154, JurisData:1995-041934.
CE, 12 avr. 1995, n° 143797, *Sté PME Assurances*, Rec. CE 1995, tables, p. 670, JurisData:1995-041945.

CE, sect., 10 juill. 1995, n° 141654, *Mme Laplace*, Rec. CE 1995, p. 302, JurisData:1995-045616

CE, 21 juill. 1995, n° 151765, *M. Capel*, Rec. CE 1995, p. 637, JurisData:1995-044286

CE, 8 déc. 1995, n° 144160, *Mouvement de défense des automobilistes*, JurisData : 1995-048489, D. 1996, IR, p. 30.

CE, 21 févr. 1996, nos 171138, 172053, *Mutuelle antillaise d'assurances et autres*, Rec. CE 1996, tables, p. 737, JurisData:1996-050043.

CE, 22 mars 1996, n° 131861, *Sté NRJ SA*, JurisData:1996-050226.

CE, 6 mai 1996, n° 134415, *Colomer*, Rec. CE 1996, tables, 1996, p. 682, JurisData:1996-043401.

CE, 20 mai 1996, n° 167694, *Sté Vortex*, Rec. CE 1996, p. 189, JurisData:1996-050586, AJDA 1996, p. 711 : RFDA 1996, p. 845.

CE, 21 juin 1996, n° 140775, *Commune de Buchères c/ Collery*, Rec. CE 1996, p. 235, JurisData:1996-050957.

CE, 26 juin 1996, n° 135098, *Commune de Grand de Marie Galante*, JurisData : 1996-050965.

CE, 28 juin 1996, n° 148481, *Têtevuide,* JurisData:1996-044094.

CE, 4 oct. 1996, n° 168131, *Conseil interprofessionnel du vin de Bordeaux*, Rec. CE 1996, p. 381, JurisData:1996-050858.

CE, 9 oct. 1996, n° 173073, *Association Ici et Maintenant*, Rec. CE 1996, p. 401, JurisData:1996-050726.

CE, 9 oct. 1996, n° 170363, *Sté Prigest*, Rec. CE 1996, 690, D. 1996, p. 237.

CE, 11 déc. 1996, n° 130674, *Sté Communication du Centre*, Rec. CE 1996, tables, p. 688, JurisData:1996-051590, Gaz. Pal., 30 juill. 1997, n° 211-212, Pan. p. 125.

CE, 11 déc. 1996, n° 163553, *Sté Radio Nostalgie*, JurisData:1996-051591.

CE, 30 déc. 1996, n° 141853, *M. L'Hermite*, JurisData:1996-051530, Gaz. Pal., 30 juill. 1997, n° 211-212, Pan. p.124

CE, 8 janv. 1997, n° 143379, *M. Grocolas*, inédit.

CE, 15 janv. 1997, n° 155049, *Sté SERC Fun Radio*, Rec. CE 1997, tables, p. 1058, JurisData:1997-050114, Gaz. Pal., 28 sept. 1997, n° 271-273, Pan. p.145.

CE, 31 janv. 1997, nos 142434, 150778, *Association "Union Pieds-Noirs"*, Rec. CE 1997, p. 29, JurisData:1997-050211.

CE, 5 mars 1997, n° 80362, *Sté immobilière La Perdrix Rouge*, inédit, *RJF* 1997, n° 307, p. 231, JurisData:1997-041413.

CE, 23 avr. 1997, n° 131688, *Sté des auteurs et compositeurs dramatiques et autres*, JurisData:1997-050686.

CE, 23 avr. 1997, n° 162688, *Sté SERC Fun Radio*, inédit, JurisData:1997-050559.

CE, 23 avr. 1997, n°162797, *Sté France 2*, JurisData:1997-050684.

CE, 30 avr. 1997, n° 163807, *Mme Bouteille*, inédit.

CE, 23 mai 1997, n° 176924, *Sté Amérique Europe Asie*, Rec. CE 1997, p. 196, JurisData:1997-050242.

CE, sect., 20 juin 1997, n° 139495, *M. Theux*, Rec. CE 1997, p. 253, JurisData:1997-050373
CE, 30 juill. 1997, n° 160968, *Commune de Montreuil-sous-bois*, JurisData:1997-050730.
CE, 12 nov. 1997, n° 173293, *M. Fessard de Foucault*, Rec. CE 1997, p. 646, JurisData:1997-051156.
CE, sect., 13 mars 1998, n° 89370, *Améon*, Rec. CE 1998, p. 82, JurisData:1998-050037.
CE, 6 Avr. 1998, n° 173291, *Union syndical de la production audiovisuelle*, JurisData:1998-050444.
CE, 8 avr. 1998, n° 172333, *Sté NRJ*, JurisData:1998-050571.
CE, 29 avr. 1998, n° 164012, *Commune de Hannappes*, (Lutte contre l'incendie), Rec. CE 1998, p. 185, JurisData:1998-050176.
CE, 23 oct. 1998, n° 172017, *Prebot*, JurisData:1998-051027.
CE, 25 nov. 1998, n° 168125, *Compagnie Luxembourgeoise de la télédiffusion*, JurisData:1998-051278.
CE, 4 avr. 1999, n°s 182421, 184097, *GIE Oddo Futures*, JurisData:1999-050476.
CE, sect., 9 avr. 1999, n° 201853, *Sté The Coca-Cola Compagny*, JurisData:1999-050088.
CE, 11 Oct. 1999, n° 196796, *Sté Vortex*, inédit.
CE, Sect., 27 oct. 1999, n° 196306, *Solana*, Rec. CE 1999, p. 333, JurisData:1999-051125, RFDA 2000 p. 825.
CE, 29 nov. 1999, n° 194721, *Sté Rivoli Exchange*, Rec. CE 1999, p. 366, JurisData:1999-051339.
CE, 29 nov. 1999, n° 179624, *Mme Wach*, Rec. CE 1999, p. 368, JurisData:1999-051219, D. 2000, p. 21.
CE, Sec., 3 déc. 1999, n° 195512, *Leriche*, JurisData:1999-051316.
CE, ass., 3 déc. 1999, n° 207434, *Didier*, Rec, CE 1999, p. 399, JurisData:1999-051201,
CE, 26 janv. 2000, n° 197709, *Pauc et autres*, Rec. CE 2000, p. 52, JurisData:2000-060077.
CE ass., 23 févr. 2000, n° 195715, *Sté Labor Metal*, Rec. CE 2000, p. 83, JurisData:2000-060057.
CE, 29 mars 2000, n° 199545, *Isas*, Rec. CE 2000, tables, p. 1140, JurisData:2000-060549.
CE, 5 juill. 2000, n° 189523, *Mme Rochard*, JurisData:2000-060720, AJDA 2000, p. 613.
CE, 20 oct. 2000, n° 180122, *Sté Habib Bank Ltd*, Rec. CE 2000, p. 433, JurisData:2000-061179.
CE, 6 nov. 2000, n° 196407, *Lefebvre*, JurisData:2000-061344.
CE, 15 déc. 2000, n° 194807, *Vankemmel et Syndicat des professeurs hospitalo-universitaires*, JurisData:2000-061865.
CE, Sect., 22 nov. 2000, n° 207697, *Sté Crédit agricole Indosuez Chevreux*, Rec. CE 2000, p. 537, JurisData:2000-061571.

CE, 22 nov. 2000, n°s 211285, 211286, *Mutuelle Inter-jeunes et Abed*, JurisData:2000-061570.
CE, 20 déc. 2000, n° 221215, *Sté A Conseils Finance*, JurisData:2000-061867.
CE, ass. gén. sect. fin., Avis, 21 déc. 2000, n° 365546.
CE, 7 févr. 2001, n° 210574, *Thomas*, JurisData:2001-062028.
CE, 9 févr. 2001, n° 215734, *PIFFRE*, JurisData:2001-062029
CE, 18 févr. 2002, n° 214179, *Groupe Norbert Dentressangle*, Rec. CE 2002, tables, p. 918, JurisData:2002-064092.
CE, ass., 23 févr. 2001, n° 204425, *Commission des opérations de Bourse*, JurisData:2001-062333.
CE, 11 mai 2001, n° 218124, *Mme GUGLIELMI*, inédit, JurisData:2001-062366 ;
CE, 13 juin 2001, *Verdure*, n° 211403, JurisData:2001-062786.
CE, 22 juin 2001, n° 193392, *Sté Athis*, JurisData:2001-062536.
CE, 6 nov. 2001, n° 235247, *Deslandes F.*, JurisData:2001-063053.
CE, ass., 30 nov. 2001, n° 219562, *Ministre des finances et de l'industrie c/ Kechichian et autres*, Rec. CE 2001, p. 587, JurisData:2001-063085.
CE, 24 janv. 2002, n° 240717, *Hannoun*, JurisData:2002-063805.
CE, 12 juin 2002, n° 240741, *Caisse de décès - Union d'épargne d'Alsace et de Lorraine*, Rec. CE 2002, tables, p. 607, JurisData:2002-064582.
CE, 22 août 2002, n° 247068, *Département Bouches-du-Rhône*, JurisData:2002-064568.
CE, 28 oct. 2002, n° 222188, *Laurent c/ Commission de contrôle des* assurances, JurisData:2002-064583.
CE, 18 déc. 2002, n° 232273, *Association Promouvoir c/ CSA*, JurisData:2002-064845.
CE, 30 déc. 2002, n° 225515, *Mme Gateaux c/Ministre de la jeunesse, de l'éducation nationale et de la recherche*, Rec. CE 2006, tables, p. 589, JurisData:2002-065104.
CE, 30 déc. 2002, n° 236826, *Sté Vortex*, Rec. CE 2002, tables, p. 724, JurisData:2002-064869.
CE. 30 déc. 2002, n° 240635, *Mme Rimonteil de Lombares*, JurisData:2002-064807.
CE, 10 mars 2003, n° 227357, *Laurent c/ Commission de contrôle des assurances*, JurisData:2003-065096.
CE, 19 mars 2003, n° 240718, *M. Hannoun c/ CMF*, JurisData:2003-065083.
CE, 27 juin 2003, n° 257403, *Sté Ethys*, inédit.
CE, ass., 4 juill. 2003, n° 234353, *Dubreuil*, Rec. CE 2003, p. 313, JurisData:2003-065612.
CE, 30 juill. 2003, n° 210344, *Kalfon*, JurisData:2003-066101.
CE, 30 juill. 2003, n° 238169, *Banque d'escompte et Wormser frères réunis*, Rec. CE 2003, p. 351, JurisData:2003-065934.
CE, 30 juill. 2003, n° 240884, *Sté Dubus S.A*, Rec. CE 2003, tables, p. 671, JurisData:2003-06609.
CE, 30 juill. 2003, n° 240884, *Sté Dubus SA*, JurisData:2003-066091.

CE, 21 nov. 2003, n° 249376, *Sté Canal 9*, inédit.
CE, 31 mars 2004, n° 243579, *Sté Etna Finance,* JurisData:2004-066993.
CE, 7 juill. 2004, n° 225937, *Guy L.*, Rec. CE 2004, p. 317, JurisData:2004-067429.
CE, ass., 7 juill. 2004, n° 255136, *Ministère de l'intérieur c/Benkerrou,* Rec. CE 2004, p. 298, JurisData:2004-067191.
CE, 26 juill. 2004, n° 262851, *Mechri c/ Cnil*, Rec. CE 2004, p. 355, JurisData:2004-067268.
CE, 19 nov. 2004, n° 263459, *Marcon*, JurisData:2004-067664, Gaz. Pal., 2005, somm. p. 2061.
CE, 4 févr. 2005, n° 269001, *Sté GSD Gestion*, JurisData:2005-068135.
CE, réf., 11 févr. 2005, n° 276376, *O. Barre*, JurisData:2005-068232.
CE, réf., 14 mars 2005, n° 278435, *M. Gollnisch*, Rec. CE 2005, p. 103, JurisData:2005-068223.
CE, 23 mars 2005, n° 267811, *ADAM c/ Secrétariat général du gouvernement*, inédit, JurisData:2005-068249.
CE, réf., 14 avr. 2005, n° 279473, *Z.*, JurisData:2005-068400, AJDA 2005, p. 1919.
CE, réf., 12 mai 2005, n° 279010, *Mme Nisrine A*, inédit.
CE, réf., 12 mai 2005, n° 279011, *Zerbib*, JurisData:2005-068586.
CE, 27 juin 2005, n° 258402, *SARL Saprodif Méditerranée FM*, Rec. CE 205, tables, p. 1064, JurisData:2005-068557.
CE, 27 juill. 2005, n° 259111, *Ministre de la santé, de la famille et des personnes handicapées* c/ *Garcia*, Rec. CE 2005, p. 348, JurisData:2005-068696.
CE, ass. Avis, n° 371558 du 8 sept. 2005, Grands avis, 3e éd., 2008, n° 47, p. 569-578, Dr. adm. n° 5, mai 2006, comm. 89.
CE, 26 oct. 2005, n° 278224, *Joubrel*, JurisData:2005-069127.
CE, 6 janv. 2006, n° 279596, *Lebanese Communication Group,* Rec. CE 2006, p. 1, JurisData:2006-069435.
CE, 1er févr. 2006, n° 271676, *Touzard*, Rec. CE 2006, p. 38, JurisData:2006-069582.
CE, 13 févr. 2006, n° 279180, *Sté Fiducial Informatique*, JurisData:2006-069741.
CE, 15 mars 2006, n° 276370, *Zerbib*, JurisData:2006-069828.
CE, 24 mars 2006, n° 257330, *SA Martell & Co,* Rec. CE 2006, p. 163, JurisData:2006-080904.
CE, 5 avr. 2006, n° 278588, *Amefia*, inédit.
CE, 9 juin 2006, n° 267898, *Association des usagers des medias d'Europe c/ CSA*, inédit, JurisData:2006-070348.
CE, 26 juill. 2006, *Tissot*, n° 285247, JurisData:2006-070649.
CE, 30 août 2006, n° 276866, *Association Free Dom*, Rec. CE 2006, p. 392, JurisData:2006-070632.
CE, 27 oct. 2006, nos 276069, 277198 et 277460, *Parents et autres*, Rec. CE 2006, p. 454, JurisData:2006-070936.

CE, 17 nov. 2006, n° 276926, *Sté CNP Assurances*, Rec. CE 2006, p. 473, JurisData:2006-071062.

CE, 11 déc. 2006, n° 281567, *SCI Groupement de développement immobilier c/ Ministre de la culture et de la communication*, Rec. CE 2006, tables, p. 995, JurisData:2006-071191.

CE, réf., 14 déc. 2006, n° 298912, *Sté Bourse direct*, JurisDat:2006-071200.

CE, 24 janv. 2007, n° 284060, *Association Parti libéral modéré*, inédit.

CE, 7 févr.2007, n° 288373, *Choquenet*, JurisData:2007-071442.

CE, 30 mars 2007, n° 269102, *UDM de Guadeloupe*, Juris-Data:2007-071668.

CE, 30 mai 2007, n° 266737, *Sté Dubus Management*, inédit, JurisData:2007-072022.

CE, 30 mai 2007, nos 288538, 293408, *Sté Europe Finance et Industrie et M. A.*, JurisData:2007-071939.

CE, 30 mai 2007, n° 293423, *Sté Tradition Securities and Futures*, JurisData:2007-071941.

CE, 6 juin 2007, n° 306129, *Le Trèfle-Les nouveaux écologistes*, JurisData:2007-072331.

CE, 13 juill. 2007, *ABRIC*, n° 297742, JurisData:2007-072186.

CE, 11 janv. 2008, nos 298497, 298498, *SARL Route Logistique Transports*, inédit, JurisData:2008-073022.

CE, 16 janv. 2008, nos 292790, 292806, *M. Haberer*, JurisData:2008-072954.

CE, réf. ord., 19 févr.2008, *Sté Profil France,* n° 311974, JurisData:2008-073370.

CE, réf., 5 mars 2008, n° 312719, *Triquenaux*, JurisData:2008-073339.

CE, 6 juin 2008, n° 299203, *Sté Tradition Sécurities and Futures*, JurisData:2008-073664.

CE, 26 juin 2008, n° 299203, *Sté Tradition Sécurité and Futures/ AMF*, JurisData:2008-073664.

CE, 7 août 2008, n° 289159, *Torres*, JurisData:2008-074142.

CE, réf., 6 oct. 2008, n° 311974, *Sté Profil France*, JurisData:2008-073370.

CE, réf., 29 janv. 2009, n° 323490 et 323492, *Sté Global Equities*, JurisData:2009-075006.

CE, ass., 16 févr.2009, n° 274000, *Sté Atom.*

CE, réf., 3 mars 2009, n° 324397, *M. Patrick A*, Inédit.

CE, 27 mai 2009, n° 310493, *Hontang*, JurisData:2009-310493.

CE, 27 juill. 2009, n° 295358, *La Caisse interfédérale de crédit mutuel*, Rec. CE 2009, tables p. 684.

CE, 31 juill. 2009, n° 307781, *Sté Cyberoffice*, inédit, RJF 2009, n° 1115.

CE, 12 oct. 2009, n° 311641, *Petit c/H3C*, JurisData:2009-011551.

CE, réf., 12 nov. 2009, n° 332558, *Sté AIRAS 1*, inédit.

CE, Avis 4 déc. 2009, n° 329173, *Sté Rueil Sports*, JORF n° 0034 du 10 févr. 2010, p. 2412.

CE, 18 déc. 2009, n° 323460, *Compagnie Blue Line*, inédit, JurisData:2009-018439.

CE, 7 juin 2010, n° 338531, *Centre hospitalier de Dieppe c/Ministre de la santé et des sports,* JurisData:2010-008792.

CE, 16 juill. 2010, n° 321056, *Beslay c/AMF*, JurisData:2011-001764.

CE, 4 oct. 2010, n° 341845, *Repplinger c/Ministre de l'intérieur*, JurisData:2010-017813.

CE, 22 oct. 2010, n° 324614, *Société Vortex*, inédit, JurisData:2010-019718.

CE, 8 nov. 2010, n° 329384, *Caisse Nationale des Caisses Nationales d'Epargne et de Prévoyance*, inédit, JurisData:2010-020877.

CE, 17 nov. 2010, n° 329929, *Commune de Seillons Source d'Argens*, JurisData:2010-021465.

CE, 23 févr. 2011, n° 339826, *Sté Chazal c/ Commune de Saint-Priest*, JurisData:2011-002216.

CE, 28 mars 2011, n°s 316521, 316610, *Sté Euroland Finance*, JurisData:2011-004995.

CE, 28 mars 2011, n° 319327, *Caisse d'épargne de Normandie c/AMF*, inédit, JurisData:2011-009227.

CE, 21 sept. 2011, n° 349222, *Ministre de la défense et des anciens combattants c/ Moustaquima*, JurisData:2011-019452.

CE, 9 nov. 2011, n° 341658, *Benzoni c/Ministre des sports*, JurisData:2011-024487, AJDA 2011, p. 2208.

CE, 5 déc. 2011, n°s 319545, 338379, *LAFFONT c/ CNIL*, JurisData:2011-027474.

CE, 22 déc. 2011, n° 323612, *Union mutualiste générale de prévoyance c/ACAM*, JurisData:2011-028908.

CE, 22 déc. 2011, n° 323613, *Sté mutualiste des étudiants de la région parisienne c/ACAM*, JurisData:2011-030130.

CE, 30 mai 2012, n° 351551, Sté Vera c/ Présidence de la Polynésie française, JurisData:2012-011585.

CE, 15 juin 2012, n° 351892, Association régionale d'animation (Radio Totem), JurisData:2012-012829.

CE, 4 juill. 2012, n°s 334062, 347163, *AFORST c/ ARCEP*, JurisData:2012-015086.

CE, 26 nov. 2012, n°s 349529, 349530, *Union syndicale de la promotion audiovisuelle c/ CSA*, JurisData:2012-027497.

CE, 10 oct. 2012, n° 345903, *Sté Le Madison c/ Ministère de l'intérieur,* JurisData:2012-022741.

CE, 11 oct. 2012, n° 357804, *Sté française du radiotéléphone (SFR)*, inédit, JurisData:2012-023440.

CE, réf., 18 oct. 2012, n° 362867, *Sté X.*, JurisData:2012-024872.

CE, 26 nov. 2012, 349529, 349530, *Union syndicale de la promotion audiovisuelle c/ CSA*, JurisData:2012-027497.

CE, 26 nov. 2012, n° 354108, *Cordière c/ France Télécom.*, JurisData:2012-027366.

CE, 28 déc. 2012, n° 344175, *POUCHARD c/ CNIL*, inédit, JurisData:2012-030621

CE, 27 mars 2013, Sté Bourgogne Radios, n°s 353468 et 354181, JurisData:2013-006088
CE, 24 avr. 2013, n° 362499, *Lieu-Sanh*, Inédit, JurisData:2013-008762
CE, 29 avr. 2013, n° 356976, *Sté Numéricâble SAS*, inédit, JurisData:2013-024510.
CE, 12 juin 2013, n° 358921, *Commune de Lambesc*, inédit, JurisData:2013-012403
CE, 19 juin 2013, n° 357885, *Fédération de l'hospitalisation privée médecine, chirurgie, obstétrique c/ Secrétariat général du Gouvernement*, inédit, JurisData:2013-012596.
CE, 19 juin 2013, n° 364819, *Commune de Bassillac*, inédit, JurisData:2013-013014
CE, 24 juin 2013, n° 360949, *Sté Colruyt France c/ ADLC*, JurisData:2013-013079.
CE, réf., 17 juill. 2013, n° 369458, *A.*, inédit, JurisData:2013-018296
CE, réf., 12 sept. 2013, n° 370404, *X.*, inédit, JurisData:2013-021228

C. Tribunaux et Cours administratives d'appel

TA Lyon, 18 juill. 2002, n° 013965, *Aillard.*
TA Paris, 13 janv. 2006, n° 0310642/7.
CAA Lyon, 28 déc. 1990, n° 89LY01299, *Fouriat*, JurisData:1990-051893.
CAA Paris, 19 déc. 1995, n° 93PA01250, *Kechichian et autres*, Rec. CE 1995, p. 671, JurisData:1995-049047.
CAA Paris, 19 déc. 1995, n° 93PA00991, *Sté Editions Sorman*, JurisData:1995-049145.
CAA Lyon, 1er avr. 1997, *M. Zekri*, Rec. CE 1997, p. 554.
CAA Paris 20 mai 1997, n° 96PA00135, *M.B*, AJFP 1997, n° 6, p. 34.
CAA Nantes, 12 juin 1997, *Fedrigo,* AJFP 1998, n° 2 p. 41.
CAA Paris, 1er déc. 1998, n° 96PA04594, *Commission des opérations de Bourse*, JurisData:1998-103007.
CAA Paris, 17 déc. 1998, n° 96PA01950, *Centre hospitalier de Gonesse*, JurisData:1998-049429.
CAA Paris, 30 mars 1999, n° 96PA04386, *El Shikh*, Rec. CE 1999, p. 505, AJDA, 1999, p. 883.
CAA Paris 13 juill. 1999, n° 96PA02356, *Groupe Norbert Dentressangle*, AJDA, 1999, p. 951.
CAA Paris for. plén., 15 déc. 1999, n° 96PA02393, *Epoux Maranne*, JurisData:1999-113394.
CAA Paris, 25 janv. 2000, n° 93PA01250, *MM. Kechichian, Hamod et autres*, JurisData:1995-049047.
CAA Paris, 8 nov. 2002, n° 98PA00668, *Meiers.*
CAA Paris, 24 févr. 2003, n° 02PA00871, *Pasqua*, *JCP A* 2003, n° 1325, obs. TAILLEFAIT (A.).

CAA Paris, 22 oct. 2009, n° 07PA01797, *Sté CG Pan European Crossing France.*
CAA Paris, 2 Févr. 2006, n° 05PA01830, *Ghellam*, inédit, JurisData:2006-294619.
CAA Paris, 3 avr. 2007, n° 06PA03647, *Sté Altitude Développement.*
CAA Paris, 5 juin 2008, n° 06PA00904, *Laurent*, inédit.
CAA Paris, 1er mars 2010, n° 07PA01850, *Sté Kaufman & Broad Développement*, JurisData:2010-010055.
CAA Paris, 17 juin 2010, n° 06PA00904, *Laurent*, inédit.

5. Autorités administratives indépendantes de régulation économique

A. Conseil de la concurrence / Autorité de la concurrence

(Les décisions sont disponibles sur le site de l'Autorité de la concurrence)
Avis du 9 juin 1987, Rev. conc. consom., 1987, n° 39, p. 51.
Décision n° 91-D-03 du 15 janv. 1991, relative à la situation de la concurrence sur le marché de la chaussure de ski, BOCCRF n° 3 du 12 févr.1991, p. 49.
Décision n° 91-D-46 du 5 nov. 1991, relative à des pratiques du Comité interprofessionnel des fromages produits dans le département du Cantal et dans l'aire géographique de l'appellation d'origine Cantal.
Décision n° 91-D-53 du 26 nov. 1991, relative à une entente conclue entre les sociétés Quantel et Continuum dans le secteur des lasers pulsés à forte puissance de crête destinés à la recherche scientifique.
Décision n° 94-D-21, 22 mars 1994, relative à des pratiques de l'Office d'annonces, régisseur exclusif de la publicité dans les annuaires de France Télécom.
Décision n° 94-D-62, 14 déc. 1994, relative à une saisine de la société communication Media Services.
Décision n° 95-D-66, 17 oct. 1995, relative à des pratiques constatées lors d'un marché public de voirie de la communauté urbaine du Mans, BOCCRF du 24 janv. 1996.
Décision n° 99-D-46, 29 juin 1999, relative à des pratiques mises en œuvre par le Conseil départemental de l'Ordre des chirurgiens-dentistes de la Haute-Savoie et la Confédération nationale des syndicats dentaires à l'encontre de M. X..., BOCCRF n° 17 du 14 oct. 1999.
Décision n° 99-D-43, 30 juin 1999, relative à des pratiques mises en œuvre par la Centre d'études techniques de l'équipement, laboratoire des Ponts et Chaussés situé à Clermont-Ferrand, et de divers maîtres d'œuvre, BOCCRF n° 17 du 14 oct. 1999.
Décision n° 99-D-25, 6 avr. 1999, relative à une saisine de M. Patrick Guillot, BOCCRF n° 14 du 25 août 1999.

Décision n° 01-D-41, 11 juill. 2001, relative à des pratiques mises en œuvre sur les marchés des titres restaurant et de titres emploi-service, BOCCRF n° 14 du 24 sept. 2001.

Décision n° 01-D-79, 13 déc. 2001, relative à une saisine du ministre chargé de l'économie concernant le secteur des vitamines pour l'alimentation animale.

Décision n° 01-D-82, 18 déc. 2001, relative à une saisine présentée par la société JL Electronique.

Décision n° 01-D-84, 20 déc. 2001, relative à des pratiques mises en œuvre par France Télécom Cable.

Décision n° 01-D-85, 28 déc. 2001, relative à une demande des sociétés MA Editions et Iliad concernant des pratiques mises en œuvre sur le marché des annuaires inversés.

Décision n° 02-D-41, 26 juin 2002, relative au respect de l'injonction prononcée à l'encontre de la société France Télécom par la cour d'appel de Paris dans son arrêt du 29 juin 1999, BOCCRF n° 14 du 30 sept. 2002.

Décision n° 03-D-45, 25 sept. 2003, relative aux pratiques mises en œuvre dans le secteur des calculatrices à usage scolaire, BOCCRF n° 16 du 17 déc. 2003.

Décision n° 04-D-10, 1er avr. 2004, relative à des pratiques de la société UGC Ciné-Cité mises en œuvre dans le secteur de l'exploitation des salles de cinéma, BOCCRF n° 7 du 6 sept. 2004.

Décision n° 04-D-42, 4 août 2004, relative à des pratiques mises en œuvre dans le cadre du marché de la restauration de la flèche de la cathédrale de Tréguier, BOCCRF, n° 10 du 9 déc. 2004.

Décision n° 04-D-46, 30 sept. 2004, relative à une saisine de l'entreprise Arnaud Marin concernant des pratiques mises en œuvre par la société R. Marin, BOCCRF n° 10 du 9 déc. 2004.

Décision n° 04-D-48, 14 oct. 2004, relative à des pratiques mises en œuvre par France Télécom, SFR Cegetel et Bouygues Télécom, BOCCRF n° 1 du 21 janv. 2005.

Décision n° 04-D-65, 30 nov. 2004, relative à des pratiques mises en œuvre par La Poste dans le cadre de son contrat commercial, BOCCRF n° 3 du 31 mars 2005.

Décision n° 05-D-23, 18 mai 2005, relative à la saisine de la société France Incendie, BOCCRF n° 4 du 14 mars 2006.

Décision n° 05-D-64, 25 nov. 2005, relative à des pratiques mises en œuvre sur le marché des palaces parisiens, BOCCRF n° 5 du 29 avr. 2006.

Décision n° 05-D-66, 5 déc. 2005, relative à la saisine de la SARL AVANTAGE à l'encontre de pratiques mises en œuvre dans le secteur des produits d'électronique grand public, BOCCRF n° 5 du 29 avr. 2006.

Décision n° 06-S-01, 3 févr. 2006, relative à la saisine au fond et à la demande de mesures conservatoires présentées par la société Bijourama à l'égard de pratiques de la société Festina France, BOCCRF n° 1 du 26 janv. 2007.

Décision n° 06-D-07 bis, 21 mars 2006, relative à des pratiques mises en œuvre dans le secteur des travaux publics dans la région Ile-de-France, BOCCRF n° 1 du 26 janv. 2007
Décision n° 06-D-12, 6 juin 2006, relative à des pratiques mises en œuvre dans le secteur de la distribution de commodités chimiques, BOCCRF n° 1 du 26 janv. 2007.
Décision n° 06-D-17, 22 juin 2006, relative à des pratiques relevées dans le secteur du transport du béton prêt à l'emploi dans l'Oise, BOCCRF n° 1 du 26 janv. 2007.
Décision n° 06-D-18, 28 juin 2006, relative à des pratiques mises en œuvre dans le secteur de la publicité cinématographique, BOCCRF n° 1 du 26 janv. 2007.
Décision n° 07-D-09, 14 mars 2007, relative à des pratiques mises en œuvre par le laboratoire GlaxoSmithKline France, BOCCRF n° 7 du 24 déc. 2007.
Décision n° 07-D-12, 28 mars 2007, relative à des pratiques mises en œuvre dans le secteur du chèque-cinéma, BOCCRF n° 5 du 31 juill. 2007.
Décision n° 07-D-16, 9 mai 2007, relative à des pratiques sur les marchés de la collecte et de la commercialisation des céréales, BOCCRF, n° 5 du 31 juill. 2007.
Décision n° 07-MC-03, 7 Juin 2007, relative à une demande de mesures conservatoires présentée par la société Solutel, BOCCRF n° 1 du 4 mars 2008.
Décision n° 07-D-23, 12 juill. 2007, relative à la saisine de la SA Édition presse magazines 2000 relative à des pratiques mises en œuvre par la société Nouvelles messageries de la presse parisienne NMPP, BOCCRF n° 2 du 25 mars 2008.
Décision n° 07-D-44, 11 déc. 2007, relative à des pratiques mises en œuvre par le GIE Ciné Alpes, BOCCRF n° 3 du 23 avr. 2008.
Décision n° 08-D-01, 18 janv. 2008, relative à une saisine présentée par la société Segard, BOCCRF n° 5 du 26 juin 2008.
Décision n° 08-D-02, 12 févr. 2008, relative à une demande de mesures conservatoires présentée par la Free SAS et concernant l'accès aux infrastructures de génie civil de France Télécom dans le cadre du déploiement de boucles locales optiques résidentielles de type FTTh, BOCCRF n° 5 du 26 juin 2008.
Décision n° 08-D-23 du 15 oct. 2008, relative à des pratiques mises en œuvre par le syndicat des artisans et entrepreneurs de taxis des Alpes-de-Haute-Provence et certains de ses membres.
Décision n° 08-D-32, 16 déc. 2008, relative à des pratiques mises en œuvre dans le secteur du négoce des produits sidérurgiques, BOCCRF n° 1 du 5 févr. 2009.
Décision n° 09-D-05, 2 févr. 2009, relative à des pratiques mises en œuvre dans le secteur du travail temporaire, BOCCRF n° 2 du 18 févr. 2009.

Décision n° 09-D-06, 5 févr. 2009, relative à des pratiques mises en œuvre par la SNCF et Expedia Inc. dans le secteur de la vente de voyages en ligne, BOCCRF n° 2 du 18 févr. 2009.

Décision n° 09-D-35 du 25 nov. 2009, relative à des pratiques mises en œuvre dans le secteur du transport médical d'urgence.

Décision n° 09-D-39 du 18 déc. 2009, relative à des pratiques mises en oeuvre par le Conseil national des exploitants thermaux dans le secteur du thermalisme.

Décision n° 09-D-38, 28 déc. 2009, relative à des pratiques mises en œuvre par les sociétés Ethicon SAS, Tyco Healthcare France et le syndicat national des industries des technologies médicales.

Décision n° 10-D-02, 14 janv. 2010, relative à des pratiques mises en œuvre dans le secteur des héparines à bas poids moléculaire.

Décision n° 10-D-12, 15 avr. 2010, relative à des pratiques mises en œuvre par la société Hypromat France SAS dans le secteur du lavage automobile par haute pression.

Décision n° 10-D-28 du 20 sept. 2010, relative aux tarifs et aux conditions liées appliquées par les banques et les établissements financiers pour le traitement des chèques remis aux fins d'encaissement.

Décision n° 12-D-08 du 6 mars 2012, relative à des pratiques mises en œuvre dans le secteur de la production et de la commercialisation des endives.

Décision n° 13-D-12 du 28 mai 2013, relative à des pratiques mises en œuvre dans le secteur de la commercialisation de commodités chimiques.

Décision n° 13-D-14 du 11 juin 2013, relative à des pratiques mises en œuvre dans le cadre de relations entre des vétérinaires et les sociétés protectrices des animaux (SPA) en région Alsace.

Communiqué de procédure du 2 mars 2009, relatif au programme de clémence.

Communiqué du 16 mai 2011, relatif à la méthode de détermination des sanctions pécuniaires.

Communiqué de procédure du 10 févr. 2012, relatif à la non-contestation des griefs.

B. Conseil supérieur de l'audiovisuel/ AMF/ACPR

Décision n° 90-752, 28 sept. 1990, portant suspension d'autorisation d'exploiter un service de radiodiffusion sonore en modulation de fréquence, JORF n° 259 du 8 nov. 1990.

Décision n° 95-1, portant suspension de la diffusion du programme Skyrock, JORF n° 7 du 8 janv. 1995, p. 400.

Avis n° 96-4 du 8 oct. 1996, sur le projet de loi modifiant les dispositions du code de la communication et du cinéma relatives à la communication audiovisuelle, JORF n° 244 du 18 oct. 1996, p. 15304.

Avis n° 96-6 du 10 déc. 1996, relatif au projet de loi renforçant la prévention et la répression des atteintes sexuelles sur les mineurs et des infractions

portant atteinte à la dignité de la personne, JORF n° 1 du 1er janv. 1997, p. 80.
Délibération du 9 avr. 2014, fixant le règlement intérieur du Conseil supérieur de l'audiovisuel, JORF n° 0106 du 7 mai 2014.
AMF, Décision *MM. A, B, C, D, E* du 21 septembre 2009.
ACPR, Décision *ARCA Patrimoine*, procédure n° 2012-07 du 18 juin 2013.

III. CONCLUSIONS, COMMENTAIRES DE JURISPRUDENCE

A.D., note sous CA Versailles, 28 avr. 1982, D.S., 1983, I.R, p.225.
ARHEL (P.),
- note sous CA Paris, 6 mai 1997, JurisData:1997-850066, LPA, n° 30, 11 mars 1998, p. 18.
- obs. sous CA Paris, 27 nov. 2001, n° 00/19180, LPA, n° 244, 7 déc. 2001, p. 4.

AUBY (J.-M.),
- note sous CE, 25 juill. 1975, n° 96377, *Ministre de l'Equipement c/ Richoux*, RDP 1976, p. 335.
- note sous CE, sect., 9 juin 1978, n° 05911, RDP 1979, p. 227.
- note sous CE, ass., 10 juill. 1981, n° 5130, RDP 1981, p.1687.
- note sous CE, sect., 25 janv. 1991, n° 103143, RDP 1991, p. 525.
- note sous CE, 14 juin 1991, JurisData:1991-044255, RFDA 1992, p. 1016.

BACHELIER (G.), concl. sur CE, ass., 23 févr. 2001, n° 204425, RDF 2001, p. 836.
BACQUET (A.), concl. sur CE, ass., 6 févr. 1981, n° 14910, AJDA 1981, p. 599.
BAZEX (M.) et **THIRY (B.)**, note sous CE, Sect., 9 avr. 1999, n° 201853, AJDA 1999, p. 616.
BIGET (C.), obs. sous CE, 7 juin 2010, n° 338531, AJDA 2010, p. 1178.
BLANC (P.), note sous CE. 30 déc. 2002, n° 240635, AJDA 2003, p. 902.
BOISSARD (S.), concl. sur CE, 6 nov. 2001, n° 235247, LPA. n° 67, 3 avr. 2002, p. 13.
BOIZARD (M.), obs. CE, ass., 3 déc. 1999, n° 207434, D. 2000, p. 62.
BONFILS (Ph.), note sous Cass. civ., 2e, 7 oct. 2004, n° 03-12.653, D. 2004, p. 122.
BOUCARD (F.) et **ROBINE (D.)**, note sous CE., 6 janv. 2006, n° 279596, Gaz. Pal., 22 juin 2006, n° 173, p. 24.
BOULOC (B.), obs. sous Cass. com., 21 mars 1989, n° 88-10.162, RTD com. 1990, p. 85.
BOURREL (A.), note sous CE, ass., 30 nov. 2001, n° 219562, LPA, n° 224, 8 nov. 2002, p. 11.
BRAIBANT (G.), concl. sur CE, Sect., 8 janv. 1960, *Ministre de l'intérieur c/Rohmer et Faist*, RDP 1960, p. 333.
BRUGUIÈRE (J.-M.),

- note sous Cass. soc., 26 nov. 2002, n° 00-42.401, *Mme Meret c/ société Wyeth-Lederle*, D. 2003, p.1858.
- obs. sous Cons. const., n° 2009-580 DC du 10 juin 2009, loi favorisant la diffusion et la protection de la création sur internet, D. 2009, p. 1770.

BURGORGUE-LARSEN (L.), note sous CE, réf., 14 mars 2005, n° 278435, AJDA 2005, p. 1633.

CAPDEVILLE (J.-L.), note sous Cass. crim., 16 avr. 2008, n° 06-88.978, Bull. Joly Bourse 2008, p. 309.

Centre de droit et d'économie du sport, Université de Limoges, obs. sous CE, 9 nov. 2011, n° 341658, D. 2012, p. 704.

CHAPUS (R.), note sous CE, 21 déc. 1960, *Premier ministre c/Vicat-Blanc*, D. 1961, p. 421.

CHABOT (G.), note sous Cass. civ., 1e, 18 sept. 2008, n° 06-22.038, LPA, n° 37, 20 févr. 2009, p. 7.

CHAUVAUX (D.), concl. sur CE, 6 avr. 1998, n° 173291, AJDA 1998, p.729.

CHENOT (B.), concl. sur CE, 5 mai 1944, *Dame Vve Trompier-Gravier*, D. 1945, p. 110.

CHEVRIER (E.),
- obs. sous Cass. com., 6 déc. 2005, n° 04-19.541, D., 2006, p. 64.
- obs. sous Cass. ass. plén., 7 janv. 2011, nos 09-14316 et 09-14667, *Sté Philips France*, D. 2011, p. 157.

COLLET (M.),
- note sous CE, 27 oct. 2006, n 276069, AJDA 2007, p. 80.
- note sous CE, 16 janv. 2008, n 292790, AJDA 2008, p. 1000.

COMBARNOUS (M.) et **GALABERT (J.-M.)**, chron. CE, 2 févr. 1960, *Kampmann*, AJDA 1960, p. 46.

COSTA (D.), note sous CE, 27 juill. 2005, n° 259111, AJDA 2006, p. 100.

COURET (A.), obs. sous CA Paris, 26 janv. 1999, n° 97/27707, Bull. Joly Bourse 1999, p. 475.

COUZINET (P.), note sous CE, 7 juill. 1978, n° 01593, *CEVAPIC*, D. 1979, p. 187.

DAËL (S.), concl. sur CE, Sect., 7 mai 1993, n° 135815/926, RFDA 1993, p. 490.

DAIGRE (J.-J.) et **DE VAUPLANE (H.)**,
- obs. sous CE, 20 déc. 2000, n° 221215, Banque et droit, mars-avr. 2001, p. 30.
- note sous CA Paris, ord., 19 avr. 2005, n° 05/07263, Banque et Droit, juill.-août 2005, p. 50.

DECOCQ (G.),
- note sous CA Paris, ord., 16 déc. 1997, JCP E 1998, 1403.
- obs. sous CA Paris, 19 juin 2007, n° 06/00628, *Sté Philips France*, Contrats, conc., consom. 2007, comm. n° 208.

DECOOPMAN (N.),
- note sous Cass. com., 26 oct. 1993, n° 91-16.575, D. 1994, p. 237.

- note sous CA Paris, 6 avr. 1994, 94/3851, *Mizon c/Agent judiciaire du trésor,* D. 1994, p. 511.
- note sous CE, 4 févr. 2005, n° 269001, Bull. Joly Bourse 2005 p. 227.

DE LA VERPILLIÈRE (C.), concl. sur CE, Sect., 6 juill. 1990, *Compagnie diamantaire d'Anvers et Delcourt*, CJEG, 1990, p. 380.

DELEBECQUE (P.), obs. sous Cass. ass. plén., 7 janv. 2011, n°s 09-14316 et 09-14667, *Sté Philips France*, D. 2011, p. 2891.

DELMAS SAINT-HILAIRE (Ph.), obs. sous Cass. crim., 19 janv. 1999, n° 98-83.787, Rev. sc. crim. 1999, p. 588.

DELVOLVE (P.),
- note sous CE, Sect., 9 juin 1978, n° 05911, D. 1978, IR, p. 361.
- obs. sous CE, ass., 10 juill. 1981, n° 5130, D. 1981, IR, p. 528.

DE SAINT-PULGENT (M.), concl. sur CE, ass., 1er mars 1991, n° 112820, RFDA 1991, p. 612.

DE SOTO (J.),
- note sous CE, 5 mai 1944, *Dame Vve Trompier-Gravier*, D. 1945, p. 110.
- note sous CE, ass., 12 déc. 1953, *De Bayo*, AJDA 1954, p. 138.

DE VAUPLANE (H.), note sous CA Paris, ord., 16 déc. 1997, Banque et droit, sept.-oct. 1998, p. 29.

DE VAUPLANE (H.) et **DAIGRE (J.-J.)**,
- chron. sous CA Paris, 5 mars 2002, n° 01/19862, *S.A. Olitec*, JurisData:2002-221337, *Banque et Droit* n° 83, mai-juin 2002, p. 22.
- chron. sous CA Paris, 27 juin 2002, n° 01/19862, *S.A. Olitec*, JurisData:2002-187667, *Banque et Droit* n° 85, sept.-oct. 2002, p. 28.

DEWOST (J.-L.) et **DENOIX DE SAINT-MARC (R.)**, chron. sous CE, ass., 12 juill. 1969, *L'Etang*, AJDA 1969, p. 558.

DOBKINE (M.), note sous CA Paris, 15 janv. 1993, JurisData:1993-020250, JCP E 1993, 71.

DRAGO (R.),
- note sous CE, ass. 16 déc. 1955, *Dame Bourekba*, D. 1956, II, p. 392.
- note sous CA Paris, 7 mars 2000, n° 99/15862, JCP G 2000.II.10408.

DREIFUSS-NETTER (F.), note sous Cass. com., 10 mars 1992, n° 90-16.298, LPA, n° 10, 22 janv. 1993, p. 9.

DUBRUELLE (J.-B.), note sous CE, 17 nov. 2006, n° 276926, LPA, n° 133, 4 juill. 2007, p. 14.

DUCOULOUX-FAVARD (C.),
- note sous CA Paris, 15 janv. 1993, JurisData:1993-020250, D. 1993, p. 273.
- note sous T. corr. Paris, 3 déc. 1993, LPA, n° 8, 19 janv. 1994, p. 12.
- note sous CA Paris, ord., 4 nov. 1994, n° 1290/94, LPA, n° 77, 28 juin 1995, p. 26.
- note sous Cass. com., 5 mars 1996, n° 94-11.616, LPA, n° 48, 19 avr. 1996, p. 15.

- note sous Cass. com., 1er déc. 1998, n° 96-20.189, LPA, n° 11, 15 janv. 1999, p. 5.
- note sous CA Paris, 7 mars 2000, n° 99/15862, LPA, n° 101, 22 mai 2000, p. 4.

DUDOGNON (Ch.), comm. sous CE, 9 nov. 2011, n° 341658, JCP A, n° 16, 2012, 2122.

DUGRIP (O.), note sous Cass. ch., mixte, 15 déc. 1988, n° 87-19.759, JurisData:1988-703195, JCP G 1988.II.21263.

FABRE (A.), obs. sous Cass. soc., 26 nov. 2002, n° 00-42.401, *Mme Meret c/ société Wyeth-Lederle*, D. 2003, p. 394.

FAGES (B.), obs. sous Cass. ass. plén., 7 janv. 2011, nos 09-14316 et 09-14667, *Sté Philips France*, RTD civ. 2011, p. 127.

FAUGÉROLAS (L.), note sous CA Paris, 29 mai 1991, n° 90/015332, Bull. Joly Sociétés 1991, p. 734.

FINIELZ (R.), obs. sous Cass. crim., 9 août 2006, n° 06-83.219, Rev. sc. crim. 2006, p. 848.

FORTIS (E.), obs. sous Cass. crim., 13 oct. 2004, n° 03-81.763, Rev. sc. crim. 2005, p. 66.

FOURMENT (F.),
- note sous Cass. crim., 4 juin 2008, n° 08-81.045, JCP G 2009.II.10009.
- note sous Cass. ass. plén., 7 janv. 2011, nos 09-14316 et 09-14667, *Sté Philips France*, D. 2011, p. 562.

FOURRÉ (J.) et **PUYBASSET (M.)**, chron. sous CE, 8 nov. 1963, *Ministre de l'agriculture c/ Coopérative d'insémination artificielle*, AJDA 1964, p. 28.

FOURGOUX (J-C.), note sous CA Paris, 26 sept. 1991, JurisData:1991-044997, Gaz. Pal., 23-24 juill. 1993, n° 204/205, p. 19.

FOURMENT (F.), note sous Cass. crim., 4 juin 2008, n° 08-81.045, JCP G 2009.II.10009.

FRANC (M.),
- concl. sur CE, ass., 12 oct. 1979, n° 01875, JCP G 1980.II.19288.
- concl. sur CE, ass., 10 juill. 1981, n° 5130, RDP 1981, p. 1440.

FRANCILLON (J.), obs. sous Cons. const., n° 2009-580 DC du 10 juin 2009, Rev. sc. crim. 2009, p. 609.

FRISON-ROCHE (M.A.), obs. sous CA Paris, 29 mai 1991, n° 90/015332, RD bancaire et de la bourse 1992, p. 75.

FRISON-ROCHE (M.-A.) et GERMAIN (M.), obs. sous CA Paris, 15 janv. 1993, JurisData:1993-020250, RD bancaire et de la bourse 1993, p. 93.

FRYDMAN (P.), concl. sur CE, ass., du 11 mars 1994, n° 115052, RFDA 1994, p. 429.

F.S., note sous CE, 25 mars 1994, n° 101515, Dr, adm. 1994, n° 253.

GALABERT (J.-M.),
- concl. sur CE, 23 avr. 1965, *Vve Ducroux*, AJDA 1965, p. 348.
- concl. sur CE, ass., 13 juill. 1967, *Allegretto*, D. 1968, p. 47.

GARÉ (Th.), note sous Cass. crim., 30 mars 1999, n° 97-83.464, D. 2000, p. 391.

GARAUD (E.), note sous Cass. com., 1er déc. 1998, n° 96-20.189, JCP E 1999, 372.

GAUDEMET (Y.),
- note sous CE, ass., 10 juill. 1981, n° 5130, D. 1981, p. 622.
- note sous CE, 22 mai 1985, n° 61847, RDP 1987, p. 232.

GAVALDA (Ch.) et **LUCAS DE LUSSAC (G.)**, obs. sous CA Versailles, 28 avr. 1982, D.S., 1983, I.R, p. 225.

GAVALDA (C.), note sous CE, ass., 13 mars 1981, n° 10486, D. 1981, p. 419.

GENTOT (M.),
- concl. sur CE, Sect., 6 mars 1970, *Ministre de l'Intérieur c/ Sieurs Sydein et Desonneville*, AJDA 1970, p. 564.
- concl. sur CE, ass., 27 nov. 1970, n° 74877, *Agence Maritime Marseille-Fret*, RDP 1971, p. 987.

GENTOT (M.) et **FOURÉ (J.)**, chron. sous CE. Sect., 28 juin 1963, *Bapst*, AJDA 1963, p. 47.

GENEVOIS (B.),
- concl. sur CE, Sect., 9 juin 1978, n° 05911, AJDA 1978, p. 593.
- comm. sur Cons. const., n° 92-307 DC du 25 févr.1992, Rec. Cons. const., 1992, p.48, RFDA, 1992, p. 185.

GLASER (E.), concl. sur CE, Avis 4 déc. 2009, n° 329173, BDCF 2/10, n° 21.

GLATT (J.-M.), note sous CE, 27 oct. 2006, n 276069, LPA, n° 237, 28 nov. 2006, p. 15.

GRANIER (T.), note sous CA Paris, ord., 16 janv. 2002, nos COBSAE2001/3, 2000/4, 2001/5, 2001/6, Bull. Joly Bourse 2002, p. 191.

GRAVELEAU (Ph.), note sous CE, 19 mars 2003, n° 240718, Gaz. Pal., 13 janv. 2004, n° 13, p. 13.

GROSCLAUDE (L.), obs. sous Cass. civ., 2e, 27 mai 2004, n° 02-15.700, RTD com. 2004, p. 555.

GUINCHARD (S.) et MOUSSA (T.), note sous Cass. civ., 1e, 24 avr. 1985, n° 84-10.235.

GUYOMAR (M.),
- concl. sur CE. 30 déc. 2002, n° 240635, LPA, n° 59, 24 mars 2003, p. 10.
- concl. sur CE, 19 mars 2003, n° 240718, LPA, n° 81, 23 avr. 2003, p. 5.
- concl. sur CE, ass., 4 juill. 2003, n° 234353, RFDA 2003, p. 713.
- concl. sur CE, 31 mars 2004, n° 243579, LPA, n° 150, 29 juill. 2005, p. 14.
- concl. sur CE, ass., 7 juill. 2004, n° 255136, RFDA 2004, p. 913.
- concl. sur CE, 4 févr. 2005, n° 269001, LPA, n° 82, 26 janv. 2005, p. 5.
- concl. sur CE, 12 oct. 2009, n° 311641, LPA, n° 89, 5 mai 2010, p. 6.

GUYOMAR (M.) et **COLLIN (P.)**,

- chron. sous CE ass., 23 févr. 2000, n° 195715, AJDA 2000. 464.
- chron. sous CE, Sect., 22 nov. 2000, n° 207697, AJDA 2000, p. 1069.
- chron. sous CE, ass., 30 nov. 2001, n° 219562, AJDA 2002, p. 133.

HAGELSTEEN (M.-D.), concl. sur CE, ass., 13 mars 1981, n° 10486, JCP G 1981.II.19580.

HASSLER (Th.),
- obs. sous CA Paris, 15 nov. 1989, n° 88/21340, D. 1990, p. 289.
- obs. sous CE, 9 oct. 1996, n° 173073, D. 1997, p. 81.

HAURIOU (M.), note sous CE, 13 déc. 1889, *Cadot*, S. 1892.3.17.

HEERS (M.), concl. sur CAA Paris, 30 mars 1999, n° 96PA04386, *El Shikh*, JCP G 2000.II.10276.

IDOT (L.), comm. sous TPICE, 17 sept. 2007, *Akzo Nobel Chemicals Ltd c. Commission*, aff. T-253/03, Europe, 2007, n° 11, p. 29.

JACQUIGNON (L.), note sous CE, 9 janv. 1963, *Sté Charnoz et Cie*, AJDA 1963, p. 362.

JAGERSCHMIDT (H.), concl. sur CE, 13 déc. 1889, *Cadot*, D. 1891, p. 41.

JEOL (M.) et **PERDRIAU (A.)**, note sous Cass. ass. plén., 30 juin 1995, n° 94-20.302, JCP G 1995.II.22478.

JÈZE (G.), note sous CE, 5 mai 1944, *Dame Vve Trompier-Gravier*, RDP 1944, p. 256.

JOURDAIN (P.), obs. sous Cass. civ., 3e, 26 sept. 2007, n° 04-20.636, RTD civ, 2008, p. 305.

KAHN (J.), concl. sur CE, 22 nov. 1967, *Administration générale de l'assistance publique à Paris c/ Dem. Chevreau*, Dr. ouvrier 1968, p. 113.

KOERING-JOULIN (R.), obs. sous *Teixeira de Castro c. Portugal, 9 juin 1998*, Rev. sc. crim. 1999, p. 401.

LAFORTUNE (M-A.),
- concl. sur Cass. ass., plén., 5 févr.1999, n° 97-16.440, Gaz. Pal., 1999, n° 335.
- concl. sur Cass. com., 5 oct. 1999, n° 97-15.617, Gaz. Pal., n° 336 du 2 déc. 1999, p. 9.

LAGET-ANNAMAYER (A.), note sous CE, 30 juill. 2003, n° 238169, AJDA 2004, p. 26.

LAMY (F.),
- concl. sur CE, 20 oct. 2000, n° 180122, JCP G 2001.II.10459.
- concl. sur CE, 22 juin 2001, n° 193392, RFDA 2002, p. 509.

LANDAIS (C.) et LENICA (F.), comm. sous CE, ass., 7 juill. 2004, n° 255136, AJDA 2004, p.1695.

LASRY (C.), concl. sur CE, Sect., 12 oct. 1956, *Desseaux*, RDP 1957, p. 114.

LAURIN (B.), note sous CE, 29 juill. 1994, n° 115930, D., 1994, p. 540.

LAVRIC (S), obs. sous Cass. crim., 4 juin 2008, n° 08-81.045 D. 2008, p. 1766.

LEBRETON (G.),
- note sous CE, Sect., 13 mars 1998, n° 89370, D., 1998 p. 537.
- note sous CE, 29 avr. 1998, n° 164012, D., 1998, p. 535.

LEGAL (H.), concl. sur CE, ass., 9 avr. 1993, n° 138653, RFDA 1993, p. 583.
LÉGER (N.), note sous Cass. civ., 2e, 7 oct. 2004, n° 03-12.653, JCP G 2005.II.10025.
LEPAGE (A.), obs. sous Cass. soc., 26 nov. 2002, n° 00-42.401, *Mme Meret c/ Sté Wyeth-Lederle*, D. 2003, p.1536.
LIÉBER (S.-J.) et **BOTTEGHI (D.)**, comm. sous CE, 12 oct. 2009, n° 311641, AJDA 2009, p. 2163.
LIET-VEAUX (G.),
- note sous CE, 1 er juin 1943, *Magnas,* S. 1943, p. 37.
- note sous CE, 4 févr. 1955, *Massoni*, RA. 1955, p. 196.

LLORENS (F.), note sous CE, Sect., 6 juill. 1990, *Compagnie diamantaire d'Anvers et Delcourt*, RFDA 1991, p. 293.
LOMBARD (M.),
- note sous Cass. com., 9 nov. 1993, n° 91-20.722, D. 21 juill. 1994, n° 27, p. 399.
- note sous CE, 30 juill. 2003, n° 238169, Dr. adm., 2003, p. 18.

LOSCHAK (D.), chron. sous CE, ass., 7 mai 1971, n° 74669, JCP G 1971.I.2446.
M. H., obs. sous CAA Paris, 30 mars 1999, n°96PA04386, *El Shikh*, AJDA, 1999, p. 883.
MAESTRE (J.-C.), note sous CE, 8 nov. 1963, *Ministre de l'agriculture c/ Coopérative d'insémination artificielle,*D. 1964, p. 492.
MALAURIE-VIGNAL (M.),
- obs. sous CA Paris, 6 juin 2000, n° 22/25124, *Sté auxiliaire d'entreprise de l'Atlantique Socae Atlantique*, *LPA*, n° 63, 29 mars 2001, p. 13.
- obs. sous Cass. crim., 19 janv. 2000, n° 99-83.045, LPA, n° 63, 29 mars 2001, p. 10.

MALLOL (F.), note sous CE. Sect., 10 juill. 1995, n° 141654, AJDA 1995, p. 849.
MARCHI (J.-P.),
- note sous CA Paris, 8 févr. 1983, Gaz. Pal., 1989.II.367.
- note sous CA Paris, 17 déc. 1987, Gaz. Pal., 1988, 1, p. 206.
- obs. sous CA Paris, 12 janv. 1989, Gaz. Pal., 22 juin 1989.
- note sous CA Paris, 23 févr. 1989, Gaz. Pal., 1989, p. 475.
- note sous CA Paris, 6 avr. 1990, Gaz. Pal., 1990, Juris. p. 412.

MARMONTEL (A.), obs. sous CA Paris, 21 janv. 2000, JurisData:2000-111565, D. cah. aff. 2000, Actualité Juris. p. 150.
MARINO (L.), obs. sous Cass. civ., 2e, 7 oct. 2004, n° 03-12.653, *Mme Slusarek,* D. 2005, p. 2643.
MARON (A.), obs. sous Cass. crim., 11 févr. 1992, nos 91-86.067, Dr. pén., 1992, comm. 299.
MARTEL (M.), concl. sur CAA Paris, 1er déc. 1998, n° 96PA04594, *Commission des opérations de Bourse*, JurisData:1998-103007, RDF 1999, p. 1285.
SCHWARTS (R.) et **MAUGÜÉ (C.)**,

- chron. sous CE, Sect., 25 janv. 1991, n° 103143, AJDA 1991, p. 362.
- obs. sous CE, ass., 1er mars 1991, n° 112820, AJDA 1991, p. 358.
- chron. sous CE, 14 juin 1991, n° 86294, AJDA 1991, p. 575.

MAUGÜÉ (C.) et **TOUVET (L.)**,
- chron. sous CE, ass., 9 avr. 1993, n° 138653, AJDA 1993, p. 344.
- chron. sous CE, ass., du 11 mars 1994, n° 115052, AJDA 1994, p. 370.

MESTRE (J.) et FAGES (B.), obs. sous Cass. civ., 2e, 7 oct. 2004, n° 03-12.653, *Mme Slusarek,* RTD civ. 2005, p.135.

MODERNE (F.),
- note sous CE, 25 juill. 1975, n° 96377, *Ministre de l'Equipement c/ Richoux*, Dr. sociétés 1975, p. 457.
- note sous CE, 22 mars 1996, n° 131861, RFDA 1997, p. 2.

MORANGE (G.),
- note sous CE, ass., 26 oct. 1945, *Aramu*, D. 1946, p. 158.
- note sous CE, 26 mai 1955, *Dame KOWATEWSKI*, D. 1955, p. 687.

MOREAU (J.), obs. sous CE, 10 janv. 1986, n° 70253, AJDA 1986, p. 187.

MOSSET (C.), concl. sur CE, 26 mai 1955, *Dame KOWATEWSKI*, D. 1955, p. 687.

MOULIN (J.-M.), note sous CE, 20 oct. 2000, n° 180122, Bull. Joly Bourse 2001, p. 39.

ODENT (R.), concl. sur CE, ass., 26 oct. 1945, *Aramu*, S. 1946, 3, p. 1.

PACTEAU (B.),
- note sous CE, 26 janv. 1973, *Garde des Sceaux c/Lang*, D. 1973, p. 606.
- note sous CE, 1er oct. 1976, *Soucasse*, D. 1977, p. 552.

PANNIER (J.), note sous Cass. crim., 28 oct. 1991, n° 90-83.692, JCP E 1992, 318.

PARANCE (B.), obs. sous Cass. civ., 3e, 26 sept. 2007, n° 04-20.636, JCP G 2008.II.10020.

PELLISSIER (G.), comm. sous CE, 9 oct. 1996, n° 173073, LPA, n° 104-105, 25 au 31 déc. 1996, p. 12.

PERROT (R.), note sous Cass. com., 15 mai 2007, n° 06-10.606, RTD civ. 2007, p. 637.

PETIT (S.), note sous CA Paris, 13 janv. 1994, JurisData:1994-020199, Gaz. Pal., 10 juill. 1994, n° 191-192, Juris. p. 14.

PETITIER (M.), obs. sous Cass. com., 26 janv. 1999, n 97-30.110, LPA, n° 230, 18 nov. 1999, p. 15.

PIETRANCOSTA (A.), note sous CA Paris, 18 nov. 1999, n° 99/11980, Bull. Joly Bourse 2000, p. 256.

PIVETEAU (D.), concl. sur CE, 21 févr. 1996, n° 171138, AJDA 1996, p. 322.

PRALUS-DUPUY (J.), note sous Cass. soc., 21 juin 1989, n° 88-44.240, D. 1990, p. 132.

PRÉTOT (X.), note sous CE, 29 avr. 1998, n° 164012, RDP 1998, p. 1001.

RASSAT (M.-L),
- note sous Cass. crim., 6 avr. 1993, n° 93-80.184, JCP 1993.II.22144.

- note sous Cass. crim., 27 févr. 1996, n° 95-81.366, JCP G 1996.II.22629.
RAVANAS (J.), chron. sous Cass. soc., 26 nov. 2002, n° 00-42.401, *Mme Meret c/ société Wyeth-Lederle*, D. 2003, p.1305.
REBUT (D.), note sous Cass. crim., 19 janv. 1999, n° 98-83.787, JCP G 1999.II.10156.
RENUCCI (J.-F.), obs. sous Cass. crim., 11 juin 2002, n° 01-85.559, Rev. sc. crim. 2002, p. 879.
RIBES (D.), obs. sous Cons. const., n° 99-422 DC du 21 déc. 1999, Rec. Cons. const. 1999, p. 143, RFDA, 2000, p. 125.
RICHER (L.), obs. sous CE, Sect., 6 juill. 1990, *Compagnie diamantaire d'Anvers et Delcourt*, AJDA 1990, p. 907.
ROBNEAU (S.), note sous CA Paris, 2 juill. 1999, JurisData:1999-111506, JCP E 2000, 84.
RONTCHEVSKY (N.),
- note sous CA Paris, 26 janv. 1999, n° 97/27707, RTD com. 1999, p. 464.
- obs. sous CA Paris, ord., 16 sept. 1999, JurisData:1999-109121, RTD com. 2000, p. 148.
- note sous CE, 22 juin 2001, n° 193392, RTD com, 2002, p. 132.
- note sous CA Paris, ord., 19 nov. 1997, Bull. Joly Bourse 1997, p. 256.
ROUAULT (M.-C.),
- note sous CE, ass., 11 mars 1994, n° 115052, JCP G 1994.II.22350.
ROUJOU DE BOUBEE (G), obs. sous Cass. crim., 9 août 2006, n° 06-83.219, D. 2007, p. 402.
ROUX (M.), concl. sur CE, 10 janv. 1986, n° 70253, RFDA 1986, p. 396.
RUY (B.), note sur Cass. ass. plén., 7 janv. 2011, n°s 09-14316 et 09-14667, *Sté Philips France*, JCP G, n° 8, 2011. 208.
SALOMON (R.), chron. sous Cass. crim., 6 févr. 2008, n° 06-89.359, Dr. fisc., n° 5, 2008, p. 230.
SALON (S.), obs. sous CE, 21 juill. 1995, n° 151765, AJDA 1996, p. 83.
SCHOETTL (J.-E.), note. sous Cons. const., n° 99-422 DC du 21 déc. 1999, Rec. Cons. const. 1999, p. 143, AJDA, 2000, p. 48.
SCHWARTZ (R), concl. sur CE, 7 mai 1993, n° 118286, JCP G 1994.II.22247.
SEBAN (A.),
- concl. sur CE ass., 23 févr. 2000, n° 195715, RFDA 2000, p. 435.
- concl. sur CE, ass., 30 nov. 2001, n° 219562, LPA, n° 28, 7 févr. 2002, p. 7.
STAHL (J.-H.), concl. sur CE, Sect., 20 juin 1997, n° 139495, RFDA 1998, p. 82.
STIRN (B.),
- concl. sur CE, 18 mai 1990, n° 105293, AJDA 1990, p. 722.
- concl. sur CE, sect., 25 janv. 1991, n° 103143, RFDA 1991, p. 285.

SUBRA DE BIEUSSES (P.), note sous CE, 20 oct. 2000, n° 180122, AJDA 2000, p. 1071.
SUDRE (F.),
- obs. sous *Teixeira de Castro c. Portugal, 9 juin 1998*, JCP G 1999.I.105.
- note sous CE, Sec., 3 déc. 1999, n° 195512, JCP G 2000.II.10267.
- note sous CE, ass., 3 déc. 1999, n° 207434, JCP E 2000, 509.
TARGA (A.),
- obs. sous CA Paris, 17 déc. 1987, Rev. conc. consom. 1988, n° 41, p. 28.
- obs. sous CA Paris, 23 févr. 1989, JurisData:1989-640252, Rev. conc. consom. 1989, n° 52, p. 20.
TEITGEN (P.-H.) et **PETTITI (T.)**, obs. sous *Schenk c. Suisse*, 12 juill. 1988, série A n° 140, Rev. sc. crim. 1988, p. 840.
THOMASSET-PIERRE (S.), obs. sous CE, 22 juin 2001, n° 193392, D. 2002, p. 1666.
TIBERGHIEN (F.) et **LASSERRE (B.)**, obs. sous CE, ass., 10 juill. 1981, n° 5130, AJDA 1981, p. 486.
TOURETTE (F.), note sous CE, 22 août 2002, n° 247068, AJDA 2002, p. 1245.
TOUTÉE (H.), concl. sur CE, 13 janv. 1995, n° 138691, *Sté Télévision française 1 (TF1)*, préc., AJDA 1995, p. 408.
VALLENS (J.-L.), note sous CA Metz, 9 sept. 1997, n° A-IV-604196, LPA, n° 150, 15 déc. 1997, p. 21.
V. A.-R., obs. CE, 29 nov. 1999, n° 194721, D. 2000, p. 52.
VERGES (É), note sous Cass. crim., 11 mai 2006, n° 05-84.837, AJP, 2006, p. 354.
VÉRON (M.), obs. sous Cass. crim., 13 oct. 2004, n° 03-81.763, Dr. pén. 2005, comm. 2.
WALINE (M.),
- note sous CE, 5 mars 1954, *Banque alsacienne privée et Sieur Dupont*, RDP 1954, p. 804.
- note sous CE, 16 févr. 1962, *Percy du Sert*, RDP 1962, p.1174.
- note sous CE, Sect., 13 juin 1964, *André*, RDP 1965, p. 65.
- note sous CE, ass., 12 juill. 1969, *L'Etang*, RDP 1970, p. 387.
- note sous CE, ass., 7 mai 1971, n° 74669, RDP 1972, p. 443.

IV. OUVRAGES ET TRAVAUX COLLECTIFS

1. Ouvrages

A. Ouvrages généraux

ACOLLAS (E.), Les délits et les peines, Paris, Ch. Delagrave, 1887.
AUBY (J.M.) et **DRAGO (R.)**, Traité de contentieux administratif, Tome 1, 3ème éd., Paris, LGDJ, 1984.

AUBRY (Ch.) et **RAU (Ch.)**, Cours de droit civil français, Tome 1, 5ème éd., 1897.

BECCARIA (C.), Des délits et des peines, traduit par M. CHEVALLIER, Librairie Droz, Genève, 1965.

BERTHELEMY (J.), Traité élémentaire de droit administratif, 13ème éd., 1933.

BONNEAU (T.), Droit bancaire, 6ème éd., Paris, Montchrestien, 2005.

BONOIT (F.-P.), Le droit administratif français, Paris, Dalloz, 1968.

BOULOC (B.),

- Procédure pénale, 21ème éd., Paris, Dalloz, Coll., « Précis », 2008.
- Droit pénal général, 22ème éd., Paris, Dalloz, Coll., « Précis », 2011.

BURDEAU (F.), Histoire du droit administratif, PUF, Coll., « Thémis droit public », 1995.

BURDEAU (G.), HAMON (F.) et **TROPER (M.)**, Droit constitutionnel, 22ème éd., Paris, LGDJ, 1991.

CADIET (L.) et **JEULAND (E.)**, Droit judiciaire privé, 7ème éd., Paris, Litec/LexisNexis, Coll., « Manuel », 2011.

CARBONNIER (J.),

- Sociologie juridique, 1ère éd., Paris, PUF, Coll., « Thémis », 1978.
- Droit civil. Les obligations, Tome 4, 17ème éd., Paris, PUF, Coll. « Themis », 1993.

CARRÉ DE MALBERG (R.), Contribution à la théorie générale de l'État, 2 Tomes, Paris, Sirey, 1920 et 1922, réed., Dalloz, 2003.

CHAPUS (R.),

- Droit administratif général, Tome 1, 15ème éd., Paris, Montchrestien, Coll., « Domat droit public », 2001.
- Droit du contentieux administratif, 13ème éd., Paris, Montchrestien, 2008.

CONTE (Ph.) et **MAISTRE DU CHAMBON (P.)**, Droit pénal général, 7ème éd., Paris, Ed. Armand Colin, Coll., « U », 2004.

CORNU (G.),

- Droit civil. Introduction, Les personnes, Les biens, 12ème éd., Paris, Montchrestien, Coll., « Domat Droit privé », 2005.
- Vocabulaire juridique, Association Henri Capitant, Paris, PUF, 9ème éd., mise à jour « Quadrige », août 2011.

CORNU (G.) et **FOYER (J.)**, Procédure civile, 2ème éd., Paris, PUF, Coll., « Thémis », 1996.

DE LAUBADÈRE (A.), Traité élémentaire de droit administratif, 8ème éd., Paris, LGDJ, 1980.

DELMAS-MARTY (M.) et **GIUDICELLI-DELLAGE (G.)**, Droit pénal des affaires, 4ème éd., Paris, PUF, 2000.

DEPUIS (G.), GUÉDON (M.-J.) et **CHRÉTIEN (P.)**, Droit administratif, 10ème éd., Paris, Dalloz, Coll., « Sirey université », 2007.

DREYER (E.), Droit pénal général, 2ème éd., Paris, LexisNexis, Coll., « Manuel », 2012.

DUCROCQ (Th.), Cours de droit administratif et de législation française des finances, Tome 1, Introduction de droit constitutionnel- Organisation administrative, 7ème éd., Paris, A. Fontemoing, 1897.

DUGUIT (L.),
- Études de droit public, Tome 1. L'État, le droit objectif et la loi positive, Paris, A. Fontemoing, 1901.
- Études de droit public, Tome 2, L'État, les gouvernants et les agents, Paris, A. Fontemoing, 1903.
- Traité de droit constitutionnel, 3ème éd., en 5 volumes, Tome 2, La Théorie générale de l'État, 1ère partie. Eléments, fonctions et organes de l'Etat, Paris, A. Fontemoing, 1928.

ESMEIN (A.), Eléments de droit constitutionnel français et comparé, 5ème éd., Paris, Sirey, 1909.

FAVOREU (L.), Droit constitutionnel, 8ème éd., Paris, Dalloz, 2005.

FAVOREU (L.) et **PHILIP (L.)**, Les grandes décisions du Conseil constitutionnel, 15ème éd., Paris, Dalloz, 2009.

GARRAUD (R.), Traité théorique et pratique d'instruction criminelle et de procédure pénale, Tome 3, Paris, Sirey, 1912.

GAVALDA (Ch.) et **STOUFFLET (J.)**, Droit bancaire, T, I, 6ème éd., Paris, Litec, 2005.

GUINCHARD (S.) et **BUISSON (J.)**, Procédure pénale, 2ème éd., Paris, Litec, 2002.

HAURIOU (M.), Précis de droit administratif et du droit public, 12ème éd, 1933, Paris, Sirey, réédité par Dalloz 2002.

HERON (J.), Droit judiciaire privé, 3ème éd., par Th. Le BARS, Paris, Montchrestien, Coll., « Domat droit privé », 2006.

HUBRECHT (H.-G.), Droit public économique, Paris, Dalloz, Coll., « Cours », 1997.

HUET (A.) et **KOERING-JOULIN (R.)**, Droit pénal international, PUF, Coll., « Thémis », 1ère éd., 1994.

JÈZE (G.), Les principes généraux du droit administratif, Tome 3, Le fonctionnement des services publics, Ed., Giard, 1926, réimpr., Paris, Dalloz, Coll., « Bibliothèque Dalloz », 2011.

KELSEN (H.), Théorie pure du droit, traduction Ch. EISENMANN de la 2ème éd., de la « Reine Rochtslehre », Paris, Dalloz, Coll., « Philosophie du droit », 1962.

LACHAUME (J.-F.), Les grandes décisions de la jurisprudence. Droit administratif, Paris, PUF, Coll., « Thémis », 1983.

LAFERRIÈRE (E.), Traité de la juridiction administrative et des recours contentieux, Tome 2, Compétence (suite), Marchés et autres contrats (…), 2ème éd., Paris, Nancy, Berger-Levrault et Cie, 1896.

LEGRAND (P.), Le droit comparé, 2ème éd., Paris, PUF, 2006.

MALAURIE (Ph.), **AYNÈS (L.)** et **STOFFEL-MUNCK (Ph.)**, Les obligations, 3ème éd., Paris, Defrénois, 2007.

MAZEAUD (H.) et **(L.)** et **TUNC (A.)**, Traité théorique et pratique de la responsabilité civile délictuelle et contractuelle, Tome 1, 6ème éd., Paris, Montchrestien, 1965.

MERIGNHAC (A.), Traité de législation et d'économie coloniale, 2ème éd., Paris, Sirey, 1925.

MERLE (R.) et **VITU (A.)**, Traité de droit criminel, Tome 1, 7ème éd., Paris, Cujas, 1997.

MONTESQUIEU, De l'esprit des lois, Tome 1, Paris, Gallimard, Coll., « Folio Essais », 1995.

MORAND-DEVILLER (J.), Cours de droit administratif, Paris, Montchrestien, 1989.

MOREAU (J.), Droit administratif, PUF, Coll., « Droit fondamental », 1ère éd., 1989.

ODENT (R.), Contentieux administratif : Les Cours de droit, IEP de Paris, 6ème éd., 1977-1981, rééd., 2 tomes, Dalloz, 2007.

PIEDELIEVRE (S.), Droit bancaire, Paris, PUF, 2003.

PRADEL (J.),

- Manuel de procédure pénale, 13ème éd., Paris, Cujas, 2008-2009.
- Droit pénal comparé, 3ème éd., Paris, Dalloz, Coll., « Précis Droit privé », 2008.
- Droit pénal général, 18ème éd., Paris, Cujas, 2010.

RASSAT (M.-L), Traité de procédure pénale, Paris, PUF, 2001.

RIVERO (J.) et **WALINE (M.)**, Droit administratif, 21ème éd., Paris, Dalloz, Coll., « Précis Dalloz. Droit public-Science politique », 2006.

ROBERT (J.-H.), Droit pénal général, 6ème éd., Paris, PUF, Coll., « Thémis droit », 2005.

ROUX (J.-A.), Cours de droit pénal et de procédure pénale, Paris, Sirey, 1920.

STASIAK (F.), Droit pénal des affaires, 2ème éd., Paris, LGDJ, 2009.

TIMSIT (G.), Thèmes et systèmes de droit, Paris, PUF, Coll., « Les voies du droit », 1986.

VEDEL (G.) et **DELVOLVÉ (P.)**, Droit administratif, 11ème éd., Paris, PUF, Coll., « Thémis », 1990.

VON SAVIGNY (F.C.), Traité de droit romain, traduction GUENOUX (Ch.), 2ème éd., Paris, FIRMIN DIDOT Frères, 1860.

WALINE (M.),

- Traité élémentaire de droit administratif, 6ème éd., augmenté d'un supplément, Paris, Sirey, 1952.
- Traité de droit administratif, Paris, Sirey, 1963.

B. Ouvrages spéciaux

ANCEL (M.), La défense sociale nouvelle, un mouvement de politique criminelle humaniste, Paris, Cujas, 1954 ; 2ème éd., 1966 ; 3ème éd., révisée, 1981.

BADIE (B.), L'État importé. L'occidentalisation de l'ordre politique, Paris, Fayard, Coll., « L'espace du politique », 1992.

BLUMANN (C.), La renonciation en droit administratif français, LGDJ, 1974.

BOISSY (X.), La séparation des pouvoirs, œuvre jurisprudentielle ; Sur la construction de l'État de droit postcommuniste, Bruxelles, Bruylant, 2003.

BONNARD (R.), De la répression disciplinaire des fautes commises par les fonctionnaires publics, Bordeaux, Imprimerie Y. Cadoret, 1903.

CHEVALLIER (J.),

- L'élaboration historique du principe de séparation de la juridiction administrative et de l'administration active, Paris, LGDJ, 1970.
- L'État post moderne, 2ème éd., Paris, LGDJ, Coll., « Droit et Société », 2004.

CHEVALLIER (J.-J.), CARCASSONNE (G.) et **DUHAMEL (O.)**, Histoire de la Vème République 1958-2007, 13ème éd., Paris, Dalloz, 2009.

COHEN (E.), L'ordre économique mondial, Essai sur les autorités de régulation, Paris, Fayard, 2001.

COHEN TANUGI (L.),

- La métamorphose de la démocratie, Paris, Odile Jacob, 1989.
- Le droit sans l'État, Sur la démocratie en France et en Amérique, Paris, PUF, 1985 réed. Quadrige, 2007.

COLLET (M.), Le contrôle juridictionnel des actes des autorités administratives indépendantes, Paris, LGDJ, Coll., « Bibliothèque de droit public », 2003.

COLLOT (C.), Les institutions de l'Algérie durant la période coloniale (1830-1962), CNRS, Paris, OPU, Alger 1987.

CUBERTAFOND (B.), L'Algérie contemporaine, 4ème éd., Paris, PUF, Que sais-je n° 1977, corrigée, 1999.

CURIEN (N.), Economie des réseaux, Paris, La Découverte, Coll. « Repères », 2000.

DA CUNHA (P.F.), Droit et récits, Les presses de l'université de Laval, Canada, 2003.

DEGOFFE (M.),

- La juridiction administrative spécialisée, Paris, LGDJ, 1996.
- Droit de la sanction non pénal, Paris, Economica, 2000.

DELLIS (G.), Droit pénal et droit administratif, l'influence des principes du droit pénal sur le droit administratif répressif, Paris, LGDJ, 1997.

DELMAS-MARTY (M.),

- Le flou du droit, Paris, PUF, 1986.
- Le pluralisme ordonné. Les forces imaginantes du droit, Tome 2, Paris, Le Seuil, Coll., « La Couleur Des Idées », 2006.

DELMAS-MARTY (M.) et **TEITGEN-COLLY (C.)**, Punir sans juger ? De la répression administrative au droit pénal administratif, Paris, Economica, 1992.

DOLICOSTOPOULOS (C.-S.), L'encadrement processuel des autorités de marché en droit français et communautaire, contentieux de la concurrence et de la bourse, Paris, LGDJ, 2002.

DUPRE (J.-M.), La transaction en matière pénale, Paris, Librairies Techniques, 1977.

FARJAT (G.), L'ordre public économique, Paris, LGDJ, 1963.

GENTOT (M.), Les autorités administratives indépendantes, Paris, Montchrestien, Coll., « Clefs », 1991.

GIRAULT (A.), Principes de colonisation et de législation coloniale, Algérie, 7ème éd., 1983, révisée par MILLIOT (L.), Paris, Sirey, 1938.

GUEDON (M.-J.), Les autorités administratives indépendantes, Paris, LGDJ, Coll., « Systèmes », 1991.

GUILLERMET (C.-J.), La motivation des décisions de justice : La vertu pédagogique de la justice, Paris, L'Harmattan, Coll., « Bibliothèque de droit », 2006.

HENRION DE PANSEY (P.-P.-N.), De l'autorité judiciaire en France, 2ème éd., Paris, 1818.

HONORÉ DE BALZAC, Une fille d'Ève, Scènes de la vie privée, Tome 1, Bruxelles, Meline, Cans et Compagnie, 1839.

KEUFFI (D.), La régulation des marchés financiers dans l'espace OHADA, Paris, l'Harmattan, 2010.

LE BARS (Th.), Le défaut de base légale en droit judiciaire privé, Paris, LGDJ, 1997.

LEMOINE (E.), La répression de l'indifférence sociale en droit pénal français, Paris, L'Harmattan, Coll., « Logiques juridiques », 2002.

MAILLARD DESGRÉES DU LOÛ (D.), Droit des relations de l'administration avec ses usagers, Paris, PUF, Coll., « Thémis Droit », PUF, 2000.

MASSAT (É.), Servir et discipliner : Essai sur les relations des usagers aux services publics, Paris, L'Harmattan, Coll., « Logiques juridiques », 2006.

MATSOPOULOU (H.), Les enquêtes de police, Paris, LGDJ, Coll., « Bibliothèque des sciences criminelles », Tome 32, 1996.

MERIGNHAC (A.), Traité de législation et d'économie coloniale, 2ème éd., Paris, Sirey, 1925.

MICHOUD (L.) et **TROTABAS (L.)**, Théorie de la personnalité morale et son application au droit français, 3ème éd., Paris, LGDJ, 1932, 2 Vol.

MODERNE (F.), Sanctions administratives et justice constitutionnelle, Contribution à l'étude du jus puniendi de l'État dans les démocraties contemporaines, Paris, Economica, 1993.

MOLFESSIS (N.), Le Conseil constitutionnel et le droit privé, Paris, LGDJ, 1994.

MOUREAU (F.), Pour le régime parlementaire, Paris, Fontemoing, 1902.

MOURGEON (J.), La répression administrative, Paris, LGDJ, 1967.

MOUSSERON (J-M.) et **SELINSKY (V.)**, Le droit français nouveau de la concurrence, 2ème éd., Paris, Litec, 1988.

OHL (D.), Droit des sociétés cotées, 2ème éd., Paris, Litec, Coll., « Affaires Finances », 2005.

PHILIPPE (X.), Le contrôle de proportionnalité dans les jurisprudences constitutionnelle et administrative françaises, Paris, Economica, 1990.

PICARD (E.), La notion de police administrative, Tome 1, Paris, LGDJ, 1984.

PLANTEY (A.) et **BERNARD (F.-Ch.)**, La preuve devant le juge administratif, Paris, Economica, 2003.

RENARD (G.), La théorie de l'institution, Essai d'ontologie juridique, Paris, Sirey, 1930.

RICCI (J.-C.), Le pouvoir discrétionnaire de l'administration fiscale, Presse universitaire d'Aix Marseille, 1997.

RICHER (L.), La faute du service public dans la jurisprudence du Conseil d'État, Paris, Economica, 1978.

ROLLAND (V.) et **LAMPUÉ (P.)**, Précis de la législation coloniale, 3ème éd., Paris, Dalloz, 1940.

SALEILLES (R.), De la personnalité juridique, histoire et théorie, 2ème éd., Paris, Rousseau, 1922.

SALON (S.), Délinquance et répression disciplinaire dans la fonction publique, Paris, LGDJ, 1969.

SANDEVOIR (P.), Études sur le recours de pleine juridiction, Paris, LGDJ, 1964.

STASSINOPOULOS (M.), Le droit de la défense devant les autorités administratives, Paris, LGDJ, 1976.

SYKIOTOU-ANDROULAKIS (A.), Le Mouvement de dépénalisation en France et en Grèce : L'alternative administrative, Sakkoulas, Bruylant, 1997.

SYR (J.-H.), Punir et réhabiliter, Paris, Economica, 1990.

TIMSIT (G.),

- Thèmes et systèmes de droit, Paris, PUF, Coll., « Les voies du droit », 1986.
- Gouverner et juger. Les blasons de la légalité, PUF, Coll., « Les voies du droit », 1995.

THOMASSET-PIERRE (S.), L'Autorité de régulation boursière face aux garanties processuelles fondamentales, Paris, LGDJ, 2003.

TROPER (M.), La séparation des pouvoirs et l'histoire constitutionnelle française, Paris, LGDJ, 1980.

VAN LANG (A.), Juge judiciaire et droit administratif, Paris, LGDJ, 1996.

VEDEL (G.) et **DELVOLVÉ (P.)**, Le système français de protection des administrés contre l'administration, Paris, Sirey, Coll., « Droit public », 1991.

WÄLDE (Th. W.), Nouveaux horizons pour le droit international des investissements dans le contexte de la mondialisation de l'économie, Coll., IHEI, « Cours et Travaux », Paris, A. Pedone, 2004.

ZILLER (J.), Administrations comparées, les systèmes politico-administratifs de l'Europe des Douze, Paris, Montchrestien, Coll., « Domat Droit public », 1993.

ZOUAIMIA (Z.), Les autorités administratives indépendantes et la régulation économique en Algérie, Alger, Ed., Houma, 2005.

B. Thèses et mémoires

BIGOT (G.), L'autorité judiciaire et le contentieux de l'administration : Vicissitudes d'une ambition, 1800-1872, Thèse, Université de Rennes 1, 1997.

BOTTON (A.), Contribution à l'étude de l'autorité de la chose jugée au pénal sur le civil, Paris, LGDJ-Lextenso, Coll., « Bibliothèque des sciences criminelles », Tome 49, 2010.

CARLIER (Ph.), Recherches sur les sanctions administratives, Thèse, Paris, 1945.

CHAZAL (J.-P.), De la puissance économique en droit des obligations, Thèse, Université de Grenoble II, 1996, Tome 1.

COHEN (D.), Les juridictions de l'ordre judiciaire et le principe de séparation des autorités administrative et judiciaire, Thèse, Université Paris II, 1984.

COLSON (J.-P.), L'office du juge et la preuve dans le contentieux administratif, Paris, LGDJ, Coll., « Bibliothèque de droit public », 1970.

DOARE (R.), Les sanctions administratives, contribution à l'étude du renouveau de la sanction administrative, Thèse, Université de Rennes 1, 1994.

DOUËB (F.), Les sanctions pécuniaires des autorités administratives, Thèse, Université de Paris II, 2003.

EUDIER (F.), Ordre public substantiel et office du juge, Thèse, Université de Rouen, 1994.

FISHER (N.), La rétention administrative dans l'État de droit. Genèse et pratique du contrôle de l'enfermement des étrangers en instance d'éloignement dans la France contemporaine, Thèse, IEP Paris, 2007.

FRISON-ROCHE (M.-A.), Généralités sur le principe du contradictoire, Thèse, Université de Paris II, 1988.

KOULOURIS (N.), Les autorités administratives indépendantes et les independent regulatory agencies : étude comparée sur leur insertion et nature juridique, Thèse, Université de Paris II, 1992.

LAVAL (N.), La compétence du juge judiciaire en matière administrative par détermination de la loi, Thèse, Université de Toulouse, 1994.

LEFEBVRE (J.), Le pouvoir de sanction des autorités administratives indépendantes, Thèse, Université d'Amiens, 1997.

LEFONDRÉ (M.), Recherches sur les sanctions administratives et leur nature juridique, Thèse, Université de Caen, 1973.

MANSON (S.), La notion d'indépendance en droit administratif, Thèse, Université de Paris II, 1995.

MEKHANTAR (J.), Le principe de la proportionnalité, Thèse, Université de Paris II, 1990.

MUNCH (J.-P.), La sanction administrative, Thèse, Paris, 1947.

NEZARD (H.), Les principes généraux du droit disciplinaire, Thèse, Paris, 1903.

PLESSIX (B.), L'utilisation du droit civil dans l'élaboration du droit administratif, Thèse, Université de Paris II, 2001.

RICOL (J.), Les tendances du droit disciplinaire, Thèse, Université de Toulouse, 1908.

RIVERO (J.), Les mesures d'ordre intérieur, Thèse, Paris, 1934.

ROBERT (J.-H.), Les sanctions prétoriennes en droit privé français, Thèse, Université Paris II, 1972.

SAILLARD (A), L'appropriation des règles pénales par le juge administratif répressif, Thèse, Université d'Orléans, 2000.

VICHÉ (G.), La Sanction professionnelle, notion du droit administratif nouveau, Thèse, Université de Montpellier, 1948.

WALINE (J.), Recherches sur l'application du droit privé par le juge administratif, Thèse, Paris, 1962.

2. Travaux collectifs, mélanges, actes de colloques

ASPIRO SEDKY (J.), DELMAS (O.) et **ROBBE (S.)**, (dir.), L'indépendance de la justice, Actes de la journée d'étude de l'Institut d'études de droit public (IEDP) du 19 nov. 2010, L'Harmattan, Coll., « Presses Universitaires de Sceaux », 2011.

AUBERT (J.-l.), Mélanges offerts à (…), Propos sur les obligations et quelques autres thèmes fondamentaux du droit, Paris, Dalloz, 2005.

AUBY (J.-M.), Études offertes à (…), Paris, Dalloz, 1992.

BELLEY (J.-G.), (dir.), Le droit soluble. Contributions québécoises à l'étude de l'internormativité, Paris, LGDJ, 1996.

BERGEL (J.-L.), (dir.), Le Plurijuridisme, Aix-en-Provence, PUAM, 2005.

BLEUCHOT (H.) et **FLORY (M.)**, (dir.), Annuaire de l'Afrique du Nord, Vol., 14, Paris, Ed., CNRS, Coll., « CRESM », 1976.

BLOCH (P.) et **SCHILLER (S.)**, (dir.), Quel code de commerce pour demain ? Actes du colloque organisé au Sénat le 30 mars 2007, Litec, 2007.

BOULOC (B.), (dir.), Autorités de régulation et vie des affaires, Paris, Dalloz, Coll., « Thème et commentaires », 2006.

BRÈTHE DE LA GESSAYE (J.), Mélanges offerts à (…), Ed., Bière. Bordeaux, 1967.

CARRÉ DE MALBERG (R.), Mélanges (…), Paris, Sirey, 1933.

CCIP, « Clémence et transaction en matière de concurrence, premières expériences et interrogations de la pratique », Colloque organisé le 9 avr. 2005 par la CCIP, Gaz. Pal., n° 287-288, 14-15 oct. 2005.

Centre de droit des affaires de l'Université de Toulouse, Aspects contemporains du droit de la distribution et de la concurrence, Actes du Colloque de Université de Toulouse I, 24 et 25 mars 1995, Coll., « Centre de droit des affaires de l'Université de Toulouse », Paris, Montchrestien, 1996.

CHAPUS (R.), Mélanges (...), Droit administratif, Paris, Montchrestien, 1992.

CHARLIER (R.-É.), Mélanges offerts à (...), Service public et libertés, Paris, Ed., de l'Université et de l'Enseignement Moderne, 1981.

CHEVALLIER (J.), (dir.), Désordre(s), CURAPP, PUF, 1997.

CLAM (J.) et **MARTIN (G.)**, (dir.), Les transformations de la régulation juridique, LGDJ, Coll., « Droit et société. Recherches et travaux », 1998.

COLLIARD (C.-A.) et **TIMSIT (G.)**, (dir.), Les autorités administratives indépendantes, Paris, PUF, Coll., « Les voies du droit », 1988.

COMAILE (J.) et **JOBERT (B.)**, (dir.), Les métamorphoses de la régulation politique, Paris, LGDJ, Coll., « Droit et Société », 1988.

CONAC (G.), (dir.), Dynamiques et finalités des droits africains, actes du Colloque de la Sorbonne 1976, "La vie du droit en Afrique", Paris, Economica, 1980.

Conseil d'État, Régler autrement les conflits : conciliation, transaction et arbitrage en matière administrative, Coll., « Les études du Conseil d'État », Paris, La Documentation française, 1993.

CURAPP,
- L'institution, Paris, PUF, 1981.
- Le droit administratif en mutation, Paris, PUF, 1993.

DECOOPMAN (N.), (dir.), Le désordre des autorités administratives indépendantes. L'exemple du secteur économique et financier, Paris, PUF, Coll., « CEPRISCA », 2002.

Des principes directeurs de politique criminelle pour l'Europe, Colloque organisé lors du cinquantenaire de la fondation de la Revue de science criminelle et de droit pénal comparé. Paris, 21-22 mai 1986. Travaux publiés dans : Rev. sc. crim. n° 1, janv.-mars 1987, p. 25 et s.

DGCCRF, La régulation : monisme ou pluralisme ? Équilibres dans le secteur des services publics concurrentiels, Colloque de la DGCCRF, LPA, n° 83 du 10 juill. 1998.

DRAGO (R.), Mélange en hommage à (...), L'unité du droit, Paris, Economica, 1996.

DRAI (P.), Mélanges offerts à (...), Le juge entre deux millénaires, Paris, Dalloz, 2000. Paris

DUHAMEL (O.) et **MENY (Y.)**, (dir.), Dictionnaire constitutionnel, Paris, PUF, 1992.

EISENMANN (Ch.), Recueil d'études en hommage à (...), Paris, Cujas, 1977.

FAUROUX (R.) et **SPITZ (B.)**, (dir.), Notre État, Paris, Robert Laffont, 2001.

FAUVARQUE-CESSON (B.) et **MAZEAUD (D.)**, (dir.), Pensée juridique française et harmonisation européenne du droit, Vol., 1, Paris, Société de législation comparée, Coll., « Droit privé comparé et européen », 2003.

FRISON-ROCHE (M.-A.), (dir.),
- Les enjeux de la pénalisation de la vie économique, Actes du Colloque, 20 et 21 mars 1996, Paris, Dalloz, Coll., « Thèmes et commentaires », 1997.
- Les régulations économiques : légitimité et efficacité, Série « Droit et Économie de la régulation », Vol., 1, Paris, Presses de sciences-po et Dalloz, Coll., « Thèmes et commentaires », 2004.
- Règles et pouvoirs dans les systèmes de régulation, Série « Droit et Économie de la régulation », Vol., 2, Paris, Presses de Sciences-Po et Dalloz, Coll., « Thèmes et commentaires », 2004.
- Les risques de régulation, Série « Droit et Economie de la Régulation », Vol., .3, Paris, Presses de Sciences-Po et Dalloz, Coll., « Thèmes et commentaires », 2005.
- Les engagements dans les systèmes de régulation, Série Droit et Economie de la Régulation, Paris, Presses de Sciences-Po et Dalloz, Coll., « Thèmes et commentaires », 2006.

FUSSMAN (G.), (dir.), La mondialisation de la recherche, Compétition, coopérations, restructurations, Colloque de rentrée du Collège de France, Ed., Collège de France, Coll., « Les conférences du Collège de France », Paris, août 2011.

GAUDEMET (Y.) et **GOHIN (O.)**, (dir.), République décentralisée, Ed., Panthéon-Assas, 2004.

GELLNER (E.) et **VATIN (J.-C.)**, (dir.), Islam et politique au Maghreb, Paris, CNRS, 1981.

GUINCHARD (S.), (dir.), Droit et pratique de la procédure civile, Paris, Dalloz, Coll., « Dalloz Action », 1999.

HAMEL (J.), (dir.), Le droit pénal spécial des sociétés anonymes ; études de droit commercial, Paris, Dalloz, Coll., « Publications de l'Institut des sciences juridiques et financières appliquées aux affaires de faculté de droit de Paris », 1955.

HUGUENEY (L.), Recueil d'études en hommage à (…), Problèmes contemporains de procédure pénale, Sirey, 1964

RUF (W.) et **al.**, Indépendance et interdépendance au Maghreb, ouvrage collectif du CRESM, Paris, CNRS, 1974.

JULIEN-LAFERRIÈRE (F.), GUINARD (D.) et **MAFFESOLI (S.-M.)**, (dir.), Quel sens pour le droit ? Actes de la journée d'étude 2007 de l'Institut d'étude de droit public, Paris, L'Harmattan, Coll., « Presses Universitaires de Sceaux », 2008.

AFDA, La personnalité publique, Actes du Colloque organisé les 14 et 15 juin 2007 par l'A.F.D.A., Paris, Litec, Coll., « Colloques et débats », 2007.

LACHAUME (J.-F.), Mélanges en l'honneur de (…), Le droit administratif Permanences et convergences, Paris, LGDJ, 2007.

LAJOIE (A.) et **al.**, (dir.), Théories et émergence du droit : pluralisme, surdétermination et effectivité, Montréal, Thémis, 1998.

La sanction : Colloque du 27 nov. 2003 organisé à l'Université Jean Moulin Lyon 3, Paris, L'Harmattan, Coll., « Logiques juridiques », 2007.

LEGROS (R.), Mélanges offerts à (...), Ed., Université Libre de Bruxelles, Faculté de Droit, 1985.

LE ROY (E.), (dir.), Les pluralismes juridiques, Paris, Karthala, 2003.

L'État et l'entreprise, Colloque du 4-5 nov. 1999, organisé par l'Institut français des sciences administratives, LPA, n° 223, 8 nov. 2000.

LOCHAK (D.), (dir.), Les usages sociaux du droit, CURAPP, Paris, PUF, 1989.

MAHIOU (A.), (dir.), L'État de droit dans le monde arabe, Paris, CNRS, 2ème éd., Coll., « Études de l'Annuaire de l'Afrique du Nord », 1997.

MALLET-BRICOUT (B.) et **NOURRISSAT (C.)**, (dir.), La transaction dans toutes ses dimensions, Paris, Dalloz, Coll., « Thèmes et commentaires », 2006.

MARCOU (G.) et **MODERNE (F.)**, (dir.), Droit de la régulation, service publics et intégration européenne, Paris, L'Harmattan, Coll., « Comparaisons et commentaires », 2005.

MARTY (G.), Mélanges (...), Université des sciences sociales de Toulouse, 1978.

MAURY (J.), Mélanges offerts à (...), Droit comparé, Théorie générale du droit et Droit privé, Tome 2, Paris, Dalloz, 1960.

MIAILLE (M.), (dir.), La régulation entre droit et politique, Paris, L'Harmattan, Coll., « Logiques juridiques », 1995.

MODERNE (F.), Mélanges en l'honneur de (...), Mouvement du droit public. Du droit administratif au droit constitutionnel, du droit français aux autres droits, Paris, Dalloz, 2004.

MORAND (Ch.-A.), (dir.), Évaluation législative et lois expérimentales, Aix-en-Provence, Presses universitaires d'Aix-Marseille, 1993.

OSMAN (F.), (dir.), Vers un code européen de la consommation, Bruxelles, Bruylant, 1998.

OTTENHOF (R.),

- (dir.), L'individualisation de la peine. De Saleilles à aujourd'hui, *réédition de la troisième édition de l'ouvrage de Raymond Saleilles, suivi de : L'individualisation de la peine cent ans après Saleilles,* Paris, Ed. Érès, Coll., « Criminologie et sciences de l'homme », 2001.
- Mélanges en l'honneur du professeur (...), Le champ pénal, Paris, Dalloz, 2006.

PATIN (M.), Recueil d'études en hommage à la mémoire de (...), La chambre criminelle et sa jurisprudence, Paris, Cujas, 1966.

PERROT (R.), Mélanges en l'honneur de (...) Nouveaux juges, nouveaux pouvoirs ? Paris, Dalloz, 1996.

PETTITI (L.-E.), Mélanges en hommage à (...), Bruylant, Bruxelles, 1999.

PRADEL (J.), Mélanges offerts à (...), Le droit pénal à l'aube du troisième millénaire, Paris, Cujas, 2006.

RAYMOND (A.) et **MICHEL (H.)**, (dir.), Annuaire de l'Afrique du Nord, Vol., 23, Paris, CNRS, Coll., « CRESM », 1986.

REVET (Th.), (dir.),

- L'ordre public à la fin du XXème siècle, Paris, Dalloz, 1996.
- Annales de la régulation de l'Université Paris 1, Vol. n° 1, LGDJ, Coll., « Bibliothèque de l'Institut Tunc », t. 9, 2006.

RFDA 1990, n° 5, La dualité de juridictions en France et à l'étranger. Bicentenaire de la loi des 16-24 août 1790 : unité ou dualité de juridiction à l'étranger.

SAINTOURENS (B.), (dir.), Dépénalisation, régulation et renouvellement des sanctions en droit comparé des affaires, Paris, Litec, Coll., « Colloques et Débats », 2009.

SAURI (D.), Compte rendu du Colloque : Faut-il accorder à l'AMF le pouvoir de transiger ?, organisé le 8 févr. 2005, par l'Association Européenne pour le Droit Bancaire et Financier (AEDBF), disponible sur : www.aedbf.asso.fr/COLLOQUES/resumetransactionamf.doc.

SÉNAT, Vers de nouvelles normes en droit de la responsabilité publique. Actes du Colloque des 11 et 12 mai 2001 organisé par le Sénat, l'université de Paris 13, avec le concours du ministère de l'Éducation nationale, La Documentation française, Coll., « Colloques du Sénat », Paris, 2001. Disponible sur : www.senat.fr.

STASSINOPOULOS (M.), Mélanges (...), Problèmes du droit public contemporain, Paris, Athènes, LGDJ, RDP, Coll., « loi et Justice »,1974.

SUDRE (F.), (dir.), Le droit français et la Convention européenne des droits de l'homme, 1974-1992, Actes du Colloque tenu à Montpellier, fév. 1993, Ed., NP Engel, 1994.

SUDRE (F.) et **PICHERAL (C.)**, (dir.), L'extension des garanties du procès équitable hors les juridictions ordinaires : les contraintes européennes, Institut de droit européen des droits de l'homme, recherche réalisée avec le soutien du GIP Mission recherche droit et justice, Paris, Mission de recherche Droit et justice, 2002.

TRONQUOY (Ph.), (dir), La Vème République, permanence et mutations, Les Cahiers français, n° 300, 2001.

V. ARTICLES, CONTRIBUTIONS, INTERVENTIONS

ABERKANE (F.), « Le contrôle du pouvoir discrétionnaire de l'administration », Rev. CE, n° 1, 2002, p. 68.

ADJA (D.), « La libéralisation du secteur des hydrocarbures », RASJEP 2007, n° 1, p. 67 (en langue arabe).

AMBROISE-CASTEROT (C.), « Recherche et administration des preuves en procédure pénale : la quête du Graal de la Vérité », AJP 2005, p. 261.

AMSELEK (P.), « Les vicissitudes de la compétence juridictionnelle en matière d'atteintes administratives à la liberté individuelle », RDP 1965, p. 801.

ANCEL (M.), « Rapprochement, unification ou harmonisation des droits ? », *in* Mél., G. MARTY, Université des sciences sociales de Toulouse, 1978, p. 2.

ARTUR (E.), « Séparation des pouvoirs et séparation des fonctions », RDP 1900, p. 236.

AUBY (J.-M.),

- « Les sanctions administratives en matière de circulation automobile », D. 1952, chron. p. 111.
- « La transaction en matière administrative », AJDA 1956, p. 1.
- « Les sanctions disciplinaires applicables aux usagers volontaires des services publics », Mél., offerts à J. BRÈTHE DE LA GESSAYE, Ed., Bière. Bordeaux, 1967, p. 69.
- « Dualité juridictionnelle et dualisme juridique », *in* Le contrôle juridictionnel de l'administration, Économica, 1991, p. 103.
- « Autorité administrative et autorités juridictionnelles », AJDA 1995, n° spec., p. 91.

AUTIN (J.-L.),

- « Du juge administratif aux autorités administratives indépendantes : un autre mode de régulation », RDP 1988, n° 249, p. 1213.
- « Les autorités administratives indépendantes et la constitution », RA. 1988, p. 333.
- « La décision du Conseil constitutionnel relative au Conseil Supérieur de l'Audiovisuel », RA. 1989, p. 223.
- « Le pouvoir répressif d'une autorité administrative indépendante devant le juge administratif », RFDA 1992, p. 1016.
- « Réflexions sur l'usage de la régulation en droit public », *in* M. MIAILLE (dir.), La régulation entre droit et politique, Paris, L'Harmattan, Coll., « Logiques juridiques », 1995, p. 43.
- « Réflexions sur le principe du contradictoire dans la procédure administrative », *in* Conseil d'État, Rapport public 2001, Les autorités administratives indépendantes, Coll., « EDCE », n° 52, La DF, 2001, p. 389.

AYNES (L.), « Le contrat, loi des parties », Cah. Cons. const., n° 17 (Dossier : loi et contrat), Paris, Dalloz, mars 2005, p. 77.

AZEMA (J.), « La dépénalisation du droit de la concurrence », Rev. sc. crim. 1989, p. 651.

BABUSIAUX (Ch.), « La répression et le contrôle administratif de la régulation concurrentielle », *in* FRISON- ROCHE (M.-A.), (dir.), Les enjeux de la pénalisation de la vie économique, Actes du Colloque, 20 et 21 mars 1996, Paris, Dalloz, Coll., « Thèmes et commentaires », 1997, p. 113.

BACOT (G.),

- « La signature des ordonnances », RA. 1986, n° 229, p. 453.
- « L'esprit des lois, la séparation des pouvoirs et Charles EISNMANN », RDP 1992, p. 405.

BARRIÈRE (F.), « Ordre public et impérativité, Observations en droit pénal des sociétés anonymes », Rev. sociétés 2008, p. 713.

BAZEX (M.),

- « La réforme de la concurrence. Réflexions d'un publiciste sur la publicisation du droit économique », AJDA 1985, p. 593.
- « L'implosion du dualisme de juridictions », Pouvoirs 1988, n° 46, p. 350.

BÉHAR-TOUCHAIS (M.), « L'efficacité du droit de la concurrence : les défis des moyens de son application », *in* B. SAINTOURNES (dir.), Dépénalisation, régulation et renouvellement des sanctions en droit comparé des affaires, Paris, Litec, Coll., « Colloques et Débats », 2009, p. 35.

BENESSIANO (W.), « L'inconstitutionnalité, sanction de l'identification d'un pouvoir de répression pénale dévalué. Décision n° 2009-580 DC du 10 juin 2009 », RFDC 2010, p. 168.

BENLATRACHE (M.), « Les autorités administratives autonomes dans le système bancaire : nouvelle approche du rôle de l'État », Rev. Idara, n° 2, 2002, p. 57 (en langue arabe).

BENSOUSSAN (A.) et **NOGUIER (P.)**, « Hébergeur de contenu : irresponsabilité actuelle/responsabilité virtuelle ? », Gaz. Pal., 2000, p. 26.

BÉZARD (P.),

- « Le nouveau visage de la commission des opérations de bourse », RIDC 1989, n°4, p. 929.
- « Le pouvoir de "sanction financière directe " de la Commission des opérations de bourses », LPA, n° 8 du 17 janv. 1990, p. 52.

BIGUENET (J.), « La nécessaire réforme des incriminations en droit disciplinaire professionnel », Gaz. Pal., 26 sept. 2006, n° 269, p. 2.

BLANC (D.), « Droit des affaires : La dépénalisation n'est pas la solution », Alternatives Économiques, n° 268, avr. 2008.

BLONDET (M.), « Le secret professionnel », *in* La chambre criminelle et sa jurisprudence, Recueil d'études en hommage à la mémoire de M. PATIN, Paris, Cujas, 1966, p. 199.

BOIZARD (M.), « La procédure de sanction de la COB revue au nom des principes de la Convention européenne des droits de l'homme », *D. Aff.*, 2000, n° 31, p. III.

BOLARD (G.), « L'arbitraire du juge », *in* Le juge entre deux millénaires, Mélanges offerts à P. DRAI, Paris, Dalloz, 1999, p. 225.

BOLLE (S.), « L'engagement des poursuites disciplinaires dans la fonction publique. Un régime « introuvable » », RFDA 2001 p. 421

BOLZE (Ch.), « Le transfert du contentieux des décisions du conseil de la concurrence à la Cour d'appel de Paris », D. 1988, chron. p. 169.

BONICHOT (J.-C.), « Les sanctions administratives en droit français et la Convention européenne des droits de l'homme, de la prévention pour les adaptations à l'adaptation préventive », AJDA 2001, n° spécial, p. 73.

BONNARD (R.), « La conception matérielle de la fonction juridictionnelle », Mélanges R. CARRÉ DE MALBERG, Paris, Sirey, 1933, p. 1.
BORÉ (L.),
- « La motivation des décisions de justice et la convention européenne des droits de l'homme », JCP G 2002.I.104.
- « Les prémisses d'une consécration générale du droit d'action des associations au plan civil », RLDC 2008, p. 17.
BOUCARD (V.), « Des droits de la défense devant la Commission bancaire », Banque et Droit 2003, n° 92, p. 9.
BOULOC (B.),
- « Les droits de la défense dans la procédure pénale applicable en matière de la concurrence », Rev. sc. crim. 1982, p. 513.
- « La responsabilité pénale des entreprises en droit français, RIDC 1994, Vol., 46, n° 2, p. 669.
- « La dépénalisation dans le droit pénal des affaires », D. 2003, chron. p. 2492.
- « Le droit pénal dans la vie commerciale », *in* BLOCH (P.) et SCHILLER (S.), (dir.), Quel code de commerce pour demain ? Actes du Colloque organisé au Sénat le 30 mars 2007, Paris, Litec, 2007, p. 28.
BOUTARD LABARDE (M.-Ch.), « Le secret des affaires devant le Conseil : une surprenante négligence », Gaz. Pal., 1992, doctr. p. 1.
BOUTARD-LABARDE (M.-Ch.) et **SÉLINSKY (V.)**, « La vente exclusive en pharmacie à l'épreuve du droit de la concurrence », Cah. dr. entr., n° 2, 1988, p. 7.
BOUTARD-LABARDE (M.-C.) et **GAUDEMET (Y.),** « Le contentieux des sanctions pécuniaires du Conseil de la concurrence », LPA, n° 50, 25 avr. 1990, p.7.
BOUZAT (P.), « La loyauté dans la recherche des preuves », *in* Problèmes contemporains de procédure pénale, Recueil d'études en hommage à L. HUGUENEY, Paris, Sirey, 1964, p. 172.
BOY (L.),
- « Réflexion sur le droit de la régulation », D. 2001, p. 3031.
- « Normes », http://www.reds.msh-paris.fr/communication/docs/boy1.pdf.
BRACONNIER (S.), « La régulation des services publics », RFDA 2001, p. 43.
BRACQ (S.), « Les causes des transferts législatifs de compétence en faveur du juge judiciaire », LPA, n° 251, 17 déc. 1999, p. 5.
BRAHIMI (M.), « Les événements d'oct. 1988 : la manifestation violente de la crise d'une idéologie "en cessation de paiement" », RASJEP 1990, n° 2, Vol., 28, p. 681.
BRAIBANT (G.), « Droit d'accès et droit à l'information », *in* Service public et libertés, Mél., offerts à R. É. CHARLIER, Paris, Ed., de l'Université et de l'Enseignement Moderne, 1981, p. 703.

BRÉCHON-MOULÈNES (Ch.), « La place du juge administratif dans le contentieux économique public », AJDA 2000, p. 679.

BREDIN (J.-D.), « La réglementation des ententes : le recul du contrôle judiciaire », D. 1963, chron. 6. p. 33.

BRÈTHE DE LA GRESSAYE (J.), « La discipline dans l'entreprise, les syndicats et les professions organisées », APD 1953-1954, p. 75.

BRISSON (J.-F.),

- « Les pouvoirs de sanction des autorités de régulation et l'article 6 §1 de la convention européenne des droits de l'homme. À propos d'une divergence entre le Conseil d'État et la Cour de cassation », AJDA 1999, p. 847.
- « Les pouvoirs de sanction des autorités de régulation : les voies d'une juridictionnalisation », Colloque organisé à la Cour de cassation, octobre 2001, www.gip-recherche-justice.fr.

BROUSSOLLE (Y.), « Les limites de la libéralisation du régime pétrolier par la loi du 31 déc. 1992 », RFDA 1996, p. 509.

BUGNICOURT (J.), « Le mimétisme administratif en Afrique, obstacle au développement », RFSP 1973, n° 6, p. 1239.

BURGELIN (J.-F.), « La justice. De l'autorité vers le pouvoir ? », Revue des Deux Mondes, janv. 1997, p. 39.

BYRD (W. C.), « Contre-performances économiques et fragilité institutionnelle », Confluences Méditerranée, n° 45, Printemps 2003, p. 59.

CAILLOSSE (J.),

- « Droit public-droit privé : sens et portée d'un partage académique », AJDA 1996, p. 955.
- « Le droit administratif français saisi par la concurrence ? », AJDA 2000, p. 100.

CALAIS-AULOY (M.-Th.), « La dépénalisation en droit des affaires », D. 1988, chron. p. 316.

CALANDRI (L.), « L'indépendance de la justice administrative face aux autorités administratives indépendantes : continuité ou discontinuité ? », *in* ASPIRO SEDKY (J.), DELMAS (O.) et ROBBE (S.), (dir.), L'indépendance de la justice, Actes de la journée d'étude de l'Institut d'études de droit public (IEDP) du 19 nov. 2010, Paris, L'Harmattan, Coll., « Presses Universitaires de Sceaux », 2011, p. 163.

CALLIANO (O.), « Le code civil égyptien, véhicule pour la diffusion de modèles européens en Afrique », *in* CONAC (G.), (dir.), Dynamiques et finalités des droits africains : actes du Colloque de la Sorbonne 1976, "La vie du droit en Afrique", Paris, Economica, 1980, p. 50.

CANIVET (G.),

- « Le juge et l'autorité de marché », RJ Com. 1992, p. 185.
- « La responsabilité du système judiciaire dans l'exécution de la politique économique », *in* Mise en œuvre judiciaire du droit de la concurrence,

Table ronde de l'OCDE, 1997, OCDE/GD(97)200. Disponible sur : www.oecd.org.
- « Propos généraux sur les régulateurs et les juges », *in* FRISON-ROCHE (M.-A.), (dir.), Les régulations économiques : légitimité et efficacité, Série « Droit et Économie de la régulation », Vol., 1, Paris, Presses de sciences-po et Dalloz, Coll., « Thèmes et commentaires », 2004, p. 184.

CAPPELLO (A.), « Retour sur la jurisprudence du Conseil constitutionnel relative aux sanctions administratives », Rev. sc. crim. 2010, p. 415.

CARBONNIER (J.), « L'internormativité », *in* ARNAUD (A.-J.), (dir.), Dictionnaire encyclopédique de théorie et de sociologie du droit, Paris, LGDJ, Coll., « Droit et société », 2ème éd., 1993, p. 313.

CARON (C.) et **DECOCQ (G.)**, « Droit interne de la concurrence », JCP E 2004, 1739.

CATALA (P.), « À propos de l'ordre public », *in* Le juge entre deux millénaires, Mélanges offerts à P. DRAI, Paris, Dalloz, 2000, p. 511.

CAUDAL (S.), « Les sanctions des atteintes au milieu : domaine public naturel et environnement : les sanctions administratives et fiscales », *in* La sanction: Colloque du 27 nov. 2003 à l'Université Jean Moulin Lyon 3, Paris, L'Harmattan, Coll., « Logiques juridiques », 2007, p. 93.

CÉRÉ (J.-P.), « Les nouvelles règles pénitentiaires européennes. Vers une protection globale des droits des détenus », RPDP 2006, p. 415.

CHABANOL (D.), « Théorie de l'apparence ou apparence de théorie ? Humeurs autour de l'arrêt Kress », AJDA 2002, p. 9.

CHALUMEAU (Th.), « L'intervention publique dans le domaine économique : quelles limites ? », Problèmes économiques, n° 3010, 5 janv. 2011, p. 41.

CHAPUS (R.), « Qu'est-ce qu'une juridiction ? La réponse de la juridiction administrative », *in* Recueil d'études en hommage à Ch. EISENMANN, Paris, Cujas, 1977, p. 236.

CHAPUS (R.), « Dualité de juridictions et unité de l'ordre juridique », RFDA 1990, p. 739.

CHARBIT (N.), « Les objectifs du régulateur : entre recherche d'efficacité et rappel de légalité », *in* M.-A. FRISON-ROCHE (dir.), Règles et pouvoirs dans les systèmes de régulation, Vol., 2, Paris, Presses de Sciences Po-Dalloz, série « Droit et économie de la régulation », Coll., « Thèmes et commentaires », 2004, p. 54.

CHAUVET (C.), « La personnalité contentieuse des autorités administratives indépendantes », RDP 2007, p. 379.

CHAVRIER (G.),
- « Réflexions sur la transaction administrative », RFDA 2000, p. 548.
- « Essai de justification et conceptualisation de la faute lourde », AJDA 2003, p. 1026.

CHÉROT (J.-Y.), « Les nouveaux enjeux de la politique de concurrence », *in* L'État et l'entreprise, Colloque, Institut français des sciences administratives, 4-5 nov. 1999, LPA, n° 223, 8 nov. 2000, p. 42.

CHEVALLIER (J.),

- « Fonction contentieuse et fonction juridictionnelle », *in* Problèmes du droit public contemporain, Mél., M. STASSINOPOULOS, Paris, Athènes, LGDJ, RDP, Coll., « loi et Justice », 1974, p. 275.
- « L'analyse institutionnelle » *in* L'institution, CURAPP, Paris, PUF, 1981, p. 14.
- « Les enjeux de la déréglementation », RDP 1986, p. 281.
- « Réflexions sur l'institution des autorités administratives indépendantes », JCP G 1986.I.3254
- « Réflexions sur l'arrêt "Cadot" », Droits 1989, n° 9, p. 83.
- « Du principe de séparation au principe de dualité », *in* La dualité de juridictions en France et à l'étranger, Bicentenaire de la loi des 16-24 août 1790 : unité ou dualité de juridiction à l'étranger, RFDA 1990, p. 712.
- « Autorités administratives et autorités juridictionnelles », AJDA 1995, p. 91.
- « Les autorités administratives indépendantes et la régulation des marchés », Justices 1995, n° 1, p. 81.
- « De quelques usages du concept de régulation », *in* M. MIAILLE (dir.), La régulation entre droit et politique, Paris, L'Harmattan, Coll., « Logiques juridiques », 1995, p. 71.
- « La nouvelle réforme des télécommunications : ruptures et continuités », RFDA 1996, p. 909.
- « L'État régulateur », RFAP 2004, n° 111, p. 473.

CHEVNEL (B.) et **NOURISSAT (C.)**, « Adaptation du droit français au droit communautaire : commentaire de l'ordonnance n° 2004-1173 du 4 nov. 2004 », RLC 2005, n° 2, p. 63.

CHONÉ (Ph.), « Droit de la concurrence et régulation sectorielle : Entre *ex ante* et *ex post* », *in* FRISON-ROCHE (M.-A.), (dir.), Les engagements dans les systèmes de régulation, Série Droit et Economie de la Régulation, Paris, Presses de Sciences-Po et Dalloz, Coll., « Thèmes et commentaires », 2006, p. 43.

LÉMENT-CUZIN (S.), « Le pouvoir de sanction du Conseil supérieur de l'audiovisuel », AJDA 2001, p. 112.

CLINQUENNOIS (M.), « Essai sur la responsabilité de l'État du fait de ses activités de contrôle et de tutelle », LPA, n° 98, 16 août 1995, p. 4.

COHEN (E.), « De l'État dirigiste à l'État régulateur », Sciences Humaines 2002, n° 133, p. 38.

COLLET (M.), « De la consécration à la légitimation, Observations sur l'appréhension par le juge des autorités de régulation », *in* FRISON-ROCHE (M.-A.), (dir.), Les régulations économiques, légitimité et efficacité, Coll., « Droit et Économie de la régulation », Vol., 1, Paris, Presses de Sciences Po et Dalloz, 2004, p. 41.

COLLIARD (C.-A.), « La sanction administrative », Annales de la Faculté de droit d'Aix, 1943, n° 36, p. 3.

COLLIARD (J.-C.),
- « Séparation des pouvoirs », *in* DUHAMEL (O.) et MENY (Y.), (dir.), Dictionnaire constitutionnel, Paris, PUF, 1992, p. 972.
- « Que peut le Président ? », Pouvoirs 1994, n° 68, p. 15.
- « La singularité française », Pouvoirs 1998, n° 85, p. 50.

COMPERNOLLE (J.-V.), « Evolution et assouplissement de la notion d'impartialité objective », RTDH 1994, p. 429.

CONTAMINE-RAYNAUD (M.), « La Commission bancaire : autorité et juridiction », *in* Nouveaux juges, nouveaux pouvoirs ? Mélalnges en l'honneur de R. PERROT, Paris, Dalloz, 1996, p. 415.

CONTE (Ph.),
- « L'arbitraire judiciaire : chronique d'humeur », JCP G 1988.I.3343.
- « La loyauté de la preuve dans la jurisprudence de la chambre criminelle de la Cour de cassation : vers la solution de la quadrature du cercle ? », Dr. pénal 2009, n° 4, étude 8.

COQUELET (M.-L.), « Brèves remarques à propos d'une fusion attendue : la création de l'autorité des marchés financiers », LPA, n° 228, 14 nov. 2003, p. 6.

COSTA (J.-P.), « Le point de vue de la CEDH », LPA, n° 185, 17 sept. 2001, p. 29.

CROZAFON (J.-L.), « Le contrôle jurisprudentiel de la sanction disciplinaire dans l'entreprise et dans l'administration », Dr. soc. 1985, p. 201.

DAIGRE (J.-J.),
- « La nouvelle procédure de sanction de la C.O.B. Une réforme en clair-obscur », JCP E 2000, p. 1602.
- « Recours contre les décisions de la future Autorité des marchés financiers : compétence administrative ou judiciaire ? », RD bancaire et fin. 2003, p. 197.

DAILLE-DUCLOS (B.), « L'Autorité de contrôle prudentiel : nouvelles règles de contrôle et de sanctions en matière d'assurance », LPA, n° 91, 7 mai 2010, p. 4.

DARBEDA (P.), « Le renouveau des règles pénitentiaires européennes », RPDP 2006, p. 655.

DAVIGNON (J.-F.), « Quelle place pour la répression administrative dans notre ordonnancement juridique ? », LPA, n° 83, 11 juill. 1997, p. 5.

DAVIS (M.-H.), « L'expérience américaine des independant regulatory commissions », *in* COLLIARD (C.-A.) et TIMSIT (G.), (dir.), Les autorités administratives indépendantes, Paris, PUF, Coll., « Les voies du droit », 1988, p. 222.

DECOCQ (A.) et **PEDAMON (M.)**, « ordonnance du 1er déc. 1986 », J.-Cl., Conc. consom., n° spéc. 1987, n° 95.

DECOOPMAN (N.),
- « Le pouvoir d'injonction des autorités administratives indépendantes », JCP G 1987.I.3303.
- « Le pouvoir de sanction administrative de la COB », RD bancaire et de la bourse 1990, p. 16.
- « Le contrôle juridictionnel des autorités administratives indépendantes », *in* Le droit administratif en mutation, CURAPP, Paris, PUF, 1993, p. 211.
- « La complexité du contrôle juridictionnel », *in* DECOOPMAN (N.), (dir.), Le désordre des autorités administratives indépendantes. L'exemple du secteur économique et financier, Paris, PUF, Coll., « CEPRISCA », 2002, p. 167.
- « Peut-on clarifier le désordre ? », *in* DECOOPMAN (N.), (dir.), Le désordre des autorités administratives indépendantes. L'exemple du secteur économique et financier, Paris, PUF, Coll., « CEPRISCA », 2002, p. 15.
- « Commission des opérations de bourse », J.-Cl., Banque et crédit, V°, Fasc., 1510, n° 103.

DE BRESSON (J.-J.), « Inflation des lois pénales et législation ou réglementations techniques », Rev. sc. crim. 1985, p. 241.

DE CORAIL (J.-L.),
- « La distinction entre mesure disciplinaire et mesure hiérarchique dans le droit de la fonction publique », AJDA 1967, p. 3.
- « Administration et sanction. Réflexion sur le fondement du pouvoir administratif de répression », Mélanges R. CHAPUS, Paris, Montchrestien, 1992, p. 103.

DE GUILLENCHMIDT (J.), « Le sectoriel et le général dans le droit de la régulation », LPA, n° 110, 3 juin 2002, p 3.

DE JUGLART (M.), « Les sanctions administratives dans la législation récente », JCP G 1942.I.283.

DE LAMY (B), « De la loyauté en procédure pénale - Brèves remarques sur l'application des règles de la chevalerie à la procédure pénale », *in* Le droit pénal à l'aube du troisième millénaire, Mélanges offerts à J. PRADEL, Paris, Cujas, 2006, p. 97.

DELION (A.),
- « Les autorités administratives indépendantes dans le domaine économique et financier », Communication à la table ronde de l'Institut international de sciences administratives, Helsinki, juill. 1994.
- « Notion de régulation et droit de l'économie », *in* REVET (Th.) et VIDAL (L.), (dir.), *Annales de la régulation de l'Université Paris 1*, Vol. n° 1, LGDJ, Coll., « Bibliothèque de l'Institut Tunc », t. 9, 2006, p. 3 .

DELMAS-MARTY (M.),
- « La responsabilité pénale des groupements dans l'avant-projet de révision du Code pénal », *RID pén.* 1980, p. 38

- « L'inflation pénale », VIème Congrès de l'Association française de droit pénale, Montpellier, 7-9 nov. 1983.
- « L'enjeu d'un code pénal, réflexions à propos de l'inflation des lois pénales en France », *in* Mélanges offerts à R. LEGROS, Ed., Université Libre de Bruxelles, 1985, p. 165.
- « Pour des principes directeurs de législation pénale », Rev. sc. crim. 1985, p. 225.
- « Les conditions de rationalité d'une dépénalisation partielle du droit de l'entreprise », *in* Bilan et perspectives du droit pénal de l'entreprise, IXème Congrès de l'association française de droit pénal, Economica, 1989.
- « Le phénomène de l'harmonisation, l'expérience contemporaine », *in* FAUVARQUE-CESSON (B.) et MAZEAUD (D.), (dir.), Pensée juridique française et harmonisation européenne du droit, Vol., 1, Paris, Société de législation comparée, Coll., « Droit privé comparé et européen », 2003, p. 39.
- « Le pluralisme ordonné et les interactions entre ensembles juridiques », D. 2006, n° 14, chron. p. 951.
- « Le pluralisme ordonné et les interactions entre ensembles juridiques », D. 2006, p. 951.
- « Le rôle " désintéressé " du chercheur dans la promotion d'un nouvel ordre juridique mondial », *in* FUSSMAN (G.), (dir.), La mondialisation de la recherche, Compétition, coopérations, restructurations, Colloque de rentrée du Collège de France, Ed., Collège de France, Coll., « Les conférences du Collège de France », Paris, août 2011.

DELMAS-MARSALET (J.), « Le contrôle juridictionnel des interventions économiques de l'État », EDCE, 1969, n° 22, p. 133.

DELVOLVÉ (P.),
- « La justice hors du juge », Cah. dr. entr., n° 4, 1984, p. 16.
- « La nature des recours devant la Cour d'appel de Paris contre les actes des autorités boursières », Bull. Joly Sociétés 1990, p. 499.
- « Paradoxes du (ou paradoxes sur le) principe de séparation des autorités administrative et judiciaire », *in* Droit administratif, Mélanges R. CHAPUS, Paris, Montchrestien, 1992, p. 135.
- « La Cour d'appel de Paris, juridiction administrative », Études offertes à J.-M. AUBY, Paris, Dalloz, 1992, p. 47.
- « Répression, droit pénal et droit administratif », *in* FRISON-ROCHE (M.-A.), (dir.), Les enjeux de la pénalisation de la vie économique, Actes du Colloque, 20 et 21 mars 1996, Paris, Dalloz, Coll., « Thèmes et commentaires », 1997, p. 37.
- « Le pouvoir de sanction et le contrôle du juge », LPA, n° 185, 17 sept. 2001, p. 18.
- « L'été des ordonnances », RFDA 2005, p. 909.

DE MELLO (X.), « l'ordonnance modifiée sur la concurrence et la Constitution », Gaz. Pal., 4 et 5 janv. 1987, p. 5.

DENOIX DE SAINT-MARC (R.),
- « Les sanctions administratives : Conclusion », AJDA 2001, p. 150.
- « Les procédures d'urgence : premier bilan », AJDA 2002, p. 1.

DENOIX DE SAINT-MARC (R.) et **LABETOULLE (D.)**, « Les pouvoirs d'instruction du juge administratif », EDCE, 1970, n° 23, p. 69.

DERRIDA (F.), « La dépénalisation dans la loi du 25 janv. 1985 relative au redressement et à la liquidation judiciaires des entreprises », Rev. sc. crim. 1989, p. 663.

DE SOTO (J.), « La notion de juridiction (à propos du Conseil supérieur de l'électricité et du gaz) », D. 1956, chron. p. 45.

DESCOINGS (R.), « La nécessité d'une réflexion générale et croisée sur la régulation », LPA, n° 17, 23 janv. 2003, p. 4.

DESDEVISES (Y.), « L'ordre répressif administratif », D. 1993, chron. p. 159.

DEZEUZE (E.), « La réforme de la procédure de sanctions administratives de la Commission des opérations de bourse (à propos du décret n° 97-774 du 31 juil. 1997) », JCP E 1997, 709.

DOBKINE (M.), « La transaction en matière pénale », D. 1994, chron. p. 137.

DOUVRELEUR (O.), « Une voie de recours sui generis : le recours contre les décisions du Conseil de la concurrence », Gaz. Pal., 22 mars 1988, p. 179.

DRAGO (R.),
- « Le Conseil de la concurrence », JCP G 1987.I.3300.
- « Le juge judiciaire, juge administratif », *in* La dualité de juridictions en France et à l'étranger, RFDA 1990, p. 757.
- « Le droit à l'expérimentation », *in* GAUDEMET (Y.) et GOHIN (O.), (dir.), République décentralisée, Paris, Ed., Panthéon-Assas, 2004, p. 67.
- « Le Conseil constitutionnel, la compétence du législateur et le désordre normatif », RDP 2006, p. 45.

DRAGO (R.) et **FRISON-ROCHE (M.-A.)**, « Mystères et mirages des dualités des ordres de juridiction et de la justice administrative », *in* Le privé et public, APD, Tome 41, Sirey, 1997, p. 135.

DUBRULLE (J.-B.), « La difficile conciliation de l'article 6 de la CEDH avec le pouvoir de sanction des autorités administratives indépendantes », LPA, n° 133, 4 juill. 2007, p. 14.

DUCOULOUX-FAVARD (C.), « Les techniques législatives au service du pouvoir administratif répressif de l'AMF, nouvelle autorité des marchés », LPA, n° 134, 5 juill. 2007, p. 39.

DUFOUR (O.),
- « La COB modifie l'exercice de son pouvoir de sanction », LPA, n° 165, 18 août 2000, p. 3.
- « L'AMF envisage de modifier sa procédure de sanction », LPA, n° 137, 10 juill. 2007, p. 3.
- « Violation du principe d'impartialité par la commission disciplinaire d'une autorité administrative indépendante », AJDA 2007, p. 1670.

DUMEZ (H.) et **JEUNEMAÎTRE (A.)**, « Montée en puissance passée et impasses actuelles de la régulation économique européenne des industries de réseau », *in* FRISONE-ROCHE (M.-A.), (dir.), Règles et pouvoirs dans les systèmes de régulation, Série « Droit et Économie de la régulation », Vol., 2, Paris, Presses de Sciences-Po et Dalloz, Coll., « Thèmes et commentaires », 2004, p. 1.

DEPUIS-TOUBOL (F.), « Le juge en complémentarité du régulateur », LPA, n° 17, 23 janv. 2003, p. 17.

ECKERT (G.), « La responsabilité administrative des autorités de régulation », RD bancaire et fin. 2009, étude 13, p. 20.

EISENMANN (Ch.),

- «"L'esprit des lois" et la séparation des pouvoirs », Mélanges R. CARRÉ DE MALBERG, Paris, Sirey, 1933, p. 163.
- « Le rapport entre la compétence juridictionnelle et le droit applicable en droit administratif français », *in* Droit comparé, Théorie générale du droit et Droit privé, Mélanges offerts à J. MAURY, Tome 2, Paris, Dalloz, 1960, p. 379.

ETOA (S.), « L'évolution du contrôle du juge administratif sur la gravité des sanctions administratives », AJDA 2012, p. 358.

FARJAT (G.),

- « La notion de droit économique », APD, Tome 37, 1992, p. 27.
- « Le droit économique et l'essentiel (pour un colloque sur l'éthique) », RIDE 2002, n° 16, p. 153.

FAVOREU (L.),

- « La Cour de cassation, le Conseil constitutionnel et l'article 66 de la Constitution », D. 1986, chron. p. 169.
- « Le droit constitutionnel jurisprudentiel », RDP 1989, p. 399.

FAVRET (J.-M.), « La bonne administration de la justice administrative », RFDA 2004, p. 943.

FELDMAN (J.-Ph.), « Les autorités administratives indépendantes sont-elles légitimes ? Sur les AAI en général et le conseil supérieur de l'audiovisuel en particulier », D. 2010, p. 2852.

FERNANDEZ-BOLLO (É.), « L'articulation de la régulation ex ante et ex post dans le domaine bancaire », *in* FRISON-ROCHE (M.-A.) (dir.), Les engagements dans les systèmes de régulation, Série Droit et Economie de la Régulation, Paris, Presses de Sciences-Po et Dalloz, Coll., « Thèmes et commentaires », 2006, p. 109.

FLAUSS (J.-F.), « La double lecture de l'arrêt *Kress c. France »*, LPA, n° 197 du 3 oct. 2001, p. 13.

FLORY (F.), « Le concept de l'État de droit au regard du droit international », *in* MAHIOU (A.), (dir.), L'État de droit dans le monde arabe, Paris, CNRS, Coll., « Études de l'Annuaire de l'Afrique du Nord », 1997, p. 48.

FOURRÉ (J.),
- « L'entrée en vigueur de l'article 11 de la Déclaration des droits de l'Homme et du citoyen du 26 août 1789 », LPA, 1985, p. 11.
- « Les sanctions administratives du code général des impôts », LPA, n° 8, 17 janv. 1990, p. 46.

FRICERO (N.), « Le droit à un tribunal indépendant et impartial », *in* S. GUINCHARD (dir.), Droit et pratique de la procédure civile, Paris, Dalloz, Coll., « Dalloz Action », 1999, n° 2131.

FRIED (Ch.), « Libéralisme et droit pénal », *in* FRISON-ROCHE (M.-A.), (dir.), Les enjeux de la pénalisation de la vie économique, Actes du Colloque, 20 et 21 mars 1996, Paris, Dalloz, Coll., « Thèmes et commentaires », 1997, p. 101.

FRISON-ROCHE (M.-A.),
- « Vers le droit processuel économique ? », Justices 1995, n° 1, p. 91.
- « Considération des règles répressives dans la prise de décisions des entreprises », LPA, n° 139, 19 nov. 1997, p. 25.
- « Les garanties de la défense dans les procédures de sanction devant la COB (annotations) », RD bancaire et de la bourse, oct. 1997, p. 182.
- « Les différentes définitions de la régulation », *in* Colloque DGCCRF, La régulation : monisme ou pluralisme ? LPA, n° 83 du 10 juill. 1998, p. 5.
- « L'impartialité du juge », D. 1999, chron. p. 53.
- « Le juge et la régulation économique », Annonces de la Seine n° 36, 22 mai 2000, p. 2.
- « Le droit de la régulation », D. 2001, chron. p. 610.
- « Comment fonder juridiquement le pouvoir des autorités de régulation », *Rev. éco. fin.* 2001, p. 85.
- « Les qualités du régulateur face aux exigences du droit », *in* Régulateurs et juges, LPA, 2003, n° spécial, p. 15.
- « Définition du droit de la régulation économique », D. 2004, chron. p. 126.
- « Conclusion du volume : Réversibilité entre légitimité et efficacité dans les systèmes de régulation », *in* FRISON-ROCHE (M.-A.), (dir.), Les régulations économiques : légitimité et efficacité, Série Droit et Économie de la régulation, Vol., 1, Paris, Presses de sciences-po et Dalloz, Coll., « Thèmes et commentaires », 2004, p. 195.
- « Étude dressant un bilan des autorités administratives indépendantes », *in* GÉLARD (P.), Les autorités administratives indépendantes : évaluation d'un objectif juridique non identifié, Rapport fait au nom de l'Office parlementaire d'évaluation de la législation, A.N, Rapport n° 3166, Sénat, Rapport n° 404 du 15 juin 2006, La Documentation française, Tome II, Annexes.
- « Ambition et efficacité de la régulation économique », RD bancaire et fin. 2010, étude 34.

FROMONT (M.), « Le principe de proportionnalité », AJDA 1995, p. 156.

GABARDA (O.), « L'intérêt d'une bonne administration de la justice », Etude de droit du contentieux administratif, RDP 2006, p. 153.

GAËTAN (G.), « Regard sur la dépendance fonctionnelle des autorités administratives indépendantes », *in* DECOOPMAN (N.), (dir.), Le désordre des autorités administratives indépendantes, L'exemple du secteur économique et financier, Paris, PUF, Coll. « CEPRISCA », 2002, p. 89.

GALLET (J.-L.), « Vers un nouveau CSM ? », Gaz. Pal., n° 264, 21 sept. 2010, p. 10.

GASSIN (R.), « Les fondements juridiques de la réinsertion des délinquants en droit positif français », Rev. sc. crim. 1996, p. 163.

GAUDEMAR (H.), « La preuve devant le juge administratif », Dr. adm., 2009, n° 6, p. 12.

GAUDEMET (Y.),

- « La séparation des pouvoirs : Mythe et réalité », D. 1961, chron. 23, p. 121.
- « Le Médiateur est-il une autorité administrative ? », *in* Service public et libertés, Mélanges offerts à R-É CHARLIER, Paris, Ed., de l'Université et de l'Enseignement Moderne, 1981, p. 117.
- « Présomption de régularité de l'action administrative et sauvegarde des droits des administrés », AJDA 1982, p. 629.
- « Monde économique et justice administrative : la mesure d'une critique », Justices 1995, n° 1, p. 51.
- « Le pouvoir de réformation de la Cour d'appel de Paris dans le contentieux des décisions du Conseil de la concurrence », JCP G 1999.I.188.
- « Responsabilité de l'administration et nouvelles activités de contrôle », *in* Vers de nouvelles normes en droit de la responsabilité publique. Actes du colloque des 11 et 12 mai 2001 organisé par le Sénat, l'université de Paris 13, avec le concours du ministère de l'Éducation nationale, La Documentation française, Coll., « Colloques du Sénat », Paris, 2001.
- « La loi administrative », RDP 2006, p. 65.

GAVALDA (Ch.), « Les sanctions applicables par le Conseil supérieur de l'audiovisuel », LPA, n° 8, 17 janv. 1990, p. 72.

GAVALDA (C.) et **LUCAS DE LUSSAC (G.)**,

- « Non il est temps encore », Gaz. Pal., 17/19 nov. 1985, p. 2.
- « Commentaire de l'ordonnance du 1er déc. 1986 relative à la liberté des prix et de la concurrence », ALD 1988, p. 47.

GAXIE (D.), « Jeux croisés : Droit et politique dans la polémique sur le refus de signature des ordonnances par le président de la République », *in* LOCHAK (D.), (dir.), Les usages sociaux du droit, CURAPP, Paris, PUF, 1989, p. 209.

GAZIER (F.) et **CANNAC (Y.)**, « Étude sur les autorités administratives indépendantes », EDCE, n° 35, 1983-1984, p. 13.

GENESTE (B.), « Le secret d'affaires en droit communautaire et en droit français de la concurrence », D. aff., n° 39/40, 1997, p. 1271.

GENEVOIS (B.),

- « La sanction administrative en droit français », APC, n° 7, 1984, p. 70.
- « L'application du principe de proportionnalité aux amendes fiscales », RFDA, 1988, p. 350.
- « Le Conseil constitutionnel et la définition des pouvoirs du Conseil supérieur de l'audiovisuel, à propos de la décision n° 88-248 DC du 17 janv. 1989 », RFDA, 1989, p. 215.
- « Le Conseil constitutionnel, la séparation des pouvoirs et la séparation des autorités administratives et judiciaires, le Conseil constitutionnel et l'extension des pouvoirs de la Commission des opérations de bourse, à propos de la décision n° 89-260 DC du 28 juill. 1989 », RFDA 1989, p. 671.
- « Principes généraux du droit », Encycl. Dalloz, Contentieux administratif, n° 545.

GLATT (J-M.), « Contentieux administratif et Convention européenne de sauvegarde des droits de l'homme et des libertés fondamentales », LPA, n° 237, 28 nov. 2006, p. 15.

GUEDON (M.-J.), « L'hétérogénéité des données organiques », *in* DECOOPMAN (N.), (dir.), Le désordre des autorités administratives indépendantes, L'exemple du secteur économique et financier, Paris, PUF, Coll. « CEPRISCA », 2002, p. 57.

GUILLAUME-HOFFNUNG (M.), « Les actes juridiques de la COB », AJDA 1982, p. 683.

GUINCHARD (S.), « Vers une démocratie procédurale », *in* « Ce qui a changé dans la justice depuis 20 ans », Justices 1999, p. 91.

GUYOMAR (M.),

- « Le droit au juge indépendant et impartial en matière administrative, le principe vu par le Conseil d'État », AJDA 2001, p. 518.
- « Respect du principe d'impartialité et fonctionnement de la Commission bancaire, (Conseil d'État, 30 juill. 2003 ; 3 arrêts) », LPA, n° 37, 20 févr. 2004, p. 3.
- « Le Conseil d'État précise dans quelle mesure les § 1 et 3 de l'article 6 de la Convention EDH sont applicables à la procédure devant la commission des sanctions de l'AMF » », concl. sur CE, Sect., 27 oct. 2006, *M. P. et autres,* LPA, n° 253, 20 déc. 2006, p. 4.

GUYOMAR (M.) et **COLLIN (P.)**,

- « Validité du pouvoir de saisine d'office de la Commission bancaire au regard de l'article 6-1 de la Convention européenne des droits de l'homme », AJDA 2000, p. 1001.
- « Les diverses applications du principe d'impartialité », AJDA 2000, p. 126.
- « La frontière entre le retrait d'agrément prononcé par la Commission des opérations de bourse au titre de ses pouvoirs de police et celui

prononcé au titre de son pouvoir de sanction est précisé », AJDA 2001, p. 634.
- « Référé et contrôle de cassation, synthèse de la jurisprudence du Conseil d'État des cinq premiers mois depuis l'entrée en vigueur du code de justice administrative », chron. AJDA 2001, P. 465.

HAMEL (J.), « Préface », *in* HAMEL (J.), (dir.), Le droit pénal spécial des sociétés anonymes ; études de droit commercial, Paris, Dalloz, Coll., « Publications de l'Institut des sciences juridiques et financières appliquées aux affaires de faculté de droit de Paris », 1955, p. 8.

HANNOUN (C.), « La déontologie des activités financières : contribution aux recherches actuelles sur le néo-corporatisme », RTD com. 1989, p. 417.

HAURIOU (M.),
- « Les éléments du contentieux », Rec. acad. légis., de Toulouse, 1905, p. 1
- « La théorie de l'institution et la fondation « essai de vitalisme social) », Les cahiers de la nouvelle journée 1925, n° 4, p. 10.

HEBRAUD (P.), « L'acte juridictionnel et la classification des contentieux », Rec., acad. légis., de Toulouse, 1949, Tome 19, p. 131.

HELALI (M.S.E.), « La Convention européenne des droits de l'homme et les droits français et communautaire de la concurrence », RTDE 1991, p. 609.

HISPALIS (G.), « Pourquoi tant de loi(s) ? », Pouvoirs 2005, n° 114, p. 101.

HOSTIOU (R.), « Notion d'urgence dans le cadre de la procédure de référé visant à obtenir la suspension de la D.U.P », AJDI 2001, p. 1000.

HUBRECHT (G.),
- « La notion de sanction administrative », LAP, n° 8, 17 janv. 1990, p. 6.
- « Sanctions administratives », J.-Cl. Adm. Fasc., 202, 1993, n° 2.

IDOT (L.), « Quelques réflexions sur la confidentialité en droit de la concurrence : à propos des secrets d'affaires et du secret professionnel », *in* Aspects contemporains du droit de la distribution et de la concurrence, Actes du Colloque, Université de Toulouse I, 24 et 25 mars 1995, Coll., « Centre de droit des affaires de l'Université de Toulouse », Paris, Montchrestien, 1996, p. 109.

IDOT (L.) et **LEMRAIRE (C.)**, « Le nouveau visage de la régulation de la concurrence en France - L'Autorité de la concurrence entre deux Europe », JCP G 2009.I.125.

ISRAËL (N.), « L'émergence du réseau et les nouveaux modes de règlement des conflits à l'épreuve de Michel Foucault », Les Cahiers de l'Ecole Doctorale Connaissance, Langage, Modélisation de l'Université Paris-Ouest Nanterre, n° 1, séminaire interdisciplinaire de déc. 2004, Conflit, Négociation, Coopération, p. 56.

ISRAËL (J.-J.), « Contentieux administratif et contentieux de la concurrence », *in* Droit administratif, Mélanges R. CHAPUS, Paris, Montchrestien, 1992, p. 315.

JALADE (P.), « Vers un renforcement des pouvoirs de la Commission des opérations de bourse », LPA, n° 72, 1989, p. 4.

JEAMMAUD (A.),

- « Introduction à la sémantique de la régulation juridique. Des concepts en jeu », *in* CLAM (J.) et MARTIN (G.), (dir.), Les transformations de la régulation juridique, Paris, LGDJ, Coll., « Droit et société. Recherches et travaux », 1998, p. 47.
- « Unification, uniformisation, harmonisation : de quoi s'agit-il ? », *in* F. OSMAN (dir.), Vers un code européen de la consommation, Bruxelles, Bruylant, 1998, p. 35.

JEAN (J.-P.), « De l'efficacité en droit pénal », *in* Le droit pénal à l'aube du troisième millénaire, Mélanges offerts à J. PRADEL, Paris, Cujas, 2006, p. 135.

JEANDIDIER (W.), « L'art de dépénaliser: l'exemple du droit des sociétés », *in* Propos sur les obligations et quelques autres thèmes fondamentaux du droit, Mélanges offerts à J-L AUBERT, Paris, Dalloz, 2005, p. 449.

JEANNENEY (P.-A.), « Le régulateur producteur de droit », *in* FRISONE-ROCHE (M.-A.), (dir.), Règles et pouvoirs dans les systèmes de régulation, Série Droit et Économie de la régulation, vol., 2, Paris, Presses de Sciences-Po et Dalloz, Coll., « Thèmes et commentaires », 2004, p. 44.

JEULAND (E.), « Régulation et théorie générale du procès », *in* FRISON-ROCHE (M.-A.), (dir.), Les risques de régulation, Série « Droit et Economie de la Régulation », Vol., 3, Paris, Presses de Sciences-Po et Dalloz, Coll., « Thèmes et commentaires », 2005, p. 265.

JÈZE (G.),

- « L'acte juridictionnel et la classification des recours contentieux », RDP 1909, p. 667.
- « De la force de vérité légale attachée par la loi à l'acte juridictionnel », RDP 1913, p. 437.

JORAT (M.), « Supprimer la justice administrative…deux siècles de débats », RFDA 2008, p. 456.

JOUYET (J.-P.),

- Présentation du Rapport annuel 2008 et du plan stratégique de l'AMF, discours du 29 juin 2009, disponible sur : http://www.amf-france.org.
- Discours de clôture, Les Entretiens de l'AMF, 6ème éd., le 16 déc. 2009, « L'Europe intégrée des services financiers : quelle protection pour l'épargnant », disponible sur : http://www.amf-france.org.

KELSEN (H.),

- « Aperçu d'une théorie générale de l'État », traduction Eisenmann, RDP 1926, p. 611.
- « La garantie juridictionnelle de la Constitution », RDP 1928, p. 213.

KLAOUSEN (P.), « Réflexions sur la définition de la juridiction dans la jurisprudence du Conseil d'État », LPA, n° 91, 30 juill. 1993, p. 22.

KLUGER (J.), « L'élaboration d'une notion de sanction punitive dans la jurisprudence du Conseil constitutionnel », Rev. sc. crim. 1995, p. 505.

KOERING-JOULIN (R.),
- « La notion européenne de tribunal indépendant et impartial au sens de l'article 6§1 de la Convention européenne de sauvegarde des droits de l'homme et du citoyen », Rev. sc. crim. 1990, p.765.
- « Le juge impartial », Justices, 1998, n° 10, p. 1.

KOERING-JOULIN (R.) et **TRUCHE (P.)**, « Retour sur le champ "pénal" européen », Mélanges en hommage à L-E. PETTITI, Bruylant, Bruxelles, 1999, p. 519.

KOVAR (J.-Ph.), « La responsabilité des autorités de régulation face au dualisme juridictionnel », RD bancaire et fin. 2009, étude 12.

LABAYLE (H.), « L'éloignement des étrangers devant la Cour européenne des droits de l'homme », RFDA 1997, p. 982.

LAMARQUE (J.), « La décision administrative de droit privé », *in* Problèmes du droit public contemporain, Mélanges M. STASSINOPOULOS, Paris, LGDJ, 1974, p. 301.

LAMPUÉ (P.), « La notion d'acte juridictionnel », RDP 1946, p. 8.

LANGROD (G.), « Genèse et conséquences du mimétisme administratif en Afrique », RISA 1973, p. 119.

LARCHÉ (J.), « Les politiques de la pénalisation de la vie économique », *in* FRISON-ROCHE (M.-A.) (dir.), Les enjeux de la pénalisation de la vie économique, Actes du Colloque, 20 et 21 mars 1996, Paris, Dalloz, Coll., « Thèmes et commentaires », 1997, p. 95.

LASCOUMES (P.), « Les sanctions administratives: une forme de droit pénal instrumentaliste ? L'exemple du droit pénal de l'environnement », Déviance et société, 1990, Vol., 14, n° 1, p. 75.

LASSERRE (B.),
- « Modernisation : Les adaptations nécessaires du Conseil de la concurrence », Concurrences n° 1, 2004, p. 29.
- « Le Conseil de la concurrence dans le réseau communautaire », Concurrences n°3, 2005, p. 42.

LASSERE CAPDEVILLE (J.), « La Commission bancaire face à l'article 6 de la Convention européenne des droits de l'Homme », RD bancaire et fin. 2010, dossier 21.

LAURIE (F.), « La constitutionnalisation du droit disciplinaire », Civitas Europa, n° 15, p. 105.

LAVAL (N.), « La bonne administration de la justice », LPA, n° 160 du 12 août 1999, p. 12.

LEBAD (N.), « Les autorités administratives indépendantes », Rev. Idara, n° 1, 2001, p. 7 (en langue arabe).

LEFEBVRE (J.),
- « La dépénalisation, facteur d'ordre ou source de désordre ? », *in* CHEVALLIER (J.), (dir.), Désordre(s), CURAPP, Paris, PUF, 1997, p. 246.
- « Le pouvoir de sanction, le maillage répressif », *in* DECOOPMAN (N.), (dir.), Le désordre des autorités administratives indépendantes,

L'exemple du secteur économique et financier, Paris, PUF, Coll., « CEPRISCA », 2002, p. 114.
LEMAIRE (Ch.), « La protection du secret des affaires devant le Conseil de la concurrence : une évolution bienvenue », JCP E 2006, 1161.
LEPAGE (A.), « Du sens de la mesure en matière de responsabilité civile sur internet. La loi, la jurisprudence et le fournisseur d'hébergement », D. 2001, p. 322.
LEPETIT (J.-F.), « Etat, juge et régulateur », LPA, n° 17, 23 janv. 2003, p. 9.
LEVASSEUR (G.),
- « Renaissance des sanctions administratives et renforcement de la répression pénale de la fraude fiscale », JCP G 1952.I.1032.
- Le problème de la dépénalisation, Rapport de synthèse présenté aux Troisièmes Journées franco-italo-espagnoles de politique criminelle d'Aix-en-Provence en septembre 1982, APC n° 6, 1983, p. 53. Disponible sur www.ledroitcriminel.free.fr.

LINOTTE (D.) et **SIMONIN (G.)**, « L'autorité des marchés financiers, prototype de la réforme de l'État ? », AJDA 2004, 143.
LOMBARD (M.),
- « Référé-suspension et autorités de régulation », Dr. adm. n° 8, 2005, comm. p. 35.
- « Brèves remarques sur la personnalité morale des institutions de régulation », RJEP/CJEG, n° 619, avr. 2005, p. 128.
- « Institutions de régulation économique et démocratie politique », AJDA 2005, p. 530.

LOUVEL (B.), « La tutelle de l'exécutif sur le juge français ébranlée par le modèle européen », Gaz. Pal., n° 143, 22 mai 2008, p. 2.
LUCAS (F.X.), « Expertise *in futurum* et secret des affaires », Bull. Jolly Sociétés 1999, n° 6, p. 666.
LUCHAIRE (F.), « Le Conseil constitutionnel et la loi du 24 avr. 1997 sur l'immigration », RDP 1997, p. 931.
LUDET (D.), « Conseil supérieur de la magistrature : une liberté... surveillée ? », LAP, n° 254, 19 déc. 2008, p. 111.
MAISL (H.),
- « Maîtrise d'une interdépendance. Commentaire de la loi du 6 janv. 1978 relative à l'informatique, aux fichiers et aux libertés », JCP G 1978.I.2891.
- « La nouvelle réglementation des télécommunications (commentaire de la loi) », AJDA 1996, p. 762.

MALABAT (V.), « Droit pénal et droit pénal des affaires, raisons et évolutions d'un lien historique », *in* SAINTOURENS (B.), (dir.), Dépénalisation, régulation et renouvellement des sanctions en droit comparé des affaires, Paris, Litec, Coll., « Colloques et Débats », 2009, p. 1
MAMONTOFF (C.), « La notion de pleine juridiction au sens de l'article 6 de la convention européenne des droits de l'homme et ses implications en matière de sanction administrative », RFDA 1999, p. 1004.

MARCOU (G.), « La notion juridique de régulation », AJDA 2006, p. 347.
MARIMBERT (J.),
- « L'ampleur du contrôle juridictionnel sur le régulateur », LPA, n° 17, 23 janv. 2003, p. 41.
- « Les conditions de l'indépendance comme facteur de légitimité », *in* FRISON-ROCHE (M.-A.), (dir.), Les régulations économiques : légitimité et efficacité, Série « Droit et Économie de la régulation », Vol., 1, Paris, Presses de sciences-po et Dalloz, Coll., « Thèmes et commentaires », 2004, p. 83.
MARLY (P.-G.), « Éclairage. Regard sur l'Autorité de contrôle prudentiel », Bull. Joly Bourse 2010, p. 206.
MARTY (G.), « La théorie de l'institution », *in* La pensée du Doyen Hauriou et son influence, Ann. Faculté de Droit de Toulouse, 1968, p. 29.
MASCLET (J.-Cl.), « La loi sur les entreprises de presse », AJDA 1984, p. 644.
MASSAT (É.), « Des rapports du droit disciplinaire et du droit pénal dans l'administration, Contribution à une étude sur le pouvoir administratif visant les usagers des services publics », Rev. sc. crim. 2003, p. 743.
MATHIEU (B.), « L'examen juridique de la constitutionnalité du contrat première embauche (à propos de la décision du Conseil constitutionnel du 30 mars 2006) », LPA, n° 74, 13 avr. 2006, p. 4.
MATSOPOULOU (H.), « Les propositions sur « la dépénalisation de la vie des affaires » », Rev. sociétés 2008, p. 1.
MENDES CONSTANTE (J.), « La justice et la conception française de la séparation des pouvoirs », Les Cahiers français, 1er nov. 2006, p. 19.
MENURET (J.-J.), « La saisine d'office du conseil de la concurrence au regard de l'article 6§1 de la CEDH », Cont., conc. consom. janv. 2002, chron. n° 1, p. 4.
MERLE (I.), « La justice coloniale française : un code pour l'indigénat », L'Histoire, n° 302, oct. 2005.
MERLE (R.), « Lignes directrices pour une harmonisation européenne en matière pénale », Rev. sc. crim., 1987, p. 185.
MESTRE (J.), « L'ordre public dans les relations économiques », *in* REVET (Th.), (dir.), L'ordre public à la fin du XXème siècle, Paris, Dalloz, 1996, p. 33.
MIGNON (E.), « L'ampleur, le sens et la portée des garanties en matière de sanctions administratives », AJDA 2001, n° spécial, p. 99.
MILLERAND (A.), « La protection des secrets de la vie des affaires à l'épreuve des mesures *in futurum* », Dr. sociétés n° 6, Juin 2011, alerte 24.
MODERNE (F.),
- « Étude comparée », *in* COLLIARD (C.-A.) et TIMSIT (G.), (dir.), Les autorités administratives indépendantes, Paris, PUF, Coll., « Les voies du droit », 1988, p. 186.

- « Sanctions administratives et protection des libertés individuelles au regard de la convention européenne des droits de l'homme », LPA, n° 8, 17 janv. 1990, p. 15.
- « Le juge administratif français et les règles du procès équitable », RUDH 1991, n° 7-9, p. 352.
- « Répression administrative et protection des libertés devant le juge constitutionnel : les leçons du droit comparé », *in* Droit administratif, Mélanges R. CHAPUS, Paris, Montchrestien, 1992, p. 412.
- « La sanction administrative (éléments d'analyse comparative) », RFDA 2002, p. 483.
- « Le pouvoir de sanction administrative au confluent du droit interne et des droits européens », RFDA 1997, p. 1.
- « Les usages de la notion de « régulation » dans le droit positif et la doctrine juridique des États de l'Union européenne », *in* MARCOU (G.) et MODERNE (F.), (dir.), Droit de la régulation, service publics et intégration européenne, Paris, L'Harmattan, Coll., « Comparaisons et commentaires », 2005, Tome I, p. 71.

MOLINA (E.), « Réflexion critique sur l'évolution paradoxale de la liberté de la preuve des infractions en droit français contemporain », Rev. sc. crim. 2002, p. 263.

MOUANNES (H.), « Le Conseil d'État et la notion d'impartialité, ou, la variable équation », VIème Congrès des Constitutionnalistes, Montpellier, 9, 10 et 11 juin 2005, http://www.droitconstitutionnel.org/congresmtp/textes7/MOUANNES.pdf.

MOULIN (J-M.) et **ETOA (S.)**, « L'application de la notion conventionnelle de procès équitable aux autorités administratives indépendantes en droit économique et financier », CRDF 2002, n° 1, p. 47.

NAUGES (S.), « L'articulation entre droit commun de la concurrence et droit de la régulation sectorielle », AJDA 2007, p. 672.

NICINSKI (S.), « Le mode de régulation », RFDA 2010, p.738.

PACTEAU (B.), « Vicissitudes (et vérification… ?), de l'adage ‘‘juger l'administration, c'est encore administrer'' », *in* Mouvement du droit public. Du droit administratif au droit constitutionnel, du droit français aux autres droits, Mélanges en l'honneur de F. MODERNE, Paris, Dalloz, 2004, p. 317.

PICARD (E.), « La juridiction administrative et les exigences du procès équitable », *in* SUDRE (F.), (dir.), Le droit français et la convention européenne des droits de l'homme, 1974-1992, Actes du colloque tenu à Montpellier, fév. 1993, Ed., NP Engel, 1994, p. 217.

PINI (J.), « Les décisions administratives de droit privé, contribution à l'étude de la notion d'acte administratif », RRJ 1993, n° 3, p. 793.

PISIER (É.),
- « Du recours aux sages », Études, 6. Vol. n° 368, juin 1988, p. 773.
- « Vous avez dit indépendantes ? Réflexion sur les autorités administratives indépendantes », Pouvoirs 1988, n° 46, p. 71.

PIZZIO (J.-P.), « Le droit de la consommation à l'aube du XXIème siècle, bilan et perspectives », *in* Études de droit de la consommation, Liber Amicorum Jean-Calais Auloy, Paris, Dalloz, 2004, p. 877.

POCHARD (M.), « Autorités administratives indépendantes et pouvoir de sanction », AJDA 2001, n° spécial, p. 108.

PONCELA (P.), « L'harmonisation des normes pénitentiaires européennes », Rev. sc. crim. 2007, p. 126.

POULET-GIBOT LECLERC (N.), « La faute lourde n'a pas disparu, elle ne disparaîtra pas », LPA, n° 132, 3 juill. 2002, p. 19.

PRADEL (J.),

- « La célérité et les temps du procès pénal : comparaison entre quelques législations européennes », Mélanges en l'honneur du professeur R. OTTENHOF, Paris, Dalloz, 2006, p. 251.
- « La procédure pénale française à l'aube du troisième millénaire », D. 2000, chron., p. 6.

PRALUS-DUPUY (J.),

- « La répression disciplinaire de l'infraction pénale », Rev. sc. crim. 1992, p. 229.
- « L'article 6 de la convention européenne de sauvegarde des droits de l'homme et les contentieux de la répression disciplinaire », Rev. sc. crim. 1995, p. 727.
- « Réflexions sur le pouvoir de sanction disciplinaire reconnu à certaines autorités administratives indépendantes », RFDA 2003, n° 3, p. 554.

PRETOT (X.), « Réflexions sur la justice administrative », D. 1986, p. 271.

PRIETO (C.), « Pouvoirs de vérification de la Commission et protection de la confidentialité des communications entre avocats et clients », JCP G 2007.II.10201.

POISSNNIER (Gh.), « Office du juge en droit de la consommation : une clarification bienvenue », D. 2008, p. 1287.

PONTIER (J.-M), « La personnalité publique, notion anisotrope », RFDA 2007. p. 979.

QUASTANA (J.), « La sanction administrative est-elle encore une décision de l'administration ? », AJDA 2001, n° spécial, p. 142.

QUILINCHI (P.), « Réguler n'est pas juger. Réflexions sur la nature du pouvoir de sanction des autorités de régulation économique », AJDA 2004, p. 1069.

RAPP (L.), « La Cour d'appel de Paris confirme le rôle de l'ART », Lamy dr. publ. Aff., n° 14, 1998, p. 2.

REBUT (D.), « Chronique de procédure pénale », RGDP 1999, n° 4, p. 641.

S. RENOUX (Th.), « L'apport du Conseil constitutionnel à l'application de la théorie de la séparation des pouvoirs en France », D. 1991, chron. p. 174.

RIALS (S.), « Ouverture : l'office du juge », Droits 1989, n° 9, p. 8.

RIBS (J.), « Le Conseil d'État et les marchés financiers », LPA, n° 118, 2 oct. 1995, p. 10.

RICHER (L.),

- « Les recours contre les décisions administratives devant le juge judiciaire (aperçu de droit administratif judiciaire) », CJEG 1990, chron. p. 367.
- « Les personnes publiques innommées », *in* La personnalité publique, Actes du colloque organisé les 14 et 15 juin 2007 par l'A.F.D.A., Paris, Litec, Coll., « Colloques et débats », 2007, p. 133.

RICO (J.-M.), « Le droit de punir », Criminologie 1986, vol., 19, n° 1, p. 113.

RIFFAULT-SILK (J.), « Le projet de loi de sécurité financière », Rev. sc. crim. 2003, p. 581.

ROBERT (M.-C.), « Les autorités boursières en Europe et aux États-Unis : leurs pouvoirs comparés », Problèmes économiques, n° 2112 du 15 févr. 1993, p. 3.

ROBERT (J.), « La bonne administration de la justice », AJDA 1995, p. 117.

ROBERT (J.-H.),

- « Unions et désunions des sanctions du droit pénal et de celles du droit administratif », AJDA 1995, n° spécial, p. 76.
- « L'alternative entre les sanctions pénales et les sanctions administratives », AJDA 2001, n° spécial, p. 90.
- « Dépénalisations saupoudrées », Dr. pén., oct. 2003, p. 17.
- « Tableau récapitulatif des dépénalisations opérées depuis 2003 dans le droit des sociétés par action », Dr. pén., févr. 2005, p. 6.

ROCHER (G.), « Les phénomènes d'internormativité : Faits et obstacles », *in* J.-G. BELLEY (dir.), Le droit soluble. Contributions québécoises à l'étude l'internormativité, Paris, LGDJ, 1996, p. 26.

RONTCHEVSKY (N.),

- « La Commission des opérations de bourse à l'épreuve de l'exigence d'impartialité », Bull. Joly Bourse 1999, p. 129.
- « Les sanctions administratives : régime et recours », Bull. Joly Bourse 2004, p. 1.

ROUGEVIN-BAVILLE (M.), La sanction en matière administrative dans le droit français, Rapport présenté lors du 3ème Colloque des Conseils d'État et des Tribunaux Administratifs Suprêmes des pays membres des Communautés Européennes, Bruxelles du 19 au 21 octobre 1972. Disponible sur : http://www.juradmin.eu/colloquia/1972/france-2.pdf.

ROULAND (N.), « À la recherche du pluralisme juridique, le cas français », Dr. culture 1998, Vol., 36, n° 2, p. 217.

ROUQUETTE (R.), « Les prescriptions en droit administratif », Dr. adm., n° 8-9, août-sept. 2002, p. 6

ROUSSEAU (D.), « Indépendance de la justice et justice constitutionnelle : une occasion manquée ! », RPP 2007, n° 1045, p. 79

SABOURIN (P.), « Les autorités administratives indépendantes, une catégorie nouvelle », AJDA 1983, p. 275.

SALOMON (R.),
- « Le pouvoir de sanction des autorités administratives indépendantes en matière économique et financière : Conformité aux garanties fondamentales », JCP G 2000.I.264.
- « L'originalité de la responsabilité disciplinaire des commissaires aux comptes », Dr. sociétés 2002, p. 4.

SAUVÉ (J.-M.), « Les sanctions administratives en droit public français. État des lieux, problèmes et perspectives », AJDA 2001, n° spécial, p. 16.

SAVATIER (R.), « L'ordre public économique », D. 1965, chron. 37.

SAVAUX (E.), « La personnalité morale en procédure civile », RTD civ., 1995 p. 1.

SCHWARTZ (R.) et **MAUGÜE (C.)**, « Chronique de jurisprudence administrative française », AJDA 1991, p. 358.

SETA (V.), « Le contrôle des décisions des autorités de régulation », 2003. Disponible sur : www.lexinter.net.

SEUBE (J.-B.), « La loi du 6 juill. 1989 : ordre public de protection ou ordre public de direction ? », RDC 2009, n° 1, p. 165.

SIMMAT-DURAND (L.), « Le pourquoi et l'opportunité des poursuites », Gaz. Pal., 19-20 juin 1996, p. 2.

SINGER (J.), « La motivation des actes administratifs », RA. 1980, p. 70.

SORDINO (M.-Ch.), « Flux et reflux du droit pénal au sein du droit des affaires » : (À propos de la « dépénalisation de la vie des affaires »), Gaz. Pal., n° 145, 24 mai 2008, p. 2.

SPITZ (P.-E.), « À propos de la décision du Conseil constitutionnel n° 96-377 DC du 16 juill. 1996 sur la loi tendant à renforcer la répression du terrorisme », RFDA 1997, p. 538.

STASIAK (F.), « Les sanctions par les autorités de régulation : les exemples du droit boursier et du droit de la concurrence », *in* BOULOC (B.), (dir.), Autorités de régulation et vie des affaires, Paris, Dalloz, Coll., « Thème et commentaires », 2006, p. 113.

STIRN (B.),
- « Quelques réflexions sur le dualisme juridictionnel », Justices 1996, n° 3, p. 41.
- « L'idée de concurrence dans le contentieux administratif : la pluralité des sources », Travaux de l'Atelier de la concurrence *Le juge administratif et le droit de la concurrence*, 29 mars 2000, disponible sur : www.minefe.gouv.fr.

SUEL (E.), « Un nouveau mode de régulation des activités économique : la négociation des sanctions encourues », *in* JULIEN-LAFERRIÈRE (F.), GUINARD (D.) et MAFFESOLI (S.-M.), (dir.), Quel sens pour le droit ? Paris, L'Harmattan, Coll., « Presses Universitaires de Sceaux », 2008, p. 143.

TAIBI (A.),
- « La prolifération des AAI de régulation. Du déséquilibre de l'ordre répressif à l'instauration d'une justice à deux vitesses », *in* Le désordre :

une vertu créatrice ? Colloque international de l'ISEG Business School, Paris 11 avr. 2013.
- « La justification du pouvoir de sanction des AAI de régulation est-elle toujours pertinente ? », RID pén. 2013, n° 3/4, p. 463.

TAILLEFAIT (A.), « Un tiers n'a pas intérêt à agir contre une sanction infligée à un agent public », Dr. adm. n° 10, 2006, p. 154.

TEITGEN-COLLY (C.),
- « Les autorités administratives indépendantes, histoire d'une institution », *in* COLLIARD (C.-A.) et TIMSIT (G.), (dir.), Les autorités administratives indépendantes, Paris, PUF, Coll., « Les voies du droit », 1988, p. 22.
- « Sanctions administratives et autorités administratives indépendantes », LPA, n° 8, 17 janv. 1990, p. 25.
- « Les instances de régulation et la Constitution », RDP 1990, p. 154.

TESTU (F.-X.), « La distinction du droit public et du droit privé est-elle idéologique ? » D. 1998, p. 345.

TIMSIT (G.), « La régulation. La notion et le phénomène », in La régulation. Nouveaux modes ? Nouveaux territoires ? », RFAP 2004, n° 109, p. 5.

THIELLAY (J.-Ph.), « L'évolution récente du régime des sanctions du conseil supérieur de l'audiovisuel », AJDA 2003, p. 475.

TOUBON (J.), « Introduction aux enjeux de la pénalisation de la vie économique », *in* FRISON-ROCHE (M.-A.), (dir.), Les enjeux de la pénalisation de la vie économique, Actes du Colloque, 20 et 21 mars 1996, Paris, Dalloz, Coll., « Thèmes et commentaires », 1997, p. 1.

TROPER (M.),
- « Fonction juridictionnelle ou pouvoir judiciaire ? », Pouvoirs 1981, n° 16, p. 6.
- « La signature des ordonnances, fonctions d'une controverse », Pouvoirs 1987, n° 41, p. 75.
- « L'interprétation de la Déclaration des Droits ; l'exemple de l'article 16 », Droits 1988, n° 8, p. 121.

TRUCHET (D.),
- « État et marché », ADP, Tome 40, 1996, p. 314.
- « Plaidoyer pour une cause perdue : la fin du dualisme juridictionnel », AJDA 2005, p. 1767.
- « Avons-nous encore besoin du droit administratif ? », *in* Le droit administratif Permanences et convergences, Mél., en l'honneur de J.-F. LACHAUME, Paris, LGDJ, 2007, p. 1039.

TSIKLITIRAS (S), « Le statut constitutionnel du sursis à exécution devant le juge administratif », RDP 1992, p. 679.

TUOT (T.),
- « Quel avenir pour le pouvoir de sanction des AAI ? », AJDA 2001, n° spécial, p. 137.
- « La planète des sages », *in* FAUROUX (R.) et SPITZ (B.), (dir.), Notre État, Paris, Robert Laffont, 2001, p. 688.

- « Le rôle et la place du régulateur sectoriel dans l'ouverture à la concurrence et l'importance de la coordination entre les régulateurs européens de l'énergie », Rev. conc. consom. 2002, 128, p. 25.
- « Le rôle et la place du régulateur sectoriel dans l'ouverture à la concurrence et l'importance de la coordination entre les régulateurs européens de l'énergie », Rev. conc. consom. 2002, n° 128, p. 25.

VANDERMEEREN (R.), « « La « double peine » : diversité des ordres juridiques et pluralité des systèmes répressifs », AJDA 2003, p. 1854.

VANNEUVILLE (R.), « Sécuriser le droit pour mieux gouverner les conduites : les enjeux sociopolitiques de la promotion de la sécurité juridique », Revue Gouvernance, 2008, Vol., 5, n° 2.

VARINARD (A.) et **JOLY-SIBUET (E.)**, « Les problèmes juridiques et pratiques posés par la différence entre droit pénal et droit administratif », *RID pén.* 1988, p. 189.

VATEL (D.), « Aspects judiciaires et juridictionnels du pouvoir de sanction de la COB », Rev. sociétés 1994, p. 25.

VEDEL (G.),
- « La loi des 16-24 août 1790 : Texte ? Prétexte ? Contexte ? », *in* La dualité de juridictions en France et à l'étranger, RFDA 1990, p. 698.
- « Aspects généraux et théoriques », *in* L'unité du droit, Mél., en hommage à R. DRAGO, Economica, 1996, p. 1.
- « Le quinquennat contre les risques de cohabitation », *in* P. TRONQUOY (dir), La Vème République, permanence et mutations, Les Cahiers français, n° 300, 2001, p. 34.

VELLEY (S.), « La constitutionnalisation d'un mythe : justice administrative et séparation des pouvoirs », RDP 1989, p. 777.

VENANDET, « La responsabilité pénale des personnes morales dans l'avant-projet de Code pénal », RTD com. 1978, p. 731.

VIANDIER (A.), « Sécurité et transparence du marché financier (Commentaire des Titres 1 et 2 de la loi du 2 août 1989) », JCP E 1989, 15612.

VIANDIER (A.) et **CAUSSAIN (J.-J.)**, « Droit des sociétés », JCP E 1990, 15677, pt n° 15.

VIARGUES (R.), « Forme et contenu de la motivation des actes administratifs », RDP 1982, p. 773.

VIRASSAMY (G.), « Les limites à l'information sur les affaires d'une entreprise », RTD com. 1988, p. 179.

WALLINE (M.), « Du critère des actes juridictionnels », RDP 1933, p. 565.

WIENER (C.), « La motivation des décisions administratives dans le droit comparé », RIDC 1969, vol., 21, n° 41, p. 779.

WINCKLER (A.), « Public et privé : l'absence de préjugés », *in* Le privé et le public, APD 1997, Tome 41, p. 301.

ZARKA (J.-C.),
- « La fonction présidentielle: l'évolution », RPP 2000, n° 1006, p. 41.
- « La réforme du Conseil supérieur de la magistrature », Gaz. Pal., n° 150, 29 mai 2008, p. 8.

ZEROUAL (A.), « La responsabilité hospitalière », Rev. El Mouhamat 2004, n° 2, p. 5.

VI. RAPPORTS, ENTRETIENS, PRESSE

1. Rapports officiels et périodiques

Autorité de la concurrence

Rapports annuels de 2009 et 2010, Paris, La Documentation française.

Autorité des Marchés Financiers

Rapports annuels de 2005 à 2007, Paris, La Documentation française.

Rapport du groupe de travail de l'Autorité des marchés financiers « L'application du principe ne bis in idem dans la répression des abus de marché – Proposition de réforme », 19 mai 2015, disponible sur le site internet de l'AMF.

Autorité de contrôle prudentiel et de résolution

Rapport annuel 2013, www. acpr.banque-france.fr

BALLADUR (E.), Une Vème République plus démocratique. Rapport du Comité de réflexion et de proposition sur la modernisation et le rééquilibrage des institutions de la Vème République, remis à la présidence de la République en oct. 2007, Paris, La Documentation française-Fayard, 2008.

Commission Nationale de la Communication et des Libertés, Rapport annuel de nov. 1986-nov.1987, Paris, CNCL, 1987.

CLEMENT (P.) et **LEONARD (G.)**, Rapport d'information sur le traitement de la récidive des infractions pénales, fait au nom de la Commission des lois constitutionnelles, de la législation et de l'administration générale de la République, n° 1718, Assemblée Nationale, enregistré le 7 juill. 2004.

COLCOMBET (F.) et **MONTEBOURG (A.)**, Les tribunaux de commerce : une justice en faillite ? Rapport n° 1038, fait au nom de la Commission d'enquête sur l'activité et le fonctionnement des Tribunaux de commerce, Documents d'information de l'A.N, Tome I, Rapport, enregistré le 2 juillet 1998.

Conseil de la concurrence

Rapport annuel de 1989, Paris, La Documentation française.

Rapport annuel de 1991, Paris, La Documentation française.

Rapport annuel de 1994, Paris, La Documentation française.

Rapport annuel de 1998, Paris, La Documentation française.

Rapport annuel de 2004, et de 2006 à 2008, Paris, La Documentation française.

Conseil d'État

- Rapport public 1987, « Réflexions sur l'orientation du droit des propriétés publiques », Coll., « EDCE », n° 38, Paris, La Documentation française, p. 53.

- Rapport public 1991, « De la sécurité juridique », Coll., « EDCE », n° 43, Paris, La Documentation française, 1991, p. 63.
- Rapport public 1999, « Réflexions sur l'intérêt général », Coll., « EDCE », n° 50, Paris, La Documentation française, 1999, p. 422.
- Rapport public 2001, « Réflexions générales sur les autorités administratives indépendantes », Coll., « EDCE », n° 52, Paris, La Documentation française, 2001, p. 294
- Rapport public 2006, « Considérations générales : Sécurité juridique et complexité du droit », Coll., « EDCE », n° 57, Paris, La Documentation française, 2006, p. 229.

COULON (J.-M.), La dépénalisation de la vie des affaires, Rapport au garde des Sceaux, ministre de la Justice, La documentation française, Collection des rapports officiels, fév. 2008.

DOSIÈRE (R.) et **VANNESTE (Ch.)**, Les autorités administratives indépendantes, Rapport d'information n° 2925, fait au nom du Comité d'évaluation et de contrôle des politiques publiques de l'Assemblée Nationale, Tome I., enregistré le 28 oct. 2010.

GÉLARD (P.), Les autorités administratives indépendantes : évaluation d'un objectif juridique non identifié, Rapport fait au nom de l'Office parlementaire d'évaluation de la législation, A.N, Rapport n° 3166, Sénat, Rapport n° 404, du 15 juin 2006, La Documentation française, tome I : Rapport, tome II : Annexes.

FOLZ (J.-M.), **RAYSSEGUIER (Ch.)** et **SCHAUB (A.)**, Rapport sur l'appréciation de la sanction en matière de pratiques anticoncurrentielles, remis à la ministre de l'Economie, sept. 2010, Paris, La Documentation française.

FOYER, Rapport sur le projet de loi portant création de la CNIL, A.N, n° 3125, 1e S.O, 1977-1978, 1e S., 4 oct. 1977, JORF, Débats A.N, 5 oct. 1977, p. 5783.

GOULARD (F.), Rapport sur le projet de loi de sécurité financière, fait au nom de la Commission des finances, de l'économie générale et du plan, Assemblée Nationale, n° 807, 2ème partie, Tome I, Rapport, enregistré le 10 avr. 2003.

LAMASSOURE, Rapports sur le projet de loi transférant le contentieux des décisions du Conseil de la concurrence à la juridiction judiciaire :
- A.N, n° 690, 2e S.O, 1986-1987, 1e S., 28 avr. 1986, JORF, Débats Assemblée Nationale, 29 avr. 1987, p. 671.
- A.N, n° 573, 1e S.O, 1986-1987, 2e S., 18 déc. 1986, JORF, Débats, Assemblée Nationale, 19 déc. 1986, p. 7814.

MARINI (Ph.),
- La modernisation du droit des sociétés, rapport fait au Premier ministre, La Documentation française, Coll., « Des rapports officiels », 1996.
- Rapport d'information « La loi de sécurité financière : un an après », fait au nom de la commission des finances, Assemblée Nationale, n ° 431 (2003-2004), déposé le 27 juill. 2004.

MOUSSY (J.-P.), Des autorités de régulation financière et de concurrence : pourquoi, comment ? Rapport du Conseil économique et social, Paris, Ed., Des Journaux Officiels, Coll., « Avis Et Rapports Du Conseil Economique Et Social », 23 janv. 2003,

PORCHER (M.), HOUILLON (Ph.) et **BASTIANI (J.-P.)**, Rapport sur le projet de loi relatif à l'organisation des juridictions et à la procédure civile, pénale et administrative, fait au nom de la Commission des lois constitutionnelles, de législation, du suffrage universel, du règlement et d'administration générale, Assemblée Nationale, n° 1427, déposé le 22 juin 1994.

THYRRAUD, Rapport sur le projet de loi transférant le contentieux des décisions du Conseil de la concurrence à la juridiction judiciaire, Sénat, n° 137, 1e S.O, 1986-1987, séance du 20 déc. 1986, JORF, Débats Sénat, 21 déc. 1986, p. 6475.

2. Entretiens

DELMAS-MARTY (M.), « Humaniser la mondialisation », Entretien publié dans la viedesidees.fr, le 25 sept. 2009 (www.laviedesidees.fr/IMG/pdf/20090928_delmas.pdf)

THOUVENEL (J.), « Donner à l'AMF un pouvoir de transaction instituerait une justice à deux vitesses », Entretien accordé au quotidien Les Echos, n° 20065 du 11 déc. 2007, p. 33.

VII. SITES INTERNET

http://www.acpr.banque-france.fr
http://www.aedbf.asso.fr
http://www.amf-france.org
http://www.assemblee-nationale.fr
http://www.autoritedelaconcurrence.fr
http://www.conseiletat.fr
http://www.conventions.coe.int
http://www.courdecassation.fr
http://www.ec.europa.eu
http://www.gip-recherche-justice.fr
http://www.globalcompetitionforum.org
http://www.juradmin.eu
http://www.ladocumentationfrançaise.fr
http://www.laviedesidees.fr
http://www.lecese.fr
http://www.legifrance.gouv.fr
http://www.lexinter.net
http://www.mediapart.fr

http://www.minefe.gouv.fr
http://www.reds.msh-paris.fr
http://www.senat.fr
http://www.surlering.com
http://www.syndicat-magistrature.org
http://www.tf1.lci.fr
http://www.tnova.fr

INDEX ALPHABÉTIQUE

(Les chiffres renvoient aux numéros de pages)

TABLE DES MATIÈRES

Structures éditoriales du groupe L'Harmattan

L'Harmattan Italie
Via degli Artisti, 15
10124 Torino
harmattan.italia@gmail.com

L'Harmattan Hongrie
Kossuth l. u. 14-16.
1053 Budapest
harmattan@harmattan.hu

L'Harmattan Sénégal
10 VDN en face Mermoz
BP 45034 Dakar-Fann
senharmattan@gmail.com

L'Harmattan Cameroun
TSINGA/FECAFOOT
BP 11486 Yaoundé
inkoukam@gmail.com

L'Harmattan Burkina Faso
Achille Somé – tengnule@hotmail.fr

L'Harmattan Guinée
Almamya, rue KA 028 OKB Agency
BP 3470 Conakry
harmattanguinee@yahoo.fr

L'Harmattan RDC
185, avenue Nyangwe
Commune de Lingwala – Kinshasa
matangilamusadila@yahoo.fr

L'Harmattan Congo
67, boulevard Denis-Sassou-N'Guesso
BP 2874 Brazzaville
harmattan.congo@yahoo.fr

L'Harmattan Mali
Sirakoro-Meguetana V31
Bamako
syllaka@yahoo.fr

L'Harmattan Togo
Djidjole – Lomé
Maison Amela
face EPP BATOME
ddamela@aol.com

L'Harmattan Côte d'Ivoire
Résidence Karl – Cité des Arts
Abidjan-Cocody
03 BP 1588 Abidjan
espace_harmattan.ci@hotmail.fr

L'Harmattan Algérie
22, rue Moulay-Mohamed
31000 Oran
info2@harmattan-algerie.com

L'Harmattan Maroc
5, rue Ferrane-Kouicha, Talaâ-Elkbira
Chrableyine, Fès-Médine
30000 Fès
harmattan.maroc@gmail.com

Nos librairies en France

Librairie internationale
16, rue des Écoles – 75005 Paris
librairie.internationale@harmattan.fr
01 40 46 79 11
www.librairieharmattan.com

Lib. sciences humaines & histoire
21, rue des Écoles – 75005 Paris
librairie.sh@harmattan.fr
01 46 34 13 71
www.librairieharmattansh.com

Librairie l'Espace Harmattan
21 bis, rue des Écoles – 75005 Paris
librairie.espace@harmattan.fr
01 43 29 49 42

Lib. Méditerranée & Moyen-Orient
7, rue des Carmes – 75005 Paris
librairie.mediterranee@harmattan.fr
01 43 29 71 15

Librairie Le Lucernaire
53, rue Notre-Dame-des-Champs – 75006 Paris
librairie@lucernaire.fr
01 42 22 67 13

www.ingramcontent.com/pod-product-compliance
Lightning Source LLC
LaVergne TN
LVHW011217061026
849535LV00001BA/69
* 9 7 8 2 3 4 3 1 3 5 7 2 4 *